Kohlhammer

Der Herausgeber und die Herausgeberinnen

Prof. Dr. med. Anil Batra, Facharzt für Psychiatrie und Psychotherapie, ist Stellvertretender Ärztlicher Direktor der Klinik für Psychiatrie und Psychotherapie, Universitätsklinikum Tübingen. Er leitet ein seit 1995 bestehendes bundesweit besuchtes verhaltenstherapeutisches Curriculum für Ärztinnen und Ärzte in Weiterbildung und ist anerkannter verhaltenstherapeutischer Supervisor und Selbsterfahrungsleiter.

Dr. med. Ute Wesselmann, Fachärztin für Psychiatrie und Psychotherapie, ist in eigener Praxis sowie als Supervisorin und Selbsterfahrungsgruppenleiterin tätig. Sie leitet ein ärztlich-psychotherapeutisches Weiterbildungsinstitut, die VT Münster – Gesellschaft für verhaltenstherapeutische Aus- und Weiterbildung.

Univ.-Prof. Dr. med. Alexandra Philipsen, Fachärztin für Psychiatrie und Psychotherapie, ist Direktorin der Klinik und Poliklinik für Psychiatrie und Psychotherapie, Universitätsklinikum Bonn. Sie ist Supervisorin für Verhaltenstherapie und dialektisch-behaviorale Therapie.

Anil Batra
Ute Wesselmann
Alexandra Philipsen
(Hrsg.)

Verhaltenstherapie

Das Lehrbuch für Medizin und Psychologie

Mit einem Geleitwort von Mathias Berger

Verlag W. Kohlhammer

Eine frühere Ausgabe dieses Werks erschien in 1. bis 4. Auflage im Georg Thieme Verlag unter dem Titel:
Verhaltenstherapie. Grundlagen – Methoden – Anwendungsgebiete.

Umschlagabbildung: meenmeen – stock.adobe.com

1. Auflage 2026

Gesamtherstellung: W. Kohlhammer GmbH, Heßbrühlstr. 69, 70565 Stuttgart
produktsicherheit@kohlhammer.de

Print:
ISBN 978-3-17-045390-6

E-Book-Formate:
pdf: ISBN 978-3-17-045391-3
epub: ISBN 978-3-17-045392-0

Geleitwort

von Mathias Berger

Es ist sehr begrüßenswert, dass Anil Batra und die neuen Mitherausgeberinnen Ute Wesselmann und Alexandra Philipsen das Standardwerk »Verhaltenstherapie« 12 Jahre nach seiner 4. und letzten Auflage umfänglich überarbeitet, erweitert und jetzt im Kohlhammer-Verlag neu herausgegeben haben. Das ursprüngliche, zum ersten Mal im Jahr 2000 veröffentlichte Buch von Anil Batra, Reinhard Wassmann und Gerhard Buchkremer mit dem damaligen Titel *Verhaltenstherapie. Grundlagen – Methoden – Anwendungsgebiete* erschien im Thieme-Verlag wenige Jahre nach der Erweiterung der Facharztbezeichnung Psychiatrie zum Facharzt für Psychiatrie und Psychotherapie und der Neueinführung eines Facharztes für Psychotherapeutische Medizin, der später in den Facharzt für Psychosomatische Medizin und Psychotherapie umbenannt wurde. Obwohl die Deutsche Gesellschaft für Verhaltenstherapie (DGVT), die sich vornehmlich aus Psychologen zusammensetzte, bereits in den 1970er Jahren mit 7.000 Mitgliedern bei weitem der größte Psychotherapieverband war und die Wirksamkeit von Verhaltenstherapien umfangreich belegt wurde, waren Tiefenpsychologie und Psychoanalyse so stark in der Ärzteschaft verankert, dass die Verhaltenstherapie als Alternative erst 1988 in die ärztliche Weiterbildungsordnung und in den Leistungskatalog der gesetzlichen Krankenkassen aufgenommen wurde. Somit stellte die Erstausgabe der *»Verhaltenstherapie«* im Jahr 2000 einen Meilenstein der Etablierung dieses zweiten großen Psychotherapieverfahrens in der medizinischen Versorgung psychisch und psychosomatisch erkrankter Menschen dar.

Im letzten Jahrzehnt ist die psychotherapeutische Forschung geradezu explodiert mit geschätzt mehreren zehntausend internationalen Publikationen. Um dieser Entwicklung Rechnung zu tragen, hat das Herausgeberteam entschieden, das Lehrbuch einer umfassenden Revision zu unterziehen. Die neue *»Verhaltenstherapie«* umfasst nicht nur die klassischen Aspekte des Verfahrens einschließlich der kognitiven Wende, sondern auch die sogenannten Dritte-Welle-Therapien und zusätzlich die die Verhaltenstherapie ergänzenden Verfahren, wie die Hypnotherapie, Dialektisch-Behaviorale Therapie oder Schematherapie. Dabei war es eine kluge Entscheidung, sich auf verhaltenstherapeutische und verwandte Therapieformen zu konzentrieren, ohne das riesige Spektrum der psychodynamischen Therapien mit aufzunehmen.

Das Buch ist didaktisch hervorragend gegliedert, mit kapitelweisen Zusammenfassungen, Merke-Kästen, Fallbeispielen und Prüfungsfragen, die das Verständnis der Theorien und der daraus abgeleiteten therapeutischen Methoden sehr erleichtern. Es ist den Autorinnen und Autoren hoch anzurechnen, dass sie das vielstimmige Werk so stringent konzipiert haben, dass es über die Kapitel hinweg homogen, wie aus einem Guss und exzellent lesbar ist. Trotz des umfangreichen Gesamtumfangs sind die einzelnen Beiträge kompakt gestaltet und formuliert, sodass sich das Werk sowohl als Lehrbuch für ärztliche und psychologische Einsteiger und für deren Prüfungsvorbereitungen als auch als Nachschlagewerk für erfahrene Praktiker in ihrer täglichen Arbeit eignet.

Dem Kohlhammer-Verlag ist zu gratulieren, dieses umfassende Buch der Verhaltenstherapie und ihrer angrenzenden Psychotherapien als Ergänzung zu ihrer ausgezeichneten Reihe »Störungsspezifische Psychotherapie« in ihr Programm aufgenommen zu haben.

Dem Lehrbuch wünsche ich große Resonanz und Verbreitung bei Weiterbildungsassistenten, ihren Weiterbildern und den Praktikern in Medizin und Psychologie und gratuliere dem Herausgeberteam und den Autorinnen und Autoren zu einem wirklich gelungenen Werk.

Freiburg, im November 2025
Prof. Dr. med. Mathias Berger
em. Ärztlicher Direktor der Klinik für Psychiatrie und Psychotherapie, Universitätsklinikum Freiburg

Inhaltsverzeichnis

Übersicht über das Zusatzmaterial zum Download

Den Weblink, unter dem die Zusatzmaterialien verfügbar sind, finden Sie unter »Zusatzmaterial zum Download« am Ende dieses Buches.

- »Lebensfragebogen« für Patientinnen und Patienten (▸ Kap. 16)
- Anleitungsbogen zum Problemlösen (▸ Kap. 23)
- Arbeitsbogen zur Erfassung der persönlichen Stresssituation (▸ Kap. 28)
- Rosenberg-Skala (Rosenberg Self Esteem Scale, RSES) (▸ Kap. 34)
- Auswertungs-Protokoll »Meine Selbstfürsorge-Woche« (▸ Kap. 34)

Wir widmen dieses Buch Prof. Dr. med. Gerhard Buchkremer (1943–2025), dem Mitherausgeber der früheren Ausgabe des Verhaltenstherapie-Lehrbuches beim Thieme-Verlag.

Vorwort

Vor über 25 Jahren entstand im Kontext eines überregionalen Weiterbildungscurriculums zu den theoretischen Grundlagen der Verhaltenstherapie für Ärztinnen und Ärzte ein begleitendes Lehrbuch zur Verhaltenstherapie (erschienen im Thieme-Verlag, herausgegeben von Anil Batra, Reinhard Wassmann und Gerhard Buchkremer unter dem Titel: *Verhaltenstherapie. Grundlagen – Methoden – Anwendungsgebiete*, 1. Auflage 2000, 4. Auflage 2013). Seitdem sind viele Jahre vergangen und die kognitive Verhaltenstherapie ist neben der tiefenpsychologischen Psychotherapie zum zentralen psychotherapeutischen Instrument in der stationären und ambulanten ärztlichen und psychologischen Versorgung geworden. Neben den anderen Richtlinienverfahren, der analytischen Psychotherapie und der tiefenpsychologischen Psychotherapie sowie der systemischen Psychotherapie, ist sie ein obligater Baustein in der Weiterbildungsordnung für die Anerkennung als Facharzt oder Fachärztin für Psychiatrie und Psychotherapie, Psychosomatische Medizin und Psychotherapie, Kinder- und Jugendpsychiatrie und -psychotherapie sowie für den Zusatztitel Psychotherapie.

Ungeachtet der Etablierung im therapeutischen Alltag ist die Verhaltenstherapie einem ständigen Wandel unterworfen. Nach der klassischen Verhaltenstherapie der 1960er und 1970er Jahre und der kognitiven Wende der 1970er und 1980er Jahre erfährt die Verhaltenstherapie mit der aktuellen sogenannten 3. Welle in den letzten 30 Jahren eine breite Öffnung und Weiterentwicklung, in der sowohl störungsspezifische Herangehensweisen als auch zahlreiche andere Konzepte und Haltungen, Techniken und Methoden ihren Platz gefunden haben und in das verhaltenstherapeutische Verfahren integriert wurden. Die lerntheoretische Fundierung, die charakteristische, offene, klientenzentrierte Beziehungsgestaltung, die Entwicklung eines individuellen Störungsmodells, die Konzeptualisierung des Behandlungsplans auf der Basis einer Verhaltensanalyse und das konkrete, aktive, sowohl handlungsorientierte als auch kognitive Vorgehen zur Vermittlung von Wissen, Fertigkeiten und Bewältigungskompetenzen für herausfordernde Lebenssituationen kennzeichnen weiterhin das verhaltenstherapeutische Denken und Handeln.

Voraussetzung für eine störungsübergreifende, universelle psychotherapeutische Kompetenz sind eine fundierte Kenntnis der theoretischen Rationale und ein Erwerb einer breiten Fülle von Handlungskompetenzen zum Einsatz störungsspezifisch geeigneter Methoden. Es ist ein Anliegen des Herausgeberteams dieses über die Zeit deutlich weiterentwickelten Lehrbuchs, die grundlegenden lerntheoretischen Modelle, das Wesen der Beziehungsgestaltung, wertschätzende Gesprächstechniken, die klassische zentrale Verhaltensanalyse als Ordnungssystem für Informationen und die Auswahl individuell passender Techniken und Methoden mit Bezug zu einer störungsspezifischen Herangehensweise zu vermitteln und gleichermaßen ein praxisorientiertes Lehrbuch wie auch ein Nachschlagewerk zur Verfügung zu stellen.

Ärztinnen und Ärzte in Weiterbildung zu einem der Facharzttitel mit Schwerpunkt Verhaltenstherapie, Ärztinnen und Ärzte, die den Zusatztitel »Psychotherapie – verhaltenstherapeutisch orientiert« erwerben wollen, oder andere Angehörige der Disziplinen Medizin und Psychologie sollen mit diesem Lehrbuch eine umfassende Einführung in alle wichtigen Facetten der Verhaltenstherapie erhalten. Dies beinhaltet neben den Grundlagen der Verhaltenstherapie, den vielfältigen verhaltenstherapeutischen Techniken und Methoden und störungsspezifischen Anwendungsbereichen auch die Einführung in nahestehende Verfahren und Methoden. Eine klare didaktische Aufbereitung der Kapitelstruktur, die Ergänzung von Prüfungsfragen und weiterführender Literatur ermöglichen eine fundierte Vorbereitung auf die fachärztliche oder psychotherapeutische Prüfung.

Dieses Lehrbuch verbindet Kontinuität und Wandel, indem die Grundidee sowie einige bewährte Kapitel aus den früheren Ausgaben in aktualisierter Form beibehalten wurden, die Struktur jedoch überwiegend neukonzipiert wurde und aktuelle Entwicklungen, Themen und Trends Berücksichtigung fanden. Das Lehrbuch ergänzt als Basiswerk die langjährig bestehende, etablierte Buchreihe »Störungsspezifische Psychotherapie« des Kohlhammer-Verlags, in der mittlerweile über 20 Bände zur manualisierten Behandlung zahlreicher Störungsbilder und therapeutischer Herausforderungen erschienen sind.

Ganz herzlich gedankt sei allen Autorinnen und Autoren, die dieses Lehrbuch durch ihren Beitrag mitgestaltet haben, sowie den Mitarbeiterinnen und Mitarbeitern des Kohlhammer-Verlags, insbesondere Dr. Ruprecht Poensgen und Anita Brutler, für ihr Vertrauen, ihre Unterstützung und Geduld bei der Erstellung dieses umfangreichen Lehrbuchs.

Tübingen, Münster und Bonn, im November 2025
Anil Batra, Ute Wesselmann und Alexandra Philipsen

I Grundlagen der Verhaltenstherapie

1 Wirksamkeit der Psychotherapie

Anil Batra und Gerhard Buchkremer[1]

Das Wichtigste auf einen Blick

- Unterschieden werden Psychotherapieverfahren, -methoden und -techniken.
- Untersuchungen zur Wirksamkeit der Psychotherapie folgen im Wesentlichen den gleichen Grundsätzen wie Studien zur Wirksamkeit der Pharmakotherapie.
- Die Wirksamkeit der (verhaltenstherapeutischen) Psychotherapie ist in zahlreichen randomisierten kontrollierten Studien, in systematischen Reviews und Metaanalysen belegt.
- Die Psychotherapieforschung untersucht neben Effektivität und Effizienz auch die Frage nach Prädiktoren und Wirkfaktoren, ohne allerdings bislang sichere Kriterien für eine differentielle Indikationsstellung geeigneter Verfahren, Methoden oder Techniken zu geben.

1.1 Einführung

1.1.1 Definition der Psychotherapie

Die Definition der »Psychotherapie« ist nicht leicht, sondern beinhaltet mehrere Annahmen. Die klassische Definition der Psychotherapie nach Strotzka (1975) ist nur einer von vielen Definitionsversuchen, hat aber den Vorteil, dass sie grundsätzlich für alle Psychotherapieschulen gültig sein kann:

Merke

Psychotherapie ist ein bewusster und geplanter interaktioneller Prozess zur Beeinflussung von Verhaltensstörungen und Leidenszuständen, die in einem Konsensus (zwischen Patient, Therapeut und Bezugsgruppe) für behandlungsbedürftig gehalten werden, und der mit Folgendem arbeitet: durch Kommunikation, d.h. mit psychologischen Mitteln, meist verbal, aber auch averbal, in Richtung auf ein definiertes, nach Möglichkeit gemeinsam erarbeitetes Ziel (Symptomverminderung und/oder Strukturänderung der Persönlichkeit) mittels lehrbarer Techniken auf der Basis einer Theorie des normalen und pathologischen Verhaltens. In der Regel ist dazu eine tragfähige emotionale Bindung notwendig.

Die verwendeten Begrifflichkeiten im Bereich der Psychotherapie sind vielfältig und verwirrend: Psychotherapie, -schulen, -verfahren, -methoden, -techniken und -richtungen … sind nur eine Auswahl von Begriffen, die unterschiedlich definiert werden.

Der Wissenschaftliche Beirat Psychotherapie (WBP, https://www.wbpsychotherapie.de/), der mit dem 1999 in Kraft getretenen Psychotherapeutengesetz (PsychThG) durch die Bundesregierung eingesetzt wurde und von Mitgliedern, die durch die Bundesärztekammer und Bundespsychotherapeutenkammer bestimmt werden, besetzt wird, um Fragen zur Wirksamkeit der Psychotherapie nach dem neuesten Stand der Forschung immer wieder zu beantworten, gibt dazu die folgenden Definitionen:

Ein zur Krankenbehandlung geeignetes *Psychotherapieverfahren* ist gekennzeichnet durch

- eine umfassende Theorie der Entstehung und Aufrechterhaltung von Krankheiten und ihrer Behandlung (oder mehrere) auf der Basis gemeinsamer theoretischer Grundannahmen
- eine darauf bezogene psychotherapeutische Behandlungsstrategie (oder mehrere) für ein breites Spektrum von Anwendungsbereichen
- darauf bezogene Konzepte zur Indikationsstellung, zur individuellen Behandlungsplanung und zur Gestaltung der therapeutischen Beziehung

Eine zur Behandlung einer oder mehrerer Störungen mit Krankheitswert geeignete *Psychotherapiemethode* ist gekennzeichnet durch

- eine Theorie der Entstehung und der Aufrechterhaltung dieser Störung bzw. Störungen und eine Theorie ihrer Behandlung
- Indikationskriterien einschließlich deren diagnostischer Erfassung
- die Beschreibung der Vorgehensweise
- die Beschreibung der angestrebten Behandlungseffekte

1 * 1943, † 2025

Eine *psychotherapeutische Technik* ist eine konkrete Vorgehensweise, mit deren Hilfe

- die angestrebten Ziele im Rahmen der Anwendung von psychotherapeutischen Methoden und Verfahren erreicht werden sollen, z. B. im Bereich des psychodynamischen Verfahrens (Übertragungsdeutung zur Bewusstmachung aktualisierter unbewusster Beziehungsmuster) oder in der Verhaltenstherapie (Reizkonfrontation in vivo)

1.1.2 Entwicklung psychotherapeutischer Verfahren und Forschung

Historisch gesehen gab es bis in die 1950er Jahre wenige klar umschriebene Therapieschulen. Danach kam es zu einer Inflation von therapeutischen Vorgehensweisen, Schulen und Angeboten. In den 1960er Jahren konnte man schon 60 voneinander unterscheidbare Therapieformen ausmachen. In den 1980er Jahren waren es 250 und zu Beginn der 1990er Jahre ca. 350–450 Psychotherapieformen. Die Weiterentwicklung bestehender Verfahren und Methoden, deren empirische Absicherung und Erklärung wirksamer Prozesse sowie die Entwicklung immer neuer Psychotherapieformen, -varianten und deren Kombinationen hält bis heute ungebrochen an.

Mit der Verbreitung der Psychotherapie entwickelte sich die Psychotherapieforschung zur Untersuchung der Wirksamkeit einzelner Therapieverfahren, aber auch der störungsspezifischen Effektivität einzelner Bausteine. Dabei lassen sich historisch drei Phasen differenzieren.

Demonstrationsphase

In einer »Demonstrationsphase«, die man von 1920 bis etwa 1952 datieren könnte, wurden Psychotherapiemethoden, Einzelfalldarstellungen und Psychotherapieverläufe vorgestellt.

H.-J. Eysenck stellte 1952 seine These auf, dass der übliche intraindividuelle Prä-/Post-Vergleich die Möglichkeit von andersartigen Verläufen, z.B. von sog. »Spontanverläufen«, vernachlässigen würde. Deshalb würden die Ergebnisse der Psychotherapie günstiger dargestellt als sie in Wirklichkeit seien. Er verband damit die generelle Forderung, in psychotherapeutischen Effektivitätsstudien grundsätzlich eine Kontrollgruppe einzusetzen.

Als zweite Hypothese Eysencks galt, dass Neurosen gelernt werden, aber auch unbehandelt wieder verlernt werden, also »spontan« heilen. Die Sichtung der 1952 noch geringen empirischen Literatur ergab eine Zwei-Jahres-(Spontan-)Remissionsrate von bis zu zwei Dritteln aller neurotischen Patientinnen und Patienten ohne jegliche Psychotherapie. Eysenck hypostasierte, dass neurotische Störungen nach zwei Jahren in bis zu 65 % und nach fünf Jahren in bis zu 90 % spontan remittieren würden.

Rechtfertigungsphase

Diese – in den 1950er Jahren als provokant empfundenen – Behauptungen von Eysenck, die die Notwendigkeit der Psychotherapie infrage stellten, führten zwischen 1952 und ca. 1970 zur »Rechtfertigungsphase« in der Psychotherapieforschung. In dieser Zeit wurden vermehrt kontrollierte Psychotherapiestudien durchgeführt und der Beleg erbracht, dass psychische Störungen nicht regelhaft einer »Spontanremission« unterliegen. Eysencks Thesen haben sich damit falsifizieren lassen. Sie haben jedoch den Grundstein für die auch heute noch gültige Methode der kontrollierten Studien in der Psychotherapieforschung gelegt.

Während bis Mitte der 1960er Jahre vor allem Psychotherapieformen, die sich aus der Psychoanalyse entwickelt haben, durchgeführt und erforscht wurden, trat danach die Verhaltenstherapie hinzu.

> **Merke**
>
> Die Verhaltenstherapie hat sich, anders als die Psychoanalyse oder die tiefenpsychologisch fundierte Psychotherapieform, schon von Beginn an strengen methodologischen Maßstäben verpflichtet gefühlt.

Evaluationsphase

Seit 1970 hält die dritte Phase, die »Evaluationsphase«, an. Sie widmet sich der Frage der differenziellen Indikation, d.h. der Frage, welche Psychotherapiemethode bei welchen psychischen Störungen die besten Ergebnisse aufzuweisen vermag. Ein Resultat dieser Evaluation ist die theorie- und evidenzgeleitete Kreation störungsspezifischer Therapien.

Die Tatsache, dass Psychotherapie wirkt, wird inzwischen von mehr als 5.000 Reviews und Metaanalysen bestätigt und nicht mehr angezweifelt. Die Frage nach der Wirkungsweise und nach der störungsspezifischen und differenziellen Wirksamkeit in Abhängigkeit von Prädiktoren und Mediatoren ist jedoch noch ungeklärt und Hauptgegenstand psychotherapeutischer Forschung.

Aktuelle psychotherapeutische Verfahren

In Deutschland werden heute drei wissenschaftlich anerkannte psychotherapeutische Verfahren im Sinne des PsychThG nach Gutachten des Wissenschaftlichen Beirats Psychotherapie (WBP) als über die gesetzliche Krankenkasse abrechnungsfähige sog. »Richtlinienverfahren« anerkannt:

- Analytische Psychotherapie
- Tiefenpsychologisch fundierte Psychotherapie
- (Kognitive) Verhaltenstherapie
- Systemische Therapie (seit 2018)

Diese Verfahren verfügen über eine ausreichende Krankheitstheorie und eine ausreichend hohe Anzahl von Effektivitäts- und Effizienzstudien, um als »Hauptverfahren« für die psychotherapeutische Weiterbildung anerkannt zu werden. In diese Hauptverfahren können ganz verschiedene Psychotherapiemethoden und -techniken – die zumindest für einzelne Störungen ihre Wirksamkeit nachgewiesen haben – integriert werden. Dazu gehören z.B. die Gesprächspsychotherapie, die neuropsychologische Therapie, die Interpersonelle Psychotherapie (IPT), Dialektisch-Behaviorale Therapie (DBT), Akzeptanz- und Commitment-Therapie (ACT) oder CBASP (Cognitive Behavioral Analysis System of Psychotherapy) u. a., die Stühlearbeit oder Arbeit mit

Werten, die zum Teil unabhängig von den Hauptverfahren erlernt werden können und bei einer Auswahl oder bestimmten einzelnen Unterformen von Störungsbildern effektiv sein können. Einige dieser Methoden und Techniken werden in diesem Buch vorgestellt.

Nachdem schon lange sehr kontrovers diskutiert wird, ob es in Zukunft nur noch eine »psychotherapeutische Grundorientierung« in der Weiterbildung geben soll (z.B. integrative Psychotherapie, allgemeine Psychotherapie oder »Psychotherapie der zweiten Generation«) oder ob die Trennung in verschiedene Hauptverfahren aufrechterhalten bleiben sollte, zeichnet sich jetzt ab, dass der »optimale« Psychotherapeut der Zukunft in mehreren Hauptverfahren und vielleicht noch in zusätzlichen anderen (störungsspezifischen) Vorgehensweisen ausgebildet sein sollte.

Ob sich der zukunftsweisende Psychotherapieansatz von K. Grawe durchsetzen wird, der auf eine »allgemeine Psychotherapie« oder eine »psychologische Therapie« (nach Grawe soll dieser Begriff nicht unter berufspolitischen Gesichtspunkten aufgefasst werden) zielt, hängt vom Ergebnis weiterer Forschung ab. Alternativ steht eine »umfassende« Psychotherapie in Aussicht, in der eine schulenübergreifende Therapie durch störungsspezifische Module ergänzt wird. Ansonsten besteht erneut die Gefahr, dass sich eine neue Psychotherapieschule entwickelt, die mehr vom Glauben der Therapeutinnen und Therapeuten als vom wissenschaftlichen Erkenntnisstand geprägt wird.

1.2 Wirkfaktoren der Psychotherapie

Bei der Frage, was denn im Einzelnen in der Psychotherapie wirksam ist oder sein kann, ergeben sich nach der o. g. Definition von Strotzka viele Möglichkeiten. Durch folgende Faktoren im Sinne von Prädiktoren, Moderatoren oder Mediatoren kann die Wirksamkeit der Psychotherapie beeinflusst werden durch:

- Art der psychischen Störung bzw. Erkrankung
- Behandlungsbedürftigkeit (Leidensdruck) und Veränderungsmotivation
- Psychische und somatische Komorbidität
- psychotherapeutisches Verfahren, Methode und Technik
- Setting (Einzeln, Gruppe, Online)
- Therapieziele (Symptomverbesserung oder Strukturveränderung der Persönlichkeit)
- Verfügbarkeit, Finanzierbarkeit und Erreichbarkeit psychotherapeutischer Angebote
- Interaktion zwischen Patient und Therapeut
- Tragfähigkeit und Qualität der Therapeut-Patient-Beziehung

1.2.1 Effektivitätsnachweis

Nach umfangreichen methodologischen Diskussionen bezüglich der besten Erfassung psychotherapeutischer Effekte hat sich heute als Maß zur Quantifizierung eines experimentellen Effekts die Errechnung der sog. »Effektstärke« durchgesetzt.

$$ES = \frac{M_{Tpost} - M_{Kpost}}{S_{Kpost}}$$

Die Effektstärke (ES) wird berechnet als Quotient der Differenz der Mittelwerte einer Symptomatik der Therapiegruppe (M_{Tpost}) und einer Kontrollgruppe (M_{Kpost}) am Ende einer Behandlungszeit sowie der Standardabweichung der Symptomatik der Kontrollgruppe (S_{Kpost}) am Ende der Behandlungszeit. In Deutschland wurde die Effektivität von Psychotherapie schon früh durch die katamnestische Untersuchung von A. Dührsen (1962) belegt. Diese bahnbrechende Studie führte in Deutschland dazu, dass Psychotherapie als Leistung der Krankenkassen anerkannt wurde. Studien zur Wirksamkeit der Psychotherapie weisen heute hohe Effektstärken auf.

Effektive Psychotherapiemethoden und deren Nachweis

Ein neuer Meilenstein in der Erforschung von Psychotherapieeffekten wurde durch das Gutachten von Meyer et al. (1991) gesetzt. In diesem von der Bundesregierung der Bundesrepublik Deutschland in Auftrag gegebenen Gutachten wurden nur die psychotherapeutischen »Hauptverfahren« (die tiefenpsychologisch fundierte Psychotherapie und die Verhaltenstherapie) als ausreichend wirksam angesehen und daraufhin in das Versorgungssystem der Krankenkassen aufgenommen.

Die Psychoanalyse, die nur eine geringe Bedeutung für die Krankenversorgung in Deutschland darstellt (unter 5 %), wird vor allem deshalb als unabdingbar angesehen, weil sie die wissenschaftliche Grundlage für die tiefenpsychologisch fundierte Psychotherapie darstellt. Sie konnte ihre Wirksamkeit allerdings nicht ausreichend durch kontrollierte Studien belegen. Eine über 100-jährige psychoanalytische Forschung mit ihrer speziellen Methodologie führte jedoch zu einem Erkenntnisstand, der dem durch kontrollierte Studien gewonnenen vergleichbar erscheint. Diese Auffassung ist jedoch bis heute heftig umstritten.

Der Nachweis der Effektivität einer Psychotherapie unterliegt heute ähnlichen methodischen Qualitätsansprüchen wie die pharmakologische Forschung. Studien zur Untersuchung der Wirksamkeit müssen hinsichtlich der Anzahl der Probanden, der Selektivität der Stichprobe, der Operationalisierung der Diagnostik, der primären und sekundären Erfolgsparameter, der Kontrollbedingungen (Placebogruppe, aktive Kontrolle, Wartekontrollgruppe), des statistischen Designs, der Randomisierung auf die zu untersuchenden Bedingungen, der Verblindung und der Objektivität der Untersucher, der Dauer der Katamnese und der Erfassung von Nebenwirkungen Anforderungen genügen, die vom Wissenschaftlichen Beirat Psychotherapie (WBP) im »Methodenpapier« als Verfahrensregeln zur Beurteilung der wissenschaftlichen Anerkennung von Verfahren und Methoden der Psychotherapie zusammengestellt wurden (WBP, 2023).

Die Effektivität psychotherapeutischer Verfahren und insbesondere der Verhaltenstherapie wird zumeist störungsspezifisch in Reviews und Metaanalysen dargestellt (nur einige Beispiele: soziale Phobie: de Ponte et al., 2024; Essstörungen: Linardon et al., 2017; Borderline-Persönlichkeitsstörung: Christea et al., 2017; Depression: Li et al., 2024).

1.2.2 Bedingungen einer effektiven Psychotherapie

Behandlungsdauer

Eine wichtige Frage, die nicht nur aus ökonomischen Gründen die Krankenkassen, sondern auch die Therapieforschung beschäftigt, lautet, wie lange eine Psychotherapie durchgeführt werden müsse bzw. wie viele Psychotherapiesitzungen notwendig seien, um einen möglichst optimalen Therapieerfolg zu erreichen. Nach etwa 15 Sitzungen wird das Maximum der Effektivität erreicht, nach ca. 40 Sitzungen wird der zusätzliche Erfolg der Psychotherapie sogar zunehmend geringer (Grawe et al., 1994). Ob ein Psychotherapieverfahren wirksam ist oder nicht, entscheidet sich demnach in den ersten Monaten (bei einer ambulanten Verhaltenstherapie etwa zwischen der 5. und 30. Sitzung). Für die Psychoanalyse und die tiefenpsychologisch fundierte Psychotherapie ergeben sich für die optimale Therapiedauer vermutlich andere Zahlen.

Bis heute ist noch nicht genügend erforscht, welche Störungen bei welchen Patienten und Therapeuten welche optimale Sitzungsanzahl benötigt. Bei der medikamentösen Behandlung depressiver Episoden sehen die Behandlungsleitlinien vor, dass mindestens 6 Monate lang nach der Remission weiterbehandelt werden muss, um einen Rückfall in die Depression zu verhindern. Ob eine solche zeitliche Empfehlung auch für die Psychotherapie gelten sollte, kann zurzeit nicht gesagt werden. Jedoch ist heute schon gängige Praxis, dass auch in der Verhaltenstherapie, z.B. bei Borderline-Störungen oder bei Zwangserkrankungen, eine höhere Sitzungszahl über einen längeren Zeitraum für einen ausreichenden Therapieerfolg notwendig ist. Möglicherweise sind die Therapieziele zu hoch angesetzt, wenn sie innerhalb von 40 Sitzungen nicht erreicht werden können. Nach dem gegenwärtigen Stand der Forschung sollte jedoch eine nicht erfolgreiche Therapie nicht zwangsläufig dazu führen, dass die Therapie verlängert wird. Vielmehr sollte eine Änderung des Therapiesettings erwogen werden, z.B. durch einen Therapeutenwechsel, der Methode oder des ambulanten bzw. stationären Vorgehens. Unerforscht ist bis heute, ob z.B. eine Intervalltherapie (Kombination von Therapieperioden mit therapiefreien Intervallen oder Auffrisch-/Booster-Sitzungen) bei manchen Störungen (z.B. Persönlichkeitsstörungen) zu besseren Ergebnissen führt.

Therapiesetting

Psychotherapie/Verhaltenstherapie wirkt am besten, wenn sie dort stattfindet, wo die Symptomatik in Erscheinung tritt. Aus diesem Grund ist eine ambulante wohnortnahe Psychotherapie einer stationären oder wohnortfernen Therapie vorzuziehen. Tritt die Störung in der Partnerschaft oder in der Familie auf, sollte die Psychotherapie die Bezugspersonen in die Behandlung miteinbeziehen. Im Zuge der COVID-19-Pandemie wurde deutlich, dass neben der klassischen Einzel- oder Gruppenpsychotherapie im stationären, teilstationären, stationsäquivalenten oder ambulanten Behandlungssetting alternative Konzepte einer »Telepsychotherapie« auf ihre Eignung, Akzeptanz und Nachhaltigkeit zu untersuchen sind. Dies schließt die Verwendung von Audio- und Videotechniken als Basis für die klassischen Settings ebenso ein wie die Verwendung von internetgestützten Angeboten mit psychoedukativen Inhalten, therapeutischen Anleitungen zum Selbstmanagement oder digitalen Applikationen, die – gestützt durch künstliche Intelligenz – ein therapeutisches Setting imitieren und ersetzen können. Die Anerkennung einiger Entwicklungen im Bereich internetgestützter gesundheitsbezogener Applikationen (»DiGA«) erfolgte auf der Basis von wissenschaftlichen Nachweisen ihrer Wirksamkeit durch das Bundesministerium für Arzneimittel und Medizinprodukte (BfArM) und ist Grundlage einer Finanzierung durch die gesetzlichen Kostenträger.

Moderne Entwicklungen werfen neue Fragen auf zur Datensicherheit (welche personenbezogenen Daten werden wo gespeichert und sind im Fall von Datenpannen in welcher Form der Öffentlichkeit zugänglich?), Patientensicherheit (Früherkennung von Suizidalität) und Rechtssicherheit (Mitschnitt von Behandlungsinhalten, Haftung bei Missverständnissen etc.).

Andererseits werden durch eben diese Entwicklungen Zugangsengpässe mangels ausreichender Verfügbarkeit geeigneter therapeutischer Angebote kompensiert und Ängste von Betroffenen vor Stigmatisierung im Zusammenhang mit der Inanspruchnahme einer Psychotherapie oder individuelle Grenzen der Inanspruchnahme (mangelnde Mobilität infolge körperlicher Behinderung oder eingeschränkte terminliche Flexibilität durch die Versorgung von Angehörigen) zumindest teilweise egalisiert.

Ambulant oder stationär?

Grundsätzlich ist eine ambulante Behandlung einer stationären Behandlung vorzuziehen. Wenn jedoch eine ambulante Behandlung keinen ausreichenden Therapieerfolg erbringt oder wenn die Störung so ausgeprägt ist, dass eine ambulante Behandlung nicht erfolgversprechend erscheint, sollte eine stationäre (alternativ: teilstationäre oder stationsäquivalente) Therapie durchgeführt werden. Auch die Frage, ob eine systematische Therapie (z.B. durch eine vorher festgelegte Anzahl von Therapiesitzungen) oder eine Psychotherapie, die sich nach der Situation und dem Bedürfnis der Patientinnen und Patienten richtet (z.B. supportive Psychotherapie), bevorzugt werden soll, kann nur im Einzelfall beantwortet werden.

Einzel- oder Gruppentherapie?

Einzeltherapie ist bei schwereren Störungen in der Regel wirksamer (Mojtabai et al., 1998). Bei Störungen jedoch, die sich in Gruppen manifestieren (z.B. soziale Phobie), kann eine Gruppentherapie wirksamer sein. Häufig scheitert das Zustandekommen einer Gruppentherapie an Organisationsproblemen sowie den finanziell unattraktiven Rahmenbedingungen in einer psychotherapeutischen Praxis.

Andererseits lassen es ökonomische Zwänge in Kliniken geboten erscheinen, bevorzugt Gruppentherapien durchzuführen. Studien weisen für einzelne Störungsbilder (beispielsweise depressive Erkrankungen) sowohl eine hohe Wirksamkeit der Einzel- und der Gruppentherapie nach (so nachzulesen in der Nationalen VersorgungsLeitlinie (NVL) Unipolare Depression (BÄK, 2023).

Therapiemanuale oder individualisierte Therapie?

Häufige und typische Probleme können nach standardisierten Verfahren mit Hilfe von (Selbsthilfe-)Manualen und digitalen Gesundheitsanwendungen kosteneffektiv behandelt werden. Innerhalb von 15–20 Stunden kann eine effektive Therapie der Depression, der Angst- oder Essstörung durchgeführt werden. Andererseits verlangen komplizierende Rahmenbedingungen oder Besonderheiten in der Störungsgenese ein individualisiertes Vorgehen auch in diesen Fällen.

1.2.3 Spezifische und unspezifische Wirkfaktoren

Bei der Bewertung der Wirksamkeit einer Psychotherapie können spezifische und unspezifische Wirkfaktoren unterschieden werden. Empirisch basierte Therapieansätze, wie z.B. die Verhaltenstherapie, gehen davon aus, dass störungsspezifische Methoden und Techniken ausschlaggebend für die heilsame Wirkung der Psychotherapie sind. Es gibt jedoch auch die Auffassung, dass unspezifische bzw. allgemeine Wirkfaktoren ursächlich für die Wirksamkeit aller Psychotherapieverfahren sind.

Spezifische Wirkfaktoren

Zu den spezifischen Wirkfaktoren gehören Therapieelemente, die nicht allen Psychotherapieformen in ähnlicher Weise immanent sind und die sich bei spezifischen psychischen Störungen als effektiv erwiesen haben.

Die Anzahl der entdeckten spezifischen Wirkfaktoren wächst. Solange immer neue Erkenntnisse zur Ätiologie von Störungen entstehen, werden auch Psychotherapietechniken und -verfahren entwickelt, die diese Störungen immer effizienter und spezifischer behandeln können. Die Aus- oder Weiterbildung in diesen spezifischen Psychotherapietechniken und -verfahren können jedoch eine psychotherapeutische Grundausbildung, die zurzeit noch zumindest in einem der beiden Hauptverfahren gefordert wird, nicht ersetzen.

In der »Psychotherapie der zweiten Generation« nach Grawe werden folgende spezifische Wirkfaktoren angenommen:

- Ressourcenaktivierung
- Problemaktualisierung
- aktive Hilfe zur Problembewältigung
- motivationale Klärung

Unspezifische Wirkfaktoren

Unabhängig von therapiespezifischen, theoretisch begründbaren Wirkfaktoren unterliegen Verlauf und Erfolg des therapeutischen Prozesses einer Fülle intervenierender Variablen. Die Güte der Therapeut-Patient-Beziehung und die Glaubwürdigkeit des Angebots einer helfenden Beziehung bestimmen unabhängig von der Psychotherapiemethode ganz wesentlich die Wirksamkeit aller Psychotherapieformen. Gemeinsam ist auch allen Psychotherapieformen, dass sie mittels Psychologisierung eine Problemklärung und -lösung anstreben.

Gerade die stationäre Psychotherapie versucht, die unspezifischen Wirkfaktoren möglichst optimal auszunutzen, um einen Therapieerfolg (im Sinne von neuem Bewusstsein, Zugang zu vermiedenen Gefühlen, größeren Handlungsmöglichkeiten) zu erreichen. Da bekannt ist, dass ein Therapieerfolg bei »offenen« und »aufnahmebereiten« Patientinnen und Patienten eher zu erwarten ist, versuchen psychiatrische und psychotherapeutische Kliniken durch unspezifische Psychotherapieangebote (wie z.B. Konzentrative Bewegungstherapie, Sport-, Musik-, Ergotherapie etc.) die Patientinnen und Patienten für eine Psychotherapie zu motivieren und damit die Basis für einen Therapieerfolg zu schaffen.

Diese unspezifischen Therapieelemente sind im Einzelnen bezüglich ihrer Wirksamkeit nur wenig untersucht. Dennoch wird ihre Wirksamkeit heute nicht mehr bestritten.

Als wichtige unspezifische Wirkfaktoren werden angesehen (Buchkremer et al., 2002):

- Verfügbarkeit einer vertrauenswürdigen Person
- therapeutische Zuwendung
- Vermittlung eines therapeutischen Optimismus
- Ausdruck von Verständnis, Respekt, Anteilnahme, Akzeptanz
- Anregungen für das vertiefte Verständnis der persönlichen Probleme
- Anregungen für die Suche nach Lösungen für als schwierig empfundene Situationen

1.3 Auswahl einer wirksamen Psychotherapie

Die Einschränkung der anerkannten Psychotherapieverfahren auf nur wenige Verfahren – die analytische Psychotherapie, die tiefenpsychologisch fundierte Psychotherapie, die systemische Therapie und die kognitive Verhaltenstherapie – wirft zahlreiche weitere Fragestellungen auf:

- Welche Psychotherapie ist für welche/n Patient/in bei welcher Störung, in welcher Zeit, in welcher Situation und bei welchem Psychotherapeuten am besten? (Geht man der Frage nach, welche Kriterien in der Praxis die Wahl eines Psychotherapieverfahrens bestimmen, so findet man kaum rational begründete Antworten.)

- Welche anderen bewährten Psychotherapieverfahren, wie z.B. Gesprächspsychotherapie oder IPT, könnten als Hauptverfahren anerkannt werden?
- Behindert die Beschränkung auf wenige Verfahren die Entwicklung neuer Psychotherapieformen?

1.3.1 Differenzielle Therapieindikation

Wie ein Patient/eine Patientin zu einer bestimmten Psychotherapierichtung bzw. zu einer bestimmten Person, die über psychotherapeutische Kompetenz verfügt, kommt, unterliegt zahlreichen Faktoren.

Patienten-Präferenz

Die öffentliche Meinung, die dem jeweils »neuesten Stand der Wissenschaft« sowie politischen und ökonomischen Einflüssen unterworfen ist, oder der Wunsch der Patientinnen und Patienten, ihre persönliche Präferenz und bestimmte Eigenschaften, über die sie verfügen oder nicht verfügen (z.B. Introspektionsfähigkeit), können die Wahl des Therapieverfahrens beeinflussen. Auch der Wunsch nach einem bestimmten Therapiesetting (z.B. stationäre Psychotherapie oder Einzeltherapie, Paar-, Familien-, Gruppentherapie) können die Wahl des Psychotherapieverfahrens bestimmen. Nur wenige Menschen, die einer Psychotherapie bedürfen und dazu motiviert sind, wissen jedoch selbst, welches Psychotherapieverfahren für sie am besten geeignet ist.

Welche Therapie ist geeignet?

Wissenschaftlich gesicherte Erkenntnisse über die Effizienz eines Verfahrens bei einer bestimmten Störung beeinflussen die Wahl des Psychotherapieverfahrens nur gering. Allgemein beginnt sich jedoch durchzusetzen, dass eine Phobie besser durch eine kognitive Verhaltenstherapie, eine generalisierte Angststörung jedoch vielleicht eher durch tiefenpsychologisch fundierte Psychotherapie zu behandeln ist. Bei Zwangsstörungen und Suchterkrankungen hat sich eher die Verhaltenstherapie durchgesetzt, bei narzisstischen Störungen wird der tiefenpsychologisch fundierten Psychotherapie eine höhere Effizienz zugesprochen, im kinder- und jugendpsychiatrischen Bereich hat die systemische Therapie einen hohen Stellenwert.

Nebenwirkungen

Auch mögliche Nebenwirkungen (z.B. Verschlechterung der Ausgangsproblematik, erhöhtes Suizidrisiko, psychotische Dekompensation, zunehmende Zwangs- oder Angstproblematik, Verringerung des Selbstheilungspotenzials, Verringerung der Selbstwirksamkeit, Einfluss auf Lebensentscheidungen (Scheidung, Kündigung, Migration etc.) oder die Entwicklung einer Abhängigkeit von der therapeutischen Beziehung gehen nur wenig in den Entscheidungsprozess ein.

Wesentliche Einflussfaktoren

Ein wesentlicher Einflussfaktor liegt in der Identifikation des Psychotherapeuten mit seiner eigenen Methode. Am meisten wird die Wahl des Psychotherapieverfahrens jedoch durch die Versorgungslage (regionale Verfügbarkeit verschiedener Psychotherapiemethoden, »Stadt-Land-Gefälle«, Spezialisierung einer Psychotherapiepraxis oder eines Krankenhauses) beeinflusst. Auch die Praktikabilität eines Psychotherapieverfahrens (z.B. Therapieaufwand, Anfahrtswege zur psychotherapeutischen Praxis etc.) beeinflusst die Entscheidung. Schließlich wird auch die Art der Vergütung der Psychotherapie die Wahl beeinflussen (Krankenkassenleistung, Kostenerstattung, Bewilligung des Umfangs, Zuzahlung, Selbstzahler etc.).

1.4 Künftige Therapieforschung

Durch folgende Forschungsmethoden versucht man gegenwärtig, die Frage nach der differenziellen Indikation eines Psychotherapieverfahrens zu beantworten:

Unter einer *Effektivitätsstudie* wird z.B. eine randomisierte kontrollierte Studie an einer selektierten Patientengruppe unter einer bestimmten Forschungsbedingung verstanden (Phase-III-Studie). Eine sich so als effektiv erwiesene Therapiemethode ist noch nicht notwendigerweise auch unter den Bedingungen, unter denen schwer psychisch gestörte Menschen leiden, effizient. Neben Effektivitätsstudien müssen deshalb auch *Effizienzstudien* durchgeführt werden, die die realen Bedingungen der Patientinnen und Patienten und die klinische Praxis berücksichtigen (Phase-IV-Studie). Außerdem könnte die Forschung zur differenziellen Indikation zusätzlich durch randomisierte *Therapievergleichsstudien* verbessert werden. Mittlerweile sollen in der psychotherapeutischen Forschung vergleichbare Standards zu denen der pharmakologischen Forschung gefordert und angewendet werden – dies schließt u.a. die Randomisierung, unabhängige Überwachung der Studienabläufe, eine Überprüfung der Compliance und der Manualtreue der Therapeutinnen und Therapeuten sowie die verblindete katamnestische Nachuntersuchung, wie sie ausführlich im Methodenpapier des Wissenschaftlichen Beirats Psychotherapie ausgeführt werden (WBP, 2023), ein.

Um die Frage zu klären, welche spezifischen Elemente es sind, die in der Psychotherapie wirken oder die Psychotherapie beeinflussen, werden *Grundlagenforschungen zum Therapieprozess* als notwendig erachtet. Von Bedeutung ist die Frage, ob bestimmte unabhängige Variablen im Sinne von *Prädiktoren* den Therapieerfolg vorhersagen können (Therapiemotivation) bzw. mit einem Therapieerfolg assoziiert sind, ob *Mediatoren*, die von Prädiktoren beeinflusst werden (Therapiemotivation erhöht die Behandlungsadhärenz, Behandlungsadhärenz erhöht durch die Wahrnehmung der

Psychoedukationsgruppe die Vermittlung von antidepressiv wirksamen Aktivitäten und damit den Behandlungserfolg) oder *Moderatorvariablen* identifiziert werden können (die Unterstützung der Familie, die den minderjährigen Patientinnen und Patienten bei hoher Motivation zur ambulanten Gruppe fährt, bei niedriger Motivation aber nicht).
Metaanalysen und systematische Reviews fassen die Ergebnisse vieler Studien zusammen und können bei methodisch korrekter Anwendung zu einer erhöhten Generalisierbarkeit der Aussagen aus den Effektivitäts- und Effizienzstudien führen. In *Konsensuskonferenzen* schließlich werden von Experten – im besten Fall auf der Basis einer ausreichenden Evidenz, die durch Metaanalysen und systematische Reviews zur Verfügung gestellt wurden, Empfehlungen formuliert, die innerhalb von Behandlungsleitlinien Entscheidungshilfen für eine differenzielle Indikationsstellung zur Verfügung stellen.

Die Frage nach der differenziellen Indikation zu einem bestimmten Psychotherapieverfahren ist bis heute nur unbefriedigend gelöst. Die Wirksamkeit und spezifische Indikation der verschiedenen Psychotherapieschulen wird weiterhin kontrovers diskutiert werden. Für die Verhaltenstherapie gilt, dass sie nach wie vor führend im Bereich der Therapiebegleitforschung und des Wirksamkeitsnachweises ist.

Prüfungsfragen

1. Geben Sie eine Definition für Anliegen und Vorgehen der Psychotherapie.
2. Was sind spezifische und unspezifische Wirkfaktoren der Psychotherapie?
3. Wie wird die Wirksamkeit der Psychotherapie ermittelt?

Antworten

1. Geeignet ist hier die Definition nach Strotzka, der die Psychotherapie als bewussten und geplanten interaktionellen Prozess zur Beeinflussung von Verhaltensstörungen und Leidenszuständen, die in einem Konsensus (zwischen Patient, Therapeut und Bezugsgruppe) für behandlungsbedürftig gehalten werden, sieht. Vorgehenswiese der Psychotherapie ist die Behandlung mittels Kommunikation in Richtung auf ein definiertes, nach Möglichkeit gemeinsam erarbeitetes Ziel mittels lehrbarer Techniken auf der Basis einer Theorie des normalen und pathologischen Verhaltens und angesiedelt auf einer tragfähigen emotionalen therapeutischen Bindung.
2. Spezifische Wirkfaktoren sind aus der Entstehungstheorie der Störung abgeleitete Interventionen, aber auch die Wirkfaktoren nach Grawe: Ressourcenaktivierung, Problemaktualisierung, aktive Hilfe zur Problembewältigung und motivationale Klärung. Unspezifisch sind beispielsweise therapeutische Zuwendung, Optimismus, Ausdruck von Verständnis, Respekt, Anteilnahme, Akzeptanz oder die Suche nach Lösungen für als schwierig empfundene Situationen.
3. Grundlage eines Wirksamkeitsvergleiches sind randomisierte Placebo-kontrollierte Studien oder Vergleiche verschiedener Vorgehensweisen mit definierten und objektiv und reliabel zu ermittelnden Endpunkten.

Literatur

BÄK – Bundesärztekammer (BÄK), Kassenärztliche Bundesvereinigung (KBV), Arbeitsgemeinschaft der Wissenschaftlichen Medizinischen Fachgesellschaften (AWMF) (2022). *Nationale VersorgungsLeitlinie Unipolare Depression* – Langfassung, Version 3.2. https://register.awmf.org/assets/guidelines/nvl-005l_S3_Unipolare-Depression_2023-07.pdf (Zugriff am 24.4.2025).

Buchkremer, G., Batra, A., Klingberg, S. (2002). Zukunftsperspektiven der Psychotherapie. In Gaebel, W. (Hrsg.), *Zukunftsperspektiven in der Psychiatrie und Psychotherapie.* Steinkopff, S. 87–97.

Cristea, I.A., Gentili, C., Cotet, C.D., et al. (2017). Efficacy of Psychotherapies for Borderline Personality Disorder: A Systematic Review and Meta-analysis. *JAMA Psychiatry, 74*(4), 319–328.

de Ponti, N., Matbouriahi, M., Franco, P., et al. (2024). The efficacy of psychotherapy for social anxiety disorder, a systematic review and meta-analysis. *J Anxiety Disord, 104,* 102881.

Dührsen, A. (1962). Katamnestische Ergebnisse bei 1004 Patienten nach analytischer Psychotherapie. *Zeitschrift für psychosomatische Medizin, 8,* 94–113.

Grawe, K., Donati, R., Bernauer, F. (1994). *Psychotherapie im Wandel. Von der Konfession zur Profession.* 3. Aufl. Hogrefe, S. 696–703.

Li, Y., Tang, C. (2024). A systematic review of the effects of rumination-focused cognitive behavioral therapy in reducing depressive symptoms. *Front Psychol, 15,* 1447207.

Linardon, J., Wade, T.D., de la Piedad Garcia, X., Brennan, L. (2017). The efficacy of cognitive-behavioral therapy for eating disorders: A systematic review and meta-analysis. *J Consult Clin Psychol, 85*(11), 1080–1094.

Meyer, A.E., Richter, R., Grawe, K. et al. (1991). *Forschungsgutachten zu Fragen eines Psychotherapeutengesetzes.* Universitätskrankenhaus Hamburg-Eppendorf.

Mojtabai, R., Nicholson, R.A., Carpenter, B.N. (1998). Role of psychosocial treatments in management of schizophrenia: a meta-analytic review of controlled outcome studies. *Schizophrenia Bulletin, 24,* 569–587.

Pfammatter, M., Junghan, U., Tschacher, W. (2012). Allgemeine Wirkfaktoren der Psychotherapie: Konzepte, Widersprüche und eine Synthese. *Psychotherapie in Psychiatrie, Psychotherapeutischer Medizin und Klinischer Psychologie, 17*, 17–31

Strotzka, V.H. (1975). Was ist Psychotherapie? In Strotzka, V.H. (Hrsg.), *Psychotherapie. Grundlagen, Verfahren, Indikationen.* Urban & Schwarzenberg, S. 3–6.

WBP – Wissenschaftlicher Beirat Psychotherapie (2023). *Methodenpapier des Wissenschaftlichen Beirats Psychotherapie nach § 8 PsychThG. Verfahrensregeln zur Beurteilung der wissenschaftlichen Anerkennung von Verfahren und Methoden der Psychotherapie.* Version 3.0. https://www.wbpsychotherapie.de/fileadmin/user_upload/wbpsychotherapie/2023-10-09_Methodenpapier_V3_neu.pdf (Zugriff am 29.4.2025).

Weiterführende Literatur

AWMF – Arbeitsgemeinschaft wissenschaftlich-medizinischer Fachgesellschaften (o. J.). *AWMF-Regelwerk Leitlinien. Von der Planung bis zur Publikation.* www.awmf.org/regelwerk (Zugriff am 29.4.2025).

WBP – Wissenschaftlicher Beirat Psychotherapie (2023). *Methodenpapier des Wissenschaftlichen Beirats Psychotherapie nach § 8 PsychThG. Verfahrensregeln zur Beurteilung der wissenschaftlichen Anerkennung von Verfahren und Methoden der Psychotherapie.* Version 3.0. https://www.wbpsychotherapie.de/fileadmin/user_upload/wbpsychotherapie/2023-10-09_Methodenpapier_V3_neu.pdf (Zugriff am 29.4.2025).

2 Geschichte der Verhaltenstherapie

Anil Batra

Das Wichtigste auf einen Blick

- Der Schwerpunkt der ersten Entwicklung verhaltenstherapeutischer Ideen war mit einem »verhaltenssteuernden« Ziel verbunden und eher »behavioristisch« zu nennen.
- Die kognitive Wende bezog Kognitionen, Werthaltungen und Oberpläne als handlungssteuernde Komponenten als Fokus der Therapie ein.
- In der »dritten Welle der Verhaltenstherapie« ergänzten Aspekte der Beziehung, frühe biografische Erfahrungen, aber auch fernöstliche Techniken wie achtsamkeitsbasierte Interventionen und eine akzeptanzorientierte Haltung die kognitive Verhaltenstherapie.

2.1 Klassische Verhaltenstherapie

2.1.1 Entstehung aus dem Behaviorismus

Als Gegenbewegung zur Psychoanalyse der Jahrhundertwende wurde in den späten 1920er Jahren versucht, allein auf der Basis von beobachtbaren Erkenntnissen Gesetzmäßigkeiten zum Verständnis von Verhalten abzuleiten. Unter bewusstem Verzicht auf Deutungen wurde im Behaviorismus begonnen, diese empirischen Beobachtungen zu vorhersagbarem Verhalten aus dem Tiermodell auf den Menschen zu übertragen und schließlich aus den entdeckten Gesetzmäßigkeiten Handlungsstrategien für eine Veränderung des Verhaltens zu entwickeln. I. P. Pawlow, ein russischer Arzt und Physiologe, gilt heute als der Begründer des klassischen Konditionierungsparadigmas, das er auf Basis der Beobachtung von physiologischen Prozessen, die weniger der willentlichen als der automatisierten vegetativen Steuerung in Abhängigkeit von externen Stimuli unterliegen, beschrieben hatte.

Der frühe Behaviorismus wurde durch den Neo-Behaviorismus von C. L. Hull und den radikalen Behaviorismus nach B. F. Skinner ergänzt. Der Skinner'sche Behaviorismus führte die Annahme der Verformbarkeit des Verhaltens auf der Basis von Lernerfahrungen ein.

Sowohl Pawlow als auch Skinner definierten das Verhalten als beobachtbares Resultat einer kausal begründeten Reaktion und machten im Bereich der klassischen Konditionierung (Pawlow) vorausgehende diskriminative Stimuli für physiologische Reaktionen oder positive Konsequenzen (Skinner) – d. h. direkte oder indirekte Belohnungen oder Bestrafungen – für die Entstehung und Ausformung von Verhaltensweisen verantwortlich. Mit den Untersuchungen der operanten Lernmethoden am Tiermodell war die Grundlage für eine Übertragung von Konditionierungen auf den Menschen gelegt worden.

2.1.2 Abgrenzung zur Psychoanalyse

Der Begriff »Verhaltenstherapie« wurde erst in den 1960er Jahren zur Abgrenzung der neuen Psychotherapierichtungen von der tiefenpsychologisch fundierten Psychotherapie bzw. Psychoanalyse eingeführt.

Als einer der Urväter der behavioralen Verhaltenstherapie gilt J. Wolpe. Er hatte in den 1950er Jahren seine Untersuchungen zur Behandlung von Angststörungen bzw. Phobien auf der Basis der systematischen Desensibilisierung begonnen und entwickelte eine lerntheoretische Konzeption der neurotischen Störung auf Basis von Beobachtungen im Tiermodell. Ihm gelang es, »neurotische Tiere« nach einer Konditionierung von Angstreaktionen von ihrer erworbenen Angst wieder zu befreien. Im Versuch, die Ergebnisse auf den Menschen zu übertragen, verwendete er Techniken aus der progressiven Muskelrelaxation von E. Jacobson und entwickelte damit das Verfahren der systematischen Desensibilisierung zur Überwindung von Angst durch den gleichzeitigen Einsatz der angstinkompatiblen tiefen Muskelentspannung. In seinen Experimenten konnte er mit den Techniken der Desensibilisierung und geleiteten Löschungsprozessen Angstpatienten von ihrer Störung befreien.

Gemeinsam mit A. Lazarus regte Wolpe die Weiterentwicklung der frühen, behavioristischen Verhaltenstherapie an. Während Wolpe sich eher mit dem behavioristischen Ansatz der Verhaltenstherapie identifizierte, erweiterte Lazarus die Verhaltenstherapie bereits früh um einzelne Techniken aus anderen Psychotherapieverfahren (bezeichnet als »technischer Eklektizismus«) und fasste diese zu einer »multimodalen Verhaltenstherapie« zusammen.

Der Schwerpunkt der ersten Entwicklung verhaltenstherapeutischer Ideen war eher mit einem »verhaltenssteuernden« Ziel verbunden, d. h. vom Ansatz her eher »behavioristisch« zu nennen. Auf der Verhaltensebene wurde, basierend im Wesentlichen auf den Erkenntnissen des klassischen Konditionierungsparadigmas von Pawlow und Skinner, »trainiert«.

2.1.3 Systematische Desensibilisierung

Nach einer Phase der ablehnend-kritischen Auseinandersetzung mit der Vorgehensweise von Wolpe wurde die Technik der systematischen Desensibilisierung durch Therapeuten wie Lazarus und Rachman in die Verhaltenstherapie integriert. Die frühe Verhaltenstherapie ist daher charakterisiert durch Verfahren der systematischen Desensibilisierung bei phobischen Störungen, sowie im Sinne einer angestrebten Habituation von den Reizkonfrontationsverfahren bei spezifischen Phobien.

Während in der klassischen behavioristischen Verhaltenstherapie innerpsychische Prozesse keine relevante Rolle für die Erklärung von Verhaltensvariabilitäten gespielt hatten, gewann die klinische Verhaltenstherapie mit der Übertragung auf den Menschen zunehmend die Erkenntnis, dass die behavioristische Interpretation des Verhaltens für ein Verständnis der Komplexität des Verhaltens allein nicht ausreichend war. Einstellungen, Erwartungen und kognitive Werthaltungen sowie emotionale Erfahrungen wurden als relevante Faktoren für die Ausbildung des Handelns und komplexen Verhaltens beschrieben. Mit F. Kanfer ging die Individualität der Person durch Definition einer »Organismusvariable« in die Beschreibung des Verhaltens ein.

Nach ausführlicher Erforschung der klassischen und operanten Konditionierungsprozesse wurde auch das Modelllernen als Faktor für die Entstehung von Verhaltensstörungen untersucht.

A. Rachman nutzte in den 1960er Jahren in der Angstexposition das Rollenspiel (welches sich aus dem »Psychodrama« von J. L. Moreno entwickelte «), das er gezielt zur therapeutischen Unterstützung der Überwindung von schwierigen Verhaltenssituationen einsetzte.

In der Entwicklung einer neuen klinischen Psychologie war die Arbeitsgruppe um M. B. Shapiro sehr bedeutsam. In Publikationen zu zahlreichen Einzelfallstudien wurde der Aspekt der Forschung stärker in die Entwicklung der klinischen Psychotherapie eingeführt. Shapiro, zusammen mit H.-J. Eysenck und G. Jones, entwickelte am Maudsley-Hospital neue Ansätze zur Persönlichkeitsforschung und lerntheoretischen Forschung. Techniken der systematischen Desensibilisierung wurden gezielt zur Angstbehandlung eingesetzt und mit den gewonnenen Erkenntnissen zu Persönlichkeitsaspekten aus der Forschung Eysencks verbunden.

Auch nach den Personen um Eysenck charakterisierte sich die Verhaltenstherapie weiterhin durch die Annahme, dass Symptome letztlich als fehlgeleitete Konditionierungsprozesse und falsches Lernen definiert werden konnten und die Psychotherapie auf Deutungen, die als irrelevant angesehen wurden, verzichten müsse. Zu dieser Zeit wurde die persönliche Beziehung zwischen Therapeut und Patient, die als nicht zentral relevant für die Besserung neurotischer Störungen galt, auch wenn sie als hilfreich für die therapeutische Anleitung angesehen wurde, weiterhin als sekundär erachtet.

2.1.4 Kognitive Ansätze

Nach dem Aufschwung der lerntheoretischen Grundlagen der Verhaltenstherapie war in den 1960er Jahren schon bald erkennbar, dass die reine Konditionierung die pathologischen Verhaltensmerkmale nicht wesentlich erklären konnte.

Im Verlauf der 1960er Jahre etablierte sich die Verhaltenstherapie vor dem Hintergrund der zahlreichen Publikationen zu Forschungsergebnissen und Anwendungsmöglichkeiten auf Basis der Ergebnisse von J. Wolpe, H. Eysenck, A. Bandura und schließlich auch F. Kanfer. Die Entwicklung der Verhaltenstherapie war zu dieser Zeit geprägt von zahlreichen parallel laufenden Entwicklungen zur Erforschung des Lernens auf der Grundlage von klassischen oder operanten Theorien, aber auch von kognitiven Ansätzen, die implizites Lernen in den Vordergrund rückten. Techniken wie die systematische Desensibilisierung, aber auch Gegenkonditionierung, Habituations- und Löschungsverfahren waren jeweils eigenständige Anstrengungen auf einer Basis, die sich von den klassischen analytischen Schulen verabschiedete und der es gelang, Belege für die Wirksamkeit von therapeutisch-psychologisch fundierten Interventionen zu schaffen.

Die verhaltenstherapeutische Gewichtung erfuhr ihre erste Wende durch die Einbeziehung der kognitiven Verhaltenstherapieansätze, ausgehend von den Theorien von A. T. Beck und A. Ellis.

2.2 Kognitive Wende

Die moderne Verhaltenstherapie begann ihren Aufschwung in den Jahren zwischen um 1960.

Die kognitive Wende in der Verhaltenstherapie, heute oft auch als »zweite Welle der Verhaltenstherapie« bezeichnet, wurde wesentlich von den beiden aus der psychoanalytischen Schule stammenden Psychotherapeuten A. T. Beck und A. Ellis begründet, die mit ihren Ansätzen zur Modifikation »irrationaler Ideen« oder »dysfunktionaler Denkschemata« einen wichtigen Beitrag für die Behandlung depressiver Störungsbilder, Persönlichkeitsstörungen und vieler anderer psychischer Störungen geliefert haben. Der Psychoanalytiker Ellis entwickelte als Kritiker an der eigenen Schule aus dem beobachteten Mangel an therapeutischer Effektivität der psychoanalytischen Richtung eine »rationale Therapie«, in welcher er im Unterschied zum Vorgehen in der Psychoanalyse die kognitive, rationale Seite stärker betonen wollte. Wesentlicher Inhalt waren die »irrationalen Annahmen«, von denen er zunächst 11, später 12 formulierte, die im Dialog zwischen Patienten und Therapeuten bearbeitet werden sollten. Nach erster kritischer Betrachtung seitens der Verhaltenstherapeuten wurde seine Vorgehensweise, die er in der Rational-Emotiven Therapie (RET) zusammenfasste, später in die Verhaltenstherapie integriert.

A. T. Beck, der ebenfalls aus der psychoanalytischen Prägung kam und psychoanalytische Hypothesen im Experiment nicht bestätigen konnte, entwickelte am Beispiel der depressiven Störung, aber auch anhand Angststörungen und Zwangserkrankungen die Theorie typischer depressiver Gedanken. Neben der Rational-Emotiven Therapie nach Ellis war schließlich noch die von A. Lazarus begründete multimodale Verhaltenstherapie eines der drei Vorgehensweisen, die die wesentliche Umstrukturierung der kognitiven Verhaltenstherapie einleiteten. Lazarus vertrat die Auffassung, dass neben Verhalten auch Affekte, Wahrnehmung, Vorstellungen, Kognitionen und interaktionelle Variablen für die Veränderung von Verhalten entscheidend sind. Die kognitive Umstrukturierung wurde von D. Meichenbaum mit seinen Theorien zur Selbstinstruktion erweitert, weitere Autoren entwickelten Verfahren zum Aufbau von Fertigkeiten mit Hilfe des kognitiv-therapeutischen Ansatzes. Dazu gehörten das verdeckte Modelllernen nach Kautela, das Angstmanagement, die Stressimpfung nach Meichenbaum sowie Problemlösetherapien, die von D'Zurilla und Goldfried eingebracht wurden.

Die Verhaltenstherapie charakterisiert sich mittlerweile durch eine Vielzahl verschiedener Entwicklungen, die mit Beginn des Behaviorismus in den späten 1920ern und der klassischen Verhaltenstherapie der 1950er und 1960er Jahren über die kognitive Verhaltenstherapie die heutige Vielfalt an Techniken maßgeblich geprägt haben.

Wichtiger Verdienst aller Forscher war die empirische Überprüfung der neuen Hypothesen im Tiermodell und schließlich in der Anwendung an Patientinnen und Patienten. Auf der Basis dieser Verhaltenstherapie der 1960er bis 1980er Jahre konnten in den letzten Jahrzehnten zunehmend störungsspezifische Modelle entwickelt und für die Therapie verwendet werden.

2.3 Von der Methoden- zur Störungsspezifität

Nach der Entwicklung der verschiedenen Psychotherapieschulen mit der tiefenpsychologisch fundierten Psychotherapie und der kognitiven Verhaltenstherapie als den wesentlichen Vertretern der Psychotherapie etablierte sich ab den 1960er Jahren eine methodenspezifische Vorgehensweise mit einer klaren Schulentrennung. Erst mit der Forschung zu allgemeinen Wirkfaktoren der Psychotherapie nach Grawe (1995; ▶ Kap. 1) und der Beschreibung einer »allgemeinen Psychotherapie« setzte die Entwicklung von der »Methodenspezifität« zur »Störungsspezifität« in der Psychotherapie ein. Die Patientenorientierung des therapeutischen Ansatzes geht darüber hinaus nicht nur mit einer Störungsorientierung, sondern mit einem zunehmend individualisierten Fokus einher. Im Behandlungsplan werden Inhalte der klassischen und kognitiven Verhaltenstherapie um störungsspezifische Techniken ergänzt. Charakteristisch sind die Fokussierung auf einzelne Techniken in der Behandlung bestimmter Krankheitsbilder, so z. B. die Reizkonfrontationsbehandlung bei der spezifischen Phobie, die kognitive Therapie dysfunktionaler Gedanken bei der Depression oder die Entwicklung von Selbstkontrolltechniken bei Essstörungen, sexuellen Störungen oder Abhängigkeitserkrankungen. Die Verhaltenstherapie mit ihrer Fülle an diversen Techniken versteht es, störungsspezifische Inhalte für die Entwicklung von Behandlungsprogrammen für fast alle psychischen Störungen zur Verfügung zu stellen. Die Störungsspezifizierung mit einem breiten Angebot an manualisierten Behandlungsansätzen kann heute auf der Basis einer allgemeinen Psychotherapieausbildung, aber auch auf dem Hintergrund einer schulenspezifischen Ausbildung eines Psychotherapeuten erfolgen (Buchkremer & Batra, 1997).

Merke

In diesem Buch werden störungsspezifische Behandlungsansätze auf Basis der verhaltenstherapeutischen Behandlungsgrundlagen und schließlich auch störungsspezifische Weiterentwicklungen der Psychotherapie durch Integration anderer Schulen (aus tiefenpsychologischen, aber auch fernöstlichen achtsamkeitsbasierten Traditionen) vorgestellt.

2.4 Dritte Welle der Verhaltenstherapie

Die Interpersonelle Psychotherapie (IPT) nach G. L. Klerman und M. M. Weissman ist eine Therapieform, die als eine der ersten zentralen Elemente der kognitiven Verhaltenstherapie mit anderen Komponenten aus verschiedenen Therapieverfahren in einem multidimensionalen Ansatz unter Betonung interpersonaler Bezüge zur Behandlung der unipolaren Depression verband (Schramm, 1997). Die Integration systemischer Sichtweisen schritt voran (Hand, 2008; Zarbock, 2017).

Integrative Ansätze berücksichtigen nunmehr biologische, behaviorale, kognitive und psychodynamische Perspektiven unter Berücksichtigung des therapeutischen und sozialen Umfelds:

- Übertragung
- Beziehung
- Achtsamkeit etc.

In jüngerer Zeit waren zahlreiche weitere Entwicklungen zu beobachten, die darauf abzielen, schulenübergreifend verschiedene wirksame Behandlungskomponenten in die methoden- und störungsspezifischen Ansätze zu integrieren. Dazu gehören sowohl Schwerpunktsetzungen der Psychotherapie, die ausgehend von der Annahme einer frühen biografischen, intensiv prägenden oder traumatischen Erfahrung den Beziehungsaspekt sowie die emotionalen Erfahrungen stärker in den Vordergrund rücken, wie z. B. das Cognitive Behavioral Analysis System of Psychotherapy (CBASP) nach J. McCollough zur Behandlung der chronischen Depression, die Dialektisch-Behaviorale Therapie (DBT) nach M. Linehan oder auch die Schematherapie nach J. E. Young zur Behandlung von Persönlichkeitsstörungen, als auch Behandlungsverfahren, die eine fernöstliche philosophische Tradition zu integrieren versuchen und Aspekte der Akzeptanz und Achtsamkeit in die kognitiven Ansätze aufnehmen. Beispiele sind die achtsamkeitsbasierten Verfahren, z. B. die Mindfulness-Based Cognitive Therapy (MBCT) nach Z. Segal, M. Williams und J. Teasdale oder die Akzeptanz- und Commitment-Therapie (ACT) nach S. C. Hayes (Heidenreich & Michalak, 2013). Die Compassion-Focused Therapy (CFT) dagegen setzt auf eine Stärkung des Mitgefühls mit sich selbst, die Metakognitive Therapie (MCT) wiederum auf die Bewertung von und den Umgang mit Kognitionen. All diese Therapieformen verbindet der Versuch, in einer Synthese verschiedener Schulen und einer Erweiterung der vorhandenen Programme um neue Interaktionsformen therapeutische Haltungen, störungsspezifische und individualisierbare Vorgehensweisen zur Verfügung zu stellen. Für einzelne Therapien (z. B. ACT und DBT) wurden moderate Effektgrößen belegt, allerdings ist die Effektivitätsprüfung noch nicht in allen Bereichen abgeschlossen. Einige ausgewählte Verfahren der dritten Welle mit Bezug zur kognitiven Verhaltenstherapie werden in diesem Buch vorgestellt.

Prüfungsfragen

1. Beschreiben Sie die Entwicklungsphasen der Verhaltenstherapie.
2. Wer sind die Begründer der modernen kognitiven Verhaltenstherapie?
3. Welche wichtige Integration leisten die Verfahren der dritten Welle?

Antworten

1. Ausgehend vom Behaviorismus entstand zunächst die klassische Verhaltenstherapie (behaviorale Verhaltenstherapie). Nachfolgend – nach der »kognitiven Wende« – entwickelte sich die kognitive Verhaltenstherapie, die insbesondere Kognitionen und Emotionen als handlungsbestimmende Komponenten menschlichen Verhaltens ansah. Die »Dritte Welle der Verhaltenstherapie« erweitert die kognitive Verhaltenstherapie um Akzeptanz, Achtsamkeit und weitere Dimensionen.
2. Beck und Ellis, Wolpe, Eysenck, Bandura, Meichenbaum und Goldfried sowie Kanfer gelten als wichtigste Vorreiter der modernen kognitiven Verhaltenstherapie.
3. Die Verfahren der dritten Welle erweitern die kognitive Verhaltenstherapie einerseits um Beziehungsaspekte sowie andererseits um achtsamkeitsbasierte Techniken und Akzeptanz als therapeutischen Fokus.

Literatur

Buchkremer, G., Batra, A. (1997). Psychotherapie. Störungsspezifische Indikation oder Perfektion in einer Technik? In Mundt, C., Linden, M., Barnett, W. (Hrsg.), *Psychotherapie in der Psychiatrie.* Heidelberg. S. 53–62.

Grawe, K. (1995). Grundriß einer Allgemeinen Psychotherapie. *Psychotherapeut, 40,* 130–145.

Hand, I. (2007). *Strategisch-systemische Aspekte der Verhaltenstherapie: Eine praxisbezogene Systematik in ihren historisch-autobiografischen Bezügen.* Springer.

Heidenreich, T. & Michalak, T. (2013). *Die »dritte Welle« der Verhaltenstherapie: Grundlagen und Praxis.* Beltz.

Schramm, E. (1997). Zur Rolle der Interpersonellen Psychotherapie in der deutschsprachigen Psychiatrie. In Marneros, A. & Brieger, P. (Hrsg.), *Psychiatrie als Therapiefach.* Roderer.

Zarbock, G. (2017). *Praxisbuch Verhaltenstherapie: Grundlagen und Anwendungen biografisch-systemischer Verhaltenstherapie.* Pabst Science Publishers, 4. Edition.

Weiterführende Literatur

Daiminger, C. (2010). *Vom begeisterten Aufbruch zu ersten Richtungsauseinandersetzungen: Ein Lesebuch mit Interviews zur Geschichte der Verhaltenstherapie in der Bundesrepublik Deutschland.* dgvt.

Eschenröder, C. (2019). *Streifzüge durch die Geschichte der Verhaltenstherapie.* dgvt.

Geyer, M. (2011). *Psychotherapie in Ostdeutschland: Geschichte und Geschichten 1945–1995.* Vandenhoeck & Ruprecht.

Schorr, A. (1984). *Die Verhaltenstherapie. Ihre Geschichte von den Anfängen bis zur Gegenwart.* Beltz.

3 Merkmale der Verhaltenstherapie

Anil Batra und Reinhard Wassmann

Das Wichtigste auf einen Blick

- Verhaltenstherapie ist gekennzeichnet durch Problemorientierung, Zielorientierung, Handlungsorientierung, Bedingungsorientierung, Transparenz, Übertragbarkeit und Partnerschaftlichkeit, »Hilfe zur Selbsthilfe«, das Prinzip der minimal notwendigen Intervention, prinzipiellen Pluralismus und positiven Hedonismus sowie Aktualität.
- Grundlage der Verhaltenstherapie ist ein empirisches Wissenschaftsverständnis.
- Verhaltenstherapeutische Techniken und Methoden finden sowohl im Bereich der Therapie psychischer Störungen als auch in der medizinischen/psychotherapeutischen Behandlung (psycho-)somatischer Störungen, im Coaching und in der Entwicklung persönlicher Fertigkeiten ihren Platz.

3.1 Einführung

Für den 1953 von Skinner erstmals verwendeten Begriff »Verhaltenstherapie« existierte keine allgemein verbindliche und akzeptierte Definition. Eine einmal festgeschriebene und damit auch einengende Definition würde dem Postulat der Verhaltenstherapie – der »ständigen Weiterentwicklung« – entgegenstehen und würde diese Weiterentwicklung behindern.

Merke

Besser als durch eine abstrakte und fixierte Definition ist die moderne Verhaltenstherapie durch die Beschreibung ihrer allgemein akzeptierten Merkmale zu charakterisieren.

Die besonderen Merkmale der Verhaltenstherapie betreffen:

- das zugrundeliegende Menschenbild
- das Störungsmodell
- allgemeine Grundprinzipien
- die Methodologie
- Anwendungsvoraussetzungen
- Behandlungsindikationen

3.2 Menschenbild

Die moderne Verhaltenstherapie betont die »aktive Rolle des Menschen bei der Gestaltung seines eigenen Lebensschicksals« (Kanfer, 2011). Sie geht von einem »ganzheitlichen Personenmodell« aus und sieht den Menschen als reflexives Subjekt mit internen Selbstregulationsprozessen und der Fähigkeit zur Selbststeuerung an.

Im Selbstregulationsmodell von Kanfer werden drei Ebenen der Beeinflussung des Verhaltens und dessen Konsequenzen unterschieden:

»Beta-Variablen« stellen kognitive und emotionale Prozesse sowie Schemata, Pläne und innere Verarbeitungsprozesse im Selbstregulationsmodell von Kanfer dar und sind von der Person selbst initiierte und in Gang gesetzte Verhaltensweisen. Auch *»Alpha-Variablen«*, die Einflüsse der externen Umgebung (situative Merkmale, systemische oder interaktionelle Variablen), oder *»Gamma-Variablen«*, die Einflüsse der genetischen Ausstattung und des biologischen Systems, erhalten in vielen Fällen ihre Bedeutung auf der Basis innerer kognitiv-emotionaler Selbstregulationsprozesse.

3.3 Störungsmodell

Anstatt Beschwerden, Schwierigkeiten oder Auffälligkeiten als Symptome und diagnostische Merkmale einer zugrundeliegenden Erkrankung zu betrachten, sieht die Verhaltenstherapie diese als »Probleme« zwischen einem Ist-Zustand und einem Soll-Zustand im Bemühen des Individuums, einen optimalen Zustand zu erreichen, an. Das zugrundliegende Konzept der Allostase (Sterling, 2012; Shulkin & Sterling, 2019) geht davon aus, dass ein individuelles Regelungssystem auf der Basis bestehender Fertigkeiten und bestehenden Wissens, aktuellem Input und Kontrollvariablen für Veränderungen als Resultat von Regulationsmechanismen arbeitet.

Die Diskrepanz zwischen Ist- und Soll-Zustand wird durch spezifische Problembedingungen auf Alpha-, Beta- und Gamma-Ebene verursacht, die es herauszuarbeiten gilt. Aus diesen spezifischen Bedingungen wiederum werden mögliche Veränderungsstrategien abgeleitet.

Merke

Die Therapie wird zum Problemlöseprozess, optimalerweise unter Einsatz von Selbstregulationsmechanismen und »Selbstkontrolle«.

3.4 Allgemeine Grundprinzipien

Das gemeinsame methodische Vorgehen unterschiedlicher verhaltenstherapeutischer Behandlungsmaßnahmen wird wohl am besten deutlich, wenn die *Grundprinzipien jeder Verhaltenstherapie* kurz umrissen werden. Diese sind:

Problemorientierung
Verhaltenstherapie ist grundsätzlich problemorientiert und setzt an der aktuellen Problematik an. Für die in der Problem-/Verhaltensanalyse herausgearbeiteten Problembedingungen wird ein individuelles, möglichst spezifisches Therapie- bzw. Veränderungsprogramm erstellt. Die Therapie wird möglichst individuell auf die jeweiligen Patientinnen und Patienten und deren spezielle Umgebung und Erkrankung ausgerichtet. Ähnliche Störungsbilder können daher auch sehr verschiedene Vorgehensweisen bedingen.

Zielorientierung
Verhaltenstherapie ist zielorientiert und setzt nach erfolgter Problemidentifikation in der Regel eine gemeinsam erarbeitete, explizite Zieldefinition durch Patient und Therapeut voraus.

Handlungsorientierung
Verhaltenstherapie ist handlungsorientiert und setzt die aktive Mitarbeit der Patientinnen und Patienten voraus. Betroffene werden ermutigt, Probleme nicht nur zu berichten, zu diskutieren und zu reflektieren, sondern sich zusätzlich aktiv an der Erprobung gemeinsam erarbeiteter Lösungsmöglichkeiten zu beteiligen. Die im geschützten Rahmen der Therapie erworbenen Erkenntnisse und neu erlernten Verhaltensweisen müssen zwischen den Therapiesitzungen in der Alltagsrealität eingeübt werden.

Übertragbarkeit
Verhaltenstherapie strebt die Übertragbarkeit der in der Therapiesituation erarbeiteten Fähigkeiten in das Alltagsleben und auf ähnliche Problemkonstellationen an. Implizite Erkenntnisse und Lernerfahrungen können dazu explizit benannt und analysiert werden.

Bedingungsorientierung
Verhaltenstherapie orientiert die Ziele ihrer Interventionen an den Bedingungen, die vorausgehend, auslösend, aufrechterhaltend oder begünstigend für das Problemverhalten sind.

Transparenz
Verhaltenstherapie soll in der Regel für Patientinnen und Patienten transparent und durchschaubar sein. Aus der »Verhaltensanalyse« abgeleitete Erklärungs- und Veränderungsmodelle sowie therapeutische Schritte sollen für Patientinnen und Patienten verständlich, nachvollziehbar und akzeptabel sein. Dies ermöglicht die Übertragbarkeit auf neue, analog lösbare Problemkonstellationen.

Partnerschaftlichkeit
Verhaltenstherapie sieht Therapeut und Patient als Partner in einem Arbeitsbündnis an und ermöglicht dem Patienten eine gleichberechtigte Rolle bei der Behandlung seiner Störung. Beide stehen in einem »Dienstleistungsverhältnis« zueinander und sind quasi Vertragspartner.

»Hilfe zur Selbsthilfe«
Verhaltenstherapie sieht das Ziel jeglicher Therapie als »Hilfe zur Selbsthilfe« an und zielt auf eine Selbstbewältigung des Problems durch den Patienten ab. Therapeutinnen und Therapeuten sind Vermittler einer Erkenntnis, Anleiter für die Suche nach Problembewältigungen und Ansprechpartner für Herausforderungen und Schwierigkeiten im Lösungsprozess. Sie übernehmen nicht die Rolle von Experten, sie substituieren auch nicht fehlende Beziehungen und soziale Kontakte.

Prinzip der minimal notwendigen Intervention
Verhaltenstherapie befolgt das Prinzip der minimal notwendigen Intervention. Dieses besagt, dass Patientinnen und Patient nur die minimal notwendigen Hilfen erhalten sollen, die ausreichen, um eine Selbstkontrolle des Problems und eine Generalisierung ihrer Problemlösefähigkeiten zu erreichen.

Prinzipieller Pluralismus/positiver Hedonismus
Verhaltenstherapie betont den prinzipiellen Pluralismus von Werten, Anschauungen, Denk- und Lebensstilen. Problembearbeitung und Therapieziele sind individuell aus dem Lebenszusammenhang der Patientinnen und Pati-

enten und im Rahmen ihres Wertesystems abzuleiten, solange sie dem Grundprinzip eines positiven Hedonismus entsprechen. Positiver Hedonismus ist durch die Maximierung der persönlichen Handlungsfreiheit, ohne Schädigung anderer oder sich selbst gekennzeichnet.

Aktualität
Die Verhaltenstherapie entwickelt sich im ständigen Austausch mit der empirischen Forschung in Sozial- und Entwicklungspsychologie, allgemeiner und klinischer Psychologie, medizinischer Psychologie sowie Biologie und Medizin, einschließlich Psychiatrie, Psychotherapie und Psychosomatik.

Merke

Die wichtigsten Variablen und Grundprinzipien der Verhaltenstherapie finden sich auch in der Beschreibung der allgemeinen Wirkfaktoren der Psychotherapie nach Grawe wieder (Grawe et al., 2001). Grawe benennt die Wirkfaktoren: Problemaktualisierung, Klärung, Problembewältigung und Ressourcenaktivierung. Als eine wichtige Basisvariable wird das Konstrukt der »Beziehung in der Psychotherapie« deklariert, wenngleich dieses in der Forschung nicht explizit erfasst wird.

3.5 Methodologie

Empirisches/experimentelles Wissenschaftsverständnis
Ein wesentliches Merkmal zur Unterscheidung der Verhaltenstherapie von anderen Psychotherapieverfahren ist die eigenständige und spezielle Methodologie. Die Forschungslogik der Verhaltenstherapie ist auf einer empirischen/experimentellen Wissenschaftstheorie aufgebaut, die auf die biologische und physiologische Forschung des letzten Jahrhunderts zurückgeht und Grundlage eines modernen Wissenschaftsverständnisses ist.

Suche nach Regelmäßigkeiten
Jede empirische Wissenschaftsrichtung, und so auch die Verhaltenstherapie, sucht nach Regeln und Gesetzen, die die Beziehungen zwischen abhängigen und unabhängigen Variablen erklären können, also vereinfacht nach dem: »Warum verändert sich x, wenn sich y verändert?« Die Verhaltenstherapie versucht dabei besonders, sowohl konditionale als auch funktionale Zusammenhänge zu erfassen und probabilistische (wahrscheinliche) Aussagen und Vorhersagen zu machen.

Empirische/experimentelle Überprüfbarkeit
Jede Hypothese eines Zusammenhangs zwischen zwei Ereignissen muss empirisch oder experimentell überprüfbar sein.

Beispiel

Zwischen dem Auftreten einer Depression, dem Einsatz der kognitiv-verhaltenstherapeutischen Behandlungsstrategie nach Beck und dem Verschwinden der depressiven Erlebnis- und Verhaltensweisen muss mittels validierter Messinstrumente (Fragebogen, Schätzskalen, Verhaltensbeobachtung etc.) ein Zusammenhang statistisch erfassbar und an einer ausreichend großen Patientenstichprobe empirisch gesichert sein.

Beobachtbarkeit
Die zu überprüfenden Hypothesen werden aus beobachtbaren Ereignissen abgeleitet. Zu beobachten sind dabei nicht nur konkrete Handlungen, nachprüfbare Ereignisse oder physiologische Reaktionen, sondern auch kognitive oder emotionale Verhaltensweisen.

Operationalisierbarkeit
Die zu beobachtenden Ereignisse müssen operationalisierbar sein. Dies bedeutet, dass z. B. eine Depression messbar gemacht werden muss. Dieses kann z. B. über die Fremdeinschätzung der Psychopathologie (Stärke des Antriebs, der Verstimmung usw.) oder durch validierte Selbstbeurteilungsfragebögen (Hamilton-Skala, Beck-Depressions-Inventar etc.) erfolgen.

Verwendung von Messinstrumenten
Ergebnisse von Messinstrumenten, mit denen ein möglicher Zusammenhang zwischen Ereignissen überprüft werden soll, müssen wissenschaftlichen Kriterien genügen. Sie müssen folgende Merkmale aufweisen:

- *objektiv* (von der Person des Untersuchers unabhängig)
- *reliabel* (bei wiederholten Messungen gleich)
- *valide* (wirklich das messen, was sie vorgeben zu messen)

Merke

Die Entwicklung der Verhaltenstherapie ging immer einher mit einem Verständnis einer empirischen, experimentell abgesicherten Wissenschaft.

3.6 Psychotherapeutische Anwendung

Verhaltenstherapie war nach der Psychoanalyse und der tiefenpsychologisch fundierten Psychotherapie sowie vor der systemischen Therapie das dritte der vier wissenschaftlich anerkannten Psychotherapieverfahren in Deutschland. Es hat die größte Wachstumstendenz und ist das mit Abstand am besten untersuchte psychotherapeutische Verfahren (Grawe et al., 2001).

Psychotherapie ist nach der abrechenbaren Psychotherapie-Richtlinie:

- eine *geplante* Maßnahme
- bei *anerkannten* Krankheitsbildern
- mit *zielgerichtetem* Prozess
- durch *spezifische* Interventionen
- unter Anwendung *theoriegeleiteter* Verfahren
- durch *ausgebildete* Therapeutinnen und Therapeuten

3.7 Indikationsbereiche

Verhaltenstherapeutische Methoden und Techniken lassen sich in vielen Zusammenhängen einsetzen. In der kausalen Behandlung psychischer Störungen wie z. B. spezifischer Phobien werden konfrontative Expositionsverfahren, die auf eine Habituation zielen, ebenso wie kognitive Strategien zur Aufdeckung und Modifikation irrationaler Annahmen eingesetzt. Aktivitätsförderung und Verstärkereinsatz dagegen unterstützen Heilungsprozesse bei der depressiven Störung, ohne zwangsläufig die Kausalität zu adressieren. Die Psychoedukation flankiert allgemeine medizinische oder psychotherapeutische Maßnahmen und schafft Behandlungsmotivation durch Vermittlung einer Therapierationale. Selbstsicherheitstraining schafft Kompetenzen, die zur Bewältigung von Persönlichkeitsmerkmalen wie sozialer Unsicherheit verwendet werden können. Allgemeine Stressbewältigung und Kommunikationstraining stärken Kompetenzen bei der Lebensbewältigung, ohne dass zwangsläufig ein psychisches Störungsbild zugrundliegen muss. Operante Techniken, Belohnung und Bestrafung kommen in der Erziehung wie auch im sportlichen Training zum Einsatz. Token-Programme sind Bestandteil operanter Techniken, aber auch der Kundenbindung im wirtschaftlichen Bereich.

Prüfungsfragen

1. Welche allgemeinen Grundprinzipien verfolgt die Verhaltenstherapie?
2. Erläutern Sie das empirische Wissenschaftsverständnis der Verhaltenstherapie.
3. Geben Sie Beispiele für verhaltenstherapeutische Behandlungsziele.

Antworten

1. Verhaltenstherapie orientiert sich an einem Problem, definiert ein therapeutisches Ziel und ist in der Umsetzung handlungsorientiert, setzt aber auch psychologische Techniken der Gesprächsführung ein. Verhaltenstherapie verwendet Transparenz, um die Übertragbarkeit erworbener Erkenntnisse und Fertigkeiten zu ermöglichen, basiert auf Augenhöhe und Partnerschaftlichkeit in der Arbeit und reduziert den therapeutischen Aufwand auf minimal notwendige Interventionen, um Autonomie und Selbständigkeit zu fördern.
2. Verhaltenstherapie gründet auf den aus der biologischen, physiologischen, psychologischen und soziologischen Forschung abgeleiteten Erkenntnissen, die in ihrer theoretischen Rationale objektiv, nachvollziehbar, empirisch überprüfbar, im experimentellen Design reproduzierbar und bezüglich des Ergebnisses valide sind.
3. Spezifische, kausale Behandlung der Phobie, Motivationsförderung durch Psychoedukation, Stärkung individueller Ressourcen durch Förderung der sozialen Kompetenz und Stressbewältigung, Aktivierung, Überprüfung eigener Überzeugungen, Werte und Verhaltensschemata auf Rationalität.

Literatur

Grawe, K., Donati, R. & Bernauer, F. (2001). *Psychotherapie im Wandel.* Hogrefe.
Kanfer, F. H, Reinecker, H. & Schmelzer, D. (2011). *Selbstmanagement-Therapie.* 5. Aufl. Springer.
Sterling, P. (2012). Allostasis. A model of predictive regulation. *Physiol Behav, 106,* 5–15.
Shulkin, J., Sterling, P. (2019) Allostasis – A Brain-Centered, Predictive Mode of Physiological Regulation. *Trends in Neurosciences, 42*(10), 740–752.

Weiterführende Literatur

Fliegel, S. et al. (Hrsg.) *Verhaltenstherapie: Was sie kann und wie es geht – Ein Lehrbuch.* dgvt.

4 Modelle der Verhaltenstherapie

Anil Batra und Reinhard Wassmann

Das Wichtigste auf einen Blick

- Verhaltenstherapie basiert auf der Annahme, dass problematisches Verhalten durch Lernprozesse (klassisches und operantes Konditionieren, Modelllernen, kognitives Lernen) entstanden ist und daher auch wieder »verlernt« bzw. verändert werden kann. Biologische Grundlagen werden dabei nicht ausgeklammert.
- Verhalten wird in der Verhaltenstherapie funktional betrachtet: als Reaktion auf vorausgehende und nachfolgende Bedingungen, die sich auf drei Ebenen (Alpha = extern, Beta = kognitiv-emotional, Gamma = biologisch) einteilen lassen.
- Ziel ist es, Bedingungen zu identifizieren, die Verhalten auslösen oder aufrechterhalten.
- Nach Kanfer und Phillips beeinflussen sich Verhalten, Kognitionen, Emotionen und physiologische Prozesse gegenseitig über Rückkopplungsschleifen. Der Mensch wird als aktives, sich selbst regulierendes System betrachtet, das auf Reize reagiert und seine Reaktionen an Zielen, Normen und Erfahrungen ausrichtet.
- Probleme entstehen, wenn Menschen eine Lücke zwischen dem aktuellen Zustand und einem gewünschten Zielzustand erleben. Verhaltenstherapie versteht sich als Problemlöseprozess, um diese Diskrepanz systematisch zu reduzieren.
- Das Prozessmodell der Therapie nach Kanfer und Grimm beschreibt einen idealtypischen Ablauf einer Verhaltenstherapie und erlaubt ein flexibles Vorgehen mit Rückschritten, wenn neue Informationen auftauchen oder Schwierigkeiten auftreten.

4.1 Einführung

Die Verhaltenstherapie ist grundsätzlich pluralistisch ausgerichtet und daher für Erkenntnisse anderer Wissenschaftsgebiete, insbesondere aus der neurobiologischen, soziologischen und psychologischen Forschung, offen.

Unter Zugrundelegung des allgemeinen Störungsmodells der Verhaltenstherapie entstanden zunächst allgemeine Modelle zur Beschreibung menschlichen Verhaltens, allgemeine Behandlungsmodelle und später spezifische Störungsmodelle. Verhaltensstörungen sind im Verständnis der Verhaltenstherapie Resultate von Lernprozessen. Grundlage für das Verständnis der Ausformung und Differenzierung des Verhaltens sind die Theorien des Lernens. Letztere lassen sich grob in Konditionierungsmodelle (klassisch und operant) sowie kognitive Lernmodelle (Modelllernen, auch: soziales Lernen, und kognitives Lernen, auch: Lernen durch Einsicht) unterteilen (▸ Abb. 4.1). Dies ignoriert keineswegs den Stellenwert biologischer Ausgangsbedingungen und Einflussfaktoren.

Modelle dienen dazu, die Grundlagen einer Wissenschaft vereinfacht und komprimiert darzustellen. Sie erheben keinen Anspruch auf Vollständigkeit und Genauigkeit, sondern sollen einen (groben) plausiblen Rahmen für die intendierten Aussagen bieten.

Das funktionale Beschreibungsmodell des Verhaltens soll hier aus Sicht der Verhaltenstherapie von anderen psychotherapeutischen Sichtweisen und dem medizinischen Modell abgegrenzt werden. Das Selbstregulationsmodell nach Kanfer wird als komplexes Modell menschlichen Verhaltens verstanden und als ein allgemeines verhaltenstherapeutisches Modell für den Behandlungsablauf in der Verhaltenstherapie gesehen.

4.2 Verhaltenstherapeutische Perspektiven

Grundlage für jede wissenschaftliche Beschäftigung mit dem menschlichen Verhalten ist die Möglichkeit, Verhalten im Kontext des jeweiligen Denkmodells zu beschreiben.

4.2.1 Funktionale Beschreibung

In der Verhaltenstherapie wird Verhalten unter dem Aspekt der Funktionalität beschrieben.

Verhalten wird als abhängige Variable vorausgehender und nachfolgender Bedingungen angesehen. Funktional bedeutet dabei vereinfacht in Anlehnung an mathemati-

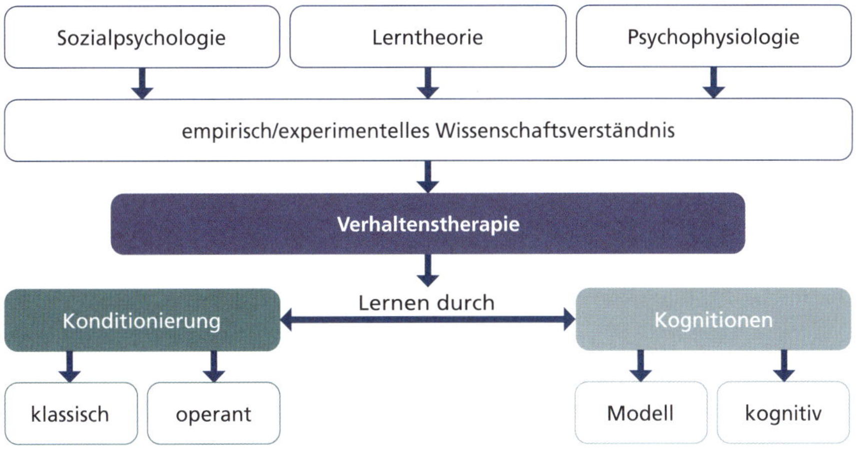

Abb. 4.1: Grundlagen der Verhaltenstherapie

sche Begriffe, dass sich der Wert der abhängigen Variablen (= des Verhaltens, oder, um im Störungsbegriff zu bleiben: des Problemverhaltens) in systematischer Weise ändert, wenn sich der Wert der unabhängigen Variablen (= dem Verhalten vorausgehende oder nachfolgende Bedingungen) ändert. Die unabhängigen Variablen können dabei sowohl aus der externen Umwelt (oft als »Alpha-Ebene« bezeichnet) als auch aus den inneren Vorgängen (Kognitionen und Emotionen, oft als »Beta-Ebene« benannt) und physiologischen Prozessen (»Gamma-Ebene«) einer Person selbst stammen. Für die verhaltenstherapeutische Betrachtungsweise sind dabei nur diejenigen unabhängigen Variablen von Bedeutung, die mittelbar oder unmittelbar einen Einfluss auf die abhängige Variable (das Verhalten) ausüben.

Merke

Das Verstehen der funktionalen Betrachtung von Verhalten ist die wichtigste Voraussetzung für das Verständnis der Verhaltenstherapie.

Diese Denkweise ist zugegebenermaßen nicht leicht aus dem alltäglichen Denken abzuleiten und zuerst befremdlich. Daher soll ein ausführlicheres Beispiel dieses verhaltenstherapeutische Denken verdeutlichen.

Beispiel

Einem bisher sehr angepassten und unauffälligen Schüler, der in der ersten Reihe sitzt, fällt das Federmäppchen zu Boden. Dessen Inhalt verstreut sich auf dem Fußboden und muss eingesammelt werden. Die Klasse grölt. Die bereits durch andere Ereignisse genervte Lehrerin schimpft ihn aus und versetzt ihn in die letzte Reihe. Mit knallrotem Kopf befolgt der Schüler die Anweisung. Am nächsten Tag fällt dem gleichen Schüler, jetzt in der letzten Reihe sitzend, sein Beutel mit Murmeln hinunter und diese rollen in der ganzen Klasse herum.

Auf den ersten Blick hat die Lehrerin aus ihrer Sicht eine Bestrafung des Schülers vorgenommen. Diese Sichtweise würde sicherlich von den meisten Menschen geteilt, zumal das Rotwerden darauf zurückführbar wäre, dass dieses Vorkommnis dem Schüler peinlich war. Erstaunlich ist allerdings, dass ein ähnliches Ereignis (Murmeln heruntergefallen) in relativer zeitlicher Nähe erneut stattfindet. Dies könnte natürlich theoretisch rein zufällig sein. Als Verhaltenstherapeut würden Sie, besonders dann, wenn sich ähnliche Ereignisse anschließen, eine ganz andere Interpretation der Vorfälle für überprüfungswürdig halten. Sie formulieren die folgende Hypothese: Unter der Annahme, dass es sich nicht um einen Zufall handelt, erhöht sich offensichtlich die Frequenz eines Problemverhaltens (Stifte, Murmeln, Rucksäcke usw. herunterfallen zu lassen). Dementsprechend kann das Ausschimpfen und in die letzte Reihe Versetzen aus Sicht des Schülers keine Bestrafung für sein Verhalten gewesen sein, da durch eine Bestrafung die Frequenz des Problemverhaltens eher unterdrückt worden wäre. Die Tatsache, dass sich die Verhaltensfrequenz des Problemverhaltens erhöht, bedeutet lerntheoretisch, dass es verstärkt worden ist. Es handelt sich dabei möglicherweise um einen operanten Lernprozess (»Lernen am Erfolg«). Ob das Verhalten der Lehrerin eine Bestrafung oder Verstärkung für das Verhalten des Schülers darstellt, ist nur im Nachhinein durch die Wirkung auf die Auftretenswahrscheinlichkeit des Verhaltens bestimmbar. Da sich in diesem Beispiel das Problemverhalten erhöht hat, ist eine positive (Belohnung) oder negative Verstärkung (Vermeidung unangenehmen Erlebens) anzunehmen. Als Verhaltenstherapeut würden Sie überlegen, ob der bisher unauffällige Schüler sein bisheriges unauffälliges Verhalten und die dadurch fehlende Beachtung in der Klasse möglicherweise als unangenehm oder zumindest weniger attraktiv und vorteilhaft empfunden hat als die Aufmerksamkeit, die ihm danach zuteilwurde. Sollte dies der Fall sein, hätte sein Problemverhalten dazu geführt, dass Schüler wie Lehrerin ihm deswegen mehr Beachtung schenkten. Durch das Fallenlassen der Stifte, Murmeln usw. bekommt er Aufmerksamkeit. Wenn er vorher unter Nichtbeachtung litt, ist jede Art von Beachtung – negativ oder positiv konnotiert – besser als gar keine Beachtung. Sein Problemverhalten könnte also durch negative Verstärkung (»Vermeiden der Nichtbeachtung«) in seiner Auftretenswahrscheinlichkeit erhöht worden sein. Die Lehrerin hatte ihm also aus seiner Sicht keine Bestrafung im Sinne von unangenehmen Konsequenzen (unmittelbare Bestrafung) oder indirekte Bestrafung (im Sinne eines

Entzugs eines besseren Sitzplatzes) zugeführt, sondern eine vorher negative Situation des Schülers (fehlende Aufmerksamkeit) durch ihre vermeintliche Bestrafung unwissentlich beendet.

4.3 Störungsmodell

Das verhaltenstherapeutische Störungsmodell sieht Beschwerden, Schwierigkeiten oder Auffälligkeiten als Probleme an. Probleme sind dadurch gekennzeichnet, dass zwischen einem bestehenden Ist-Zustand und einem gewünschten Soll-Zustand eine Diskrepanz besteht.

Das jeweilige Ausmaß der Diskrepanz bestimmt die Intensität des Leidensdrucks. Dieser Leidensdruck kann im Individuum selbst, in seinem sozialen Umfeld oder in der Gesellschaft entstehen.

Diese Diskrepanz zwischen dem Ist- und dem Soll-Zustand ist auf spezifische Bedingungen zurückzuführen, die es in der Problem-/Verhaltensanalyse herauszuarbeiten gilt. Bei dem Ziel, einen unerwünschten Ist-Zustand in einen erwünschten Soll-Zustand zu überführen, ist zunächst zu klären, auf welcher Ebene das Problem liegt. Hierbei können die Bedingungen für das Problem auf drei Ebenen zu finden sein:

- *Ausgangszustand:* Mangel an Klarheit/Strukturierung/Realitätseinschätzung des Ausgangszustands; eventuell auch Ausgangsbedingungen, die ohne Anpassung unüberwindbar sind
- *Fertigkeiten:* Mangel an Fertigkeiten/Möglichkeiten, den Ausgangszustand in den Zielzustand zu überführen
- *Zielzustand:* Mangel an Klarheit/Strukturierung/Realitätseinschätzung des Zielzustands, eventuell auch unattraktiv erscheinende Entwicklungen in einen Zielzustand

Aus den spezifischen funktionalen Bedingungen, die dem Problemverhalten vorausgehen, es auslösen oder aufrechterhalten, werden dann die notwendigen Veränderungsstrategien abgeleitet (▸ Abb. 4.2).

Ziel der Therapie ist a) die Interpretation und Anpassung der Ausgangsbedingungen, b) die Bereitstellung von Mitteln, um die dem Problem innewohnenden funktionalen Bedingungen zu verändern, und c) die Klärung der Zielbedingungen. Hierdurch soll es möglichst zu einer Angleichung des Ist- und des Soll-Zustands kommen, soll das Problem gelöst, der Leidensdruck aufgehoben und hierdurch sollen die Beschwerden der Patientinnen und Patienten behoben werden.

Merke

Verhaltenstherapie versteht sich nach diesem Modell als *Problemlöse-Prozess.*

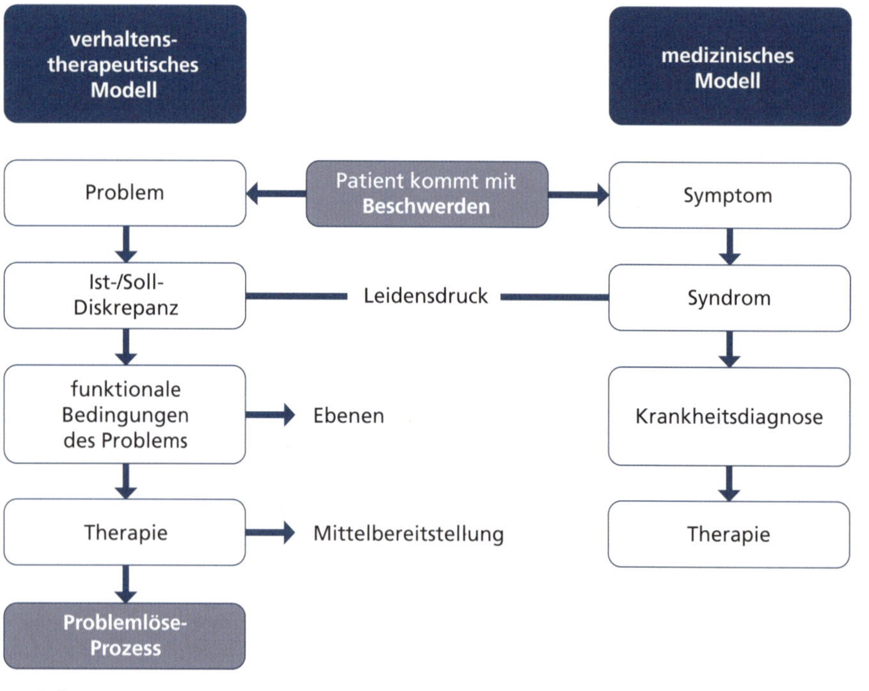

Abb. 4.2: Störungsmodell

4.4 Selbstregulationsmodell

Da sich die Verhaltenstherapie in einer ständigen Weiterentwicklung befindet, werden ihre Modelle zur Beschreibung von Verhalten zunehmend ausführlicher und komplexer.

4.4.1 Ebenen des Verhaltens nach Kanfer und Phillips

Das Selbstregulationsmodell von Kanfer und Phillips (1986) unterscheidet drei Ebenen, auf denen Verhalten beschrieben werden kann (▶ Tab. 4.1). Diese Ebenen des Verhaltens beeinflussen sich über Rückkopplungsschleifen gegenseitig. Die emotionalen und kognitiven Prozesse aus der Beta-Ebene könnten genaugenommen voneinander getrennt betrachtet werden, da sie sich ebenfalls wechselseitig beeinflussen.

Beispiel: Einordnung eines Problemverhaltens auf den drei genannten Ebenen

Auslösende Situation:
Exposition vor einer Gruppe im Rahmen eines Vortrags

Alpha-Ebene (beobachtbares Verhalten):
Vermeidung oder Abbruch des Vortrags, ablesen statt frei sprechen, körpersprachliche Unsicherheit: Blickkontakt vermeiden, leise Stimme, schnelles, hastiges Reden

Beta-Ebene (kognitive und emotionale Prozesse):
Gedanken: »Ich werde mich blamieren.«, »Alle sehen, wie nervös ich bin.«, »Ich darf keine Fehler machen.«
Emotion: Angst

Gamma-Ebene (physiologische Reaktionen):
Herzrasen, Zittern, Schweißausbruch, Engegefühl in der Brust

Zusätzlich bezieht Kanfer den Menschen als ein sich selbst beeinflussendes Wesen mit ein. Kognitionen, Wünsche, Normen, Lerngeschichte, sonstige innere Prozesse und biologisch-somatische Bedingungen sind nicht starr, sondern befinden sich über ein Selbstregulationssystem in einem steten Modifikationsprozess. Dieses System übernimmt die Verarbeitung externer, interner und biologischer Reize. Nach Überprüfung und Verarbeitung des gesamten Reizsystems kommt es zu einer durch das Selbstregulationssystem modulierten Verhaltensweise. Die Konsequenzen des Verhaltens haben rückwirkend Auswirkungen auf die vorhergehenden Verhaltensweisen und werden zudem mit den Wünschen, Zielen und Standards des Selbstregulationssystems in Beziehung gesetzt.

Zur Verdeutlichung stellen Kanfer et al. (2012) dies grafisch dar (▶ Abb. 4.3). Dieses nichtlineare Systemmodell impliziert für Diagnostik und Therapie eine sehr komplexe Betrachtungsweise des menschlichen Verhaltens. Verhalten findet auf mehreren miteinander interagierenden Ebenen statt. Es wird durch Rückmeldeschleifen variiert und wesentlich durch ein inneres Selbstregulationssystem mit Eigengesetzlichkeit modelliert. Diese Komplexität menschlichen Verhaltens ist bei der Vermittlung und dem Erlernen der Verhaltenstherapie zu beachten und »im Hinterkopf« zu behalten.

Um die Komplexität zu veranschaulichen, wurde die Organismusvariable (»O-Variable«) um die Dimensionen der »Erfahrungen« (»E-Variable«) erweitert (Bartling et al., 2007). In der E-Variable sammeln sich frühe und aktuelle Erfahrungen und daraus abgeleitete Einstellungen, und Erwartungen, Oberpläne (grundlegende Prinzipien der Zielformulierung), daraus abgeleitete Verhaltenspläne und Verhaltensregeln (sehr konkrete Handlungsanweisungen zu Herangehensweisen an Aufgaben und Problemstellungen mit dem zugrundeliegenden Ziel, Verhaltenspläne und Oberpläne zu erfüllen).

Tab. 4.1: Ebenen des menschlichen Verhaltens (modifiziert nach Kanfer & Phillips, 1986)

Ebene	Beschreibung	Beispiele
Alpha	beobachtbare Ebene, externe Umgebung	• unmittelbare Umgebung, berufliche und partnerschaftliche Situation
Beta	emotionale und kognitive Prozesse und Inhalte	Prozesse: • Denken • Wahrnehmen • Erinnern • Bewerten • Fühlen • Empfinden Inhalte: • Ziele • Wünsche • Pläne • Sehnsüchte
Gamma	biologisch-physiologische Ebene	• endokrine Steuerungsmechanismen (z. B. Hunger und Sättigung) • akute Infektion, Fieber • Alkohol-, Drogen- und Medikamenteneinflüsse

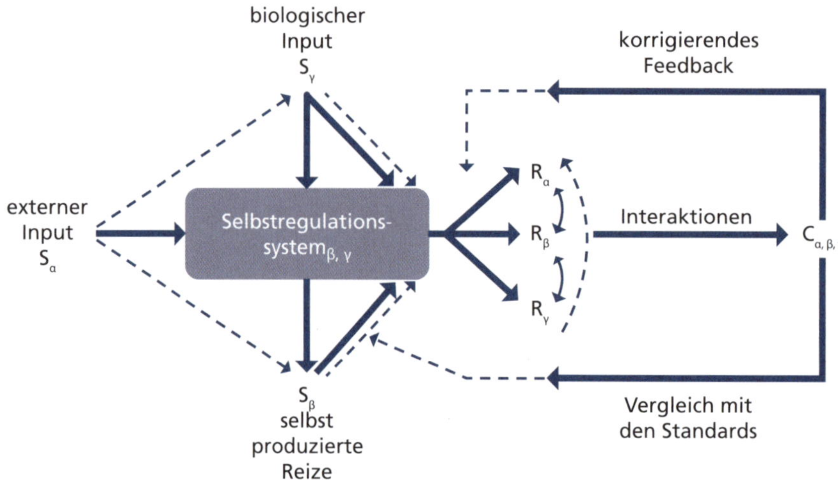

Abb. 4.3: Ebenen des Verhaltens (modifiziert nach Kanfer et al., 2012, S. 33)
S = Stimulus; R = Reaktion/Verhalten; C = Konsequenzen; α = beobachtbare Verhaltensebene; β = kognitive/emotionale Ebene; γ = physiologische Ebene

4.4.2 Weiterentwicklung der problembezogenen Ebene

Die Betrachtung des Verhaltens auf der individuellen Ebene kann durch die Integration der systemischen Einbettung des Individuums in das Modell vervollständigt werden. Dabei spielen folgende Faktoren eine wichtige Rolle:

- gesellschaftliche Werte
- Rahmenbedingungen des Zusammenlebens
- Regeln innerhalb des sozialen Bezugssystems oder sogar mehrerer, eventuell inkompatibler Bezugssysteme
- Ausmaß und Verlässlichkeit der sozialen Integration

Die dynamische Entwicklung von grundsätzlichen Werthaltungen, Oberplänen, aber auch deren Konkretisierungen auf der Ebene von Verhaltensplänen oder Verhaltensregeln sind den impliziten Rahmenbedingungen nicht nur unterworfen, sondern im regelmäßigen, dynamischen und interaktiven Austausch. Die Wechselwirkungen auf der Makroebene (unter Einbeziehung der Umgebung und der Interaktionen mit der Umgebung) werden an späterer Stelle beschrieben (▸ Kap. 8).

Systemische Sichtweisen unter Berücksichtigung biologischer, behavioraler, kognitiver und dynamischer Perspektiven sowie des therapeutischen und des sozialen Umfelds spielen eine zunehmend wichtige Rolle. Die Integration neuer Sichtweisen ist in der Verhaltenstherapie immer im Fluss (Hand, 2008).

4.5 Allgemeines Behandlungsmodell

Behandlungsmodelle beschreiben den Ablauf und Rahmen einer therapeutischen Intervention. Je nach Entwicklungszeitpunkt, Autor und der fokussierten Störung unterscheiden sich diese Behandlungsmodelle in verschiedenen Teilbereichen. Die unterschiedlichen methodischen und störungsspezifischen Vorgehensweisen werden in diesem Buch in den Teilen »Methoden und Techniken« und »Anwendungsbereiche der Verhaltenstherapie« beschrieben.

Als allgemeine Beschreibung eines Behandlungsablaufs in der Verhaltenstherapie hat sich das Prozessmodell der Therapie von Kanfer und Grimm (1981) bewährt. Hierbei werden sieben Phasen eines therapeutischen Vorgehens und deren Hauptziele unterschieden (▸ Tab. 4.2). Das Prozessmodell stellt einen idealisierten, vereinfachten Behandlungsablauf dar. Innerhalb einer konkreten Therapie sind diese sieben Stufen zeitlich und inhaltlich nicht genau voneinander abgrenzbar. Beim Auftreten von Schwierigkeiten in einer höheren Phase ermöglicht dieses Modell, auf vorhergehende Phasen zurückzugehen und hier nach möglicherweise übersehenen Gründen für die aktuellen Schwierigkeiten zu suchen.

Beispiel

Die in Phase 2 aufzubauende Veränderungsmotivation ist natürlich auch in Phase 4 »Vereinbarung von Behandlungsinhalten« aufrechtzuerhalten. Oder: Bei der konkreten Behandlungsdurchführung in Phase 5 können unerwartet auftretende Schwierigkeiten auf bisher nicht erarbeitete Problembedingungen aus Phase 3 (»Verhaltensanalyse«) hindeuten und eine Ergänzung der Verhaltensanalyse notwendig machen.

Tab. 4.2: Prozessmodell der Therapie (nach Kanfer & Grimm, 1981)

Phasen des therapeutischen Vorgehens	Hauptziele
1. Rollenstrukturierung und Aufbau einer therapeutischen Gemeinschaft	• Erleichterung für die Person, die Rolle eines Klienten zu übernehmen • Formulierung eines Arbeitsbündnisses • Schaffung der Motivation, mit dem Therapeuten zu arbeiten
2. Verpflichtungen zu einer Veränderung (Motivation und Vereinbarung einer Veränderung)	• Motivierung des Klienten, sich positive Konsequenzen einer Veränderung zu überlegen • Aktivierung des Klienten zu einer Veränderung des Status quo • Verringerung der Hoffnungslosigkeit
3. Verhaltensanalyse	• Präzisierung der Problemdefinition des Klienten • Identifikation relevanter funktionaler Beziehungen • Motivierung des Klienten für spezifische Veränderungen
4. Vereinbarung von Behandlungsinhalten	• Übereinstimmung der Zielbereiche • Setzen von Prioritäten für ein Veränderungsprogramm und Beginn spezifischer Verfahren • Akzeptieren der Verantwortung für die Mitarbeit an dem geplanten Therapieprogramm
5. Durchführung der Behandlung und Aufrechterhalten der Motivation	• Durchführung des Veränderungsprogramms • Feststellen von Nebeneffekten und ausstrahlenden Effekten einer Veränderung der Zielverhaltensweisen
6. Registrieren und Bewerten des Fortschritts	• Feststellen der Verhaltensänderung • Feststellen der Anwendung allgemeiner Bewältigungsstrategien durch den Klienten • Einführen neuer Therapieinhalte, bei Bedarf • Motivation zur Beendigung des Programms
7. Generalisierung und Beendigung des Treatments	• Einschätzen und Fördern von Selbst-Management-Fähigkeiten zur Begegnung zukünftiger Probleme • Ausblendung des Kontakts mit dem Klienten

Prüfungsfragen

1. Nennen Sie die sieben therapeutischen Phasen gemäß dem Prozessmodell der Therapie von Kanfer und Grimm.
2. Welche Implikationen ergeben sich aus dem Selbstregulationsmodell menschlichen Verhaltens?
3. Welche Ebenen menschlichen Verhaltens werden mit den Bezeichnungen Alpha, Beta und Gamma unterschieden?

Antworten

1. Die sieben therapeutischen Phasen gemäß dem Therapieverlaufsmodell von Kanfer und Grimm beschreiben typische Veränderungsprozesse innerhalb einer Psychotherapie. Sie sind phasenübergreifend und verlaufen oft parallel. Die sieben Phasen sind:
   - Rollenstrukturierung, Klärung des Therapeut-Patient-Verhältnisses
   - Verpflichtung zu einer Veränderung, Aufbau von Motivation
   - Verhaltensanalyse
   - Vereinbarung von Behandlungsinhalten
   - Durchführung der vereinbarten Inhalte
   - Messung und Bewertung des Fortschritts
   - Generalisierung des Lernerfolgs und Beendigung
2. Das Selbstregulationsmodell von Kanfer und Phillips sieht den Erwerb von Verhalten und Verhaltensstörungen als interaktiven Prozess von Konsequenzen, Verhalten, Auslösebedingungen und in der »O-Variable« verankerten Erfahrungen.
3. Alpha-Ebene = beobachtbares Verhalten (Beispiele: Sprechen, Gehen, Händewaschen, Vermeidungsverhalten).
   Beta-Ebene = kognitive Prozesse, innere Vorgänge wie Gedanken, Bewertungen, Einstellungen (Beispiele: »Ich schaffe das nicht«, »Andere denken schlecht über mich«).
   Gamma-Ebene = physiologische Prozesse (Beispiele: Herzklopfen, Schwitzen, Muskelanspannung, hormonelle Reaktionen).
   Diese Ebenen stehen miteinander in Wechselwirkung – z. B. können angstauslösende Gedanken (Beta) körperliche Symptome (Gamma) und Vermeidungsverhalten (Alpha) hervorrufen.

Literatur

Bartling, G., Echelmeyer, L., Engberding, M. (2016). *Problemanalyse im psychotherapeutischen Prozess: Leitfaden für die Praxis* (6. Aufl.). Kohlhammer.

Hand, I. (2009). *Strategisch-systemische Aspekte der Verhaltenstherapie*. Springer.

Kanfer, F. H., Grimm, L. G. (1981). Bewerkstelligung klinischer Veränderungen: Ein Prozeßmodell der Therapie. *Verhaltensmodifikation, 2,* 125–136.

Kanfer, F. H., Phillips, J. S. (1986). *Lerntheoretische Grundlagen der Verhaltenstherapie*. Kindler.

Kanfer, F. H., Reinecker, H., Schmelzer, D. (2012). *Selbstmanagementtherapie. Ein Lehrbuch für die klinische Praxis* (5. Aufl.). Springer

Weiterführende Literatur

Borg-Laufs, M. (2020). *Die Funktionale Verhaltensanalyse*. Springer.

Reinecker, H. (2005). *Grundlagen der Verhaltenstherapie* (3. Aufl.). Beltz PVU.

Sulz, S. K. D. (2025). *Theoretische Grundlagen der Verhaltenstherapie* (2. Aufl.). UTB.

5 Grundlegende Begriffe und Prinzipien der Lerntheorien

Anil Batra und Arthur Günthner

Das Wichtigste auf einen Blick

- Verhalten und Verhaltensstörungen sind erlernt – sie entstehen durch explizites (bewusstes) oder implizites (unbewusstes) Lernen.
- Zentrale Lerntheorien sind:
  - *Konditionierungslernen:* klassische (Reizkopplung) und operante Konditionierung (Lernen durch Konsequenzen)
  - *kognitives Lernen:* Lernen durch informationsverarbeitende Prozesse wie Einsicht, Verstehen und mentale Repräsentation sowie Modelllernen (Lernen durch Beobachtung und Nachahmung)
- Verstärker (Belohnungen) – ob materiell, sozial oder handlungsbezogen – spielen eine zentrale Rolle beim Aufbau, bei der Festigung oder Löschung von Verhalten.
- Verhalten wird durch Auslöser (Stimuli/*S*), Konsequenzen *(C)* und individuelle Faktoren *(O)* gesteuert. Dabei beeinflussen sowohl äußere Reize als auch die Lerngeschichte des Individuums (z. B. Persönlichkeit/*P*, Einstellungen/*E*) das Verhalten.
- Verhaltenstherapie basiert auf diesen Lerntheorien und ihren empirischen Grundlagen (Experimente und Studien), indem sie gezielt Bedingungen, Verstärker und Reaktionen analysiert und verändert, um problematisches Verhalten abzubauen und alternatives Verhalten aufzubauen und aufrechtzuerhalten.

5.1 Einführung

Menschliches Verhalten sowie auch Verhaltensstörungen werden erlernt. »Lernen« führt zu einer dauerhaften Veränderung von Wissen, Fertigkeiten und Verhalten. Wir unterscheiden dabei explizites und implizites Lernen.

Explizites Lernen beschreibt einen bewussten, zielgerichteten Vorgang, um Fertigkeiten und spezielles Wissen zum Zwecke der eigenen Weiterentwicklung zu erwerben und im geeigneten Augenblick einzusetzen. Die Erweiterung des Wortschatzes einer Sprache durch das Vokabellernen, die Auseinandersetzung mit den Regeln, strategischen und taktischen Finessen des Schachspiels mit Hilfe von Lehrgängen oder Literatur sowie der Erwerb einer Handlungsfertigkeit (ein Musikinstrument bedienen oder eine Technik in einer Sportart einüben) sind Ergebnisse eines expliziten Lernens.

Implizites Lernen dagegen geschieht nicht bewusst, häufig beiläufig und intuitiv sowie ohne Absicht. Regeln des Zusammenlebens in einer Gemeinschaft, die nicht explizit formuliert wurden, aber durch Erfahrung aufgenommen werden können, gehören ebenso dazu wie der Erwerb grammatikalischer Regeln einer Sprache jenseits eines gezielten Sprachunterrichts.

Im Folgenden wollen wir verstehen, wie implizites und explizites Lernen unser Verhalten formen. Dazu werden zentrale Lerntheorien vorgestellt: die klassische und die operante Konditionierung (beide sind dem Konditionierungslernen zugeordnet), das Modelllernen und das kognitive Lernen (beide gehören zu den kognitiven Lernstrategien) (▸ Abb. 5.1).

Im Zuge des Lernprozesses werden Verhaltensweisen – und letztlich auch Verhaltensstörungen – durch vorausgehende Auslöser und nachfolgende Konsequenzen gesteuert. Äußere und innere Bedingungen nehmen Einfluss auf das Auftreten und die Ausformung des Verhaltens. Kurzfristige wie auch langfristige Folgen sind Faktoren, die die Auftretenswahrscheinlichkeit und Ausgestaltung der Verhaltensweisen kontrollieren.

Eine Modifikation des Gelernten ist möglich durch schlichtes Vergessen oder Löschen des gelernten Verhaltens, durch die Weiterentwicklung und Anpassung des Verhaltensrepertoires oder den Aufbau von Alternativen zum Gelernten. Veränderungen der Bedingungen, unter denen das Gelernte bisher repliziert wurde, können die Zweckmäßigkeit und Wirksamkeit des Verhaltens beeinflussen, Anpassungsvorgänge erforderlich machen oder schlicht zum Scheitern eines Vorhabens führen.

Voraussetzung für eine gezielte Modifikation gelernten Verhaltens ist das Wissen um den Erwerb und Aufbau von Verhaltensfertigkeiten.

Merke

Lernmechanismen werden unterteilt in kognitives Lernen und Konditionierungslernen.

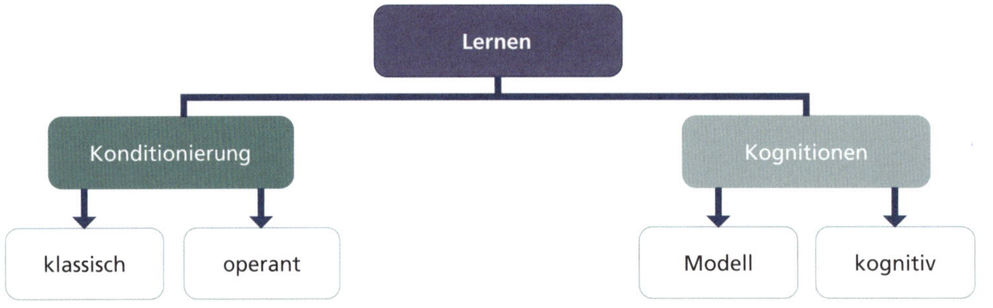

Abb. 5.1: Unterteilung von Lerntheorien

5.2 Kognitives Lernen

Kognitionen beziehen sich auf eine innere, d. h. von außen (öffentlich) nicht direkt beobachtbare Verhaltensebene, die »alle informationsverarbeitenden Prozesse eines denkenden Menschen umfasst, von der Aufmerksamkeit und Wahrnehmung bis hin zu schlussfolgerndem Denken und den höchsten Abstraktionsebenen menschlichen Denkens (Günthner, 2022). Dabei unterscheiden wir »kognitives Lernen« im engeren Sinn, das sich auf allgemeine informationsverarbeitende Lernprozesse bezieht, und »Modelllernen«, das in einem sozialen Rahmen stattfindet und als sozial-kognitives Lernen eine Teilmenge des kognitiven Lernens insgesamt darstellt.

Kognitives Lernen entwickelt sich durch Einsicht, durch das Erkennen und Verstehen eines Sachverhaltes und des Ursache-Wirkungs-Zusammenhangs mit Rückgriff auf bestehende Erfahrungswerte. Dies ermöglicht kreative Lösungen, die durch innere Prozesse wie Denken, Erkennen, Erinnern, Imagination, Antizipation möglicher Konsequenzen und Probierverhalten und dem Bilden von mentalen Abbildern möglich werden. Kognitives Lernen oder »assoziatives Lernen« hilft dabei, ein zielgerichtetes Verhalten auszubilden, das auf andere Situationen übertragen werden kann.

Beispiel

Beim Lernen eines Stadtplans oder des Citratzyklus in der Biochemie werden kognitive Landkarten (mentale Repräsentationen) erstellt, welche die Orientierung und das Erkennen von Zusammenhängen ermöglichen. Auch Einsicht und das »Aha-Erlebnis« zählen dazu, wenn z. B. erkannt wird, wie eine bestimmte Funktion auf dem Smartphone bedient werden kann.

Modelllernen nach Albrecht Bandura (1961, 1971) setzt Beobachtung und Nachahmung voraus: Modelle stehen im Alltag und Erfahrungsbereich der Lernenden reichlich zur Verfügung. Kinder lernen beispielsweise durch Beobachtung, wie Erwachsene Konflikte lösen oder mit Werkzeug umgehen.

Reale Modelle im Alltag sind bspw. zunächst Eltern, ältere Geschwister, gleichaltrige und ältere Freunde, Lehrer und andere wichtige Bezugspersonen. Zunehmend werden im Lauf der Entwicklung von Kindern und Jugendlichen weitere reale oder fiktive Personen, die zwar attraktiv, wenngleich unerreichbar sind, zum Modell und Vorbild. Seien es erfolgreiche Filmhelden oder -heldinnen (Wickie, Harry Potter, Katniss Everdeen), ein Filmstar, eine Fußballspielerin oder vielleicht auch Angehörige eines interessanten Berufes, die Polizistin, der Feuerwehrmann oder Rennfahrer. Rollenmodelle wie die Eltern, Heldinnen und exponierte Berufe spielen in der kindlichen Entwicklung ebenso eine Rolle wie später Modelle, die für Ideologien, Religiosität, politische Gesinnung, Handlungsethos im beruflichen Bereich oder soziale Funktionen und Machtfiguren stehen. Reale oder imaginierte Modelle sind insbesondere für Kinder und Jugendliche von Bedeutung, stellen mutige, loyale, selbstlose, clevere, humorvolle Helden oder auch Außenseitertypen mit klaren Rechtsnormen oder Eigenschaften dar, die in Literatur, Film, Erzählungen oder letztlich auch in der Fantasie rollenentwickelnd relevant sind und Orientierung für die Entwicklung eigener Normen geben.

Als wichtige Phasen des Modelllernens gelten: a) Beobachtung und Aufmerksamkeit, b) Abspeicherung des Beobachteten, c) die Reproduktion des beobachteten Verhaltens und d) die Motivation und Bereitschaft, das Verhalten einzusetzen (Caroll & Bandura, 1990), wenn es verstärkt wird.

5.3 Konditionierungslernen

Implizites Lernen erfolgt nicht bewusst und unterliegt Konditionierungsprozessen. Beim Konditionierungslernen differenzieren wir zwischen klassischem bzw. operantem Konditionieren.

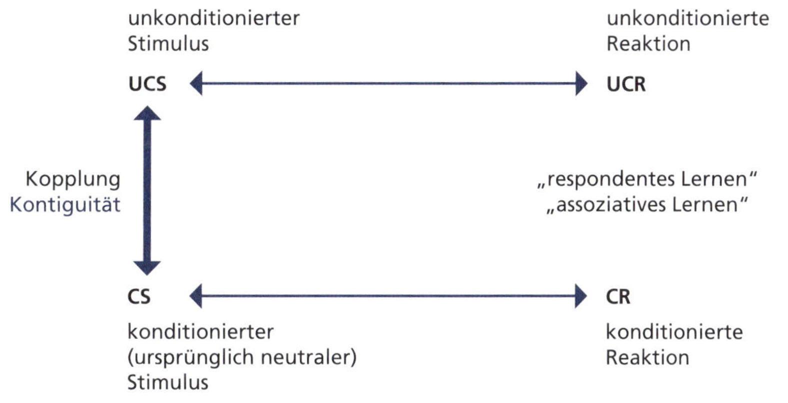

Abb. 5.2: Klassische Konditionierung
UCS = unkonditionierter Stimulus (z. B. Futter); UCR = unkonditionierte Reaktion (z. B. Speichelfluss); CS = konditionierter Stimulus (z. B. Glocke nach Konditionierung); CR = konditionierte Reaktion (z. B. Speichelfluss auf Glocke)

Die von Iwan Pawlow beschriebene *klassische Konditionierung* wird auch als assoziatives Lernen bezeichnet und baut auf der Verknüpfung von physiologischen Reaktionen mit ehemals neutralen Stimuli durch wiederholte Koppelung mit einem unbedingten Stimulus auf. Pawlow nutzte die physiologische Reaktion des Speichelns (unkonditionierte Reaktion/UCR) auf die Präsentation von Futter (ein unbedingter Stimulus/UCS) bei Hunden, um ein vormals neutrales akustisches Signal (Glockenklang, neutraler Stimulus/NS) durch die wiederholte gleichzeitige Präsentation von NS und UCS mit der physiologischen Reaktion zu koppeln. Nachdem ehemals der unkonditionierte Stimulus (UCS) Futter die unkonditionierte Reaktion (UCR) des Speichelns auslöste, führt die Assoziation des Futters mit dem ehemals neutralen Stimulus (NS) Glockenklang bei regelmäßiger und häufiger Präsentation zur Kopplung der konditionierten Reaktion (CR) Speicheln mit dem nunmehr konditionierten Stimulus (CS). ▸ Abb. 5.2 stellt dies grafisch dar. Ausschlaggebend für eine effektive Kopplung ist die zeitgebundene Assoziation. Die enge zeitliche Kopplung wird auch als Kontiguität bezeichnet.

Beispiel

Beispiele aus dem menschlichen Alltag sind Schreckreaktionen auf ein Wetterleuchten (bereits der Blitz ist Auslöser für eine Schreckreaktion, die zuvor nur auf den Donnerklang erfolgte), auf ein Klingeln eines Handys, das dem Klingelton des Diensthandys im Bereitschaftsdienst ähnelt, aber auch die Kopplung von neutralen Stimuli, bspw. Aschenbecher, Bushaltestelle etc. an Rauchverlangen.

Eine konditionierte klassische Reaktion wird wieder abgeschwächt oder verlernt, indem der gekoppelte, ursprünglich neutrale, später konditionierte Stimulus wiederholt angeboten wird, ohne dass danach der unbedingte konditionierte Stimulus (UCS) präsentiert wird. Wenn z. B. ein Kind eine Hundephobie entwickelt hat, weil es beim Anblick eines Hundes von diesem attackiert oder gebissen wurde, so wird seine konditionierte Angstreaktion beim Anblick eines Hundes schwächer werden, wenn es danach viele Hunde trifft, die freundlich zu ihm sind und es nicht attackieren. Dieses Verlernen erfolgt durch regelmäßige Präsentation des konditionierten Stimulus ohne nachfolgenden unbedingten konditionierten Stimulus (UCS), es erfolgt eine Abschwächung der physiologischen Reaktion, eine Habituation an den auslösenden Reiz und schließlich eine Löschung des Verhaltens.

Konditionierungsparadigmen lassen sich gut im Tiermodell darstellen. Das Modell der konditionierten Platzpräferenz bspw. wird genutzt, um süchtiges Verhalten im Tiermodell zu erklären: Ein Versuchstier, das in ein leeres, reizloses Käfigkompartiment gesetzt wird, wird nachfolgend in ein Kompartiment gesetzt, das ein bestimmtes Merkmal bspw. einen gestreiften Boden enthält und zeitgleich mit einer potenziell verstärkenden Substanz versorgt (Gabe von Futter oder Verabreichung von Kokain) versorgt. Bei wiederholter Gabe wird die Eigenschaft des Kompartiments (bspw. der gestreifte Boden) mit der verstärkenden Wirkung des Kokains in Verbindung gesetzt. Wenn in einem Alternativkompartiment mit bspw. Schachbrettmuster auf dem Boden ein neutrales Substitut für Kokain gegeben wird und sich daraufhin keine Reaktion einstellt, lernt das Versuchstier zu differenzieren, dass nur das Kompartiment Nr. 1 mit dem gestreiften Boden attraktive (verstärkende) Konsequenzen zur Folge hat, und wird bei der freien Wahl für eines der beiden Kompartimente im Laufe der Zeit eine Bevorzugung des Kompartiments Nr. 1 zeigen.

In diesem Zusammenhang ist der Begriff des konditionierten diskriminativen Stimulus zu erwähnen. Ein diskriminativer Stimulus (der spezifische Ton, der spezifische Anblick, aber auch ein konkreter Gedanke) ist das wesentliche Merkmal einer Situation, das mit dem nachfolgenden Verhalten gekoppelt ist, indem dieser Stimulus anzeigt, dass ein bestimmtes Verhalten verstärkt wird.

Operantes Konditionieren meint »Lernen am Erfolg« oder »instrumentelles Lernen«. Häufig entsteht dies durch Versuch und Irrtum; (zufälliges) Verhalten wird mit einer positiven Konsequenz belohnt und als vorteilhaft wahrgenommen. Es nimmt in der Folge in der Häufigkeit zu. (Zufälliges) Verhalten, das bestraft wird, nimmt dagegen in der Häufigkeit ab.

B. F. Skinner (1981, 1988) beschrieb ausführlich das operante Lernen durch Verstärkung und Bestrafung auf der Basis seiner Experimente mit Tauben. Verhalten wird häufiger gezeigt, wenn es »belohnt« bzw. positiv oder negativ verstärkt wird, und seltener, wenn es bestraft oder gelöscht wird.

> **Beispiele**
>
> Ein Kind räumt sein Zimmer auf, macht Hausaufgaben, lernt für die Klassenarbeit und erhält dafür ein Lob oder eine sonstige Belohnung (positive Verstärkung). Es hört auf, in der Klasse zu stören, wenn es dafür konsequent bestraft wird oder bisher positive Konsequenzen (z. B. Aufmerksamkeitsgewinn bei Mitschülern) ausbleiben. Es lernt, auf dem Schulweg bei Regen einen Schirm oder eine Regenjacke zu tragen, um den unangenehmen Konsequenzen einer durchnässten Kleidung zu entgehen (negative Verstärkung).

5.4 Verstärker

Ein Verstärker ist jedes Ereignis, das die Wahrscheinlichkeit erhöht, dass ein bestimmtes Verhalten wiederholt wird. Umgangssprachlich verwendet man hierfür oft den Begriff »Belohnung«. Verstärker erhöhen also die Auftretenswahrscheinlichkeit eines vorangegangenen Verhaltens. Sie werden in primäre oder sekundäre Verstärker unterteilt.

Primäre Verstärker sind von Natur aus verstärkend, weil sie biologische Bedürfnisse befriedigen: Nahrungsmittel, Flüssigkeit oder Sexualität, aber auch Drogen, die das biologische Belohnungszentrum im Nucleus accumbens, einem dopaminergen Kern im mesolimbischen System, ansprechen. Primäre Verstärker sind schnell erschöpflich, nach der wiederholten Gabe eines Nahrungsverstärkers verschwindet die belohnende Wirkung (Sättigung).

Sekundäre Verstärker werden im Lauf des Lebens durch (v. a. soziale) Lernprozesse erworben. Sie sind nicht für alle Personen gleichermaßen bedeutsam, ihre Auswahl ist von der lebensgeschichtlichen Entwicklung und sozialen Situation abhängig: Nicht für alle Menschen ist der Besitz von Haus, Auto und Yacht in gleicher Weise bedeutsam, die Veränderung einer Lebenssituation kann den Verstärkerwert von Risikosportarten dramatisch verändern. Unterschieden werden a) materielle Verstärker, b) soziale Verstärker und c) Handlungsverstärker, die jeweils konkret oder generalisiert das jeweils vorausgehende Verhalten kontrollieren bzw. im Rahmen der Verhaltenstherapie eingesetzt werden können.

Konkrete materielle Verstärker sind materielle Belohnungen wie Geschenkartikel oder Spielsachen. Als generalisierte materielle Verstärker gelten Geld oder Statussymbole wie bspw. ein eigenes Haus, ein teures Auto oder ein hohes Gehalt.

Konkrete soziale Verstärker sind Lob und unmittelbare Anerkennung, im generalisierten Sinne ergibt sich soziale Verstärkung durch die berufliche oder gesellschaftliche Stellung, durch Titel, überdauernde Auszeichnungen, Orden, Verantwortung und Macht.

Gute Beispiele für konkrete Handlungsverstärker sind: Tennis spielen, Musik machen oder hören, Wandern gehen, am Strand liegen. Generalisierte Handlungsverstärker sind Eigenschaften und Fähigkeiten, die sich durch die regelmäßige Ausübung von Handlungen ergeben, so bspw. ein guter Tennisspieler zu sein, ein erfahrener Musiker zu werden.

Verstärker werden zudem in langfristig (verzögert) und kurzfristig (unmittelbar) wirksame Verstärker sowie in interne und externe Verstärker unterteilt.

Situative Bedingungen können also unser Verhalten kontrollieren, indem sie entweder als konditionierte, diskriminative Stimuli dem Verhalten vorausgehen bzw. dieses auslösen oder als dem Verhalten nachfolgende Konsequenzen dieses Verhalten verstärken (belohnen), bestrafen oder löschen.

5.5 Die Kanfer-Gleichung

Fred Kanfer hat dies zur sogenannten Kanfer-Gleichung zusammengeführt (▶ Abb. 5.3), in der *S* auslösende Stimuli, *R* das Verhalten, *C* die nachfolgenden Konsequenzen (engl. »consequences«) bezeichnet. Die Organismus-Variable *(O)* und die Kontingenz *(K)* werden an späterer Stelle beschrieben.

Diese einfach erscheinende Kanfer-Gleichung erfährt durch Erweiterungen der einzelnen Variablen eine Komplexität, die es erlaubt, Merkmale und Bedingungen menschlichen Verhaltens zum Zwecke einer Therapieplanung hierin einzuordnen. Die funktionale Betrachtung von Verhalten *(R)* in Abhängigkeit von Konsequenzen *(C)* und die Identifikation von Auslösebedingungen, die in der Umwelt *(S)* wie auch im Individuum *(O)* gesehen werden können, ist unabdingbar für eine verhaltenstherapeutische Perspektive sowohl in der Diagnostik als auch für die Therapieplanung.

vorausgehend — nachfolgend

S → **O** → **R** → **K** → **C**

Stimulus — Organismus — Reaktion — Kontingenz — Konsequenz

Abb. 5.3: Kanfer-Gleichung

Das diskriminative Lernen bezeichnet eine gezielte Differenzierung der Auslöser für ein Verhalten, weil verschiedene Stimuli mit unterschiedlichen Konsequenzen verbunden sind.

In der verhaltenstherapeutischen Terminologie werden diskriminative Stimuli *(S)* in Abhängigkeit von ihrer Wirkung auf das Verhalten bzw. die mit ihnen verbundene Konsequenz unterteilt:

- S_D, ein diskriminativer Stimulus, der ein bestimmtes Verhalten wahrscheinlicher macht, weil diese Verhaltensweise in der Vergangenheit in Verbindung mit diesem Reiz verstärkt (belohnt) wurde.

Beispiele

Ein Tier lernt, dass sein Hebeldrücken nur dann mit Futter belohnt wird, wenn ein grünes Licht (diskriminativer Stimulus) leuchtet, nicht jedoch, wenn ein rotes Licht leuchtet, weil in diesem Fall das Futter ausbleibt.

Ein Patient lernt, dass sein offenes Gesprächsverhalten in der Praxis seines Psychotherapeuten durch aufmerksame Zuwendung und Unterstützung sozial belohnt wird, nicht jedoch am Arbeitsplatz, wo seiner Offenheit nicht mit Wertschätzung begegnet wird oder diese sogar soziale Kritik hervorruft.

Auch das Verhalten eines Rauchers wird durch diskriminative Stimuli kontrolliert. Betritt er z. B. eine Kneipe, in der Rauchen sichtbar erlaubt ist (z. B. durch Hinweisschilder oder Aschenbecher auf den Tischen), so wird er eher Rauchverhalten zeigen und Suchtverlangen empfinden als in einer Kneipe, in der ein Hinweisschild steht »Rauchen nicht gestattet!«.

Diskriminative Bedingungen sind auch in unangenehmen (aversiven) Situationen relevant. Wenn ein sozial ängstlicher Patient lernt, dass seine Angst nachlässt, wenn er aus einem Raum mit vielen Personen flieht oder Räume mit solchen Menschenansammlungen meidet, so ist der aversive Stimulus (hier: Vielzahl von Menschen) ein Hinweisreiz dafür, dass entsprechendes Flucht- oder Vermeidungsverhalten belohnt wird, in diesem Fall durch negative Verstärkung.

- S_Δ, ein diskriminativer Stimulus, unter dem ein Verhalten nicht oder nur mit einer sehr geringen Wahrscheinlichkeit auftritt, weil es in Anwesenheit dieses Stimulus nicht verstärkt wird.

Beispiele

In dem oben genannten Beispiel des Tierexperiments ist dies das rote Licht, bei dem Psychotherapiepatienten ist es das Kollegium an seinem Arbeitsplatz, bei dem Raucher ist es eine Kneipe mit Rauchverbotshinweisen.

Bei dem o. g. sozial ängstlichen Patienten ist dies z. B. ein Freund, der unterstützend einspringen kann.

Bei einer depressiven Person kommt am Wochenende regelmäßig eine Antriebsminderung auf. Die Anwesenheit einer weiteren, nahestehenden Person (Kinder, Partner, Freundin) verhindert diese.

- $S+$ bezeichnet einen Stimulus, der mit positiven Konsequenzen verbunden ist (z. B. ein geselliges Treffen mit Freunden), $S-$ dagegen ist mit negativen Konsequenzen (Kritik, Stress) verbunden, weshalb man hier auch von einem aversiven Stimulus spricht. Wenn eine positive Konsequenz kontingent auf ein Verhalten folgt und dieses positiv verstärkt, so verwendet man hierfür das Kürzel C^+; wenn eine negative, aversive Konsequenz auf ein Verhalten folgt und dieses Verhalten bestraft, verwendet man das Kürzel C^-.
- Mit S_k (auch als $\overline{S}$ dargestellt) wird eine komplexe Reizsituation bezeichnet, die diverse Merkmale beinhaltet. Die Verwendung dieses Kürzels bietet sich an, wenn man Situationen beschreibt, in denen ein bestimmtes Verhalten regelmäßig oder häufig auftritt, man aber (noch) nicht die maßgeblichen Stimuli angeben kann, die dieses Verhalten letztlich auslösen.

Beispiel

Wenn wir z. B. auf eine Party kommen und uns irgendwie unwohl fühlen, ohne zu wissen warum, können verschiedene Stimuli hierfür maßgeblich sein, z. B. die Lautstärke oder die Art der Musik, die Anwesenheit vieler fremder Personen oder des Ex-Partners, das flackernde Licht, etc.

Im Unterschied zum Diskriminationslernen führt ein Generalisierungslernen zu einer Verallgemeinerung von Reizmerkmalen, es wird ähnliches zusammengeführt.

Beispiel

Alle Insekten, nicht nur diejenigen mit einem gelbschwarz gestreiften Hinterteil, die Wespen ähnlich sehen, werden grundsätzlich als gefährlich erkannt.

Die Verhaltensreaktion *(R)* wird auf drei Ebenen betrachtet:

- R_α: Die Alpha-Ebene oder »motorische Ebene« bildet die beobachtbare Ebene, das motorische Verhalten, ab.
- R_β: Kognitive Prozesse und Inhalte, Denken, Wahrnehmen, Bewerten, oder auch emotionale Aspekte, die Gefühle, werden der Beta-Ebene zugerechnet. R_β steht für die kognitiv-emotionale Ebene. In manchen Schulen wird die emotionale Ebene als R_e bezeichnet.
- R_γ: Die biologisch-physiologische Ebene auf der Basis von vegetativen und endokrinen Steuerungsmechanismen wird als Gamma-Ebene bezeichnet.
- Analog zu S_k wird mit R_k (auch als $\overline{R}$ dargestellt) eine komplexe Reaktion/ein komplexes Verhalten im Sinne einer Störung (Depression/Angst/Abhängigkeit) bezeichnet, die diverse Merkmale (diverse R_α, R_β und R_γ) beinhaltet.
- R' dagegen bezeichnet ein Alternativverhalten, ein mögliches, »gesundes« Verhalten, das zu einem anderen Ergebnis bzgl. der darauffolgenden Konsequenzen führt.
- R_1, R_2, R_3 etc. kennzeichnen entweder Teilaspekte einer Verhaltenskette oder alternative Verhaltensmöglichkeiten.

Tab. 5.1: Darbietung und Entfernung von positiven und negativen Konsequenzen

	Darbietung	Entfernung
positive Konsequenz (C)	C^{+} positive Verstärkung Folge $R\uparrow$	$\not{C}^{+}$ indirekte Bestrafung Folge $R\downarrow$
negative Konsequenz (C)	C^{-} direkte Bestrafung Folge $R\downarrow$	$\not{C}^{-}$ negative Verstärkung Folge $R\uparrow$

Die Konsequenzen *(C)* eines Verhaltens lassen sich systematisiert in vier Kategorien einteilen (▸ Tab. 5.1). Positive oder negative Konsequenzen können dargeboten oder entfernt werden.

Die unmittelbare Gabe von positiven Verstärkern (primäre Verstärker oder sekundäre soziale, Handlungs- oder materielle Verstärker, auch der sekundärer Krankheitsgewinn durch Zuwendung, finanzielle Zuwendungen etc.) wird als Belohnung oder positive Verstärkung bezeichnet. Eine »negative Verstärkung« oder indirekte Verstärkung dagegen erfolgt durch Wegnahme oder Vermeidung einer negativen Konsequenz eines Verhaltens – das Ausbleiben von Angst, Stress, der Wegfall einer unangenehm erlebten Verantwortung durch einen Rollenwechsel (Beförderung, Versetzung, Elternschaft) oder eine Konfliktvermeidung in der Partnerschaft sind indirekte Faktoren, die auf Krankheitssymptome (Migräne, Depression, Panik etc.) folgen können.

Der Verlust eines positiven Verstärkers dagegen ist eine »indirekte Bestrafung«, dazu gehören der Entzug von Zuwendung, finanziellen Ressourcen oder der Entzug von Handlungskompetenzen oder -spielräumen.

Neben der indirekten Bestrafung bezieht sich die direkte Bestrafung auf die unmittelbare negative Konsequenz im Sinne von Kritik, Entwertung, Scham, Bußgeld, Schmerz u. v. m.

Interne Konsequenzen (z. B. Emotionen) werden durch C_i gekennzeichnet, externe Konsequenzen (z. B. soziale Beachtung) als C_e, langfristige Konsequenzen sind C_l, kurzfristige Konsequenzen C_k.

> **Merke**
>
> Eine negative Verstärkung ist keine Bestrafung!
> Eine negative Verstärkung erhöht die Auftretenswahrscheinlichkeit eines Verhaltens!

Die Kanfer-Gleichung ergänzt zwei Aspekte, die das Reiz-Reaktions-Konsequenzen-Modell auch auf die individuelle Situation einer Person übertragbar machen, die Organismus-Variable und die Kontingenz.

Die Organismus-Variable *(O)* schließt sowohl biologische und somatische Determinanten eines Verhaltens als auch die individuelle Persönlichkeitsentwicklung, Erfahrungen, Werthaltungen und Lebensziele, individuelle Oberpläne, Verhaltenspläne und Verhaltensregeln ein. Sulz und Bartling erweiterten unabhängig voneinander das Modell um die Bezeichnungen *P* für Persönlichkeit (Sulz, 2011) sowie *E* für Einstellungen und Erwartungen, zusammen mit den internen Plänen und Regeln auf der Basis der persönlichen Entwicklung und Beeinflussung durch die diversen sozialen Bezugssysteme mit ihren Systemregeln (Bartling et al., 2025). Wir verwenden in diesem Zusammenhang die Gleichung *S-POE-R-K-C*, um eine Einordnung der Informationen in die erweiterte Kanfer-Gleichung zu ermöglichen.

Überdauernde Merkmale wie die genetische Ausstattung oder körperliche Konstitution, akute Gegebenheiten wie ein akuter Infekt, Hunger, Schlaflosigkeit oder der Einfluss von Substanzen beeinflussen das stimulus- und konsequenzengeleitete Verhalten ebenso wie die Persönlichkeitsentwicklung, Charaktereigenschaften und individuelle Lernerfahrungen.

Die Kontingenz *(K)* beschreibt den »Verstärkungsplan«, die Verbindung von Verhalten *(R)* und Konsequenzen *(C)*. Darunter versteht man die Regelhaftigkeit, wann und wie oft bestimmte Konsequenzen auf ein Verhalten folgen. Konsequenzen im Sinne einer Verstärkung oder Bestrafung können kontinuierlich oder intermittierend erfolgen. Eine kontinuierliche, regelmäßige und unmittelbare Verstärkung führt zu einem raschen Verhaltensaufbau, aber auch zu einem raschen »Vergessen« des Verhaltens, wenn die Verstärkung ausbleibt. Eine intermittierende Verstärkung (keine kontinuierliche Verstärkung eines Verhaltens) dagegen ist zwar mit einem langsameren Verhaltensaufbau verbunden, bewirkt aber eine größere Löschungsresistenz dieses Verhaltens. Die intermittierende Verstärkung kann zufällig (variabel) oder geregelt (fixiert) nach einem Quotenplan (anteilige Verstärkung, z. B. nur jede zweite Reaktion wird verstärkt) oder einem Intervallplan (Abstand zwischen zwei Verstärkungen, d. h., erst nach Ablauf eines bestimmten Zeitintervalls wird eine Reaktion verstärkt) erfolgen.

> **Merke**
>
> Eine Veränderung der Kontingenz oder der Konsequenzen kann zur Löschung bzw. Extinktion oder zu einer Anpassung (Zunahme oder Abnahme) des Verhaltens führen.

5.6 Zusammenfassung

Verhaltenstherapie baut auf Lerntheorien und deren experimentellen bzw. empirischen Grundlagen auf.
Verhalten wird von vorausgehenden Bedingungen und nachfolgenden Konsequenzen gesteuert.
Kognitives Lernen (Lernen durch Verstehen und Denken) und Modelllernen (Lernen durch Beobachten und Nachahmen) gehören zu kognitiven Lernprozessen, klassische Konditionierung (Assoziation von Reizen) und operante Konditionierung (Lernen durch Konsequenzen) zum Konditionierungslernen. Lernen erfolgt bewusst und absichtsvoll (explizites Lernen) oder unbewusst und beiläufig (implizites Lernen).

Diskriminationslernen, Generalisierung, Habituation und Löschung sind Prozesse, die auf der Basis der Prinzipien des Konditionierungslernen Verhalten ausformen können. Sie liegen einerseits vielen dysfunktionalen Verhaltensstörungen zugrunde, können andererseits jedoch auch innerhalb der operanten Techniken verhaltenstherapeutisch genutzt werden, um erwünschtes, funktionales Alternativverhalten aufzubauen.

Im klinischen Alltag werden klassische Konditionierungen z. B. bei Phobien oder Ängsten beobachtet. Operante Konditionierungen fixieren Abhängigkeitserkrankungen oder Essstörungen.

Modelllernen entwickelt sich aus dem Beobachten anderer und beeinflusst z. B. das Sozialverhalten und die Fähigkeit zur Bewältigung von Aufgaben sowie den Umgang mit Stress.

Kognitives Lernen dient der Bewältigung komplexerer Probleme, beeinflusst die Komplexität innerer Dialoge und wird therapeutisch genutzt, um bei kognitiven Störungen (z. B. irrationale Annahmen oder Erwartungen) funktionale und angemessene Alternativen zu entwickeln.

Prüfungsfragen

1. Was versteht man unter explizitem und implizitem Lernen?
2. Welche vier zentralen Lernformen werden unterschieden, und wie lassen sie sich gruppieren?
3. Was besagt die Kanfer-Gleichung und welche Elemente enthält sie?
4. Was unterscheidet positive von negativer Verstärkung, und warum ist negative Verstärkung keine Bestrafung?
5. Wie wirken reale und imaginierte Modelle im Rahmen des Modelllernens auf die Verhaltensentwicklung?

Antworten

1. Explizites Lernen ist bewusst, zielgerichtet und intendiert, z. B. beim Vokabellernen oder dem Erlernen eines Instruments.
   Implizites Lernen erfolgt unbewusst, beiläufig und intuitiv, z. B. beim Erwerb grammatischer Regeln durch Spracherfahrung ohne Unterricht.
2. *Kognitives Lernen:*
   Kognitives Lernen (durch Einsicht, Verstehen, innere Prozesse);
   Modelllernen (Beobachtung und Nachahmung).
   Konditionierungslernen:
   Klassische Konditionierung (Reiz-Reaktions-Kopplung);
   Operante Konditionierung (Lernen durch Konsequenzen).
3. Die Kanfer-Gleichung beschreibt Verhalten als Folge von auslösenden Stimuli, Konsequenzen bzw. Kontingenzen und individuellen Faktoren: *S–O–R–K–C*
   S: Stimulus (Auslöser)
   O: Organismus-Variable (biologische Faktoren, Persönlichkeit, Erfahrungen)
   R: Reaktion (Verhalten)
   K: Kontingenz (Verhältnis zwischen Verhalten und Konsequenz)
   C: Konsequenz (Verstärkung oder Bestrafung)
4. Positive Verstärkung: Präsentation eines positiven Reizes, der als Konsequenz auf ein vorangehendes Verhalten folgt und die Auftrittswahrscheinlichkeit dieses Verhaltens erhöht (umgangssprachlich: ein angenehmer Reiz, eine Belohnung nach dem Verhalten, z. B. Lob).
   Negative Verstärkung: Wegnahme eines negativen, aversiven, unangenehmen Reizes (z. B. Stressreduktion bei Baulärm durch Aufsetzen eines schalldichten Kopfhörers).
   Unterschied zur Bestrafung: Negative Verstärkung erhöht die Wahrscheinlichkeit eines Verhaltens, Bestrafung senkt sie.
5. Kinder und Jugendliche lernen durch Beobachtung realer Modelle (z. B. Eltern, Lehrer) oder imaginierter Modelle (z. B. Filmfiguren, Helden). Modelle beeinflussen Normen, Rollenbilder, Problemlösestrategien und Sozialverhalten.

Literatur

Bandura, A., Adams, N. E., Beyer, J. (1977). Cognitive processes mediating behavioral change. *J Pers Soc Psychol, 35*(3), 125–139.

Bandura, A. (1961). Psychotherapy as a learning process. *Psychol Bull, 58*, 143–159.

Bartling, G., Echelmeyer, L., Engberding, M. (2025). *Problemanalyse im psychotherapeutischen Prozess.* Stuttgart: Kohlhammer.

Carroll, W. R., Bandura, A. (1990). Representational guidance of action production in observational learning: a causal analysis. *J Mot Behav, 22*(1), 85–97.

Günthner, A (2022). *Stress und Burnout.* Stuttgart: Kohlhammer.

Skinner, B. F. (1981). Selection by consequences. *Science, 213*(4507), 501–504.

Skinner, B. F. (1988). The operant side of behavior therapy. *J Behav Ther Exp Psychiatry, 19*(3), 171–179.

Sulz, S. K. D. (2011). *Einführung in das Verhaltensdiagnostiksystem.* Bd. 16. München: CIP-Medien.

Weiterführende Literatur

Edelmann, W., Wittmann, S. (2019). *Lernpsychologie*. Weinheim: Beltz.

Bodenmann, G., Perrez, M., Schär, M. (2023). *Klassische Lerntheorien: Grundlagen und Anwendungen in Erziehung und Psychotherapie.* Göttingen: Hogrefe.

Bandura, A. (1976). *Lernen am Modell.* Stuttgart: Klett-Cotta.

Heßler-Kaufmann, J., Neudeck, P. (2020). *Störungsmodelle in der Verhaltenstherapie*. Weinheim: Beltz.

6 Psychodiagnostik

Arthur Günthner

Das Wichtigste auf einen Blick

- Psychodiagnostik unterscheidet sich von allgemeiner Menschenkenntnis durch die systematische, wissenschaftlich fundierte Weise der Sammlung, Auswertung und Interpretation von Daten.
- Die Ziele und Funktionen der Psychodiagnostik reichen von der einfachen Beschreibung bis hin zur datengestützten Erklärung und Prognose.
- Dabei werden unter zeitlichen Aspekten Zustände (im Querschnitt) oder Prozesse (im Längsschnitt) erfasst.
- Steht der Vergleich von einzelnen Personen, Objekten oder Sachverhalten im Vordergrund, orientiert sich Psychodiagnostik an Normen. Steht die Erfüllung bestimmter Bedingungen im Vordergrund, orientiert sie sich an Kriterien.
- Bei der Einzelfall-Diagnostik erfasst man die Daten eines einzelnen Individuums, bei der Gruppen-Diagnostik die Daten einer Population.
- Die Beurteilung psychodiagnostischer Verfahren und Ergebnisse basiert auf dem Skalenniveau und auf den Inhalten (diagnostische Verhaltensebene) der erhobenen Daten sowie auf den Gütekriterien unter Berücksichtigung der jeweiligen diagnostischen Situation mit ihren Randbedingungen.

6.1 Einführung

»Einfühlungsvermögen« oder »Menschenkenntnis« ist jedem Menschen zu eigen. *Psychodiagnostik* ist eine Teilmenge dieses Verhaltensrepertoires bei Personen, die im Rahmen einer spezifischen Sozialisation gelernt haben, in wissenschaftlich fundierter, systematisierter Weise Daten über menschliches Erleben und Verhalten zu sammeln, auszuwerten und sich darauf basierend ein Urteil zu bilden.

Schon seit dem 19. Jahrhundert bemühte man sich in Europa, zwischen geistiger Behinderung und psychischer Störung (Erkrankung) zu unterscheiden, um Menschen angemessen verschiedenen Behandlungen oder Institutionen zuzuweisen. Mit dem Aufkommen der experimentellen Psychologie in der zweiten Hälfte des 19. Jahrhunderts kam es zu einer immer weiter diversifizierten Entwicklung und Einführung psychologischer Diagnostik- und Testverfahren auf der Basis einer wissenschaftlich begründeten Testtheorie.

6.2 Ziele und Funktionen

Viele Entscheidungen des täglichen Lebens werden *ohne* den Einsatz psychodiagnostischer Verfahren getroffen. So werden selbst psychodiagnostisch hochqualifizierte Psychotherapeutinnen und Psychotherapeuten die Wahl ihrer Lebenspartnerin oder ihres Lebenspartners nicht unbedingt davon abhängig machen, ob diese/r sich einem standardisierten »Eignungstest für partnerschaftliches Verhalten« unterzieht und wie dann das entsprechende Ergebnis im Normvergleich aussieht. Der Einsatz psychodiagnostischer Verfahren dient bestimmten Zielen und ist das Ergebnis sozialer Vereinbarungen. So kann ein/e Therapeut/in einer Patientin bzw. einem Patienten vorschlagen, standardisierte Verfahren einzusetzen, um Aufschluss über die Art einer psychischen Störung, Begleitumstände oder die Auswahl einer Therapiemethode zu erhalten.

Für die vielfältigen Ziele und Funktionen der Psychodiagnostik werden zahlreiche Begriffe verwendet wie Beschreibung, Klassifikation, Selektion, Messung, Hypothesenbildung, Erklärung, Prognose, Evaluation etc. (Stieglitz et al., 2001). Daraus leitet sich auch ab, ob man eher Zustände (Status) oder eher Prozesse untersucht, sich an Normen oder an Kriterien orientiert und welche Population man auswählt (Gruppen oder Einzelpersonen). Dies gilt auch für die zahlreichen diagnostischen Verfahren in der Psychotherapie (siehe Geue et al., 2016; Stieglitz & Freyberger, 2016).

6.2.1 Deskription, Klassifikation, Messung

Ziel eines psychodiagnostischen Prozesses kann die *Beschreibung* eines Objekts (bzw. einer Person) oder Sachverhalts oder deren Zuordnung zu einer Kategorie (*Klassifikation*) sein (z. B. Persönlichkeitseigenschaften, Krankheitssymptome). Hierzu werden auch *Diagnosen* gerechnet.

Beispiel

Finden sich bei einem Patienten vier oder mehr Symptome wie Interessenverlust, mangelnde emotionale Reagibilität, frühmorgendliches Erwachen, Morgentief, deutlicher Appetitverlust usw., so lässt sich dieser Sachverhalt – unter Berücksichtigung weiterer Kriterien – einem somatischen Syndrom im Rahmen einer depressiven Episode gemäß ICD-10 F32 zuordnen (Dilling et al., 2011).

Werden Merkmalen, Objekten oder Sachverhalten Zahlen zugeordnet, so spricht man von »*Messen*«.

Im klinischen Bereich wird Vieles beschrieben, klassifiziert oder gemessen. So fasst man Symptome zu Syndromen und diagnostischen Kategorien zusammen. Vor-, Begleit- oder Folgeerkrankungen, Persönlichkeitsvariablen, Einstellungsmuster, kognitive Verarbeitungsstrategien, neuropsychologische Funktionen, der therapeutische Prozess, die Behandlungsumgebung, die Veränderungs- und Behandlungsmotivation, Compliance, das Erreichen vereinbarter Behandlungsziele sowie die Erfassung von Prozessmerkmalen oder Alltagsereignissen im Verlauf sind mögliche Gegenstände der Psychodiagnostik.

6.2.2 Erklärung und Prognose

Psychodiagnostik kann auch zur *Erklärung* bestimmter Sachverhalte beitragen bzw. diese in einen Bedingungszusammenhang stellen. So kann man bei einem älteren Patienten durch testpsychologische Verfahren herausfinden, ob dessen »Vergesslichkeit« eine relativ umschriebene Gedächtnisstörung darstellt, Zeichen eines allgemeinen intellektuellen Abbaus ist oder aber emotionale Gründe hat.

Der Einsatz psychodiagnostischer Verfahren zur *Prognose* oder *Prädiktion* ist nur eingeschränkt möglich. Dies setzt häufig die Vorhersehbarkeit bzw. Kontrollierbarkeit der Umgebungsbedingungen voraus.

6.2.3 Status- und Prozessdiagnostik

Statusdiagnostik erfasst den Ist-Zustand zu einem bestimmten Zeitpunkt, z. B. das Ausmaß eines Angstzustands in einer bestimmten Situation. *Prozessdiagnostik* erstreckt sich über mehrere Messzeitpunkte bzw. auf die Messung von Veränderungen über die Zeit. Veränderungen können *indirekt* erfasst werden, d. h. über die Bildung von Differenzen zwischen zwei Statusbeurteilungen (Prä-Post-Test), oder *direkt*, indem Personen die von ihnen erlebten Veränderungen mittels Vergleichsbegriffen beschreiben (z. B. Abnahme der Ängste in einem Zeitraum bzw. im Verlauf einer Behandlung).

6.2.4 Norm- versus kriteriumsorientierte Diagnostik

Viele psychodiagnostische Verfahren orientieren sich an einer statistisch ermittelten Norm. Der Normbereich wird dabei oft durch die Angabe statistischer Kennwerte (z. B. Mittelwerte, Streuungswerte, Prozentränge, obere und untere Grenzwerte) definiert. Solange der »Normbereich« nicht auf die Gesamtheit (100 %) aller untersuchten Personen der Normstichprobe ausgeweitet wird, muss es per definitionem immer »un-normale« Personen geben.

Kriteriumsorientierte Verfahren orientieren sich an einem bestimmten Kriterium. So kann ein Verhaltenstest für Angstpatienten die angstfreie Bewältigung einer festgelegten Anzahl von therapeutischen Anforderungssituationen umfassen. Da das Ziel prinzipiell durch alle Patienten erreicht werden kann, ist ein »un-normales« Ergebnis allenfalls durch Nichterreichen des Zielkriteriums definiert.

6.2.5 Gruppen- versus einzelfallorientierte Diagnostik

Während gruppenorientierte Ansätze den Einzelfall immer im Vergleich zu einer »Vergleichsgruppe« oder »Gruppennorm« betrachten, ist die einzelfallorientierte Diagnostik oder der sog. idiografische Ansatz an der individuellen Biografie oder Einzigartigkeit einer Person oder eines Ereignisses interessiert. Auch funktionale Verhaltens- und Problemanalysen sind einzelfallorientiert.

6.3 Theoretische und methodische Grundlagen

Psychodiagnostik basiert auf grundlegenden Annahmen und Modellen, z. B. der klassischen und der probabilistischen Testtheorie.

6.3.1 Skalen-Niveaus

Daten (Merkmale, Beobachtungen) lassen sich methodisch auf unterschiedlichen Niveaus abbilden. Viele statistische Verfahren beruhen auf Annahmen, die ein bestimmtes Skalen-Niveau voraussetzen.

Es lassen sich vier Typen von Skalen unterscheiden:

Nominalskala

Nominal skalierte Merkmale sind qualitative Merkmale bzw. Merkmalsausprägungen, die als gleichwertig angesehen werden, d. h., zwischen ihnen besteht keine Rangbeziehung, keine Größer- oder Kleiner-Beziehung.

Beispiel

Den beiden Ausprägungsgraden des qualitativen Merkmals »Geschlecht« können Zahlen zugeordnet werden (1 = weiblich, 2 = männlich), ohne dass eine Rangbeziehung damit verbunden wird, d. h., beide Merkmalsausprägungen gelten als gleichwertig bzw. gleichrangig. Auch »Angst« und »Depression« sind »gleichwertige« Störungsbilder.

Ordinalskala (Rangskala)

Ordinal skalierte Merkmale sind quantitative Merkmale, bei denen die einzelnen Merkmalsausprägungen im Sinne einer Größer- oder Kleiner-Beziehung abgestuft sind. Zwischen den Merkmalsausprägungen besteht eine Rangbeziehung.

Beispiel

Ein Verhaltenstherapeut stellt als Ergebnis der Expositionsbehandlung eines Patienten mit einer Angstsymptomatik fest, dass diese sich gegenüber dem Ausgangsbefund »gebessert« hat. Der Patient gibt an, dass seine Angst beim Alleinsein zu Hause am geringsten (oder am seltensten) ist, im Beisein anderer aber ohne Leistungsdruck stärker (oder häufiger) ist und am stärksten (oder am häufigsten) in sozialen Belastungssituationen mit Leistungsdruck auftritt.

Intervallskala

Auch die Intervallskala dient zur Beschreibung quantitativer Merkmale. Dabei hat sie gegenüber der Rangskala die zusätzliche Eigenschaft, dass die Abstände zwischen den Skaleneinheiten in Bezug auf das gemessene Merkmal gleich sind (sog. Äquidistanz). Ein absoluter Nullpunkt fehlt jedoch bei diesem Skalentyp, sodass keine Quotientenbildungen bzw. Verhältnisaussagen möglich sind.

Beispiel

Bei der Celsius-Skala ist 1 Liter Wasser mit der Temperatur 40 °C wärmer als 1 Liter Wasser mit 20 °C. Um beide Wassermengen jeweils um 10 °C zu erwärmen, benötigt man den jeweils gleichen Betrag an Wärmeenergie, d. h., die Differenz von jeweils 10 °C ist in beiden Fällen als gleich anzusehen (Äquidistanz). Allerdings darf man nicht behaupten, das $t_1 = 40$ °C warme Wasser sei doppelt so warm wie das $t_2 = 20$ °C warme Wasser (Quotient $t_1/t_2 = 2$), da der Nullpunkt der Celsius-Skala einer Konvention folgt und keinen absoluten Nullpunkt darstellt.

In der Psychologie werden viele Merkmale als auf einer Intervallskala liegend angenommen, z. B. »Intelligenz«. Auch bei der Intelligenz ist kein absoluter Nullpunkt gegeben. Ebenso ist die Aussage »Ich bin mit meinem IQ von 160 doppelt so intelligent wie du mit deinem IQ von 80« unzutreffend.

Komplexe Merkmale wie »Intelligenz«, »Persönlichkeit«, »Ängstlichkeit«, »Depression« usw. haben den Charakter eines theoretischen Konstrukts. Ihre »Messung« ist ohne eine Vielzahl von Grundannahmen bzw. ohne eine zugrundeliegende Theorie kaum denkbar.

Verhältnisskala (Rationalskala, Ratioskala)

Die Verhältnisskala weist die gleichen Eigenschaften wie die Intervallskala auf, verfügt aber zusätzlich über einen absoluten Nullpunkt, sodass Verhältnisaussagen (Quotientenbildung) zulässig sind.

Beispiel

Viele Merkmale der physikalischen Umwelt (z. B. Länge) sowie Personenmerkmale (z. B. Alter, Körpergröße etc.) sind verhältnisskaliert. Die Aussage eines Therapeuten wie »Die letzte depressive Episode dieses Patienten dauerte doppelt so lang wie die vorhergehende« (Quotientenbildung), ist eine Aussage auf Verhältnis-Skalen-Niveau. Dabei bleibt das »Verhältnis« der Episodendauern gleich, egal ob man als Zeiteinheit Tage, Wochen oder Monate wählt.

6.3.2 Diagnostische Ebenen

Menschliches Verhalten und Erleben lässt sich auf verschiedenen *Verhaltensebenen* (beobachtbares Verhalten, subjektives Erleben und Empfinden, körperliche Prozesse und Reaktionen) und mittels verschiedener Beobachtungs- bzw. Messmethoden betrachten. Analog hierzu lassen sich psychodiagnostische Verfahren nach ihrer *diagnostischen Ebene* unterscheiden (Verhaltensbeobachtung, Befragung, Erfassung von Biosignalen).

Merke

Neben der direkten Erfassung des Verhaltens gibt es auch die Möglichkeit, Leistungsprodukte, Akten, Aufzeichnungen usw. diagnostisch zu nutzen, z. B. im Rahmen einer Inhaltsanalyse schriftlicher Texte.

Verhaltensbeobachtung

Die Verhaltensbeobachtung ist die unmittelbarste Form der psychodiagnostischen Informationsgewinnung. Da Verhalten immer »Verhalten in einer Situation« ist, ermöglicht die Verhaltensbeobachtung zugleich die Berücksichtigung situativer Gegebenheiten und Kontingenzen.

Der Verhaltensbeobachtung kommt oft auch dann große Bedeutung zu, wenn auf der verbalen Ebene ein diagnostischer Zugang nicht oder nur schwer möglich ist, z. B. bei Kleinkindern, bei mutistischen, dementen oder depressiven Patientinnen und Patienten.

Befragung

Befragungsverfahren ermöglichen Informationsgewinnung über:

- Ereignisse unabhängig vom Zeitpunkt und Ort des Auftretens
- Ereignisse, die nur der befragten Person allein zugänglich sind (sog. »private Ereignisse«), z. B. eigenes Befinden, Gefühle, Gedanken, Einstellungen

Befragungen oder Einschätzungen (rating) können mittels *Freitext*, *Fragebogen* oder *Interview*, sei es als *Selbst-* bzw. *Eigenbeurteilung* (Beurteilung der eigenen Person) oder als *Fremdbeurteilung* (Beurteilung einer anderen Person) erfolgen. So kann man einen Patienten die Schwere seiner depressiven Symptomatik mit einem Fragebogen selbst einschätzen lassen, z. B. mit dem Beck-Depressions-Inventar (BDI-II; Hautzinger et al., 2023), seinen Lebenslauf erfragen (Freitext), oder man führt eine Fremdeinschätzung mit der Hamilton-Depressions-Skala (Hamilton, 1960) durch.

Erfassung von Biosignalen

Psychische Prozesse manifestieren sich auch auf der körperlichen Ebene. Man kann biologische Signale oder Symptome indirekt über Befragung erfassen, z. B. mit der Symptom-Checkliste von L. R. Derogatis (SCL-90-S; Franke, 2014) oder aber über direkte Messungen. So kann z. B. die Ableitung der Hautleitfähigkeit einen Hinweis auf den Aktivierungszustand einer Person liefern (Prinzip beim sog. »Lügendetektor«). –

6.3.3 Gütekriterien

Für die »Güte« psychodiagnostischer Verfahren gelten bestimmte Kriterien:

- *Objektivität:* Intersubjektive Überprüfbarkeit bzw. Übereinstimmung hinsichtlich Durchführung, Auswertung und Interpretation.
- *Reliabilität:* Zuverlässigkeit bzw. Messgenauigkeit eines Verfahrens. So geht man bei der Erfassung eines als stabil angenommenen Persönlichkeitsmerkmals »Ängstlichkeit« davon aus, dass der Grad der Ängstlichkeit sich bei wiederholten Messungen in gleicher Weise messen bzw. nachweisen lässt – sog. *Test-Retest-Reliabilität (Stabilität)*.
- *Validität:* Gültigkeit bzw. Grad der Genauigkeit, mit dem ein psychodiagnostisches Verfahren das Merkmal, das es messen soll, auch tatsächlich misst. Wenn man z. B. eine Person mit gestörten Gedächtnisfunktionen untersucht, so erwartet man, dass ein valider Test diese Störungen adäquat abbildet, ggf. eine Differenzierung zwischen verbalen und nonverbalen Gedächtnisfunktionen erlaubt und nicht allzu sehr von anderen kognitiven Funktionen wie Aufmerksamkeit beeinflusst wird.

6.3.4 Diagnostische Situation und Rahmenbedingungen

Welche Diagnostik soll ein/e Verhaltenstherapeut/in einsetzen? Setting, therapeutische Beziehung, Zielsetzung, Ökonomie und vieles andere beeinflussen die Entscheidung.

Ist ein/e Therapeut/in niedergelassen, so steht die einzelfallorientierte Diagnostik, v. a. die funktionale Problem- und Verhaltensanalyse, im Vordergrund. Behandelt man Schmerzpatienten, so ist die situative und zeitliche Dokumentation der individuellen Schmerzsymptomatik wichtig, z. B. in Form eines Schmerztagebuchs. Um den Fortschritt zu beurteilen, kann man die Skalierung der Zielerreichung (Goal-Attainment-Scaling) einsetzen. Dabei strebt man im Rahmen der therapeutischen Beziehung mit den Patientinnen und Patienten eine gemeinsame Entscheidungsfindung an.

Dagegen wird man im Rahmen universitärer Psychotherapieforschung oft Verfahren auf der Basis eines definierten Untersuchungsdesigns einsetzen, zur Diagnosesicherung ggf. ein strukturiertes klinisches Interview (Beesdo-Baum et al., 2019) durchführen und die Ergebnisse mit normorientierten Testskalen absichern.

In einer Rehabilitationsklinik kann demgegenüber der Einsatz spezifischer Assessment-Verfahren (Bengel et al., 2008) indiziert sei, z. B., um die Leistungsfähigkeit depressiver Personen für das weitere Erwerbsleben besser beurteilen zu können.

Merke

Verhaltenstherapie weist neben wissenschaftlichen und methodischen Komponenten immer auch pragmatische und persönliche Anteile auf und lebt von der Kreativität der Beteiligten (sog. Therapeuten-Variable). Psychodiagnostik hilft, Elemente dieser Prozesse zu systematisieren, vermittelbar zu machen und den Weg hin zu einer empirischen Psychotherapieforschung zu ebnen.

6.4 Leitfragen

Die wesentlichen Aspekte der Psychodiagnostik lassen sich in 10 Leitfragen zusammenfassen, die der Orientierung dienen (▶ Tab. 6.1).

Tab. 6.1: Leitfragen zur Psychodiagnostik

	Leitfragen	Relevante Aspekte
1	Was wird gemessen?	Zielbereiche, Verhaltensebenen, Merkmale
2	Warum wird gemessen?	Untersuchungsziel, Fragestellungen, theoretischer Hintergrund
3	Bei wem wird gemessen?	Stichprobe (Ein- und Ausschlusskriterien, Rekrutierungsmodus, Festlegung der Fallzahl)
4	Wie bzw. womit wird gemessen?	eingesetzte Messverfahren
5	Auf welchem Skalen-Niveau liegen die Messungen?	Skalen-Niveau der entsprechenden Messverfahren
6	Von welcher Güte sind die Messverfahren?	Gütekriterien (Objektivität, Reliabilität, Validität)
7	Wann wird gemessen?	Untersuchungszeitraum, Messzeitpunkte
8	Unter welchen Bedingungen wird gemessen?	naturalistische versus standardisierte bzw. experimentelle Bedingungen, Standardisierungsrad der Untersuchungssituation
9	Wie werden die Ergebnisse erfasst bzw. registriert?	Art der Erfassung (Papier-Bleistift, apparativ, computerunterstützt usw.)
10	Wie werden die Ergebnisse ausgewertet?	Standardisierung der Auswertung, Vergleich mit Norm(stichprobe), idiografische Beschreibung

Prüfungsfragen

1. Welche Ziele und Funktionen hat die Psychodiagnostik?
2. Welche Skalen-Niveaus gibt es (Beispiele)?
3. Welche Gütekriterien gelten für Tests?

Antworten

1. Z. B. Beschreibung, Klassifikation, Selektion, Messung, Hypothesenbildung, Erklärung, Prognose, Evaluation, Zustands- versus Prozessdiagnostik, norm- versus kriterienorientierte Diagnostik, gruppen- oder einzelfallorientierte Diagnostik.
2. Nominalskala, Ordinalskala (Rangskala), Intervallskala, Verhältnisskala (Rationalskala/Ratioskala).
3. Objektivität, Reliabilität, Validität.

Empfohlene Materialien

Im deutschen Sprachraum gibt es für Tests und Fragebögen umfangreiche Sammlungen, z. B.:

- Testothek der Universität Trier (Psychologie): https://www.uni-trier.de
- Testzentrale des Hogrefe-Verlags: https://www.testzentrale.de

Literatur

Beesdo-Baum, K., Zaudig, M., & Wittchen, H.-U. (2019). *SCID-5-CV. Strukturiertes Klinisches Interview für DSM-5®-Störungen – Klinische Version*. Hogrefe.

Bengel, J., Wirtz, M., & Zwingmann C. (2008). *Diagnostische Verfahren in der Rehabilitation*. Hogrefe.

Dilling, H., Mombour, W., & Schmidt, M. H. (2011). *Internationale Klassifikation psychischer Störungen: ICD-10, Kapitel V (F), klinisch-diagnostische Leitlinien, Weltgesundheitsorganisation*. Huber.

Franke, G.H. (2014). *SCL-90®-S – Symptom-Checklist-90®-Standard*. Hogrefe.

Geue, K., Strauß, B., & Brähler, E. (2016). *Diagnostische Verfahren in der Psychotherapie* (3. Aufl.). Hogrefe.

Hamilton, M. (1960). A Rating Scale for Depression. *J Neurol, Neurosurgery and Psych, 23*, 56–62.

Hautzinger, M., Keller, F., & Kühner, C. (2023). *BDI-II. Beck-Depressions-Inventar. Revision – Manual*. Pearson.

Stieglitz, R.-D., Baumann, U., & Freyberger, H. J. (Hrsg.) (2001). *Psychodiagnostik in Klinischer Psychologie, Psychiatrie, Psychotherapie*. Thieme.

Stieglitz, R.-D., & Freyberger, H. J. (2016). *Diagnostik in der Psychotherapie*. Kohlhammer.

7 Entwicklungspsychologische Grundlagen der Verhaltenstherapie

Serge K. D. Sulz

Das Wichtigste auf einen Blick

- Die affektiv-kognitive Entwicklungstheorie des Verhaltens enthält vier Aspekte: Verhalten – Kognition – Affekt – Entwicklung. Sie geht davon aus, dass Verhalten nicht durch reine Konditionierung zustande kommt, auch Modelllernen reicht nicht zur Erklärung. Vielmehr entwickeln sich mit dem Gehirn auch Verhaltensweisen – die Bezeichnungen »Gehen lernen« und »Sprechen lernen« sind dabei irreführend. Primär kommt die Entwicklung und dann die lernende Anpassung an die spezifische Welt, in die ein Kind hineingeboren wird. Im Vorschulalter erfolgen die relevantesten Entwicklungsprozesse, zunächst der Affekte und dann des Denkens. Ein hoher Stellenwert kommt der Entwicklung der Empathiefähigkeit zu.
- Entwicklung durch Therapie erfolgt auf folgenden Ebenen: Affekt, Denken, Empathie.
- Wir können Piagets Heuristik der Entwicklungsstufen zu Hilfe nehmen: Im ersten Jahr ist das Kind ganz Körper, im zweiten ganz Affekt und nach dem Übergang im dritten Jahr ist es ganz Denken und mit einiger Verzögerung Empathie. Eine belastende Kindheit kann dazu führen, dass im Erwachsenenalter Entwicklungsdefizite zurückbleiben, so dass Metakognitionen (Theory of Mind) nicht für eine gelingende Beziehungsgestaltung eingesetzt werden können. Das Denken bleibt dichotom, Affekte können nicht reguliert werden und Empathiefähigkeit besteht nicht. Dadurch entsteht ein hohes Risiko für psychische und psychosomatische Symptombildung.

7.1 Einführung

In diesem Kapitel eröffnet sich unseren Betrachtungen der Verhaltens-, Kognitions-, Emotions- und Motivanalyse eine weitere Perspektive: die *menschliche Entwicklung.* Welchen Stimulus ich wie wahrnehme, welche Bedeutung ich ihm gebe, welche inneren Verarbeitungsprozesse ich schon zur Verfügung habe, welche Verhaltensmöglichkeiten sich mir zur Auswahl anbieten, hängt in erster Linie von meinem psychischen und körperlichen Entwicklungsstand ab. Ein Kind, das noch nicht mit seinen Händchen zupacken kann, also seine Willkürmotorik noch nicht einsetzen kann, wird in einer bedrohlichen Situation, sofern Schreien nicht weiterhilft, viszeral reagieren müssen. Ein Kind, das noch nicht gehen kann, wird, wenn es die Mutter aus dem Blickfeld verloren hat, emotional reagieren müssen. Ein Kind, das noch nicht sprechen kann, wird weinend und mimisch und gestisch seinen Kummer ausdrücken müssen. Ein Kind, das noch nicht gezielt das Verhalten seiner Mitmenschen steuern kann, damit sie tun, was es will und braucht, wird durch mehr oder weniger Impulsivität seine Bedürfnisse befriedigen und seine Ängste reduzieren müssen. Und ein Kind, das sich emotional noch nicht ohne Angst vor Selbstverlust hingeben kann, wird durch Manipulation des Gegenübers die Beziehung steuern müssen.

Die menschliche Lerngeschichte ist ohne Berücksichtigung der Entwicklungspsychologie nicht wirklich nachvollziehbar. In der zurückliegenden Ära einer kognitiven psychologischen Wissenschaft ist die emotionale und soziale Entwicklung leider nicht gründlich untersucht worden, sodass wir nur auf einer dünnen Basis empirischer Forschung aufbauen können. Erst die letzten zehn Jahre brachten einen deutlichen Zuwachs an Forschung zu Themen der emotionalen und sozialen Entwicklung. Jean Piaget hat, wenig beachtet, neben seinen umfangreichen Untersuchungen zur kognitiven Entwicklung auch die emotionale Entwicklung des Kindes wissenschaftlich erforscht (Piaget, 1995; Sulz & Höfling, 2010; Sulz, 2012, 2017a, 2017b, 2021).

7.2 Entwicklungstheorie

Piagets Stufenmodell der emotionalen Entwicklung (Piaget, 1995; Sulz, 2010a, 2010b, 2012) ist eine ausgezeichnete heuristische Basis für die kognitive Verhaltenstherapie (▸ Tab. 7.1). In der Formulierung Kegans (1986) macht sie deutlich, dass die Stufen Entwicklungstableaus mit relativer emotionaler Stabilität darstellen, die derjenige nur ungern verlässt, den das Erreichen des derzeitigen Niveaus aus einer schlimmen Krise gerettet hat. Das Wechseln auf die nächsthöhere Stufe bedeutet Instabilität und für nicht wenige eine vorübergehende emotionale Krise. Sowohl die

Tab. 7.1: Stufen der kognitiven und emotionalen Entwicklung (nach Sulz, 2021, S. 74)

Alter	Freud	Piaget	Kegan	Fonagy	Sulz
Geburt	oral	sensomotorisch I sensomotorisch II	einverleibend	physischer Akteur sozialer Akteur	Körper
9 Monate	–	sensomotorisch III	–	teleologischer Akteur	–
18 Monate	anal	prä-operativ	impulsiv	prä-mental	Affekt
4 Jahre	ödipal	konkret operativ	souverän	intentionaler mentaler Akteur	Denken
7 Jahre	Latenz	formal operativ	zwischenmenschlich	repräsentativer Akteur	Empathie

Angst vor Veränderung als auch ein tatsächliches Defizit im emotionalen, kognitiven oder Handlungsbereich kann den Schritt zur nächsten Entwicklungsstufe vereiteln. Lieber werden die Nachteile und Begrenztheiten des gegenwärtigen Entwicklungsniveaus in Kauf genommen, als ein Scheitern auf dem nächsthöheren Niveau zu riskieren. Die Devise heißt: Die Kindheit überleben geht vor Entwicklung. Oder: Durch Entwicklungsstagnation überleben. Hierzu wird eine Überlebensregel etabliert, deren Gebote und Verbote bis ins Erwachsenenalter hinein Erleben und Verhalten bestimmen (vgl. auch Hayes et al., 2007).

»Auf der KÖRPER-Stufe geht alles vom Körper aus, auf der AFFEKT-Stufe regieren die Gefühle, auf der DENKEN-Stufe wird die Welt reflektierend verstanden und auf der EMPATHIE-Stufe helfen Empathie und Mitgefühl gute Beziehungen aufrechtzuerhalten.« (Sulz, 2021, S. 366).

Die Entwicklung des Kindes von der Geburt an geschieht nicht primär durch Lernen am Erfolg und durch klassische Konditionierung. Die Umwelt muss lediglich adäquate Reize bieten, damit der Wechselwirkungsprozess der Entwicklung stattfinden kann.

»Ein Kind lernt gehen« ist im Sinne der Lernpsychologie eine völlig falsche Aussage. Oder: »Ein Kind lernt sprechen.« Nicht das Lernen, sondern das Entwickeln ist der entscheidende Vorgang. Ebenso gut könnten wir sagen: das Kind lernt Pubertät oder der Jugendliche lernt Sexualverkehr. Lernen überformt lediglich diese Entwicklungsprozesse kultur- und gesellschaftsspezifisch, beeinflusst das »Wie«.

Diese Lernprozesse, die die Art und Weise eines Verhaltens formen, können auch erst dann einsetzen, wenn das Verhalten sich bereits entwickelt hat. Wie ein Kind geht, kann erst verändert werden, wenn es schon geht. Dies klingt bei diesem Beispiel banal, aber wir haben zahlreiche psychische Funktionen, die sich erst im Lauf der ersten zehn Lebensjahre entwickeln, z. B. die Moral, wie die Untersuchungen von Kohlberg (1984) zeigen. Ist ein Kind in seiner moralischen Entwicklung noch nicht so weit, dass es z. B. ein soziales Gerechtigkeitsgefühl haben kann, so sind unsere therapeutischen Versuche, ein gerechtes Verhalten aufzubauen, reine Dressur, die das Kind überfordern. Oder: Wir versuchen einem 13 Monate alten Kind ein Verbot beizubringen, an den Plattenspieler zu gehen. Ergebnis ist, dass es kopfschüttelnd und »nein, nein« sagend trotzdem weiterhin auf den Plattenspieler zugeht. Es hat zwar das Verbot gelernt, aber dieses Gelernte hat noch keine verhaltenssteuernde Wirkung.

Ähnliches gilt für die »Trauerfähigkeit«: Das realistische Bewusstsein des Kleinkindes, die Mutterperson zum eigenen Überleben zu brauchen (in einer natürlichen Umwelt sind das die ersten Lebensjahre), muss auf den Tod der Mutter hin Angst als natürliche Reaktion folgen lassen. Erst wenn ein Selbstgefühl des eigenen Weiterlebens entwickelt ist, kann das Kind um die Mutter trauern.

Wir sind in unserer emotionalen Entwicklung auch als erwachsene Menschen nicht ausgereift. Wir befinden uns in Entwicklung und haben vielleicht noch nicht viele Entwicklungsschritte hinter uns gebracht. Manche erwünschten Verhaltensänderungen gelingen uns deshalb nicht, weil diese einen höheren Entwicklungsstand erfordern würden. Wenn es mir nicht gelingt, zu meiner wichtigsten Bezugsperson »nein« zu sagen, so kann das daran liegen, dass ich deren Unmut affektiv die Bedeutung des drohenden Verlassenwerdens beimesse.

Wenn jemand noch Denken und Handeln gleichsetzt, so muss er sich für einen bösen Gedanken vielleicht selbst bestrafen. Wenn jemand noch nicht in der Lage ist, Gefühl und Handeln zu unterscheiden, so muss er z. B. das Gefühl »Wut« verhindern, um nicht wütend zu handeln. Wer noch im Stadium des Perzeptiven ist und noch nicht zielgerichtet handeln kann, muss warten, bis ihm gegeben wird, statt sich zu holen, was er braucht.

Auf Piagets prä-operativen und Fonagys prä-mentalen Stufen ist der präfrontale Kortex noch nicht entwickelt und unser emotionales Gehirn (limbisches System) bestimmt Erleben und Handeln. Erst die Entwicklung von der Affekt- auf die Denken-Stufe bringt den entscheidenden Entwicklungsschritt. Jetzt können die Affekte reguliert werden und zielgerichtetes Handeln wird möglich. Ziele sind zunächst egozentrisch. Erst mit der Entwicklung auf die Empathie-Stufe (Piagets formal-logische Stufe) können und wollen wir uns in andere hineinversetzen und mit ihnen fühlen, sodass ihr Wohlbefinden uns wichtig ist und dauerhafte Beziehungen möglich werden.

7.3 Störungstheorie

In der affektiv-kognitiven Entwicklungstheorie psychischer Störungen (Sulz, 2010a, 2010b, 2012, 2017a–2017d), die auf dieser Entwicklungstheorie basiert, ist das Symptom jeweils eingebettet in eine:

- pathogene Lebensgestaltung
- pathogene Beziehungsgestaltung
- spezifische Auslösesituation

Das Symptom ist damit eine Notfallreaktion der autonomen Psyche, als einzige Möglichkeit, eine Verletzung der Überlebensregel der psychischen Homöostase zu verhindern (Selbsterhaltung durch Assimilation), und als letzte Möglichkeit, eine Veränderung des Selbst (Akkommodation) und des psychosozialen Systems zu verhindern.

Der betroffene psychisch kranke Mensch hatte in seiner Kindheit die individuell bestmögliche Überlebensform gefunden und eine großartige Anpassungsleistung erbracht. Aufgrund seiner großen Bedrohtheit in seiner Kindheit und des Erfolgs seiner Überlebensstrategie entstand eine Rigidität und Eingeschränktheit seines Erlebens und Handelns. Dies führt zu dem Versäumnis, den Wechsel von der Welt der Kindheit zur Erwachsenenwelt auch in der psychischen Homöostase zu vollziehen. Da die mitgebrachte Überlebensstrategie im Erwachsenenleben lange Zeit ausreichend war, bestand währenddessen kein zwingender Grund, sie aufzugeben. Für das Alltagsleben und die Alltagsprobleme reichten die Problemlösestrategien der Kindheit aus, zumal sie durch Vernunft, Wissen und Erfahrung des Erwachsenen elaboriert werden konnten. Erst die symptomauslösende Lebenssituation brachte das Versagen der kindlichen Homöostase, offenbarte ihre Dysfunktionalität. Es bleibt nur noch eine Chance: die kreative Wahl eines Symptoms, das wie ein Schlüssel das Schloss der Problemsituation öffnet, ohne Veränderung des Selbst und der Welt. Dies erscheint als ein beachtlicher Erfolg. Die bedrohliche Destabilisierung des psychosozialen Systems kann damit verhindert werden.

Beispiel

Ein Lehrer hatte durch Selbstunsicherheit und Zwanghaftigkeit seine impulsiven Tendenzen zivilisiert, war ein verträglicher und zuverlässiger Ehemann geworden. Für seine Frau war die Beziehung nach mehreren Jahren zu unbefriedigend, sie nahm sich einen Liebhaber und zog aus. Als nach einer sechswöchigen Trennung und Versöhnung die Frau zu ihrem Ehemann zurückzog, entstanden bei ihm so große Wutgefühle, dass er den starken Impuls verspürte, mit einem Messer, das er gerade in der Hand hatte, auf seine Frau einzustechen. Er war so entsetzt über sich, dass der Impuls verschwand. Von der Stunde an blieben ihm aber große Befürchtungen, er könne sich selbst mit einem spitzen Gegenstand ins Herz bohren. Die Versöhnung mit seiner Frau wurde aber nicht weiter gestört.

Um seiner Frau ein ebenbürtiger Partner zu sein, müsste der Lehrer aus dem Beispiel mit seinen aggressiven Gefühlen im Sinne einer größeren Wehrhaftigkeit umgehen lernen, d. h. sein Selbst ändern. Seine Überlebensregel prophezeit ihm dafür aber endgültigen Liebesverlust und verbietet diese Änderung. Die symptomauslösende Lebenssituation überfordert diese so gesteuerte Homöostase. Mangels Entwicklung selbstgesteuerten Umgangs mit seiner Aggressivität entsteht ein inadäquat intensiver Impuls, der niedergekämpft werden muss. Das Symptom war die hierzu einzig verfügbare Notfallmaßnahme.

7.3.1 Symptombildung

Entwicklungspsychologisch kann Symptombildung erklärt werden:

1. als Scheitern im Versuch, auf die nächsthöhere Entwicklungsstufe zu gelangen (Stufenkonflikt – Entwicklungskrise)
2. als Scheitern, den Anforderungen der gegenwärtigen Umwelt mit den Mitteln der eigenen Entwicklungsstufe gerecht zu werden (Umwelt-Person-Konflikt)

Zu 1.: Wer lange genug auf der impulsiven Stufe weilte – mit ihrer großen Nähe, dem Eingebettetsein, den intensiven Gefühlen –, entwickelt sich an dem Punkt, an dem Abgrenzung, Differenzierung, Selbstständigkeit und Selbstbestimmung zur vorherrschenden Tendenz werden. Besteht jedoch Angst vor zu viel Trennung durch Abgrenzung, so bedeutet dieser Entwicklungsschritt die Gefahr, emotional nicht zu überleben. Eine Agoraphobie hilft dabei, heimzukehren, in die Nähe der schützenden Bezugsperson zu flüchten. Das Symptom hilft, den Entwicklungsschritt von der impulsiven Affekt-Stufe auf die souveräne Denken-Stufe zu verhindern.

Zu 2.: Lange Zeit ließ sich der Partner eines Menschen, der sich z. B. auf der souveränen (Denken-)Entwicklungsstufe befindet, durch Kontrolle steuern. Durch kluge Manöver war er handsam und pflegeleicht zu halten, hatte keinen Anspruch auf Gleichberechtigung und Freiraum. Zunehmend ist er jetzt jedoch in seiner Reaktion unvorhersehbar, geht allein weg, nimmt sich in der Wohnung eine eigene Domäne, die er verteidigt, zeigt bei Auseinandersetzungen intensivere Gefühle. Kurzum – die Kontrolle über ihn geht verloren. Der bisher Ton angebende Partner verliert seine Souveränität, wird hilflos. Eine Depression im Sinne der gelernten Hilflosigkeit ist schließlich das Ergebnis. Auf der souveränen Stufe lässt sich das Paarproblem tatsächlich nicht lösen. Erst der Schritt auf die zwischenmenschliche (Empathie-)Stufe ermöglicht einen neuen Zugang zum Partner.

7.4 Entwicklungsdiagnostik

Funktionsanalyse und Entwicklungsdiagnostik sind unverzichtbare Bestandteile der Verhaltensdiagnostik. Das gleiche Verhalten hat auf verschiedenen Stufen verschiedene Funktionen. Es geht auf jeder Stufe um verschiedene Verstärker (z. B. von Willkommensein über Geborgenheit und Schutz zu Liebe und Verständnis oder von Selbstständigkeit über Selbstbestimmung, Gefordertwerden und Hingabe zu »ein Gegenüber haben«). Auch die Bedrohungen ergeben stufenspezifische Ängste: von Existenzangst über Trennungsangst zu Kontrollverlustangst sowie zu Angst vor Hingabe und vor Gegenaggression.

Wir erfassen als entwicklungsstufenspezifisch:

- zentrale Verstärker/Bedürfnisse
- zentrale Aggressions-/Wuttendenzen
- zentrale Vermeidungs-/Angsttendenzen
- dysfunktionale Verhaltensstereotypien/Persönlichkeitsaspekte
- vorherrschende Beziehungs- und Interaktionsgestaltung
- Ressourcen (was schon gekonnt wird und worauf aufgebaut werden kann)
- Konstruktion des sozialen Systems (wie wird das soziale System gestaltet, als was lässt sich der Betreffende in das System einbauen und wozu?)

Durch diese komplexe entwicklungsbezogene Verhaltensdiagnostik (Sulz, 2017d, 2009) gelingt es uns, den als Therapie notwendigen Entwicklungsschritt zu definieren. Dessen Ermöglichung ist die eigentliche Aufgabe der Therapie – nicht mehr und nicht weniger.

7.5 Entwicklung durch Therapie

So kann bei einer Patientin, die nicht situative Angst- und Erregungszustände bekam (keine Panikstörung), als sie versuchte, sich aus ihrer symbiotischen Partnerschaft herauszulösen, das Gesamtziel sein: Entwicklung von der impulsiven Affekt- zur souveränen Denken-Stufe mit den Teilzielen:

- Entwicklung eines Selbstbildes: »Allein lebensfähig sein«
- Entwicklung eines Weltbildes: »Meine Welt ist prinzipiell nicht bedrohlich«
- mit geringerem Bedürfnis nach Schutz und Sicherheit
- weniger Angst vor Trennung
- Entwicklung der Fähigkeit, eigene Impulse zu kontrollieren
- Entwicklung der Fähigkeit, steuernd auf das Verhalten von Bezugsperson einzuwirken
- Loslassen des Gleichseins, des eng Verbundenseins

Die therapeutische Hilfestellung (Entwicklungsförderung) zum Hineinfinden in diese neue Phase geschieht durch eine Bestätigung der Anerkennung, der Selbstständigkeit und Kompetenz und die Frustration übermäßiger Nähe- und Beziehungswünsche.

> **Merke**
>
> Eine Therapie wird in den Dienst der Entwicklung des Selbst und der Beziehungen gestellt, d. h., Ziele und Strategien werden genau auf den jetzt anstehenden Entwicklungsschritt abgestimmt (Sulz, 2009, 2010b, 2017a, 2017b, 2021, Theßen et al., 2024).

Das konkrete Vorgehen der Mentalisierungsfördernden Verhaltenstherapie (MVT) wird in einem Therapiemanual beschrieben (Sulz, 2023). Anders als Fonagy et al. (2008) stützt MVT sich nicht auf die psychoanalytische Metatheorie, sondern auf Metakognitions- und Theory of Mind (ToM)-Forschung (Theßen et al., 2024). Diese beiden Konstrukte können grob synonym mit Mentalisierung gesetzt werden (Sulz, 2021).

Auch James McCullough (2007) fügt in seiner Cognitive Behavioral Analysis System of Psychotherapy (CBASP) der kognitiv-behavioralen Erklärung menschlichen Verhaltens dessen Entwicklung als Heuristik hinzu. Verhalten ist nicht nur gelernt, es entwickelt sich. Wenn ein Verhalten nicht auftritt, so kann es daran liegen, dass es noch nicht entwickelt ist. Therapie sorgt in diesem Fall für Entwicklung. McCullough geht von Piagets (1995) Entwicklungstheorie aus. Empirische Studien zeigten, dass chronisch depressive Patienten sich überwiegend auf der vor-logischen (prä-operativen oder prä-mentalen) Stufe befinden und deshalb noch nicht wirksames Handeln gedanklich vorbereiten können. Ihre Entwicklung auf die konkret-logische bzw. konkret-operative (Denken-)Stufe ermöglicht ihnen, zu entscheiden, welches Verhalten zu dem Ergebnis führt, das sie sich wünschen. Um nicht nur kurzfristig das Verhalten anderer Menschen zum eigenen Vorteil beeinflussen zu können, sondern auch langfristig für beide Seiten befriedigende Beziehungen pflegen zu können, müssen die Patienten sich noch eine Stufe weiterentwickeln. Erst die Entwicklung auf die formal-logische bzw. formal-operative (Empathie-)Stufe mit der Befähigung zur Abstraktion und zum Perspektivenwechsel ermöglicht es ihnen, Empathie in der Beziehung zu entfalten.

Prüfungsfragen

1. Wenn menschliches Verhalten in beträchtlichem Ausmaß durch Entwicklung mitbestimmt wird, inwiefern ist dann die lernpsychologische Heuristik zu relativieren?
2. Inwiefern kann die Entwicklungsheuristik helfen, die effektivste Reihenfolge von therapeutischen Interventionen zu planen?
3. Was sind in der Entwicklungsheuristik die therapeutisch relevanten Entwicklungsschritte bzw. -stufen und wodurch sind sie bezüglich Kognitionen und Affekten charakterisiert?

Antworten

1. Wir können Verhalten nicht nur durch Konditionierungen erklären. Im Laufe der Kindheit entwickeln sich neue Verhaltensweisen, die dann lernend überformt werden.
2. Denkprozesse sind an die Funktionsfähigkeit des präfrontalen Kortex gebunden. Dies ist mit 4 bis 5 Jahren gegeben. Dann erst ist die Förderung der Theory of Mind (ToM) erfolgversprechend und Ursache-Wirkungs-Denken nutzbar.
3. Da auch Erwachsene zum Teil noch überwiegend das emotionale Gehirn (limbisches System etc.) zur Problemlösung einsetzen und unzureichend Zugang zu den Funktionen des präfrontalen Kortex haben, ist die Förderung von reflexiven Funktionen ein wichtiger Schritt, um dysfunktionales affektgesteuertes Verhalten zu überwinden.

Literatur

Fonagy, P., Gergely, G., Jurist, E. L. et al. (2008). *Affektregulierung, Mentalisierung und die Entwicklung des Selbst* (3. Aufl.). Stuttgart: Klett-Cotta.

Hayes, S., Strosahl, K. D. & Wilson, K. G. (2007). *Akzeptanz- und Commitment-Therapie. Ein erlebnisorientierter Ansatz der Verhaltensänderung* (2. Aufl.). München: CIP-Medien.

Kegan, R. (1986). *Die Entwicklungsstufen des Selbst – Fortschritte und Krisen im menschlichen Leben*. München: Kindt.

Kohlberg, L. (1984). *The psychology of moral development. The nature and validity of moral stages*. New York: Harper & Row.

McCullough, J. P. (2007). *Therapie von Chronischer Depression mit dem Cognitive Behavioral Analysis System of Psychotherapy (CBASP) – Trainingsmanual*. Gießen: Psychosozial-Verlag.

Piaget, J. (1995). *Intelligenz und Affektivität in der Entwicklung des Kindes*. Frankfurt: Suhrkamp.

Sulz, S. K. D. (2009). *VDS – Verhaltensdiagnostik-Materialmappe. Das komplette Verhaltensdiagnostiksystem VDS als Kopiervorlage – Fragebögen und Interviewleitfäden mit Auswertungsanleitungen*. Gießen: Psychosozial-Verlag.

Sulz, S. K. D., Höfling, S. (2010). *Und er entwickelt sich doch! Entwicklung durch Therapie*. Gießen: Psychosozial-Verlag.

Sulz, S. K. D. (2010a). Strategische Entwicklung – Therapiemodul der Strategisch-Behavioralen Therapie. In: S. K. D. Sulz, S. Höfling (Hrsg.), *Und er entwickelt sich doch! Entwicklung durch Therapie* (S. 191–224). Gießen: Psychosozial-Verlag.

Sulz, S. K. D. (2010b). Von Piaget zu McCullough – die Entwicklung von sozialer Kompetenz und Empathie. In: S. K. D. Sulz, S. Höfling (Hrsg.), *Und er entwickelt sich doch! Entwicklung durch Therapie* (S. 225–234). Gießen: Psychosozial-Verlag.

Sulz, S. K. D. (2012a). *Als Sisyphus seinen Stein losließ. Oder: Verlieben ist verrückt* (7. Aufl.). Gießen: Psychosozial-Verlag.

Sulz, S. K. D. (2017a). *Gute Kurzzeittherapie in 12 plus 12 Stunden. Für PsychotherapeutInnen, die sich in Kurzzeittherapie einarbeiten wollen*. Gießen: Psychosozial-Verlag.

Sulz, S. K. D. (2017b). *Gute Verhaltenstherapie lernen und beherrschen – Band 1: Verhaltenstherapie-Wissen: So gelangen Sie zu einem tiefen Verständnis des Menschen und seiner Symptome*. Gießen: Psychosozial-Verlag.

Sulz, S. K. D. (2017c). *Gute Verhaltenstherapie lernen und beherrschen – Band 2: Verhaltenstherapie-Praxis: Alles was Sie für eine gute Therapie brauchen*. Gießen: Psychosozial-Verlag.

Sulz, S. K. D. (2017d). *Verhaltensdiagnostik und Fallkonzeption. Bericht an den Gutachter*. Gießen: Psychosozial-Verlag.

Sulz, S. K. D. (2021). *Mentalisierungsfördernde Verhaltenstherapie*. Gießen: Psychosozialverlag.

Sulz, S. K. D. (2023). *Praxismanual Mentalisierungsfördernde Verhaltenstherapie – Anleitung zur Therapiedurchführung*. Gießen: Psychosozial-Verlag.

Theßen, L., Sulz, S. K. D., Wedlich, K. et al. (2024). Research on mentalization-supporting therapy MST – Attachment, mentalization, development and personality strengths. *European Psychotherapy, 15*, 90–135.

Weiterführende Literatur

Sulz, S. K. D., Höfling, S. (2010). *Und er entwickelt sich doch! Entwicklung durch Therapie.* Gießen: Psychosozial-Verlag.

8 Grundlagen der Problem- und Verhaltensanalyse

Anil Batra und Reinhard Wassmann

Das Wichtigste auf einen Blick

- Die Problem- bzw. Verhaltensanalyse ist ein Ordnungssystem für Informationen. Ihre Aufgabe ist es, die Bedingungen für das Problemverhalten zu analysieren. Sie bildet die Grundlage jeder verhaltenstherapeutischen Behandlung.
- Neben dem verhaltenstherapeutischen Interview werden somatische Diagnostik, psychiatrische Diagnostik sowie gezielt eingesetzte Tests und Beobachtungsverfahren einbezogen, um ein umfassendes Bild zu erhalten.
- Die Problem-/Verhaltensanalyse ist nicht statisch, sondern wird im Laufe der Therapie kontinuierlich überprüft und angepasst. Neue Informationen, Therapieerfahrungen und Perspektivwechsel beeinflussen die Analyse und damit auch die Therapieplanung.
- Die verhaltenstherapeutische Problem-/Verhaltensanalyse berücksichtigt dabei stets die individuelle Funktionalität des Problemverhaltens im spezifischen Lebenskontext der Patientinnen und Patienten.
- Es existieren verschiedene Analysemodelle, die sich in Begrifflichkeit und Detaillierungsgrad unterscheiden. Entscheidend ist ihre logische Plausibilität und Verständlichkeit für Patienten und Therapeuten – nicht das verwendete Modell an sich.

8.1 Einführung

Die Problem- bzw. Verhaltensanalyse ist ein zentraler Bestandteil jeder Verhaltenstherapie. Sie ist das wichtigste diagnostische Verfahren und unabdingbare Voraussetzung für die Durchführung einer Behandlung »lege artis«.

Sie ist dabei *kein Abfragesystem*, wie beispielsweise ein Fragebogen oder Anamneseerhebungsschema, sondern ein *Ordnungssystem für Informationen.*

Ähnlich wie die Verhaltenstherapie selbst unterliegen die Inhalte und Ordnungsprinzipien der Verhaltensanalyse einer ständigen Weiterentwicklung. Daher gibt es nicht das eine gültige Modell oder System der Verhaltensanalyse, sondern entwicklungsbedingte, autorenspezifische und störungsspezifische Ausgestaltungen dieses Ordnungssystems. Dennoch gelten für alle Analysesysteme gemeinsame und allgemeine Rahmenbedingungen, sodass das Aufstellen eines allgemeinen Modells einer Verhaltens-/Problemanalyse möglich ist.

8.2 Begriffsklärung

Der Begriff der Verhaltensanalyse macht deutlich, dass es der Verhaltenstherapie in erster Linie um die Analyse der vorausgehenden und/oder aufrechterhaltenden Bedingungen für das (Problem-)Verhalten eines Menschen geht. Mit der Weiterentwicklung der Verhaltenstherapie gewann der Aspekt der »Therapie als Problemlöseprozess« zunehmend an Bedeutung. Dementsprechend wurde die ursprüngliche Verhaltensanalyse um wesentliche Bestandteile erweitert. Der Begriff der Problemanalyse bezeichnet oft das konkrete Problem, die Verhaltensanalyse die Verhaltensstörung oder das Störungsbild. Je nach Autor wird – bei vergleichbaren Inhalten – einer der Begriffe bevorzugt und unterschiedlich verwendet. Zum Teil wird der Begriff Verhaltensanalyse auch als ein spezieller Teil einer umfassenderen Problemanalyse benutzt.

Sowohl für die Verwendung des historisch wichtigen Begriffs der »Verhaltensanalyse« als auch für den Begriff »Problemanalyse« gibt es jeweils gute Gründe, sodass sie in diesem und dem nächsten Kapitel synonym verwendet werden. Die Verwendung beider Begriffe geht von dem Verständnis der Verhaltenstherapie als Problemlöseprozess aus.

8.3 Allgemeine Rahmenbedingungen

8.3.1 Ordnungssystem

Die Problem- und Verhaltensanalyse ist zwar ein Ordnungssystem für Informationen und kein Frage- oder Anamneseschema, ist aber dennoch ein hilfreiches grobes Raster für ein verhaltenstherapeutisches Interview und den sich über mehrere Therapiestunden erstreckenden diagnostischen Prozess. Die jeweils individuellen Gegebenheiten bei Patientinnen und Patienten sind dabei ausschlaggebend für die Durchführung, den Zeitpunkt und die Art der Informationserhebung.

Beispiel

Bei einer bis vor drei Monaten berufstätigen Frau mit einer Agoraphobie wird man relativ eng angelehnt an die Problem- und Verhaltensanalyse strukturiert Informationen erheben können. Andererseits wird man bei einer seit 10 Jahren bestehenden »Depression mit beispielsweise histrionischen, dependenten oder narzisstischen Persönlichkeitszügen und dazu passenden Interaktionsstörungen« sehr viel langsamer, immer die Motivationslage beachtend, einzelne Bruchstücke sammeln und diese quasi wie in einem Puzzle in die Analyse einarbeiten müssen.

8.3.2 Informationsquellen

Das verhaltenstherapeutische Interview stellt das Kernstück der Informationserhebung für die Problem- und Verhaltensanalyse dar. In Abhängigkeit von der Problemlage, der Motivation und den Fähigkeiten der Patientinnen und Patienten können oder müssen weitere diagnostische Informationsquellen genutzt werden. Diese Informationen werden ergänzend in die Problem- und Verhaltensanalyse eingebaut.

Somatomedizinische Diagnostik

Diese ist zum Ausschluss einer somatischen Erkrankung oder als Hintergrundinformation grundsätzlich notwendig. Hier sei betont, dass nicht wenige somatische Erkrankungen zuerst psychische Phänomene verursachen, bevor sie somatisch manifest werden.

Beispiel

Die Behandlung einer Anorexie ohne Ausschluss eines Hypophysenprozesses – z. B. durch eine Kernspintomografie – und das Unterlassen einer kontinuierlichen Überwachung der Elektrolytwerte stellen einen Kunstfehler dar. Frontalhirnveränderungen bei einem Patienten, der unter Impulsdurchbrüchen leidet, verändern grundlegend die Zielplanung und Therapiestrategie. Ängstlichkeit, Schwindel und schließlich Vermeidungsverhalten beim Autofahren sind vielleicht psychisch bedingt, könnten jedoch auch ophthalmologische Ursachen haben oder erste Zeichen der Entwicklung einer Multiplen Sklerose oder einer demenziellen Entwicklung sein.

Kenntnis der psychiatrischen Erkrankungen und deren Differenzialdiagnostik

Viele psychische Probleme haben eine Komorbidität mit psychischen Erkrankungen, können Prodrome oder Nachfolgeprobleme derselben sein. Hierdurch werden die Problemstellung, Analyse und Therapieplanung wesentlich beeinflusst. Ohne eine erweiterte psychiatrische Diagnostik und Beachtung weiterer psychischer Störungen kann die Psychotherapie zum Scheitern verurteilt sein.

Beispiel

Zwangsgedanken können verschiedenste Ursachen haben. Möglicherweise sind sie Ausdruck einer Zwangsstörung und sind z. B. mit einer Reizüberflutung gut behandelbar. Was geschähe jedoch durch diese Therapieform, wenn die Zwangsgedanken Ausdruck einer Abwehrleistung gegen das Prodrom oder die Symptomatik einer schizophrenen Erkrankung wären?

Kenntnis der Wirkung von Pharmaka

Die ausführliche Medikamentenanamnese und die Kenntnis über deren Beeinflussung der Psyche ist ebenso wichtig.

Beispiele

Der über Impotenz klagende Patient leidet unter Stresssymptomen und hat vom Hausarzt deswegen H_2-Blocker und Antihypertensiva verschrieben bekommen – was nun?

Welche Unterschiede bestehen für den psychotherapeutischen Lernprozess, wenn ein Patient Antidepressiva, nieder- oder hochpotente Antipsychotika oder Benzodiazepine einnimmt?

Verhaltenstherapeutische Diagnostik

Die verhaltenstherapeutische Diagnostik soll eine effiziente Informationssammlung der Probleme der Patientinnen und Patienten liefern. Das weite Spektrum dieser Informationsquellen erstreckt sich vom Interview über Selbstbeobachtungstechniken sowie Fragebögen/Tests unterschiedlichsten Strukturierungsgrades bis hin zum diagnostischen Rollenspiel. Im Einzelfall einer Therapie sollten diese Instrumente jedoch keinesfalls im »Schrotschussverfahren«, sondern nur gezielt eingesetzt werden. Voraussetzung für den effizienten Einsatz dieser Verfahren ist die vorherige Aufstellung einer Hypothese über einen möglichen Zusammenhang mit dem Problemverhalten und deren Überprüfungsnotwendigkeit.

Beispiele

Bei einem Gymnasiasten mit Lern-/Leistungsstörungen sollte ein Intelligenztest klären, ob die allgemeinen Voraussetzungen für den Besuch dieser Schulart vorhanden sind. Sollte sich zeigen, dass er intelligenzmäßig überfordert ist, ist das Therapieziel nicht eine Erhöhung der Leistungsmotivation, sondern vielleicht eher das Erreichen einer Akzeptanz der Zurückstufung in eine andere Schulform durch die Eltern und ihn selbst.

Viele Problemverhaltensweisen sind nicht in der Realsituation beobachtbar. Durch den Einsatz von Selbstbeobachtungstechniken oder Durchführung eines diagnostischen Rollenspiels können Therapeutinnen und Therapeuten für die Problem-/Verhaltensanalyse relevante Informationen gewinnen.

Merke

Fragebögen ersetzen niemals die klinische Diagnostik oder die umfassende psychotherapeutische Exploration! Sie dienen der ergänzenden Informationsbeschaffung und der Hypothesenbildung.

8.3.3 Individualität und Funktionalität

Die Informationserhebung für die Problem- und Verhaltensanalyse ist auf den Einzelfall bezogen. Ziel ist es, die für dieses Individuum und dessen Problemverhalten relevanten Informationen zu gewinnen und zu ordnen.

Hierbei ist jedes Problem als ein individueller, nicht mit anderen Menschen und ähnlichen Problemen vergleichbarer Einzelfall zu betrachten und zu analysieren. Nicht die Quantität und die Vollständigkeit aller verfügbaren Informationen machen eine Problem-/Verhaltensanalyse wertvoll, sondern die Qualität der Informationen. Diese Qualität der Informationen wird bestimmt durch den Beitrag, den sie für die Erklärung der Entstehung und Aufrechterhaltung des Problems liefern. Entscheidend ist die funktionale Betrachtungsweise: »*Welche Funktion* übt die jeweilige Bedingung (unabhängige Variable) auf das Auftreten des Problemverhaltens (abhängige Variable) *bei gerade diesem* Menschen *in gerade dieser* Situation aus?«

Beispiel

Die detaillierte Beschreibung der inzwischen sieben stationären Aufenthalte eines Patienten bietet wenige funktionale Informationen. Die Information, dass nach Entbindungen seiner Frau, Umzügen oder Arbeitsstellenwechsel usw. der Patient daran zweifelte, ob er dies bewältigen könne, und sich dann nach einiger Zeit überfordert fühlte, erlaubt eine Hypothesenbildung und lädt zu einer Überprüfung seiner Coping-Mechanismen für Stressbedingungen ein. Wenn dann noch z. B. durch einen Fragebogen oder im Interview deutlich wird, dass er geringe Selbsteffizienzerwartungen an sich selbst hat, könnte dies auf dysfunktionale Kognitionen hinweisen. Werden die stationären Aufenthalte einerseits als Entlastung empfunden und vermindern sie andererseits wieder seine Selbsteffizienzerwartungen, könnte dies gut in eine verhaltenstherapeutische Betrachtungsweise operanter Entstehungsbedingungen des Problems integriert werden.

8.3.4 Kontinuierlicher Rückkopplungsprozess

Die Problem- und Verhaltensanalyse ist im Rahmen des Therapieprozesses kein einmal durchgeführter und dann unveränderlicher Ausgangswert für die Therapie. Im ambulanten Bereich sollte nach drei bis fünf Therapiestunden eine vorläufige Problem-/Verhaltensanalyse erstellbar sein. Im stationären Bereich kann dies aufgrund der Schwere der Erkrankung der Patientinnen und Patienten sehr viel mehr Zeit erfordern.

Die bis dahin erstellte Problem- und Verhaltensanalyse ist eine hypothetische, vorläufige Annahme über die Bedingungen des Problems und beruht auf den bisher gesammelten Informationen. Im konkreten Therapieprozess werden jedoch weitere Informationen hinzukommen. Hemmnisse in der Therapie werden weitere Aspekte des Problems offenbaren. Bisher nicht bewusste Erinnerungen der Patientinnen und Patienten, veränderte Sichtweisen oder Fremdinformationen, in der Therapiesituation erkennbare interaktionelle Probleme etc. werden das Problem in anderem Licht erscheinen lassen. Diese Informationen können die anfängliche Problem-/Verhaltensanalyse bestätigen, verändern oder neue Aspekte in den Vordergrund rücken. Deshalb unterliegt die Problem- und Verhaltensanalyse einem fortwährenden Überprüfungs- und Veränderungsprozess während der gesamten Therapie.

Beispiele

Die Hundephobie eines Briefzustellers kann nach drei Sitzungen gut analysiert sein. In der vierten Sitzung erfahren Sie, dass er vor Auftreten der Symptomatik Ärger mit seinem Dienststellenleiter hatte, durch ein Attest eines ärztlichen Kollegen jetzt im Innendienst arbeitet und vor sechs Monaten eine vorläufige Berentung beantragt hat.

Als anfängliches, unverfängliches »Präsentiersymptom« analysieren Sie mit der verheirateten Patientin nächtliche Panikattacken. Der besorgte Ehemann kümmert sich in rührender Weise um sie und hilft ihr sehr. Erst nach Aufbau einer vertrauensvollen Beziehung zum Therapeuten deutet die Patientin einen »Seitensprung« mit dem Freund ihres Mannes an.

8.3.5 Therapeutische Funktion

Die Verhaltens- und Problemanalyse ist in den therapeutischen Prozess eingebettet und wird auf Basis der Informationen, die von Patientinnen und Patienten direkt oder indirekt gegeben werden, erarbeitet. Neben der diagnostischen und problemordnenden Funktion kann sie bei einer Einbeziehung der Patientinnen und Patienten in die Erstellung auch im therapeutischen Veränderungsprozess wirksam sein.

Die durch eine problem- bzw. verhaltenszentrierte, nicht wertende, auf das Verständnis der Funktionalität des Verhaltens ausgerichtete Herangehensweise von Therapeutinnen und Therapeuten ermöglicht Patientinnen und Patienten eine entpathologisierte Sichtweise ihres Problems und damit eine bessere Distanzierung. Diese Betrachtungsweise baut Ängste ab und eröffnet bisher blockierte Wahrnehmungsmöglichkeiten des Problems.

Die Akzeptanz der Person des Patienten durch den Therapeuten – trotz seines Problems – ermöglicht dem Patienten die Differenzierung zwischen seiner eigenen Person und den problematischen Verhaltensweisen. Hierdurch kann er aus der Position der seinen Problemen ausgelieferten Person in eine neutralere Rolle schlüpfen, die weniger emotional überlagert ist und die damit eine distanzierte Betrachtung der eigenen Verhaltensweisen und der anderer Menschen ermöglicht.

Merke

Die gemeinsame Erarbeitung einer Problem- und Verhaltensanalyse dient auch dem Zweck, die Betrachtung des Problems durch die Patientinnen und Patienten zu verbessern und mit einer anderen Sichtweise neue Lösungsmöglichkeiten zu entdecken.

Durch die neue funktionale Betrachtungsweise, das Erlernen einer Strukturierungsmöglichkeit und die Auswahl von Veränderungspunkten soll es Patientinnen und Patienten ermöglicht werden, diese Erkenntnisse auch auf andere oder zukünftige Probleme anzuwenden. Hiermit werden eine Generalisierung der Problemlösefähigkeiten und »Hilfe zur Selbsthilfe« angestrebt.

8.4 Stellung im Therapieprozess

Wie bereits in ▸ Kap. 4 beschrieben, ist die Problem- und Verhaltensanalyse ein integraler Bestandteil jeder Verhaltenstherapie. Nach Goldstein und Kanfer (1991; Kanfer, 2011) ist sie nach Herstellung eines Arbeitsbündnisses und einer Motivationsklärung bzw. -erhöhung der dritte Schritt in dem Sieben-Phasen-Modell der Selbstmanagement-Therapie.

Ihr Hauptmerkmal sind die präzise Beschreibung der Problematik und eine Analyse der vorhergehenden, begleitenden und/oder aufrechterhaltenden Bedingungen des Problems. Dies kann mit unterschiedlichen »Auflösungsgraden« und in unterschiedlichen Richtungen geschehen.

Der Begriff der unterschiedlichen Auflösungsgrade deutet darauf hin, dass ähnlich wie mit einem Kamera-Zoom ein Problem mehr oder weniger detailliert betrachtet werden kann. Oft ist es sinnvoll, ein Problem erst von der Makroebene her, also einer »Weitwinkel-Perspektive« (von oben nach unten) zu betrachten, um dann besonders auffällige Details einer »mikroskopischen Analyse« zu unterziehen. Bei Problemen, die auf der Makroebene bereits sehr unübersichtlich sind, empfiehlt sich im Gegensatz dazu ein Vorgehen »von unten nach oben«. Hier kann von mehreren künstlich herausgelösten Verhaltensweisen auf der Mikroebene durch Ähnlichkeiten auf ein übergeordnetes Problem auf der Makroebene geschlossen werden.

Beispiel

Eine Patientin klagt in der ersten Stunde über Essstörungen, in der zweiten über Selbstwertzweifel, in der dritten Sitzung über nochmals andere Probleme. Immer wechselnde Problemschilderungen deuten auf eine übergeordnete Problemkonstellation hin, ohne dass die Patientin deren Zusammenhang erkennen kann. Hier könnte die Reduktion der Analyse auf jeweils eingegrenzte, mikroskopische Problembereiche und sukzessive Deutlichmachung des Grundprinzips ihrer Probleme therapeutisch günstiger sein als die direkte makroskopische Analyse einer Borderline-Störung.

8.4.1 Arten der Anwendung der Problem- und Verhaltensanalyse

In ▸ Kap. 3 wurden bereits mehrere Ebenen der verhaltenstherapeutischen Interventionen im psychotherapeutischen Prozess verdeutlicht.

Hauptziel der verhaltenstherapeutischen Interventionen ist es, durch Änderung des eigenen Verhaltens Veränderungen zu erreichen, die den Ist- und Soll-Zustand einander möglichst weit angleichen und somit den Leidensdruck eines Individuums weitmöglichst reduzieren.

Es darf aber nicht übersehen werden, dass manche Problemsituationen, in denen sich eine Person befindet, nicht durch ihr privates, eigenes Verhalten effektiv zu verändern sind.

Methoden der Verhaltenstherapie können auch hier wesentliche Erleichterungen für das Individuum erbringen. Die Anwendung verhaltenstherapeutischer Methoden darf jedoch nicht zu einer unkritischen, reinen Anpassungsstrategie an mangelhafte Situationsbedingungen und gesellschaftliche Missstände werden. Die nicht seltene Anwendung von verhaltenstherapeutischen Methoden zur Durchsetzung ethisch und moralisch bedenklicher Ziele ist leider oft genug effektiv, stellt jedoch keine Anwendung der Verhaltenstherapie, sondern einen Missbrauch ihrer Methoden dar, und ist nicht zu rechtfertigen.

8.4.2 Verhaltenstherapie im Kontext anderer Behandlungsverfahren

Im Verhältnis zu anderen medizinischen Behandlungsverfahren ist Psychotherapie eine äußerst filigrane, subtile und sehr personalaufwändige Methode, um Veränderungen bei Problemen zu erreichen. Im ambulanten Bereich ist die Verhaltenstherapie zumeist das alleinige psychotherapeutische »Hauptverfahren«. Im stationären psychiatrischen Bereich steht jedoch anfänglich zumeist die psychiatrische

Basisbehandlung im Vordergrund. Neben einer psychotherapeutischen Grundhaltung den Patientinnen und Patienten gegenüber kann die Verhaltenstherapie die Gesamtbehandlung wesentlich beeinflussen. Die Eingliederung der Verhaltenstherapie in einen stationären Behandlungsablauf soll nachfolgend am Beispiel einer Depression veranschaulicht werden. Im Rahmen des klassischen psychiatrischen Behandlungsansatzes liefern Phänomenologie, psychopathologischer Befund und Anamnese Informationen, die unter Hinzuziehung der Krankheitslehre zu einer *psychiatrischen Diagnose* führen. Durch diese Diagnose wird die Art der psychischen Störung klassifiziert, von anderen Erscheinungsformen unterschieden und ein Behandlungsansatz abgeleitet. Die Verhaltenstherapie bzw. ihr Behandlungsansatz beruht auf lerntheoretischen Gesetzmäßigkeiten, hat spezifische Störungsmodelle über die Erkrankung und setzt eigene diagnostische Mittel ein (▸ Abb. 8.1).

Neben diesen Informationen werden die aus verhaltenstherapeutischer Sicht relevanten Informationen der psychiatrischen Diagnostik in der Verhaltensanalyse zusammengetragen und in das verhaltenstherapeutische Behandlungsmodell integriert. Hierdurch ergibt sich eine *verhaltenstherapeutische Diagnose*, die sich deutlich von der psychiatrischen Diagnose unterscheidet.

Merke

Das Ziel der Verhaltensdiagnostik sind nicht Abstraktion und Klassifikation, sondern eine genaue Beschreibung der Art des Verhaltens sowie seiner vorausgehenden und aufrechterhaltenden Bedingungen.

Beispiel

Der Tod ihres Mannes stürzt die Mutter von zwei Söhnen in eine tiefe Trauer und äußert sich in Klageverhalten. Dieses führt kurzfristig dazu, dass die Söhne häufiger vorbeikommen. Auch nach längerer Zeit hält das Klageverhalten an. Um diese Entwicklung zu beenden, intensivieren die Söhne ihre Bemühungen – jedoch erfolglos, ihre Mutter zieht sich sozial immer weiter zurück. Nach einiger Zeit beginnen sie zu resignieren und reduzieren den Kontakt mit der Mutter. Dies führt zu einem verstärkten Klageverhalten, zunehmender Inaktivität und schließlich zur Einweisung durch den Hausarzt unter der Diagnose »Involutionsdepression«.

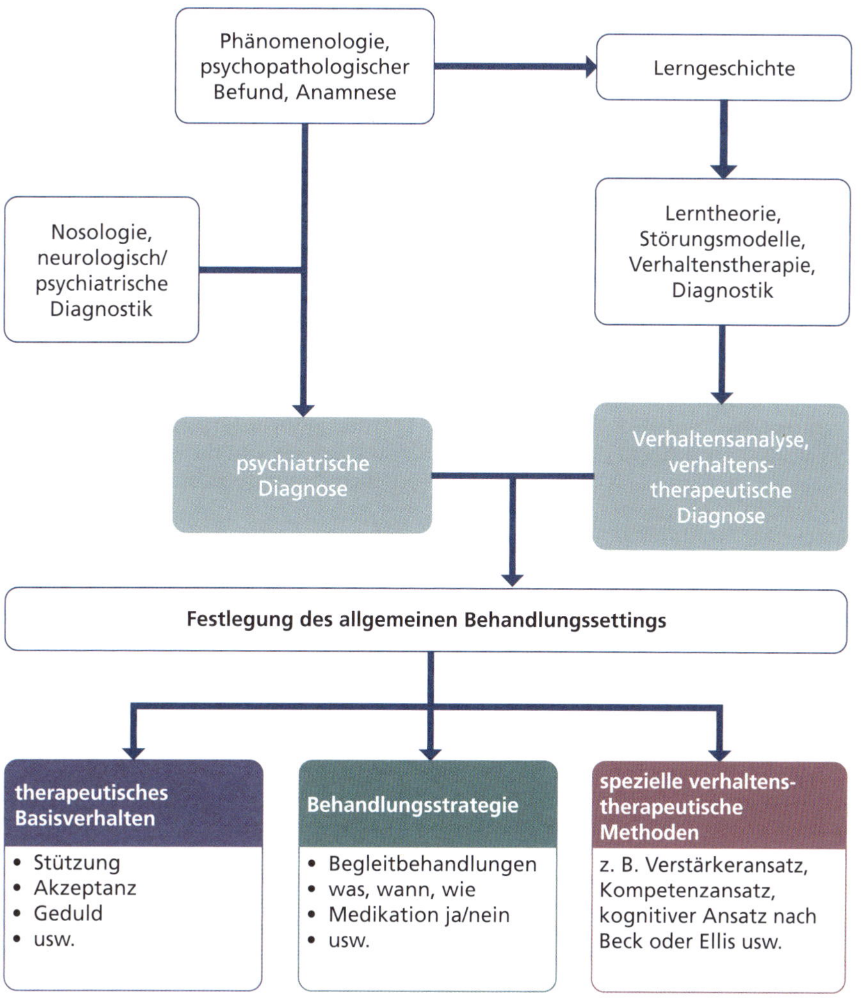

Abb. 8.1: Behandlungsansätze bei einer Depression

Verhaltenstherapeutisch betrachtet handelt es sich beim Klagen und beim sozialen Rückzug um ein exzessives Problemverhalten. Ursprünglich auslösend war ein Verlustereignis. Die Zuwendung der Söhne stellte eine Verstärkung für das Problemverhalten dar. Die Intensivierung der Zuwendung durch die Söhne reduziert die Wahrscheinlichkeit eines Alternativverhaltens der Mutter. Durch die Erfolglosigkeit ihrer Bemühungen und das zunehmende Klageverhalten wird die Mutter zum aversiven Reiz für die Söhne. Der Versuch der Söhne, sich zurückzuziehen, führt wiederum aus Sicht der Mutter zu einem Verlustereignis. Dieses wird, wie bereits vorher, jetzt mit noch erhöhter Intensität durch Klageverhalten beantwortet.

Psychiatrische und verhaltenstherapeutische Diagnose führen zu einer Festlegung eines allgemeinen Behandlungssettings. Neben dem therapeutischen Basisverhalten und der Behandlungsstrategie können aus der Verhaltensanalyse und der verhaltenstherapeutischen Diagnose spezielle verhaltenstherapeutische Behandlungsansätze abgeleitet werden.

Beispiel (Fortsetzung)

Generelles (der klinischen Lage angepasstes) Ziel ist die Löschung des exzessiven Klageverhaltens und die gleichzeitige Verstärkung von Alternativverhaltensweisen. In diesem speziellen Fall käme anfangs besonders der Einsatz von operanten Methoden (▸ Kap. 12) in Betracht. Später könnte ergänzend eine kognitive Methode (z. B. nach Beck) einbezogen werden.

Merke

Der Einsatz verhaltenstherapeutischer Methoden steht in keinem Widerspruch zu pharmakologischen oder sonstigen Behandlungsnotwendigkeiten, sondern ist Teil der aufeinander abgestimmten Behandlungsstrategie.

8.5 Synopse von Analysemodellen

Wie bereits in der Einführung angeschnitten, *gibt es nicht das eine* gültige Problem-/Verhaltensanalyse-Modell, sondern im Rahmen der Entwicklung der Verhaltenstherapie wurden verschiedene Analysemodelle erstellt. Hierbei wurden zum einen die Weiterentwicklungen in allgemeine Analysemodelle eingebaut, zum anderen in allgemeinen Analysemodellen störungsspezifische Erkenntnisse besonders fokussiert. Die historischen »Meilensteine« bei der Erstellung allgemeiner Problem- und Verhaltensanalyse-Modellen können zeitlich und nach Autoren geordnet werden (▸ Tab. 8.1).

Da trotz der Ausdifferenzierung bei allen Analysesystemen Gemeinsamkeiten und allgemein gültige Rahmenbedingungen vorliegen, kommt es im konkreten Einzelfall einer Therapie nicht so sehr auf das Schema des verwendeten Analysemodells an, sondern auf dessen Plausibilität und Logik für die Erklärung des jeweiligen Problems. Konkret bedeutet dies:

- Welches Analysesystem Therapeutinnen und Therapeuten verwenden, unterliegt ihrer eigenen Entscheidung.
- Die Auswahl sollte jedoch dem Niveau der Patientinnen und Patienten entsprechen, damit sie es verstehen und die abgeleiteten Veränderungsvorschläge für sie plausibel sind.
- Bei Anwendung eines Analysesystems muss dessen Begrifflichkeit durchgängig beibehalten werden.
- Die Begrifflichkeit des verwendeten Analysesystems muss operationalisiert sein, damit Therapeutinnen und Therapeuten mit anderen Analysesystemen dieses in ihr jeweiliges Analysesystem »übersetzen« können.

Die in den letzten zehn Jahren entwickelten komplexen Analysesysteme sind von großem heuristischem Wert und sollten zum Wissensbereich eines ausgebildeten Verhaltenstherapeuten gehören. Sie sind jedoch aus didaktischen Gründen nicht für eine Einführung in die Verhaltenstherapie geeignet und im Alltagsgebrauch für Patientinnen und Patienten meist nicht mehr verständlich.

Tab. 8.1: Verhaltensanalyse-Modelle

Jahr	Autor	Analysemodell
1958	Skinner	S-R-C: Zusammenfassung der S-R- und R-C-Theorien
1969	Kanfer	S-O-R-K-C-Verhaltensgleichung
1974	Schulte	Ausformung der Verhaltensgleichung von Kanfer
1980	Bartling	S-O-E-V-K: Einführung von Regeln und Plänen
1986	Kanfer	Selbstregulation als nicht mehr lineares Systemmodell
1989	Caspar	Differenzierung der Analyse von Plänen
1990	Schulte	Problemanalyse auf verschiedenen Ebenen
1992	Bartling	S-WP-O-E-V-K: Erweiterung um Wahrnehmungsprozesse
1996	Kanfer	kontextuelle Verhaltensanalyse auf Makro- und Mikroebene
2000	Wassmann, Buchkremer, Batra	S-POE-R-K-C: integriertes Modell

8.5.1 Gebräuchliche Problem- und Verhaltensanalyse-Modelle

Im deutschsprachigen Raum haben sich für den Bereich der Lehre und der therapeutischen Verwendung drei allgemeine Problem- und Verhaltensanalyse-Modelle nebeneinander etabliert. Alle drei sind primär linear aufgebaut und sind bei näherer Betrachtung, zwar mit anderem Schwerpunkt, jedoch einander prinzipiell sehr ähnlich. Sie unterscheiden sich mehr in den verwendeten Begrifflichkeiten und Symbolen als in der allgemeinen Vorgehensweise und ihren grundlegenden Inhalten. Alle drei Analysesysteme basieren auf der 1969 von Kanfer definierten Verhaltensgleichung *S-O-R-K-C*.

Schulte (1976) behält die Begrifflichkeit der *S-O-R-K-C*-Formel von Kanfer bei und differenziert sie besonders auf der Ebene der Analyse der Einzelsymptome.

Bartling et al. (2007) betonen als neue Komponente kognitive Anteile und gliedern diese unter dem Symbol *E* (= Erwartungen) aus der Situation *S* aus. Zudem werden die Folgen des Verhaltens ausdifferenziert nach internen, externen und kurz- oder langfristigen Konsequenzen. Zudem werden die ursprünglichen Symbole der Kanfer-Formel verändert. Das Verhalten wird nicht mehr mit *R*, sondern mit *V* symbolisiert. Die Kontingenz (*K*) zwischen Verhalten und

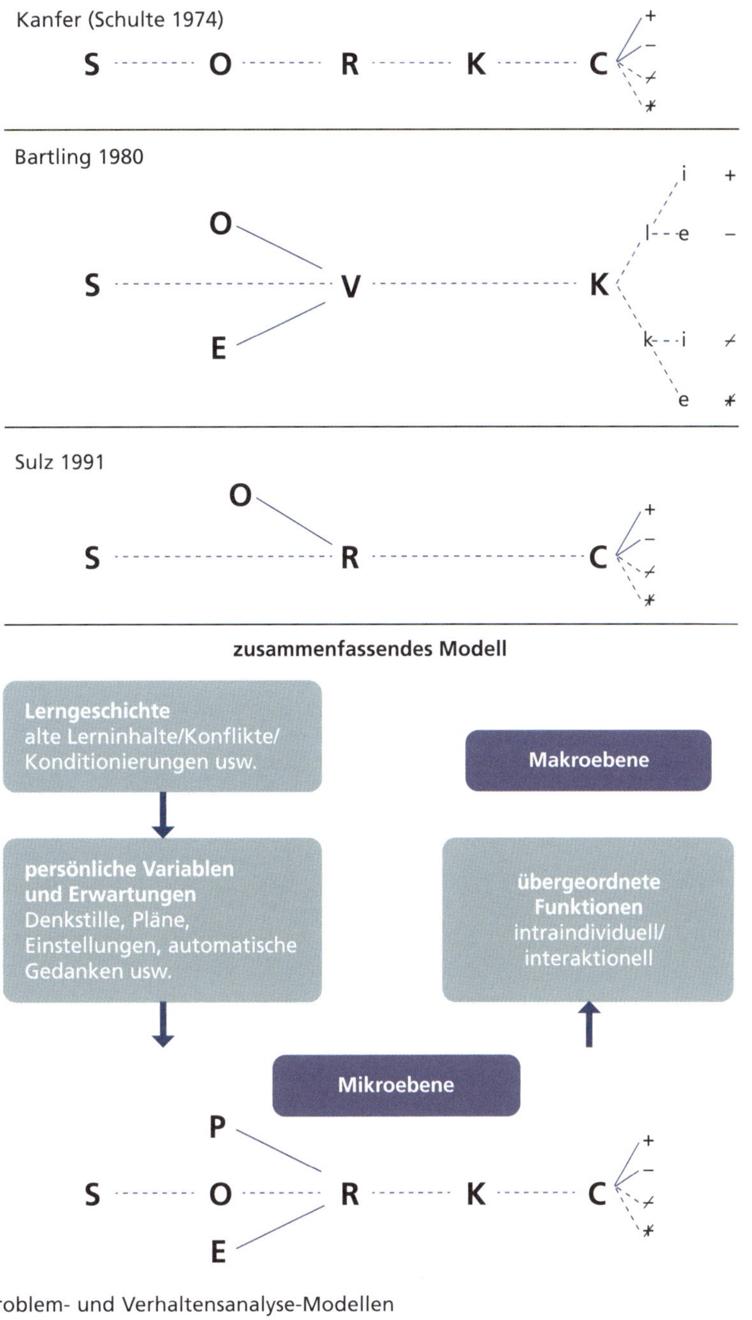

Abb. 8.2: Synopse von Problem- und Verhaltensanalyse-Modellen

Konsequenzen aus der ursprünglichen Kanfer-Formel wird weggelassen. Stattdessen wird das Symbol *K* verwendet, um die Konsequenzen des Verhaltens zu bezeichnen. Das Symbol *C* der Kanfer-Formel wird also durch *K* ersetzt.

Sulz (1991) reduziert die Kanfer-Formel auf die Symbole *S-O-R-K*. In das Symbol *O* integriert er jedoch Persönlichkeitsmerkmale, kognitive Strukturen und übergeordnete Denkstrukturen. Auch er lässt das Symbol *K* der ursprünglichen Kanfer-Formel weg und verwendet das Symbol *K* statt *C* als Konsequenz des Verhaltens.

Wenngleich jede dieser Analyse-Variationen sicherlich ihren eigenen Wert hat und eigenständig verwendbar ist, so stellt sich dennoch die Frage, warum bei so viel Gemeinsamkeit und gleicher Ableitung aus der allgemein akzeptierten Kanfer-Verhaltensgleichung eine unterschiedliche Symbolik notwendig ist.

Das hier verwendete zusammenfassende Modell integriert mit seiner Unterteilung in eine Makro- und Mikroebene alle drei Analysesysteme (▶ Abb. 8.2).

Prüfungsfragen

1. Welcher Wert ist Fragebögen oder psychometrischen Skalen in der verhaltenstherapeutischen Diagnostik beizumessen?
2. Was bezeichnen die Variablen *P* und *E* im integrierten Modell?
3. Wofür steht die Makroebene im integrierten Verhaltensanalyse-Modell?

Antworten

1. Fragebögen bzw. psychometrische Skalen sind in der Verhaltenstherapie wichtige ergänzende Instrumente zur klassischen Verhaltensanalyse. Sie dienen vor allem dazu:
   - Probleme systematisch zu erfassen (z. B. Depression, Angst, Stress)
   - Veränderungen über die Zeit zu messen (z. B. vor/nach Therapie)
   - Selbsteinschätzung der Patientinnen und Patienten zu erfassen
   - Vergleichbarkeit und Objektivität zu erhöhen
   - Therapieplanung zu unterstützen, z. B. durch Identifikation relevanter Bereiche

   Fragebögen oder psychometrischen Skalen sind jedoch nie allein entscheidend für die Diagnosestellung, sondern werden im Kontext von Anamnese, Interviews und Verhaltensbeobachtungen interpretiert.
2. P = Person/Persönlichkeit/Persönlichkeitsmerkmale nach Sulz;
   E = Erwartungen nach Bartling (z. B. familiäre, soziale, kulturelle, berufliche Einflüsse).
3. Im integrierten Verhaltensanalyse-Modell steht die Makroebene für die übergeordnete Ebene, auf der überdauernde Muster, biografische Entwicklungen und Kontexte (Lebensgeschichte, soziale Rollen, kulturelle Einflüsse, Grundüberzeugungen, Selbstkonzepte) betrachtet werden, aber auch für die interaktionelle Funktion des Verhaltens und der Verhaltensstörung. Die Makroebene dient dazu, das Verhalten im größeren Zusammenhang zu verstehen. Die Makroebene wird der Mikroebene gegenübergestellt, auf der konkrete Situationen, Reize und Reaktionen analysiert werden.

Literatur

Bartling, G., Echelmeyer, L., Engberding, M. (2016). *Problemanalyse im psychotherapeutischen Prozeß* (6. Aufl.). Kohlhammer.

Goldstein, A. P., Kanfer, F. H. (1991). *Helping people change: A Textbook of methods*. Pergamon.

Kanfer FH, Saslow G. (1969). Behavior diagnosis. In Franks C. M. (ed.), *Behavior Therapy: Appraisal and status* (pp. 417–444). McGraw-Hill.

Kanfer, F. H., Reinecker, H., Schmelzer, D. (2011). *Selbstmanagement-Therapie* (5. Aufl.). Springer.

Schulte, D. (1976). *Diagnostik in der Verhaltenstherapie*. Urban & Schwarzenberg.

Sulz, S. K. D. (1991). *Das Verhaltensdiagnostiksystem*. CIP-Medien.

Batra, A., Wassmann, R., Buchkremer, G. (2000). *Verhaltenstherapie. Grundlagen – Methoden – Anwendungsgebiete*. Thieme.

Weiterführende Literatur

Geue, K., Strauß, B., Brähler, E. (2016). *Diagnostische Verfahren in der Psychotherapie* (3. Aufl., Diagnostik für Klinik und Praxis). Hogrefe.

Sulz, S. K. D. (2000). *Verhaltensdiagnostik und Fallkonzeption*. CIP-Medien.

9 Durchführung der Problem- und Verhaltensanalyse

Ute Wesselmann

Das Wichtigste auf einen Blick

- Die Problem- und Verhaltensanalyse ist *das* zentrale verhaltensdiagnostische Ordnungsprinzip. Sie ermöglicht ein präzises Verständnis der Entstehungsbedingungen sowie der aufrechterhaltenden Faktoren einer bestimmten Problematik.
- Im Rahmen der Problemanalyse werden bestehende Probleme erfasst, diagnostisch eingeordnet, in Beziehung zueinander gesetzt und priorisiert. Die Begriffe der Problem- und der Verhaltensanalyse werden gelegentlich synonym benutzt.
- In der Mikroanalyse als horizontaler Verhaltensanalyse wird mithilfe des SORKC-Modells ein exemplarisches Verhalten innerhalb des Problems dargestellt, sinnvollerweise startet die Durchführung mit der präzisen Erhebung der Variable *R*, um anschließend vorausgehende und aufrechterhaltende Faktoren zu identifizieren.
- Die Makroanalyse entspricht einer vertikalen Verhaltens- und Plananalyse. Sie ordnet Problem und Verhalten kontextuell in die aktuelle Lebenssituation (Warum jetzt?) ein und stellt es in einen größeren Gesamtzusammenhang. Hier wird auch die Gesamtpersönlichkeit (mit ihren Lebenserfahrungen, Dispositionen, Plänen, Erwartungen, Ressourcen und Traits) (Warum dieser Patient?) erhoben und abgebildet.
- Bei der Erfassung der übergeordneten Funktion eines Problems unterscheiden wir eine intrapsychische (innere Homöostase) und eine interaktionelle (Funktion in Beziehungen) Funktionalität. Die Variable *C* im SORKC-Modell verbindet, ebenso wie die POE-Ebene, die Mikro- und die Makroebene.

9.1 Einführung

Die Durchführung der Problem- und Verhaltensanalyse beinhaltet die Kunst des präzisen Fragens und der Hypothesenbildung. Sie bedeutet insbesondere für noch unerfahrene Therapeutinnen und Therapeuten, die Ruhe, Demut und Disziplin aufzubringen, nicht unmittelbar Lösungsvorschläge zu produzieren oder aber die erstbeste, weil ästhetische, logische oder vertraute Kausalkette anzunehmen, sondern mit detektivischer Neugier vorzugehen. Dies ist ein lohnendes Unterfangen, weil dies nicht nur auf der Beziehungsebene eine Validierung des Problems und des Patienten bedeutet, sondern auch eine passgenaue Ziel- und Therapieplanung ermöglicht. Zugrunde gelegt wird in diesem Kapitel die linear aufgebaute Verhaltensgleichung nach F. Kanfer (SORKC-Modell), die – wie im vorherigen Kapitel ausgeführt – um die POE-Ebene erweitert wird.

In der Verhaltenstherapie – so wird es auch Patientinnen und Patienten erklärt – werden keine Diagnosen oder Störungen behandelt, sondern konkrete (Verhaltens-)Probleme. Bereits durch diesen Schritt erfolgt eine erste Distanzierung und Desidentifizierung, da nun Patient oder Patientin nicht mehr depressiv »ist«, sondern Probleme »hat«, die z. B. aus einer Depression folgen, wie Rückzug, Antriebslosigkeit oder kreisende Gedanken.

9.2 Problemanalyse und -strukturierung

Als Problem wird die Gesamtheit der dysfunktionalen Erlebens- und Verhaltensweisen beschrieben, also auch die Gesamtheit zugehöriger Gefühle, Gedanken und physiologischer Reaktionen. Dysfunktional kann einmal z. B. ein Verhalten oder Gefühl selbst sein (Erbrechen, Selbstverletzung, Wut), aber auch dessen Einengung (Grübeln) oder die Dauer und Intensität (exzessives Jammern, massive Essanfälle, Trauer).

In der Problemanalyse, die am Anfang der Therapie steht, müssen Therapeutinnen und Therapeuten sich zunächst einen Überblick über die gesamte Problemlage verschaffen, also aus dem »Blumenstrauß« dargebotener Probleme diejenigen heraussuchen, die im Rahmen einer Therapieplanung prioritär oder auch auf tieferer Ebene grundsteinlegend sind. Dies ist umso bedeutsamer, als dass wir praktisch nie einfache, monosymptomatische Patientinnen und Patienten (Spinnenphobie) sehen, sondern zumeist mit komplexeren Problemstellungen konfrontiert sind.

So können eine Partnerschaftsproblematik, Probleme am Arbeitsplatz, kognitive Störungen und eine depressive

Verstimmung Ausdruck eines missbräuchlichen Alkoholkonsums sein, ein chronisches, ungewolltes Single-Dasein, eine Essstörung und eine Mobbing-Problematik am Arbeitsplatz Ausdruck einer schweren Selbstwertproblematik.

Neben dem »Sammeln und Sortieren« geht es bei der Problemanalyse um eine diagnostische Einordnung in die gängigen Klassifikationssysteme und eine Klärung der Erwartungen bzw. Ziele. Dies wird durch beharrliches, neugieriges Fragen ermöglicht, was gleichzeitig schon die gemeinsame Arbeitshaltung des »Patient-Therapeut-Teams« aufbaut, das im gemeinsamen Suchprozess Muster aufdeckt und schließlich Lösungsideen erarbeitet.

Mögliche Einstiegsfragen könnten entsprechend lauten:

- Welche Probleme haben Sie veranlasst, Hilfe zu suchen?
- Lassen sich die Probleme aus Ihrer Sicht in Kategorien unterteilen?
- Welche Ursachen sind aus Ihrer Sicht verantwortlich?
- Erkennen Sie selbst ein Muster in Ihren Problemen?
- Was müsste sich ändern, damit Sie nicht mehr kommen müssen?
- Welches Ihrer Probleme belastet Sie besonders?
- Auf welche Probleme können Sie Einfluss nehmen, auf welche nicht?
- Beantworten Sie folgende Fragen: »Ich bin damit unzufrieden, dass …« und »Ich möchte erreichen, dass …«

Neben einer klassischen Anamnese können auch andere Zugangswege zur Problemanalyse hilfreich sein. Visualisieren und gewichten lassen sich Probleme z. B. gut mit der Erarbeitung eines sogenannten »Problemkuchens«, dessen Erstellung jedoch im Allgemeinen angeleitet und unterstützt werden muss. Vorteil ist hier, eine Strukturierung und Aufteilung des Problems in handhabbare »Portionen« vornehmen zu können, statt von überwältigenden, nebelhaften Gesamtpaketen überfordert zu werden. Auch entsteht ein Gefühl der Distanz zu etwas »Drittem«, das nun als gemeinsames Aufgabenpaket im Außen vor einem liegt. Je leidvoller das Problem erlebt wird, desto größer wird das Tortenstück dargestellt (▶ Abb. 9.1).

Abb. 9.1: »Problemkuchen« der aktuellen Probleme

Nicht selten sind Probleme sehr schambesetzt, schwer zu versprachlichen oder werden durch Betroffene selbst gar nicht als Problem wahrgenommen. Hier kann es hilfreich sein, über Patientenfragebögen, in denen z. B. Symptomlisten aufgeführt werden, einen Zugang zu ermöglichen. Auch Imaginationen, die darauf abzielen, ein tieferes Wissen über das eigentliche, zugrundeliegende Problem (z. B. Partnerschaftsproblematik, andrängende nicht getroffene Entscheidungen) abzufragen, können unterstützen. Andere kreative Methoden, wie z. B. die Aufforderung, nach Gegenständen zu fahnden, die wichtige Probleme symbolisieren und zur Therapiestunde mitgebracht werden sollen, können einen hilfreichen inneren Suchprozess begünstigen.

In den ersten Kontakten kann durch die Bestandsaufnahme nicht nur die Arbeitsbeziehung entwickelt und vertieft, sondern auch ein Eindruck des subjektiven Krankheitsmodells des Patienten oder der Patientin gewonnen werden.

Therapeut oder Therapeutin stehen im verhaltensdiagnostischen Klärungsprozess vor folgenden Fragen:

- Ist bei der Art der Problematik eine therapeutische Behandlung indiziert? Wenn ja, mit Hilfe welcher Methode (tiefenpsychologisch, verhaltenstherapeutisch, systemisch) und in welchem Setting (stationär, ambulant, gruppentherapeutisch)?
- Besteht eine hohe Funktionalität oder Chronifizierung? Ist entsprechend zunächst eine motivationale Arbeit, ggf. im System erforderlich (Suchterkrankungen, Zwangserkrankungen, Essstörungen)?
- Wie hängen die Problembereiche zusammen?
- Sind die Zielvorstellungen realistisch und sinnvoll? Oder benötigt es erst eine Abstimmung/Verhandlung, um Patienten- und Therapeutenziele zu synchronisieren?
- Sind die Ziele durch die Patientin oder den Patienten selbst lösbar?
- Ist eine neurologisch-internistische Abklärung bereits erfolgt?

9.3 Auswahl des relevanten Problems

Im nächsten Schritt ist eine aktivere Einflussnahme gefragt. Im Rahmen der weiteren Exploration ist dasjenige Problem herauszuarbeiten, das in der Therapieplanung vorrangig berücksichtigt werden muss.

Die Auswahl richtet sich nach verschiedenen Kriterien:

- Wieviel Zeit und welche Ressourcen stehen zur Verfügung?
  Planen wir z. B. eine ambulant durchgeführte Langzeittherapie oder stehen nur 4 Stunden Einzeltherapie im Rahmen eines stationären Aufenthaltes zur Verfügung?

- Welche Ressourcen bringt aktuell der Patient mit?
  Bei einer schweren Depression ist das Problem des Rückzugs und des damit verbundenen Verstärkerverlustes anfangs einfacher zu therapieren als z. B. ein soziales Kompetenzdefizit.
- Wie hoch ist der Leidensdruck des Patienten und damit seine Motivation?
  Hier ist u. U. Abstimmungsarbeit nötig. So kann eine komplexe Partnerschaftsproblematik bei einer Suchterkrankung subjektiv als dringlicher erlebt werden als ein Abstinenzvorhaben.
- Wie dringlich/gefährlich ist das Problem?
  Liegt z. B. ein BMI von 14 vor, ist die Gewichtszunahme per se dringlicher als die auch kognitiv in dieser Situation wenig erfolgversprechende Arbeit an der Selbstwertproblematik.
- Wie wichtig sind erste Erfolgserlebnisse, um Motivation und Selbstwirksamkeitserleben zu stärken?
  So benötigen ADHS-Patienten rasche Erfolgserlebnisse durch operante Methoden, um adhärent zu bleiben und u. U. langwierigere Probleme in der Beziehungsgestaltung oder im Selbstmanagement angehen zu wollen.

9.4 Erstellen der Mikroanalyse: *»How do you do the problem?«*

Ist ein Problem ausgewählt, wird exemplarisches Verhalten darin mikroanalytisch dargestellt, um optimal das »Warum« (Rückwärtsfrage, klärt auslösende Bedingungen) und das »Wozu« (Vorwärtsfrage, klärt aufrechterhaltende Bedingungen) zu klären. Wird dies mehrfach durchgeführt, offenbaren sich meist »Strickmuster«, die Ansatzpunkte in der Therapieplanung bieten.

Verhalten meint dabei nicht nur »offenes«, z. B. motorisches oder sprachliches Verhalten, sondern auch physiologische Reaktionen, Kognitionen, Emotionen oder aufmerksamkeitsbezogene Prozesse, die ggf. (noch) unbewusst, jedoch in gewisser Weise erlernt worden sind. Dieser Schritt verlangsamt und dient der präzisen Diagnostik. Vorteil der Verlangsamung und der sehr kleinschrittigen, erfahrungsbasierten mikroanalytischen Anamnese ist, dass Patientinnen und Patienten sich wirklich gesehen und wahrgenommen fühlen und oft erstmals selbst im Detail über die »Mechanik« ihrer Verhaltensweisen nachdenken. Ziel ist letztlich, eine Therapieplanung ableiten zu können, sodass insbesondere die Informationen erhoben sollten, die für die Therapiegestaltung relevant sind.

Sofern nicht didaktisch günstigere Krankheitsmodelle (z. B. »Teufelskreis der Angst«) vorliegen, ist es für viele Patienten und Patientinnen hilfreich, hier auch in der linearen Darstellungsweise des SORKC-Modells nach Kanfer »mitgenommen« zu werden und damit auch einem Therapierational, das hieraus abgeleitet wurde, folgen zu können. Konkret kann dies am Flipchart erfolgen und zunächst mit einer »Rückwärtsanalyse« einer bedeutsamen Situation beginnen. Dabei wird eine Problemreaktion der letzten Tage/Wochen ausgewählt, anhand dieser Situation werden die SORKC-Komponenten gemeinsam erarbeitet. Hilfsmittel können hier verbale Berichte, Listen, Selbstbeobachtungsprotokolle oder experimentelle Analogien wie Rollenspiele sein.

9.4.1 Konkrete Erarbeitung der Mikroanalyse

Bei der Identifikation und Eingrenzung des auslösenden *Stimulus (S)* ist bedeutsam, inwieweit es sich um externale (Kritik vom Vorgesetzten, Deadline der Seminararbeit) oder aber vom Entstehungsort her betrachtet internale Stimuli (Gedanken, Erinnerungen, Hunger, Herzklopfen) handelt. Weiterhin verdient die Frage nach dem diskriminativen Stimulus (wann und wie ganz genau) ebenso besondere Aufmerksamkeit wie die Frage nach Situationen (Urlaub, Abwesenheit der Mutter …), in denen das Problemverhalten eben nicht gezeigt wurde, oder eben auch solchen, in denen das Problem sogar besonders intensiv auftritt (sogenannte Kopfstandfrage – eine Kreativmethode aus dem Design Thinking). Auch eigene, in der Situation eingesetzte Bewältigungsversuche (Welche Gedanken oder Handlungen haben Sie eingesetzt, um sich anders/flexibler verhalten zu können?) geben einerseits Aufschluss über Selbstkontrollmöglichkeiten und Ressourcen, andererseits über konditionierte (Woran erinnert Sie diese Situation?), damit schwer überwindbare, weil u. U. früh und intensiv erworbene Auslösereize.

Die *Organismusvariable (O)* stellt ebenso wie die Konsequenzen *(C)* eine Verbindung zwischen Mikro- und Makroebene (s. u.) dar und umfasst letztlich alles (jenseits von *S*), was der Patient selbst im Vorfeld der Reaktion einbringt. Bei der Erarbeitung der Mikroanalyse stellt sich v. a. die Frage nach situationsbezogenen biologischen Einflussfaktoren wie Müdigkeit, Medikation, Unterzuckerung oder Alkoholeinfluss oder aber situationsübergreifenden Faktoren wie Intelligenzminderung, Impulsivität im Rahmen eines ADHS oder kognitive Defizite im Rahmen einer demenziellen Entwicklung. Die genetische Prädisposition, deren Relevanz für nahezu alle psychiatrischen Erkrankungen (inklusive Störungen der Persönlichkeitsentwicklungen) bekannt ist, wird hier ebenso erfasst wie der Bindungsstil sensu J. Bowlby (1973). In der Makroanalyse wird dieses *O* innerhalb der POE-Ebene um das *P* (also Persönlichkeitsvariablen) sowie das *E* (also Erfahrungen, Erwartungen und Oberpläne) erweitert.

Das *Verhalten (R)* mit seinen behavioralen, emotionalen, kognitiven und physiologischen Ebenen steht sinnvollerweise am Anfang der Analyse. Im Übrigen wird die *R*-Variable gelegentlich auch mit den griechischen Buchstaben Alpha (beobachtbares Verhalten), Beta (kognitive und emotionale Prozesse) und Gamma (biologisch-physiologische Prozesse) gekennzeichnet.

Auch in der gemeinsamen Erarbeitung mit Patientinnen und Patienten ist es hilfreich, dies an den Anfang zu stellen und von hier ausgehend die vorausgehenden und die nachfolgenden Bedingungen zu eruieren. Folgende Fragen können helfen, die Topografie der automatisierten Reaktionsbereitschaft zu identifizieren:

- Wie genau haben Sie sich verhalten? Was wäre konkret beobachtbar gewesen?
- Welche *unmittelbaren* Gedanken waren mit dem Auslöser verbunden?
- Was war währenddessen in Ihrem Körper los?
- Welche Gefühle haben Sie wahrgenommen?

Für Patienten und Patientinnen ist es oftmals einfacher, zunächst die Kognitionen zu benennen, während sie für die Erarbeitung der Emotionen, die nicht selten eng mit den physiologischen Reaktionen vermischt werden, Hilfestellung benötigen. Wichtig ist, die Reaktion zu erfragen, die unmittelbar auf den Auslöser hin erfolgte, da sonst eher Konsequenzen *(C)* benannt werden. Wichtig ist auch zu überprüfen, ob die Emotionen zu Kognitionen und Verhaltensreflexen passen oder ob mehrere Reaktionsketten synchron ablaufen.

Die *Kontingenzvariable (K)* beschreibt den Zusammenhang zwischen Problemverhalten und Konsequenzen, sodass strenggenommen von (mehreren) Kontingenzen gesprochen werden müsste. Dieser Zusammenhang konstituiert den Verstärkerplan, der kontingent oder intermittierend, stabil oder auch fixiert auftreten kann. Dieser Verstärkerplan hat einen wesentlichen Einfluss auf die Stabilität und Löschungsresistenz eines Verhaltens. So lassen sich bei hoher Kontiguität (d. h. die Konsequenz erfolgt raum-zeitlich unmittelbar) Reaktionen zwar leichter aufbauen, aber auch leichter löschen als bei geringer Kontiguität (Konsequenz erfolgt verzögert).

Die *Verhaltenskonsequenzen (C)* verstärken operant die Frequenz, Dauer, Intensität und Stabilität des Verhaltens. Auch sie stellen eine Verbindung zur Makroebene her, da die Erfassung der übergeordneten Funktion eines Verhaltens nicht unbedingt aus der Mikroebene erfassbar ist. Mikroanalytisch ist zu klären, wie sich Qualität und Entstehungsort (internal oder external) oder der Zeitabstand (kurzfristig oder langfristig) der Konsequenzen darstellen. Für Patientinnen und Patienten ist es oft entlastend zu verstehen, dass es insbesondere die kurzfristigen Konsequenzen sind, die sehr rasch eine stabile operante Konditionierung erzeugen können.

Folgende Verstärkerarten werden an dieser Stelle eruiert:

- *Positive Verstärkung (C^+):*
  Welchen Gewinn, z. B. Zuwendung, Trost, Anerkennung des Leides, Gefühle von Stolz, Kontrolle oder Macht, aber auch Krankentagegeld oder Privilegien am Arbeitsplatz bringt das Verhalten mit sich?
- *Negative Verstärkung ($\not{C}^-$):*
  Was erspart das Verhalten? Können durch das Verhalten z. B. Völlegefühle, Konflikte, Anforderungen, Entzugssymptome oder Lebensentscheidungen, aber auch Gefühle von Trauer, Ekel oder Wut ausgehebelt werden?
- *Direkte Bestrafung (C^-):*
  Was handeln sich Patientinnen und Patienten durch das Verhalten ein, zumeist langfristig? Labilisieren und überstrapazieren sie Beziehungen, schwächen sie ihr Selbstwirksamkeitserleben, tragen sie zur Chronifizierung von Symptomen bei oder induzieren körperliche Folgeerkrankungen?
- *Indirekte Bestrafung ($\not{C}^+$):*
  Was entgeht Patientinnen und Patienten durch das Verhalten? Welche Freiheitsgrade büßen sie ein? Welche Erfahrungen können sie nicht machen? Um welche Gefühle (Stolz, Wirksamkeit, Kontrolle) und welche Wachstumsprozesse (innerhalb von Beziehungen, Arbeitssettings) bringen sie sich?

Tab. 9.1: Mikroanalyse nach dem SORKC-Schema

Stimulus *S* = Auslöser/Situation (external oder internal)	Partner sagt kurzfristig gemeinsamen Kinoabend ab, internal Langeweile und Leeregefühl.
Organismus *O* = O-Variable (aktuell und situationsübergreifend)	Unterzuckert, da nur gefrühstückt. Neigung zu Impulsivität im Rahmen eines ADHS. Erwartungen wie: »Im Grunde bin ich ein Mangelexemplar«, »Nähe bedeutet Schmerz und Enttäuschung«, »Nur wer schlank ist, ist attraktiv und anziehend für Männer«.
Reaktion *R* • kognitiv (unmittelbare Gedanken) • emotional • physiologisch • Verhalten	• kognitiv: er interessiert sich nicht für mich, war ja klar • emotional: Schmerz, Angst, Trauer, Ärger • physiologisch: Unruhe, Herzklopfen, Weinen müssen • Verhalten 1: Essattacke, Verhalten 2: induziertes Erbrechen (verbunden mit *R kognitiv*: »Das muss raus, sonst werde ich fett« und *R emotional*: Scham)
Kontingenz *K*	Entlastung nach Erbrechen tritt kontinuierlich auf, was die erneute Auftretenswahrscheinlichkeit erhöht.
Konsequenz *C* • kurzfristig (nur diese sind lerntheoretisch steuernd) • langfristig (erzeugen meist den Leidensdruck) • internal (wie geht es mir damit?) • external (wie reagieren die anderen?)	C^+ kurzfristiger Trost über Essen $\not{C}^-$ keine Gewichtszunahme $\not{C}^-$ Spannungsreduktion, »Druck« lässt nach C^- Scham C^- Unterzuckerung begünstigt nächste Essattacke C^- (langfristig) Ösophagitis, Zahnschäden C^- keine offene Auseinandersetzung mit Konflikt und Mutmaßungen belasten Beziehung
Ergänzende Informationen	
Ressourcen (Was läuft gut, Stärken?)	Partner ruft anschließend an, Patientin beschließt, wieder Essprotokolle zu führen, wirft Süßigkeiten-Vorräte weg

9.5 Erstellen der Makroanalyse: *»Warum jetzt und warum dieser Patient?«*

Während die Mikroanalyse das Verhalten und seine bedingenden Faktoren wie unter dem Mikroskop erfasst und darstellt, dient die Makroanalyse dazu, das Verhalten innerhalb des Problems kontextuell einzuordnen bzw. in einen größeren Zusammenhang zu stellen. Hier interessiert also die aktuell auslösende (oder zumindest zur Verschlechterung beitragende) gesamte Lebenssituation (Warum jetzt?) und darüber hinaus die Gesamtpersönlichkeit mit ihren Lebenserfahrungen, Dispositionen, Plänen, Erwartungen, Ressourcen und Traits (Warum dieser Patient?). Auch die Geschichte der Störung, deren Funktionalität sowie bisherige Lösungsversuche werden hier abgebildet (Warum kann der Patient das Problem nicht mit »Bordmitteln« lösen?). Das SORKC-Modell nach Kanfer wird an dieser Stelle also nicht horizontal, sondern quasi vertikal (kontextuell) gelesen.

Merke

Die horizontale Analyse (Mikroanalyse) beschreibt Verhalten als Funktion von zeitlich vorangehenden und nachfolgenden Bedingungen, die vertikale Analyse (Makroanalyse) hingegen als Funktion überdauernder, kontextueller Bedingungen (Ziele und Pläne).

9.5.1 Konkrete Erarbeitung der Makroanalyse

Auslösende Situation *S*

Das »makroanalytische« *S* betrifft die inneren und äußeren Kontextfaktoren, die im zeitlichen Zusammenhang mit der Problematik stehen und möglicherweise eine Sollbruchstelle markieren, da eine Flexibilisierung, eine Anpassung oder ein Wachstum erforderlich wären und dies nicht bewältigt wird.

- Zu welchem Zeitpunkt wurde Ihnen die Problematik (bzw. ihr Ausmaß) bewusst?
- Wie sah zu der Zeit Ihre Lebenssituation aus? Beruf? Beziehungen? Weichenstellungen/Transitionen?
- Welche Konflikte/Entscheidungen/Veränderungen standen an?
- Was davon hat Sie damals am meisten belastet und warum?
- Wie erklären Sie sich selbst die Entwicklung und Entstehung des Problems?
- Aber auch: In welcher Gesamtsituation befand sich Ihre Familie oder ein anderes wichtiges Bezugssystem?
- Warum haben Sie sich gerade jetzt zu einer Therapie entschieden?

Organismusvariable *POE*

Die Erweiterung der Organismusvariable *O* um die Variablen *P* (Persönlichkeit) sowie *E* (Erfahrungen, Erwartungen, daraus resultierende Oberpläne) erlauben eine weitere Ausdifferenzierung der *O*-Variable (Bartling, 2016).

Die *Persönlichkeit (P)* eines Menschen wird durch ein Zusammenspiel von Genen und Umwelteinflüssen geprägt. Vereinfacht ausgedrückt bezeichnet die Persönlichkeitsvariable *P* insbesondere diejenigen übergeordneten Eigenschaften und Reaktionsreflexe, die durch genetische, pränatale und frühkindliche Prägungen (Bindungsstil) eher passiv erworben und damit quasi mitgebracht werden. Das Big-Five-Modell (auch OCEAN-Modell) ist ein Konstrukt der Persönlichkeitspsychologie, das recht stabil die Dimensionen der Persönlichkeit eines Menschen beschreibt (▶ Tab. 9.2). Diese Persönlichkeitsdimensionen sind vermutlich in hohem Maß genetisch mitdeterminiert (Kandler et al., 2010). Die Dimensionen schwanken im Kindes- und Jugendalter noch erheblich, scheinen aber ab dem ca. 30. Lebensjahr recht konstant zu persistieren.

Die Erwartungen *(E)* hingegen beschreiben tiefe, oft unbewusste, eher biografisch erworbene Erwartungen und Überzeugungen (»ich bin unzulänglich«), die sich in Form von wahrnehmungsbezogenen »Vorspannungen« und Bewertungsreflexen zeigen. Sie werden in der Schematherapie als Schema, in der Dialektisch-Behavioralen Therapie (DBT) als Grundannahme bezeichnet und resultieren, sofern dysfunktional, vermutlich aus chronischen Frustrationen wichtiger Bedürfnisse. Diese Erwartungen und die daraus resultierenden Oberpläne (eine Abstraktionsebene darunter, z. B. »ich bin eine inkompetente Ärztin«) determinieren die Wahrnehmung von uns selbst, den anderen und der Welt. Wie sehr wir diesen oft unbewussten Bewertungsreflexen erliegen, lässt sich anhand eines kleinen Beispiels illustrieren.

Skizzieren wir eine Person mithilfe von z. B. nur drei Merkmalen (von tausenden, die denkbar wären), könnten diese lauten: Stellen Sie sich Dieter vor. Dieter trägt eine *Cordhose*, ist *42 Jahre* alt und *fährt mit seiner Mutter in den Urlaub*. Prüfen Sie jetzt Ihre Assoziationen, Zuschreibungen, Erwartungen und auch Verhaltensimpulse, sollte Dieter Ihnen zufällig auf einer Party vorgestellt werden. Fügen

Tab. 9.2: OCEAN-Modell der Persönlichkeit

Abk.	Faktor	schwach ausgeprägt	stark ausgeprägt
O	Offenheit für Erfahrungen	konservativ, vorsichtig	erfinderisch, neugierig
C	Gewissenhaftigkeit	unbekümmert, nachlässig	effektiv, organisiert
E	Extraversion	zurückhaltend, reserviert	gesellig
A	Verträglichkeit	wettbewerbsorientiert, antagonistisch	kooperativ, freundlich, mitfühlend
N	Neurotizismus	selbstsicher, ruhig	emotional, verletzlich

wir nur eine weitere Information hinzu (z. B. *Dieters Mutter ist schwerbehindert und kann nur mit seiner Unterstützung überhaupt in den Urlaub fahren*), wird Dieter uns schon deutlich sympathischer. Die fünfte Information (*Dieters Frau findet sein Verhalten sehr liebenswürdig*) führt nun endgültig dazu, dass wir unser erstes »Erkennungsmuster« etwas widerstrebend revidieren müssen.

A. Ellis, der Begründer der Rational-Emotiven Verhaltenstherapie (REVT), bezeichnete diese Erwartungen als »irrationale Überzeugungen« (Schwartz, 2014), die dazu führen, dass Strategien ausgebildet werden (»sich nicht zeigen, perfektionistisch sein ...«), die am Ende korrigierende Erfahrungen verunmöglichen.

In der Schematherapie (Young et al., 2005) als eine der Weiterentwicklungen der kognitiven Verhaltenstherapie werden Domänen beschrieben, denen Schemata zuzuordnen sind, die letztlich den beschriebenen Erwartungen entsprechen. Unterschieden werden übergeordnete (Erwartungs-)Domänen, z. B. die Domänen Abgetrenntheit und Ablehnung, Beeinträchtigung von Autonomie und Leistung, Umgang mit Begrenzungen, Fremdbezogenheit oder übertriebene Wachsamkeit/Gehemmtheit.

Auf der Basis der Erwartungen kondensieren schließlich aus den Oberplänen übergeordnete »Handlungsanweisungen«, die Verhaltenspläne, die dazu dienen, sich kongruent zu den Erwartungen zu verhalten und damit allerdings oftmals eine Art andauernder Bestätigung und Vertiefung dysfunktionaler Erwartungen konstellieren. Ein Mensch, der erwartet, uninteressant, dumm und deshalb nicht liebenswert zu sein, wird sich z. B. entweder bemühen, durch Perfektionismus und Leistung vom Gegenteil zu überzeugen, oder aber dafür sorgen, nie wirklich messbar und sichtbar zu werden. Beides verunmöglicht die korrigierende Beziehungserfahrung, dass Zuneigung selten in erster Linie von Erfolg und Allgemeinbildung abzuleiten ist. Die entsprechenden Verhaltenspläne könnten also lauten: »Sorge dafür, dass niemand bemerkt, dass du eigentlich dumm bist«, »Zeige möglichst wenig von dir, damit niemand dich entlarvt und zurückweist«. Auf der Ebene der Verhaltensregeln (dies entspricht dem verhaltensbezogenen *R* im SORKC-Modell) könnte dann auf der beobachtbaren Verhaltensebene *R* eine perfektionistische Überarbeitung eines Arztbriefes oder das Vertuschen eines Fehlers auftreten.

Sulz (2009) fasst Erwartungen und Oberpläne in der sogenannten *Überlebensregel* zusammen, die in diesem Fall lauten könnte:

»Nur wenn ich immer *Leistung bringe* (... tue, bin ...)
und wenn ich nie *versage oder Schwäche zeige* (... tue, bin ...),
bewahre ich mir *Zugehörigkeit und Akzeptanz* (Bedürfnisse)
und verhindere *Ablehnung und Zurückweisung* (Ängste).

Entstehung und Exploration von Erwartungen und Oberplänen

Die Genese von Erwartungen und zugehörigen Oberplänen erfolgt nach verhaltenstherapeutischem Verständnis im Rahmen von komplexen Entstehungsmechanismen. Neben genetischen und epigenetischen Einflüssen spielen transgenerationale Aufträge (»Sei erfolgreich, wir hatten dazu keine Möglichkeit«, »Vertraue niemandem, sonst ergeht es dir wie uns«) und Bindungsstile eine oft unbewusste Rolle. Darüber hinaus »diffundieren« implizite Systemregeln der Gesellschaft und kultureller Kontexte auf die »Festplatten« der Menschen, die dort sozialisiert werden (»Demokratien sind die besten aller Staatsformen«, »Frauen sollten Kinder bekommen«) und werden dort oftmals zu verinnerlichten eigenen Erwartungen.

Schließlich findet Verhalten der Eltern einen innerpsychischen Niederschlag beim Kind. Sind feinfühlige Eltern in der Lage, Beziehungsbedürfnisse (Sachse, 2010) wie Anerkennung, Wichtigkeit, Grenzwahrung usw. ausreichend zu erfüllen, unterstützt dies Kinder in einer gesunden Entwicklung. Werden diese Bedürfnisse anhaltend frustriert, entwickeln sich innere »Sollbruchstellen« in Form tiefer, dysfunktionaler Erwartungen (z. B. »Nähe ist gefährlich«) und zugehörige Oberpläne (»Sobald sich Nähe einstellt, muss sie bekämpft werden«). Lernen am Modell prägt ebenfalls oftmals implizit die Erwartungen und Oberpläne. Eine sich dauernd überfordernde, leistungsbezogene Mutter wird unbewusst seitens des Kindes mit Sicherheitsgefühlen assoziiert, entsprechend wird dieser Lebensstil genauso übernommen wie der eines in Konflikten passiv und mit Rückzug reagierenden Vaters.

Die durch frühe Verletzungen erworbenen Erwartungen (Schemata) begünstigen schließlich eine Verhaltenseinengung und ein Set kompensatorischer oberplangesteuerter Strategien (z. B. Nähe oder Konflikte vermeiden, Perfektionismus, aggressive Wehrhaftigkeit), die zwar in der Kindheit meist hochfunktional, später jedoch problematisch werden. Darüber hinaus werden genau diese dysfunktionalen Strategien oft bereits von einem oder beiden Elternteilen vorgelebt (Lernen am Modell) und so wird schließlich die »Lösung zum Problem« (Watzlawick, 1991). Auch der (ggf. auch günstige) Einfluss von Peers und anderen Bezugspersonen (Lehrern, Trainern) auf die Entwicklung von Erwartungen und Oberplänen kann erheblich sein.

Folgende Fragen können bei der Exploration der POE-Ebene hilfreich sein:

- Wie beschreiben Sie die Persönlichkeit der Eltern, welche Beziehung hatten diese zueinander?
- Kennen Sie Kinderrechte und Grundbedürfnisse von Kindern, wurden diese in Ihrer Familie wahrgenommen? Welche wurden nicht erfüllt und von wem?
- Welche Lebensereignisse haben Sie in besonderer Weise geprägt? Welche Ängste und Überzeugungen sind dabei u. U. entstanden? Was haben Sie getan, um dies zu überstehen (Ressourcen)? Und welche Strategien haben Sie entwickelt, um das nicht wieder erleben oder fühlen zu müssen?
- Wofür war Ihre Familie ein gutes Trainingslager? Welches Verhalten wurde dort gebraucht?
- Führte das Verhalten zu einer Familienhomöostase? Welchen Sinn machte es für das Vermeiden einer schweren Familienbeschädigung?
- Wofür war Mutter, wofür war Vater ein wichtiges Modell? Was hatten Sie davon?
- Welche Aufträge haben Sie von den Eltern erhalten? Welche Aufträge haben diese wiederum von ihren Eltern erhalten? (transgenerationale Aufträge)
- Welche Familienregeln gab es? Welchen übergeordneten Sinn haben diese für die Familienmitglieder erfüllt? Wie und wann sind diese Übereinkünfte entstanden?
- Wie wurde in Ihrer Familie mit Konflikten umgegangen? Wie prägt dies noch heute Ihre Art, Konflikte zu

führen? Ist das nur bei intimeren Personen ein Problem oder auch bei weiter entfernten?

- (Bei starker emotionaler Aktivierung) Wann haben Sie sich schon einmal so gefühlt? Woran erinnert Sie das? Gibt es Situationen, in denen Sie früher ähnlich gedacht oder gefühlt haben? Was hätten Sie da eigentlich gebraucht? (Die letzte Vorgehensweise entspricht der Technik der Affektbrücke der Schematherapie.)

Informationen zu POE aus der therapeutischen Beziehung

In der therapeutischen Beziehung bilden sich oftmals unmittelbar problematische Denk- und Verhaltensmuster ab. Dysfunktionale Erwartungen und Oberpläne induzieren oftmals eine spezielle Beziehungsgestaltung (siehe den Abschnitt zum Erstgespräch in ▶ Kap. 16), die zu erkennen seitens des Therapeuten oder der Therapeutin eine hohe Wachsamkeit erfordert. Therapeutin und Therapeut sind quasi Resonanzboden dysfunktionaler Erwartungen und »Zielobjekt« dysfunktionaler Beziehungsgestaltung und spüren dies auch, indem sie sich zu bestimmten Verhaltensweisen aufgefordert fühlen bzw. andere als gänzlich unpassend erleben. Auch intensive Gefühle wie Ekel oder Wut können diagnostische Hinweise auf kognitiv-emotionale Prozesse des Patienten/der Patientin sein, die sich im Gegenüber abbilden (Affektansteckung). Hier erklärt sich unmittelbar die Bedeutung von Selbsterfahrung, Supervision und Balintgruppen in der therapeutischen Weiterbildung.

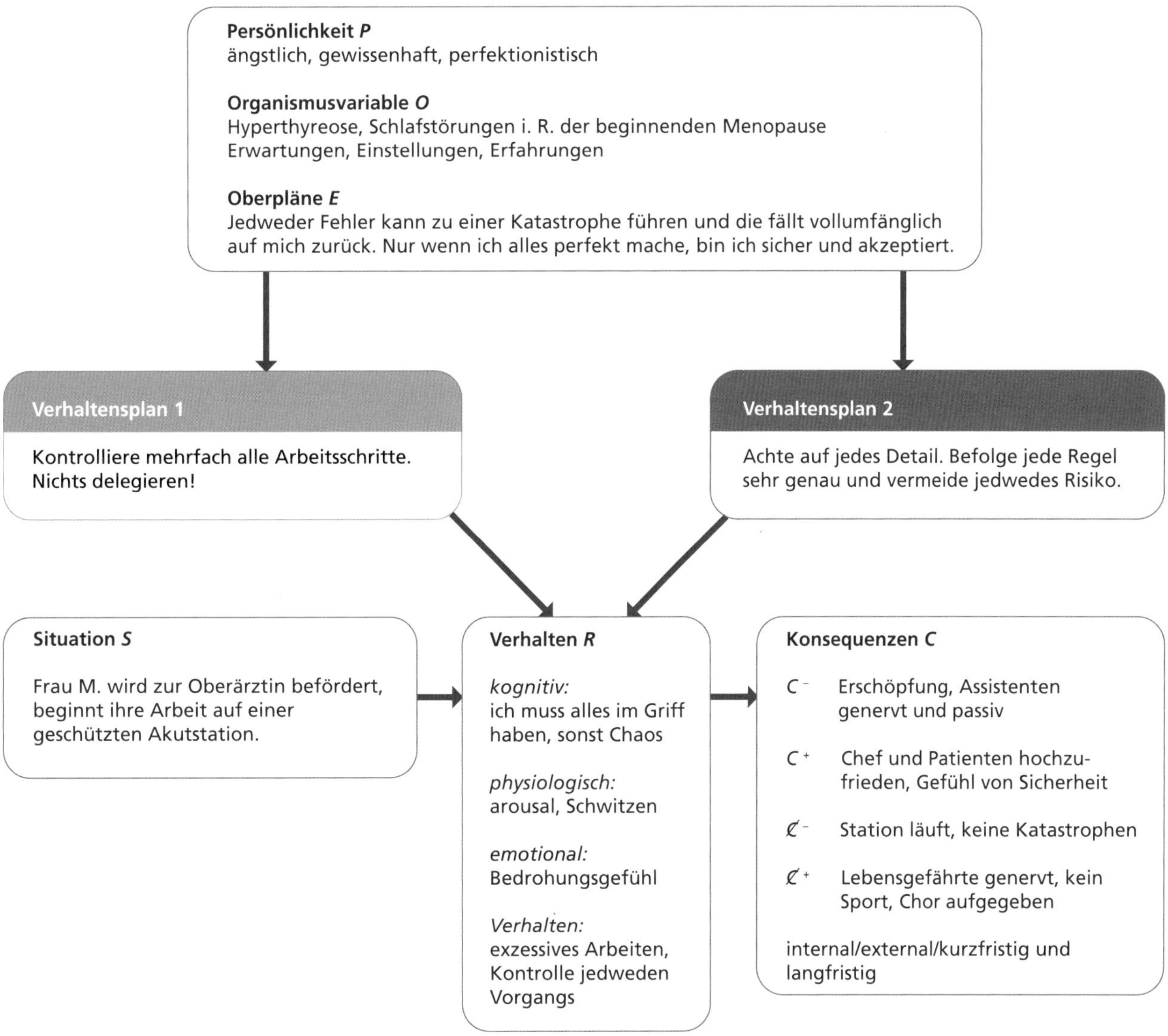

Abb. 9.2: Beispielhafte Darstellung der POE-Ebene
Verknüpfung der vertikalen (POE: Persönlichkeit, Organismusvariable, Erwartungen) und horizontalen Planebene. Das Verhalten *R* führt kurzfristig zu einer negativen Verstärkung (*Ȼ-*) (»Katastrophen abgewendet«) und damit zur Aufrechterhaltung der Erwartungen und Oberpläne. Korrigierende Erfahrungen werden nicht gemacht. Die langfristig zu erwartende Überforderung führt möglicherweise zunächst zu einem Verhaltensexzess und langfristig zu Erkrankungen wie Depression oder Burnout.

Folgende Fragen können hilfreich sein:

- Wie gestaltet der Patient/die Patientin den Beziehungsaufbau?
- Wozu fühle ich mich als Therapeut/als Therapeutin veranlasst? Was wäre sehr unpassend, wie wiederum möchte der Patient gesehen und behandelt werden? Was sagt das über die Erwartungen des Patienten aus?
- Welche Gefühle, physiologischen Zustände, Bilder oder Assoziationen erweckt der Patient/die Patientin in mir? Was sagt das möglicherweise über das Gegenüber aus?

Geschichte der Störung/Lösungsversuche *R*

Auf der vertikalen Planebene der Makroanalyse geht es beim *R* um die Geschichte der Störung im Längsschnitt, also den störungsgenetischen Verlauf, dessen Erhebung im Folgekapitel genauer ausgeführt wird (▸ Kap. 10). Folgende orientierende Fragen sind hilfreich:

- Welche typischen Verhaltensweisen/Muster ziehen sich durch Ihr Leben? (z. B. Vermeidung von Anforderungen, Perfektionismus, Verhaltensexzesse wie z. B. Süchte, nichts von sich preisgeben)
- Wie erklären Sie sich das und wie sind Sie mit diesen Mustern jeweils umgegangen?
- Welche typischen Emotionen traten dann auf?
- Welche Symptome sind dann jeweils aufgetreten?
- Wodurch wurden diese verstärkt, aufrechterhalten, gab es hierfür Modelle?
- Gab es Weiterentwicklungen dieser Störungen, über welche Lernprozesse?
- Welche weiteren Probleme traten im Lebensverlauf auf, wie stehen diese im Zusammenhang?
- Wie hat Ihr Umfeld jeweils auf Ihre Probleme reagiert?

Konsequenzen *C*

Die Bewusstmachung übergeordneter Funktionen eines Problemverhaltens ist für Patienten und Patientinnen oft ein schwieriger Schritt, der zunächst Schamgefühle, Trauer um Ungelebtes oder auch Wut hervorrufen kann. Er benötigt also eine stabile, vertrauensvolle Beziehung, in der das Timing einer solchen Bewusstmachung genauso Berücksichtigung findet wie eine grundsätzliche therapeutische Wertschätzung den dysfunktionale Strategien gegenüber, da andernfalls ein Gefühl des »Entlarvt-Werdens« entstehen könnte.

Grundsätzlich unterscheiden wir die intraindividuelle Funktion (was gewinnt der Patient/die Patientin selbst, z. B. hinsichtlich der inneren Homöostase) von der interindividuellen Funktion (was gewinnt der Patient/die Patientin auf der Beziehungsebene mit Angehörigen, Kollegen oder Freunden oder in anderen Systemen).

Beispiele für eine intraindividuelle Funktion:

- Kontrollzwänge können helfen, eine höherwertige Störung (hirnorganischer Abbau) zu kompensieren.
- Zwangsgedanken können helfen, ungelöste innere Konflikte oder schwierige Gefühle (Wut, Ohnmacht) auf Abstand zu halten.
- Eine Depression kann helfen, eine längst anstehende, als überfordernd erlebte Entscheidung (Kündigung, Trennung) auszuhebeln.
- Eine Anorexie kann die Funktion haben, beängstigende libidinöse Impulse oder auch Intrusionen nach stattgehabten Übergriffen zu reduzieren.
- Ein exzessiver Cannabiskonsum kann dazu dienen, eine beginnende psychotische Dekompensation angstfreier auszuhalten.
- Eine Problematik wie Anorexie oder Borderline kann der Identitätsbildung oder der Selbststimulation (Hochrisikoverhalten, Promiskuität) dienen.

Beispiele für eine interaktionelle Funktion:

- Ein Burnout kann gesichtswahrend eine fachliche Überforderung kaschieren und als »Exitstrategie« dienen.
- Eine längere Krankschreibung wegen einer Erschöpfungsdepression kann ein (unbewusster) Racheakt an den Chef sein, der mit Anerkennung sparsam war oder sogar Kränkungen zugefügt hat.
- Eine Emetophobie (Angst vor Erbrechen) kann einen ambivalenten Kinderwunsch »entscheiden«.
- Eine Anorexie zwingt zerstrittene Eltern, die sehr mit sich selbst beschäftigt sind, der Jugendlichen Aufmerksamkeit zu schenken.
- Dauernde Kopf- und Rückenschmerzen veranlassen Angehörige zur Schonung und zur Rücksichtnahme.
- Finanzielle Vorteile (Krankentagegeld), eine ersehnte Rente können aufrechterhaltend sein.

Hilfreiche Fragen zur Erfassung der Funktionalität könnten entsprechend sein:

- Was wird durch das Problem vermieden, was erspart Ihnen also Ihre Problematik?
- Was wäre kurzfristig, was langfristig zu erwarten, wenn Sie Ihr Verhalten beibehalten oder auch ändern?
- Welches Verhalten wäre eigentlich eine notwendige Alternative und was würde es kosten?
- Welche Funktionen, welchen »Sinn« hatte Ihr Verhalten innerhalb der früheren oder auch jetzigen Familienhomöostase?
- Wo erfahren Sie auch Vorteile von Ihrer Problematik?
- Wobei hilft Ihnen Ihr Problem?

> **Merke**
>
> Falsche Kausalattributionen sind schnell vorgenommen und dienen bei frustrierenden Verläufen oder schwierigen Problemlagen oftmals zur Dissonanzreduktion bei ebenfalls frustrierten oder überforderten Therapeutinnen und Therapeuten.

▸ Tab. 9.3 gibt einen zusammenfassenden Überblick über die Dimensionen der Makroanalyse.

Tab. 9.3: Makroanalyse nach dem SORKC-Schema

Lebenssituation *S* (welche Veränderungen, Ereignisse führten zur Therapieaufnahme?)	Zeitgleich Berentung und Auszug des letzten Kindes aus dem Elternhaus, Ehe in der Krise, da Ehemann exzessiv eigenen Hobbies nachgeht, wenig gemeinsame Zeit verbringen will.
POE-Ebene • Persönlichkeit *P* • Organismusvariable *O* • Erwartungen *E* (Lerngeschichte, Modelle, Familienregeln, Aufträge, sozial-emotionales Lernen, Konditionierungen) • daraus resultierende Oberpläne, Verhaltenspläne	• *P:* introvertiert, harmoniebedürftig • *O:* perimenopausale Stimmungsschwankungen • *E:* Nur wer leistet, darf sich etwas gönnen. Deine Daseinsberechtigung leitet sich aus Versorgung anderer ab. • Sorge indirekt für Deine Ziele, sei immer tüchtig und versorge. • Rollenmodell der Mutter, *E* biografisch ableitbar (Anerkennung nur für Fleiß und Altruismus)
Reaktionsebene *R* im Längsschnitt/Störungsgenese (Geschichte und Entwicklung der Störung, Lösungsversuche)	Als junge Frau Depression im Rahmen von Überforderung mit Doppelbelastung, langjährige Kompensation des Selbstwertproblems mit Selbstausbeutung. Aktuell depressive Symptomatik (klagsam, rückzügig, grübeln).
Konsequenz *C* (kurzfristig, langfristig, extern, intern)	Zwar Zuwendung und Entlastung, langfristig keine Flexibilisierung möglich
Konsequenz *C* (intrapsychische Funktionalitäten)	Depression als innere »Erlaubnis«, nichts leisten zu müssen
Konsequenz *C* (interaktionelle Funktionalitäten)	Ehemann und Kinder sehen sich gezwungen, sich um Patientin zu kümmern
Ergänzende Informationen	
Verhaltensdefizite	Sich durchsetzen, eigene Interessen verfolgen, Bedürfnisse kommunizieren
Verhaltensexzesse	Rückzug, Kümmern um andere
Ressourcen	Viele Begabungen und Interessen, Freundeskreis
Informationen aus der Beziehung	Therapeut fühlt sich aufgerufen, zu trösten, nicht zu konfrontieren

9.6 Schlussfolgerungen für die Ziel- und Therapieplanung

In Abhängigkeit von der individuellen Problemlage und den auslösenden und aufrechterhaltenden Bedingungen ist für jeden Patienten und jede Patientin eine individuelle Ziel- und Therapieplanung zu erstellen. Wie bereits ausgeführt, wird es vor der Planung darum gehen, die Probleme zu gewichten und auszuleuchten, wie die Probleme zusammenhängen bzw. sogar einander bedingen.

Vor der konkreten Therapieplanung sind also insbesondere folgende Fragen zu klären:

- Welche Zusammenhänge bestehen zwischen den Problemen?
- Welche Probleme sind übergeordnet und haben entsprechend Priorität?
- Welche Probleme können hintenangestellt werden?
- Gibt es Parallelen oder einen »gemeinsamen Nenner« wie Denkstrukturen oder immer selbe Verhaltens- oder Beziehungsmuster?

Auch die systemische Perspektive (Ist der Patient/die Patientin vielleicht nur Problemträgerin?) sollte an dieser Stelle kritisch geprüft werden.

Prüfungsfragen

1. Wozu dient die Makroanalyse in der Problem- und Verhaltensanalyse und was beinhaltet sie?
2. Was ist mit der Funktionalität eines Problemverhaltens gemeint?
3. Welche Informationen können wir aus der therapeutischen Beziehung entnehmen?

Antworten

1. Die Makroanalyse dient dazu, das Verhalten innerhalb des Problems kontextuell einzuordnen bzw. in einen größeren Zusammenhang zu stellen. Die Makroanalyse erfragt entsprechend die aktuell auslösende (oder zumindest zur Verschlechterung beitragende) gesamte Lebenssituation *(S)*. Weiterhin (Brücke zur Mikroanalyse) erfasst sie die POE-Ebene, also die Gesamtpersönlichkeit mit ihren Lebenserfahrungen, Dispositionen, Plänen, Erwartungen, Ressourcen und Traits (warum dieser Patient). Auch die Geschichte der Störung, deren Funktionalität, die bisherigen Lösungsversuche und Ressourcen werden hier abgebildet (warum kann der Patient das Problem nicht mit Bordmitteln lösen?). Das SORKC-Modell nach Kanfer wird an dieser Stelle nicht horizontal, sondern quasi vertikal gelesen.
2. Auch die Funktionalität, die sich auf der Makroebene in der *C*-Konsequenzenvariable abbildet, stellt eine Verbindung zur Mikroebene her. Grundsätzlich unterscheiden wir die intraindividuelle Funktion (Was gewinnt der Patient/die Patientin selbst, z. B. hinsichtlich der inneren Homöostase?) von der interaktionellen Funktion (Was gewinnt der Patient/die Patientin auf der Beziehungsebene mit Angehörigen, Kollegen oder Freunden?). Die Erfassung der Funktionalität spielt eine wichtige Rolle im Hinblick auf die motivationale Arbeit und Therapieplanung.
3. Die therapeutische Beziehung erfüllt sowohl diagnostische als auch therapeutische Zwecke. In der therapeutischen Beziehung bilden sich unmittelbar problematische Denk- und Verhaltensmuster ab. Dysfunktionale Erwartungen und Oberpläne induzieren oftmals eine spezielle Beziehungsgestaltung, die, sofern man sie im Hinblick auf Annäherungs- und Vermeidungsziele analysiert, aufschlussreich sein kann. Therapeutin und Therapeut sind quasi Resonanzboden dysfunktionaler Erwartungen und können durch die Wahrnehmung eigener Handlungsimpulse und Gefühle Rückschlüsse auf kognitiv-emotionale Prozesse des Patienten/der Patientin ziehen.

Literatur

Bartling, G. et al. (2016). *Problemanalyse im psychotherapeutischen Prozess: Leitfaden für die Praxis.* (6. Auflage). Kohlhammer.

Bowlby, J. (1973). *Trennung. Psychische Schäden als Folge von Trennung von Mutter und Kind.* Fischer.

Kandler, C. et al. (2010). Sources of variance in personality facets: A multiple-rater twin study of self-peer, peer-peer and self-self (dis)agreement. *Journal of Personality 78*(5): 1565–94.

Young, J.E., Klosko, J.S. et al. (2005). *Schematherapie: Ein praxisorientiertes Handbuch.* Junfermann.

Sachse, R. (2010). *Klärungsorientierte Psychotherapie von Persönlichkeitsstörungen: Grundlagen und Konzepte.* Hogrefe.

Schwartz, D. (2014). *Vernunft und Emotion: Die Ellis-Methode-Vernunft einsetzen, sich gut fühlen und mehr im Leben erreichen.* Verlag Modernes Leben.

Sulz, S.K.D., & Höfling, S. (Hrsg.) (2009). *Strategisch-Behaviorale Therapie SBT. Theorie und Praxis eines innovativen Therapieansatzes.* CIP-Medien.

Watzlawick, P. (1991). *Wenn die Lösung das Problem ist.* Piper

Weiterführende Literatur

Bockwyt, E. (2020). *Verhaltensanalyse: Schritt für Schritt zum individuellen Störungsmodell.* Schattauer.

Borgs-Lauf, M. (2020). *Die funktionale Verhaltensanalyse: Ein praktischer Leitfaden für Psychotherapie, Sozialarbeit und Beratung* (essentials). Springer.

10 Praktische Erarbeitung der Störungsgenese

Ute Wesselmann

Das Wichtigste auf einen Blick

- Die praktische Erarbeitung der Störungsgenese orientiert sich an lerntheoretischen Prinzipien und fahndet nach Lernmechanismen, die die Entwicklung und Aufrechterhaltung des Störungsverhaltens begründen.
- Die Exploration sollte sich auf Prädispositionen, frühe Lernprozesse, das erstmalige Auftreten, die Weiterentwicklung der Störung, die aufrechterhaltenden Bedingungen und die Kontextfaktoren beziehen.
- Das Verständnis der Störungsgenese dient der Überprüfung des hypothetischen Bedingungsmodells und ist nicht automatisch hilfreich, um Lösungsstrategien zu erarbeiten.
- Ungünstige frühkindliche Erfahrungen können über sozial-emotionales Lernen wie auch über Modelllernen zu tief verankerten Erwartungen, Oberplänen und Kontrollüberzeugungen führen. Diese begünstigen nicht nur die Entstehung, sondern auch die Aufrechterhaltung einer Störung.
- Die Exploration bisheriger Behandlungs- und Lösungsversuche ermöglicht wichtige Erkenntnisse hinsichtlich aufrechterhaltender Faktoren.

10.1 Einführung

Wichtiger Teil der Problem- und Verhaltensanalyse ist die Störungsgenese, die sich – vereinfacht gesagt – nicht mehr nur mit der Querschnittsdiagnostik eines Problems/Verhaltens beschäftigt, sondern die Historie, den »Längsschnitt« und die lerntheoretische Entstehungsgeschichte eines Problems bzw. der zugrundeliegenden Faktoren erfasst.

Sie dient also dazu, das hypothetische Bedingungsmodell der Mikro- und Makroanalyse zu vertiefen und ggf. zu verifizieren, es biografisch zu begründen und Hinweise auf weiterhin wirksame Bedingungen (aber auch Ressourcen) zu gewinnen, die Informationen für zukünftige Interventionen beinhalten könnten. Platziert ist sie am Beginn der Therapie, also z. B. im Rahmen der probatorischen Sitzungen. Bezwecken Mikro- und Makroanalyse also, eine Problematik exemplarisch zu veranschaulichen und in den größeren Zusammenhang der aktuellen Lebenssituation, der Persönlichkeit und des sozialen Umfeldes zu stellen, soll die Störungsgenese eine Kontextualisierung vor dem Hintergrund der Persönlichkeitsentwicklung, der Entstehungssituation, des Störungsverlaufes und der Aufrechterhaltung ermöglichen.

Patienten leuchtet die Herangehensweise zumeist direkt ein und entspricht oft deren Erwartung, im Rahmen einer ausführlichen Anamnese in der Biografie und Problemgeschichte Hinweise für ein tieferes Verständnis, aber auch eine Lösung der aktuellen Probleme zu finden.

Biografisch-störungsgenetische Arbeit erfüllt gleich mehrere Zwecke. Zum einen wird durch eine kundige, eher auf das eigene Entdecken fokussierende Erhebung die Fähigkeit der kritischen Reflexion und Mustererkennung ebenso geschult wie eine nutzbringende Distanzierung von Gefühlen und Erlebniszuständen. Zum anderen wird in dieser doch recht intimen Arbeit die Beziehung zwischen Therapeuten und Patienten enger und tragfähiger. Darüber hinaus erfolgt im Verstehen und Einordnen des »erwachsenen Blickes zurück« oft schon eine gewisse beruhigende Würdigung und ein Kenntlichmachen zuvor fragmentiert wirkender, komplexer biografischer Puzzleteile. Weiterhin werden hier wichtige Ressourcen herausgearbeitet, ebenso wie auch Hypothesen erstellt werden können in Bezug auf Rollenmodelle, Bindungsverhalten, Grundannahmen oder Konditionierungsprozesse.

Dies Wissen wird schließlich im therapeutischen Prozess am aktuellen Problem nutzbar gemacht, in dem zum Beispiel weiterhin wirkende Grundannahmen identifiziert und bearbeitet werden, Übertragungshypothesen (siehe CBASP, ein Dritte-Welle-Verfahren, das sich auf die Therapie chronisch depressiver Patienten spezialisiert, ▸ Kap. 59) formuliert oder auch operante, langjährig gelernte Verstärker extrahiert werden können. Dabei darf man nicht grundsätzlich dem Mythos erliegen, dass aus jedweder biografischen Erkenntnis eine sofort nutzbare taugliche Lösung abgeleitet werden kann. »Zu wissen, wer mich in den Fluss hineingestoßen hat, hilft wenig dabei, wieder herausschwimmen zu können.«

Merke

Psychotherapeuten und Patienten tun gut daran, sich bewusst zu machen, dass zur Chronifizierung beitragende Faktoren andere sein können als jene, die zur Prädisposition und Auslösung als relevant erachtet werden. Die Suche nach der »Ursache« ist daher nicht immer hilfreich beim Finden einer Lösung.

Auf der anderen Seite ist die Würdigung eines Problemverhaltens (z. B. wütend auf »Rettung« zu bestehen statt Schwimmen zu lernen) als erlernter (allerdings heute inadäquater und zu teuer bezahlter) »Lösungsversuch« für die Akzeptanz und den Selbstwertschutz oftmals hilfreich, kann doch die Erkenntnis entstehen, dass Verhalten zwar biografisch sinnvoll, altersgerecht und alternativlos gewesen sein mag, heute aber einer »Inventur« bedarf.

Im Folgenden kann der Begriff »psychische Störung« ebenso durch einen Begriff ersetzt werden, der für den Patienten/die Patientin eine gute Möglichkeit der Identifikation bietet, z. B. Problematik, »Burn-out«, Depression oder ähnliches.

10.2 Prädisposition, Vulnerabilität und frühe Lernprozesse

Die Exazerbation einer Erkrankung kann nicht unabhängig von den prägenden biologischen und psychosozialen Merkmalen betrachtet werden. Vulnerabilität und Resilienz können stark durch biologische Faktoren mitbestimmt sein, wobei epigenetische Erkenntnisse der letzten Jahre die Bedeutung der genetischen Determinationen zugunsten der Relevanz von Gen-Umwelt-Interaktionen relativieren.

Biologische Vulnerabilität und auch Resilienz sind dabei keineswegs nur durch die frühkindliche Entwicklung geprägt, sondern durch sämtliche Lebensphasen, in denen besonders vulnerable Hirnentwicklungen stattfinden.

Pränataler maternaler Stress scheint, ersten Studien zufolge, mit einem reduzierten hippokampalen Volumen bei Neugeborenen korreliert zu sein, entsprechende Auswirkungen auf die sozial-emotionale Entwicklung im ersten Lebensjahr (Moog et al., 2021) wurden als Folge beschrieben.

Auch der Risikofaktor eines unsicheren Bindungsstils ist störungsgenetisch relevant. Inzwischen ist bekannt, dass unsichere Bindungsmuster sehr häufig mit psychischen Erkrankungen assoziiert sind und auch Prädiktoren für den Therapieerfolg darstellen (Levy et al., 2018). Bindungsmerkmale von Patientinnen und Patienten rufen ihrerseits auch auf Seite der Therapeuten und Therapeutinnen spezifische Reaktionen hervor (z. B. aversive interpersonelle Reaktionen bei vermeidend gebundenen Patienten) (Dinger, 2016).

Studien zu ungünstigen frühkindlichen Erfahrungen (»Adverse Childhood Experience, ACE) zeigen eindrucksvoll, dass belastende frühkindliche Erfahrungen die biologische und psychologische Stressreaktion bis ins Erwachsenenalter mitdeterminieren, was sich neurobiologisch in Veränderungen des Hippokampus, der Amygdala und des präfrontalen Kortex manifestiert und Einschränkungen der Selbstregulation und Impulssteuerung nach sich ziehen kann (Hughes et al., 2017). Witt et al. (2019) konnten zeigen, dass belastende Kindheitserlebnisse nicht nur häufig sind, sondern auch mit einem erhöhten Risiko für Depressivität, Ängstlichkeit, körperlicher Aggressivität und eingeschränkter Lebenszufriedenheit assoziiert sind. Exemplarisch ausgewählte, empirisch belegte biografische Risikofaktoren (nach Felliti et al., 1998) für die Entstehung psychischer, psychosomatischer, aber auch körperlicher Erkrankungen (vgl. Egle & Cattapan, 2024) sind:

- psychische Erkrankung/Suchterkrankung der Mutter/des Vaters
- häusliche Gewalt zwischen Eltern
- Kriminalität oder Dissozialität eines Elternteils
- negative Auswirkungen von Scheidung und Trennung der Eltern
- sexuelle Misshandlung bzw. aggressive Gewalterfahrung
- emotionale Deprivation
- schlechte sozioökonomische Situation der Eltern
- schlechte Schulbildung der Eltern
- Arbeitslosigkeit der Eltern
- große Familien und sehr wenig Wohnraum
- unsicheres Bindungsverhalten
- Kontakte mit Einrichtungen der »sozialen Kontrolle« (z. B. Jugendamt)
- schwere körperliche Erkrankungen des Vaters oder der Mutter
- chronisch krankes Geschwister
- Ein-Eltern-Familie/alleinerziehende Mutter
- häufig wechselnde frühe Beziehungen
- schlechte Kontakte zu Gleichaltrigen
- soziale Ausgrenzung (u. a. Viktimisierung durch Peers in der Pubertät)
- Altersabstand zum nächsten Geschwister < 18 Monate
- Trennung von den Eltern in den ersten sieben Lebensjahren

Ungünstige (früh-)kindliche Erfahrungen führen also über sozial-emotionales Lernen wie auch über Modelllernen zu tief verankerten Erwartungen, Oberplänen und Kontrollüberzeugungen im Sinne von Attributionsstilen (▶ Kap. 16 und ▶ Kap. 7). Diese begünstigen nicht nur die Entstehung, sondern auch die Aufrechterhaltung einer psychischen Störung.

Fallbeispiel: Erlernte Hilflosigkeit

Herr W. ist mit einem alkoholkranken, jähzornigen Vater aufgewachsen, der ihn willkürlich misshandelte und öffentlich demütigte. Versuche, ihn durch gute Schulleistungen oder angepasstes Verhalten zu besänftigen und zu steuern, schlugen fehl. Erwartungen wie: »Am Ende bist du Autoritäten ausgeliefert, erdulde und verstecke dich« sind noch heute handlungsleitend. Bei Kritik durch seinen Vorgesetzen verfällt Herr W. in tiefe Resignation und erwägt zu kündigen.

Auch die Transitionsphase der Pubertät ist als ätiopathogenetischer Faktor sehr bedeutsam und vermutlich oftmals unterschätzt, wenn man die tiefe Beeindruckbarkeit (z. B. hinsichtlich von Kränkungen, Mobbing, Bullying) dieser Lebensphase bedenkt, die sich in der Lebhaftigkeit der Erinnerungen an die Pubertät manifestiert.

Die Resilienzforschung (Werner, 1981), die viel Interesse und Beachtung fand, zeigt allerdings deutliche Hinweise darauf, dass außerfamiliäre und individuelle Schutzfaktoren die psychische Widerstandskraft erhöhen können. Individuelle Schutzfaktoren scheinen u. a. ein robustes, aktives

Temperament, hohe Intelligenz oder eine sichere Bindung zu sein, bei den außerfamiliären Schutzfaktoren ist v. a. sozial-emotionale Unterstützung des Umfeldes (Nachbarn, Verwandte, Lehrer usw.) zu nennen.

Inzwischen geht man davon aus, dass Resilienz nicht nur eine in der Kindheit grundsteingelegte Ressource ist, sondern als dynamischer Prozess lebenslang erlernbar und trainierbar ist.

Eine Auswahl (siehe auch ▸ Kap. 16) an Fragen zu Prädisposition, Vulnerabilität und frühen Lernprozessen könnte entsprechend lauten:

- Liegen bei weiteren Familienmitgliedern ebenfalls psychiatrische Erkrankungen vor?
- Vor welchen Herausforderungen stand Ihre Herkunftsfamilie zum Zeitpunkt Ihrer Geburt?
- Was ist Ihnen über die Geburt, die Situation Ihrer Mutter während der Schwangerschaft und die Betreuungssituation im ersten Lebensjahr bekannt?
- Mit welchen Schwierigkeiten musste Ihre Familie in Ihrem ersten Lebensjahrzehnt zurechtkommen?
- Welche konkreten Erinnerungen aus der Zeit vor dem 10. Lebensjahr sind Ihnen besonders in Erinnerung geblieben?
- Was haben Sie in der Pubertät als besonders herausfordernd erlebt?
- Was haben Sie möglicherweise geglaubt, womit Sie in nahen Beziehungen zu rechnen haben?
- Wie haben Sie auf familiäre Herausforderungen reagiert? Für welche Eigenschaften, welches Verhalten war Ihre Familie also ein »Trainingslager«?
- Wer und was hat Ihnen geholfen, mit den Belastungen zurechtzukommen?
- Welche Ihrer eigenen Fähigkeiten und Eigenschaften waren hilfreich?
- Gab und gibt es in Beziehungen (beruflich, aber auch im persönlichen Bereich) Erfahrungen, die sich immer wiederholen? (Hinweis auf Reaktionsmuster und früh erworbene, interaktionelle Teufelskreise)

Die Bewusstmachung der Geschichte, die Würdigung, Disputation und beharrliche Modifikation der oftmals früh grundsteingelegten Erwartungen und Oberpläne ist nicht nur in der kognitiven Verhaltenstherapie, sondern auch in den Verfahren der sogenannten dritten Welle wesentlicher Bestandteil. So formuliert das CBASP (McCullough, 2001) Übertragungshypothesen, die in der therapeutischen Beziehung überprüft und somit überschrieben werden sollen, während in der Schematherapie (Young, 2005) Schemata und zugehörige Bewältigungsmodi aufgedeckt, begrenzt, validiert und flexibilisiert werden.

10.3 Erstmaliges Auftreten der Störung

Im Allgemeinen tritt eine psychische Störung nicht ohne Grund bzw. Auslöser auf. Eine sorgfältige Exploration offenbart oftmals aktuelle psychosoziale Belastungen (Mobbing, Trennungen, Kränkungen), traumatische Erfahrungen, Stressoren und Transitionsanforderungen (Auszug aus dem Elternhaus, Eintritt ins Berufsleben, Empty-nest nach Auszug der Kinder, Berentung). Migration und Entwurzelung sind ebenso hochrelevante Stressoren wie das Auftreten einer körperlichen Erkrankung bei sich selbst oder nahen Angehörigen. Manchmal liegen auslösende Faktoren auch Jahre zurück und die Bewältigung bricht durch Erschöpfung oder vergleichsweise »kleine« aktuelle Stressoren zusammen.

Zu Beginn der Erarbeitung der Störungsgenese stehen Fragen nach den konkreten Bedingungen, unter denen die Störung erstmals auftrat, im Vordergrund. Dies hilft, das funktionale Bedingungsmodell der Verhaltensanalyse zu überprüfen, z. B. im Hinblick auf Konditionierungsprozesse, Diskriminationslernen, aber auch kognitiv-emotionale Schemata, die biografisch-systemische Muster erkennen lassen. Während der retrospektiven Exploration kann eine Art Pendelbewegung, also ein abgleichender Vorgriff in die Gegenwart immer wieder sinnvoll sein, um die Relevanz im Hier-und-Jetzt überprüfen zu können.

Mögliche Fragen zum erstmaligen Auftreten und den Vorläuferbedingungen können entsprechend lauten:

- Wann und in welcher Situation ist die Störung erstmals aufgetreten?
- Wann haben Sie sie selbst erstmalig bewusst registriert?
- Was haben Sie damals gedacht und gefühlt (*R emotional* und *R kognitiv*)? Kommt Ihnen das heute noch bekannt vor?
- Wie haben Familie, Freunde, Partner oder Kollegen reagiert?
- Gab es seinerzeit irgendwelche Belastungen, anstehende Entscheidungen oder Konflikte in Ihrem Leben? Wo stehen Sie heute diesbezüglich?
- Gab es Lebensveränderungen, auch positive, in der damaligen Zeit? (Liefert Hinweise auf kritische Lebensereignisse, wobei auch zunächst positiv erscheinende Ereignisse ursächliche Faktoren einer Störung darstellen können, z. B. beruflicher Aufstieg mit einem damit zusammenhängenden Komplexitätszuwachs oder einem sozialen Verstärkerverlust.)
- Was wurde aus den Belastungen/Konflikten/anstehenden Entscheidungen, nachdem die Störung auftrat? (Liefert Hinweise darauf, dass das jetzige Problemverhalten einen inadäquaten Lösungsversuch für ein anderes Problem darstellt.)

10.4 Entwicklung und Aufrechterhaltung der Störung

Lernpsychologisch können wir davon ausgehen, dass es keine Störung gibt, für die es nicht aufrechterhaltende Faktoren gibt. Besonders relevant und auch gut untersucht ist hier die Rolle von Vermeidungs- und Sicherheitsverhalten, das im Sinne einer kurzfristigen negativen Verstärkung *(Ȼ⁻)* eine enorm wichtige Rolle bei Chronifizierungsprozessen spielt. Dies betrifft Angststörungen und posttraumatische Belastungsstörungen genauso wie eine Bulimia nervosa oder ein chronisches Schmerzsyndrom (Schonhaltung). Neben diesen operanten Lernmechanismen spielen interaktionelle Teufelskreise eine Rolle, die es gerade bei Störungen der Persönlichkeitsentwicklung verunmöglichen, korrigierende Erfahrungen zu machen, und denen rigide, unflexible Erwartungen mit konsekutiven Beziehungsstörungen zugrunde liegen.

Fallbeispiel

Frau N. ist fest davon überzeugt, eine unattraktive, langweilige »Mogelpackung« zu sein, die – sobald man ihr auf die Schliche kommt – mit Entwertung und Rückzug anderer rechnen muss. Auf Partys, zu denen sie ohnehin selten geht, verschmilzt sie mit der Wandfarbe und geht dann tief frustriert früh um 21:15 Uhr nach Hause, erneut bestärkt in der Überzeugung, eine komplett uninteressante Person zu sein.

Dabei steuern einengende intrapersonelle Erwartungen und Oberpläne *(O)* im Verbund mit kognitiven Denkfehlern (Abwehr des Positiven, Personalisieren, emotionale Beweisführung) das Verhalten, ein Mechanismus, der letztlich einer kognitiven Immunisierung (Rief, 2017) gleichkommt, durch die potenziell korrigierende interaktionelle Erfahrungen wirkungslos bleiben.

Fallbeispiel

Frau P., alleinstehend und »irgendwie auf Partnersuche«, ist kürzlich von einem Kollegen angesprochen worden. Er schlägt vor, gemeinsam Essen zu gehen, um sich ein wenig kennenzulernen. Frau P. geht davon aus – und fühlt es auch gleich –, dass dieser Kollege keine guten Absichten hat und vermutlich nur Arbeit auf sie abwälzen bzw. für ihn interessante, berufliche Informationen aus ihr herauslocken will. Entsprechend gibt sie ihm schroff einen Korb.

Schließlich weisen Störungen Eigendynamiken auf, die ihrerseits mit der Persönlichkeit und den Kontextfaktoren interagieren. Neben neurobiologisch determinierten Eigendynamiken (z. B. einer psychotischen oder demenziellen Erkrankung) ist hiermit die spezifische Dynamik einer jeden Störung gemeint, die als Selbstverstärkungsmechanismus verstanden werden kann und sich oftmals als typisches Teufelskreismodell (z. B. von Panikattacken, Verstärkerverlust der Depression oder auch Heißhungerattacken bei kompensatorischem Fasten im Rahmen der Bulimia nervosa) abbilden lässt.

Folgende Fragen können helfen, Hinweise auf operante Aufrechterhaltung, kognitive Generalisierungen, kognitive Immunisierung, Funktionalitäten oder diskriminatives Lernen zu erhalten:

- Wie hat sich Ihre Störung in der nachfolgenden Zeit weiterentwickelt?
- Waren es ähnliche oder gleiche Situationen/Kontexte, in denen die Störung aufgetreten ist? (klassische Konditionierung)
- Wie hat Ihr Umfeld auf Ihre Störung reagiert? (Hinweise auf operante Faktoren, z. B. positive Verstärkung oder Funktionalität der Störung)
- Gab es Zeiten, in denen die Störung nicht aufgetreten ist? (sogenannte Kopfstandfrage, liefert Hinweise auf diskriminative Bedingungen oder erfolgreiche Selbstkontrolle)
- Hat sich Ihre Störung im Lauf der Zeit verändert? (Reaktionsgeneralisierung)
- Tritt die Störung jetzt auch in anderen Situationen auf als früher? (Hinweise auf Reizgeneralisierung)
- Was sagt es über Sie aus, dass diese Störung immer noch besteht? Wie beeinflusst diese Störung Ihre Selbsteinschätzung? (kognitive Immunisierung)

10.5 Kontextuelle und systemische Bedingungsfaktoren der Störung

Schließlich braucht es noch die Perspektive der relevanten kontextuellen oder auch systemischen Umgebungs- bzw. Bedingungsfaktoren, die zum jetzigen Störungsverhalten beigetragen haben und die eine breitere, lerntheoretische Einordnung ermöglichen:

- Was hat in Ihrem Umfeld dazu beigetragen, dass die Situationen, in denen Ihre Störung auftritt, sich so entwickelt haben? (z. B. Lebensereignisse wie Tod eines Angehörigen, Flucht, Mobbing, Überforderung im Job, Rückzug eines Partners)
- In welcher Weise könnte Ihr eigenes Verhalten dazu beigetragen haben, dass die Situationen sich so entwickelt haben? (Liefert Hinweise auf Vorläuferprobleme, z. B. Ablehnung durch andere und soziale Isolation als Folge eines inadäquaten Sozialverhaltens, häufiges Vermeidungsverhalten, aber auch auf Attributionsstile und Introspektionsfähigkeit)
- Gab oder gibt es in Ihrer Umgebung Personen, die eine ähnliche Problematik oder ähnliche Einstellungen haben wie Sie? (Hinweise auf Modelllernen)

- Haben Ihnen andere, für Sie bedeutsame Menschen Feedbacks oder Hinweise gegeben, wie Sie zu sein haben, und hat das Ihr Verhalten (z. B. Vereinnahmung in einer Beziehung, Perfektionismus im Job) beeinflusst?
- Wie und warum haben Personen auf Ihre Störung reagiert? Was hatte das für Vorteile, was für Nachteile?
- Hat Ihre Umwelt früher anders auf Ihre Störung reagiert? (Hinweis auf Veränderung der Kontingenzen/Verstärkerbedingungen, z. B. zunächst Zuwendung und Hilfsangebote, später resignierter, ärgerlicher Rückzug des Umfelds)

10.6 Bisherige Behandlungs- und Lösungsversuche

Auch die Exploration von Behandlungserfahrungen ist oftmals hilfreich, um Erwartungen und Befürchtungen aufklären zu können, gleichzeitig einen Eindruck über bereits früher wirksame, aufrechterhaltende Funktionalitäten zu erhalten:

- Gab es bisher schon therapeutische Behandlungen wegen der Störung?
- Haben die Behandlungen etwas geändert? Wenn ja, was?
- Was war hilfreich, was hingegen nicht?
- Was hat gefehlt, was hat gestört?
- Wie motiviert und engagiert waren Sie in dieser Therapie?

10.7 Zusammenfassung lerntheoretischer Entwicklungsmodelle in der Störungsgenese

Zusammenfassend gilt es während der Exploration mögliche Lernmechanismen zu identifizieren, die zur Entstehung, v. a. aber zur Weiterentwicklung bzw. Aufrechterhaltung der Störung beigetragen haben. Modelle sind immer Vereinfachungen und helfen dennoch bei der Mustererkennung. ▸ Tab. 10.1 gibt daher einen zusammenfassenden Überblick über mögliche Lernmechanismen und störungsgenetische Konstellationen, die oftmals auftreten.

Tab. 10.1: Lernmechanismen und störungsgenetische Konstellationen

Lernmechanismus	Störungsgenetische Konstellationen	Praxisbeispiel
Operante positive Verstärkung *(C^+)*	Ein Problemverhalten wurde anfangs kontingent, später intermittierend verstärkt.	Ein Kind mit einem ADHS erhält für störendes Verhalten in der Klasse von seinen Peers Zuspruch, wird später mit viel (durchaus auch negativ getönter) Aufmerksamkeit der Lehrer und Eltern bedacht.
Operante negative Verstärkung *($\not{C}^-$)* und Generalisierung	Ein Problemverhalten wurde anfangs durch den Wegfall einer befürchteten negativen Konsequenz verstärkt und breitet sich durch immer frühere Vermeidung aus.	Eine Patientin verlässt nach einer Panikattacke das Haus nur noch ungern. Zunehmend werden Situationen gemieden, in denen entweder keine »Fluchtmöglichkeit« besteht oder aber die sie allein bewältigen muss. Schließlich kann sie das Haus nicht mehr verlassen.
Operante Bestrafung *($\not{C}^+$)* im Sinne eines Verstärkerverlustes	Ein Mangel an reaktionskontingenter Verstärkung führt zu einer Verstärkerverlustsituation. Dies kann durch den Wegfall der Verstärker oder durch die fehlende Fähigkeit, solche (neu) zu akquirieren, bedingt sein.	Eine Patientin zieht sich nach dem Auszug der Kinder immer mehr zurück. Eine Einengung auf die mit der Erziehung verbundenen Verstärker (Anerkennung in der Schulpflegschaft, Bedürfnisse nach Nähe und Input wurden ausschließlich über die Kinder gestillt) führt schließlich zu einer (Verstärkerverlust-)Depression.
Klassische Konditionierung	Eine angeborene Reiz-Reaktions-Verbindung *(UCS-UCR)* wird mit einem ursprünglich neutralen Stimulus *(CS)* gekoppelt, der dann alleinig die z. B. Furchtreaktion auslösen kann. Durch Generalisierung findet eine Ausweitung auf weitere Stimuli statt, durch operante Konditionierung oftmals eine langfristige Aufrechterhaltung.	Eine schmerzhafte Zahnbehandlung führt zu einer massiven Angstreaktion, die alsbald durch spezifische Gerüche und allein den Gedanken an die Zahnarztpraxis ausgelöst werden kann. Die Vermeidung weiterer Zahnarztbesuche hält schließlich die phobische Reaktion aufrecht.

Tab. 10.1: Lernmechanismen und störungsgenetische Konstellationen – Fortsetzung

Lernmechanismus	Störungsgenetische Konstellationen	Praxisbeispiel
Modelllernen	Im biografischen oder aktuellen Umfeld finden sich Menschen, die ein ähnliches Problemverhalten zeigen. Diese eignen sich v. a. dann als Modell, wenn sie bedeutsam sind oder waren, eine Identifikationsmöglichkeit bieten und deren Verhalten Vorteile bringt.	Eine heranwachsende Schülerin lernt, dass ihre Mutter durch Klagsamkeit und Erkrankungen viel Zuwendung, Interesse und Schonung erfährt. Auch sie entwickelt ein ausgeprägtes Klage- und Schonverhalten, mit dem sie (negative operante Verstärkung) gleichzeitig starke Leistungsansprüche der Eltern in Schach halten kann.
Kognitiv-emotionales Lernen	Prägungen durch Herkunftsfamilie und Peers begünstigen die Entwicklung ungünstiger Erwartungen und Oberpläne, die zu interaktionellen Teufelskreisen und dysfunktionaler Verhaltenssteuerung führen können.	Fehler und Misserfolge wurden beim Patienten hart geahndet und mit Liebesentzug und Demütigungen beantwortet. Mobbingerfahrungen in der Schule verstärkten Oberpläne wie: »Zeige dich nicht. Vermeide Fehler durch Perfektionismus. Vermeide Improvisation und Risiken.« Im Rahmen einer Beförderung mit komplexeren und unvertrauten Arbeitsfeldern kommt es zur Erschöpfungsdepression.

Prüfungsfragen

1. Wozu dient die Erhebung der Störungsgenese und welchen diagnostischen Nutzen ziehen wir daraus?
2. Warum ist die Erhebung der frühkindlichen Belastungsfaktoren von Bedeutung?
3. Welche Aspekte des störungsgenetischen Prozesses erfragen wir zur Abbildung eines vollständigen störungsgenetischen Modells?

Antworten

1. Wichtiger Teil der Problem- und Verhaltensanalyse ist die Störungsgenese zu Beginn einer Therapie, die sich nicht mehr nur mit der Querschnittsdiagnostik eines Problems/Verhaltens beschäftigt, sondern die Historie, den »Längsschnitt« und die lerntheoretische Entstehungsgeschichte eines Problems bzw. der zugrundeliegenden Faktoren erfasst. Sie dient also dazu, das hypothetische Bedingungsmodell der Mikro- und Makroanalyse zu vertiefen und ggf. zu verifizieren, es biografisch zu begründen und Hinweise auf weiterhin wirksame Bedingungen (aber auch Ressourcen) zu gewinnen, die Informationen für zukünftige Interventionen geben könnten. Bezwecken Mikro- und Makroanalyse also, die Problematik exemplarisch zu veranschaulichen und in den größeren Zusammenhang der aktuellen Lebenssituation, der Persönlichkeit und des sozialen Umfeldes zu stellen, soll die Störungsgenese eine Kontextualisierung vor dem Hintergrund der Persönlichkeitsentwicklung, der Entstehungssituation, des weiteren Verlaufes und der Aufrechterhaltung ermöglichen.
2. Studien zu ungünstigen frühkindlichen Erfahrungen (»Adverse Childhood Experience«, ACE) zeigen, dass belastende frühkindliche Erfahrungen die biologische und psychologische Stressreaktion bis ins Erwachsenenalter mitdeterminieren. Belastende Kindheitserlebnisse sind häufig und gehen mit einem erhöhten Risiko für Depressivität, Ängstlichkeit, körperlicher Aggressivität und eingeschränkter Lebenszufriedenheit einher. Ungünstige frühkindliche Erfahrungen führen über sozial-emotionales Lernen wie auch über Modelllernen zu tief verankerten Erwartungen, Oberplänen und Attributionsstilen. Dies begünstigen nicht nur die Entstehung, sondern auch die Aufrechterhaltung einer Störung.
3. Zur vollständigen Erfassung des störungsgenetischen Prozesses erfragen wir genetische Prädispositionen, biologische Vulnerabilitäten und frühe biografische Lernprozesse. Weiterhin explorieren wir die Umstände des erstmaligen Auftretens genauso wie die Weiterentwicklung und aufrechterhaltenden Aspekte der Störung. Darüber hinaus werden kontextuell-systemische Faktoren als mögliche aufrechterhaltende Faktoren exploriert, ebenso wie Erfahrungen früherer Behandlungs- und Lösungsversuche.

Literatur

Dinger, U. (2016). Ist die Therapiebeziehung eine Bindungsbeziehung? *Psychotherapie im Dialog, 17*(3), 32–35.

Egle, U. T., Cattapan, K. (2024). Langzeitfolgen früher Stresserfahrungen für die körperliche Gesundheit und Lebenserwartung. In Egle U. T., Heim, Ch., Strauß, B., & von Känel, R. (Hrsg.), *Psychosomatik – Neurobiologisch fundiert und evidenzbasiert. Ein Lehr- und* Handbuch (2. Aufl., S. 219–217). Kohlhammer.

Felliti, V. et al. (1998). Relationship of childhood abuse and household dysfunction to many of the leading causes of death in adults: The Adverse Childhood Experiences (ACE) study. *Am J Prev Med 14,* 245–258.

Hughes, K. et al. (2017). The effect of multiple adverse childhood experiences on health: A systematic review and meta-analysis. *Lancet Public Health, 2,* e356–e366.

Levy, K. N. et al. (2018). Adult Attachment as a predictor and moderator of psychotherapy outcome: a meta-analysis. *J Clin Psychol, 74,* 1996–2013.

McCullough, J. P. (2001). *Skills training manual for diagnosing and treating chronic depression: cognitive behavioral analysis system of psychotherapy.* Guilford Press.

Moog, N. K. et al. (2021). Prospective Associaton of Maternal Psychosocial Stress in Pregnancy with Newborn Hippocampal Volume and Implications for Infant Social-emotional Development. *Neurobiology of Stress, 15,* 100368.

Rief, W. et al. (2016). Expectation focussed psychological intervention (EFPI). *Verhaltenstherapie, 26*(1), 47–54.

Werner, E. E. (1989). A longitudinal study from birth to 32 years. *Am J of Orthopsychiatry, 59*(1), 72–81.

Witt, A. et al. (2019). The prevalence and consequences of adverse childhood experiences in the German population. *Dtsch Ärzteblatt Int, 116*(38), 635–642.

Young, J. E., Klosko J. S. et al. (2005). *Schematherapie: Ein praxisorientiertes Handbuch.* Junfermann.

Weiterführende Literatur

Zarbock, G., Wilckens, P., & Semmler, N. (2022). *Biographisch-Systemische Verhaltenstherapie: Tools für die psychotherapeutische Praxis.* Springer.

11 Therapieplanung

Serge K. D. Sulz

Das Wichtigste auf einen Blick

- Therapieplanung besteht aus:
  - Verhaltensanalyse (Welche Situation löst dieses Verhalten aus? Welche Person ist das – mit welcher dysfunktionalen Überlebensregel als lerngeschichtliche Quintessenz aus Geboten und Verboten, die eine Meisterung der Situation verhindert?)
  - Zielanalyse (Welche konkreten Ziele ergeben sich bezüglich der Meisterung der Situation?)
  - Therapieplan (Welche Interventionen führen zur Zielerreichung, sodass die Situation keine Symptome mehr auslöst und dass die Symptome nicht mehr aufrechterhalten werden?)
  - Reaktionskette zum Symptom (von primärer Emotion und primärem Impuls ausgehend über die Antizipation negativer Folgen des primären Handlungsimpulses zu sekundären Gefühlen, die in Vermeidungsverhalten münden)
  - Zielprioritäten (wie die neue, Erlaubnis gebende Lebensregel, die zu einer funktionalen Emotionsregulierung, kompetentem Verhalten und Selbstwirksamkeitserfahrung führt)

11.1 Einführung

Wenn wir Psychotherapie als Problemlösungsprozess auffassen, so ergeben sich drei Schritte zu Beginn der Therapie:

- Definition der Störung
- Definition der Ziele
- Definition der Therapie

In der Verhaltenstherapie sind dies:

- Verhaltensanalyse
- Zielanalyse
- Therapieplanung

Alle drei Teilprozesse sind aufeinander bezogen, in dem Sinne, dass die Verhaltensanalyse der erste Schritt der Therapieplanung ist.

Prozessablauf der Therapieplanung

Psychischer Befund

- vom Symptom zur Syndromdiagnose
- Persönlichkeitsdiagnose (dysfunktionale Verhaltensstereotypien)
- Verstärkeranalyse (zentrale Verstärker/Bedürfnisse, Ressourcen)
- Vermeidungsanalyse (zentrale Angst/Vermeidung)
- Kognitions- und Schemaanalyse (dysfunktionale Überlebensregel)

Verhaltens- und Bedingungsanalyse

- Exploration der symptomauslösenden Lebenssituation und des auslösenden Ereignisses (Makroebene)
- Exploration des konkreten Symptomverhaltens in einer konkreten symptomauslösenden Situation (Mikroebene)
- Exploration der symptomaufrechterhaltenden Konsequenzen des Symptomverhaltens (Funktionsanalyse)

Zielanalyse

- Ableitung der vier Hauptziele aus dem modifizierten S-POE-R-K-C-Schema
- Spezifizierung und Operationalisierung dieser Ziele (fall- und störungsspezifisches Zielverhalten, konkretes Verhalten in konkreten Situationen)
- Zielerreichungsskalierung
- Zielprioritäten setzen und zeitliche Reihenfolge planen
- regressive Patientenziele analysieren
- Gesamtziel formulieren

Therapieplan

- zu jeder aus dem modifizierten S-POE-R-K-C-Schema abgeleiteten Störungs-Ziel-Einheit einen therapeutischen Weg definieren
- konkrete therapeutische Intervention auswählen
- Gesamtstrategie formulieren

11.2 Störung und ihre Bedingungen

Die psychische Störung wird durch die Verhaltens- und Bedingungsanalyse in ihren Entstehungsbedingungen und ihren aufrechterhaltenden Bedingungen erfasst. Dabei unterscheiden wir folgende Teilaspekte:

- symptomauslösende Lebenssituation *(S)*
- Person *(POE)*
- Reaktionskette bis zum Symptom *(R)*
- Konsequenzen und Effekte des Symptoms *(C)*

Dies ist eine Verallgemeinerung des von der lernpsychologischen Betrachtung ausgehenden modifizierten S-POE-R-K-C-Schemas auf Makroebene.

Das *K* in diesem Schema steht für kontingente Verknüpfung von *R* und *C*, d. h., dass *C* nur auf *R* folgt, wenn beide kontingent verknüpft sind.

11.2.1 Symptomauslösende Lebenssituation *(S)*

Bevor die Lebenssituation erfragt wird, in der das Symptom entstand, müssen drei Fragen gestellt werden:

- Was ist das Hauptsymptom bzw. -syndrom?
- Wann genau trat es zum ersten Mal auf?
- Seit wann genau ist es jetzt kontinuierlich vorhanden?

Ohne diese exakte zeitliche Zuordnung der Symptomentstehung bleiben dem Therapeuten nur vage Spekulationen, wie sie meist als allgemeine Stress- oder Überforderungshypothesen formuliert werden. Erst dann wird weiter gefragt nach:

- damaliger Lebenssituation
- damals wichtigster Bezugsperson
- damals problematischster Beziehung/Person
- damals wichtigstem Lebensinhalt
- damals größtem Lebensproblem
- damals größtem Beziehungsproblem
- damals wichtigster anstehender oder gerade getroffener Entscheidungen
- damals wichtigstem Konflikt
- Ereignis, das zur Symptomauslösung geführt hat

11.2.2 Person *(POE)*

Den Menschen erfassen wir durch die Sollwerte, die seine Psyche im emotionalen und sozialen Bereich einzuhalten versucht. Lernpsychologie und Verhaltenstheorie gehen davon aus, dass einer dieser Sollwerte die Vermeidung von schädlichen Reizen ist, denen der Mensch im einfachsten Fall durch Fluchtreflexe entkommt. Nach dem Paradigma des klassischen Konditionierens werden diese Stimulus-Response-Verknüpfungen gelernt. Es gibt lerngeschichtlich bedingt individuell verschiedene zentrale Bedrohungen:

- Ausgeschlossensein
- Alleinsein
- Kontrollverlust
- Liebesverlust
- Gegenaggression
- Selbstverlust

Wir können einen Menschen durch seine Angst vor dieser zentralen Bedrohung bzw. seine zentrale *Vermeidungstendenz* charakterisieren und finden bei genauer Exploration, dass er seine Lebens- und Beziehungsgestaltung in den Dienst der Vermeidung dieser zentralen Bedrohung stellt (Sulz, 2012, 2017a, 2017b).

Der zweite Sollwert ist konsumatorisch, d. h., instrumentelles Verhalten dient dazu, eine primäre Befriedigung oder Sättigung eines Bedürfnisses zu erzielen. Gelingt dies, so wird das Verhalten nach dem Paradigma des operanten Konditionierens positiv verstärkt, d. h. in seiner Häufigkeit und Intensität aufrechterhalten. Bezüglich des emotionalen und sozialen Überlebens gibt es lerngeschichtlich bedingte *zentrale Verstärker* (Sulz, 2017a, 2017b), die sich als individuelle Sollwerte permanent in den Vordergrund schieben, z. B. das Bedürfnis nach:

- Geborgenheit
- Liebe
- Beachtung
- Verständnis
- Wertschätzung
- Selbstbestimmung bzw. Selbstständigkeit

Mit den von Sulz (2017d, 2009) entwickelten VDS-Selbstbeurteilungsskalen können die zentralen Bedürfnisse und Ängste erfasst werden.

Wie mit den zentralen Sollwerten der Verstärkung und der Vermeidung umgegangen wird, ist wiederum durch die individuelle Lerngeschichte geprägt und findet in der *Persönlichkeit* eines Menschen seinen Niederschlag. Wir definieren sie als situationsübergreifende Verhaltensstereotypien. Zur Symptombildung werden diejenigen Verhaltensstereotypien beitragen, die in der auslösenden Lebenssituation dysfunktional sind, d. h. ein Meistern der Situation verhindern. Ein geeignetes Untersuchungsraster ergeben die Persönlichkeitszüge, wie sie von Sulz (2017a, 2017b, 2017d, 2009) in Anlehnung an die ICD-Kategorien in einer Selbstbeurteilungsskala erfasst werden (selbstunsicher, dependent, zwanghaft, passiv-aggressiv, histrionisch, schizoid, narzisstisch, emotional instabil).

Zusätzlich zu der Fixierung von Verhaltensstereotypien durch klassische und operante Konditionierung kann davon ausgegangen werden, dass zentrale Verhaltensregeln im Sinne einer *Überlebensregel* (Sulz, 2017a–2017d) den Menschen dazu bringen, ein beschränktes Verhaltensrepertoire streng einzuhalten – als regelgeleitetes Verhalten (Caspar & Grawe, 1982; Hayes et al., 2004).

11.2.3 Reaktionskette bis zum Symptom *(R)*

Das auslösende Ereignis stellt in aller Regel eine Frustration dar, die heftige Reaktionen auslöst. Diese Reaktionen würden aber die Überlebensregel verletzen und müssen deshalb verhindert werden. Durch eine Exploration lässt sich folgende Reaktionskette finden (dies ist zugleich die *Verhaltensanalyse auf Mikroebene*; vgl. Sulz, 2017a–2017d):

- typische beobachtbare *Situation* (die z. B. extrem frustrierend ist)
- primäre *Emotion* als Antwort auf das Geschehen in dieser Situation (z. B. Wut)
- primärer *Handlungsimpuls*, der aus dieser Emotion resultiert (z. B. Angriff)
- *Kognition:* Antizipation der Handlungskonsequenz (z. B. »dann werde ich abgelehnt«)
- gegensteuerndes *Gefühl* (sekundäre Emotion, z. B. Schuldgefühl, Ohnmachtsgefühl)
- im *Körper:* psychovegetative Begleitreaktion dieses Gefühls (z. B. Schwächegefühl)
- beobachtbares *Verhalten* (z. B. »tun, was mein Gegenüber will«)
- *Symptombildung* (z. B. Niedergeschlagenheit, depressives Syndrom)

Die Reaktionskette kann auch auf der Makroebene analysiert werden. Die Situation ist dann die belastende Lebenssituation. Dann wird allerdings die Persönlichkeit (POE) mehr mitberücksichtigt, indem die lerngeschichtlich entstanden dysfunktionale Überlebensregel (z. B »Ich darf mich nicht wehren!«) direkt zur Antizipation der Handlungskonsequenz führt, die Meisterung der Situation blockiert und so zur Symptombildung beiträgt.

11.2.4 Konsequenzen und Effekte des Symptoms *(C)*

Therapeuten nennen oft nur die Folgen des Symptoms, die einen sekundären Krankheitsgewinn darstellen (wie vermehrte Zuwendung und Beachtung), aber nicht diejenigen Folgen, zu deren Zweck das Symptom gewählt wurde. Patienten wiederum nennen nur die Leiden verursachenden Folgen des Symptoms. Diese wirken im Sinne der Lernpsychologie aber bestrafend und können deshalb die Aufrechterhaltung des Symptoms nicht erklären.

Ebenfalls einschränkend ist, dass eine Konsequenz nur dann verhaltenssteuernd ist, wenn sie kontingent *(K)* auf die Reaktion R folgt (sie nur dann eintritt, wenn *R* vorausging).

Wir müssen deshalb eine genauere Exploration durchführen und den Patienten bzw. die Patientin fragen:

- Was änderte sich in Ihrem Leben durch das Symptom?
- Welche Veränderungen ergaben sich in der Beziehung zu folgenden Lebensbereichen: Beruf, Vorgesetzte, Kollegen, Öffentlichkeit, Bekanntenkreis, Hobbys, Freunde, Verwandte, Familie, Ehe, eigene Kinder, zu Ihnen selbst, zu Ihrem Körper, zu Ihrer Zukunft?
- Wie wäre Ihr Leben weitergegangen, wenn das Symptom nicht aufgetreten wäre?
- Was hätte sich wie geändert?
- Was hat sich durch das Symptom geändert und was hätte sich ohne dies nicht geändert?
- Was hätte jemand, der sich der auslösenden Situation gewachsen fühlt, getan, anstatt ein Symptom zu entwickeln (z. B. mehr für sich kämpfen)?
- Was wären die Folgen eines solchen Verhaltens gewesen, wenn Sie so gehandelt hätten (unter Berücksichtigung von zentraler Angst und zentralen Bedürfnissen)?
- Inwiefern war das Symptom also Hilfe, Schutz, Problemlösung und das Leiden der Preis, den Sie dafür zahlen mussten?

Das Ergebnis können wir darstellen als:

- Vermeidung der zentralen Bedrohung/Angst (negative Verstärkung)
- Bewahren der zentralen Verstärkung/der zentralen Bedürfnisbefriedigung (positive Verstärkung)

11.3 Zielanalyse

Die Zielanalyse definiert vorläufige Ziele, die im Lauf der Behandlung ständiger Umformulierung bedürfen (Kanfer et al., 1990).

Bezogen auf das S-POE-R-K-C-Schema lassen sich fünf *Hauptziele* formulieren:

- *Situation (S-Ziel):* Die Lebensführung und Beziehungsgestaltung so ändern, dass sie künftig von konstruierten »Sollbruchstellen« frei bleiben. In Problemsituationen künftig nicht mehr symptomatisch, sondern adäquat bewältigend reagieren können, d. h. lernen, mit schwierigen Situationen künftig meisternd umgehen zu können (z. B. auf Trennung mit Trauer anstatt Depression zu reagieren, nach Umzug einen neuen Freundeskreis aufbauen zu können, sich bei einer neuen Stelle auf die neuen Anforderungen einstellen zu können).
- *Person (POE-Ziel):* Die dysfunktionale Überlebensregel modifizieren (leben statt überleben) und das dysfunktionale Verhaltensstereotyp aufgeben zugunsten von Verhaltenstendenzen, die im Dienst der eigenen Entwicklung stehen und situationsadäquat sind. Damit verbunden ist eine empirische Falsifizierung der dysfunktionalen Überlebensregel.
- *Reaktion (R-Ziel):* Primäre emotionale und Handlungstendenzen zulassen und zivilisieren, d. h. verantwortlich einsetzen, sodass sich situationsadäquate und auch situationsübergreifende Bewältigungsstrategien entwickeln.
- *Symptom-Ziel:* Die Funktion des Symptoms erkennen und Alternativen hierzu entwickeln, sodass sich das Symptomverhalten reduziert.
- *Konsequenz (C-Ziel):* Die Erfahrung machen, dass neue Problemlösungen nicht zwingend zum Verlust bisheri-

ger Verstärkungen (Bedürfnisbefriedigungen) und auch nicht notwendigerweise zu den befürchteten Konsequenzen führen. Zugleich die Erfahrung machen, dass man als Erwachsener diese Verstärkung (Bedürfnisbefriedigung, z. B. Geborgenheit, Liebe) weitaus weniger braucht. Und auch erfahren, dass das neue Verhalten nicht zu unbewältigbaren Bestrafungen (Bedrohungen) durch die Umwelt führt. Wenn sie trotzdem eintreten, die Erfahrung machen, dass man stark genug ist, um sie auszuhalten und zu überleben, dass Vermeidung künftig also nicht mehr Überlebensstrategie sein muss.

Merke

Sowohl bei einzelnen Patienten als auch bei verschiedenen klinischen Störungen müssen die Ziele spezifiziert werden, d.h., sie müssen fall- und störungsspezifisch formuliert sein.

Weiterhin sind der gegenwärtige Entwicklungsstand der Patienten und die bei ihnen anstehenden Entwicklungsschritte zu berücksichtigen (▸ Kap. 6).

11.3.1 Zielprioritäten – Zielränge und zeitliche Reihenfolge

Zuletzt können die Ziele bezüglich ihrer Priorität oder ihrer zeitlichen Reihenfolge in eine Rangreihe gebracht werden. Hier am Beispiel einer Panikpatientin:

- lernen, mit der Angst umzugehen (Symptom)
- Vermeidungsverhalten reduzieren – in der Situation bleiben *(C)*
- Lebensbereiche aufbauen, die Eigenständigkeit ermöglichen *(S)*
- Falsifizierung der Überlebensregel *(POE)*
- inadäquate Trennungsimpulse ersetzen durch effiziente interaktionelle Handlungskompetenz *(R)*

Als Zusammenfassung dient die *Formulierung eines Gesamtziels.* Das Gesamtziel wird einerseits mit Seitenblick auf das Spezifische des klinischen Syndroms (Worauf kommt es bei Agoraphobie an?) und andererseits mit Blick auf den gesamten Menschen (Worauf kommt es bei genau diesem Menschen an?) formuliert. Es ist eine Abstraktion und Verdichtung der vier Einzelziele. Hier am Beispiel einer Angstpatientin:

- Durch neue Verhaltensweisen neue Erfahrungen machen, die zu einem
- Selbstbild führen, zu dem die
- Fähigkeit gehört, sich selbst schützen und allein überleben zu können, sodass
- entsprechende Situationen keine oder nur bewältigbare Angst auslösen und deshalb auch
- nicht mehr vermieden werden müssen.

Die Grundrichtung der Therapie bleibt dadurch sichtbar. Die einzelnen Ziele erscheinen als Operationalisierungen des Gesamtziels, die immer wieder auf dieses bezogen werden können. Der rote Faden bleibt so im Therapieablauf erhalten.

11.3.2 Ziele der Patienten

Auch wenn der Patient/die Patientin durch die gemeinsame Verhaltensanalyse zum gleichen Störungsmodell kommt wie der Therapeut, so wehrt er/sie sich doch innerlich, die daraus ableitbaren Ziele mit diesem zu teilen. Wäre dem nicht so, so wäre kein Symptom entstanden. Die gemeinsame Zielanalyse wird deshalb zu einer therapeutischen Intervention, die dem Vermitteln von Problemlösestrategien dient. Dabei ist das Spüren der *affektiven Bedeutung der* jeweiligen *Zielerreichung* wichtig, d. h. das Vergegenwärtigen der emotionalen Verluste oder Gefahren, die mit dem Erreichen des Zieles verbunden sind. Die *Wahrnehmung der Gefühle* wird möglich, wenn aus der sprachlichen Zielformulierung ein Bild bzw. eine Szene entsteht. Die Imagination der Zielerreichung evoziert Gefühle, die den therapeutischen Widerstand verhandelbar werden lassen. Angst (vor Veränderung) bzw. Trauer (in Antizipation des Verlusts) treten auf, aber auch Wut, dass dieser Änderungsschritt aufgezwungen wird.

Wir begegnen zwei Arten des Widerstands (Sulz, 2017a–2017d):

- absoluter Vorrang von Abhängigkeitsbedürfnissen gegenüber Autonomiebedürfnissen
- Befürchtung, die Autonomiebedürfnisse nicht mehr befriedigen zu können und wieder in Abhängigkeit zu geraten

Ein bewährtes Mittel des Umgangs mit diesen Widerständen ist, beim Patienten bzw. der Patientin eine *Akzeptanz des Ist-Zustands*, also eine *Selbstakzeptanz* herzustellen (Hayes et al., 2004).

11.4 Behandlungsplan – therapeutische Strategien und Interventionen

Der Weg von der Störung zum Ziel wird zum Instrument eines zweckbestimmten Handelns oder zum operanten Verhalten, das durch Hoffnung auf Erfolg und durch positive Verstärkung gesteuert wird. Der dritte Schritt zur effizienten Psychotherapie ist – nach der individuellen Verhaltens- und Bedingungsanalyse und der systematischen Zielanalyse – die *strategische Therapieplanung.*

Die fünf Störungsaspekte des modifizierten S-POE-R-K-C-Modells führten zu fünf Hauptzielen. Wir können entsprechend fünf *Hauptstrategien* formulieren. Hier am Beispiel obiger Angstpatientin:

- Angstexposition, um mit der Angst umgehen zu lernen (zur Angstreduktion)

- selbstkontrolliertes Aufsuchen aller bisher vermiedenen Situationen (zum Abbau des Vermeidungsverhaltens)
- Aktivitätenplanung: Unternehmungen ohne den Ehemann (zur Veränderung des Selbst- und Weltbildes)
- empirische Hypothesenprüfung nach Beck (zur Falsifizierung der alten Überlebensregel)
- Kommunikationstraining (aktives Konfliktlösen statt sich vom Ehemann zu trennen)

▶ Tab. 11.1 zeigt in der rechten Spalte die Therapiestrategien, die hier nur beispielhaften Charakter haben und im Einzelfall ausgetauscht werden gegen fallspezifische Vorgehensweisen.

Betrachtet man die einzelnen Strategien als Teilstrecken des gesamten Weges zum Ziel, so muss man sich vorstellen können, auf diese Weise wirklich

- mit diesem Patienten/dieser Patientin
- angesichts seiner spezifischen Lebenssituation
- und seines klinischen Syndroms
- in die gewünschte Richtung
- bis an das gewünschte Ziel gelangen zu können.

Zusammenfassend formulieren wir eine mit dem oben beschriebenen Gesamtziel korrespondierende *Gesamtstrategie*, die einerseits eine Synthese o. g. Hauptstrategien ist und andererseits angibt, was Therapeut und Patient/Patientin tun werden. Ein Beispiel für eine Gesamtstrategie bei einem depressiven Patienten ist: Durch die Erfahrung von Selbsteffizienz (Durchsetzen eigener Vorstellungen am Arbeitsplatz) unabhängig werden von der äußeren Selbstwertquelle (ständige Bestätigung des Vorgesetzten). Ein Beispiel der strategischen Konzeption kognitiv-behavioraler Psychotherapie findet sich bei Sulz (2003a, 2003b, 2006, 2008).

Tab. 11.1: Strategische Therapieplanung

Störung	Ziel	Therapie
Situation: was in den Monaten vor Symptomausbruch passierte, worum es ging (z. B. Auszug aus dem Elternhaus, Beginn des Studiums, Trennung, Scheidung)	Lernen: • mit so schwierigen Situationen künftig meisternd umgehen zu können (z. B. auf Trennung mit Trauer reagieren können, nach Umzug einen neuen Freundeskreis aufbauen können, bei einer neuen Arbeitsstelle auf die neuen Anforderungen einstellen können)	je nach Situation, z. B.: • Trauerexposition • Selbstbehauptungstraining • Kommunikationstraining • Problemlösetraining • Stressbewältigungstraining
Person (Organismus): • zentrale Verstärker • Bedürfnisse • dysfunktionale Überlebensregel	Lernen: • auf adäquate Weise Bedürfnisse zu befriedigen bzw. mit weniger Befriedigung zu leben • Befürchtungen als unbegründet zu erkennen bzw. die Bedrohungen als verkraftbar zu erfahren • funktionale Verhaltensweisen aufzubauen, die die bisherigen dysfunktionalen ersetzen • Überlebensregel empirisch zu prüfen, damit sie falsifiziert werden kann	• selbstkontrollierte Verhaltensübungen • Training der Bedürfnis- und Gefühlswahrnehmung • Emotionsexposition • Rollenverschreibung nach Kelly • empirische Hypothesenprüfung nach Beck • Strategien der kognitiven Umstrukturierung, wie sokratisches Fragen, Drei-Spalten-Technik und Entkatastrophisieren
Reaktion: • zunächst wird versucht, die Problemsituation auf alte Weise zu bewältigen, wenn dies scheitert: • Symptombildung, z. B. Depression, Agoraphobie, Zwang, Essstörung, Sucht	Lernen: • generelle situationsüberreifende Bewältigungsreaktionen einzusetzen • Symptomverhalten zu reduzieren und durch adäquates meisterndes Verhalten zu ersetzen	• Verhaltensübungen mit Rollenspiel zu konkretem Verhalten in konkreten Situationen • störungsspezifische Interventionen zur Symptomreduktion
Konsequenz (symptomaufrechterhaltende Bedingungen): • Bewahren der zentralen Verstärkung bzw. der Hoffnung, sie zu erhalten bzw. das entsprechende Bedürfnis (wie Zugehörigkeit, Geborgenheit, Liebe, Selbstbestimmung) zu befriedigen • Vermeiden der zentralen Bedrohung/Angst wie Trennung, Alleinsein, Kontrollverlust, Ablehnung, Gegenaggression	Lernen: • zentrale Verstärker sind auch durch das bisher vermiedene Verhalten zu bewahren • zentrale Bedrohung tritt nicht ein, obwohl das bisher vermiedene Verhalten gezeigt wurde	• selbstverstärkende Aktivitäten planen und durchführen • Situationen herstellen, in denen man bekommt, was man von anderen braucht (Fremdverstärkung holen) • Stimulus- und Reaktionskonfrontation (in bisher vermiedene Situationen gehen, bisher vermiedenes Verhalten zeigen): wenn die befürchtete Konsequenz eintritt, das Gefühl aushalten, die Erfahrung machen, dass es zwar schlimm ist, aber einen nicht umbringt

Prüfungsfragen

1. Weshalb ist die Verhaltensanalyse auf Makroebene äußerst wichtig?
2. Weshalb ist die Funktionsanalyse äußerst wichtig?
3. Weshalb ist die Reaktionskette hilfreich?
4. Weshalb ist die Analyse und Modifikation des dysfunktionalen Schemas der Überlebensregel eine wichtige Weichenstellung?

Antworten

1. Während die Mikroebene die konkrete beobachtbare Situation, die eventuell nur Minuten bis Stunden anhalten kann, fokussiert und alles andere ausblendet, liegt auf der Makroebene das Augenmerk auf den größeren Zeitraum im Leben unmittelbar vor Symptombeginn. Am wahrscheinlichsten ist, dass im letzten halben Jahr die symptomauslösende erstmals Situation auftrat oder die zum Symptom führenden Lebensumstände entstanden. Zum Beispiel eine Trennung. Es kann aber auch sein, dass der Auslöser schon ein Jahr oder länger zurückliegt.
2. Das S-POE-R-K-C-Schema berücksichtigt nicht nur die kausale Betrachtung (was führte zum Symptom?), sondern auch die teleologische Sichtweise: Das Symptom erfüllt einen Zweck, hat eine Funktion, die meist darin besteht, etwas extrem bedrohlich Erscheinendes zu vermeiden. Diese Vermeidungsfunktion des symptomatischen Verhaltens sorgt für dessen Aufrechterhaltung.
3. Wir können die mikroanalytische Verhaltensanalyse so differenziert betrachten, dass der Patient/die Patientin erkennen kann, welche Schrittabfolge zum Symptom führt. Bei jedem Glied der Reaktionskette kann interveniert und so die erfolgversprechendste Behandlungsstrategie ausgewählt werden (z. B. dass Ärger überhaupt wahrgenommen und für eine wirksame Wehrhaftigkeit genutzt wird).
4. Die Überlebensregel ist in der Regel eine Grundannahme bzw. ein Glaubenssatz. Sie ist meist im Vorschulalter entstanden und nicht den Erfordernissen des Erwachsenenalters angepasst worden. In schwierigen Situationen verbietet sie wehrhaftes Verhalten und gebietet übermäßige Anpassung. Dadurch unterliegt Verhalten nicht mehr einfachen Lernprozessen, sondern ist im Sinne von Steven Hayes regelgeleitet. Erst das Aufheben der Gebote und Verbote ermöglicht das Erlernen neuer Verhaltensweisen, die zur Selbstwirksamkeitserfahrung führen.

Empfohlene Materialien

- 50 Fragebögen des Verhaltensdiagnostiksystems VDS (mit Auswertung) kostenlos zum Download unter: https://vds-skalen.eupehs.org

Literatur

Caspar, F., Grawe, K. (1982). Vertikale Verhaltensanalyse (VVA). Analyse des Interaktionsverhaltens als Grundlage für die Problemdefinition und Therapieplanung. In: H. Bommert, F. Petermann (Hrsg.), *Diagnostik und Praxis-Kontrolle in der Klinischen Psychologie* (S. 25–29). Tübingen: dgvt.

Hayes, S. C., Strosahl, K. D., Wilson, K. G. (2004). *Akzeptanz- und Commitment-Therapie (ACT). Ein erlebnisorientierter Ansatz zur Verhaltensänderung*. München: CIP-Medien.

Kanfer, F., Reinecker, H., Schmelzer, D. (1990). *Selbstmanagement-Therapie*. Heidelberg: Springer.

Sulz, S. K. D. (2003a). Fallkonzeption des Individuums und der Familie. In: E. Leibing, W. Hiller, S. K. D. Sulz (Hrsg.), *Lehrbuch der Psychotherapie. Band 3: Verhaltenstherapie* (S. 25–48). Gießen: Psychosozial-Verlag.

Sulz, S. K. D. (2003b). Prozessuale und inhaltliche Therapiestrategien. In: E. Leibing, W. Hiller, S. K. D. Sulz (Hrsg.), *Lehrbuch der Psychotherapie. Band 3: Verhaltenstherapie* (S. 103–122). Gießen: Psychosozial-Verlag.

Sulz, S. K. D. (2009). *VDS – Verhaltensdiagnostik-Materialmappe. Das komplette Verhaltensdiagnostiksystem VDS als Kopiervorlage – Fragebögen und Interviewleitfäden mit Auswertungsanleitungen*. Gießen: Psychosozial-Verlag.

Sulz, S. K. D. (2010). Strategische Entwicklung. Therapiemodul der Strategisch-Behavioralen Therapie (SBT). In S. K. D. Sulz & S. Höfling (Hrsg.), *… und er entwickelt sich doch! Entwicklung durch Psychotherapie* (S. 191–224). Gießen: Psychosozial-Verlag.

Sulz, S. K. D. (2012). *Als Sisyphus seinen Stein losließ. Oder: Verlieben ist verrückt*. 7. Aufl. München: CIP-Medien.

Sulz, S. K. D. (2017a). *Gute Kurzzeittherapie in 12 plus 12 Stunden. Für PsychotherapeutInnen, die sich in Kurzzeittherapie einarbeiten wollen*. Gießen: Psychosozial-Verlag.

Sulz, S. K. D. (2017b). *Gute Verhaltenstherapie lernen und beherrschen – Band 1: Verhaltenstherapie-Wissen: So gelangen Sie zu einem tiefen Verständnis des Menschen und seiner Symptome*. Gießen: Psychosozial-Verlag.

Sulz, S. K. D. (2017c). *Gute Verhaltenstherapie lernen und beherrschen – Band 2: Verhaltenstherapie-Praxis: Alles was Sie für eine gute Therapie brauchen*. Gießen: Psychosozial-Verlag.

Sulz, S. K. D. (2017d). *Verhaltensdiagnostik und Fallkonzeption. Bericht an den Gutachter*. Gießen: Psychosozial-Verlag.

Sulz, S. K. D. (2020). *Kurz-Psychotherapie mit Sprechstundenkarten*. Gießen: Psychosozial-Verlag.

Sulz S. K. D. (2021a). *Mit Gefühlen umgehen – Praxis der Emotionsregulation in der Psychotherapie*. Gießen: Psychosozial-Verlag.

Sulz, S. K. D. (2021b). *Mentalisierungsfördernde Verhaltenstherapie*. Gießen: Psychosozialverlag.

Sulz, S. K. D. (2022). *Heilung und Wachstum der verletzten Seele. Praxisleitfaden Mentalisierungsfördernde Verhaltenstherapie.* Gießen: Psychosozial-Verlag.

Theßen, L., & Sulz, S. K. D. (2024). What is mentalization supporting therapy (MST)? A metacognitive-psychotherapeutic approach based on developmental psychology. *European Psychotherapy, 15,* 15–35

12 Gesprächsführung und Beziehungsaufbau in der Verhaltenstherapie

Martin Jung und Dirk Zimmer

Das Wichtigste auf einen Blick

- Therapeutische Beziehung und Gesprächsführung stellen basale Rahmenbedingungen für das Gelingen einer Psychotherapie dar.
- Neben den gesetzlichen und ethischen Grundbedingungen wird diskutiert, woran sich Psychotherapeuten v. a. orientieren können.
- Neben (1) allgemeinen Prinzipien wie Empathie und Interesse gilt es zu berücksichtigen, was (2) Aufgaben der einzelnen Therapiephasen sind, was (3) spezifische Herausforderungen in der Arbeit mit einzelnen Krankheitsbildern darstellen und was (4) patientenbezogene interaktionelle Eigenarten erfordern.

12.1 Einführung

Das Gelingen einer konstruktiven Beziehung und damit die Gesprächsführung sind von größter Bedeutung für therapeutische Erfolge, auch in der Verhaltenstherapie. In der Beziehung zu ihren Therapeuten machen Patienten oft neue, korrigierende Erfahrungen. Die Anwendung therapeutischer Verfahren ist leichter zu lernen als die Kunst, die Voraussetzungen dafür zu schaffen, dass die Verfahren auch bei interaktionell anspruchsvollen Patienten gut eingesetzt werden können.

In der frühen Literatur zur Verhaltenstherapie wurde v. a. die Effizienz einzelner Verfahren herausgearbeitet. Dies darf aber nicht über die Bedeutung von Interaktion und Gesprächsführung hinwegtäuschen. In frühen Vergleichsstudien wurden Verhaltenstherapeuten von Patienten und unabhängigen Beurteilern als sehr empathisch, persönlich engagiert und flexibel eingestuft (zur Übersicht: Zimmer, 1983; Zimmer & Zimmer, 1996).

12.2 Allgemeine Charakteristika der therapeutischen Beziehung

Zu den Zeiten, als die Therapieschulen jeweils zu erklären versuchten, weshalb die Therapeuten der anderen Schulen auch effektiv seien, wurde die Hypothese populär, dass es die gemeinsamen Faktoren seien, die die Effektivität erklären könnten, kurz gesagt: dass eine gute Beziehung der gemeinsame Faktor sei, und dass Verhaltenstherapie deshalb effektiv sei, weil Verhaltenstherapeuten interaktionell kompetent und flexibel seien (Norcross, 2002).

Anstatt der Suche nach dem für alle gemeinsamen Wirkprinzip ist es jedoch fruchtbarer, von verschiedenen Wirkmechanismen auszugehen, die durchaus zu vergleichbaren Resultaten führen können (siehe die vergleichbare Effektivität von Antidepressiva und Verhaltenstherapie, die sicherlich verschieden ansetzen). Weiterhin vermuten wir, dass diese Wirkmechanismen in therapeutischen Techniken sowie in den Erfahrungen in der Therapeut-Patient-Beziehung zu finden sind.

Auch wenn die Unterschiede in diesem Beitrag mehr interessieren, ist es notwendig, die großen Gemeinsamkeiten mit anderen Therapieschulen anzusprechen. Diese existieren, weil wir mit den gleichen Patienten arbeiten. Es gelten die gleichen Arbeitsbedingungen der ambulanten und stationären Versorgung, die gleichen berufsrechtlichen und ethischen Prinzipien und Verträge im Rahmen der Gesundheitsversorgung. Dies gilt auch für das gesellschaftlich festgelegte Rollenverständnis von Patienten und Therapeuten:

Psychotherapie als professionelle Beziehung
Sie unterscheidet sich z. B. von Freundschaft durch (a) ihre zeitliche Begrenzung und (b) durch mangelnde Reziprozität. Ein Therapeut ist ganz für seinen Patienten und seine zu bearbeitenden Themen da, nicht umgekehrt. Ein Therapeut wird also im Rahmen einer eigenen Ehekrise nicht zum Telefon greifen und seinen Patienten um ein Krisengespräch bitten.

Es ist ein Fehler, Therapiebeziehungen in Freundschaftsbeziehungen zu überführen oder beide Beziehungsformen parallel zu haben. Am krassesten zeigt sich der Fehler, wenn Psychotherapeuten innerhalb der eigenen Ehe oder Familie die Rolle des Familienmitgliedes und des Therapeuten zu mischen versuchen.

Asymmetrie als Verwöhnung
Durch die erwähnte Asymmetrie ist eine potenzielle Verwöhnungssituation geschaffen, die durch die Zielsetzung gerechtfertigt ist, die aber auch eine Versuchung zu ungerechtfertigten Verlängerungen darstellt, wenn etwa einsame Patienten Zuwendung und Empathie nur in der Therapie erfahren. Zur Vermeidung der Abhängigkeit der Patienten von dieser besonderen Beziehung kann es helfen, das Bedürfnis nach Zuwendung und Kontakt wertzuschätzen und dennoch die zeitliche Begrenztheit im Bewusstsein der Patienten zu behalten. Dadurch erst wird es relevant zu fragen, welche Lernprozesse notwendig sind, damit Patienten auch nach Beendigung der Therapie soziale Ansprechpartner haben und so ihre Bedürfnisse nach Bindung und Verständnis befriedigen können.

Rollenerwartungen
Viele Patienten können Psychotherapie nicht gut unterscheiden von anderen helfenden Beziehungen – etwa von medizinischer oder sozialer Hilfe. Eine informierte Entscheidung für eine Therapie kann eine andere Sicht und eine Rollenklärung nötig machen:

Verhaltenstherapeuten werden hier auf eine bestimmte Form der Arbeitsbeziehung Wert legen. Die Rolle von Therapeuten umfasst neben ihrem persönlichen Engagement ihr Wissen, d. h. die Systematik dessen, was Psychotherapieforschung und Erfahrungswissen ausmacht. Dabei sind wir im Sinne Becks auf die empirische Kooperation angewiesen, also auf Informationen von Patienten über ihr Erleben und Handeln im Alltag, auf deren Bereitschaft, neue Erfahrungen zu sammeln und offen darüber zu berichten.

Eines kann kein Therapeut seinen Patienten abnehmen, nämlich an ihrer Stelle Erfahrungen zu sammeln. Neue Erfahrungen aber sind oft unerlässlich für die Heilung oder Besserung.

Weitere allgemeine Gütemerkmale
Einige, u. a. von Norcross (2002) berichtete allgemeine Befunde zur Therapeut-Patient-Beziehung haben auch für die meisten verhaltenstherapeutischen Behandlungen ihre Gültigkeit:

- *Empathie/Verständnis:* Ob sich Patienten in entscheidenden Fragen vom Therapeuten verstanden fühlen und dessen Bemühung um aktive Klärung erfahren, hat eine positive prognostische Bedeutung. Die Einschätzung des Patienten ist dabei wichtiger als die von Therapeuten oder unabhängigen Beobachtern.
- *Emotionales Engagement:* Der für diesen Prozess notwendige Beitrag der Patienten liegt in der Bereitschaft, über emotional relevante Themen offen zu sprechen.
- *Therapeutische Allianz:* Schon die Entwicklung eines therapeutischen Arbeitsbündnisses, das auf Freiwilligkeit und Vertrauen aufbaut und zur Formulierung gemeinsamer Anliegen bzw. Ziele führt, hat positive Effekte. Erfolge sind wahrscheinlicher, wenn innerhalb der ersten 3–8 Stunden eine kooperative Kommunikation entsteht, was bedeutet, dass Therapeuten das Gespräch auch strukturieren dürfen, und dass Patienten offen und emotional beteiligt sind.

Ebenfalls gut bestätigt, wenngleich mit widersprüchlichen Befunden unterlegt sind folgende Aspekte:

- *Wertschätzung:* Auch hier ist die Einschätzung des Patienten entscheidend. Möglicherweise wirkt hier auch eine Art kognitiver Dissonanzreduktion: Wenn Patienten, die sich selbst ablehnen, von einem von ihnen hoch geschätzten Therapeuten Wertschätzung erfahren, könnte die Dissonanzreduktion entweder zur Ablehnung des Therapeuten oder aber (hoffentlich) zur Erhöhung der Selbstakzeptanz führen.
- *Kongruenz und Echtheit:* In Vergleichsstudien wurden Verhaltenstherapeuten in diesen Punkten ausgesprochen günstig bewertet. Dies kann als Modell wirken, sodass sich Patienten offener zeigen. Die klinische Erfahrung spricht dafür, dass nicht die Menge von therapeutischen Selbsteinbringungen entscheidend ist, sondern dass ihr gezielter Einsatz dazu führt, dass Patienten sich mit Erfahrungsberichten der Therapeuten konstruktiv auseinandersetzen können.
- *Rückmeldung:* Therapie ist ein ganz besonderer Ort, an dem Rückmeldung konstruktiv und hilfreich erfahren werden kann. Das kann beinhalten:
  - *Validierung:* Viele Patienten benötigen eine Bestätigung, dass ihr Denken und Fühlen nachvollziehbar ist, sodass biografisch frühe Missachtungen oder Kränkungen korrigiert werden, in denen sie im Denken und Fühlen in Frage gestellt bzw. invalidiert wurden.
  - *Anerkennung von Bemühung:* Verhaltenstherapeuten werden Verstärkung nicht erst bei Erreichen eines Zieles einsetzen, sondern Bemühung, Ringen um Änderung und kleine Schritte zum Erfolg beachten. Weiterhin ist es entscheidend für die Entwicklung von Selbstwirksamkeitsüberzeugungen (self-efficacy nach Bandura), dass zwischen Kompetenz und realem Erfolg unterschieden wird. Patienten können so lernen, bei sich selbst zu würdigen, wenn sie sich kompetent verhalten haben, auch wenn kompetentes Verhalten nicht immer zum erwünschten Ergebnis führt.
  - *Subtile Verstärkungsprozesse:* In zahlreichen Experimenten hatte Kanfer nachgewiesen, dass die Interaktion von Therapeuten und Patienten durch wechselseitige Verstärkungsprozesse beeinflusst wird, die beiden nicht bewusst sind. Durch selektive Aufmerksamkeit und Beachtung werden verbale Äußerungen und damit Einstellungen und Problemlösungsstrategien verstärkt. Patienten übernehmen so zahlreiche Einstellungen und Vorlieben von Therapeuten, ohne dass dies explizit Gegenstand der Therapie gewesen wäre. Aus diesem Grund müssen angehende Therapeuten in der Selbsterfahrung eigene Einstellungen, kognitiv-emotionale Schemata und präferierte Strategien der Problemlösung kennenlernen, damit diese nicht unreflektiert auf Patienten übertragen werden.

Weitere Aspekte sind:

- *Angstreduktion:* Psychotherapie kann als besonderer Raum gelten, in dem Kontingenzen des Alltags außer Kraft sind: Hier kann straffrei über Themen gesprochen werden, die schambesetzt sind, deren Aussprache andernorts starke Ängste auslösen würde.
- *Neues Konzept und neue Sprache:* Viele Patienten leiden unter Unklarheit, wie sie ihre Probleme einordnen können. Deren Zusammenhänge sind unklar oder auf problematische Art »klar«. Durch die Exploration, das Interesse an Details, das Sortieren von Ebenen und die Ver-

wendung neuer Begriffe lernen Patienten, ihre Probleme mit einer neuen Sprache zu fassen. Nach Beck werden aus nebulösen Klagen konkrete Probleme, für die sich leichter neue Perspektiven entwickeln lassen. Das Interesse von Therapeuten an einer Klärung der Details und der Zusammenhänge fördert das Interesse des Patienten an sich und seinen Schemata.

Weitere allgemeinmenschliche und ethische Prinzipien sollten Standard für gute Psychotherapien sein:

- *Diskretion:* Die Bestimmungen des Datenschutzes müssen beachtet werden. Patienten sollten darüber aufgeklärt sein und im Falle von Berichten, Rückfragen und Kontakten mit Institutionen entsprechend ihre Einwilligung geben.
- *Gleichwertigkeitsprinzip:* Die Tatsache, dass ein Mensch emotionale Probleme und ggf. in wichtigen Lebensbereichen Versagenserlebnisse hat, darf nichts daran ändern, ihn grundsätzlich als gleichwertig zu betrachten und zu behandeln. Dies kann sich in vielen Aspekten des Umgangs ausdrücken. Therapeuten sollten trotz Routine und Arbeitsdruck immer im Auge haben, dass der im Verhalten ausgedrückte Respekt die Basis für die zu entwickelnde Selbstachtung von Patienten darstellt.
- *Kontrolle übertriebener Neugier:* Die Fragen von Therapeuten sollten immer begründet sein und einem besseren Problemverständnis oder der Planung der weiteren Arbeit dienen. Manche Patienten mit interessanten bis bizarren Erfahrungen können Neugier beim Therapeuten wecken, faszinierende Geschichten zu erfragen und damit Patienten zum Objekt eines kuriosen Interesses zu machen statt verständnis- und zielorientiert zu bleiben.
- *Kontrolle eigener Macht- und Bestätigungsbedürfnisse:* Therapeuten wollen helfen und haben in der Regel auch soziale und altruistische Motive. In der therapeutischen Selbsterfahrung sollten sie klären, inwieweit Erfahrungen in der eigenen Biografie Bedürfnisse nach Kontrolle, Autorität und Anerkennung haben entstehen lassen, die verstanden und kontrolliert werden sollten.
- Ebenso sollte es selbstverständlich sein, dass *erotische und sexuelle Beziehungen* zu Patienten *inakzeptable Kunstfehler* darstellen. Meist findet dabei eine Wiederholung früherer Missbrauchserfahrungen statt.

12.2.1 Die Beachtung des Rahmens

Zu Beginn der Therapie muss der Rahmen geklärt werden. Dieser umfasst:

- Zeitpunkt und Frequenz der Sitzungen
- Umgang mit Fehlzeiten und Krankheit
- Möglichkeit und Grenzen von Telefonaten und Kontakten zwischen den Sitzungen
- Voraussetzungen für die Kostenübernahme durch die Krankenkassen, wie z. B. weitere ärztliche Konsilberichte
- notwendige diagnostische und andere Maßnahmen wie Fragebogen, Aufzeichnungen, Supervision

Für manche Aspekte können Informationsblätter ausgehändigt werden. Die Besprechung des Rahmens klärt aber Wünsche und Widerstände sowie mögliche Fehlerwartungen an Therapeuten.

Zum Rahmen gehört auch ein definierter Ort des Heilens, also ein eigenes Therapie- oder Praxiszimmer. Therapeutische Anfänger, die sog. Wohnzimmertherapien zu Hause durchführen, schaden im Zweifelsfall der Therapie durch die unklaren Grenzen zwischen privater und professioneller Beziehung.

Manche Patienten müssen lernen, dass sie nicht einerseits ständig zu spät kommen und dann 5 Minuten vor Sitzungsende mit »heißen« Themen beginnen können, um den Therapeuten für mehr als die üblichen 50 Minuten für sich in Anspruch zu nehmen. Andere Patienten mögen es benötigen, für suizidale Krisen auch die private Telefonnummer der Therapeuten zu bekommen.

Generell gilt, dass frühzeitige Klarheit von Vorteil ist und dass das Gespräch über Grenzüberschreitungen wie nächtliche Anrufe, Unpünktlichkeit u. Ä. m. die oft ambivalente Therapiemotivation zu klären hilft.

12.3 Beziehungsgestaltung und Gesprächsführung in der Verhaltenstherapie

Wenn im frühen Lebensalter Grundbedürfnisse chronisch frustriert wurden, können und sollten sie in einer komplementären Beziehungsgestaltung berücksichtigt und partiell befriedigt werden:

Dem Bedürfnis nach Orientierung und Kontrolle dient es, wenn Patienten bei der Entscheidung über die Wahl des Vorgehens beteiligt werden. Ungünstig wäre etwa, wichtige Entscheidungen im Kontext der Benennung von Therapiezielen und Lösungswegen einfach vorzugeben, ohne das Einverständnis des Patienten einzuholen. Drücken sich Behandler nicht eindeutig genug oder missverständlich aus oder verwenden sie zu viel Fachterminologie, kann das zu folgenreichen Missverständnissen führen. Patienten sollten ermutigt werden, klärende Nachfragen zu stellen.

Das Bedürfnis nach Bindung könnte folgendermaßen berücksichtigt werden: Wichtig sind hier die Fähigkeit und Bereitschaft, aktiv zuzuhören, Nähe nonverbal durch die Körperhaltung auszudrücken und verbal Wertschätzung und Verständnis zu vermitteln. Ungünstig wäre es, sich nicht an Termine zu halten, zu spät in die Sitzungen zu kommen oder wichtige Themen nicht zu erinnern.

Das Bedürfnis nach Selbstwerterhöhung kann befriedigt werden durch ein ausgeprägtes Interesse von therapeutischer Seite. Essenziell erscheint die Fähigkeit, den Patienten verstärken zu können, den Gesprächsinhalt auch auf positiv besetzte Themen zu lenken. Dabei sollte in jeder Therapiestunde neben der Orientierung an der Symptomatik auch immer eine Orientierung an Ressourcen und Stärken ausreichend Platz finden.

Dem Bedürfnis nach Lustgewinn bzw. Unlustvermeidung hilft es, wenn Patienten in der Therapie auch positive Gefühle erleben können (ruhig mal zusammen lachen!). Dies beginnt bereits mit der Begrüßung zu jeder Sitzung, findet seine Fortsetzung auch in der Gestaltung der Therapieräume sowie in der Auswahl von Interventionen. Diese sollten dazu beitragen, dass auch Wohlfühlen zur Therapie dazugehört (Entspannung, Achtsamkeit, Fantasiereisen). Natürlich müssen auch Unlusterfahrungen gemacht werden, um Wege für neue und bessere Lösungen öffnen zu können. Zwischen beidem sollte eine Balance gesucht werden.

Merke

Eine komplementäre Beziehungsgestaltung bedeutet also, eine motiv- bzw. bedürfnisorientierte Gesprächshaltung einzunehmen mit dem Ziel, den Patienten auf der Beziehungsebene gut ankommen zu lassen und so den Beginn der Therapie zu erleichtern. Dies fördert zudem die Entwicklung von Vertrauen und Sicherheit bei Patienten und damit ihre Bereitschaft, sich auf Interventionen einzulassen, die mehr Mut und Risikobereitschaft erfordern, die dann aber auf der Basis einer stabilen therapeutischen Beziehung bewältigt werden können.

Das Konzept der Beziehungsmotive (Sachse, 2015) beleuchtet die Gestaltung der Beziehung speziell bei Patienten mit Persönlichkeitsstörungen. Die Grundannahme hierbei lautet, dass bestimmte benennbare Beziehungsmotive bestehen, die in der Interaktion mit anderen befriedigt werden wollen: Anerkennung, Wichtigkeit, Verlässlichkeit, Solidarität, Autonomie sowie Wahrung des eigenen Territoriums.

Wenn Beziehungsmotive und -intentionen zu dysfunktionalen Lösungsversuchen geführt haben, was bei Kenntnis der wichtigen biografischen Faktoren in der Regel gut nachvollziehbar ist, sollten in der Therapie zwei Handlungsebenen definiert werden: Auf der authentischen Ebene sind die interaktionellen Haltungen benennbar und damit für die Interaktionspartner durchschaubar, auf der von Sachse so benannten Spielebene oder manipulativen Handlungsebene sind die interaktionellen Ziele nicht oder nur schwer erkennbar und – in manchen Kontexten – dem Patienten auch nicht bewusst.

Relevante emotionale bzw. interaktionelle Schemata können nicht einfach exploriert werden, sondern werden im Prozess ausgelöst und beobachtbar. Therapeuten finden sich verführt, bestimmte Themen zu besprechen, oder erleben Tabus, andere anzusprechen. Das Beziehungsverhalten des Patienten in der Therapie ist sehr oft repräsentativ für sein Verhalten in anderen aktuellen oder vergangenen Beziehungen, also eine besonders wichtige Datenquelle für Beziehungsmuster und auch für handlungsrelevante Motivationen.

Unvermeidlich fühlen sich Therapeuten immer wieder verstrickt und ringen um Klarheit und Struktur. Damit helfen sie sich selbst und ihren Patienten. Je klarer aber diese Erfahrungen vor dem Hintergrund einer Schemaanalyse des Patienten eingeordnet werden können, desto leichter gelingt es, gemeinsam Perspektiven zu erarbeiten.

Bei ihrer Reaktion auf das Beziehungsverhalten von Patienten sollten Therapeuten überlegen, welche Erfahrung in der Interaktion mit Therapeuten für Patienten wohl neu, hilfreich, weiterführend ist. Das wird sich von Patient zu Patient unterscheiden und hängt auch von der Therapiephase ab. So gibt es nicht universell richtiges Therapeutenverhalten, sondern eines, das auf die aktuelle Aufgabe bezogen hilfreich oder störend ist. Offensichtlich gehen erfahrene Verhaltenstherapeuten sehr flexibel auf einzelne Patienten ein. Die Reflexion impliziter Bedürfnisse im Beziehungsangebot von Patienten und die Flexibilität im Umgang damit stellen wohl übergreifende Kompetenzen dar. Woran aber kann man sich dabei orientieren?

12.3.1 Praktische Hinweise zu Exploration und Gesprächsführung

Wenn es in den ersten 10 Stunden gelingt, eine kooperative Gesprächsstruktur zu entwickeln, ist die Prognose für die Behandlung deutlich besser. Auf Seiten der Patientinnen und Patienten sind hierfür Vertrauen und die Bereitschaft notwendig, alle wichtigen Informationen mitzuteilen. Einschränkend wirken geringe Fähigkeiten der Selbstwahrnehmung und -beschreibung. Fragen von Therapeuten haben daher mehrere Ziele. Sie sollten es Patienten erleichtern, Vertrauen zu fassen und sich zu öffnen, sie sollten helfen, die Selbstbeschreibungen zu erleichtern, und klären, was für therapeutisches Arbeiten wichtig ist. So orientieren sich Therapeuten zunächst an Patienten und deren emotionalem Erleben. Zunehmend sind Fragen auch hypothesengeleitet. Wie Fred Kanfer formulierte: »Stelle nie eine Frage, wenn du nicht weißt, was du mit der Antwort machen willst.« Nachfolgend sollen einige spezifische Techniken der Gesprächsführung vorgestellt werden.

- *Offene Fragen* zeigen zu Beginn das Interesse von Therapeuten (»Was führt Sie hierher zu mir?«) und geben Raum für ungefilterte Berichte.
- *Empathische Paraphrasierungen* (v. a. des emotionalen Erlebens) sowie *Zusammenfassungen* zeigen Mitgefühl, Bemühen um Verständnis. Sie erlauben es Patienten, ihre Therapeuten und deren Wahrnehmung zu korrigieren (»Habe ich Sie richtig verstanden, dass von den erwähnten Problemen bzgl. Gesundheit, Arbeitsplatz und der Familie der Konflikt mit Ihrer Frau am schmerzhaftesten für Sie ist?«).
- *Emotionsfokussierte Gesprächsführung* hat zum Ziel, einen besseren Zugang zu bisher vermiedenen, oft in der biografischen Entwicklung »verbotenen« Emotionen zu entwickeln. Ausgehend von den anfangs im Vordergrund stehenden und berichteten Symptomen des Patienten können im weiteren Verlauf der Therapie die Emotionen benannt werden, zu denen kein guter Zugang besteht.
- *Präzisierung und Konkretisierung:* Durch das Konkretisieren von Themen kann ein genaueres mikroanalytisches Verständnis erreicht werden, welches weitergehende Zielüberlegungen erst ermöglicht. Die Aussage »Ich komme mit meinem Leben gar nicht mehr klar« könnte hinterfragt werden mit »Was bedeutet das genau? Was könnte schlimmstenfalls passieren? Welche Bereiche sind besonders schwierig für Sie?«. Durch das Konkretisieren von Themen kann ein genaueres mikroanalytisches Verständnis erreicht werden, welches weitergehende Zielüberlegungen erst ermöglicht.

- *Sortierende Fragen:* Später helfen genaue Fragen zu (a) Situation, (b) Emotion, (c) Gedanken oder Grundannahmen, (d) zum gezeigten Problemlöseverhalten und (e) dessen kurz- und mittelfristigen Konsequenzen, die Informationen zu sortieren und Ebenen zuzuordnen. Ausgangspunkt sind meist Emotionen (»Wann letzte Woche haben Sie sich besonders schlecht/gut gefühlt?«). Sprachliche Genauigkeit hilft, Emotionen (z. B. Angst, Ärger, Ekel, Freude) zu identifizieren (»Ich habe das Gefühl, du spinnst« ist keine Emotion, sondern ein Gedanke).
- *Kognitive Exploration: Geleitetes Entdecken und sokratischer Dialog* nutzen die Erfahrungen und Daten von Patienten, um die verkürzte, selektive Wahrnehmung zu öffnen und alternative Erklärungen zu entdecken. Dies verhindert therapeutische Überredungsversuche. Die Fragetechniken des sokratischen Dialogs rekonstruieren Ketten kognitiver Schlussfolgerungen mit dem Ziel, Schlüsselkognitionen zu identifizieren (»Ok, Sie befürchten, bei Ihrem Vortrag könnte jemand lachen. Wie wahrscheinlich sehen Sie das an? Was wäre so schlimm daran, wenn es passiert? Was würde daraus folgen? Was heißt das für Ihre Selbstachtung/für Ihre Zukunft?«). Gewichtungsfragen helfen, Schlüsselkognitionen zu erkennen (»Welcher dieser vielen Gedanken ist am engsten mit dem Gefühl der Traurigkeit verbunden?«).
- *Brückenfragen:*
  - *Emotion – Körper:* Die Verbindungen zwischen den Ebenen sind therapeutisch besonders interessant. So kann man ausgehend von der emotionalen Reaktion in einer Stresssituation gezielt nach den körperlichen Anteilen der Emotion fragen, um später Körpererleben als Hinweise für Emotionen zu nutzen. Oder:
  - *Emotion – Kognition:* Die Brücke zwischen Emotion und Kognition stellt einen wichtigen Fragefokus dar (»Als Sie nachts aufwachten und Selbsttötungswünsche hatten, welcher Gedanke war besonders stark mit diesem Todeswunsch verbunden?« Oder andersherum: »Wenn Sie denken, Ihre Frau liebt Sie nicht mehr, welches Gefühl taucht dabei auf?«). Weitere Differenzierungen können folgen, etwa indem nach weiteren Emotionen gefragt wird (»Waren Sie nur wütend, oder gab es auch noch andere Gefühle in der Situation?«).
  - *Kognition – Verhalten:* Die Technik des sokratischen Dialogs erlaubt, dysfunktionale kognitive Haltungen durch gezielte Nachfragen zu irritieren. Damit kann eine Brücke von kognitiven Haltungen zu Problemverhalten gebaut werden.
- *Fragen zur Makroanalyse* dienen dem Verständnis der Vulnerabilität für die Entstehung der Symptomatik und der beteiligten Hintergrundbedürfnisse. Auch hier kann die aktuelle Emotion als Brücke verwendet werden, um emotional relevante frühere Erfahrungen zu finden, in denen die Bedürfnisse verletzt oder in denen problematische Lösungen als Überlebensstrategien gelernt wurden.

Cave: Bei Fragen zu Erklärungen aus der Vergangenheit sollten Therapeuten maximal der Versuchung von suggestiven Fragen widerstehen. Manchmal vermuten wir Traumata als plausible Erklärung. Aber es ist notwendig offen fragen, was von Patientinnen und Patienten erinnert wird. Anders besteht die Gefahr, »falsche Erinnerungen« zu generieren (Markowitsch, 2014). »False memories«, die durch suggestive Fragen zu plausiblen Quasi-Erinnerungen werden, stellen ein großes Problem insbesondere bei Gerichtsverfahren dar (Schemmel, 2004).

12.3.2 Beziehung und Gesprächsführung bei unterschiedlichen Störungen

Für die meisten Störungsbilder lassen sich spezifische Therapieverfahren der Verhaltenstherapie, aber auch häufige Probleme der Beziehungsgestaltung benennen. Es ist eine Selbstverständlichkeit, dass das Gespräch mit einem suizidalen Patienten anders zu führen ist als das Gespräch mit einem Sexualstraftäter. Dies sei an wenigen ausgewählten Beispielen erläutert.

Angst

Das Grund-Beziehungsangebot von Phobikern heißt: »Ich kann das nicht alleine aushalten.« Für die Angstbehandlung gibt es zwar gut untersuchte Verfahren. Offensichtlich ist die Prognose aber schlechter, wenn die Patienten sehr empathische Partner und/oder sehr empathische Therapeuten haben. Große Klarheit ist notwendig darüber, dass nur eigene Erfahrungen zum Sieg über die Angst führen können. Primär supportive und verständnisvolle Therapeuten sind hier in Gefahr, Vermeidung zu unterstützen.

Zwang

Ähnliches gilt für Patienten mit Zwangsstörungen, die darüber hinaus mit ihrer oft zu findenden Entscheidungsschwäche Therapeuten durch nicht endende Zweifel und Fragen von Interventionen wie Reaktionsverhinderung abhalten. Ein Patient mit Zwangsstörungen könnte es schaffen, seinen Therapeuten über Stunden mit der Frage aufzuhalten, ob eine ambulante oder stationäre Behandlung die bessere Wahl sei. Diese Zweifel können nicht ausgeräumt werden durch Argumente, sie müssen als Teil der Problematik verstanden werden. Dann ist es Patienten eher möglich, risikoreiche Entscheidungen zu fällen und das Ergebnis im Nachhinein zu evaluieren anstatt Entscheidungen durch die Suche nach der perfekten Lösung zu verhindern.

Depression

Depressive Patienten können sehr überzeugend sein in ihrer Hoffnungslosigkeit und Negativität. Sie können Therapeuten Schuldgefühle induzieren, mit ihrer Resignation lähmen und anstecken. Das behutsame und differenzierte Vorgehen etwa von A. Beck beinhaltet eine Beziehungsgestaltung, bei der Machtkämpfe zwischen optimistischen Therapeuten und pessimistischen Patienten durch den behutsamen sokratischen Dialog vermieden werden. Dabei werden eigene Erfahrungen von Patienten zur Korrektur von Schlüsselkognitionen herangezogen – anstatt lehrerhaft positives Denken beizubringen. Beim Aufbau von Aktivitäten erfahren Patienten, dass eigene Aktivität durch Fremdhilfe nicht ersetzt werden kann. Indirekter Ärger oder der manipulative Einsatz depressiver Stimmungen sind auch in der Beziehung zum Therapeuten spürbar, dort ggf. korrigierbar und erfordern die Entwicklung sozial kompetenterer Alternativen.

Persönlichkeitsstörungen

Hier kann die Arbeit selten geradlinigen Plänen folgen, sondern besteht meist in der Klärung und Sicherstellung der therapeutischen Zusammenarbeit und der dort vorfindbaren Probleme. Viel Zeit ist für die gemeinsame Schemaanalyse nötig, mittels derer die Kernsituationen, die kognitiven und emotionalen Muster sowie die interaktionellen Problemlösungen analysiert werden. Hieraus ergibt sich die Frage, welche Erfahrungen notwendig wären, um früh erworbene destruktive Schemata zu schwächen. Vor Neuerfahrungen steht eine große Angst. Schema-inkongruente Erfahrungen sollen letztendlich in den relevanten Schlüsselsituationen des Alltags gesucht werden. Auf dem Weg dorthin sind neue, korrigierende Beziehungserfahrungen im Kontakt von Patienten mit Therapeuten hilfreich.

Als Grundmuster hat sich hier bewährt,

- geduldig die Muster zu erarbeiten,
- dabei das unbefriedigte Bedürfnis zu erschließen und sich mit diesem zu verbünden.
- Auch die starken Ängste sollten validiert und zunächst akzeptiert werden.
- Auf dieser Grundlage kann rekonstruiert werden, welche früheren Beziehungserfahrungen das Problemlöseverhalten verstehbar machen, um dann
- Patienten auch mit der Problematik zu konfrontieren, dass die Problemlösung häufig das Befürchtete erst herstellt.

Das verletzte Bedürfnis kann so wertgeschätzt, die Art der Problemlösung als schädlich herausgearbeitet werden. Auf dem Weg, die Ängste anzugehen, das alte Schema zu bekämpfen, wird die Therapeut-Patient-Beziehung immer wieder Tests unterworfen. Mikro-Verhaltensanalysen müssen die Basis für die Antwort des Therapeuten darstellen, damit die Grundbedürfnisse von Patienten nicht verletzt werden, das problematische Verhalten aber korrigiert werden kann.

12.3.3 Beziehung und Gesprächsführung in unterschiedlichen Therapiephasen

Psychotherapie ist offensichtlich ein adaptiver Prozess, weil wir immer auf der Basis unvollständiger Informationen arbeiten. Dies gilt für den Einsatz von Verfahren ebenso wie für die Gestaltung der Beziehung und damit für die Gesprächsführung.

Bereits in den 1970er-Jahren gab es empirische Befunde in der Verhaltenstherapie, dass sozial ängstliche Patienten in verschiedenen Therapiephasen unterschiedliches Therapeutenverhalten schätzen: Während zu Beginn ein Sicherheit gebendes, strukturierendes und wertschätzendes Verhalten gesucht wurde, war während der Therapie Klarheit, Anleitung und Rückmeldung erwünscht. In der letzten Phase kam ein eher zurückhaltendes, Erfahrungen begleitendes Angebot gut an.

Anfangsphase

Das Ziel der Anfangsphase ist die Entscheidung für (oder gegen) die Therapie. Ohne diese Entscheidung kann nicht sinnvoll gearbeitet werden. Auch Therapeuten müssen die Freiheit behalten, ggf. ihre eigenen Bedingungen zu formulieren und eigene Grenzen zu respektieren: Kann ich mit diesem Patienten arbeiten oder sollte ich ggf. überweisen? Sie müssen auch klären, ob die Informationen z. B. für einen Antrag auf Kostenübernahme ausreichen (Entscheidung eines Gutachters).

Patienten müssen erleben bzw. klären, ob sie sich von dieser Therapeutin/diesem Therapeuten in dieser Einrichtung angenommen und verstanden fühlen und sie als kompetent genug für die Behandlung ihrer Probleme einschätzen. Sie müssen klären, ob sie wohl an der richtigen Stelle sind, auch, was Psychotherapie überhaupt sein kann und ob sie sich auf die Patientenrolle einlassen möchten.

Forschungen zur sog. »kognitiven Dissonanz« legen nahe, dass eine freiwillige Entscheidung nach Information auch über die belastenden Aspekte zu einer besseren Motivation im Sinne einer Höherbewertung der dann gefällten Entscheidung führen kann. Therapeuten tun also gut daran, Patienten insbesondere über den Rahmen und die auch schmerzhaften Seiten der Behandlung (»Schweiß und Tränen«) zu informieren. Sie sollten Gelegenheit geben, alle Fragen zu stellen, und im Zweifelsfall dazu ermutigen, über die Entscheidung noch ein paar Mal zu schlafen, um sich sicher zu sein, ob der Patient Psychotherapie jetzt und hier beginnen will.

Da die meisten Patienten unklare Vorstellungen haben, was Psychotherapie ist und wie vertrauenswürdig ihr Gegenüber ist, gibt es im Erstgespräch und in der Anfangsphase mehrere Ziele in der Gesprächsführung miteinander auszubalancieren (Kanfer et al., 2012):

- Aufbau einer vertrauensvollen, emotional positiven Beziehung
- Vertrauen in die Kompetenz des Therapeuten
- Vorbereitung einer Entscheidung für oder gegen die Therapie
- diagnostische Abklärung (z. B. der Gefährdung eines Patienten)
- Besprechung des Rahmens einer möglichen Behandlung (s. o.).

Entsprechend ist in der Anfangsphase zunächst wichtig:

- Zeit zu haben, zuzuhören, das Gespräch zu erleichtern, insbesondere auch den Ausdruck von Emotionen, diese aufzugreifen, zu paraphrasieren und nachzufragen, ob man richtig verstanden hat
- in die Breite zu fragen, um nicht gleich das erste angebotene Thema als Hauptthema festzulegen und zu schnell in die Tiefe zu explorieren
- die vielen Informationen zu sortieren, zusammenzufassen und zu gewichten anhand des emotionalen Erlebens des Patienten

Merke

Ein Behandlungsangebot ist erst sinnvoll, wenn der Patient sich in dem aktuell belastendsten Thema verstanden fühlt.

Im Rahmen einer bedürfnisorientierten Beziehungsgestaltung (Stucki & Grawe, 2007) werden Therapeuten versuchen, auch nicht formulierbare implizite Ziele oder Grundbedürfnisse des Patienten zu erfassen (z. B. nach Autonomie, Wertschätzung oder Anerkennung) und diese – wenn möglich – durch ihr eigenes Interaktionsangebot zu berücksichtigen oder zu befriedigen (s. o.). Dieses Vorgehen wurde früher von Grawe »komplementäre Beziehungsgestaltung« genannt.

Das impliziert zu Beginn der Therapie oft einen Konflikt verschiedener Ziele. Wir können oft nicht anders als zu Beginn auch neurotisches Beziehungsverhalten (z. B. Jammern) zu verstärken, dürfen aber nicht dabei hängen bleiben. Wie Kanfer immer in seinem 1. Kanfer'schen Gesetz sagte: »If the patient does not come back, you are not going to change his behavior.«

Therapiedurchführung

Die Basis einer guten Verhaltenstherapie sind Fallkonzeption und Therapieplan. Dennoch laufen Therapien nicht wie geplant. Therapie als adaptiven Prozess und als empirische Kooperation zu verstehen bedeutet, dass Therapeut und Patient immer wieder um den jeweils günstigen nächsten Schritt ringen – sowohl bzgl. des Vorgehens als auch der Zusammenarbeit. Patentrezepte gibt es kaum, wohl aber die Reflexion spannender Gegensätze:

- Anpassen des Vorgehens aufgrund neuer Informationen vs. Aufrechterhalten der Grundstrategie und Vermeidung von Vermeidung
- Unterstützung der Autonomie des Patienten bei erkundendem Lernen vs. Nutzen der Erfahrung des Therapeuten bei der Wahl des nächsten Schrittes
- Mal stellen sich Therapeuten auf das Beziehungsmuster und die Sprache des Patienten ein, mal leiten sie diese an sich so zu verhalten, dass Therapeuten gerne mit ihnen arbeiten

Prinzip der kognitiv-emotionalen Analyse und Aufmerksamkeitslenkung

Spezifische und konkrete Fragen helfen Patienten, Zusammenhänge zwischen situativen Auslösern und Verhalten oder zwischen Kognitionen und Emotionen zu entdecken und so

- zu sortieren, was kognitive und situative Auslöser von Emotionen sind,
- welche Handlungsimpulse mit den Gedanken und Gefühlen verbunden sind,
- situationsübergreifende Muster (Schemata) und die angerührten Grundbedürfnisse zu erkennen,
- Wahrnehmungsverzerrungen, willkürliche Schlussfolgerungen und unglückliche Bewertungen zu erkennen, die bei der Aufrechterhaltung der Symptomatik beteiligt sind.

Diese präzise, spezifische und konkrete Frageweise kann helfen, aus nebulösen unklaren Missbehagensgefühlen konkrete und bearbeitbare Probleme zu formulieren. Ein wesentliches Prinzip der therapeutischen Gesprächsführung ist dabei die Aufmerksamkeitslenkung durch Fragen.

Wo Patienten die Ursache der Probleme nur bei sich sehen (»internale Kausalattributionen«), können gezielte Fragen nach Umgebungsbedingungen (»externale Faktoren«) zu einer vollständigeren Wahrnehmung führen. Wo Patienten die Schuld nur externalisieren, können Fragen nach eigenen Verhaltens- und Interpretationsmustern zu einer internalen Änderungsbereitschaft verhelfen. Wo Patienten nur an kurzfristigen Konsequenzen ihrer Handlungen orientiert sind, können Fragen nach künftigen, längerfristigen Folgen die Zukunft in der Fantasie in die Gegenwart holen und damit erlebbar und handlungsrelevant werden lassen.

Prinzip Selbstregulation

Wenn Psychotherapie Hilfe zur Entwicklung von Selbsthilfefähigkeiten sein soll, dann sollte der Therapeut nicht anstatt des Patienten arbeiten, sondern ihn bei seinen Bemühungen unterstützen. Diesem Ziel dienen verschiedene Prinzipien:

- Es sollte nicht mehr Unterstützung gegeben werden als nötig, um Eigenaktivitäten des Patienten anzuregen.
- Vielfältige Fragetechniken helfen durch Lenkung der Aufmerksamkeit, dass Patienten selbst konstruktive Ideen und Perspektiven entwickeln können. Dies kann durch den »sokratischen Dialog« nach A. Beck oder die »Columbo-Technik« von F. Kanfer geschehen. Die gespielte Naivität des Detektivs »Columbo« im bekannten Krimi ist in der Therapie auch Ausdruck des Eingeständnisses, dass Therapeuten nicht zu schnell glauben sollten, den Patienten, seine Art, Worte zu verwenden, und seine Darstellungen inhaltlich zu verstehen. Nachfragen zur Überprüfung und Validierung eigener Annahmen sind ganz entscheidend.

Prinzip Wahlfreiheit

Eine erlebte Einschränkung von Wahlfreiheit führt zu Reaktanz und Widerstand. In einer Therapie gilt es sehr viele kleine Entscheidungen zu fällen, etwa über welches Thema gesprochen wird, was der nächste Schritt im Vorgehen ist usw. Eine maximale Beteiligung der Patienten bei diesen Entscheidungen ist günstig und verbessert Engagement und Compliance. Ob unser Patient im Rahmen einer Aktivierung lieber schwimmt, joggt oder Fahrrad fährt, sollte er wählen können. Die einzige fehlende Option ist Nichts-Tun. Entscheidungsfreiheiten haben ihre Grenze in den Richtlinien und Regeln der Kassen oder der Institution oder den Möglichkeiten des Therapeuten (»Nein, ich biete keine Urschreitherapie an«). Er muss von seinem Angebot überzeugt sein und natürlich die berufsrechtlichen Regeln (Datenschutz etc.) einhalten. Dennoch:

- Das emotionale Erleben des Patienten ist die Leitlinie dafür, was relevante Themen sind oder wie schnell oder langsam vorgegangen werden kann.
- Welche Themen in welcher Reihenfolge bearbeitet werden, kann nicht gegen den Patienten entschieden werden.
- Es ist hilfreich, Sitzungen gemeinsam zu planen und zu strukturieren: »Ich würde gerne wissen, ob Ihnen von

der letzten Sitzung noch etwas durch den Kopf gegangen ist, auch wie es Ihnen die Woche gegangen ist und welche Themen Sie gerade beschäftigen. Wir können uns für heute dann für ein oder zwei Themen entscheiden, die wir intensiver besprechen wollen.«
- Wie groß die Schritte einer Angsthierarchie sein können, muss der Patient mitentscheiden können.
- Welche Kognitionen und Aktivitäten mit positiver oder negativer Stimmung korrelieren, kann nur die Erfahrung des Patienten deutlich machen.

Prinzip Selbstwertachtung

Die Patientenrolle und die diagnostische Klärung von Symptomen und Versagenserlebnissen sind verbunden mit Scham und negativem Selbsterleben. Wertschätzung und Akzeptanz sind aber eine Voraussetzung für Änderungsprozesse: Der Aufbau positiven Selbsterlebens wird nicht nur durch eigene Therapieverfahren erreicht, sondern wird durch Stil und Umgangsformen des Therapeuten beeinflusst. Einige Stichworte hierzu:

- Höflichkeit
- Pünktlichkeit und Zuverlässigkeit bei Absprachen
- Vermeidung etikettierender oder kränkender Formulierungen
- Interesse, Geduld und Ernstnehmen des Patienten und seines Erlebens
- Exploration der Stärken und Ressourcen des Patienten, Nutzung dieser Stärken
- entlastende Formulierungen, die Patienten aus dem Gefühl des singulären Versagens herausholen (»In allen Familien gibt es Probleme, wo liegen die bei Ihnen?«)
- Beteiligung an der Planung (s. o.)
- Einholen von Rückmeldungen (»Gab es diese Stunde etwas, das Ihnen gutgetan hat? Gab es Sätze von mir, die Sie belastet haben?«)

Aufrechterhaltung der Kooperation

Die wichtigste Regel lautet: Probleme mangelnder Zusammenarbeit sollten nicht übergangen werden (ein häufiger Anfängerfehler). Sicherlich kann präventiv daran gearbeitet werden, dass bei Hausaufgaben gemeinsame Ziele (»Wozu?«) und ein gemeinsames Verständnis des Vorgehens da ist (»Wie?«). Dennoch ist nicht alles vorhersehbar. Unpünktlichkeit, schlecht ausgefüllte Fragebogen, nicht gemachte Hausaufgaben, Unwillen über bestimmte Themen zu reden und andere Zeichen sollten Anlass für eine verständnisvolle Problemanalyse sein. Da es verschiedenste Ursachen dafür gibt, dass die Kooperation nicht gelingt, sind schnelle Urteile (»Der Patient ist nicht motiviert«) oder auch gekränkte Reaktionen (»Ich gebe mir solche Mühe und der Patient entwertet das einfach durch mangelnde Kooperation«) fehl am Platz. Einige Gründe dafür, dass Patienten zwischen den Sitzungen nicht umgesetzt haben, was sie vorhatten (»Hausaufgaben«), können beispielsweise sein:

- Überforderung (Fehleinschätzung des Schwierigkeitsgrades)
- Unklarheiten in der Absprache oder im Konzept (»Wozu eigentlich?«)
- negative Ereignisse anderer Art oder schwarze Gedanken
- Verlust von Krankheitsgewinn
- interferierende Angehörige

Hier kann kein kurzes Rezept zur Sicherstellung von Kooperation gegeben werden. Aber die Strategie sollte Ergebnis einer funktionalen Analyse sein und wird je nach Hintergrund variieren.

Therapiebeziehung als Lernfeld

Immer wieder werden Therapeuten »Beziehungstests« ausgesetzt oder auf ungünstige Weise beeinflusst und müssen darauf reagieren: Wird sich der Therapeut abwenden, wenn er erfährt, wie stark die Symptomatik ist? Nur wenn der Therapeut außerhalb der 50 Minuten Therapie ansprechbar ist, glauben manche Patienten wichtig zu sein. Sitzungen verlaufen langweilig, bis kurz vor Ende der Sitzung ein emotionales Drama beginnt. Manche Patienten wiederum befürchten, dass sie sich in jeder Hinsicht so verhalten müssen, wie das der Therapeut (ihrer Erwartung nach) möchte, um nicht als Patienten fallen gelassen zu werden.

Manchen Patienten wird man behutsam oder auch deutlich beibringen müssen, wie sie sich verhalten sollten, damit man als Therapeut gerne mit ihnen arbeitet (z. B.: Alles Wichtige gehört in die Sitzung. Fragen sollten nicht nur mit Schweigen beantwortet werden.). Sie müssen quasi für die Therapie sozialisiert werden und können diese Interaktionsmuster für andere Beziehungen gut einsetzen. Andere Patienten benötigen die Erfahrung, dass sie belastend und schwierig sein dürfen, ohne dass Forderungen an sie gestellt werden. Wieder andere können durch systematische Fragen angeregt werden, auch Kritik und Ärger in der Beziehung zum Therapeuten zu äußern und zu erfahren, dass dies die Beziehung nicht zerstört.

Vermeidung und Widerstand sind eher der Normalfall als die Ausnahme, weil Lernen Angst macht. Therapeuten sollten daher nicht gekränkt oder sanktionierend reagieren, sondern die Vorgänge zu einem vertieften gemeinsamen Verständnis nutzen.

Therapiebeendigung

In der letzten Phase der Therapie sollte die Gesprächsführung mehr auf Begleitung von Selbsthilfeversuchen ausgerichtet sein, um die Fähigkeiten des »Selbstmanagements« zu fördern. Rückmeldungen und Anregungen dienen weniger dem Ziel, Neues einzuführen, als dazu, das Verständnis in eigene Problemmuster zu vertiefen, Bewältigungserfahrungen und Geduld zu stärken und den Sinn und die Wahrnehmung eigener Kompetenz zu realisieren. Therapeuten werden einen Teil der Stützung zurücknehmen, die ggf. am Anfang nötig war. Dies wird von manchen Patienten als Entzug von Zuwendung erlebt. Zunehmend werden dann (hoffentlich) Therapeuten als »Helfer« überflüssig.

Bilanzen

Immer wieder, spätestens aber einige Stunden vor Therapiebeendigung sollte reflektiert werden, wo Patienten aktuell stehen. Ein Vergleich zwischen den Beschwerden bei Therapiebeginn und aktuellem Befinden kann deutlich machen, wo Patienten weitergekommen sind, welche Themen aber auch noch weiter angegangen werden müssen.

Änderungen der Kontrollüberzeugungen

Je mehr es gelingt, den Fokus der Aufmerksamkeit vom hilfreichen Einfluss des Therapeuten auf die wichtigen Bemühungen und eigenen Erfahrungen der Patienten zu lenken, die weitergeführt haben, desto leichter kann die Ablösung fallen. Für die Verhinderung von Rückfällen ist es wichtig, dass Patienten durch gezielte Fragen ihre eigenen Anteile am Erfolg kennenlernen.

Trennungsschmerzen

Die Beendigung der Therapie bedeutet auch den Verlust einer wichtigen Beziehung. Manche Patienten entwickeln neue Symptome, um auch weiterhin in den Genuss dieser für sie so wichtigen Beziehung zu kommen. Das Thema Trennung oder Verlust wichtiger Bezugspersonen ist zudem für einige Patienten biografisch besonders belastet.

Soziale Einbindung

Selbstverständlich sollte es Therapeuten nicht erst gegen Ende der Behandlung auffallen, dass Patienten nach der Therapie ohne soziales Netz dastehen und dass die Therapiebeziehung die einzige ist, in der Patienten soziale Ansprache und einen guten Zuhörer haben. Die Arbeit an der Fähigkeit, soziale Kontakte zu knüpfen und zu vertiefen, muss bei solchen Patienten ein wichtiges Thema der gesamten Behandlung sein.

Prüfungsfragen

1. Was ist mit dem Begriff »bedürfnisorientierte bzw. komplementäre Beziehungsgestaltung« gemeint?
2. Was sind Ziele der Anfangsphase in der Therapie und welche Prinzipien der Gesprächsführung helfen, die Motivation für die Behandlung günstig zu beeinflussen?
3. Wie können Verhaltenstherapeuten mit Problemen der Kooperation von Patienten und Therapeuten umgehen?
4. Wie kann die Ablösung des Patienten von der Therapie vorbereitet werden?

Antworten

1. Therapeuten können die nur impliziert oder nonverbal ausgedrückten Grund- oder Hintergrundbedürfnisse im Verhalten von Patienten erschließen (z. B. nach Unterstützung, Akzeptanz oder Autonomie und Kontrolle) und in der ersten Phase besonders berücksichtigen, um sie später in Schemaanalysen benennen zu können, damit Patienten neue Methoden lernen, für diese Grundbedürfnisse zu sorgen.
2. Zu Beginn gilt es die Ambivalenz zu verstehen, die Faktoren also, die für oder gegen eine Entscheidung für eine Behandlung sprechen. Diese Entscheidung wird erleichtert, wenn Patienten sich in den schwersten Aspekten ihres Leides gesehen und validiert fühlen und der Einrichtung bzw. den Behandler das Vertrauen in ihre Kompetenz zusprechen können, ihnen zu helfen. Geklärt werden muss auch, ob Krankheitswertigkeit gegeben ist, ob das Angebot von Behandlern hierfür indiziert ist und ob eine hinreichend gute Prognose besteht, eine kooperative Zusammenarbeit zu schaffen und Änderungen zu erreichen.
3. Statt sich über mangelnde Kooperation zu ärgern, sollte eine Problemanalyse klären, weshalb die Zusammenarbeit gelitten hat: Mangelnde Informationen, mangelnder Konsens über die Ziele der Intervention, fehlende genaue Absprachen über die Durchführung und natürlich Ängste vor Änderungen können eine Rolle spielen. Positive Entwicklungen werden subjektiv manchmal bestraft durch das baldige Ende einer aus Patientensicht wertvollen Beziehung, während Symptomverschlechterungen mit deren Verlängerung belohnt zu werden scheinen.
4. Immer wieder kann ein Vergleich gezogen werden zwischen der Symptomschwere zu Therapiebeginn und dem aktuellen Zustand. Dann kann geprüft werden, was noch offen ist, spätestens mit Behandlungsmitte und rechtzeitig vor dem Ende. Schön, wenn Patienten den Fortschritt auch internal attribuieren und wenn die möglichen Schmerzen der Verabschiedung ebenso Platz hatten wie die Arbeit an der Akzeptanz, dass das Leben weiterhin eine herbe Herausforderung bleiben kann.

Literatur

Kanfer, F. H., Reinecker, H., Schmelzer, D. (2012). *Selbstmanagement-Therapie* (5. überarb. Aufl.). Berlin: Springer.

Markowitsch, H. J. (2013). *Falsche Erinnerungen: Entstehung, Nachweis und Konsequenzen.* Heidelberg: Springer.

Norcross, J. C. (2002). *Psychotherapy relationships that work: Therapists contributions and responsiveness to patients needs.* New York: Oxford University Press.

Sachse, R. (2015). *Therapeutische Beziehungsgestaltung.* Göttingen: Hogrefe.

Schemmel, J. (2024). Wann gefährdet Psychotherapie die Glaubhaftigkeit in Strafverfahren (und wann nicht)? Erläuterungen und Handlungsempfehlungen für Psychotherapeut*innen. *Psychotherapeutenjournal, 23*(3), 233–241.

Stucki, C., & Grawe, K. (2007). Bedürfnis- und Motivorientierte Beziehungsgestaltung. Hinweise und Handlungsanweisungen für Therapeuten *Psychotherapeut, 52,* 16–23.

Zimmer, D. (1983). *Die therapeutische Beziehung. Konzepte, empirische Befunde und Prinzipien ihrer Gestaltung.* Weinheim: Edition Psychologie.

Zimmer, D., Zimmer, F. T. (1996). Das Konzept der funktionalen Beziehungsgestaltung in der Verhaltenstherapie. In: H. S. Reinecker, D. Schmelzer (Hrsg.), *Verhaltenstherapie, Selbstregulation, Selbstmanagement* (S. 131–144). Göttingen: Hogrefe.

13 Umgang mit schwierigen Situationen in der Verhaltenstherapie

Alexander Noyon und Thomas Heidenreich

Das Wichtigste auf einen Blick

- Schwierige Situationen können in der Psychotherapie unabhängig von einer konkreten Diagnose zu jeder Zeit und in den verschiedensten Varianten auftreten.
- Die wichtigste Grundregel für den Umgang besteht darin, Ruhe zu bewahren und nicht überhastet zu reagieren (Ausnahme: akute Selbst- und/oder Fremdgefährdung; in diesen Fällen ist sofortiges Handeln notwendig).
- Behandelnde haben in der Regel Zeit zur Reflexion und gegebenenfalls auch Intervision/Supervision, um hilfreiche Ideen zu entwickeln.
- Die beobachtete Schwierigkeit sollte freundlich, lösungs- und ressourcenorientiert sowie offen angesprochen werden.
- Es ist wichtig, die therapeutische Beziehung gut im Blick zu behalten und vor diesem Hintergrund gemeinsam mit den Patientinnen und Patienten weitere Schritte zu überlegen.

13.1 Einführung

Schon geraume Zeit spielen transdiagnostische Konzepte in der Psychotherapie allgemein und auch in der Verhaltenstherapie eine zunehmend größere Rolle (z. B. Heßler-Kaufmann & Fiedler, 2019). Aus unserer Sicht ist diese Perspektive auch im Umgang mit schwierigen Gesprächssituationen hilfreich. So kommt es bei Personen mit unterschiedlichsten Diagnosen vor, dass sie zu spät zum Termin kommen, eine Verantwortungsübernahme ablehnen, wenig motiviert erscheinen oder die Behandlung vorzeitig abbrechen wollen – um nur einige Beispiele schwieriger und herausfordernder Situationen zu nennen. Das soll natürlich nicht bedeuten, dass bestimmte Schwierigkeiten nicht gehäuft bei bestimmten gegebenen Diagnosen auftreten. So ist die Wahrscheinlichkeit für das Auftreten aggressiven Verhaltens bei Personen mit einer antisozialen Persönlichkeitsstörung natürlich höher als bei Menschen mit sozialer Angststörung. Bei Menschen mit einer depressiven Episode ist davon auszugehen, dass Suizidalität, Antriebslosigkeit und Schweigen im Therapieverlauf (gehäuft) auftreten können.

Wir halten eine balancierte Position, die beide Aspekte berücksichtigt – also sowohl die transdiagnostische Perspektive als auch den Blick für diagnosespezifische Phänomene – für am aussichtsreichsten. Denn dann werden einerseits Schwierigkeiten, die sich aus einer konkreten Störung ergeben, korrekt eingeordnet, und andererseits werden von der konkreten Störung unabhängige Phänomene nicht einfach als »Störungssymptome« abgetan. Das ist gerade dann wichtig, wenn die beobachteten Schwierigkeiten sich aus der Beziehungsdynamik zwischen Behandelnden und Behandelten ergeben. In solchen Fällen könnte eine störungsspezifische Perspektive zu einer einseitigen Betrachtung führen, bei welcher die behandelnde Person ihren eigenen Anteil außer Acht lässt und es damit schwerer hat, zu einer hilfreichen Perspektive zu gelangen.

Merke

Balance halten zwischen der störungsspezifischen und der transdiagnostischen Betrachtung schwieriger Situationen.

Dieses Kapitel kann natürlich keine erschöpfende Darstellung von Reaktionsmöglichkeiten auf die unterschiedlichen möglichen Schwierigkeiten leisten. Dies haben wir an anderer Stelle in Form eines ganzen Buches (Noyon & Heidenreich, 2025) unternommen. Im vorliegenden Beitrag werden wir uns entsprechend auf die Charakterisierung zentraler Grundprinzipien konzentrieren und das konkrete Vorgehen dann anhand einiger Beispiele illustrieren.

13.2 Basale psychologische Ansätze mit Nutzen für den Umgang mit schwierigen Situationen

Nachdem die Verhaltenstherapie in den letzten Jahrzehnten stark störungsspezifisch und manualorientiert ausgerichtet war, spielen aktuell transdiagnostische Perspektiven und der Bezug auf individuelle Fallkonzeptionen eine zunehmend bedeutsamere Rolle (Blackwell & Heidenreich, 2021). Angestrebt wird, eine therapeutische Vorgehensweise für genau diese Person zu »schneidern«, ohne sich dabei in erster Linie an diagnosespezifische Protokolle zu halten. Diese Idee kommt beispielsweise in der prozessbasierten Psychotherapie (vgl. Moskow et al., 2023) zum Ausdruck.

Merke

Verhaltenstherapie berücksichtigt in jüngerer Zeit verstärkt transdiagnostische Prozesse gegenüber störungsspezifischen.

Hierbei handelt es sich um einen integrativen Ansatz, der sich auf spezifische Prozesse konzentriert, die für das Wohlbefinden und die Gesundheit einer Person als relevant angesehen werden können. Die Therapie besteht also dann darin, individuell zu prüfen, welche konkreten Prozesse (beispielsweise der kognitive Prozess der Rumination oder der Verhaltensprozess der Vermeidung) verändert werden müssen, um das gewünschte Ergebnis zu erreichen. Wir gehen davon aus, dass die Zukunft der Psychotherapie in solchen integrativen Modellen liegen wird.

Beziehungsorientierung

So schwierig die wissenschaftliche Untersuchung der therapeutischen Beziehung auch ist, so klar ist doch ihre umfassende Bedeutung in Bezug auf das Funktionieren einer Psychotherapie und deren Ergebnis. Krause (2024) führt in ihrer umfassenden Analyse aus, dass in den von ihr gesichteten Artikeln aus zehn Jahren der psychotherapeutischen Prozessforschung die therapeutische Allianz eine sehr wichtige Rolle spielt. Von den vielen Effekten, die Krause mit der therapeutischen Beziehung in Verbindung bringt, möchten wir insbesondere den Befund herausheben, dass gerade eine ungünstige therapeutische Allianz zu Beginn mit einseitigem Therapieabbruch korreliert (Krause, 2024, S. 267). Deshalb ermutigen wir stark dazu, die therapeutische Beziehung nie aus dem Blick zu verlieren, gerade nicht bei Bestehen einer schwierigen und belastenden Situation. Denn ein Therapieabbruch führt dazu, dass die kritische Situation mit Gewissheit nicht gelöst wird. Psychotherapeutinnen und Psychotherapeuten sollten sich stets darum bemühen, gute Modelle für den Umgang mit schwierigen Situationen zu sein und damit zu demonstrieren, dass auch Konflikte beziehungserhaltend bearbeitet werden können und keine »Narben« hinterlassen müssen. Wir möchten deshalb an dieser Stelle an die auf Carl Rogers zurückgehenden und nach wie vor wichtigen Basisvariablen therapeutischen Handelns erinnern: Empathie, Wertschätzung und Kongruenz (Cooper et al., 2024). Diese erscheinen uns besonders wichtig und hilfreich dabei, gegenüber unseren Patientinnen und Patienten eine wohlwollende und positive Haltung zu entwickeln und diese auch im Angesicht sich zuspitzender Situationen beizubehalten.

Bedürfnisse und Strategien

Genau diese Beibehaltung einer wohlwollenden Grundhaltung kann mit Einschränkungen nur dann gelingen, wenn die Therapeutinnen und Therapeuten »negatives Verhalten« ihrer Patientinnen und Patienten nicht direkt verurteilen, sondern neutral oder gar verständnisvoll bleiben. Hierfür erscheint uns zentral, die Unterscheidung zwischen Bedürfnissen und Strategien tief zu verinnerlichen und als Verständnisgrundlage gerade menschlichen Interaktionsverhaltens zu verstehen. Maslow (1943) hat schon sehr früh zwischen Grundbedürfnissen wie Sicherheit und Selbstverwirklichung sowie verschiedenen Wegen, diese Bedürfnisse zu verwirklichen, unterschieden. Aus unserer Sicht besonders wertvoll und umsetzbar beschrieben wurde der Gedanke in der neueren Zeit von Rosenberg (2015), der betont, dass alle Menschen die gleichen und an sich gesunden Bedürfnisse haben. Interpersonelle Probleme entstehen immer erst auf der Strategieebene, das heißt, wenn eine Person zur Verfolgung eines gesunden und angemessenen Bedürfnisses Vorgehensweisen einsetzt (z. B. Manipulation), die von Bezugspersonen ungünstig erlebt werden. Dies kann sehr fruchtbar auch auf schwierige therapeutische Situationen umgesetzt werden: In aller Regel offenbart sich in diesen nicht ein an sich »problematischer Mensch«, etwas »Verabscheuungswürdiges« oder ein »krankes Bedürfnis«, sondern vielmehr ein leidender Mensch, der zur Sicherung seiner völlig menschlichen Bedürfnisse ungünstige Strategien einsetzt. In diesem Sinne ist zum Beispiel das Bedürfnis nach Loyalität vollkommen gesund und nachvollziehbar, aber wenn es von einer Person mit paranoid-misstrauischen Persönlichkeitsakzenten in die Strategie der Überkontrolle umgesetzt wird (»Zeigen Sie mir sofort die Akte, sonst zeige ich Sie an!«), dann entsteht eine schwierige Situation. Aus unserer Sicht wird der gleiche Grundgedanke in der Schematherapie mit der Unterscheidung zwischen vorderer und hinterer Bühne (z. B. Roediger, 2018) oder in der klärungsorientierten Psychotherapie (z. B. Sachse & Kramer, 2023) mit der Unterscheidung zwischen Motivebene und Spielebene ausgedrückt.

Existenzielle Verfasstheit des Menschen

Im vorangegangenen Abschnitt wurde bereits vom »leidenden Menschen« gesprochen. Manche Lesende haben an dieser Stelle möglicherweise bereits an Viktor Frankl (2018) gedacht, der einem ganzen Buch diesen Titel gegeben hat. Ein anderer an dieser Stelle zu nennender Autor ist Irvin Yalom (2015), der sich neben den Existenzialien des Sinns, der Freiheit und der Isolation insbesondere unserer Sterblichkeit gewidmet hat. Für uns ist die existenzielle Perspektive im Umgang mit schwierigen Gesprächssituationen in der Psychotherapie deshalb hilfreich, weil sie einen Blick auf menschliche Themen abseits konkret definierbarer und »lösbarer« Störungen wirft. Wie auch schon die vorangegangenen Grundkonzepte angedeutet haben, geht es uns beim Umgang mit Patientinnen und Patienten im Allgemeinen und mit solchen, die sich gerade »schwierig« verhalten, im Besonderen darum, dass sich Therapeutinnen und Therapeuten so weit für sie nur möglich auf die konstruktive und wohlwollende Seite lehnen. Und das kann unserer Ansicht nach dann besser gelingen, wenn wir uns verdeutlichen, dass alle unsere Patientinnen und Patienten ähnlich wie wir selbst versuchen, auf die sich ihnen stellenden Fragen des Lebens so gut wie möglich Antworten zu finden. Die existenzielle Perspektive kann somit aus unserer Sicht eine Brücke schlagen, Grenzerleben (»Du gegen mich«) reduzieren und einen Schulterschluss (»Wir«) fördern.

13.3 Grundprinzipien im Umgang mit schwierigen Gesprächssituationen

Vor dem Hintergrund der geschilderten theoretischen Ausgangspunkte möchten wir nun aus unserer Sicht zentrale Grundprinzipien benennen, die Therapeutinnen und Therapeuten helfen können, sich in einer schwierigen Situation zurechtzufinden.

Schwierige Situationen sind … schwierig!

In schwierigen therapeutischen Situationen ist es unrealistisch, sofort eine perfekte Lösung zu erwarten. Solche Herausforderungen konfrontieren Therapeutinnen und Therapeuten oft mit ihren eigenen Grenzen, und solche haben auch die »besten« Professionellen im Feld. Nicht sofort (und vielleicht sogar überhaupt nicht) eine hilfreiche Lösung zu finden bedeutet nicht zwangsläufig, inkompetent zu sein. Die Verantwortung für den Therapieerfolg liegt nur zu 50 % bei den Behandelnden, die andere Hälfte kontrolliert die behandelte Person. Selbst bei optimalem therapeutischem Verhalten können somit nicht alle Probleme gelöst werden, da man nur einen Teil der Einflussfaktoren bestimmt. Daher sollte die Qualität der eigenen Arbeit nicht primär am Therapieerfolg gemessen werden, sondern daran, ob man »seine 50 %« korrekt eingebracht hat.

Ruhe bewahren – überhastet reagieren ist fast nie günstig

Problematische Situationen lassen sich meist nicht automatisch lösen, und deshalb wird eine reflexartige und voreilige Reaktion oft nicht zum gewünschten Erfolg führen. Therapeutinnen und Therapeuten sollten sich trotz der Spannung in einer schwierigen Situation nicht unter Druck setzen lassen. Das ist natürlich leichter gesagt als umgesetzt. Ein häufig hilfreicher erster Schritt besteht darin, die angezielte Ruhe erst einmal körperlich umzusetzen und sich im Sessel zurückzulehnen (statt, wie beispielsweise in Supervisionsvideos häufig zu beobachten, angespannt immer weiter auf die vordere Sesselkante vorzurücken). Das hilft auch dabei, zu der aktuellen Situation eine Distanz herzustellen, die die Handlungsfähigkeit steigert. Die meisten Situationen eskalieren nicht in eine Katastrophe, wenn nicht unmittelbar ein Ausweg gefunden wird. Natürlich gibt es auch Ausnahmen für diese Empfehlung, nämlich akute Selbst- und Fremdgefährdung. In diesen Fällen müssen konkrete Schritte eingeleitet werden, bevor eine gefährdete oder gefährdende Person die Praxis wieder verlässt, oder, falls das nicht möglich sein sollte (z. B. wegen ansonsten bestehender Risiken für die therapierende Person selbst), sofort danach (in solch zugespitzten Fällen also ein Anruf bei der Polizei).

Es geht um jeweils konkrete Situationen, nicht um Persönlichkeitseigenschaften

Bei Eintreten einer schwierigen Situation sollten Therapeutinnen und Therapeuten diese zuerst einmal konkret und situationsspezifisch zu verstehen versuchen und nur mit Zurückhaltung und später Generalisierungen vornehmen. Problemverhalten ist häufig im Rahmen spezifischer Muster (»Schemata«) zu beobachten und es kann deshalb sehr hilfreich sein, sich mit entsprechenden Mustern auszukennen. Diese so identifizierten Muster dürfen jedoch dann kein »Eigenleben« entwickeln, das die Patientinnen und Patienten auf eine einmal identifizierte Rolle festlegt. Oder anders ausgedrückt: Wir empfehlen ganz dezidiert den Weg »bottom up« und plädieren dafür, zunächst konkrete Fallkonzeptionen vorzunehmen, um Probleme einzuordnen. Als problematisch sehen wir eine Reihe von personalisierenden Begriffen und Denkmustern an, für die ein eigenes klinisches »Wörterbuch des Teufels« zu verfassen wäre: In diesem Sprachgebrauch findet man »Borderlinerinnen«, »Narzissten«, »Dependente« und noch mehr, die »spalten«, »agieren«, »aussaugen« und noch viele andere Dinge tun. Solche Begriffe tendieren dazu, die Entstehung einer schwierigen Situation zu personalisieren und die Verantwortung dafür alleinig einer zugeordneten Pathologie bei der Patientin oder dem Patienten zuzuschreiben. Das untergräbt eine interaktionelle Betrachtung, die häufig fruchtbarer beim Verständnis interpersoneller Problemsituationen ist.

Kollegialer Austausch: Supervision und Intervision

Ganz grundsätzlich ist gewinnbringend, mit schwierigen Situationen nicht allein zu bleiben, sondern diese mit Kolleginnen und Kollegen zu besprechen. Das hat mehrere günstige Effekte: Zum einen wird einem klar, dass auch andere Professionelle solche schwierigen Situationen kennen und um ein Patentrezept verlegen sind, was sich positiv auf etwaige dysfunktionale Gedanken im Sinne von »Ich bin ein schlechter Therapeut, wenn ich damit Schwierigkeiten habe« auswirkt. Zum anderen bietet die Diskussion schwieriger Situationen zusammen mit anderen Fachleuten natürlich die Möglichkeit, ein Problem aus verschiedensten Blickwinkeln zu betrachten und somit auch auf Lösungsideen zu kommen, die eine Person alleine nicht so gut zu finden vermag.

Die eigene Balance darf nicht außer Acht gelassen werden

Es ist leicht nachvollziehbar, dass schwierige Situationen dann noch schwieriger werden, wenn man als Therapeutin oder Therapeut nicht »im Lot« ist. Der sehr anspruchsvollen therapeutischen Tätigkeit ist man dann am besten gewachsen, wenn man gut ausgeruht, mit dem Leben zufrieden, sozial gut versorgt, körperlich gesund … kurzum: persönlich in guter Balance ist. Das soll natürlich nicht in Richtung eines »perfekten Menschen« missverstanden werden – auch Therapeutinnen und Therapeuten haben wie alle anderen Menschen ihre Höhen und Tiefen. Aber wir raten nachdrücklich zu einem guten Umgang mit sich selbst. Diese »Selbstfürsorge« ist nicht nur eine Voraussetzung für den Erhalt unserer Arbeitsfähigkeit als Therapeuten und Therapeutinnen, sondern auch die Basis für ein glückliches (Berufs-)Leben. Eine gut lesbare und sehr praxisnahe Ausarbeitung dazu findet sich beispielsweise bei Hoffmann und Hofmann (2020).

Jede Therapie unterliegt dem Spannungsfeld von Akzeptanz und Veränderung

Therapeutinnen und Therapeuten sind in der Regel veränderungsorientiert und messen den Erfolg ihres Handelns an den Veränderungen, die sich im Leben ihrer Patientinnen und Patienten ergeben haben. So wichtig diese Veränderungen sind, können sie doch auch den Blick darauf verstellen, dass in vielerlei Hinsicht zunächst Akzeptanz vonnöten ist. Linehan (1994, S. 73) bezeichnet Veränderung und Akzeptanz als die »zentrale Dialektik der Psychotherapie« und bringt darin zum Ausdruck, dass nur bei hinreichender Realisierung beider Elemente eine erfolgreiche Behandlung möglich ist: Ein Übermaß an Veränderungsinitiative wird in der Regel dazu führen, dass Patientinnen und Patienten sich in ihrem Leiden nicht ernst genommen sehen. Aber auch eine zu starke Betonung der Akzeptanz kann zu Problemen führen, weil das in eine Stagnation münden kann. Die Balance dieser beiden zentralen Prinzipien wird also einen wichtigen Anteil an der Bewältigung schwieriger Situationen haben.

13.4 »Fahrplan« für den Umgang mit schwierigen Gesprächssituationen

Schwierige Situationen können sich in der Psychotherapie zu den unterschiedlichsten Gegenständen ergeben. Im vorliegenden Kapitel fehlt der Raum, um dies inhaltlich vertieft darzustellen. Doch in den meisten Situationen kann man sich anhand eines einfachen Schemas wenigstens so weit orientieren, dass ein weiteres Navigieren möglich ist – mindestens für den Verlauf der aktuellen Stunde, um sich dann im Zeitfenster bis zum nächsten Termin sachkundiger zu machen.

Schritt 1: Innehalten, Wahrnehmen und Beurteilen

Dass eine Situation schwierig ist, wird sich in der Regel dadurch »mitteilen«, dass es bei der Therapeutin oder dem Therapeuten zu einer Irritation kommt: Etwas in der Interaktion mit einer Patientin oder einem Patienten liegt quer zur therapeutischen Erwartung und löst ein Dissonanzerleben aus. Etablierte und routinierte Reaktionsweisen erscheinen plötzlich nicht angemessen, weil das therapeutische Zusammenspiel aus dem Vertrauten und »Harmlosen« ausbricht. Es geht also um ein klassisches »Appraisal« im Sinne der Stresstheorie (vgl. Biggs et al., 2017). Therapeutinnen und Therapeuten sollten in ihrer Beurteilung der Situation so fair wie möglich bleiben und die Grundregel beherzigen, dass interaktionelle Schwierigkeiten in den allermeisten Fällen von allen Beteiligten befeuert werden. Ideal ist, wenn die Idee »Schuld« gar nicht erst weiterverfolgt wird, denn sie ist für eine konstruktive Lösung der Situation selten bis nie hilfreich. Unserer Erfahrung nach kann dies gerade dann leichter sein, wenn man sich als Therapeutin oder Therapeut explizit auf die oben beschriebene Unterscheidung zwischen Bedürfnis und Strategie konzentriert. Im internen Gedankenprozess kann das beispielhaft so aussehen:

Fallbeispiele: Automatische Gedanken von Behandelnden bei schwierigen Situationen

»Schon wieder bringt diese Patientin eine Minute vor dem geplanten Therapieende ein wichtiges Thema auf den Tisch! Und damit werden wir heute auch wieder überziehen, wenn ich sie jetzt nicht harsch unterbreche!« –

»Die Strategie, durch die Nennung wichtiger Themen mehr Zeit herauszuholen ist störend, aber hinter ihr steht wahrscheinlich das gesunde Bedürfnis der Patientin, die Sicherheit in unserer Beziehung zu spüren und Zuwendung von mir zu bekommen.«

»Die kritischen Fragen dieses Patienten zu meinem Ausbildungsstand und meiner Berufserfahrung gehen mir auf die Nerven und setzen mich unter Druck!« –

»Ich erlebe diese Fragen als Kritik an meiner Person, aber wahrscheinlich steht hinter ihnen das gesunde Bedürfnis des Patienten, bestmögliche Selbstfürsorge zu betreiben und sicherzustellen, dass er eine optimale Behandlung bekommt.«

»Wieso maßt diese Patientin sich in den Gruppentherapiestunden ständig an, die Beiträge der anderen zu kommentieren und sich dabei quasi als Co-Therapeutin aufzuspielen?« –

»Ich erlebe das als Machtkampf, aber wahrscheinlich spielt beim Verhalten der Patientin ihr Bedürfnis eine große Rolle, von allen hier Anerkennung und Wertschätzung zu bekommen und als stark und stabil wahrgenommen zu werden.«

»Die Erarbeitung des Störungsmodells mit diesem Patienten ist eine nutzlose Qual, weil er für alles, was bei ihm schiefläuft, die Verantwortung bei anderen sieht – dem Chef, der Frau, den Kindern, seinen Eltern und deren misslungenem Verhalten in seiner Kindheit … nur externe Faktoren!« –

»Diese Strategie der Vermeidung macht mich zu einem hilflosen Therapeuten, aber wahrscheinlich steht hinter diesem Verhalten das verständliche Bedürfnis des Patienten, seine eigene Angst vor Verantwortung zu unterdrücken und seinen Selbstwert dadurch aufzubauen, sich zum Opfer zu erklären.«

Diese Beispiele sollen aufzeigen, wie auch in sehr unterschiedlichen Situationen durch die Unterscheidung zwischen (oberflächlichen) Strategien und (darunterliegenden) Bedürfnissen eine konstruktive Basis für die weitere Auseinandersetzung gegründet werden kann.

Schritt 2: Offenes Ansprechen der beobachteten Schwierigkeit

In fast allen Fällen ist die umsichtige Thematisierung des Problems der beste Weg zur Lösung. Dies sollte dann aber natürlich zum richtigen Zeitpunkt und so konstruktiv wie möglich geschehen. Der richtige Zeitpunkt ist dabei sehr situationsspezifisch. In den meisten Situationen ist »richtig« vermutlich gleichzusetzen mit »so früh wie möglich«. Es folgen einige Beispiele, in denen ein sofortiges Eingehen auf die sich entwickelnde Situation günstig ist (die Beispiele sind sehr kurz und exemplarisch und bieten keine umfassende Betrachtung der jeweiligen schwierigen Situation):

Fallbeispiele: Konkrete Formulierungen bei ausgewählten schwierigen Situationen

Kontext »Persönliche Fragen«:
»Ihre Frage nach X ist sehr persönlich. Ich bin sicher, dass Sie einen guten Grund für die Frage haben. Allerdings stehen in unserer Therapie ja Ihre Anliegen im Vordergrund. Deshalb würde ich, bevor ich auf Ihre Frage antworte, gerne besser verstehen, warum Sie das von mir wissen möchten.«

Kontext »Aggressivität in der Therapie«:
»Bitte mal kurz Stop! Ich erlebe Sie gerade als ziemlich aggressiv, der Ton wird immer lauter. Ich weiß, dass Sie total unter Druck stehen und hier gerade nicht mich meinen. Bitte lassen Sie uns aber kurz innehalten, damit wir einen guten Weg finden können.«

Kontext »Zwangsbehandlung«:
»Ich möchte gleich den Elefanten im Raum ansprechen. Sie sind hier in Therapie, weil Sie richterlich dazu gezwungen wurden. Das ist natürlich keine gute Basis für eine therapeutische Zusammenarbeit. Ich an Ihrer Stelle hätte jetzt gar keine Lust, hier zu sein und mitzumachen. Ich glaube aber, dass wir einen nützlichen Weg finden können, wenn wir das anerkennen und prüfen, wie eine hilfreiche Zusammenarbeit für Sie aussehen könnte.«

Aber natürlich gibt es auch Situationen, in denen eine aufkommende Problematik nicht so früh wie möglich angesprochen werden sollte, sondern eher nach einer gewissen Beobachtungszeit. Das gilt in solchen Fällen, in denen vom problematisch erlebten Verhalten nicht unmittelbar eine Handlungsnotwendigkeit ausgeht und außerdem die Möglichkeit besteht, dass es sich um ein »Zufallsereignis« handeln könnte, das Ausnahmecharakter besitzt. Gemeint sind also Fälle, bei denen eine Öffnung potenziell mit einer Beschämung oder anderweitigen negativen Akzentuierung einhergehen könnte, obwohl die entsprechende Situation gar nicht noch einmal eingetreten wäre. Beispiele hierfür sind:

- Eine Person erscheint zu einem Termin mit stark wahrnehmbarem Körpergeruch bei ansonsten adäquat erscheinendem Gepflegtheitszustand.
- Eine Person zieht im Erstgespräch auf die Frage nach dem Vorstellungsgrund einen Stapel Papier aus der Tasche und berichtet in Form eines zwanghaft perfekten Vortrags.
- Eine Person ist im Erstgespräch kaum zu unterbrechen und berichtet ohne Punkt und Komma Beschwerden aus ihrem Leben.

All diese Fälle könnten besonders begründete Ausnahmen sein. So ist die Person im ersten Beispiel möglicherweise unerwartet in Zeitdruck geraten und musste rennen, um noch rechtzeitig zu kommen – eine Körperaktivierung, der die Morgentoilette des Tages nicht gewachsen war. Im zweiten Beispiel könnte es sein, dass eine Person zum ersten Mal in ihrem Leben eine Psychotherapie wahrnimmt und im Erstgespräch auf keinen Fall einen Fehler machen bzw. etwas vergessen will. Und im dritten Fall ist denkbar, dass die Person lange auf den Beginn einer Therapie gewartet hat und derart unter Druck steht, so dass sie sich nicht begrenzen kann. (Alle drei Beispielfälle haben sich in den Praxen der Autoren ereignet, sind also nicht erfunden, und in vielen Fällen traten die beobachteten Verhaltensweisen im Folgetermin bereits nicht mehr auf.) In den hier veranschaulichten Fällen wäre ein sofortiges Ansprechen unter Umständen sehr konfrontativ und könnte die Beziehung gefährden. Deshalb empfiehlt es sich hier, die Thematik erst dann anzusprechen, wenn deutlich geworden ist, dass es sich um wiederkehrendes, also systematisches Verhalten handelt. Sobald sich das im weiteren Zusammenarbeiten herausstellt, sollte allerdings auch bald gehandelt werden. Denn ein zu spätes Ansprechen einer Beobachtung kann für die betreffende Person auch irritierend und belastend sein (»Oh je, der findet also schon seit jetzt sechs Terminen, dass ich stinke, wie unangenehm!«).

Das Ansprechen selbst sollte in allen Fällen, egal ob früh oder später, so entpathologisierend, normalisierend, ressourcenorientiert und freundlich einladend wie möglich geschehen. Es ist außerdem auch angeraten, sich nicht mit einer zu langen Präambel aufzuhalten (»Also, ich möchte Ihnen was sagen. Das ist mir ausgesprochen unangenehm. Ich hoffe auch wirklich sehr, dass das für Sie nicht zu schlimm wird. Ich meine es nämlich total gut mit Ihnen! Also, nehmen Sie es mir nicht übel, ok? Ich kann Ihnen vorher auch noch ein Wasser holen, und mir selbst auch, wie wäre denn das? …«), um die Spannung nicht unnötig zu steigern und damit die Belastung zu erhöhen. Die Botschaften, um die es hier geht, sind so gut wie immer erst einmal »unangenehm«, und lange Vorreden zögern tendenziell das Unvermeidliche nur hinaus und machen es damit schlimmer. Deshalb sollte die Vorrede so kurz wie nur möglich gehalten werden und die Hauptbotschaft so schnell wie möglich auf den Tisch:

> »Mir ist in der vergangenen Woche und auch in unserer Sitzung heute aufgefallen, dass Sie recht starken Mundgeruch haben. Ich spreche das offen an, obwohl ich mir vorstellen kann, dass das jetzt sehr unangenehm für Sie ist. Ich tue es trotzdem, weil ein starker Mundgeruch von den Personen selbst oft gar nicht bemerkt wird, es für die sozialen Beziehungen aber eine starke und zwar negative Rolle spielt. Aus falsch verstandener Schonung sagt es einem dann keiner, obwohl man dagegen so gut etwas machen kann. Ihr Wohlergehen ist mir wichtig, deshalb würde ich über dieses Thema gerne mit Ihnen sprechen. Hat Sie schon mal jemand darauf angesprochen, oder hören Sie das jetzt von mir zum ersten Mal?«

Wie in dem Beispiel-Statement verdeutlicht, sollte von Seiten der Therapeutin betont werden, dass die Beobachtung mit positiven Zielen verbunden mitgeteilt wird, also letztlich aus Fürsorge geschieht. Natürlich garantiert das nicht, dass die Betroffenen gut mit dem Feedback umgehen werden, aber es erhöht die Wahrscheinlichkeit, wenn ihnen direkt mitgeteilt wird, dass es freundliche und förderliche Motive sind, die zu der Bemerkung veranlasst haben.

Schritt 3: Gemeinsame Suche nach Lösungsideen und Vereinbarung weiterer Schritte

Nach der Öffnung der Situation und der gemeinsamen Erörterung sollten möglichst konkrete Vereinbarungen getroffen werden, was ab jetzt versucht werden soll, um die schwierige Situation zu überwinden. Meistens ist das dann gar kein zentrales Problem mehr, weil ab jetzt »übliche« verhaltenstherapeutische Methoden eingesetzt werden können (z. B. Befragungen von Bezugspersonen planen, um die Beobachtungsbasis zu vergrößern; Verhaltensexperimente planen, um Varianten von Verhaltensweisen auszuprobieren; Veränderungen des Verhaltens der Therapeutin oder des Therapeuten vereinbaren, falls dies notwendig erscheint usw.). Hierfür findet sich in den weiteren Kapiteln des vorliegenden Buches eine Fülle von Ideen.

13.5 Fazit

Schwierige Gesprächssituationen sind in der Psychotherapie nicht zu vermeiden. Tatsächlich sind sie in vielen Fällen sogar eher eine sehr willkommene Gelegenheit. Denn in allen sozialen Interaktionen ereignen sich schwierige Situationen, und damit ist die Psychotherapie sozusagen ein Übungsfeld, in welchem Schwierigkeiten in einem geschützten Raum analysiert, verstanden und verändert werden können. Therapeutinnen und Therapeuten müssen sich nicht unbedingt gleich »freuen«, wenn Schwierigkeiten entstehen. Aber sie sollen durch dieses Kapitel ermutigt werden, in dergleichen zugespitzten Situationen modellhaft zu agieren und damit zu demonstrieren, dass interpersonelle Probleme bewältigt werden können und Beziehungen davon keinen Schaden nehmen müssen.

Prüfungsfragen

1. Welche Rolle spielen störungsspezifische und transdiagnostische Faktoren im Umgang mit schwierigen Therapiesituationen?
2. Nennen Sie mindestens zwei Beispiele für schwierige Situationen, die bei Menschen mit einer depressiven Episode (gehäuft) auftreten können.
3. Erläutern Sie die Bedeutung der Unterscheidung von Bedürfnissen und Strategien für den Umgang mit schwierigen Situationen.
4. Nennen und erläutern Sie die drei Schritte, die für den allgemeinen Umgang mit schwierigen Situationen hilfreich sind.

Antworten

1. Schwierige Situationen sind insofern transdiagnostisch, dass sie in jeder Behandlung auftreten können. Spezifische psychische Störungen erhöhen jeweils das Risiko für das Auftreten einzelner schwieriger Situationen.
2. Suizidalität, Antriebslosigkeit, Schweigen.
3. Grundsätzlich gesunde Bedürfnisse wie Sicherheit und Selbstverwirklichung liegen allem menschlichen Erleben und Verhalten zugrunde. Menschen unterscheiden sich aber in den jeweiligen Strategien, die sie zur Verwirklichung dieser Bedürfnisse einsetzen. In schwierigen Situationen ist es deshalb hilfreich, hinter dysfunktionalen Strategien die in der Regel gesunden Bedürfnisse zu sehen.
4. In einem ersten Schritt geht es zunächst darum, innezuhalten, die Situationen wahrzunehmen und zu beurteilen, das heißt, aus dem interaktionellen Geschehen so weit heraustreten, dass ein Verständnis der Situation ermöglicht wird. Der zweite Schritt besteht darin, die beobachtete Schwierigkeit konkret und ohne Generalisierung anzusprechen. Der dritte Schritt besteht darin, gemeinsam Lösungen zu suchen und darauf aufbauend weitere Vereinbarungen zu treffen.

Literatur

Biggs, A., Brough, P., & Drummond, S. (2017). Lazarus and Folkman's psychological stress and coping theory. In C.L. Cooper & J.C. Quick (eds.). *The handbook of stress and health: A guide to research and practice.* Wiley. (pp. 349–364).

Blackwell, S. E., & Heidenreich, T. (2021). Cognitive Behavior Therapy at the Crossroads. *International journal of cognitive therapy, 14*(1), 1–22. https://doi.org/10.1007/s41811-021-00104-y

Cooper, M., & Di Malta, G. (2024). *The handbook of person-centred psychotherapy and counselling.* Bloomsbury Publishing.

Frankl, V. E. (2018). *Der leidende Mensch: Anthropologische Grundlagen der Psychotherapie.* Hogrefe.

Heßler-Kaufmann, J., & Fiedler, P. (2019). *Transdiagnostische Interventionen in der Psychotherapie.* Klett-Cotta.

Hoffmann, N. & Hofmann, B. (2020). *Selbstfürsorge für Therapeuten und Berater.* Beltz.

Krause, M. (2024). Lessons from ten years of psychotherapy process research. *Psychotherapy research, 34*(3), 261–275.

Linehan, M.M. (1994). Acceptance and Change: The central dialectic in psychotherapy. In S.C. Hayes, N.S. Jacobson, V.M. Follette & M.J. Dougher (Eds.), *Acceptance and Change: Content and Context in Psychotherapy* (pp. 73–86). Context Press.

Maslow, A. H. (1943). A Theory of Human Motivation. *Psychological Review, 50*(4), 370–396.

Moskow, D. M., Ong, C. W., Hayes, S. C., & Hofmann, S. G. (2023). Process-based therapy: A personalized approach to treatment. *Journal of Experimental Psychopathology, 14*(1), 20438087231152848.

Noyon, A., & Heidenreich, T. (2025). *Schwierige Situationen in Beratung und Therapie: 40 Probleme und Lösungsvorschläge.* 4. Auflage. Beltz.

Roediger, E. (2018). *Schematherapie: Grundlagen, Modell und Praxis.* Schattauer.

Rosenberg, M. B. (2015). *Nonviolent Communication: A Language of Life.* Encinitas: PuddleDancer Press.

Sachse, R., & Kramer, U. (2023). *Klärungsorientierte Psychotherapie von Persönlichkeitsstörungen* (Vol. 1). Hogrefe.

Yalom, I.D. (2015). *Existenzielle Psychotherapie.* EHP-Verlag.

Weiterführende Literatur

Noyon, A., & Heidenreich, T. (2025). *Schwierige Situationen in Beratung und Therapie: 40 Probleme und Lösungsvorschläge.* 4. Auflage. Beltz.

14 Risiken und Nebenwirkungen von Psychotherapie

Bernhard Strauß

Das Wichtigste auf einen Blick

- Psychotherapie ist eine hochwirksame Behandlung psychischer Störungen, birgt aber auch Risiken und Nebenwirkungen.
- Bezüglich der Risiken sollte zwischen Behandlungsfehlern und unerwünschten Ereignissen im Kontext von lege artis durchgeführten Therapien unterschieden werden (Nebenwirkungen i. e. S.).
- Nebenwirkungen können das Befinden und die Symptomatik betreffen, aber auch Interaktionen mit anderen und das soziale Umfeld.
- Zur Erfassung von Nebenwirkungen liegen mittlerweile Instrumente vor, die auch in der klinischen Routine eingesetzt werden können.
- Informationen zu Risiken und Nebenwirkungen von Psychotherapien stammen aus Fallberichten, klinischen Studien, Analysen von Beschwerden, Befragungen von Patientinnen und Patienten, Behandelnden sowie Repräsentativerhebungen.
- Schätzungen der Prävalenz von Nebenwirkungen schwanken stark, deuten aber darauf hin, dass Nebenwirkungen sehr häufig sind und in allen psychotherapeutischen Verfahren vorkommen.
- Ein Risiko von Psychotherapie stellt auch problematisches und unethisches Therapeutenverhalten dar.

14.1 Einführung

Die Psychotherapieforschung der letzten Jahrzehnte hat eindeutig gezeigt, dass psychotherapeutische Behandlungen bei einer Vielzahl von psychischen Störungen positive Effekte zeigen. Allerdings wurde auch schon früh darauf hingewiesen, dass Psychotherapie auch unerwünschte, negative Wirkungen haben kann. Die US-amerikanische Arbeitsgruppe um Hans H. Strupp an der Vanderbilt-Universität beispielsweise hat in den 1970er-Jahren insbesondere den Blick auf negative Aspekte von Psychotherapien gelenkt. Im Rahmen der Vanderbilt-Psychotherapieprojekte wurden negative Effekte von Psychotherapie untersucht und Fälle mit negativem Therapieergebnis ausführlich analysiert. Aus dieser Arbeitsgruppe stammt auch ein erstes Instrument zur Erfassung negativer Indikatoren in der Psychotherapie (die Vanderbilt Negative Indicators Scale/VNIS, siehe ▸ Kap. 14.4).

Vermutlich aufgrund der Tatsache, dass die positiven Effekte von Psychotherapie lange hinterfragt wurden, fehlt eine systematische Forschung zu Nebenwirkungen und unerwünschten Effekten von Psychotherapie. Psychotherapie als heilkundliches Verfahren unterliegt, wie andere Behandlungen auch, ethischen und rechtlichen Normen sowie der Verpflichtung, »Patientensicherheit« als zentrales Gut zu berücksichtigen (aus ethischer Perspektive geht es primär darum, Patientinnen und Patienten keinesfalls zu schaden). Die wesentlichen Pflichten umfassen u. a. auch die Information bezüglich Datenschutz, das Einholen einer Patienteneinwilligung sowie die Dokumentationspflicht. Auch wenn diese Verpflichtungen schon lange gelten, scheint insbesondere die Novellierung des Patientenrechtegesetzes (§ 630 BGB) 2013 im Zusammenhang mit der Verpflichtung zur Aufklärung einschließlich expliziter Information über potenzielle Nebenwirkungen und Risiken, die mit einer Psychotherapie verbunden sein können, der wissenschaftlichen Betrachtung von Nebenwirkungen Aufschwung verschafft zu haben.

Merke

Alle wirksamen Interventionen dürften auch Nebenwirkungen haben.

Dies führte in der Pharmakotherapie schon vor langer Zeit dazu, Nebenwirkungen aus wissenschaftlicher, ethischer und juristischer Sicht kontinuierlich zu untersuchen. Eine nebenwirkungsorientierte Forschungstradition und Behandlungskultur in der Psychotherapie wurde hingegen lange Zeit stiefmütterlich behandelt, u. a. auch weil eine gewisse Skepsis gegenüber der Übertragung von Begrifflichkeiten und Konzepten aus der somatischen Medizin bestand.

Tab. 14.1: Psychotherapie-Nebenwirkungen und verwandte Phänomene (vgl. Linden und Strauß, 2018)

Begriff	Bedeutung
unerwünschtes Ereignis	alle negativen Ereignisse, die parallel zur Therapie in Bezug zu Patientinnen und Patienten auftreten
negative Therapiefolgen	alle unerwünschten Ereignisse, die durch die Therapie bedingt sind
Nebenwirkungen	alle negativen Therapiefolgen einer korrekt durchgeführten Therapie
Behandlungsfehlerfolgen	alle negativen Therapiefolgen einer inkorrekt durchgeführten Therapie
Therapie-Nonresponse	unzureichende Besserung einer Krankheit trotz Therapie (vgl. ▸ Kap. 15)
Krankheitsverschlechterung	Verschlechterung einer Krankheit trotz Therapie
therapeutische Risiken	alle bekannten und absehbaren Nebenwirkungen
Kontraindikationen	alle Patienten-, Situations- oder Therapiecharakteristika, die mit hoher Wahrscheinlichkeit erwarten lassen, dass schwere Nebenwirkungen auftreten

14.2 Systematiken negativer Psychotherapiefolgen

Betrachtet man die Literatur zu Nebenwirkungen, Risiken und negativen Folgen von Psychotherapie, dann wird deutlich, dass hier sehr unterschiedliche Phänomene diskutiert werden. Die häufigsten im Kontext der Diskussion benutzten Begriffe sind in ▸ Tab. 14.1 zusammengefasst.

Es gibt eine Reihe von Publikationen, die Nebenwirkungen von Psychotherapie weitgehend mit Therapiemisserfolgen gleichsetzen. Diese Gleichsetzung ist jedoch problematisch, da es bspw. eine Reihe von Erkrankungen gibt, die therapieresistent sind oder die »naturgegeben« auch eine zunehmende Verschlechterung zeigen (z. B. rezidivierende depressive Störungen), ohne dass dies in irgendeinem Zusammenhang mit der Therapie stünde oder dem Therapeuten/der Therapeutin anzulasten wäre. Ein zweiter Ansatz in der Nebenwirkungsdiskussion ist, Nebenwirkungen mit Fehlanwendungen von Therapie gleichzusetzen. Auch dieser Ansatz zur Konzeptualisierung therapeutisch negativer Wirkungen ist problematisch, da er impliziert, dass es Therapien gäbe, die keine Nebenwirkungen produzieren, und dass andererseits negative Auswirkungen von Therapie immer Folge einer Falschbehandlung seien.

Ein weiteres Problem in der Nebenwirkungserfassung von Psychotherapie ist, dass Nebenwirkungen in der Literatur oft auf den Krankheitsstatus eingeengt diskutiert werden, wie z. B. Verstärkung von Angst oder Zunahme von Hoffnungslosigkeit. Dies entspricht dem Vorgehen in der Pharmakotherapie, ist für den Bereich der Psychotherapie jedoch zu eng gefasst. Da Psychotherapie nicht nur unmittelbar an der Symptomatik arbeitet, sondern sich zugleich auch mit Themen wie dem Aufbau von Fähigkeiten zur Lebensbewältigung, der Bewältigung akuter oder chronischer Lebensprobleme und der Besserung der sozialen Anpassung befasst, können Haupt- und Nebenwirkungen auch durchaus in Parametern außerhalb der vordergründigen Symptomatik sichtbar werden. Bei Nebenwirkungen von Psychotherapie handelt es sich also um ein multidimensionales Problem. Wenn zur Erfassung von Nebenwirkungen nur Instrumente genutzt werden, die Psychopathologie abbilden, dann besteht die Gefahr, dass substanzielle Nebenwirkungen der Therapie unerkannt bleiben.

14.3 Differenzierung von erwünschten und unerwünschten Ereignissen

Die Beschäftigung mit Risiken und Nebenwirkungen fußt auf Überlegungen zu unerwarteten und unerwünschten Ereignissen in der Psychotherapie, für die es konzeptueller und definitorischer Grundlagen bedarf. ▸ Abb. 14.1 geht von einer Kategorie unerwünschter Ereignisse (UE) aus. Letztere können völlig unabhängig sein von der Behandlung und mit Geschehnissen/Erlebnissen der Patientinnen und Patienten in ihrem Alltag zusammenhängen oder aber dem spontanen, »natürlichen« Verlauf einer psychischen Störung geschuldet sein.

Die Abbildung differenziert zwischen verschiedenen UE, die durch die Therapie verursacht sind. Diese können auf Therapiefehlern basieren – in der Regel auf einer inadäquat durchgeführten Behandlung inkl. einer falschen Indikationsstellung – oder unzureichender Passung zwischen Patient/Patientin und Therapeut/Therapeutin bzw. deren therapeutischem Konzept und »Angebot« und unerwünschten (und unerwarteten) Effekten, die Schädigungen durch unethisches Verhalten des Behandelnden darstellen (»malpractice«).

Unethisches und problematisches Therapeutenverhalten ist vermutlich nicht selten. Generell lädt das in psychotherapeutischen Behandlungen oft bestehende Abhängigkeitsverhältnis zu Grenzverletzungen und -überschreitungen unterschiedlichster Art ein. Eine solche Grenzüberschreitung findet stets dann statt, wenn die Abhängigkeitssituation zwischen Patient/Patientin und Therapeut/Therapeutin zum eigenen narzisstischen, finanziellen oder sexuellen Vorteil des Therapeuten/der Therapeutin genutzt wird, und schädigt in den allermeisten Fällen den Patienten oder die Patientin erheblich. Zu den derzeit am meisten untersuchten und diskutierten Grenzüberschreitungen im Rahmen psychotherapeutischer Behandlungen zählen sexuelle Übergriffe durch Therapeuten und Therapeutinnen. Wie

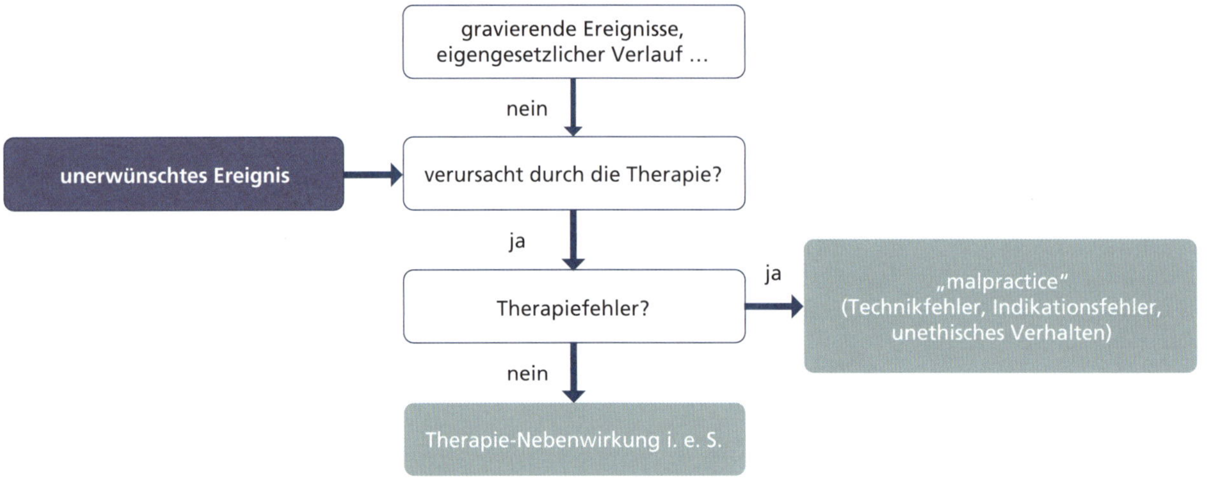

Abb. 14.1: Differenzierung unerwünschter Ereignisse in der Psychotherapie

Analysen von Beschwerden von Patientinnen und Patienten zeigen, gehen sexuellen Übergriffen häufig andere therapeutische Fehler und Grenzverletzungen voraus (wie Empathieversagen, sozialer oder ökonomischer Missbrauch).

Der Begriff der *Nebenwirkungen* (manche bevorzugen den Begriff des Risikos) ist in dem der Abbildung zugrundeliegenden Schema reserviert für unerwünschte Ereignisse im Kontext der Therapie, die im Großen und Ganzen nach den Regeln der Kunst durchgeführt wird. Psychotherapie-Nebenwirkungen können wie folgt differenziert werden:

- Spezifische Verläufe, etwa unmittelbare Beschwerden und Krankheitssymptome, die sich verschlechtern oder nicht bessern können oder durch neue Symptome oder Störungen ergänzt werden.
- Störungen der Interaktion, Konflikte und Bedrängnisse zwischen Therapeuten/Therapeutinnen und Patienten/Patientinnen oder auch zwischen Patientinnen/Patienten in Gruppentherapien, auch Störungen des Arbeitsbündnisses und der Kooperation, bis hin zum Therapieabbruch; sowohl eine problematische Idealisierung wie auch eine problematische Therapie- oder Therapeutenabhängigkeit können in vordergründig besonders guten Therapeut-Patienten-Beziehungen auftreten oder zu unnötigen Therapieverlängerungen führen.
- Nebenwirkungen im sozialen Umfeld der Patientinnen und Patienten können Konflikte in der Familie, in Beziehungen (bis hin zu Trennungen), Probleme am Arbeitsplatz oder in der Freizeit umfassen.
- Nebenwirkungen können die Krankheitsbewältigung betreffen, wobei von besonderer Bedeutung Änderungen im Krankheitsverständnis sein können (z. B. Induktion von Fehlerinnerungen, Demoralisierung angesichts der Komplexität eigener Probleme).
- Externe Probleme im Sinne einer Stigmatisierung sind ebenfalls nicht seltene unerwünschte Nebenwirkungen von Psychotherapien (z. B. abgelehnte Verbeamtung, Nichtaufnahme in eine private Krankenversicherung).

Viele Nebenwirkungen in der Psychotherapie sind vorhersehbar, andere stellen sich oft überraschend ein, was impliziert, Nebenwirkungen auch nach ihrer Relevanz und Schwere einzuschätzen. Ein Ereignis definiert sich methodisch über die Kontingenz, also den zeitlichen, örtlichen oder personengebundenen Zusammenhang zur Therapie.

Tab. 14.2: Fachliche Entscheidungen in der Bestimmung von Psychotherapie-Nebenwirkungen (in Anlehnung an Linden, 2013)

Entscheidung	Differenzierung
1. Was ist ein relevantes Ereignis?	Bezug zu: • Symptomatik • Therapieprozess • Lebensumfeld • Krankheitsverarbeitung • Stigmatisierung
2. Was ist ein unerwünschtes Ereignis?	• negativ, auch wenn intendiert • inakzeptabel, wenn es eine bessere Therapie gäbe
3. Was ist ein die Therapie bedingtes unerwünschtes Ereignis?	• bekannt aus randomisiert-kontrollierten Studien oder dem Nebenwirkungsprofil • erklärbar durch den Therapieprozess
4. Was ist ein durch korrekte Therapie bedingtes unerwünschtes Ereignis?	• kein unethisches Verhalten der Therapeutin/des Therapeuten • keine idiosynkratischen Therapiebesonderheiten
5. Was ist ein durch korrekte Therapie bedingtes *relevantes* unerwünschtes Ereignis?	• Schwere • Nachhaltigkeit

Linden (2013) hat die fachlichen Entscheidungen für die Bestimmung von Nebenwirkungen systematisiert (▸ Tab. 14.2).

Nach Klärung der Fragen in der Tabelle kann von einer Nebenwirkung gesprochen werden, wenngleich nicht alle Negativereignisse relevant im Sinne von schwerwiegend (deutliche Beeinträchtigung oder negative Konsequenzen) oder nachhaltig (z. B. Entwicklung dauerhaft negativer Einstellungen zur Therapie) sein müssen. Manche potenziellen Nebenwirkungen lassen sich möglicherweise erst nach längerer Zeit im Hinblick auf die Qualität bewerten (z. B. eine Trennung in der Partnerschaft im Verlauf und als Folge einer Therapie).

14.4 Messinstrumente zur Erfassung unerwünschter Wirkungen in der Psychotherapie

Eingangs wurde bereits die vermutlich älteste Methode zur Erfassung von »negativen Indikatoren« in der Psychotherapie, die *Vanderbilt Negative Indicators Scale (VNIS)* (Suh et al., 1986), erwähnt. Die Methode erwies sich als geeignet, negative Ergebnisse vorherzusagen, wobei insbesondere negative Faktoren in der therapeutischen Beziehung, noch mehr aber technische Fehler bzw. mangelnde therapeutische Kompetenz die besten Prädiktoren für negative Veränderungen waren.

Basierend auf den in ▸ Tab. 14.2 formulierten Regeln entwickelte Linden ein Instrument zur systematischen Erfassung dieser Ereignisse (*Unwanted-Event-Adverse-Treatment-Reaction-[UE-ATR-]Checkliste*, Linden & Schermuly-Haupt, 2014). Die Checkliste ermöglicht die Bestimmung der Art des unerwünschten Ereignisses, seine Einbettung in den Entstehungskontext, eine Einschätzung des Bezugs der unerwünschten Entwicklung zur laufenden psychotherapeutischen Behandlung sowie die damit einhergehende Schwere der Beeinträchtigung.

Nestoriuc und Rief (2022) entwickelten ein Fragebogeninstrument zu Erfassung negativer Wirkungen von Psychotherapie. Mit 21 Items erfragt das Inventar zur *Erfassung negativer Effekte von Psychotherapie (INEP)* mögliche negative Effekte in den Bereichen Symptomatik, Stigmatisierung, Partnerschaft, Familie und Freunde, finanzielle und rechtliche Nachteile, therapeutische Beziehung und letztlich unethisches und grob fahrlässiges Therapeutenverhalten.

Der international mittlerweile sehr verbreitete *Negative Effects Questionnaire (NEQ)* (Rozental et al., 2017) wurde ursprünglich im Kontext der internetbasierten Psychotherapie entwickelt. Bei der Beantwortung des NEQ werden – ähnlich wie beim INEP – mehrere Schritte durchlaufen. Zunächst wird das Auftreten eines negativen Effekts erfragt. Bei einem Vorliegen wird in einem zweiten Schritt das Ausmaß an Beeinträchtigung auf einer 5-stufigen Skala abgefragt (von »gar nicht« bis »sehr stark«). Im letzten Schritt folgt eine Einschätzung, ob das UE vermutlich durch die Therapie oder durch andere Umstände hervorgerufen wurde. In einer exploratorischen Faktorenanalyse und anhand theoretischer Überlegungen wurde eine 6-Faktoren-Struktur (»symptoms, quality, dependency, stigma, hopelessness, failure«) bestehend aus 32 Items als angemessen erachtet. Das von den 653 an der Untersuchung Teilnehmenden am häufigsten berichtete UE war das Erleben alter, unangenehmer Erinnerungen – ungefähr ein Drittel der Befragten waren davon betroffen. Die stärkste Beeinträchtigung wurde für das Item »Ich hatte das Gefühl, dass die Qualität der Behandlung schlecht war« berichtet.

Für einen systematischen Überblick über die psychometrischen Eigenschaften der etablierten Erhebungsverfahren für Nebenwirkungen von Psychotherapie empfiehlt sich die Übersichtsarbeit von Herzog et al. (2019). Weiterführend bietet das Buch von Linden und Strauß (2022) eine Übersicht über verschiedene Ansätze und Methoden, die mittlerweile auch für spezifische Settings inkl. der Gruppentherapie und der stationären Therapie vorliegen.

14.5 Methodische Zugänge zu unerwünschten Wirkungen von Psychotherapie und Prävalenzschätzungen

Informationen zu Risiken und Nebenwirkungen von Psychotherapien stammen aus Fallberichten, klinischen Studien, Analysen von Beschwerden, Befragungen von Patientinnen und Patienten, Therapeutinnen und Therapeuten und Repräsentativerhebungen.

Fallberichte fokussieren bisher noch vornehmlich auf die Kategorie unerwünschter Wirkungen, die man als Therapiefehler und Grenzverletzungen kategorisieren kann (z. B. Gabbard, 2024). Schon früh wurde gefordert, auch einzelne Fälle von Nebenwirkungen von Psychotherapie zu berichten, mit dem Ziel, aus solchen Fällen zu lernen. Dies wurde beispielsweise in einem Positionspapier des Arbeitsbündnisses Patientensicherheit (2022) aufgegriffen mit einem Plädoyer für die Entwicklung eines Berichts- und Lernsystems oder Registers (»critical incident reporting system«) für die Psychotherapie.

Wünschenswert wäre ein *Monitoring unerwünschter Wirkungen/Nebenwirkungen in klinischen Studien* zur Prüfung der Wirksamkeit von psychotherapeutischen Ansätzen. Allerdings werden unerwünschte Ereignisse und Nebenwirkungen über Studien hinweg bisher selten einheitlich definiert. In einer kürzlich erschienenen systematischen Übersicht von Klatte et al. (2025) wurden zunächst Studienprotokolle für klinische RCT-Studien daraufhin untersucht, wie sie unerwünschte Ereignisse und schädliche Wirkungen der Behandlung konzeptualisierten. Aus den Ergebnissen wurde geschlossen, dass ernsthafte negative Folgen der Behandlung (»severe adverse events« wie neu auftretende Symptome und Diagnosen, Symptomverschlechterung oder Suizidalität) zwar eher einheitlich definiert, berücksichtigt und erfasst wurden, weniger gravierende unerwünschte Nebenwirkungen jedoch nicht. Basierend auf derselben systematischen Literatursuche wurden 85 publizierte RCT-Studien untersucht, um Evidenz über die Prävalenz und die Konzeptualisierung von Nebenwirkungen und unerwünschten Ereignissen in klinischen Studien zu sammeln. Dabei wurden Nebenwirkungen in 60 % der Studien ausdrücklich berichtet, wobei in den meisten Studien nicht differenziert wurde zwischen Nebenwirkungen, die direkt der Behandlung zugeschrieben wurden, und solchen, die nur indirekt im Kontext der Behandlung erlebt wurden. Trotz hoher Heterogenität konnte aus den Analysen geschlossen werden, dass unerwünschte Ereignisse über diese RCT-Studien hinweg bei mehr als 10 % und schwerwiegende unerwünschte Ereignisse bei mehr als 4,7 % der Teilnehmerinnen und Teilnehmer auftraten.

Spezifische Studien, die systematisch Nebenwirkungen und negative Effekte wenigstens als sekundäres Ergebnis berichten, sind noch sehr rar. Eine positive Ausnahme stellt die Studie von Britton et al. (2021) dar, in der alle Studienteilnehmerinnen und -teilnehmer bezüglich unerwünschter Effekte befragt wurden. Die Studie, die achtsamkeitsbasierte Programme der Stressverarbeitung analysierte, kam zu dem Schluss, dass insgesamt 83 % der Personen negative Erfahrungen entweder im Sinne von Erlebnissen mit negativer Valenz (58 %) oder negativen Effekten (37 %) berichteten, von denen je nach Effekt 6–14 % nachhaltig waren (insbesondere Symptome autonomer Dysregulation oder dissoziative Zustände).

Grundsätzlich haben Patientinnen und Patienten die Möglichkeit, sich über problematische Aspekte einer Behandlung zu beschweren, wobei in Deutschland die Psychotherapeutenkammern (ebenso wie die Ärztekammern) *Beschwerdestellen* vorhalten. Scholten et al. (2018) analysierten systematisch Patientenbeschwerden bei einer Landespsychotherapeutenkammer und berichten als häufigste Beschwerde die »Verletzung therapeutischer Basisvariablen« (z. B. nicht zuhören, nicht verstehen, Entwertungen, Invalidierungen, Mikroaggressionen), gefolgt von Verletzungen der Rahmenbedingungen, deutlich seltener kamen diverse Grenzverletzungen (sozial/sexuell) vor. Die Verletzung therapeutischer Basisvariablen ist auch die häufigste Beschwerde, die beim Ethikverein e. V. vorgebracht werden, der ein niedrigschwelliges Beratungsangebot macht und seit vielen Jahren Beschwerdefälle dokumentiert (vgl. Stuhler et al., 2019). In internationalen Beschwerdestudien werden u. a. unverantwortliche Entscheidungen, Diskriminierungen und Vertraulichkeitsverletzungen als Probleme genannt.

Patientenbefragungen liegen für unterschiedliche Stichproben, Settings und Gesundheitssysteme vor. Im Vereinigten Königreich wurden 14.587 Personen befragt, die psychologische Behandlungen im nationalen Gesundheitssystem in Anspruch nahmen. 1 Patient unter 20 (d. h. ca. 5 %) gab an, »langdauernde negative Auswirkungen der Therapie« erlebt zu haben (Crawford et al., 2016).

Das INEP ist in Deutschland ein häufig eingesetzter Fragebogen zur Erfassung unerwünschter Ereignisse. Mehrere Studien unter Anwendung des INEP sind bereits veröffentlicht worden. Die Anzahl der Patientinnen und Patienten, die mindestens eine subjektiv erlebte Nebenwirkung durch die Therapie angaben, schwankt über die verschiedenen Studien hinweg (20–94 %), was vor allem auf die unterschiedlichen Stichproben, den Zeitpunkt der Erhebung (während bzw. nach Beendigung der Psychotherapie) und die verwendete Fragebogenversion zurückzuführen ist.

In einer Studie mit stationär behandelten Patientinnen und Patienten, die unter chronischen Depressionen litten und mit dem Cognitive Behavioral Analysis System of Psychotherapy (CBASP) behandelt wurden, wurden 6–12 Monate nach der Behandlung von 94 % der Patientinnen und Patienten Nebenwirkungen berichtet. Zusammenhänge mit dem Outcome (84 % Response, 44 % Remission, 40 % Rückfälle nach 6 Monaten) konnten allerdings nur für wenige Nebenwirkungen identifiziert werden, z. B. dass eine subjektiv wahrgenommene vorübergehende Verschlechterung den individuellen Therapieerfolg kurzfristig negativ zu beeinflussen schien (Brakemeier et al., 2018).

Therapeutenbefragungen zu Nebenwirkungen sind noch selten und eher bezogen auf potenzielle Kunstfehler (z. B. Frenzl et al., 2019). Balder et al. (2024) konnten psychodynamische und Verhaltenstherapeuten (57 vs. 73) befragen, welche unerwünschten Effekte sie in Therapien mit aktuellen Patientinnen und Patienten beobachteten. Bei 61,4 % der Patientinnen und Patienten wurden 468 unerwünschte Wirkungen berichtet, am häufigsten »Belastungen in familiären Beziehungen« und Symptomverschlechterungen (mit geringen Unterschieden zwischen den Verfahren).

Schließlich sind noch *repräsentative Erhebungen* anzuführen, in denen sowohl Grenzverletzungen als auch Therapienebenwirkungen erfasst wurden. Clemens et al. (2021) untersuchten repräsentativ das Vorkommen sexueller Übergriffe durch Personen in Gesundheitsberufen und zeigten, dass diese relativ selten sind, aber in fast allen Gesundheitsberufen auftreten.

In einer Studie erhoben Strauß et al. (2021) in einer national repräsentativen deutschen Stichprobe Prävalenzen von 26,6–67,7 % für Nebenwirkungen im Zusammenhang mit der psychotherapeutischen Behandlung, 56,6 % für negative Nebenwirkungen, die als direkt im Zusammenhang mit der Therapie erlebt wurden, und von 83,2 % für Nebenwirkungen, die als indirekt mit der Behandlung zusammenhängend erlebt wurden. Die häufigste berichtete negative Nebenwirkung war dabei das Wiederaufleben unangenehmer Erinnerungen (57,8 %), welches von 68,8 % der Personen, die dies berichteten, auch als direkte Auswirkung der Psychotherapie erlebt wurde. Weitere häufig berichtete Nebenwirkungen waren Schlafstörungen, Stress und das vermehrte Auftreten von unangenehmen Gefühlen und Sorgen (zwischen 27,9 % und 36,9 % in der Gesamtstichprobe).

14.6 Gibt es verfahrensspezifische Nebenwirkungen?

Hoffmann, Rudolf und Strauß (2008) vermuteten, dass Psychotherapien möglicherweise »nebenwirkungsanfälliger« seien, wenn sie einen klaren interpersonalen Fokus haben, wie dies in der psychodynamischen Psychotherapie meist der Fall ist.

In einer aktuellen Studie von Wittmann et al. (2003) wurden Nebenwirkungen erstmals durch strukturierte Interviews unter insgesamt 45 Patientinnen und Patienten in Verhaltenstherapie (VT), tiefenpsychologisch fundierter Psychotherapie (TP) und analytischer Psychotherapie (AP) erfasst. Aus den umfassenden Interviews ergab sich, dass unabhängig von der theoretischen Ausrichtung der Verfahren in hohem Maße Nebenwirkungen berichtet wurden. Dabei gaben 95,6 % der Patientinnen und Patienten mindestens eine der erfragten Nebenwirkungen an – am häufigsten, dass Probleme als komplexer einzuschätzen erlebt wurden als vor der Therapie, ferner Symptomverschlechterungen, neue Symptome zu entwickeln, sich in der Therapie unwohl zu fühlen, Spannungen mit der Therapeutin bzw. dem Therapeuten oder Konflikte innerhalb der Familie zu erleben. Es wurden keine verfahrensabhängigen Unterschiede in der Gesamtzahl und der Intensität, aber geringe Unterschiede in der Prävalenz spezifischer Nebenwirkungen ermittelt. Die Ergebnisse deuten zudem auf einen möglichen Zusammenhang zwischen der Therapiedauer und der Häufigkeit sowie der Intensität von Nebenwirkungen hin.

Speziell für die Verhaltenstherapie berichten Nestoriuc und Rief (2018) davon, dass Nebenwirkungen bei spezifischen verhaltenstherapeutischen Techniken vorkommen können, z. B. kann das soziale Kompetenztraining soziale Fertigkeiten und Kompetenzen steigern und dazu führen, dass die Patientinnen und Patienten gewissermaßen »über das Ziel hinausschießen«. Die Autoren nennen als weitere Nebenwirkungen im Kontext spezifischer Behandlungen in der VT:

- Expositionsbehandlung (mangelnde Vorbereitung, Aktivierung von traumatischen Erinnerungen, »Angsttraining« u. a.)
- Soziales Kompetenztraining (»Übertraining«, Förderung egoistischen Verhaltens, »falscher Einsatz«, kulturelle Besonderheiten u. a.)
- Entspannungsverfahren (Negativempfindungen, Negativassoziationen, Förderung hypochondrischer Selbstbeobachtung u. a.)
- Kognitive Therapie (negative Folgen von Einstellungs- und Verhaltensänderungen, Verhärtung dysfunktionaler Grundannahmen durch intensive »therapeutische Diskussion« u. a.).

14.7 Fazit

Nachdem die Wirksamkeit von Psychotherapie gut belegt ist, stehen heute in der Behandlung auch Aspekte der Patientensicherheit viel mehr im Vordergrund. Patientinnen und Patienten haben ein Recht darauf, ausführlich über alle wesentlichen Aspekte einer Psychotherapie informiert zu werden, einschließlich aller Risiken und Nebenwirkungen: »Wer sich in psychotherapeutische Behandlung begeben will, sollte wissen, was er tut und was er zu erwarten hat« (Jaspers, 1955, S. 7).

Psychotherapien haben sehr wahrscheinlich Nebenwirkungen. Bei gleich wirksamen Therapieoptionen sollte im Einzelfall die verträglichere (d. h. nebenwirkungsärmere) Option bevorzugt werden. Meistens sind Nebenwirkungen jedoch integraler Bestandteil des Therapieprozesses. Linden (2013, S. 289) kommt zu dem Schluss: »Gute Therapeutinnen kennen und sehen die von ihnen verursachten Nebenwirkungen und sind in der Lage, auch eine nebenwirkungssensible Behandlung durchzuführen. Sieht eine Therapeutin keine Nebenwirkungen, dann hat sie sie in aller Regel übersehen.«

> **Merke**
>
> Während der Therapie sollte das mögliche Auftreten von Nebenwirkungen kontinuierlich überwacht und entsprechend thematisiert und bearbeitet werden. Es ist von großer Bedeutung, Therapeutinnen und Therapeuten durch Fort- und Weiterbildungen für das Auftreten von Nebenwirkungen zu sensibilisieren, damit sie diese schnell und frühzeitig erkennen und den Patientinnen und Patienten helfen können, sie zu bewältigen (Strauß und Frenzl, 2021).

Sowohl in der Forschung als auch in der Praxis sollten Nebenwirkungen immer im Zusammenhang mit dem langfristigen Therapieergebnis und der Lebensqualität der Patienten und Patientinnen betrachtet und bewertet werden, um relevante und nachhaltige »maligne« Nebenwirkungen von »benignen« zu unterscheiden und die Qualitätssicherung zu gewährleisten.

Prüfungsfragen

1. Wie lassen sich Nebenwirkungen i. e. S. von anderen unerwünschten Effekten von Psychotherapie abgrenzen?
2. In welchen Bereichen lassen sich Nebenwirkungen von Psychotherapie beobachten?
3. Was sind die wesentlichen Quellen für eine Differenzierung von Risiken und Nebenwirkungen und für eine Schätzung von deren Prävalenz?

Antworten

1. Nebenwirkungen im engeren Sinne sind unerwünschte Ereignisse während einer Therapie, die auf diese zurückgeführt werden können, wobei es keine Anzeichen von fehlerhafter Behandlung gibt.
2. Beschwerden und Krankheitssymptome, Interaktionen in der Therapie, Nebenwirkungen im sozialen Umfeld, bezüglich der Krankheitsbewältigung und im Sinne einer Stigmatisierung.
3. Fallberichte, klinische Studien, Analysen von Beschwerden über Psychotherapie, Patienten- und Therapeutenbefragungen sowie Erhebungen an repräsentativen Stichproben.

Literatur

Aktionsbündnis Patientensicherheit (2022). *Patientensicherheit und Nebenwirkungen in der Psychotherapie. Anregungen zur Fortentwicklung*. APS.

Balder, T., Linden, M., & Rose, M. (2024). Side effects in psychodynamic and cognitive behavior therapy. *Journal of Contemporary Psychology, 54*, 235–244.

Brakemeier, E. L., Herzog, P., Radtke, M. et al. (2018). CBASP als stationäres Behandlungskonzept der therapieresistenten chronischen Depression. *Psychother. Med. Psychol. 68*, 399–407.

Britton, W. B., Lindahl, J. R., Cooper, D. J. et al. (2021). Defining and measuring meditation-related adverse effects in mindfulness-based programs. *Clinical Psychology Science;* 9(6):1185–1204. doi: 10.1177/2167702621996340.

Clemens, V., Brähler, E., Fegert, J. M. (2021). #patientstoo – Professional sexual misconduct by healthcare professionals towards patients: a representative study. *Epidemiology and Psychiatric Sciences, 30*, e50. doi: 10.1017/S2045796021000378.

Crawford, M. J. et al. (2016). Patient experience of negative effects of psychological treatment: results of a national survey. *British Journal of Psychiatry, 208*, 260–265.

Frenzl, L., & Strauss, B. (2022). Erfassung von Psychotherapie-Nebenwirkungen. In Linden, M., & Strauss, B. (Eds.), *Erfassung von Risiken und Nebenwirkungen von Psychotherapie* (S. 15–39). Medizinisch Wissenschaftliche Verlagsgesellschaft.

Haupt, M. L., Linden, M., Strauß, B. (2018). Definition und Klassifikation von Psychotherapie-Nebenwirkungen. In Linden, M., Strauß, B. (Hrsg.), *Risiken und Nebenwirkungen von Psychotherapie* (2. Aufl.). Medizinisch wissenschaftliche Verlagsgesellschaft.

Herzog, P., Lauff, S., Rief, W. et al. (2019). Assessing the unwanted: A systematic review. *Brain and Behavior, 1447*, e01447. doi: 10.1002/brb3.1447.

Hoffmann, S. O., Rudolf, G., & Strauß, B. (2008). Unerwünschte und schädliche Wirkungen von Psychotherapie. *Psychotherapeut, 53*(1), 4–16.

Jaspers, K. (1955). *Wesen und Kritik der Psychotherapie*. Piper Verlag.

Klatte, R., Strauss, B., Flückiger, C. et al. (2025). Adverse Events in Psychotherapy – A Systematic Review of Randomized Controlled Trials. *Psychotherapy Research, 35*(1), 84–99. https://doi.org/10.1080/10503307.2023.2286992

Linden, M. (2013). How to define, find and classify side effects in psychotherapy: From unwanted events to adverse treatment reactions. *Clinical Psychology and Psychotherapy, 20*, 286–296.

Linden, M., & Schermuly-Haupt, M. L. (2014). Definition, assessment and rate of psychotherapy side effects. *World Psychiatry, 13*, 306–309.

Linden, M., Strauß, B. (Hrsg.) (2018). *Risiken und Nebenwirkungen von Psychotherapie* (2. Aufl.). Medizinisch Wissenschaftliche Verlagsgesellschaft.

Linden, M., Strauß, B. (Hrsg.) (2022). *Erfassung von Risiken und Nebenwirkungen von Psychotherapie*. Medizinisch Wissenschaftliche Verlagsgesellschaft.

Nestoriuc, Y., & Rief, W. (2022). Inventar zur Erfassung negativer Effekte von Psychotherapie. In: Linden, M. & Strauss, B. (Hrsg.), *Risiken und Nebenwirkungen von Psychotherapie* (S. 59–74). Medizinisch Wissenschaftliche Verlagsgesellschaft.

Nestoriuc, Y., & Rief, W. (2018). Risiken und Nebenwirkungen in der Verhaltenstherapie. In Linden, M. & Strauss, B. (Hrsg.), *Risiken und Nebenwirkungen von Psychotherapie* (2. Aufl.) (2. Aufl., S. 59–74). Medizinisch Wissenschaftliche Verlagsgesellschaft.

Rozental, A., Magnusson, K., Boettcher, J., Andersson, G., & Carlbring, P. (2017). For better or worse: an individual patient data meta-analysis of deterioration among participants receiving Internet-based cognitive behavior therapy. *J Consult Clin Psychol, 85*, 160–177.

Scholten, S., Velten, J., Kintscher, M. et al. (2018). Beschwerden über Psychotherapie und ihre Auswirkungen auf Patienten und Patientinnen. *Psychother. Psychosom. Med. Psychol. 68*, 423–427.

Strauss, B., & Frenzl, D. (2023). Nil nocere – How to avoid harm in psychotherapy training. In Castonguay, L. G. & Hill, C. (Eds.), *Becoming Better Psychotherapists: Advancing Training and Supervision*. APA Books.

Strauss, B., Gawlytta, R., Schleu, A. et al. (2021). Negative effects of psychotherapy: Estimating the prevalence in a random national sample. *BJPsych Open 7*, e186.

Stuhler, H., Kontny, L., Schleu, A. et al. (2019). From insidious boundary violations to sexual abuse in psychotherapy: Systematic evaluation of patient reports. *Psychotherapeut, 64*, 470–475.

Suh, C. S., Strupp, H. H., & O'Malley, S. S. (1986). Vanderbilt Process Scales. In: Greenberg, L. S. & Pinsof, L. S. (Eds.), *The psychotherapeutic process: a research handbook* (pp. 285–323). Guilford.

Wittmann, L., Blomert, E., & Linden, M. (2023). Patients' perception of side effects in cognitive-behavior, psychodynamic, and psychoanalytic outpatient psychotherapy. *Psychotherapy Research*, 1–13.

Weiterführende Literatur

Castonguay, L. G., Boswell, J. F., Constantino, M. J. et al. (2010). Training implications of harmful effects of psychological treatments. *American Psychologis 65*, 34–49.

Gazzola, N., Iwakabe, S., Knox, S. (2024). *Therapeutic failures in psychotherapy*. Routledge.

Klein, J. P., Rozental, A., Sürig, S. et al. (2024). Adverse events of psychological interventions: definitions, assessment, current state of the research and implications for research and clinical practice. *Psychotherapy & Psychosomatics, 93*, 308–315.

Lilienfeld, S. O. (2007). Psychological treatments that cause harm. *Perspectives in Psychological Science, 2*(1), 53–70.

Linden, M., Strauß, B. (Hrsg.) (2022). *Erfassung von Risiken und Nebenwirkungen von Psychotherapie*. Medizinisch Wissenschaftliche Verlagsgesellschaft.

Linden, M., Strauß, B. (Hrsg.) (2018). *Risiken und Nebenwirkungen von Psychotherapie* (2. Aufl.). Medizinisch Wissenschaftliche Verlagsgesellschaft.

Rozental, A., Kottorp, A., Boettcher, J. et al. (2016). Negative effects of psychological treatments. *Plos One, 11*(6), e0157503. doi: 10.1371/journal.pone.0157503.

Vybíral, Z., Ogles, B. M., Řiháček, T. et al. (2024). Negative experiences in psychotherapy from clients' perspective: a qualitative meta-analysis. *Psychotherapy Research, 34*, 279–292.

15 Nonresponse auf Psychotherapie

Gitta Jacob und Ruth Kohlhas

Das Wichtigste auf einen Blick

- Nonresponse auf Psychotherapie ist häufig, wird aber oft zu wenig beachtet.
- Wichtige Prädiktoren für Nonresponse sind Chronizität, hohe Störungsschwere, geringe Ressourcen und aggressive, negative Interaktionsmuster.
- Für die Prognose zu beachten ist insbesondere das Verhältnis von Krankheitsgewinn zu den noch bestehenden Entwicklungsmöglichkeiten.
- Wenn die Therapie nicht zu einer sinnvollen Veränderung beiträgt, sollte sie begrenzt und ggf. alternative (z. B. sozialpsychiatrische) Unterstützung angeboten werden.
- Notwendige therapeutische Kompetenzen sind Wissen um Nonresponse, Bereitschaft zur Konfrontation und zum Aushalten negativer Reaktionen sowie Kenntnis allgemeiner Wirkfaktoren (Common Factors).
- Selbsterfahrung kann helfen, ggf. auftretende unangemessene Schuldgefühle oder übermäßige Verantwortungsübernahme zu reduzieren.

15.1 Einführung

Nonresponse ist in der Psychotherapieforschung und -ausbildung ein viel zu wenig beachtetes Thema. Therapeutische Trainings, Manuale und auch die meisten Supervisionen stellen Therapie meist so dar, als würde jeder Patient und jede Patientin von einer Psychotherapie profitieren, wenn man es nur »richtig macht«. Das ist aber durchaus nicht der Fall. Wenn wir die Depression betrachten – die Indikation mit den meisten Studienergebnissen –, so respondieren im Schnitt ca. 50 % aller behandelten Menschen auf die Psychotherapie. Das heißt, es geht ihnen bezogen auf die behandelten Symptome nach der Therapie substanziell besser als vorher. Allerdings respondieren auch ca. 25 % der Kontrollgruppe, so dass die Number Needed to Treat (NNT) hier bei etwa vier liegt (Cuijpers et al., 2021). Das heißt, Sie müssen ca. vier Personen behandeln, um einer von ihnen zu helfen – denn bei zweien davon schlägt die Therapie statistisch gesehen nicht an, und bei einer wäre die Störung auch ohne Ihre Therapie besser geworden.

Wenn man zudem noch bedenkt, dass Personen, denen Therapie nicht hilft, womöglich wiederholt therapeutische Hilfe suchen oder lange in Therapie verbleiben, so ist davon auszugehen, dass diese Fälle eine große Menge an therapeutischen Ressourcen wie ambulante oder stationäre Therapieplätze beanspruchen, die anderswo sinnvoller allokiert wären, nämlich bei Betroffenen, die mehr davon profitieren würden. Damit belasten nicht erkannte Nonresponder das Gesundheitssystem massiv. Zudem ist es sowohl für die betreffenden Menschen selbst als auch für ihre Therapeutinnen und Therapeuten frustrierend, ggf. lange Therapien ohne deutliche Wirkung zu erleben. Es gibt also viele gute Gründe dafür, sich mit diesem Thema zu befassen!

Merke

Nonresponse auf Psychotherapie bedeutet, dass es der Patientin oder dem Patienten nach einer Therapie bezogen auf die behandelte Symptomatik nicht wesentlich besser geht als vor Beginn der Behandlung. Für die Definition von Nonresponse ist nicht entscheidend, ob die behandelte Person gerne in die Therapie kommt oder nicht.

15.2 Studienlage und Theorie

Die Studienlage zu diesem Thema ist überraschend dünn. Der Anteil von Nonrespondern in Studien lässt sich meist eher indirekt erschließen, zum Beispiel über die berichteten Responder-Raten – also dem Anteil der behandelten Personen, die sich in der Interventionsgruppe verbesserten.

Studien, die sich mit der Frage auseinandersetzen, bei wem Therapie wirkt, fokussieren oft eher auf die Frage der differenziellen Indikation, also: »Wem hilft welche Therapie?«. Hier zeigt sich allerdings in der Gesamtschau eher, dass das genaue Vorgehen in der Therapie gar nicht so wichtig zu sein scheint – es gibt vielmehr Patienten oder Patientinnen, denen Therapie hilft, und andere, bei denen dies nicht der Fall ist (Wampold, 2010). Allenfalls gibt es Faktoren auf Seiten der Person der Therapeutin oder des

Therapeuten, die einen Einfluss auf die Wirksamkeit einer Therapie haben (siehe Exkurs im Kasten). In diesem Kapitel wird der Blick auf behandelte Personen gerichtet und auf die Fragen, welche Faktoren Nonresponse bedingen können und wie man damit therapeutisch umgehen kann.

Exkurs: Common Factors von Therapeuten

Die sog. allgemeinen Wirkfaktoren, »Common Factors«, sind personale Faktoren des Therapeuten oder der Therapeutin, die mit einem besseren Therapieerfolg einhergehen. Die »Schulenzugehörigkeit« spielt dafür keine Rolle – entscheidend sind eher Bündnisfähigkeit und die Qualität der Therapiebeziehung. Das korrespondiert mit dem häufigen Befund, dass eine gute Arbeitsbeziehung ein wichtiger Prädiktor für das Therapieergebnis ist.

Eine bekannte Operationalisierung ist das Konzept der sog. Facilitative Interpersonal Skills (FIS) (z. B. Anderson et al., 2009). Zusammengefasst weisen erfolgreiche Therapeutinnen und Therapeuten folgende Merkmale auf:

- verbale Ausdrucksfähigkeit – sichere Kommunikation ohne Zeichen von Angst oder Unsicherheit
- Hoffnung und positive Erwartungen – nicht nur ganz generell, sondern mit konkreten Ideen
- Fähigkeit, glaubwürdig und überzeugend zu sein – Angebot eines Konzeptes für die Probleme der Patientin, das die Patientin überzeugt und sie zu neuen Perspektiven animiert
- emotionale Ausdrucksfähigkeit – generell positiv, aber etwas Provokation ist in Ordnung
- Wärme, Akzeptanz und Verständnis
- Empathie
- Bündnisfähigkeit – kooperative Atmosphäre in der Therapiebeziehung
- Fähigkeit zum Aufgreifen und Lösen von Spannungen und Krisen in der therapeutischen Beziehung

15.2.1 Prädiktoren für Nonresponse

Auch Prädiktoren für Nonresponse sind empirisch erstaunlich wenig untersucht. Die relativ wenigen Studien zum Thema (z. B. Van et al., 2008a) kommen jedoch immer wieder zu ähnlichen Ergebnissen. Demnach haben solche Patienten ein hohes Risiko für Nonresponse, die

- einen höheren Schweregrad der Störung aufweisen,
- in der Vergangenheit bereits erfolglose Therapien hatten,
- eine stark chronfizierte Störung aufweisen,
- schon seit einem jüngeren Lebensalter unter psychischen Problemen leiden,
- geringe Ressourcen haben und/oder
- aggressive oder negative Interaktionsmuster aufweisen.

Es springt ins Auge, dass diese Faktoren nicht unabhängig sind – so ist eine Störung ja automatisch stärker chronifiziert, wenn sie seit jüngerem Alter besteht; und ein Mensch, der schon seit der Jugend durch psychische Probleme beeinträchtigt ist, wird weniger in der Lage sein, finanzielle, berufliche oder familiäre Ressourcen zu entwickeln, als eine psychisch stabile Person.

Die aggressiven oder negativen Interaktionsmuster nehmen hier eine gewisse Sonderstellung ein. Allerdings ist auch hier sehr plausibel, dass Menschen, die mit Anderen generell negativ oder vorwürflich umgehen, viele interpersonelle Probleme und wenig gute Beziehungen erleben – beides sehr wichtige Risikofaktoren für die Entstehung oder Aufrechterhaltung psychischer Störungen.

Nonresponse zeichnet sich in der Regel schon relativ bald im Therapieverlauf ab. Erfolgreiche Verläufe kündigen sich oft durch frühe »sudden gains« (z. B. Van et al., 2008b) an; umgekehrt zeigen Patienten, die nach sechs bis acht, maximal zehn Sitzungen keine Verbesserungen erleben, selten später noch eine gute Therapieresponse. Die verbreitete Praxis, bei fehlender oder geringer Response Therapien immer weiter und weiter zu verlängern, ist also empirisch betrachtet in der Regel nicht sinnvoll.

15.2.2 Krankheitsgewinn und Nonresponse

Betrachtet man individuelle Fälle mit solchen Merkmalskonstellationen, so fällt die Überlappung mit Faktoren des Krankheitsgewinns auf. Dieses Konzept wird in der Praxis am meisten verwendet, um zu beschreiben, welche Faktoren eine Störung aufrechterhalten (und möglicherweise auch den Therapieerfolg gefährden).

Menschen mit chronischen schweren psychischen Erkrankungen und geringen Ressourcen können einerseits einen hohen sekundären Krankheitsgewinn aufweisen. Dazu gehören konkrete Verstärker, die durch die Erkrankung und ihre Aufrechterhaltung erst zugänglich werden.

Typische Aspekte des sekundären Krankheitsgewinnes wären:

- finanzielle Verstärker, z. B. Lohnersatzzahlungen wie Krankengeld oder Krankentagegeld
- Aussicht auf Rente bei laufenden Rentenbegehren
- soziale Kontakte: v. a. bei sehr isolierten Menschen stellen die Kontakte zu Ärzten, Therapeutinnen etc. oft die nahezu einzigen positiven sozialen Interaktionen dar
- Aufrechterhaltung von Beziehungen, wenn sich etwa Partner nicht trennen, weil eine Person aufgrund ihrer psychischen Probleme nicht alleine zurechtkommt

Ebenfalls relevant sind Aspekte des primären Krankheitsgewinns, auch wenn diese gerade in verhaltenstherapeutischen Kontexten oft weniger adressiert werden. Damit sind die persönlichen, emotionalen oder psychologischen Vorteile gemeint, die die Symptomatik oder das Problem mit sich bringen. Hier geht es typischerweise darum, schmerzhafte Einsichten oder Trauerprozesse zu vermeiden.

Fallbeispiel

Frau K. ist eine 55-jährige Patientin mit seit ca. 5 Jahren bestehender chronischer Schmerzstörung, die zudem seit etwa 30 Jahren an rezidivierenden depressiven Episoden leidet. Sie ist akut psychisch dekompensiert nach dem Tod ihrer Mutter, mit der sie bis zuletzt zusammengewohnt hat. Zur Mutter bestand ein ambivalentes, von gegenseitigen Vorwürfen geprägtes Verhältnis. Eine längere Partnerschaft hatte Frau K. nie, ihr Bekanntenkreis ist sehr klein, sie hat wenig Interessen. Beruflich ist sie nach ihrer Einschätzung unter ihren Möglichkeiten geblieben. Sie begründet ihre ressourcenarme Lebenssituation damit, dass sie sich immer den Vorstellungen der Mutter unterworfen und sich für sie aufgeopfert habe. Frau K. hat über die Jahre etliche Psychotherapien besucht, alle ohne erkennbaren Erfolg. Im Kontakt wirkt sie klagsam, auf ihr Leid fokussiert, und steckt in Vorwürfen gegenüber der verstorbenen Mutter fest.

Der primäre Krankheitsgewinn von Frau K. besteht darin, dass sie sich, wenn sie sich auf ihre Symptome fokussiert, nicht damit auseinandersetzen muss, wie bedauerlich ihr Leben verlaufen ist, wie viel Verantwortung sie selbst dafür trägt und wie wenig sie jetzt nachholen kann von all dem, was sie verpasst hat. All diese Einsichten wären äußerst schmerzhaft. Gleichzeitig hat Frau K. ein im Vergleich zu einer jungen Person geringeres Entwicklungspotenzial – eine Familiengründung, das Ergreifen eines ausbildungsintensiven Berufs oder der Aufbau neuer und aktiver Freundschaften sind in Anbetracht ihrer Lebenssituation und ihrer Beeinträchtigung nur begrenzt möglich.

In der Planung von Therapien wird der Krankheitsgewinn durchaus angesprochen. Allerdings wird oft nicht die Konsequenz gezogen, daraus auch eine Prognose für eine Besserung der Symptomatik abzuleiten. Krankheitsgewinn wird oft behandelt, als könne er durch bloßes Adressieren überwunden werden. Dies ist aber nach klinischer Erfahrung nur dann der Fall, wenn die Patientin bei Überwindung des Krankheitsgewinns eine alternative und positive Lebensperspektive hat. Wenn dies unwahrscheinlich ist, etwa aufgrund fehlender oder geringer Ressourcen oder fortgeschrittenen Alters, gibt es für die Patientin keine plausible Motivation, die Krankenrolle zu verlassen. Diese Tatsache sollten Therapeutinnen und Therapeuten erkennen, wenn sie mit Nonresponse professionell umgehen wollen.

Merke

Hoher Krankheitsgewinn und geringe Ressourcen sind wichtige Prädiktoren für Nonresponse, die in einer professionellen Therapieplanung berücksichtigt werden sollten!

15.3 Praktischer Umgang mit Nonresponse

Um angemessen mit Nonresponse umzugehen, sollte er frühzeitig identifiziert und Widerstände und Krankheitsgewinn sollten im Blick behalten werden. Wenn sich dann ein schlechter Therapieresponse abzeichnet, kann dieser in manchen Fällen sicherlich adressiert werden; häufig ist es aber sinnvoll, auf weniger konfrontative und mehr stützende Angebote umzustellen, den Patienten oder die Patientin an andere professionelle Unterstützungssysteme zu verweisen und/oder Therapien zu begrenzen.

15.3.1 Nonresponse frühzeitig identifizieren

Man kann auf Nonresponse umso angemessener reagieren, je früher man darauf aufmerksam wird. Dafür ist es nützlich, diese gerade zu Beginn der Therapie im Blick zu behalten.

Fragen zur frühzeitigen Identifikation von Nonresponse könnten lauten:

- Gibt es schon frühere Therapieversuche? Wenn ja, mit welchem Ergebnis und warum?
- Ist die Störung schwer und chronisch?
- Interagiert der Patient aggressiv und ggf. unangenehm?
- Welche Ressourcen hat die Patientin zur Verfügung, um ihr Leben zu ändern (finanziell, intellektuell, sozial, beruflich etc.)?

Ein wichtiger Hinweis auf eine äußerst geringe Wahrscheinlichkeit eines Therapieerfolgs sind sogenannte »maligne narzisstische Muster« von Patienten, insbesondere etwa gegenüber früheren Behandlern. Wenn Patienten oder Patientinnen von Anfang an sehr fordernd oder gar drohend auftreten, von Streitigkeiten mit anderen Behandlern berichten und/oder immer wiederkehrende Suiziddrohungen äußern, wird eine Therapie nicht erfolgreich sein. Das gilt auch, wenn Sie die Psychodynamik dieses Musters – in der Regel narzisstische Aufwertung des Selbst durch Abwertung oder Beschädigung Anderer – ausgezeichnet verstehen können.

Merke

Red Flag: Wenn ein Patient zu Beginn der Therapie bereits drohend, massiv fordernd und abwertend auftritt, sollte der Therapieerfolg sehr eng monitoriert oder kein weiteres Therapieangebot gemacht werden.

15.3.2 Nonresponse in aussichtsreichen Fällen ansprechen

Es ist ein allgemeines häufiges Prinzip in Psychotherapien, auffällige Muster der Patientin mit dieser auch anzusprechen. Bei der Einschätzung und der Arbeit mit Nonresponse gibt es besondere Herausforderungen. Denn wenn die Analyse von Krankheitsgewinn und Ressourcen ergibt, dass die Krankheit den höchsten Verstärkerwert im Leben des Patienten hat und die Auseinandersetzung zu schmerzlich ist, ist es ggf. sinnvoller, wenn die Therapeutin die mangelnde Aussicht auf aktuelle Verbesserung durch Psychotherapie respektiert und dem Patienten alternative Angebote vorschlägt oder die Therapie beendet.

Fallbeispiel (Fortführung)

Die Therapeutin von Frau K. versucht, mit dieser ihren Krankheitsgewinn anzusprechen. Solange sie sich nur mit ihren Symptomen beschäftigt, befasst sie sich nicht ernsthaft damit, warum alles so gekommen ist, wie es jetzt ist. Die Behandlerin hat in den Therapieantrag geschrieben, dass Frau K. Trauerprozesse durcharbeiten könne, um sich neu zu orientieren und beispielsweise Interessen und Beziehungen aufzunehmen, die ihren Ressourcen entsprechen.

Allerdings reagiert Frau K. auf diese Versuche nicht mit Zuversicht, sondern mit verstärktem Weinen und Klagen. Sie wirft der Therapeutin vor, sie nicht zu mögen und ihr die Schuld an ihren Problemen zu geben. In diesem Kontext äußerst sie auch suizidale Ideen. Mit etwas Abstand betrachtet lässt sich konstatieren, dass der »Widerstand stehenbleibt«. Mutmaßlich sind auch mögliche Konfrontationsversuche von früheren Therapeutinnen so gelaufen.

Nonresponse sollte dann adressiert werden, wenn Aussicht besteht, dass sich die Patientin oder der Patient durch eine Auseinandersetzung damit positiv entwickeln kann. Das Vorgehen kann direktiv und konfrontativ gewählt werden. Klare Fragen zum Krankheitsgewinn oder Stuhldialoge – etwa ein Stuhldialog zwischen der Seite der Patientin, der gesund werden will, und der Seite, die an der Erkrankung festhält – können geeignete Techniken sein. Wenn dies nach einigen Sitzungen keinen erkennbaren Erfolg zeitigt, sollte die Therapie ebenfalls begrenzt und ggf. andere Angebote vorgeschlagen werden.

15.3.3 Alternative Angebote in Betracht ziehen

Wenn Psychotherapie im engeren Sinne – also durch die Auseinandersetzung mit und Veränderung von eigenen Mustern Symptome verstehen und überwinden – nicht hilft, stellt sich die Frage, ob andere Angebote sinnvoll sein könnten.

Diese können sowohl ergänzend als auch alternativ zur Psychotherapie etabliert werden. Dabei lassen sich sowohl beantragungspflichtige als auch frei zugängliche Angebote finden.

Angebote, die in Betracht gezogen werden können, wenn Psychotherapie nicht passend oder ausreichend ist:

- *Ergotherapie* ist verordnungspflichtig und kann Patientinnen und Patienten dabei unterstützen, psychisch-funktionelle Beeinträchtigungen zu verändern oder zu bewältigen.
- *Soziotherapie* kann bei schweren psychischen Erkrankungen ärztlich verordnen werden. Neben der Sicherstellung der medizinischen Versorgung werden Symptome konkret und alltagsnah bearbeitet. Zudem sollen eine Stabilisierung gefördert und Krankenhausaufenthalte verhindert werden.
- *Assistenzleistungen der Sozialpsychiatrie* bestehen als niedrigschwellige offene Angebote, wie Gruppenaktivitäten oder gelegentliche Beratungsgespräche, und als Einzelunterstützung. Letztere ist beantragungspflichtig und kann Hausbesuche und intensive Unterstützung schwer erkrankter und beeinträchtigter Menschen bieten.
- *Beratungsstellen* bieten Hilfe in konkreten Problembereichen und können oft Lösungsansätze für spezifische Themen ermöglichen. Viele Beratungsstellen bieten auch digitale Angebote, v. a. in ländlichen Regionen eine Alternative zu persönlichen Gesprächen bieten kann. Angebote bestehen u. a. für alleinerziehende Eltern, Trennungs- und Familienthemen und beruflichen Schwierigkeiten.
- *Selbsthilfegruppen* sind offene Angebote, in denen Betroffene zu verschiedensten Themenbereichen Gleichgesinnte finden. Der Austausch und die gegenseitige Unterstützung stehen hier im Vordergrund.

15.3.4 Therapie begrenzen und beenden

Wenn eine Therapie keine Aussicht auf eine Verbesserung der Symptomatik hat, sollte sie nicht weitergeführt werden. Dies gilt im Sinne der Patientinnen und Patienten, der Behandelnden und der Solidargemeinschaft.

Behandelnde fürchten häufig, dass eine Begrenzung der Therapie von den Patientinnen und Patienten nicht gut angenommen wird. Dies kann in der Tat der Fall sein, insbesondere wenn die Behandlung schon lange läuft und die Therapie für die Patientin/den Patienten einen wichtigen sozialen Verstärker darstellt. Solche Situationen sollten prospektiv verhindert werden, indem Nonresponse frühzeitig fokussiert wird. Nicht selten sind Patienten aber auch dankbar für die Rückmeldung, dass eine weitere Therapie nicht sinnhaft erscheint, und teilen diese Einschätzung.

Hinweise für eine erfolgreiche Begrenzung der Therapie:

- Nonresponse von Anfang an im Blick haben und ggf. frühzeitig ansprechen.
- Klare Rückmeldung, warum Sie den Verlauf als Nonresponse einschätzen (z. B. »Ich habe Ihnen viele Techniken vorgeschlagen, aber nichts davon hat Ihnen wirklich geholfen«).
- Negative Reaktionen antizipieren und aushalten – gerade mit aggressiven, vorwürflichen Patienten kann oft kein völlig harmonischer Abschluss erfolgen.
- Patienten nicht zu anderen Therapien/in andere Verfahren »wegloben«! Es ist unwahrscheinlich, dass eine andere Therapie deutlich besser hilft.

15.4 Training und Selbsterfahrung

In Therapieausbildungen und Weiterbildungsangeboten wurde das Thema »Umgang mit Nonresponse« bisher vernachlässigt, kommt aber allmählich verstärkt in den Blick. Um angemessen mit Nonresponse umzugehen, müssen

Therapeutinnen und Therapeuten bestimmte grundlegende Kompetenzen erwerben. Diese wären:

- Prädiktoren für Nonresponse kennen und erkennen
- realistische Prognosen stellen
- Prozess beobachten und Fortschritt realistisch einschätzen
- Patienten mit mangelndem Fortschritt und problematischen Interaktionsmustern konfrontieren
- hohe Common Factors und gute Therapiebeziehung realisieren
- Überblick über alternative Angebote kennen
- Therapie begrenzen und beenden können

Wenn das Thema in Supervisionen oder Workshops angesprochen wird, zeigen sich allerdings häufig auch emotionale Hürden, die verhindern, dass Behandelnde Nonresponse angemessen einschätzen und adressieren. Typische Schwierigkeiten sind hier etwa:

- hohes Verantwortungsgefühl – »Der Patient verlässt sich doch auf mich, sonst hat sie niemanden, ich muss ihr helfen.«
- Schuldgefühle – »Wenn die Patientin weint oder verzweifelt ist, weil ich eine schlechte Prognose stelle, fühle ich mich ganz schuldig.«
- Festhalten an eigenen Illusionen – »Ich halte das einfach nicht aus, dass die Misere dieses Patienten sich wirklich nicht ändert, da fühle ich mich selbst ganz schlecht, ich will die Hoffnung nicht aufgeben.«
- Festhalten an eigener Grandiosität – »Ich bin eine top Therapeutin, Misserfolge habe ich nicht.«
- ausgeprägt humanistisch-kantische Perspektive mit Ignorieren der vorliegenden Evidenz zu Nonresponse – »Jeder Mensch kann sich zu jedem Zeitpunkt seines Lebens zu seinem besten Ich entwickeln; das will ich maximal unterstützen, vielleicht klappt es ja doch.«

Insbesondere die ersten drei Punkte – übermäßiges Verantwortungsgefühl, Schuldgefühle oder das Festhalten an eigenen Illusionen – sind oft wichtige Themen in der patientenzentrierten Selbsterfahrung. In Imaginationsübungen oder Stuhldialogen können sich Therapeutinnen und Therapeuten gesündere, realistischere Haltungen erarbeiten, um auch Patientinnen und Patienten gegenüber zu einem klareren Ausdruck zu finden.

Nicht selten sind dabei biografische Themen auf Seiten des Therapeuten beteiligt, etwa frühe Parentifizierung durch chronisch erkrankte Angehörige, für die der Therapeut schon frühzeitig Verantwortung übernahm. Im Selbsterfahrungs-Prozess geht es dann oft darum zu erkennen, dass die Neigung zu übermäßiger Verantwortungsübernahme und Schuldgefühlen auf solchen Erfahrungen fußt, aber dass es für eine professionelle therapeutische Arbeit wichtig sein kann, sich davon nicht leiten zu lassen.

Prüfungsfragen

1. Was sind wichtige Prädiktoren für Nonresponse auf Patientenseite?
2. Was können Sie anbieten, wenn einem Patienten Psychotherapie im engeren Sinne nicht geholfen hat, er aber psychische Probleme aufweist?
3. Wie steht der Krankheitsgewinn mit Nonresponse auf Psychotherapie im Zusammenhang?

Antworten

1. Dazu gehören insbesondere Merkmale der Chronizität und Schwere der Störung, also früher Störungsbeginn, hoher Störungsgrad, hoher Chronifizierungsgrad; dazu kommen frühere erfolglose Therapieversuche und eine negative soziale Interaktion.
2. Gute alternative Angebote sind Ergotherapie, Soziotherapie, Assistenzleistungen der Sozialpsychiatrie, Beratungsstellen und Selbsthilfegruppen.
3. Ein hoher Krankheitsgewinn fördert das Verharren in der Störung und erhöht die Wahrscheinlichkeit eines wenig erfolgreichen Therapieverlaufs.

Literatur

Anderson, T., Ogles, B. M., Patterson, C. L. et al. (2009). Therapist effects: Facilitative interpersonal skills as a predictor of therapist success. *Journal of Clinical Psychology, 65*(7), 755–768.

Cuijpers, P., Karyotaki, E., Ciharova, M. et al. (2021). The effects of psychotherapies for depression on response, remission, reliable change, and deterioration: A meta-analysis. *Acta Psychiatrica Scandinavica, 144*(3), 288–299.

Van, H. L., Dekker, J., Peen, J. et al. (2008a). Identifying patients at risk of complete nonresponse in the outpatient treatment of depression. *Psychotherapy and Psychosomatics, 77*(6), 358–364.

Van, H. L., Schoevers, R. A., Kool, S. et al. (2008b). Does early response predict outcome in psychotherapy and combined therapy for major depression? *Journal of Affective Disorders, 105*(1–3), 261–265.

Wampold, B. E. (2010). *The Great Psychotherapy Debate: The Evidence for What Makes Psychotherapy Work* (2nd ed.). Routledge.

Weiterführende Literatur

Jacob, G. (2023). *Therapie-Tools Schwierige Therapieverläufe. Nonresponse, Widerstand, mangelnder Therapieerfolg*. Beltz.

Jacob, G., Jow, S., & Kohlhas, R. (2024). *Videostream Schwierige Situationen und Nonsresponder*. Beltz Video-Learning, GTIN 4019172102104.

16 Formale Gestaltung und Ablauf einer Psychotherapie

Ute Wesselmann, Anil Batra und Alexandra Philipsen

Das Wichtigste auf einen Blick

- Im Erstgespräch stehen die orientierende Informationserhebung sowie die Beziehungsgestaltung im Vordergrund. Der Anlass für den Behandlungswunsch, die Symptomatik und die aktuelle Gefährdung werden dabei erfasst.
- Weitere Inhalte der Probatorik beziehen sich auf Krankheitsmodell, Motivation, Störungsgenese, Therapieziele und psychosoziale Einbindung. Am Ende sollte das weitere Prozedere ebenso besprochen werden wie grundlegende Therapieregeln.
- Im therapeutischen Kontext sind sowohl der Gesprächsverlauf als auch der therapeutische Prozess zu beobachten.
- Struktur und Inhalt der Therapiestunde sollten jeweils abgestimmt werden. Therapiestunden würdigen eingangs Hausaufgaben und Übungserfolge und schließen mit einer kurzen Zusammenfassung der wichtigsten Topics.
- Gestaltung und Vorbereitung des Therapieendes sind für eine gelingende Therapie und den Transfer wichtig. Eine Abschluss-Bilanz, ein kritischer Rückblick, ein Feedback und ein neugieriger Ausblick sollten Platz finden. Eine oder mehrere Follow-up- bzw. Booster-Sitzung/en können vereinbart werden, Zuständigkeiten bei künftigen Krisen und eine potenzielle (z. B. psychiatrische) Weiterbehandlung sollten thematisiert werden.

16.1 Einführung

Dieses Kapitel beschreibt die formale Gestaltung einer ambulant oder stationär durchgeführten Verhaltenstherapie. Dazu gehören Inhalte und Aufgaben des Erstgesprächs (im ambulanten Setting im Allgemeinen die sogenannte psychotherapeutische Sprechstunde) sowie die Anfangsphase der Therapie (Probatorik), der grundsätzliche Ablauf von Therapiestunden sowie die Anforderungen an die Gestaltung des Therapieendes.

Als Therapeutinnen und Therapeuten stehen wir in jedweder Phase der Therapie vor der Schwierigkeit, einerseits die Rahmenbedingungen, die Therapieziele und den Prozess selbst im Blick behalten zu müssen, uns andererseits aber auch intuitiv, flexibel und kreativ verhalten zu wollen. Umso wichtiger ist es, einen idealtypischen Fahrplan im Hinterkopf zu haben, von dem ausgehend immer wieder variiert werden kann und muss. Jeder Therapieabschnitt bietet dabei besondere Herausforderungen, aber auch Chancen und wird durch Feedbackschleifen und notwendige Neuausrichtungen geprägt. Im Folgenden werden prototypische Abschnitte mit ihren Aufgaben und praktischen Erarbeitungshinweisen aufgezeigt.

16.2 Arbeitsplatz und Ausstattung

Patienten und Patientinnen haben oftmals zu Beginn der Therapie mit Vorbehalten, Ängsten, Schamgefühlen und Verunsicherung zu kämpfen. Eine freundliche Atmosphäre zu erzeugen, startet mit einer namentlichen Begrüßung und einer kurzen Vorstellung der eigenen Person. Ideal ist ein Sitzplatz, der genug Abstand zum Therapeuten bzw. zur Therapeutin (mindestens 1,5 Meter) erlaubt und keine Face-to-face-Blicksituation erzwingt (z. B. ein 45 Grad Sitzwinkel). Persönliche, kontextabgestimmte Accessoires erzeugen ein Gefühl von Wertschätzung und Vertrautheit. Ein schallgeschützter Raum und ein störungsarmes Umfeld (Telefon möglichst stummschalten) ermöglichen ausreichend Ruhe und Raum für eine vertrauensvolle Selbstöffnung.

Ein Flipchart im Raum dient der Visualisierungsmöglichkeit und erzeugt unmittelbar eine psychotherapeutische Arbeitsatmosphäre – das gemeinsame Herantreten an einen Flipchart kann helfen, wortwörtlich in Bewegung zu kommen, und lädt ein, jenseits des gesprochenen Wortes andere Sinne einzubeziehen. Auch ein Klemmbrett am Platz des Patienten/der Patientin, kann diese/n auffordern, wichtige Gedanken und Erkenntnisse aufzuschreiben (hier kann auch ein Therapieheft, ggf. auch digital, hilfreich sein). Eine Auswahl an Fragebögen oder Arbeitsblättern (digital oder analog) sollte ebenfalls rasch verfügbar sein, ebenso wie Werkzeuge/Material, das auf das jeweils spezifische Arbeitsfeld abgestimmt ist, wie z. B. ein Set an »Skills« (Riechampullen, Cool-Packs, Skills-Ringe), Kartensets (z. B. für ressourcenorientiertes Fragen), Familienbretter, kleine Symbole wie Steine, Figuren oder Stofftiere.

16.3 Erstgespräch

Das Dilemma der Gestaltung des Erstgespräches, das naturgemäß dem gegenseitigen Kennenlernen dienen, zugleich aber schon ausreichend Informationen zum Inhalt der Problematik zusammentragen soll, liegt darin, dass einerseits in kurzer Zeit möglichst viele (Detail-)Informationen zusammengetragen werden sollen, andererseits der diagnostische Fokus eine eher offene Fragetechnik erfordert. Dies Dilemma lässt sich nur dialektisch lösen und erfordert auch innerhalb des Gesprächs eine hohe therapeutische Flexibilität und Vertrauen in die eigene Intuition.

Patientinnen und Patienten haben oftmals lange auf dieses Gespräch gewartet und bringen einiges an Vorerfahrungen, Vorbehalten, aber auch Hoffnungen mit. Oft zeigen sie sich im Erstgespräch ungewöhnlich offen und bereit, belastende oder beschämende Probleme anzusprechen – ein Fenster, das sich im Verlauf dann wieder schließen kann. Gleichzeitig benötigen ängstliche, verunsicherte Patienten und Patientinnen Rückversicherungen und Ermutigungen, z. B. »Eine Bulimie ist eine recht häufige Erkrankung« oder »Mindestens 30 % aller Menschen entwickeln im Verlauf des Lebens psychische Störungen« bzw. »Lassen Sie uns schauen, ob Ihre Symptome nicht sogar einen Sinn haben, auch wenn wir ihn noch nicht verstehen«.

Umso entscheidender ist es, im Erstgespräch eine annehmende, freundlich-wertschätzende Haltung einzunehmen und der Beziehungsgestaltung besondere Aufmerksamkeit zu schenken.

Dies kann durchaus herausfordernd sein. Patientinnen und Patienten präsentieren sich manchmal abweisend oder gereizt oder erscheinen zur wiederholten Aufnahme in stationären Settings. Es ist dann oftmals besonders schwer, einen »open mind« zu behalten, also mit konstanter Neugier und wertfreiem Interesse den inneren Vor-Urteilen standzuhalten und eine freundlich-aufgeschlossene Haltung zu erzeugen.

Ermutigende und wertschätzende Äußerungen wie »Das muss sehr belastend gewesen sein« oder »Sie haben ja schon eine Menge versucht, um aus Ihrer Situation herauszukommen« ermuntern zu weiterer Selbstöffnung und schaffen Vertrauen. Gerade im Erstgespräch lohnt es sich, Kernaussagen wortwörtlich mitzuschreiben. Das Mitschreiben sollte erklärt und sparsam eingesetzt werden. Ist der Patient oder die Patientin hochgradig emotionalisiert (weint …), ist das Zurseitelegen der Notizen erforderlich, um ihn/sie nonverbal (Blickkontakt) zu begleiten und über ein interessiertes, empathisches Zuhören zu stabilisieren. In allen Gesprächen kann es hilfreich sein, aufkommende Gefühle oder aber ein sehr auffälliges interaktionelles Verhalten zu thematisieren: »Was ist gerade los?«, »Was fühlen Sie?«, »Bei mir kommt gerade viel Ärger und Enttäuschung an«, »Was ist hier gerade los, also hier zwischen uns beiden im Gespräch?«.

Die Vermittlung eines dimensionalen Krankheitsverständnisses (gesund und krank liegen oftmals auf einem Kontinuum mit einer nur schmalen Trennlinie) hilft den oft dichotom denkenden Patientinnen und Patienten bei der Normalisierung ihrer Problematik und der Einordnung der »Störung« in ihr Selbstbild.

Eine konsequente Ressourcenorientierung schon im Erstgespräch wirkt sich bereits positiv auf den weiteren therapeutischen Prozess aus (Regli et al., 2000). Diese kann sich in spezifischen Fragen (»Was hat Ihnen in früheren Krisen geholfen?«, »Welche Menschen oder Hobbys geben Ihnen Kraft?«) ebenso äußern wie in einer beständigen Würdigung bisheriger Anstrengungen und Lösungsversuche bzw. der zugrundeliegenden Fähigkeiten (z. B. Zähigkeit, Kraft, Kreativität o. ä.).

Die nonverbale Interaktion wird vom Gegenüber wahrgenommen und ist bedeutsam. Hilfreich ist eine aufmerksame, ruhige Haltung, eine modulierte Stimmführung, eine klare, lesbare Mimik, die sowohl zwecks Bindungsaufbau spiegelt als auch den Affekt ausdrücken darf (z. B. wenn Patientinnen und Patienten beim Bericht über traurige Vorkommnisse lächeln), um den es gehen könnte.

Bei Patientinnen und Patienten, denen die Wahrung ihrer Grenzen sehr wichtig ist, kann man sich auch eine Erlaubnis für ein erstes Feedback abholen (»Ist es okay, wenn ich mal einen persönlichen Eindruck schildere, oder soll das lieber noch warten?«), um Wahlmöglichkeiten und damit auch Rückzugsmöglichkeiten einzuräumen.

Erste Feedbacks können sinnvoll sein, um einmal zu validieren (»Ich sehe dich und dein Leid«), aber auch um zu prüfen, wie Patienten und Patientinnen auf entsprechende Beziehungsangebote eingehen können. Mögliche Interventionen wären hier: »Sie machen auf mich den Eindruck, als wären Sie sehr traurig und verletzt« oder »Sehe ich es richtig, dass Sie schon ein wenig aus der Partnerschaft ausgestiegen sind?«.

Merke

Die Wahrnehmung oszilliert im Erstgespräch von einer ganzheitlich-intuitiven hin zu einer nüchtern-analytischen Betrachtung. Entsprechend wechselt sich die Perspektive »Der Patient/die Patientin bringt eine diagnostische Aufgabe mit sich« (strukturierte Exploration) mit der Perspektive »den Patienten/die Patientin auf sich wirken lassen« ab.

16.3.1 Struktur des Erstgesprächs

Begrüßung

Zu Gesprächsbeginn ist es nach einführendem »Smalltalk« (z. B. »Haben Sie gut hergefunden?«, Wetter usw.) hilfreich, den Rahmen des Gespräches (Vorstellung von Person und ggf. Institution, Ziel und Zeitrahmen des Gesprächs) kurz zu umreißen.

Aktueller Anlass für den Behandlungswunsch und Symptomatik

Neben dem aktuellen Anlass für den Behandlungswunsch und der Klärung des Zuweisungskontextes stehen insbesondere die Art und der Schweregrad der Symptomatik im Vordergrund des Interesses. Dabei empfiehlt es sich, zu Beginn den Patienten bzw. die Patientin frei berichten zu lassen, da hierdurch wichtige Informationen, psychopathologische Dimensionen betreffend, gewonnen werden können. Gleichzeitig entsteht Raum dafür, das Gegenüber auf sich wirken zu lassen.

Anschließend sind Fragen nach einem in den letzten Monaten (subjektiv so empfundenen) stattgehabten Auslöser hilfreich, die möglichst mit der Frage nach dem Erleben (»Wie fühlen Sie sich, wenn Ihr Mann Sie beschimpft?«, »Was geht in Ihnen vor, auch körperlich, wenn Sie an das Examen denken?«) verbunden werden sollten und helfen, einen Eindruck vom Krankheitsmodell, aber auch der Introspektions- und Verbalisierungsfähigkeit des Patienten bzw. der Patientin zu erhalten.

Die aktuelle Symptomatik sollte möglichst umfassend und detailreich erfasst werden, weshalb präzise Nachfragen und Konkretisierungen erforderlich sind. Fragen wie: »Können Sie mir ein Beispiel für (Problem) geben?«, »Wie oft und wie lange tritt (Problem) auf?« »Wann tritt (Problem) nicht oder nur vermindert auf, wann ist es besonders ausgeprägt?«, »Wann sind Ihnen die Beschwerden erstmalig aufgefallen?«, »Welchen Einfluss haben die Beschwerden auf Ihre persönlichen und beruflichen Beziehungen?« erweisen sich als hilfreich.

Schambesetzte Informationen beispielsweise zum Alkoholkonsum oder zur Suizidalität erfordern oftmals eine direkte Nachfrage und helfen, das Ausmaß der aktuellen Gefährdung abzuschätzen. Auch die bisherigen Lösungs- und Bewältigungsversuche sollten erfragt werden. Hier nehmen insbesondere psychiatrische und psychotherapeutische Vorbehandlungen eine wichtige Rolle ein. Ein Überblick über die systemische Einbettung (Partnerschaft, Lebenssituation, wichtigste Bezugspersonen) gehört ebenfalls zu einer Vervollständigung des komplexen Bildes. Insbesondere die Exploration der Reaktionen des Umfeldes kann wertvolle Hinweise auf Funktionalitäten und aufrechterhaltende Faktoren geben. Die allgemeine psychosoziale Einbindung (finanzielle Absicherung, berufliche Situation inkl. beruflicher Zufriedenheit, Lebens- und Wohnumfeld) ist von Bedeutung, um Stressoren, aber auch Ressourcen zu identifizieren.

Störungsgenese und Vorbehandlungen

Einen groben Überblick über die »Geschichte« der Störung zu gewinnen, sollte zumindest in einem der ersten Gespräche gelingen. Ist ein »roter Faden« im Sinne eines Musters erkennbar? Ist von einer Chronifizierung auszugehen? Welches Ausmaß an Komorbiditäten lässt sich erkennen? Sind stationäre oder ambulante Vorbehandlungen erfolgt, ggf. auch medikamentös? Welche Vorbehandelnden oder auch aktuelle Mitbehandelnden sind im Boot? Welche körperlichen Grunderkrankungen lagen oder liegen vor und wie werden diese behandelt? Gab es längere Krankschreibungen oder stationäre Aufenthalte?

Biografie und Ressourcen

Die Erhebung der biografischen Anamnese erfolgt im ersten Gespräch oftmals nur in Form punktueller Rückgriffe und wird dann in den folgenden Stunden systematischer erhoben.

Erwartungen

Im Erstgespräch sollte der Behandlungsauftrag zwar ins Auge gefasst, aber nur vorläufig formuliert werden. Eine Festlegung konkreter und ausgehandelter Therapieziele ist zu diesem Zeitpunkt noch zu früh.

Dennoch können ungünstige Erwartungen aufgespürt werden (»Eigentlich gehört mein Mann hierher«, »Die Schmerzen sollen verschwinden«, »Ich will endlich wieder glücklich werden«). Diese können ggf. sanft dahingehend paraphrasiert werden, dass die »Urheberschaft« der Probleme deutlicher wird. Formulierungsbeispiele wären: »Sie würden sich einen anderen Umgang mit Ihrer Beziehungsproblematik wünschen?«, »Sie sehnen sich möglicherweise danach, auch *mit* den Schmerzen wieder Lebensqualität zu erreichen?«, »Vielleicht sollten wir erstmal ergründen, wie Glück für Sie aussieht und wie Sie das mehr in Ihr Leben holen können?«.

Zusammenfassung und Prozedere

Erst wenn der Patient oder die Patientin das für ihn/sie Wesentliche hat ansprechen können, ist das Gespräch für ihn/sie zufriedenstellend. Dies sollte aktiv erfragt werden: »Haben Sie noch etwas Wesentliches vergessen?«. An den Anfang der Therapie gehört ebenfalls die Aufklärung über alternative Therapiemöglichkeiten und Settings, aber auch über mögliche Nebenwirkungen einer Therapie. Die weitere Planung bezüglich Terminfrequenz und konkreter Terminvereinbarungen sollte erörtert werden, ebenso wie Hinweise, das formale Prozedere (Antragsstellung, Schweigepflichtentbindungen), bei stationären Patientinnen und Patienten eine Orientierung über die mögliche Aufenthaltsdauer betreffend.

Merke: Struktur des Erstgesprächs

- Vorstellen der eigenen Person, der Einrichtung, der Ziele des Erstgesprächs
- Klärung des Zuweisungskontextes, aktuelle Symptomatik, Krankheitsmodell, Therapie- und Veränderungsmotivation prüfen, Gefährdung klären
- Vorbehandlungen, Vorläuferprobleme, bisheriger Verlauf und bisherige Lösungsversuche, Funktionalitäten erheben
- psychosoziale Einbindung, kurzer biografischer Abriss, Erhebung von Ressourcen
- Erwartungen und Patientenziele erfassen
- Zusammenfassung, Raum für offene Fragen, Klärung organisatorischer Belange (ggf. Therapievertrag, Schweigepflichtentbindung), der Therapieregeln, ggf. der Therapieverträge, weiteres Prozedere besprechen

16.4 Anfangsphase der Therapie (Probatorik)

In der Anfangsphase der Therapie gilt es, die Problem- und Verhaltensanalyse zu vertiefen, um nach der ersten Diagnostik die Therapieindikation stellen zu können, Ziele zu erarbeiten und schließlich eine Therapieplanung zu erstellen. Fragen zur Störungsgenese (»roter Faden« der Geschichte, vorherige Therapien und Behandlungen, s. o.) wurden bereits erwähnt.

Vertiefend ist nun zu klären, ob bereits ein Störungsmodell existiert und wenn ja, wie dieses genau aussieht. Hierdurch können erste Eindrücke über Kontrollüberzeugungen, implizite Vorstellungen von der (Un-)Veränderbarkeit der Störung und ihren subjektiven Kausalitäten gewonnen werden. Besteht ein eher biologisch geprägtes Grundverständnis oder wird die »Schuld« für die Symptome im »Außen« verortet (Chef, Partner …)? Kennt die Patientin oder der Patient bereits ihre/seine Diagnose und besteht eine Akzeptanz derselben? Auch erstes motivationales Arbeiten kann hier hilfreich sein. Dies beinhaltet eine ehrliche Aufklärung darüber, dass Veränderung und Heilung ihren Preis kosten (eine etwas provokante Frage könnte lauten: »Möchten Sie Therapie machen oder Ihr Leben verändern?«) und oftmals zunächst eine Talsohle (Lernzone) durchschritten werden muss, um mittelfristig profitieren zu können.

16.4.1 Erhebung der Biografie und persönlicher Ressourcen

> »Es gibt kein Land, in dem man alles so tief, so stark, so innig erlebt wie im Land der Kindheit«
> (frei nach Astrid Lindgren)

Die Erhebung der biografischen Anamnese erfolgt in den ersten Gesprächen oftmals nur in Form punktueller Rückgriffe und wird in den folgenden Stunden systematischer erhoben. Die Kenntnis der Biografie ist für die Erstellung eines Krankheitsmodells und einer fundierten Makroanalyse/Störungsgenese enorm wichtig. Nicht nur biologische Vulnerabilitätsfaktoren, transgenerationale Aufträge und Rollenmodelle lassen sich anamnestisch aufklären, sondern auch die implizite und explizite Aneignung von Bindungsrepräsentanzen, Systemregeln und Oberplänen. Die Ausgabe eines Lebensfragebogens ist zwecks Systematisierung empfehlenswert und dient bereits einer ersten Auseinandersetzung mit der Störungsgenese. Zugleich verdeutlicht dies auch die Arbeitshaltung des gemeinsamen Problemlösens. Ein von Patientinnen und Patienten ausgefüllter Lebensfragebogen sollte in einfühlsamer Weise gewürdigt und persönlich besprochen werden und nicht nur der Informationsakquise dienen. (Siehe unter »Empfohlene Materialien« am Ende dieses Kapitels.)

Die biografische Anamnese kann in chronologischer Form – als grafische Darstellung der sogenannten Lebenslinie (▶ Abb. 16.1) – oder thematisch gegliedert erhoben werden. Bei der Anleitung der Lebenslinie wird zunächst nur dazu eingeladen, krisenhafte und schwierige Zeiten einerseits sowie erfüllte und gute Zeiten andererseits auf einem Zeitstrahl des Lebens einzutragen. Ein vertieftes, geleitetes Entdecken von Prägungen, Mustern und Wendepunkten kann durch folgende Fragen angeleitet werden:

- Welche Menschen waren in den ersten Jahren besonders prägend? Was waren deren Aufträge?
- Welche Überzeugungen/Erwartungen und Oberpläne sind in welchen Zeiten entstanden oder bestätigt worden?
- Mithilfe welcher Ressourcen haben Sie diese Krisen bewältigt?

Die Familienanamnese (bzgl. psych. Erkrankungen, aber auch hinsichtlich besonderer Ereignisse, Lebensverläufe und Tabus) gibt Auskunft über biologische Vulnerabilitäten, aber auch über transgenerationale Aufträge und Loyalitäten. Die Familiensituation während der Kindheit und Adoleszenz (Geschwister und deren Beziehungsgefüge, Berufstätigkeit und wirtschaftliche Situation der Eltern, familiäre Atmosphäre, besondere Belastungen der Familie) werden hier

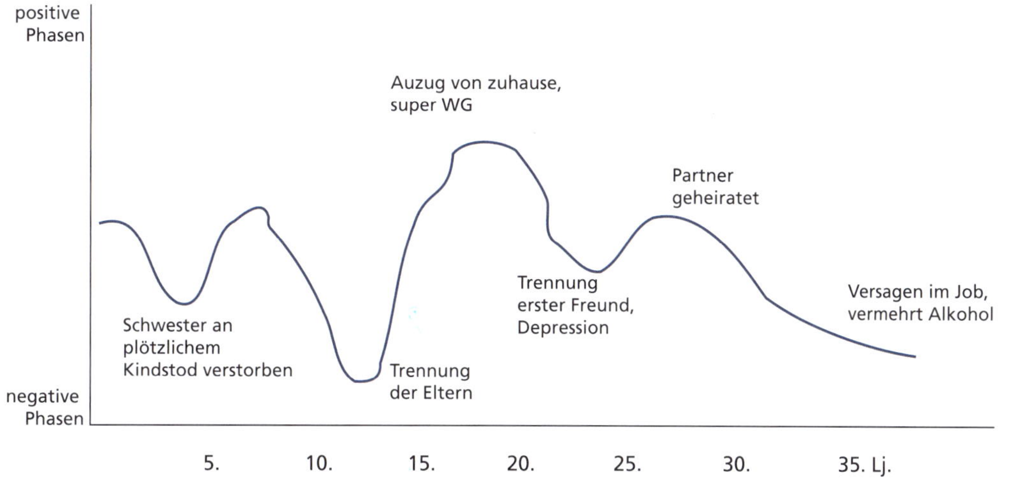

Abb. 16.1: Lebenslinie

erhoben. Die somatische Anamnese fragt, genau wie die entwicklungspsychologische Anamnese, bereits die frühen Lebensjahre ab. Die schulisch-berufliche (Leistungs-)Anamnese inklusive der Bewältigung entsprechender Schwellen wird ebenso abgefragt wie die Sexualanamnese und die soziale Anamnese (Aufschluss über soziale Kompetenz, Bewältigung psychosozialer Entwicklungsschritte, Umgang mit Zurückweisungen und Gruppenfähigkeit). Wichtige Life-Events (Partnerschaften, Trennungen, Familiengründungen, Umzüge, Gefängnisstrafen …) werden inklusive ihrer emotionalen Gewichtungen abgefragt.

Die Entwicklung tieferer Erwartungen und Oberpläne sowie zugrundeliegender Werte ist schwieriger abzufragen (siehe auch ▸ Kap. 9). Hier kann die empirisch gut abgesicherte Bedürfnistheorie (Konsistenztheorie nach dem Schweizer Psychologen Klaus Grawe (2004) eine Hilfestellung sein. In der Konsistenztheorie wird die ausreichende Erfüllung von Grundbedürfnissen als Konsistenz bezeichnet. Werden also die zentralen Bedürfnisse nach

- Bindung und Geborgenheit
- Autonomie und Kontrolle
- Selbstwerterhöhung
- positive Lust/Unlust-Bilanz

angemessen erfüllt, entwickeln und fühlen sich Menschen ausreichend gesund und gut. Frustrationen und Inkonsistenzen können hingegen die Ausbildung einengender Erwartungen, Oberpläne und hiermit verbundener dysfunktionaler Strategien und letztlich Entwicklungen prägen.

Sicherheit/Geborgenheit

- Früher: Wo haben Sie sich sicher gefühlt, wie erlebten Sie Geborgenheit, gab es Kuscheln oder Zärtlichkeiten? Bekamen Sie die Zuwendung, die Sie gebraucht haben? Gab es bei Gleichaltrigen das Gefühl von Zugehörigkeit?
- Heute: Bei wem gehören Sie dazu? Wo fühlen Sie sich wohl? Wo verstanden? Wo unterstützen Sie sich gegenseitig?

Kontrolle, Autonomie und Grenzen

- Früher: Wie wurde dafür gesorgt, dass Sie einen Überblick behalten konnten? Wie wurden Sie auf Situationen vorbereitet? Gab es feste Rituale? Durften Sie Dinge auch allein entscheiden und unternehmen? Wurden Sie ermutigt, dosierte Risiken einzugehen, oder wurde Ihnen alles abgenommen? Wurden Sie begrenzt, wenn Sie über Stränge schlugen oder die Grenzen anderer überschritten?
- Heute: Was gibt Ihnen Sicherheit? Wo können Sie spontan agieren? Wo suchen Sie Hilfe, ohne es selbst zu versuchen? Wo fällt es Ihnen schwer, sich einzugliedern oder eigene Bedürfnisse hintanzustellen?

Selbstwert und Aufmerksamkeit

- Früher: Für was erhielten Sie Lob und Anerkennung? Wie wurde mit Ihnen gesprochen? Gab es Beschämungen oder Demütigungen? Wie wurde in der Familie mit Misserfolgen umgegangen?
- Heute: Wo und für was finden Sie Anerkennung und Wertschätzung in Ihrem Leben? Können Sie Respekt einfordern? Wie gehen Sie mit Kritik um?

Lust/Unlust

- Früher: Gab es schöne, genussvolle Erlebnisse in Ihrer Kindheit? Gab es Ausflüge, Urlaube, Spiele? Wurde auch mal ausgeruht? Durften Sie mal was absagen oder aufschieben zugunsten eines schönen Erlebnisses? Aber auch: Wurden Leistung, Anstrengungsbereitschaft und Belohnungsaufschub vorgelebt und gefördert? Oder wurden eher übermäßige Nachlässigkeit und passive Versorgungswünsche gefördert?
- Heute: Was machen Sie nur der Freude halber? Was können Sie gut genießen? Können Sie sich Pausen erlauben oder fühlen Sie einen ständigen »Effizienzdruck«? Sind Sie auch bereit, kurzfristige Unlust und schwierige Gefühle für einen längerfristigen Vorteil in Kauf zu nehmen?

Eine ressourcenorientierte Biografie-Erhebung (»Was oder wer hat Ihnen geholfen, diese Krise zu bewältigen? Was haben Sie dabei gelernt? Wie hat sich Ihr Umgang mit Krisen über die Jahre verändert?«) trägt schon in der Anamnese der Perspektive des Wachstums an Krisen Rechnung. Heute wissen wir, dass Resilienz als psychische Widerstandskraft lebenslang erlernbar und trainierbar ist, wenn auch viele individuelle Resilienzfaktoren (Intelligenz, aktives, robustes Temperament) offenbar angeboren sind bzw. früh durch z. B. soziale Unterstützung des Umfeldes (verlässliche Bezugspersonen) geprägt werden (Werner, 1989). Ein kritisches Bewusstsein bedarf es dahingehend, nicht jedwede Bewältigungsanforderung von Schwierigkeiten zum Individuum zu schieben und hiermit gesellschaftliche Risiken (Flucht, Armut, Kriegserfahrungen) zu individualisieren. Dies würde nämlich unterstellen, dass jedwede Belastung (Verluste, Traumata, schwere Erkrankungen) per Einsatz geeigneter Strategien individuell getragen oder bewältigt werden kann.

16.4.2 Vergabe von Hausaufgaben

Der Stellenwert der Hausaufgaben in der Verhaltenstherapie wird im Rahmen der ersten Gespräche eingeführt. Hausaufgaben sind nicht nur hilfreich in der Exploration weiterer Details oder zur Übung therapeutischer Techniken, sondern fördern auch Selbstwert, Selbstwirksamkeitserleben und die Verantwortungsübernahme in der Therapie. Dennoch sind sie oft unbeliebt und müssen therapeutisch aktiv beworben und unterstützt werden. Schon der Begriff kann mit »Schule«, »Bewertung« und alten Schamgefühlen, aber auch alten Widerständen assoziiert werden. Umso wichtiger ist es, die Bedeutung für den Transfer und die Vertiefung im Alltag zu erklären und ggf. eine andere Formulierung (Therapietraining o. ä.) zu erwägen. Auch Therapeuten und Therapeutinnen haben trotz klarer Evidenz für die Wirksamkeit dieser Aufgaben oft mit eigenem inkonsistentem Verhalten und inneren Ambivalenzen zu tun und verstärken dadurch oft unbewusst (und intermittierend) Vermeidungsverhalten. Nicht selten scheitert das Aufgeben der Hausaufgaben an der knappen Zeit oder dem fehlenden Gesamtüberblick über den Therapieverlauf. Umso bedeutsamer ist es, ein gewisses Repertoire an sinnvollen Aufgaben (Selbstbeobachtungsprotokolle, Expositionsübungen, Achtsamkeitsübungen, Übungen zum Training sozialer Kompetenz) digital oder analog rasch verfügbar zu halten. Operant verstärken kann man Therapieaufgaben, indem vereinbart wird, dass nicht absolvierte Aufgaben zu Beginn der Stunde (z. B. im Wartebereich) erledigt werden, eine Zeit, um die dann die eigentliche Therapiezeit verkürzt wird.

16.5 Nachbereitung der ersten Stunden und Vorbereitung der Therapieplanung

Nach den ersten Gesprächen sollte eine Form der Beziehungsanalyse stattfinden, bei der der Frage nach den inneren Eindrücken, die der Patient oder die Patientin hinterlassen hat, nachgegangen wird. Im therapeutischen Kontext stehen wir zu jedem Zeitpunkt vor der besonderen Anforderung, parallel zum Gesprächsverlauf auch den therapeutischen Prozess beobachten zu müssen. Wir befinden uns also in einer Art »Dreiecksbeziehung«, bei der wir im Gespräch mit den Patienten und Patientinnen einerseits die Erlebenden, andererseits auch die Beobachtenden (des Prozesses, der Beziehung und unserer selbst) sind.

Dies erfordert gerade am Anfang viel Übung und gelingt oftmals nicht synchron. Im Nachgang der Gespräche können die therapeutischen »Hausaufgaben« jedoch gemacht werden. Folgende Fragen (angelehnt an Grawe, 1992) sind diagnostisch aufschlussreich und damit sowohl diagnostisch als auch hinsichtlich der künftigen komplementären Beziehungsgestaltung bedeutsam:

- Welche spontane und unwillkürliche Wirkung hat das nonverbale Verhalten des Patienten/der Patientin (Mimik, Gestik, Stimme) auf mich?
- Was müsste ich sagen oder tun, um dem Patienten/der Patientin das Gefühl zu geben, wirklich gut verstanden zu werden?
- Wozu sehe ich mich veranlasst, was wiederum wäre unpassend?
- Mit welchen Interaktionen könnte der Patient/die Patientin mich herausfordern (testen) und wie könnte ich mich verhalten, um seine/ihre Befürchtungen zu entkräften?
- Was müsste ich sagen oder tun, um den Patienten/die Patientin zu kränken?

Merke

Gerade bei Patientinnen und Patienten mit Persönlichkeitsstörungen, die letztlich Beziehungsstörungen sind, ist es wichtig, bereits zu Beginn der Therapie eine schwierige Prozessgestaltung zu antizipieren. Beziehungsmotive und auch manipulative Strategien zu erkennen kann hilfreich sein, um zugrundeliegende Beziehungsbedürfnisse nach Sachse (2013) zu erkennen. Zentrale, oftmals biografisch frustrierte Beziehungsbedürfnisse sind Anerkennung, Wichtigkeit, Verlässlichkeit, solidarische Unterstützung, Autonomie und die Unverletzbarkeit der persönlichen Grenzen.

In der Beziehungsgestaltung geht es entsprechend anfangs darum, einen Beziehungskredit aufzubauen, indem Bedürfnisse (gesehen werden, anerkannt werden, wichtig sein …) befriedigt werden, später sind empathische Konfrontationen auf diesem Boden möglich. Hierfür ist die Klärung interaktioneller Annäherungs- und Vermeidungsziele Voraussetzung.

- Interaktionelle Annäherungsziele:
  Wie will dieser Patient/diese Patientin gesehen und behandelt werden?
- Interaktionelle Vermeidungsziele:
  Wie will dieser Patient/diese Patientin auf keinen Fall gesehen und behandelt werden?

Auf der diagnostischen Ebene werden wir nach den ersten Stunden entscheiden, ob tatsächlich eine Indikation für eine psychotherapeutische Behandlung (oder aber alternativ für ein Coaching, eine Seelsorge oder anderweitige psychosoziale Unterstützung) vorliegt und auch, ob die Verhaltenstherapie das geeignete Verfahren ist. Auch das Therapiesetting (ambulant, teilstationär, stationär) sollte geprüft werden.

Für die vollständige Fallkonzeption, Zielanalyse und Therapieplanung (siehe auch ▸ Kap. 11) sind weiterhin die motivationale Situation, Ressourcen und Grenzen seitens Patientinnen und Patienten, aber auch die Ressourcen und Limitationen auf Behandlerseite sowie das subjektive Krankheitskonzept von Patientinnen und Patienten zu integrieren.

16.6 Stundenstrukturierung

Bei der konkreten Therapiedurchführung empfiehlt es sich, einen Stundenablauf zu befolgen, der anlassbezogen natürlich flexibel gehandhabt werden kann, dessen grundsätzliche Einhaltung jedoch Sicherheit und Effizienz gewährleisten. Gerade zu Beginn einer Therapie ist oftmals eine recht aktive und strukturierende Rolle des Therapeuten bzw. der Therapeutin erforderlich. ▸ Tab. 16.1 gibt einen idealtypischen Überblick über eine Stundenstruktur.

Tab. 16.1: Struktur einer Therapiestunde

Abschnitt	Erarbeitungshinweise und Ziele
Begrüßung	»Anwärmen«, willkommen heißen, nonverbale Hinweise (Pat. sehr angespannt?) aufgreifen.
Agenda	To-Dos klären. Akute Störungen gehen vor, doch *Cave:* Das Berichten alltäglicher Geschehnisse oder diverser »Mikrokrisen« kann im Sinne eines Vermeidungsmanövers im therapeutischen Prozess davon abhalten, die wirklich wichtigen, oft schmerzhaften oder anstrengenden Dinge zu bearbeiten. Therapeut/in behält Ziele und »roten Faden« im Auge. Mögliche Fragen: • Was ist aus Ihrer Sicht heute wichtig? • Was haben Sie mitgebracht?
Anknüpfen	Roten Faden aufnehmen, Ziele in Erinnerung bringen. Mögliche Fragen: • Wie sind Sie mit den Hausaufgaben zurechtgekommen? • Was war aus Ihrer Sicht in der letzten Stunde wichtig? Mir ist in Erinnerung geblieben ... • Was hat bzgl. Ihrer Ziele gut funktioniert, was nicht? • Gab es interessante Erkenntnisse? Rückschläge? »Wunder«?
zentrale Arbeitsphase	z. B. Therapiemodell erarbeiten, motivationales Arbeiten, Anwendung von Interventionen wie kognitiver Umstrukturierung, Rollenspiele usw.
Sitzungsende	Ca. 10 Minuten vor Schluss einläuten, emotionales »Abkühlen« ermöglichen. Zusammenfassung geben und erfragen: • Was war heute aus Ihrer Sicht wichtig? (da kann es Überraschungen geben) • Wann waren Sie besonders emotionalisiert? • Was ist unsere Take home message? • Womit möchten Sie sich intensiver beschäftigen? Hausaufgaben und Terminfindung.

16.7 Therapieverlaufsstruktur

Die Strukturierung des Therapieprozesses ist eine wesentliche Aufgabe kompetenter Verhaltenstherapeuten und -therapeutinnen. Auch dies benötigt ein Gespür für einen guten Weg zwischen einerseits Strukturierung und Geleit, andererseits Offenheit für Kreativität und Improvisation. Eine zu freie Gestaltung geht auf Kosten der Stringenz und Effizienz und begünstigt (gemeinsames) Vermeidungsverhalten, eine überstrukturierte Therapie hingegen geht auf Kosten der Individualisierung und des Gewahrwerdens unverhofft auftretender Chancen und nötiger Kurswechsel. Die Kunst besteht darin, in unübersichtlichen Situationen (z. B. im Stationsalltag) dennoch die zu priorisierenden Interventionen im Blick zu behalten, dies vor dem Hintergrund der oft sehr dynamischen psychopathologischen Veränderungen und eventuell einflussnehmenden Interventionen wie einer Pharmakotherapie, einer Elektrokonvulsionstherapie (EKT) oder komorbider somatischer Erkrankungen.

Ebenso flexibel muss oftmals die therapeutische Haltung zu Beginn der Therapie von schwerstkranken Patientinnen und Patienten sein, die erst allmählich remittieren und vielen Interventionen anfangs gar nicht zugänglich sind. Eine anorektische Patientin mit einem BMI von 14 kg/m^2 oder ein schwerst depressiver, gedanklich eingeengter Patient benötigen eine deutlich strukturierendere und direktivere Haltung als eine Patientin, die mit gutem Funktionsniveau und einer Prüfungsangst eine ambulante Psychotherapie aufsucht.

Entsprechend sind Therapiemanuale mehr als Angebot und »Buffet« zu betrachten, von dem aus Therapeutinnen und Therapeuten eine individualisierte Therapie zusammenstellen und auf Patientinnen und Patienten wie auch auf eigene Fähigkeiten, Erfahrungen und Wirksamkeitsüberzeugungen zuschneiden – ohne beliebig zu werden und ohne die verfahrensspezifische Evidenzbasierung zu verlassen. Verfahrensübergreifend wird dies in der modularen Psychotherapie praktiziert (Herpertz & Schramm, 2022). Dementsprechend ist der in ▸ Tab. 16.2 skizzierte idealtypische Therapieverlauf (angelehnt ans das Therapieprozessmodell nach Kanfer, 1987) nur eine Skizze, die flexibel und dynamisch gehandhabt werden darf.

16.8 Therapieende

Das Ziel einer therapeutischen Arbeitsbeziehung besteht darin, die Therapie überflüssig zu machen. Frühzeitig und im Verlauf sollte das Therapieende immer wieder ins Zentrum der Aufmerksamkeit gerückt werden, auch um oft unbewussten Versorgungswünschen zu begegnen. Gerade bei Patientinnen und Patienten, die in ihren Bedürfnissen nach Bindung und Verlässlichkeit frustriert worden sind, ist eine frühzeitige Ankündigung und Thematisierung des Therapieendes (auch zugehöriger Ängste und Trauergefühle) enorm wichtig, um eine gelingende Ablösungserfahrung zu ermöglichen. Hier ist bedeutsam, die Therapiefrequenz kontinuierlich zu reduzieren, Transfermöglichkeiten

Tab. 16.2: Therapieverlauf

Phasen des Therapieverlaufs	Erarbeitungshinweise und Ziele
Erstgespräch und erste Sitzungen	• Beziehungsaufbau! • Hoffnung und Arbeitsklima erzeugen • motivationales Arbeiten • ggf. Krisenintervention
Anfangsphase der Therapie	• Diagnostik: Problem- und Verhaltensanalyse, Störungsgenese, Klärung von Funktionalitäten • Erarbeitung eines gemeinsamen Störungsmodells, Zielanalyse und Erarbeitung eines Behandlungsplans
zentrale Arbeitsphase	• Anwendung der geplanten Interventionen • Feedbackschleifen und Zwischenbilanzen für ausreichend flexible Therapieplanung • dialektisches Abwägen zwischen Ziel- und Prozessorientierung • zunächst Priorisieren der (therapie-)gefährdenden Symptome bzw. der Symptomatik auf Achse 1, anschließend Bearbeitung zugrundeliegender Faktoren (Beziehungsgestaltung, Funktionalitäten).
Beendigung der Therapie	• frühzeitige Ankündigung der Beendigung • Fading-out der Sitzungen, Betonung des Selbstmanagements und Transfers • Booster-Sitzungen, Krisenplan

zu diskutieren und Patientinnen und Patienten einen immer aktiveren Anteil in der Therapie zuzumuten und zuzutrauen.

Auch Therapeuten und Therapeutinnen vermeiden oftmals Abschiede und müssen sich dahingehend prüfen, ob nicht Therapien auch als Ersatz für Beziehungserfahrungen dienen oder aufgrund eigener, unverarbeiteter Verlusterfahrungen zu lange aufrechterhalten werden.

Am Ende der Therapie kann eine Abschluss-Bilanz erfolgen, bei der Raum für einen kritischen Rückblick, ein Feedback und einen neugierigen Ausblick sein darf. Was ist erreicht worden, was war hilfreich, was soll in Zukunft weitergeführt werden und woran merke ich, dass das gelingt? Patientinnen und Patient können einen metaphorischen »Koffer« packen, in den – bild- oder symbolhaft dargestellt – Ressourcen, Hilfsmittel, Take-Home-messages, Frühwarnsymptome oder auch Krisenpläne (inkl. Adresse, evtl. Taxi-Geld und Telefonnummern) hineingelegt werden. Auch Briefe oder Botschaften an z. B. ein »rückfälliges Selbst« können hier vorkommen. Dies kann einem Therapieheft oder einem Notfallkoffer beigefügt sein. Ein »Vademecum« kann gestaltet werden, also ein Begleitheft, in dem wichtige Erkenntnisse niedergelegt werden und eine Zeit lang ein unterstützendes Selbst-Monitoring weitergeführt wird. Eine oder mehrere Follow-up- bzw. Booster-Sitzung/en können vereinbart werden. Auch sollten Zuständigkeiten bei künftigen Krisen und eine potenzielle (z. B. psychiatrische) Weiterbehandlung thematisiert werden.

Prüfungsfragen

1. Welche Informationen sollten möglichst innerhalb eines Erstgespräches erfasst werden?
2. Wie kann die Erfassung der biografischen Anamnese thematisch gegliedert werden?
3. Was ist bei der Planung des Therapieabschlusses zu beachten?

Antworten

1. Erfasst werden sollte der Anlass des Behandlungswunsches, die Klärung des Zuweisungskontextes und die aktuelle Symptomatik, weiterhin Krankheitsmodell, Therapie- und Veränderungsmotivation, Gefährdungslage und die psychosoziale Einbindung. Frühzeitig sollten außerdem Störungsgenese und Vorbehandlungen, ein kurzer Abriss der Biografie und die Patientenziele erhoben werden. Grundsätzliche Therapieregeln, organisatorische Fragen (Schweigepflicht, Schweigepflichtentbindung), Therapieverträge und weiteres Prozedere sollten thematisiert werden.
2. Zur biografischen Anamnese gehört die Familienanamnese (bzgl. psych. Erkrankungen, aber auch hinsichtlich besonderer familiengeschichtlicher Ereignisse, Lebensverläufe und Tabus). Die Familiensituation während der Kindheit und Adoleszenz (Geschwister und deren Beziehungsgefüge, Berufstätigkeit und wirtschaftliche Situation der Eltern, familiäre Atmosphäre, besondere Belastungen der Familie) wird weiterhin erhoben. Die entwicklungspsychologische Anamnese fragt die frühen Lebensjahre ab. Die schulisch-berufliche Anamnese inkl. der Bewältigung entsprechender Schwellen wird ebenso erhoben wie die somatische Anamnese, die Sexualanamnese und die soziale Anamnese (Aufschluss über soziale Kompetenz, Bewältigung psychosozialer Entwicklungsschritte, Umgang mit Zurückweisungen und Gruppenfähigkeit).
3. Frühzeitig sollte das Therapieende thematisiert werden, da gerade Patientinnen und Patienten, die in ihren Bedürfnissen nach Bindung und Verlässlichkeit

frustriert worden sind, dies für eine gelingende Ablösung benötigen. Die Reduktion der Therapiefrequenz ist ebenso bedeutsam wie die Planung der Transfermöglichkeiten, des potenziellen Krisenmanagements nach Entlassung und der Weiterbehandlungssituation.

Empfohlene Materialien

- »Lebensfragebogen« für Patientinnen und Patienten

Den Weblink, unter dem dieses Zusatzmaterial verfügbar ist, finden Sie unter »Zusatzmaterial zum Download« am Ende dieses Buches.

Literatur

Grawe, K. (2004). *Neuropsychotherapie*. Hogrefe.

Grawe, K. (1992). Komplementäre Beziehungsgestaltung als Mittel zur Herstellung einer guten Beziehung. In Margraf, J. & Brengelmann, J. C. (Hrsg.), *Die Therapeut-Patient-Beziehung in der Verhaltenstherapie* (S. 215–244). Röttger.

Herpertz, S. C. & Schramm, E. (2022). *Modulare Psychotherapie ein Mechanismus-basiertes psychotherapeutisches Vorgehen*. Schattauer.

Kanfer, F. H. et al. (1987). Self management therapy in clinical practice. In Jacobson, N. S. (ed.), *Psychotherapists in clinical practice: Cognitive and behavioral perspektives* (pp.10–77). Guilford.

Regli, D. et al. (2000). Beziehungsgestaltung und Aktivierung von Ressourcen in der Anfangsphase von Therapien. *Verhaltensther Verhaltensmed, 21*(4), 399–420.

Sachse, R. (2013). *Persönlichkeitsstörungen. Leitfaden für die Psychologische Psychotherapie* (2. Aufl.). Hogrefe.

Werner, E. E. (1989). High-risk children in young adulthood: A longitudinal study from birth to 32 years. *Am J Orthopsychiatry 59*(1), 72–81.

Weiterführende Literatur

Knappe, S. & Härtling, S. (2017). *Diagnostik und Verhaltensanalyse*. Beltz.

Neudeck, P. & Mühlig, S. (2020). *Verhaltenstherapie: Therapieplanung, Probatorik, Verhaltensanalyse* (Therapie Tools). Beltz.

Ubben, B. (2015). *Planungsleitfaden Verhaltenstherapie* (2. Aufl.). Beltz.

Zarbock, G. & Wilckens, P. (2022). *Biographisch-Systemische Verhaltenstherapie*. Springer.

17 Ethische Fragen in der Psychotherapie

Stefan Klingberg

Das Wichtigste auf einen Blick

- Nahezu alle Entscheidungen im Rahmen der Psychotherapie haben ethische Implikationen. Die ethische Beurteilung ist in erster Linie die Aufgabe von Psychotherapeutinnen und Psychotherapeuten, kann aber durch Ethiker und Ethikerinnen unterstützt werden.
- Ein verbreiteter Zugang zur ethischen Diskussion ist die Anwendung der von Beauchamp und Childress formulierten ethischen Prinzipien: Schadensvermeidung, Selbstbestimmung, Fürsorge und Gerechtigkeit. Darüber hinaus haben viele psychotherapeutische Fachgesellschaften inzwischen ethische Leitlinien formuliert.
- Ethikberatung und der kollegiale Dialog über ethische Fragen sind wertvolle Hilfen, um zu differenzierten und ethisch tragfähigen Positionen zu gelangen.

17.1 Einführung

Der psychotherapeutische Berufsalltag bringt viele Situationen mit sich, in denen ethische Fragen bedeutsam sind. Fragen der Einwilligung in die Behandlung, Entscheidungen über Beginn und Ende der Behandlung, Auswahl der Ziele, Nähe-Distanz-Regulation und viele weitere Fragen können bedeutsam sein. Nur exemplarisch seien zwei Fragen genannt, auf die im späteren Verlauf des Kapitels eingegangen werden soll:

- Auf der Warteliste stehen 15 Patientinnen oder Patienten. Wie soll entschieden werden, wer den nächsten Therapieplatz bekommt?
- Ein Therapeut findet eine seiner Patientinnen außerordentlich attraktiv und spürt einen Wunsch nach körperlicher Nähe zu ihr. Kann die Behandlung fortgesetzt werden?

17.2 Wessen Aufgabe ist die ethische Beurteilung psychotherapeutischer Fragen?

Ethische Fragen stehen in einem Kontext von juristischen Normen (Gesetzen, Verordnungen, berufsrechtlichen Regelungen), wissenschaftlichen Erkenntnissen (insbesondere wie sie in Form von evidenzbasierten Leitlinien ausgearbeitet sind) und persönlichen Präferenzen. Vorgaben oder Erkenntnisse aus diesen Bereichen haben ethische Implikationen und grenzen Handlungsspielräume ein (▸ Abb. 17.1). Sie entheben jedoch die Therapeutinnen und Therapeuten nicht von der Aufgabe, ihr Handeln auch ethisch zu vertreten. Diese Aufgabe kann nicht an Ethiker und Ethikerinnen delegiert werden. Diese bringen ethische Prinzipien in die Diskussion ein, kennen prototypische Argumentationslinien, antizipieren Widersprüche zwischen Argumentationen und tragen zur Vollständigkeit der ethischen Argumentation bei. Sie helfen damit, eine reflektierte und ethisch informierte Beurteilung zu finden. Eine differenzierte Auseinandersetzung zur Expertise von Ethikern und Ethikerinnen findet sich bei Steinkamp, Gordijn und ten Have (2021).

Merke

Psychotherapeutische Fragen ethisch zu beurteilen ist primär Aufgabe der Behandelnden. Ethikerinnen und Ethiker können dabei unterstützen, nicht aber die Entscheidung abnehmen.

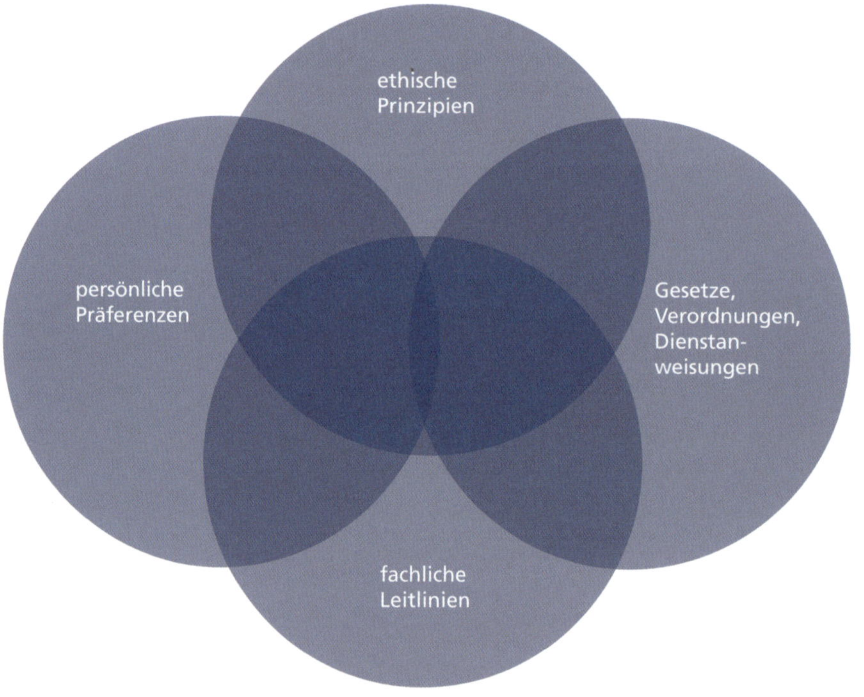

Abb. 17.1: Kontext ethischer Fragen

17.3 Medizinethische Konzepte und Leitlinien

17.3.1 Medizinethische Begriffe

Als *Ethik* wird die »philosophische Reflexion über Moral« (Marckmann et al., 2020, S. 23 ff.) bezeichnet. Der Begriff »Moral« bezeichnet »die in einer bestimmten Gemeinschaft verbreiteten sittlichen Phänomene, wie moralische Überzeugungen, Regeln, Normen, Wertmaßstäbe und Haltungen« (ebd.). *Medizinethik* bezieht sich auf Fragen aus dem begrenzten Berufsfeld der Medizin.

Ethische Argumentation folgt zumeist einem oder mehreren der nachfolgend genannten Ansätze.

Deontologische Ethik sucht nach dem guten und richtigen Verhalten, das in sich gerechtfertigt ist und insofern eine moralische Pflicht impliziert. Die wesentliche Kritik an diesem Ansatz ist, dass ein in sich gutes Verhalten schädliche Konsequenzen haben und insofern nicht gerechtfertigt sein könnte. *Tugendethik* könnte als Personalisierung der ethischen Argumentation bezeichnet werden. Es ist anzunehmen, dass ein tugendhafter Mensch moralisch vertretbar handeln wird. Andererseits ist offensichtlich, dass Umstände vorliegen könnten, wo diese Annahme nicht zutrifft. *Konsequentialistische Ethik* vertritt die Auffassung, dass sich die Rechtfertigung für Handlungen aus den Konsequenzen dieser Handlungen ergibt. *Utilitaristische Positionen* betonen die Konsequenz der Nutzenmaximierung als Grundlage für Entscheidungen. Der wesentliche Einwand ist hier, dass nicht jedes Mittel gerechtfertigt ist, um einen guten Zweck zu erreichen. *Prinzipienethik* versucht, handhabbare Prinzipien für einen ethischen Teilbereich zu identifizieren. Ein sehr einflussreicher Ansatz wurde von Beauchamp and Childress (2019) vorgelegt (▸ Abb. 17.2). Hier werden die Prinzipien Schadensvermeidung, Respekt vor der Selbstbestimmung, Fürsorge und Gerechtigkeit herausgehoben. Die Auswahl der Prinzipien und ihre Widerspruchsfreiheit sind Gegenstand der Kritik an diesem Ansatz. So werden z. B. in den berufsethischen Leitlinien der European Federation of Psychologists' Associations (s. u.) andere Prinzipien genannt, die zwar verwandt, aber nicht deckungsgleich sind. *Deskriptive und empirische Ethik* analysiert, wie in ethisch komplexen Situationen tatsächlich beurteilt, entschieden und gehandelt wird. Die ethischen Implikationen dieser Handlungen werden herausgearbeitet. Da hier die Perspek-

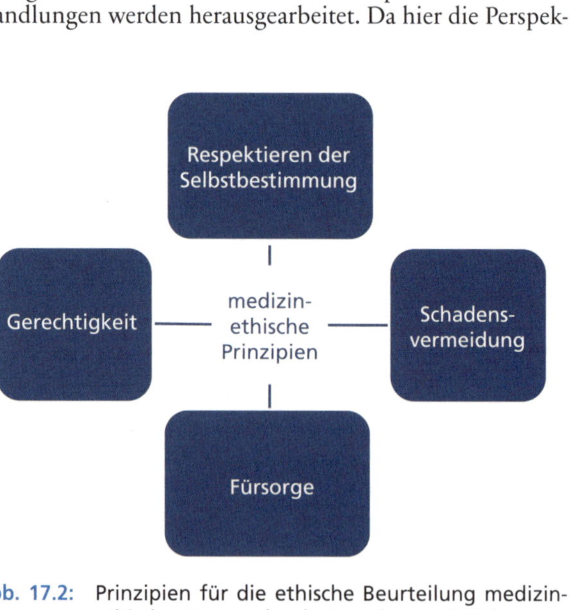

Abb. 17.2: Prinzipien für die ethische Beurteilung medizinethischer Fragen (nach Beauchamp, 2021)

tive der Handelnden eine größere Bedeutung erhält, werden Kontext-Faktoren viel stärker in Betracht gezogen (Musschenga, 2021).

Keiner der genannten Ansätze ist ohne Einwand geblieben und kein Ansatz ist vollständig. Es erscheint angemessen, die verschiedenen Perspektiven parallel in Betracht zu ziehen und zu prüfen, wo in Bezug auf eine konkrete Fragestellung Übereinstimmungen und Konflikte festzustellen sind.

17.3.2 Berufsethische Leitlinien

Die *Berufsordnungen der Kammern* der Ärzte bzw. der Psychologischen Psychotherapeuten sind primär rechtlich verbindliche Dokumente, wenn auch mit ethischen Implikationen. Ethisch von besonderer Relevanz sind die Ausführungen zur Abstinenz in der Gestaltung der Beziehung zu Patientinnen und Patienten, die in vielen, aber nicht allen Berufsordnungen enthalten sind.

Die *Deklaration von Helsinki* (WMA, 2024) ist das zentrale ethische Dokument für die Beurteilung der Vertretbarkeit von medizinischer Forschung am Menschen. Der Schutz der teilnehmenden, oft vulnerablen Personen und die Sicherstellung der Selbstbestimmung sind führende ethische Prinzipien, die hier zum Ausdruck kommen.

Die World Medical Association (WMA, 2016) hat zudem ein Handbuch der ärztlichen Ethik herausgegeben, das die ethische Verantwortlichkeit der Ärztinnen und Ärzte betont. Neben der Beschreibung von rationalen ethischen Prinzipien, wie sie auch im vorherigen Abschnitt referiert wurden, werden nicht rationale ethische Prinzipien aufgeführt, wie z. B. Nachahmung, Gehorsam, Intuition und Gewohnheit, gegenübergestellt und kritisch diskutiert.

Die European Federation of Psychologists' Associations (EFPA, 2005) hat vier ethische Prinzipien als »Meta Code« formuliert:

- Respekt vor Rechten und der Würde der Menschen
- Kompetenz
- Verantwortung
- Integrität

Die deutschen Mitgliedsverbände der EFPA, die Deutsche Gesellschaft für Psychologie e. V. (DGPS) und der Berufsverband Deutscher Psychologinnen und Psychologie e. V. (BDP) haben ihre ethischen Leitlinien am EFPA-Code orientiert.

Auch die European Association for Behavioural and Cognitive Therapies (EABCT, 2022) sowie die Deutsche Gesellschaft für Verhaltenstherapie (DGVT, 2024) haben ethische Leitlinien beschlossen, die eine wachsende Sensibilität für diese Themen dokumentieren.

Der Ethikverein (Ethikverein e. V. – Ethik und Qualitätssicherung in der Psychotherapie) ist ein gemeinnütziger Verein, der sich mit ethischen Fragen der Psychotherapie beschäftigt und insbesondere die Themen der Grenzüberschreitungen und der sexuellen Übergriffe in den Mittelpunkt stellt. Der Ethikverein bietet sich als Beschwerdestelle für betroffene Patientinnen und Patienten an, wobei die Berufsaufsicht primäre Aufgabe der Kammern ist. Die Veröffentlichungen des Ethikvereins heben als besondere Prinzipien hervor:

- Aufklärungspflicht
- Machtgefälle nicht missbrauchen
- alleinige Verantwortung der Therapeutinnen und Therapeuten für Wahrung von Grenzen
- Beachtung der Abstinenzregeln
- Karenzzeit: Verpflichtung zur Abstinenz für zwei Jahre nach Ende der Behandlung

17.4 Ethikberatung

Bei medizinischen Forschungsvorhaben am Menschen besteht die gesetzliche oder berufsrechtliche Verpflichtung, die Stellungnahme einer zuständigen *Ethik-Kommission für medizinische Forschung* einzuholen. Die Kommissionen arbeiten auf der Grundlage der ärztlichen Berufsregeln, der Deklaration von Helsinki und des geltenden Rechts. Forschungsanträge werden in Bezug auf die wissenschaftliche Qualität, der ethischen Vertretbarkeit sowie Übereinstimmung mit gesetzlichen Regelungen geprüft. Weitere Präzisierung findet sich beim Arbeitskreis der Medizinischen Ethikkommissionen (AKEK).

Klinische Ethik-Komitees haben sich überwiegend an Krankenhäusern etabliert und beschäftigen sich mit ethischen Problemen aus dem Alltag der Behandlung und der Pflege im jeweiligen Haus. Sie beraten auf Anforderung der an der Behandlung Beteiligten, ohne die Verantwortung und Entscheidungsbefugnis der behandelnden Ärzte oder anderer Berufsgruppen einzuschränken (Vollmann, 2017b).

Ethische Fallbesprechungen (Vollmann, 2017a) sollen Behandlungsteams helfen, in schwierigen Situationen eine differenzierte und tragfähige ethische Beurteilung der Handlungsoptionen vorzunehmen. Vollmann (2021) hat als prototypischen Ablauf einer ethischen Fallbesprechung die folgenden Punkte benannt:

- Eröffnung
- Informationssammlung
- Herausarbeiten des Entscheidungskonflikts
- Formulierung der ethischen Fragestellung
- Diskussion der ethischen Fragen
- Abschluss

Es finden sich hier auch ausführliche Beschreibungen des konkreten Vorgehens sowie alternative Ansätze wie z. B. das Nimwegener Modell (Steinkamp & Gordijn, 2005).

Merke

Bei schwierigen ethischen Fragen kann die Diskussion über prinzipienethische Kriterien (z. B. Selbstbestimmung versus Fürsorge) helfen, eine differenzierte Beurteilung zu erarbeiten.

17.5 Exemplarische Fragestellungen

17.5.1 Wer bekommt den nächsten Psychotherapieplatz?

Beispiel

Eine Psychotherapeutin sagt bei einer Therapieplatzanfrage: Ich führe keine Warteliste mehr. Diese ist immer überfüllt. Ich warte ab, bis ich einen Therapieplatz frei habe. Wenn dann jemand anruft und passt, erhält die anfragende Person den Platz.

Verschiedene Problemfelder werden für die ethische Bewertung dieser Situation erkennbar:

Begrenzte Ressource oder Rationierung?

Psychotherapieplätze sind eine begrenzte Ressource. Als explizite Rationierung würde eine Situation bezeichnet, in der nicht alle therapiebedürftigen Personen die Therapie erhalten können (Marckmann, 2020, S. 294). Hier wäre die ethische Rechtfertigung der Auswahl ein großes Problem. Die geltenden Regelungen der Psychotherapierichtlinie schließen keine der genannten Patientengruppen explizit aus der Versorgung aus. Dennoch findet aber faktisch eine Begrenzung des Zugangs zur Psychotherapie statt. Personen mit Intelligenzminderung, mit psychotischen Erkrankungen, mit Substanzkonsumstörungen finden nur sehr erschwert Zugang zu Psychotherapieplätzen. In diesem Sinne kann von impliziter Rationierung nach undefinierten Kriterien gesprochen werden (ebd., S. 295).

Wer sollte die Auswahl treffen?

Im deutschen Gesundheitssystem ist eine zentrale Steuerung der Platzvergabe nicht vorgesehen. Für den Fall von Rationierungen sieht Wiesing (2020, S. 315) die Kostenträger in der Pflicht, einen gesellschaftlichen Konsens herbeizuführen und die Auswahlkriterien zu vertreten und anzuwenden. Den Behandelnden sollte diese Entscheidung nicht auferlegt werden, »wenn dem Patienten durch Einschränkungen eine nicht-optimale Behandlung mit möglichem Schaden droht und dem Arzt eine Entscheidung zwischen seinen Patienten zugemutet wird.« Hier würde dann das Prinzip der Schadensvermeidung verletzt. Die Vergabeentscheidungen durch die Therapeutinnen und Therapeuten kann also nur dann gerechtfertigt werden, wenn und insoweit für alle bedürftigen Personen ein Therapieplatz vorhanden ist und die Auswahl sich nur auf die interaktionelle Passung zwischen Behandelnden und Behandelten bezieht, nicht aber darauf, wer unbehandelt bleibt.

Kriterien für die Priorisierung

Bei Auswahlentscheidung entsteht die Frage nach der Begründung der anzuwendenden Kriterien. Marckmann (2020, S. 299) nennt die folgenden Verteilungskriterien:

- medizinische Bedürftigkeit, die meist über den Schweregrad der Erkrankung sowie der Dringlichkeit der Behandlung festgestellt wird
- erwartbarer medizinischer Nutzen
- Kosten-Nutzen-Verhältnis

Persad et al. (2021) nennen weitergehend die Kriterien:

- Gleichbehandlung aller (Los-Verfahren, nach Reihenfolge der Anfrage)
- Bevorzugung derjenigen, die am schlechtesten gestellt sind (z. B. die Kränksten zuerst)
- Maximierung des Gesamtnutzens (Anzahl der geretteten Leben, Bevorzugung bei guter Prognose, Bevorzugung derjenigen mit der längsten erwartbaren Lebensdauer)
- soziale Priorisierung (diejenigen mit einer wichtigen Aufgabe werden priorisiert; wer am meisten beigetragen hat, wird priorisiert)

Die Autoren betonen, dass keiner dieser einfachen Grundsätze alle moralisch relevanten Werte berücksichtigt. Darüber hinaus hängen Verteilungsentscheidungen dann davon ab, welches Kriterium favorisiert wird. Entsprechend problematisiert Marckmann (2020, S. 298) auch die formalen Kriterien unter denen Verteilungsentscheidungen zustande kommen, wie z. B. die Transparenz, Konsistenz und Legitimität von Entscheidungen, die Differenziertheit der Begründungen, die Evidenzbasierung, die Partizipationsmöglichkeiten, die Frage der Lösung von Interessenkonflikten sowie Widerspruchsmöglichkeiten.

Es ist offenkundig, dass es bislang kein Procedere für eine derartige komplexe Abwägung gibt. Die aktuelle Regelung im Rahmen der gesetzlichen Krankenversicherung in Deutschland erscheint zunächst gerecht, weil keine krankheitsbezogenen Indikationsbegrenzungen vorgenommen werden. Allerdings werden schwerer Erkrankte, die nicht ausreichend initiativ sein können, benachteiligt. Es wird explizit nicht auf die Bevorzugung von bedürftigeren Personen abgezielt, Kosten-Nutzen-Überlegungen werden nicht angestellt. Die weitgehende Auswahlbefugnis durch die Leistungserbringer kann nur dann gerechtfertigt werden, wenn es keine Rationierung gibt. Die implizite Rationierung stellt dies in Frage. Damit steht auch die ethische Vertretbarkeit des aktuellen Verteilungssystems auf schwachen Füßen und sollte überdacht werden.

17.5.2 Was tun beim Wunsch nach körperlicher Nähe in der Psychotherapie?

Beispiel

Ein Psychotherapeut fühlt sich von seiner Patientin erotisch angezogen und beobachtet bei sich Fantasien über eine sexuelle Begegnung. Konkretes Verhalten zur Umsetzung dieser Fantasien (Flirt-Verhalten, Anspielungen, Gesprächslenkung zu sexuellen Themen o. ä.) hat nicht stattgefunden.

Welcher Umgang mit dieser Situation ist vom Therapeuten zu erwarten?

Eine solche Situation ist – empirisch betrachtet – nicht ungewöhnlich. Eine Befragung von 758 Psychotherapeutinnen und Psychotherapeuten in Belgien ergab, dass 70 % der Therapeutinnen und Therapeuten sexuelle Attraktion gespürt haben, 25 % über eine romantische Beziehung fantasierten und 22 % eine Umarmung am Ende der Sitzung angemessen fanden (Vesentini et al., 2021). Die psychotherapeutische Situation ist daher eine Risikosituation für Grenzverletzungen. Martin & Beaulieu (2024) beschreiben, dass in Bezug auf sexuelle Grenzverletzungen männliche Täter in der Mitte ihres Berufslebens überrepräsentiert sind, während die Opfer zumeist Patientinnen sind. Ähnliche Ergebnisse finden Clemens et al. (2021).

Strafbar nach § 174c StGB sind sexuelle Handlungen, die unter Ausnutzung des Behandlungsverhältnisses erfolgen. Die Berufsordnungen von Ärzten und Psychotherapeuten in den verschiedenen Ländern sind nicht ganz einheitlich. Die Berufsordnung für Psychologische Psychotherapeuten in Baden-Württemberg untersagt sexuelle Beziehungen während der Behandlung (§ 8, Abs. 3) und einer mindestens einjährigen Karenzzeit nach Behandlungsende (§ 8, Abs. 4). Die Kammern sind für die Berufsaufsicht zuständig und haben die Möglichkeit, Verstöße bis hin zum Entzug der Approbation zu sanktionieren. Die o. g. berufsethischen Leitlinien dienen dagegen primär der Sensibilisierung und Orientierung. Insbesondere wird hier das Machtgefälle zwischen Therapeut und Patientin herausgearbeitet und sexuelle Kontakte werden entsprechend als Machtmissbrauch bewertet, der selbstverständlich moralisch inakzeptabel ist. Die Verantwortung dafür wird allein dem Therapeuten zugeschrieben.

Die Überlegungen in diesem Abschnitt setzen voraus, dass es noch nicht zu unangemessenem Verhalten gekommen ist. Gedanken oder Impulse mit sexuellen Inhalten sind nicht strafbar oder berufsrechtlich untersagt. Jedoch sind sie nicht ohne ethische Implikation. Sexuelle Fantasien stellen sicher ein Warnsignal für ein erhöhtes Risiko einer Grenzverletzung dar (»yellow flag«, Schleu, 2021, S. 261).

Die prinzipienethische Abwägung in dieser Situation könnte dabei wie folgt aussehen:

- *Prinzip der Schadensvermeidung:* Abzuwägen sind die Risiken einer Grenzüberschreitung einerseits und eines Therapieabbruchs andererseits. Die möglichen Schäden aufgrund eines sexuellen Missbrauchs sind vielfältig beschrieben und gravierend. Daher ist ein Therapieabbruch eine naheliegende und ernsthaft in Betracht zu ziehende Konsequenz. Aber auch ein Therapieabbruch ist nicht ohne Risiko. Es ist denkbar, dass durch einen solchen Abbruch das Vertrauen der Patientin zum Hilfesystem Schaden nimmt und eine erfolgreiche Behandlung an anderer Stelle damit erschwert wird. Ein verantwortlicher Umgang des Therapeuten mit seinen eigenen Impulsen, u. a. mit Hilfe von Supervision und Intervision könnte es ermöglichen, dass seine Beziehungsgestaltung im angemessenen und hilfreichen Rahmen bleibt. Der richtige Weg zur Risikominimierung ist daher nicht a priori klar und die Wahrscheinlichkeiten eines jeweils schädlichen Ausgangs sind nicht objektiv bestimmbar. Nach Auffassung des Verfassers ist der angemessene Umgang mit dieser Situation, über das Auftreten der erotischen oder sexuellen Impulse in Supervision oder Intervision, ggf. auch in einer ethischen Beratung, zu sprechen. Das Bedürfnis nach Verheimlichung hingegen sollte zum Anlass genommen werden, die Therapie abzubrechen. Nicht wegen der Impulse oder Fantasien, sondern wegen der Verheimlichung und dem damit verbundenen Risiko trägt der Therapeut in dieser Situation die volle Verantwortung für eine potenziell auftretende Grenzverletzung.
- *Prinzip der Selbstbestimmung:* Das in den berufsethischen Leitlinien beschriebene Machtgefälle zwischen Therapeut und Patientin impliziert die Annahme einer eingeschränkten Fähigkeit zur Selbstbestimmung. Diese Einschränkung entsteht aus der vulnerablen Situation einer behandlungsbedürftigen psychischen Erkrankung und der Schwierigkeit, einen Therapieplatz zu finden. Zu unterscheiden sind hier a) das Recht auf Selbstbestimmung, das natürlich fortbesteht, und b) die Fähigkeit zur Ausübung dieser Selbstbestimmung (Birnbacher, 2022). Die Aufgabe des Therapeuten wäre die Unterstützung der Patientin dabei, selbstbestimmt zu handeln, wohingegen die Ausnutzung der Einschränkung der Fähigkeit zur Selbstbestimmung moralisch verwerflich ist.
- Damit ist auch das *Prinzip der Fürsorge* angesprochen, die sich auf die Wiederherstellung der Selbstbestimmungsfähigkeit beziehen könnte. Diese beiden Prinzipien stehen auch hier in einem Spannungsverhältnis (Gather & Scholten, 2021). Berichte über Motive der Täter nennen gelegentlich, dass diese ihr Verhalten als fürsorglich beschreiben, indem sie Erfahrungen von emotionaler Nähe und Anerkennung ermöglicht hätten. Die oben genannten Ausführungen zur Schadensvermeidung lassen jedoch unschwer erkennen, dass es sich hierbei um wohlfeile Rechtfertigung und nicht um tragfähige Ergebnisse einer ethischen Abwägung handelt. Die Fürsorgepflicht würde auch im Fall eines Therapieabbruchs erfordern, die Patientin bestmöglich dabei zu unterstützen, an anderer Stelle eine hilfreiche Behandlung zu erhalten.

Es wird erkennbar, dass in solchen komplexen Situationen keine einfachen ethischen Problemlösungen zu erwarten sind. Die Patientinnen und Patienten haben jedoch Anspruch auf eine bestmögliche Abwägung der Alternativen. Bei der Abwägung sind Kenntnis der ethischen Argumentationslinien, Supervision und Intervision, vor allem aber auch die Bereitschaft zur Selbstreflexion im offenen Gespräch mit Kolleginnen und Kollegen hilfreich. Jede Bemühung, solche Räume zu schaffen und zu erhalten, ist wertvoll und sollte von allen Beteiligten gefordert bzw. unterstützt werden.

Prüfungsfragen

1. Nennen Sie die ethischen Prinzipien nach Beauchamps & Childress. Welche Probleme ergeben sich bei der Verwendung dieser Prinzipien in einer ethischen Fallbesprechung?
2. Welche berufsrechtlichen und berufsethischen Leitlinien kennen Sie, welche Funktion können diese für Sie haben?
3. Skizzieren Sie die ethischen Erwägungen zum Umgang mit erotischen oder sexuellen Fantasien von Therapeutinnen und Therapeuten.

Antworten

1. Die Prinzipien sind: Schadensvermeidung, Selbstbestimmung, Fürsorge, Gerechtigkeit. Das wesentliche Problem ist, dass diese Prinzipien nicht ohne Widerspruch untereinander bleiben und dass Verhaltenskonsequenzen oft nicht eindeutig sind.
2. Berufsrecht: Berufsordnungen der zuständigen Kammer. Die Kammern haben die Berufsaufsicht und können Verstöße sanktionieren, bis hin zum Entzug der Approbation. Ethische Leitlinien der Fachverbände, z. B. DGPS, BDP, EABCT, DGVT, dienen der Orientierung und Sensibilisierung.
3. Das führende Prinzip ist die Schadensvermeidung. Die Fortsetzung der Behandlung steht in Frage und erfordert in jedem Fall Reflexion und Supervision. Geheimhaltung solcher Fantasien wäre ein Grund für den Therapieabbruch. Die Verantwortlichkeit des Therapeuten ist wichtig und unersetzbar.

Literatur

Beauchamp, T. L. (2021). Der »Vier-Prinzipien«-Ansatz in der Medizinethik. In N. M. Biller-Andorno, S., Krones, T., Eichinger, T. (Hrsg.), *Medizinethik* (S. 71–90). Springer.

Beauchamp, T. L., & Childress, J. F. (2019). *Principles of biomedical ethics* (8th ed.). Oxford University Press.

Birnbacher, D. (2022). Autonomie – Konzepte und Konflikte. In A. Riedel & S. Lehmeyer (Hrsg.), *Ethik im Gesundheitswesen* (S. 493–507). Springer.

Clemens, V., Brähler, E., & Fegert, J. M. (2021). #patientstoo – Professional sexual misconduct by healthcare professionals towards patients: a representative study. *Epidemiology and Psychiatric Sciences*, *30*, e50.

EABCT – European Association for Behavioural and Cognitive Therapies (2022). *Ethical Charter.* https://eabct.eu/ethical-charter/ (Zugriff am 13.8.2025).

EFPA – European Federation of Psychologists' Associations (2005). *Meta-Code of Ethics.* https://www.efpa.eu/sites/default/files/2023-04/meta-code-of-ethics.pdf (Zugriff am 13.8.2025).

DGVT – Deutsche Gesellschaft für Verhaltenstherapie (2024). *Ethische Rahmenrichtlinien der DGVT.* https://www.dgvt.de/der-dgvt-verein/ethische-rahmenrichtlinien-und-verfahrensordnung/ (Zugriff am 13.8.2025).

Gather, J., & Scholten, M. (2021). Ethisches Spannungsfeld – Patientenselbstbestimmung und professionelle Fürsorge. In A. Riedel & S. Lehmeyer (Hrsg.), *Ethik im Gesundheitswesen* (S. 509–518). Springer.

Marckmann, G. (2020). Mittelverteilung im Gesundheitswesen. In U. Wiesing (Hrsg.), *Ethik in der Medizin* (S. 287–294). Reclam.

Marckmann, G., Bormuth, M., & Wiesing, U. (2020). Allgemeine Einführung in die Medizinische Ethik. In U. Wiesing (Hrsg.), *Ethik in der Medizin* (S. 23–37). Reclam.

Martin, G. M., & Beaulieu, I. (2024). Sexual Misconduct: What Does a 20-Year Review of Cases in Quebec Reveal about the Characteristics of Professionals, Victims, and the Disciplinary Process? *Sexual Abuse-a Journal of Research and Treatment*, *36*(5), 511–545.

Musschenga, A. W. (2021). Empirische Ethik, Kontextsensitivität und Kontextualismus. In N. Biller-Andorno, S. Monteverde, T. Krones, & T. (Hrsg.), *Medizinethik* (S. 71–90). Springer.

Persad, G., Wertheimer, A., & Emanuel, E. J. (2021). Grundsätze für die Allokation knapper medizinischer Interventionen. In N. Biller-Andorno, S. Monteverde, T. Krones, & T. Eichinger (Hrsg.), *Medizinethik* (S. 301–328). Springer.

Schleu, A. (2021). *Umgang mit Grenzverletzungen. Professionelle Standards und ethische Fragen in der Psychotherapie.* Springer.

Steinkamp, N. L., & Gordijn, B. (2005). *Ethik in Klinik und Pflegeeinrichtung.* Luchterhand.

Steinkamp, N. L., Gordijn, B., & ten Have, H. (2021). Die Debatte über die ethische Expertise. In N. Biller-Andorno, S. Monteverde, T. Krones, & T. Eichinger (Hrsg.), *Medizinethik* (S. 277–300). Springer.

Vesentini, L., Van Overmeire, R., Matthys, F., et al. (2021). Psychotherapists' attitudes to intimate and informal behaviour towards clients. *Psychological Medicine*, *51*(11), 1807–1813.

Vollmann, J. (2017a). Grundlagen ethischer Falldiskussionen. In J. Vollmann (Hrsg.), *Ethik in der Psychiatrie. Ein Praxisbuch* (S. 178–187). Psychiatrie-Verlag.

Vollmann, J. (2017b). Klinische Ethikkomitees und klinische Ethikberatung. In J. Vollmann (Hrsg.), *Ethik in der Psychiatrie. Ein Praxisbuch* (S. 178–187). Psychiatrie-Verlag.

Vollmann, J. (2021). Methoden der ethischen Falldiskussion. In N. Biller-Andorno, S. Monteverde, T. Krones, & T. Eichinger (Hrsg.), *Medizinethik* (S. 329–346). Springer.

Wiesing, U. (2020). Ärztliche Verantwortung bei der Allokation. In U. Wiesing (Hrsg.), *Ethik in der Medizin* (S. 314–316). Reclam.

WMA – World Medical Association (2016). *Handbuch der ärztlichen Ethik.* https://www.wma.net/wp-content/uploads/2016/11/ethics_manual_german.pdf (Zugriff am 13.8.2025).

WMA – World Medical Association (2024). *WMA Declaration of Helsinki – Ethical Principles for Medical Research Involving Human Participants* https://www.wma.net/policies-post/wma-declaration-of-helsinki/ (Zugriff am 13.8.2025).

Weiterführende Literatur

Schleu, A. (2021). *Umgang mit Grenzverletzungen. Professionelle Standards und ethische Fragen in der Psychotherapie.* Springer.

Steger, F. & Brunner, J. (2019) *Ethik in der psychotherapeutischen Praxis: Integrativ – fallorientiert – werteplural.* Kohlhammer.

II Methoden und Techniken der Verhaltenstherapie

18 Operante Verfahren

Ute Wesselmann

Ute Wesselmann

Das Wichtigste auf einen Blick

- Operante Verfahren und Methoden werden in ihrer Bedeutung oftmals unterschätzt. Bei nahezu jeder Verhaltenssteuerung, ob im Alltag oder im therapeutischen Prozess, sind operante Mechanismen beteiligt.
- Mithilfe operanter Methoden kann Verhalten zum einen aufgebaut und modifiziert werden (z. B. über Shaping, Chaining oder Prompting), zum anderen kann die Auftretenswahrscheinlichkeit von bereits vorhandenem Verhalten (durch Stimuluskontrolle oder operante Verstärker im Rahmen eines Kontingenzmanagements) erhöht werden. Das Fading-out der Verstärker dient der langfristigen Stabilisierung und der Überführung des Verhaltens ins Selbstmanagement.
- Soll die Auftretenswahrscheinlichkeit von dysfunktionalem Verhalten reduziert werden, ist die direkte Bestrafung ungeeignet, zumal sie allenfalls Verhalten unterdrückt. Indirekte Bestrafung in Form von Time-out, Response-cost und Löschung findet sich als Bestandteil vieler komplexer Therapiestrategien zur Verhaltenssteuerung.
- Im therapeutischen Alltag findet im Allgemeinen eine Kombination operanter Methoden statt, um komplexe Verstärkersysteme zur Beeinflussung mehrerer Verhaltensweisen zu erwirken. Hier sind insbesondere Verhaltensverträge und Token-economy-Systeme zu nennen.
- Ein Token-System dient dazu, eine oder mehrere Zielverhaltensweisen zu verstärken. Token-Programme sind insbesondere dann hilfreich, wenn ein unmittelbar wirksamer (z. B. primärer) Verstärker fehlt, erst eine sehr langfristige Belohnung zu erzielen wäre, Patienten jedoch mit diesem »Belohnungsaufschub« überfordert wären. Entsprechend kommen sie bei Kindern, Patienten und Patientinnen mit geistiger Retardierung, Suchterkrankungen oder psychotischen Erkrankungen zum Einsatz. Eine genaue Planung der Umtauschplanung und des Fading-outs ist sehr bedeutsam. Der allgemeine Organisationsaufwand, gerade im stationären Setting, wird oft unterschätzt.

18.1 Einführung

Therapeutische Interventionen, die gezielt den Lernmechanismus der operanten Konditionierung nutzen, werden als operante Verfahren bezeichnet. Sie gehen zurück auf das Paradigma der operanten Konditionierung von B. F. Skinner (1904–1990) und sind in der Verhaltenstherapie von enormer Bedeutung, werden paradoxerweise zugleich eher wenig geliebt und gelehrt.

Dabei sind bei nahezu jeder Verhaltenssteuerung, ob im Alltag oder im therapeutischen Prozess, operante, also Konsequenzen-geleitete, zielgerichtete Mechanismen beteiligt. Eine Vielzahl von alltäglichen Kulturtechniken und Verhaltensfertigkeiten werden mehr oder weniger bewusst durch operante Verfahren erworben. Schule ist bereits ein von vornherein auf die Anwendung operanter Methoden hin konzipiertes System. Shaping, Response-cost, Token-Verträge und implizite Kontingenzverträge sind integraler Bestandteil jeder Schulausbildung. Auch als Erwachsene sind wir stets der Wirksamkeit operanter Methoden ausgesetzt. Jeglicher Erwerb von Normen und Regeln im persönlichen Sozialisationsprozess wird erst durch die Anwendung operanter Methoden möglich – man denke an Verstärkerprogramme für Leistungen (Boni), Treuepunkte und Streak-Funktionen in Apps und sozialen Medien, aber eben auch an Löschungs- und Bestrafungsbedingungen für unerwünschtes Verhalten (»Punkte in Flensburg«). Auch die Entstehung und Aufrechterhaltung einer Vielzahl von psychischen Störungen lässt sich operant erklären. Der Verstärkerverlust bei der Depression ist ebenso wie das Vermeidungsverhalten bei Angsterkrankungen durch operante Aufrechterhaltung begründet.

Der Begriff »operant« im Sinne instrumentellen Lernens wurde insbesondere durch Skinner (1988) geprägt und besagt, dass die Auftretenswahrscheinlichkeit von Verhalten wesentlich durch die nachfolgenden Konsequenzen gesteuert wird.

Merke

In der Verhaltenstherapie finden operante Methoden seit Jahren eine breite Anwendung und dienen dem Aufbau, der Ausformung und der Stabilisierung neuen Verhaltens. Operante Verfahren mögen im Glanz der Flut spannender Interventionen der Dritte-Welle-Verfahren verstaubt und mechanistisch wirken und erfahren wenig Aufmerksamkeit in Lehre und Forschung. De facto gehören sie jedoch zu den wichtigsten, am besten evaluierten und entsprechend breit anwendbaren Verfahren, die implizit in vielen modernen Interventionen und Techniken auftauchen.

Anwendbar sind operante Techniken in der Arbeit mit Kindern, Jugendlichen und Erwachsenen, in diversen (niederschwelligen) Settings und bei nahezu sämtlichen psychischen Störungsbildern. Gerade bei kleineren Kindern (< 8 Jahre) haben operante Methoden aufgrund der noch nicht abgeschlossenen kognitiven Reifeentwicklung einen besonders hohen Stellenwert. Darüber hinaus sind sie auch außerhalb des klinisch-psychotherapeutischen Bereichs – z. B. Schule, Management, Coaching oder Personalführung – nicht wegzudenken. Hinzu kommt, dass der Transfer von Erlerntem im Zuge des Selbstmanagements ebenso von operanten Strategien getragen wird wie die therapeutische Beziehung selbst. Voraussetzung operanter Techniken ist eine präzise Verhaltensanalyse, die ihrerseits die Basis einer zugeschnittenen und realistischen Zielplanung ist. An jedem Punkt der SORKC-Verhaltensgleichung nach F. Kanfer können operante Interventionen ansetzen, wobei es insbesondere die Stimuli *(S)* und die Konsequenzen *(C)* sind, auf die operante Verfahren abzielen.

Scheinen die Methoden im Einzelnen einfach zu sein, erfordert ihr Einsatz doch eine präzise Kenntnis der an der Entstehung und Aufrechterhaltung beteiligten Faktoren und eine genaue und durchdachte Planung. Diese ist umso bedeutsamer, da im Allgemeinen operante Strategien miteinander kombiniert werden und erst im Rahmen eines komplexen Therapiekonzeptes Wirksamkeit entfalten.

18.2 Theoretische und methodische Grundlagen

E. L. Thorndike (1911) legte mit seinen tierexperimentellen Untersuchungen an hungrigen Katzen, die sich in mehreren Durchgängen aus »Problemkäfigen« befreien mussten, den Grundstein systematischer Untersuchungen zu operanten Verfahren.

Er formulierte basierend auf seinen Forschungsergebnissen das Gesetz des Effektes, dem zufolge Verhalten durch seine Konsequenzen modifiziert wird. Dies besagt, dass Verhalten, das zu einer angenehmen Konsequenz führt, in Zukunft häufiger auftreten wird, eine unangenehme Konsequenz hingegen die Auftrittswahrscheinlichkeit reduziert.

B. F. Skinner (1938) differenzierte Thorndikes Lerngesetz weiter aus. Anders als Thorndike verstärkte er jede kleinstmögliche Verhaltensveränderung von Tieren (v. a. Ratten und Tauben) und arbeitete auf diese Weise verschiedene Verstärkerarten und Mechanismen (Shaping und Chaining, s. u.) heraus.

In Abgrenzung zu bloßem respondentem Verhalten der klassischen Konditionierung, bei dem der Organismus reflexhaft reagiert, prägte Skinner den Begriff der operanten Konditionierung, bei dem der Organismus seinerseits auf die Umwelt eingreift und einwirkt (Skinner 1963). Im Rahmen operanter Konditionierung ist also eine Veränderung der Auftretenswahrscheinlichkeit von Verhalten möglich, ohne dass auf die Ursachen/die Entstehung des Verhaltens eingegangen werden muss. Diese operante Steuerung erfolgt durch sogenannte Verstärker, die ihrerseits innerhalb eines Plansystems ihre Wirkung auf Verhaltenserwerb, Verhaltensstabilisierung, aber auch Verhaltensabbau erzielen.

18.2.1 Verstärkung und Verstärkerarten

Erwerb, Ausformung und Auftretenswahrscheinlichkeit von Verhalten kann, was therapeutisch nutzbar gemacht wird, also durch den gezielten Einsatz von Verstärkern gesteuert werden. Wir unterscheiden dabei die direkte und indirekte Verstärkung (Auftretenswahrscheinlichkeit steigt) von direkter und indirekter Bestrafung (Auftretenswahrscheinlichkeit sinkt).

Die direkte Verstärkung (C^{+}) erfolgt durch als angenehm erlebte Stimuli und Ereignisse, z. B. Nahrung, sexueller Kontakt oder Geld. Die indirekte Verstärkung $(\not{C}^{-})$ wirkt durch das Entfallen einer zuvor antizipierten negativen Konsequenz (wie Angst, Entzugssymptome, Gewichtszunahme oder einer Blamage).

Eine direkte Bestrafung (C^{-}) (z. B. Schimpfen, Schmerz, starker Lärm) ist im therapeutischen Kontext selten, da es Verhalten im Allgemeinen nur unterdrückt, nicht aber nachhaltig verändert. Daher wird es nur als Ultima Ratio eingesetzt. Anders verhält es sich mit der indirekten Bestrafung $(\not{C}^{+})$, bei der ein erwartetes Privileg eingebüßt wird. Alltagsbeispiele wären Fernsehverbot, Taschengeldentzug oder eine Mietminderung. Im therapeutischen Setting kommt der indirekten Bestrafung z. B. im Rahmen von Verhaltensverträgen (Sport- oder Handyverbot bei Gewichtsabnahme, Ausschluss aus einer Therapiegruppe nach unangemessenem Verhalten) eine besondere Bedeutung zu.

Beim Einsatz von direkten Verstärkern unterscheiden wir primäre von sekundären Verstärkern, wobei primäre Verstärker auf menschliche Grundbedürfnisse abzielen (Essen, Trinken, Schlafen, Sexualität) und damit prinzipiell limitiert, da sättigbar sind und im therapeutischen Alltag als Verstärkungsprinzip nicht unbedingt eine wesentliche Rolle spielen. Sekundäre Verstärker hingegen, also solche, die ihre Wirkkraft erst durch Konditionierung erwerben müssen (Geld, Titel, Noten, Lob), sind besonders einflussreich und relevant in der therapeutischen Verhaltenssteuerung.

Schließlich kann man noch intrinsische Verstärker von extrinsischen unterscheiden. Intrinsische Verstärker zielen auf die Erfüllung eigener Vorstellungen oder Werte ab (ein guter Mensch zu sein, eine spirituelle Belohnung zu erwarten) oder beziehen sich auf Handlungen, die der positiven Innenregulation dienen (Tanzen, Entspannen, Sport). Extrinsische Verstärker kennen wir in materieller (Geld, Statussymbole) oder in sozialer Form (Anerkennung, Zuwendung, Lächeln).

Ein therapeutisch eingesetzter Verstärker muss passgenau ausgesucht werden. So kann man ein Kind nicht mit Schokolade verstärken, wenn es Schokolade nicht mag oder es über einen beträchtlichen Vorrat an Schokoladentafeln verfügt. Auch Statussymbole wie Dienstwagen oder Bürogröße können an der Bedürfnislage von z. B. mancher Arbeitnehmerin vorbeigehen, die einen höheren Grad an zeitlicher Flexibilität oder Anerkennung viel mehr als Verstärker wahrnehmen würde. Auch die verstärkende Person selbst kann im Zweifelsfall als Verstärker ungeeignet sein.

Lobt eine Mutter das Outfit ihrer 14-jährigen Tochter, hat dies einen anderen Verstärkerwert als das Lob eines gleichaltrigen Peers.

Der Zeitabstand (kurz- oder langfristig) zum Verhalten spielt ebenfalls eine entscheidende Rolle bei der Verhaltenssteuerung. So sind kurzfristige Verstärker (allen voran die negative Verstärkung $\not{C}^{-}$) absolut entscheidend in der operanten Verhaltenssteuerung und -stabilisierung, während die langfristigen Konsequenzen nur unter Zuhilfenahme kognitiver und emotionsregulierender Techniken (Toleranz aversiver Gefühle, Belohnungsaufschub) zu erreichen sind.

18.2.2 Verstärkerpläne

Verhalten wird durch unterschiedliche Verstärkungsmuster beeinflusst. Eine komplett kontinuierliche (insbesondere positive) Verstärkung ist im Alltag eher selten zu finden, im therapeutischen Setting für einen raschen Verhaltensaufbau jedoch sinnvoll. Wird eine Verhaltensweise nicht jedes Mal verstärkt, spricht man von einer intermittierenden Verstärkung. Durch sie wird eine neue Verhaltensweise langsamer erlernt, jedoch dafür nachhaltiger, ist daher auch schwerer zu löschen (Beispiel: intermittierende Verstärkung beim Glücksspiel).

Bei der intermittierenden Verstärkung kann die Konsequenz im Rahmen verschiedener Muster dargeboten werden: So kann sie immer einer bestimmten Anzahl von Reaktionen nachfolgen (Quotenplan, Beispiel: Stempelkarte beim Bäcker) oder kann zeitbasiert erteilt werden (Intervallplan, Beispiel: Gehalt). Dabei können Zahl und Intervall konstant bleiben oder variieren und damit die Stetigkeit des Verhaltens beeinflussen (Beispiel: unregelmäßige, nicht angekündigte Vokabeltests führen zu kontinuierlichem Lernverhalten, angekündigte Tests eher zu unstetigem Lernverhalten).

Merke

Lernen wird im Anfangsstadium durch kontinuierliche Verstärkung erleichtert, die Stabilisierung wird durch intermittierende Verstärkung erreicht. Dabei führen variable Pläne eher zu stetigem Verhalten, feste Pläne zu unstetigem Verhalten. Auch eine anfangs hohe raumzeitliche Nähe (Kontiguität) des Verstärkers erleichtert einen raschen Verhaltenserwerb.

18.3 Praktische Vorgehensweise und Abläufe

In der therapeutischen Anwendung unterscheiden wir Methoden, die Verhalten, das noch nicht im Repertoire verfügbar ist, auftrainiert, von Methoden, die bereits erlerntes Verhalten wahrscheinlicher oder eben – sofern dysfunktional – unwahrscheinlicher werden lässt.

18.3.1 *Wir lernen das jetzt:* Methoden zum Erwerb und Aufbau von Verhalten

Der Aufbau eines neuen Verhaltens ist dann indiziert, wenn ein vollständiges Verhaltensdefizit (Ablehnen von Alkohol oder Aufschub eines Bedürfnisses) besteht oder aber das gezeigte Verhalten moduliert oder ausgefeilt werden soll.

Dies kann ein komplexes sozial kompetentes Verhalten ebenso betreffen wie den Erwerb von Tischmanieren bei einem Kind. Komplexe Verhaltensmuster (selbstsicheres Verhalten, sogenanntes gegenteiliges Handeln bei der Gefühlsregulation oder der Aufbau eines gesunden Essverhaltens) können sinnvollerweise, abhängig von den vorhandenen Ressourcen, in kleine und kleinste Schritte zerlegt werden und der Patient oder die Patientin bei der Durchführung hin zum komplexen Zielverhalten geduldig unterstützt werden.

Die in Folge beschriebenen Techniken fließen in impliziter Form in komplexere Methoden ein, beispielsweise beim Erwerb selbstsicheren Verhaltens in sozialen Situationen, beim Aufbau verbaler Äußerungen eines mutistischen Kindes oder dem Etablieren einer neuen Ernährungs- oder Sportroutine. Sie stehen insbesondere dann im Vordergrund, wenn nicht ausreichend auf Selbstmanagement und eigene Verhaltensplanung vertraut werden kann (intelligenzgeminderte Personen, Kinder, Patientinnen oder Patienten mit ADHS). Die Aufrechterhaltung, also die Überführung des Erlernten ins Selbstmanagement, ist das Ziel. Dies gelingt durch ein gut platziertes Fading-out (s. u.) und weiterhin durch Vermittlung von Techniken der Selbstkontrolle (▸ Kap. 19).

Folgende operante Methoden können eingesetzt werden:

Im Rahmen des *Shapings* wird komplexes Verhalten quasi Step by step vom ersten Lernschritt ausgehend aufgebaut und bei jedem Schritt auch zunächst systematisch verstärkt. Die Verstärkung für die ersten Lernschritte wird kontinuierlich reduziert und schlussendlich erfolgt die Verstärkung nur noch für das Zielverhalten. Shaping findet Einsatz bei der Dressur von Tieren, bei der Erziehung kleiner Kinder (Ankleiden, Tischmanieren), in der Schule (Schreiben lernen), aber natürlich auch im therapeutischen Setting, z. B. im Rahmen des sozialen Kompetenztrainings, bei dem zunächst im Therapieraum, später im persönlichen Umfeld und schließlich in komplexeren, anspruchsvolleren beruflichen Situationen kompetentes Verhalten eingeübt wird. Hierbei wird jeder Schritt (z. B. zunächst kurze verbale Äußerungen, diese dann mit Einsatz lauterer Stimme, dann unter Zuhilfenahme nonverbaler Ausdrucksformen, schließlich umfangreichere Statements) jeweils trainiert und verstärkt.

Beispiel

Ein Kind mit einem ADHS, das Schwierigkeiten mit der Handlungsplanung zeigt, wird angehalten, seine Hausaufgaben selbständig zu erledigen. Jeder einzelne Schritt (Vorbereiten des Arbeitsplatzes, Bereitlegen der Materialien, Festlegen des zu bearbeitenden Pensums, Erledigen des Aufgetragenen, Korrektur ...) wird verstärkt.

Auch der Einsatz sogenannter »Mini-Habits« (Guise 2021) kann als Shaping aufgefasst werden. Beim Konzept der Mini-Habits wird jeweils – statt einer inhaltlichen Vorgabe – eine quantitative Vorgabe erarbeitet, die ihrerseits so klein (mini) bemessen ist, dass Gefühle der Aversion oder Überforderung gering genug bleiben, um reguliert bzw. überwunden zu werden. Dies ist z. B. bei Prokrastinationsverhalten sehr erfolgversprechend und ähnelt der sogenannten Pomodoro-Technik von Cirillo (2013).

Beispiel

Eine Patientin mit einem ADHS beschließt, an der ungeliebten Bachelorarbeit in Woche 1 täglich genau 10 Minuten zu arbeiten. Dies wird jeweils operant verstärkt, indem ein kleiner Geldbetrag zur Seite gelegt wird, der in einen Konzertbesuch verwandelt werden soll. In Woche 2 erfolgt eine entsprechende Erweiterung der Arbeitszeit, die ihrerseits den (leicht messbaren) Erfolg darstellt.

Beim *Chaining* erfolgt hingegen ein Verhaltensaufbau top-down, es wird also vom Ziel her gearbeitet, was gerade bei komplexen Handlungsabläufen sinnvoll sein kann. Dies setzt voraus, dass Teile der Verhaltenskette bereits gelernt wurden (z. B. durch Shaping) und im Rahmen einer Rückwärtsverkettung (Backward chaining) zusammengesetzt werden (siehe Margraf et al., 2018). Verstärkung erhält der Patient oder die Patientin entsprechend für immer längere und komplexere Handlungsabläufe und schließlich auch mit immer größerem Zeitabstand. So lernt ein Grundschulkind die Bewältigung des Schulweges, indem es zunächst die letzten 100 Meter unbegleitet zur Schule geht, schließlich die vorausgehende Fußgängerampel allein überquert und am Ende die gesamte Verhaltenskette inklusive Aufsetzen des Fahrradhelmes beherrscht. Beim Aktivitätenaufbau bei Patientinnen und Patienten mit Antriebsstörungen im Rahmen von Depression oder Psychosen kann die Zubereitung von Mahlzeiten mit dem Aufwärmen eines Fertiggerichtes begonnen werden, anschließend wird ein einfaches Gericht selbst zubereitet und der Tisch gedeckt, schließlich der zugehörige Einkauf mitgeplant. Jedes Verhaltenselement wirkt so als Verstärker des vorausgehenden Schrittes und als diskriminativer Stimulus des nachfolgenden Verhaltenselementes.

Beispiel

Nach selbständiger Durchsicht der Hausaufgaben wird das Kind gelobt, beim nächsten Mal wird nach erster Fertigstellung der Hausaufgaben gelobt, dann der jeweils vorangehende Schritt.

Merke

Beim Chaining *steigt* die Komplexität/der Umfang des neu erlernten Verhaltens, bevor eine Belohnung (Lob o. ä.) erfolgt, beim Shaping dagegen bleibt dieser Abstand immer gleich, da die Belohnung jeweils direkt auf den neu erlernten Schritt hin erfolgt.

Beim *Prompting* wird die Aufmerksamkeit des Lernenden verbal oder durch nonverbale Hilfestellung auf das gewünschte Verhalten gelenkt. Hier wird beispielsweise beim Rollenspiel ein »lauter Reden« souffliert, einem abgelenkten ADHS-Kind wortlos das Handy aus der Hand genommen und auf das Schulheft getippt oder einer Angstpatientin beim zögerlichen Einsteigen in den Zug eine Hand hingereicht.

Beispiel

In einem Rollenspiel werden einem Patienten, der lernen soll, sich durchzusetzen, durch Soufflieren oder Vormachen förderliche Reaktionen (verbaler oder nonverbaler Art) angeboten.

Dies unterstützende Verhalten sollte anschließend rasch wieder durch *Fading-out* zurückgenommen werden. Fading-out bedeutet entsprechend, dass die Verstärker dezenter und v. a. seltener platziert werden, um einen Transfer ins eigene Repertoire zu ermöglichen. Reize oder Hilfestellungen, die das Erlernen eines Verhaltens erleichtert haben, werden also schrittweise ausgeblendet. Dies langsame und schrittweise Ausblenden ist beim Übergang von therapeutischen Settings oder Übungssituationen auf die Alltagsumgebung des Patienten wichtig, damit schlussendlich das Verhalten von natürlichen, im Patientenalltag vorhandenen Konsequenzen gesteuert wird.

Beispiel

Verlängerung der Sitzungsabstände, Einstreuen nur noch kurzer Telefonate.

18.3.2 *Mehr davon:* Methoden zur Erhöhung der Auftretenswahrscheinlichkeit von Verhalten

Geht es nicht primär um den Erwerb, sondern auch um die *Steuerung der Auftretenswahrscheinlichkeit von Verhalten* kommen weitere operante Techniken in Betracht.

Begünstigen lässt sich die Auftretenswahrscheinlichkeit z. B. durch eine bewusste Platzierung der Schlüsselreize im Sinne einer *Stimuluskontrolle*, also der Steuerung diskriminativer Stimuli, die ein Verhalten »anschubsen«.

Vorratshaltung beliebter Schokoladenprodukte ist beispielsweise beim Binge-Eating oder einer Bulimie ebenso kontraproduktiv wie ein Aschenbecher vor dem gemütlichsten Fernsehsessel. Umgekehrt kann die Arbeitsatmosphäre einer ruhigen Bibliothek als Stimulus für konzentriertes, ablenkungsfreies Arbeiten dienen.

Beispiele

Das Platznehmen auf dem Sofa nach der Arbeit kann als Schlüsselreiz für Tiefenentspannung dienen und so dem vorab gefassten Plan, noch zum Sport zu gehen, zuwiderlaufen. Eine auf dem Beifahrersitz »geparkte« Sporttasche kann wiederum nach der Arbeit den direkten Weg ins Fitnessstudio erleichtern.

Der Besuch eines Lieblingsclubs oder der Genuss einer Zigarette kann als diskriminativer Reiz für Alkoholkonsum dienen. Vorübergehend andere Etablissements auszuwählen und neue Rituale (alkoholfreier Cocktail in einem neuen Club) können diesen »Reflex« unterbrechen.

Eine Sonderform der Verstärkung beruht auf dem sogenannten *»Premack-Prinzip«*, das nach dem amerikanische Psychologen D. Premack (1962) benannt ist und gelegentlich, da es so sehr im pädagogischen Alltag verankert ist, als »Oma-Regel« bezeichnet wird. Zu verstärkendes Verhalten (Aufräumen, Sport, Arbeiten) wird hierbei an ein weiteres attraktives Verhalten (Computerspielen, Schokolade essen, Lieblingsserie schauen) unmittelbar und regelmäßig gekoppelt, sodass das attraktive Verhalten als Verstärkung des weniger attraktiven Verhaltens fungiert.

Beispiel

Ein Kind mit ADHS darf immer dann mit dem Tablet spielen, wenn es 10 Minuten lang die Hausaufgaben erledigt hat.

Der Einsatz *negativer Verstärkung* ($C̶^-$) setzt voraus, dass ein ungünstiger Ausgangszustand besteht oder aber antizipiert wird, der durch das gewünschte Verhalten reduziert oder abgeschwächt werden kann. Dies kann therapeutisch genutzt werden, indem zuvor eingeschränkte Privilegien (Sport- oder Besuchsangebote bei Anorexie, Handygebrauch bei Prokrastination) »zurückverdient« werden können. Im Alltag ist die negative Verstärkung allgegenwärtig. Wir lernen verbissen für Prüfungen, um uns die Blamage des Scheiterns zu ersparen, wir quälen uns durch Fitnessprogramme und Raucherentwöhnungen, um Erkrankungen abzuwenden, oder nehmen nebenwirkungsreiche Medikamente, um Rückfälle zu vermeiden. Auch das Einnehmen von Schmerz- oder Schlaftabletten, die nach Einnahme ihre Wirkung zeigen, führt zu einer höheren Auftretenswahrscheinlichkeit der Medikationseinnahme.

Beispiel

Die Einnahme von Lorazepam führt zur Unterbrechung einer intensiven Anspannung. Die Wahrscheinlichkeit einer zukünftigen Benzodiazepin-Einnahme wird hierdurch deutlich erhöht.

Therapeutisch kann aber auch der Einsatz geeigneter Skills eine negative Verstärkung nach sich ziehen (leider weniger eindrücklich) und entsprechend häufiger genutzt werden.

Beispiel

Frau M. hat gelernt, dass der Einsatz einer Abfolge von Skills (Joggen, kaltes Duschen, anschließend Sudokus lösen) zu einer allmählichen Spannungsreduktion führt, und setzt diese Abfolge in Zukunft häufiger ein.

Motivational besonders wirksam ist im Allgemeinen die *positive Verstärkung* (C^+). Der Einsatz will gut geplant sein, um nachhaltig und effektiv zu sein. So sollte der Verstärker für den Adressaten relevant sein, also auf Bedürfnisse und Vorlieben der Patientin oder des Patienten zugeschnitten sein, was eine sorgfältige Exploration erfordert. Die Kontingenz sollte anfangs kontinuierlich sein, später nur noch intermittierend, um das Lernen zu beschleunigen und das Verhalten gleichzeitig löschungsresistenter zu machen. Der zeitliche Zusammenhang zwischen gewünschtem Verhalten und Verstärker sollte möglichst eng sein und später ausgedehnt werden. Variabilität des Verstärkers erhöht ebenfalls dessen Attraktivität und Wirksamkeit.

Beispiele

Beim Händewaschen vor dem Essen wird ein Kind zunächst immer, später gelegentlich gelobt.

Eine Patientin, die täglich mindestens eine Stunde an ihrer Bachelorthesis arbeitet, darf anschließend mit ihrer WG- Mitbewohnerin gemeinsam kochen.

Der Einsatz *primärer Verstärker*, die biologische Bedürfnisse adressieren, wie Essen, Trinken, Wärme usw., kommt v. a. bei Kindern, bei dementen Personen, bei Menschen mit Intelligenzminderung oder in sehr nahen Beziehungen infrage. Sie können hilfreich sein, um erste Veränderungs- oder Aufmerksamkeitsschritte zu begünstigen. So können angemessenes Essverhalten, verbale Äußerungen (bei mutistischen Kindern) oder Hygieneverhalten hiermit aufgebaut werden. Auch im Alltag wird erwünschtes Verhalten (kostenloses Frühstück nach Blutspende, Ausgabe von Energydrinks oder Snacks bei niederschwelligen sozialtherapeutischen Hilfsangeboten) mit Erfolg eingesetzt. Ein möglichst frühzeitiges Fading-out und eine Überführung in sekundäre Verstärker sind erforderlich, da dies den Transfer in verschiedene Situationen ermöglicht und einer Sättigung vorbeugt.

Sekundäre Verstärker werden nach denselben Prinzipien eingesetzt wie primäre Verstärker, haben jedoch den Vorteil, dass sie vielfältiger, ortsunabhängiger und spezifischer sind. Typische Alltagsbeispiele sind Geld, Bonusmeilen, Auszeichnungen oder Preise. In therapeutischen Settings wird häufig mit Token (Strichlisten, Büroklammern oder Stickern) gearbeitet. Therapeutische Einsatzmöglichkeiten gibt es unzählige, von Token-economy-Systemen bei Kindern mit Störungen des Sozialverhaltens über Gutscheine in der Suchttherapie bis hin zu sozialen Kontrakten bei Essstörungen.

18.3.3 *Lieber seltener:* Methoden zur Reduktion und zum Abbau von Verhalten

Methoden zum Abbau von Verhalten dienen dazu, grundsätzlich angemessenes, aber quantitativ zu häufiges (Essen) oder auch unangemessenes, dysfunktionales (Schlagen, Selbstverletzung) Verhalten zu reduzieren. Dabei ist es wichtig, ein gewünschtes Alternativverhalten herauszuarbeiten und ggf. neu aufzubauen.

Bei der *Bestrafung* folgt auf ein unerwünschtes Verhalten eine aversive Konsequenz. Hier ist zwischen einer direkten Bestrafung *(C⁻)* (z. B. körperliche Züchtigung, Aversionstherapie mit Antabus bei Alkoholismus) und einer indirekten Bestrafung *(C̸⁺)* (z. B. Gefängnisaufenthalt, Hausarrest, Fernsehverbot) zu unterscheiden.

Beispiel

Ein Beispiel *direkter Bestrafung* stellt eine Kampagne in Mumbai dar, die hupende Autofahrer »erziehen« wollte, indem eine Überschreitung von 85 Dezibel vor der Ampelanlage zu einer Verlängerung der Rotphase führte. Dies funktionierte auch, allerdings nur so lange, bis die Kampagne beendet wurde und sämtliche Autofahrer begeistert weiterhupten.

Neben berechtigten ethischen Zweifeln gibt es klare Hinweise darauf, dass insbesondere eine direkte Bestrafung tatsächlich ungeeignet ist, Verhalten langfristig abzubauen, und stattdessen nur zu einer kurzfristigen Unterdrückung von Verhalten führt (Skinner 1953).

Die Annahme liegt nahe, dass Bestrafung eher Flucht- und Vermeidungsreaktionen begünstigt, also durch diskriminatives Lernen (Abwesenheit der Chefin, Radarfallen) die Fähigkeit fördert, durch geschicktere Verhaltensweisen und Tarnmanöver der Bestrafung zu entgehen oder aber aggressiv und frustriert zu reagieren, statt günstiges Alternativverhalten aufzubauen. Hinzu kommt, dass Effekte des Modelllernens und der Beziehungsqualität zum Therapeuten als bedenklich eingeschätzt werden müssten.

Dennoch kann es Patienten und Patientinnen geben, die eine direkte (Vorsingen in einer Gruppe im Falle des Zuspätkommens) oder indirekte (Spenden an ungeliebte Partei) Bestrafung als hilfreich erleben, um gewünschtes Verhalten erst einmal aufzubauen.

Merke

- *Direkte Bestrafung* beseitigt unerwünschtes Verhalten nicht dauerhaft, sondern führt nur zu kurzfristiger Abschwächung und Unterdrückung. Daher sollte Bestrafung nur als Ultima Ratio eingesetzt werden, nämlich wenn nicht aversive Methoden erfolglos geblieben sind und ein Verzicht mit noch negativeren Folgen (Gewalt, Selbstverletzung) einhergehen würde.
- *Indirekte Bestrafung* beinhaltet Löschung, Time-out und Response-cost. Hierbei werden die das Problemverhalten aufrechterhaltenden Konsequenzen entfernt. Allerdings muss parallel am Aufbau eines zielführenderen Verhaltens gearbeitet werden.
- *Löschung* bedeutet, sämtliche Verstärker, positive wie negative, die ein Verhalten aufrechterhalten, zu entfernen.

Löschung ist zeitaufwändig und führt initial sogar oft zu einer Verhaltensverstärkung (Beispiel: das Jammern einer Patientin zu ignorieren führt dazu, dass diese ihre Bemühungen zunächst verstärkt).

Die Nicht-Beachtung (nach kurzer medizinischer Abschätzung einer Versorgungsnotwendigkeit) selbstverletzenden Verhaltens mit in Eigenregie durchgeführter Verhaltensanalyse einer Borderline-Patientin gehört ebenso hierzu wie das ausschließliche Hinzuziehen nur einer (Hilfs-)Person bei psychogenen Anfällen. Hinzu kommt, dass Löschung Zeit braucht und sehr konsequent eingesetzt werden muss, um eine intermittierende Verstärkung zu verhindern.

Das Ausbleiben jedweder Reaktion kann – abhängig vom biografischen Hintergrund (Stichwort: nicht gesehenes Kind) – auch als Bestrafung erlebt werden und zu Frustration und einer Beschädigung der therapeutischen Beziehung führen. Kontinuierlich aufgebautes Verhalten lässt sich durch Löschung rascher beeinflussen als Verhalten, das mittels intermittierender Verstärkung erlernt wurde.

Die Durchführung ist nicht so simpel, wie sie anmuten mag, da gerade in komplexeren sozialen Situationen (Familie, Klassenzimmer …) eine unübersichtliche Vielzahl von Verstärkern vorliegt, die möglichst gut identifiziert werden sollten, um eine intermittierende Verstärkung zu verhindern.

Beispiele

In der Therapiesituation kann es sinnvoll sein, Jammern eher ausdruckslos zur Kenntnis nehmen, bei konstruktivem Verhalten hingegen dieses durch Lebendigkeit und gezeigtem Interesse zu verstärken.

Das Schreien des Kindes an der Supermarktkasse wird ignoriert, konstruktives Verhalten (Auflegen der Waren auf das Band) verstärkt.

Das *Time-out* kommt zur Anwendung, wenn nicht alle Verstärkungen für das Problemverhalten identifizierbar oder verhinderbar sind. Es sollen alle potenziellen Verstärkungen schlagartig unerreichbar gemacht werde. Ignorieren oder Time-out sollten nur im Zusammenhang mit einer positiven Verstärkung des gewünschten Verhaltens angewendet werden. Die Time-out-Zeit sollte maximal 20 Minuten betragen. Wichtig ist, den gewählten Time-out-Raum deutlich unattraktiv im Sinne fehlender Beschäftigungsmöglichkeiten zu gestalten.

Beim Time-out wird in der Regel die Person aus einer Situation, in der das Problemverhalten aufgetreten ist, entfernt. Sie wird an einen (zuvor vereinbarten) neutralen Ort gebracht, von dem angenommen wird, dass dort die Verstärkungsbedingungen (z. B. Klassenkameraden, Mitpatienten …) nicht vorhanden sind.

Beispiel

Eine Patientin wird nach erfolgter Selbstverletzung vereinbarungsgemäß auf ihr Zimmer begleitet, wo sie ihre

Wunden selbst versorgt und in dem sie über einen vereinbarten Zeitraum verbleibt.

Beim *Response-cost* werden vorher erworbene primäre oder sekundäre Verstärker für das Auftreten eines Problemverhaltens entzogen. Das Problemverhalten kostet also etwas, das man vorher bereits verdient hatte. Dies können Privilegien wie Telefonate oder Sport innerhalb des Therapievertrags einer anorektischen Patientin sein oder aber vereinbarte Token (Smileys, Aufkleber), die im Rahmen der ADHS-Behandlung zuvor erarbeitet wurden.

Dieses Verfahren wird meist im Rahmen eines Token-Programms angewandt, bei dem für ein erwünschtes Verhalten Punkte, Chips oder ähnliche Token (also Symbole, deren Verstärkerwert nur innerhalb des vereinbarten Systems gegeben ist) erworben wurden.

Beispiel

Im Rahmen eines Behandlungsvertrages erhält eine anorektische Patientin vereinbarte Privilegien (Besuch, Handynutzung), sofern die vereinbarte Gewichtszunahme erreicht wird. Bei Nichterreichen entfallen diese Privilegien.

Sämtliche Methoden erfordern eine sehr genaue Planung, damit sie wirksam werden, und erfordern oft, da sie häufig als mechanistisch, unelegant und »hart« erlebt werden, eine intensive motivationale Vorbereitung aller Beteiligten. Ohne ein allgemeines Commitment besteht nämlich die Gefahr, dass solche Vereinbarungen im unübersichtlichen Stationstagesgeschäft rasch versanden und so ungewollt eine intermittierende Verstärkung erfolgt.

18.3.4 *Dranbleiben:* Methoden zur Stabilisierung von Verhalten

Ist nun ein gewünschtes Verhalten aufgebaut oder in seiner Auftretenswahrscheinlichkeit moduliert worden, geht es im Folgenden darum, es bestmöglich aufrechtzuerhalten. Das Ausblenden therapeutischer Hilfestellungen im Sinne eines Fading-outs ist hier notwendig: So werden therapeutische Sitzungen in ihrer Frequenz reduziert oder der Transfer von Erlerntem erfolgt bei Klinikbehandlung mithilfe von Belastungserprobungen, Tagesklinik und einer ambulanten Therapie. Besonders nachhaltig scheint eine intermittierende Verstärkung mit variablem Intervallplan zu sein, so wie wir es vom Glücksspiel kennen. Scheitert die Aufrechterhaltung, braucht es erneut eine diagnostische Neugier, um einflussnehmende Faktoren zu identifizieren. So können beim Transfer Umgebungsfaktoren, z. B. eine zu hohe Funktionalität innerhalb eines Familiensystems (also unentdeckte positive Verstärker) oder aber Stimulus-Bedingungen, z. B. dysfunktionale Familiensysteme, die subtil das Problemverhalten provozieren, demaskiert werden.

Letztlich ist das Ziel eine stabile Selbstkontrolle zu erwirken, deren Methoden nachfolgend (▶ Kap. 19) weiter ausgeführt werden.

18.3.5 Kombination operanter Methoden und Verhaltensverträge

Im therapeutischen Alltag findet im Allgemeinen eine Kombination operanter Methoden (Kontigenzmanagement) statt, um komplexe Verstärkersysteme zur Beeinflussung mehrerer Verhaltensweisen zu erwirken. Hier sind insbesondere Verhaltensverträge und Token-economy-Systeme zu nennen.

Verhaltensverträge oder Kontingenzverträge sind schriftlich fixierte Abmachungen zwischen Therapeuten und Patienten, bei denen ein bestimmtes Zielverhalten (z. B. das Erreichen eines bestimmten Körpergewichtes, das Verhalten beim Aufkommen suizidaler Gedanken) spezifiziert und an entsprechend vereinbarte Konsequenzen/Verstärker gekoppelt wird. Konsequenzen bei Nicht-Einhaltung des vereinbarten Zieles (bei einer Anorexie könnte dies die Einschränkung von Sportmöglichkeiten und der Verbleib im Patientenzimmer sein) gehören verhandelt, ebenso wie die Laufzeit. Sämtliche Beteiligten unterzeichnen schließlich den Vertrag. Hauptsächlich kommen Verträge zum Einsatz in der Behandlung von Abhängigkeitserkrankungen, Essstörungen, Persönlichkeitsstörungen (Borderline) oder in der Therapie der latenten oder chronischen Suizidalität. Verträge können zwischen Therapeuten und Patienten, jedoch auch unter Einbezug komplexer Systeme (Familie, Behandlungsteam) geschlossen werden, sollten sorgfältig verfasst und v. a. auch verhandelt werden. Dabei sollte der Vertrag als Möglichkeiten- und Schutzraum, der den Rahmen für eine gesunde Entwicklung sichert, anmoderiert werden, nicht als Zwang, und sollte in der therapeutischen Beziehung als Ausdruck der Verantwortungsübernahme durch den Patienten eingebracht werden.

Mindestens so schwer wie den Patientinnen und Patienten fällt oft den unter Zeitdruck stehenden Therapeutinnen und Therapeuten das sorgfältige Nachhalten der Vertragsinhalte, was für das kontingente Lernen natürlich überaus bedeutsam ist. Als wichtiges Mittel der Selbstkontrolle werden sie in folgenden Kapiteln genauer beschrieben.

18.3.6 Mediatorenmodell

Insbesondere bei der Arbeit mit Kindern und Jugendlichen kann es sehr sinnvoll sein, Bezugspersonen aus der natürlichen Umgebung in die Arbeit zu integrieren. Dies trägt der Tatsache Rechnung, dass Psychotherapeuten ihre Patientinnen und Patienten oftmals nur eine Stunde pro Woche sehen, was eine kontingente Verstärkung von Verhalten erschwert. Darüber hinaus wirken Bezugspersonen (Pflegekräfte, Erzieher, Lehrerinnen, Eltern, im Erwachsenenbereich natürlich auch Partner oder Freunde) oft unbewusst aufrechterhaltend (z. B. bei Zwängen, bei Essstörungen, bei Aggressivität) bei gleichzeitig hohem Leidensdruck. Nicht zuletzt haben Angehörige oft eine höhere Verstärkerwirksamkeit als der Therapeut selbst.

Technisch gesehen wird beim Mediatorentraining die Patient-Therapeut-Dyade zu einer Triade erweitert, bei der der Therapeut Diagnostik und Therapieplanung übernimmt, der Mediator als »Ko-Therapeut« die Interventionen (Verhaltensbeobachtung, Anleitung von zuvor vereinbartem Verhalten) mit Patientin oder Patient umsetzt bzw. diese/n dabei unterstützt.

Problematisch ist sicher, dass (ihrerseits oft überforderte) Mediatoren ihre Rolle für eigene – oftmals unbewusste – Interessen missbrauchen können, sodass eine gute Abstimmung und ein gutes Training (z. B. über Videoaufnahmen, Einwegscheiben) in Bezug auf die zu definierenden Therapieziele und die geeigneten Verhaltensweisen (loben, beruhigen, sanktionieren …) wichtig sind.

18.3.7 Token-economy-Systeme

Token-Programme als Eintauschsysteme sind ein fester Bestandteil unseres Gesellschaftssystems. Hierbei werden Gutscheine (Punkte, Smileys, Stempelkarten der Lieblingsbäckerei) verwendet, die ihrerseits gegen primäre oder sekundäre Verstärker eingetauscht werden können. Ein Token-System dient in der Therapie dazu, eine oder mehrere Zielverhaltensweisen zu verstärken, und kommt insbesondere dann zum Einsatz, wenn ein primärer Verstärker fehlt oder erst eine sehr langfristige Belohnung zu erzielen wäre, Patienten jedoch mit diesem »Belohnungsaufschub« überfordert wären. Token-Systeme können intelligenzgeminderten Patientinnen und Patienten helfen, angemessenes Verhalten aufzubauen, weiterhin haben Token-Programme gerade in der Behandlung von Suchterkrankungen gute Erfolge erzielt, z. B. in der Tabakentwöhnung, bei Alkoholerkrankungen (Barnett et al., 2011; Dougherty, 2015) oder bei der Kokainabhängigkeit (Farronato et al., 2013). Auch bei schizophrenen Patientinnen und Patienten können über ein Token-System Fertigkeiten wie Körperpflege, Mithilfe im Stationsablauf oder das Aufnehmen sozialer Interaktionen gefördert werden.

Bei allen Problemstellungen ist das respektvolle Verhandeln bedeutsam, um eine Akzeptanz, aber auch eine präzise Abbildung zielführender Verstärker zu erwirken. Dies verbessert die Adhärenz aller Beteiligten, da sonst Token-Systeme oft als entmündigende Dressur erlebt werden und auch im Behandlerteam Vorbehalte auftauchen. Ihr Einsatz ist daher erst dann sinnvoll, wenn im Vorfeld eine umfassende Einordnung des Verhaltens und seiner bedingungsanalytischen Faktoren erfolgt ist. Folgende Prinzipien und damit im Vorfeld zu klärende Fragen erfordern anfangs etwas Disziplin und Zeit, sind dann aber für das Gelingen wichtig:

- Welches Verhalten soll genau aufgebaut/gezeigt werden?
- Welcher Token (Stempel, Büroklammer, Münzen) soll eingesetzt werden?
- Ab wann und für was soll ein Token herausgegeben werden (Staffelung nach Schwierigkeitsgrad)?
- Wie soll die exakte und sinnvoll ausbalancierte Umtauschplanung aussehen?
- Sind eintauschbare Verstärker nur im Rahmen des Token-Programms zu erreichen?
- Wie sollen ein Response-cost (Abzug bei Nichteinhaltung) und eine »Inflation« (im Verlauf sinkende Umtauschquoten) aussehen?
- Wann und wie beginnt eine sukzessive Verlängerung des Intervalls zwischen Vergabe und Einlösen des Tokens (Fading-out)?

Probleme in der Durchführung entstehen oft durch den nicht unbeträchtlichen Organisationsaufwand, durch nachlassenden Elan oder dadurch, dass fehlende Konsequenz im Rahmen von Zeitdruck/fehlender Vor- und Nachbereitungszeit das Ergebnis torpedieren. Auch lässt Verhalten oftmals wieder nach, sobald der Token entzogen wird. Dies trifft allerdings für viele Interventionen (Pharmakotherapie) zu und kann auch durch Fading-out abgemildert werden.

Fallbeispiel

Mit Niklas, einem 11 Jahre alten Jungen mit ADHS, wird als Zielverhalten vereinbart, dass er wochentags zweimal 20 Minuten am eigenen Schreibtisch verbleibt und dort seine Aufgaben erledigt. Für jede 20-Minuten-Einheit, in der ein schriftliches Ergebnis abgeliefert wird, erhält er einen Stempel. Eine Wunschliste mit Belohnungen wird angelegt (Kino, Besuch Trampolinwelt), schließlich wird die Anzahl von Stempeln festgelegt, die für den Erhalt der Belohnung nötig ist. Je höher der Belohnungswert ist, desto höher sollte natürlich auch die Anzahl der erforderlichen Stempel sein. Nach einigen Wochen wird eine »Inflation« eingeführt und Niklas erhält nur noch nach jeder 2. Einheit einen Stempel.

18.3.8 Praxisbeispiele operanter Verfahren

Operante Techniken werden als Bestandteil vieler Therapiepläne eingesetzt, oftmals ohne als solche überhaupt identifiziert zu werden. Im Folgenden wird die große Bandbreite ihres Einsatzes in multimodalen Behandlungsplänen illustriert.

So stellt die *therapeutische Beziehung* einen wichtigen verfahrensübergreifenden Wirkfaktor in der Therapie dar. Sie ist damit ein wichtiger operanter Verstärker. Unkonditionaler Respekt dem Patienten und der Patientin (nicht allen Verhaltensweisen) gegenüber, Freundlichkeit und Neugier (»nicht ärgern, sondern wundern«) sind für Menschen mit invalidisierenden Beziehungserfahrungen nicht nur ein neues Lern- und Nachreifungsfeld, sondern ein wichtiger positiver Verstärker. So wird die Therapiesituation selbst zum diskriminativen Stimulus für eine angstfreie Bearbeitung kritischer, angst- und schambesetzter Themen. Dies führt zu einer Erleichterung der Distanzierungsfähigkeit und fördert Veränderungsmotivation. Darüber hinaus dienen Therapeutinnen und Therapeuten als Modell für den Umgang mit Problemen und interaktionellen Herausforderungen (Beziehungstests!) und verstärken damit operant die Erwartung einer »Win-win-Situation« im Rahmen einer Problembearbeitung.

Entsprechend können Interaktionen, die von Patientinnen und Patienten mit sozialen Defiziten überkompensiert oder vermieden werden (Konflikte, Selbstoffenbarung usw.), angstfrei innerhalb der Beziehung oder im Rahmen von Rollenspielen eingeübt und im Rahmen einer wohlwollenden, anerkennenden Beziehungsgestaltung operant aufgebaut werden.

Die Anwendung operanter Verfahren als hauptsächliche und *eigenständige Therapiemethode* beschränkt sich auf wenige Bereiche, im Allgemeinen sind sie Bestandteil eines komplexeren Behandlungsplans. Einen sinnvollen, eigenständigen Einsatz können sie bei Kindern mit Schwächen in der Selbststeuerung (ADHS, Autismus, Delinquenz,

Suchtverhalten) oder aber bei Erwachsenen mit gravierenden kognitiven Einschränkungen haben. Sie haben dann den Vorteil, überschaubar zu sein und rasche Kontingenzerfahrungen zu ermöglichen. Darüber hinaus setzen sie nicht unbedingt eine kognitive Einsichtsfähigkeit voraus, benötigen allerdings gelegentlich, der konsequenten Umsetzbarkeit halber, ein stationsähnliches Behandlungssetting.

Wichtige Therapiebeispiele für die *Anwendung im Rahmen komplexer Therapieansätze* sind der Aktivitätenaufbau in der Depressionsbehandlung, die Therapie von Aufmerksamkeitslenkung oder Schonverhalten bei Schmerzerkrankungen, das soziale Kompetenztraining oder das Kontingenzprogramm im Rahmen einer Behandlung von Essstörungen wie Binge Eating, Bulimie oder Anorexie.

Im Rahmen des sozialen Kompetenztrainings erleben Patientinnen und Patienten es z. B. als hilfreich, funktionales Verhaltens sowohl durch Shaping (erst Fokus auf Wortwahl, dann Lautstärke, dann Hinzunahme gestisch-mimischen Ausdrucks …) als auch durch Prompting (Anweisungen wie: »lauter sprechen, Blickkontakt aufnehmen …«) und auch durch Anleitung positiven Feedbacks i. S. einer positiven Verstärkung durch die Gruppe durchzuführen.

Die *Therapieplanung komplexer Krankheitsbilder* wie z. B. der Anorexia nervosa erfordert ebenfalls den Einsatz eines multimodalen Konzeptes. Neben kombinierten operanten Verfahren (Kontingenzmanagement), Selbstkontrollverfahren, Problemlösetrainings oder kognitiver Umstrukturierung kommen auch Techniken anderer psychotherapeutischer Verfahren (Multifamilientherapie, körperorientierte Methoden) zum Einsatz. Die individuelle Verhaltensanalyse, in Abstimmung mit dem jeweiligen Prozessschritt, bestimmt über den Einsatz bzw. die Integration der verschiedenen Verfahren oder Techniken.

Fallbeispiel

Ab gewissen Gewichtsgrenzen anorektischer Patientinnen ist der Einsatz von z. B. kognitiven Therapien oder Selbstkontrollmethoden nicht sinnvoll. Hier werden kontingente Gewichtszunahme-Programme eingesetzt, bei denen beispielsweise Verstärker (Kontakte mit Mitpatienten, Sport, Handynutzung) entzogen werden. Im Rahmen des Gewichtszunahme-Programms kann sich die Patientin Verstärker erarbeiten, diese jedoch bei Gewichtsabnahme auch wieder verlieren (Response-cost). So darf sie z. B. mit genau festgelegten Zwischenschritten bei einer Gewichtszunahme auf 40 kg eine Stunde ihr Handy nutzen, bei 43 kg an begrenzten körperlichen Aktivitäten teilnehmen und ab 45 kg Besuch empfangen.

Aktivitätenaufbau oder auch die Aktivitätenbalancierung kommt ebenfalls in verschiedenen, komplexen Therapieprogrammen zum Einsatz. Bei Depressionen finden sich beispielsweise oftmals Rückzügigkeit oder aber Verhaltensexzesse (Sport, Arbeiten). Hierdurch fehlen wichtige, zur Gesundung erforderliche Verstärker (z. B. Sozialkontakte). Verhaltensaktivierung setzt der Vermeidung, dem Rückzug und der schamgetriebenen Selbstbestrafung die Wiederaufnahme von sinnstiftenden Tätigkeiten und Tagesstruktur entgegen. Gleichzeitig werden negative Konsequenzen, die sich durch Grübeln und Selbstabwertung ergeben, reduziert. Auch die Vermeidung angstauslösender Aktivitäten (soziale Phobie, Agoraphobie) benötigen einen (allerdings spezifischen, auf die angstlauslösenden Stimuli ausgerichteten) Aktivitätenaufbau. Patienten und Patientinnen mit einer chronischen Schmerzsymptomatik neigen ebenfalls zu einer inaktiven Schonhaltung, was operant zwar kurzfristige Entlastung ($Ȼ^-$) verspricht, langfristig jedoch die Symptomatik durch Muskelabbau und vermehrte Grübelzeit aufrechterhält.

Patienten und Patientinnen erleben die neu geplanten Aktivitäten naturgemäß nicht als lustbetont, der operante Verstärker ist also keineswegs immanent und muss hingegen definiert werden. Gelegentlich braucht es auch kognitive Vorbereitung dahingehend, dass positive lustvolle Aktivitäten als »Medizin« zu verstehen sind und deren Berechtigung nicht etwa durch vorherige Leistung verdient werden musste.

Das Durchführen der Aktivität an sich (soziale Interaktion, Sport) stellt den Erfolg dar und sollte entsprechend gewürdigt und ggf. operant verstärkt werden. Hier ist es psychoedukativ sinnvoll, die Bedeutung der langfristig zu erwartenden Belohnung (analog zu z. B. Impfungen) zu betonen, der mit kurzfristig aversiven Gefühlen »erkauft« wird.

Auf praktischer Ebene wird zunächst eine Selbstbeobachtung erfolgen, in der Patient und Patientin zunächst nur Aktivitäten und ihre zugehörige Stimmung dokumentieren. Hier wird meist erschlossen, dass entweder zu wenig oder aber sehr einseitige Aktivitäten (Sport, Arbeiten …) durchgeführt werden, oftmals kann auch gemeinsam ein Zusammenhang zwischen Aktivitäten und Stimmung aufgedeckt werden. Mithilfe der *Liste positiver Aktivitäten* (s. u.) können Aktivitäten (Gartenarbeit, Fotografieren, Kinobesuch …) ausgesucht werden, die entweder anhand des Protokolls als positiv identifiziert wurden oder aber vor der Erkrankung positiv erlebt wurden (hier kann das Erstellen einer Top-10-Liste als Eingrenzung hilfreich sein).

Folgende Prinzipien sind für eine erfolgreiche Verhaltensaktivierung wichtig:

- Eine antizipierende Planung (um morgendliche innere Debatten zu ersparen) ist hilfreich.
- Eine Dokumentation der Aktivitäten, ggf. des empfundenen Schweregrades und der zugehörigen Stimmung ist zumindest anfangs sinnvoll (auch um Zusammenhänge erlebbar zu machen).
- Der Erfolg besteht in der Umsetzung, nicht im erlebten Vergnügen oder im Genuss.
- Balance ist wichtig, also auch positiv attribuierte Mußezeiten (die nicht »erschlichen« sind).
- Zunächst sollten leichte und wichtige Aktivitäten ausgewählt und in ein ausgewogenes Verhältnis gesetzt werden; gestuftes Vorgehen ist wichtig. Manchmal sind Duschen und Ankleiden schon eine herausfordernde Aktivität.
- Soziale Aktivitäten werden oftmals als besonders herausfordernd erlebt und sollten daher anfangs nur in »kleiner Dosierung« (z. B. vertraute Menschen, Treffen nicht länger als 60 Minuten) empfohlen werden.
- Hindernisse aufspüren (soziale oder organisatorische Kompetenzdefizite?) und gemeinsam Lösungen entwickeln.

Prüfungsfragen

1. Welche operanten Verfahren können zum Aufbau von Verhalten angewendet werden?
2. Welche Elemente sollte ein Verhaltensvertrag enthalten?
3. Sie möchten die Eltern eines 9-jährigen Jungen mit einem ADHS für ein Token-System gewinnen. Hiermit soll eine tägliche Schreibtischzeit von ca. 15 Minuten verstärkt werden. Die Eltern winken ab und erklären, dass sie dies bereits mehrfach versucht hätten, es wirke aber nicht. Wo könnten die Probleme gelegen haben?

Antworten

1. Shaping und Chaining dienen dem kleinschrittigen Verhaltensaufbau durch operante Verstärkung entweder vom Anfang oder vom Ende der gewünschten Verhaltenskette her. Prompting lenkt verbal oder nonverbal die Aufmerksamkeit auf das gewünschte Verhalten. Fading-out führt durch die schrittweise Reduktion der Verstärker zur schlussendlichen Stabilisierung.
2. Ein Verhaltensvertrag sollte ein bestimmtes Zielverhalten spezifizieren und an vereinbarte Konsequenzen/Verstärker koppeln. Konsequenzen bei Nicht-Einhaltung des vereinbarten Zieles gehören ebenso hinein wie die Laufzeit. Der Vertrag wird von Behandler und Patientin oder Patient unterzeichnet.
3. Ein häufiges Problem bei nachlassendem familiärem Elan ist die fehlende Konsequenz in der Durchführung, auch in der Planung des Fading-outs. Gibt es also ein regelmäßiges Monitoring des erwünschten Verhaltens und einen klar vereinbarten Token? Oftmals ist der Zeitabstand zwischen dem Erwerb der Token und der Einlösung zu lang, Belohnungsaufschub ist für Kinder mit ADHS herausfordernd und sollte anfangs nicht überstrapaziert werden. Möglicherweise ist der sekundäre Verstärker (z. B. der vereinbarte Kinobesuch) inzwischen gar nicht mehr attraktiv und wurde durch intensive Netflix-Abende beim besten Freund auch bereits leicht verfügbar? Möglicherweise liegt eine tatsächliche schulische Überforderung vor? Sind weitere, störende Umgebungsfaktoren (unruhiger, unaufgeräumter Arbeitsplatz) bereits ausgeräumt? Ist der Junge zu einer ausreichenden Handlungsplanung innerhalb der geplanten Hausaufgabenzeit in der Lage oder benötigt er im Vorfeld strukturierende Unterstützung?

Empfohlene Materialien

- Liste positiver Aktivitäten: https://www.gesundheitspsychologie-bdp.de/pdf/BDP-DGPS-MHF-Aktivitaeten.pdf

Literatur

Barnett, N.P. et al. (2011). Contingency management for alcohol use reduction: a pilot study using a transdermal alcohol sensor. *Drug and Alcohol Dependence, 118,* 391–399.

Cirillo, F. (2013). *The Pomodoro Technique.* 3. Auflage. FC Garage.

Dougherty, D.M. et al. (2015). Using contingency management procedures to reduce at-risk drinking in heavy drinkers, *Alcoholism, clinical and experimental research, 39*(4), 743–751. https://doi.org/10.1111/acer.12687

Farronato, N.S. et al. (2012). A systematic review comparing cognitive-behavioral therapy and contingency management for cocaine dependence. *Journal of Addictive Diseases, 32,* 274–287.

Guise, S. (2021). *Mini habits: smaller habits, bigger results.* Ivy Green.

Margraf, J. et al. (2018). *Lehrbuch der Verhaltenstherapie,* Band 2, 4. Auflage, Springer.

Premack, D. (1962). Reversibility of the reinforcement relation. *Science, 136,* 255–257.

Skinner, B.F. (1938). *The behavior of organisms. An experimental analysis.* Appleton Century Crofts.

Skinner, B.F. (1953). *Science and Human Behavior.* Macmillan.

Skinner, B.F. (1963). Operant behavior. *American Psychologist, 18,* 503–515. https://doi.org/10.1037/h0045185

Skinner, B.F. (1988). The operant side of behavior therapy. *Journal of Behavior Therapy and Experimental Psychiatry, 19,* 171–179. https://doi.org/10.1016/0005-7916(88)90038-9.

Thorndike, E.L. (1911). *Animal Intelligence; Experimental Studies.* Macmillan.

Weiterführende Literatur

Werner, N.S. & Trunk, J. (2017). *Operante Verfahren – Techniken der Verhaltenstherapie.* Beltz.

Hautzinger, M. & Rinck, M. (2024). *Operante Verfahren.* Hogrefe.

19 Selbstkontrolltechniken

Anil Batra

Das Wichtigste auf einen Blick

- Die »Selbstkontrolle« im Sinne einer Fertigkeit zur eigenständigen Veränderung problematischen, dysfunktionalen Verhaltens ist das Ziel einer Verhaltenstherapie.
- Die Selbstkontrollmethode beinhaltet verschiedene Techniken, angefangen von der Selbstbeobachtung über Stimuluskontrolle und die operante (Selbst-)Verstärkung bis hin zu kognitiven Elementen.
- Der Vorteil der Selbstkontrolle liegt in der eigenständigen, zeitsparenden und zugleich selbstwertstärkenden Vorgehensweise innerhalb eines therapeutischen Prozesses.

19.1 Einführung

19.1.1 Grundlagen

Jedem physiologischen Vorgang liegt ein Selbstregulationsprozess zur Herstellung einer Homöostase zugrunde. In einem permanenten Prozess der Selbstüberwachung wird überprüft, ob der gegenwärtige Ist-Zustand dem Soll-Zustand entspricht. Das Konzept der Homöostase wurde ausführlich schon im frühen 20. Jahrhundert von W. Cannon beschrieben (Cooper, 2008). Stabilität wird durch Anpassungs- und Veränderungsfähigkeit in vorgegeben Grenzen mit Hilfe von adaptiven Regelungsprozessen erreicht. Eine Beobachtung mündet in eine Selbstbewertung, nach der – für den Fall, dass eine Abweichung vom Soll-Zustand eingetreten ist – eine Veränderung eingeleitet wird. Während die physiologischen Selbstregulationsvorgänge keine bewusste Verstärkung im Sinne einer positiven Konsequenz *(C^+)* oder Vermeidung einer negativen Konsequenz *($\not{C}^-$)* beinhalten, werden sowohl für bewusste verhaltensbezogene Veränderungsleistungen wie auch für die Aufrechterhaltung eines erwünschten Verhaltensrepertoires positive oder negative Verstärker mit dem Ziel einer operanten »Selbstverstärkung« eingesetzt. Die Fähigkeit zum Einsatz der Selbstverstärkung wird als »Selbstkontrolle« bezeichnet.

Veränderte Lebensbedingungen, neue Herausforderungen oder die Veränderung eigener Kompetenzen erfordert eine physische und psychische Anpassung an die veränderten Bedingungen. Menschen sind anpassungsfähig, können innere und äußere Bedingungen und Prozesse modifizieren (Shulkin & Sterling, 2019). Lernen zur Anpassung ist effektiv, wenn es zielgerichtet und konsequent erfolgt. Eine erfolgreiche Anpassung verhindert Stress, Krankheit oder ganz allgemein suboptimale Strategien zur Problemlösung. Maßnahmen bei Überforderung bestehender Kapazitäten zur Bewältigung von Stress sind beispielsweise der Abbau von Stressoren (Ausmerzung unserer Überforderungen, Reduktion der Stressoren), die Anpassung an Stressoren (Suche nach alternativen Nischen, die den eigenen Fähigkeiten angemessen sind), der Ausbau von Fähigkeiten und die Erweiterung eigener Kompetenzen sowie der Ausbau von Alternativverhalten (Kompensationsmechanismen).

Selbstkontrolle ist eines der Ziele in der Verhaltenstherapie. Die Selbstkontrollmethode umfasst diverse »Selbstkontrolltechniken«, die Patientinnen und Patienten bei der Übernahme der Selbstbestimmung im Therapieprozess unterstützen – insbesondere bei der Beseitigung problematischer oder beim Aufbau erwünschter Verhaltensweisen (Kanfer et al., 2000).

Selbstkontrolle ist nicht allein als Therapieziel einer jeden psychotherapeutischen Behandlung zu verstehen, sondern meint auch die gezielte therapeutische Intervention zur Verhaltensbeeinflussung, die sich einer Reihe von verschiedenen Techniken bedient. Voraussetzung für die Anwendung einer Selbstkontrolltechnik ist ein vorbestehender Konflikt, der durch positive und negative Konsequenzen bestimmt wird, ein sog. »Aversions-« oder »Appetenzkonflikt«, der durch Anwendung einer Selbstkontrolltechnik aufgelöst werden kann. Die diversen Selbstkontrolltechniken können auch zur Entkopplung konditionierter Reaktionen eingesetzt werden.

Zu den verschiedenen Techniken der Selbstkontrollmethode gehören

- Selbstbeobachtung
- Stimuluskontrolle
- Reaktionsbeeinflussung
- operante Techniken: Selbstverstärkung und -bestrafung
- komplexere soziale Kontrakte, die mehrere Elemente vereinen

Ferner sind hierunter ebenfalls einzuordnen:

- kognitive verhaltenstherapeutische Techniken
- verdeckte Konditionierungen
- Gedankenstopp
- viele andere kognitive Vorgehensweisen

Mehrere der genannten Selbstkontrolltechniken werden im Rahmen einer Therapieplanung zu einem umfangreichen Selbstmodifikationsprogramm zusammengesetzt. Die Selbstkontrollmethode wie auch Selbstmodifikationsprogramme sollen nach einer vorbereitenden psychoedukativen Phase von Patientinnen und Patienten alleine durchgeführt werden. Dies ermöglicht eine zeitsparende, effektive Therapie, eine gute Übertragbarkeit des Erlernten in den Alltag sowie eine wachsende Unabhängigkeit vom Therapeuten.

Indikationen für den Einsatz der Selbstkontrollmethoden liegen in der Behandlung von Zwangserkrankungen, Essstörungen, Verhaltensstörungen in Bezug auf den Konsum psychotroper Substanzen, nicht-stoffgebundenen Abhängigkeiten (Internetnutzungsstörungen, Glücksspiel u. a.) oder Impulskontrollstörungen, aber auch bei der Beeinflussung von Schmerzwahrnehmungen oder depressiven Kognitionen.

19.2 Theoretische und methodische Grundlagen

19.2.1 Warum sind Methoden der Selbststeuerung und die Selbstkontrolle für die Verhaltenstherapie so bedeutsam?

Ziel der Vermittlung der Selbstkontrollmethode mit den verschiedenen Selbstkontrolltechniken ist es, Patientinnen und Patienten im Rahmen weniger Therapiestunden genügend Fertigkeiten und die Wahrnehmung von Eigenverantwortung zu vermitteln, um eine Selbstständigkeit im Therapieprozess zu erreichen. Angestrebt wird darüber hinaus eine Kompetenzerweiterung, d. h. Betroffene sollen die Fähigkeit erwerben, wirksame Techniken der Therapie zur Lösung weiterer Problemverhaltensweisen zu transferieren. Beides erhöht die positive Selbstattribution, da die Wahrnehmung einer erfolgreichen selbstständigen Durchführung der vom Therapeuten angeregten Therapieschritte im Sinne einer positiven Selbstverstärkung zu einem Eigenläufer wird. Dies erspart sowohl Behandelnden als auch Patienten Zeit.

19.2.2 Einteilung der Techniken

Die Grundlage für die Anwendung der Selbstkontrollmethode ist die *Selbstbeobachtung* zur Erfassung auslösender Situationen für ein Problemverhalten. Die nachfolgende Verhaltensanalyse beschreibt die funktionelle Bedeutung und Verstärkerbedingungen für das Problemverhalten. Nach der Problem- und Verhaltensanalyse erfolgt die Zielbestimmung, d. h. die Beschreibung des Alternativverhaltens zur Erreichung der gewünschten Ziele. Erst bei Kenntnis des Problems bzw. des Problemverhaltens *(R)*, der aufrechterhaltenden Bedingungen des Problemverhaltens *(C)* und der persönlichen Verhaltensressourcen der Patientinnen und Patienten *(O)* kann eine Auswahl geeigneter Techniken zur Veränderung des Problemverhaltens erfolgen.

Innerhalb der Selbstkontrollmethode wird zwischen traditionellen und modernen (kognitiven) Techniken unterschieden.

Traditionelle Techniken

Zu den traditionellen Methoden gehören:

- Stimulus- und Reaktionskontrolle
- (operante) Selbstverstärkung und Selbstbestrafung
- Vertragsbildung

Die Stimuluskontrolle konzentriert sich auf den Umgang mit der verhaltensauslösenden Situation. Sie prüft die Modifikation oder Vermeidung der auslösenden Situation bzw. Stimuli, bedient sich der Aufstellung und Einhaltung von Verhaltensregeln zum Umgang mit Stimuli und wird durch die operante Selbstverstärkung und -bestrafung, d. h. den selbstgesteuerten Einsatz von Belohnungen oder Bestrafungen, unterstützt. In Verträgen oder Vereinbarungen werden Therapieziele festgehalten und die Konsequenzen bei Erfüllung oder Nichterfüllung des vereinbarten Zieles bestimmt.

Kognitive Techniken

Zu den kognitiven Techniken der Selbststeuerung gehören:

- verdeckte Konditionierungsprozesse (verdeckte Sensibilisierung, verdeckte Verstärkung, verdecktes Löschen und verdecktes Modelllernen)
- kognitive Umstrukturierungen

Bei der »verdeckten« Konditionierung werden operante Verstärkungen allein in der Vorstellung (in sensu) durchgeführt. Spezielle Techniken wie das »Coverant-Control« sowie der Gedankenstopp werden in ▸ Kap. 19.3.1 vorgestellt und erläutert.

Die kognitiven Therapieverfahren im engeren Sinne streben eine Verhaltensänderung durch gedankliche Umstrukturierung an. Im Dialog zwischen Patient und Therapeut, aber auch im Rahmen von Selbstverbalisationen werden automatische Gedanken, irrationale Annahmen und Schlussfolgerungen beeinflusst. Auf Methoden wie z. B. die Rational-Emotive Verhaltenstherapie nach Ellis, die kognitive Therapie nach Beck, das Selbstverbalisationstraining nach Meichenbaum oder Techniken von Goldfried wird in ▸ Kap. 25 eingegangen.

19.2.3 Therapeutische Prinzipien einer Selbstkontrollbehandlung

Merke

Selbstkontrolltechniken werden eingesetzt, wenn ein Problemverhalten durch die Entscheidung für kurzfristig positive Konsequenzen bzw. die Vermeidung kurzfristig negativer Konsequenzen zu Lasten langfristig positiver Konsequenzen geprägt wird.

Selbstkontrollprogramme, die der Bewältigung von Aversions- und Appetenzkonflikten dienen, unterstützen Patientinnen und Patienten dabei, entweder zugunsten einer erst langfristig zu erwartenden positiven Konsequenz kurzfristig etwas Unangenehmes auf sich zu nehmen (z. B. intensives Lernen, um die Prüfung zu bestehen) oder etwas Angenehmes aufzuschieben, um langfristig negative Konsequenzen zu vermeiden (kein Kinobesuch, um nicht durch die Prüfung zu fallen; keine Süßigkeiten, um nicht zuzunehmen).

Selbstkontrollprogramme setzen außerdem beim Aufbau eines neuen, erwünschten Verhaltens die konsequente Verstärkung einzelner Verhaltensansätze ein. Auch zum Abbau unerwünschten Verhaltens oder von konditionierten Reaktionen werden im Rahmen der Selbstkontrolle Verstärker eingesetzt.

Wesentliche Voraussetzungen sind:

- planvolles, zielgerichtetes Vorgehen zur Konfliktlösung
- aktives, bewusstes Problemlösen
- eigenständige Therapiedurchführung durch Patientinnen und Patienten (nach einer umfassenden, überschaubaren und verständlichen Einführung durch Therapeutinnen und Therapeuten)

Patientinnen und Patienten sollen damit längerfristig ein eigenverantwortliches Verhalten entwickeln. Therapeuten müssen hierzu die Inhalte der Selbstkontrollbehandlung durchschaubar anbieten, um sie zu einer zeitsparenden, effektiven Therapiemethode zu machen.

19.3 Praktische Vorgehensweisen und Abläufe

19.3.1 Techniken der Selbstkontrolle

Selbstbeobachtung

Die Selbstbeobachtung ist die Basis für jedes Selbstmodifikationsprogramm. Sie dient dazu, vor Beginn einer Behandlung ein Verhaltensproblem zu quantifizieren und im Kontext mit Umgebungsvariablen, Stimuli und anderen Verhaltensweisen zu beschreiben. Die Ausgangssituation (»Baseline«) ist die Bezugsgröße für spätere Erfolgskontrollen und hilft, die Zielplanung realistisch zu gestalten. Im Therapieverlauf ist die Fortsetzung der Selbstbeobachtung erforderlich, um Verhaltensänderungen zu erfassen.

Erfahrungsgemäß hat bereits die Selbstbeobachtungsphase, die für einen definierten Zeitraum mittels Strichlisten, Tagesprotokollen oder Situationsfragebögen durchgeführt wird, eine unmittelbare Auswirkung auf das Verhalten. Dies wird als *Reaktivität* bezeichnet. Die Auswirkung auf das Verhalten ist abhängig von der *Kontingenz* (Kontinuität/Regelhaftigkeit des Protokollierens), mit der das Problemverhalten skizziert wird, sowie von der *Motivation*, mit der die Therapie begonnen wird, und letztlich auch von der *Kontiguität* (zeitliche Nähe des Protokollierens zum Problemverhalten).

Zu empfehlen ist die Protokollierung des zu beobachtenden Verhaltens unmittelbar vor Ausübung unerwünschter Verhaltensweisen (z. B. vor Anzünden einer Zigarette), unmittelbar nach Ausübung jedoch dann, wenn es sich um ein Verhalten handelt, das zielgerichtet verstärkt werden soll (z. B. nach einer definierten Lerneinheit). Ersteres hat neben der reinen Dokumentation zusätzlich einen »bestrafenden«, zumindest verzögernden, letzteres einen belohnenden Charakter. Die Effekte der Selbstbeobachtungsphase (im Sinne der Reaktivität) auf eine Reduktion des Problemverhaltens oder eine Annäherung an das Zielverhalten halten erfahrungsgemäß nur für eine begrenzte Zeit an.

Das therapeutische Vorgehen bei der Selbstbeobachtung verlangt zunächst eine *Aufklärung* der Patientinnen und Patienten über den Nutzen und die Notwendigkeit dieser Maßnahme und eine Erläuterung des potenziellen Einflusses auf das Problemverhalten. Das Zielverhalten muss klar definiert sein. Erst wenn das Problemverhalten bekannt ist, kann die *Beobachtungsvariable*, d. h. das Zählmaß oder das zu beobachtende Verhalten, festgelegt werden.

Vereinbart werden muss, in welchem definierten *Zeitraum* das Problem- bzw. Zielverhalten entweder kontinuierlich, intermittierend oder aber in Form von Zeitproben beobachtet werden soll. In der Anweisung für die Patientinnen und Patienten sollte festgelegt sein, wann das Verhalten protokolliert wird, z. B. unmittelbar bei Auftreten des unerwünschten Verhaltens und/oder nach Auftreten des erwünschten Verhaltens.

Die *Dokumentation* der Beobachtung muss überschaubar und leicht verständlich sein. Hierzu sind in erster Linie Strichlisten oder einfache zweispaltige Situations- oder Tagesprotokolle geeignet. Aber auch Situationsfragebögen, die eine Reihe von Beispielsituationen vorgeben, sind schnell und unkompliziert zu beantworten.

Die meisten Verhaltensweisen lassen sich über *Strichlisten* oder ein anderes numerisches Erfolgsmaß (z. B. Gewicht) dokumentieren. Diese einfache Form der Selbstbeobachtung kann durch sog *Situationsfragebögen* ergänzt werden. Hier werden vorgegebene Verhaltensweisen in Zusammenhang mit bestimmten auslösenden Ereignissen angeboten. Der Patient kann einen Fragebogen daraufhin durchsehen, inwieweit die genannten Verhaltensweisen bei ihm selbst häufig oder selten auftreten. Den höchsten Anspruch an die Compliance und die Fertigkeiten des Patienten stellen mehrspaltige *Tagesprotokolle*, die von den Patienten für die Dauer des Beobachtungszeitraums eine kontinuierliche Mitarbeit erfordern. Hierbei wird das Problemverhalten nicht nur in seiner Frequenz dokumentiert, sondern darüber hinaus auch in Bezug zur Umwelt und Situation gesetzt und bewertet (auslösende Situation, beobachtete Kognitionen und Emotionen, Reaktion, Konsequenzen). Das Protokoll könnte an dieser Stelle schon durch Benennung möglicher Alternativverhaltensweisen erweitert werden.

Die Dokumentation sollte innerhalb einer der ersten Therapiestunden mit dem Patienten eingeübt werden. Dabei können auch schon die Grundsätze der grafischen Aufbereitung, z. B. durch Verlaufsdiagramme, erläutert werden, um dadurch die Motivation zur Durchführung der Selbstbeobachtungsphase zu erhöhen.

Zu Beginn bietet es sich an, zur Verbesserung der Compliance das Verfahren der Selbstbeobachtung selbst zu verstärken, z. B. Belohnungen einzusetzen, wenn Tagesprotokolle für einen Tag geführt wurden, oder aber Verstärker in Form besonderer grafischer Aufbereitungen oder Rückmeldungen durch den Therapeuten einzuführen.

Selbstverstärkung und -bestrafung

Auch in Selbstmodifikationsprogrammen werden operante Techniken im Sinne einer Selbstverstärkung oder Selbstbestrafung eingesetzt, um unerwünschtes Verhalten abzubauen oder neues, erwünschtes Verhalten aufzubauen. Patientinnen und Patient werden zunächst angewiesen, für sie geeignete Verstärker zu finden. Dies kann durch eine ausführliche Exploration oder Selbstbeobachtung geschehen. Durch den Einsatz von sog. Verstärkerlisten, die zahlreiche Beispiele und Anregungen enthalten, können auch Patientinnen und Patienten unterstützt und angeleitet werden, die zunächst hilflos vor der Situation stehen, sich eine Belohnung ausdenken zu müssen. In gleicher Weise sollen Patientinnen und Patient mögliche Bestrafungen (z. B. Beispiel in Form eines Verzichts auf Belohnungen/positive Konsequenzen) definieren.

Merke

Positive Verstärker und aversive Konsequenzen müssen konsequent eingesetzt werden.

Die *positive Selbstverstärkung* bezeichnet den Einsatz einer materiellen oder immateriellen Belohnung. *Direkte Bestrafungen* können z. B. in der Behandlung von süchtigem Verhalten durch exzessives Schnellrauchen, Selbstapplikation von aversiven Reizen/Schmerzreizen durch Schnippen eines Gummibandes, das am Handgelenk getragen wird, oder durch einen Trinkversuch bei gleichzeitiger Gabe von Disulfiram (Antabus®) erfolgen.

Komplizierter ist der Einsatz der *negativen Selbstverstärkung:* Hier wird zu Beginn ein negativer Stimulus aufgebaut und mit Erreichen des neuen Zielverhaltens sukzessive entfernt. Ein Beispiel könnte die Anhäufung von symbolischen Mengen an Unrat oder Zigarettenkippen in der Wohnung sein, die mit Beginn der Tabakentwöhnung zunehmend reduziert werden.

Bei der *indirekten Bestrafung* wird bei Auftreten des Problemverhaltens eine in Aussicht gestellte Belohnung aufgeschoben, ausgesetzt oder vernichtet, z. B. ein Geldschein zurückgehalten, zerrissen, verbrannt oder einer ungeliebten politischen Partei gespendet. Auch könnte ein selbstgesteuertes »Time-out« eingeführt werden, d. h. der vorübergehende Entzug sämtlicher positiver Verstärker durch völligen Rückzug aus einer Situation (z. B. Verlassen einer geselligen Runde).

Wichtig dabei ist zu beachten, dass selbst die negativen Konsequenzen eines Verhaltens verstärkenden Charakter haben können, wenn damit positive Kognitionen (z. B. »ein gutes Gefühl, einer Vereinigung Geld gestiftet zu haben«), Entlastung oder Exkulpierungen (»ich habe bereits gesühnt«) verbunden sind.

Soziale Kontrakte

Unter Einsatz der Selbstbeobachtung und der operanten Selbstverstärkung werden therapiebegleitend und als Bestandteil eines Selbstmodifikationsprogramms *soziale Kontrakte* in Form von Vereinbarungen, Verträgen oder Wetten geschlossen. In den möglichst präzisen schriftlichen Therapieverträgen werden nach Abschluss der Selbstbeobachtungsphase kurzfristig erreichbare und realistische Ziele formuliert. Neben einem Endziel werden auch Teilziele genannt, deren Erfüllung möglichst selbstverstärkend sein sollte (z. B. Gewichtsreduktionen).

Analog dem Vorgehen in einer Goal Attainment Scale (GAS) werden mehrere Zwischenstufen für die Erfüllung, Über- oder Unterschreitungen eines selbstgewählten Ziels festgelegt. Für das Erreichen des definierten Ziels, aber auch für die Erfüllung von Teilzielen werden positive Verstärker/Belohnungen (z. B. Buch, verlängertes Wochenende, Telefonat mit der Freundin) eingesetzt. Die Vereinbarung von aversiv erlebten Konsequenzen (z. B. Geldspende an eine Organisation, mit deren Zielen man sich nicht identifizieren kann, freiwillige »Strafarbeiten« wie Putzen, sofern dies unangenehm besetzt ist) für das Nichterreichen des angestrebten Zielverhaltens kann die Wahrscheinlichkeit des Auftretens erhöhen. Durch Sondervereinbarungen für ein deutliches Übertreffen des Ziels wird die Motivation zusätzlich verstärkt. Die in Aussicht gestellten Belohnungen für die Erfüllung des vereinbarten Ziels sollten unmittelbar nach Erreichen des Vertrags ausgeschüttet werden.

Wichtig ist, folgende Punkte in jede Vereinbarung aufzunehmen:

- Vereinbarungsziel (z. B. Tabakabstinenz, Gewichtsreduktion)
- Konsequenzen bei Erreichen des Ziels (z. B. Urlaubsreise) und von Teilzielen (z. B. Kauf eines gewünschten Gegenstands)
- Konsequenzen bei Nichterreichen oder nur teilweisem Erreichen des Ziels (z. B. Verlust eines hinterlegten Geldbetrags, Fensterputzen beim Nachbarn)
- Vertragspartner (z. B. Bekannter, Freund, Partner oder Therapeut)
- Zeitraum, in welchem das Ziel erreicht werden soll (z. B. innerhalb einer Woche)

Stimuluskontrolle

Die Kontrolle der diskriminativen Stimuli (»Stimuluskontrolle«) zielt auf eine Erleichterung der Verhaltensänderung durch Beseitigung bzw. Reduktion von verhaltensauslösenden Bedingungen. Problemverhalten wird unter anderem (beispielsweise als Ergebnis eines klassischen Konditionierungsprozesses) durch externe Hinweisreize ausgelöst und unterhalten. Die Voraussetzung zur Reduktion der Hinweisreize und zur Abschwächung der Reizfunktion ist wiederum eine erfolgreich durchlaufene Beobachtungsphase, die den Patienten und Therapeuten Kenntnisse über die Auslösesituationen vermittelt. Nach Kenntnis der diskriminativen Stimuli können diese aus dem Umfeld des Patienten entfernt oder vermieden werden (z. B. Zigarettenschachtel, Aschenbecher).

Die Stimuluskontrolle bringt allerdings den Nachteil mit sich, dass Vermeidungsverhalten aufgebaut wird. Umso wichtiger ist die Kombination der Stimuluskontrolle mit der Verhaltensbeeinflussung durch den Abbau der positiven Verstärkung für das zu verändernde Verhalten.

Durch eine »Verhaltensisolierung« wird der Prozess der Selbstlöschung unterstützt. Dabei darf z. B. Alkoholtrinken nicht mehr durch geselliges Beisammensein belohnt werden, Zigarettenrauchen nicht mit anderen Genüssen verbunden sein, das Meiden von Lernsituationen vor einer Prüfung nicht mit interessantem Alternativverhalten kombiniert werden. Dies erfordert große Disziplin, z. B. bei der Ausübung des Konsumverhaltens (Trinken ohne Gesellschaft, Zigarettenkonsum ohne andere Verstärker) oder bei der Isolation des Lernens auf eine reizarme Umgebung.

Folgende Verfahren werden unterschieden:

- Stimuluskontrolle im engeren Sinne
  - *Stimulusbeseitigung:* geringe Vorratshaltung, Entfernung oder Vernichtung von Nahrungsmitteln, Zigaretten, Schlüsselreizen, Computer, Lektüre etc.
  - *Stimuluseingrenzung:* Verhalten darf nur noch an bestimmten Orten, zu bestimmten Zeiten und unter eingegrenzten Bedingungen in Verbindung mit einer Auswahl der bekannten Stimuli gezeigt werden
  - *Verhaltensisolierung:* an bestimmten Orten und zu bestimmten Zeiten darf *nur* dieses Verhalten gezeigt werden
- Einschränkung der Ausübung des Problemverhaltens
  - *Verhaltenserschwerung:* zusätzliche Hindernisse werden aufgebaut, um das Verhalten aufrecht erhalten zu können (z. B. vor Anzünden einer Zigarette muss eine fremde Person um Feuer gebeten werden, Nahrungsmittel werden an einem schwer erreichbaren Ort weggeschlossen etc.)

Gedankenstopp

Der Gedankenstopp kommt vor allem zur Unterbrechung ungewünschten Grübelns oder Denkens zum Einsatz (diese Technik geht zurück auf Wolpe, 1969). Auf einen unerwünschten Gedanken hin unterbricht ein Stoppsignal (entweder ein Aufruf oder gedanklich vorgestelltes Signal der Unterbrechung, ein Stoppschild oder Aufschrei) den Gedankenfluss. Anschließend soll zu positiven Alternativgedanken übergeleitet werden. Der Einsatz des Gedankenstopps ist vor allem bei depressiven Störungen, bei Schmerzen, bei Zwangserkrankungen und bei süchtig betriebenem Verhalten oder sexuellen Störungen zu empfehlen.

Das Vorgehen erfordert ein intensives Training des Therapeuten mit dem Patienten: In einer Therapiesitzung beschreibt der Patient das Problem und versucht anschließend, die unerwünschten Gedanken herbeizuführen. Sobald ihm dies gelingt, muss er dem Therapeuten durch ein leises, unauffälliges Signal mitteilen, dass es zum Auftreten dieser Gedanken gekommen ist, worauf der Therapeut durch heftigen Zuruf oder ein anderes lautes akustisches Signal den Patienten in seinen Gedanken unterbricht. Ergänzend können durch den Therapeuten in suggestiver Weise Alternativgedanken, die positiv gestaltet sein sollten und vorher mit dem Patienten besprochen wurden, vorgegeben werden. Der Patient soll durch das Training in die Lage versetzt werden, in Situationen des Grübelns selbstständig ein unangenehmes Signal auszulösen, das ihn in seinem Grübelzwang und seinem Gedankengang unterbricht. Es ist immer zu empfehlen, positive Alternativverhaltensweisen oder -gedanken folgen zu lassen.

Verdeckte Konditionierung

Die Konditionierungsverfahren (klassisch und operant) wurden bereits in ▶ Kap. 18 ausführlich vorgestellt.

> **Merke**
>
> Das verdeckte Konditionieren (Cautela, 1967) erfolgt im Gegensatz zur klassischen und operanten Konditionierung ausschließlich in der Vorstellung des Patienten, d. h., die positiven oder negativen Konsequenzen (Belohnung oder Bestrafung, indirekte Bestrafung bzw. Löschung oder negative Verstärkung) eines Verhaltens werden nur »in sensu« ausgeführt.

Bei der *verdeckten Sensibilisierung* werden in einer Entspannungsübung Vorstellungen der Problemsituationen oder der aversiv erlebten Stimuli herbeigeführt (z. B. bei Bulimie: die offene Kühlschranktür). Die darauffolgende Vorstellung einer bulimischen Attacke wird übertrieben und möglichst plastisch mit allen negativen Konsequenzen geschildert, bis die Vorstellung unerträglich wird und vielleicht sogar schon körperliche Reaktionen (Übelkeit) hervorruft. Erst dann wird die Vorstellung schlagartig unterbrochen oder noch besser, die aversive Situation in der Vorstellung verlassen (Vermeidung) und das Fluchtverhalten durch positive Konsequenzen belohnt. Neben einer *verdeckten Selbstbestrafung* für ein Problemverhalten (z. B. Vorstellung der einsetzenden Kopfschmerzen nach Inhalation des Zigarettenrauchs) und einer *verdeckten Selbstverstärkung* (Gefühl der Erleichterung) für ein Fluchtverhalten sind außerdem die *verdeckte indirekte Bestrafung* (Imagination einer ausbleibenden Konsequenz; z. B. die tief inhalierte Zigarette zeigt keine Wirkung) und das *verdeckte Modelllernen* zu erwähnen.

Das verdeckte Modelllernen wird vor allem in der Kinder- und Jugendpsychiatrie erfolgreich eingesetzt. Die Kinder werden instruiert, sich einen Stellvertreter, ein Idol, auch den Therapeuten, oder allgemein ein fiktives oder reales Modell (Batman, einen Freund, einen Star etc.) auszuwählen. Das Modell, welches das Zielverhalten in der *Fantasie* des Kindes beherrscht, ist geeignet, das Kind zur Ausführung des Zielverhaltens zu motivieren.

Die verdeckte Selbstbestrafung oder Selbstverstärkung sind zwei vor allem in der Kombination sehr erfolgreiche Verfahren. Die verdeckte Löschung hingegen hat sich als wenig effektiv erwiesen.

Zu den verdeckten Konditionierungen (aber auch zu den kognitiven Verfahren) gehören auch Methoden wie z. B. *Coverant-Control*. Dieses bezeichnet im engeren Sinne folgende Abfolge von Therapieschritten:

- Koppelung eines vertrauten verhaltensauslösenden Stimulus mit negativen Kognitionen (Anti-Problem-Coverant)
- Aufgreifen einer positiven kognitiven Umdeutung (Pro-Non-Problem-Coverant)
- Aufnehmen einer als angenehm erlebten Alternativverhaltensweise

Beispiel

Das bei einer anderen Person beobachtete Anzünden einer Zigarette, das früher zum Griff nach der eigenen Zigarettenschachtel führte, wird mit der negativen Kognition »Rauchen verursacht Gesundheitsstörungen« (Anti-Problem-Coverant) verbunden, gefolgt von der positiven Umdeutung im Sinne von »Ich bin fit und leistungsfähig, weil ich nicht rauche!« und dem Alternativverhalten. Letzteres könnte ein Verhalten sein, das die körperliche Fitness unterstützt oder in anderer Form als angenehm erlebt wird.

Eine Sonderform der Coverant-Control stellt das *Premack-Prinzip* dar. Hier wird vor eine häufige, möglichst positiv besetzte Verhaltensweise (z. B. telefonieren, Morgenzeitung lesen, Kaffee trinken) eine gewünschte positive Kognition geschaltet, die bislang zu selten auftrat. Dies ist vor allem bei depressiven Kognitionen hilfreich: Die depressiven Patienten werden angewiesen, nicht depressive, sondern positive Kognitionen (z. B. aus dem Themenbereich »Selbstwert«) mit häufig ausgeübten Handlungen (z. B. Telefonieren) zu verbinden (die Erinnerung daran erfolgt z. B. durch einen Notizzettel, der am Telefon befestigt ist), bis diese Kognitionen selbstverständlich geworden sind.

19.3.2 Systematische Selbstmodifikationsprogramme

Die genannten traditionellen und kognitiven Verfahren der Selbstkontrolle werden indikationsspezifisch und in Abhängigkeit von den Ressourcen des Patienten zu systematischen Selbstmodifikationsprogrammen zusammengestellt. Während die Selbstbeobachtung und operante Selbstverstärkung in fast jedes Programm eingehen, werden störungsspezifisch verwendet:

- Vertragsbildung (z. B. bei Gewichtskontrolle)
- Stimuluskontrolle (z. B. bei stoffgebundenen Abhängigkeiten)
- Gedankenstopp (z. B. bei sexuellen Störungen)
- verdeckte Konditionierungen (z. B. bei stoffgebundenen Abhängigkeiten, Essstörungen)
- kognitive Therapieverfahren (z. B. bei depressiven Störungen, Selbstunsicherheit)

Beispiel: Therapieprogramm bei Adipositas permagna

Ein Selbstmodifikationsprogramm zur Behandlung einer Essstörung (in diesem Beispiel eine Adipositas permagna) kann folgendermaßen aussehen:

Zunächst muss die Phase der *Selbstbeobachtung* durchlaufen werden, Selbstaufzeichnungen von Merkmalen des Essens, des Essverhaltens und der Häufigkeit des Essens müssen stattfinden, ehe eine *Stimuluskontrolle* im Sinne einer *Stimulusbeseitigung*, d. h. eine Einschränkung der Situationen, in denen gegessen werden darf, erfolgt. Dienlich ist eine *Verhaltenserschwerung* durch eine Veränderung des Essstils (z. B. kleine Bissen, Weglegen des Bestecks nach jedem Bissen) sowie eine Veränderung der Kalorienzufuhr durch Umstellung der Nahrungsmittel unter Einbeziehung einer systematischen Ernährungslehre. Unter Umständen kann auch erreicht werden, dass der Patient selbstständig nach Informationen sucht, um das Wissen um die richtige und gesunde Ernährung zu vermehren. Alternativverhalten wie die Zunahme von Bewegungen oder Fitnesstraining sollten als *positiver Verstärker* eingesetzt werden und dienen zusätzlich der Gewichtsreduktion. In Verträgen oder Wetten sollen Teilergebnisse der Gewichtsreduktion systematisch belohnt werden. Der operante Anteil kann sowohl aus verdeckten (Kognitionen, Visualisierung der Gewichtsreduktion in Diagrammen) als auch offenen systematischen Verstärkern (materielle Belohnungen) gestaltet sein. Hier ist zu beachten, dass bereits das Einhalten des Zielverhaltens zu einer positiven Eigenattribution mit einer langfristigen Wirksamkeit führt. Mit Hilfe der verdeckten Sensibilisierung kann bulimisches Essverhalten zusätzlich aversiv besetzt werden.

Prüfungsfragen

1. Beschreiben Sie das Vorgehen bei der Selbstbeobachtung.
2. Welche In-sensu-Techniken werden häufig in Selbstmodifikationsprogrammen eingesetzt?
3. Was ist mit dem Begriff der »verdeckten Sensibilisierung« gemeint?
4. Beschreiben Sie ein Selbstmodifikationsprogramm mit klassischen Selbstkontrolltechniken für die Behandlung einer Adipositas.
5. Was bezeichnet der Begriff der »Reaktivität«?

Antworten

1. Protokollierung des Problemverhaltens (nach Möglichkeit vor der Ausübung: dies verzögert die Ausübung des Problemverhaltens) in Bezug zu charakteristischen Auslösesituationen oder des Zielverhaltens (optimalerweise nach der Ausübung: dies belohnt das Alternativverhalten).
2. Gedankenstopp, verdeckte Konditionierung und Sensibilisierung, Premack-Prinzip, Coverant-Control.
3. Die »verdeckte Sensibilisierung« verwendet die aversive Konditionierung in sensu: Auslösesituationen für ein Problemverhalten werden in der Vorstellung mit negativen Konsequenzen gekoppelt, das Alternativverhalten wird »belohnt«.
4. Folgende Komponenten sind vorteilhaft: Selbstbeobachtung (Auslösesituationen für den Impuls zu essen, Protokollierung von Essattacken, Gewichtskontrolle); Vermeidung von Stimuli (z. B. Veränderung der Vorratshaltung); Selbstkontrollregeln zur Nahrungsaufnahme (Anzahl Mahlzeiten, Auswahl von Nahrungsmitteln); operante Techniken (Auswahl alternativer Techniken zur Stress- und Frustrationsbewältigung; Belohnung für Erfolge in der Einhaltung der Selbstkontrollregeln); Ausarbeitung eines sozialen Kontraktes).
5. Der Begriff der Reaktivität bezeichnet die unmittelbare Auswirkung der Selbstbeobachtung auf das Problemverhalten bzw. Zielverhalten.

Literatur

Cautela, J. R. (1967). Covert senzitation. *Psychol Review 20*, 459–468.

Cooper, S. J. (2008). From Claude Bernard to Walter Cannon. Emergence of the concept of homeostasis. *Appetite 51*, 419–427.

Kanfer, F. H., Reinecker, H., Schmelzer, D. (2011). *Selbstmanagement-Therapie*. Heidelberg: Springer.

Shulkin, J., Sterling, P. (2019). Allostasis – A Brain-Centered, Predictive Mode of Physiological Regulation. *Trends in Neurosciences 42*(10), 740–752.

Wolpe, J. (1969). *Psychotherapy by reciprocal inhibition*. Stanford: Stanford University Press.

Weiterführende Literatur

Sachse, R. (2020). *Selbstregulation und Selbstkontrolle*. Hogrefe, Bern.

Borg-Laufs, M., Hungerige, H. (2011). *Selbstmanagementtherapie mit Kindern: Ein Praxishandbuch (Leben lernen, Bd. 183)*. Stuttgart: Klett-Cotta.

20 Therapeutisches Rollenspiel

Dirk Zimmer und Martin Jung

Das Wichtigste auf einen Blick

- Soziale Ängste und Verhaltensdefizite sind charakteristisch nicht nur für soziale Phobien, sondern bei vielen Krankheitsbildern beteiligt. Entsprechend haben Methoden zur Reduktion sozialer Ängste und zum Aufbau sozialer und kommunikativer Kompetenzen einen weiten Indikationsbereich.
- Die Arbeit mit Rollenspielen zielt auf eine Reduktion der Angst, hilft dabei, neue Einstellungen (Kognitionen wie Selbstachtung) zu festigen und dient dem Aufbau sozialer und kommunikativer Kompetenzen (Verhaltensfertigkeiten wie z. B. Ausdruck von Emotionen und Bedürfnissen, Setzen von Grenzen oder Umgang mit Kritik). Um langfristig gute Beziehungen zu ermöglichen, sind Perspektivübernahme und Interesse für das Gegenüber wichtiger als der Wunsch, immer zu gewinnen.

20.1 Einführung

Die Anwendung von Rollenspielmethoden hat in der Verhaltenstherapie eine lange Tradition. Neben der systematischen Desensibilisierung gehören Rollenspiele zu den klassischen Methoden der frühen Jahre. Bekannt wurde der Einsatz von Rollenspielen Mitte der 1960er-Jahre durch Fallberichte von A. Lazarus über die Arbeit mit sozial ängstlichen Frauen. In den 1970er-Jahren gab es intensive Forschungsbemühungen in den USA zur Indikation und Wirkung einzelner Elemente des Rollenspieles. In Deutschland erprobte Anfang der 1970er-Jahre das Ehepaar R. und R. Ullrich im MPI für Psychiatrie in München Rollenspiele als Teil eines Selbstsicherheitstrainings bei psychiatrischen Patienten. Das »Assertiveness-Trainings-Programm« (ATP) wurde von ihnen als ein standardisiertes Gruppenprogramm zur Überwindung sozialer Ängste zunächst für stationäre, später auch für ambulante Patienten entwickelt und erwies sich empirisch als eines der – kurz- wie langfristig gesehen – effizientesten psychotherapeutischen Vorgehensweisen (zur Übersicht: Zimmer, 1980).

Mit der stärkeren Beachtung kognitiver Methoden in den 1980er-Jahren trat das Interesse an den Rollenspielen etwas in den Hintergrund. Viele Autoren sahen die Indikation für Rollenspiele fälschlicherweise nur im Aufbau neuer Verhaltensweisen. Über das Rollenspiel sind aber auch wichtige andere Ziele erreichbar.

20.2 Theoretische und methodische Grundlagen

20.2.1 Indikation und Ziele

Das allgemeine Ziel der Verbesserung zwischenmenschlicher Beziehungs- und Konfliktfähigkeit, das mit Rollenspielen angestrebt wird, ist für Patienten mit unterschiedlichen Diagnosen von Bedeutung.

Allgemeine Ziele

Rollenspiele dienen

- der Erleichterung von Erinnerungen an konkrete Situationen und die beteiligten Gefühle
- der Diagnostik (von Verhaltenskompetenzen, selbst- und situationsbezogenen Kognitionen)
- der Erhöhung der affektiven Beteiligung in der therapeutischen Arbeit
- der Einübung neuer, flexibler oder günstiger Verhaltensmuster
- der Realitätstestung wichtiger kognitiver Grundannahmen
- der Umsetzung schema-inkongruenter Beziehungsmuster
- der »Einübung« neuer Selbstschemata

Die Vorteile von Rollenspielen, nämlich Lebendigkeit und hohe emotionale Beteiligung der Patienten, machen es aber nötig, in der Arbeit mit psychosegefährdeten Patienten entsprechend vorsichtig zu sein. Therapeuten sollten diese Patienten insbesondere dabei unterstützen, Grenzen zu ziehen, auf die eigene Belastbarkeit zu achten und emotionale Überforderungen zu verhindern. Da dies generell ein wichtiges Ziel eines Selbstsicherheitstrainings ist, können Rollenspiele auch bei schizophrenen Patienten außerhalb einer akuten Phase eingesetzt werden.

Probleme der Zielsetzung bei Rollenspielen

In der Praxis sollten folgende Überlegungen berücksichtigt werden:

- flexible, multiple Modelle statt »Ideallösungen«
- langfristig stabile Beziehungen sind wichtiger als das Durchsetzen eigener Interessen
- Fehlerfreundlichkeit (sich zeigen als unperfekter Mensch)
- Kompetenzvertrauen statt Erfolg
- schrittweise Steigerung der Schwierigkeit

Aufsteigende Schwierigkeit: Es ist besser, in zunehmend schwierigeren Rollenspielen ein Niveau zu erarbeiten, das real gar nicht benötigt wird, sodass später das reale Gespräch (»in vivo« oder im Ernstfall) weniger ängstigend ist, weil die Patienten wissen, dass sie im Notfall noch über weitere Möglichkeiten verfügen.

Flexibilität: Es gibt nicht nur die eine richtige Art, soziale Konflikte anzugehen (auch nicht immer die des Therapeuten). Daher sollte man mit Patienten nicht nur eine einzige Variante üben, etwa »Wünsche anzusprechen«. Flexibilität wird durch multiple Modelle angeregt.

Beziehungsziele: Ein Selbstsicherheitstraining sollte langfristig stabile Beziehungen erleichtern. Folglich ist die Durchsetzungsfähigkeit ein untergeordnetes, wenngleich auch für manche Situationen wichtiges Ziel. Die Einfühlung in die Perspektive des Gegenübers, die Fähigkeit, divergierende Wünsche zu besprechen und Kompromisse auszuhandeln, sind in der Regel für private, meist aber auch für berufliche Beziehungen wichtiger als der kurzfristige Erfolg. Gerade sozial Ängstliche werden manchmal zu mutig, überschreiten soziale Grenzen und überfordern damit Beziehungen.

Viele Patienten suchen nach dem perfekten Verhalten, um nicht mehr angreifbar zu sein. Der Wunsch, Fehler zu vermeiden, ist verständlich, aber oft ein Teil der Symptomatik selbst.

> **Merke**
>
> Patienten müssen lernen, dass ihr Wunsch, von anderen Menschen gemocht zu werden, nicht durch Fehlerfreiheit erreichbar ist, sondern nur durch einen neuen Umgang mit positiven und negativen Gefühlen, auch mit Ängsten und Schwächen.

Ziel ist weniger der reale Erfolg als vielmehr das Wissen, sich einigermaßen kompetent und adäquat verhalten zu haben. Nur Selbstwirksamkeit ist ein guter Schutz gegen Rückfälle. Vertrauen in die eigene Handlungskompetenz (self-efficacy nach Bandura) macht partiell unabhängig vom aktuellen Erfolg oder Misserfolg. Hier helfen Rückmeldungen durch Therapeuten und Gruppenteilnehmer.

20.2.2 Rollenspiele in strukturierten Selbstsicherheitstrainings

Gliederungen von Übungssituationen und Übungszielen finden sich bei verschiedenen Autoren, etwa A. Lazarus, R. und R. Ullrich, T. Heimberg u. a. Das oben erwähnte ATP wurde als standardisiertes Gruppentraining entwickelt, indem schwierige Situationen aus der Exploration zahlreicher psychiatrischer Patienten entnommen und durch Faktorenanalysen gruppiert wurden. Entsprechend wurden der U(nsicherheits)-Fragebogen entwickelt (Ullrich & Ullrich de Muynck, 1979) und das Programm ATP strukturiert.

Übungssituationen lassen sich nach Lebensbereichen und Zielverhaltensklassen gliedern:

Lebensbereiche:

- öffentliches Leben (z. B. Zugfahren, Einkaufen …)
- Arbeitswelt
- Freundschaftsbeziehungen
- Partnerschafts- und Familien-Beziehungen

Verhaltensebene:

- Kontakt: Nähe herstellen, Ausdruck von positiven Gefühlen und Beziehungswünschen, Gespräche führen, von »small talk« bis zu ernsthafteren persönlichen Gesprächen
- Abgrenzung: »Nein« sagen, Ablehnung von Wünschen und Forderungen Anderer, die als unberechtigt oder gegen die eigenen Interessen/Bedürfnisse gerichtet erlebt werden, Formulierung von Grenzen, Beenden von Beziehungen
- Ausdruck negativer Gefühle: konstruktiver Ausdruck von Ärger, Enttäuschung und Kritik, auch von Angst und Verunsicherung im Gespräch, Konfliktlöseverhalten
- Wünsche: Äußerung eigener Wünsche und Hintergrundbedürfnisse, Umgang mit Wünschen des Gegenübers, Aushandeln von Kompromissen und tragfähigen Lösungen
- Umgang mit Kritik
- Empfängerverhalten: Nachfragen, Wiederholung und Validierung, Klärung von Missverständnissen, partielle Übernahme der Perspektive des Anderen, Empathie

Emotionale Ziele:

- Verbesserung der Selbstwahrnehmung
- Akzeptanz eigener Gefühle und Bedürfnisse, dennoch auch Abbau überstarker Reaktionen von Angst, Scham, Wut und Niedergeschlagenheit
- Empathie als verbesserte Wahrnehmung der Gefühle des Gegenübers, Bereitschaft zum Perspektivenwechsel

Kognitive Ziele:

- Einschätzung der Situation und Wahrnehmung eigener kognitiv-emotionaler Reaktionen
- Selbstakzeptanz trotz eigener Unzulänglichkeiten, Akzeptanz auch negativer Emotionen
- Bereitschaft zur Wahrnehmung der äußeren und inneren Wirklichkeit des Gegenübers, Bereitschaft zu akzeptieren, dass Menschen Situation verschieden sehen und bewerten

- Fehlertoleranz auch Anderen gegenüber
- Kompetenzvertrauen in die alten und neu erworbenen Möglichkeiten

Da Rollenspielinhalte hierarchisch nach Schweregrad aufgebaut sind, werden beim Programm von Ullrich (1998) die jeweiligen Zielverhaltensklassen (Kontaktaufbau, Abgrenzung, Wünsche, Umgang mit Kritik) auf die Lebensbereiche (s. o.) bezogen. Erfahrungsgemäß stehen Situationen aus der Ursprungsfamilie oder der aktuellen Familie oder Partnerschaft in der Hierarchie weit oben.

Bei der Durchführung standardisierter Übungsprogramme muss für den einzelnen Patienten überprüft werden, ob sein Erleben eine Anpassung der Übungssituation – insbesondere hinsichtlich des Schwierigkeitsgrades – erforderlich macht.

Eine weitere Möglichkeit besteht in einem themenzentrierten Vorgehen. Hier werden mit den Patienten jeweils für ein Thema (z. B. »Umgang mit teilweise berechtigter Kritik«) Situationen gesammelt.

In der Einzeltherapie wird man in der Regel …

- von Situationen ausgehen, die dem Patienten schwerfallen, dann die dabei relevanten Dimensionen herausarbeiten (»Wenn ich Sie recht verstehe, können Sie Ihrem Vater schlecht unberechtigte Wünsche abschlagen. Nein zu sagen ist überhaupt schwer für Sie?«)
- und dann für die so gefundene Dimension eine Reihe leichterer Übungssituationen entwickeln.

Beispiel

Eine Patientin, die ihrem Mann gegenüber schwer »nein« sagen konnte, übte zunächst einmal, sich beim Einkaufen nichts aufschwatzen zu lassen.

20.2.3 Diagnostik und Rollenspiel

Rollenspiele als Hilfsmittel der Diagnostik

Neben den bewährten Fragebogen U (Unsicherheitsfragebogen, Ullrich & Ullrich de Muynck, 1979) und SASKO (Kolbeck & Maß, 2009) bieten Rollenspiele diagnostische Möglichkeiten, die über das therapeutische Gespräch hinausgehen, weil Patienten (und Therapeuten) häufig keine adäquate Beschreibung des eigenen Verhaltens geben können. Deshalb empfiehlt es sich, gelegentlich zwischen verbaler Exploration und Kurzrollenspielen zu wechseln, wenn es um die Einschätzung des zwischenmenschlichen Verhaltens von Patienten geht.

Beispiel

Im zweiten Gespräch mit einer Patientin tauchte die Idee auf, dass eine Einbeziehung des Mannes sinnvoll sei, worauf sie meinte: »Das habe ich ihn schon gefragt. Aber er ist zu so etwas einfach nicht bereit.« Darauf der Therapeut: »Mich würde interessieren, wie Sie so eine Frage stellen. Also wenn Sie sich jetzt vorstellen, ich wäre Ihr Mann … übrigens wie hieße ich dann mit Vornamen? Aha, also Peter. Also ich bin jetzt ihr Mann Peter und wir sitzen nach dem Abendessen in der Küche, die Kinder sind im Bett und Sie möchten mich jetzt nochmals fragen, ob ich zur Therapie mitkomme. Wie machen Sie das?«

Schwierigkeiten der Auswertung von Rollenspielen

In der Einzeltherapie haben Therapeuten dabei mehrere Rollen: Sie haben die Rolle des Therapeuten und sind Partner im Rollenspiel (z. B. in der Rolle als »Schwiegermutter«). Gleichzeitig haben sie die Aufgaben, zu beobachten und Rückmeldung sowie neue Anregungen zu geben.

In Gruppentherapien und mit Co-Therapeuten kann man diese verschiedenen Funktionen aufteilen. Aufzeichnungen als Audio- oder Video-Datei erleichtern die Rückmeldungen insbesondere für Anfänger, kosten aber sehr viel Zeit (s. u.).

Merke

Worauf sollte man als Therapeut achten? Als übergeordnete Prinzipien sollten gelten, dass Patienten all das an Emotionen, Gedanken und Wünschen ausdrücken, was sie bewegt, dass sie aber eine Form finden, die für ihr Gegenüber verständlich und nicht verletzend ist.

Auf die Kunst der Rückmeldung wird unten eingegangen.

20.3 Praktische Vorgehensweisen und Abläufe

20.3.1 Grundprinzipien des therapeutischen Rollenspiels

Die zentrale Übungsschleife besteht aus den Komponenten, die in ▸ Abb. 20.1 dargestellt sind. Bei der Durchführung gibt es verschiedene mögliche Fehlerquellen.

Situationsauswahl

Die Spielsituation sollte konkret definiert sein (Zeit, Raum, Gegenüber, Art der Beziehung). Der wichtigste Aspekt ist dabei die vorher abgesprochene »Schwierigkeit«, mit der der Partner, also in der Regel der Therapeut oder ein anderes Gruppenmitglied, spielt. Wichtiger als »realistische« Spiele durchzuführen und Überforderung zu riskieren ist es, im Sinne einer Angsthierarchie die Schwierigkeit langsam zu steigern. Dies kann v. a. vom Mitspieler gesteu-

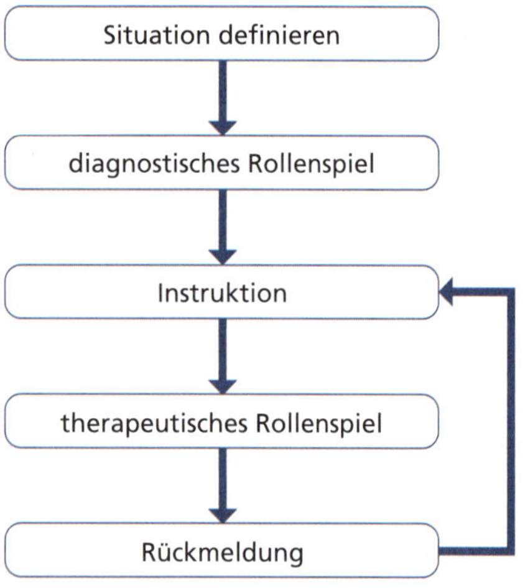

Abb. 20.1: Übungsschleife des Rollenspiels

ert werden kann (z. B. vom freundlichen bis zum cholerischen Nachbarn).

Eher kontraproduktiv ist es, wenn während des Rollenspiels Machtkämpfe beginnen. Mancher Therapeut tut sich schwer, Patienten in Rollenspielen gewinnen zu lassen, dabei gilt folgende Regel:

> **Merke**
>
> Die wichtigste Regel ist: Der Übende gewinnt.

Insbesondere, wenn Gruppenmitglieder miteinander üben, sollten Therapeuten auf die obige Regel sehr genau achten. Lernen kann man nur, wenn man ein Verhalten ausprobieren kann, das man noch nicht sicher beherrscht. Das aber ist nur möglich in einem Klima ohne Niederlagen und Kränkungen. Natürlich kann über mehrere Durchgänge die Schwierigkeit gesteigert werden.

Diagnostisches Rollenspiel, Instruktion und Modelllernen

Das diagnostische Rollenspiel dient dazu, einen ersten Eindruck zu bekommen, wo Stärken und Schwächen von Patienten liegen. Bei sehr ängstlichen Patienten, die sich anfangs sehr schwertun, sollte man statt entmutigender negativer Rückmeldungen lieber Anregungen geben und mit ihnen direkt in ein neues therapeutisches Rollenspiel einsteigen, um so erlebbar zu machen, dass Änderungen und Lernen möglich sind.

> **Merke**
>
> Vorsicht vor zu vielen Instruktionen: Statt alles auf einmal ändern zu wollen (»Reden Sie laut und deutlich, stehen Sie gerade, verwenden Sie das Wörtchen ›ich‹, sagen Sie Ihre Gefühle klar und deutlich …«) sollte man sich auf ein bis zwei machbare Anregungen beschränken (»Mich würde interessieren, wie es wirkt, wenn Sie noch etwas lauter sprechen und mich dabei ansehen. Mögen Sie es mal probieren?«).

Je ausgeprägter Verhaltensdefizite sind, desto sinnvoller ist es, die Situation vorzuspielen. Optimal sind mehrere Modelle. Sie geben Auswahlmöglichkeiten. Problematisch sind »Mastery«-Modelle idealen Verhaltens, das nur zur Selbstabwertung beim beobachtenden Patienten führt. Günstiger sind »Coping«-Modelle, die vorspielen, wie der Patient seine Scheu überwinden und den nächsten Schritt angehen könnte.

Die Kunst der Rückmeldung

Untrainierte, spontane Rückmeldungen sind in der Regel vage, negativ und global (»Das wirkt irgendwie noch unsicher«). Grundregeln lauten daher:

- Therapeutische Rückmeldung sollte auf die Instruktion bezogen sein, also darauf, was Patient und Therapeut sich vorgenommen haben (»Sie hatten sich vorgenommen, Blickkontakt zu halten. Und dazu möchte ich sagen …«).
- Sie sollte mit dem Positiven beginnen.
- Anstelle von Kritik sollte man Anregungen äußern: Statt »Das war immer noch zu leise« lieber »Versuchen Sie es noch ein wenig lauter«.
- Persönlich und konkret ist besser als abstrakt und normativ. Statt »Das war jetzt gut so mit der Lautstärke« lieber »So konnte ich Sie besser verstehen und das, was Sie sagen wollten, kam sehr viel überzeugender bei mir an«.
- Relativ ist besser als absolut: Gut ist, was ein wenig besser als beim letzten Durchgang war! »Bei diesem Durchgang hat mir sehr viel besser gefallen … als bei den Durchgängen davor.«

Therapeuten können sich die Aufgabe leichter machen, indem sie sich selbst entsprechende Fragen stellen:

- Was hatten wir uns vorgenommen?
- Was war besser als beim ersten Mal?
- Wo entstand bei mir ein guter Eindruck?
- Was ist verbesserungswürdig?
- Was wäre der nächste machbare Schritt?

Weitere konkretere Fragen, die man sich als Therapeut stellen kann, sind:

- Hat der Rollenspieler seine Gefühle ausgedrückt?
- Waren sie deutlich und in der richtigen Intensität spürbar (nonverbales Verhalten)?
- Wurden die Hintergründe (Kognitionen) der Gefühle angesprochen?
- Konnten Wünsche deutlich werden?
- War die Form der Situation angemessen oder z. B. zu verletzend oder global?
- Wurde das Erleben des Rollenspielpartners aufgenommen und berücksichtigt?

Für jede zu übende Verhaltenskategorie gelten zusätzliche Kriterien. Als ein konkretes Beispiel soll exemplarisch das Übungsziel »Umgang mit Kritik« herausgegriffen werden. Fragen zur Rückmeldung bei Rollenspielen zum Thema »Umgang mit Kritik« könnten sein:

- Konnte der Klient sich Zeit zum Nachdenken erbitten statt direkt zu reagieren?

- Konnte er sich von globaler Kritik distanzieren und trotzdem konkrete und differenzierende Nachfragen zu Klärung der Frage stellen, worauf sich die Kritik genau richtete?
- Konnte er differenzieren, welche inhaltlichen Teile der Kritik er annehmen, welche er aber auch zurückweisen wollte?
- Konnte er differenzierte Rückmeldung zur Form der Kritik geben?

Insbesondere das letzte Beispiel macht deutlich, dass Rollenspiel-Übungen nicht ohne Klärungsprozesse innerer Art möglich sind.

Diskriminationslernen: Durch Rückmeldung und Wiederholungen der Übungen lernen Patienten zu unterscheiden: (a) unsicheres Verhalten (Vermeidung, kaum Ich-Aussagen, indirekte Äußerungen, entsprechendes Ausdrucksverhalten) (b) aggressives Verhalten (v. a. Vorwürfe, persönliche und globale Entwertungen, vorrangig Du-Botschaften) und (c) sicheres Verhalten (Ich-Aussagen, Transparenz von Gedanken, Gefühlen, Wünschen Einbeziehen des Gegenübers, passendes Ausdrucksverhalten).

Rückmeldungen in der Gruppe

Rückmeldungen durch den Therapeuten haben Modellwirkung für die Mitglieder einer Therapiegruppe. Wenn Therapeuten konkret und konstruktiv auf die mutigen Versuche der Patienten reagieren, können zunehmend auch andere Gruppenmitglieder und später auch die übenden Patienten selbst diese Kriterien anwenden. Therapeuten können Gruppenmitglieder anregen, gute Rückmeldungen zu geben, indem sie die erwähnten Kriterien in Fragen an die Gruppe umformulieren: »Erinnern Sie sich noch, was Patient Herr XY sich vorgenommen hatte? Was war ein kleines Stück besser als bei früheren Versuchen? Was könnte der nächste machbare Übungsschritt sein?«

Indem Gruppenmitglieder sich gegenseitig hilfreiche Rückmeldungen geben, wird ein Teil der Aufgabe des Therapeuten auf die Gruppe verlagert. So lernen alle das zwischenmenschlich so wichtige Verhalten einer ehrlichen und konstruktiven Rückmeldung.

Selbstrückmeldungen/Selbstverstärkungen

Analog können später Fragen an den Patienten gestellt werden. Therapeutische Anfänger scheuen sich häufig, selbst Rückmeldungen zu geben, und fragen Patienten stattdessen z. B.: »Wie fühlen Sie sich jetzt?«. Solche unspezifischen Fragen nach Selbstrückmeldung lösen fast immer sehr negative Selbstaussagen oder Selbstbestrafungen aus: »Furchtbar! Das war wieder nichts …« Als Alternative sollten Therapeuten sich angewöhnen, präzise Fragen zu stellen, die die Aufmerksamkeit lenken: »Was haben Sie sich vorgenommen? Aha, sie wollten lauter sprechen. Haben Sie lauter gesprochen als beim vorigen Durchgang des Rollenspiels?«

Dabei sollten negative Selbstaussagen entweder durch Nichtbeachtung gelöscht werden oder aber durch transparente Regeln und Erklärung zur Wirkung negativer Selbstaussagen angegangen werden (s. u.).

Video-Rückmeldung

Wie oben erwähnt, erleichtern audiovisuelle Aufzeichnungen Diagnostik und Rückmeldung für Therapeuten und Patienten. Das ist mit Videokameras oder Smartphones möglich, muss aber den Datenschutz gewährleisten. Mikroanalysen und wiederholtes Betrachten interessanter Sequenzen sind möglich. Patienten können im Sinne des »Realitätstestens« Befürchtungen über die Wirkung ihres Verhaltens durch Betrachten des Videos überprüfen (»Bin ich rot geworden?«). All dies spricht für die Verwendung von Videoaufzeichnungen.

Es gibt aber auch Nachteile: Aufzeichnungen und Auswertungen benötigen viel Zeit. Probleme mit der Technik und mühsame Suchläufe sind oft frustrierend. Am wichtigsten aber ist, dass die spontanen Reaktionen der Patienten auf Videos meist sehr negativ sind, in Form von Selbstabwertungen oder ängstlichen/depressiven Reaktionen. Darauf reagieren unerfahrene Therapeuten oft folgendermaßen:

- Nach Rollenspiel und Videorückmeldung folgt die Frage des Therapeuten »Wie geht es Ihnen jetzt?« oder »Wie fanden Sie es selbst?«
- Eine massive Selbstabwertung des Patienten findet statt.
- Versuch des Therapeuten, die Situation zu retten, indem er die positiven Aspekte des Rollenspieles herausarbeitet.

Eine funktionale Analyse dieser Sequenz zeigt, dass auf die Verhaltensbemühungen (Rollenspiel) eine negative Konsequenz folgt (Selbstabwertung), und dass auf die Selbstabwertung eine positive Konsequenz folgt (Versuch des Therapeuten, Positiva zu benennen). Kurz: Die Selbstabwertung wird ungewollt verstärkt.

Als Alternative bietet es sich an, über die Probleme der Selbstwertung transparent zu sprechen (»Manche Menschen brauchen niemanden, der sie entmutigt. Sie machen das selbst. Aber es lohnt sich sehr, einen akzeptierenden Umgang mit sich selbst zu lernen.«). Oft hilft es, klare Regeln auszuarbeiten für die selbstbezogene Rückmeldung (»Zuerst das Positive. Gut ist, was etwas besser ist als zuvor. Bemühungen muss man anerkennen, nicht perfekte Resultate. Wenn man mit etwas nicht zufrieden ist, kann man sich für eine neue Übung etwas Konkretes vornehmen«), auch für den Umgang mit negativen Selbstinstruktionen (»Durch positive Instruktionen ersetzen: Statt ›Das schaffe ich nie!‹ lieber ›Ich probier‹ es, vielleicht geht es ja doch‘) und für den Umgang mit Selbstbestrafungen (z. B. »Für jeden negativen Satz einen positiven Satz suchen«). Besonders wichtig ist es, die therapeutischen Konsequenzen gut zu beobachten und zu kontrollieren, um auf negative Sätze gar nicht oder negativ zu reagieren (»Sie wissen doch, damit machen Sie es sich schwerer« oder »Dass Sie sich abwerten können, weiß ich ja, aber …«). Gezielte Aufmerksamkeitslenkung (s. o.) und positive Unterstützung helfen hier weiter.

20.3.2 Weitere praktische Gesichtspunkte

Hausaufgaben

In der Regel dienen Rollenspiele der Vorbereitung realer Erfahrungen. Hausaufgaben in aufsteigender Schwierigkeit sind ein wichtiger Bestandteil eines Selbstsicherheitstrainings. Dabei sollte die Schwierigkeit der Übungen in der Therapie ein bis zwei Stufen höher liegen als die erwartete Schwierigkeit in der Realität. Hier sind eine gründliche Vorbereitung und viel Lebenserfahrung des Therapeuten hilfreich.

Auch wenn eine Umsetzung »in vivo« nicht mehr denkbar ist, z. B. weil Angehörige bereits verstorben sind oder durch Krankheit und Alter nicht mehr adäquat ansprechbar sind, können Rollenspiele mit dem Therapeuten oder einem leeren Stuhl durchgeführt werden. Anstatt nur im Konjunktiv über Probleme mit z. B. mit dem Vater zu reden, ist es therapeutisch viel fruchtbarer, die Emotionen und Gedanken im Rollenspiel wirklich in »direkter Rede« zu äußern, wobei beispielsweise der Vater im Rollenspiel durch den Therapeuten oder durch den leeren Stuhl repräsentiert wird.

Rollenspiele in der Fantasie

Rollenspiele können sich auf vergangene Situationen beziehen und ganz auf der Ebene der Fantasie gehalten werden. Hier gibt es interessante Ansätze in der Bearbeitung früherer Missbrauchserfahrungen (Smucker et al., 2017).

Rollenspiele und kognitive Verfahren

Rollenspiele aktivieren kognitiv-emotionale Reaktionen und machen sie besprechbar. Indem sich Patienten nicht entsprechend ihrer Ängste und Erwartungen im Rollenspiel verhalten, machen sie häufig auch korrigierende innere Erfahrungen.

> **Merke**
>
> Kaum etwas ändert zentrale Grundannahmen so nachhaltig, wie wenn Patienten sich in Rollenspielen und dann »in vivo« konträr zu alten Grundannahmen und Befürchtungen verhalten.

Fallen und Einwände von Therapeuten und Patienten

In der Behandlung von Patienten und in der Ausbildung junger Psychotherapeuten begegnen einem Einwände gegen den Einsatz von Rollenspielen:

- *Die Selbstentmutigungs-Falle:* »Das kann ich nicht.« Selbstentmutigung wird von Therapeuten leider oft durch Zuwendung verstärkt und endet in Vermeidungsdiskussionen, die schwer zu beenden sind. Besser ist es, die Angst zu akzeptieren, aber als Begründung für einen schnellen Einstieg in ein Rollenspiel zu nehmen und dieses zunächst einfach zu machen. Therapie als Erfahrungssammlung, als Treppenstufenmodell, als empirische Kooperation: Probieren geht über Studieren.
- *Die Realismus-Falle:* »Sie sind ja so nett, aber draußen sind die Probleme viel schwerer.« Mit dem Realismus-Argument wird das Lernen in Schritten erschwert. Übungssituationen sind künstlich, zu leicht oder zu schwer verglichen mit der Realität. Das aber ist gut so. Wichtig ist nicht, ob die aktuelle Übungssituation der Realität entspricht, sondern nur, ob sie den Patienten herausfordert, über sich hinauszuwachsen. Sie muss bewältigt werden können. Später nähert sich die Schwierigkeit der Rollenspiele dem Schwierigkeitsniveau der Alltagssituationen an, ja übertrifft diese meist noch, um den Patienten gut vorzubereiten.
- *Die Hierarchie-Falle:* Mit Situationen aus dem Alltag des Patienten arbeiten (»Ich möchte eigentlich meiner depressiven Mutter sagen, dass ich zu Ostern nicht zu Besuch kommen will.«). Hier liegt ein sehr häufiger Fehler vor: Aus Abneigung gegen standardisierte Programme explorieren Therapeuten, wo ihre Patienten im Alltag scheitern, und arbeiten mit diesen Situationen. Dabei übersehen sie, dass sie es fast immer mit Top-Items einer Angsthierarchie zu tun haben und dass sie, wenn sie diese Situationen direkt üben, ihre Patienten überfordern und in depressiogene Erfahrungen treiben können. Besser ist es, aus den Situationen Kernthemen zu extrahieren (z. B. Probleme, Forderungen abzulehnen). Nun kann man für den Start leichtere Situationen für diese Thematik suchen.
- *Die Kongruenz-Falle:* »Das bin nicht ich, das ist künstlich«. Das Ziel der Behandlung, die größere Übereinstimmung von Denken, Fühlen und Handeln, kann zu Beginn einer Behandlung zur Vermeidung verleiten. Patienten (und auch Therapeuten) halten die Spielerei für schlecht, die nicht durch das innere Erleben abgedeckt ist. Es ist aber wesentlicher Bestandteil der Therapie, dass Patienten künstliches Verhalten zeigen. In einer Therapie zu sein, heißt, Dinge zu versuchen, die man nicht täte, wenn man nicht in Therapie wäre. Das Ziel am Ende der Behandlung lautet: Kongruenz von Fühlen und Handeln, das Motto während der Therapie ist aber das »Trotzdem-Prinzip«: Auch wenn ich – oder besser: gerade weil ich Angst habe und niedergeschlagen bin, lasse ich mich von diesen Gefühlen nicht abhalten, Erfahrungen zu sammeln, die mir mittelfristig helfen.
- *Die Erfolgs-Falle:* »Ich weiß nicht, ob ich mit dem Geübten draußen auch Erfolg haben werde.« Das Ziel von Psychotherapie ist nicht der Erfolg des Patienten, sondern die Kompetenz. Patienten sollen erfahren, dass sie über neue Kompetenzen verfügen, und ertragen lernen, dass auch kompetentes Verhalten in dieser Welt nicht immer zu Erfolg führt (Selbstwirksamkeit vs. Verstärkung).
- *Die Perfektionismus-Falle:* »Ich will im Umgang mit anderen Menschen alles richtig machen.« Angst vor negativer Bewertung ist das Kernsymptom sozial ängstlicher Menschen. Viele suchen den richtigen Weg, das sichere Verhalten, das immer gut ankommt. Patienten möchten unangreifbar werden. Unerfahrene Therapeuten unterstützen dieses falsche Ziel durch sog. »Mastery«-Modelle, die zeigen, was optimal wäre, als ob es das geben könnte.

Statt der Suche nach Fehlerfreiheit und dem immer optimalen Verhalten sollten wir Patienten helfen, ein anderes

Ziel zu akzeptieren. Um es mit Ullrich und Ullrich de Muynck zu formulieren: Wer wirklich sicher ist, kann es sich erlauben, auch mal unsicher zu sein. Der menschliche Umgang mit eigenen Fehlern, der Humor, über eigene Fehler zu lachen, schaffen viel eher, was Patienten suchen: Nähe, Kontakt und das Gefühl, akzeptiert zu werden.

Prüfungsfragen

1. Was unterscheidet unsicheres, aggressives und sozial kompetentes Verhalten?
2. Was sind hilfreiche Interventionen auf den Ebenen Angst, Einstellungen und Verhaltensdefizite bei sozial phobischen Menschen?
3. Wie berücksichtigen Behandler, dass hier graduell ansteigende Schwierigkeit und keine Exposition mit maximalen Ängsten gefordert sind?
4. Nennen Sie drei Bedenken gegen Rollenspiele von Seiten der Patienten? Wie können wir darauf reagieren?

Antworten

1. Unsicheres Verhalten ist gekennzeichnet von Vermeidung, Gefühle, Gedanken und Wünsche direkt auszusprechen und das Gegenüber direkt einzubeziehen.
   Aggressives Verhalten vermeidet Ich-bezogene Aussagen und verwendet Du-Botschaften mit meist vorwurfsvollem, oft entwertendem Stil.
   Sozial kompetentes Verhalten kann Ich-Aussagen mit kongruentem nonverbalem Ausdruck kombinieren und das Gegenüber mit seinen Interessen einbeziehen und berücksichtigen und so Kompromisse ermöglichen, die zur Stabilität von Beziehungen beitragen.
2. Ängste werden durch reale in vivo Erfahrungen und deren Vorbereitung reduziert, oft durch ehrliche Kommunikation auch über Ängste und eine Haltung von Akzeptanz, das Menschen fehlerhaft sind und nur über Fehler lernen können.
   Einstellungen werden durch kognitive Interventionen (sokratischer Dialog, Realitätstesten etc.), v. a. aber durch schema-divergente Erfahrungen gelockert und geändert.
   Verhaltensdefizite erfordern oft Modelle, Instruktionen, Rollenspiele und viel konstruktives Feedback.
3. Von Patienten erfragte Übungssituationen sind in der Angsthierarchie oft eher überfordernde Top-Items, also für Übungen nicht so gut geeignet, und sollten erst dann geübt und in vivo probiert werden, wenn auf der gleichen Verhaltens-Dimension (z. B. Wünsche äußern) deutlich leichtere Situationen gefunden und geübt wurden.
4. Manche Patienten erleben das neu geübte Verhalten als Ich-fremd, manchmal als nicht geeignet für Situationen außerhalb der Therapie oder zweifeln daran, damit immer erfolgreich zu sein.

Empfohlene Materialien

- Albani, C., Schmutzer, G., Blaser, G., et al. (2006). Die Entwicklung einer Kurzversion (U-Bogen-24) des Unsicherheitsfragebogens von Ullrich und Ullrich de Muynck. *Psychotherapie – Psychosomatik – Medizinische Psychologie, 56*(3–4), 156–164.
- Stangier, U., Heidenreich, T., Berardi, A., et al. (2016). *Skalen zur Sozialen Angststörung (SOZAS).* Göttingen: Hogrefe.
- Stangier, U., Heidenreich, T. & Peitz, M. (2009). *Soziale Phobien. Ein kognitiv-verhaltenstherap utisches Behandlungsmanual* (2. Aufl.). Weinheim: Beltz.
- Ullrich, R. & Ullrich de Muynck, R. (1979). *Der Unsicherheitsfragebogen: Testmappe U.* München: Pfeiffer.

Literatur

Hinsch, R., & Pfingsten, U. (2023). *Gruppentraining sozialer Kompetenzen (GSK). Grundlagen, Durchführung, Anwendungsbeispiele* (7. Aufl.). Weinheim: PVU.

Kolbeck, S., & Maß, R. (2009). *Fragebogen zu sozialer Angst und sozialen Kompetenzdefiziten (SASKO).* Manual. Göttingen: Hogrefe.

Schmucker, M., & Köster, R. (2017). Praxishandbuch IRRT: Imagery Rescripting & Reprocessing Therapy bei Traumafolgestörungen, Angst, Depression und Trauer. Stuttgart: Klett-Cotta.

Ullrich, R. & Ullrich de Muynck, R. (1979). *Der Unsicherheitsfragebogen: Testmappe U.* München: Pfeiffer.

Ullrich, R. & Ullrich, R. (1998). Einübung von Selbstvertrauen und sozialer Kompetenz. Teil 1–3. (3. Aufl.). München: Pfeiffer.

Zimmer, D. (1980). Empirische Untersuchungen zur Effektivität des Selbstsicherheitstrainings und zur Bedeutung einzelner therapeutischer Elemente. In R. Ullrich de Muynck, R. Ullrich, K. Grawe K et al. (Hrsg.), Soziale Kompetenz. Bd. II. (S. 127–160). München: Pfeiffer.

21 Konfrontationsverfahren

Katharina Bey und Alexandra Philipsen

Das Wichtigste auf einen Blick

- Im Rahmen von Konfrontations- bzw. Expositionsverfahren setzen sich Patientinnen und Patienten bewusst einem aversiv konditionierten Reiz aus, ohne dabei Vermeidungs-, Flucht- oder Neutralisierungsverhalten auszuführen.
- Die Systematik der Konfrontationsverfahren unterscheidet zwischen der Darbietungsart des Reizes (in sensu oder in vivo) und der Intensität der Reizdarbietung (graduiert oder massiert). Aus der Kombination dieser Faktoren ergeben sich die Verfahren: systematische Desensibilisierung (graduiert in sensu), die Implosion (massiert in sensu), die graduierte Reizkonfrontation sowie Angstbewältigungstrainings (graduiert in vivo) und das Flooding (massiert in vivo).
- Vor der Durchführung konkreter Konfrontationsübungen sind der Aufbau einer tragfähigen therapeutischen Beziehung und die psychoedukative Vorbereitung besonders wichtig.
- Zudem sollten alle motorischen und kognitiven Vermeidungsstrategien vorab erfasst und wirksame Möglichkeiten zu deren Verhinderung während der Reizkonfrontation erarbeitet werden.
- Zu Beginn sollten Konfrontationsübungen unter therapeutischer Begleitung, später zunehmend in Eigenregie durchgeführt werden.
- Während zunächst Angst- und Zwangsstörungen das Hauptindikationsfeld für Konfrontationsverfahren darstellten, werden inzwischen auch Anwendungen bei anderen Störungen, z. B. Bulimie oder Alkoholabhängigkeit, beschrieben.
- In der Praxis wird aus verschiedenen Gründen noch zu selten in vivo exponiert. Virtuelle Umgebungen bringen hier den Vorteil, standardisiert, realitätsnah und unbegrenzt wiederholbar exponieren zu können.

21.1 Einführung

Der therapeutische Begriff der Konfrontationsverfahren wird oft synonym mit »Expositionsverfahren« und »Reizkonfrontation« verwendet. Eine Gemeinsamkeit stellt die Konfrontation eines Patienten oder einer Patientin mit einem vorher aversiv konditionierten Reiz dar. Dem aversiv konditionierten Reiz folgt ein Problemverhalten. Dieses Problemverhalten besteht in der Regel aus Vermeidungs-, Flucht- oder im Kontext von Zwangsstörungen aus Neutralisierungsverhalten. Die Vermeidung eines aversiven Stimulus bzw. Gefühls durch das Problemverhalten führt zu einer negativen Verstärkung des Problemverhaltens. Hierdurch wird das Problemverhalten operant aufrechterhalten.

Beispiel

Sie sind zu Fuß unterwegs zu einem Restaurant, um mit Freunden zu Abend zu essen. Es ist neblig und Sie gehen beim Dunkelwerden an einer Hecke vorbei. Aus dem Dunkel springt Sie ein Hund an (= unkonditionierter Stimulus/UCS). Schreck, Angst und physiologische Erregung erfolgen automatisch (= unkonditionierte Reaktion/UCR). Am nächsten Abend – es ist wieder dunkel – gehen Sie denselben Weg und kommen wieder zu der Hecke. Die Stimulusbedingungen der gestrigen Situation (Nebel, Hecke, dunkel) können zu einem konditionierten Stimulus (= konditionierter Stimulus/CS) werden, der bei den meisten Menschen zum Auftreten einer konditionierten Reaktion (innere Anspannung, Erwartungsangst = konditionierte Reaktion/CR) führt. Wenn Sie lieber einen drei Minuten langen Umweg über eine hell erleuchtete Straße gehen, zeigen Sie ein Vermeidungsverhalten. Anspannung und Angst werden reduziert, Ihr Vermeidungsverhalten erfährt eine negative operante Verstärkung.

Aber auch ohne externe Stimuli können über interne kognitive Mechanismen aversive Stimuli konditioniert werden und zu operant aufrechterhaltendem Vermeidungsverhalten führen. Durch die Vorstellung einer aversiven Situation und intensiver Vorstellung einer emotional bewegenden Reaktion kann eine der klassischen Konditionierung vergleichbare Lernsituation erreicht werden.

Gemeinsames Ziel aller Konfrontationsverfahren ist die Verhinderung eines Vermeidungs-/Flucht-/Neutralisierungsverhaltens bei Auftreten eines aversiven Reizes bzw. Gefühls, um so zu erleben, dass die erwarteten unangenehmen Folgen ausbleiben. Hierdurch unterbleibt die negative Verstärkung für das Problemverhalten. Die mit Hilfe des Therapeuten induzierte Verhaltensänderung führt zu einer geänderten Wahrnehmung und Neubewertung der (vorher) aversiven Reize. Je konkreter, häufiger und länger diese Erfahrung gemacht wird, desto haltbarer sind die Effekte der Konfrontationsverfahren.

Merke

Hauptanwendungsbereich der Konfrontationsverfahren ist die Behandlung von Angst- und Zwangsstörungen.

Beispiel

Stellen Sie sich vor, Sie seien eine 18-jährige junge Frau kurz vor dem Abitur. Sie sind leistungsorientiert und hatten bisher immer gute Noten; gleichzeitig sind Sie eher ängstlich veranlagt und unsicher bzgl. Ihrer Zukunftsplanung. Als Sie in einer Lernpause das Zimmerfenster zum Lüften öffnen, schießt Ihnen plötzlich der Gedanke »Ich könnte jetzt einfach runterspringen« in den Kopf. Sie reagieren erschrocken: »Wenn ich so etwas denke, ist das vielleicht ein Zeichen dafür, dass ich mir das Leben nehmen möchte. Aber so etwas könnte ich meinen Eltern und Freunden doch nie antun! Wie schlimm das wäre! Wieso habe ich solche Gedanken?« In Reaktion auf die bedrohliche Bewertung des aufdringlichen Gedankens entstehen eine starke Anspannung und Angst. Sie schrecken vor dem Fenster zurück, greifen zum Smartphone und recherchieren im Internet, welche Anzeichen dafür sprechen könnten, dass Sie suizidgefährdet sind. Die Suchergebnisse beruhigen Sie kurzfristig, lösen ihre Zweifel jedoch nicht vollständig auf. Abends im Bett grübeln Sie weiter, warum Ihnen plötzlich dieser Gedanke in den Sinn gekommen ist. Als Sie am nächsten Morgen die Vorhänge aufziehen, überfällt Sie erneut der aufdringliche Gedanke »Was, wenn ich einfach die Beherrschung verliere und aus dem Fenster springe!?« und Ihr Puls schnellt in die Höhe. Wenn Sie demselben negativen Bewertungspfad wie am Vortag folgen und versuchen, die aufkommende Angst umgehend zu neutralisieren, kann der bloße Anblick eines offenen Fensters für Sie zu einem aversiven Stimulus werden, der das Auftreten von Zwangsgedanken und intensiven negativen Gefühlen bedingt.

21.2 Theoretische und methodische Grundlagen

Unterscheidungsmerkmale bei Anwendung der Konfrontationsverfahren sind:

- die Art der Darbietung des Reizes (in sensu oder in vivo)
- die Intensität der Reizdarbietung (graduiert oder massiert)

Zur Aufteilung bietet sich das in ▸ Tab. 21.1 dargestellte Schema an.

21.3 Praktische Vorgehensweisen und Abläufe

21.3.1 In-sensu-Methoden

Bei In-sensu-Methoden erfolgt die Konfrontation mit angstbesetzten Stimuli in der mentalen Vorstellung der Patientinnen und Patienten.

Systematische Desensibilisierung

Zur Durchführung der systematischen Desensibilisierung sind folgende Komponenten notwendig:

Erstellen einer Hierarchie angstbesetzter Stimuli

In der Verhaltensanalyse werden die Art der aversiven Stimuli und die Intensität der Angstreaktionen bestimmt. Ähnliche Arten von aversiven Stimuli werden in Gruppen zusammengefasst. Innerhalb jeder Gruppe werden die einzelnen Stimuli nach aufsteigender Intensität der Angstauslösung hierarchisiert. Üblicherweise wird eine nicht angstbesetzte Ruheszene mit dem Schwierigkeitsgrad 0 und die maximale Angstsituation mit 100 bewertet. Andere Angstreize werden nach Einschätzung des Patienten in Prozent-

Tab. 21.1: Systematik der Konfrontationsverfahren

Art der Konfrontation	in sensu	in vivo
graduiert	systematische Desensibilisierung (in Kombination mit Entspannung)	graduierte Reizkonfrontation, Angstbewältigungstraining (in Kombination mit Entspannung)
massiert	Implosion	Flooding

rängen dazwischenliegend eingeordnet (= Angstthermometer).

Erlernen eines Entspannungsverfahrens

Parallel zur Erstellung der Angsthierarchie erlernt der Patient ein Entspannungsverfahren, beispielsweise die progressive Muskelrelaxation. Ziel ist das Erreichen willkürlicher Kontrolle über die Spannung und Entspannung der Körpermuskulatur. Nachdem zuerst schrittweise einzelne Muskelgruppen (Arme, Beine, Schultern etc.) in das Entspannungstraining einbezogen wurden, wird die Übung dann sukzessive verkürzt. Schließlich soll die Entspannung auf ein bestimmtes Signal hin, z. B. die Kontraktion der Muskeln der dominanten Hand, eine Formel oder ein Ruhebild, induziert werden.

Überprüfung und ggf. Einüben der Vorstellungsfähigkeit beim Patienten

Nach Erlernen der Entspannung muss überprüft werden, ob der Patient über ausreichende Vorstellungsfähigkeiten verfügt, um die angstbesetzten Szenen ausreichend intensiv zu erleben. Ist dies nicht der Fall, muss diese Fähigkeit ggf. mit dem Patienten eingeübt werden.

Vorstellung der einzelnen Angstreize unter Entspannung

Der Patient wird vom Therapeuten aufgefordert, sich zu entspannen und sich danach das leichteste Item in der Angsthierarchie vorzustellen. Tritt trotz Entspannung Angst auf, wird auf ein vorher definiertes Zeichen des Patienten (meist Heben des kleinen Fingers) die Exposition abgebrochen und die Entspannung wiederum fokussiert. Nach Abklingen der Erregung und Wiedereintreten der Entspannung wird das Item erneut der Vorstellung angeboten. Diese Sequenz wird so lange durchlaufen, bis das Item keine Angst mehr auslöst. Dann erst kann zum nächstschwierigeren Item übergegangen werden. Dieses und auch die folgenden Items bis hin zum höchsten Angstreiz werden nach dem gleichen Prinzip bearbeitet.

Implosion

Zur Durchführung der Reizüberflutung in sensu (Implosion) wird keine Entspannung benötigt. Ziel ist die rasche und prolongierte Darbietung von vorgestellten Angstreizen hoher Intensitätsstufen. Durch die verlängerte Reizdarbietung tritt nach anfänglicher Angststeigerung eine Gewöhnung an den Reiz auf und es kommt zu einer Angstreduktion.

Bei der ausführlichen Erklärung der Wirkungsweise und der Methode muss der Patient auf die anfangs auftretenden intensiven Angstgefühle hingewiesen werden. Auch die Gefahr der kognitiven Vermeidung wird problematisiert und Möglichkeit der Verhinderung werden besprochen.

Bei Einverständnis zur Anwendung der Methode werden in der Verhaltensanalyse die angstbesetzten Stimuli zusammengetragen und ggf. in Gruppen mit ähnlichen Merkmalen zusammengefasst. Diejenigen Stimuli, die hohe und höchste Angstgefühle (70–100 Punkte auf dem Angstthermometer) auslösen, werden zusammen mit dem Patienten in eine möglichst realitätsnahe »Geschichte« eingebunden. Hierbei werden auch Variationen der »Geschichte« und angststeigernde negative Kognitionen des Patienten gesammelt. Dann wird mit dem Patienten ein Zielkriterium vereinbart, z. B. Reduktion der Ängste auf 50 Punkte auf dem Angstthermometer.

In der Übungsphase wird dem Patienten diese »Geschichte« mit Variationen und Kognitionen vom Therapeuten vorgegeben. Der Patient versucht, sich die Szenen möglichst plastisch vorzustellen. Diese Szenen werden dem Patienten möglichst lange (z. B. 1–2 Stunden oder bis zum Zielkriterium) dargeboten. Zwischenzeitlich bittet der Therapeut den Patienten, gerade in ihm ablaufende Gedanken und Vorstellungen laut zu verbalisieren. Hierdurch kann der Therapeut kognitives Vermeidungsverhalten des Patienten feststellen und seine Instruktionen entsprechend variieren.

21.3.2 In-vivo-Methoden

Bei In-vivo-Methoden stehen die direkte Konfrontation mit angstbesetzten Stimuli, der Umgang mit ihnen und ihre Bewältigung im Vordergrund des therapeutischen Handelns. Bei Patientinnen und Patienten, deren Angstschwelle sehr niedrig ist und die daher größere Probleme haben, in der Realität bisher vermiedene alternative Verhaltensweisen zu zeigen, kann eine vorbereitende Therapiephase in sensu angezeigt sein.

Angstbewältigungstrainings

Angstbewältigungstrainings können je nach Problemlage und Fertigkeiten des Patienten unterschiedlich gestaltet werden. In ihnen wird eine graduierte Reizkonfrontation mit einer aktiven Methode der Angstbewältigung kombiniert. Neben dem Einsatz von Entspannung kommen alternativ zunehmend häufiger Selbstverbalisationsmethoden zum Einsatz.

> **Merke**
>
> Selbstverbalisationen, innere Monologe, Selbstgespräche oder Selbstinstruktionen – also im weitesten Sinne die eigenen Kognitionen – spielen bei der Bewertung eines Reizes, ob angstbesetzt oder unbedenklich, eine wesentliche Rolle.

Allen Angstbewältigungstrainings sind fünf Elemente bei der *Durchführung* gemeinsam:

Wahrnehmungstraining

Damit Angstbewältigungstechniken effizient eingesetzt werden können, ist eine möglichst frühe Identifikation von Angstreizen notwendig. Diese Reize können in externen Umgebungsbedingungen oder intern als negative Kognitionen/Selbstgespräche auftreten. Die frühzeitige Wahrnehmung der in der Verhaltensanalyse aufgespürten problematischen Außenreize oder Kognitionen wird mit dem Patienten eingeübt. Dies ermöglicht dem Patienten ein erstes Heraustreten aus seiner bisherigen passiven Rolle.

Beispiel

Ihr Chef schreit Sie an. Was ängstigt Sie dabei besonders? Die Lautstärke, die Gestik, das verzerrte Gesicht oder Ihr eigener Gedanke (z. B. »Was habe ich denn jetzt schon wieder falsch gemacht?«)?

Erarbeitung alternativer Selbstverbalisationen und Kognitionen

Zu den identifizierten negativen Reizbewertungen und Selbstverbalisationen werden alternative Kognitionen erarbeitet. Diese alternativen Kognitionen oder Selbstverbalisationen können auf eine Umbewertung des Reizes ausgerichtet sein oder auch als Selbstinstruktion einen Handlungsauftrag an sich selbst beinhalten.

Einüben von Strategien zur Angstbewältigung

Bei frühzeitiger Wahrnehmung der Angstsignale wird der Umgang mit den vorher erarbeiteten alternativen Reizbewertungen, Kognitionen und Selbstverbalisationen in der Therapiesitzung eingeübt. Ziel ist es, die bisher bei Auftreten der Angstsignale einsetzenden negativen Kognitionen durch alternative Strategien zu ersetzen und die Angst zu bewältigen. Je nach Art der Problemsituation sind unterschiedliche Bestimmungsstücke der Problemsituation das Ziel der Veränderung.

Realistischere Bewertungen des Reizes, Umattribuierungen bis hin zu ironisierenden Imaginationen können zur Angstreduktion benutzt werden.

Beispiel

Ihr Chef schreit Sie ungerechtfertigterweise an. Bisher trat automatisch der Gedanke auf: »Was hast du nur wieder falsch gemacht, du bist auch ein selten dämlicher Trottel.« Diese Selbstverbalisation führte dazu, dass Sie angstbesetzt kaum ein Wort herausbrachten und sich nicht wehren konnten.

Alternative Selbstverbalisationen könnten sein: »Naja, mal abwarten, was von seiner Kritik zutrifft.«, »Auch Chefs sind leider nur Menschen, vielleicht hatte er Krach mit seiner Frau.« Notfalls könnten Sie sich auch überlegen, welcher Hunderasse ihr Chef am ehesten gleicht, und sich ihn z. B. als bellenden und geifernden Foxterrier vorstellen.

Bisher automatisiert einsetzende negative Selbstverbalisationen könnten achtsam identifiziert, vor dem Hintergrund des Störungsmodells verstanden/eingeordnet und bewusst durch alternative Selbstinstruktionen zur Bewältigung der Angst ersetzt werden.

Beispiel

Statt zu denken »Gegen den kommst du sowieso nicht an, der macht dich fertig«, wird der Gedanke »Stopp, so geht's nicht, anschreien lasse ich mich nicht, ich werde cool bleiben« Ihnen mehr Handlungsmöglichkeiten geben.

Auch die Instruktion einer Entspannungsübung oder einer formelhaften Vorsatzbildung (z. B. aus dem autogenen Training) könnte eine weitere Möglichkeit darstellen, Ihre Erregung zu reduzieren: »Ich bin ruhig, ganz ruhig. Der Lärm um mich herum ist bedeutungslos, er kommt und geht.«

Rollenspiele, Imaginationsübungen oder auch Reizkonfrontation können in sensu als Mittel verwendet werden, um diese Kognitionen zu provozieren und Alternativen auszuprobieren und einzuüben.

Selbstverstärkung

Die erlernten alternativen Verhaltensweisen unterliegen natürlich wie alle Lernprozesse den Paradigmen der Lerntheorie. Ihre Etablierung wird durch den Einsatz von Verstärkung erleichtert. Hierbei sollte das Erfolgskriterium nicht über das z. T. nicht kontrollierbare Verhalten anderer Personen definiert werden, sondern in Eigenregie vergeben werden.

Beispiel

Für die Tatsache, dass eine andere Selbstverbalisation verwendet wurde oder Sie ruhig geblieben sind, geben Sie sich selbst eine Verstärkung: »Gut gemacht.« Ob Ihr Chef sein Verhalten ändert, spielt nur eine nachgeordnete Rolle, da sein Verhalten sein eigenes Problem ist und seine Verhaltensänderung nur begrenzt Ihren Einflüssen unterliegt. Bewertungsmaßstab ist nur Ihre eigene (kognitive) Verhaltensänderung.

Übertragung ins Alltagsleben

Die zuerst in der Therapiesituation eingeübten alternativen Strategien des Umgangs mit Angstsituationen und ihrer Bewältigung werden im Folgenden schrittweise in die aktuellen Lebenssituationen eingefügt. Der Therapeut plant zusammen mit dem Patienten den Einsatz der erlernten Veränderungen. Gemeinsam werden von Sitzung zu Sitzung Situationen mit aufsteigendem Schwierigkeitsgrad ausgewählt, evtl. vorher noch geübt, in denen der Patient alternative Bewältigungsstrategien einsetzt. Ggf. kann auch überlegt werden, das zufällige Auftreten dieser Situationen nicht abzuwarten, sondern bestimmte Übungssituationen durch den Patienten selbst hervorrufen zu lassen.

Beispiel

Normalerweise ist Ihr Chef ein »Morgenmuffel«. Daher wird möglicherweise das morgendliche Zusammentreffen mit ihm in der Regel vermieden. Gut vorbereitet und mit entsprechenden Unterlagen trainiert der Therapeut im Rollenspiel den möglichen Ablauf und die alternativen Verhaltensweisen/Kognitionen mit dem Patienten. Dieser sucht dann gerade zu der bisher vermiedenen »Morgenmuffelzeit« den Chef auf, um mit ihm Probleme zu besprechen und den eigenen Umgang mit dem Verhalten des Chefs zu üben.

Reizkonfrontation

Wegen der vielen Gemeinsamkeiten der graduierten Reizkonfrontation in vivo und der massierten Reizkonfrontation (Flooding) sollen die Grundlagen beider Verfahren in diesem Kapitel zusammenfassend dargestellt werden.

Von zentraler Bedeutung für die Reizkonfrontation in vivo ist eine rasche und länger dauernde Konfrontation des Patienten mit besonders gefürchteten Stimuli bei Unterlassung von motorischem und kognitivem Vermeidungsverhalten.

Hierbei werden die gefürchteten Situationen nach einer kognitiven Vorbereitung in der Realität aufgesucht (z. B. bei Höhenangst ein Kirchturm, bei Angst vor engen Räumen ein Fahrstuhl etc.). Dies erfolgt anfangs unter Anleitung des Therapeuten, später alleine.

Die rasche und andauernde Konfrontation führt in der Regel initial zu einem hohen Erregungsniveau, bevor im Laufe der Behandlung ein Angstrückgang zu erwarten ist. Daher sind – unabhängig von der Indikation – manche Personen von der Behandlung auszuschließen.

Nach anfänglicher Angststeigerung erfolgt eine Habituation an die Situation und damit ein Rückgang der Angstreaktionen. Eine wachsende Anzahl von Studien stützt jedoch die Annahme, dass die Habituation allein weder eine notwendige noch eine hinreichende Voraussetzung für langfristig erfolgreiche Expositionen darstellt (Craske et al., 2008). Auch der Wirkfaktor des Inhibitionslernens spielt eine wesentliche Rolle und sollte durch verschiedene Strategien, wie z. B. das Widerlegen von Erwartungen bezüglich der Unaushaltbarkeit von aversiven Gefühlen und den Aufbau von Unsicherheitstoleranz in verschiedenen Kontexten, gefördert werden (Pittig et al., 2016). Dies ermöglicht dem Patienten eine Neubewertung der gefürchteten Situation, den Abbau des Vermeidungs-, Neutralisierungs- oder Fluchtverhaltens und eine aktive Auseinandersetzung mit den Angstreizen. Die neu gelernten Assoziationen (z. B. hohe Brücke = überwindbares Hindernis) hemmen dabei die alten (z. B. hohe Brücke = überwältigende Angst).

Diagnostische Phase

In dieser Phase werden die Indikation und Kontraindikation für den Einsatz der Reizkonfrontation überprüft. Dies setzt eine genaue Verhaltensanalyse und eine medizinische Untersuchung voraus.

Indikationen:

- Während anfangs besonders die Behandlung von Angst- und Zwangsstörungen das Hauptindikationsfeld darstellte, werden inzwischen auch Anwendungen bei anderen Störungen, z. B. Bulimie oder Alkoholabhängigkeit, beschrieben.

Kontraindikationen (wobei es sich nicht um strikte Ausschlussgründe, sondern um differenziert zu berücksichtigende Faktoren handelt):

- Personen mit körperlichen Erkrankungen, auf die ein erhöhtes Erregungsniveau negativen Einfluss nehmen kann (betrifft v. a. Herz-Kreislauf-Erkrankungen)
- Personen mit psychotischem oder dissoziativem Erleben in der Vorgeschichte
- Personen mit unzureichender Motivation (bei Abbruch: intermittierende Verstärkung)
- Personen, bei denen die Symptomatik Funktionscharakter im Rahmen anderer Probleme hat (z. B. als Machtmittel im Partnerschaftskonflikt)
- Personen, bei denen höherwertige Störungen vorliegen und bei denen die Symptomatik Folge dieser Störungen ist (z. B. Depression)

Im Rahmen der Verhaltensanalyse sollte nicht nur die Intensität, sondern auch die Qualität der aversiven Gefühle erfragt werden, die durch das Problemverhalten vermieden bzw. neutralisiert werden. Bei vielen Betroffenen einer Zwangsstörung steht beispielsweise nicht ausschließlich Angst im Zentrum des emotionalen Erlebens, sondern auch Ekel (z. B. bei Waschzwängen) oder ein quälendes Unvollständigkeits- bzw. »Nicht-genau-richtig-Erleben« (z. B. bei Ordnungs- und Symmetriezwängen). Da diese Emotionen weniger deutlich habituieren als Angst, sollten Behandelnde den Fokus im Rahmen von Expositionsübungen nicht ausschließlich auf das Erreichen einer Habituation richten, sondern vielmehr auf den Aufbau von Akzeptanz gegenüber bzw. dem Annehmen von aversiven Gefühlen.

Aufgrund der hohen emotionalen Belastung des Patienten ist eine tragfähige und vertrauensvolle Therapeut-Patient-Beziehung von besonderer Bedeutung.

Kognitive Vorbereitung

Diese Phase ist von entscheidender Bedeutung für die Motivation des Patienten zur Durchführung einer Reizkonfrontation und zur Verhinderung von Therapieabbrüchen.

Lerntheoretisches Erklärungsmodell

Aus den in der Verhaltensanalyse gewonnenen Informationen entwickeln Therapeut und Patient zusammen ein Erklärungsmodell für die Entstehung und Aufrechterhaltung der Störung.

Veränderungsmodell

Aus dem Erklärungsmodell wird, weiter unter aktiver Mitarbeit des Patienten, ein Veränderungsmodell für sein spezielles Problem erarbeitet. Dieses muss sich logisch aus dem Erklärungsmodell ableiten lassen und für den Patienten plausibel sein. Je einfacher und weniger kompliziert dieses Modell ist, desto besser verständlich ist es. Hierdurch ist es in der eigentlichen Konfrontationsphase vom Patienten besser abruf- und einsetzbar.

Reaktionsverhinderung

Neben dem Abbruch einer Konfrontation vor Erreichen des Zielkriteriums gilt es besonders, Vermeidungsstrategien in der Situation selbst zu verhindern. Alle aufkommenden Gefühle sollten ohne den Anspruch, ihre Intensität und ihren Verlauf beeinflussen zu wollen, zugelassen werden, damit der anschließende Habituations- und Umbewertungsprozess stattfinden kann. Dieses wird nicht ermöglicht, wenn kognitive Strategien zur Angstvermeidung eingesetzt werden. Ein Gegenstand oder Gedanke fungiert dabei als angsthemmendes sog. Sicherheitssignal.

Beispiel

Das Mitführen einer Beruhigungstablette bei einer Konfrontationsübung wird die Kognition »Wenn's zu schlimm wird, hast du ja immer noch die Tablette« hervorrufen. Bei Höhenangst und Konfrontationsübung auf einer Brücke kann der Patient sich z. B. durch das Zählen der vorbeifahrenden Autos ablenken. Er könnte auch denken: »Der Therapeut ist ja dabei«, oder: »Er würde mich nicht in wirklich gefährliche Situationen schicken«.

Für Patienten mit Zwangsstörung besteht die Reaktionsverhinderung im Unterlassen jeglicher beobachtbarer und mentaler (z. B. Gegengedanken denken, gedankliches Rekapitulieren, zwanghaftes Grübeln) Zwangshandlungen. Auch Rückversicherungsverhalten bei Angehörigen sollte im Rahmen von Expositionsübungen unterbleiben.

Nach Sammlung der für den Patienten wahrscheinlichen Vermeidungsstrategien werden Möglichkeiten, diese zu verhindern, abgesprochen.

Planungsphase

Sämtliche Übungsteile (Reizauswahl, genauer Ablauf der Konfrontation, Zielkriterium und Verhaltensweisen des Therapeuten sowie der Umgang mit unerwarteten Störungen) werden sorgfältig zusammen mit dem Patienten geplant.

Intensivphase der Reizkonfrontation

Die Unterschiede zwischen der Durchführung graduierter und massierter Reizkonfrontation werden weiter unten beschrieben.

Zu Beginn einer Reizkonfrontation treffen sich Therapeut und Patient an einem neutralen Ort und fassen die geplanten Therapieschritte, Zielkriterien und Vorgehensweisen nochmals gemeinsam zusammen.

Der Patient konfrontiert sich dann direkt in vivo mit der angstauslösenden Situation und verbleibt darin so lange, bis das Zielkriterium erreicht ist. Dieses kann ein deutliches Abnehmen oder ein gänzliches Verschwinden der Ängste sein. Zu Anfang wird er vom Therapeuten begleitet, später sucht er alleine die gefürchtete Situation auf.

Therapeutenfunktion

Der Therapeut motiviert zur Konfrontation und unterstützt den Patienten bei der Reaktionsverhinderung. Er leitet ihn an, sich auf die angstauslösenden Reize zu konzentrieren und Ablenkungen zu vermeiden. Hierzu kann er den Patienten u. a. bitten, die in der Problemsituation wahrgenommenen Angstreize und seine Gefühle genau zu beschreiben. Annäherung und Verbleiben in der angstbesetzten Situation können vom Therapeuten verbal verstärkt werden. Zwischenzeitlich überprüft der Therapeut den Verlauf, indem er den Patienten bittet, die aktuelle Angststärke auf dem Angstthermometer einzuschätzen. Im Verlauf der Konfrontationsübung blendet sich der Therapeut zunehmend mehr aus (Fading-out) und überlässt dem Patienten in eigener Regie die Durchführung der Konfrontationsübung.

Fallbeispiel

Zu Beginn begleitet der Therapeut den Patienten auf den Kirchturm, verstärkt ihn dabei, drängt ihn jedoch nicht. In regelmäßigen Abständen lässt er den Patienten die Angststärke einschätzen und fordert ihn auf, seine wahrgenommenen Angstreize und Gefühle laut zu verbalisieren. Auf dem Kirchturm erinnert der Therapeut den Patienten daran, seine Aufmerksamkeit auf die angstauslösenden Reize zu lenken. Beide verbleiben dort, bis eine deutliche Abnahme oder ein Verschwinden der Angstgefühle zu verzeichnen ist. Dann geht der Therapeut zur vorletzten Plattform zurück und lässt den Patienten alleine zurück etc. Zuletzt führt der Patient die Übung alleine durch und ersetzt die Hilfsfunktion des Therapeuten durch eigene Selbstinstruktionen.

Dauer und Ablauf der Intensivphasen der Reizkonfrontation

Von entscheidender Bedeutung für die Effizienz einer Reizkonfrontation in vivo ist eine ausreichende Dauer der Darbietung der gefürchteten Situation. Erfahrungsgemäß sind mind. 2–6 Stunden für eine Konfrontationsübung einzuplanen. Kürzere Übungen führen zu einer schnelleren »Erholung« der Ängste. Die prolongierten Konfrontationsübungen finden üblicherweise an mehreren Tagen hintereinander oder anfangs in geringen zeitlichen Abständen (z. B. jeden zweiten Tag, später in ausgedehnteren Zeiträumen) statt.

Fallbeispiel

Patientin mit Agoraphobie:

1. Tag: Busfahrt mit Therapeutin; Busfahrt alleine unter Anleitung, wobei die Therapeutin beim Einsteigen und am Fahrziel zugegen ist; Busfahrt alleine weg von der und zurück zur Praxis.

2. Tag: Busfahrt alleine zum Kaufhaus; in Begleitung der dort wartenden Therapeutin Besuch des Kaufhauses, nach Angstreduktion auf 40 % Trennung von Therapeutin, die die Patientin nach 10 Minuten am Ausgang wiedertrifft; alleiniges Betreten des Kaufhauses, 10 Minuten dort verweilen, Kauf eines Artikels und Wiedertreffen der Therapeutin am Ausgang.

3. Tag: Busfahrt alleine; Einkauf eines Artikels im Kaufhaus; Treffen mit der Therapeutin und Besuch eines Fernsehturms mit Aufzugfahren etc.

Nachbesprechung

Nach Beendigung einer Konfrontationsübung findet eine Nachbesprechung statt, in der der Patient über seine Erfahrungen berichten kann. Wichtig ist hierbei, dass er selbst die Erfolge darstellen und auf eigene Anstrengungen zurückführen kann.

Tab. 21.2: Behandlung einer Agoraphobie

Sitzungen	Inhalte
1.–3. Sitzung à 50 min	allgemeine Anamnese und diagnostische Phase
5.–7. Sitzung à 50 min	kognitive Vorbereitung
Tag 1	4 Sitzungen zusammenhängend (200 min): Reizkonfrontation: Busfahren
Tag 2	4 Sitzungen zusammenhängend (200 min): Reizkonfrontation: Busfahren alleine, Kaufhaus neue Konfrontation, erste häusliche Übungen
Tag 3	3 Sitzungen zusammenhängend (150 min): Reizkonfrontation: Busfahren alleine, Kaufhaus alleine, neue Plätze, schwerere häusliche Übungen
19.–22. Sitzung à 50 min (in 2-wöchentlichem Abstand)	Schwerpunkt auf geplanten häuslichen Übungen
23.–25. Sitzung à 50 min (in 4-wöchentlichem Abstand)	mit Begleitung und Verstärkung der Selbstkonfrontation
26. Sitzung (nach 4 Monaten)	zur Kontrolle der Veränderungen

Selbstkontrollphase

Die bereits in den Nachbesprechungen der Konfrontationsübungen vereinbarten häuslichen Übungen führen den Patienten zunehmend an eine eigenständige Auseinandersetzung mit seinem Problem heran. Anfangs sind die eigenständigen Übungen genauer mit dem Therapeuten vorzuplanen. Mit zunehmender Entwicklung des Patienten zum eigenen Therapeuten erfolgt parallel eine zunehmende Ausblendung des Therapeuten.

Beispielhaft könnte der Behandlungsplan einer Agoraphobie wie in ▸ Tab. 21.2 aussehen.

Graduierte vs. massierte Reizkonfrontation in vivo

Auf das allgemeine Vorgehen bei der Reizkonfrontation wurde bereits eingegangen. Im Folgenden werden nur die Besonderheiten der beiden Reizkonfrontationsverfahren beschrieben.

In der Verhaltensanalyse werden mehrere relativ hoch angstbesetzte Situationen bestimmt.

Diese werden bei der *graduierten Reizkonfrontation* in einzelne Sequenzen mit zunehmendem Schwierigkeitsgrad unterteilt. Der Patient setzt sich den einzelnen Sequenzen graduiert – also schrittweise – aus und nähert sich so dem stärksten angstauslösenden Reiz an. Jede Sequenz hat dabei ein eigenes, vorher definiertes Zielkriterium. Somit sind die einzelnen Übungsabschnitte relativ gut planbar.

Bei graduierter Reizkonfrontation wird, vereinfacht gesagt, »vom hohen zum höchsten Angstreiz konfrontiert«.

Im Gegensatz dazu zielt die *massierte Reizkonfrontation* (Flooding) auf eine sofortige Auseinandersetzung mit dem stärksten angstbesetzten Reiz. Ist dieser Angstreiz nach prolongierter Darbietung habituiert, wird sofort zur nächsten angstbesetzten Situation übergegangen, bis auch hier eine Angstreduktion stattgefunden hat etc. Die Konfrontationsübungen sind daher zeitlich weniger gut planbar. In der Regel ist eine einzelne Übung länger, es werden jedoch weniger Übungen als bei der graduierten Reizkonfrontation benötigt.

Beim Flooding wird »vom höchsten zum nächsthöheren Angstreiz konfrontiert«.

Reizkonfrontation in der virtuellen Realität

In der Praxis wird aus verschiedenen Gründen (begrenzte Verfügbarkeit des angstbesetzen Szenarios/Reizes; Unsicherheit auf Therapeutenseite; eingeschränkte Bereitschaft, die Praxisräume zu verlassen etc.) noch zu selten in vivo exponiert. Virtuelle Umgebungen bringen hier den Vorteil, standardisiert, realitätsnah und unbegrenzt wiederholbar exponieren zu können. Die Wirksamkeit von Expositionsübungen in der virtuellen Realität konnte bereits in einer Vielzahl von Studien für verschiedene Störungsbilder gezeigt werden (Wiebe et al., 2022).

Prüfungsfragen

1. Nennen Sie die Indikationen für Reizkonfrontationsverfahren.
2. Differenzieren Sie die vier grundsätzlichen Vorgehensweisen bei der Reizkonfrontation.
3. Welche Kontraindikationen bestehen für die Durchführung eines Flooding?
4. Definieren Sie Reaktionsverhinderung. Wo wird dies in der Verhaltenstherapie angewendet?

Antworten

1. Hauptindikationsfeld sind Angststörungen und Zwangsstörungen, aber auch bei anderen psychischen Erkrankungen wie z. B. Bulimie oder Alkoholabhängigkeit können Reizkonfrontationsverfahren zum Einsatz kommen.
2. Abhängig von Intensität und Darbietungsart werden vier grundsätzliche Vorgehensweisen unterschieden: graduiert in sensu, massiert in sensu, graduiert in vivo sowie massiert in vivo.
3. Kontraindikationen für Flooding sind körperliche Erkrankungen, auf die ein erhöhtes Erregungsniveau negativen Einfluss nehmen kann (betrifft v. a. Herz-Kreislauf-Erkrankungen), psychotisches oder dissoziatives Erleben in der Vorgeschichte sowie eine unzureichende Motivation.
4. Reaktionsverhinderung bedeutet die gezielte Unterlassung von Vermeidungs- und Neutralisierungsverhalten während bzw. nach der Konfrontation. Dies ist besonders bei Zwangsstörungen relevant.

Literatur

Bartling, G., Fiegenbaum, W., Krause, R. (1983). *Reizüberflutung. Theorie und Praxis*. Stuttgart: Kohlhammer.

Craske, M. G., Kircanski, K., Zelikowsky, M. et al. (2008). Optimizing inhibitory learning during exposure therapy *Behav Res Ther.*,*46*(1): 5–27.

Mathews, A., Gelder, M., Johnston, D. (2003). *Platzangst*. Basel: Karger.

Pittig, A., van den Berg, L., Vervliet, B. (2016). The key role of extinction learning in anxiety disorders: behavioral strategies to enhance exposure-based treatments. *Curr Opin Psychiatry*, *29*(1): 39–47.

Schneider, S., & Margraf, J. (2008). *Panik: Angstanfälle und ihre Behandlung*. Heidelberg: Springer.

Wiebe, A., Kannen, K., Selaskowski, B. et al. (2022). Virtual reality in the diagnostic and therapy for mental disorders: A systematic review. *Clin Psychol Rev*, *98*: 102213.

Weiterführende Literatur

Hoffmann, N., & Hofmann, B. (2016). *Expositionen bei Ängsten und Zwängen*. Weinheim: Beltz.

22 Biofeedback

Jennifer Schmidt

Das Wichtigste auf einen Blick

- Biofeedback ist eine technikbasierte Behandlung, bei der physiologische Aktivität gemessen und zurückgemeldet wird.
- Biofeedback befähigt behandelte Personen, Kontrolle über ihre Körper zu gewinnen und so verschiedene Symptome zu beeinflussen.
- Die Methode basiert auf Prinzipien des Konditionierens, verbessert die Selbstwirksamkeit und Interozeption und hat eine gute Evidenzlage in der Behandlung psychischer und verhaltensmedizinischer Störungen.

22.1 Einführung

Biofeedback ist eine technikbasierte Behandlungsmethode, mit der Personen die Fähigkeit zur Selbstregulation psychophysiologischer Prozesse erlernen können. Seit über 50 Jahren wird Biofeedback in der Behandlung verhaltensmedizinischer und psychosomatischer Störungsbilder eingesetzt (z. B. Schmerzstörungen, Inkontinenz oder Substanzgebrauchsstörungen) und gewinnt zunehmend Beachtung in der Behandlung psychischer Störungen.

Der Begriff »Biofeedback« leitet sich aus der Verwendung von *Biosignalen* (z. B. die Herzfrequenz) und dem zugehörigen *Feedback* ab (z. B. Visualisierung der Herzfrequenz). Mit Messsensoren wird die psychophysiologische Aktivität einer Person erfasst, elektrisch umgewandelt und per Software in Echtzeit in ein Feedbacksignal umgewandelt. Dieses Feedbacksignal wird der Person visuell, auditiv oder (seltener) taktil zurückgemeldet, sodass diese über Rückmeldungen zur körperlichen Aktivität eine Steuerung derselben erlernt (Martin & Schmidt, 2023).

Die messbare Aktivität stammt einerseits aus peripherphysiologischen Körpersystemen (außerhalb des zentralen Nervensystems, z. B. Herzfrequenz, Muskelspannung, Atemfrequenz, Temperatur oder Hautleitfähigkeit). Hierfür wird meist der Begriff *(peripher-physiologisches) Biofeedback* verwendet. Andererseits ist die Gehirnaktivität ein möglicher Zielparameter für die Selbstregulation durch Biofeedback. Diese Biofeedback-Variante wird auch als *Neurofeedback* bezeichnet. Neurofeedback kann auf der Ableitung eines Elektroenzephalogramms (EEG) oder auf hämodynamischen bzw. bildgebenden Verfahren beruhen. Für die therapeutische Praxis ist das EEG-basierte Neurofeedback von Relevanz. Hier besteht langjährige Forschungs- und Anwendungserfahrung in der Behandlung der Aufmerksamkeitsdefizit-Hyperaktivitätsstörung (ADHS) (Riesco-Matías et al., 2021).

22.2 Theoretische und methodische Grundlagen

Biofeedback bezeichnet den Prozess, bei dem Individuen auf Basis der Rückmeldung von Körpersignalen erlernen, die eigene physiologische Aktivität zu verändern, um Gesundheit oder Leistungsfähigkeit zu verbessern. Daher sind präzise Messungen der physiologischen Aktivität notwendig, um über das Feedback Veränderungen derselben zu ermöglichen (AAPB, 2008). Dies zeigt die Technikgebundenheit der Methode, die eine Anwendung von Messinstrumenten und Software erfordert.

Das Anwendungssetting umfasst dabei einen ruhigen Raum, der mit einem Biofeedbackgerät, entsprechenden Sensoren und einem Bildschirm für das Feedback ausgestattet ist. Hier können verschiedene Varianten des Feedbacks (z. B. Verlaufskurven, Balkendiagramme, Animationen, Filme oder Spiele) dargeboten werden. Dabei unterscheiden sich positive Rückmeldungen (z. B. grüne Balkendiagramme, flüssig laufende Animationen) bei Aktivität im funktionalen Bereich von negativen Rückmeldungen (z. B. rote Balkendiagramme, stockende Animationen) bei Aktivität im dysfunktionalen Bereich (vgl. ▶ Abb. 22.1). Beim Biofeedback wird von einer messbaren körperlichen Grundlage der zu behandelnden Erkrankungen oder Symptome ausgegangen. Indikationen sind daher Störungsbilder, bei denen fehlregulierte physiologische Aktivität Einfluss auf die Ausprägung der Erkrankung hat. Dies sei beispielhaft am Spannungskopfschmerz verdeutlicht:

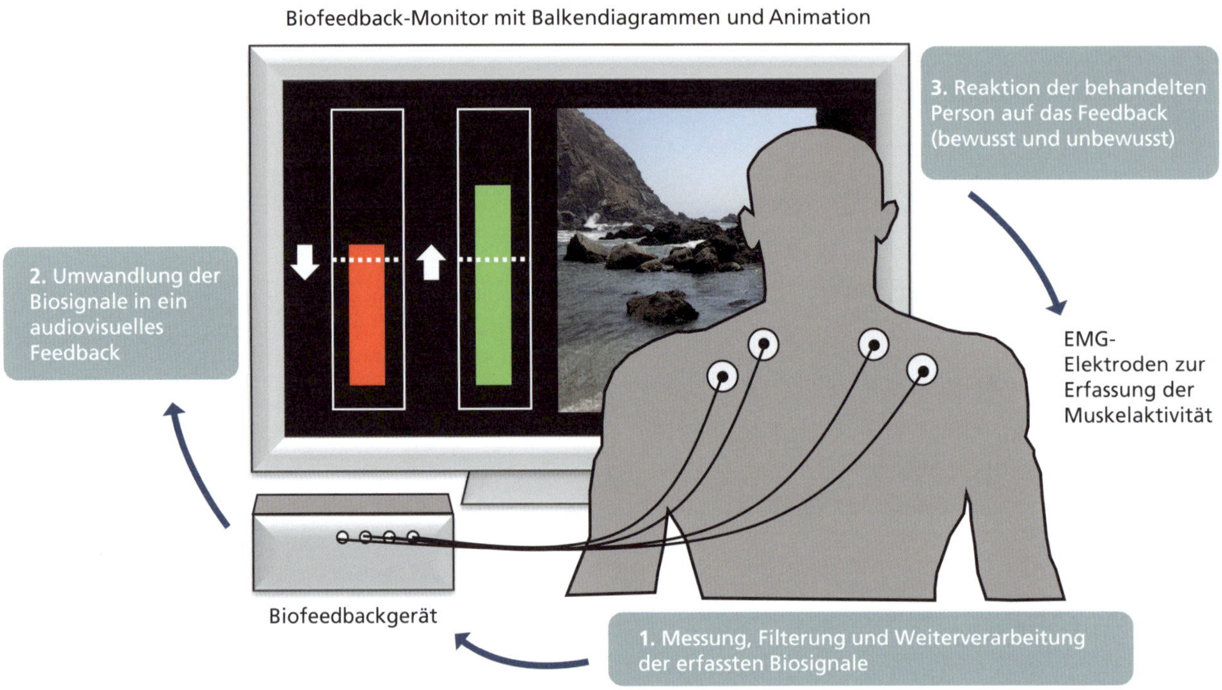

Abb. 22.1: Schematischer Aufbau eines Biofeedback-Setups bei Rückenschmerz. Der Bildschirm zeigt ein Feedback, bei dem der Muskeltonus der oberen Rückenmuskulatur über Balkendiagramme und eine Animation zurückgemeldet wird.

Spannungskopfschmerz entsteht oft aufgrund eines erhöhten Muskeltonus im Bereich der Kopf- oder Nackenmuskulatur. Der Muskeltonus kann mithilfe der Elektromyographie (EMG) erfasst und der Patientin oder dem Patienten auf einem Bildschirm sichtbar gemacht werden. Auf Basis dieses Feedbacks erhält der Patient oder die Patientin Informationen darüber, welche Körperhaltungen, Gedanken oder Empfindungen mit einer Veränderung des Muskeltonus einhergehen. Ein positives Feedback folgt auf eine Reduktion des Muskeltonus, ein negatives Feedback auf eine Erhöhung desselben. So ist es dem Patienten oder der Patientin möglich, die Kontrolle über den Muskeltonus zu erlangen und zu erlernen, wie dieser reduziert werden kann. Infolge der Reduktion des Muskeltonus nimmt der damit verbundene Schmerz ab (Martin & Schmidt, 2023).

22.2.1 Ziele des Biofeedbacks

Ziel des Biofeedbacks ist die Reduktion von Symptomen bei Krankheitsbildern, die eine ätiologische psychophysiologische Komponente beinhalten, die mithilfe von Biofeedback mess- und regulierbar ist. Über die Messung und Rückmeldung der physiologischen Aktivität erhalten Personen Kontrolle über körperliche Vorgänge, die sich ansonsten ihrer Kontrolle entzogen haben, und können damit die Symptome bewusst beeinflussen.

Jedoch kann der Behandlungsansatz heute breiter gefasst werden, da zum Beispiel Dysbalancen des autonomen Nervensystems (z. B. durch chronischen Stress) bei verschiedenen Syndromen von Bedeutung sind und durch Biofeedback beeinflusst werden können. Dies gilt insbesondere in der Behandlung von psychischen Störungen, wie Depressionen, Angststörungen etc.

Auch Krankheitsüberzeugungen spielen eine wichtige Rolle: Einerseits können Patientinnen und Patienten durch Biofeedback eine Steigerung interner Kontrollüberzeugungen hinsichtlich der Symptome erleben. Andererseits kann Biofeedback genutzt werden, um psychosomatische Zusammenhänge zu verdeutlichen und einem rein somatisch geprägten Krankheitskonzept entgegenwirken. Dies kann dazu beitragen, dass sich eine höhere Akzeptanz auch gegenüber psychotherapeutischen Interventionen einstellt (Martin & Schmidt, 2023). Zusätzlich kann Biofeedback zur Förderung der Leistungsfähigkeit, Verbesserung des Stressmanagements oder zur Erhöhung des individuellen Wohlbefindens eingesetzt werden (AAPB, 2008).

22.2.2 Angenommene Wirkmechanismen

Die angenommenen Wirkmechanismen basieren teils auf lerntheoretischen/physiologischen Mechanismen und auf kognitiven Prozessen. Je nach behandeltem Störungsbild können die Anteile variieren. Meist ist ein Zusammenspiel der beteiligten Prozesse anzunehmen.

Operante Konditionierung

Ein traditionell angenommener Wirkmechanismus basiert auf der operanten Konditionierung. Dabei wird angenommen, dass der Feedback-Mechanismus durch die Rückmeldung der Biosignale als Verstärker fungiert, um erwünschte physiologische Reaktionen zu fördern (z. B. Muskelentspannung) und unerwünschte Reaktionen (z. B. Muskelanspannung) zu vermeiden. Ziel ist es, funktionale körperliche Aktivität, die mit einer Symptomlinderung einhergeht, durch positive Rückmeldung zu verstärken (Sherlin et al., 2011).

Klassische Konditionierung

Auch klassische Konditionierung spielt eine Rolle: Hier liegt der Fokus auf der wiederholten Verknüpfung eines spezifischen Signals (z. B. eines Feedbackparameters/einer Animation) mit der gewünschten physiologischen Reaktion (z. B. reduzierter Muskeltonus). Durch wiederholte Kopplung kann das Signal (die Animation) später auch allein eine körperliche Reaktion auslösen, ohne dass eine bewusste Steuerung erforderlich ist (Sherlin et al., 2011).

Selbstwirksamkeit

Zu den kognitiven Wirkmechanismen zählt die Stärkung der Selbstwirksamkeit. Bereits eine frühe Studie von Holroyd et al. (1984) zeigte, dass das Erleben von Kontrolle über die eigene körperliche Regulation die Selbstwirksamkeit steigern kann. Dies wirkt sich positiv auf die subjektive Bewertung von Symptomen und ihrer Bewältigbarkeit aus. So trägt Biofeedback dazu bei, gelernte Hilflosigkeit zu hinterfragen und funktionale Ansätze zur Krankheitsbewältigung zu fördern.

Interozeption

Durch die wiederholte Rückmeldung physiologischer Veränderungen und der zeitglich investierten Aufmerksamkeit steigt die Interozeption behandelter Personen. Sie lernen, Zusammenhänge zwischen psychischen Zuständen, Verhalten und körperlicher Aktivität zu erkennen. Dies kann die Sensibilität für frühe Warnsignale von Symptomen erhöhen. Gleichzeitig werden hilfreiche Maßnahmen zur Gegenregulation schneller erkannt und umgesetzt.

22.2.3 Varianten des Biofeedbacks

Je nach zu behandelndem Störungsbild können Messungen verschiedener Körpersysteme für Biofeedback nutzbar gemacht werden. Die gängigsten peripher-physiologischen Biofeedbackvarianten umfassen das Feedback der Muskelaktivität (EMG-Biofeedback), Hautleitfähigkeit, Hauttemperatur, Atmung, Herzfrequenz und Herzratenvariabilität (HRV-Biofeedback). Für das Neurofeedback (vgl. ▸ Abb. 22.2) hat sich in der therapeutischen Praxis die Messung der Gehirnströme durch das EEG bewährt. Es existieren verschiedene Standardprotokolle und Anleitungen zur individualisierten Protokollgestaltung (vgl. Haus et al., 2020).

Während Biofeedback klassisch auf einem Computer oder Laptop in der Praxis eingesetzt wurde, sind heute technische Wearable-Varianten erhältlich, welche Biofeedback auch mobil im heimischen Umfeld oder gekoppelt mit Virtueller Realität zulassen. Hierbei stellen die Messqualität unter Feldbedingungen und die nicht-supervidierte Nutzung im heimischen Setting aktuell Herausforderungen dar, mit denen sich Hersteller und Anwender von Biofeedbackgeräten auseinandersetzen (Martin & Schmidt, 2023).

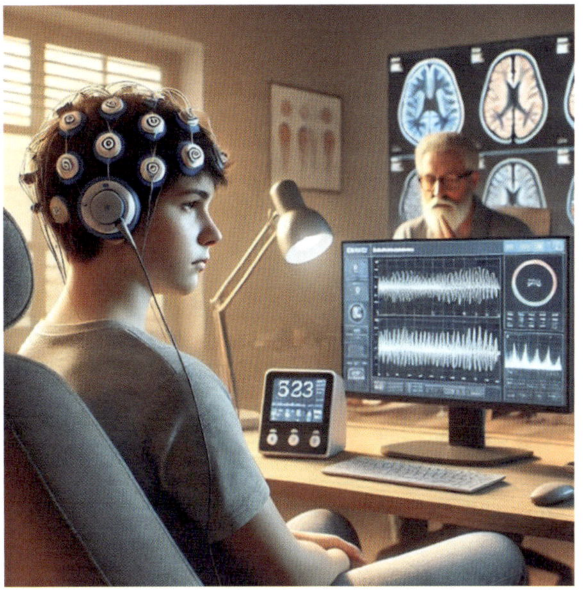

Abb. 22.2: Schematischer Aufbau eines Neurofeedback-Setups (Darstellung: ChatGPT)

22.2.4 Evidenz und Effektivität

Biofeedback wurde wiederholt auf seine Evidenz geprüft und ist teils in Behandlungsempfehlungen eingegangen. Dennoch ist zu erwähnen, dass eine Vielzahl verschiedener Biofeedbackprotokolle und Kombinationen mit weiteren therapeutischen Techniken vorherrscht, sodass die Evidenz teils kritisch diskutiert wird. Dennoch zeigt sich eine gute Akzeptanz von Biofeedback und in der Literatur eine hohe Zahl systematischer Reviews und Metaanalysen (vgl. Khazan et al., 2023).

Zusammenfassend zeigen Metaanalysen zu verhaltensmedizinischen Störungsbildern positive Effekte von Biofeedback in der Behandlung von Schmerzerkrankungen, wie Migräne (Nestoriuc & Martin, 2007), Spannungskopfschmerz (Nestoriuc et al., 2008) sowie bei chronischem Rückenschmerz (Sielski et al., 2016). Hinsichtlich der Behandlung von ADHS bei Kindern und Jugendlichen existieren Metaanalysen zur Effektivität von Neurofeedback. Hier zeigt sich eine generelle Effektivität, die jedoch davon abhängig ist, welche Arten von Protokollen und Evaluationen eingesetzt werden. Im subjektiven Elternurteil und bei Verwendung von Standardprotokollen zeigt sich gemeinhin eine Effektivität auf Kernsymptome der ADHS, wobei Effekte auf neuropsychologische/exekutive Funktionen und im Lehrerurteil strittig sind (Riesco-Matías et al., 2021).

Jüngst ist Biofeedback in der Behandlung psychischer Störungen verstärkt erforscht worden und zeigt hier vielversprechende Effekte. Insbesondere für HRV-Biofeedback und EEG-Neurofeedback gibt es zunehmende Evidenz in der Behandlung psychischer Störungen, z. B. mittlere bis große Effekte auf Depressivität und assoziierte autonome Dysbalancen (z. B. Donnelly et al., 2023). Auch für die Behandlung von Traumafolgestörungen zeigen sich positive Effekte von HRV-Biofeedback und EEG-Neurofeedback (Askovic et al., 2023; Kenemore et al., 2024). Ähnliche Effekte zeigen sich auch bei Angst- (Russo et al., 2022) und Zwangsstörungen (Zafarmand et al., 2022). Bei den bereits früh beachteten Einsatzfeldern der Alkohol- und Substanzgebrauchsstörungen zeigen Metaanalysen ebenfalls gute Effekte für Neurofeedback auf Abhängigkeits- und Entzugssymptome (Russo et al., 2023).

22.3 Praktische Vorgehensweisen und Abläufe

Der nachfolgende Abschnitt gibt einen Überblick über praxisrelevante Aspekte, welche beim Einsatz von Biofeedback beachtet werden sollten.

22.3.1 Einsatz von Biofeedback in der therapeutischen Praxis

Aufgrund des technischen und methodischen Anspruchs (bzgl. Kenntnissen in Psychophysiologie, Messtechnik, Gerätenutzung etc.) sollte Biofeedback erst nach einer entsprechenden Ausbildung eingesetzt werden. Fachgesellschaften und Berufsverbände bieten solche Aus- und Fortbildungen sowie Supervisionen an. Hier sei erwähnt, dass der Einsatz von Biofeedback mit der Anschaffung entsprechender Technik verbunden ist, die – je nach Bandbreite des Einsatzes – Investitionsbereitschaft und Technikakzeptanz erfordert.

Merke

Die Anwendung von Biofeedback erfolgt in der Praxis selten als rein technische Behandlungsmethode, sondern erfordert eine Einbindung in ein therapeutisches Gesamtkonzept, welches mit weiteren (psycho-)therapeutischen Techniken kombiniert wird, zumal das Ziel stets ein Transfer des Erlernten in den technikunabhängigen Alltag ist.

Vorhandene Standardprotokolle umfassen Phasen der Motivationsförderung, kognitiven Vorbereitung und Psychoedukation der behandelten Person, der verbalen Verstärkung durch Therapierende sowie Besprechungen des subjektiven Erlebens nach und zwischen den Sitzungen. Das Führen von Symptomtagebüchern und die Evaluation mithilfe diagnostischer Verfahren sollte ebenso in eine Biofeedbackbehandlung integriert werden.

Insgesamt gibt es eine Reihe standardisierter Protokolle, welche in Forschung und Praxis erprobt, jedoch in Dauer, Umfang und Aufbau heterogen sind (vgl. Haus et al., 2020). Dennoch gibt es einige übergreifende Schritte, welche in den meisten Biofeedbackbehandlungen integriert sind (Martin & Schmidt, 2023). Eine Übersicht gibt ▸ Tab. 22.1.

22.3.2 Besondere Aspekte bei der Durchführung

Beim Einsatz von Biofeedback sind einige Punkte besonders zu berücksichtigen: So erfordert das Anlegen der Elektroden (z. B. auf dem nackten Oberkörper) körperliche Nähe, die im psychotherapeutischen Setting von Patienten und Patientinnen nicht immer erwartet wird oder die sogar kontraindiziert sein kann und zu der gesondert aufgeklärt werden sollte. Ebenso ist auf ein entsprechendes Einhalten von Datenschutzvorgaben aufgrund der Erhebung medizinischer Daten besonders zu achten. Einige

Tab. 22.1: Exemplarischer Ablauf einer Biofeedback-Behandlung

Abschnitt	Inhalte	Ziel	Dauer
Kognitive Vorbereitung	• Psychoedukation • Zielsetzung für Sitzung • Anlegen der Sensoren	• Wissen fördern • Erfahrung erfassen • Motivation/Erwartung fördern	~ 5–10 Minuten
Adaptation und Baseline	• Messung der physiologischen Ruheaktivität (ohne Einflussnahme)	• Gewöhnung • Messung des Ausgangsniveaus • Anpassung von Schwellenwerten für Erfolgsrückmeldung	~ 5–10 Minuten
Biofeedback-Phase: bewusste Kontrolle körperlicher Prozesse	• Übung des Biofeedbacks • Regulation mit und ohne Feedback • Ergänzung um Regulation unter Stressor-Einfluss oder Alltagsbedingungen	• Demonstration psychophysiologischer Zusammenhänge • Lernen der Beeinflussung körperlicher Aktivität • Steigerung der Selbstwirksamkeit • Verbesserung der Interozeption • Transferübungen	je nach Protokoll 10–30 Minuten (teils mehrere Abschnitte)
Nachbesprechung/ Sitzungsevaluation	• Besprechung der Sitzung (z. B. anhand gespeicherter Messwerte) • Verbale Verstärkung • Ggf. Erteilen von Hausaufgaben (Heimübungen, Symptomprotokoll)	• Beurteilung von Erfolgen und Übungsschwierigkeit • Ggf. Anpassungsaspekte für zukünftige Sitzungen ableiten	~ 5–10 Minuten

kommerzielle Systeme mit Biofeedback (z. B. einige Wearables) bieten hier einen unzureichenden Datenschutz. Zusätzlich kann es seitens der Behandelten durch die Technik zu einer Überforderung oder Unbehagen kommen. Dies sollte bereits im Vorfeld einer Behandlung besprochen werden (Martin & Schmidt, 2023).

Seitens der Therapierenden liegen mögliche Probleme im Handling der Technik und in der Interpretation der erfassten physiologischen Messsignale. So können sowohl technische Probleme beim Einsatz des Biofeedbackgeräts auftreten als auch Abweichungen von den charakteristischen Mustern physiologischer Reaktionen aufgrund der körperlichen Besonderheiten einiger Patienten und Patientinnen. Hier sind ein guter technischer Support sowie praktische Übung und eine fundierte Ausbildung die besten Möglichkeiten, um Irritation vorzubeugen. Zusätzlich sollten in der Anamnese mögliche Krankheitsfaktoren oder Medikationen mit Einfluss auf die Körpersysteme erfasst und dokumentiert werden (Martin & Schmidt, 2023).

22.3.3 Ausblick für die psychotherapeutische Praxis

Als technikbasierte Behandlungsmethode ist Biofeedback mit besonderen Herausforderungen an Psychotherapeutinnen und Psychotherapeuten verbunden, die jedoch durch die Erweiterung des Behandlungsansatzes um eine objektiv messbare Komponente für Patient bzw. Patientin und Therapierende gewinnbringend sein kann. Der aktuelle Trend geht in Richtung einer verstärkten Erforschung von Biofeedback als Behandlung bei psychischen Störungen mit vielversprechender Evidenzlage, was Biofeedback – trotz Herausforderungen in Technik und Ausbildung – zu einer attraktiven Methode in der Psychotherapie macht.

Prüfungsfragen

1. Was unterscheidet Biofeedback und Neurofeedback voneinander?
2. Was sind die vier bekannten Wirkmechanismen des Biofeedbacks?
3. Für welches Störungsbild besteht die meiste evidenzbezogene Forschung in der Anwendung von Bio- bzw. Neurofeedback?
4. Was benötigt ein Psychotherapeut oder eine Psychotherapeutin, um Biofeedback anzuwenden?

Antworten

1. Biofeedback ist der Oberbegriff, welcher teilweise auch spezifisch für Biofeedback mit peripher-physiologischen Signalen verwendet wird. Neurofeedback bezieht sich auf Messung und Training der zentralnervösen Aktivität/Gehirnaktivität.
2. Operante Konditionierung, klassische Konditionierung, Steigerung der Selbstwirksamkeit, Verbesserung der Interozeption.
3. Für ADHS.
4. Biofeedback-Geräte und eine entsprechende Schulung/Aus- bzw. Weiterbildung.

Literatur

AAPB – Association for Applied Psychophysiology and Biofeedback (2008). *What is Biofeedback?* https://aapb.org/ (Zugriff am 30.11.2024).

Askovic, M., Soh, N., Elhindi, J., & Harris, A. W. F. (2023). Neurofeedback for post-traumatic stress disorder: Systematic review and meta-analysis of clinical and neurophysiological outcomes. *European Journal of Psychotraumatology, 14*(2), 2257435. https://doi.org/10.1080/20008066.2023.2257435

Donnelly, D., Georgiadis, E., & Stavrou, N. (2023). A meta-analysis investigating the outcomes and correlation between heart rate variability biofeedback training on depressive symptoms and heart rate variability outcomes versus standard treatment in comorbid adult populations. *Acta Biomedica, 94*(4), e2023214. https://doi.org/10.23750/abm.v94i4.1430

Ferreira, S., Pêgo, J. M., & Morgado, P. (2019). The efficacy of biofeedback approaches for obsessive-compulsive and related disorders: A systematic review and meta-analysis. *Psychiatry Research, 272*, 237–245. https://doi.org/10.1016/j.psychres.2018.12.096

Haus, K. M., Held, C., Kowalski, A., Krombholz, A., Nowak, M., Schneider, E., Strauß, C. & Wiedemann, M. (2020). *Praxisbuch Biofeedback und Neurofeedback* (3. Aufl.). Heidelberg: Springer.

Kenemore, J., Benham, G., Charak, R., & Hernandez Rodriguez, J. (2024). Heart rate variability biofeedback as a treatment for military PTSD: A meta-analysis. *Military Medicine, 189*(9–10), e1903–e1909. https://doi.org/10.1093/milmed/usae003

Khazan, I., Shaffer, F., Moss, D., Lyle, R. R., & Rosenthal, S. (Eds.) (2023). *Evidence-Based Practice in Biofeedback and Neurofeedback* (4th ed.). Association for Applied Psychophysiology and Biofeedback.

Martin, A. & Schmidt, J. (2023). *Biofeedback und Neurofeedback. Fortschritte der Psychotherapie.* Göttingen: Hogrefe.

Nestoriuc, Y., & Martin, A. (2007). Efficacy of biofeedback for migraine: a meta-analysis. *Pain, 128*(1–2), 111–127. https://doi.org/10.1016/j.pain.2006.09.007

Nestoriuc, Y., Rief, W. & Martin, A. (2008 b). Meta-analysis of biofeedback for tension-type headache: Efficacy, specificity,

and treatment moderators. *Journal of Consulting and Clinical Psychology, 76*(3), 379–396.
Riesco-Matías, P., Yela-Bernabé, J. R., Crego, A., & Sánchez-Zaballos, E. (2021). What do meta-analyses have to say about the efficacy of neurofeedback applied to children with ADHD? Review of previous meta-analyses and a new meta-analysis. *Journal of Attention Disorders, 25*(4), 473–485.
Russo, G. M., Balkin, R. S. & Lenz, A. S. (2022). A meta-analysis of neurofeedback for treating anxiety-spectrum disorders. *Journal of Counseling & Development, 100*(3), 236–251. https://doi.org/10.1002/jcad.12424
Russo, G. M., Smith, S., & Sperandio, K. R. (2023). A meta-analysis of neurofeedback for treating substance use disorders. *Journal of Counseling & Development, 101*(2), 143–156.
Sherlin, L. H., Arns, M., Lubar, J., Heinrich, H., Kerson, C., Strehl, U. & Sterman, M. B. (2011). Neurofeedback and basic learning theory: implications for research and practice. *Journal of Neurotherapy, 15*(4), 292–304.
Sielski, R., Rief, W. & Glombiewski, J. A. (2017). Efficacy of biofeedback in chronic back pain: A meta-analysis. *International Journal of Behavioral Medicine, 24*, 25–41. https://doi.org/10.1007/s12529-016-9572-9
Zafarmand, M., Farahmand, Z., & Otared, N. (2022). A systematic literature review and meta-analysis on effectiveness of neurofeedback for obsessive-compulsive disorder. *Neurocase, 28*(1), 29–36. https://doi.org/10.1080/13554794.2021.2019790

Weiterführende Literatur

Haus, K. M., Held, C., Kowalski, A., Krombholz, A., Nowak, M., Schneider, E., Strauß, C. & Wiedemann, M. (2020). *Praxisbuch Biofeedback und Neurofeedback* (3. Aufl.). Heidelberg: Springer.
Martin, A. & Schmidt, J. (2023). *Biofeedback und Neurofeedback. Fortschritte der Psychotherapie.* Göttingen: Hogrefe.
Strehl, U. (2020). Neurofeedback: *Theoretische Grundlagen – Praktisches Vorgehen – Wissenschaftliche Evidenz* (2. Aufl.). Stuttgart: Kohlhammer.

23 Problemlösetraining

Georg Wiedemann

Das Wichtigste auf einen Blick

- Problemlösetrainings können in der Arbeit mit unterschiedlichen Patientengruppen eingesetzt werden, z. B. bei Patienten mit schizophrenen Störungen, gehemmten Patienten mit Neurosen, depressiven Patienten oder als Teil von Stressimpfungstrainings.
- Problemlösetrainings können in Einzel-, Paar- und Gruppentherapie stattfinden.
- In den heutigen Problemlösemodellen werden in der Regel acht Stufen befolgt: Orientierung und Vorbereitung, Situationsanalyse und Problembeschreibung, Zielanalyse, Suche nach Lösungsmöglichkeiten, Bewertung der einzelnen Lösungsmöglichkeiten und Entscheidung für eine Alternative, Erstellen eines detaillierten Handlungsplans, Ausführung, Erfolgskontrolle und eventuelle Wiederholung einzelner Stufen je nach Bedarf.

23.1 Einführung

Problemlösetrainings sind der kognitiven Verhaltenstherapie zuzuordnen und basieren auf Erkenntnissen und Modellen der psychologischen Grundlagenforschung. In der kognitiven Psychologie nimmt die Frage, wie Menschen Probleme lösen, einen breiten Raum ein. Von Interesse ist vor allem, welche Strategien und Methoden des Problemlösens hilfreich sind, um von einem unerwünschten Ausgangszustand (einem Problem) zu einem gewünschten Zielzustand zu kommen. Eine Abfolge von Lösungsstufen wird eventuell mehrfach durchlaufen, bis ein (Teil-)Ziel erreicht ist. Klinisch-therapeutisches Problemlösen befasst sich in ähnlicher Weise mit der Frage, wie ein Patient ein Problem adäquat beschreiben, ein therapeutisches Ziel definieren sowie geeignete Lösungsstufen finden und effektiv umsetzen kann. Dabei sollen Fertigkeiten und Strategien geübt werden, die über das aktuelle Problem hinaus auch auf andere Probleme übertragen werden können. Der Anwender einer Problemlösestrategie kann im optimalen Fall gespeichertes Wissen über ein günstiges Problemlösevorgehen im Bedarfsfall wieder abrufen. Einen erheblichen Aufschwung erlebten Problemlöseverfahren mit der Veröffentlichung einer Arbeit von D'Zurilla und Goldfried (1971).

23.2 Theoretische und methodische Grundlagen

Für den Bereich der klinischen Psychologie unterscheiden Kanfer et al. (2012) drei Varianten des Problemlösens:

- *Therapieprozess als Problemlösen:* Der gesamte Therapieprozess orientiert sich am Problemlöseansatz als Meta-Modell (s. u.).
- *Problemlösen als Interventionsmethode innerhalb der Therapie:* Der Patient absolviert im Rahmen einer Therapie ein Problemlösetraining mit dem Ziel, das erworbene Wissen auf andere oder neu auftretende Probleme eigenständig anzuwenden.
- *Problemlösen als Hilfe für Therapeuten bei therapeutischen »Binnenproblemen«:* Hier wendet der Therapeut das strukturierte Vorgehen des Problemlösens auf Probleme an, die das Erreichen von Therapiezielen gefährden, z. B. mangelhafte Erledigung von therapeutischen Hausaufgaben oder fehlende Offenheit. In einer »Störfall-Analyse« überträgt der Therapeut die einzelnen Stufen des Problemlösens auf das jeweilige »Binnenproblem«.

Das hier zentral behandelte und in ▸ Kap. 23.3 vorgestellte Problemlösetraining soll Patienten vor allem allgemeine Problemlösestrategien nahebringen. Der Begriff »Training« weist darauf hin, dass Patienten aktiv im Problemlösen angeleitet werden und die entsprechenden Inhalte anhand eigener Probleme konkret trainieren sollen. Ein Problemlösetraining wird in der Regel als ein Therapiebaustein eingesetzt und nur selten den Therapieschwerpunkt bilden, es sei denn für eine bestimmte Phase der Therapie.

Fallbeispiel: Frau S.

Im Verlauf einer stationären Therapie realisiert Frau S. die Trennung von ihrem Ehemann. Das aktuelle Problem besteht für sie nun darin, dass sie sich für eine neue Lebensform entscheiden muss. Als (Teil-)Ziel formuliert sie, eine möglichst befriedigende Lösung für ihre zukünftige Wohnform und ihren zukünftigen Wohnort zu finden. Zur Klärung dieses Problems wählt der Therapeut die Form eines Problemlösetrainings, das dann für einen begrenzten Zeitraum den Therapieschwerpunkt bildet.

Problemlösetrainings können vielfältig und in der Arbeit mit unterschiedlichsten Patientengruppen eingesetzt werden. Als einige Beispiele aus dem breiten Spektrum der Anwendungsmöglichkeiten seien genannt:

- gehemmte Patienten mit Neurosen (Dziewas et al., 1980)
- depressive Patienten (de Jong-Meyer & Cloer, 1995)
- Patienten mit schizophrenen Störungen (Buchkremer et al., 1997; Hahlweg et al., 1995)
- Stressimpfungstrainings (Meichenbaum, 2003)
- Patienten mit neurologisch-psychiatrischen Störungen wie Autismus-Spektrum-Störungen bei Erwachsenen (Dziobek & Stoll, 2019)
- Patienten mit neurologischen Störungen wie der »Volkskrankheit« Migräne (Klan & Liesering-Latta, 2020)
- Patienten mit somatisch-organischen Störungen wie Morbus Cushing (Sulu et al., 2022)

Detaillierte Anleitungen und Fallbeispiele zur Anwendung von Problemlösungsstrategien in der Therapie finden sich bei Nezu et al. (2013). Empirische Befunde zu Problemlösungstherapien berichten u. a. Grawe et al. (1994).

Einige Beispiele aus der Wirksamkeitsforschung über Problemlösungsverfahren sind zu finden in einer Übersicht über 20 Jahre Forschung mit einem umfassenden Überblick über die Forschung zur Problemlösungskompetenz und deren Bedeutung für die psychische Gesundheit (Heppner et al., 2004), einer Metaanalyse zur Wirksamkeit bei der Verringerung mentaler und physischer Probleme (Malouff et al., 2007) sowie zur Wirksamkeit von Problemlösungsverfahren in der Behandlung von Depressionen (Bell & D'Zurilla, 2009). Erwähnenswert sind die Effektivitätsuntersuchung bei älteren Erwachsenen mit Depressionen im ländlichen Raum von Hollister et al. (2022) und die Wirksamkeitsuntersuchung bei Adoleszenten und jüngeren Erwachsenen mit Depressionen (Metz et al., 2023).

23.2.1 Verhaltenstherapie als Problemlöseprozess

Verhaltenstherapie wird häufig als Problemlöseprozess beschrieben. Patienten kann das Vorgehen der Verhaltenstherapie als systematisches Problemlösen vermittelt werden: Unter professioneller Hilfe und Anleitung lernt der Patient, Probleme zu lösen und einen wünschenswerten Zielzustand zu erreichen. Der Therapeut setzt in diesem diagnostisch-therapeutischen Prozess neben seinen therapeutischen Basisqualifikationen spezifische verhaltenstherapeutische Vorgehensweisen, Methoden und Techniken ein. Ist die Grundlage für eine therapeutische Zusammenarbeit geschaffen, kann die praktische Arbeit an Problemen analog zu den Stufen eines Problemlösetrainings erfolgen. Der Stufenprozess dient auch dem Patienten als Orientierung und unterstützt die gewünschte therapeutische Transparenz. Das erfolgreiche Problemlösen sollte der Patient später eigenständig auf weitere oder neu hinzugekommene Probleme anwenden können.

Das Anliegen dieses Beitrags besteht darin, das Problemlösetraining als eine Interventionsmethode innerhalb der Therapie darzustellen. Zur Darstellung der Verhaltenstherapie als komplexes therapeutisches Problemlösevorgehen sei auf die weiterführende Literatur verwiesen (z. B. Kanfer et al., 2012; Kanfer & Schmelzer, 2005; Engberding, 1996; Fliegel, 1994; Bartling et al., 2007).

23.2.2 Interaktionelles Problemlösen in der Gruppe

Interaktionelle Problemlösungsgruppen (z. B. Grawe et al., 1980) finden vor allem in der stationären Verhaltenstherapie häufige Anwendung. Sie orientieren sich ebenfalls an einem Ansatz des stufenweisen Problemlösens. Von einem Problemlösetraining unterscheiden sie sich in verschiedener Hinsicht. Interaktionelles Vorgehen beinhaltet, dass die Beziehung zum (oder zu den) Therapeuten und den anderen Gruppenmitgliedern explizit Berücksichtigung findet und als wesentliches diagnostisches und therapeutisches Instrument in den Veränderungsprozess integriert wird. Vor allem interpersonelle Schwierigkeiten und Defizite werden mit hoher Wahrscheinlichkeit auch im Rahmen einer therapeutischen Gruppe auftreten und können entsprechend rückgemeldet werden. Bestimmte förderliche Gruppenbedingungen (z. B. hohe Gruppenkohäsion, Vertrauen, Offenheit) erleichtern dem einzelnen Gruppenmitglied die Arbeit an eigenen Themen und tragen zu einer erhöhten Wirksamkeit der Gruppentherapie bei.

Ein weiterer Unterschied zum Problemlösetraining besteht in der Integration grundsätzlicher verhaltenstherapeutischer Vorgehensweisen (z. B. gemeinsames Erstellen eines S-POE-R-K-C-Schemas, horizontale und vertikale Verhaltensanalyse) im Rahmen der Gruppe. Interaktionelles Problemlösen wird so zur Verhaltenstherapie in der Gruppe mit dem Schwerpunkt auf der Lösung aktueller Probleme. Ebenfalls gilt dies für interaktionelle Problemlösegruppen. Grundsätzlich kann das gesamte Wissens- und Methodenspektrum der Verhaltenstherapie Anwendung finden.

Fallbeispiel

Eine ca. 55-jährige geschiedene Patientin bringt in der interaktionellen Problemlösungsgruppe ihre Angstsymptomatik als Thema ein. In einer gemeinsamen Verhaltensanalyse werden situative Bedingungen, kognitive Variablen, aufrechterhaltende Konsequenzen etc. herausgearbeitet (u. a. durch Erstellen von S-POE-R-K-C-Schemata am Flipchart). Die Patientin erlebt große Angst um ihre in der Nähe wohnenden Töchter und Enkelkinder. Vor allem durch Tonsignale von Rettungsfahrzeugen (die Patientin wohnt an einer innerstädtischen Durchgangsstraße) werden diese Ängste aktualisiert. Somatische Angstsymptome und Katastrophengedanken dämpft die Patientin durch sofortige Kontrollanrufe oder persönliche Versicherung der Unversehrtheit der Angehörigen. In der Verhaltensanalyse konnten Erinnerungen an biografisch erlebte Traumatisierungen im Zusammenhang mit Unfällen benannt werden. Die bisherigen Problemlösungsversuche (z. B. Kontrolle, Sicherheit suchen) waren aus verschiedenen nachvollziehbaren Gründen für die Patientin wie für die Angehörigen problematisch. Nach der Erhebung der Verhaltensdiagnostik und der kritischen Analyse bisheriger Lösungsversuche erarbeitet die

Patientin gemeinsam mit der Gruppe alternative Lösungsmöglichkeiten (z. B. Anrufe bei den Angehörigen nur jeden dritten Tag, kognitive Umstrukturierung der Katastrophengedanken, Ablösung von den Kindern und Aufbau alternativer Freizeitaktivitäten).

Ein Problemlösetraining in der Gruppe umfasst in der Regel 8–10 Sitzungen mit einer Dauer von jeweils 60–90 Minuten. Die Gruppenteilnehmer sollten ausreichend Gelegenheit haben, das Problemlösevorgehen unter therapeutischer Anleitung einzuüben.

23.3 Praktische Vorgehensweisen und Abläufe

23.3.1 Grundüberlegungen zum Problemlösetraining in der Einzel-, Paar- und Gruppentherapie

Grundsätzlich handelt es sich beim strukturierten Problemlösen um eine Vorgehensweise, die von vielen Menschen in einer ähnlichen Weise auf Alltagsprobleme angewandt wird. Der in der Therapie zu vermittelnde Prozess des Problemlösens ist für den Patienten bei sorgfältiger Vermittlung gut nachvollziehbar und besitzt daher eine hohe Akzeptanz. Ziel des Problemlösetrainings im therapeutischen Setting ist eine Verbesserung bereits vorhandener Problemlösekompetenzen durch Erlernen eines systematischen Vorgehens. Bereits vorhandene wirksame Lösungsstrategien sollen gefördert und ineffektive Strategien modifiziert werden.

Da Problemlösetrainings in der kognitiven Verhaltenstherapie eine weite Verbreitung gefunden haben, gibt es unterschiedliche Konzepte und Vorschläge über Inhalt und Umfang einzelner Stufen des Problemlösens. Trotz unterschiedlicher Anzahl vorgeschlagener Problemlösestufen wird die Grundstruktur des Problemlösens bei den verschiedenen Ansätzen nicht wesentlich verändert. Einzelne Vorgehensweisen unterscheiden sich auch darin, wie explizit verhaltenstherapeutische Basisstrategien (z. B. Verhaltensanalyse, Herausarbeiten von zugrundeliegenden kognitiven Schemata etc.) in das Problemlösetraining integriert werden (vgl. z. B. Liebeck, 2022). Wir konzentrieren uns auf das Problemlösetraining als eine Interventionsmethode innerhalb der Therapie.

D'Zurilla und Goldfried (1971) unterschieden ursprünglich 5 Stufen des Problemlösens:

- allgemeine Einstellung zum Problem
- Definition und Formulierung des Problems
- Erarbeiten von Alternativen
- Entscheidung
- Überprüfung

Der besseren Übersicht und Umsetzbarkeit wegen werden im nachfolgend vorgestellten Problemlösemodell 8 Problemlösestufen unterschieden.

23.3.2 Stufen des Problemlösetrainings

Der Prozess des Problemlösens erfolgt in einer Reihe von aufeinander aufbauenden Stufen, die sukzessive unter Einbeziehung aktueller Probleme des Patienten durchlaufen werden. Gerade im therapeutischen Alltag können Patienten ein stringentes Einhalten der einzelnen Stufen häufig nicht leisten. Hier besteht die Aufgabe des Therapeuten darin, jeweils eine Rückkehr zu einem strukturierten und stufenweisen Vorgehen zu gewährleisten. Dies ist notwendig, da der Patient im Training ein systematisches Vorgehen einüben und später eigenständig anwenden soll. Konsequenterweise setzt dies ein entsprechend modellhaftes Vorgehen des Therapeuten voraus. Zwischen den einzelnen Stufen sind Rückkoppelungsschleifen vorgesehen, bei Wiederholungen können neues Wissen oder neue Erfahrungen berücksichtigt werden.

Stufen des Problemlösetrainings

1. Orientierung, Vorbereitung
2. Situationsanalyse, Problembeschreibung
3. Zielanalyse
4. Suche nach Lösungsmöglichkeiten
5. Bewertung der einzelnen Lösungsmöglichkeiten, Entscheidung für eine Alternative
6. Erstellen eines detaillierten Handlungsplans
7. Ausführung
8. Erfolgskontrolle, evtl. Wiederholung einzelner Stufen

1. Stufe: Orientierung, Vorbereitung

Auf dieser Stufe wird der Patient zunächst über das Problemlösetraining informiert und zur Teilnahme motiviert. Eine technokratische Anwendung des Trainings reicht nicht aus, um eine eigenständige Anwendung des Problemlösens zu erreichen. Viele Patienten zeigen aufgrund ihrer bisherigen Erfahrungen mit Problemsituationen wenig Kompetenzvertrauen und eine niedrige internale Kontrollattribution. Sie glauben, selbst wenig tun zu können, um ein Problem zu lösen. Wegen der Annahme mangelnder Beeinflussbarkeit werden viele Problemsituationen vermieden. Die eigene Wahrnehmung kann schwierige Situationen ausblenden. Dem Patienten soll daher in der Vorbereitungsphase eine bestimmte Betrachtungsweise von Problemen vermittelt werden: Probleme sind etwas Alltägliches und durch ein geeignetes Vorgehen kann häufig eine (bessere) Lösung gefunden werden. D'Zurilla und Goldfried schlagen vor, den Begriff »Problem« nicht zu komplex aufzufassen und dem Patienten evtl. auch Hinweise zu geben, woran er Probleme erkennen kann, z.B. durch das Erleben von Unsicherheit, Angst, Unzufriedenheit, Entscheidungsschwierigkeiten etc.

Die Vorbereitungsphase ist von erheblicher Bedeutung für die Einstellung des Patienten zum Training und der weiteren Mitarbeit. Viele Patienten beschreiben es als hilfreich, wenn der Therapeut das Problemlösemodell möglichst konkret auch anhand von kurzen Beispielen vorstellt. Damit sollen nicht die weiteren Stufen vorweggenommen, das Vorgehen jedoch transparent und nachvollziehbar gemacht werden.

Ein Bestandteil der 1. Stufe ist das Verteilen eines Arbeitsblattes mit der Auflistung der Problemlösestufen zur Orientierung über den Problemlöseprozess.

Mögliche Fragen an den Patienten:

- Wie gehen Sie normalerweise mit Problemen um?
- Reagieren Sie manchmal überstürzt und ohne Plan?
- Lassen Sie sich leicht entmutigen?
- Haben Sie schon einmal ein systematisches Problemlösevorgehen ausprobiert?

2. Stufe: Situationsanalyse, Problembeschreibung

Auf dieser Stufe sollte das Problem des Patienten möglichst genau und anschaulich mit Beispielen beschrieben werden. Es sollte geklärt werden, wo und wann das Problem entstanden ist und in welchen Situationen es typischerweise auftritt. Die Beschreibung umfasst die kognitive, physiologisch-emotionale und verhaltensmäßig-motorische Ebene ebenso wie Merkmale der Situation. Zeigt der Patient Unsicherheiten in einer exakten Problembeschreibung, kann als therapeutische Hausaufgabe das Führen eines Selbstbeobachtungsprotokolls hilfreich sein. Zur 2. Stufe gehört auch die Frage, welche Problemlösungen bisher mit welchem Erfolg unternommen wurden.

Ein Ziel dieser Stufe kann auch darin bestehen, bisherige automatisierte Reaktionen herauszuarbeiten, die möglicherweise eine adäquate Problemlösung oder eine rechtzeitige Problemwahrnehmung verhindern.

Fallbeispiel

Eine Patientin möchte nach einer Kindererziehungspause nicht mehr in Vollzeit arbeiten. Sie berichtet als Problem, sie finde in ihrem Betrieb keine Teilzeitarbeit, da der Geschäftsführer sie ablehne. Bei weiterer Exploration werden einige ungünstige automatisierte Verhaltensweisen deutlich, deren Änderung bereits eine Lösung dieses Problems beinhalten. Aufgrund ihrer Grundüberzeugungen unterstellt sie dem Geschäftsführer ein feindliches Verhalten und zeigt die Einstellung: »Mit dem rede ich nicht. Das bringt sowieso nichts.« Nach entsprechender Klärung und Einübung in der Therapiesitzung gelingt es der Patientin, bei verschiedenen Abteilungsleitern ihr Anliegen sachlich vorzubringen. Schließlich wird ihr der gewünschte Teilzeitarbeitsplatz zumindest in Aussicht gestellt.

Wie in jeder Therapie sollte auch beim Problemlösetraining die Problembeschreibung so konkretisiert werden, dass die nachfolgende Zielanalyse und Planung von Lösungsstufen auch operationalisierbar sind. Es kann hilfreich sein, ein Problem in Teilprobleme zu gliedern.

Bei der Durchführung in einer Gruppe ist darauf zu achten, dass jeder Patient sein individuelles Problem einbringt. Dadurch können zwar »Wartezeiten« für die anderen Gruppenteilnehmer entstehen, es entwickelt sich jedoch eine gewisse Routine, sodass nachfolgende Problembeschreibungen zügiger bearbeitet werden können.

Fallbeispiel: Herr M.

Problem:
Herr M. erlebt im Kontakt mit Autoritätspersonen eine lähmende Angst. Er hat das Gefühl zu versagen. Weiterhin befürchtet er, keine Argumente zu haben und sich nicht mitteilen zu können.

Situation:
Im Kontakt mit Autoritätspersonen.

Konkret:
Der Patient wird wegen unzureichender Arbeitsleistung zum Chef gebeten.

Gefühl/Gedanke:
Minderwertigkeitsgefühle, Versagensängste. Gedanke: »Ich bringe wieder kein Wort heraus und erwecke den Eindruck, ich sei zu dumm für diese Tätigkeit.«

Bedingungen:
Tritt intensiver beim Firmeninhaber als bei anderen Vorgesetzten auf (die Angst um den Arbeitsplatz ist beim Inhaber größer). Das Problem wird größer, wenn der eigene Fehler bei der Arbeit erheblicher ist.

Bisherige Lösungsversuche:
Meditation zur Beruhigung, hat wenig oder gar nicht geholfen.

Mögliche Fragen an den Patienten:

- Wann und wodurch ist das Problem entstanden?
- Wie sieht das Problem genau aus?
- Welche Gedanken und Gefühle haben Sie dann?
- Welche Bedingungen beeinflussen das Problem?
- Was haben Sie bisher zur Problemlösung unternommen, was war dabei hilfreich, was war weniger hilfreich?
- Welche Interessen haben andere am Problem Beteiligte?
- Reichen die bisherigen Informationen für eine genaue Problembeschreibung aus?

3. Stufe: Zielanalyse

Auf der 2. Stufe (Problembeschreibung) sollten bereits komplexere Probleme in überschaubare Teilprobleme unterteilt werden. Auch bei der Zielanalyse ist nun darauf zu achten, die Zielbestimmung an konkreten und erreichbaren Zielen auszurichten. Hilfreich kann auch hier eine Unterteilung in Teilziele sein, die dem Patienten eine Annäherung an den gewünschten Zielzustand erleichtern.

Fallbeispiel: Frau S. (Fortsetzung)

Frau S. formuliert zunächst als Ziel, nach der Trennung vom Ehemann wolle sie ein gänzlich neues Leben anfangen und sich vom Ehemann lösen. Das Ziel »ein neues Leben anfangen« war für die Planung konkreter Lösungsstufen zu komplex und unkonkret. Die Konkretisierung ergibt eine Unterscheidung in verschiedene Teilziele: Entscheidung für eine neue Wohnform und einen konkreten Wohnort, Planung der beruflichen und privaten Zukunft, Kontakte knüpfen in der neuen Umgebung. Im Rahmen des Problemlösetrainings erfolgt zunächst die Arbeit an den Teilzielen neue Wohnform und neuer Wohnort.

Merke

Ein häufig beobachtbarer Denkfehler besteht im Festhalten an einem »Alles-oder-Nichts-Prinzip«. Dies hat zur Folge, dass der Patient sich mit einem Problem schnell überfordert sieht und mögliche Zwischenschritte außer Acht lässt.

Im Falle des Vorliegens mehrerer (Teil-)Ziele muss der Patient eine Reihenfolge der Ziele festlegen. Bei der Auswahl sollte wiederum die Erreichbarkeit des Ziels berücksichtigt werden. Das wichtigste Ziel ist für den Patienten möglicherweise auch schwierig zu erreichen.

Beispiel: Herr M. (Fortsetzung)

Herr M. entscheidet sich dafür, ein sozial kompetenteres Verhalten zunächst im Freundeskreis und bei Arbeitskollegen umzusetzen, bevor er seinem Chef gegenüber ein entsprechendes Verhalten übt.

Im Rahmen der Zielanalyse sollten auch die Folgen einer Zielerreichung antizipiert werden: Wie reagieren Freunde und Familie auf das geplante neue Verhalten, sind Barrieren oder Widerstände zu erwarten, stehen Kosten und Nutzen der Zielerreichung in einem vernünftigen Verhältnis? Ist sich der Patient in der Auswahl eines (Teil-)Ziels unschlüssig, kann eine Bewertung in folgender Form hilfreich sein: »Prüfen Sie bitte, welche Ziele in der nächsten Zeit wichtig sind, und verteilen Sie entsprechend Zahlen von 0 (unwichtig) bis 100 (sehr wichtig)«. Ist die Erreichbarkeit wahrscheinlich, kann das Ziel mit der höchsten Bewertung gewählt werden.

Mögliche Fragen an den Patienten:

- Welches Ziel möchten Sie erreichen?
- Lässt sich das Ziel in Teilziele aufteilen?
- Was möchten Sie kurzfristig erreichen?
- Welche Ziele sind Ihnen längerfristig wichtig?
- In welcher Reihenfolge wollen Sie die Teilziele angehen?
- Welche positiven und negativen Folgen erwarten Sie?

4. Stufe: Suche nach Lösungsmöglichkeiten

Die Entwicklung von neuen Lösungsmöglichkeiten gelingt am besten, wenn zunächst ohne Rücksicht auf die Realisierbarkeit Möglichkeiten gesammelt werden. Häufig ist Brainstorming (Osborn, 1957) eine geeignete Methode. In psychologischen Untersuchungen konnte gezeigt werden, dass sich Brainstorming förderlich auf die Entwicklung neuer Ideen auswirkt. Regeln zum Brainstorming werden dem Patienten mitgeteilt: möglichst viele Vorschläge sammeln, keine Kritik an Lösungsvorschlägen, verschiedene Ideen können miteinander kombiniert werden. Ist ein Patient noch zu sehr auf alte Lösungsmuster fixiert, sollte der Therapeut ihn dabei unterstützen, unzensiert neue Ideen zu produzieren. Wichtig ist das schriftliche Festhalten der Ideen, wobei der Patient die Ideensammlung auch als therapeutische Hausaufgabe erhalten kann.

Bei Durchführung in einer Gruppe ist es erwünscht, dass sich andere Teilnehmer an der Suche nach Lösungsmöglichkeiten beteiligen. Auch hier sollte die gemeinsame unkommentierte Entwicklung von Ideen gefördert werden.

5. Stufe: Bewertung der einzelnen Lösungsmöglichkeiten, Entscheidung für eine Alternative

Die einzelnen Lösungsmöglichkeiten werden nun daraufhin bewertet, ob deren Umsetzung zu einer Annäherung oder einem Erreichen des gewählten Ziels führen kann. Hilfreich ist hierbei eine grafische Hervorhebung geeigneter und ungeeigneter Lösungsmöglichkeiten, z. B. durch Zuordnung von Plus-/Minuszeichen. Bei Vorliegen eines umfangreichen Lösungskatalogs können der Übersichtlichkeit wegen Vorschläge ausgesondert werden, die auf keinen Fall infrage kommen. Bei der Bewertung ist wiederum auf »Nebenwirkungen« zu achten: Welche kurz- und langfristigen Konsequenzen hat der Lösungsvorschlag für den Patienten und seine Umwelt (z. B. Interaktionspartner bei interpersonellen Problemen)? Hier kann das Mitwirken einer Gruppe vorteilhaft sein, da sie dem Patienten aus der Rolle als Sozialpartner heraus Rückmeldung über geplante Interventionen geben kann. Der Patient sollte sich auf jeden Fall nicht »blind« für einen Lösungsweg entscheiden, sondern jeweils Machbarkeit und Konsequenzen berücksichtigen.

Nachdem der Patient eine Bewertung der Lösungsvorschläge vorgenommen hat, muss er sich auf eine Lösungsmöglichkeit oder eine Kombination von Möglichkeiten festlegen.

Fallbeispiel

Ein Patient formuliert als Ziel, sich in einem religiösen Hauskreis aktiver zu verhalten. Im Folgenden eine Auswahl der Lösungsvorschläge mit Prioritäten:

1. Überlegen, welches Thema ihm selbst Spaß machen könnte.
2. Eine Liste der bisherigen Themen zusammenstellen.
3. Einbringen eines eigenen Themas im Rollenspiel in der Gruppe üben.
4. Am Ende eines Hauskreises sagen: »Die bisherigen Themen haben mich interessiert, ich konnte selbst aber wenig beitragen. Ich möchte gerne bei nächster Gelegenheit ein Thema einbringen, bei dem ich mehr mitreden kann.«

6. Stufe: Erstellen eines detaillierten Handlungsplans

Es erfolgt nun eine Vorausplanung, wie die gewählte Alternative konkret in die Praxis umgesetzt werden kann. In einem detaillierten Ablaufplan soll der Patient festlegen, wann er was tun möchte. Soll eine einzelne Verhaltensweise oder eine Kombination von Verhaltensweisen umgesetzt werden? Verspricht ein bestimmter Zeitpunkt eine höhere Erfolgswahrscheinlichkeit? Welche möglichen Modifikationen werden eingeplant? Welches sind die Kriterien für einen erfolgreichen Abschluss der Problemlösung bzw. für die Entscheidung, abzubrechen, einen alternativen Handlungsplan zu verfolgen oder bestimmte Stufen des Problemlösetrainings zu wiederholen?

Fallbeispiel: Frau S. (Fortsetzung)

Für das Ziel »eine eigene Wohnung finden« erstellt Frau S. folgenden Handlungsplan zur Wohnungssuche:

1. Die Wohnungssuche beschränkt sie in den ersten vier Wochen auf den privaten Wohnungsmarkt.
2. Die Fahrten zu Wohnungsbesichtigungen unternimmt sie alleine mit dem eigenen Pkw.
3. Am kommenden Samstag Kauf der Tageszeitung der Stadt H.
4. Orientierung/Auswahl geeigneter Wohnungen (z. B. kleine Wohneinheit, Wohngemeinschaft mit anderer Frau) in ausgewählten Stadtteilen.
5. Anruf bei Vermietern, Klärung der Mietbedingungen, ggf. Vereinbarung eines Besichtigungstermins.
6. Vor einer endgültigen Wohnungszusage Mitnahme der jüngeren Schwester zur Wohnungsbesichtigung etc.

7. Stufe: Ausführung

In dieser Stufe führt der Patient seinen Handlungsplan aus, wobei der Charakter der Erprobung betont werden muss. Die bestmögliche Handlungsplanung soll natürlich ein gutes Ergebnis erbringen, es handelt sich aber um die Überprüfung einer Strategie mit der Option, bessere Lösungswege aufzunehmen. Der Patient sollte seine Erfahrungen mit dem Handlungsplan protokollieren (wurde der Handlungsplan eingehalten, welche Schwierigkeiten traten auf, wie reagierten andere Beteiligte usw.). Das Erstellen des Protokolls erhöht die Selbstaufmerksamkeit des Patienten für sein eigenes Verhalten sowie dessen Konsequenzen. Im Falle weiterer oder neuer Lösungsplanungen kann das Protokoll Anhaltspunkte für verbesserte Strategien liefern. Das Vorliegen von schriftlichen Protokollen erleichtert auch das spätere Nachvollziehen bisheriger Lösungen und die Planung von Problemlösungen bei neuen Problemen.

8. Stufe: Erfolgskontrolle, evtl. Wiederholung einzelner Stufen

In der letzten Stufe bewertet der Patient die Effektivität seines Vorgehens. Führte der Lösungsweg zum Erfolg? Hat sich das gewählte Vorgehen bewährt oder sind Ergänzungen sinnvoll? Kann das Problem als erledigt betrachtet werden? Möchte der Patient weitere Lösungsvarianten testen oder ein neues Problem bearbeiten? Möglicherweise verändern sich die Kontextbedingungen bei einem erneuten Auftreten des Problems. Die jetzt erfolgreiche Variante muss dann unter Umständen variiert werden. Eine einmal erfolgreiche Problemlösung sollte nicht in automatisierter Form ständig wiederholt werden, vielmehr sollte der Patient Flexibilität lernen und ein erneutes systematisches Problemlösevorgehen nicht scheuen.

War die gewählte Problemlösung nicht erfolgreich oder die Umsetzung mit unverhältnismäßiger Anstrengung verbunden, so ist zu überlegen, welche Stufen des Problemlösetrainings wiederholt werden sollten. Die Wiederholung kann zwischen der 2. und 6. Stufe beginnen. Dies hängt davon ab, auf welcher Ebene die Ursachen für das nicht erfolgreiche Vorgehen liegen. Unter Umständen macht eine veränderte Problemdefinition einen Neubeginn (2. Stufe) erforderlich. Im einfacheren Fall kann es genügen, in der 5. Stufe eine andere Alternative zu wählen und hierfür einen Handlungsplan zu erstellen und umzusetzen.

Prüfungsfragen

1. Problemlöseverfahren haben einen weiten Anwendungsbereich. Welchen klinischen Einsatzbereich können Sie sich für ein Problemlösetraining vorstellen?
2. Welche therapeutischen Ziele und Effekte werden im Allgemeinen mit einem Problemlösetraining angestrebt?
3. Ein Problemlösetraining wird in verschiedene Stufen aufgeteilt. Welche Stufen und deren Zielsetzungen können Sie dabei unterscheiden?

Antworten

1. Gehemmte Patienten mit Neurosen, depressive Patienten, Patienten mit schizophrenen Störungen, als Teil von Stressimpfungstrainings, Patienten mit neurologisch-psychiatrischen Störungen wie Autismus Spektrum-Störungen bei Erwachsenen, Patienten mit neurologischen Störungen wie Migräne, Patienten mit somatisch-organischen Störungen wie Morbus Cushing.

2. Klinisch-therapeutisches Problemlösen befasst sich mit der Frage, wie ein Patient ein Problem adäquat beschreiben, ein therapeutisches Ziel definieren sowie geeignete Lösungsstufen finden und effektiv umsetzen kann. Dabei sollen Fertigkeiten und Strategien geübt werden, die über das aktuelle Problem hinaus auch auf andere Probleme übertragen werden können. Der Anwender einer Problemlösestrategie kann im optimalen Fall gespeichertes Wissen über ein günstiges Problemlösevorgehen im Bedarfsfall wieder abrufen. Ziel des Problemlösetrainings im therapeutischen Setting ist eine Verbesserung bereits vorhandener Problemlösekompetenzen durch Erlernen eines systematischen Vorgehens. Bereits vorhandene wirksame Lösungsstrategien sollen gefördert und ineffektive Strategien modifiziert werden.
3. In den heutigen Problemlösemodellen werden in der Regel acht Stufen unterschieden: Orientierung und Vorbereitung, Situationsanalyse und Problembeschreibung, Zielanalyse, Suche nach Lösungsmöglichkeiten, Bewertung der einzelnen Lösungsmöglichkeiten und Entscheidung für eine Alternative, Erstellen eines detaillierten Handlungsplans, Ausführung, Erfolgskontrolle und eventuelle Wiederholung einzelner Stufen je nach Bedarf.

Empfohlene Materialien

- Anleitungsbogen zum Problemlösen

Den Weblink, unter dem dieses Zusatzmaterial verfügbar ist, finden Sie unter »Zusatzmaterial zum Download« am Ende dieses Buches.

Literatur

Bartling, G., Echelmeyer, L., Engberding, M. (2016). *Problemanalyse im therapeutischen Prozess* (6. Aufl.). Kohlhammer.

Bell, A. C., & D'Zurilla, T. J. (2009). Problem-solving therapy for depression: A meta-analysis. *Clinical Psychology Review, 29*(4), 348–353.

Buchkremer, G., Klingberg, S., Holle, R. et al. (1997). Psychoeducational psychotherapy for schizophrenic patients and their key-relatives or care-givers: results of a 2-year follow-up. *Acta Psych Scand, 96*, 483–491.

de Jong-Meyer, R., & Cloer, E. (1998). Endogene Depression. In: H. Reinecker (Hrsg.), *Fallbuch der Klinischen Psychologie*. Hogrefe.

Dziewas, H., Grawe, K., Wedel, S. (1980). Anwendung und Wirkung des Interaktionellen Problemlösungsvorgehens (IPV) in Gruppen bei gehemmten Neurotikern. In K. Grawe (Hrsg.) *Verhaltenstherapie in Gruppen* (S. 307–338). Urban & Schwarzenberg.

Dziobek, I., & Stoll, S. (2024). *Hochfunktionaler Autismus bei Erwachsenen: Ein kognitiv-verhaltenstherapeutisches Manual* (2. Aufl.). Kohlhammer.

D'Zurilla, T. J., & Goldfried, M. R. (1971). Problem solving and behavior modification, *Journal of Abnormal Psychology, 78*, 107–126.

Engberding, M. (1996). Problemlösen – Ein Orientierungsmodell für Analyse und Therapie psychischer Störungen. In F. Caspar (Hrsg.) *Psychotherapeutische Problemanalyse* (S. 87–131). dgvt.

Fliegel, S. (1994). *Stichwort Verhaltenstherapie*. Heyne.

Grawe, K., Dziewas, H., & Wedel, S. (1980). Interaktionelles Problemlösen in Gruppen – ein verhaltenstherapeutisches Gruppenkonzept. In K. Grawe (Hrsg.) *Verhaltenstherapie in Gruppen* (266–306). Urban & Schwarzenberg.

Grawe, K., Donati, R., & Bernauer, F. (1994). *Psychotherapie im Wandel*. Hogrefe.

Hahlweg, K., Dürr, H., Dose M. et al. (2006). *Psychoedukative Familienbetreuung bei schizophrenen Patienten. Ein verhaltenstherapeutischer Ansatz zur Rückfallprophylaxe. Konzepte, Behandlungsanleitung und Materialien* (2. Aufl.). Psychologie Verlags Union.

Heppner, P. P., Witty, T. E., & Dixon, W. A. (2004). Problem-solving appraisal and human adjustment: A review of 20 years of research using the Problem Solving Inventory. *The Counseling Psychologist, 32*(3), 344-428.

Hollister, B., Crabb, R., Kaplan, S. et al. (2022). Effectiveness of Case Management with Problem-Solving Therapy for Rural Older Adults with Depression. *Am J of Geriatric Psychiatry, 30*(10), 1083–1092.

Kanfer, F. H., & Schmelzer, D. (2005). *Wegweiser Verhaltenstherapie*. Springer.

Kanfer, F. H., Reinecker, H., & Schmelzer, D. (2012). *Selbstmanagement-Therapie* (5. Aufl.). Springer.

Klan, T., & Liesering-Latta, E. (2020). *Kognitiv-verhaltenstherapeutisches Migränemanagement (MIMA)*. Hogrefe.

Liebeck, H. (2022). Problemlösetraining. In M. Linden, & M. Hautzinger (Hrsg.) *Verhaltenstherapiemanual – Erwachsene. Psychotherapie: Praxis* (S. 203–207). Springer.

Malouff, J. M., Thorsteinsson, E. B., & Schutte, N. S. (2007). The efficacy of problem solving therapy in reducing mental and physical health problems: A meta-analysis. *Clinical Psychology Review, 27*(1), 46-57.

Meichenbaum, D. (2003). *Intervention bei Stress. Anwendung und Wirkung des Stressimpfungstrainings*. Huber.

Metz, K., Lewis, J., Mitchell, J. et al. (2023). Problemsolving interventions and depression among adolescents and young adults: A systematic review of the effectiveness of problem-solving interventions in preventing or treating depression. *PLoS ONE, 18*(8), e0285949.

Nezu, A. M., Nezu, C. M., & D'Zurilla, T. J. (2013). *Problem-Solving Therapy: A Treatment Manual* (2. Aufl.). Springer.

Osborn, A. F. (1957). *Applied Imagination: Principles and procedures of creative problem-solving*. Scribner.

Sulu, C., Kaynak, G. K., Koskun, T. et al. (2022) Problem-solving therapy can reduce psychological distress in patients with Cushing's disease: a randomized controlled trial. *Pituitary, 25*, 891–902.

24 Psychoedukation

Claudia Lange und Rebekka Lencer

Das Wichtigste auf einen Blick

- Psychoedukation sollte jedem psychisch Erkrankten zugänglich sein.
- Wann immer möglich, sollte Psychoedukation auch Angehörigen angeboten werden.
- Informationsvermittlung und emotionale Erleichterung sind die beiden wichtigsten Wirkfaktoren.
- Psychoedukation kann im Gruppen- und Einzelsetting angeboten werden, wobei der interaktive Austausch im Gruppensetting eine zentrale Rolle spielen sollte.
- Patientinnen und Patienten sollten bereits vor Beginn der Psychoedukation-Intervention über ihre Diagnose aufgeklärt sein.
- Psychoedukation kann Wiedererkrankungs- und Hospitalisationsraten sowie Behandlungskosten senken und das Funktionsniveau verbessern, fördert aber nicht per se die Adhärenz.

24.1 Einführung

Psychoedukation (PE) ist eine psychotherapeutische Behandlungskomponente, die bei vielen Erkrankungen und mittlerweile in vielen Kliniken, Praxen und Einrichtungen etabliert ist. PE kann in vielen Anwendungsbereichen zum Einsatz kommen, sei es in der Psychiatrie, z. B. in der Schizophrenie- oder Depressions-Behandlung, aber auch bei somatischen Erkrankungen wie kardiovaskulären und Stoffwechsel-Erkrankungen (Mühling & Jacobi, 2021). Der Begriff Psychoedukation stammt aus dem Amerikanischen und setzt sich zusammen aus »psychotherapy« (= Psychotherapie) und »education« (= Bildung) (Bäuml & Pitschel-Walz, 2008). Generelles Ziel ist es, Betroffene bei der »Hilfe zur Selbsthilfe« zu unterstützen mit dem Ziel, das Risiko für Rückfälle zu reduzieren und die Betroffenen auf mögliche Rückfälle, die Teil der Erkrankung sind, vorzubereiten (Mühling & Jacobi, 2021).

Die Entwicklung erster psychoedukativer Konzepte reicht bis in die 1980er Jahre zurück und wurde zunächst nur in der Schizophreniebehandlung eingesetzt. Hier ging es vor allem um die Synthese verschiedener Therapieansätze (Bäuml et al., 2015). Ziel der 1996 gegründeten Arbeitsgruppe »Psychoedukation bei schizophrenen Erkrankungen« war es daher zunächst, sich einen Überblick zu verschaffen und gemeinsame Grundsätze zu etablieren (Bäuml & Pitschel-Walz, 2008). Die Arbeitsgruppe definierte PE folgendermaßen:

> »Unter dem Begriff der Psychoedukation werden systematische, didaktisch-psychotherapeutische Maßnahmen zusammengefasst, die dazu geeignet sind, Patientinnen und Patienten und ihre Angehörigen über die Krankheit und ihre Behandlung zu informieren, das Krankheitsverständnis und den selbstverantwortlichen Umgang mit der Krankheit zu fördern und sie bei der Krankheitsbewältigung zu unterstützen.« (Bäuml & Pitschel-Walz, 2008, Konsenspapier).

So hat sich Psychoedukation seit rund drei Dekaden zu einem wichtigen psychotherapeutischen Baustein in der Behandlung von psychiatrischen Erkrankungen entwickelt (Borbé et al., 2017) und kann für alle Betroffenen, die unter schweren psychischen Erkrankungen leiden, nützlich sein. Entsprechend hebt die S3-Leitlinie »Psychosoziale Therapien bei schweren psychischen Erkrankungen« (DGPPN, 2018) hervor, dass jeder psychisch Erkrankte ein Recht darauf hat, umfangreich aufgeklärt zu werden zu Themen wie Ursachen, Verlauf, Prozedere und Behandlungsoptionen (Empfehlung 23). Angehörige sollten in diesen Prozess miteinbezogen werden (Empfehlungsgrad A; Empfehlung 24). Das Konzept der PE basiert auf Prinzipien der Verhaltenstherapie und gehört mittlerweile zu einem festen Behandlungsbestandsteil (Borbé et al., 2017) mit klar strukturierten Therapie-Einheiten und Manualen (Bäuml & Pischel-Walz, 2020).

Psychoedukation bedeutet auch, kompliziertes Fachwissen in eine allgemeinverständliche Sprache zu übersetzen, um psychisch Erkrankte und Angehörige optimal zu informieren, Missverständnisse zu minimieren und Mut, Stärkung des Selbstbewusstseins, Hoffnung und Optimismus zu fördern, um damit Behandlungsverläufe positiv zu beeinflussen (Bäuml & Pischel-Walz, 2020; Bäuml, Lüscher & Pitschel-Walz, 2015). Ein wesentliches Element ist die vorsichtige Aufklärung über die Erkrankung (Hintergründe, Bedeutung der Diagnose, Behandlungsmöglichkeiten etc.), um Betroffene und Angehörige zu entlasten und den Aufbau eines gesundheitsfördernden Lebensstils zu unterstützen. Damit soll PE bei psychisch Erkrankten und Angehörigen Vorurteile abbauen und Irrtümer und Berührungsängste, v. a. bezüglich der Stigmatisierung von psychischen Erkrankungen, reduzieren (Bäuml, Lüscher & Pitschel-Walz, 2015).

Evidenz zur Wirksamkeit liegt vor allem für Schizophrenie-/Psychose-Erkrankte vor. Die S3-Leitlinie stellt dar, dass durch den Einsatz von PE-Maßnahmen Krankheitsphasen und stationäre Wiederaufnahmen reduziert werden können (DGPPN, 2018; Bäuml et al., 2016; Bäuml & Pitschel-Walz, 2020; Lincoln et al., 2007). Auch scheint sich das allgemeine Funktionsniveau nach 12 Monaten durch die regelmäßige Teilnahme zu verbessern (Bäuml et al., 1996). Weitere Arbeiten weisen darauf hin, dass sich Behandlungskosten minimieren lassen (Bäuml & Pischel-Walz, 2020). Positive Effekte zeigten sich auch für PE bei Angehörigen, z. B. was das Belastungserleben angeht (Hubbard et al., 2016).

Auf der Basis dieser Evidenz gilt der Einsatz von psychoedukativen Elementen in der Psychotherapie in der heutigen Zeit als zwingend geboten, gehört zur Standardbehandlung und sollte daher regelmäßig in die Behandlung integriert werden. PE kann somit als Grundlage für weitere Behandlungsschritte dienen (Bäuml & Pischel-Walz, 2020).

24.2 Theoretische und methodische Grundlagen

24.2.1 Die therapeutische Haltung

Unabdingbare Voraussetzung für eine erfolgreiche Durchführung von PE-Interventionen ist die therapeutische Haltung, welche durchgehend Wertschätzung, Empathie und Echtheit vermitteln sollte. Daher sollten Lob und Validierung für die Beiträge der Teilnehmenden nicht zu kurz kommen. Selbstverständlich sollten die vermittelten Inhalte seriös und wissenschaftlich auf dem neusten Stand sein. Gerade bei Ersterkrankten und deren Angehörigen ist eine gut durchgeführte PE von besonderer Bedeutung, damit sich nicht »Halbwahrheiten« oder pseudowissenschaftliche Informationen erhärten, die die weitere Behandlung erschweren können (Bäuml & Pitschel-Walz, 2020).

Generell versteht sich PE als interaktive Informationsvermittlung, bei der es nicht nur um die reine Informationsvermittlung über die Erkrankung gehen sollte (Bäuml & Pitschel-Walz, 2020). Vielmehr sollen psychisch Erkrankte und Angehörige vor allem im Hinblick auf die emotionale Krankheitsverarbeitung unterstützt werden. Dazu sollte der Erfahrungsaustausch zwischen den Teilnehmenden über die Erkrankung wann immer möglich gefördert werden.

Merke

Wissen allein führt noch nicht zu einer Verhaltensänderung. Dies ist erst möglich, wenn Wissensinhalte mit eigenen Erfahrungen oder Erfahrungen anderer, die in ähnlicher Weise betroffen sind, verknüpft werden.

24.2.2 Voraussetzungen schaffen

Generell gilt, dass Teilnehmende vor Beginn einer PE über die Diagnose aufgeklärt bzw. informiert sind. Sonst kommt ihre Teilnahme an einer PE-Gruppe einer unausgesprochenen Diagnosevermittlung gleich (Bäuml & Pitschel-Walz, 2020), was negative Folgen für die weitere Patient-Therapeuten-Beziehung und die gemeinsame Arbeit haben kann. Voraussetzung für eine erfolgreiche PE-Intervention auf Patientenseite ist daher, dass diese/r ein Interesse daran formuliert, mehr über seine/ihre Erkrankung zu erfahren. Betroffene sollten also vor Teilnahmebeginn nach ihrem Interesse gefragt und dann explizit zur Teilnahme eingeladen werden. Eine Teilnahme sollte nicht »ver-/angeordnet« werden. Nicht-interessierte Patientinnen und Patienten werden sonst allenfalls passiv an der Gruppe teilnehmen und nicht von ihr profitieren.

Zu Beginn sollten den Teilnehmenden einer PE-Intervention immer Ziele und Wirkung der PE erläutert werden. Auch sollten mögliche Techniken, Übungen und Aufgaben, Risiken und Nebenwirkungen transparent erklärt werden. Dies reduziert falsche Erwartungen und mögliche Enttäuschungen auf Seiten der Teilnehmenden und vermittelt eine Sicherheit bezüglich des Ablaufs (Mühling & Jacobi, 2020). Wird die PE als Gruppentherapie durchgeführt, sollten zu Beginn jeder Sitzung die Gruppenregeln wiederholt werden. Typische Gruppenregeln beinhalten Schweigepflicht, Pünktlichkeit, Offenheit und einen respektvollen Umgang miteinander.

Bei der Durchführung von PE-Interventionen ist es grundsätzlich wichtig, auf Transparenz und Verständlichkeit zu achten (Mühling & Jacobi, 2020). Wenn Teilnehmende das Gesagte und Besprochene nicht richtig verstehen, fühlen sie sich schnell ausgeschlossen und ziehen sich in die passive Teilnahme zurück (Bäuml, Lüscher & Pitschel-Walz, 2015). Zur Maximierung der Verständlichkeit ist es hilfreich, sich auf wesentliche Aspekte zu konzentrieren. Wichtig ist auch, sich auf mögliches Vorwissen der Teilnehmenden einzustellen, um die Informationsauswahl dementsprechend anzupassen und um einen bildungsunabhängigen Austausch zu ermöglichen. Ein Grundgedanke sollte sein, die Sitzungen übersichtlich, unterstützt von Veranschaulichungsmaterialien (z. B. Beispiele, »Eselsbrücken«) zu gestalten und zu strukturieren. Die Verwendung einer verständlichen Sprache und das regelmäßige Zusammenfassen der erarbeiteten Inhalte während einer Sitzung fördern die Verständlichkeit.

Um das Thema einer Sitzung bis zur nächsten Sitzung präsent zu halten, dürfen gerne Hausaufgaben mitgegeben werden. Damit werden Problemlösefertigkeiten selbstständig geübt und gestärkt. Hier können vorangestellte gemeinsame Rollenspiele und Übungen in den Sitzungen hilfreich sein. Trotz guter Einführung sollte davon ausgegangen werden, dass nicht alle Teilnehmenden bis zur nächsten Sitzung die Hausaufgaben erledigt haben. Wenn Hausaufgaben aufgegeben werden, sollten diese jedoch immer in der kommenden Sitzung aufgegriffen werden, um die Wichtigkeit der Hausaufgaben zu fördern. Je höher die wöchentliche Frequenz der PE-Sitzungen, desto höher die Rate der Teilnehmenden, die die Hausaufgaben umsetzen.

24.2.3 Wichtige Elemente von PE-Interventionen

PE-Interventionen fokussieren sich im Allgemeinen auf zwei Schwerpunktbereiche:

Erster Schwerpunkt: Informationsvermittlung

- Aufklärung über das Störungsbild
- Vermittlung von störungsbezogenen Informationen (z. B. Ursachen)
- Vermittlung von therapierelevanten Informationen (z. B. Therapie – medikamentös und/oder psychotherapeutisch etc.)
- Vermittlung von Selbsthilfestrategien bei möglichen Defiziten (z. B. soziale Kompetenzen) (Bäuml & Pitschel-Walz, 2020; Mühling & Jacobi, 2020)

Zweiter Schwerpunkt: emotionale Erleichterung

- Reduktion von Sorgen und Ängsten
- Stigmatisierungsarbeit (z. B. Selbststigmatisierung)
- Umgang mit dem individuellen Schicksal
- Zusammentreffen mit Mit-Betroffenen
- Vermittlung von Mut und Hoffnung (Bäuml & Pitschel-Walz, 2020).

Typische Themen einer PE-Gruppe für Menschen mit Psychose-Erfahrungen

- Vermittlung eines Krankheitsmodells anhand des Vulnerabilitäts-Stress-Modells (z. B. das Fassmodell nach Bäuml & Lambert, 2014) (▸ Abb. 24.1)
- Psychose als Stoffwechselstörung (z. B. das Dopaminmodell)
- Wirkungen von Medikamenten (z. B. welche Erfahrungen wurden mit welchen Medikamenten gemacht?)
- Umgang mit Nebenwirkungen
- Frühwarnsignale und Krisenplan (s. u.)
- Umgang mit Stress, Stressreduktion
- Umgang mit chronischen Symptomen
- Rückfallprophylaxe

Krisenplan

Häufig fühlen sich Betroffene beim Wiederauftreten von Symptomen überfordert und hilflos. Ein bereits vorgefertigtes Dokument eines Krisenplans zum Verhalten bei erneuten Krisen kann psychisch Erkrankten und Angehörigen Sicherheit vermitteln. Dieses sollte während einer stabilen Phase in Ruhe und gemeinsam erarbeitet und an die individuellen Bedürfnisse und Erfahrungen angepasst werden. Anschließend sollte der Krisenplan an einem gut erreichbaren Ort deponiert und die Vertrauensperson (s. u.) über diesen Krisenplan informiert werden. Im Laufe der Behandlung sollte dieser immer wieder auf Aktualität überprüft werden.

Idealerweise sollten folgende Punkte auf einem Krisenplan vorhanden sein:

- die wichtigsten Frühwarnzeichen und daraus abgeleitete Strategien
- Kontaktdaten von Vertrauenspersonen, Therapeuten (z. B. Hausarzt, Psychiater, Psychologen), Krankenhäusern (z. B. Notfallambulanz, Nummer der bereits bekannten Station)
- Notfallmedikation

In jedem Krisenplan sollten Vertrauenspersonen genannt werden, die Betroffene in Krisen kontaktieren dürfen. Eine Vertrauensperson sollte mit der Erkrankungsgeschichte vertraut sein und idealerweise auch eine Kopie des Notfallplans haben. Wichtigstes Kriterium für eine Vertrauensperson ist, dass diese in der Lage ist, in angespannten Situationen »einen klaren Kopf« zu behalten, um Ruhe zu vermitteln. Die Vertrauensperson muss nicht unbedingt ein naher Angehöriger oder Freund/Freundin sein, sondern könnte z. B. auch die psychosoziale Betreuungsperson im Betreuten Wohnen oder ein/e Genesungsbegleiter/in sein.

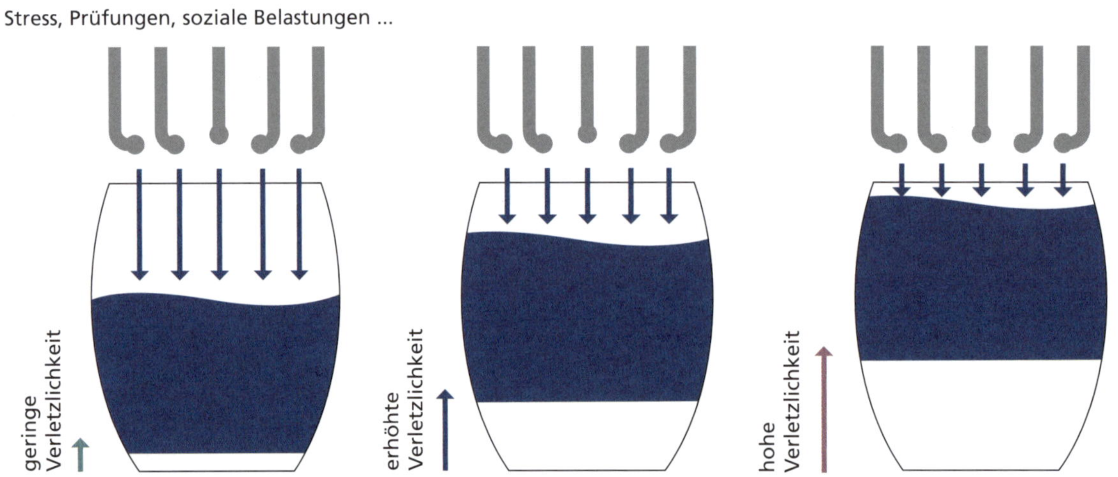

Abb. 24.1: »Fassmodell« als Darstellung des Vulnerabilitäts-Stress-Modells (modifiziert nach Bäuml & Lambert, o. J., S. 20)
Je höher die Verletzlichkeit ist – je höher also der Fassboden und je geringer das Fassungsvermögen – desto schneller läuft das Fass (z. B. bei Stress) über = Beginn einer psychotischen Episode.

Ein weiterer Aspekt des Krisenplans könnte auch eine Behandlungsvereinbarung sein, welche eine schriftliche Vereinbarung zwischen dem psychisch Erkrankten und dem Behandlungsteam bezüglich zukünftiger Behandlungen ist. Im Falle einer Krise regelt die Vereinbarung das Vorgehen, um gezielt auf die Bedürfnisse des Erkrankten eingehen zu können und dient der Vermeidung von möglichen Konflikten. Typische Themen sind Medikation, Kontakte und Zwangsbehandlungen. Das Behandlungsteam verpflichtet sich mit der Vereinbarung, sich an die Absprachen zu halten. Wenn die Vereinbarung notariell beglaubigt wurde, ist sie rechtlich bindend (EVKB, 2022).

24.3 Praktische Vorgehensweisen und Abläufe

Folgende grundsätzliche Aspekte sollten bei der Durchführung von PE-Interventionen beachtet werden:

- PE sollte in allen Erkrankungsphasen angeboten werden (ambulant, stationär und teilstationär/Tagesklinik)
- empfohlene Frequenz: ein bis zwei PE-Sitzungen pro Woche, bei Angehörigen eine Sitzung alle ein bis drei Wochen (DGPPN, 2018)
- sowohl im Einzel- als auch in Gruppensettings möglich
- Nutzung von verschiedenen Methoden möglich, z. B. Handouts oder Arbeitsblätter, Rollenspiele und Verhaltensübungen (Mühling & Jacobi, 2020)
- Themen können in Form eines Dialogs mit den Teilnehmenden erarbeitet werden
- Nutzung von Hilfsmittel wie Flipcharts, Handouts, Videos etc.

Im Folgenden möchten wir konkrete Hinweise auf den Ablauf, Wirkfaktoren, praktische Aspekte sowie typische Herausforderungen skizzieren.

24.3.1 Ablauf von PE-Gruppen über einen Zyklus

- 8–10 Sitzungen (Bäuml & Pitschel-Walz, 2015), einzelne Themen erstrecken sich ggf. über zwei Termine
- geschlossenes, offenes oder halb-offenes Setting ist möglich
- im stationären/teilstationären Rahmen werden meist offene Gruppen angeboten, sodass Teilnehmende jederzeit einsteigen können

Die S3-Leitlinie »Psychosoziale Therapien bei schweren psychischen Erkrankungen« schlägt dabei folgenden Ablauf einer typischen Gruppensitzung (50 Minuten) vor (DGPPN, 2018, S. 202):

- Begrüßung
- Eröffnungsrunde
- Wiederholung vergangener Inhalte
- interaktive Erarbeitung aktueller Themen
- pragmatische Integration subjektiver Krankheitskonzepte
- Zusammenfassung und Feedbackrunde

24.3.2 Die Bedeutung von Erfahrungsaustausch

Erfahrungsaustausch findet auf verschiedenen Ebenen statt. Zum einem empfinden es Betroffene meist als hilfreich, sich mit »Gleichgesinnten« auszutauschen und von gegenseitigen Erfahrungen zu profitieren. Dabei gibt es immer wieder Ausnahmen, z. B., wenn Patientinnen oder Patienten sich eher von den Berichten anderer belastet fühlen. Auch dies sollte bei der Auswahl und Einladung der Teilnehmenden berücksichtigt werden.

Auf der anderen Seite findet auch ein Erfahrungsaustausch zwischen dem professionellen Team und den Betroffenen statt. Einerseits können die Teilnehmenden von dem professionellen Wissen der Gruppenleiterinnen und Gruppenleiter profitieren. Das professionelle Team verfügt in den meisten Fällen über mehr Fachwissen als die Betroffenen. Andererseits kann das professionelle Team von den subjektiven Erfahrungen und Perspektiven der psychisch Erkrankten viel über das Leben mit einer psychiatrischen Erkrankung lernen und für die Gestaltung ihrer Angebote nutzen (Bäuml, Lüscher & Pitschel-Walz, 2015).

24.3.3 Die Rolle der Leitung/Therapierenden/Co-Therapierenden

In der Regel gibt es eine ärztliche oder psychologische Gruppenleiterin oder einen Gruppenleiter. Ideal ist es, wenn die Sitzungen von einer pflegerischen Co-Leitung begleitet werden. Die Gruppenleitung moderiert die Sitzung federführend. Die Co-Leitung ergänzt und unterstützt die Leitung, achtet zudem auf die Teilnehmenden und sollte mit eigenem Wissen und Erfahrungen zum Austausch zwischen den Teilnehmenden beitragen. Diese Kombination hat sich bewährt, da das pflegerische Team einen ganz eigenen Blickwinkel und Erfahrungswissen einbringt, was von den Teilnehmenden meist als sehr wertvoll empfunden wird. Alternativ können auch Genesungsbegleiterinnen und Genesungsbegleiter die Rolle der Leitung übernehmen und damit Erfahrungswissen beitragen und den Erfahrungsaustausch fördern.

PE ist kein einseitiger Informationsaustausch. PE sollte kein Belehren durch Expertinnen und Experten sein. Gruppenleitungen sollten psychisch Erkrankten hingegen auf Augenhöhe begegnen und den Prozess als Gemeinschaftsarbeit begreifen (Mühling & Jacobi, 2020), dies auch im Sinne von »shared-decision-making« (Borbé et al., 2017; Bäuml & Pitschel-Walz, 2020). Die Gruppenleitung sollte sich als unterstützende Begleitung während des informativen, aber auch emotionalen Verlaufs von PE-Interventionen betrachten (Bäuml, Lüscher & Pitschel-Walz, 2015). Häufig müssen Betroffene zunächst für die Anerkennung des Vorliegens einer psychiatrischen Erkrankung sensibilisiert werden, um anschließend eine ausreichende, tiefere Krankheitseinsicht zu erreichen.

Häufig findet man eine »Arbeitsteilung« zwischen ärztlichen und psychologischen Therapeutinnen und Therapeuten, indem die ärztlichen Mitarbeitenden die Informationsteile zu medizinischen Belangen übernehmen. Idealerweise sollten jedoch beide Berufsgruppen in der Lage sein, sämtliche PE-Inhalte zu vermitteln, dies optimiert den Lerneffekt für die Gruppenleitung (s. o.).

24.3.4 Beispiel für die Einbettung und Durchführung einer PE-Gruppe für Menschen mit Psychose-Erfahrungen

Exemplarisch soll das psychoedukative Konzept des Psychose-Tracks des Zentrums für Integrative Psychiatrie (ZIP) am Campus Lübeck des Universitätsklinikums Schleswig-Holstein (UKSH) vorgestellt werden. Dort wird im Rahmen der stationären und teilstationären Behandlung einmal wöchentlich eine PE-Gruppe à 50 Minuten angeboten. Die Gruppe beginnt immer mit einem herzlichen Willkommen und der Erläuterung der Gruppenregeln. Dann folgt ein kurzer Rückblick auf die vorherige Sitzung, der dafür genutzt werden kann, offene Fragen aus der letzten Sitzung zu klären. Außerdem erleichtert der Rückblick neuen Teilnehmenden den Einstieg in das Thema. Idealerweise erfolgt der Rückblick durch eine/n Teilnehmenden. Dabei wird oftmals deutlich, dass sich nicht alle Teilnehmenden an das Thema der vorherigen Sitzung erinnern können. Wie viel und was von den Teilnehmenden erinnert wird, liefert eine wichtige Rückmeldung für die Gruppenleitung, sodass die Durchführungsstrategie entsprechend angepasst werden kann.

Nach Ankündigung des aktuellen Themas wird in der Regel gemeinsam gesammelt, welches Vorwissen und welche Erfahrungen zu dem Thema bei den Teilnehmenden vorliegen. In Abhängigkeit davon erfolgt eine gezielte Informationsvermittlung durch die Gruppenleitung. Themenabhängig werden dann gemeinsam Strategien zum Umgang gesucht. Es besteht immer genug Raum für Fragen und einen offenen Austausch. Häufig werden am Ende noch Handouts verteilt, bevor kleine Hausaufgaben gegeben werden. Jede Sitzung endet mit einem kurzen Feedback, damit die Gruppenleitung erfährt, welche Inhalte bei den Teilnehmenden angekommen sind und was sie aus der Sitzung »mitnehmen« (Mühling & Jacobi, 2020).

Die PE-Gruppe am ZIP Lübeck ist Teil eines umfassenden Konzepts mit weiteren Gruppenangeboten. So haben stationäre Patientinnen und Patienten die Möglichkeit, ebenfalls an anderen Gruppen teilzunehmen: der von der Genesungsbegleitung etablierten und durchgeführten Recovery-Gruppe (Damschke et al., 2021), der IPT-Gruppe (Integriertes Psychologisches Programm für Menschen mit Psychose) (Roder et al., 2019), der MKT-Gruppe (Metakognitives Training für Psychose) (Moritz & Woodward, 2007) und der vom Pflegeteam etablierten und durchgeführten Lifestyle-Gruppe zu den Themen Ernährung, Schlaf und Bewegung. Somit findet an den fünf Wochentagen jeweils eine Gruppe à 50 Minuten für die stationären Patientinnen und Patienten statt. Für tagesklinische und ambulante Patientinnen und Patienten werden an drei Tagen in der Woche zusätzliche Gruppen über 90 Minuten Dauer angeboten: das Erfahrungscafé, welches von einer Genesungsbegleiterin und einer psychologischen oder ärztlichen Fachperson durchgeführt wird, die Depressionsgruppe für Menschen mit Psychose-Erfahrung sowie die Stress- und Problemlösegruppe, in der PE-Aspekte bei Problemen im Alltag der Teilnehmenden angewendet werden. Die tagesklinischen Patientinnen und Patienten dürfen weiterhin am stationären Angebot teilnehmen. Fehlen derartige weitere Gruppenangebote, sollten PE-Gruppenangebote möglichst zweimal wöchentlich stattfinden.

24.3.5 PE im Einzelsetting

PE kann selbstverständlich auch im Einzelsetting stattfinden. Themen und Ziele sind ähnlich wie im Gruppensetting, jedoch kann im Einzelsetting auf die individuellen Gegebenheiten der psychisch Erkrankten eingegangen werden, was einen intensiveren, auf die Bedürfnisse der Teilnehmenden zugeschnittenen Austausch ermöglicht. Nachteilig ist es jedoch, dass der gegenseitige Austausch mit Mitbetroffenen im Einzelsetting entfällt. Auch wenn es PE-Gruppenangebote gibt, sollten nach Möglichkeit spezifische PE-Aspekte in Einzelsitzungen aufgenommen und im Hinblick auf die individuellen Bedürfnisse und Gegebenheiten der Patientinnen und Patienten vertieft werden.

24.3.6 Typische Schwierigkeiten, die bei PE-Gruppeninterventionen auftreten können

Häufig informieren sich psychisch Erkrankte und Angehörige über soziale Medien zu den betreffenden Erkrankungsbildern. Dadurch können falsche Annahmen und Konzepte von den Erkrankungen und kritische Haltungen dem Gesundheitssystem gegenüber entstehen. Auch stigmatisierende Berichterstattungen in Filmen und Fernsehen leisten ihren dementsprechenden Beitrag. Auf Basis von möglichen Fehlinformationen und/oder unvollständigen, teilweise nicht korrekten Informationen können sich mögliche Probleme in der Patientenmitarbeit entwickeln, welche wiederum ein Problem bezüglich der Therapiemotivation und Adhärenz der Teilnehmenden darstellen (Mühling & Jacobi, 2020). Die Krankheitsakzeptanz und die daraus entstehende Bereitschaft für pharmakologische oder psychotherapeutische Behandlung ist daher ein wichtiger Faktor (Bäuml & Pitschel-Walz, 2020).

Bedingungen, die eine besondere PE-Anpassung erfordern oder PE eventuell zeitweise unmöglich machen:

- akut manisches Zustandsbild
- ausgeprägte formale Denkstörungen
- ausgeprägte Intelligenzminderungen
- Sprachbarrieren
- akute Suizidalität (Bäuml & Pitschel-Walz, 2020)

Auch sollte ein Augenmerk auf die Entwicklung von möglichen depressiven Symptomen oder Suizidalität während der psychoedukativen Phase gelegt werden (▸ Kap. 24.3.10).

24.3.7 Weitere Herausforderungen bei der praktischen Umsetzung von PE-Gruppen

Eingeschränkte Konzentrations- und Merkfähigkeit

- Sitzungsinhalte müssen mehrfach wiederholt werden
- Gruppenregeln müssen ebenfalls mehrfach besprochen werden

Verminderter Antrieb

- zähe Arbeitsatmosphäre, geringere Beteiligung
- hilfreich können kleine Spiele sein, um die Gruppenatmosphäre aufzulockern, z. B. »Ich packe meinen Koffer«

Erhöhter Antrieb und Distanzminderung

- Nichteinhalten von Gruppenregeln (dann muss der/die Betreffende ggf. von der Gruppe ausgeschlossen werden)

Misstrauen/Verschlossenheit

- zähe Arbeitsatmosphäre, geringere Beteiligung
- Ermutigung zum offenen Erfahrungsaustausch

Selbstwertproblematik

- Unsicherheit
- Angst vor Fehlern
- Angst vor »Gesichtsverlust«

Fehlende Krankheitsakzeptanz

- Vermeidung/Rückzug

24.3.8 PE für Angehörige

Im Allgemeinen können alle Angehörigen oder wichtigen Bezugspersonen Psychoedukation erfahren, dies ist unabhängig vom Verwandtschaftsgrad. Leider sind PE-Angebote für Angehörige weiterhin eher spärlich (Bäuml et al., 2015).

PE bei Angehörigen sollte die gleichen Schwerpunkte beinhalten wie PE für Betroffene (Bäuml & Pitschel-Walz, 2020):

- Informationsvermittlung
- Aufbau von Kompetenzen
- Entlastung (Bäuml & Pitschel-Walz, 2015)
- Umgang mit Schuld- und Schamgefühlen
- Erarbeiten von Abgrenzungsstrategien und die Auswirkungen auf das gesamte Familiensystem (»Familienfrieden«) (Bäuml & Pitschel-Walz, 2015)

Hinzu kommen weitere Themen, die gerade für Angehörige relevant sein können. Dazu gehören:

- Betreuung (z. B. rechtliche Betreuung und/oder ambulante Betreuung)
- Unterbringung nach Psychisch-Kranken-Gesetz oder Psychisch-Heil-Gesetz
- Aufgaben der sozialpsychiatrischen Dienste der Gesundheitsämter

Die PE mit Angehörigen kann zusammen mit dem betroffenen Familienmitglied stattfinden oder auch ohne.

Angehörige mit in die Behandlung und PE zu involvieren, zeigt eine Reihe von Vorteilen: So hat dies einen positiven Einfluss auf das Familienklima, wenn z. B. das subjektive Stressempfinden bei den Angehörigen reduziert werden kann (Bäuml & Pitschel-Walz, 2020). Voraussetzung für die PE bei Angehörigen ist, dass die Patientinnen und Patienten ihr Einverständnis dafür geben.

Studien zeigen, dass PE mit Einbezug von Angehörigen zu reduzierten stationären Wiederaufnahmeraten sowie zu reduzierten stationären Aufenthaltsdauern führen (Bäuml & Pitschel-Walz, 2020).

24.3.9 Der trialogische Ansatz

Als Ergänzung zur klassischen PE existiert das Konzept des »Trialogs«, das auch »Psychose-Seminar« genannt wird. Hier finden sich drei Gruppen zusammen, die in einen gemeinsamen Erfahrungsaustausch gehen: Psychiatrie-Erfahrene, Angehörige und Professionelle (DGPPN, 2024).

1989 fand das erste Psychose-Seminar in Heidelberg statt, geleitet von einer Betroffenen, Dorothea Buck, und dem Psychologen Prof. Thomas Bock. Mittlerweile gibt es im deutschsprachigen Raum mehr als 100 entsprechende Seminare (Trialog Psychoseseminar, o. J.). Diese Seminare haben auch einen psychoedukativen Charakter, dienen aber vor allem dem gegenseitigen Erfahrungsaustausch. Die Psychose-Seminare ermöglichen Einblicke in das Erleben der Teilnehmenden und dienen dem Abbau von Vorurteilen mit einem partiell möglicherweise größeren Lerneffekt. Ein großer Unterschied zur klassischen PE ist, dass die Psychose-Seminare keinem Manual folgen. Daher sind Psychose-Seminare auch nicht als klassische Therapie zu betrachten. Dennoch sind diese Seminare ein wichtiger Teil der Antistigma-Bewegung in der Psychiatrie.

24.3.10 Grenzen von Psychoedukation

PE ist zweifellos besonders wichtig für Ersterkrankte und für Angehörige. Gleichzeitig muss aber auch festgehalten werden, dass Betroffene ohne eine sogenannte »Krankheitseinsicht« nicht erreicht werden (Weiden, 2009). Es ist eine Illusion auf therapeutischer Seite, dass bei dieser Patientengruppe durch eine Teilnahme an einer PE-Gruppe Krankheitseinsicht im Sinne eines »Aha«-Erlebnisses erreicht werden kann. Es ist zudem zu bedenken, dass Psychoedukation allein nicht die Adhärenz verbessert (Lencer & Korn, 2015; Lincoln et al., 2007)!

Liegt der Fokus in der Informationsvermittlung zu sehr auf neurobiologischen Aspekten, kann dies dazu führen, dass psychisch Erkrankte den Verlauf ihrer Erkrankung als vordeterminiert erleben und nicht erkennen, wie sie selbst persönliche Kontrolle über Symptome und Krankheitsablauf erreichen können. So zeigen Untersuchungen, dass gerade bei gut informierten Patientinnen und Patienten mit höherem Bildungsniveau depressive Symptome und Suizidgefahr sogar verstärkt werden können (Owens et al., 2001).

Zusammenfassend erscheint es also wichtig, dass reiner Wissenszuwachs allein nicht zu Verhaltensänderungen führt. Auch aus diesem Grund stellt PE im Einzelsetting ein wichtiges Element in der kognitiven Verhaltenstherapie dar, in dem dort noch besser auf die individuellen Aspekte der Krankheitsverarbeitung und den Umgang hiermit eingegangen werden kann, dies zum Beispiel bezogen auf individuelle Risiko- und Stressfaktoren, Frühwarnsymptome und Rückfallpräventionsstrategien.

Prüfungsfragen

1. Was ist das Ziel von Psychoedukation?
2. Welche Informationen sollten Betroffene und Angehörige erhalten?
3. Was sind wichtige Wirkfaktoren der Psychoedukation?

Antworten

1. Das Ziel von PE ist es, Betroffene und Angehörige zu Experten der Erkrankung zu machen und das Risiko für Rückfälle zu reduzieren. Zusätzlich wird bei der Psychoedukation »Hilfe zur Selbsthilfe« unterstützt.
2. Betroffene sowie Angehörige erhalten viele grundlegende Informationen. Themen sind u. a. die Vermittlung eines Krankheitsmodells, die Erläuterung des Dopaminmodells, Nebenwirkungen von Medikamenten, Frühwarnsignale und Erstellung eines Krisenplans, Umgang mit Stress und Rückfallprophylaxe.
3. Wichtige Wirkfaktoren sind u. a. kompliziertes Fachwissen in eine allgemein verständliche Sprache zu übersetzen sowie Informationsvermittlung und emotionale Erleichterung.

Literatur

Bäuml, J., Kissling, W. & Pitschel-Walz, G. (1996). Psychoedukative Gruppen für schizophrene Patienten: Einfluss auf Wissensstand und Compliance; Ergebnisse der Münchner-PIP-Studie. *Nervenheilkunde, 15,* 145–150.

Bäuml, J. & Lambert, M. (o. J.). Psychosen: Erkennen – Verstehen – Behandeln. Ein Wegbegleiter für Betroffene und Angehörige. https://www.uke.de/dateien/landingpage/uke-home-digitale-gesundheit/psychische-gesundheit/psychosen-erkennen-verstehen-und-behandeln.pdf (Zugriff am 24.4.2025).

Bäuml, J. & Lambert M. (2014). *Psychose: Erkennen, verstehen, behandeln.* Janssen-Cilag.

Bäuml, J., Lüscher, S. & Pitschel-Walz, G. (2015). Was ich nicht weiß, macht mich auch nicht »weise« … Psychoedukation als psychiatrisch-psychotherapeutische Basisintervention. *Psychiat Prax, 42,* 293–295.

Bäuml, J., & Pitschel-Walz, G. (2015). Vorwort zur ersten Auflage. In Bäuml, J., & Pitschel-Walz, G. (Hrsg.), *Psychoedukation bei schizophrenen Erkrankungen* (2. Aufl., S. XI–XV). Schattauer.

Bäuml, J., & Pitschel-Walz, G. (2015). Definition. In Bäuml, J., & Pitschel-Walz, G. (Hrsg.), *Psychoedukation bei schizophrenen Erkrankungen* (2. Aufl., S. 3). Schattauer.

Bäuml, J., Pitschel-Walz, G., Volz, A., Lüscher, S., Rentrop, M., Kissling, W. & Jahn, T. (2016). Psychoeducation improves compliance and outcome in schizophrenia without an increase of adverse side effects: A 7-year follow-up of the Munich PIP-Study. *Schizophrenia Bulletin, 42,* 62–70.

Bäuml, J. & Pitschel-Walz, G. (2020). Psychoedukation und Angehörigenarbeit bei Schizophrenie. *PSYCH up2date, 14,* 111–127.

Borbé, R., Pitschel-Walz, G., & Bäuml, J. (2017). Psychoedukation und Angehörigenarbeit. In Möller, H.-J., Laux, G. & Kapfhammer, H.-P. (Hrsg.). *Psychiatrie, Psychosomatik, Psychotherapie* (5. Aufl., S. 1177–1192). Springer.

Damschke, M., Düformantel, B., Martens, M., Rudloff, B., Sauerwein, M., la Tendresse, I. (2021). *Konzept für eine Recovery-Gesprächsgruppe.* unpublished

DGPPN (2018). In DGPPN (Hrsg.). *S3-Leitlinie Psychosoziale Therapien bei schweren psychischen Erkrankungen.* https://register.awmf.org/de/leitlinien/detail/038-020 (Zugriff am 25.4.2025).

DGPPN (2024). *Austausch auf Augenhöhe: Das Trialogische Forum.* https://www.dgppn.de/die-dgppn/trialog-html (Zugriff am 18.11.2024).

EVKB – Evangelisches Klinikum Bethel (2022). *Informationen zur Bielefelder Behandlungsvereinbarung.* https://evkb.de/fileadmin/evkb-content/psychiatrie-psychotherapie/dokumente/2022-02-16-evkb-psychiatrie-psychotherapie-bielefelder-behandlungsvereinbarunf-info.pdf (Zugriff am 18.11.2024).

Hubbard, A. A., McEvoy, P.M., Smith, L, et al. Brief group psychoeducation for caregivers of individuals with bipolar disorder: a randomized controlled trial. *Journal of Affective Disorder, 200,* 31–36.

Lencer, R., & Korn, D. (2015). Adhärenz in der Psychopharmakologie – Psychotherapeutische Strategien zur Adhärenzförderung. *Nervenarzt, 5,* 637–648.

Lincoln, T.M., Wilhelm, K., & Nestoriuc, Y. (2007). Effectiveness of psychoeducation for relapse, symptoms, knowledge, adherence and functioning in psychotic disorders: a meta-analysis. *Schizophrenia Review, 96,* 232–245.

Moritz, S. & Woodward, T.S. (2007). Metacognitive training for schizophrenia patients (MCT): A pilot study on feasibility, treatment adherence, and subjective efficacy. *German Journal of Psychiatry, 10*(3), 69–78.

Mühling, S. & Jacobi, F. (2020). Psychoedukation. In Hoyer, J. & Knappe, S. (Hrsg.), *Klinische Psychologie & Psychotherapie* (3. Aufl., S. 557–573). Springer.

Owens, D.G., Carroll, A., Fattah, S., Clyde, Z., Coffey, I., & Johnstone, E.C. (2001). A randomized, controlled trial of a brief interventional package for schizophrenic out-patients. *Acta Psychiatr, 103*(5), 362–369.

Roder, V., Brenner, H. D., & Müller, D. R. (2019). *Integriertes Psychologisches Therapieprogramm bei schizophren Erkrankten* (7. Aufl.). Beltz.

Trialog Psychoseseminar (o. J.). *Geschichte des Trialogs.* https://www.trialog-psychoseseminar.de/grundidee/geschichte-des-trialogs/ (Zugriff am 18.11.2024).

Weiden, P. (2009). Peter Weiden: »Viele psychosoziale Interventionen für Schizophrenie akzeptieren die fehlende Krankheitseinsicht der Patienten nicht«. *Verhaltenstherapie, 19*, 47–50.

Weiterführende Literatur

Bäuml, J. & Lambert, M. (o. J.). *Psychosen: Erkennen – Verstehen – Behandeln. Ein Wegbegleiter für Betroffene und Angehörige.* https://www.uke.de/dateien/landingpage/uke-home-digitale-gesundheit/psychische-gesundheit/psychosen-erkennen-verstehen-und-behandeln.pdf (Zugriff am 24.4.2025).

Wienberg, G., Walter, C. & Berg, M. (2013). *PEGASUS: Psychoedukative Gruppenarbeit mit schizophren und schizoaffektiv erkrankten Menschen* (6. Aufl.). Psychiatrieverlag.

25 Kognitive Methoden

Gabriel Kornwachs und Martin Hautzinger

Das Wichtigste auf einen Blick

- Kognitionen sind innere geistige Prozesse des Elaborierens, Abspeicherns, Wiedererkennens, geistigen Verwertens und Bewertens.
- Diese können inhaltlich verzerrt sein und daher bei Patientinnen und Patienten negative Gefühlszustände auslösen und dysfunktionales Verhalten nach sich ziehen.
- Kognitive Methoden helfen dabei, dysfunktionale »automatische Gedanken« zu identifizieren, zu hinterfragen, zu modifizieren und/oder einen anderen Umgang damit zu erlernen.
- Beispiele der therapeutischen Ansätze reichen von der kognitiven Arbeit im Sinne Becks über das Stressinduktionstraining nach Meichenbaum bis hin zu metakognitiven Ansätzen nach Wells.

25.1 Einführung

»Menschen werden nicht durch Dinge beunruhigt, sondern durch die Sichtweise dieser Dinge.« Dieser Satz von Epiktetus, den Kognitionstheoretiker gerne zitieren, fasst kurz, aber treffend die zentrale Annahme über emotionales Erleben im Sinne dieses kognitiven Ansatzes zusammen. *Kognitionen* sind mentale Prozesse, durch die innere oder äußere Inputs transformiert, reduziert, elaboriert, gespeichert, wiedererkannt und verwertet werden. Mit Kognitionen sind demnach sowohl der Vorgang des Denkens als auch das Produkt dieses Denkprozesses gemeint. Wahrnehmung, Gedächtnis, Sprache, Einstellungen, Überzeugungen, Glauben, Werthaltungen, Urteile, Antizipationen und Problemlösestrategien sind hier unter dem Begriff der Kognition zusammengefasst.

Für die kognitive Psychotherapie ist besonders relevant, dass eine Kognition eine Schlussfolgerung aus unsicheren Indikatoren und nicht ein Abbild der Wirklichkeit darstellt. Vereinfacht ist die Wirkungsweise von Kognitionen in ▸ Abb. 25.1 dargestellt.

Emotionen sind das Ergebnis eines zweistufigen Bewertungsprozesses (Lazarus, 1981):

1. Einschätzung und Bewertung von Situationen
2. Beurteilung und Selektion von Handlungsstrategien aufgrund verfügbarer Handlungsmöglichkeiten

Kognitionen als entscheidende Mechanismen des emotionalen Erlebens und der Psychopathologie wurden von klinischer Seite vor allem von Beck (1976) und Ellis (1962, 1977), jedoch auch von Goldfried (1973), Kanfer (1975), Lazarus (1971), Mahoney (1977) und Meichenbaum (1979) aufgegriffen und in therapeutische Konzepte eingearbeitet (vgl. Baucom & Epstein, 1990; Hautzinger & Pössel, 2017; Hautzinger, 2011; Wells et al., 2011; Segal et al., 2012).

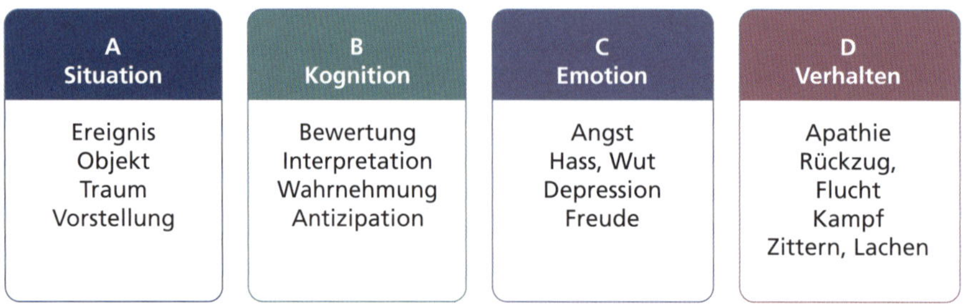

Abb. 25.1: Zusammenhang von Emotionen, auslösenden Bedingungen, Kognitionen und Verhalten (u. a. nach Beck, 1976; Ellis, 1977)

25.2 Theoretische und methodische Grundlagen

25.2.1 Kognitive Psychotherapie

Kognitive Psychotherapie will die fehlangepassten, verzerrten und nicht realitätsgerechten Kognitionen identifizieren, ihren Realitätsgehalt testen und verändern. In einer kognitiven Therapie lernen Patientinnen und Patienten, Probleme, die vorher unbewältigbar erschienen, neu zu bewerten (zu re-evaluieren), ihre Gedanken darüber zu korrigieren und die Situation zu meistern. Kognitive Therapeutinnen und Therapeuten hören offen zu, fragen wohlwollend, aber explizit nach, lernen, analysieren, verstehen und lassen dabei der Patientin/dem Patienten jedoch die Meinungshoheit (überreden nicht). Therapeuten leiten Patienten an, differenzierter, situationsangemessener, alternative Handlungsmöglichkeiten eröffnender, realistischer bzw. realitätsgerechter zu denken. Sie helfen somit durch *geleitetes Entdecken* dabei, dass Patientinnen und Patienten rigide und dysfunktionale Annahmen aufweichen und durch funktionalere und realistische Interpretationen ersetzen können.

Fünf Therapieschritte sind daher charakteristisch für die kognitive Therapie:

1. Beobachtung der negativen, automatischen Gedanken (Grundannahmen)
2. Erkennen des Zusammenhangs verzerrter automatischer Gedanken (einseitiger, negativer Grundannahmen), Emotionen, Körpervorgänge und Handlungen
3. Hinterfragen, Überprüfen zentraler automatischer Gedanken (sog. Evidenzprüfung)
4. Ersetzen der fehlerhaften Kognition durch mehr hilfreiche, realitätsorientierte Interpretationen
5. Lernen, dysfunktionale Annahmen selbstständig zu identifizieren und zu ändern

25.2.2 Merkmale des therapeutischen Vorgehens

Die kognitive Therapie ist charakterisiert durch einen zeitlich begrenzten, strukturierten, problemzentrierten Therapieablauf. Für jede Sitzung wird zu Beginn ein Plan erstellt, der die in der betreffenden Stunde zu behandelnden Punkte enthält. Der Fokus liegt daher im Wesentlichen immer auf der Bearbeitung konkreter (Alltags-)Probleme, die in leichter bearbeitbare Teile aufgeteilt werden. Zwischen jeder Therapiestunde hat Patientinnen und Patienten »Hausaufgaben« zu erledigen. Hausaufgaben stellen die Fortsetzung der Therapie zwischen den Therapiesitzungen dar.

Die Interaktion von Therapeuten und Patienten ist am besten als kooperatives »Arbeitsbündnis« zu beschreiben. Ausgangspunkt und Gegenstand der Bearbeitung sind immer die sehr persönlichen automatischen Gedanken, Grundannahmen und Regeln, die im Einzelfall sehr unterschiedlich sein können. Diese idiosynkratischen Kognitionen werden nicht durch Interpretationen oder theoriegeleitete Überzeugungen der Therapeutin oder des Therapeuten analysiert bzw. identifiziert. Es ist ein wichtiges Merkmal von kognitiven Therapeutinnen und Therapeuten, dass sie über ihre Art, zu fragen, die Patientinnen und Patienten dazu bringen, ihre automatischen Gedanken und Grundannahmen auszudrücken und damit die individuelle Art des Denkens aufzudecken, nachzuvollziehen, Unentdecktes zu isolieren und einer Realitätsprüfung zugänglich zu machen. Durch explizites, direktes Nachfragen nehmen Therapeuten eine aktive Rolle ein. Dieser Interaktionsstil (auch »Sokratische Methode« genannt) soll die Patienten dazu bringen, beide bzw. verschiedene Aspekte der Argumente ihrer kognitiven Struktur auszudrücken. Auf diese Weise sollen sie selbst entdecken, dass ihre Art zu denken nur *eine* mögliche Form ist und weitere Interpretationen derselben Sachverhalte ebenso berechtigt bzw. sogar realitätsgerechter sind.

25.3 Praktische Vorgehensweisen und Abläufe

25.3.1 Techniken und Methoden

Die Analyse und Veränderung von idiosynkratischen Kognitionen, seien es automatische Gedanken oder Grundannahmen, ist der wesentliche Aspekt dieser Form der Psychotherapie. Kognitionen sind nicht unmittelbar zugänglich, sondern müssen durch die therapeutische Arbeit hervorgebracht und identifiziert werden. Alle kognitiven Techniken bauen auf bzw. arbeiten mit der »Logik«, der »Realitätsüberprüfung« und der »Sokratischen Methode«. Es geht immer wieder darum, welche Folgerungen ein Patient aus einem Erlebnis zieht, inwieweit er dabei die Realitätsbedingungen berücksichtigt oder inwiefern andere Konsequenzen denkbar und wahrscheinlich sind. Durch die Art zu fragen, soll der Patient selbst auf den Weg der sich widersprechenden realen bzw. antizipierten Tatsachen gebracht werden.

Beispiel: Sokratischer Dialog

Therapeut:	Was heißt, Sie brauchen ihn?
Patientin:	Ich kann mir nicht vorstellen, ohne ihn zu sein.
Therapeut:	Sie sagen, Sie können sich nicht vorstellen, ohne ihn zu sein?
Patientin:	(lange Pause)
Therapeut:	Versuchen Sie einmal, sich vorzustellen, wie die Situation wäre, wenn er nicht da wäre. Sie sagen, dass Sie sich nicht vorstellen können, ohne ihn zu sein.
Patientin:	Dann bekomme ich das Gefühl, dass das Leben nicht lebenswert ist.
Therapeut:	Warum?
Patientin:	Weil ich David nicht hätte.

Therapeut:	Weil Sie David nicht hätten? Jetzt klingt es so, als ob David einfach für das Leben selbst notwendig wäre.
Patientin:	Ich weiß nicht.
Therapeut:	Wie lange kennen Sie David?
Patientin:	Also, wir sind 3 Jahre verheiratet, und ich kannte ihn, glaube ich, seit 10 Jahren.
Therapeut:	Sie kennen ihn also seit 10 Jahren. Und wie alt sind Sie jetzt?
Patientin:	32.
Therapeut:	Also haben Sie David kennengelernt, als Sie 22 waren. Also haben Sie seit dem Alter von 22 Jahren Ihr Leben um David herum eingerichtet? Stimmt das?
Patientin:	(Seufzer) Ja.
Therapeut:	Verstehe ich Sie richtig, dass Sie sagen, Sie könnten einfach nicht ohne David existieren? Stimmt es, dass Sie eher sterben würden, als ein Leben ohne David auszuhalten?
Patientin:	Also, wenn Sie das so sagen, klingt es dumm.
Therapeut:	Ich wollte das nicht ins Lächerliche ziehen, ich versuche nur zu sehen, ob es da einen Fehler in Ihrem Denken gibt, wenn Sie sich ein Problem schaffen, das größer ist als das existierende. Ohne Frage ist da ein Problem: er kommt nicht rechtzeitig nach Hause – aber mir scheint, wenn das Problem zu Ende gedacht wird, dann glauben Sie schließlich, dass Sie besser tot wären. (Pause) Kannten Sie David, als Sie 21 waren?
Patientin:	Nein.
Therapeut:	Hatten Sie damals das Gefühl, dass das Leben nicht lebenswert sei?
Patientin:	Oh nein! Damals hatte ich das Gefühl, dass das Leben einfach und gut war.
Therapeut:	Zu einem Zeitpunkt, als Sie ohne David waren, fanden Sie das Leben wirklich lebenswert. Und jetzt, wo Sie mit David leben, wenn auch nur teilweise, finden Sie, das Leben sei nicht lebenswert. Können Sie sich diesen Widerspruch erklären?
Patientin:	(Seufzer) Ich kann es nicht erklären.
Therapeut:	Sehen Sie, es scheint mir, dass Sie in einem sehr starken Glauben leben. Ich kann nicht glücklich sein, wenn ich David nicht habe. Ich kann nicht funktionieren ohne David. Ich kann nicht einmal existieren, wenn ich David nicht habe. Und doch haben Sie zu einer Zeit, bevor Sie David kannten, existiert. Sie funktionierten und waren glücklich.
Patientin:	Hm. Ich habe an die Zeit vor meiner Heirat lange Zeit überhaupt nicht mehr gedacht.

Beobachten und Entdecken von automatischen Gedanken

Ein erster Schritt zur Bearbeitung kognitiver Prozesse ist die Entdeckung, Beobachtung und das Protokollieren von automatischen Gedanken (▶ Tab. 25.1). Anknüpfungspunkte bieten sich:

- bei den Schilderungen von Patienten von kurz zurückliegenden Ereignissen
- dem (konkreten) Erinnern einer bestimmten Situation oder der Vorstellung einer hypothetischen Situation (Fahrt zur Therapie, das Warten im Wartezimmer, plötzliche Ereignisse während der Therapie, z. B. Klingeln des Telefons, Türklopfen, Weinen)
- bei der Simulation bestimmter Ereignisse (z. B. Telefongespräch mit wichtiger Person)
- in Rollenspielen
- durch die schriftliche Sammlung von automatischen Gedanken als Hausaufgabe

Überprüfen und Realitätstest automatischer Gedanken

Automatische Gedanken beruhen häufig auf Schlussfolgerungen aus bestimmten Ereignissen und Erfahrungen, die jedoch durch das »Alles-oder-Nichts-Denken« (Schwarz-Weiß-Denken) oder die »Übergeneralisierung« (wenn eine Beobachtung gemacht wird, wird diese auf alle anderen, auch nicht unmittelbar vergleichbaren Situationen, übertragen) mit Fehlern behaftet und auf diese Weise unberechtigt und inadäquat sind. Ziel sollte daher sein, die automatischen Gedanken zu prüfen und zu sehen, inwieweit sie mit den Informationen aus einer Situation kongruent sind. Es soll damit die »Datenbasis« für Schlussfolgerungen und bestimmte Annahmen geprüft und erweitert werden (Metapher des »Nachforschens«, der »Detektivarbeit« oder »des gemeinsamen Auf-den-Grund-Gehens«). Stellt sich heraus, dass wesentliche Aspekte der Realität und des logischen Vorgehens außer Acht gelassen wurden, dann zielt diese Technik darauf ab, solche kognitiven Verzerrungen und falschen Schlussfolgerungen zu korrigieren. Sehr häufig finden wir, dass Patientinnen und Patienten ihre Gedanken, Bewertungen und Annahmen als Tatsache, als Faktum betrachten. Eine relativierende Sichtweise gelingt dann kaum. Dies gilt vor allem für Äußerungen bezüglich der eigenen Person, Bedrohungs- und Gefahrenkognitionen, Kognitionen der eigenen Unfähigkeit, des Ausgeliefertseins, der Schuldhaftigkeit, der Unattraktivität, der Zukunft, usw. Diese Schlussfolgerungen beruhen auf wenig validen Annahmen, die bestenfalls einige Aspekte der Realität berücksichtigen, häufig jedoch unvollständig oder »verzerrt« sind. Die simple Aufdeckung, das Nachvollziehen und das Prüfen von realitätsinadäquaten Kognitionen reichen nicht aus, um die automatischen Gedanken sofort und für immer zu beseitigen. Häufiges und wiederholtes Überprüfen verschiedenster Themen in der Realität ist ebenso nötig wie der Einsatz weiterer kognitiver Techniken.

Beispielhafte »Schlüsseläußerungen« von Therapeutinnen und Therapeuten für das Überprüfen und Hinterfragen automatischer Gedanken sind Aussagen, wie:

- »Woran konkret machen Sie das fest?«
- »Was schließen Sie daraus?«
- »Haben wir noch etwas übersehen, wenn wir diese Situation noch weiter betrachten?«

Tab. 25.1: Beobachten negativer automatischer Gedanken

Auslöser	Gefühl	Gedanken/Grundannahmen
Treffen mit Ex-Freund, der seine neue Freundin mitbringt; sitze danach in der Kneipe	beschissen, schlecht, enttäuscht, gelähmt, energielos, depressiv	Ich bin nicht gut genug. Ich bin nicht wichtig. Niemand hat Interesse an mir. Die andere ist mehr wert. Ich bin hässlich, ein Niemand. Ich bin unfähig. Ich bin lebensunfähig.

Tab. 25.2: Tagesprotokoll negativer Gedanken (nach Hautzinger, 2021)

Auslöser	Gefühl	automatischer Gedanke	realistischere Gedanken	neues Gefühl
Anruf H. (getrennt lebende Ehefrau)	zum Heulen, leer, deprimiert (100)	Ich kann ohne sie nicht leben. Was soll bloß werden? So ist das Leben wertlos.	Es tut zwar weh, doch früher war ich auch ohne sie glücklich. Die Wunde ist noch zu frisch, doch ich werde es schon schaffen.	leer, deprimiert (60)

Aufzeichnen dysfunktionaler Gedanken

Diese Protokollierungsmethode ist ein integraler Bestandteil der kognitiven Therapie. Es sollen Situationen, Emotionen und mit ihnen interagierende Kognitionen (automatische Gedanken) erkannt und niedergeschrieben werden. Gerade weil automatische Gedanken nicht unmittelbar zugänglich, jedoch beim Auftreten von affektiven Erlebensweisen meist beteiligt sind, kann die Aufdeckung automatischer Gedanken über die Emotionen und die den Emotionen vorausgehenden Ereignisse gelingen. Dabei ist oft wichtig, dass die Therapeutin bzw. der Therapeut validiert, dass es für Patientinnen und Patienten sehr schwierig sein kann, automatische Gedanken als solche zu erkennen und nicht mit Emotionen oder körperlichen Zuständen zu verwechseln. Es wurde ein Protokollbogen entwickelt (Hautzinger, 2021), der fünf Spalten enthält. Die ersten drei Spalten dienen der Aufdeckung der automatisch ablaufenden, verzerrten Kognitionen. Die beiden anderen Spalten helfen bei der Neubewertung und dem Finden realitätsgerechterer Kognitionen, was zu einer Veränderung des emotionalen Erlebens führen kann. Beim Auftreten eines unangenehmen Gefühls soll die Patientin oder der Patient ihre/seine Emotionen festhalten und einschätzen (Skala von 0–100). Sie/er soll sich dann überlegen, welche Situation, welches Ereignis externaler oder internaler Art ihrer/seiner Stimmung vorausging. In der dritten Spalte geht es schließlich darum, die automatischen Gedanken, die zu der negativen Stimmung führten, festzuhalten. Häufig werden in einer ersten Anwendung dieser Technik nur die drei ersten Spalten benutzt. Sie unterstützt damit die Erfassung und Analyse automatischer Gedanken. Werden (im weiteren Verlauf) alle fünf Spalten verwendet, so soll die Patientin oder der Patient in der vierten Spalte realitätsadäquatere Kognitionen, alternative Erklärungen oder vernünftigere Reattributionen eintragen. Die Gedanken können hierbei »entschärft« (z. B. »blöd laufen« anstatt »Katastrophe«), weniger verallgemeinert (z. B. »war keine Glanzleistung, kann ich besser« anstatt »bin ein Versager«), zeitlich weniger stabil (z. B. »manchmal« anstatt »immer«) oder gänzlich umformuliert werden. Anschließend soll die Patientin/der Patient ihre/seine Stimmung aufgrund der kognitiven Neubewertung nochmals einstufen (Skala von 0–100) (▸ Tab. 25.2). Wichtig für Therapeutinnen und Therapeuten ist es dabei anzuerkennen und ggf. bei erlebtem Widerstand (»Der Gedanke fühlt sich aber überhaupt nicht stimmig an«) bereits vorwegzunehmen, dass das bloße Erkennen und innerliche Abändern oft noch nicht zu einer Veränderung des Gefühls führen, sondern es dafür häufig Zeit und Wiederholung bedarf.

Reattribuierungstechnik (»Entverantwortlich machen«)

Macht sich ein Patient immer wieder selbst für Fehler, Misserfolge bzw. negative Ereignisse verantwortlich und wertet sich selbst stark ab, dann hilft die Reattribuierungstechnik dabei, Ereignisse und deren Ursachen mit mehr Objektivität zu begegnen. Patienten und Therapeuten tragen weitgehend alle möglichen Fakten bezüglich einer konkreten Erfahrung zusammen, unterziehen diese Fakten einer logischen Analyse und erstellen daraus ein Modell der Verantwortlichkeit. Deutlich werden soll dadurch, dass der Patient für eine Ursachenzuschreibung oft nur sehr wenige, sehr einseitige, verzerrt gegen sich gerichtete und vor allem absolutistische Informationen heranzieht. Häufig verwenden Patientinnen und Patienten unterschiedliche Kriterien, um die eigene Person bzw. andere Personen zu beurteilen. Dieser »Doppelstandard« beinhaltet, dass zur Erklärung des Verhaltens anderer Personen nachsichtigere, multifaktorielle Kriterien gelten, während die Multikausalität bezüglich eigener Erfahrungen nicht gelten gelassen wird.

Merke

Patienten und Therapeuten suchen aktiv nach anderen Betrachtungsweisen der Wirklichkeit. Damit wird deutlich, dass das Suchen nach alternativen Sichtweisen, also neuen Erklärungen und Interpretationen der Realität, der Kern der kognitiven Techniken ist. Die Folge dieser Suche nach Alternativen ist oft ein effektiveres Problemlösen und das Finden von Lösungsmöglichkeiten, die vorher nicht vorhanden schienen.

Beispielhafte »Schlüsseläußerungen« des Therapeuten für gemeinsame Suchen nach alternativen Sichtweisen und deren Konsequenz sind Aussagen wie:

- »Woran könnte XY noch liegen?«
- »Wieviel Verantwortung kommt Ihnen und wieviel Verantwortung kommt XY (der Situation, einer anderen Person und deren »Schwäche«/Fehlverhalten zu?«
  (Metapher des »Verantwortungskuchen« kann erarbeiten und aufgemalt werden)
- »Wie geht es Ihnen, wenn Sie es in der Situation (Alternative Sichtweise) so sehen könnten?«
  (der Konjunktiv kann hier Widerstand proaktiv aufgreifen und Reaktanz reduzieren)

Oft ist zudem hilfreich, wenn besonders wichtige Kernbotschaften neu erlangter Sichtweisen z. B. auf Karteikärtchen niedergeschrieben werden. Auch kann ein »inneres Mantra« oder »innerer Schlachtruf« formuliert werden. Symbolhafte »Verankerungen« dieser positiven Gedanken an Körperstellen, als Talisman etc. können es erleichtern, dass Patientinnen und Patienten sich an diese Gedanken erinnern. Zur Etablierung neu erlangter funktionaler Gedanken können diese auch konkret eingeübt werden (»Gedankentraining«; »sich daran gewöhnen«). Hierbei kann z. B. das Premack-System Anwendung finden. So kann eine Patientin bspw. jedes Mal vor der regelmäßigen Tasse Kaffee am Nachmittag ihre neue Kernbotschaft (z. B. »Ich bin ok, wie ich bin!«) kurz innerlich durchgehen/vor sich hin sprechen. Wichtig kann hier sein, als Therapeut Reaktanz vorwegzugreifen (»Es ist völlig normal, wenn sich das zunächst noch nicht stimmig oder etwas komisch anfühlt«).

25.3.2 Selbstinstruktionsansatz

Meichenbaum griff die Idee der Verhaltenssteuerung durch verdeckte Reaktionen auf. Beobachtungen bei Konditionierungsversuchen mit schizophrenen Patienten veranlassten ihn, sich mit der verhaltenssteuernden Wirkung von selbst geäußerten Instruktionen zu beschäftigen. Die Patienten wiederholten häufiger spontan die Versuchsanweisungen. Dadurch gelang es ihnen, ihre Aufmerksamkeit auf die gestellte Aufgabe zu konzentrieren. Meichenbaum sah darin ein Beispiel für Verhaltenssteuerung durch selbst gewählte Instruktionen, wie sie von Vygotsky und Luria (z. B. Luria, 1973; Vygotsky, 1960) untersucht worden waren. In Weiterführung dieses Ansatzes entwickelten Meichenbaum und Mitarbeiter das Stress-Impfungstraining (Meichenbaum, 1979; Meichenbaum & Goodman, 1971). Dieses Verfahren ist nicht nur als therapeutische Technik, sondern auch als präventive Methode gedacht: Die Kompetenz des Individuums, unterschiedlich belastende Situationen zu bewältigen, soll gefördert werden. Dazu werden »Bewältigungs-Verhaltensweisen« (coping skills) trainiert, nämlich aktive Entspannung und kognitive Bewältigung durch angemessene Selbstverbalisation.

Die Veränderung ungünstiger Selbstverbalisationen sieht Meichenbaum (1979) als ein allgemeines therapeutisches Prinzip an, das sich mit einer Vielzahl verhaltenstherapeutischer Methoden verbinden lässt, etwa mit dem Modelllernen, der Reizkonfrontation, der operanten Verstärkung oder mit aversivem Konditionieren.

Selbstinstruktionstraining mit impulsiven Kindern

Bei diesem ursprünglich für Kinder mit ADHS entwickeltem Ansatz geht es darum zu lernen, »vor dem Handeln zu sprechen«, um so systematisch und überlegt an die Lösung der Aufgaben heranzugehen. Die Kinder sollen schrittweise die von der Therapeutin oder dem Therapeuten zunächst demonstrierten Selbstinstruktionen übernehmen (Meichenbaum & Goodman, 1971, siehe auch Lauth & Lauth, 2018).

Das Training hat folgende Stufen:

- *Modellvorgabe:* Ein Erwachsener, etwa die Therapeutin, führt eine Aufgabe aus und spricht dabei laut zu sich selbst. Das Kind beobachtet sie.
- *Beobachtbare äußere Anleitung:* Das Kind führt die Aufgabe nun selbst durch, während es von der Modellperson fortlaufend instruiert wird.
- *Beobachtbare Selbstanleitung:* Das Kind übernimmt die Verbalisation des Modells und instruiert sich selbst laut bei der Aufgabenbearbeitung.
- *Abgeschwächte beobachtbare Selbstanleitung:* Das Kind flüstert die Selbstinstruktionen.
- *Verdeckte Selbstanleitung:* Das Kind gibt sich die Selbstinstruktionen nur noch lautlos.

Durch die Instruktionen wird die Aufmerksamkeit des Kindes nacheinander auf verschiedene Stufen des Problemlösungsprozesses gelenkt, z. B.:

- Fragen zur Aufgabe (»Was soll ich tun?«)
- Erkennen der spezifischen Anforderungen der Aufgabe (»Ich soll die Figur nachzeichnen.«)
- Hinweise auf planendes und sachbezogenes Vorgehen (»Zuerst zeichne ich einen großen Kreis.«)
- Selbstbekräftigung (»Das habe ich prima hingekriegt!«)
- Verhalten bei Fehlern (»Nicht ärgern, den Haken radiere ich aus.«)
- adäquates Umgehen mit Frustrationen (»Jetzt schaue ich mir das erst noch mal genau an, und dann mache ich schön langsam weiter.«)

Das Kind soll diese Strategien lernen; ein reines Auswendiglernen der Instruktionen und deren mechanische Wiederholung sind von der Therapeutin zu verhindern.

> **Merke**
>
> Beim Selbstinduktionstraining übernehmen Patientinnen und Patienten schrittweise durch Beobachtung, Fremd- und Selbstanleitung die von der Therapeutin bzw. dem Therapeuten zunächst demonstrierten Selbstinstruktion(en). Durch dieses Einüben der Selbstinstruktionen werden Patienten angeleitet, sich zunächst die Aufgabenstellung klarzumachen, sich Zeit zu lassen, ihr Verhalten schrittweise und geplant zu steuern und sich nach Erledigung der Aufgaben selbst zu verstärken.

Stress-Impfungstraining

Das Stress-Impfungstraining ist ein Verfahren, durch das jeder lernen kann, Stresssituationen angemessener zu bewältigen. Patientinnen und Patienten sollen bereits vor dem Eintreten von stressigen Ereignissen (also präventiv) Strategien zur Stressreduktion einüben. Es geht somit nicht um die Behandlung spezifischer Ängste oder Belastungen, sondern um das Training einer anwendbaren Strategie, die sich je nach Situation individuell anwenden lässt. Wesentliches Merkmal dieser Strategie ist die Fähigkeit, Problemsituationen schnell zu erkennen und durch alternative, förderliche kognitive und motorische Bewältigungsmaßnahmen zu meistern.

Das Training der Stress-Impfung lässt sich in drei aufeinanderfolgende Phasen unterteilen:

- Die *Phase des Unterrichts* soll Patienten die Einsicht in ihr Verhalten unter Stressbedingungen ermöglichen sowie Bewältigungsmöglichkeiten für Stresssituationen aufzeigen.
- Die *Übungsphase* soll Patienten dazu befähigen, sich auf der kognitiven und der Verhaltensebene mit ihren Problemen auseinanderzusetzen. Verschiedene Verhaltensweisen zur Bewältigung der Angstreaktion werden in Übungssituationen eingeübt.
- Die *Anwendungsphase* gibt Patienten die Möglichkeit, die gelernten Bewältigungsfertigkeiten in verschiedenen Stresssituationen einzusetzen.

Meichenbaum teilt den Prozess der kognitiven Bewältigung in vier sich zeitlich überlappende Abschnitte ein, für die jeweils spezifische Selbstinstruktionen trainiert werden:

- *Vorbereitung auf stressauslösendes Ereignis:* Der Patient stellt in dieser Phase fest, was er im Folgenden tun muss, prüft seine Möglichkeiten und beruhigt sich.
- *Konfrontation und Umgehen mit dem stressauslösenden Ereignis:* Der Patient verdeutlicht sich, was er gegen die Stressbedingungen tun kann. Er kann sich z. B. in kleinen Schritten dem Problem annähern und dabei versuchen, nicht panisch zu reagieren und sich zu entspannen.
- *Auseinandersetzung mit dem Gefühl, überwältigt zu werden:* Hier wird der Ernstfall durchgespielt und die drohende Panikattacke abgewendet.
- *Selbstverstärkung:* Durch Selbstverstärkung soll das neue Verhalten stabilisiert werden.

25.3.3 Formen der kognitiven Umstrukturierung

Der formale Therapieablauf ist bei den verschiedenen Formen der kognitiven Umstrukturierung recht ähnlich. Die Autoren betonen die große Übereinstimmung ihrer Ansätze. Und doch zeigen sich bei genauer Betrachtung erhebliche Unterschiede. Diese Unterschiede betreffen das, was durch die Verfahren unmittelbar verändert werden soll: Selbstverbalisation, Selbstinstruktionen, irrationale Überzeugungen, logische Denkfehler (▶ Tab. 25.3). Überzeugungen, Werthaltungen, Einstellungen oder kognitive Schemata sind theoretische Konstrukte; sie können nicht unmittelbar beobachtet und damit auch nicht unmittelbar verändert werden. Komplexere Überzeugungs- und Einsichtsprozesse werden von Ellis und Beck in der Therapie eingesetzt, um eine Veränderung dieser Variablen und in deren Folge die gewünschten Verhaltensänderungen zu erreichen. Meichenbaum spricht hingegen vorwiegend von Selbstverbalisierungen. Solche Selbstverbalisierungen sind ein zumindest prinzipiell beobachtbarer empirischer Sachverhalt. Das dysfunktionale Verhalten wird als Funktion dieser Selbstverbalisierungen aufgefasst. Daraus folgt, dass in der Therapie nicht irgendwelche Überzeugungen oder Einstellungen verändert werden müssen, sondern lediglich die Selbstverbalisationen. Der theoretische Unterschied führt zu Veränderungen des praktischen Vorgehens: Das Bemühen um die Einsicht der Patientinnen und Patienten verliert an Bedeutung, in den Vordergrund tritt die Entwicklung und das Training alternativer Selbstverbalisationen.

25.3.4 Metakognitive Interventionen

Bei dieser Art kognitiver Interventionen (Wells et al., 2011; Segal et al., 2012) geht es darum, ein anderes Verhältnis zu den sich automatisch aufdrängenden Gedanken zu entwickeln und so Kontrolle über negative Grübeleien (Sorgen) zu erlangen. Diese »Dezentrierung« vermittelt das Verständnis, dass Gedanken Ereignisse sind, die unabhängig von Tatsachen stattfinden. Gedanken sind wie »Züge, die in einen Bahnhof einfahren«, wie »Blätter, die auf einem Fluss entlangfließen« oder wie »Wolken, die am Himmel entlangziehen«. Es ist ungeschickt und falsch, in jeden einfahrenden Zug oder in irgendeinen beliebigen Zug einzusteigen. Es geht darum, Züge, also sich aufdrängende Gedanken, »ohne Einsteigen durchfahren zu lassen«, »Blätter vom Ufer aus beobachtend auf dem Fluss entlangfließen zu lassen« oder »Gedanken als Wolken am Himmel zu be-

Tab. 25.3: Autoren und vorgeschlagene Formen kognitiver Umstrukturierung

	A. Ellis	A. T. Beck	D. Meichenbaum
1. *Vorstellen* einer/mehrerer Theorien und Bezug auf das aktuelle Verhalten	»ABC« der Rational-Emotiven Verhaltenstherapie	Theorie der automatischen Gedanken und Grundannahmen	Einfluss von Selbstaussagen auf Emotionen
2. *Identifikation* der individuellen hinderlichen Kognitionen	allgemeine irrationale Überzeugungen	fehlerhafte Wahrnehmungen, Denkweisen und allgemeine Einstellungen	negative Selbstverbalisierungen
3. *Infragestellen* der individuellen hinderlichen Kognitionen	Akzeptieren der Irrationalität	logische, empirische und pragmatische Überprüfung	weniger wichtig, nur als negativ/hinderlich dargestellt
4. *Erarbeitung* förderlicher Kognitionen	nicht explizit	–	Selbstinstruktionen, vor allem reaktionsbezogene Selbstverbalisation
5. *Üben* der förderlichen Kognitionen	–	–	systematisches, schrittweises Üben

obachten«. Es können hier, je nach Präferenz des Patienten, verschiedene Metaphern verwendet werden.

Dahinter steckt die weitere Annahme, dass erhöhte Selbstaufmerksamkeit und die Haltung, dass Gedanken etwas Schreckliches sind und daher verändert oder weggedrängt werden müssen, dazu führt, dass Gedanken umso drängender und unkontrollierbar werden können. Die Modellvorstellung geht dahin, dass es das Grübeln ist, das die emotionalen Probleme aufrechterhält. Exzessives Nachdenken, Gedanken als Tatsachen nehmen und Grübeln sind ungeschickte, falsche Problemlösestrategien.

Den Patienten wird daher zunächst nahegelegt, feste »Grübelzeiten« einzuhalten, um so die ständige, unflexible Selbstaufmerksamkeit zu unterbrechen und eine Flexibilisierung der Aufmerksamkeit zu erzielen. Die Übungen sollen Aufmerksamkeitssteuerung, selektive und flexible Aufmerksamkeit, geteilte Aufmerksamkeit und simultane Aufmerksamkeit trainieren, um so auf der Metaebene Kontrolle, d. h. Dezentrierung, zu entwickeln.

Dabei erfolgt keine Interpretation oder Handlung als Reaktion auf Gedanken, da es sich bei Gedanken ja lediglich um mentale Ereignisse, keine Tatsachen handelt. Metakognitive Interventionen verzichten auf eine Auseinandersetzung mit dem inneren Ereignis. Das Metabewusstsein für die eigenen Denkprozesse wird gefördert (»gelassener Abstand«).

Der achtsamkeitsbasierte Ansatz (Segal et al., 2012) ist insofern eine kognitive Intervention, da Patientinnen und Patienten vermittelt werden soll, die sich selbst aufrechterhaltenden kognitiven Routinen zu verlassen (bzw. aus ihnen auszusteigen). Grundsätzlich geht es dabei darum, achtsam zu sein und loszulassen. Loslassen bedeutet, seine Beteiligung an diesen Routinevorgängen aufzugeben. Die Betonung liegt darauf zu lernen, wie man seine Aufmerksamkeit bewusst, im gegenwärtigen Augenblick und ohne Wertungen vorzunehmen auf etwas richten kann. Patientinnen und Patienten sollen dadurch in die Lage versetzt werden, automatische Gedanken und Gefühle bewusster wahrzunehmen und somit eine alternative Haltung einnehmen zu können, wenn es zu erneuten Stimmungsverschlechterungen kommt (siehe auch ▸ Kap. 33).

Ein wesentliches Ziel besteht darin, sich seiner körperlichen Empfindungen, Gefühle und Gedanken in jedem Augenblick stärker bewusst zu werden. Patientinnen und Patienten werden bei der Entwicklung eines anderen Weges unterstützt, wie sie mit ihren Empfindungen, Gedanken und Gefühlen umgehen können – insbesondere durch achtsame Akzeptanz und das Erkennen unerwünschter Gefühle und Gedanken, anstatt in eine habituelle, automatische, vorprogrammierte Routine (»Autopilot«) zu verfallen, die dazu neigt, bestehende Probleme aufrechtzuerhalten. Anstatt der automatisierten Bewertung der inneren Zustände, zu denen Patientinnen und Patienten häufig neigen, sollen diese wertfrei beobachtet werden. Es geht darum, »Abstand« zu inneren Zuständen, wie Gedanken, Erinnerungen, Zukunftsvorstellungen oder Handlungsdrängen entwickeln zu können. Es wird geübt, diese mentalen Prozesse zu benennen, anstatt sie zu bewerten, und schließlich »nichts« mit den Gedanken machen zu müssen. Stattdessen sollen diese inneren Prozesse aus einer Metaperspektive »mit Abstand und innerer Gelassenheit« betrachtet werden, anstatt diese zu bewerten. Patientinnen und Patienten können damit »erleben«, dass sie den Gedanken keinen Glauben schenken müssen, was schließlich gewissermaßen eine andere Art von »Kontrollerleben« ermöglicht. Sie lernen, innere Vorgänge durch wertfreie Betrachtung zu externalisieren und damit einen »gelassenen Abstand«. Sie lernen zudem, dass sie Gedanken, Handlungsdränge, Gefühle, etc. *haben*, anstatt diese zu *sein.*

Fertigkeiten, die hierbei erlernt werden sollen:

- Konzentration
- Aufmerksamkeit und Achtsamkeit gegenüber Gedanken, Emotionen und körperlichen Empfindungen
- im Augenblick sein
- dezentrieren
- Akzeptanz, Nicht-Bindung, entgegenkommende Aufmerksamkeit
- loslassen
- beobachten anstatt zu bewerten
- »sein« anstatt »handeln«, keine Zielerreichung, es soll kein bestimmter Zustand (der Entspannung, der Zufriedenheit, der Ruhe etc.) erreicht werden
- Perspektive: »Ich *habe* einen Gedanken/Handlungsimpuls/Gefühl, etc. Ich *bin nicht* der Gedanke, etc.«

25.3.5 Prinzipien und konkrete Beispiele kognitiver Techniken

Abschließend werden in ▸ Tab. 25.4 die Grundhaltungen kurz beschrieben, welche Therapeuten in der kognitiven Arbeit mit Patienten einnehmen (geleitetes Entdecken, sokratischer Dialog). Es werden zudem einige konkrete Beispiele beliebter Techniken aus der täglichen Arbeit mit Patienten beschrieben, welche alle zu der breiten Palette der kognitiven Methoden beitragen.

Tab. 25.4: Kurzbeschreibung einiger Prinzipien und praktischer Techniken aus der kognitiven Arbeit

Grundhaltung/ Technik	Kurzbeschreibung	Therapeutische Haltung	Ziele
Sokratische Gesprächsführung	zugrundeliegende Haltung: T. lernt über Perspektive des P.; P. legt dar, präzisiert, beschreibt und kann so überdenken	T. ist wohlwollend, verstehend, Emotion und Leidensdruck validierend, *ohne* dysfunktionale Überzeugung des P. zu bestätigen	Validierung der subjektiven Wahrheit des P., Klärung seiner Sicht, Hinleitung zu möglichem Realitätstest, Auflockern rigider Grundüberzeugungen, Zustand der inneren Verunsicherung über eigene dysfunktionale Annahmen, schafft potentiell Offenheit ggü. Erkennen und neuem Lernen
Geleitetes Entdecken	nachfragen, reflektieren, wiederholen, zusammenfassen; z. B.: »Ich habe verstanden, dass ...«; »Helfen Sie mir zu verstehen: wie kommen Sie darauf, dass ...?«	T. nimmt unwissende, aber offene Haltung ein, anstatt zu belehren oder Ratschläge zu erteilen; T. leitet damit P. an, alte Sichtweisen zu überdenken und neue zu erkennen	Aufbrechen rigider Grundüberzeugungen, Überprüfung und Klärung der eigenen Sichtweise, *eigenes* Erkennen (Selbstwirksamkeit), Hinleitung zu möglichen Realitätstests/Verhaltensexperimenten
Erstellen eines »Verantwortungskuchens«	1. Einschätzung der Verantwortung für Eintreten der negativen Situation mithilfe eines Kuchendiagramms (»Ich bin zu 100 % schuld!«) *aus der emotionalen Perspektive*; 2. Was könnte noch dazu beigetragen haben?; 3. erneutes Kuchendiagramm erstellen, inkl. aller Fakten *aus der eher rationalen Perspektive*	T. leitet P. an, situative, externe, zeitlich nicht stabile oder veränderbare Faktoren zu finden; P. kann diesen mithilfe des Kuchendiagramms eine neue prozentuale Gewichtung geben, T. hilft dabei, eine realistischere Einschätzung finden, ohne diese konkret vorzugeben	Aufbrechen der internalen globalen und zeitlich stabilen Attribution bei Misserfolg; Gründe finden, die außerhalb der Person und Unveränderbarkeit liegen; realistischere Einschätzung der eigenen Verantwortung finden; Akzeptanz ggü. nicht veränderbaren Faktoren, aber auch Erkennen möglicher eigener *Teilverantwortung* (keine »Schönmalerei«), greift Reaktanz vor
Perspektivübernahme eines wohlwollenden Freundes	1. P. beschreibt eigenes »Fehlverhalten«; 2. P. wird angeleitet, die Perspektive eines wohlwollen Freundes einzunehmen; 3. Rollenwechsel-Spiel: T. wiederholt die Beschreibung der Situation aus Sicht von P.; 4. »Was würde ein wohlwollender Freud sagen, wüschen, raten? Was würde dieser empfinden?« 5. Nachbearbeitung	motivierend, direktiv, Reaktanz des P. aufgreifend (»Das wird etwas komisch sein, lassen Sie es uns mal ausprobieren«), wohlwollende/aufbauende Ratschläge des P. aus dem Rollenspiel aufnehmen und auf Situation des P. beziehen	P. kann Diskrepanz und »Doppelstandard« erkennen (wohlwollender Blick auf Freund vs. Abwertung bei sich selbst); wohlwollende Perspektive ist anscheinend möglich (Selbstwirksamkeit); Ausblick: ausprobieren bei sich selbst (Verweis Selbstmitgefühl), mögliche Metapher: inneren Freund oder wohlwollende Perspektive auf sich selbst als zarte Pflanze in der Therapie zu pflegen/aufzuziehen (kann Hoffnung schaffen)
Gedanken ziehen lassen	Dysfunktionale Gedanken werden benannt; in imaginativen Übungen wird in metaphorischen Bildern geübt, diese vorbeiziehen zu lassen (z. B. »Gedankenzüge« im Bahnhof, Gedanken vom Ufer aus auf Blättern auf einem Fluss beobachten)	motivierend, direktiv, Reaktanz des P. aufgreifend (oft ist hilfreich, dass T. die Imagination mitmacht, mit die Augen schließt, P. kann sich wohler fühlen); Ergänzung: vorher besprochene dysfunktionale Gedanken des P. können vom T. in der Übung genannt werden mit dem Ziel: auch diese zu beobachten, nicht glauben zu müssen	interessiertes Beobachten statt Bewerten der inneren Zustände, »Alle Gedanken dürfen kommen, solange sie eben da sind«, »Ich muss nicht alles glauben, was mir durch den Kopf geht«, »Irgendwann wird jeder Gedanke von ganz alleine vorbeiziehen und von einem anderen abgelenkt«
Paradoxe Intervention	Beispiele sind u. a. Symptomverschreibung, Advocatus Diabolus, hier: wohlwollendes leichtes »Anstacheln«: »Ich könnte mir vorstellen, dass es zu schwierig ist, bis nächste Woche XY auszuprobieren«	T. ist wohlwollend, spielerisch provokant Vorsicht: Mittel späterer Wahl; vorherige Erlaubnis des P. einholen; nur bei etablierter therapeutischer Beziehung, Äußerung ist jederzeit zurücknehmbar (Kränkungsgefahr)	Erreichen von »Kämpfergeist«, einer positiven Trotzreaktion, nach dem Motto: »Dem T. zeig ich's, dass ich das kann!«

T = Therapeut/in; P = Patient/in

Prüfungsfragen

1. Wobei helfen kognitive Methoden im Rahmen einer Psychotherapie?
2. Wann sind kognitive Methoden als Bestandteil einer KVT besonders indiziert?
3. Beschreiben Sie das Grundkonzept, welches hinter dem Einsatz metakognitiver Interventionen steckt. Wie und wobei sollen diese helfen?

Antworten

1. Kognitive Methoden helfen dabei, dysfunktionale »automatische Gedanken« zu identifizieren, zu hinterfragen, zu modifizieren und einen anderen Umgang damit zu erlernen.
2. Insbesondere dann, wenn Patientinnen und Patienten unter inhaltlich verzerrten Gedanken leiden (da sie u. a. negative Gefühlszustände auslösen und dysfunktionales Verhalten nach sich ziehen), sind kognitive Methoden als Bestandteil einer Psychotherapie dringend indiziert.
3. Metakognitive Intervention helfen dabei, ein gelasseneres, nicht bewertendes Verhältnis zu den bisher sich automatisch aufdrängenden Gedanken zu entwickeln und somit eine andere Art der Kontrolle über negative Grübeleien (Sorgen) zu erlangen. Diese »Dezentrierung« vermittelt das Verständnis, dass Gedanken Ereignisse sind, die unabhängig von Tatsachen stattfinden. Somit erfolgt keine Interpretation oder Handlung als Reaktion auf Gedanken, da es sich bei Gedanken lediglich um mentale Ereignisse und nicht um Tatsachen handelt. Metakognitive Interventionen verzichten somit auf eine Auseinandersetzung mit dem inneren Ereignis. Stattdessen wird das Metabewusstsein für die eigenen Denkprozesse gefördert. Anstatt der automatisierten Bewertung der inneren Zustände, zu denen Patientinnen und Patienten häufig neigen, sollen diese »wertfrei beobachtet« und lediglich benannt werden (anstatt auf diese inhaltlich einzugehen). Es geht darum, »Abstand« zu inneren Zuständen, wie Gedanken, Erinnerungen, Zukunftsvorstellungen oder Handlungsdrängen entwickeln zu können und innere Prozesse aus einer Metaperspektive »mit innerer Gelassenheit« betrachten zu können. Patientinnen und Patienten üben somit, schließlich »nichts« mit den Gedanken machen zu müssen.

Literatur

Baucom, D. H., & Epstein, N. (2013). *Cognitive-behavioral marital therapy.* Routledge.

Beck, A. T. (1976). *Cognitive therapy and the emotional disorders.* New York: International University Press.

Beck, A. T., & Freeman, A. (1995). *Kognitive Therapie bei Persönlichkeitsstörungen* (3. Aufl.). Weinheim: Beltz.

Beck, A. T., Rush, A. J., Shaw, B. F. & Emergy, G. (1996). *Kognitive Therapie der Depression* (4. Aufl.). Weinheim: Beltz.

Beck, J. (2024). *Praxis Kognitiver Therapie* (3. Aufl.). Weinheim: Beltz.

Ellis, A. (1962). *Reason and emotion in psychotherapy.* Secaucus: Cidatel Press.

Ellis, A. (1977). *Die Rational-Emotive Therapie*. München: Pfeiffer.

Goldfried, M. R. (1973). *Behavior change through self-control.* New York: Holt/Rinehart/Winston.

Hautzinger, M. (2021). *Kognitive Verhaltenstherapie bei Depressionen* (8. Aufl.). Weinheim: Beltz.

Hautzinger, M. (2011). *Kognitive Verhaltenstherapie. Behandlung psychischer Störungen im Erwachsenenalter.* Weinheim: Beltz.

Hautzinger, M., & Pössel, P. (2017). *Kognitive Interventionen.* Reihe Standards der Psychotherapie. Göttingen: Hogrefe.

Kanfer, F. H. (1975). *Lerntheoretische Grundlagen der Verhaltenstherapie*. München: Kindler.

Lauth, G. W., & Lauth, M. (2018). Selbstinstruktionen. In G. W. Lauth & F. Linderkamp (Hrsg.), *Verhaltenstherapie mit Kindern und Jugendlichen* (S. 686–695). Weinheim: Beltz.

Lazarus, A. A. (1971). *Behavior therapy and beyond.* New York: McGraw Hill.

Lazarus, R. S. (1981). *Stress und Stressbewältigung. Ein Paradigma.* München: Urban & Schwarzenberg.

Luria, A. R. (1973). *The working brain: An introduction to* neuropsychology (B. Haigh, trans.). New York: Basic Books.

Mahoney, M. J. (1977). *Kognitive Verhaltenstherapie.* München: Pfeiffer.

Meichenbaum, D. B. (1979). *Kognitive Verhaltensmodifikation.* München: Urban & Schwarzenberg.

Meichenbaum, D., & Goodman, J. (1971). Training impulsive children to talk to themselves: A means of developing self-control. *Journal of Abnormal Psychology,* 77, 115–126.

Segal, Z., Williams, M., & Teasdale, J. (2012). *Mindfulness-based cognitive therapy for depression*. Guilford press.

Vygotsky, L. S. (1960). *Development of higher psychological functions.* Moscow: Publishing House of the Academy of Pedagogical Sciences.

Wells, A., Schweiger, U., Schweiger, J. et al. (2011). *Metakognitive Therapie bei Angststörungen und Depression*. Weinheim: Beltz.

Weiterführende Literatur

Hautzinger, M., & Pössel, P. (2017). *Kognitive Interventionen. Reihe Standards der Psychotherapie*. Göttingen: Hogrefe.

26 Soziales Kompetenztraining

Georg Wiedemann

Das Wichtigste auf einen Blick

- Soziale Kompetenzen können im sozialen Kompetenztraining anhand einer Reihe von Interventionstechniken geübt werden. Dabei gibt es vollstandardisierte Verfahren (Ziel, Inhalt und Ablauf sind festgelegt), halbstandardisierte Verfahren (Ziele und Ablauf sind festgelegt, die Übungsinhalte werden jedoch durch die Patienten bestimmt) und interaktionsorientierte Verfahren (Ziele und Übungsinhalte werden in der Gruppe erarbeitet).
- Soziale Kompetenztrainings können im Einzelsetting, in Gruppen oder einer Kombination von beiden durchgeführt werden. Die größte Wirksamkeit zeigte eine Kombination von Einzel- und Gruppensetting.
- Die Interventionstechniken beinhalten in der Regel folgende Komponenten: therapeutische Informationen, Verhaltensbeobachtung und Protokollierung, Instruktion und Modellierung, Rollenspiele, Feedback (ggf. mit Audio- und Video-Feedback), Entspannungsverfahren, Diskriminationsübungen, Transfertechniken und Rückfallprävention.

26.1 Einführung

Zwischenmenschliche Interaktion ist notwendig, wenn es darum geht, eigene Bedürfnisse zu verwirklichen und persönliche Ziele zu erreichen. Die Voraussetzung für eine zufriedenstellende Interaktion besteht darin, diese entsprechend den eigenen Bedürfnissen und Zielen aktiv (mit) zu gestalten, d. h. in den entsprechenden Situationen zwischen sozialer Anpassung und individuellen Bedürfnissen akzeptable Kompromisse zu finden und diese zu realisieren. Dies beinhaltet einen wesentlichen Aspekt psychischer Gesundheit und persönlicher Entwicklung. Wenn soziale Kompetenz als Fähigkeit zur Kommunikation und Kooperation betrachtet wird, so kann davon ausgegangen werden, dass sie entscheidend zur Lebensqualität eines jeden Menschen beiträgt.

Der Begriff der sozialen Kompetenz gilt heute als Oberbegriff für frühere Konzepte wie Selbstbehauptung, Selbstsicherheit, soziale Fertigkeiten etc. Dies bedeutet, dass der Gegenstandsbereich in sozialen Kompetenztrainings weiter gefasst wird als z. B. in Selbstbehauptungstrainings. Hinsichtlich der entsprechenden Behandlungsmöglichkeiten ist folgende Unterscheidung wesentlich: Unter *Kompetenzdefizit* wird das Fehlen der jeweils notwendigen Fertigkeiten verstanden, um soziale Situationen erfolgreich zu bewältigen (Margraf & Rudolf, 1995). Diese Menschen zeigen oftmals ein ausgeprägtes allgemeines Vermeidungsverhalten bezüglich sozialer Situationen und sind meist sehr schüchtern. *Sozial inkompetentes Verhalten* wiederum bedeutet, dass in einer bestimmten sozialen Situation die hierfür angemessene Verhaltensweise nicht oder nur unvollkommen realisiert wird. Offen bleibt demnach, ob die Fähigkeit der sozialen Kompetenz erst gelernt werden muss oder ihr adäquater Einsatz zu üben ist. Davon abzugrenzen sind Menschen mit einer *Sozialphobie*, die über soziale Fertigkeiten verfügen, aber Ängste bezüglich einer oder mehrerer spezifischer sozialer Situationen haben. Schüchternheit kann dabei vorhanden sein.

26.2 Theoretische und methodische Grundlagen

26.2.1 Theoretische Grundlagen

Trainingsprogramme zur Verbesserung sozialer Kompetenzen und zwischenmenschlicher Beziehungsfähigkeit gehören zu den ersten Methoden der Verhaltenstherapie. Es sind gut überprüfte und effektive Standardverfahren, wobei im Laufe der Zeit unterschiedliche Definitionen von sozialer Kompetenz zu unterschiedlichen Konzepten geführt haben. Nach Fliegel et al. (1998) lassen sich vier Hauptströmungen unterscheiden, die zur Entwicklung der heutigen Trainingsformen geführt haben:

- Die historisch ältesten Ansätze gehen auf Salter und Wolpe in den 1940er und 1950er Jahren zurück. Beide sehen tieferliegende Ursachen verantwortlich für soziale Probleme. Salter geht hierbei von hemmenden Persönlichkeitseigenschaften aus, während Wolpe die soziale Angst in den Mittelpunkt stellt. Die Beseitigung der entsprechenden Hemmungsursachen ist Ziel der jeweiligen Trainingsform.

- Lazarus führt in seinen frühen Arbeiten in den 1960er Jahren soziale Probleme auf falsch oder nicht gelerntes Sozialverhalten zurück. Hier ist das Ziel der Abbau unangemessener und gleichzeitig der Aufbau angemessener Verhaltensweisen.
- Anfang der 1970er Jahre kommt man zunehmend zu der Einsicht, beide zuvor genannten Aspekte zu verbinden und zusätzlich kognitive Variablen wie eigene Einstellung und soziale Wahrnehmung zu berücksichtigen. Die entsprechenden Vertreter sind Goldstein, Lazarus sowie Ullrich de Muynck und Ullrich.
- Der vierte Ansatz, in dem der Begriff der sozialen Kompetenz verstärkt auftritt, beschäftigt sich mehr mit den Fähigkeiten zur zwischenmenschlichen Interaktion. Das tatsächliche Verhalten wird als ein Produkt individueller Kompetenz und jeweiliger Performanzbedingungen gesehen. Hier geht es nicht mehr nur um ein Verhaltenstraining, sondern zusätzlich um eine Verbesserung der zugrundeliegenden Kompetenz.

Die beiden letztgenannten Hauptströmungen sind Grundlage der meisten heutigen Ansätze.

Ein wesentlicher Grundgedanke kompetenztheoretischer Ansätze besteht darin, dass Individuen in unterschiedlichem Maße über Fertigkeiten verfügen, zwischen individuellen Bedürfnissen und sozialer Anpassung akzeptable Kompromisse zu finden und zu verwirklichen. Ein Training sozialer Kompetenz kann die Stärkung oder Schwächung von Selbstverwirklichungstendenzen bzw. die Stärkung oder Schwächung von Anpassungstendenzen erforderlich machen, um zu einer für das Individuum zufriedenstellenden Balance zu gelangen. Hierbei werden das kognitive, emotionale und tatsächliche Verhalten berücksichtigt. Des Weiteren ist zwischen unsicherem, aggressivem und selbstsicherem Verhalten zu unterscheiden. Es geht um eine situationsangemessene und verantwortliche Selbstbehauptung.

Nach Pfingsten (2008) lassen sich die entsprechenden Behandlungsstrategien auf vier unterschiedliche Hypothesen zurückführen:

- Angst führt zu einer Vermeidung oder Beeinträchtigung des Verhaltens in bestimmten sozialen Situationen. Es geht darum, vor allem die störenden Angstreaktionen zu beseitigen (z. B. durch systematische Desensibilisierung oder Selbstbehauptungstraining).
- Mangelnde soziale Fertigkeiten sind die Ursache für vermeidendes oder unangemessenes Sozialverhalten. Das Nachholen oder die Verbesserung sozialer Verhaltensfertigkeiten stehen im Vordergrund (z. B. durch Verhaltensübungen oder das Assertiveness-Trainings-Programm/ATP).
- Ungünstige kognitive Prozesse oder Inhalte sind die Ursache für vermeidendes oder unangemessenes Sozialverhalten. Eine Veränderung kognitiver Vorgänge oder Inhalte ist hier das Ziel (z. B. durch Methoden der kognitiven Umstrukturierung).
- Die Interaktionen affektiver, motorischer und/oder kognitiver Faktoren sind die Ursache für vermeidendes oder unangemessenes Sozialverhalten. Die Veränderung auf allen drei Ebenen des Verhaltens wird angestrebt (z. B. kombinierte Anwendung obiger Interventionstechniken oder das Gruppentraining sozialer Kompetenzen/GSK).

In der Praxis werden durchaus unterschiedliche Schwerpunkte gesetzt, wobei inzwischen multimodale Verfahren dominieren.

Bei diesen mehr oder weniger standardisierten verhaltenstherapeutischen Trainingsgruppen geht es um die Einübung eher eng umschriebener Kompetenzen. Es kommen dabei ganz spezifische Methoden und Techniken zur Anwendung (Fiedler, 2005). Das »Warum« und »Woher« werden in diesen Trainings außer Acht gelassen. Es geht darum, Gruppenteilnehmer darauf vorzubereiten und anzuleiten, in zwischenmenschlichen Beziehungen neue Erfahrungen zu machen, sich selbst in Beziehungen als kompetenter zu erleben und zugleich mit anderen gemeinsam wohler zu fühlen.

26.2.2 Praktische Grundlagen

Durchführungsmodalitäten

Soziale Kompetenztrainings zeichnen sich insbesondere dadurch aus, dass sie nicht nur in ihrer Handhabbarkeit flexibel sind, sondern ebenso an unterschiedliche zeitliche, räumliche und organisatorische Bedingungen angepasst werden können.

Soziale Kompetenztrainings können im Einzelsetting, in Gruppen oder einer Kombination von beiden durchgeführt werden. Der Vorteil von Gruppen ist insbesondere dadurch begründet:

- Problemfeld wird gewissermaßen in das Behandlungszimmer geholt
- soziale Interaktionen laufen real ab
- Problemsituationen können realistisch simuliert werden
- gegenseitige Unterstützung, Verstärkung, Modell und Feedback können gegeben werden
- Ansporn findet bei der Durchführung von In-vivo-Übungen statt

Die meist relativ kurze Trainingsdauer von 6–15 Sitzungen kann je nach Problematik der Patienten verlängert werden.

Es gibt unterschiedliche Trainings, die sich in ihrem Strukturierungsgrad unterscheiden, wobei sich viele Therapeuten an publizierten Trainingsmanualen orientieren:

- vollstandardisierte Verfahren
- halbstandardisierte Verfahren
- offene, interaktionsorientierte Gruppentrainings bzw. Rahmenprogramme

Die Trainings können meistens in Trainingsblöcke unterteilt werden, innerhalb derer jeweils ein bestimmter Situationstyp bearbeitet wird.

Interventionen können ambulant oder im stationären Rahmen erfolgen. Bei einigen Patienten werden sie als einzige therapeutische Maßnahme angewendet und bei anderen in Verbindung mit anderen Verfahren.

Das Training kann für Kinder, Jugendliche und Erwachsene bis ins hohe Alter Anwendung finden. Es ist immer dann unverzichtbar, wenn Ursachen oder Veränderungsbedingungen der jeweiligen Störungen oder Probleme eng mit sozialer Unsicherheit bzw. mit geringem Vertrauen in die eigene Kompetenz der Betroffenen verknüpft sind.

Eingangsdiagnostik

Vor der Durchführung eines Kompetenztrainings sind folgende Fragen zu klären:

- Liegen gravierende Kompetenzprobleme vor?
- Auf welche Situationsarten beziehen sie sich?
- Besteht eine relevante Beziehung zum Behandlungsanlass?

Eine entsprechende Klärung kann erfolgen durch:

- Interviews (welche schwierigen sozialen Situationen gibt es, entsprechendes Verhalten etc.)
- vom Patienten einzuschätzende Situationslisten (Einschätzung von vorgegebenen Situationen nach Schwierigkeitsgrad)
- diagnostische Rollenspiele (entweder vom Therapeuten vorgegebene oder vom Patienten real erlebte Situationen)
- standardisierte Testverfahren (z. B. Unsicherheitsfragebogen von Ullrich & Ullrich de Muynck, 1998)

Verlaufs- und Erfolgskontrolle

Um einen Eindruck von Fortschritten während des Trainings zu erhalten, ist der Therapeut auf die von den Patienten zu erstellenden Berichte, Protokolle oder Diagramme angewiesen. In der Forschung zum Training sozialer Kompetenz wurden objektive Verfahren entwickelt, die auch in der therapeutischen Praxis im Prä- und Post-Test angewandt werden können. Hierzu bieten sich an:

- Fragebögen
- Rollenspiel-Tests (Vorgabe interpersonaler Testsituationen, auf die die Patienten spontan reagieren müssen)
- In-vivo-Tests (Aufsuchen der entsprechenden In-vivo-Situationen zu Testzwecken)

26.3 Praktische Vorgehensweisen und Abläufe

26.3.1 Interventionstechniken

Nachfolgend werden die im Rahmen des sozialen Kompetenztrainings durchgeführten Interventionstechniken mit ihrer speziellen Verwendung knapp dargestellt; eine ausführlichere Darstellung findet in den entsprechenden Kapiteln dieses Kompendiums statt.

> **Merke**
>
> Wesentlich ist es, die unterschiedlichen Elemente in ein – je nach Bedarf – sinnvoll aufeinander abgestimmtes Gesamtkonzept zu integrieren und dieses dem/den Patienten bereits im Anfangsstadium verständlich zu machen. Die einzelnen Verfahrensschritte sollten den Patienten plausibel sein, um u. a. jederzeit klare Bezüge zu den eigenen Schwierigkeiten herstellen zu können. Hierdurch werden die Therapiemotivation gefördert und die Abbrecherquoten verringert (Pfingsten, 2008).

Therapeutische Informationen

Es erfolgt eine Einführung in das allgemeine Verständnis sozialer Ängste, Phobien oder Unsicherheiten. Anschließende Gruppengespräche helfen dabei, konkrete Bezüge zwischen der allgemeinen Problemsicht und den persönlichen Schwierigkeiten der Patienten herzustellen. Hierbei kristallisieren sich zunehmend individuelle Themenschwerpunkte bzw. Problembereiche der einzelnen Teilnehmer heraus, sodass dann individuell konkrete Übungsziele erarbeitet werden können.

Verhaltensbeobachtung und Protokollierung

Es ist wichtig, konkrete Anhaltspunkte darüber zu erhalten, wo die sozialen Probleme eines Patienten liegen, bevor mit den ersten Verhaltensübungen begonnen werden kann. Die Beobachtung und anschließende Protokollierung sollte z. B. berücksichtigen:

- In welchen sozialen Situationen treten die Schwierigkeiten auf?
- Wie unterscheiden sich die Situationen (Personen, Ort etc.)?
- Wie wird die entsprechende Situation in dem Moment eingeschätzt (Gefühle, Verhaltensmöglichkeiten etc.)?

Weiterhin ist die eigene Auffassung bezüglich der Einschätzung durch andere von Bedeutung, das tatsächliche Verhalten und die entsprechenden Gefühle in der Situation, die eigene Wahrnehmung und Bewertung der Reaktionen anderer Beteiligter und wie das eigene Wunsch-/Zielverhalten aussehen könnte.

Instruktion und Modellierung

Eine Verhaltensänderung beginnt meistens mit Informationen über das Zielverhalten, da oftmals Unsicherheit besteht, wo Fehler liegen und was verbessert werden kann. Die entsprechende Informationsvermittlung erfolgt durch Instruktionen und/oder Modellierung.

Instruktionen sind schriftliche oder mündliche Anweisungen zur Ausführung des Zielverhaltens. Sie sind nicht zu ausführlich und möglichst verhaltensnah formuliert (z. B. »Sagen Sie zuerst, was Sie wollen, dann warum.«).

Als nächster Schritt werden vom Therapeuten oder anderen Gruppenteilnehmern im Sinne eines Bewältigungsmodells Modell-Rollenspiele durchgeführt, in welchen das Zielverhalten an Alltagsbeispielen demonstriert wird. Hierbei sollte auch zu beobachten sein, wie mit auftretenden Schwierigkeiten umgegangen werden kann, d. h., ein bewältigendes (Coping-)Modell ist dem meisterhaften (Mastery-)Modell vorzuziehen. Modelle können auch über Audio- oder Videoaufnahmen, Bilder oder Beschreibungen vermittelt werden.

Rollenspiele

Rollenspiele eignen sich zur Simulation zwischenmenschlicher Interaktionen. Durch sie können sowohl konkrete Verhaltensweisen trainiert als auch – je nach Notwendigkeit, grundlegendere Veränderungen zu erwirken – ein günstigerer Ablauf interner Regulationsprozesse eingeübt, soziale Erfahrungen aktiv herbeigeführt, ausgewertet und für weitere Bewältigungsversuche genutzt werden.

Rollenspiele können zwei Funktionen einnehmen: Es werden die vom Patienten als problematisch bezeichneten Interaktionssequenzen nachgespielt, wobei es darum geht, die wichtigsten Problemaspekte im Rollenspiel herauszuarbeiten und/oder alternative Verhaltensweisen einzuüben mit dem Ziel, die bisherige Problemsituation zukünftig besser bewältigen zu können.

Je nach therapeutischer Zielsetzung sind folgende Rollenspielvariationen gebräuchlich:

- *Spielsituation:* vom Therapeuten vorgegeben, vom Patienten aus vorgegebenen Situationen gewählt, eigene erlebte Situationen des Patienten
- *Rollenspielpartner:* Therapeut, Co-Therapeut, Gruppenmitglieder
- *Feedback:* Patient, Therapeut und/oder Co-Therapeut, Gruppenmitglieder, Video- oder Audioaufzeichnungen
- *Feedbackphasen:* Akzentuierung von konkreten Verhaltensweisen, von Gedanken und Gefühlen
- *Rollentausch:* Therapeut oder ein Gruppenmitglied übernimmt nach der ersten Rollenspielphase die Rolle des Patienten, Wirkung des eigenen Verhaltens auf den Gesprächspartner kann so eindrucksvoller erlebt werden

Auf der Grundlage der Problemdarstellung sind möglichst konkrete Ziele und Rahmenbedingungen festzulegen. Folgende Aspekte sollten berücksichtigt werden:

- Ort und Zeit
- Partner
- (alternative) Handlung
- zu erwartendes Partnerverhalten
- Aspekte des neuen Verhaltens (Blickkontakt, Gestik, Mimik, Stimmmodulation, Übereinstimmung verbaler und nonverbaler Aspekte etc.)

Der äußere Rahmen sollte möglichst wirklichkeitsnah gestaltet werden, mit z. B. Tischen, Stühlen, Zuhörergruppen.

Rollenspiele lassen sich in fünf Phasen gliedern:

- *Vorbesprechung:* Situationsbeschreibung und Situationsablauf
- *Erstrollenspiel:* Gewohntes oder bereits neues Verhalten
- *erstes Feedback:* Heraushebung gelungener Verhaltensweisen und Verbesserungsmöglichkeiten
- *Zweitrollenspiel:* Realisierung der Vorsätze
- *zweites Feedback:* Heraushebung des Verbesserungszuwachses

Insbesondere zu Beginn der Therapiezeit kommt dem Therapeuten während der Rollenspiele eine wesentliche Bedeutung zu, da er relevante Hilfestellungen geben muss. Hierbei ist wesentlich, auf die spezifischen Kompetenzen und Möglichkeiten der jeweiligen Patienten zu achten. Folgende therapeutische Funktionen können unterschieden werden:

- *Prompting:* verbale Hilfestellung und Ermutigung zu neuen Interaktionsmustern (z. B. Aufforderungen wie »sprich lauter«)
- *Coaching:* verbale und/oder nonverbale praktische Anleitung (besonders intensive Hilfestellung = Therapeut greift direkt in das Rollenspiel ein und spricht z. B. vor)
- *Shaping:* stetige Anleitung und Förderung zur Ausformung komplexer Interaktionsmuster
- *Brücke bauen:* in eigene Äußerungen Hinweise bezüglich einer erfolgreichen Situationsbewältigung einbauen
- *Verhaltensverstärkung:* unmittelbare Rückmeldung und Verstärkung bei vom Patienten realisierten erwünschten Verhaltensänderungen (gut, prima, ausgezeichnet etc.)

Feedback

Feedback geben und annehmen gehören zu den wesentlichen Wirkfaktoren von Rollenspielen. Von daher erfolgt immer eine Auswertung in und mit der Gruppe, wobei nach Fiedler (2005) folgende Rückmeldungen unterschieden werden können:

- *Selbst-Feedback:* Der Protagonist eröffnet durch sein eigenes Feedback die Rückmelderunde. Eine Unterscheidung kann dahingehend gemacht werden, dass entweder zum eigenen Verhalten kritisch Stellung bezogen wird oder aber die bereits positiv gelaufenen Verhaltensaspekte hervorgehoben werden. Der Protagonist kann anschließend Fragen an die Gruppe formulieren.
- *Gruppen-Feedback:* Stellungnahmen der Gruppenmitglieder, die nicht am Rollenspiel teilgenommen haben.
- *Rollen-Feedback:* Die beteiligten Rollenspieler berichten über die bei ihnen ausgelösten unmittelbaren Wirkungen durch das Rollenspiel.
- *Beratungs-Feedback:* Beantwortung der Fragen, die der Protagonist nach seinem eigenen Feedback formuliert hat.
- *Identifikations-Feedback:* Gruppenmitglieder berichten von eigenen Erfahrungen in ähnlichen Situationen, wodurch eine Teilhabe an den Problemen des Protagonisten ermöglicht wird sowie auch die eigenen Schwierigkeiten in der Gruppe offengelegt werden.

> **Merke**
>
> Die Aufgabe des Therapeuten besteht hauptsächlich in der Anregung zu einem konstruktiven Feedback, wobei insbesondere bei negativem Feedback auf konstruktive Vorschläge geachtet werden sollte. Motivierend und von daher unterstützend ist ein Fokus auf bereits bestehende Ressourcen des Patienten und somit die Verstärkung desjenigen Verhaltens, welches bereits in die gewünschte Richtung zeigt.

Audio- und Video-Feedback

Durch Audio- und Video-Feedback können Nachbesprechungen auf eine objektivierbare Grundlage gestellt werden. Diese Rückmeldeform trägt wesentlich zur Verbesserung sozialer Kompetenzen bei. Patienten stellen oftmals erstaunt fest, wie sicher sie nach außen bereits wirken. Ungünstige Wirkungen können sich dann zeigen, wenn zu lange Beobachtungseinheiten von Patienten mit innerem Unbehagen angeschaut werden. Von daher sollte auf eine Sequenzierung der Analysen geachtet werden, die sich im Laufe des Trainings ausdehnen kann.

Entspannungsverfahren

Aktive Entspannungsmethoden, wie die progressive Muskelrelaxation, sollen Patienten helfen, die bei der Bewältigung sozialer Situationen entstehende Aufregung zu reduzieren. Hierdurch wird ihnen zudem die Erfahrung vermittelt, dass sie bis zu einem gewissen Grad in der Lage sind, eigene Gefühlsreaktionen zu beeinflussen und sie ihrer Erregung nicht hilflos ausgeliefert sind. Das Erlernen entsprechender Methoden kann entweder in der Gruppe oder zu Hause mit den geeigneten Materialien erfolgen. Zur Erleichterung eines Transfers in die Realität kann ihr Einsatz bereits bei der Durchführung der Rollenspiele mittrainiert werden.

Diskriminationsübungen

Im Mittelpunkt steht die Beeinflussung ungünstiger Kognitionen. Es gibt viele Patienten, die Schwierigkeiten haben, unterschiedliche Verhaltensweisen voneinander zu unterscheiden, wie z. B. unsicheres, kompetentes und aggressives Verhalten. Dies kann eine Vermeidungshaltung oder unangemessene Reaktion in den entsprechenden Situationen zur Folge haben. Bedingt durch den Rückkoppelungsprozess führt dies wiederum zu unangemessenem Verhalten in späteren Situationen. In Diskriminationsübungen schätzen Patienten eine Reihe schriftlicher Äußerungen nach unsicher, selbstsicher oder aggressiv ein. Die anschließende Besprechung dient dazu, die Merkmale der unterschiedlichen Verhaltensklassen anhand der einzelnen Einschätzungen des Patienten anschaulich herauszuarbeiten. Weitere Themenbereiche können sein: ungünstige Gedanken erkennen, sich selbst loben lernen, mit Misserfolgen umgehen, Komplimente machen und bekommen etc.

Transfertechniken

Für die meisten Patienten stellt es eine große Hürde dar, die im Rollenspiel erzielten Verhaltensänderungen auf die entsprechenden Alltagssituationen zu übertragen. Von daher ist es wesentlich, die Patienten wiederholt zu ermutigen, immer wieder die für sie unangenehmen Situationen und/oder Gesprächspartner aufzusuchen und hierbei auch die kleinsten Fortschritte im Sinne einer Motivationssteigerung positiv zu verstärken. Folgende gezielte Anstrengungen sind für einen Transfer notwendig:

- *Hausaufgaben mit In-vivo-Übungen:* Übungen werden geplant, in ihrer Bedeutung erläutert, vom Patienten in realen Situationen durchgeführt und in der nächsten Sitzung gründlich nachbesprochen; bei Hausaufgaben werden die gesammelten Erfahrungen mittels Protokollbögen oder Tagebuchaufzeichnungen genau festgehalten
- *intensive Beteiligung der Patienten:* aktive Mitwirkung an der Entwicklung für sie angemessener Verhaltensweisen
- *Training von Metakompetenzen:* z. B. Selbstkontrolltechniken

Rückfallprävention

Die Gefahr, nach einer gewissen Zeit in alte, inkompetente Verhaltensweisen zurückzufallen, besteht auch nach erfolgreich abgeschlossenem Trainingsverlauf.

Möglichkeiten, dem entgegenzuwirken, bestehen im Führen von Tagebüchern, in gelegentlichen Nachbesprechungen zwischen Patient und Therapeut oder Treffen der einzelnen Gruppenteilnehmer untereinander. Ebenso bietet sich an, konkrete Handlungsmöglichkeiten zu erarbeiten, zu notieren und entsprechende Leitfragen zu entwickeln, die dann von den Patienten in gewissen Abständen in Erinnerung gerufen werden können (z. B. »Was sind für mich die ersten Anzeichen, dass sich alte Verhaltensweisen wieder einschleichen?«).

26.3.2 Strukturierungsmöglichkeiten

Im Folgenden wird eine Übersicht über die unterschiedlichen Strukturierungsmöglichkeiten von Trainingsprogrammen gegeben. Man unterscheidet:

- *vollstandardisierte Programme:* ein von Ziel, Inhalt und Ablauf festgelegtes Programm
- *halbstandardisierte Programme:* Ziele und Ablauf sind festgelegt, die Übungsinhalte werden jedoch durch die Patienten bestimmt
- *interaktionsorientierte Vorgehensweisen bzw. Rahmenprogramme:* Ziele und Übungsinhalte werden erst in und mit der Gruppe erarbeitet

Nach Ullrich und Ullrich de Muynck (1998) liegt den unterschiedlichen Ansätzen eine unterschiedliche Zuordnung und bedingungsanalytische Ableitung der therapeutischen Strategien zugrunde. Ihrer Meinung nach ist eine entsprechende Breite im Ansatz und in der Methode bei relevanten Selbstsicherheitstrainings für ein bedingungsgerechtes Vorgehen notwendig.

Vollstandardisierte Programme

Zwischenmenschliche Konflikte haben bei einer Vielzahl psychischer Störungen eine ätiologische und prognostische Bedeutung. Frühe Selbstsicherheitstrainings, zu denen die vollstandardisierten Verfahren zählen, waren so konzipiert, dass sie störungsübergreifend eingesetzt werden konnten. Diesem Anspruch lagen vor allem ökonomische Gesichtspunkte zugrunde: In der Klinik konnten Patienten mit verschiedenen psychischen Störungen in einer Gruppe zusammengefasst werden mit dem Grundgedanken, dass sie über ähnliche Kompetenzdefizite verfügen, nämlich zwischen sozialer Anpassung und persönlichen Bedürfnissen akzeptable Kompromisse zu finden. Hieraus wurde eine Zielperspektive formuliert, aus welcher das Training konkreter Verhaltens- oder Kompetenzbereiche abgeleitet wurde. Aufgrund eines zu weitreichenden Anspruchs einer störungsübergreifenden Konzeption bzw. einer Über- oder Unterforderung bestimmter Patienten wurde jedoch relativ schnell deutlich, dass ganz spezifische Trainingsziele für jede psychische Störung angemessener zu sein scheinen.

Hochgradig strukturierte Programme wurden ursprünglich für Patienten mit schweren psychiatrischen Störungen und geistigen Behinderungen entwickelt, da bei ihnen vorstrukturierte Übungen mit ansteigendem Schwierigkeitsgrad, d. h. einer strikten Hierarchisierung, nach wie vor unverzichtbar sind. Bei solch stark strukturierten Kompetenztrainings ergibt sich hinsichtlich anderer Gruppierungen die Notwendigkeit einer jeweiligen Anpassung an die individuellen Bedürfnisse der Teilnehmer. Die Programme bieten also von sich aus nur geringe Flexibilität bei der Abstimmung der Übungen auf die Probleme der Patienten. Ein wesentlicher Vorteil dieser Programme besteht darin, dass sie gut kontrollierbar sind und eine hohe interne und externe Validität besitzen Ein Nachteil ist, dass sie Gefahr laufen, – je nach den sich verändernden Anforderungssituationen und allgemeinen Lebensbedingungen – überholt zu sein.

Eines der bekanntesten Programme ist das nachfolgend dargestellte Assertiveness-Trainings-Programm.

Assertiveness-Trainings-Programm (ATP)

Nach Ullrich und Ullrich de Muynck (2002) wird das Ziel des ATP folgendermaßen definiert:

> »Mit dem Begriff der Selbstsicherheit ist die Fähigkeit eines Individuums gemeint, in Relation zu seiner Umgebung eigene Ansprüche zu stellen und sie auch verwirklichen zu können. Dazu gehört also, sich zu erlauben, eigene Ansprüche zu haben, sich zu trauen, sie auch zu äußern und die Fähigkeit zu besitzen, sie auch durchzusetzen. Ungestörtes Verfügen über diese drei Kategorien in der täglichen Interaktion führt zu einem optimalen Selbstwertgefühl durch ständiges Erhalten positiver Verstärker.«

Alle Patienten einer Gruppe durchlaufen eine Hierarchie von sozialen Anforderungs- und Konfliktsituationen. Nach modellhaft vorgespielten selbstsicheren Lösungen werden diese mit anderen Patienten als Rollenspielpartner eingeübt. Selbstsicherheit und Selbstvertrauen soll gelernt werden. Die Therapiestruktur orientiert sich an drei Problembereichen (Fiedler, 2005):

- Prozesse und Eigenarten der Selbstbewertung
- soziale Unsicherheiten und soziales Gehemmtsein
- Erwerb sozialer Fähigkeiten

Die nach ansteigender Schwierigkeit geordneten sozialen Situationen lassen sich in vier Hauptkategorien bzw. Angstabbauhierarchien unterteilen:

- Forderungen stellen und Bedürfnisse eindeutig zeigen
- Nein-Sagen und ablehnen
- Kontakte herstellen und aufrechterhalten
- sich öffentlicher Beachtung und Leistungskontrolle aussetzen und Fehler erlauben

Die Gesamtheit der Strategien und Kursabschnitte – für die jedoch selten klinische Notwendigkeit indiziert ist – beläuft sich auf 100 Kursstunden mit wöchentlichen bzw. 14-tägigen Einzelbegleittherapien, wobei die Gruppengröße acht Teilnehmer nicht überschreiten sollte. Die Gruppenzusammensetzung sollte nach Alter und Bildungsgrad möglichst homogen, bezüglich des Geschlechts jedoch gemischt sein. Es kommen Methoden wie Muskelentspannung, therapeutisch gelenkte Buchlektüre, Verhaltensbeobachtung, Modellvideo, Angstthermometer, Rollenspiele, Video-Feedback und Hausaufgaben zur Anwendung.

Empirische Analysen haben ergeben, dass die Effekte des ATP sich auch längerfristig stabil zeigen. Die umfangreiche Auswahl von Trainingssituationen stellt nicht nur einen repräsentativen Querschnitt der Problembereiche des psychiatrischen Klientels dar, sondern besitzt darüber hinaus auch Gültigkeit für Patienten in anderen Klinikkontexten und für die psychotherapeutische ambulante Praxis. Wenn das ATP auf eine andere Zielgruppe als die der psychiatrischen Patienten übertragen wird, kann es in großen Teilen beibehalten werden. Den individuellen Anforderungen kann dadurch begegnet werden, dass die Patienten vor Beginn des Programms spezifische Übungen heraussuchen, die für sie besonders relevant sind. Dadurch ergibt sich für jede Gruppe eine neue Struktur.

Halbstandardisierte Programme

In halbstandardisierten Kompetenztrainings oder Rahmenprogrammen wurde versucht, oben genannte Nachteile der vollstandardisierten Verfahren zu umgehen. Diese Programme haben eine mehr oder weniger feste Grundstruktur und anpassungsfähige Teilkomponenten, d. h., dass sie nur grobe Zielangaben und Übungsschwerpunkte beinhalten, welche dann in und mit der Gruppe konkretisiert werden. Es besteht die Notwendigkeit, für jedes Gruppenmitglied Trainingseinheiten festzulegen, die an den konkreten, sich aus dem jeweiligen Lebensalltag ergebenden Anforderungen auszurichten sind.

Allgemeine Ziele können jeweils mehr oder weniger die Stärkung oder Schwächung von Selbstverwirklichungstendenzen sowie die Stärkung oder Schwächung von Anpassungstendenzen sein. Hinsichtlich einer Verhaltensänderung zielen diese Verfahren auf eine Verbesserung kognitiver und emotionaler Voraussetzungen und rücken direkte therapeutische Beeinflussungsmöglichkeiten von Interaktionsverhalten in den Mittelpunkt. Ebenso wird nicht nur die Komplexität sozialen Verhaltens, sondern auch dessen Einbindung in stark vernetzte persönliche Lebenszusammenhänge berücksichtigt. Soziale Fertigkeiten schließen sowohl individuell spezifische emotionale und kognitive Handlungsbestandteile als auch sichtbare Handlungsvollzüge ein, was bedeutet, dass bei einer Betrachtung sozialer Qualifikationen vielfältige unterschiedliche Ebenen berücksichtigt werden müssen.

Diese Ende der 1970er Jahre entwickelte Handlungsperspektive führte zu wichtigen Konzeptänderungen. Patienten sollten über die bisher genannten Aspekte hinaus lernen (Fiedler, 2005):

- zwischenmenschliche Situationen richtig wahrzunehmen und einzuschätzen
- eigene Bedürfnisse und Interessen in der jeweiligen Situation richtig zu erkennen, Handlungsmöglichkeiten gedanklich zu entwerfen und ihre Erfolgsaussichten, Situationsbezogenheit und gesellschaftlich-soziale Akzeptanz gedanklich zu überprüfen

- sich für ein konkretes Interaktionsmuster unter Berücksichtigung eigener Bedürfnisse und Interessen in Bezug auf die Interaktionspartner zu entscheiden
- sich nach der Handlungsausführung angemessen hinsichtlich der Interaktionsmuster zu bewerten

Eine Optimierung dieser komplexen Handlungsregulationsabläufe machte innerhalb der Gruppen eine Individualisierung des therapeutischen Vorgehens erforderlich. Im Gruppengespräch wird versucht, individuell passende Übungseinheiten herauszuarbeiten, d. h. zu klären, welche spezifischen Fertigkeiten vermittelt werden sollen und wie die konkreten Problemkontexte aussehen.

Gruppentraining sozialer Kompetenzen (GSK)

Hinsch und Pfingsten (2007) betrachten die soziale Kompetenz als Oberbegriff für eine Vielzahl unterschiedlicher Kompetenzen, wodurch eine Individualisierung entsprechender Kompetenztrainings unverzichtbar wird. Unter sozial kompetentem Verhalten verstehen sie »... die Verfügbarkeit und Anwendung von kognitiven, emotionalen und motorischen Verhaltensweisen, die in bestimmten sozialen Situationen zu einem langfristig günstigen Verhältnis von positiven und negativen Konsequenzen für den Handelnden führen«. Aus individuellen Belastungs- und Anforderungssituationen werden konkrete Übungen entwickelt. Dem GSK liegt folgendes Konzept zu Grunde:

- Es gibt verschiedene, voneinander abgrenzbare Klassen von Situationen (Situationstypen).
- Je nach Situationstyp sind unterschiedliche Fertigkeiten notwendig, um wünschenswerte Ziele in optimaler Weise zu erreichen (soziale Kompetenzen).
- Die Frage, welchem Typ eine konkrete Situation zuzuordnen ist, muss der in der Situation Agierende aufgrund seiner persönlichen Erfahrungen und persönlichen Zielvorstellungen entscheiden.

Folgende Situationstypen bzw. Problemfelder sozial inkompetenten Verhaltens werden unterschieden:

- *Typ R (Recht durchsetzen):* Schwierigkeiten, berechtigte Forderungen und Interessen durchzusetzen (z. B. Reklamation einer gekauften fehlerhaften Ware)
- *Typ B (Beziehungen):* Schwierigkeiten im Umgang mit Partner, Freunden und Bekannten, eigene Wünsche und Bedürfnisse angemessen zu vertreten (z. B. sich abzugrenzen, gemeinsame/eigene Interessen zu pflegen)
- *Typ S (um Sympathie werben):* Schwierigkeiten, die Sympathie anderer Leute zu gewinnen (z. B. Kontaktaufnahme)

Das Training besteht aus einer Einführungsveranstaltung, in welcher u. a. die Vortests durchgeführt werden, und sieben zwei- bis dreistündigen Sitzungen, bei denen die inhaltlichen Schwerpunkte grob festgelegt sind. Die Gruppengröße sollte 8–10 Personen bei zwei Trainern nicht überschreiten. Als Interventionstechniken gelten Modellierung und Instruktion, Rollenspiel als Verhaltensübung, Verstärkung, Rückmeldung und Video-Feedback, Transfertechniken, Entspannungsmethoden und Techniken der kognitiven Modifikation.

Eine Überprüfung der Wirksamkeit des Trainings fand vor allem bei Erwachsenen, Studenten und Jugendlichen mit sozialen Kompetenzproblemen statt. Hier zeigten sich nicht nur kurzfristig nachweisbare konstruktive Veränderungen, sondern diese blieben bei einem großen Teil auch im Langzeit-Follow-up erhalten. Bei diesen Klientengruppen stellt das GSK also ein wirksames Verfahren zur Reduktion von Kompetenzproblemen dar. Untersuchungen an Patientengruppen mit umschriebenen psychischen Störungen fehlen, sodass das GSK vor allem im Problembereich der sozialen Unsicherheit und Angst bei Jugendlichen und Erwachsenen eingesetzt werden kann.

Klinik-Konzepte

Halbstandardisierte Programme

In den meisten psychotherapeutisch orientierten Kliniken sind Trainingsprogramme zur Einübung sozialer Fertigkeiten nicht nur Bestandteil differenzieller Behandlungsprogramme unterschiedlicher Störungen, sondern sie gehören inzwischen zu den fest etablierten allgemeinen Gruppenangeboten. Neuen Patienten soll auf diese Weise die Integration in die Klinikgemeinschaft erleichtert werden und das handlungsorientierte Grundkonzept der Verhaltenstherapie vertraut gemacht werden. Die Trainings werden gezielt auf die individuellen Bedürfnisse der teilnehmenden Patienten ausgerichtet, wobei eine Einführungsphase standardmäßig durchgeführt wird. Hierbei geht es um eine Einführung in die verhaltenstherapeutischen Begründungszusammenhänge, das Kennenlernen zentraler Trainingsmethoden, Hausaufgabenplanung und Eigenevaluation beim Transfer. Anschließend wird ein individueller Behandlungsplan mit den entsprechenden Problemsituationen und Zielverhaltensweisen erstellt, der dann in einen mit der Gruppe entwickelten Plan für den Gesamtverlauf des Selbstsicherheitstrainings integriert wird. Dieser Gesamtplan bleibt jedoch nicht starr, sondern kann je nach Entwicklung der Patienten neu angepasst werden.

Selbstsicherheitstraining für Klinikpatienten

Das Curriculum von Schneider (1994) enthält eine gewisse Hierarchisierung in Richtung komplexerer Übungsanforderungen bis hin zur Individualisierung. Zu Beginn (d. h. während der ersten fünf Sitzungen) dieses teilnehmergeschlossenen Trainingsprogramms stehen einige kurze Einführungsübungen. Sie sollen die Klinikpatienten sowohl mit den auch später zentral bleibenden Grundtechniken und deren spezifischen Wirkfaktoren vertraut machen als auch für eine konstruktive und kooperative Gruppenatmosphäre sorgen. Ebenso erfolgt die Vorarbeit für den individualisierten Behandlungsplan, in dem folgende Aspekte gesammelt und schriftlich fixiert werden:

- genaue Beschreibung der Problemsituation
- Ausmaß des Unbehagens in den entsprechenden Situationen
- Beschreibung des erwünschten Zielverhaltens
- Beschreibung des erwarteten/erhofften Verhaltens anderer

Ab der sechsten Sitzung bis zum Rest der Behandlungszeit besteht die Möglichkeit, den Therapieverlauf zu individualisieren. Aus dem Manual können jedoch weitere Problem- und Verhaltensbereiche vorgeschlagen werden, die sich als weitgehend personenübergreifend bedeutsam erwiesen haben:

- Forderungen stellen und zurückweisen
- Erkennen eigener Rechte
- Umgang mit der Fehleinschätzung eigener Handlung durch andere
- sich selbstsicher fühlen und handeln
- Unterhaltungen führen

Schneiders Manual enthält genaue Darlegungen hinsichtlich der Zielsetzung und der Durchführung der einzelnen Übungen ebenso Hinweise darüber, wie dieses Training als nicht teilnehmergeschlossenes Programm durchgeführt werden kann.

Interaktionsorientierte Gruppentrainings oder Rahmenprogramme

Im Gegensatz zu obigen Programmen eignen sich die Rahmenprogramme für Kliniken mit einer hohen Patientenfluktuation, weniger langen Aufenthaltszeiten und regelmäßigen Patientenaufnahmen. Aus diesem Grund wurden zeitgleich zu den halbstandardisierten Trainings diese Rahmenprogramme entwickelt.

Der Individualisierung der Therapiesituation und den Gruppenprozessen werden mehr Raum zugestanden, wodurch sie größere Freiheiten bei der inhaltlichen Ausgestaltung der Gruppenarbeit bieten. Entsprechende Manuale mit ihren Definitionen für Zielperspektiven und möglichen Kompetenzbereichen bieten den Therapeuten lediglich inhaltliche Orientierungshilfen, darüber hinaus jedoch wenig Restriktionen.

Personal Effectiveness Training (PET)

Dieses Training ist störungs- und problemübergreifend einsetzbar und stellt ein teilnehmeroffenes Gruppenkonzept dar. Hierunter ist zu verstehen, dass bei fortlaufendem Angebot ein Ausscheiden bisheriger Gruppenteilnehmer eine Einstiegsmöglichkeit für neue Patienten bedeutet.

Liberman et al. (1975) entwickelten gerade für Kliniken mit z. B. laufenden oder unregelmäßigen Neuaufnahmen ein »Ein-Sitzungs-Konzept«, wobei jede der Sitzungen zwischen zwei und drei Stunden dauert und jeweils in drei Phasen unterteilt werden kann:

- *Planungsphase:* persönliche Vorstellung neuer Teilnehmer; Besprechung laufender Hausaufgaben und persönlicher Transferübungen; je Patient die Auswahl einer relevanten sozialen Situation mit bestehenden Kompetenzdefiziten und die Auswahl der entsprechenden einzuübenden Verhaltensbereiche
- *Trainingsphase:* Realisierung/Umsetzung der abgesprochenen Verhaltensübungen im Rollenspiel; andere Gruppenteilnehmer nehmen als Rollenspielpartner teil, u. a. um gemeinsam günstige Modelle zu erarbeiten; Einsatz von Modellvideos oder Videoaufnahmen der Rollenspiele; standardisierte Verhaltensübungen des Programms spielen so lange eine nachgeordnete Rolle, wie Patienten selbst Zielperspektiven für Kompetenzdefizite entwickeln können
- *Feedback und Transfer:* Besprechung und Auswertung der durchgeführten Übungen in und mit der Gruppe, wobei Feedback geben und annehmen als Lernziel und Hilfestellung betrachtet wird; Besprechung neuer Hausaufgaben und Planung der Realisierung obiger Übungen in vivo; Bewertung der Trainer/Therapeuten an sich und der von ihnen gezeigten Interventionen bezüglich Angemessenheit und Konzeptentsprechung

Die Autoren haben ein bebildertes und praxisorientiertes Manual vorgelegt, mit dessen Hilfe Therapeuten sich die praktische Durchführung des Trainings Schritt für Schritt selbst erarbeiten können. Auch Trainingsmaterialien für Patienten und Modellvideos für die Durchführung von Übungen stehen zur Verfügung.

Die Erprobung des Konzepts erfolgte in einer psychiatrischen Tagesklinik. Bei der Evaluation stand das Gelingen eines Transfers im Vordergrund. Es gelang Patienten in bis zu 80 % der Fälle, die erworbenen Kompetenzen auf den Lebensalltag zu übertragen. Heute ist zu berücksichtigen, dass einige inhaltliche Konkretisierungen und Vorschläge noch auf dem Forschungsstand der 1970er Jahre beruhen.

Nur wenige Jahre später wurden zieloffene Gruppen favorisiert, welche etliche Aspekte des PET beinhalten, wie die strukturierte Individualisierung der Gruppenarbeit und die »Eine-Sitzung-Konzeption«. In der zieloffenen Gruppe werden die im PET sehr präzisen technischen und zeitlichen Vorgaben vermieden, die die Flexibilität des Therapeuten einschränken.

Therapeutische Beziehung

Unabhängig von der Art obiger Verfahren ist die Qualität der Beziehung zwischen Patient und Therapeut für die Wirksamkeit sämtlicher Kompetenztrainings von großer Bedeutung (Grawe et al., 2001). Insbesondere bei sozial unsicheren Patienten sind einige Faktoren zu berücksichtigen, die sich nicht nur auf reale Situationen, sondern auch auf einzel- oder gruppentherapeutische Settings beziehen:

- hohe Empfindlichkeit gegenüber sozialen Misserfolgen
- hohe Irritierbarkeit durch Kritik
- ausgeprägte Konformitätstendenzen
- starkes Bedürfnis nach klarer Aufgabenstellung und Anweisung
- ausgeprägter Perfektionismus und überhöhte Ansprüche an sich selbst

Hierauf ist bei den Rollenspielsituationen (z. B. Überforderung vermeiden), der Art des Feedbacks (z. B. Betonung bereits positiver Aspekte) und den auszuwählenden Hausaufgaben (z. B. angemessene Zielsetzung) zu achten.

26.3.3 Anwendungsbereiche

Versucht man die mannigfaltigen Trainingskonzepte der sozialen Kompetenz nach Anwendungsfelder einzuteilen, ergeben sich nach Fiedler (2005) folgende Zielgruppen mit ihren jeweils besonderen Akzenten:

- psychiatrische Patienten (z. B. schizophrene Patienten)
- Familien und Paare (z. B. Prävention von Partnerschaftsstörungen)
- Trainingsgruppen für »jedermann« (z. B. in der Erwachsenenbildung und Berufsfortbildung)
- Gruppen für Frauen und Männer (bei Frauen häufig hinsichtlich geschlechtsrollenstereotyper Benachteiligungen und bei Männern häufig die Überwindung heterosexueller Kontaktschwierigkeiten)
- Kompetenztrainings in der Verhaltenstherapieausbildung und Supervision (Selbsterfahrungsbaustein innerhalb der Ausbildung)
- Mediatorenausbildung und Supervision (z. B. an Rehabilitationskliniken und in der Heimerziehung)
- Kompetenztrainings im Bereich der primären Prävention (z. B. in der Organisationsberatung und Mitarbeiterschulung)

Nach Fiedler (2005) gibt es fünf klinische Indikationsbereiche für ein soziales Kompetenztraining:

- soziale Unsicherheit
- soziale Ängste und Phobien
- Störungen des zwischenmenschlichen Beziehungsverhaltens
- selbstunsicher-vermeidende Persönlichkeitsstörung
- weitere Persönlichkeitsstörungen mit vorrangiger Interaktionsstörung

Wie Grawe et al. (2001) recht eindeutig belegen konnten, können soziale Kompetenztrainings bei fast allen Arten von psychischen Störungen eingesetzt werden, wie bei Ängsten, Depressionen, psychosomatischen Erkrankungen und unterschiedlichen Persönlichkeitsstörungen. Angesichts der Vielfalt von Anwendungsmöglichkeiten sollte jedoch bei einer Entscheidung für dieses Training bestimmend sein, dass soziale Verhaltensprobleme bei Patienten und ihrer Symptomatik eine klinisch relevante Rolle spielen. Nach Pfingsten (2008) sind vier Möglichkeiten zu unterscheiden, die für die Anwendung eines sozialen Kompetenztrainings sprechen:

- soziale Kompetenzprobleme als alleiniger oder zentraler Bestandteil der Gesamtsymptomatik (z. B. soziale Phobie oder ängstliche Persönlichkeitsstörung)
- soziale Kompetenzprobleme als wesentliche (Mit-)Ursache der Hauptstörung (z. B. Depressionen oder psychosomatische Störungen)
- Förderung sozialer Kompetenzen als Chancenerhöhung des Patienten für eine erfolgreiche Rehabilitation bzw. Management der Hauptstörung (z. B. schizophrene Störungen oder Substanzmissbrauch)
- Förderung sozialer Kompetenzen als Risikominderung für die Entstehung psychischer Störungen (z. B. Partnerschaftstraining oder Training für unsichere oder aggressive Kinder/Jugendliche)

Ein Training sozialer Kompetenzen kann demnach nicht nur im therapeutischen Bereich angewendet werden sondern ebenso in der Rehabilitation und Prävention. Diese Vielseitigkeit ist darin begründet, dass eine Stärkung persönlicher Ressourcen immer mit einer Förderung von sozialen Fähigkeiten einhergeht.

Einige Beispiele für soziales Kompetenztraining sind unter »Empfohlene Materialien« am Ende dieses Kapitels aufgeführt.

26.3.4 Wirksamkeit

Eine Überprüfung der Wirksamkeit sozialer Kompetenztrainings fand durch Grawe et al. (2001) statt. Insgesamt gesehen ist es ein sehr wirksames Therapieverfahren bei einer großen Anzahl klinisch relevanter Problemstellungen, wobei ein Prä-Post-Vergleich die besten Resultate bei selbstunsicheren, gehemmten Patienten und bei Patienten mit einer anderen Hauptdiagnose mit Selbstunsicherheit als wesentlichem Bestandteil der Gesamtproblematik zeigt. Ebenso wurde eine Ausstrahlung der Therapiewirkung auf folgende zusätzliche Bereiche festgestellt: positive Veränderung im zwischenmenschlichen Bereich, im Persönlichkeitsbereich, im allgemeinen Wohlbefinden, positive Auswirkung auf die vegetative Stabilität und auf den Arbeitsbereich. Auch bei einer anderen Hauptsymptomatik wie Migräne, Depressionen, sexuelle Störungen etc. traten in mehr als der Hälfte der Studien bedeutsame Symptomverbesserungen auf.

Die größte Wirksamkeit zeigte eine Kombination von Einzel- und Gruppensetting, wobei im Einzelsetting eine stärkere Verbesserung der Hauptsymptomatik bewirkt wird, während das Gruppensetting zu größerer Veränderung im zwischenmenschlichen Beziehungsverhalten führt. Eine Kombination von sozialen Kompetenztrainings mit kognitiven Methoden führt zu noch besseren Resultaten. Ein stationäres Setting führt zu generalisierteren Verbesserungen als eine ambulante Therapie. Zwischen den vollstandardisierten und den halbstandardisierten Trainingsprogrammen wurde kein Unterschied festgestellt. Die Wirksamkeit beider Strategien fällt in etwa gleich gut aus. Weiterhin konnte ein signifikanter Zusammenhang zwischen dem Erreichen der angestrebten Therapieziele und der Qualität der Beziehung zum Therapeuten und den anderen Gruppenmitgliedern festgestellt werden.

Einige Beispiele aus der Wirksamkeitsforschung über soziales Kompetenztraining sind:

- eine Metaanalyse über die Wirksamkeit von sozialen Kompetenztrainings bei Adoleszenten mit Autismus-Spektrum-Störungen (Narzisi et al., 2024)
- eine Metaanalyse über die Wirksamkeit von sozialem Kompetenztraining bei Psychosen (Turner et al., 2018)
- ein Review über Kinder mit Asperger-Syndrom oder Autismus (Rao et al., 2008)

Prüfungsfragen

1. Das soziale Kompetenztraining wird oft auch als »Breitbandverfahren« bezeichnet. Warum kommt es zu diesem Begriff und was soll damit ausgesagt werden?
2. Bei einem Training sozialer Kompetenz können verschiedenste Verhaltensbereiche trainiert werden. Welche Verhaltensbereiche fallen Ihnen dabei ein?
3. Bei welchen Störungs-/Problembereichen halten Sie das Training sozialer Kompetenz für indiziert – können Sie sich Beispiele vorstellen?
4. Im Rahmen des sozialen Kompetenztrainings können verschiedenste Trainingsmethoden zum Einsatz kommen. Welche können Sie sich dabei vorstellen und können Sie als Beispiel eine dieser Methoden beschreiben?

Antworten

1. Insgesamt gesehen ist es ein sehr wirksames therapeutisches Vorgehen bei einer großen Anzahl klinisch relevanter Problemstellungen. Die besten Resultate werden bei selbstunsicheren, gehemmten Patienten und bei Patienten mit einer anderen Hauptdiagnose mit Selbstunsicherheit als wesentlichem Bestandteil der Gesamtproblematik erzielt. Ebenso wurde eine Ausstrahlung der Therapiewirkung auf folgende zusätzliche Bereiche festgestellt: positive Veränderung im zwischenmenschlichen Bereich, im Persönlichkeitsbereich, im allgemeinen Wohlbefinden, positive Auswirkung auf die vegetative Stabilität und auf den Arbeitsbereich. Auch bei einer anderen Hauptsymptomatik wie Migräne, Depressionen, sexuelle Störungen etc. treten bedeutsame Symptomverbesserungen auf.
2. Zwischenmenschliche Situationen richtig wahrzunehmen und einzuschätzen, eigene Bedürfnisse und Interessen in der jeweiligen Situation richtig zu erkennen, Handlungsmöglichkeiten gedanklich zu entwerfen und ihre Erfolgsaussichten, Situationsbezogenheit und gesellschaftlich-soziale Akzeptanz gedanklich zu überprüfen, sich für ein konkretes Interaktionsmuster unter Berücksichtigung eigener Bedürfnisse und Interessen in Bezug auf die Interaktionspartner zu entscheiden, sich nach der Handlungsausführung angemessen hinsichtlich der Interaktionsmuster zu bewerten.
   Problem- und Verhaltensbereiche, die sich als weitgehend personenübergreifend bedeutsam erwiesen haben: Forderungen stellen und zurückweisen, Erkennen eigener Rechte, Umgang mit der Fehleinschätzung eigener Handlung durch andere, sich selbstsicher fühlen und handeln, Unterhaltungen führen.
3. Situationstypen bzw. Problemfelder sozial inkompetenten Verhaltens:
   Typ R (Recht durchsetzen): Schwierigkeiten, berechtigte Forderungen und Interessen durchzusetzen (z. B. Reklamation einer gekauften fehlerhaften Ware).
   Typ B (Beziehungen): Schwierigkeiten im Umgang mit Partner, Freunden und Bekannten, eigene Wünsche und Bedürfnisse angemessen zu vertreten (z. B. sich abzugrenzen; gemeinsame/eigene Interessen zu pflegen).
   Typ S (um Sympathie werben): Schwierigkeiten, die Sympathie anderer Leute zu gewinnen (z. B. Kontaktaufnahme)
4. Die Interventionstechniken beinhalten in der Regel folgende Komponenten: therapeutische Informationen, Verhaltensbeobachtung und Protokollierung, Instruktion und Modellierung, Rollenspiele, Feedback mit Audio- und Video-Feedback, Entspannungsverfahren, Diskriminationsübungen, Transfertechniken und Rückfallprävention.

Empfohlene Materialien

- Trainingsprogramm sozialer Kompetenzen mit praktischen Anleitungen für die Durchführung in Gruppen:
  Hinsch, R., & Pfingsten, U. (2023). *Gruppentraining sozialer Kompetenzen GSK* (7. Aufl.). Beltz. http://www.gsk-training.de
- Zum Aufbau und zur Förderung sozialer Kompetenzen:
  Stenzel, N. M., & de Veer, A.-M. (2021). *Aufbau und Förderung sozialer Kompetenzen* (Reihe: Standards der Psychotherapie, Band 9). Hogrefe.
- Trainingmanual für Kinder mit praktischen Übungen zur Verbesserung der sozialen Kompetenzen:
  Menke, B., & Otte-Löcker, S. (2017). *Ergotherapeutisches Sozialkompetenz-Training (EST)* (2. Aufl.), Schulz-Kirchner.
- Anleitung zur Implementierung des Social Skills Training (SST), um die sozialen Fähigkeiten und das allgemeine Funktionieren von Patienten mit Schizophrenie zu verbessern:
  Mueser, K. T., Bellack, A. S., Gingerich, S. et al. (2024). *Social Skills Training for Schizophrenia. A Step-by-Step Guide* (3. Aufl.). Guilford.

Literatur

Fiedler, P. (2005). *Verhaltenstherapie in Gruppen. Psychologische Psychotherapie in der Praxis*. Psychologie Verlags Union.

Fliegel, S., Groeger, W. M., & Künzel, R., et al. (1998). *Verhaltenstherapeutische Standardmethoden. Ein Übungsbuch* (4. Aufl.). Psychologie Verlags Union.

Grawe. G., Donati, R., & Bernauer, F. (2001). *Psychotherapie im Wandel. Von der Konfession zur Profession* (5. Aufl.). Hogrefe.

Hinsch, R., & Pfingsten, U. (2023). *Gruppentraining sozialer Kompetenzen GSK* (7. Aufl.). Beltz. http://www.gsk-training.de

Liberman, R. P., King, L. W., & DeRisi, W. J. et al. (1975). *Personal effectiveness. Guiding people to assert themselves and improve their social skills*. Research Press.

Margraf, J., & Rudolf, K. (1995). Angst in sozialen Situationen: Das Konzept der Sozialphobie. In J. Margraf & K. Rudolf (Hrsg.), *Training sozialer Kompetenz* (S. 11–34). Röttger-Schneider.

Narzisi, A., Sesso, G., Fabbri-Destro, M. et al. (2024). Social Skills Interventions for Adolescents with Level 1 Autism Spectrum Disorder: A Systematic Review with Meta-Analysis of Randomized Controlled Trials. *Clin Neuropsychiatry, 21*(3), 169–181.

Pfingsten, U. (2018). Training sozialer Kompetenz. In J. Margraf (Hrsg.), *Lehrbuch der Verhaltenstherapie. Band 1: Grundlagen – Diagnostik – Verfahren – Rahmenbedingungen* (4. Aufl., S. 477–486). Springer.

Rao, P. A., Beidel, D. C., & Murray, M. J. (2008). Social skills interventions for children with Asperger's syndrome or high-functioning autism: a review and recommendations. *J Autism Dev Disord, 38*(2), 353–361.

Schneider, R. (1994). Selbstsicherheitstraining. In M. Zielke & J. Sturm (Hrsg.), *Handbuch Stationärer Verhaltenstherapie* (S. 395–424). Beltz.

Turner, D. T., McGlanaghy, E., Cuijpers, P. et al. (2018). A Meta-Analysis of Social Skills Training and Related Interventions for Psychosis. *Schizophrenia Bulletin, 44*(3), 475–491.

Ullrich de Muynck, R., & Ullrich, R. (1994). *Der Unsicherheitsfragebogen*. Pfeiffer.

Ullrich, R., & Ullrich de Muynck, R. (1998). Selbstsicherheitstherapien, Training sozialer Kompetenz: Das Assertiveness-Training-Programm ATP als bedingungsanalytische Gruppentherapie. In S. K. D. Sulz (Hrsg.), *Das Therapiebuch – Kognitiv-Behaviorale Psychotherapie in Psychiatrie, Psychotherapeutischer Medizin und Klinischer Psychologie* (S. 200–211). CIP-Medien.

Ullrich, R., & Ullrich de Muynck, R. (1999). Selbstwertstörung und soziale Phobie – 25 Jahre Assertiveness-Training-Programm (ATP) Therapie. In J. Margraf & K. Rudolf (Hrsg.), *Training sozialer Kompetenz* (S. 99–128). Röttger-Schneider.

Ullrich, R., & de Muynck, R. (2002). *ATP: Anleitung für den Therapeuten. Einübung von Selbstvertrauen und sozialer Kompetenz*. Pfeiffer.

Weiterführende Literatur bzw. Materialien

Bosley, I., Kasten, E. (2024). *Soziale Intelligenz bei Kindern fördern: Ein Übungsbuch mit 75 interaktiven Bildgeschichten*. Springer.

Güroff, E. (2021) *Selbstsicherheit und soziale Kompetenz. Das Trainingsprogramm TSK mit Basis- und Aufbauübungen* (4. Aufl.). Klett-Cotta.

Jugert, G., Rehder, A., Notz, P. et al. (2017). *Fit for Life: Module und Arbeitsblätter zum Training sozialer Kompetenz für Jugendliche (Pädagogisches Training)*. Beltz.

Jürgens, B., & Lübben, K. (2021). *Gruppentraining sozialer Kompetenzen für Kinder und Jugendliche* GSK-KJ: *Theoretische Grundlagen und praktische Handlungsanleitung*. Beltz.

Wittmann, S., Chevalier, C. (2022). *Soziale Kompetenz: 75 Therapiekarten*. Beltz.

27 Kommunikationstraining

Dirk Zimmer und Martin Jung

Das Wichtigste auf einen Blick

- Ein Training kommunikativer Fertigkeiten ist ein Spezialfall der Verbesserung sozialer Kompetenzen.
- Freundschaft und Familie haben sicherlich die größte Bedeutung für seelische Stabilität und profitieren von ehrlicher und konstruktiver Kommunikation, deren Fehlen einer der wichtigsten Prädiktoren für Trennung und Scheidung ist.
- Verschiedene Interventionen der Klärung und Kommunikation von positiven und negativen Emotionen werden vorgestellt, Hilfen beim Finden von Kompromissen bei divergierenden Interessen werden diskutiert.

27.1 Einführung

Ein Training kommunikativer Fertigkeiten ist ein Spezialfall von Trainings zur Besserung sozialer Kompetenzen. Besondere Bedeutung haben diese Trainings für die Behandlung von Problemen in der Ehe und Partnerschaft. Dieses Kapitel befasst sich daher v. a. mit diesem Schwerpunkt. Am Ende gehen wir zusätzlich kurz auf Kommunikationsprobleme am Arbeitsplatz und Gespräche mit Angehörigen von Patienten ein.

Die Qualität von Ehe und Partnerschaft hat herausragende Bedeutung für psychische Erkrankungen. Gute Beziehungen sind besondere Resilienzfaktoren und helfen dabei, Rückfälle nach Therapien zu vermeiden. Schwer belastete Beziehungen finden sich als pathogene Auslöser vieler psychischer Erkrankungen (Depression, Sucht, Psychosomatik u. a. m.).

Gelingt die Kommunikation von positiven und belastenden Gefühlen, können Streits ohne Entwertungen beendet werden und Kompromisse bei divergierenden Wünschen gefunden werden, ist die Chance für eine langfristige Stabilität einer Partnerschaft größer als bei entsprechend schlechterer Kommunikation. Die Arbeit an der Kommunikation ändert auch die Beziehungsstruktur in Richtung von mehr Gleichwertigkeit und Gleichberechtigung: Ein respektvoller Umgang ist durch Übungen und Erfahrung leichter erreichbar als durch moralische Appelle.

Ein Kommunikationstraining kann in Einzeltherapie, im Gruppenrahmen oder als Paartherapie durchgeführt werden. In Einzel- und Gruppentherapien spielen Therapeuten oder Gruppenmitglieder die Rollen von Angehörigen und geben so Gelegenheit zum Erproben neuer Verhaltensmuster.

27.2 Theoretische und methodische Grundlagen

27.2.1 Ziele und Grenzen eines Kommunikationstrainings

Bei vielen Paaren sind weniger die inhaltlichen Divergenzen das Problem als vielmehr die Unfähigkeit, über die Konflikte zu sprechen. K. H. Mandel nannte die verzweifelten Gespräche, die mehr Scherben als Lösungen produzieren, »problemaufrechterhaltende Problemlösegespräche.«

Trainings helfen dabei, zum einen als »Sender« eigene Gefühle, Gedanken und Wünsche ehrlich und kongruent auszudrücken und zum anderen als »Empfänger« einfühlsam und aktiv klärend auf das Gegenüber zu reagieren.

Paartherapie beinhaltet in der Regel mehr als ein Kommunikationstraining: Die Änderung von Einstellungen, Normen und Erwartungen sowie systemisch aufeinander bezogenen Ängsten und die Wiedergewinnung von positiver Gemeinsamkeit verlangen zusätzliche Vorgehensweisen (Lutz, 2006; Kessler et al., 2014).

Rahmen

Die Anwesenheit beider Partner erleichtert den Transfer in den Alltag, da beide betroffenen Personen anwesend sind. Dieses Vorgehen ist der Einzeltherapie vorzuziehen. Eine Arbeit im Paarsetting ist jedoch kaum möglich, wenn ein starkes Gefälle in der Ich-Stabilität bzw. sozialen Angst besteht. Starke Dominanzgefälle behindern die Arbeit. Hier ist die Stärkung des Schwächeren in der Einzeltherapie vorzuziehen, bevor beide mit der Paartherapie beginnen.

Realistische Ziele

Das Ideal immer konstruktiver Gespräche entspricht nicht dem Alltag, auch nicht dem glücklicher Paare, sondern spiegelt zum Teil eine Fiktion wohlmeinender Psychotherapeuten wider: Das durchschnittliche Ehepaar redet 6–10 Minuten am Tag (Argyle & Hendersen, 1986) miteinander, am häufigsten über das Fernsehprogramm. Auch glückliche Paare kennen destruktiven Streit. Nach der Forschung unterscheiden sich »glückliche« Paare von unglücklichen u. a. dadurch, dass sie aus destruktiven Streit-Eskalationen schneller wieder aussteigen können, dass sie unnötige Entwertungen vermeiden und neben den negativen auch positive Gefühle wahrnehmen und ausdrücken können.

27.2.2 Diagnostik

Die wichtigsten Methoden der Diagnostik sind Gespräch und Beobachtung. Andere diagnostische Verfahren werden bei Klann et al. (2003) und Zimmer und Röhrle (2008) dargestellt.

Konflikte

Inhaltliche Konflikte können exploriert werden, ebenso positive Gefühle und Erfahrungen des Paares miteinander. Über die spontan berichteten Themen hinaus sollten Therapeuten auch auf nicht angesprochene Gefühle achten (z. B. Angst oder Ärger).

Die Beobachtung realer Kommunikation

Wenn Therapeuten wissen wollen, ob Patienten positive Gefühle ausdrücken oder Konflikte austragen können, müssen sie entsprechende Situationen schaffen, die die Beobachtung eben dieser Verhaltensweisen erlauben.

Beispiel

»Sie haben mir erzählt, wie das Gespräch gestern Abend wieder entglitten ist. Da ich nicht bei Ihnen zuhause dabei war, schlage ich vor, dass Sie den Anfang des Gespräches jetzt nochmals nachspielen. So können wir vielleicht besser rauskriegen, wie das Gespräch eine so negative Wende genommen hat und was vielleicht stattdessen möglich wäre. Wären Sie damit einverstanden? In dem Fall versuchen Sie sich vorstellen, dass Sie jetzt hier nach dem Abendessen im Wohnzimmer sitzen und nochmals über das Thema von gestern sprechen. Wer von Ihnen möchte beginnen, seine Gedanken und Gefühle zu sagen?«

Es ist auch möglich, ein Paar mit Aufgaben zu konfrontieren und die Lösung zu beobachten. Wenn beispielsweise ein Therapeut am Anfang fragt – ohne dabei einen der Partner besonders anzusehen –, welche Probleme das Paar gerne besprechen möchte, dann handelt es sich um eine Konsensbildungsaufgabe: Wer von beiden antwortet zuerst? Wer definiert die Probleme und ggf. auch die Schuldfrage? Wer spricht für sich oder für beide? Können beide neben der eigenen Sicht auch die des anderen stehen lassen? (Zimmer, 1985).

Diagnostische Rollenspiele sollten nicht von therapeutischen Interventionen getrennt werden. Sie sollten in therapeutische Rollenspiele übergehen, da sonst schnell depressiogene Erfahrungen gemacht werden.

Auswertungen

Bei der Auswertung partnerschaftlicher Interaktionen können standardisierte Kodiersysteme verwendet werden (z. B. Camberwell Family Interview/CFI, Mutual Interaktive Coding System/MICS o. ä., siehe Hahlweg, 1996; Zimmer, 1985; Zimmer & Röhrle, 2008), die aber v. a. in der Forschung von Interesse sind.

Metakriterien

In der Praxis wird man v. a. darauf achten, …

- dass ein Patient all das Wichtige an Gefühlen, Gedanken und Wünschen mitteilen kann, das er möchte,
- dass er dies aber auf eine Art macht, die den Empfänger nicht unnötig belastet.

Hier sei auf die vier »apokalyptischen Reiter« nach Gottmann & Silver (2019) verwiesen: »destruktive Kritik«, »Verachtung/Zynismus«, »defensive Rechtfertigung« und »Rückzug und Mauern«.

Diagnostik des nicht Gesagten

Viel Zeit wird in Therapien darauf verwandt, das zu explorieren und sprachfähig zu machen, was nur indirekt ausgedrückt wurde. Hier hilft insbesondere die Beachtung nonverbaler Signale und von Inkongruenzen zwischen Inhalt und Nonverbalem.

Nehmen wir folgenden Satz: »Ich gehe heute Abend ins Kino, Papa.« Laut Schulz von Thun (2003) kann der Vater mit »verschiedenen Ohren« hören:

- *Sachaussage:* Meine Tochter möchte ins Kino. Probleme könnten hier bestehen bzgl. Klarheit, Vollständigkeit (»Mit wem denn? Wohin? Wann zurück?«) und Wahrheitsgehalt (»Kino?«) der Aussage.
- *Aussage über das Selbst:* Verschiedene implizierte Bedeutungen sind denkbar, sie werden oft nur gedanklich unterstellt, können aber erfragt und validiert werden. »Ich finde, ich kann die Matheaufgaben auch morgen machen. Ich habe schon genug Stress mit der Schule und denke, ich habe ein Recht auf Ausgleich und Spaß.«
- *Aussage über die Beziehung:* Welche Beziehungsstruktur wird implizit (absichtlich?) in der Aussage deutlich? Häufig wird die Reaktion von dieser Frage abhängig sein. »Ich finde, ich bin groß genug, selbst zu entscheiden, wann ich mit wem wohin gehe.«
- *Wunsch, Appellfunktion:* Verschiedene implizite Wünsche wären denkbar. »Kannst du mir ein paar Euro für diesen guten Zweck aushändigen?« oder »Ich will nicht um Erlaubnis bitten müssen.«

Auswertung diagnostischer Rollenspiele

Bei Rollenspielen zur Verbesserung der kommunikativen Fertigkeiten haben sich folgende allgemeine Kriterien bewährt:

- *Ich-Du:* Konnte der Sender primär über sich sprechen (»Ich-Botschaften« vs. anklagende »Du-Botschaften«)?
- *Schlüsselemotion:* Konnte er/sie das vorherrschende Gefühl mitteilen?
- *Kongruenz:* Passte der nonverbale Ausdruck (Mimik, Gestik, Körperhaltung, Stimmausdruck etc.) kongruent zum Inhalt?
- *Direktheit:* Wurde die Intensität der Gefühle mitgeteilt? Wurde etwas zurückgehalten oder nur indirekt ausgedrückt?
- *Kognition:* Konnten die gedanklichen Hintergründe der Gefühle oder Hintergrundthemen verdeutlicht werden?
- *»Bomben«:* Gab es Reizworte oder verletzende Formulierungen, die es dem Empfänger unnötig schwer machten, im Gespräch zu bleiben?
- *Offenheit des Empfängers:* War er offen und konnte er aufmerksam sein, zuhören und ggf. nachfragen?
- *Validierung und Rückmeldung:* War der Empfänger in der Lage, zu klären und zu validieren, ob er die Gefühle und Gedanken richtig verstanden hatte? Konnte er danach seine eigene Reaktion/Antwort verdeutlichen?

27.2.3 Basisprinzipien eines Kommunikationstrainings

Voraussetzungen

Übungen und Rollenspiele setzen voraus, dass alle Beteiligten die Grundidee des Vorgehens verstanden haben und auch damit einverstanden sind, dass sie »inhaltliche Lösungen zurückstellen« können. Dies ist nur möglich, wenn der Therapeut von beiden als neutral erlebt wird.

Hierarchisierung

Übungssituationen sollten aus dem Alltag der Patienten stammen, aber in der Schwierigkeit ansteigen. Gerade zu Beginn ist die Gefahr groß, Paare mit Übungen zu Themen zu überfordern, die sehr starke Emotionen auslösen.

Gleichbehandlung

Beide üben als Sender und Empfänger. Für beide Partner gelten die gleichen Regeln.

Schutz und Strenge

Beide Partner versuchen sich in riskantem neuem Verhalten. Beide sind auf Unterstützung angewiesen. Strukturierung und Anleitung zur konstruktiven Rückmeldung durch den Therapeuten sind entscheidend für das Gelingen. Denn zu Beginn stürzen sich manche Partner auf die Fehler und Schwächen des anderen. Therapeuten sollten Verständnis dafür haben, aber durch klare Rückmeldungen und Aufforderungen Verletzungen unterbinden (»Sie machen es Ihrer Frau jetzt sehr schwer. Es ist wichtig, dass Sie sich gegenseitig eine Chance geben, etwas Neues auszuprobieren. Andersherum sind auch Sie darauf angewiesen.«).

27.2.4 Struktur

Die Struktur der Übungen zur Verbesserung der Kommunikation gleicht derjenigen, die in ► Kap. 12 beschrieben wurde: Ein diagnostisches Rollenspiel wird vom Therapeuten innerlich ausgewertet. Er wird mit Rückmeldung zu Beginn aber vorsichtig sein, stattdessen Anregungen und Hilfen anbieten für therapeutische Rollenspiele, die dann ggf. nach Wiederholungen gemeinsam ausgewertet werden.

Vorstufen zum kontrollierten Dialog

Bei unsicheren oder belasteten Paaren wird der Dialog zu Beginn über den Therapeuten laufen, erst später kann das Gespräch zwischen den Partnern gehalten werden. So wird der Therapeut die Aussage des Partners A zunächst einmal durch Nachfragen klären, bis Gedanken, Gefühle und Wünsche deutlich werden, um dann die Reaktion/Antwort des Partners B zu erfragen, die wiederum Klärungsarbeit durch den Therapeuten bedarf. Diese Rolle als Katalysator kann Eskalation verhindern und als Modell wirken.

Der kontrollierte Dialog

Schließlich fungiert der Therapeut eher als Coach und leitet beide zu folgender Gesprächsstruktur an:

- Partner A (Sender) teilt Gefühle und Gedanken zum Thema als Ich-Botschaft möglichst spezifisch und kongruent (Inhalt und Ausdruck) mit.
- Partner B (Empfänger) paraphrasiert (»Wenn ich dich richtig verstanden habe, wolltest du mir sagen …«) und stellt klärende Nachfragen (»Was ich nicht ganz verstanden habe …«).
- Diese Schleife wiederholt sich, bis Partner A bestätigt (»genau«), dass Partner B verstanden hat, worum es ihm geht.
- Rollentausch: Partner B als Sender beschreibt nun, welche Gefühle und Gedanken die Äußerung von A bei ihm auslöst, und stellt seine Sicht der Dinge dar.
- Nun bemüht sich Partner A aktiv zu verstehen und stellt Validierungsfragen (»Sehe ich das richtig, dass du mir sagen willst …«), bis Partner B bestätigt.

Diese anspruchsvolle Aufgabe gelingt leichter, wenn geklärt ist, dass »Verstehen« etwas anderes ist als »Recht geben« (s. u.).

27.3 Praktische Vorgehensweisen und Abläufe

27.3.1 Themenspezifische Übungen

Spezifische Übungen für Sender und Empfänger existieren zum Ausdruck positiver und negativer Gefühle und der damit verbundenen Gedanken und Wünsche sowie dazu, wie Kompromissbildung, Fairness bei den Absprachen gelingen können.

Positive Gefühle

Greift man nur auf, was ein Paar in der Therapie von selbst anbietet, erfährt man viel über Ärger und Enttäuschungen, meist mit hoher emotionaler Intensität. Gelingt es dagegen, die Aufmerksamkeit auch auf noch bestehende positive Gefühle zu lenken, erreicht man eine Auflockerung des »Schwarz-Weiß-Denkens«: Es ist möglich, innerhalb einer Beziehung, die von Konflikten geprägt ist, dennoch Zuneigung zu spüren. Ebenso ist es denkbar, in einer als harmonisch erlebten Beziehung gelegentlich Ärger und Enttäuschung zuzulassen. Werden positive Gefühle nicht geleugnet bzw. im Sinne einer »kognitiven Dissonanzreduktion« als unpassend übergangen, führt dies in der Regel zu konstruktiveren Formen des Streitens. Paare streiten anders, wenn sie spüren, dass auch positive Gefühle existieren.

Es gibt verschiedene Zugänge zu positiven Gefühlen:

- *Erinnerung an frühere Zeiten:* »Wie haben Sie sich kennen gelernt? Was hat Sie aneinander angezogen? Was haben Sie damals zusammen gemacht?«
- *Erinnerung an die jüngste Vergangenheit:* »Können Sie sich an Ereignisse aus den letzten Tagen oder Wochen erinnern, wo Sie sich ein kleines Stück entspannter miteinander gefühlt haben? Was hat Ihr Partner dazu getan, dass Sie sich ein wenig gefreut haben?«

Die Äußerungen des Paares zu diesen Fragen können Anlass zu Klärungen, für Übungen im Sinne von Rollenspielen oder kognitiver Nachbearbeitung sein. Beim Üben sollte man auf Folgendes achten:

- *Emotion:* Statt »Es war gut, dass du mir endlich mal im Haushalt geholfen hast!« auf Ich-Botschaft und Emotion achten: »Ich habe mich sehr entlastet und weniger angespannt gefühlt, als du …«.
- *Spezifität:* Statt »Letztes Wochenende warst du irgendwie angenehmer im Umgang.« klären, was zu diesem Eindruck geführt hat, z. B.: »Es hat mich gefreut, dass du den gemeinsamen Spaziergang vorgeschlagen hast.«
- *»Bomben« entschärfen:* Statt »Gestern Abend hast du mir endlich zugehört. Wenn du das die letzten Jahre mal gemacht hättest, hätten wir nicht solche Probleme gekriegt.« Lieber: »Das hat mir sehr gutgetan, als du gestern Abend …«
- *Kognitive Nachbearbeitung:* Der Umgang mit positiven Gefühlen und Erlebnissen ist heikel und löst oft mehr Ängste aus als Gespräche über Ärger. Zahlreiche Einstellungen und Erfahrungen aus der Ursprungsfamilie stehen einem vertrauensvollen Austausch häufig im Weg und sollten bearbeitet werden.

Wer positive Gefühle äußert, kann sich verletzbarer erleben. Machtpositionen scheinen gefährdet und die Tendenz zum »Schwarz-Weiß-Denken« ist zu spüren. Wie kann ich positive Gefühle zulassen gegenüber jemandem, mit dem ich ungeklärte Konflikte habe?

Ärger/Konflikt

Es ist günstig, zu Beginn mit Situationen zu arbeiten, die nicht brisant sind und keine zentralen Konflikte beinhalten.

Dabei üben beide als »Sender«, Gedanken und Gefühle zum Konfliktthema mitzuteilen. Fragen des Therapeuten helfen zu klären und Anregungen zu finden, die in die Rollenspiele einfließen, bevor dann an der Antwort des zuhörenden Partners gearbeitet wird.

Wichtige Aspekte beim Ausdruck von negativen Gefühlen:

- *Emotion:* Statt Du-Botschaften und Vorwürfen, z. B.: »Das ist unmöglich, dass du immer deine Sachen liegen lässt.« eher: »Das ärgert mich, wenn ich deine Socken wegräumen muss.«
- *Spezifität:* Statt den eigenen Äußerungen Nachdruck durch Verallgemeinerungen zu verleihen, z. B.: »Nie denkst du an unsere Verabredungen!« lieber »Ich bin wirklich sauer, wenn du jetzt eine Stunde später nach Hause kommst, als du gesagt hast!«
- *Wahrnehmung und Kognition:* Statt »Deine Unpünktlichkeit ist nicht auszuhalten!« lieber »Ich bin wütend, wenn wir uns verabreden und ich dann warten muss. Ich fühle mich dann nicht ernst genommen. Und wenn ich denke, dass das ein Zeichen ist, dass ich dir nicht so wichtig bin, werde ich ganz traurig.«
- *Hintergrundthemen/Beziehungsdefinition:* Statt »Nie machst du die Badewanne nach dem Baden sauber!« lieber »Es ist zwar nicht viel Arbeit, wenn ich deine Haare wegspülen muss, aber ich fühle mich dann als Dienstmädchen behandelt. Und das macht mich wütend!«
- *»Bomben«:* Vorsicht mit Reizworten und (häufig globalisierenden) Äußerungen (»nie«, »immer«), die kränken und den Wert der anderen Person herabsetzen!
- *Wünsche:* Oft kann man Ärger (der sich ja auf Vergangenes bezieht) ergänzen durch die Äußerung von Wünschen (die sich auf die Zukunft richten).
- *Deeskalation:* Manche Vorwürfe führen zu einer Eskalation, einem schnellen Ping-Pong-Spiel, bei dem jeder sendet, keiner mehr zuhört, und beide in zunehmender Heftigkeit um Sieg oder Niederlage kämpfen. Dies sind »problemverschärfende Problemlösegespräche.« Ein Training der Kommunikation dient der Vorbeugung solcher Entgleisungen. Anfangs sind aber Stop-Signale zu vereinbaren, mit denen jeder der beiden zu Hause Gespräche abbrechen und in die Therapie verlagern kann.
- *Begrenzung:* Therapeuten achten darauf, dass Patienten beim Thema bleiben und nicht assoziativ alle Klagen mit einbeziehen. Insbesondere lange zurückliegende Themen sollten ausgeklammert werden: »Dreckige Wäsche darf nicht älter als eine Woche sein.«
- *Aktives Zuhören:* Empathisch auf die Äußerung negativer Gefühle des Partners einzugehen, gehört zu den schwie-

rigsten Aufgaben. Die Aufgabe, paraphrasierend zu wiederholen und Verstehen zu signalisieren, gelingt nur, wenn folgender Punkt geklärt ist:

Merke

»Verstehen« bedeutet nur, die Gedanken, Gefühle und Wünsche des Partners kennen zu lernen. Verstehen heißt nicht, Recht zu geben, es bedeutet nicht, die Wünsche des anderen erfüllen zu müssen, es bedeutet nicht, die Eigenständigkeit im Denken, Fühlen und Wünschen aufzugeben.

- *Kongruenz:* Sozial ängstliche und gehemmte Partner müssen meist lernen, Ärger auch im Ausdruck (Stimme, Mimik etc.) zu zeigen, statt ihn nur verbal auszusprechen. Patienten hingegen, die zu heftigen Gesten oder gar physischer Gewalt neigen, müssen lernen, die starken Affekte nicht körperlich auszuleben, sondern in Worte zu fassen.
- *Anwendung:* Nach Kommunikationsübungen mit leichten oder mittelschweren Situationen werden die Fähigkeiten, Konflikte zu besprechen dann auf reale und aktuelle Konflikte bezogen.
- *Akzeptanz destruktiver Kommunikation:* Man kann nicht immer konstruktiv sein. Es ist einfacher, wenn beide Partner akzeptieren, dass in Zeiten hoher emotionaler Belastungen auch Sätze fallen dürfen, die besser nicht auf die Goldwaage gelegt werden. Manchmal ist auch eine Entschuldigung angebracht. Mit manchen Paaren kann man besprechen, dass sie sich gegenseitig einen Bonus geben, gelegentlich Blödsinn zu reden, ohne dass dies aufgerechnet werden muss.

Divergierende Wünsche

Über Wünsche zu sprechen setzt voraus, dass Menschen wissen, was sie wollen, dass sie dem anderen zubilligen, Wünsche abzulehnen und Nein zu sagen (Wünsche sind keine Rechte) und dass sie lernen, damit umzugehen, dass Partner nicht immer das Gleiche wollen. Hiermit werden offensichtlich eher Therapieziele als Ausgangspunkte beschrieben.

Die Übungen zielen darauf ab, ein typisch depressives Muster zu überwinden: Man spürt einen Wunsch, verschweigt ihn, wartet, bis der Wunsch enttäuscht ist, und fängt dann an zu klagen: »Nie kümmerst du dich um meine Bedürfnisse!«.

- *Themen/Inhalte:* Inhalte von Wünschen ergeben sich aus der Umformulierung von Ärger, können aber auch vom Therapeuten an Themen des Alltags festgemacht werden: Wie möchten beide Partner das nächste Wochenende gestalten, den nächsten Urlaub, Feiertage wie Weihnachten? Mit fortschreitender Sicherheit können zentrale Themen besprochen werden (Kinderwunsch, Wohnort o. Ä. m.).
- *Struktur:* Analog zum kontrollierten Dialog (s. o.) werden beide Partner Wünsche sammeln und im Wechsel mitteilen, das Gehörte paraphrasieren und klären.

Worauf ist dabei zu achten? Durch klärende Fragen, Rollenspiele und Rückmeldung werden aus nebulösen Unzufriedenheiten nachvollziehbare Wünsche:

- *Klarheit und Spezifität:* Statt »Ich möchte nicht immer alles mit dir zusammen machen.« eher: »Ich möchte gerne einen Abend in der Woche mit meinen Freundinnen zum Sport gehen.« W-Fragen können die Klärung anleiten: Wann, wie oft, wie lange, mit wem, wohin ...?
- *Kognition und Hintergrundthemen:* Statt »Bring du doch mal die Kinder ins Bett.« eher: »Ich möchte gerne eine Absprache, damit ich weiß, wann du die Kinder nimmst. Dann habe ich eher das Gefühl, dass wir uns die Aufgaben teilen und nicht alles automatisch an mir hängt.«

Die Bedeutung und Wichtigkeit der Wünsche sollte exploriert und kommuniziert werden. Sie ergibt sich oft aus biografischen Verletzungen von Grundbedürfnissen. Ggf. sollte die Schwierigkeit der Erfüllung der Wünsche ebenso differenziert besprochen werden.

Absprachen, Kontraktmanagement

Über Wünsche zu reden, sollte nicht nur als Start für Verhandlungen zur Wunscherfüllung gesehen werden: Es ist wichtig, Träume und Wünsche voneinander zu kennen und zu akzeptieren, selbst wenn die aktuelle Lebenssituation harte Grenzen setzt (z. B. Familie mit kleinen Kindern und begrenzten Mitteln). Träume zu verschieben ist besser als sie zu unterdrücken.

Wenn Wünsche klar und verständlich umformuliert sind, kann über einen fairen Austausch gegenseitigen Entgegenkommens verhandelt werden. Dies geht leichter, wenn die Bedeutung und Relevanz der Wünsche ebenso wie die Schwierigkeit eingestuft wurden, die Wünsche des anderen zu befriedigen.

Üblicherweise sind aus den aufgeschriebenen Wünschen drei Gruppen zu bilden:

- Wünsche, die leicht zu erfüllen sind
- sehr wichtige, aber schwer zu erfüllende Wünsche
- mittel bedeutsame und mittel schwierig zu erfüllende Wünsche

Über leicht zu erfüllende Wünsche des Partners sollte man eigentlich nicht weiter reden, man sollte sie einfach erfüllen. Sehr wichtige, aber schwer zu erfüllende Wünsche erfordern sehr viel mehr als ein Kommunikationstraining. Sie bilden in der Regel Kernkonflikte mit komplementären Ängsten (Nähe-Distanz o. ä.) ab und sollten durch kognitiv-emotionale Schemaarbeit mit jedem der Partner aufgelöst werden (Zimmer, 1985).

Für die Gruppe der mittel bedeutsamen und mittel schwer zu erfüllenden Wünsche können Verhandlungen geführt werden. In der Verhaltenstherapie bekannt geworden sind Absprachen nach den Modellen »Quid pro quo« (Geben auf Gegenseitigkeit) oder als getrennte Kontrakte, bei denen für jeden Partner positive Konsequenzen für seine Einhaltung der Absprache und negative für den Fall seiner Verletzung der Absprache festgelegt werden. An dieser Stelle sei nur auf die erste Variante »Quid pro quo« eingegangen.

Das Ziel der Fairness und Gleichwertigkeit

Absprachen sind tragfähig, wenn beide das Gefühl von Gerechtigkeit und Fairness haben. Ein Übergehen dieser subjektiven Einschätzung erlebter Ungerechtigkeit wird unweigerlich zu Sabotagen der Absprachen (durch schlechte Laune und andere Intrigen) führen. Wenn aber nun die Wünsche beider unterschiedlich schwer zu erfüllen sind, gilt es im jeweiligen Wunsch Dimensionen oder Variablen zu entdecken. Hier kann dann reflektiert werden, ob der Wunsch im Kern erhalten bleibt, wenn eine Änderung der Variablen die Erfüllung erleichtern würde.

Beispiel

Der Wunsch einer Patientin, mit Mann und Kindern die eigenen Eltern am Wochenende zu besuchen, um den Kontakt zu pflegen, wurde vom Mann als eher schwierig eingestuft. Eine Variable könnte in diesem Falle die Zeit sein. Ist der Wunsch bei einem Kaffeebesuch am Sonntagnachmittag noch erfüllt oder muss es ein Wochenende von Freitagabend bis Sonntagabend sein? Das klärende Gespräch ergab, dass der Wunsch für den Mann sehr viel einfacher erfüllbar war, als akzeptiert wurde, dass er bei den Schwiegereltern ein für ihn wichtiges Fußballspiel im Fernsehen ansehen konnte.

Für einige zentrale Wünsche gibt es kein einfaches Modell des fairen Austausches. Wünsche nach fester Bindung und Heirat oder Kindern können mit all ihren Bedeutungen, Hoffnungen und Befürchtungen besprochen werden, um dann mögliche Lösungen zu überdenken. Hier ist das Bemühen um Verständnis oft wichtiger als die konkrete Lösung.

Bei manchen Familien stehen weniger die einzelnen Wünsche im Konflikt. Es ist die Summe der für beide Partner und Kinder wichtigen Bedürfnisse, die nicht einfach realisierbar und in einer Woche unterzubringen sind. Berufliche Wünsche, individuelle Erholungszeiten, Gesundheitsverhalten, Zeiten für die Dyade, also die Partnerschaft, und Zeiten für die einzelnen Kinder lassen sich oft nur so konstruktiv abstimmen, dass alle Bedürfnisse zugleich bedient und partiell frustriert werden. Dieses Modell der »rotierenden Opfer« akzeptiert, dass es überall Abstriche gibt, dass so aber verhindert werden kann, dass ein großer Bereich vollständig zu kurz kommt (Partnerschaft, Kindeswohl, berufliche und individuelle Interessen) und ernsthafte Probleme entstehen.

27.3.2 Hausaufgaben

Zu Beginn eines Kommunikationstrainings ist es wichtig, Gesprächsversuchen zu Hause eher Grenzen zu setzen. Dies kann bedeuten, dass beide lernen, Eskalationen zu stoppen (»Ich kann nicht mehr …«) und das Problem mit in die Therapie bringen.

Hausaufgaben mit dem Ziel, das in der Stunde Erworbene zu Hause zu erproben, brauchen klare Vorgaben:

- *Zeitpunkt und Zeitgrenzen:* Es ist einfacher, sich für einen Zeitpunkt zu verabreden (z. B. »Sonntag nach dem Frühstück.«) und klare Zeitgrenzen setzen (»für 30 Minuten«), um sich nicht zu überfordern, aber doch Erfahrungen zu sammeln.
- *Thematische Eingrenzung:* Nachdem die oben beschriebenen Übungen in der Therapie erste Fortschritte gebracht haben, haben sich folgende drei Fragen bewährt: »Was mir in der letzten Woche gut getan hat im Zusammenleben mit dir …«, »Was mich letzte Woche im Zusammenleben mit dir belastet/geärgert hat …« und »Was ich mir für die nächste Woche anders wünschen würde …«.
- *Verabredung und Tagesordnung:* Später kann es sinnvoll sein, den Wunsch nach einem Gespräch anzukündigen, den anderen insofern zu beteiligen, als seine Aufnahmebereitschaft notwendig ist, und gemeinsam zu überlegen, was besprochen werden sollte.
- *Selbstverantwortung:* Jeder Partner hat das Recht, ein Gespräch zu initiieren, aber auch, das Gespräch abzubrechen, wenn er sich dazu aktuell nicht in der Lage sieht. In diesem Fall sollte aber ein Vorschlag für eine neue Verabredung gemacht werden.

27.3.3 Kommunikation im beruflichen Umfeld

Therapeuten können Bedingungen am Arbeitsplatz ihrer Patienten nicht ändern. Sie können nur mit dem Erleben und Verhalten des Anwesenden arbeiten. Das kann schmerzhaft sein, sodass bei pathogenen Bedingungen ein Wechsel des Arbeitsplatzes die erste Wahl darstellt.

Bei Übungen zur Kommunikation am Arbeitsplatz spielt der Aspekt der Hierarchie eine entscheidende Rolle. Gespräche mit Kolleginnen und Kollegen finden auf der gleichen Hierarchieebene statt, Gespräche mit Vorgesetzten oder Untergebenen sollten diese Ebene implizit oder explizit berücksichtigen.

Bei der Kommunikation im beruflichen Rahmen sollten private Informationen und Selbsteröffnungen nur mir Vorsicht verwendet werden. Die Unterschiede zwischen freundschaftlichen und beruflichen Beziehungen sollten besser gewahrt bleiben.

Insbesondere im Umgang mit unsicheren, schwachen Vorgesetzten empfiehlt es sich, Botschaften einzubauen, dass die Hierarchie respektiert und nicht in Frage gestellt wird. Andernfalls könnten Vorschläge oder Kritik dazu führen, dass Vorgesetzte ihren Status auf problematische Weise demonstrieren.

27.3.4 Kommunikation bei Gesprächen mit Angehörigen

Die Einbeziehung von Angehörigen in der psychiatrisch-psychotherapeutischen Versorgung ist für eine gute Entwicklung und zur Rückfallprophylaxe von großem Wert. Da Behandler mit den Patienten in der Regel schon einige Zeit gearbeitet haben, empfiehlt es sich, mögliche Sorgen oder Ängste sowohl bei den Patienten als auch deren Angehörigen anzusprechen und die eigene Rolle dabei deutlich zu machen.

Die Ängste von Patienten können sich darauf beziehen, den Therapeuten teilen zu müssen, der nun auch die Not und die Bedürfnisse der Angehörigen in den Blick nimmt. Zudem könnte die Darstellung von Patienten dem Behandler gegenüber in ihrer Einseitigkeit korrigiert werden durch Berichte der Angehörigen. Wird dies zuvor mit dem Patienten besprochen, kann die Entscheidung für die Einbeziehung anderer von ihm leichter mitgetragen werden, insbesondere wenn die Ziele und der mögliche Nutzen deutlich sind.

Die Ängste von Angehörigen können sich darauf beziehen, dass sie in ihrer eigenen Not nicht wahrgenommen werden oder aber dass sie unter Druck von Therapeuten und Indexpatient geraten, noch mehr zur Lösung beizutragen, als sie sich zutrauen. Ggf. helfen Vorgespräche »nur« mit den Angehörigen, solche Sorgen auszuräumen.

Gemeinsame Gespräche mit Patienten und Angehörigen dienen einem gemeinsamen Problem- oder Krankheitsverständnis und der Frage, welcher Umgang aller mit kritischen Situationen förderlich ist. Zwei Aspekte können hier wichtig sein: ein Konzept von »guter Hilfe« und Dosieren.

Klären: Welche Form von Hilfe ist notwendig und hilfreich, welche ist überflüssig oder schädlich, weil sie beispielsweise Hilflosigkeit und Unselbständig stärkt?

Dosieren: In einer Familie ist es gut, sich gegenseitig mitzuteilen zu dürfen, wie es einem gerade geht. Aber es wäre eine Überforderung, den ganzen Tag z. B. über die depressive Stimmung zu sprechen. Absprachen, wann und wie lange über Probleme gesprochen wird, und wann auch einfach andere Aktivitäten möglich sein sollten, die nichts mit Krankheit und der damit verbundenen Rolle zu tun haben, können für alle entlastend sein.

27.3.5 Ausblick

Spezielle Vorschläge für Kommunikationstrainings wurden entwickelt etwa zur Arbeit mit »Familien mit Gewalterfahrungen«, für die Therapie von »funktionellen Sexualstörungen«, Herausforderungen in Stieffamilien und weiteren Feldern (siehe weiterführende Literatur).

Die Arbeit an kommunikativen Fertigkeiten gibt oft Anstöße, dass Paare wieder neu in Kontakt kommen, dass sie einander besser kennen lernen, Konflikte etwas stressfreier austragen und Wünsche besser abstimmen können. Dies kann zur Rettung der Beziehung führen, aber auch im Falle einer Trennung helfen, z. B. der Kinder zuliebe einigermaßen zu kooperieren (Stichwort »Scheidungsmediation«).

Der Erfolg eines Kommunikationstrainings bzw. einer Paartherapie bemisst sich nicht nur daran, ob die Beziehung erhalten bleibt oder sich bessert. Noch wichtiger ist, ob jeder der beiden Partner etwas gelernt hat, an kommunikativen Fertigkeiten, an Einfühlungsvermögen und Fairness im Umgang mit anderen.

Prüfungsfragen

1. Welche Ziele verfolgt ein Kommunikationstraining für Sender und Empfänger im Rahmen einer Paartherapie?
2. Was kennzeichnet einen »kontrollierten Dialog«?
3. Was muss bei Übungen zur Kommunikation berücksichtigt werden, wenn die Partner in einer hierarchischen Beziehung zueinander stehen?
4. Was muss bei Übungen zur Kommunikation berücksichtigt werden, wenn Angehörige in eine Behandlung partiell einbezogen werden?

Antworten

1. Sender sollten über alle Gedanken, Gefühle und Wünsche offen sprechen können, die Hintergrundthemen verdeutlichen und versuchen, das Gegenüber und seine Interessen durch Fragen einzubeziehen. Empfänger sollten lernen aktiv zuzuhören, durch Paraphrasieren und Nachfragen dem Sender bei Klärungen zu helfen und so auch testen, ob sie das Gesagte richtig verstanden haben, bevor sie selbst in die Sender-Rolle wechseln.
2. Kontrollierter Dialog bedeutet, abwechselnd die Sender- und die Zuhörer-Rolle einzunehmen und zwischen den Wechseln aktiv zu klären, ob das Gesagte verstanden wurde. Diese Form des Dialogs dient der Verhinderung schneller Sprecherwechsel ohne Klärung und Verständnis und damit der Prävention einer Eskalation von Auseinandersetzungen.
3. Gespräche in hierarchischen Beziehungen zeigen in der Regel mehr Sachbezug und weniger persönliche Selbstoffenbarung und sollten Zeichen der Akzeptanz der Rollenbeziehung beinhalten.
4. Die Einbeziehung von Angehörigen in Therapiegespräche gelingt leichter, wenn die Ängste der Patienten (z. B. vor Korrektur durch Angehörige) und der Angehörigen (z. B. vor Forderungen, Schuldzuschreibungen) zu Beginn besprochen werden, und wenn beide Seiten Wünsche und Sorgen äußern können.

Literatur

Argyle, M. & Henderson, M. (1986). *Die Anatomie menschlicher Beziehungen.* Paderborn, Junfermann.

Lutz, W. (2006). *Lehrbuch der Paartherapie.* München, Ernst Reinhardt.

Kessler, M., Bodenmann, G. (2014). *Kommunikationstraining für Paare und Familien.* Stuttgart: Kohlhammer.

Klann, N., Hahlweg, K., Heinrichs, N. (2003). *Diagnostische Verfahren für die Beratung.* Göttingen: Hogrefe.

Hahlweg, K. (1995). Einfluß interpersoneller Faktoren auf Verlauf und Therapie psychischer und somatischer Erkrankungen. *Verhaltenstherapie, 5,* 1–9.

Gottman, J., & Siver, N. (2019). *Die Vermessung der Liebe.* Stuttgart: Klett-Cotta.

Schulz von Thun, F. (2003). *Miteinander reden. 1: Störungen und Klärungen. Allgemeine Psychologie der zwischenmenschlichen Kommunikation* (41. Aufl.). Reinbek bei Hamburg: Rowohlt.

Zimmer, D. (1985). *Sexualität und Partnerschaft*. München: Urban & Schwarzenberg.

Zimmer, D., & Röhrle, B. (2008). Diagnostik von Partnerschaftsproblemen. In: B. Röhrle, F. Caspar, P. Schlottke (Hrsg.) *Lehrbuch der klinisch-psychologischen Diagnostik* (S. 740–751). Stuttgart: Kohlhammer

Weiterführende Literatur

Kaiser, A., Hahlweg, K., Fehm-Wolfsdorf, G. & Groth, T. (1999). *Indizierte Prävention bei Beziehungsstörungen – Evaluation eines psychoedukativen Kompaktprogrammes für Paare. Verhaltenstherapie, 9*(2), 76–86.

Kunze, N. (1993). Bikulturelle Paare in der psychologischen Beratung. In: Boteram, N. (Hrsg.) *Interkulturelles Verstehen und Handeln* (S. 190–206). Pfaffenweiler: Centaurus.

Roediger, E., Frank-Noyon, E., & Behary W. (2022). *Passt doch! Paarkonflikte verstehen und lösen mit der Schematherapie*. Weinheim: Beltz.

Roesler, C. (2016) Paarbeziehung als Bindung und Emotionsfokussierte Paartherapie. *Psychotherapeut, 61*(1), 43–48.

Seiffge-Krenke, I., & Burk, W. J. (2016) Früher Beginn. Aggression bei jugendlichen Paaren und ihr Bezug zu Partnerschaftsqualität und Bewältigung von Konflikten. *Psychotherapeut, 61*(1), 02–09.

28 Stressmanagement

Arthur Günthner

Das Wichtigste auf einen Blick

- Individueller Stress ist oft Ausdruck von systembedingtem (sozialem) Stress.
- Stressmanagement können wir als Verhalten in belastenden Situationen auffassen, das wie jedes andere Verhalten den verhaltenspsychologischen Lerngesetzen unterliegt und durch eine funktionale Verhaltens- und Problemanalyse erfasst werden kann.
- Beim verhaltenstherapeutischen Stressmanagement steht das Verhaltensrepertoire einer Person mit ihren Möglichkeiten zum Umgang mit Stresssituationen im Vordergrund.
- Sowohl für die Verhaltensanalyse als auch für die Veränderungsplanung spielt das S-POE-R-K-C-Schema mit seinen Zielkomponenten eine wichtige Rolle.
- Das aktuell verfügbare Verhaltensrepertoire sowie der Zeitbedarf für das Erlernen alternativer Verhaltensweisen sind maßgeblich dafür, ob wir Stresssituationen eher kurzfristig oder eher langfristig bewältigen können.
- Die soziale Dimension ist für das individuelle Stressmanagement von zentraler Bedeutung.

28.1 Einführung

Der Philosoph Karl Popper (1996) drückte sein Lebensmotto mit den Worten aus: »Alles Leben ist Problemlösen.« Doch manchmal geraten wir dabei an unsere Grenzen. Dies gilt sowohl für die Probleme des Einzelnen als auch für die Probleme sozialer Gemeinschaften. Denn übersteigen die Anforderungen, die mit einem Problem einhergehen, unsere Lösungs- und Bewältigungskompetenz so sehr, dass unser inneres oder äußeres Gleichgewicht und unser »Funktionieren« wesentlich beeinträchtigt werden, dann sind wir im »Stress«.

Dies hat auch die COVID-19-Pandemie gezeigt. Obgleich wir in Deutschland als hochentwickelte Industrienation über ausgefeilte Problemlösestrategien (z. B. Infektionsschutzgesetz, Nationaler Pandemieplan) und Ressourcen (z. B. unser Gesundheits- und Wirtschaftssystem) verfügten, waren wir auf wesentliche »Details« (z. B. Unterbrechung von Produktionslinien und Lieferketten, Verschwörungstheorien) nicht oder nicht ausreichend vorbereitet.

In der frühen Menschheitsgeschichte gingen die Anforderungen an unser Verhalten vor allem von *natürlichen* Systemen aus, d. h., sie waren von der Natur vorgegeben und unterlagen einer evolutionären und damit meist nachhaltigen Entwicklung und Kontrolle. In unserer Zeit haben wir es dagegen weitgehend mit *menschengemachten*, komplexen industriell-wirtschaftlichen, kulturellen und politischen Systemen zu tun, deren Kontrolle nicht selten unzureichend ist oder uns entgleitet und deren lokale bis hin zu globalen Konsequenzen uns überfordern. War der Säbelzahntiger für den Steinzeitmenschen noch ein konkreter, überschaubarer Stressor (Stressreiz), so sieht sich der Mensch der Neuzeit nicht selten globalen Krisen gegenüber, die seine individuelle Existenz bedrohen, sei es in Form menschengemachter Veränderungen unserer natürlichen (z. B. Klimawandel) oder wirtschaftlichen (z. B. Finanzkrisen) oder politischen Lebensbedingungen (z. B. Kriege).

Während die Bewältigung von *»systembedingtem Stress«* meist auf die kooperativen Kompetenzen mehrerer bzw. vieler Menschen angewiesen ist, sei es in Paarbeziehungen oder im Miteinander ganzer Völker, kommt es beim *»individuellen Stress«* auf die Bewältigungskompetenz einer einzelnen Person an, was die individuelle Nutzung sozialer Ressourcen (z. B. Freundschaften, Netzwerke) im Einzelfall jedoch nicht ausschließt.

Mit letzterem, dem individuellen Stress, werden wir uns in diesem Kapitel beschäftigen. Wie wir dabei vorgehen können, um die Prinzipien der Kontrolle und Selbstkontrolle menschlichen Verhaltens für ein verhaltenstherapeutisches Stressmanagement zu nutzen, wird nachfolgend beschrieben.

28.2 Theoretische und methodische Grundlagen

28.2.1 Stress als Gegenstand der Verhaltenstherapie

»Stress« (engl. Druck, Belastung) bezieht sich ursprünglich auf bestimmte Materialeigenschaften physikalischer Objekte im Zusammenhang mit der Einwirkung äußerer Kräfte. So haben feste Körper (z. B. ein Stab) die als »Elastizität« bezeichnete Eigenschaft, ihre unter äußerer Krafteinwirkung (z. B. beim Biegen eines Stabes) erfahrene Formänderung nach dem Ende dieser Krafteinwirkung rückgängig machen zu können. Ist die Krafteinwirkung jedoch – in Abhängigkeit von der Elastizitätseigenschaft des Körpers – zu groß, kommt es zu einer bleibenden Deformation dieses Körpers. In unserem Beispiel würde dies eine bleibende Verbiegung oder gar ein Zerbrechen des Stabes bedeuten.

Beispiel

Warum stehen in tropischen Urlaubsgebieten am Meer vor allem Palmen und kaum Fichten? Nun, in diesen Gebieten sind Bäume nicht selten der Einwirkung von extremen Wetterbedingungen und Windkräften ausgesetzt. Eine Palme ist diesen Einwirkungen gegenüber sehr viel »stressresistenter« als eine Fichte, da sie sich stark verbiegen kann und nicht so leicht bricht, sondern nach Abflachen starker Winde eher wieder in ihre natürliche Ausgangsform zurückkehren kann.

Stellen Sie sich vor, Ihr gesamter Körper bestünde aus hochwertigem Stahl. Wären Sie dann stressresistenter gegenüber physikalischen Einflüssen? Welche Vorteile hat in dieser Hinsicht die Zusammensetzung unseres Körpers aus verschiedenen Organen mit ihren jeweiligen Gewebeeigenschaften?

Bei der Betrachtung von Stressphänomenen kommt es also nicht nur auf die Art der Situation oder die Art und Stärke der einwirkenden Kraft an, sondern auch auf die *»Materialeigenschaften«* der betroffenen Objekte. Diese Relation zwischen Umwelt und Objekteigenschaften gilt nicht nur für physikalische, sondern auch für biologische, psychologische, soziale und ökologische Systeme und wird im *»Relationalen Stress-Modell«* (Günthner, 2022) näher beschrieben.

Die Einführung des Stressbegriffs in die Medizin und Psychologie basiert vor allem auf den Arbeiten von Hans Selye (1974). Selye beschrieb die Belastung eines Organismus durch äußere und innere Reize und die dabei auftretenden körpereigenen Schutz- und Anpassungsreaktionen. Die äußeren und inneren Reize bezogen sich dabei oft auf Einflüsse, die das normale Maß übersteigen, seien es physikalische Einflüsse (z. B. Kälte, Hitze), biologische (z. B. Infektionen) oder psychische Belastungssituationen (z. B. bevorstehende operative Eingriffe).

Unterschiedliche belastende Reize, sog. »Stressoren«, können zu relativ einheitlichen und (in Bezug auf die Stressoren) unspezifischen Aktivierungs- und Anpassungsreaktionen führen. Wirken Stressoren intensiv oder lange auf einen Organismus ein, so kann dies zu einem Zusammenbruch der Anpassungsprozesse und zu bleibenden Schäden oder Erkrankungen führen (»Adaptationskrankheiten«).

Viele Begriffe im Alltag beziehen sich auf besondere Relationen von Stresssituationen und den diesen zugeordneten Stressreaktionen. So wird mit *»Burnout«* (aus dem Englischen für »Ausgebranntsein«) oft eine exzessive Stressreaktion auf die eigenen Lebensbedingungen beschrieben, vor allem im Arbeitsbereich (z. B. in helfenden Berufen). Da es bisher weder eine allgemein akzeptierte Definition gibt noch einen Konsens über die Ursachen (Koch & Broich, 2012), sollte dieser Begriff mit Vorsicht verwendet werden. Im klinischen Kontext ist zu beachten, dass das sog. »Burnout-Syndrom« als »Zustand der totalen Erschöpfung« in der internationalen Klassifikation der Krankheiten nicht als eigenständige Diagnose, sondern als Problem mit Bezug auf Schwierigkeiten bei der Lebensbewältigung klassifiziert wird (ICD-10: Z73.0) und einer sorgfältigen differenzialdiagnostischen Abklärung bedarf (Günthner & Batra, 2012). In der ICD-11 (BfArM, 2024) wird Burnout im Kapitel »Faktoren, die den Gesundheitszustand beeinflussen oder zur Inanspruchnahme des Gesundheitswesens führen« unter dem Code QD85 wie folgt definiert: »ein Syndrom, das als Folge von chronischem Stress am Arbeitsplatz konzeptualisiert wird, der nicht erfolgreich bewältigt wurde«. Als Kennzeichen werden drei Dimensionen angegeben: »1) Gefühle der Energieerschöpfung oder Erschöpfung, 2) erhöhte mentale Distanz zur Arbeit oder Gefühle von Negativismus oder Zynismus in Bezug auf die Arbeit, 3) ein Gefühl der Ineffektivität und des Mangels an Leistung«. Kritisch zu sehen ist der ergänzende Hinweis: »Burnout bezieht sich speziell auf Phänomene im beruflichen Kontext und sollte nicht zur Beschreibung von Erfahrungen in anderen Lebensbereichen verwendet werden«. Denn damit werden zusätzliche, simultane oder zeitlich überlappende Zusatzbelastungen privater Art ausgeklammert bzw. nicht in einem funktional zusammenhängenden Kontext konzeptualisiert. Zwar bildet der ergänzende Code QF27 als »Burnout bei privaten Pflegepersonen« die Stressquelle »Schwierigkeiten oder Bedarf an Unterstützung im Haushalt und kein anderes Haushaltsmitglied, das die Pflege übernehmen kann« ab, jedoch ist dies nur eine von vielen anderen privaten Stressquellen und unter dem Aspekt einer funktionalen Verhaltens- und Problemanalyse zur Work-Life-Balance unzureichend.

Bei Belastungen oder Stresssituationen durch Krankheiten oder körperliche bzw. psychische Störungen spricht man auch von »Krankheitsbewältigung« oder »Krankheitsverarbeitung« (engl. »coping with disease«).

28.2.2 Verhaltenstherapeutisches Stressmanagement

Stressmanagement kann als *Verhaltensrepertoire* aufgefasst werden, das einen Organismus unter Berücksichtigung seiner biologischen Ausstattung und bisherigen Lerngeschichte in die Lage versetzt, auf belastende Reize (»Stressoren«) und Situationen (»Stresssituationen«) adäquat und adaptiv zu reagieren und schädigende Konsequenzen zu vermeiden oder zu reduzieren. Eine solche »Selbstkontrolle in belastenden Situationen« kann prinzipiell gelernt werden.

Beispiel

Bildung, Ausbildung, Qualifikations- oder Trainingsmaßnahmen sowie vielfältige Lernerfahrungen in verhaltensrelevanten Bereichen vermitteln uns stresspräventive Fähigkeiten (Hard- und Soft-Skills als Material- oder Persönlichkeitseigenschaften), die uns vor Überforderungen schützen. So wird ein Notarzt mit seiner Qualifikation und Berufserfahrung bei einem Unfallgeschehen wohl gezielter, effizienter und (relativ) »entspannter« handeln können als ein medizinischer Laie bei seinem Bemühen um Erste Hilfe.

Wie lassen sich die Prozesse des Stressmanagements beschreiben? Kanfer und Saslow (1974) haben ein Schema für eine funktionale Problem- und Verhaltensanalyse vorgestellt, das als modifiziertes S-POE-R-K-C-Schema auch – in vereinfachter Form – Teilnehmenden eines Stressmanagement-Programms vermittelt werden kann, um damit in heuristischer und hypothesengenerierender Weise eigene, individuelle Stresssituationen und Stressmanagement-Prozesse zu analysieren und zu beschreiben. Auf der Grundlage einer derartigen Beschreibung können für den Individualfall spezifische Schlussfolgerungen und Vorhersagen getroffen und nachfolgend in der Realität überprüft werden.

Bei der funktionalen Verhaltensanalyse nach dem S-POE-R-K-C-Schema ist zu beachten, dass in der gleichen Situation *(S)* verschiedene Reaktionen *(R, R', R'', R''')* beziehungsweise verschiedene Konsequenzen *(C, C', C'', C''')* auftreten können. Derartige Alternativen können z. B. durch angehängte Hochkommata (') oder Index-Nummern gekennzeichnet werden. In Stressmanagement-Programmen sucht man häufig nach adäquaten, funktional alternativen Verhaltensweisen *(R')*, die eine inadäquate dysfunktionale Stressreaktion *(R)* ersetzen sollen. (Siehe hierzu das folgende Beispiel, das in den folgenden Abschnitten fortgeführt wird.)

Fallbeispiel

Der erfolgreiche Unternehmer *(POE: Beruf, sozialer Status)* Herr U. sucht den Verhaltenstherapeuten Herrn V. auf, weil ihm der »Stress« trotz des wirtschaftlichen Erfolgs zu viel wird. Er wendet sich an einen Verhaltenstherapeuten, weil er von dieser Therapierichtung am ehesten »schnelle Hilfe« erwartet *(POE: Einstellung)*. Auf seine Frage »Herr Dr. V., wie kann ich meinen Stress besser in den Griff kriegen?«, reagiert dieser mit der Bitte an Herrn U., seine Stresssituation näher zu beschreiben und stellt auf der Grundlage des S-POE-R-K-C-Schemas gezielte Fragen. Dabei zeigt sich, dass Herr U. aufgrund der raschen Expansion seines Unternehmens in den letzten 5 Jahren *(S)* Angst hat *(R: emotional)*, den Überblick und die Kontrolle zu verlieren *(R: kognitiv)*, obgleich die Geschäfte seit Längerem sehr gut laufen *(C, K)*. Bei geschäftlichen Besprechungen *(S)* fühlt er sich angespannt und unruhig *(R: emotional)*. Um mit der geschäftlichen Entwicklung *(S)* Schritt halten und wie gewohnt weiter die für ihn wichtige Kontrolle behalten zu können *(POE: Persönlichkeit)*, wendet er immer mehr Zeit für geschäftliche Angelegenheiten auf *(R: behavioral)*, sodass er privat seit einem halben Jahr von seiner Ehefrau zunehmend mit Vorwürfen konfrontiert wird *(C, K)*, das Familienleben zu vernachlässigen. Auch seine alten Kameraden vom Gesangsverein zeigen sich enttäuscht *(C, K)* von seinem sozialen »Rückzug« *(R: behavioral)*, dem er mit finanziellen Spenden an den Verein gegenzusteuern versucht *(R': behavioral)*. Trotz seiner bisher immer robusten Konstitution *(POE: körperlich)* verspürt Herr U. des Öfteren ein Magendrücken *(R: körperlich)* und gibt an, aufgrund der geschäftlichen Verpflichtungen *(S, C, K)* eher unregelmäßig Mahlzeiten zu sich zu nehmen *(R: behavioral)*. Weiterhin leidet er unter muskulären Verspannungszuständen mit Kopfschmerzen sowie unter Schlafstörungen *(R: körperlich)*, obgleich er sich abends »wie erschlagen« fühlt *(R: emotional)*. Auch das innerliche »Abschalten« *(R': kognitiv, emotional)* in Ruhephasen *(S)* falle ihm zunehmend schwerer, stattdessen grüble er darüber nach *(R: kognitiv)*, ob er nicht Wichtiges übersehen oder vergessen habe und wie er künftigen Problemen besser begegnen könne.

28.3 Praktische Vorgehensweisen und Abläufe

28.3.1 Durchführung und Methoden des Stressmanagements

Selbstbeobachtung und Analyse

Die Selbstbeobachtung und Analyse individueller Stresssituationen ist Voraussetzung für ein effektives Stressmanagement. Sie dient dazu, eine Übersicht über alle wesentlichen Situationen und Verhaltensweisen zu gewinnen, die den individuellen »Stress« einer Person ausmachen. Nachfolgend das Beispiel eines Protokollblattes zur Beschreibung der persönlichen Stresssituation, in Anlehnung an das S-POE-R-K-C-Modell.

Danach sollte nach *Priorität und Realisierungsmöglichkeit* eine Zielsituation bzw. ein Zielproblem bzw. ein Zielverhalten ausgewählt werden als Grundlage für den persönlichen Veränderungsplan.

Veränderungsplanung mit Zielkomponenten

In diesem *Veränderungsplan* werden alle Zielkomponenten aufgeführt, bei denen eine Veränderung möglich ist bzw. erreicht werden soll, unterteilt nach eher kurzfristigen und eher langfristigen Möglichkeiten. Dabei empfiehlt es sich, zu Beginn die Veränderungsziele auszuwählen, die am raschesten und leichtesten realisiert werden können, da

Arbeitsbogen zur Erfassung der persönlichen Stresssituation

Meine persönliche Stresssituation
(Falls der Platz zur Beschreibung nicht ausreicht, bitte Rückseite benutzen.)

1. Beschreiben Sie zunächst die Situation, in der Sie sich im Stress fühlen.
(Versuchen Sie bitte, so konkret bzw. bildhaft wie möglich die für Sie typische Stresssituation zu beschreiben, etwa nach Art eines Drehbuchs: Was ereignet sich wo, wann, mit wem, wie, usw.)
___
___
___

2. Welche Gedanken gehen Ihnen in dieser Stresssituation durch den Kopf?
(Welche innere Einstellung haben Sie in dieser Situation? Was sagen Sie dabei zu sich selbst?)
___
___
___

3. Welche Gefühle haben Sie in dieser Stresssituation?
(z. B. Ärger, Wut, Enttäuschung, Angst, Niedergeschlagenheit, Lustlosigkeit oder andere Gefühle)
___
___
___

4. Welche körperlichen Empfindungen verspüren Sie in dieser Stresssituation?
(z. B. Verspannung von bestimmten Muskeln, Kopfweh, Magendrücken, Schweißausbruch, schneller Pulsschlag, und anderes)
___
___
___

5. Wie verhalten Sie sich in dieser Stresssituation?
(Bitte beschreiben Sie Ihr »beobachtbares« Verhalten, also das, was andere in dieser Situation bei Ihnen beobachten können oder könnten, z. B.: Ich ziehe mich in mein Zimmer zurück; ich schreie den anderen an; ich sitze tatenlos in meiner Wohnung herum, oder anderes.)
___
___
___

6. Was sind die Konsequenzen Ihres Verhaltens in dieser Stresssituation?
(Bitte beschreiben Sie möglichst konkret, wie die Situation endet, d. h., was schließlich unmittelbar aus dieser Situation wird, z. B.: Ich sitze allein in meinem Zimmer, gehe schließlich verärgert ins Bett und kann nicht einschlafen.)
___
___
___

schnelle Erfolge (engl. »quick wins«) durch entsprechende Verstärkung verhaltenspsychologisch motivierend sind und zu einem positiven Selbstwirksamkeitsgefühl der Handelnden beitragen.

Jeder Veränderungsplan basiert auf Hypothesen, deren Richtigkeit wir bei seiner Umsetzung überprüfen können. Dies ist ein iterativer Prozess, bei dem wir den Veränderungsplan gemäß unseren Erfahrungen so lange ändern bzw. den Gegebenheiten anpassen, bis das angestrebte Ergebnis bzw. funktionale Verhalten zufriedenstellend erreicht ist.

Die Zielkomponenten für mögliche Veränderungen sind im S-POE-R-K-C-Schema enthalten und können durch die folgenden Leitfragen analysiert werden:

Was kann ich an meiner Situation *(S)* verändern?

Der Begriff »Stimuluskontrolle« impliziert, dass Verhalten, also auch eine Stressreaktion, unter der Kontrolle bestimmter situativer Reize steht. Veränderungen der Situation, ob bewusst herbeigeführt oder zufallsbedingt, können zu Veränderungen des Verhaltens führen. So könnte Herr U. im obigen Beispiel eine Organisationsberatung in Anspruch nehmen, um organisatorische Abläufe und die geschäftliche Entwicklung transparenter und effizienter zu gestalten. Er könnte auf dem Hintergrund des geschäftlichen Erfolgs einen Stellvertreter einstellen oder benennen oder einen Partner aufnehmen, mit der Möglichkeit zur Delegation von Verantwortungsaufgaben. Zuhause könnte er mit seiner Frau vereinbaren, zu welchen Zeiten oder bei welchen Anlässen er trotz seiner geschäftlichen Verpflichtungen auf jeden Fall für seine Familie da ist.

Was kann ich an meiner eigenen Person *(POE)* verändern?

Manche Situationen im Leben lassen sich nicht oder nicht sofort, nur bedingt, nur unter großem Aufwand oder nur mit noch unangenehmeren Konsequenzen als bisher ändern. Allerdings sollte die Feststellung solcher »unvermeidlicher« Situationen nur nach sorgfältiger Analyse getroffen werden.

In solchen Situationen kommt den verhaltensbestimmenden Eigenschaften einer Person (*POE*-Komponenten) große Bedeutung zu. So stellt in unserem Beispiel die »robuste Konstitution« von Herrn U. einen protektiven Faktor dar, der ihn – zumindest bisher – vor ernsthafteren negativen Konsequenzen der erhöhten Belastung bewahrt hat. Allerdings könnten ihm persönliche Einstellungsmuster (z. B. »Ich muss *alles* kontrollieren«, »Ich bin für *alles* verantwortlich«, »Es muss *alles perfekt* laufen«) sowie eine Typ-A-Persönlichkeitsstruktur (z. B. sich und andere ständig unter Druck setzen, sich keine Ruhephasen gönnen) und auch sein bisher nicht gelerntes Verhalten, Dinge abzugeben oder zu delegieren, ein erfolgreiches Stressmanagement erschweren.

Die Änderung von (oft unrealistischen oder überzogenen) Einstellungen und Erwartungen, die Änderung zeitlich überdauernder Verhaltensmuster oder Persönlichkeitseigenschaften, aber auch die Verbesserung und Aufrechterhaltung der eigenen körperlichen und geistigen Leistungsfähigkeit (»Fitness«) im Rahmen einer gesundheitsbewussten Lebensweise können zu einem erfolgreichen Stressmanagement wesentlich beitragen.

Wie kann ich in einer Stresssituation anders reagieren (*R* bzw. *R'*)?

Die Fähigkeit des Menschen, auf viele Situationen nicht nur reflexartig oder mit instinktiven Verhaltensmustern reagieren zu können, sondern alternativ und flexibel, »bewusst« und »selbstbestimmt« (Verhaltensplastizität), ermöglicht im Rahmen der Stressmanagement-Programme alternative Verhaltensweisen für gleichartige Belastungssituationen zu thematisieren, auszuwählen und zu realisieren.

Im Beispiel könnte Herr U. auf Vorwürfe seiner Frau wegen seiner fehlenden Anwesenheit und Verfügbarkeit in der Familie unterschiedlich reagieren, z. B. durch:

- Gereiztheit und mit dem Gegenvorwurf: »Du musst ja nicht die finanzielle Last für die Familie tragen!«
- Schuldgefühle und Ausweichen bzw. weiteren sozialen Rückzug
- ruhiges Anhören der Vorwürfe, Signalisieren von Verständnis und den Vorschlag, gemeinsam zu überlegen, wie die Situation bewältigt werden könnte

Die zuletzt genannte Möglichkeit könnte die Wahrscheinlichkeit erhöhen, die innerfamiliäre Spannungssituation besser zu bewältigen.

Was kann ich an den Konsequenzen und Kontingenzen meines Verhaltens (*C, K*) ändern?

Diese Frage kann sich auf zwei Situationen beziehen:

Zum einen kann ich mein Verhalten für angemessen halten, aber enttäuscht sein über die Konsequenzen in meiner natürlichen oder sozialen Umwelt. In unserem Beispiel könnte Herr U. der Ansicht sein, dass sein verstärkter beruflicher Einsatz vor dem Hintergrund einer verantwortungs- und pflichtbewussten Einstellung im Rahmen einer geschäftlich erfolgreichen Übergangsperiode durchaus richtig ist, und das mangelnde Verständnis seiner Ehefrau sowie ein mangelndes Engagement mancher Mitarbeiter mit Enttäuschung zur Kenntnis nehmen. So könnte er versuchen, seiner Frau die gegenwärtige Geschäftssituation zu erklären und sie bitten, für eine Übergangszeit auf seine Abwesenheit nicht mit Vorwürfen zu reagieren, wenn er dafür danach (z. B. nach der Einstellung eines Stellvertreters) wieder wie gewünscht mehr für die Familie da sei. Für Mitarbeiter könnte Herr U. ein Anreizsystem für Engagement aufbauen, z. B. durch die Beteiligung am Unternehmensgewinn.

Zum anderen können eigene Verhaltensweisen, die selbst als inadäquat erlebt werden, zu nicht gewünschten Konsequenzen führen. So könnte in unserem Beispiel Herr U. der Ansicht sein, seine ständige Grübelei hindere ihn am Entspannen und Einschlafen und sein hektisches Arbeitsverhalten mit unregelmäßigen Essenszeiten führe zu Magenbeschwerden und anderen körperlichen Störungen. Falls Herr U. über eine ausreichende Veränderungsmotivation verfügt, könnten diese Verhaltenskonsequenzen durch den Aufbau alternativer Verhaltensweisen (und dadurch alternativer Konsequenzen) reduziert oder beseitigt werden.

28.3.2 Verhaltensrepertoire und die zeitliche Dimension des Stressmanagements

Abhängig davon, ob wir in unserem Verhaltensrepertoire bereits über die angestrebten oder erforderlichen Verhaltensänderungen verfügen oder aber diese erst noch aufbauen bzw. erlernen müssen und hierfür Zeit benötigen, unterscheiden wir zwischen kurz- und langfristigem Stressmanagement.

Kurzfristiges Stressmanagement

Beim kurzfristigen Stressmanagement verfügt die gestresste Person bereits über das erforderliche (alternative) Verhalten und muss es nur abrufen, oder aber sie hat die Möglichkeit zu einer schnellen Änderung der Situation (z. B. eine kurze telefonische Benachrichtigung eines Mitarbeiters, wenn ein Geschäftstermin verlegt werden kann oder soll, oder ein vorbereitendes Selbstgespräch vor einer wichtigen Sitzung). Hierzu einige Beispiele:

Verlassen der Situation, Situationsvermeidung

Stehen in einer Situation (z. B. Baulärm am Urlaubsort) keine oder kaum adäquate Verhaltensalternativen zur Verfügung, so kann das umgehende Verlassen der Situation (z. B. Abreise) oder – bei zu erwartender Wiederholung – das Vermeiden dieser Situation angemessen sein.

Abreagieren

In Zuständen innerer Anspannung (z. B. bei oder nach einem Streit) kann ein Abreagieren sinnvoll sein, bei dem man sich erregungsreduzierender Verhaltensweisen bedient, z. B. Schimpfen, Spazierengehen oder sportliche Aktivitäten.

Kurzentspannung

Damit reduziert man ebenfalls Zustände innerer Erregung und Anspannung, z. B. durch Einnehmen einer bequemen Haltung im Sitzen oder Liegen, Schließen der Augen (Reduktion externer Reize) und Verwendung einfacher Ruheformeln im Selbstgespräch.

Wahrnehmungslenkung

Hierbei richtet man seine Aufmerksamkeit bewusst auf andere Aspekte der Situation. Steckt man z. B. in einem Verkehrsstau, so hat es wenig Sinn, wie gebannt auf den Vordermann zu starren oder zu grübeln, wann es weiter geht. Stattdessen kann man den Blick in die Umgebung schweifen lassen, Radio hören, sich mit Mitfahrern unterhalten, die Planung für den weiteren Tag überdenken usw.

Positive Selbstgespräche

Positive Selbstgespräche, um sich »innerlich aufzubauen«, sich Mut zu machen, können als positive Erwartungshaltungen – soweit sie nicht an der Wirklichkeit vorbeigehen – die Wahrscheinlichkeit erhöhen, Belastungen erfolgreicher anzugehen (z. B. in Prüfungssituationen: »Ich habe mich gut vorbereitet und weiß, dass der Dozent immer fair geprüft hat«).

Langfristiges Stressmanagement

Beim langfristigen Stressmanagement müssen die entsprechenden Verhaltensweisen erst gelernt oder aufgebaut werden (z. B. systematisches Delegieren von Aufgaben an Mitarbeitende, systematische Entspannung bei oder nach Belastungssituationen, selbstsicheres Auftreten in der Öffentlichkeit) oder die Belastungssituationen oder Kontingenzen können nur über einen längeren Zeitraum hinweg geändert werden.

Gerade bei Stresssituationen, die sich häufig wiederholen oder die einen entscheidenden Einfluss auf die Lebensqualität einer Person haben, sollte an langfristige Stressmanagementmethoden gedacht werden, die jedoch oft ein spezifisches Training, Ausbildung, Übungsmöglichkeiten und entsprechende soziale Unterstützung voraussetzen. Hierzu einige Beispiele:

Systematische Entspannung, Autoregulation, Achtsamkeit

Durch das Erlernen, das Üben und die wiederholte, oft gleichförmige Anwendung spezifischer Verhaltensweisen wird ein psycho-physiologischer Entspannungszustand herbeigeführt, mit Erleben innerer Ruhe und Gelassenheit. Durch die strukturierte Form der Bedingungen zur Induktion dieses Reaktionsmusters und das gleichförmige Praktizieren läuft die Entspannungsreaktion mit der Zeit immer rascher und automatisierter ab. Zu den bewährten Verfahren gehören das Autogene Training nach I.H. Schultz (2003), die progressive Muskelrelaxation nach E. Jacobson (1938), das Biofeedback sowie meditative und achtsamkeitsbasierte Techniken (z. B. Kabat-Zinn, 2003).

Aufbau befriedigender Aktivitäten

Menschen »im Stress« leiden oft unter Zeitdruck und haben viele ihrer früher für sie befriedigenden Aktivitäten (Hobbys, entspannende Freizeitaktivitäten, Kurzurlaube usw.) reduziert oder gar aufgegeben (Verlust positiver Verstärker). In Stressmanagement-Programmen empfiehlt es sich, hierzu bei den Teilnehmern eine »Inventur« zu machen, z. B. indem man sie bittet, die Art und Anzahl befriedigender Aktivitäten früher mit denen von heute zu vergleichen. Hierbei kann man Listen mit beispielhaften Aktivitäten einsetzen. Nicht selten sind Teilnehmer selbst überrascht über ihr »Inventur«-Ergebnis und reagieren mit einem »Eigentlich müsste ich ja wieder mehr …«. So könnten in unserem Beispiel Herr U. und seine Frau vereinbaren, jede Woche einmal zum Tanzen zu gehen, was ihnen früher immer viel Spaß gemacht hat.

Aufbau und Pflege sozialer Kontakte

Auch soziale Kontakte, die nicht ausschließlich beruflichen Zwecken dienen, haben oft eine Funktion als soziale Verstärker und können zum Wohlbefinden beitragen (z. B. Veranstaltungen, Vereine).

Planung und Zeitmanagement

Durch Planung und Zeitmanagement lassen sich die verhaltenssteuernden Kontingenzen für das eigene Lebensumfeld »bewusst« gestalten. Da sie oft nicht unabhängig vom Lebensstil und der Persönlichkeit sind, greifen »einfache« Tipps zum adäquaten Zeitmanagement oder Planungsverhalten oft zu kurz. Viele Menschen möchten ihr eigenes Leben, vor allem ihre Freizeit, nicht gerne »verplanen«, sodass hier Einstellungsmuster und Persönlichkeitsmerkmale berücksichtigt werden sollten, aber durchaus auch hinterfragt und relativiert werden können. Dies gilt vor allem dann, wenn sich in der Verhaltensanalyse Hinweise ergeben haben, dass mangelnde Planung immer wieder zu unerwünschten Konsequenzen geführt hat.

Kognitive Verfahren, Veränderung von Einstellungen und Sichtweisen

Einstellungen und Sichtweisen können als dispositionelle Verhaltenseigenschaften aufgefasst werden. Die Wahrscheinlichkeit, ein Problem tatkräftig anzugehen und erfolgreich einer Lösung zuzuführen, passt schlecht zu der Einstellung: »Ach, das wird ja eh nichts werden!«. In unserem Beispiel könnten Einstellungen von Herrn U. wie »Ein Stellvertreter kostet nur Geld und bringt nichts!« oder »Ich muss *alles* im Griff haben!« oder »Delegieren hat keinen Sinn!« einem adäquaten Stressmanagement entgegenstehen. Vor allem wenn Einstellungen überzogen oder unrealistisch sind, sind Konflikte mit der Wirklichkeit vorprogrammiert. Ein überzogener Perfektionismus gehört ebenso dazu wie die undifferenzierte Beurteilung von Situationen.

Merke

Vorsicht bei »All-Aussagen« wie: »Das bringt *alles* nichts!«

In kognitiv orientierten Stressmanagement-Programmen wie dem Stressimpfungstraining SIT (Meichenbaum, 2003) können solche unrealistischen und irrationalen, dysfunktionalen Einstellungen herausgearbeitet, diskutiert, umformuliert und durch soziale Beurteilungsprozesse in der Gruppe relativiert werden, verbunden mit der Ausformulierung »alternativer« und realistischer Einstellungen als Vorschlag zum Ausprobieren. Im SIT erfolgt dies in drei Phasen:

- Informationsphase (mit vorstellungsgestütztem Erinnern)
- Lern- und Übungsphase (mit kognitiver Restrukturierung, Selbstinstruktionstraining)
- Anwendungs- und Posttrainingsphase (mit Vorstellungs- und Verhaltensübungen)

Das SIT verwendet flexibel viele der bereits beschriebenen Elemente wie Selbstbeobachtung sowie kurz- und langfristige Strategien bis hin zum systematischen Problemlösetraining. Dabei greift Meichenbaum auf viele Ansätze und Methoden der kognitiven Verhaltenstherapie zurück (Beck, 1984; Lazarus & Folkmann, 1984; Ellis, 2008).

28.3.3 Die soziale Dimension des Stressmanagements

Eine Person kann versuchen, allein und mittels »gesundem Menschenverstand« oder »Versuch und Irrtum« oder audiovisuellen Medien mehr oder minder systematisch ihr eigenes Stressmanagement-Programm zu entwickeln, z. B. nach dem »Steinbruch-Prinzip« (gut ist, was ich ausprobieren kann, was zu mir passt und was für mich Erfolg verspricht).

Oder sie nimmt an einem Stressmanagement-Programm teil, z. B. in einer von einem erfahrenen Kursleiter moderierten Gruppe. Dort können die Vorteile sozialen Lernens genutzt werden, sei es beim Beobachtungslernen (Lernen am Modell), bei der Situationsanalyse und bei der Entwicklung von Verhaltensalternativen durch gemeinsames Brainstorming, durch die Möglichkeit zum Übungshandeln (z. B. im Rollenspiel) sowie durch gezielte (und auch individuelle) Anleitung und soziale Verstärkung von Verhaltensweisen.

Für eine fundierte Praxisanleitung zur Vorbereitung, Organisation und Durchführung eines verhaltenstherapeutischen Stressmanagement-Kurses sei auf das Manual von Günthner und Batra (2022) verwiesen. Sein modularer Aufbau enthält Anleitungen zur systematischen Beschreibung und Analyse von Stress und Burnout, Entwicklungsaufgaben, Work-Life-Balance u. v. m., verbunden mit handlungsrelevanten Hinweisen und Anregungen für Fallbesprechungen und Hausaufgaben. Die zahlreichen Arbeitsmaterialien für dieses flexibel gestaltbare Trainingsprogramm sind online verfügbar. Zusammen mit dem Lehrbuch (Günthner, 2022) berücksichtigen diese beiden Werke die Inhalte des Curriculums Stressmedizin der Bundesärztekammer.

Neben weiteren verhaltenstherapeutisch orientierten Programmen (z. B. Kaluza, 2023; Kessler, 2011) gibt es auch viele online verfügbare Programme durch kommerzielle oder universitäre Anbieter (z. B. Wollstein et al., 2025) oder Krankenkassen.

Wenn viele Menschen einer Gemeinschaft unter den gleichen Belastungen oder Stresssituationen leiden (z. B. besondere Belastungen nach Verlust des Arbeitsplatzes), würden wir nicht nur an der einzelnen Person ansetzen. Wir würden die Kontingenzen dieser Gemeinschaft verhaltenstheoretisch analysieren und versuchen, diese in unser Stressmanagement-Programm mit einzubeziehen, im Sinne einer »Verhältnisprävention« bzw. »Verhältnismodifikation«. Das Stressmanagement sozialer Einheiten kann viele Formen annehmen, z. B. auf institutioneller Ebene, wenn ganze Unternehmen »im Stress« stehen und im Rahmen einer Unternehmens- bzw. Organisationsberatung von der Erfordernis »lernender Organisationen« gesprochen wird, oder auf gesellschaftlicher Ebene, wenn sich themenbezogene Selbsthilfegruppen bilden oder wenn es z. B. um die Schaffung altersgerechter Arbeits- und Lebenswelten in einer alternden Gesellschaft geht. So mag für ein erfolgreiches Stressmanagement das oben zitierte Lebensmotto von Karl Popper in dem erweiterten Leitsatz ausgedrückt werden: »Alles Leben ist Problemlösen – am besten gemeinsam!«

Prüfungsfragen

1. Beschreiben Sie die Zielkomponenten des Stressmanagements auf der Basis des S-POE-R-K-C-Schemas.
2. Was unterscheidet kurz- von langfristigem Stressmanagement?
3. Was sind Elemente oder Methoden kognitiv orientierter Verfahren wie das SIT?

Antworten

1. Die Zielkomponenten sind die Situation *(S)*, der Organismus bzw. die Person mit ihrer Persönlichkeit und ihren Einstellungen und Erwartungen *(POE)*, weiterhin die Reaktion *(R)*, d. h. das Verhalten in der jeweiligen Situation, sowie die Konsequenzen *(C)* und die Kontingenzen *(K)* dieses Verhaltens.
2. Beim kurzfristigen Stressmanagement verfügt die gestresste Person bereits über das erforderliche (alternative) Verhalten und muss es nur abrufen, oder aber sie hat die Möglichkeit zu einer schnellen Änderung der Situation. Beim langfristigen Stressmanagement müssen die entsprechenden Verhaltensweisen erst gelernt oder aufgebaut werden, z. B. ein systematisches Entspannungstraining.
3. Z. B. Selbstbeobachtung, Ersetzen irrationaler, dysfunktionaler Einstellungen durch realistische, funktionale Einstellungen, systematisches Problemlösen.

Empfohlene Materialien

- Arbeitsbogen zur Erfassung der persönlichen Stresssituation

Den Weblink, unter dem dieses Zusatzmaterial verfügbar ist, finden Sie unter »Zusatzmaterial zum Download« am Ende dieses Buches.

- Günthner, A., & Batra, A. (2022). *Stressmanagement und Burnout-Prävention. Der verhaltenstherapeutische Weg.* Stuttgart: Kohlhammer.
- Kaluza, G. (2023). *Stressbewältigung: Das Manual zur psychologischen Gesundheitsförderung* (5. Aufl.). Berlin: Springer.
- Kessler, A. (2011). *Der erfolgreiche Umgang mit täglichen Belastungen – Programm zur Stressbewältigung.* München: IFT-Gesundheitsförderung.
- Wollstein, J., & Schröder, J. (2025). *Stressmanagement.* OPEN vhb – virtuelle hochschule bayern. https://open.vhb.org/themenwelt/kursportraits/stressmanagement/

Literatur

Beck, A. T. (1984). Cognitive approaches to stress. In R. L. Woolfolk & P. M. Lehrer (eds.), *Principles and practice of stress management* (S. 255–305). New York: Guilford Press.

BfArM – Bundesinstitut für Arzneimittel und Medizinprodukte (2024). *ICD-11 in Deutsch – Entwurfsfassung.* https://www.bfarm.de/DE/Kodiersysteme/Klassifikationen/ICD/ICD-11/uebersetzung/_node.htm (Zugriff am 28.11.2024).

Ellis, A. (2008). *Grundlagen und Methoden der Rational-Emotiven Verhaltenstherapie.* Stuttgart: Klett-Cotta.

Günthner, A. (2022). *Stress und Burnout. Ein verhaltenstherapeutisches Lehrbuch zu Stressmanagement und Burnout-Prävention.* Stuttgart: Kohlhammer.

Günthner, A., & Batra, A. (2012). Stressmanagement als Burnout-Prophylaxe. *Bundesgesundheitsblatt, 55,* 183–189.

Günthner, A., & Batra, A. (2022). *Stressmanagement und Burnout-Prävention. Der verhaltenstherapeutische Weg.* Stuttgart: Kohlhammer.

Jacobson, E. (1938). *Progressive Relaxation* (2. Aufl.). Chicago: University of Chicago Press.

Kabat-Zinn, J. (2003). Mindfulness-based stress reduction (MBSR). *Constructiv Hum Sci, 8,* 73–107.

Kaluza, G. (2023). *Stressbewältigung: Das Manual zur psychologischen Gesundheitsförderung* (5. Aufl.). Berlin: Springer.

Kanfer F. H., & Saslow, G. (1974). Verhaltenstheoretische Diagnostik. In D. Schulte (Hrsg.), *Diagnostik in der Verhaltenstherapie* (S. 24–59). München: Urban & Schwarzenberg.

Kessler, A. (2011). *Der erfolgreiche Umgang mit täglichen Belastungen – Programm zur Stressbewältigung.* München: IFT-Gesundheitsförderung.

Koch, U., & Broich, K. (2012). Das Burn-out-Syndrom. *Bundesgesundheitsblatt, 55,* 161–163.

Lazarus, R., & Folkman, S. (1984). *Stress, appraisal and coping.* New York: Springer.

Meichenbaum, D. (2003). *Intervention bei Stress: Anwendung und Wirkung des Stressimpfungstrainings.* Bern: Huber.

Popper, K. (1996). *Alles Leben ist Problemlösen: Über Erkenntnis, Geschichte und Politik.* München: Piper.

Schultz, I. H. (2003). *Das autogene Training* (20. Aufl.). Stuttgart: Thieme.

Selye, H. (1974). Stress without distress. Philadelphia: JB Lippincott.

Wollstein, J., & Schröder, J. (2025). Stressmanagement. OPEN vhb – virtuelle hochschule bayern. https://open.vhb.org/themenwelt/kursportraits/stressmanagement/ (Zugriff am 9.3.2025).

29 Motivational Interviewing

Almut Lippert und Clemens Veltrup

Das Wichtigste auf einen Blick

- Das Motivational Interviewing (MI, im Deutschen oftmals als Motivierende Gesprächsführung benannt) ist eine evidenzbasierte Methode, um Veränderung und Wachstum zu fördern.
- MI basiert auf einem personenzentrierten, direktiven Ansatz, der die intrinsische Änderungsbereitschaft des Klienten/der Klientin sowie die Selbstverpflichtung (Commitment) bei Veränderungsprozessen stärkt.
- Zentral ist eine humanistisch orientierte Grundhaltung, der *»Spirit of MI«*, geprägt von Partnerschaftlichkeit (»Gespräche auf Augenhöhe«), Akzeptanz, Mitgefühl und Empowerment statt des Einnehmens einer typischen Expertenrolle seitens der Behandelnden.
- MI versteht sich nicht als Technik – es ist kein *»easily learned gimmick to tuck away in one's toolbox«* (Miller & Rollnick, 2023, S. 28).
- MI formuliert vier Kernaufgaben (»Tasks«) für Beratungsprozesse: Engaging, Focusing, Evoking und Planning.
- MI wurde ursprünglich für den Suchtbereich entwickelt, wird aber inzwischen in zahlreichen Beratungs- und Therapiekontexten sowie in der Prävention und im Unternehmensmanagement erfolgreich eingesetzt.

29.1 Einführung

Im Jahr 1983 veröffentlichte William R. Miller einen Artikel »Motivational Interviewing with Problem Drinkers«, in dem er die Grundlagen und Grundzüge des Ansatzes skizzierte, nämlich die Nutzung von:

> »Empathic processes from the methods of Carl Rogers, social psychological principles of motivation, and objective assessment feedback … to channel this dissonance toward a behavior change solution« (Miller, 1983).

Acht Jahre später erschien die erste Auflage des Buches »Motivational Interviewing« von Miller und Rollnick und 2023 die bisher letzte (vierte) Auflage. Es sind die Untertitel, die sich über die Jahrzehnte verändert haben. 1991 lautete sie »Helping People to Change Addictive Behavior«. Damit wurde deutlich, dass Motivational Interviewing (MI) vor allem im Zusammenhang mit Störungen durch psychotrope Substanzen und Suchtverhalten Anwendung finden sollte. Die Formulierung legt aber auch ein direktives Vorgehen nahe – man hilft Menschen, damit sie etwas verändern –, also eher ein »Manipulating Interviewing« als »Motivational Interviewing«. In der zweiten Auflage von 2001 wählten die Autoren den Untertitel »Preparing People for Change« und machten deutlich, das MI in ganz unterschiedlichen Feldern zur Anwendung kommen kann, um bestehende Änderungsambivalenzen zu bearbeiten und Änderungsprozesse vorzubereiten. Gleichzeitig wird mit diesem Untertitel auch das non-direktive, ergebnisoffene Vorgehen des MI betont. Die dritte Auflage des Buches aus dem Jahr 2012 hat den Untertitel »Helping People Change« und verdeutlicht damit, dass mittels MI bei Menschen Änderungen im Denken, Fühlen und Handeln erreicht werden können. In der vierten Auflage von 2023 wird der Untertitel der dritten ergänzt »Helping People Change and Grow«. Miller und Rollnick weisen auf diese Veränderung der Untertitel in ihrem neuesten Buch hin, wenn sie formulieren:

> »Whereas early edition focused on preparing people for change, we now understand MI as a way of accompanying people throughout the journey of change and growth. Within the spirit of MI we have retained the constructs of partnership, compassion, but we have broadened ›evocation‹ to empowerment, affirming clients own strengths, motivations, ressourcefulness, and autonomy« (Miller & Rollnick, 2023, Preface ix).

Die Anwendungsfelder des MI haben sich über die Jahrzehnte deutlich erweitert. MI kann nicht nur in der psychosozialen Beratung und in der Psychotherapie gewinnbringend genutzt werden, sondern auch in der Gesundheitsprävention, im Bildungswesen und von Führungskräften als Grundlage für ihr Managementverhalten. Es wird weltweit in unterschiedlichen Gesellschaften und Kulturen genutzt. Das MI kann als »stand alone«-Intervention genutzt werden, der große Vorteil ist aber auch, dass MI gut kombinierbar ist mit anderen Interventionen, z. B. ärztlicher Behandlung, pflegerischer Betreuung, Psychotherapie oder psychosozialer Beratung und Unterstützung.

29.2 Theoretische und methodische Grundlagen

Im Verlauf der Jahrzehnte haben Miller und Rollnick unterschiedliche Definitionen des MI publiziert. In der vierten Auflage ihres Bestsellers findet sich nun eine sehr kurze Beschreibung:

> »MI is a particular way of talking with people about change and growth to strengthen their own motivation and commitment« (Miller & Rollnick, 2023, S. 3).

Klienten und Klientinnen sollen mögliche Gründe für Veränderung selbst entdecken und so die (anfängliche) Ambivalenz auflösen.

29.2.1 Grundhaltungen des MI

Der »*Spirit*« des Motivational Interviewing umfasst vier Elemente:

1. *Partnership* (Zusammenarbeit auf Augenhöhe)
2. *Acceptance* (Empathische Grundhaltung)
3. *Compassion* (Anteilnahme)
4. *Empowerment* (Befähigung zur Selbstbestimmung)

»*Partnership*« ist das zentrale Element der helfenden Beziehung im MI. Es erkennt an, dass Klienten und Klientinnen Experten ihres eigenen Lebens sind. Die therapeutische Beziehung ist kein Kampf gegeneinander, sondern, wie Miller und Rollnick immer wieder beschreiben, ein gemeinsamer Tanz. Es gilt, die richtige Nähe und Distanz zu finden und sich nicht gegenseitig auf die Füße zu treten.

»*Acceptance*« umfasst Haltungen und Techniken der Empathie, bedeutet der Person Respekt und Wertschätzung entgegenzubringen sowie ihre Leistungen anzuerkennen. Grundlage für einen Änderungsprozess im Sinne des MI ist, dass Klienten und Klientinnen sich so akzeptieren, wie sie sind, erst dann können sie sich auch grundsätzlich ändern (wollen).

»*Compassion*« meint Mitgefühl und Anteilnahme, aber nicht Mitleid. Die therapeutische Haltung besteht darin, sich mit höchster Priorität um das Wohlergehen des Klienten oder der Klientin zu bemühen. Die Interessen dieser stehen im Mittelpunkt, nicht die Vorstellung der Helfenden.

»*Empowerment*« ist ein neuer Begriff, der erstmals in der vierten Auflage des Buches »Motivational Interviewing« genutzt wird und den Begriff »Evocation« ersetzt. Damit war v. a. das Wachrufen der Änderungsbereitschaft gemeint, z. B. durch das Erzeugen von Diskrepanz. Empowerment meint hingegen mehr. Die Helfer sollen die Fähigkeiten der Klienten und Klientinnen für ein selbstbestimmtes Leben in eigener Verantwortung fördern. Es geht darum, die Autonomie zu stärken und die Entscheidungsfreiheit der Klienten und Klientinnen zu respektieren. Das MI ist somit immer ergebnisoffen. Helfende sind »*a compagnion and guide on the client's journey of change and growth*« (Miller & Rollnick, 2023, S. 10).

29.2.2 Die vier »Tasks« im Veränderungsprozess

Miller und Rollnick (2023) benennen vier grundsätzliche »Tasks« bei Veränderungsprozessen und leiten daraus (leicht metaphorisch formulierte) Fragen ab, die die Kernthematik der jeweiligen Aufgabe wiedergeben. Die »Tasks« bauen einerseits aufeinander auf, können sich aber auch überlappen. Wie auf einer Treppe kann man während des MI-Prozesses hoch- und herunterlaufen, um den Prozess der Veränderung konstruktiv zu begleiten.

Die vier »Tasks« im Motivational Interviewing lauten:

1. *Engaging:* »Können wir einen Weg miteinander gehen?« – Aufbau einer therapeutischen Beziehung
2. *Focusing:* »Wohin gehen wir?« – Auswählen eines Fokus, der Inhalt der Gespräche werden soll
3. *Evoking:* »Warum möchten Sie dorthin?« – Förderung der Veränderungsmotivation und Stärkung der inneren Selbstverpflichtung (Commitment)
4. *Planning:* »Wie möchten Sie dorthin?« – Planung und Umsetzung von Zielen und Veränderungsschritten

»*Engaging*« meint im Deutschen »Beziehungsaufbau und -gestaltung«. In dieser Phase geht es um die Gestaltung einer vertrauensvollen therapeutischen Arbeitsbeziehung, die ganz wesentlich für den Prozess der Förderung von Änderungsbereitschaft ist. In diesem Zusammenhang sind Empathie (»einfühlendes Verstehen«), Ausdruck von Wertschätzung gegenüber den Klienten und Klientinnen sowie Anerkennung im Sinne von Beachtung und Thematisierung von Kompetenzen und Ressourcen sowie die Berücksichtigung der Autonomie der Personen von zentraler Bedeutung. Der Beziehungsaufbau lässt sich mit einem klassischen Tanz vergleichen, bei dem einer führt, die richtige Nähe und Distanz gefunden werden muss und man dem Gegenüber nicht »auf die Füße tritt«.

Im Rahmen des »*Focusing*« werden direktionale Gesprächsstrategien genutzt, um sich zielstrebig auf die beabsichtigten Änderungsergebnisse hinzubewegen. Initial können die formulierten Änderungsziele unscharf oder mehrdeutig sein, diese gilt es zu konkretisieren sowie auf ihre Machbarkeit und Attraktivität hin zu prüfen. In dieser Phase geht es auch darum, die Änderungsbereiche zu identifizieren, die für die Klienten und Klientinnen besonders bedeutsam sind, und diese bevorzugt zu bearbeiten.

Von großer Bedeutung im Rahmen des MI ist das »*Evoking*«. Es gilt mittels geeigneter Techniken (▸ Kap. 29.3.4) die Änderungsbereitschaft unter Beachtung der bestehenden Ambivalenz nachhaltig zu fördern und zu stärken. Dabei werden die von den Personen geäußerten Wünsche, Gründe und Motive für die Änderung in den Mittelpunkt gerückt.

In der Phase des »*Planning*« wird die Änderungsbereitschaft in ein konkret zu planendes Verhalten umgesetzt. Voraussetzung dafür ist die reflektierte Entscheidung des Klienten oder der Klientin für eine Veränderung. Vor dem Hintergrund der formulierten Ziele wird ein konkreter Änderungsplan entwickelt. Sofern die Änderungskompetenz nicht ausreicht, um die gesteckten Ziele zu erreichen,

Tab. 29.1: Stages of Change

Phase	Beschreibung	Interventionsansätze
Absichtslosigkeit	Person besitzt noch kein Problembewusstsein, denkt nicht über Veränderung nach, kommt oft auf Drängen anderer in die Therapie.	Förderung der Wahrnehmung von Problemen und Risiken des Problemverhaltens (z. B. mittels gezielter Informationsvermittlung).
Absichtsbildung	Die Person setzt sich mit dem Problem auseinander, ist ambivalent, hat aber noch keine konkrete Handlungsbereitschaft.	Förderung von vorbereitendem Change Talk und Abbau von Sustain Talk.
Vorbereitung	Die Person denkt ernsthaft über Veränderung nach, beginnt erste Schritte zu planen/auszuprobieren.	Stärken des Commitments durch mobilisierenden Change Talk, Erarbeiten möglicher erster Schritte.
Handlung/Aktion	Die Person unternimmt konkrete Schritte.	Formulieren und Umsetzen von konkreten Zielen und Plänen (z. B. SMART-Ziele).
Aufrechterhaltung	Die Person zeigt das neue Zielverhalten.	Stärkung der erzielten Erfolge, Rückfallprophylaxe.
Rückfall	Die Person fällt in das alte Verhaltensmuster zurück.	Entkatastrophisieren, Förderung, Veränderungsprozess wieder aufzunehmen, Empowerment, Rückfallmanagement.

werden weitere Schritte zur Unterstützung (wie z. B. Beantragung einer stationären medizinischen Rehabilitation) gemeinsam mit den Klienten und Klientinnen vorbereitet.

29.2.3 Stages of Change – Das transtheoretische Modell der Veränderung (TTM)

Prochaska und DiClemente entwickelten 1982 fast zeitgleich zum Motivational Interviewing ein inzwischen sehr populäres und gut evaluiertes Motivationsmodell, das ursprünglich völlig unabhängig vom MI war (Prochaska & DiClemente, 1982). Allerdings erwies es sich als sehr kompatibel und sich gut ergänzend, sodass es bis heute im Zusammenhang mit MI vermittelt wird.

Um eine dauerhafte Verhaltensveränderung zu erreichen, durchlaufen Personen (meist mehrfach) fünf Stufen, die aufeinander aufbauen. Daher findet man dieses Modell auch oft unter dem Begriff »*Stages of Change*« (Prochaska & Velicer, 1997).

Interessanterweise existiert in dem ursprünglichen Modell keine Stufe für Rückfälle, obwohl kaum relevante Veränderungen ohne selbige erreicht werden können. Viele Versionen dieses Modells sind daher um eine sechste Stufe erweitert worden (▸ Tab. 29.1), was im Sinne einer Entstigmatisierung von Rückfällen ausgesprochen begrüßenswert ist (z. B. Fuller & Taylor, 2009).

Zu beachten ist, dass Personen durchaus zwischen den Phasen hin- und herspringen.

Aus unserer Erfahrung erleichtert das transtheoretische Modell der Veränderung (TTM) Behandelnden, insbesondere stagnierende Prozesse oder Widerstandsphänomene durch die Zuordnung zu den einzelnen Motivationsphasen besser zu verstehen und dementsprechende Handlungsschritte abzuleiten. Zudem ist es gut kompatibel mit den vier »Tasks« des MI.

29.2.4 Wirksamkeitsstudien zum MI

Die Wirksamkeit des MI ist in mehr als 1.300 randomisierten Studien untersucht worden (Bischof, 2021). Die meisten Forschungsergebnisse liegen im Zusammenhang mit einem problematischen Konsum von psychotropen Substanzen vor. Hier können nachhaltige positive Auswirkungen festgestellt werden. Das MI wird daher auch in allen aktuellen Leitlinien zur Behandlung von psychotropen Substanzen (Tabak, Alkohol, Medikamente, Methamphetamine) als evidenzbasiert eingestuft und mit der Empfehlung »sollte angewendet werden« versehen. Bei der Unterstützung der Reduzierung des Körpergewichts, der Verbesserung der Zahnpflege und der Selbstbeobachtung des Gesundheitsverhaltens kann MI hilfreich und wirksam sein. So hat es z. B. in die aktuelle Leitlinie der AWMF zur Behandlung von Diabetes Typ 2 Eingang gefunden.

29.3 Praktische Vorgehensweisen

29.3.1 Basistechniken – Das OARS-Modell

Die vier Basistechniken des MI werden mit dem Akronym OARS (deutsch: »Ruder«) beschrieben (▸ Tab. 29.2).
Offene Fragen nutzt man, um die Auseinandersetzung mit dem Problemverhalten zu fördern. Sie sind eine Einladung an Klienten und Klientinnen, ins Gespräch zu kommen. Es können auf diese Weise sehr individuelle Antworten gegeben werden Mindestens 70 % der gestellten Fragen sollten offen formuliert werden. Nach einer offenen Frage sollten sich möglichst zwei Reflexionen anschließen.

Affirmationen sollen Bestätigung (Anerkennung) und Verständnis ausdrücken. Einfache Affirmationen kommentieren spezifische Stärken der Klienten und Klientinnen,

Tab. 29.2: Basistechniken: OARS-Modell

Offene Fragen	Wie erleben Sie das (Problem-)Verhalten? Wie bewerten Sie es? Welche Unterstützung benötigen Sie?
Affirmationen	Das ist eine wirklich gute Idee! Da haben Sie völlig recht. Das sollten Sie so anpacken. Sie haben vieles erreicht.
Reflektierendes Zuhören	Sie merken selbst, … Sie spüren, … Wenn ich das richtig verstehe, … Einerseits gilt …, andererseits aber auch …
Summative Aussagen	Zusammengefasst bedeutet das, … Abschließend könnte man sagen, …

komplexe Affirmationen beziehen sich auf die gesamte Person, die Persönlichkeit bzw. die Charakterstärken. Affirmationen helfen dabei, dass Personen weniger Änderungsresistenz zeigen und offener über auch für sie unangenehme Themen sprechen können.

»*Reflecting*« wird in Deutschland häufig auch als aktives Zuhören bezeichnet. Es ermöglicht eine vertiefte Selbstreflexion. Einfache Reflexionen sind Wiederholungen des Gesagten, unter Umständen mit einer kleinen Wendung (Paraphrasieren). Komplexe Reflexionen beziehen sich auch auf nicht explizit geäußerte Inhalte. Es handelt sich formal um Statements, die wohlformuliert »den Nagel auf den Kopf treffen«. Zu beachten ist, dass Reflexionen keine Fragen sind. Reflexionen können die emotionalen Anteile einer Aussage verstärken oder eine Ambivalenz hervorheben (einerseits–andererseits) oder auch Gesagtes in einen größeren Kontext einbetten (z. B. aus bereits vorher erarbeiteten Zusammenhängen). Mindestens 50 % der Reflexionen sollten komplexer Natur sein.

»*Summarizing*« (Zusammenfassen) ist die vierte basale Gesprächstechnik im MI. Im Grunde handelt es sich um eine umfangreichere Reflexion eines längeren Gesprächsabschnittes. Sie kann im Verlauf des Gesprächs zur weiteren Strukturierung eingesetzt werden, zum Abschluss eines Gesprächs, um die wesentliche Inhalte zu betonen, aber auch zu Beginn von weiterführenden Gesprächen. So werden die bisherigen Inhalte der Gespräche noch einmal zusammenfassend dargestellt, um daran dann nahtlos anschließen zu können (z. B. »Beim letzten Mal haben wir besprochen, dass … Wie sehen Sie das heute?«).

29.3.2 Evoking – Die Frage nach dem »Warum« mittels Change Talk

Wenn die beiden ersten »Tasks« (»Engaging« und »Focusing«) gelungen sind, geht es in der dritten Phase des »Evoking« darum zu klären, warum die Person überhaupt etwas verändern möchte. Wichtig ist noch einmal zu betonen:

> »MI is explicitly not a way of getting people do what you want them to do« (Miller & Rollnick, 2023, S. 29).

Die Autoren vergleichen es mit der Aufgabe einer Hebamme, die auch nur ein Kind zur Welt bringen kann, das im Mutterleib schon existiert!

Das Kernelement des Evoking ist die Förderung von Change Talk. Hierbei geht um die eigentliche Motivationsförderung und Stärkung einer intrinsischen Veränderungsmotivation.

Merke

Mit Change Talk bezeichnet man Aussagen von Personen, die Argumente pro Veränderung benennen und so einen selbstmotivierenden Charakter (Commitment) aufweisen.

Je häufiger eine Person darüber spricht, etwas verändern zu wollen, was mögliche Vorteile einer Veränderung sein könnten und warum dies auch notwendig sind, desto mehr steigt die innere Selbstverpflichtung, tatsächlich etwas zu tun. Miller und Rollnick (2012, 2023) beschreiben zwei Formen von Change Talk, die auch den Phasen des TTM zugeordnet werden können:

- *vorbereitender Change Talk* in der Phase der Absichtsbildung
- *mobilisierender Change Talk* in der Phase der Vorbereitung

Beim vorbereitenden Change Talk überlegt die Person, ob sie etwas ändern möchte, hat aber noch keine konkreten Handlungsabsichten. Statt einem »Ja« ist es eher ein »Vielleicht«, der Grad des inneren Commitments ist noch gering. Typischerweise tritt dieser in der Phase der Absichtsbildung auf. Miller und Rollnick benennen vier Formen dieses Change Talks und typische Aussagen, an dem man ihn erkennen kann. Sie verwenden dazu das Akronym DARN:

- *Desire* (Wünsche): z. B. »Ich möchte gerne …« oder »Ich hoffe, dass ich …!«
- *Ability* (Fähigkeiten): z. B. »Ich könnte …!« oder »Es würde mir nicht schwerfallen, …!«
- *Reasons* (Gründe): z. B. »Es wäre wichtig, … zu machen!« oder »Es würde mir dann besser gehen, wenn ich …!«
- *Needs* (Notwendigkeiten): z. B. »Ich muss mit … aufhören!« oder »Ich sollte wirklich …!«

Typisch für DARN ist der Konjunktiv, wie etwa: sollte, könnte, wäre, müsste etc. Dies ist ein Zeichen dafür, dass

Personen zwar überlegen, etwas zu tun, aber noch sehr ambivalent sind.

Davon abzugrenzen ist der mobilisierende Change Talk, der kennzeichnend für die Phase der Vorbereitung ist. Im Vergleich zum vorbereitenden Change Talk nimmt die innere Selbstverpflichtung zu. Die Ambivalenz nimmt ab und Personen benennen zunehmend mehr Argumente pro Veränderung. Einige beginnen erste Schritte zu planen oder evtl. auch schon auszuprobieren. Miller und Rollnick (2023) benennen drei Formen des mobilisierenden Change Talks, die sie unter dem Akronym CAT zusammenfassen:

- *Commitment* (Selbstverpflichtung): z. B. »Ich werde …!« oder »Ich bin bereit …!«
- *Activation* (Aktivierung): z. B. »Ich möchte es ausprobieren …!« oder »Ich versuche, … zu machen!«
- *Taking Steps* (unternommene Schritte): z. B. »Ich habe letzte Woche einfach schon mal … probiert!«

Vielleicht erscheint diese Differenzierung zunächst eher verwirrend als hilfreich. Sie soll aber verdeutlichen, dass auch beim Change Talk erhebliche Unterschiede darin bestehen, wie hoch die Bereitschaft ist, tatsächlich offen für eine Veränderung zu sein. Beginnt man zu früh, den Klienten oder die Klientin zu Veränderungsschritten zu überreden oder zu »pushen«, führt dies oft nicht nur nicht zum Erfolg, sondern kann den Prozess sogar erheblich behindern. Klienten oder Klientinnen fühlen sich dann schnell in ihrer Autonomie verletzt, was zu Reaktanz und *»Discord«* (s. u.) führen kann. Miller und Rollnick betonen:

> »… if you try to develop a change plan before the client is sufficiently ready, you may undo whatever progress you have made …« (Miller & Rollnick, 2012, S. 258).

Um herauszufinden, ob eine Person schon hinreichend bereit ist, sind u. a. die unter ▸ Kap. 29.3.4 benannten *»Ruler«* hilfreich.

29.3.3 Change Talk versus Sustain Talk

Der Gegenspieler des Change Talks ist der *»Sustain Talk«* (to sustain = aufrechterhalten). Er beinhaltet Argumente für die Beibehaltung des Status quo. Viele Therapeuten und Therapeutinnen empfinden diesen schon als Widerstand und pathologisieren Sustain Talk als »Abwehr«. Wenn z. B. ein Klient oder eine Klientin die Vorteile des Alkoholtrinkens hervorhebt, wie z. B. die damit verbundene Geselligkeit oder der Genuss eines guten Weines, wird dies leicht als bagatellisierend etikettiert und als Zeichen von Widerstand gewertet. Seit der dritten Auflage ihres Werks betonen Miller und Rollnick (2012, 2023), dass Sustain Talk eindeutig kein Zeichen von Widerstand ist, sondern Ausdruck einer normalen Ambivalenz, und damit keineswegs pathologisch ist. Davon abzugrenzen ist der sogenannte *»Discord«*, also der Missklang oder die Disharmonie im Gespräch, die im Wesentlichen ein Interaktionsproblem darstellt. Hierunter fallen die typischen als Widerstand bekannten Verhaltensweisen wie z. B. Entwertung des Therapeuten/der Therapeutin, Angriffe, aus dem Kontakt gehen etc. (s. dazu auch Lippert, 2024).

Solange Personen noch ambivalent sind, treten sowohl Change Talk als auch Sustain Talk auf. Ziel ist es, eine Zunahme von Change Talk und Abnahme von Sustain Talk zu fördern.

Merke

Das Verhältnis zwischen Change Talk und Sustain Talk als auch das absolute Ausmaß an Change Talk im Gespräch sind Prädiktoren dafür, ob eine Person aktiv handeln wird. Studien zeigen, dass mit den Methoden von MI das Verhältnis von Change Talk ggü. Sustain Talk gesteigert werden kann (Miller & Rollnick, 2023).

29.3.4 Förderung von Change Talk

Bevor man Change Talk fördern kann, ist es notwendig, diesen überhaupt zu bemerken. Miller und Rollnick (2023) betonen, dass sie oft erleben, dass Behandelnde solche Aussagen gar nicht wahrnehmen, u. a. weil sie eine innere Agenda (wie etwa eine diagnostische Abklärung) abarbeiten wollen. Daher gilt es zu trainieren, sensibel für Change Talk zu werden und sozusagen ein »Change-Talk-Ohr« zu entwickeln, um entsprechend darauf reagieren zu können.

Um Personen zu Change Talk »einzuladen« ist Folgendes hilfreich:

- *Change-Talk-Aussagen aufgreifen und vertiefen* über Würdigung und Anerkennung, direktive Reflexionen, vertiefende Fragen zu DARN und CAT sowie Zusammenfassungen von Change-Talk-Motiven
- Verwenden der *»Ruler«: Bedeutsamkeits-, Zuversichts- und Bereitschaftsratings*
- Förderung von Dissonanz durch den *»Blick zurück«*, um Veränderungen seit dem Auftreten des Problemverhaltens bewusst zu machen (z. B. Verluste von Bindung)
- Erarbeiten möglicher »Gewinne« durch den *»Blick nach vorne«*: Was könnte besser werden bei Aufgabe des problemtischen Verhaltens?
- *»Worst-Case«*- und *»Best-Case«*-Szenarien entwickeln
- Bewusstmachung von *Werten* als zentrale Lebensmotive (z. B. mittels Wertelisten und Wertekarten, Hierarchisierung von Werten nach ihrer Bedeutsamkeit)
- *Kosten-Nutzen-Analysen*

Exemplarisch sollen zwei Punkte eingehender betrachtet werden, der Einsatz der Basistechniken sowie die *»Ruler«*, da sie eng mit MI assoziiert sind. Wann immer Klienten oder Klientinnen Change Talk äußern, sollte dieser aufgegriffen werden mit den Basistechniken von OARS. Das ist durchaus ein direktiver Prozess, weil Beratende selektiv Aussagen aufgreifen und durch die Art der Reflexion oder Frage die Richtung vorgeben. Sinnvoll ist so zu reagieren, dass man Change Talk und nicht Sustain Talk fördert. Wenn eine Person darüber spricht, warum es besser wäre, z. B. nicht mehr zu rauchen, wäre es sehr ungünstig, mit der Frage zu reagieren: »Warum haben Sie es dann noch nicht getan?« So provoziert man Sustain Talk. Stattdessen wäre es gut, z. B. nach weiteren Vorteilen zu fragen oder davon berichten zu lassen, warum die benannten Argumente für die Person bedeutsam sind.

Beispiel: Förderung von Change Talk

Exemplarisch hier einige Fragen zur Förderung von vorbereitendem Change Talk (DARN):

- *Desire:* »Was wünschen Sie sich im Hinblick auf …?«
- *Ability:* »Welche Fähigkeiten könnten Ihnen helfen, … zu erreichen?«
- *Reasons:* »Wofür lohnt sich das?« oder »Welche Gründe sprechen dafür?«
- *Needs:* »Wie dringend muss etwas passieren?« oder »Warum darf es so nicht weitergehen?«

Und hier ein paar für mobilisierenden Change Talk (CAT):

- *Commitment:* »Sind Sie bereit für …? oder »Wann geht es los?«
- *Aktivierung:* »Was meinen Sie, ist es ein Versuch wert?« oder einfach »Sind Sie bereit?«
- *Taking Steps:* »Wie geht es jetzt weiter?«

Die »Ruler« im MI

Die sogenannten *»Ruler«* sind sicher vielen aus der systemischen Therapie bekannt, werden aber auch oft im MI verwendet. Meist beziehen sie sich auf drei Fragestellungen: die Wichtigkeit, die Zuversicht und die Handlungsbereitschaft. Sie helfen Therapeuten und Therapeutinnen sowohl beim Festlegen des Fokus als auch bei der Einschätzung, ob ein Klient oder eine Klientin schon bereit ist für die Veränderung und die notwendige Zuversicht aufweist. So ermöglichen sie es, leichter den passenden Zeitpunkt zu ermitteln, vom »Evoking« in die Phase des »Planning« (oder im TTM gesprochen in die »Aktion«) zu wechseln. Das Grundprinzip ist immer gleich, hier am Beispiel für die Zuversicht:

Beispiel: Confidence-Ruler (Zuversicht)

- »Wie zuversichtlich sind Sie, dass Sie es schaffen können, sich zu verändern und das Problem zu bewältigen? Auf einer Skala von 0–10, wobei 0 bedeutet, dass Sie überhaupt nicht daran glauben, dass Sie das Problem lösen können, und 10, dass Sie sehr zuversichtlich sind, wie ordnen Sie sich ein?«
- Im Anschluss an die Antwort: »Warum eine … und nicht eine 0?« und dann erst: »Was könnte dazu beitragen/helfen, um von einer … auf … (die nächsthöhere Zahl) zu kommen?«

Entsprechend ist das Vorgehen ebenso bei der Abfrage nach der Wichtigkeit oder der Bereitschaft, jetzt etwas zu tun. Von dieser Grundform ausgehend sind viele Varianten möglich, wie etwa bei Paardynamiken danach zu fragen, wie wichtig z. B. dem Partner oder der Partnerin die Veränderung wäre (Lippert, 2021).

Fallbeispiel: Förderung von Change Talk

Eine 45-jährige, seit Jahrzehnten abhängig rauchende Sozialarbeiterin kam zur Tabakentwöhnung. Trotz mehrfacher Aufhörversuche schaffte sie es bislang nicht, dauerhaft abstinent zu bleiben. Mittels Change Talk konnte als zentrales Motiv ein Wunsch nach Selbstbestimmung herausgearbeitet werden. Sie lehnte es für sich ab, von Zigaretten abhängig zu sein, berichtete von einem für sie prägenden Erlebnis, wo sie nachts noch zu einer Tankstelle gefahren ist, um am nächsten Morgen auf jeden Fall eine rauchen zu können. Dieser Gedanke habe sie selbst erschreckt. Es gelang ihr im Verlauf der Therapie, ihren Konsum deutlich zu reduzieren, sie schaffte es aber nicht, ihn vollständig zu beenden. Hauptrückfallsituation war die Tätigkeit in einem Heim, wo die meisten Mitarbeiter in den Pausen rauchten und die Klientin über das Rauchen Gemeinschaft und Pausenzeit erlebte.

Anstatt über gängige Rückfallpräventions-Strategien nachzudenken, wurde weiterhin an der Motivation gearbeitet und vermehrter Change Talk gefördert. Folgende Frage erwies sich als »Game Changer«:

»Gibt es eigentlich etwas, was nur möglich ist, wenn Sie ganz mit dem Rauchen aufhören? Was also nur geht, wenn Sie überhaupt nicht mehr rauchen, nicht mal eine einzige Zigarette?«

Die Klientin beantwortete dies sofort mit: »Ja, dann könnte ich höher singen!« Die Klientin hatte begonnen, Gesangsunterricht zu nehmen, und sollte ein halbes Jahr später einen Soloauftritt bestreiten. Die Gesangslehrerin sagte ihr, dass sie etwa 2–3 Töne höher singen könne, wenn sie aufhören würde zu rauchen. Dies ermöglichte ihr, dass sie bei diesem Auftritt ihr Lieblingslied würde singen können. Die Klienten war sehr berührt von der Idee. Zur Vertiefung des Commitments wurde eine Zielimagination mit der Klientin erarbeitet, bei der sie sich sehr konkret diesen Bühnenauftritt vorstellte (vom passenden Outfit bis hin zu dem Gefühl im Brustkorb, so »hoch« singen zu können, in dem Wissen, dass dies nur ginge, weil sie nicht mehr rauche). Die Klientin hörte am selben Tag auf zu rauchen und bewältigte die typische Rückfallsituation in den folgenden Monaten, indem sie bei Suchtdruck sich mit Kopfhörer auf der Arbeit diesen einen Song anhörte.

Prüfungsfragen

1. Welche Basistechniken gehören zum MI?
2. Welche vier Aufgaben gibt es im therapeutischen Prozess im MI?
3. Was bedeuten Change Talk und Sustain Talk?
4. Welche Anwendungsfelder des MI kennen Sie?

Antworten

1. Die Basistechniken werden unter dem Akronym OARS zusammengefasst und beinhalten: offene Fragen, Affirmationen, Reflexionen und summative Aussagen.
2. Engaging, Focusing, Evoking, Planning.
3. Mit Change Talk bezeichnet man Aussagen von Personen, die Argumente pro Veränderung benennen und so einen selbstmotivierenden Charakter (Commitment) aufweisen. Sustain Talk beinhaltet Argumente für die Beibehaltung des Status quo.
4. Psychotherapie, Suchttherapie, Beratungskontexte, Gesundheitsprävention, medizinische Praxis, Schulung von Führungskräften, Bildungswesen.

Empfohlene Materialien

- Auf der Website des Motivational Interviewing Network of Trainers finden sich kostenfrei Lehrvideos, Trainingsmaterialien, Publikationen und Übungsanweisungen: https://motivationalinterviewing.org
- Wer sich selbst im Prozess des Anwendens von MI reflektieren möchte, dem sei die hilfreiche MI-Skills-Liste von Miller und Rollnick (2023, S. 278–279) empfohlen. Dort werden 36 MI-Skills aufgeführt, anhand derer Sie beurteilen können, wie vertraut Sie mit einzelnen Komponenten sind.
- Als Beispiel für ein MI-basiertes Therapiemanual sei das TIQAAM (Lippert, 2025) für die Behandlung von Alkohol- und Medikamentenabhängigkeit erwähnt.

Literatur

Bischof, G., Bischof, A., Rumpf, H.-J. (2021). Motivierende Gesprächsführung: Ein evidenzbasierter Ansatz für die ärztliche Praxis. *Deutsches Ärzteblatt, 118*, 109–115.

Fuller, C., & Taylor, P. (2009). *A Toolkit of Motivational Skills* (2nd ed.). John Wiley & Sons Ltd.

Lippert, A. (2021). *Motivation stärken in Therapie und Beratung*. Springer.

Lippert, A. (2024). *Essentials Psychotherapie und Beratung: Tanz mit dem Widerstand – Mit Motivational Interviewing Gesprächsblockaden auflösen*. Springer.

Lippert, A. (2025). *Therapieprogramm für die Integrierte Qualifizierte Akutbehandlung bei Alkohol- und Medikamentenproblemen (TIQAAM). Ein verhaltenstherapeutisches Praxismanual* (5. Aufl.). DGVT.

Miller, W. R. (1983). Motivational Interviewing with problem drinkers. *Behavioral Psychotherapy, 11*, 147–172.

Miller, W. R., & Rollnick, S. (1991). *Motivational Interviewing. Preparing people to change addicitive behavior.* Guilford.

Miller, W. R., & Rollnick, S. (2002). *Motivational Interviewing. Preparing People for Change*. (2nd ed.). Guilford.

Miller, W. R., & Rollnick, S. (2012). *Motivational Interviewing. Helping people change* (3rd ed.). Guilford.

Miller, W. R., & Rollnick, S. (2023). *Motivational Interviewing. Helping people change and grow* (4th ed.). Guilford.

Motivational Interviewing Network of Trainers (2024). Motivational Interviewing Ressources. https://motivationalinterviewing.org/ (Zugriff am 21.9.2024)

Prochaska, J. O., & DiClemente, C. C. (1982). Transtheoretical Therapy: Toward a more Integrative Model of Change. *Psychotherapy: Theory, Research, and Practice, 19*, 276–288.

Prochaska, J. O., & Velicer, W. F. (1997). The Transtheoretical Model of Health Behavior Change. *American Journal of Health Promotion, 12*, 38–48.

Weiterführende Literatur

Lippert, A. (2021). *Motivation stärken in Therapie und Beratung*. Springer.

Lippert, A. (2024). *Essentials Psychotherapie und Beratung: Tanz mit dem Widerstand – Mit Motivational Interviewing Gesprächsblockaden auflösen*. Springer.

Miller, W. R., & Rollnick, S. (2023). *Motivational Interviewing* (4th ed.). Guilford.

Rosengren, D. V. (2020). *Arbeitsbuch Motivierende Gesprächsführung* (3. Aufl.). Probst.

30 Emotionsregulation

Claas-Hinrich Lammers

Das Wichtigste auf einen Blick

- Negative Emotionen stehen im Mittelpunkt der meisten psychischen Erkrankungen.
- Am häufigsten werden diese mittels Bewältigungsstrategien (Überregulation) vermieden bzw. unterdrückt, welche mit einer Symptomlast, d. h. Psychopathologie, einhergehen. Emotionen können aber auch unterreguliert sein, sodass sie unmittelbar zu selbst- oder fremdschädigenden Handlungen führen.
- Jede erfolgreiche Psychotherapie hat einen Einfluss auf das emotionale Erleben der Patientinnen und Patienten, auch wenn dieses nicht immer im Mittelpunkt der therapeutischen Technik bzw. Vorgehensweise steht. Techniken zur Emotionsregulation hingegen beziehen sich direkt auf die jeweilige Problememotion und dienen deren bewussten und gezielten Beeinflussung.
- Durch die hierdurch vermittelten emotionalen Kompetenzen können Patientinnen und Patienten ihr emotionales Erleben besser verstehen, tolerieren und beeinflussen, dysfunktionale, symptomproduzierende Bewältigungsstrategien zu deren Vermeidung bzw. Bekämpfung aufgeben und einen besseren Zugang zu adaptiven Emotionen und bislang frustrierten Bedürfnissen finden.

30.1 Einführung

Emotionen und deren Regulation sind entscheidend für den Umgang mit bedürfnisrelevanten Situationen. Die Fähigkeit zur adaptiven Regulation von Emotionen wird dabei in einem direkten Zusammenhang u. a. mit sozialer Anpassung, Wohlbefinden sowie körperlicher und psychischer Gesundheit gebracht (Tamir et al., 2007). Schwierigkeiten in der Emotionsregulation werden folgerichtig als ein zentraler Faktor für psychische Erkrankungen betrachtet (Gratz et al., 2015). Der psychotherapeutische Einfluss auf emotionale Prozesse kann zum einen indirekt erfolgen, ohne dass Patientinnen und Patienten sich hierbei bewusst auf die Regulation ihrer Emotionen konzentrieren (wie z. B. beim sozialen Kompetenztraining oder der kognitiven Umstrukturierung). Unter Emotionsregulation im psychotherapeutischen Sinn versteht man hingegen alle Prozesse, mit Hilfe derer eine Person bewusst und gezielt die Intensität, Dauer und Qualität ihrer Emotionen beeinflusst (Gratz et al., 2015; McRae & Gross, 2020). Dabei geht es nicht nur um die Regulation von negativen Emotionen, sondern auch um die Stimulation von positiven Emotionen. In der jüngeren Vergangenheit ist die Emotionsregulation sowohl in der psychologischen Grundlagenforschung als auch in der Psychotherapie in den Mittelpunkt des Interesses gerückt (Berking, 2017; Gratz et al., 2015; Iwakabe et al., 2023).

Was ist Emotionsregulation? Unter Emotionsregulation kann man nach Gratz und Roemer (2004) die folgenden Fähigkeiten verstehen:

- den adaptiven Umgang mit emotionalem Stress und die Fähigkeit zur Wahrnehmung, Verstehen und Akzeptanz von Emotionen
- die Kontrolle von impulsivem Verhalten und die Bereitschaft, negative Emotionen bei der Verfolgung von Zielen zu tolerieren
- einen flexiblen Einsatz von situationsangepassten Strategien, um die Intensität und Dauer von Emotionen zu regulieren, um individuelle Ziele zu verfolgen und situativen Anforderungen zu entsprechen

Defizite im Bereich der Emotionsregulation stehen bei fast allen psychischen Erkrankungen im Mittelpunkt (Berking et al., 2008; Heber et al., 2014; Rottenberg & Johnsin, 2007), darunter bei:

- Borderline-Persönlichkeitsstörung (u. a. emotionale Instabilität, schädliche emotionsregulatorische Strategien wie Selbstverletzungen, unterregulierte Emotionen u. a. in Form von Wutausbrüchen, Vermeidung und Bekämpfung des emotionalen Erlebens)
- Depression (u. a. Schwierigkeit in der Akzeptanz und Toleranz negativer Emotionen und der adaptiven Veränderung von Emotionen, Rumination als dysfunktionale emotionsregulatorische Strategie)
- Angsterkrankung (u. a. exzessive, unterregulierte Angst, reduzierte emotionale Differenziertheit mit Schwierigkeiten der Beschreibung und Benennung von Emotionen, Vermeidung und Bekämpfung von Emotionen)
- Essstörung (u. a. Essanfälle als dysfunktionale Strategie zur Bekämpfung negativer Emotionen bei Bulimia nervosa)
- Substanzmissbrauch (u. a. Bekämpfung negativer Emotionen durch Alkohol- oder Drogenkonsum)

- posttraumatische Belastungsstörung (u. a. Vermeidung von angstauslösenden Triggern, Mangel an emotionaler Klarheit und Akzeptanz)

Merke

Fast alle psychischen Erkrankungen weisen Defizite in der Emotionsregulation auf.

Die Forschung zu den Bewältigungsstrategien hat ergeben, dass insbesondere die Vermeidung des emotionalen Erlebens (sog. »experiential avoidance« bzw. emotionsphobische Grundhaltung; Hayes et al., 1996) zu einer negativen Entwicklung von Problemen und zu psychischen Symptomen führt (Campbell-Sills et al., 2006).

Es gibt eine Vielzahl an Studien, welche die Wirksamkeit von Techniken der Emotionsregulation nachweisen (Iwakabe et al., 2023; Palmieri et al., 2022; Whelton, 2004), und es gibt mittlerweile kaum ein therapeutisches Verfahren, welches diese Techniken nicht expressis verbis für die jeweilige Störung konzeptualisiert. Exemplarisch für diese Entwicklung in der Verhaltenstherapie kann zum einen die Dialektisch-Behaviorale Therapie (DBT) nach Linehan (1996) angeführt werden, welche ein eigenes Modul zur Emotionsregulation mit einem besonderen Fokus auf die Achtsamkeit beinhaltet. Zum anderen sind bei der Akzeptanz- und Commitment-Therapie (ACT) (Eifert, 2022) die Akzeptanz und Toleranz für problematische Emotionen, auch mittels Achtsamkeit, ein zentraler Bestandteil der Therapie. Die Schematherapie wiederum legt einen besonderen Fokus auf die Aktivierung und Bearbeitung problematischer Emotionen, insbesondere im Rahmen der Bearbeitung maladaptiver emotional-kognitiver Schemata (Young et al., 2005).

30.2 Theoretische und methodische Grundlagen

Was ist eine Emotion?

Grundsätzlich handelt es sich bei einer Emotion um einen bewussten oder unbewussten psychophysiologischen Prozess, der eine schnelle Einschätzung von Situationen bezüglich deren Relevanz für die Bedürfnisse bzw. Ziele eines Individuums ermöglicht. Eine Emotion besteht aus verschiedenen Komponenten, zu welchen die physiologische Reaktion (z. B. Blutdruck, Muskelanspannung, Schwitzen), die motorische Expression (Gestik, Mimik, Prosodie), das Verhalten bzw. Handlungstendenz (auch verbale Äußerungen), die kognitive Komponente und das subjektive Gefühlserleben zählen (Kleinginna & Kleinginna, 1981). Dem emotionalen Erleben und dessen kognitiven und behavioralen Konsequenzen kommen eine Reihe von überlebenswichtigen adaptiven Funktionen zu. Dazu zählen:

- Aufmerksamkeitslenkung auf relevante Stimuli
- Erlebbarmachung der Relevanz von Stimuli für eigene Bedürfnisse
- Motivation und Handlungsimpulse
- Beeinflussung von Lernprozessen und Entscheidungsfindung
- Gestaltung von zwischenmenschlichen Interaktionen

Positive und negative Emotionen

Um den grundsätzlichen Charakter einer Emotion zu verdeutlichen, wird von positiven bzw. negativen Emotionen gesprochen, ohne dass hiermit eine normative Bewertung einzelner Emotionen vorgenommen wird. Während positive Emotionen die situative Befriedigung von Bedürfnissen bzw. die Aussicht hierauf anzeigen und ein Annäherungsverhalten bewirken, stehen negative Emotionen für die Frustration bzw. Bedrohung von Bedürfnissen und gehen häufig mit einem (adaptiven) Vermeidungsverhalten einher. Anhaltende negative Emotionen führen jedoch häufig zu emotionsphobischen, dysfunktionalen Bewältigungsstrategien, wie z. B. sozialem Rückzug bei Schamerleben oder der Vermeidung von öffentlichen Situationen bei einer sozialen Phobie.

Adaptive und maladaptive Emotionen

Diese Unterscheidung beruht auf der Frage, ob das situative Erleben einer bestimmten Emotion den soziokulturellen Vorstellungen entsprechend angemessen ist und ob deren Ausdruck und Umsetzung in ein entsprechendes Verhalten zur Bedürfnisbefriedigung der Person und deren psychosozialen Stabilität beiträgt. So würde ein Schamgefühl angesichts einer alltäglichen Kritik als maladaptiv bewertet werden können, während ein Schuldgefühl durchaus adaptiv wäre. Während die Patientinnen und Patienten lernen, sich von einer maladaptiven Emotion zu distanzieren und diese zu regulieren, sollten sie bislang vermiedene adaptive Emotionen und die hierdurch zum Ausdruck kommenden Bedürfnisse akzeptieren und deren Erleben und Ausdruck fördern.

Primäre und sekundäre Emotionen

Primäre Emotionen sind zumeist Teil von maladaptiven emotional-kognitiven Schemata, welche aus der Frustration von zentralen Bedürfnissen in der Entwicklungsgeschichte resultieren (wie z. B. Scham, Schuld, Einsamkeit, Traurigkeit und Angst). Sekundäre Emotionen hingegen sind Teil bzw. Ergebnis der Bewältigungsstrategie für problematische primäre Emotionen (wie z. B. Ärger als Reaktion auf von Scham), wobei sie das Erleben der jeweiligen primären Emotion überdecken.

Dysregulation von Emotionen

Man spricht von einer Dysregulation von Emotionen, wenn es einer Person trotz negativer Konsequenzen (psychische Belastung bzw. Symptome) nicht gelingt, ihre Emotionen in einer Art und Weise zu regulieren, dass sie wichtige Bedürfnisse befriedigen bzw. ihre psychosoziale Situation stabil gestalten kann. Hierbei kann eine Überregulation von Emotionen von einer Unterregulation unterschieden werden. Bei einer Überregulation steht die Vermeidung emotionsauslösender Stimuli bzw. die Bekämpfung von zumeist primären Emotionen im Vordergrund (so wird beispielsweise das Erleben von Scham vermieden bzw. bekämpft). Bei einer Unterregulation hingegen können das Erleben und der Ausdruck von Emotionen nicht hinreichend gelenkt werden, sodass es zum Erleben von intensiven Emotionen und überschießenden Reaktionen bzw. Handlungen kommt (wie es typischerweise bei Ärger und Wutanfällen zu sehen ist). Zu den häufigsten Dysregulationen von Emotionen gehören:

- geringe bzw. fehlende Akzeptanz für Emotionen
- dysfunktionale metaemotionale Einstellungen (hierzu gehören Annahmen wie z. B. »Ich könnte meine Emotionen nicht aushalten, wenn ich diese zulasse«, »Emotionen sind sinnlos und man würde besser ohne Emotionen leben« oder »Was ich fühle, ist immer richtig«)
- nicht ausreichender emotionaler Wortschatz, welcher das Erleben von undifferenzierten Emotionen begünstigt
- maladaptive emotional-kognitive Schemata, in deren Mittelpunkt primäre Emotionen wie insbesondere Scham, Schuld, Angst, Einsamkeit und Traurigkeit stehen
- Vermeidung bzw. Bekämpfung des emotionalen Erlebens (Überregulation) durch dysfunktionale Bewältigungsstrategien und der Fokussierung auf sekundäre Emotionen
- unkontrolliertes Erleben und Ausdruck von Emotionen (z. B. in Form von Wutanfällen)
- mangelnde Kompetenzen im emotionsbezogenen Ausdruck und Verhalten
- geringe bzw. fehlende Einsicht in die Bedürfnisse, welche durch Emotionen zum Ausdruck kommen
- geringe Fähigkeit, relevante Ursachen bzw. aufrechterhaltende Faktoren des emotionalen Erlebens zu identifizieren
- dysfunktionale Kognitionen bzw. Bewertungen, welche die emotionale Problematik hervorrufen bzw. verstärken
- fehlende Fähigkeit zur Anspannungs- bzw. Stressregulation bzw. Selbstunterstützung/Selbstmitgefühl
- geringe Aktivierung positiver Emotionen und damit ein reduziertes Annäherungsverhalten (mit der Konsequenz eines Verstärkerverlustes)

Merke

Im Mittelpunkt der emotionalen Dysregulation steht die Vermeidung bzw. Bekämpfung von problematischen Emotionen durch dysfunktionale Bewältigungsstrategien.

30.3 Praktische Vorgehensweisen und Abläufe

30.3.1 Emotionsbezogene therapeutische Ziele

In Anlehnung an Greenberg (2006; s. auch Berking, 2017) kann man fünf wesentliche psychotherapeutische Ziele und Prozesse zur Veränderung von Emotionen beschreiben:

1. *Förderung der Wahrnehmung und Toleranz von Emotionen.* Patientinnen und Patienten sollten ihre Emotionen wahrnehmen, erleben und aushalten können. Hilfreich diesbezüglich sind erlebnisorientierte Prozesse in der Therapie, u. a. die Emotionsstimulation, die Emotionsexposition, Emotionsanalysen und Führen eines Emotionstagebuchs. Aber auch die grundsätzliche Akzeptanz bzw. radikale Akzeptanz für Emotionen (s. u.) sind hierzu unabdingbar.
2. *Vermittlung von regulatorischen Fähigkeiten im Umgang mit Emotionen bzw. emotionalen Durchbrüchen.* Hierzu gehören wesentlich die Korrektur dysfunktionaler, emotionsbestimmender kognitiver Bewertungsprozesse, die Steigerung emotionaler Kompetenzstrategien in zwischenmenschlichen Kontakten, die gezielte Senkung der Intensität von Emotionen.
3. *Steigerung der Einsicht in die Bedeutung von Emotionen.* Hierzu gehört u. a. die Unterscheidung von adaptiven versus maladaptiven Emotionen, die Differenzierung von primären und sekundären Emotionen und die Einsicht in die Bedeutung des emotionalen Erlebens in Bezug auf die individuellen Bedürfnisse und Ziele.
4. *Qualitative Veränderung von Emotionen.* Wesentlicher Bestandteil dieses Zieles ist die ressourcenorientierte Veränderung emotionaler Prozesse, d. h. die Suche nach adaptiven Emotionen, welche an die Stelle der problematischen maladaptiven Emotionen treten können. Bislang nicht wahrgenommene adaptive Emotionen und Bedürfnisse werden im Erleben gefördert und kognitive Bewertungsprozesse in Bezug auf diese Emotionen verändert, um deren Intensität, Auftretenswahrscheinlichkeit und Qualität zu beeinflussen.
5. *Aufbau neuer Verhaltensfertigkeiten.* Patientinnen und Patienten lernen, ihre adaptiven Emotionen in angemessene Ausdrucks- und Verhaltensweisen umzusetzen, damit sie zugrundeliegende Bedürfnisse besser befriedigen können. In Bezug auf maladaptive Emotionen lernen sie sich von diesen zu distanzieren, deren Entstehungsbedingungen und aufrechterhaltende Faktoren zu klären, die Emotionen zu regulieren und Verhaltensweisen zu erlernen, welche entgegengesetzt zum emotionalen Erleben sind.

Eine grundsätzliche Frage der emotionsbezogenen Arbeit ist die Wahl zwischen Stimulation und Regulation einer Emotion. Stabile Patientinnen und Patienten (u. a. keine Suizidalität, keine Impulsdurchbrüche, keine selbst- oder fremdschädigenden Verhaltensweisen, guter therapeutischer Kontakt) bedürfen eher einer Stimulation ihrer häufig vermiedenen und bekämpften emotionalen Prozesse, um diese zu verstehen und positiv regulieren zu können. Instabile Patientinnen und Patienten mit sehr intensiven Emotionen (z. B. Patientinnen mit Borderline-Störung) hingegen bedürfen zunächst eher einer Regulation ihrer Emotionen, so dass sie die Intensität ihres emotionalen Erlebens und die hieraus entspringenden destruktiven Verhaltensweisen kontrollieren können.

30.3.2 Techniken der Emotionsregulation

Bevor einzelne emotionsregulatorische Techniken näher erläutert werden, muss die zentrale Bedeutung der therapeutischen Beziehung für deren Anwendung herausgestellt werden. Eine empathisch-validierende Beziehungsgestaltung ist unerlässlich, damit die Patientinnen und Patienten bereit sind, sich gegenüber dem Erleben ihrer Emotionen zu öffnen und diese auch mit ihrer Therapeutin bzw. ihrem Therapeuten zu teilen. Darüber hinaus sind die maladaptiven emotional-kognitiven Schemata zumeist durch problematische Beziehungserfahrungen entstanden und können nur durch korrektive Beziehungserfahrungen verlernt werden. In der therapeutischen Beziehung können die Patientinnen und Patienten so z. B. lernen, dass sie trotz Offenlegung von Schamgefühlen akzeptiert und wertgeschätzt werden. Entsprechende Konzepte zur Gestaltung der therapeutischen Beziehung beschreiben u. a. Auszra et al. (2016) und Lammers (2017).

Merke

Für die therapeutische Arbeit an Emotionen ist eine empathisch-validierende Beziehungsgestaltung von besonderer Bedeutung.

Grundsätzlich stehen eine Vielfalt an emotionsregulatorischen Techniken zur Verfügung, welche transdiagnostisch zum Einsatz kommen können:

Emotionsanalyse

Ein wichtiges Instrument, mit Hilfe dessen man die Charakteristika und Entstehungsbedingungen von Problememotionen untersuchen kann, ist die Emotionsanalyse:

1. Emotion: ________________________ Intensität (0–100): ______
2. Auslösendes Ereignis für meine Emotion? (wer, was, wann, wo?)
3. Mit welchen Gedanken habe ich diese Emotion hervorgerufen bzw. beeinflusst?
4. Was war meine Körperwahrnehmung bzw. körperliche Veränderung?
5. Was habe ich in der Situation getan bzw. was für einen Handlungsimpuls hatte ich?
6. Was für ein Bedürfnis drückt sich durch diese Emotion aus?
7. Handelt es sich um eine adaptive oder maladaptive Emotion?
8. Handelt es sich um eine primäre, sekundäre oder eine instrumentelle (manipulative) Emotion?
9. Was wäre ein angemessener Umgang mit dieser Emotion?

Merke

Die Emotionsanalyse liefert wichtige Informationen und therapeutische Ansatzpunkte.

Regulation der Intensität von Emotionen

Bei sehr intensiven und bedrohlichen Emotionen, welche in Anspannungszuständen münden können, ist die Patientin/der Patient nicht mehr in der Lage, ihr/sein emotionales Erleben kognitiv bzw. behavioral zu regulieren. In diesem Fall bedarf es sog. Skills, d. h. ablenkender Verhaltensfertigkeiten, welche das Überstehen dieser Emotionen ermöglichen, ohne mit dysfunktionalen Verhaltensweisen wie aggressiven Durchbrüchen, Selbstverletzungen und Suizidalität zu reagieren (Linehan, 1996). Zu Beginn der Therapie kann aber auch die Vermeidung der auslösenden Stimuli, die sog. Stimuluskontrolle, hilfreich sein (z. B. sich aus einem Kontakt entfernen, bevor es zu einem aggressiven Wutausbruch kommt).

Die Regulation von weniger intensiven und bedrohlichen Emotionen erfolgt am besten mit Techniken der inneren Achtsamkeit, Atemmeditation und/oder einer positiven Selbstinstruktion (z. B. »Tief durchatmen und nicht sofort reagieren«). Hierdurch können Patientinnen und Patienten die Intensität von Schamgefühlen so weit reduzieren, dass die Schamgefühle aushaltbar und damit bearbeitbar werden.

Wahrnehmung und Verbalisierung von Emotionen

Patientinnen und Patienten sollten immer wieder auf die Wahrnehmung bzw. das Erleben ihrer Emotionen und deren differenzierte sprachliche Repräsentanz fokussiert werden. Rein sprachlich sind Formulierungen wie »Ich *habe* eine Emotion« oder »Ich erlebe gerade ein Gefühl von Angst« hilfreich, weil sie sich hiermit vom unreflektierten emotionalen Erleben distanzieren können. Außerdem macht erst die sprachliche Erfassung des emotionalen Erlebens viele andere emotionsregulatorische Prozesse (z. B. kognitive Arbeit, Schemaklärung und -bearbeitung) möglich.

Akzeptanz bzw. radikale Akzeptanz

Die Vermeidung bzw. Bekämpfung von problematischen Emotionen führt regelhaft zu deren Intensivierung und Chronifizierung. Auf der Grundlage der Wahrnehmung und Verbalisierung der betreffenden Emotion wirken Akzeptanzstrategien deren Vermeidung bzw. Bekämpfung entgegen. Bei der Akzeptanz lernen Patientinnen und Patienten, die Existenz einer adaptiven Emotion und das entsprechende Bedürfnis anzunehmen (so z. B. die Akzeptanz für die Existenz der Emotion Einsamkeit und die Akzeptanz für das Bedürfnis nach mehr sozialen Kontakten). Die radikale Akzeptanz hingegen bezieht sich alleinig auf die Annahme der Existenz einer maladaptiven Emotion, welche keinen adaptiven Wert hat, keine angemessene Reaktion auf einen internen oder externen Stimulus ist. So handelt es sich bei Schamgefühlen in der Regel um eine maladaptive Emotion, welche nur vor dem Hintergrund von massiven Abwertungen bzw. Beschämungen in der Lerngeschichte zu verstehen sind. Im Gegensatz zur Akzeptanz besteht die Konsequenz der radikalen Akzeptanz in der Distanzierung von der problematischen Emotion (»Ich habe ein Schamgefühl, auch wenn ich keine sozialen Normen verletzt habe und es keinen Hinweis gibt, dass die anderen Menschen mich aus der Gemeinschaft ausschließen wollen. Mein Schamgefühl ist ein Echo aus meiner Vergangenheit, in der ich wirklich beschämt worden bin.«). Die radikale Akzeptanz soll das Leiden eines aussichtslosen Kampfes gegen eine Emotion reduzieren und damit die Möglichkeit eines angemessenen regulierenden und verändernden Umganges ermöglichen.

Emotionsstimulation

Bislang vermiedene oder bekämpfte Emotionen werden erlebbar und einer therapeutischen Bearbeitung zugänglich gemacht (z. B. bei Schamgefühlen). Auch können hiermit funktionale Emotionen aktiviert werden, welche an die Stelle von maladaptiven Emotionen treten und damit verhaltenswirksam werden können (z. B. ein adaptiver Ärger, welcher bislang durch die sekundäre Emotion Angst vermieden wurde). Zu den emotionsstimulierenden Techniken gehören u. a. die empathische Beziehungsgestaltung, das direkte Ansprechen von Emotionen, die Imagination emotionsauslösender Situationen, die Präsentation von entsprechenden Stimuli (z. B. innere Sätze), die Zwei-Stuhl-Technik, Rollenspiele und das sog. Focusing.

Emotionsexposition

Patientinnen und Patienten lernen, unangenehme, problematische Emotionen auszuhalten (Emotionstoleranz), um hiermit ihre bisherigen dysfunktionalen Bewältigungsstrategien außer Kraft zu setzen. Diese Technik wird in der Verhaltenstherapie routinemäßig bei Ängsten eingesetzt (z. B. bei Zwangserkrankungen, Panikstörung und Phobien), lässt sich aber auch bei anderen Emotionen wie z. B. Einsamkeit, Traurigkeit, Schuld oder Scham anwenden. Hierbei können Selbstberuhigungstechniken oder Techniken der Achtsamkeit zur Anwendung kommen, um die teilweise unerträgliche Intensität des emotionalen Erlebens zu regulieren.

Kognitive Regulation

Da problematische Emotionen durch kognitive Bewertungen hervorgerufen bzw. beeinflusst werden, ist die Identifikation von dysfunktionalen Bewertungen und deren Korrektur ein wichtiges Element der Emotionsregulation. Hierzu gehören negative Grundannahmen, konditionale Gedanken bzw. Regeln und Pläne als auch automatische Gedanken.

Behaviorale Regulation

Problematische Emotionen werden aufrechterhalten bzw. verstärkt durch die als positiv erlebten Konsequenzen (z. B. Spannungsabfall und Einschüchterung anderer Menschen bei einem Wutausbruch, Schonung bei Ängsten) oder, was deutlich häufiger der Fall ist, durch ein Vermeidungs- bzw. Bekämpfungsverhalten im Sinne einer negativen Verstärkung (z. B. Rückzug bei sozialen Ängsten, Zwänge bei Ängsten, Ärger bei Schamgefühlen). Deshalb hat die behaviorale Arbeit einen hohen Stellenwert bei der Regulation von problematischen Emotionen. Beispiele hierfür sind ein soziales Kompetenztraining zur Reduktion von sozialen Ängsten, die Aufrechterhaltung eines Kontaktes trotz Schamgefühlen, positive Aktivitäten trotz Niedergeschlagenheit bzw. Traurigkeit oder ein betont freundliches und verbindliches Verhalten bei Ärger. Natürlich geht es auch um das Erlernen von Verhaltensweisen, welche hilfreich sind, bislang unterdrückte bzw. vermiedene adaptive Emotionen zum Ausdruck zu bringen und damit die entsprechenden Bedürfnisse zu befriedigen. Beispiele hierfür sind der Ausdruck von berechtigtem Ärger, die Einforderung von mehr Aufmerksamkeit und Zuwendung bei Einsamkeit oder ein selbstbewusstes Verhalten bei Stolz.

Schemaanalyse

Hierbei geht es um die Suche nach primären Emotionen und die Explizierung eines impliziten Schemas. Maladaptive Schemata weisen eine problematische Emotion auf, welche auf eine emotionale Konditionierung durch vergangene aversive Lernerfahrungen hinweisen. Es handelt sich regelhaft um maladaptive primäre Emotionen (insbesondere Scham, Minderwertigkeit, Angst und Furcht). Durch die Identifikation dieser Emotionen lässt sich das Schema explizieren, d. h., es wird eine Klärung des Schemas und seiner biografischen Ursachen vorgenommen. Diese Klärung hat bereits eine therapeutische Wirkung, da sie den Patientinnen und Patienten die Entstehung und Funktionalität ihrer dysfunktionalen Bewältigungsstrategien verständlich macht und gleichzeitig die Einsicht in deren situative Unangemessenheit fördert. Darüber hinaus ist die Schema-Explikation aufgrund der damit verbundenen emotionsbezogenen kognitiven Arbeit bereits eine therapeutische Bearbeitung der problematischen primären Emotion.

Merke

Die am häufigsten vermiedenen bzw. bekämpften Emotionen sind die primären Emotionen von maladaptiven Schemata.

Stuhldialoge

Stuhldialoge dienen dem Ziel, problematische Emotionen bzw. emotionale Konflikte zu aktivieren und zu bearbeiten. Ein Stuhl steht dabei für den Persönlichkeitsanteil, der die Problememotion erlebt, und der andere Stuhl für die innere Stimme, welche diese Emotion stimuliert (z. B. ein Schamgefühl, welches durch Selbstabwertungen hervorgerufen wird).

Körpertherapeutische Verfahren

Da Emotionen auf das engste mit körperlichem Erleben und körperlichem Ausdruck verbunden sind, können körpertherapeutische Verfahren wesentlich zu einer Bearbei-

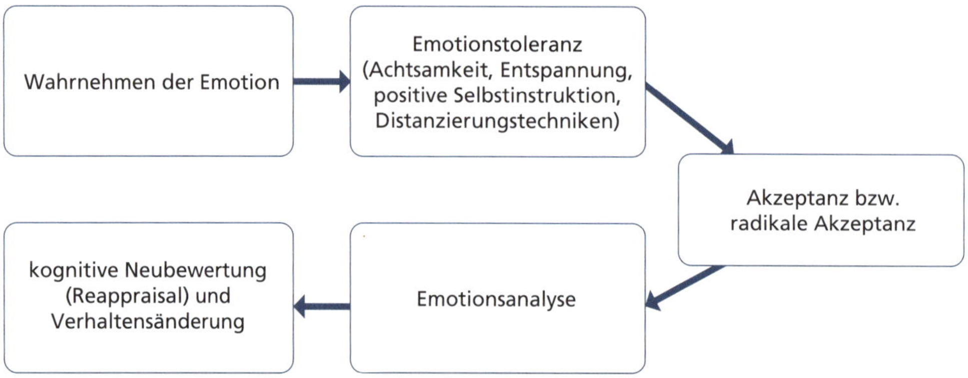

Abb. 30.1: Schema zur Emotionsregulation (modifiziert nach Eismann & Lammers, 2017, S. 132)

tung emotionaler Prozesse beitragen (Friese & Botz, 2024). Hierzu gehören z. B. die gezielte Muskelentspannung, Körperachtsamkeit und Atemübungen.

Kreativverfahren

Da der verbale Zugang zu bzw. Ausdruck von Emotionen häufig eingeschränkt ist, bieten sich kreative Verfahren an, um sich mit emotionalen Prozessen auseinanderzusetzen. Hierzu gehört z. B. das Malen als Ausdruck von emotionalen Zuständen und der Versuch, diese emotionalen Zustände durch das Entwerfen von neuen Bildern zu verändern. Auch der musikalische Ausdruck von Emotionen kann zu deren therapeutischen Veränderung beitragen.

In der praktischen Arbeit hat es sich bewährt, den Patientinnen und Patienten ein Schema zum Umgang mit ihren Problememotionen an die Hand zu geben (▶ Abb. 30.1), welches die Kernanteile der oben genannten Aspekte der Emotionsregulation beinhaltet (Lammers, 2015; Berking, 2017).

Fallbeispiel

Mittels der Techniken dieses Schemas konnte die Patientin mit ihren Schamgefühlen den folgenden hilfreichen Umgang erlernen: Ihre situative Nervosität und Anspannung hatte sie als Warnzeichen für Schamgefühle in sozialen Kontakten erkannt, sodass sie ihre Aufmerksamkeit diesen zeitnah zuwenden konnte. Mit einer Kombination aus Achtsamkeit und positiver Selbstinstruktion (»Es ist nichts Schlimmes passiert. Das sind nur Schamgefühle, die aus meiner Vergangenheit kommen.«) konnte sie ihre Schamgefühle aushalten und deren Intensität reduzieren. Ihre radikale Akzeptanz dieser maladaptiven Emotion übte sie aus mit dem Satz: »Ich laufe nicht weg. Ich bin stark genug, um mich damit zu beschäftigen«. Im nächsten Schritt schaute sie sich gemäß der Emotionsanalyse die wesentlichen Aspekte ihres Schamerlebens an. Dabei standen negative Kognitionen im Sinne einer Selbstabwertung im Mittelpunkt (»Ich werde nie dazugehören!« und »Die anderen mögen mich nicht!«). Hierauf basierend aktivierte die Patientin ihre zuvor in der Therapie erarbeiteten korrigierenden Kognitionen (u. a. »Das ist deine Gefühlskonserve aus der Vergangenheit«, »Weiß du das wirklich oder fühlst du das nur?«, »Ich will mich nicht länger von diesen Schamgefühlen beherrschen lassen!«). Im Anschluss beschäftigte sie sich mit der wahrscheinlichen Haltung der jeweiligen Interaktionsperson bezüglich ihrer Person und konnte hier entkatastrophisierende Interpretationen finden (z. B. »Alle Anzeichen sprechen dafür, dass die andere Person mich mag.«). Zunehmend bemühte sich die Patientin, in den jeweiligen schamauslösenden Situationen zu verbleiben, und konnte in Beziehungen hierdurch ihrem Schamgefühl gegenläufige Erfahrungen machen.

Prüfungsfragen

1. Welche der folgenden Aussagen sind richtig?
   a) Das Prinzip der Exposition ist Grundlage vieler therapeutischer Interventionen.
   b) Eine alleinige kognitive Arbeit hat keinen Einfluss auf Emotionen.
   c) In der therapeutischen Beziehung erleben Patientinnen und Patienten häufig ihre Problememotionen.
   d) In der Verhaltenstherapie spielt die Emotionsaktivierung eine untergeordnete Rolle.
2. Welche der folgenden Aussagen ist falsch?
   a) Empathie und Validierung sind wichtige Aspekte der therapeutischen Beziehung bei der Arbeit an problematischen Emotionen.
   b) Durch die Aktivierung von Emotionen geraten Patienten häufig in eine heilende Krise.
   c) Durch bestimmte Interventionen können die Problememotionen der Patientinnen und Patienten stimuliert werden.

d) Problematische Emotionen können durch Verhaltensweisen beeinflusst werden.
e) Kognitive Prozesse haben einen großen Stellenwert in der Emotionsregulation.

3. Welcher dieser Punkte gehört nicht zur emotionalen Dysregulation im engeren Sinne?
   a) Impulsivität
   b) Intoleranz für das Erleben von negativen Emotionen
   c) dissoziale Verhaltensweisen
   d) geringe Fähigkeit zur Differenzierung von Emotionen
   e) fehlende Akzeptanz von Emotionen
4. Welche Technik gehört nicht im engeren Sinn zur Emotionsregulation?
   a) Exposition
   b) innere Achtsamkeit
   c) Disputation
   d) Emotionsanalyse
   e) Akzeptanz

Antworten

1. a) und c) sind richtig.
2. b) ist falsch.
3. c) gehört nicht dazu.
4. c) gehört nicht dazu.

Empfohlene Materialien

- Barnow, S., Blitzner, E., Borm, I., Sauer, C. (2024). *Emotionsregulation: Therapiemanual und Arbeitsbuch*. Springer.
- Berking, M. (2017). *Training emotionaler Kompetenzen*. Springer.
- Eismann, G., & Lammers C. H. (2017). *Therapie-Tools Emotionsregulation*. Beltz.
- Eismann, G. (2012). *Emotionsregulation. Kartenset mit 75 Therapiekarten*. Beltz.

Literatur

Auszra, L., Herrmann, I., & Greenberg, L. (2016). *Emotionsfokussierte Therapie: Ein Praxismanual*. Hogrefe.

Berking, M. (2017). *Training emotionaler Kompetenzen*. Springer.

Berking, M., Wupperman, P., Reichardt, A. et al. (2008). Emotion-regulation skills as a treatment target in psychological interventions for mental health problems. *Behavior Research and Therapy, 46*(11), 1230–7. doi: 10.1016/j.brat.2008.08.005.

Campbell-Sills, L., Barlow, D. H., Brown, T. A., & Hofmann, S. G. (1996). Acceptability and suppression of negative emotion in anxiety and mood disorder. *Emotion*; *6*, 587–595. doi: 10.1037/1528-3542.6.4.587.

Eifert, G. (2022). *Akzeptanz- und Commitment-Therapie (ACT)*. Hogrefe.

Eismann, G., & Lammers, C.-H. (2017). *Therapie-Tools Emotionsregulation*. Beltz.

Friese, K., & Botz, D. (2024). *Wie der Körper die Seele heilt: Mit Körperübungen intensive Gefühle regulieren*. Junfermann.

Greenberg, L. (2006). *Emotionsfokussierte Therapie. Lernen mit eigenen Gefühlen umzugehen*. DGVT.

Gratz, K. L., & Roemer, L. (2004). Multidimensional assessment of emotion regulation and dysregulation: Development, factor structure, and initial validation of the difficulties in emotion regulation scale. *Journal of Psychopathology and Behavioral Assessment, 26*(1), 41–54. doi: 10.1007/s10862-008-9102-4.

Gratz, K. L., Weiss, N. H., & Tull, M. T. (2015). Examining emotion regulation as an outcome, mechanism, or target of psychological treatments. *Current Opinion in Psychology, 1*(3), 85–90. doi: 10.1016/j.copsyc.2015.02.010.

Hayes, S. C., Wilson, K. G., Gifford, E. V. (1996). Experiential avoidance and behavioural disorders: A functional dimensional approach to diagnosis and treatment. *Journal of Consulting and Clinical Psychology, 64*, 1152–1168. doi: 10.1037//0022-006x.64.6.1152.

Heber, E., Lehr, D., Riper, H., Berking M. (2014). Emotionsregulation: Überblick und kritische Reflexion des aktuellen Forschungsstandes. *Zeitschrift für Klinische Psychologie und Psychotherapie, 43*, 147–162. https://10.1026/1616-3443/a000265

Iwakabe, S., Nakamura, K., & Thoma, N. C. (2023). Enhacing emotion regulation. *Psychotherapy Research, 33*(7), 918–945. doi: https://10.1080/10503307.2023.2183155.

Kleinginna, P. R., & Kleinginna, A. M. (1981). A categorized list of emotion definitions, with suggestions for a consensual definition. *Motivation and Emotion, 5*, 345–379. doi: 10.1007/BF00992553.

Lammers, C.-H. (2015). *Emotionsfokussierte Methoden*. Beltz.

Lammers, C.-H. (2017). *Therapeutische Beziehung und Gesprächsführung*. Beltz.

Linehan, M. (1996). *Dialektisch Behaviorale Therapie der Borderline-Persönlichkeitsstörung*. CIP-Medien.

McRae, K., & Gross, J. J. (2020). Emotion Regulation. *Emotion, 20*(1), 1–9. doi: 10.1037/emo0000703.

Palmieri, A., Fernandez, K. C., Cariolato, Y. et al. (2022). Emotion regulation in psychodynamic and cognitive-behavioral therapy: An integrative perspective. *Clinical Neuropsychiatry, 19*(2), 103–113. doi: 10.36131/cnfioritieditore20220204.

Rottenberg, J., & Johnsin, S., L. (2007). *Emotion and Psychopathology*. American Psychological Association.

Tamir, M., John, O. P., Srivastava, S., Gross J. J. (2007). Implicit theories of emotion: Affective and social outcomes across a major life transition. *Journal of Personality and Social Psychology, 92*(4), 731–744. doi: 10.1037/0022-3514.92.4.731.

Whelton, W. J. (2004). Emotional processes in psychotherapy: Evidence across therapeutic modalities. *Clinical Psychology and Psychotherapy, 11*(1), 58–71. doi: 10.1002/cpp.392.

Young, J. E., Klosko, J. S., & Weishaar, M. E. (2005). *Schematherapie. Ein praxisorientiertes Handbuch*. Junfermann.

Weiterführende Literatur

Auszra, L., Herrmann, I., Greenberg, L. (2016). *Emotionsfokussierte Therapie: Ein Praxismanual*. Hogrefe.
Berking, M. (2017). *Training emotionaler Kompetenzen*. Springer.
Gross, J. J., & Ford, B. Q. (2024). *Handbook of emotion regulation*. Guilford Press.
Lammers, C. H. (2015). *Emotionsfokussierte Methoden*. Beltz.

31 Wertearbeit

Hagen Böser

Das Wichtigste auf einen Blick

- Werte helfen uns dabei, Entscheidungen zu treffen, und geben eine langfristige Lebensrichtung vor.
- An den getroffenen Entscheidungen kann man die zugrundeliegenden Werte erkennen.
- Der »gehandelte« Wert ist entscheidend, nicht der »erzählte« Wert.
- Ziele können als Meilensteine in der Wertearbeit gut genutzt werden.
- Ohne eine Einbettung der Ziele in lebensrelevante Werte verlieren Ziele nach ihrem Erreichen schnell ihre Bedeutung.

31.1 Einführung

Die Arbeit mit Werten unterscheidet sich von der Arbeit mit Zielen. Werte sollen eine langfristige Richtung vorgeben, Ziele wollen erreicht werden.

Das Problem mit Zielen ist, dass sie, erst einmal erreicht, schnell ihre Bedeutung verlieren. »Nach dem Spiel ist vor dem Spiel.« Nur – was soll das nächste Spiel sein? Der nächste Marathon, die nächste Promotion, das nächste Haus? Wozu?

Werte geben eine längerfristige Orientierung im Leben. Sie sollen helfen, den kurzfristigen Verstärkern des Alltags zu widerstehen und in Entscheidungssituationen die langfristigen Verstärker zu wählen. Aus einer ACT-Perspektive heraus bringt ein Leben, das gemäß der eigenen Werte geführt wird, langfristig eine größere Zufriedenheit und Resilienz.

31.2 Theoretische und methodische Grundlagen

Psychotherapie erwartet Veränderung, eine Unterbrechung des bisherigen Musters. Aus diesem Grund muss gemeinsam mit Patientinnen und Patienten eine Zukunftsperspektive entworfen werden, die die Unterbrechung des Bisherigen, die Veränderung darstellt. Diese Zukunftsperspektive wird jedoch nicht durch kognitives Verstehen und Wünschen erreicht, sondern durch vollzogene Handlungen. Der Leitsatz »Willst du wissen, was du willst, musst du gucken, was du tust – nicht, was du sagst.« hat schon viele Psychotherapeutinnen und Psychotherapeuten in Ausbildung dabei unterstützt, zwischen Wünschen und Zielen zu unterscheiden.

31.2.1 Ziele: Was wollen Sie erreichen?

Ziele haben in der Verhaltenstherapie schon immer eine Rolle gespielt. Jedes Lernen-Wollen hat ein Ziel. Georg T. Doran (1981) stellte für das Management Zielkriterien vor, die seitdem auch in unterschiedlichen Psychotherapieschulen genutzt werden. Diese sog. S.M.A.R.T.-Zielkriterien werden nachfolgend definiert.

Spezifisch: Ziele sollten klar und präzise definiert sein, um Missverständnisse zu vermeiden. Mögliche Fragen sind:

- Was genau möchte ich erreichen?
- Wer ist daran alles beteiligt?
- Welche Schritte wird es benötigen?
- Welche Herausforderungen werden sich mir in den Weg stellen?

Messbar: Es sollte möglich sein, den Fortschritt und die Erreichung des Ziels zu messen.

- Woher weiß ich, dass ich mein Ziel erreicht habe?
- Mit welchen Kriterien prüfe ich auf dem Weg den Grad der Zielerreichung?

Attraktiv: Das Ziel sollte motivierend und erstrebenswert sein.

- Wozu möchte ich dieses Ziel erreichen?
- Will oder soll ich das Ziel für andere erreichen?
- Wie unterscheidet sich dieses Ziel von ähnlichen Zielen?

Realistisch: Ziele sollten erreichbar und realistisch sein, basierend auf den verfügbaren Ressourcen.

- Was lässt mich hoffen, dass ich das Ziel erreichen kann?
- Welche Herausforderungen wird es auf dem Weg geben?
- Wie kann ich mit diesen Herausforderungen umgehen?
- Habe ich wirklich schon alle Ressourcen, um das Ziel zu erreichen?

Terminiert: Es sollte ein klarer Zeitrahmen für die Erreichung des Ziels festgelegt werden.

- Für wie realistisch halte ich meinen Zeitrahmen für die Zielerreichung?
- Was passiert mir, wenn ich das Ziel nicht erreiche?

Das Akronym S.M.A.R.T. wurde im Verlauf durch zwei weitere Kriterien, E. und R., zu S.M.A.R.T.E.R ergänzt (Garvey, 2019).

Evaluieren: Anstatt zu hoffen, dass die Ziele am Ende des Weges mit den geplanten Schritten erreicht werden und sich dann gut und richtig anfühlen, sollten Ziele kontinuierlich während des Weges überprüft werden. Auf dem Weg zum Ziel entstehen neue Informationen über das Ziel und den Weg, wie man das Ziel erreichen könnte. Diese Neuigkeiten sollten in der Zielformulierung und im Umsetzungsplan berücksichtigt werden.

- Handle ich so, wie ich es mir für die Zielerreichung vorgenommen habe?
- Habe ich den Eindruck, durch diese Handlungen dem Ziel näher zu kommen?
- Welche Handlungen fordern mich besonders heraus und vermeide ich diese?

Rejustieren: Wenn in der Evaluierung immer wieder Probleme mit dem Ziel auftauchen, sollte überprüft werden, ob eine Rejustierung des Ziels notwendig ist. Die Regel, dass man alles beenden sollte, was man einmal begonnen hat, entspricht nicht den Entwicklungsprozessen der Evolution. Wenn sich die Funktion des Ziels im Verlauf als nicht nützlich oder nicht erreichbar erweist, sollte man innehalten und das Ziel überdenken. Eine Metapher, die in diesem Zusammenhang gerne genutzt wird: »Höre auf, ein totes Pferd reiten zu wollen.«

- Macht mein Ziel für mich noch Sinn, wenn ich mich darauf zubewege?
- Gibt mir mein Ziel noch die Energie, schwierige Handlungen auf mich zu nehmen?
- Kann es sein, dass mein Ziel nur ein Stellvertreter-Ziel gewesen ist und ich zunehmend merke, dass es mir eigentlich um etwas anderes geht?

Die S.M.A.R.T.E.R.-Kriterien sind im Prinzip auf alle Ziele anwendbar, auch auf dysfunktionale. So könnte man versuchen, das Vermeiden von negativen Gefühlen als S.M.A.R.T.E.R.-Ziel zu formulieren. Aus diesem Grund sollte Patientinnen und Patienten nicht nur diese wirkungsvolle Technik vermittelt werden, sondern auch die Funktionalität des Ziels in ihrem Leben gemeinsam überprüft werden.

Hier kann es sehr hilfreich sein, die Werte herauszuarbeiten, die hinter dem Ziel stehen. Dabei wird meistens deutlich, dass es mehr als einen Weg gibt, den Wert umzusetzen, und es somit auch mehrere mögliche Zielvarianten geben kann. Aus den verschiedenen Zielvariationen kann das wertekonforme Ziel gewählt werden, welches dann mit den S.M.A.R.T.E.R.-Kriterien am wahrscheinlichsten zu erreichen ist.

Ziele ohne Umsetzungsplan sind Wünsche und die S.M.A.R.T.E.R.-Kriterien geben eine Struktur für diesen Umsetzungsplan. Das tatsächliche Erreichen von Zielen stärkt das Gefühl der Selbstwirksamkeit und damit auch das Selbstwertgefühl. Das Stärken von beidem ist ein wichtiger Wirkfaktor in der Psychotherapie.

Ein Spruch aus dem Japanischen fasst die Herausforderung gut zusammen: »*Eine Vision ohne Handlungen ist ein Tagtraum. Handlungen ohne Vision sind ein Albtraum.*«

31.2.2 Werte: Wozu wollen Sie das erreichen?

Die Frage »Was ist Ihnen wirklich wichtig?« ist im Deutschen eine der wichtigsten Wertefragen. Das englische Wort »value«, das in der ACT-Arbeit (siehe ▶ Kap. 58) verwendet wird, bekommt in der deutschen Übersetzung »Werte« einen philosophischen Anklang. Im Deutschen wäre es ungewöhnlich, wenn man nach seinen Werten gefragt wird und mit »Joggen« antwortet. »Freiheit, Gleichheit und Brüderlichkeit« würde man im Deutschen eher erwarten. Im Englischen auf die Frage »What are your values?« wie auf die deutsche Frage »Was ist Ihnen wirklich wichtig?« kann man in beiden Fällen mit »Joggen« antworten.

Auch bei den Werten haben sich Kriterien etabliert, die sich bei der Wertearbeit in der Psychotherapie bewährt haben (Dahl et al., 2009; Wilson, 2022) und die nachfolgend vorgestellt werden.

Werte sind selbst gewählt

Patientinnen und Patienten berichten oft von Werten, die sozial erwünscht sind oder die von ihrem Umfeld und der Kulturgemeinschaft verstärkt werden. Hier ist es wichtig zu überprüfen, ob diese Werte überhaupt für das eigene Leben bewusst gewählt worden sind oder sie ohne eine eigene kritische Prüfung übernommen worden sind.

Hierfür bietet sich die Frage an, ob man die Handlungen, die für diesen Wert stehen würden, auch dann tun würde, wenn niemand zuschauen und »klatschen« (verstärken) würde.

Sozial erwünschte Werte sind nicht »schlecht«, sie können für die eigene Wertefindung eine wichtige Orientierung geben. Jedoch gibt jede Kultur Lebensentwürfe vor und markiert andere als eher unerwünscht. Z. B.: Um ein erfülltes Leben haben zu können, muss man Kinder haben; ist es wichtig, Karriere zu machen; darf man auf keinen Fall von jemandem abhängig sein etc. So können manche Werte der Kultur, in der man sich überwiegend bewegt, für den eigenen Lebensentwurf passen, andere aber auch nicht. Hier stellt sich die Frage, ob man der Kulturvorlage folgt und sich damit auch die eindeutige Zugehörigkeit zur Gemeinschaft sichert oder ob man sich für nicht kulturkonforme Werte entscheidet und damit die Zugehörigkeit zur Gemeinschaft riskiert. Diese Überlegungen abzuwägen und bewusst zu entscheiden, ist eine wichtige Aufgabe in der Arbeit mit Werten.

Werte sind konstruiert und dynamisch

Werte bestehen aus Konzepten, die über Sprache gebildet werden. Wörter als Mittel zur sprachlichen Definition von Werten können für den einzelnen Menschen sehr unterschiedliche Wortbedeutungen haben und sind somit missverständlich. Sprache bleibt immer mehrdeutig.

Eine Frage, die beim Werteverständnis helfen kann: »Helfen Sie mir zu verstehen, was es für Sie bedeutet, ein guter Vater zu sein? Was tun Sie dann und was nicht?« Am besten lässt man sich hier von außen beobachtbare Verhaltensweisen schildern und leitet daraus das Muster von Aktivitäten ab, das im Verständnis des Patienten/der Patientin das Konzept repräsentiert. Daraus lassen sich leicht S.M.A.R.T.E.R-Ziele ableiten, die man als Meilensteine eines mehr an Werten orientierten Lebens verwenden kann.

Im Verlauf des Lebens sind Werte nicht statisch, sondern dynamisch. Was einem als Jugendlicher bedeutungsvoll war, kann im Laufe des Lebens an Wichtigkeit verlieren. Nur weil es früher einmal wichtig war, muss es heute nicht mehr wichtig sein. Der Wert und die Handlungen für »ein guter Vater sein« kann sich mit den Jahren ändern. Zum einen in den Handlungen, mit denen der Wert umgesetzt wird: Kleinkinder benötigen andere Handlungen als Pubertierende. Zum anderen kann sich auch die Wichtigkeit des Wertes »ein guter Vater sein« im Laufe des Lebens ändern.

Es gibt nur Handlungskonflikte, keine Wertekonflikte

Was das alltägliche Leben kompliziert macht, ist, dass Menschen nicht nur einen einzigen Wert haben. Wir alle leben in einer Vielzahl von Rollen, die alle eigene Werte haben, und diese unterschiedlichen Werte können sich sogar widersprechen. Dies ist in der Welt der Konzepte erst einmal kein Problem, im gelebten Leben sehr wohl.

Wenn man sich z. B. als Arzt um 17:00 Uhr entscheiden muss, ob man aus der Praxis nach Hause geht und mit den Kindern spielt oder die noch offenen Arztbriefe schreibt, dann hat man einen Handlungskonflikt (siehe ▶ Kap. 9, ▶ Kap. 10). Beides können wichtige Werte sein: »präsente Elternschaft« und »gewissenhafter Arzt«, aber um 17:00 Uhr sind die Verhaltensregeln hierzu unvereinbar. Eine Priorisierung der Werte wird notwendig. Dieser Konflikt kann innere Spannungsgefühle auslösen, insbesondere dann, wenn der Handlungskonflikt nicht bewusst entschieden wird. Die Entscheidung, etwas nicht zu tun, obwohl es einem wichtig ist, ist schwer. Entscheiden heißt verzichten. Das Entscheiden kann jedoch vor Frustration und Insuffizienzgefühlen schützen. Die getroffenen Entscheidungen im gelebten Leben machen die Priorität der Werte deutlich.

Werte haben mit dem eigenen Handeln zu tun und werteorientierte Handlungen können jederzeit begonnen werden

Patientinnen und Patienten erzählen oft von Werten, für die es keine entsprechenden Handlungen in der Vergangenheit gegeben hat. Erzählte Werte ohne Handlungen sind eine Absichtserklärung, ein »Wunsch-Selbst«. So würden wir uns gerne sehen. Der Abgleich mit dem gelebten Leben kann zunächst unangenehm sein, da uns die Diskrepanz zwischen unserem »Wunsch-Selbst« und unserem »Gelebten-Selbst« deutlich wird. Werteübungen untersuchen oft genau diese Diskrepanz.

Das eigene Handeln soll auch nicht an das Handeln von anderen Menschen geknüpft werden. Z. B.: »Erst wenn meine Eltern sich bei mir entschuldigt haben, kann ich mich bei ihnen wieder melden, um die Beziehung mit ihnen zu verbessern.« Wenn es eine Unabhängigkeit vom Handeln anderer gibt, können die werteorientierten Handlungen sofort beginnen. Hier können die S.M.A.R.T.E.R-Zielkriterien wieder nützlich sein, um den Prozess ins Rollen zu bringen.

Der Prozess ist entscheidend, nicht das Ergebnis

Der vorherrschende Verstärker für Werte ist üblicherweise extrinsisch vom antizipierten Ergebnis abhängig. Das ist herausfordernd und kann sich als ungünstig erweisen. Dies kann an folgendem Beispiel deutlich werden: Eine Mutter kann sich entscheiden, trotz des Kontaktabbruchs der pubertierenden Tochter die Tür weiter für sie offenzuhalten. Die Tochter muss nicht durch die Tür kommen, aber sie hat immer die Möglichkeit, sich dafür zu entscheiden. Trotz all der herausfordernden Situationen in der Vergangenheit möchte die Mutter durch diese gewählte Haltung den Wert der fürsorglichen Mutter leben. Der Verstärker ist nicht, dass die Tochter zur Tür hereinkommt, sondern dass die Mutter trotz aller Herausforderungen die Tür immer für sie offengehalten hat.

So ist die Umsetzung des Wertes nicht vom Verhalten einer anderen Person abhängig, sondern bleibt im eigenen Wirkungsbereich. Ein weiteres Problem des extrinsischen Ergebnisses ist, dass dadurch impliziert werden kann, dass es nur einen Weg gibt, den Wert umzusetzen und somit die Variationen eingeschränkt werden. Viele Wege führen jedoch nach Rom.

31.2.3 Der Unterschied zwischen Werten und Oberplänen

In der kognitiven Verhaltenstherapie (KVT) sind Oberpläne kognitive Strukturen oder Überzeugungen, die tief in der Persönlichkeit verankert sind. Sie stellen Regeln dar, wie man sein Leben führen sollte, dadurch beeinflussen sie, wie Informationen verarbeitet werden und wie auf bestimmte Situationen reagiert wird. Oberpläne können im Alltag automatisch, ohne bewussten Entscheidungsprozess als Konzept über die Welt entstehen. Wenn sie dysfunktional sind, können sie zu psychischen Problemen führen. In der Verhaltenstherapie wird darauf abgezielt, dysfunktionale Oberpläne bzw. dysfunktionale Verhaltenspläne in der Umsetzung der Oberpläne zu erkennen, herauszufordern und zu modifizieren. Dies soll Patientinnen und Patienten helfen, realistischere und flexiblere Denkweisen zu entwickeln, die hoffentlich zu gesünderen Verhaltensweisen führen.

Dysfunktionale Oberpläne stehen im Weg, sie erzeugen psychische Symptome. Daher sollen sie erkannt und durch funktionale Oberpläne ersetzt werden.

Kurzfristige Verstärker und dysfunktionale Oberpläne können, ähnlich den Sirenen in der griechischen Mythologie, einen vom gewählten Weg ablenken. »Jetzt angenehm« ist einer der mächtigsten Verstärker. Ihm zu widerstehen bedeutet, dass man bereit sein muss, »Jetzt unangenehm« zu akzeptieren. Dafür braucht es einen triftigen Grund und diesen Grund sollen Werte darstellen.

Merke

Werte helfen, auf dem gewählten Weg zu bleiben und sich von den Problemen des Lebens, den kurzfristigen Verstärkern oder eventuell dysfunktionalen Oberplänen nicht ablenken zu lassen, um das Leben zu führen, das man leben möchte.

31.3 Praktische Vorgehensweisen und Abläufe

31.3.1 Sorgen in Werte umformulieren

Individuelle Sorgen können in der Wertearbeit hervorragend dafür verwendet werden, die Werte der Patientinnen und Patienten herauszuarbeiten. Jeder Mensch kann in der Regel Dinge benennen, um die er sich Sorgen macht. Wir machen uns nur um die Dinge Sorgen, die uns wichtig sind. Somit liegen hinter jeder Sorge ein oder auch mehrere Ziele oder Konzepte, die uns wirklich wichtig sind. Dies lässt Rückschlüsse auf unsere Werte zu.

Dieser Aspekt lässt sich in der Psychotherapie gut nutzen. Ein Weg dazu ist, mit Patientinnen und Patienten die aktuellen Sorgen auf Karteikarten zu sammeln. Anschließend untersucht man jede Sorge mit der Frage: »Was genau ist Ihnen so wichtig daran, dass Sie sich genau diese Sorge machen.« Die Werte der jeweiligen Sorge werden auf die Rückseite der Karteikarte geschrieben. Patientinnen und Patienten können so erkennen, dass sie diese Sorgen nur loswerden könnten, wenn sie auf den Wert verzichten würden, was unrealistisch ist. Somit sind Sorgen nicht nur anstrengend und lästig, sondern auch ein Ausdruck dafür, was einem wichtig ist. Dabei kann auffallen, dass ein bestimmter Wert hinter verschiedenen Sorgen liegen kann. So lassen sich Sorgen und Werte clustern.

Mit den auf der Rückseite der Karteikarten ermittelten Werten kann anschließend eine »Wertepriorisierung« vorgenommen werden. Was ist der wichtigste Wert und in welcher Reihenfolge kommen die anderen Werte? Diese Priorisierung ist zunächst Ausdruck für ein »Wunsch-Selbst«, das mit der nächsten Übung genauer untersucht werden kann.

31.3.2 Werte des letzten und nächsten Quartals

Die erstellte Werte-Liste aus den Sorgen kann man nun mit Handlungen des letzten Monats oder Quartals abgleichen. Bei einem Blick in den Kalender des Patienten/der Patientin zeigt sich, was im Alltag Priorität bekommen hat. Auch hier muss man überlegen, welche Werte hinter den eingetragenen Terminen liegen und welche werteorientierten Handlungen eventuell nicht als Termin eingetragen werden. Meist lassen sich im Terminkalender weitere Werte finden, die oft nicht so gut zum »Wunsch-Selbst« passen, aber im Alltag gelebt werden.

Mithilfe von Karteikarten (am besten mit drei verschiedenen Farben) lassen sich jetzt zwei Wertespalten erzeugen. Einmal die Spalte der Werte über die Sorgen (erste Farbe) und dann die Spalte der Werte über den Alltag (zweite Farbe). Aus der Betrachtung der Werte und deren Priorisierung der beiden Spalten kann nun eine dritte Spalte (dritte Farbe) der Werte des nächsten Quartals entstehen. Wichtig bei dieser neuen Spalte ist es, auf die oben genannten Wertekriterien zu achten. Die Werte der dritten Spalte sollten selbst gewählt als auch prozessorientiert sein. Die Priorisierung der Werte sollte die Handlungskonflikte der Vergangenheit im Blick haben. Jeder Wert sollte klar konstruiert, mit Handlungsbeispiel und dynamisch formuliert sein (▸ Abb. 31.1).

31.3.3 Wertogramm

Eigene Werte haben oft eine Geschichte. Diese kann mit dem Wertogramm untersucht werden. Das Wertogramm wurde in Anlehnung an das Genogramm entwickelt. (Näheres dazu siehe ▸ Kap. 53.)

Wenn zwei Menschen ein Paar werden und eine Familie gründen, dann verbinden sich nicht nur zwei Menschen, sondern es treffen zwei Clans, zwei Herkunftsfamilien, aufeinander – teilweise mit sehr unterschiedlichen Werten und Regeln. Die neue Familie muss entscheiden, ob sie die Regeln und Werte des einen oder anderen Herkunftssystems übernehmen, ob sie einen Teil von dem einen und einen Teil von dem anderen übernehmen oder ganz neue Regeln und Werte in ihrer Familie etablieren. Dieser Prozess geschieht meist überwiegend unbewusst. Hier kann das Wertogramm (▸ Abb. 31.2) die neue Familie unterstützen, in dem es die Regeln und Werte der beiden Herkunftssysteme bewusst und somit besprechbar macht:

- Was war den einzelnen Familienmitgliedern wirklich wichtig?
- Was war dem jeweiligen »Clan« wirklich wichtig?
- Was soll uns wirklich wichtig sein?
- Wie wollen wir leben und was wollen wir nicht leben?

Abb. 31.1: Wertepriorisierung mit Karteikarten

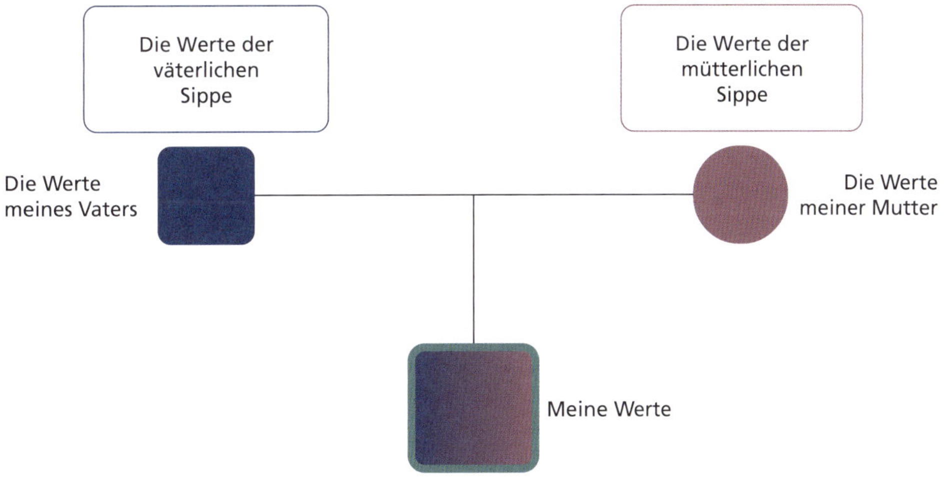

Abb. 31.2: Wertogramm

Das Wertogramm wird zunächst von jeder Person alleine ausgefüllt. Es beginnt mit der Frage: »Was ist meiner Mutter und meinem Vater wirklich wichtig gewesen? Mindestens drei Themen.« Die Themen werden auf dem Blatt bei den Eltern eingetragen. Es folgt die Untersuchung der Herkunftsfamilie des Vaters und der Mutter: »Was ist in der Herkunftsfamilie meiner Mutter oder meines Vaters wirklich wichtig gewesen? Wie sollte man sein?« Hier stellt sich dann die Frage, ob die Mutter oder der Vater sich den Regeln und Werten seiner Familie angeschlossen oder ob sie oder er dagegen verstoßen hat. Wenn es einen Regelverstoß gegeben hat, lohnt sich die Überprüfung, wie das Herkunftssystem auf den Regelverstoß reagiert hat.

Wenn das Wertogramm für jede Person erstellt wurde, stellt sich das Paar gegenseitig das eigene Wertogramm vor und tritt in den Diskurs, welche Regeln und Werte sie als Familie leben möchten. Hier kann die Perspektive der eigenen Kinder und Enkelkinder helfen: »Welche Regeln und Werte wollen wir an die nächsten Generationen weitergeben und welche sollen bei uns enden?«

31.3.4 Wertepanorama

Auch eine Untersuchung der eigenen Lebensgeschichte kann helfen, Werte und deren dynamischen Verlauf zu erkennen. Hier kann das Wertepanorama eine hilfreiche Methode sein. Diese Methode eignet sich gut für gruppentherapeutische Settings. Es ist hilfreich, in der Gruppe Kleingruppen mit Patientinnen und Patienten in ähnlichem Alter zu bilden.

Zunächst wird das eigene Leben in ca. fünf Lebensphasen eingeteilt (▸ Abb. 31.3).

Jeder Berg (Dreieck) stellt eine Lebensphase dar. Ein Stichwort für die Phase wird unter dem Berg geschrieben. Dann wird jede Lebensphase einzeln mithilfe der unten genannten Fragen untersucht. Die Antworten (Erinnerungen) werden in der unteren Hälfte dieses Berges eingetragen:

- Welche Poster und Bilder hingen in dieser Zeit in Ihrem Zimmer?
- Welche Roman- oder Filmhelden/-heldinnen hatten Sie?
- Welche Projekte oder Dinge waren Ihnen in dieser Lebensphase wirklich wichtig?
- Welche Vorbilder gab es in dieser Zeit?

Aus den Erinnerungen werden die Werte der einzelnen Lebensphasen herausgearbeitet. Was wurde bewundert? Was war an den Dingen und Projekten wirklich wichtig. Gab es Vorbilder, die gute und böse Seiten hatten. Was hat fasziniert und warum? Die so herausgearbeiteten Werte werden in den oberen Teil des Berges eingetragen.

Wenn alle Lebensphasen aufgefüllt sind, kann man ein Panorama seiner Werte über das Leben hinweg sehen. Gibt es Werte, die einen ein Leben lang mit dynamischen Veränderungen begleiten, und gibt es Werte, die sehr an eine bestimmte Lebensphase gekoppelt sind?

31.3.5 Von Werten zum Commitment

Eine Gefahr der Wertearbeit ist es, dass viel über Werte gesprochen wird, diese aber nicht »gehandelt« werden. »Schön, dass wir darüber gesprochen haben.« ist ein gefährliches Ende einer Psychotherapiestunde. Bis zur nächsten Stunde kann schon alles wieder vergessen sein und der Veränderungsimpuls der Worte ist verpufft.

Merke

Eine wichtige Überzeugung der Wertearbeit ist: Wenn die eigenen Werte durch Handlungen im Alltag mehr gelebt werden, steigt die Zufriedenheit mit dem eigenen Leben. Aus diesem Grund muss mit der Wertearbeit ein Commitment erarbeitet werden.

Im Deutschen gibt es für das Wort »Commitment« keine gute Entsprechung. Seine vielschichtige Bedeutung kann nur mit mehreren Worten umschrieben werden:

- *Verpflichtung:* eine feste Zusage und Bindung an eine Aufgabe oder Ziel
- *Engagement:* die Bereitschaft, Zeit und Energie in eine Sache zu investieren

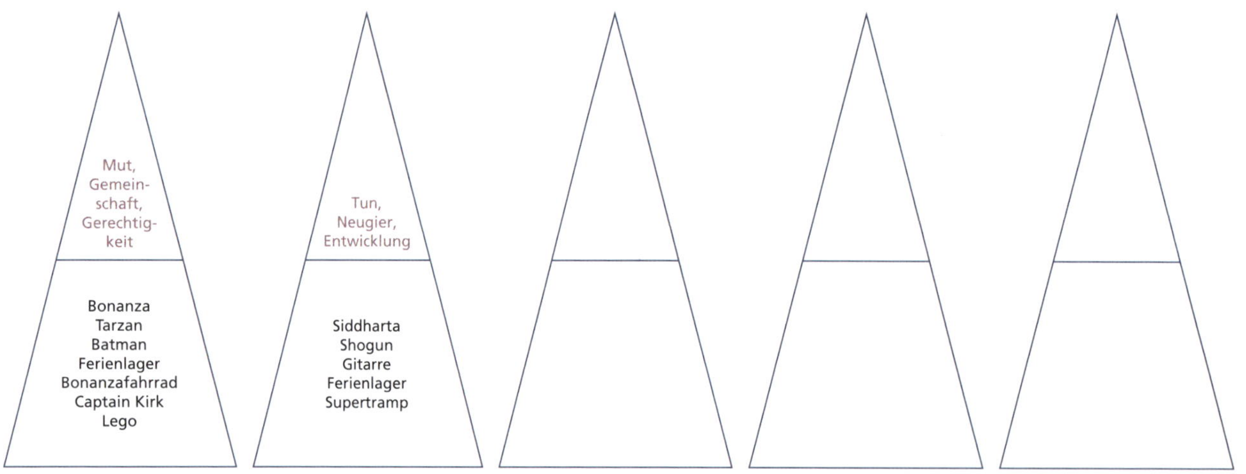

Abb. 31.3: Wertepanorama

- *Hingabe:* ein starkes Gefühl des Einsatzes oder der Loyalität für etwas oder jemanden
- *Entschlossenheit: der* feste Wille, ein Ziel zu erreichen oder eine Aufgabe zu erfüllen

Wenn die Werte herausgearbeitet sind, folgt die Übersetzung der Werte in Handlungen im Alltag. Eine Zeitperspektive, die sich bewährt hat, sind vierzehn Tage. Hier lohnt es den Kalender zur Hand zu nehmen und die nächsten vierzehn Tage konkret anzuschauen. Was ist in dieser Zeit an Handlungen realistisch möglich? Hier können die S.M.A.R.T.E.R.-Ziele wieder hilfreich sein, diese Handlungen zu formulieren und festzulegen.

Eine weitere Möglichkeit, das Commitment zu fördern, ist die Tagesreflexion am Abend mit der Frage: »Durch welche Handlungen habe ich heute welche Werte gelebt?«

Prüfungsfragen

1. Was ist der Unterschied von Werten und Zielen?
2. Was sind die Kriterien für sinnvolle Wertearbeit?
3. Nennen Sie Beispiele für Werteübungen in der Psychotherapie:

Antworten

1. Ziele unterstützen bei der Erreichung eines bestimmten Ergebnisses.
   Werte unterstützen in Entscheidungen bei langfristigen Lebensaufgaben.
   Ziele können Meilensteine in der Wertearbeit sein.
2. Werte sind selbst gewählt.
   Werte sind konstruiert und dynamisch.
   Es gibt nur Handlungskonflikte, keine Wertekonflikte.
   Werteorientierte Handlungen können jederzeit begonnen werden.
   Der Prozess der langfristigen Werteorientierung ist entscheidender als ein bestimmtes Ergebnis (Ziel).
3. Sorgen in Werte umformulieren, Wertogramm, Wertepanorama.

Empfohlene Materialien

- Onlinekurs »Exploring Values in ACT« von Kelly Wilson für den Umgang mit Werten: https://www.praxiscet.com/exploring-values-in-act-evergreen-signup/

Literatur

Dahl, J., Plumb-Vilardaga, J., Stewart, I., Lundgren, T. (2009) *The Art and Science of Valuing in Psychotherapy. Helping Clients Discover, Explore, and Commit to Valued Action Using Acceptance and Commitment Therapy.* New Harbinger.

Doran, G.T. (1981). There's a SMART Way to Write Management's Goals and Objectives. *Journal of Management Review, 70*, 35–36.

Garvey, J. (2019). *SMARTER Goals Setting for Success | PeopleGoal.* https://www.peoplegoal.com/blog/smarter-goals-setting (Zugriff am 1.3.2025).

Wilson, K. (2022). *Exploring Values in ACT.* https://www.praxiscet.com/exploring-values-in-act-evergreen-signup/ (Zugriff am 1.3.2025).

Weiterführende Literatur

Hayes, S. (2020). *Kurswechsel im Kopf: Von der Kunst anzunehmen, was ist, und innerlich frei zu werden*. Beltz.

32 Stuhldialoge

Gitta Jacob

Das Wichtigste auf einen Blick

- Stuhldialoge sind eine ursprünglich humanistische therapeutische Technik, die sich im Kontext der »dritten Welle« ausgebreitet hat und mit den meisten therapeutischen Ansätzen kompatibel ist.
- In Stuhldialogen werden typischerweise innere Konflikte bearbeitet. Dabei lässt sich jede Situation, in der eine Patientin oder ein Patient im Grunde nicht das tut, was er oder sie gerne täte, als ein solcher Konflikt konzeptualisieren.
- Häufige Themen in Stuhldialogen betreffen die Auseinandersetzung mit übermäßiger Selbstkritik, hoher Verletzlichkeit oder mangelnder Disziplin oder Verwöhntheit.
- Mit Stuhldialogen lassen sich eine Klärung der beteiligten Affekte sowie eine Stärkung von gewünschten, »gesunden« Affekten erreichen.
- Stuhldialoge sollten in der Therapie einfach ganz selbstverständlich gestartet und nicht lange eingeführt oder vorbesprochen werden. Schwerpunkte sind das Erleben der widersprüchlichen inneren Affekte und die Entwicklung eines Prozesses, in dem diese geklärt werden.

32.1 Einführung

Stuhldialoge sind eine vielfältige und kreative therapeutische Technik, die in vielen Zusammenhängen eingesetzt werden kann. Meist geht es dabei im weitesten Sinne um Konflikte, die sowohl intra- als auch interpersonell sein können. Stuhldialoge wurden in der humanistischen therapeutischen Tradition entwickelt. Sie sind jedoch grundsätzlich in nahezu jedes therapeutische Verfahren integrierbar und werden im Rahmen der »dritten Welle« der Verhaltenstherapie und damit assoziierten Methoden in verschiedenen therapeutischen Ansätzen eingesetzt.

Ein Stuhldialog wird mit einem oder mehreren Stühlen durchgeführt. Die Stühle stehen beispielsweise für verschiedene innere Anteile, Emotionen oder Gedanken des Patienten oder der Patientin. Sie können aber auch andere Erlebenselemente symbolisieren, etwa Elemente aus Träumen oder unterschiedliche Perspektiven auf dasselbe Problem in verschiedenen Lebensaltern. Auch interpersonelle Konflikte können in Stuhldialogen bearbeitet werden, etwa wenn sich eine Patientin oder ein Patient mit ambivalenten Wünschen (häufig Sehnsucht und hohe Erwartungen einerseits vs. Wut und Enttäuschung andererseits) gegenüber einer Person auseinandersetzt und ein Stuhl für diese Person dazugestellt wird. Der Patient oder die Patientin wechselt im Stuhldialog zwischen diesen Stühlen hin und her und versetzt sich dadurch in die verschiedenen Seiten des bearbeiteten Konflikts hinein. Wichtige Ziele sind dabei beispielsweise:

- Gefühle wahrzunehmen und zu regulieren
- eigene innere Anteile zu erkennen und einen anderen Umgang mit ihnen zu erlernen
- andere Perspektiven einzunehmen
- Konflikte zu verstehen und/oder aufzulösen
- mehr Distanz zu inneren Ereignissen zu bekommen
- Entscheidungen zu treffen

In Stuhldialogen wird sowohl auf der kognitiven als auch auf der erfahrungsorientierten Ebene gearbeitet. Ziel ist jedoch immer, über die rein kognitive Ebene hinauszukommen und die emotionale und Erlebnis-Ebene stark ins Erleben zu bringen.

32.2 Theoretische und methodische Grundlagen

Stuhldialoge wurden insbesondere im Kontext der Gestalttherapie entwickelt. Als Grundlagenwerk wird insbesondere auf Fritz Perls (1969) verwiesen, wobei er die Techniken der Gestalttherapie, und insbesondere auch die Stuhldialoge, ausführlich beschreibt. Ein bekanntes Zitat lautet: »lose your mind and come to your senses« – es geht also darum, aus dem Denken und Reflektieren ins Fühlen zu kommen.

Merke

Fritz Perls, der »Vater« der Stuhldialoge, beschreibt diese Technik als eine Methode, um innere Konflikte zu lösen, indem man verschiedene Teile des Selbst oder verschiedene Perspektiven auf ein Problem dialogisch gegeneinander antreten lässt.

Stuhldialoge haben insofern einen verbal-kognitiven Anteil, als verschiedene Seiten von Konflikten zum Ausdruck gebracht werden und miteinander in Interaktion treten. Allerdings wird als Hauptwirkfaktor das *Erleben* der beteiligten Affekte und Widerstände betrachtet. Dadurch, dass der Patient oder die Patientin zum Beispiel ambivalente Gefühle oder den Widerstand gegen bestimmte Einsichten spürt, entsteht ein Prozess, in dem er oder sie immer besser versteht, um was es »eigentlich geht« und welche Schritte er oder sie gehen muss, um den eigenen Zielen näher zu kommen.

Stuhldialoge waren als Technik lange eher im Kontext von Selbsterfahrung, Encounter und Persönlichkeitsentwicklung verortet. Im Rahmen der Entwicklungen der »dritten Welle« wurden sie jedoch in verschiedene psychotherapeutische Ansätze integriert. Am bekanntesten ist die Arbeit mit Stuhldialogen in den letzten Dekaden sicherlich im Kontext der Schematherapie (Young et al., 2003), der Emotionsfokussierten Therapie (EFT) (Greenberg, 2002) und der Compassion-Focused Therapy (CFT) (Gilbert, 2010) geworden. In all diesen Ansätzen geht es immer auch um die Arbeit mit inneren Konflikten, sei es etwa die Auseinandersetzung zwischen strafendem Elternmodus und gesundem Erwachsenen in der Schematherapie, die Erkundung von primären und sekundären Emotionen in der emotionsfokussierten Therapie oder den Aufbau von Selbstmitgefühl zum Coping von Einsamkeit und anderen negativen Gefühlen in der Compassion-Focused Therapy.

Typische Themen und Konflikte in Stuhldialogen sind:

- übermäßige Standards und Perfektionismus
- unangemessene Schuldgefühle
- verletzliche Gefühle wie Ängste, Einsamkeit, Verlassenheit
- unterdrückter Ärger und Wut
- Trotz, mangelnde Disziplin und Verwöhntheit
- Unschlüssigkeit und ambivalente Gefühle bezogen auf wichtige Lebensthemen

32.3 Praktische Vorgehensweisen und Abläufe

32.3.1 Indikationen und Kontraindikationen

Stuhldialoge können immer eingesetzt werden, wenn in der Therapie Konflikte oder Ambivalenzen zum Thema werden, deren Bearbeitung therapeutisch sinnvoll erscheint. Das ist im Grunde immer dann der Fall, wenn der Patient oder die Patientin Dinge nicht tut, die er oder sie sich eigentlich vorgenommen hat und die auch prinzipiell im Rahmen der Möglichkeiten liegen. Konflikte können sich aber auch darin zeigen, dass die Haltung gegenüber einer bestimmten Thematik stark schwankt oder jemand etwas »vom Kopf her weiß, aber vom Bauch her nicht fühlen kann«.

Typische Patientenäußerungen, die als Ausgangspunkt für Stuhldialoge geeignet sind, könnten lauten:

- »Ich suche jetzt schon sehr lange nach einem neuen Job/Partner/Haus … Aber immer finde ich ein Haar in der Suppe.«
- »Ich ärgere mich häufig über meinen Partner/meine Freundin/meine Chefin … Aber ich schaffe es doch nicht, bestimmte Themen anzusprechen.«
- »Wir haben ja zuletzt besprochen, dass meine Beziehung keine Perspektive mehr hat. Ich glaube auch, dass das stimmt. Trotzdem kann ich mir überhaupt nicht vorstellen, sie zu beenden.«
- »Wenn meine Schwester diesen klagenden Ton hat, könne ich ausrasten. Aber sobald ich dazu etwas sagen möchte, fühle ich mich total schuldig.«

Dabei können Stuhldialoge grundsätzlich zu jedem beliebigen Zeitpunkt in der Therapie eingesetzt werden. Erfahrungsgemäß ist es allerdings empfehlenswert, sie schon relativ früh einzuführen. Denn sowohl für Therapeutinnen und Therapeuten als auch für ihre Patienten ist das oft zunächst eine etwas ungewohnte Technik und je früher und unbefangener man damit beginnt, umso leichter lässt sie sich einsetzen.

Als wichtige Kontraindikation für emotionsorientierte Techniken im Allgemeinen wurden lange schwere psychische Störungen wie Persönlichkeitsstörungen oder psychotische Störungen angesehen. Hintergrund dessen war die Erfahrung, dass Betroffene durch die dabei aktivierten Affekte dekompensieren können. Mit dem Einsatz von von Behandlerseite stark geführten Stuhldialogen etwa in der Schematherapie hat sich diese Einschätzung deutlich relativiert. Studienergebnisse und Pilotdaten zeigen, dass Stuhldialoge bei sehr schweren Persönlichkeitsstörungen und sogar dissoziativen Identitätsstörungen gut einsetzbar sind. Allerdings muss in solchen Fällen der Schwere der Störung Rechnung getragen werden, indem der Prozess stark durch die Therapeutin oder den Therapeuten gelenkt und nicht der freien Assoziation des Patienten oder der Patientin überlassen wird.

Stuhldialoge sollten jedoch nicht eingesetzt werden, wenn die Probleme der Patientin oder des Patienten nicht in erster Linie durch innere Konflikte oder »neurotische« Gefühle verursacht sind. Das ist etwa dann der Fall, wenn sich eine Patientin aufgrund mangelnder Ressourcen bestimmte Bedürfnisse oder Wünsche nicht erfüllen kann oder wenn sie reale Angst vor Bedrohungen oder Krankheiten haben muss. Dann ist eher Stabilisierung und Beratung angezeigt, jedoch keine »aufdeckende Arbeit«, wie sie in Stuhldialogen stattfindet.

32.3.2 Praktische Durchführung

Zu Beginn eines Stuhldialogs wird für jede Seite des Konflikts, um den es in der besprochenen Situation geht, ein Stuhl aufgestellt – also etwa ein Stuhl für den Anteil des Patienten oder der Patientin, der sich zu etwas aufraffen möchte, und ein zweiter Stuhl für die andere Seite, die sich nicht traut oder sich nicht dazu aufraffen kann. Die Stühle können von der Patientin oder von der Therapeutin aufgestellt werden. In der Folge nimmt der Patient oder die Patientin auf allen Stühlen nacheinander Platz und gibt der jeweiligen Seite Ausdruck. Die Therapeutin oder der Therapeut hat die Aufgabe, diesen Prozess zu begleiten und den Fokus auf das Erleben zu halten. Wenn im Verlauf weitere relevant erscheinende Affekte auftauchen, werden diese ebenfalls mit Stühlen aufgestellt und zum Ausdruck gebracht.

Das Ziel eines Stuhldialogs besteht häufig darin, einen Konflikt zu verstehen – etwa ob ein Patient sich zu etwas Bestimmten nicht aufraffen kann, weil er zu undiszipliniert ist, oder eher wegen Ängsten und Unsicherheit. Entsprechend ist die Übung dann beendet, wenn dieser Punkt geklärt ist. Alternativ (oder auch manchmal damit kombiniert) kann das Ziel eines Stuhldialogs darin bestehen, ein zu wenig ausgeprägtes Erleben zu forcieren, etwa der »gesunden Seite« zu mehr Vehemenz und Dominanz gegenüber einem »inneren Kritiker« zu verhelfen. Dann ist der Stuhldialog beendet, wenn dieses Ziel erreicht ist.

Da in Stuhldialogen insbesondere das Erleben aller beteiligten Affekte und Widerstände angestrebt wird, ist eine umfangreiche Vor- und Nachbereitung nicht notwendig und lenkt sogar häufig vom Fokus auf das Erleben ab. Viel wichtiger ist, dass die Therapeutin oder der Therapeut den Prozess im Stuhldialog aufmerksam verfolgt und den Patienten oder die Patientin dabei begleitet.

Fallbeispiel

Herr S., ein 38-jähriger Pädagoge, hat kürzlich die Leitung einer Beratungsstelle übernommen, in der er vorher als Berater gearbeitet hatte. Seine Beförderung wurde vom Team grundsätzlich begrüßt. Dieses arbeitet gut zusammen, dennoch treten gelegentlich auch Konflikte und kleine Konkurrenzsituationen auf. Herr S. belasten diese sehr und es fällt ihm schwer, dann eine Führungsrolle zu übernehmen und auch mal »eine Ansage zu machen«. Sobald er nicht alle zufriedenstellen kann, fühlt er sich elend, schuldig, und kann schlecht schlafen. Auch wenn ihm »vom Kopf her« klar ist, dass nicht immer alle zufrieden sein können, kann er sich davon emotional nicht gut distanzieren. Herr S. ist mit einem alkoholkranken Vater aufgewachsen, ist früh parentifiziert und fühlt sich auch in seiner Familie nach wie vor für vieles verantwortlich.

Die Therapeutin schlägt Herrn S. einen Stuhldialog mit zwei Stühlen zur Auseinandersetzung mit diesen Verantwortungs- und Schuldgefühlen vor. Ein »Schuldstuhl« repräsentiert sein schlechtes Gewissen und seine Verantwortungs- und Schuldgefühle gegenüber Kollegen. Der »gesunde Stuhl« repräsentiert die realistische Sichtweise, die er gerne stärker spüren würde. Auf dem »Schuldstuhl« erlebt Herr S. massive Schuldgefühle. Er fühlt sich völlig übertrieben für seine Kollegen verantwortlich. Auf dem gesunden Stuhl kann er allerdings anerkennen, dass es unmöglich ist, alle immer absolut zufrieden zu stellen. Zugleich sieht er hier, dass das Aushalten von Konflikten auch zu seiner neuen Führungsrolle gehört.

Nachdem die beiden Seiten des Konflikts zum Ausdruck gebracht wurden, wird daran gearbeitet, wie Herr S. die klare, »gesunde Seite« intensiver spüren kann. Er sucht nach Aussagen, die sich für ihn stimmig anfühlen: »Es ist unrealistisch, dass immer alle zufrieden sind! Als Chef habe ich nicht die Aufgabe, alle glücklich zu machen, sondern dass der Laden läuft. Dann sind auch alle nachhaltig und langfristig zufrieden.« Er übt, diese Sätze mit klarer Stimme und aufgerichteter Haltung zu sagen. Dies fällt ihm zunehmend leichter und er fühlt sich dadurch immer stärker.

Einführung von Stuhldialogen

Die meisten Patienten und Patientinnen (und übrigens auch Therapeuten und Therapeutinnen) finden Stuhldialoge zunächst etwas befremdlich. Das lässt sich nicht durch Erklärungen oder verbale Vorbereitung überwinden, sondern nur dadurch, dass man erlebt, wie hilfreich diese Technik ist. Daher ist es empfehlenswert, einfach ohne große Erklärungen damit zu beginnen. Je früher in der Therapie damit begonnen wird, umso mehr gewöhnen sich Patienten und Patientinnen daran. Wenn ein Therapeut oder eine Therapeutin sich in dieser Technik noch nicht sicher fühlt, sollte mit eher leichten Fällen begonnen werden, um etwas Übung zu bekommen.

Typische Prozesse in Stuhldialogen

Grundsätzlich sind Stuhldialoge sehr flexible Übungen, deren Verlauf vom Prozess bei der Patientin oder dem Patienten abhängt. Deshalb lassen sie sich auch nicht im engeren Sinne vorbereiten, sondern müssen so hingenommen werden, wie sie sich entwickeln. Allerdings zeigen sich über viele Stuhldialoge hinweg immer wieder ähnliche Prozesse. Diese ähneln letztlich den Themen, die auch in anderen Techniken – etwa kognitiven Techniken – adressiert werden:

- *Auseinandersetzung mit übermäßigen und unrealistischen Standards:* Hier stehen sich oft ein perfektionistischer Stuhl eines »inneren Kritikers« oder »fordernden Elternmodus« und eine »gesunde Seite«, die für Selbstfürsorge und realistische Standards steht, gegenüber. Ziel ist es, die selbstfürsorgliche Seite stärker zu spüren und den Perfektionismus zu begrenzen.
- *Auseinandersetzung mit Schuldgefühlen:* Ähnlich wie bei der Auseinandersetzung mit übermäßigen Standards stehen sich hier meist ein »Schuldstuhl« und ein realistischer, »gesunder Stuhl« gegenüber. Häufig spielt auch der Ausdruck von Ärger eine Rolle – etwa mit einem eigenen »Ärgerstuhl« bei Patienten, die ihren Ärger ge-

legentlich unangemessen heftig ausdrücken. Alternativ kann bei stark ärgergehemmten Patienten ein angemessener Ärgerausdruck auf dem »gesunden Stuhl« geübt werden.

- *Auseinandersetzung mit verletzlichen Gefühlen:* Dazu kommt es häufig, wenn Patientinnen oder Patienten bestimmte Handlungen oder Themen vermeiden und im Stuhldialog geklärt werden soll, warum dies der Fall ist. Dann stecken in der Seite, die sich etwas nicht traut, häufig intensive Gefühle von Angst, Einsamkeit oder Verletzlichkeit. In solchen Prozessen soll der Patient oder die Patientin auf dem »gesunden Stuhl« üben, die verletzliche Seite zu trösten und zu stabilisieren, um die Vermeidung zu überwinden.
- *Auseinandersetzung mit Ambivalenzen:* Dies betrifft Situationen, in denen Patientinnen oder Patienten entweder in schädlichen Situationen wider besseres Wissen verharren, oder auch Entscheidungssituationen, in denen sie sich für keine Richtung entscheiden können. Auf die (initial) beiden Stühle werden dann etwa das Verharren in der Situation vs. der Wunsch nach Veränderung gesetzt – bzw. bei Entscheidungsschwierigkeiten beispielsweise die beiden möglichen Entscheidungen. Hier können einerseits bereits besprochene Affekte wie Schuldgefühle oder Verletzlichkeiten deutlich werden. Andererseits kann aber auch eher zum Vorschein kommen, dass etwa das Verharren in einer ungeliebten Situation eine hohe Funktionalität hat – bspw. das Verharren in einer unglücklichen Beziehung finanziell lohnenswert ist. In solchen Fällen löst der Stuhldialog nicht das Problem – er macht jedoch klar, worum es geht. Oftmals werden die realistischen Handlungsalternativen dadurch ebenfalls klarer.

Fallbeispiel: Auseinandersetzung mit Ambivalenzen

Frau A., eine 52-jährige Hausfrau mit Minijob und erwachsenen Kindern, klagt in der Therapie viel und ausführlich über ihre Ehe und ihren Mann. Es erscheint nachvollziehbar, dass sie sich von ihm emotional nicht unterstützt und gesehen fühlt. Zudem hindert er sie durch seine Eifersucht und sein Bestehen auf ihre Häuslichkeit daran, in größerem Stil autonom zu werden und bspw. mehr mit Freundinnen zu unternehmen, die ihr emotionale Nähe und Geborgenheit geben würden. Obwohl sie dauernd über Trennung spricht, unternimmt sie doch keine Schritte in diese Richtung.

In einem Stuhldialog wird auf einen Stuhl die unzufriedene Seite, die sich trennen will, gesetzt. Auf den anderen Stuhl kommt die Seite, die dennoch seit Jahren in der Beziehung verharrt. Frau A. fällt es leicht, auf dem »Pro-Trennungs-Stuhl« auszuführen, was sie an ihrer Ehe alles schwierig findet und warum sie ihren Mann verlassen sollte. Sie zögert hingegen etwas, sich auf den »Stuhl des Verharrens« zu setzen. Der Therapeut besteht jedoch freundlich darauf mit dem Hinweis, dass diese Seite ja offensichtlich wichtig sei, weil sie schon lange das Heft in der Hand halte. Daraufhin besetzt Frau A. auch diesen Stuhl und nun wird deutlich, dass es einfach sehr bequem ist, in der Ehe zu verbleiben. Insbesondere ist das finanziell vorteilhaft für sie. Da die Kinder schon erwachsen sind, könnte sie im Fall einer Trennung und Scheidung nicht mit langen Unterhaltszahlungen rechnen und wäre mit ihrem eigenen Erwerb wesentlich schlechter gestellt als jetzt. Auch mag sie sich nicht vorstellen, das gemeinsame Haus zu verlassen.

Der Stuhldialog macht Frau A. gleichermaßen frustriert und nachdenklich. Sie sieht, dass sich aus ihrer Situation kein leichter Ausweg finden lässt. Entweder sie akzeptiert die massiven negativen Konsequenzen einer Trennung oder sie versucht, in ihrer Beziehung zu verharren und mit ihrem Mann Kompromisse zu verhandeln, mit denen sie ihren Bedürfnissen besser nachkommen kann. Beides stellt sie nicht völlig zufrieden – aber sie ist endlich in der Realität angekommen.

Varianten in der Durchführung

Grundsätzlich wird in Stuhldialogen mit Stühlen gearbeitet, auf die sich die Patientin oder der Patient abwechselnd setzt. Manchmal ist das jedoch – vor allem für Patientinnen oder Patienten mit schweren Störungen – zu anspruchsvoll bzw. löst intensive Ängste aus. Dann ist es auch möglich, sich etwa nur neben die Stühle zu stellen, anstatt sich darauf zu setzen. Alternativ kann man auch vorübergehend mit Figuren oder Puppen arbeiten. Umgekehrt kann die Therapeutin oder der Therapeut den Stuhldialog emotional intensivieren, indem sie oder er sich bspw. auf den Stuhl des »inneren Kritikers« setzt und von dort aus die Patientin auf dem Stuhl der »gesunden Seite« provoziert, so dass die Patientin sich umso vehementer zur Wehr setzen muss.

Führung des Prozesses

In den meisten Fällen wird man anstreben, dass die Patientin oder der Patient den Prozess im Stuhldialog möglichst autonom steuert. Das bedeutet, der Patient stellt die Stühle auf, entscheidet über den Wechsel-Zeitpunkt und spürt auf den verschiedenen Stühlen intensiv den eigenen Affekten nach. Bei Patienten oder Patientinnen mit schwererer Störung funktioniert dies manchmal jedoch nicht gut, weil sie von Affekten überrollt werden oder – wahrscheinlicher – in Vermeidung oder Dissoziation gehen. Dies kann man abwenden, indem der Therapeut oder die Therapeutin stärker die Führung des Prozesses übernimmt. Zum Beispiel stellt sie dann selbst die Stühle auf, lässt die Patientin nur kurz auf »schwierigen« Stühlen wie etwa strafenden Anteilen sitzen und unterstützt sie aktiv dabei, Aussagen gegen diesen strafenden Anteil zu formulieren. Mit so einem Vorgehen können von dieser Technik auch Patienten oder Patientinnen mit massiven emotionalen Problemen profitieren.

32.3.3 Typische Fehler und Probleme

In einem Stuhldialog sollten die in der Sitzung und im Stuhldialog auftretenden wichtigen Affekte aufgegriffen werden und zur Sprache kommen. Dabei sollte es nicht übermäßig komplex werden, die Übung sollte immer auf das Erleben fokussieren, der Prozess sollte entsprechend der Möglichkeiten des Patienten geführt werden oder die Übung sollte einen guten Abschluss finden, wenn ihr Ziel erreicht ist. Die wichtigsten Fehler sind entsprechend, wenn die Übung zu kognitiv oder zu komplex wird, zu wenig geführt ist oder kein klares Ziel und keinen klaren Abschluss findet. Im Folgenden werden einige typische (Anfänger-)Fehler etwas genauer ausgeführt.

Spontane Emotionen werden nicht angemessen aufgegriffen und eingeordnet

Gerade mit wenig Erfahrung neigen Therapeutinnen und Therapeuten dazu, davon auszugehen, dass auf den Stühlen, die sie aufstellen, seitens des Patienten auch die entsprechenden Affekte erlebt werden. Allerdings ist das manchmal nicht der Fall – dann sitzt der Patient bspw. auf einem Stuhl, den die Therapeutin als »gesunden Stuhl« eingeführt hat, aber zeigt eine massiv trotzige Haltung. Darauf angesprochen, sagt er womöglich sogar trotzig: »Aber ich finde das gesund!« In solchen Fällen muss die Therapeutin wachsam sein, den Affekt korrekt einordnen und einfach das aufgreifen, was spontan passiert. In diesem Fall könnte sie erläutern, warum ihr dieser Affekt trotzig vorkommt, und im Stuhldialog einen »trotzigen Stuhl« ergänzen.

Der Stuhldialog wird übermäßig komplex

Therapeutinnen und Therapeuten sind es gewohnt, viel zu reden und kognitiven Strukturen nachzuspüren. Das kann dazu führen, dass in Stuhldialogen die feinsten Variationen verschiedener Kognitionen jeweils verschiedene Stühle bekommen, bis sowohl Therapeutin als auch Patientin die Übersicht verlieren. Die Herausforderung, die man mit etwas Routine meist gut bewältigen kann, besteht hier darin, die wesentlichen Affekte herauszufiltern und mit diesen weiterzuarbeiten. Konkret betrachtet ist eine Stuhlübung mit mehr als fünf Stühlen in den seltensten Fällen noch zielführend.

Die Übung wird zu kognitiv

Gerade KVT-Therapeuten neigen dazu, Patientenaussagen routinemäßig etwa in sokratischen Dialogen zu hinterfragen. Das führt aber häufig weg vom Erleben, wie es in Stuhldialogen angestrebt wird. Hier muss man sich manchmal »am Riemen reißen«, um etwa nicht in die Erörterung des biografischen Hintergrunds oder ins sokratische Hinterfragen zu rutschen, wenn sich ein Patient auf dem Stuhl des »inneren Kritikers« selbst abwertet. Stattdessen geht es hier nur darum, die Selbstabwertung zu erleben, um dann auf dem »gesunden Stuhl« ins Selbstmitgefühl zu wechseln.

Die Übung findet keinen »runden« Abschluss

Manche Stuhldialoge haben auch ohne intensive Steuerung durch die Therapeutin oder den Therapeuten einen sehr »organischen« Verlauf. Das bedeutet, irgendwann »fällt bei der Patientin der Groschen«, sie fühlt sich auf einmal klarer oder entlastet, und die Übung hat ein natürliches Ende. In manchen Situationen, etwa bei interpersonellen Konflikten mit viel Abhängigkeit oder Co-Abhängigkeit, gestaltet sich das aber oft zäher und weniger organisch. Hier muss die Therapeutin oder der Therapeut irgendwann einen Schlusspunkt setzen. Dabei ist es oft wichtig, als Therapeut zu verstehen und zu akzeptieren, dass in dieser Übung die aktuelle Situation zunächst einmal betrachtet, aber noch nicht gelöst wird.

Prüfungsfragen

1. In welchen therapeutischen Situationen können Stuhldialoge eingesetzt werden?
2. Ist es notwendig, Stuhldialoge kognitiv vor- und nachzubereiten?
3. Benennen Sie einige typische Prozesse, die in Stuhldialogen passieren.

Antworten

1. Stuhldialoge können eingesetzt werden, wenn Patientinnen und Patienten offensichtlich widersprüchliche Affekte oder Motive haben. Zum Beispiel nehmen sie wichtige Dinge nicht in Angriff, weil ihnen übermäßiger Perfektionismus, unangemessene Schuldgefühle oder übermäßig verwöhnte Ansprüche im Weg stehen.
2. In Stuhldialogen wird vor allem auf das Erleben der an einem Thema beteiligten Motive, Affekte und Widerstände abgezielt. Zusätzliche vor- oder nachbereitende kognitive Arbeit kann diesen Fokus eher verwischen und ist nicht nötig. Eine gewisse kognitive Komponente ist aber durch die verbale Natur der Übung immer vorhanden.
3. In Stuhldialogen kann es darum gehen, sich mit ambivalenten Gefühlen oder Motiven auseinanderzusetzen. Häufig geht es auch um die Auseinandersetzung mit (und Verringerung von) Schuldgefühlen oder übermäßigem Perfektionismus. Manchmal arbeitet man damit auch die Gründe dafür heraus, warum sich die Patientin oder der Patient nicht aus einer vordergründig betrachtet unangenehmen Situation löst.

Empfohlene Materialien

- Faßbinder, E., & Jacob, G. (2014). *Stuhldialoge in der Psychotherapie*. Beltz Video-Learning (DVD). Unter Mitarbeit von E.-L. Brakemeier, C.-H. Lammers, F. Matthies & V. Sipos. Beltz.

Literatur

Gilbert, P. (2010). *The Compassionate Mind: A New Approach to Life's Challenges*. New Harbinger Publications.

Greenberg, L. S. (2002). *Emotion-Focused Therapy: Coaching Clients to Work Through Their Feelings*. American Psychological Association.

Perls, F. S. (1969). *Gestalt therapy verbatim*. Real People Press.

Young, J. E., Klosko, J. S., & Weishaar, M. E. (2003). *Schema Therapy: A Practitioner's Guide*. Guilford Press.

Weiterführende Literatur

Lammers, C.-H. (2015). *Emotionsfokussierte Techniken. Techniken der Verhaltenstherapie*. Beltz.

Jacob, G. (2021). *Auf der Gefühlsebene. Emotionsfokussierte Techniken zielorientiert und effektiv einsetzen*. Beltz.

33 Achtsamkeit

Tom Pinkall und Hagen Böser

Das Wichtigste auf einen Blick

- Achtsamkeit ist ein Übungsweg und kein Tool.
- Achtsamkeit kann sich positiv auswirken auf Impulskontrolle, die Unterscheidung von Wahrnehmung und Interpretation, den Umgang mit Ängsten und Sorgen und einen gesunden Umgang mit sich selbst in belastenden Zeiten.
- Sie kann sich in Haltung und Praxis der Therapeutin oder des Therapeuten ebenso ausdrücken wie in Übungen, zu denen Patientinnen und Patienten eingeladen werden können.
- Achtsamkeit kann helfen, eigene Entscheidungen zu bemerken und die Verantwortung für diese zu übernehmen. Sie fördert eine stärke Beziehung zum Erleben des gegenwärtigen Moments. Achtsamkeit kann ferner dabei helfen, automatische und nicht funktionale innere und äußere Reaktionen zu bemerken und sie, wo es möglich ist, zu verändern.

33.1 Einführung

In den letzten ungefähr dreißig Jahren haben sich verschiedene Formen achtsamkeitsorientierter Therapieansätze etabliert. In diesem Kapitel wenden wir uns dem zu, was unter Achtsamkeit im Sinne von Haltung und Praxis in Bezug auf Psychotherapie verstanden werden kann und wie sich diese in therapeutische Settings einbringen lässt. Dabei soll von Anfang an die Aufmerksamkeit darauf liegen, Achtsamkeit nicht vorrangig als Methode zu verstehen, sondern als eine Art der Beziehungsgestaltung zu unserem Geist (engl. »mind«). Achtsamkeit (engl. »mindfulness«) interessiert sich für eine Verbindung von Körper und dem, was wir Psyche nennen. Sie eröffnet von da aus auch Übungswege, die sich in der Gestaltung sozialer Beziehungen im Alltag von Patientinnen und Patienten ausdrücken können. Achtsamkeit kann sowohl einseitig von Psychotherapeutinnen und Psychotherapeuten kultiviert als auch in Übungen in der Therapie angeboten und vermittelt werden.

Merke

Achtsamkeit hat mehr mit aufmerksam werden zu tun als mit Entspannung.

Ein zentrales Thema dabei ist die Auseinandersetzung mit dem Leid des Lebens, das zumeist den Beginn von Psychotherapie markiert. Leiden wird dabei nicht nur als zu vermeidender oder zu bekämpfender Ausnahmefall im Leben verstanden, sondern als Erlebnisweise im Leben selbst, zu dem Menschen ein neues Verhältnis einnehmen können. Dabei können Fähigkeiten wie das Verweilen im gegenwärtigen Moment, das genauere und urteilsärmere Wahrnehmen von Gefühlen und eine annehmende, mitfühlende Haltung sich selbst und anderen gegenüber die Therapie unterstützen und helfen, sich selbst neu zu begegnen und zu verstehen.

Für das Verständnis und die Einordnung der Auseinandersetzung mit Achtsamkeit in der Psychotherapie lassen sich einige Bezüge zur Entstehungsgeschichte herstellen. Der historisch weitreichendste führt in die Welt der buddhistischen Geistesschulung, in der seit über zweitausend Jahren äußerst detaillierte Vorstellungen über die Funktionsweise unseres Geistes entwickelt und gelehrt werden. Sie beschäftigt sich mit der Entstehung von Leid im Leben, dem Umgang mit körperlichem und emotionalem Schmerz, beinhaltet eine Schulung genauer Wahrnehmungsprozesse und oft auch von Konzentration. Viele Ansätze, die sich im westlichen Gesundheitssystem mit Achtsamkeit beschäftigen, beziehen sich mehr oder weniger ausdrücklich auf diese asiatischen Ursprünge buddhistischer Praxis, wobei sich Grundgedanken und grundlegende Werte auch in vielen anderen Religionen finden, vorwiegend in deren mystischen Traditionen.

Ein wesentlicher Entwicklungsschritt geschah ab 1979 durch die Arbeit des Molekularbiologen Jon Kabat-Zinn und seiner Kolleginnen und Kollegen an der Universität von Massachusetts. Sie begannen seinerzeit damit, achtwöchige Gruppenformate für Patientinnen und Patienten zu entwickeln, die innerhalb des Gesundheitssystems als austherapiert galten, weil Medikamente gegen ihre Schmerzen nichts oder nur wenig bewirkten. Trotz der unterschiedlichsten Symptome wurden diese Patientinnen und Patienten als Gruppe eingeladen, einen neuen Weg im Umgang mit sogenannten chronischen Schmerzen zu versuchen. In den Kursen wurde eine Methode vermittelt, die mittlerweile weltweit unter der Bezeichnung Mindfulness-Based Stress Reduction (MBSR) im ambulanten und stationären Bereich medizinischer Gesundheitsvorsorge, Rehabilitation und vielen anderen Kontexten etabliert ist und auf einer sehr soliden Forschungsgrundlage steht. Übungen aus der formalen Meditationspraxis und dem Yoga werden dort mit Psychoedukation zu Stress und Belastung sowie einer Anleitung zu einem fürsorglichen Umgang mit sich selbst verbunden. Ein Curriculum enthält Woche für Woche Übungen, die im Alltag eine tägliche Praxis bilden, und hält dazu an, die Gestaltung des Alltags, automatische Reaktionsweisen auf Lebensanforderungen oder den Umgang mit Symptomen und körperlichen Besonderheiten neu wahrzunehmen (Kabat-Zinn, 2019). Mittlerweile hat sich eine Vielzahl dieser achtsamkeitsbasierten Richtungen entwickelt und verbreitet, so zum Beispiel Mindfulness-Based Cognitive Therapy (MBCT) oder Mindfulness-Based Relapse Prevention (MBRP). Es lassen sich mehr als 15 verschiedene achtsamkeitsbasierte Ansätze (meist im Gruppenformat) aufzählen.

Während MBSR grundlegende Kenntnisse in verschiedene Formen der Achtsamkeitspraxis lehrt, jedoch selbst kein psychotherapeutisches Verfahren darstellt und Psychotherapie auch nicht ersetzen möchte, geschah durch die Entwicklung von MBCT eine engere Verbindung zwischen Achtsamkeit und Psychotherapie. Diese Kurse wurden für Menschen zur Rückfallprävention nach einem stationären Aufenthalt in Bezug auf Depressionen entwickelt.

MBCT gilt neben der Dialektisch-Behavioralen Therapie (DBT) und der Akzeptanz- und Commitment-Therapie (ACT) als Ansatz der sogenannten "dritten Welle" in der Verhaltenstherapie. Diese Bezeichnung wurde wesentlich durch die Arbeit von Marsha M. Linehan und Steven C. Hayes geprägt und bezeichnet u. a. Verfahren, die Aspekte von Achtsamkeit und Akzeptanz innerhalb der Verhaltenstherapie verstärkt berücksichtigen. Zudem erfährt Achtsamkeit auch in weiteren psychotherapeutischen Methoden Beachtung, so zum Beispiel in der Hakomi-Methode im Rahmen der Gestalttherapie, der Compassion-Focused Therapy (CFT) oder dem jüngeren Ansatz des Internal Family Systems (IFS).

Im Rahmen einer aktuellen Metaanalyse zu Mediatoren des Wandels in der Psychotherapie haben Hayes et. al. (2022) eindrucksvoll gezeigt, dass Achtsamkeitsfertigkeiten und die Förderung psychologischer Flexibilität die häufigsten und effektivsten Interventionen zu sein scheinen, die sich auf Therapieerfolge auswirken. Die Studienergebnisse fließen derzeit in die Entwicklung der Process-Based Therapy (PBT) als integrativem Ansatz der Psychotherapie ein (Hayes et al., 2022).

33.2 Theoretische und methodische Grundlagen

33.2.1 Definitionen und Beschreibungen

Psychotherapeutisch interessant ist der Blick der Achtsamkeitstraditionen auf menschliches Leid. Oft wird es vom Schmerz des Erlebten unterschieden und kann in drei unterschiedlichen Dynamiken verstanden werden:

1. das Haben-Wollen von etwas, das es nicht oder nur begrenzt gibt
2. das Nicht-Haben-Wollen von etwas, was momentan jedoch im Raum der eigenen Erfahrung liegt
3. die Uneinsichtigkeit in den Wandel allen Lebens und damit auch aller Selbstkonzepte

Im Umkehrschluss hieße das: Achtsamkeitsbasierte Psychotherapie könnte Menschen helfen, das Leben immer wieder neu so anzunehmen, wie es sich aktuell darstellt, und sich selbst auch. Sie kann dabei unterstützen, einen neuen, annehmenden Umgang mit den Impulsen von Haben-Wollen und Aversion zu finden, flexibler zu werden in den Selbstkonzepten, und so helfen, zusätzliches Leid zu lindern.

Unter »Achtsamkeit« werden teilweise sehr unterschiedliche Dinge und Qualitäten verstanden, die auch irreführend sein können, etwa wenn Achtsamkeit in die Nähe von Entspannungsverfahren gerückt wird.

Eine richtungsweisende, einfache Beschreibung ist, dass es nicht darum geht, sich *gut* zu fühlen, sondern sich gut zu *fühlen*. Hier wird die Erhöhung der Wahrnehmungsfähigkeit und der Bewusstheit in den Vordergrund gestellt. Ausführlicher und differenzierter sind Formulierungen zum Beispiel von Jon Kabat-Zinn, in denen er betont, dass Achtsamkeit eine bereits stets vorhandene menschliche Fähigkeit beschreibt: auf eine bestimmte Art bewusst und aufmerksam zu sein. Er beschreibt sie mit den Begriffen »absichtlich, im gegenwärtigen Moment und ohne zu urteilen« (Kabat-Zinn, 2019). Hier werden eher Aspekte von Entscheidung, von Konzentration und Wahrnehmungsfähigkeit sowie der Umgang mit Bewertungen betont.

Eine andere Definition von Achtsamkeit lautet: Zu wissen, was geschieht, während es geschieht, ohne dabei Vorlieben zu folgen (Nairn et al., 2019). Diese Formulierung zielt eher auf ein bewusstes Wahrnehmen von Lebenserfahrungen in Echtzeit ab und eine kritische Distanz gegenüber den eigenen Einschätzungen, Vorlieben und Abneigungen.

Als Letztes seien zwei Fragen genannt, mit denen Tara Brach, eine amerikanische Psychotherapeutin und Meditationslehrerein, einerseits Achtsamkeit in Worte kleidet, die andererseits auch zur Besprechung von Achtsamkeitsübungen mit Patientinnen und Patienten genutzt werden können: »Was geschieht gerade? Und kann ich damit sein?« Die beiden Fragen laden zur Selbstreflexion ein und geben keine Antwort vor. Besonders hervorgehoben wird dabei das Wahrnehmen von innerem und äußerem Erleben und die eigene jeweilige Beziehungsgestaltung dazu.

33.2.2 Indikation und Kontraindikation

Die Metaanalyse von Hayes et al. (2022) zeigte, dass Achtsamkeitsfertigkeiten bei allen psychischen Störungen hilfreich sein können. Wenn man bei Patientinnen und Patienten das Interesse an den Übungen wecken kann, sollten diese störungsunabhängig eingesetzt werden.

Merke

Typische Indikationen für den Einsatz von Achtsamkeitsübungen sind das Fördern von Impulskontrolle, die verbesserte Unterscheidung von Wahrnehmung und Interpretationen, sowie der alternative Umgang mit Ängsten und Sorgen.

Mögliche Kontraindikationen sind nachfolgend beschrieben:

Emotionales Backdraft

Manche Patienten können während Achtsamkeitsübungen unerwartet mit starken negativen Emotionen in Kontakt kommen. Die freundliche, nichturteilende »Innenschau« der Achtsamkeitsübungen kann eine Musterunterbrechung im Umgang mit sich selbst sein, wenn dieser zuvor eher abwertend oder stark selbstkritisch gewesen ist. In der Selbstmitgefühlpraxis um Chris Germer (Hammer & Loewer, 2017) gibt es für dieses Phänomen den Leitsatz: »Liebe offenbart alles, was nicht Liebe ist.« Damit ist gemeint, dass durch die positive Zuwendung zu sich selbst eine starke Sehnsucht aktiviert wird, die hinter den negativen Emotionen liegt, aber abgewehrt wurde. Dieses Phänomen wird »emotionales Backdraft« genannt und benötigt dann eine individuelle Betreuung der Patienten, bei das Selbstmitgefühl und das Benennen sowie Erleben der negativen Emotionen im Vordergrund stehen. Eine schrittweise Anleitung dafür hat Jarvis (2016) erstellt.

Akute Psychosen

Während einer akuten Psychose ist es Patienten in der Regel nicht möglich, ihre Aufmerksamkeit für die Übung aktiv zu lenken. Auch eine bewertungsarme Haltung gegenüber eigenen Gedanken, Gefühlen und Körperwahrnehmungen ist meist im akuten Stadium nicht möglich.

33.2.3 Evidenzbasierung

Die American Psychological Association (APA, 2019) beschrieb Achtsamkeitsmeditationen als einen wissenschaftlich bewiesen wirksamen Weg, um Stress zu reduzieren.

33.3 Praktische Vorgehensweisen und Abläufe

»Sie sind schon gut genug!« Dieser Satz soll allen weiteren Gedanken über Achtsamkeit in der Psychotherapie vorangestellt sein. Er soll deutlich machen, dass es sich nicht um eine weitere Strategie der Selbstoptimierung handelt. Achtsamkeit füllt keine Lücke. Sie beendet auch nicht das Erleben von Schmerz und Leid. Sie macht nicht dauerhaft ruhig. Und auch nicht ständig entspannt. Sie kann helfen, manchmal nicht so mit dem Leben zu kämpfen, auch wenn es weh tut. Oder das Glück für den Moment wahrzunehmen, wenn es sich bietet. Das Glück haltbar machen kann Achtsamkeit nicht.

In der Praxis der Achtsamkeit können formale und informelle Praxis voneinander unterschieden werden:

Im Rahmen *formaler Praxis* werden Übungen angeboten, die Patientinnen und Patienten in Sitzungen und in ihrem Alltag durchführen können. Oft stammen diese aus diversen Meditationsformen. Sie müssen eingeübt werden und erfordern auch einen eigenen Übungsweg der Therapeutinnen und Therapeuten damit.

Im Rahmen *informeller Praxis* wird versucht, mehr Bewusstheit für alltägliche Handlungen zu legen. Dabei neu auf Kommunikationssituationen zu achten, Gewohnheiten des Essens und des Schlafens zu bemerken und gegebenenfalls förderlicher zu gestalten. Einen mitfühlenderen Kontakt mit sich und anderen zu entwickeln. Auch das hat viel mit der Lenkung von Aufmerksamkeit und der inneren Einstimmung ins Leben zu tun, die Patientinnen und Patienten durch Übungen für sich fördern können (Bays, 2012).

33.3.1 Den gegenwärtigen Augenblick wahrnehmen üben

Wenn wir die Sprache von Patientinnen und Patienten betrachten, so erzählen sie manchmal von vergangenen Ereignissen, als wären sie jetzt da. Ebenso werden in der Zukunft liegende Sorgen oft in einer Weise geschildert, als seien sie real, da und jetzt anwesend. Meist findet der gegenwärtige Moment weniger Beachtung und lässt sich über kleine sprachliche Interventionen ebenso wieder in den Fokus rücken wie durch Achtsamkeitsübungen, die diese Fähigkeit fördern können. Das gegenwärtige Erleben der Patientin und der Therapeutin kann immer wieder benutzt werden, um den Unterschied zwischen der gedachten Welt und der erlebten Welt besser zu bemerken. Eine Leitfrage hierfür kann sein: »Ist das, wovon ich spreche, denn wirklich gerade erfahrbar?« Diese Frage kann die Patientin sich auch in ihrem Alltag immer wieder stellen.

Eine Übung, die das veranschaulicht, ist die Übung »*Breathing Space*« oder Atemraum, die in einem Zeitraum von drei Minuten drei einzelnen Erfahrungsbereichen Raum widmet. Sie lässt sich gut zum Beginn einer Stunde anbieten, als Pause mitten in einer Sitzung oder auch als Abschluss:

- 1. Minute: »Wo bin ich hier und welche Gedanken und Gefühle erlebe ich gerade?« (Sinneswahrnehmung, Offenheit und Akzeptanz/Aversion)
- 2. Minute: »Wenn meine Aufmerksamkeit mit dem Atem fließt, was spüre ich?« (Konzentration, Fokus, Akzeptanz für das Abschweifen des Geistes)
- 3. Minute: »Wie ist der Körper für mich insgesamt oder in einzelnen Bereichen gerade wahrnehmbar?« (Sinneswahrnehmung, Körper, Akzeptanz/Aversion)

Eine Variante, die die Therapeutin/den Therapeuten noch stärker einbezieht, ist die Übung »*Achtsamkeitsdyade*«, in der die Patientin/der Patient eingeladen wird, mit dem Therapeuten in einen Fragedialog zu treten, bei dem die Antworten nach einem Atemzug sehr kurz, konkret und ohne Erklärung oder Diskussion erfolgen. Die Fragen sind:

1. »Was sehen Sie gerade?«
2. »Was hören Sie gerade?«
3. »Was denken Sie gerade?«
4. »Was spüren Sie gerade im Körper?«
5. »Was fühlen Sie gerade?«
6. »Was gibt Ihnen gerade Sicherheit?«
7. »Was brauchen Sie gerade?«

Das Besondere an der Übung ist zum einen, dass die komplette Fragereihe im Wechsel zwischen Therapeuten und Patienten von jedem insgesamt drei mal gefragt wird. So werden Wahrnehmungsprozesse und damit einhergehende Veränderungen über die Zeit erlebbar. Zum anderen, dass es nicht nur um die Patientin oder den Patienten geht, sondern auch die Therapeutin oder der Therapeut als Übende teilnimmt und erlebbar werden kann.

33.3.2 Zwischen Reiz und Reaktion ist ein Raum: Den Autopiloten verlassen

Wenn Patientinnen und Patienten damit beginnen, ihren Umgang mit Leid zu reflektieren, geht das oft damit einher, zu bemerken, inwiefern Erfahrungen des Lebens an sich wehtun und inwiefern andere und die Patientinnen und Patienten selbst etwas dazu beitragen, den Schmerz noch zu vergrößern oder über einen längeren Zeitraum aufrechtzuerhalten. Die Übungen der Achtsamkeitspraxis versuchen erlebbar zu machen, wie Gedanken und Gefühle nachvollziehbarerweise zu Reaktionen, Angewohnheiten und Verhaltensmustern führen können, die Patientinnen und Patienten in der Folge selbst als einschränkend erleben. In vielen Fällen ist dann der Raum zwischen Reiz und Reaktion sehr klein. Impulse und Entscheidungen werden kaum noch wahrgenommen und es bestehen in der Wahrnehmung der Patientin oder des Patienten nur noch wenige Wahlmöglichkeiten. Hier kann Achtsamkeit ein Beitrag zu bewusstem, neuem Erleben sein.

Eine Form innezuhalten und den Raum zwischen Reiz und Reaktion zu bemerken und ihn gegebenenfalls wieder zu vergrößern, ist die S.T.O.P.-Übung, die aus dem englischen Sprachraum stammt und deren Akronym aus diesem Grund hier beibehalten wird. Mit ihr üben Patientinnen und Patienten in einem flexiblen Zeitformat (1–5 Minuten circa) folgende Schritte ein:

- *S = Sense:* Innehalten, wenn Marker für bestimmte Symptome, Stress und Belastung spürbar werden. Wirklich stoppen. Eine Veränderung der Körperhaltung kann das unterstützen, ein Fenster, das geöffnet wird, ein Glas Wasser, ein kurzes Verlassen der Situation, wenn das möglich ist.
- *T = Take a breath:* Kontakt zum Atem herstellen, wenn dieser Fokus für die Patientin oder den Patienten möglich und sinnvoll ist. Einige Atemzüge bewusst wahrnehmen, gegebenenfalls dabei eine Hand auf den Bauch legen.
- *O = Observe:* Beobachten üben, welche Gedanken gerade präsent sind, welche Gefühle und welche Körperempfindungen (kurz innerlich benennen).
- *P = Proceed:* Neu entscheiden, was die nächsten Handlungen sein sollen, und dann weiter machen mit dem, was gerade wirklich wichtig ist.

Die Übung kann zum einen helfen, innezuhalten und die eingeengte Wahrnehmung wieder zu weiten, sowie zum anderen dazu beitragen, eigene Bewertungen zu bemerken und so zu entscheiden, ob diese gerade nützlich sind und das weitere Handeln prägen sollen. Damit kann die Übung, dort, wo es funktional erscheint, einen Beitrag zur Impulskontrolle leisten sowie eine Ausrichtung auf das fördern, was dem Patienten oder der Patientin eigentlich gerade wichtig ist. Sie kann von Therapeuten und Patienten gleichermaßen geübt werden. Auch mitten in einer Sitzung kann die Therapeutin oder der Therapeut Modell sein und vorschlagen, an einer bestimmten Stelle ein »STOP« zu machen, und diese Übung anleiten.

33.3.3 Die Aufmerksamkeit lenken – oder: Multitasking ist eine Lüge

Gerade Patientinnen und Patienten mit körperlichen Schmerzen haben vielleicht bereits davon profitiert, dass in Achtsamkeitsübungen neben der freischwebenden Aufmerksamkeit, dem offenen Gewahrsein, auch geübt wird, die Aufmerksamkeit zu fokussieren. Die Therapeutin oder der Therapeut wird dabei betonen, dass die Fähigkeit, aufmerksam zu sein, eine unterschätzte Begabung des menschlichen Geistes darstellt. Wenn Patientinnen und Patienten üben, die Aufmerksamkeit bewusst auf eine Empfindung zu richten – etwa den Atem, eine Körperempfindung, das Hören etc. –, wird erfahrbar, dass sie nicht genau so an einer zweiten Stelle sein kann. Das im Alltag zu üben, kann nicht nur für den Umgang mit Schmerz hilfreich sein, sondern auch für den Umgang mit Gedanken, Gefühlen und in vielen sozialen Interaktionen, in denen sich Menschen immer wieder fragen können: »Where is my mind? – Wo ist mein Geist gerade?« Eine alte Regel aus der Gestalttherapie lautet: »Energy flows, where attention goes.« – Die Energie fließt dahin, wo die Aufmerksamkeit hingeht.

33.3.4 Was im Weg ist, ist der Weg: Achtsamkeit, Mitgefühl und Akzeptanz

Achtsamkeit bedeutet nicht Entspannung und ist keine Wellness für die Seele. Wenn Patientinnen und Patienten aufmerksamer werden für ihr Innenleben, dann geschieht das nicht nur in den Bereichen angenehmer Empfindungen, Dankbarkeit oder Großzügigkeit. Menschen bemerken dann generell ein größeres Spektrum von Gefühlen und Impulsen und so leider auch all das Unangenehme, Leidvolle, das in dem Moment des Kontakts dazu nicht mehr vermieden wird. An dieser Stelle ist eine hohe Aufmerksamkeit von Therapeutinnen und Therapeuten erforderlich, einzuschätzen, ob Achtsamkeitsübungen für Patientinnen und Patienten überhaupt in der jeweils gegenwärtigen Situation sinnvoll sind – da sie auch unangenehmes Erleben fördern und gerade vor dem Hintergrund traumatischer Erfahrungen zu einem Gefühl der Schutzlosigkeit und Überwältigung beitragen können, was möglicherweise in diesem Moment nicht intendiert und nicht hilfreich ist.

Wenn sich Therapeutinnen und Therapeuten für Achtsamkeit in der Psychotherapie als Haltung oder auch in Anleitungen und Übungen entscheiden, dann ist das ein Weg, mit dem sowohl eine annehmende Haltung (Akzeptanz) als auch eine ethische Komponente des Mitgefühls einhergehen sollte. Achtsamkeit soll darin schulen, allmählich auch unangenehmen Gefühlen, Erlebnissen oder Gedanken begegnen zu können und dabei wohlwollend und mitfühlend mit sich selbst und von da aus nach Möglichkeit auch mit anderen sein zu können. Das heißt nicht, Unrecht zu verharmlosen oder Leidvolles schönzureden, und ist alles andere als positives Denken. Viel mehr üben Patientinnen und Patienten mit ihrem Therapeuten/ihrer Therapeutin gemeinsam ein, sich nicht im Stich zu lassen, wenn das Leben Schmerz bereithält, sich wohlwollend zu behandeln, für sich und andere zu sorgen – nicht in erster Linie, damit das Leid verschwindet, sondern weil es da ist. Ein Übungsbeispiel hierfür ist das Akronym R.A.I.N., das ähnlich der S.T.O.P.-Übung in folgenden Schritten angeleitet werden kann:

- *R = Recognize* – Bemerken: Was ist das, was Ihnen gerade weh tut, Druck macht oder unangenehm ist?
- *A = Allow* – Zulassen: Darf das, was gerade spürbar ist, in einem gewissen Maße da sein? Können Sie das »Verändern-Wollen« des Unangenehmen kurz aussetzen? Wenn es geht, das einladen, was gerade da ist?
- *I = Investigate/Intimate Attention* – Genauer wahrnehmen: Welche Gedanken, Gefühle oder Körperempfindungen sind spürbar? Können Sie eine Erfahrung dabei etwas genauer untersuchen und kennenlernen?
- *N = Non-Identification/Nourish:* Wie ist die Vorstellung für Sie, dass Ihr Leben größer sei als all das, was Sie jetzt gerade erleben? Angenommen, nichts davon würde Sie festlegen und das Leben gänzlich bestimmen. Was würde Ihnen jetzt wirklich guttun? Was könnten Sie tun, um für sich zu sorgen und sich zu »nähren«?

Mit dieser Übung kann auch der Text »Das Gasthaus« von Mevlana Rumi (Santorelli, 2000) einhergehen und vorgelesen werden. Er nutzt die Metapher des Gasthauses dazu, einzelne Erfahrungen, Gefühle oder Überzeugungen und Bewertungen wie Gäste zu betrachten, diese Menschen in ihr inneres Gasthaus einzuladen und sie dort bewirten können. Dieses Bild unterstreicht den kontraintuitiven Charakter von Achtsamkeitspraxis, die Menschen langfristig stärken soll, sich auch mit schwierigen Lebenserfahrungen zu befassen, anstatt zu versuchen, ihnen unter Einnahme einer inneren Schonhaltung oder schwierigem Vermeidungsverhalten aus dem Weg zu gehen, wo das nicht möglich ist.

33.3.5 Achtsamkeit für zwei: Wenn Therapeuten Achtsamkeit praktizieren

Die Forschung zu Wirkmechanismen in der Psychotherapie zeigt, dass eher unspezifische oder allgemeine Wirkfaktoren eine größere Bedeutung zu haben scheinen als methodenspezifische Faktoren. Zu diesen allgemeinen Wirkfaktoren gehört insbesondere die therapeutische Beziehung. Innerhalb dieser Beziehung entfalten sich verschiedene Komponenten wie Empathie, Wärme, Verständnis, Akzeptanz, Authentizität und Präsenz. Diese Qualitäten können durch eine Achtsamkeitspraxis von Therapeutinnen und Therapeuten gefördert werden, die sich unter anderem in den Bereichen von ›Aufmerksamkeit schenken‹, ›Affekttoleranz‹, ›Gelebte Akzeptanz‹, ›Empathie und Mitgefühl‹, ›Gelassenheit und Respekt vor der Selbstverantwortung von Patientinnen und Patienten‹, ›Bewusstheit für die eigenen Wirklichkeitskonstruktionen‹ (im Unterschied zu denen von Patientinnen und Patienten) und einigen anderen Bereichen niederschlagen können (Germer et al., 2005). Zahlreiche Studien beschäftigen sich mit der Erforschung des Zusammenhangs zwischen Achtsamkeitspraxis und Therapieerfolgen und viele kommen zu positiven Einschätzungen, wobei einschränkend auf die zumeist kleine Anzahl an Probanden hinzuweisen ist, sodass auch die Forschungsaussagen selbst wiederum eher allgemein und unspezifisch bleiben (Grepmair & Nickel, 2007).

Eine gemeinsame Achtsamkeitspraxis kann dann entstehen, wenn Patientinnen und Patienten eingeladen werden, Achtsamkeit in Form von Übungen in psychotherapeutischen Sitzungen kennenzulernen, diese mit der Therapeutin oder dem Therapeuten gemeinsam erfahren und nachbesprochen werden. Dabei ist darauf zu achten, Patientinnen und Patienten nicht zu überfordern, Übungszeiten eher kurz zu halten, bezüglich des Erlebens von Gefühlen nachzufragen sowie Patientinnen und Patienten mit starken Emotionen nicht allein zu lassen.

Achtsamkeit ist kontextsensibel zu betrachten und nicht für alle Menschen in jedem Moment ein sinnvoller Weg.

33.3.6 Immer wieder neu beginnen: Anfängergeist üben

Zum Ende dieses Kapitels: ein Anfang. Eine der Qualitäten, die durch die Einbeziehung von Achtsamkeit gefördert werden soll, wird oft Anfängergeist genannt. Damit ist das Kultivieren der Absicht gemeint, das Leben und den Alltag immer wieder neu wahrzunehmen. Neu auf sich zu schauen. Neu auf Beziehungen zu blicken. Sich klarzumachen, dass die Zukunft und überhaupt alles ab jetzt nicht festgelegt, sondern offen ist. Fragen an Patientinnen und Patienten könnten sein:

- »Wenn Sie könnten, womit würden Sie heute gerne neu beginnen?«
- »Angenommen, es ist nicht festgelegt, wie das Leben weitergeht: Was würden Sie versuchen, neu zu beeinflussen?«
- »Wenn Sie merken, dass Sie zu diesem oder jenem Thema schon eine ganze Geschichte an Einschätzungen, Gewohnheiten und Erfahrungen haben, und es sich lohnen könnte, doch noch einmal ganz neu hinzuschauen: Was würde auf einer leeren Leinwand als neuer Gedanke, als neues Bild entstehen?«

Fragen wie diese weisen in die Richtung von Anfängergeist. Von Nicht-Wissen im besten Sinne. Probehalber schließen wir nicht aus Erfahrungen aus der Vergangenheit auf das, wie die Zukunft wahrscheinlich sein wird: Wir schauen neu.

Jetzt hat sich ein »wir« in den Text geschlichen. Es will ganz am Ende noch einmal deutlich machen, dass Achtsamkeitspraxis in der Psychotherapie einen gemeinschaftlichen Prozess darstellt. Nicht die Patientin oder der Patient soll »achtsamer leben«, sondern es kann eine gemeinsame Praxis von Therapeut und Patient sein. Und den Ursprüngen nach soll sie auch nicht an der Praxistür enden, sondern durch das Leben, das Menschen führen, ein Beitrag zu unserem gemeinsamen Dasein auf der Welt sein.

Prüfungsfragen

1. Nennen Sie drei Fähigkeiten, die bei Patientinnen und Patienten durch Achtsamkeitspraxis gefördert werden können.
2. Nennen Sie die drei Kriterien der Aufmerksamkeit nach Jon Kabat-Zinn, durch die Achtsamkeit definiert werden kann.
3. Erklären Sie den Unterschied zwischen formaler und informeller Achtsamkeitspraxis und beschreiben Sie zwei Übungsformen aus jedem Bereich.

Antworten

1. Impulskontrolle, Unterscheidung von Wahrnehmung und Interpretation, Umgang mit Ängsten und Sorgen.
2. Absichtlich, im gegenwärtigen Moment, ohne zu urteilen.
3. Formale Praxis: Strukturierte Abläufe, die Patientinnen und Patienten in Sitzungen und in ihrem Alltag durchführen können. Sie müssen mit den Patienten geübt werden, bis diese sie im Alltag selbstständig durchführen können. Beispiele: Breathing Space und Achtsamkeitsdyade.
   Informelle Praxis: Absichtlich mehr Bewusstheit auf alltägliche Handlungen legen und den Fokus auf diesen Handlungen halten und nicht im Geist abschweifen. Beispiele sind das achtsame Essen und das Entwickeln eines mitfühlenden Kontaktes mit sich selbst und mit anderen.

Empfohlene Materialien

- »Act mindful« – Website der Autoren: www.act-mindful.space/abs
- »Achtsam leben« – Website von Dr. Michael E. Harrer: www.achtsamleben.at
- »Achtsamkeit in der Psychotherapie« – Website von Dr. Michael E. Harrer: www.achtsamkeitinderpsychotherapie.at

Literatur

APA – American Psychological Association. (2019). *Mindfulness meditation: A research-proven way to reduce stress.* https://www.apa.org/topics/mindfulness/meditation

Bays, J. C. (2012). *Achtsam durch den Tag.* Windpferd, Köln.

Germer, C., Siegel, R., & Fulton, J. (2009). *Achtsamkeit in der Psychotherapie.* Arbor, Freiburg.

Grepmair, L. J., & Nickel, M. K. (2007). *Achtsamkeit des Psychotherapeuten.* Springer, Heidelberg.

Hammer, S., & Loewer, M. (2017). Im Gespräch mit Chris Germer. *Moment by Moment, 2,* 54–61.

Hayes, S. C., Ciarrochi, J., Hofmann, S. G. et al. (2022). Evolving an idionomic approach to processes of change: Towards a unified personalized science of human improvement. *Behaviour research and therapy, 156,* 104–155. https://doi.org/10.1016/j.brat.2022.104155

Jarvis, S. (2016). *Backdraft: Why Self-Compassion can make you feel worse, and what you can do about it.* Compassion within (Blog). https://www.compassionwithin.com/blog/backdraft-why-self-compassion-can-make-you-feel-worse

Kabat-Zinn, J. (2019). *Gesund durch Meditation.* Knaur, München.

Nairn, R., Choden & Regan-Addis, H. (2019). *From mindfulness to Insight.* Shambala, Boulder/USA.

Santorelli, S. (2000). *Zerbrochen und doch ganz. Die heilende Kraft der Achtsamkeit.* Arbor, Freiburg.

Weiterführende Literatur

Bays, J. C. (2022). *Mindful Medicine: 40 Simple Practices to Help Healthcare Professionals Heal Burnout and Reconnect to Purpose*. Shambala, Boulder/USA.

Harrer, M. E., Weiss, H. et al. (2018). *Wirkfaktoren der Achtsamkeit – Wie sie die Psychotherapie verändern und bereichern*. Schattauer, Stuttgart.

Heidenreich, T., & Michalak, J. (2009). *Achtsamkeit und Akzeptanz in der Psychotherapie*. dgvt, Tübingen.

Pollack, S., Pedulla, T., & Siegel, R. (2015). *Gemeinsam sein: Grundlegende Kompetenzen für die achtsamkeitsbasierte Psychotherapie*. Arbor, Freiburg.

Reddemann, L. (2017). *Kontexte von Achtsamkeit in der Psychotherapie*. Kohlhammer, Stuttgart.

34 Selbstwertbezogene Interventionen

Lydia Fehm und Anke Weidmann

Das Wichtigste auf einen Blick

- Der Begriff Selbstwert kann und sollte von verwandten Begriffen, wie z. B. Selbstzufriedenheit, Selbstmitgefühl oder Selbstsicherheit abgegrenzt werden.
- Der globale Selbstwert kann mit der sog. Rosenberg-Skala reliabel, valide und ökonomisch erfasst werden.
- Selbstwertbezogene Interventionen sind vor allem indiziert, wenn Selbstwertprobleme die erfolgreiche Behandlung einer psychischen Störung behindern oder die Wahrscheinlichkeit für einen Rückfall erhöhen.
- Spezifisch auf die Veränderung des Selbstwertgefühls ausgerichtete Interventionen zielen auf die Förderung einer ausgewogenen Sichtweise auf sich selbst, die Verbesserung von Selbstfürsorge und die Förderung einer wohlwollenden Haltung gegenüber der eigenen Person ab.
- Barrieren bei der Umsetzung von selbstwertbezogenen veränderten Denk- und Verhaltensweisen sind eher Regel als Ausnahme und bedürfen einer besonderen Beachtung in der Therapie.

34.1 Einführung

Selbstwertbezogene Interventionen sind keine inhaltlich abgrenzbare oder gar neue Gruppe von Interventionen. Bei vielen dieser Interventionen wird auf grundsätzliche kognitive und verhaltensbezogene Techniken zurückgegriffen, z. B. auf Techniken der kognitiven Umstrukturierung oder auf Verhaltensexperimente. Die Herausforderung in der Arbeit mit Selbstwertproblemen besteht vielmehr darin, die vorhandenen Techniken inhaltlich zielgerichtet einzusetzen und eine gute Arbeit im Umgang mit den Barrieren bei der Umsetzung der besprochenen Änderungen im Denken und Verhalten zu leisten.

In diesem Beitrag wollen wir auf die theoretischen Hintergründe, die Definition und die Messung von Selbstwert eingehen sowie eine Reihe bewährter selbstwertbezogener Interventionen vorstellen.

34.2 Theoretische und methodische Grundlagen

34.2.1 Definitionen von Selbstwert

Die Definition von Selbstwert ist schlicht »der Wert, den sich eine Person selbst zuschreibt« (z. B. Potreck-Rose, 2006, S. 9; Zeigler-Hill, 2011). Es handelt sich dabei also um eine subjektive Variable, die auch als evaluative Komponente des Selbst bezeichnet werden kann. Wird der Selbstwert in dieser unspezifischen Form erfragt, wird der globale Selbstwert adressiert. Davon abzugrenzen ist der bereichsspezifische Selbstwert: Dann betrifft die subjektive Einschätzung einen eingegrenzten Lebensbereich, der sich z. B. durch Rollen oder Lebensbereiche definiert. Beispiele hierfür sind der Selbstwert in der Rolle als Mutter oder Freundin, der Selbstwert in der eigenen beruflichen Tätigkeit oder in Bezug auf die körperliche Leistungsfähigkeit. Es gibt bislang keine Untergliederung des Selbstwertkonzepts, das übereinstimmend angenommen würde. Häufig jedoch werden insgesamt vier größere Bereiche unterschieden: leistungsbezogener, emotionaler, sozialer und physischer Selbstwert.

Der Begriff des Selbstwerts hat Überlappungen mit einer Vielzahl anderer Konstrukte, für die wir hier eine Abgrenzung vornehmen möchten (▸ Tab. 34.1).

Tab. 34.1: Andere Konstrukte und deren Abgrenzung zum Konzept »Selbstwert«

Konstrukt	Abgrenzung zum Begriff »Selbstwert«
Selbstvertrauen, Selbstachtung, gutes/hohes Selbstbewusstsein	Selbstvertrauen, Selbstachtung und Selbstbewusstsein beschreiben die Überzeugung in gute eigene Fähigkeiten und einem eigenen Wert. Sie beschreiben damit alltagssprachlich ebenfalls Ausprägungen des Selbstwerts.
Selbstmitgefühl	Selbstmitgefühl beschreibt im Gegensatz zu Selbstwert eher eine Haltung als ein Ergebnis, nämlich einen freundlichen und wohlwollenden Umgang mit sich selbst – gerade auch dann, wenn schmerzhafte Gefühle und Gedanken erlebt werden. Selbstmitgefühl kann zu einem gesunden Selbstwertgefühl beitragen. Zur Abgrenzung speziell dieser beiden Konstrukte verweisen wir z. B. auf Neff und Vonk (2008).
Selbstzufriedenheit	Selbstzufriedenheit hat im allgemeinen Sprachgebrauch die negative Konnotation von zu viel Zufriedenheit mit den eigenen Fähigkeiten, die einem differenzierten, adäquaten Selbstwert entgegensteht.
Selbstakzeptanz	Selbstakzeptanz beschreibt einen sich zugewandten Umgang mit sich selbst als Person, inklusive eigenen Fehlern und Unzulänglichkeiten.
(positives) Selbstkonzept, Selbstbild	Das Selbstkonzept stellt die deskriptive Komponente des Selbst da, der Selbstwert die evaluative. Selbstbild ist der inhaltlich deckungsgleiche, umgangssprachlichere Begriff.
Selbstwirksamkeit	Selbstwirksamkeit bezeichnet die Überzeugung, schwierige Situationen und Herausforderungen meistern zu können.
Selbstsicherheit, soziale Kompetenz	Selbstsicherheit und soziale Kompetenz beziehen sich vor allem auf interaktionelle Situationen.

34.2.2 Einflussfaktoren auf Selbstwert

Eine Vielzahl von Studien konnte zeigen, dass ein hohes Niveau einer globalen Einschätzung des Selbstwerts mit einer Reihe von Variablen des psychischen Wohlbefindens assoziiert ist, wie z. B. höherer Lebenszufriedenheit, akademischem Erfolg oder geringerer Einsamkeit (für Reviews siehe z. B. Dubois & Tevendale, 1999; Baumeister et al., 2003). Manche der Befunde waren jedoch uneinheitlich oder das Niveau des Selbstwerts konnte nur einen kleinen Teil der Gesamtvarianz der untersuchten Variablen erklären. Neben dem Ausmaß des globalen Selbstwerts wurden daher zusätzliche Aspekte des Selbstwerts konzeptualisiert und als potenzielle Einflussfaktoren untersucht: die Außenabhängigkeit des Selbstwerts, seine Stabilität bzw. Instabilität sowie die Konvergenz zwischen implizitem und explizitem Selbstwert.

Die Außenabhängigkeit des Selbstwerts beschreibt das Ausmaß, in dem der Selbstwert durch äußere Ereignisse, wie z. B. berufliche Erfolge oder einen Streit mit abwertenden Bemerkungen, beeinflusst wird. Ein stark außenabhängiger Selbstwert gilt dabei als Risikofaktor für unter anderem depressive Symptome (z. B. Schöne et al., 2015; Wouters et al., 2013).

Die Stabilität von Selbstwert bezieht sich in der Abgrenzung zur Außenabhängigkeit auf die zeitliche Stabilität. Trotz gering ausgeprägter Außenabhängigkeit könnte der Selbstwert also instabil oder fragil sein.

Als letzter Aspekt kann zwischen dem expliziten und impliziten Selbstwert unterschieden werden. Der explizite Selbstwert entspricht den offen getätigten Aussagen über den eigenen globalen oder bereichsspezifischen Selbstwert. Der implizite Selbstwert wird über experimentelle Verfahren bestimmt, klassischerweise mit dem Impliziten Assoziationstest (IAT; Greenwald, McGhee & Schwartz, 1998). Dabei werden selbstwertbezogene Äußerungen mit anderen Stimuli kombiniert dargeboten und mit einer Reaktionsaufgabe kombiniert. Die Reaktionszeitdifferenzen zwischen positiven und negativen selbstwertbezogenen Äußerungen entsprechen dem Ausmaß des impliziten Selbstwerts. Interessanterweise wurden expliziter und impliziter Selbstwert in mehreren Studien als weitgehend voneinander unabhängige Dimensionen identifiziert. Eine Diskrepanz zwischen den beiden Dimensionen wurde unter anderem mit der narzisstischen Persönlichkeitsstörung in Verbindung gebracht, für die ein hoher expliziter, aber niedriger implizierter Selbstwert gezeigt werden konnte (z. B. Vater et al., 2013).

34.2.3 Psychologische Modelle zum Selbstwert

In psychologischen Modellen zum Wohlbefinden oder zu Grundbedürfnissen ist der Selbstwert eine häufig genannte Variable. Im Rahmen des einflussreichen Modells von Klaus Grawe zu den menschlichen Grundbedürfnissen (Grawe, 1998, 2004) ist der Selbstwert beispielweise einer von vier genannten Bereichen.

Ein besonderer Stellenwert kommt dem Modell von Melanie Fennell (2016) zu, das sowohl ätiologische als auch aufrechterhaltende Faktoren beinhaltet. Da es auch konkrete Ableitungen für Veränderungen im Denken und Verhalten erlaubt, eignet es sich damit hervorragend für die therapeutische Praxis.

Merke

Die britische Forscherin und Therapeutin Melanie Fennell legte das bisher einzige umfassende Modell für die Entstehung problematischer Ausprägungen von Selbstwert und deren Bearbeitung vor.

Das Modell geht davon aus, dass frühe Erfahrungen zur Entwicklung von selbstwertbezogenen Grundannahmen beitragen, wie z. B. Ablehnungserfahrungen zur Annahme »Ich bin es nicht wert, dass jemand sich für mich interessiert« oder die Frustration von Grundbedürfnissen zur Annahme

»Was ich möchte, interessiert niemanden und ist nicht wichtig«. Um in den frühen Lebensbedingungen funktionieren zu können, entwickeln Menschen angepasste Lebensregeln, wie z. B. »Ich erzähle nichts von mir« oder »Ich ignoriere meine Bedürfnisse, sodass sie nicht frustriert werden können«. In sogenannten Trigger-Situationen werden diese Grundannahmen aktiviert und münden in einen Kreislauf aus maladaptiven Denk- und Verhaltensweisen und Symptomen. Am obigen Beispiel könnte für die Person mit Ablehnungserfahrungen in Gruppensituationen im Smalltalk die Situation entstehen, dass die Person aufgrund ihrer Lebensregel »Ich erzähle nichts von mir« wenig oder gar nichts sagt. Dadurch wird sie vermutlich als desinteressiert wahrgenommen, weniger gefragt und ins Gespräch einbezogen. Dies wird dann erneut als Ablehnung interpretiert und führt dazu, dass die Angst vor Ablehnung weiter steigt und die Person ihre Lebensregel »Ich erzähle nichts« eher noch weiter verschärft, um sich zu schützen. Mit dem therapeutisch angeleiteten Erarbeiten dieser Teufelskreise ergeben sich somit viele Möglichkeiten, mit Hilfe von kognitiven und verhaltensbezogenen Techniken Veränderungen anzustoßen. Eine kurze Darstellung des Modells, des therapeutischen Vorgehens sowie dazugehörige Arbeitsblätter finden sich in Fehm und Weidmann (2023).

34.2.4 Selbstwert und psychische Störungen

Im Bereich psychischer Störungen ist ein verminderter Selbstwert eine häufige Begleiterscheinung. Drei Störungen bzw. Störungsgruppen werden jedoch besonders häufig genannt:

- depressive Störungen
- Essstörungen, besonders Anorexia nervosa und Bulimia nervosa
- Persönlichkeitsstörungen, vor allem die Borderline-Persönlichkeitsstörung, die ängstlich-vermeidende Persönlichkeitsstörung und die narzisstische Persönlichkeitsstörung

Der Zusammenhang zwischen depressiven Störungen und einem verminderten Selbstwert liegt allein deswegen nahe, da ein verminderter Selbstwert eines der diagnostischen Kriterien ist. Studien konnten jedoch zeigen, dass der enge Zusammenhang zwischen Depressivität und vermindertem Selbstwert auch bestehen bleibt, wenn das selbstwertbezogene Item bei* der Messung der Depression ausgeklammert wurde (z. B. Hilbert et al., 2018). In prospektiven Studien konnte gezeigt werden, dass ein verringerter Selbstwert dem Auftreten von Depressivität zeitlich vorausging (Metaanalyse von Sowislo & Orth, 2013), die Mehrheit der Studien untersuchte dies allerdings an nicht-klinischen Ausprägungen von Depression.

Auch wenn ein verminderter Selbstwert kein explizites Kriterium einer Essstörung ist, wurde dies dennoch früh in die Konzeptualisierungen dieser Störungsgruppe aufgenommen. Entsprechend enthalten sehr viele Behandlungsmanuale explizite Module zur Bearbeitung dieses Themas.

Bei den Persönlichkeitsstörungen fallen besonders Patientinnen und Patienten mit einer Borderline-Persönlichkeitsstörung durch einen stark verminderten Selbstwert auf. Bei Mehrfach-Messungen im Alltag der Personen zeigte sich jedoch, dass der Selbstwert durchaus punktuell hoch ausfallen kann, dann jedoch schnell wieder sehr negativ ausfällt. Da ebenfalls ein Zusammenhang zwischen der Ausprägung des Selbstwerts und den häufigen interaktionellen Problemen dieser Patientengruppe gezeigt werden konnte, ist anzunehmen, dass dieser im Sinne einer stärker ausgeprägten Außenabhängigkeit des Selbstwerts stark durch innere und äußere Einflüsse schwankt.

Bei der ängstlich-vermeidenden Persönlichkeitsstörung (DSM-5: Vermeidend-selbstunsichere Persönlichkeitsstörung) wird der erniedrigte Selbstwert bereits in den Kriterien mitbeschrieben als »Überzeugung, … minderwertig im Vergleich mit anderen zu sein«. Hier ist eher ein stabil niedriger Selbstwert zu beobachten.

Menschen mit einer narzisstischen Persönlichkeitsstörung wurde früher oft ein hoher Selbstwert zugeschrieben. Für nicht-klinische Gruppen zeigt sich entsprechend dieser Annahme ein klarer Zusammenhang zwischen Narzissmus und hohem Selbstwert. Bei Menschen mit psychischen Störungen ergeben sich jedoch widersprüchliche Ergebnisse dahingehend, dass die Korrelation zwischen Selbstwert und der Ausprägung von Narzissmus mal positiv und mal negativ ausfällt. Wenn Menschen mit einer narzisstischen Persönlichkeitsstörung direkt bezüglich ihres expliziten Selbstwerts befragt werden, ergeben sich Hinweise auf einen moderat erniedrigten Selbstwert. Bei der zusätzlichen Messung des impliziten Selbstwerts zeigte sich ein geringer Zusammenhang zwischen den beiden Ausprägungen des Selbstwerts. Interessanterweise waren vor allem der implizite Selbstwert sowie die Diskrepanz zwischen explizitem und implizitem Selbstwert prädiktiv für das Ausmaß der narzisstischen Symptomatik (Vater et al., 2013).

34.2.5 Messung von Selbstwert

Selbstwert als subjektive Variable wird in der Regel direkt durch Befragungen gemessen. Nur der implizite Selbstwert (▶ Kap. 34.2.2) kann lediglich mit Hilfe experimenteller Assessments erhoben werden.

Zur Messung des globalen Selbstwerts hat sich die sog. Rosenberg-Skala (Rosenberg Self Esteem Scale, RSES; Rosenberg, 1965) etabliert. Sie wird in der Mehrzahl aller Studien verwendet, die den globalen Selbstwert erfassen (Donnellan et al., 2015). Eine erste deutsche Version wurde von Ferring und Fillip (1996) vorgelegt, die von Von Collani und Herzberg (2003) zugunsten besserer psychometrischer Eigenschaften leicht verändert wurde. Die Rosenberg-Skala umfasst 10 Items, die je zur Hälfte positiv bzw. negativ formuliert sind (z. B. »Ich besitze eine Reihe guter Eigenschaften«, »Alles in allem neige ich dazu, mich für einen Versager zu halten.«). Für jede Aussage wird die Zustimmung auf einer vierstufigen Skala von »Trifft gar nicht zu« (= 0) bis »Trifft voll und ganz zu« (= 3) erfragt. Der Maximalwert beträgt somit 30 Punkte. Es werden auch Varianten verwendet, in denen die vierstufige Skala mit Punktwerten zwischen 1 und 4 verbunden ist. Auch sechsstufige Antwortformate wurden eingeführt – beim Vergleich von Werten muss also stets überprüft werden, welche Variante der Skala verwendet wurde. Davon abgesehen verfügt die Rosenberg-Skala über gute psychometrische Eigenschaften. Normen oder gar spezifische Normen für psychische Störungen existieren leider nicht.

Aus dem nicht-klinischen Bereich steht im deutschen Sprachraum neben der RSES die Multidimensionale Selbstwertskala zur Verfügung (MSWS; Schütz, Rentzsch & Sellin, 2016). Sie erfasst den Selbstwert in sechs Unterskalen: Sicherheit im Kontakt, Umgang mit Kritik, physische Attraktivität, Sportlichkeit sowie emotionaler und leistungsbezogener Selbstwert. In der MSWS wird die Häufigkeit von bestimmten selbstwertbezogenen Gedanken und Gefühlen erfasst, z. B. »Wie häufig wünschen Sie sich, besser auszusehen?«, »Sind Sie zufrieden mit Ihren sportlichen Fähigkeiten?« oder »Wie häufig haben Sie das Gefühl, dass Sie anspruchsvollen Aufgaben nicht gewachsen sind?«. Die Antworten erfolgen mittels einer siebenstufigen Skala, deren Range von »nie« bis »immer« reicht.

34.3 Praktische Vorgehensweisen und Abläufe

34.3.1 Indikation und Behandlungskonzeption

In der klinischen Praxis benennen Patientinnen und Patienten mit ganz unterschiedlichen psychischen Störungen häufig »mehr Selbstwert« oder »ein besseres Selbstbewusstsein« als explizites Therapieziel. Nicht immer ist es in der Folge jedoch notwendig und sinnvoll, die Behandlung gezielt auf Selbstwertprobleme auszurichten. Im Rahmen einer Behandlungskonzeption sollten zunächst Hypothesen über den Stellenwert des Selbstwertproblems bei der Entstehung oder Aufrechterhaltung der diagnostizierten psychischen Störung(en) aufgestellt werden. Der gezielte Einsatz selbstwertbezogener Interventionen in der Behandlung erscheint uns in Anlehnung an Fennell und Jenkins (2004) vor allem in den folgenden zwei Fällen indiziert:

1. Selbstwertbezogene Probleme behindern die erfolgreiche Behandlung der psychischen Störung:
   Auf sie einzugehen, erhöht die Wahrscheinlichkeit, dass andere (störungsspezifische) Interventionen greifen können. Dies wäre etwa der Fall, wenn eine Patientin (störungsspezifische) therapeutische Hausaufgaben aufgrund einer unrealistisch hohen Anspruchshaltung und übermäßigen Selbstkritik nicht umsetzen kann, sodass zunächst an einem realistischen Anspruch und wohlwollenderen Umgang mit sich selbst gearbeitet werden muss.
2. Ein geringes oder instabiles Selbstwertgefühl erhöht die Vulnerabilität für die psychische Störung, beispielsweise bei einer rezidivierenden depressiven Störung oder einer Essstörung:
   Die Förderung eines gesunden Selbstwerts in der Therapie kann damit als sinnvolle Rückfallprophylaxe für die psychische Störung eingeordnet werden. Selbstwertbezogene Interventionen würden demnach vermutlich eher im letzten Drittel der Behandlung zum Einsatz kommen.

Kann das Selbstwertproblem dagegen als Folge der psychischen Störung eingeordnet werden, ist davon auszugehen, dass es sich ohne aktives Zutun zurückbildet, wenn die primäre Störung erfolgreich behandelt wird. Gleiches gilt, wenn ein niedriges Selbstwertgefühl ausschließlich im Rahmen einer depressiven Episode auftritt und damit als Symptom dieser Störung einzuordnen ist.

Grundsätzlich dürfte es in der Praxis zwar kaum Kontraindikationen für den Einsatz der im Folgenden beschriebenen selbstwertbezogenen Interventionen geben. Viele dieser sind jedoch weniger gut auf ihre Wirksamkeit hin überprüft als störungsspezifische Interventionen (▸ Kap. 34.3.5). Da Psychotherapie ein zeitlich begrenzter Prozess ist, sollten nachweislich wirksame Interventionen im Zweifel vorgezogen werden.

34.3.2 Ziele und Grenzen selbstwertbezogener Psychotherapie

Eine psychotherapeutische Behandlung sollte nicht unreflektiert darauf abzielen, ein hohes Selbstwertgefühl zu erreichen und beizubehalten. Stattdessen sollte eher eine Stabilisierung des Selbstwerts angestrebt und die Abhängigkeit von äußeren Faktoren reduziert werden. In diesem Zusammenhang kommt der Selbstakzeptanz in der Psychotherapie eine besondere Bedeutung zu. Ein gesunder Selbstwert kann gerade dann gefördert werden, wenn Menschen lernen sich mit ihren Schwächen und Fehlern anzunehmen.

All dies stellt einen oftmals langwierigen Prozess dar. Schnelle Veränderungen sind bei selbstwertbezogenen Problemen selten, zumindest wenn sie nachhaltig sein sollen. Dies ist plausibel: Selbstwertbezogene Denk- und Verhaltensweisen, also die Art des Umgangs mit der eigenen Person sind in der Regel Ergebnis jahrzehntealter Gewohnheit und entsprechend chronifiziert. Für den Therapierfolg ist es zentral, einen Transfer in den Alltag der Patientinnen und Patienten sicherzustellen und gemeinsam an einer Aufrechterhaltung des Gelernten über die Dauer der Therapie hinaus zu arbeiten.

34.3.3 Psychotherapeutische Interventionen zur Förderung eines gesunden Selbstwerts

Vieles von dem, was in einer Psychotherapie passiert, kann – auch ohne, dass dies beabsichtigtes Ziel ist – zur Verbesserung des Selbstwertgefühls beitragen. Ein eindrückliches Beispiel sind Patientinnen und Patienten, die nach einer gelungenen expositionsbasierten Angstbehandlung unaufgefordert über eine deutliche Steigerung ihres Selbstwertgefühls berichten.

Soll gezielt an der Förderung eines gesunden Selbstwerts gearbeitet werden, steht eine breite Palette verhaltenstherapeutischer Interventionen zur Verfügung. Wie so oft in der Verhaltenstherapie liegt dem Vorgehen ein zentraler Gedanke zugrunde: Verändert werden konkrete Verhaltens- oder Denkweisen, und zwar ohne dass sich dies vom Gefühl her stimmig anfühlen muss. Da Patientinnen und Patienten häufig einwenden, dass sie sich erst wertvoll oder selbstbewusst fühlen müssten, bevor sie sich entsprechend verhalten könnten, ist es zentral, immer wieder zu vermitteln: »Fake it 'till you make it!« Erst indem Patientinnen und Patienten neue Erfahrungen machen, kann sich ihr Selbstwertgefühl verändern.

Viele Interventionen sind uns aus anderen psychotherapeutischen Anwendungsbereichen bekannt und können eben auch auf selbstwertbezogene Fragestellungen angewendet werden. So kommt Interventionen zur Förderung der Achtsamkeit eine besondere Bedeutung am Anfang einer selbstwertbezogenen Therapiephase zu: Welche Gedanken habe ich über mich selbst? Wie behandele ich mich? Welche Bedürfnisse signalisiert mir mein Körper? Potreck-Rose und Jacob (2003) sprechen in diesem Kontext von »Selbstzuwendung«. Diese Selbstzuwendung zu trainieren, stellt oftmals eine der ersten, basalen Interventionen zur Förderung eines gesunden Selbstwerts dar.

Drei weitere Bereiche von Interventionen sind spezifisch auf die Förderung eines gesunden Selbstwerts ausgerichtet:

1. Interventionen zur Förderung einer ausgewogenen Sichtweise auf die eigene Person
2. Interventionen zur Förderung von Selbstfürsorge
3. Interventionen zur Förderung einer wohlwollenden Haltung gegenüber der eigenen Person

Eine ausgewogene Sichtweise auf sich selbst fördern

Bei diesen Interventionen wird trainiert, positive, wohlwollende Inhalte – neben den ohnehin wahrgenommenen negativen – *verfügbarer* zu machen, um in der Summe zu einem ausgewogeneren Blick auf die eigene Person zu gelangen. Sie unterscheiden sich damit von kognitiven Interventionen, die ein negatives Selbstbild inhaltlich disputieren.

Ein prominentes Verfahren stellt das Competitive Memory Training for Low Self Esteem (COMET) der Arbeitsgruppe um den Niederländer Kees Korrelboom dar (z. B. Korrelboom, Maarsingh & Huijbrechts, 2012). In einem manualisierten Übungsprogramm werden Patientinnen und Patienten angeleitet, ein positives oder neutrales Selbstbild zu formulieren, welches entgegengesetzt zu einem negativen Selbstbild ist. Sie lernen, dieses »spürbar« zu machen und gezielt zu aktivieren, wenn das negative Selbstbild getriggert wird. COMET kann als Add-on zu einer störungsspezifischen Therapie genutzt werden. Leider liegt das Manual nur auf Niederländisch vor. Eine ausführliche Zusammenfassung, die einen Einsatz in der Praxis ermöglicht, findet sich in Fehm und Weidmann (2023).

Eine auf den ersten Blick simple Intervention, um eine ausgewogene Sichtweise auf sich selbst zu fördern, besteht darin zu üben, sich selbst zu loben, z. B. für konkretes Handeln in den letzten 24 Stunden oder seit der letzten Sitzung. Dabei sollten alle Äußerungen verstärkt werden, die sich auf aktives Handeln beziehen. Werden Ereignisse benannt, die auf Glück, Zufall oder das Wohlwollen anderer zurückzuführen sind, sollte dies entsprechend exploriert und hinterfragt werden. Während sich Patientinnen und Patienten mit Selbstwertproblemen mit Leichtigkeit selbst kritisieren können, stellt es oft eine äußerst fordernde Übung für sie dar, sich zu loben. Es ist mehr Regel als Ausnahme, dass hier innere Barrieren auftreten und die Übung gar nicht so »einfach« umgesetzt werden kann (zum Umgang damit siehe ▶ Kap. 34.3.4). Die »Loberunde« kann als festes Ritual zu Beginn der Therapiestunde eingeführt werden oder Patientinnen und Patienten führen ein entsprechendes Tagebuch (»Was habe ich heute gut gemacht?«). Eine tatsächliche Veränderung der Sichtweise auf sich selbst hin zu mehr Ausgewogenheit ist nur zu erwarten, wenn die Übung regelmäßig über einen längeren Zeitraum durchgeführt wird.

Wohlwollendes, selbstfürsorgliches Verhalten fördern

Selbstfürsorge ist in der Psychotherapie ein häufiges Thema, auch im Zusammenhang mit anderen Interventionen – man denke etwa an den Aufbau angenehmer Aktivitäten bei depressiven Störungen. Der Begriff der Selbstfürsorge umfasst ein breites Spektrum an Verhaltensweisen, die sich zum einen darauf beziehen können, aktiv etwas zu tun, z. B. einer angenehmen Aktivität nachzugehen, etwas zu genießen, einem körperlichen Bedürfnis nachzukommen – aber auch eine unangenehme Aufgabe anzugehen, weil diese auf lange Sicht dem eigenen Wohl dient. Zum anderen kann Selbstfürsorge auch darin bestehen, etwas zu unterlassen: z. B. etwas weniger perfekt zu machen, etwas nicht allein zu machen und stattdessen um Hilfe zu bitten oder sich gegenüber den Forderungen oder (antizipierten) Wünschen anderer abzugrenzen. Aus diesen Beschreibungen geht bereits hervor, dass bei der Förderung von Selbstfürsorge vielfältige, klassisch verhaltenstherapeutische Interventionen zur Anwendung kommen können: Interventionen zum Aufbau sozialer Kompetenzen (»Wie lehne ich eine Aufgabe ab, wie sage ich selbstsicher ›nein‹?«), Achtsamkeitsübungen (»Wie nehme ich wahr, was mein Körper für Bedürfnisse hat?«) oder Interventionen zum Abbau von Prokrastination und Vermeidung (»Wie schaffe ich es, eine Aufgabe anzugehen, die meinem Wohl dient, die aber so unangenehm ist, dass ich sie bisher vermieden habe?«). Neben Fragen nach der praktischen Umsetzung stellen sich auch hier im Regelfall Barrieren ein. Patientinnen und Patienten haben zum Beispiel den Gedanken, etwas nicht verdient zu haben, erst genügend leisten zu müssen, oder fürchten negative Reaktionen des Umfelds. Solche hinderlichen Überzeugungen untergraben mitunter schon im Vorfeld die Bereitschaft, entsprechende selbstfürsorgliche Handlungen überhaupt auszuprobieren. Wie auf sie therapeutisch eingegangen werden kann, wird im Abschnitt unten erläutert. Zudem kann es hilfreich sein, gemeinsam die kurz-, aber vor allem langfristigen Konsequenzen einer selbstfürsorglichen oder nicht selbstfürsorglichen Handlung zu beleuchten. Mitunter kann so beispielsweise erarbeitet werden, dass erst ein gewisses Maß an Selbstfürsorge einem Menschen dazu verhilft, sich auch nachhaltig gut um andere oder um seine Pflichten zu kümmern. Eine häufig genutzte Metapher in diesem Zusammenhang ist die der Sauerstoffmaske im Flugzeug (s. Kasten), deren Bedeutung Patientinnen und Patienten geleitet entdecken sollten.

Metapher für Selbstfürsorge

Bei der Sicherheitseinweisung im Flugzeug werden wir aufgefordert, uns zunächst selbst die Sauerstoffmaske aufzusetzen und erst danach hilfsbedürftige Personen zu unterstützen. Was glauben Sie, warum ist das so? Was wäre, wenn Sie sich zuerst um die anderen kümmern und Ihre eigene Sauerstoffversorgung vernachlässigen? (…) Nur wer selbst ausreichend Ressourcen hat, kann sich wirksam um andere kümmern. Das kann sich ungewohnt oder falsch anfühlen – aber letztlich hat die hilfsbedürftige Person im Flugzeug neben Ihnen mehr davon – und Sie selbst auch.

Da eine einmalige oder gelegentliche Förderung eines wohlwollenden Verhaltens das Selbstwertgefühl nicht verbessern wird, ist regelmäßiges Üben auch hier essenziell. In der Regel gelingt die Umsetzung von Selbstfürsorge leichter, wenn sie möglichst konkret geplant wird. Dafür, wie auch für das Auswerten von Erfahrungen können beispielsweise Protokolle genutzt werden. Ein Beispiel findet sich in den Arbeitsmaterialien zu diesem Kapitel.

Eine wohlwollende Haltung sich selbst gegenüber fördern

Eine wohlwollende und freundliche Haltung sich selbst gegenüber, gerade auch wenn schmerzhafte Gefühle erlebt werden, ist eng mit dem Konzept des Selbstmitgefühls verbunden. Entsprechend kann auf selbstmitgefühlsorientierte Interventionen, etwa aus der Compassion-Focused Therapy (CFT) (▸ Kap. 61), zurückgegriffen werden.

Bei der Förderung einer wohlwollenden Haltung wird häufig mit inneren Anteilen gearbeitet. So kann ein »wohlwollender Begleiter« oder eine »gute Freundin« mittels eines Gegenstands symbolisiert (Potreck-Rose & Jacob, 2003) oder vor dem inneren Auge visualisiert werden. Eine häufig verwendete Übung ist die Imagination eines mitfühlenden Begleiters, für die zahlreiche Varianten vorliegen (z. B. Brähler, 2015). Welche Herangehensweise auch immer gewählt wird – es ist wichtig, diesem inneren Anteil nicht nur auf einer rational-abstrakten Ebene zu begegnen, sondern ihn spürbar zu machen.

Im Zuge der Anteilsarbeit treten oft auch fordernde, kritische oder abwertende innere Anteile zutage, die ebenfalls benannt und ggf. auch externalisiert werden sollten. Diese Anteile begrenzen zu lernen ist neben der Stärkung eines wohlwollenden Anteils ein weiteres Ziel der selbstwertfördernden Anteilsarbeit.

34.3.4 Mit Barrieren umgehen lernen

Bei dem Versuch, ausgewogener und freundlicher auf sich zu blicken, gut für sich zu sorgen und sich selbst gegenüber eine wohlwollende Haltung einzunehmen, treten bei Patientinnen und Patienten mit Selbstwertproblemen nahezu immer Probleme auf. Zentral in der psychotherapeutischen Bearbeitung sind weniger externe Hindernisse – eine angenehme Aktivität nicht durchführen zu können, weil einem z. B. das Geld fehlt – sondern vielmehr innere Barrieren: Gedanken und Gefühle, die dagegensprechen, sich wertschätzend gegenüber der eigenen Person zu verhalten.

Fallbeispiele: Barrieren in der Selbstwertarbeit

Wenn Herr F. gefragt wird, wofür er sich loben möchte, bekommt er ein sehr unangenehmes Gefühl, das er zunächst nicht näher benennen kann. Es fühle sich einfach nicht richtig an, sich für etwas zu loben. Er sei ein Mensch, der nichts Besonderes zustande bringe. Herausgearbeitet werden kann die Überzeugung »Ich bin nicht liebenswert«, verbunden mit einem starken Schamgefühl.

Wenn Frau P. übt, wohlwollend und freundlich auf sich zu blicken, wird sie sehr unruhig und erlebt einen großen inneren Widerstand, ja geradezu Angst. Sie erkennt, dass dann ihr inneres Alarmsystem anschlägt: »Wenn ich so mit mir umgehe, bette ich mich in Watte und liege irgendwann nur noch auf der faulen Haut. Dann würde ich mein Leben nicht mehr auf die Reihe bekommen.«

Über diese Barrieren darf nicht leichtfertig hinweggesehen werden, etwa wenn Patientinnen und Patienten vereinbarte Hausaufgaben nicht umsetzen. Sie sollten vielmehr neugierig erforscht und gemeinsam mit Patientinnen und Patienten normalisiert werden – gäbe es diese Barrieren nicht, wäre zur Umsetzung eines veränderten Verhaltens schließlich keine therapeutische Hilfe notwendig. Barrieren resultieren oftmals aus biografischen Erfahrungen und können als Glaubenssätze, Grundannahmen oder »Denkgewohnheiten« formuliert oder einem bestimmten inneren Anteil, z. B. dem inneren Kritiker, zugeordnet werden. Patientinnen und Patienten sollten üben, zu erkennen, wann diese Barrieren im Alltag wirksam werden und von selbstwertbezogenen Zielen abhalten. Im Anschluss kann je nach bevorzugter therapeutischer Schwerpunktsetzung daran gearbeitet werden, mit diesen Barrieren umzugehen, z. B. mittels kognitiver Umstrukturierung oder der Förderung einer Defusion und Werteorientierung. Auch eine vertiefte Arbeit mit inneren Anteilen, etwa mittels eines Stuhldialogs (▸ Kap. 32) eignet sich gut.

Merke

Barrieren bei der Umsetzung selbstwertbezogener Interventionen müssen ernst genommen und geduldig bearbeitet werden.

Grundsätzlich empfiehlt es sich, die Schwierigkeitsstufe für neues, ungewohntes Verhalten deutlich zu senken und Patientinnen und Patienten zunächst subjektiv vielleicht »zu leichte« Aufgaben üben zu lassen – in der Annahme, dass dann auch die aktivierte Barriere leichter zu überwinden ist und neue Erfahrungen gemacht werden können. Nachfolgend ein Beispiel.

Fallbeispiel

Frau B. hatte sich vorgenommen, bei der Arbeit eine bewusste Mittagspause zu machen, anstatt weiterzuarbeiten und nebenbei zu essen oder das Essen sogar ganz ausfallen zu lassen. In der nächsten Sitzung meldet sie beschämt zurück, dies an keinem Tag geschafft zu haben, es sei einfach »völlig unmöglich« gewesen: »Bei der Arbeit war so viel los, ich musste mich um dringende Themen kümmern, was sollen denn meine Mitarbeiter denken, wenn ich Pause mache, während es an allen Ecken brennt?«. Mit ihrer Therapeutin identifiziert sie die Barrieren »Wenn ich nicht perfekt bin, werden andere mich zurückweisen« und »Ich darf erst an mich denken, wenn alle Pflichten getan sind«. Sie übt nun zunächst, an jedem Arbeitstag um 12 Uhr aufzustehen, ihren Arbeitsplatz zu verlassen und für fünf Minuten in den Waschraum zu gehen (leichter Schwierigkeitsgrad). Stückweise steigert sie sich in den nächsten Wochen und Monaten über einen Besuch in der Teeküche auf dem Rückweg vom Waschraum bis hin zu einer 30-minütigen Mittagspause mit Mahlzeit außerhalb des Gebäudes. Sie bemerkt, dass ihr diese Pause guttut und sie im Anschluss viel konzentrierter ihre Aufgaben erledigen kann.

34.3.5 Evidenzbasierung selbstwertbezogener Interventionen

Viele Ideen und Vorschläge, wie in der Psychotherapie selbstwertbezogen gearbeitet werden kann, erscheinen intuitiv plausibel und sie werden vermutlich tagtäglich eingesetzt. Leider bleibt jedoch festzuhalten, dass Wirksamkeitsnachweise häufig fehlen oder unzureichend sind. Vergleichsweise gut evaluiert und nachweislich wirksam sind hochspezifische Interventionen, wie COMET (z. B. Korrelboom, Maarsingh & Huijbrechts, 2012) oder der kognitive Therapieansatz bei niedrigem Selbstwert nach Fennell (2016). Auch selbstmitgefühlsbasierte Interventionen sind gut erforscht und können als grundsätzlich wirksam eingeschätzt werden (z. B. Kirby, Tellegen & Steindl, 2017), auch wenn ein Teil der Studien sich lediglich auf subklinisch belastete Teilnehmende bezog. Für viele selbstwertbezogene Interventionen fehlen jedoch ausreichende Belege. Insgesamt wäre es wünschenswert, wenn in Zukunft stärker wissenschaftlich untermauert werden könnte, welche selbstwertbezogenen Interventionen bei welchen Patientinnen und Patienten und zu welchem Zeitpunkt in der Behandlung nachhaltig wirksam sind.

Prüfungsfragen

1. Wie kann Selbstwert gemessen werden?
2. Was ist beim Selbstloben zu beachten?
3. Wann sollen eher störungsspezifische als selbstwertbezogene Interventionen ausgewählt werden?

Antworten

1. Der globale wie auch der bereichsspezifische Selbstwert können reliabel und valide über Skalen zur Selbstauskunft gemessen werden. Für den impliziten Selbstwert ist ein Reaktionsparadigma nötig.
2. Es soll darauf geachtet werden, dass auch wirklich eigenes Handeln oder Denken benannt wird, und nicht Aspekte, die von der Person gar nicht beeinflusst werden konnten (z. B. »Glück gehabt« oder gutes Wetter).
3. Wenn Selbstwertprobleme die Umsetzung klassischer verhaltenstherapeutischer Methoden behindern, müssen diese vorrangig bearbeitet werden. Wenn jedoch eine Interdependenz zwischen der selbstwertbezogenen und störungsspezifischen Symptomatik besteht, sollten verhaltenstherapeutische Methoden aufgrund der breiteren Wirksamkeitsnachweise den Vorrang erhalten.

Empfohlene Materialien

- Rosenberg-Skala (Rosenberg Self Esteem Scale, RSES)
- Auswertungs-Protokoll »Meine Selbstfürsorge-Woche«

Den Weblink, unter dem diese Zusatzmaterialien verfügbar sind, finden Sie unter »Zusatzmaterial zum Download« am Ende dieses Buches.

Literatur

Baumeister, R.F., Campbell, J.D., Krueger, J.I. & Vohs, K.D. (2003). Does high self-esteem cause better performance, interpersonal success, happiness, or healthier lifestyles? *Psychological Science in the Public Interest, 4*(1), 1–44. https://doi.org/10.1111/1529-1006.01431

Brähler, C. (2015). *Selbstmitgefühl entwickeln. Liebevoller werden mit sich selbst.* München: Scorpio.

Collani, G. von & Herzberg, P.Y. (2003). Eine revidierte Fassung der deutschsprachigen Skala zum Selbstwertgefühl von Rosenberg. *Zeitschrift für Differentielle und Diagnostische Psychologie, 24*(1), 3–7. https://doi.org/10.1024//0170-1789.24.1.3

Donnellan, M.B., Trzesniewski, K.H. & Robins, R.W. (2015). Measures of self-esteem. In G. Boyle, D. Saklofske & G. Matthews (Hrsg.), *Measures of personality and social psychological constructs* (S. 131–157). London: Elsevier.

Dubois, D.L. & Tevendale, H.D. (1999). Self-esteem in childhood and adolescence: Vaccine or epiphenomenon? *Applied and Preventive Psychology, 8*(2), 103–117. https://doi.org/10.1016/S0962-1849(99)80002-X

Fennell, M.J.V. (2016). *Overcoming low self-esteem: A self-help guide using cognitive behavioural techniques* (2. Aufl.). London: Little, Brown Book Group.

Fennell, M.J.V. & Jenkins, H. (2004). Low self-esteem. In J. Bennett-Levy, G. Butler, M.J.V. Fennell, A. Hackman, M. Mueller, D. Westbrook & K. Rouf (Eds.), *Oxford guide to behavioural experiments in cognitive therapy* (pp. 413–430). Oxford: Oxford University Press. https://doi.org/10.1093/med:psych/9780198529163.003.0020

Ferring, D. & Filipp, S.-H. (1996). Messung des Selbstwertgefühls: Befunde zu Reliabilität, Validität und Stabilität der Rosenberg-Skala. *Diagnostica, 42*, 284–292.

Grawe, K. (1998). *Psychologische Therapie.* Göttingen: Hogrefe.

Grawe, K. (2004). *Psychological therapy.* Cambridge, MA: Hogrefe & Huber.

Greenwald, A. G., McGhee, D. E. & Schwartz, J. L. K. (1998). Measuring individual differences in implicit cognition: The implicit association test. *Journal of Personality and Social Psychology, 74*(6), 1464–1480. https://doi.org/10.1037/0022-3514.74.6.1464

Hilbert, S., Goerigk, S., Padberg, F., Nadjiri, A., Übleis, A., Jobst, A., Dewald-Kaufmann, J., Falkai, P., Bühner, M., Naumann, F. & Sarubin, N. (2019). The role of self-esteem in depression: A longitudinal study. *Behavioural and Cognitive Psychotherapy, 47*(2), 244–250. https://doi.org/10.1017/S1352465818000243

Kirby, J.N., Tellegen, C.L. & Steindl, S.R. (2017). A meta-analysis of compassion-based interventions: Current state of knowledge and future directions. *Behavior Therapy, 48*(6), 778-792. https://doi.org/10.1016/j.beth.2017.06.003

Korrelboom K., Maarsingh M. & Huijbrechts, I. (2012). Competitive Memory Training (COMET) for treating low self-esteem in patients with depressive disorders: a randomized clinical trial. *Depression and Anxiety, 29*(2), 102-110. https://doi.org/10.1002/da.20921

Neff, K.D. & Vonk, R. (2009). Self-compassion versus global self-esteem: Two different ways of relating to oneself. *Journal of Personality, 77*(1), 23–50. https://doi.org/10.1111/j.1467-6494.2008.00537.x

Potreck-Rose, F. (2006). *Von der Freude, den Selbstwert zu stärken.* Fachratgeber. Stuttgart: Klett-Cotta.

Rosenberg, M. (1965). *Society and the adolescent self-image.* Princeton University Press.

Schöne, C., Tandler, S.S. & Stiensmeier-Pelster, J. (2015). Contingent self-esteem and vulnerability to depression: Academic contingent self-esteem predicts depressive symptoms in students. *Frontiers in Psychology, 6*, 1573. https://doi.org/10.3389/fpsyg.2015.01573

Schütz, A., Rentzsch, K. & Sellin, I. (2016). *MSWS: Multidimensionale Selbstwertskala.* Göttingen: Hogrefe.

Sowislo, J.F. & Orth, U. (2013). Does low self-esteem predict depression and anxiety? A meta-analysis of longitudinal studies. *Psychological Bulletin, 139*(1), 213–240. https://doi.org/10.1037/a0028931

Vater, A., Ritter, K., Schröder-Abé, M., Schütz, A., Lammers, C.-H., Bosson, J. K. & Roepke, S. (2013). When grandiosity and vulnerability collide: Implicit and explicit self-esteem in patients with narcissistic personality disorder. *Journal of Behavior Therapy and Experimental Psychiatry, 44*(1), 37–47. https://doi.org/10.1016/j.jbtep.2012.07.001

Wouters, S., Duriez, B., Luyckx, K., Klimstra, T., Colpin, H., Soenens, B. & Verschueren, K. (2013). Depressive symptoms in university freshmen: Longitudinal relations with contingent self-esteem and level of self-esteem. *Journal of Research in Personality, 47*(4), 356–363. https://doi.org/10.1016/j.jrp.2013.03.001

Zeigler–Hill, V. (2011). The connections between self-esteem and psychopathology. *Journal of Contemporary Psychotherapy, 41*(3), 157–164. https://doi.org/10.1007/s10879-010-9167-8

Zeigler–Hill, V. & Wallace, M.T. (2012). Self-esteem instability and psychological adjustment. *Self and Identity, 11*(3), 317–342. https://doi.org/10.1080/15298868.2011.567763

Weiterführende Literatur

Fehm, L. & Weidmann, A. (2023) *Selbstwertbezogene Interventionen.* Reihe Standards der Psychotherapie. Göttingen: Hogrefe.

Fennell, M. J. V. (2016). *Overcoming low self-esteem: A self-help guide using cognitive behavioural techniques* (2. Aufl.). London: Little, Brown Book Group.

Potreck-Rose, F. & Jacob, G. (2003). *Selbstzuwendung, Selbstakzeptanz, Selbstvertrauen. Psychotherapeutische Interventionen zum Aufbau von Selbstwertgefühl.* Stuttgart: Klett-Cotta.

III Anwendungsbereiche der Verhaltenstherapie

35 Abhängigkeitserkrankungen

Clemens Veltrup und Anil Batra

Das Wichtigste auf einen Blick

- Abhängigkeitserkrankungen umfassen Störungen durch psychotrope Substanzen und Verhaltenssüchte.
- Zur Diagnose von Abhängigkeitserkrankungen werden in den verschiedenen Klassifikationssystemen (ICD, DSM) unterschiedliche Merkmale verwendet. Zu den zentralen Kriterien der Abhängigkeit gehören: starkes Verlangen (»Craving«), verminderte Kontrollfähigkeit, Toleranzentwicklung, Entzugssymptome, Vernachlässigung anderer Interessen sowie ein Konsum trotz schädlicher Folgen. Neben der Erfassung psychischer und Verhaltensstörungen sind auch Beeinträchtigungen der funktionalen Gesundheit (z. B. bezüglich Aktivitäten und Teilhabe) zu berücksichtigen.
- Abhängigkeitserkrankungen haben multifaktorielle Ursachen, bei denen biologische, psychologische und soziale Faktoren zusammenwirken. Lerntheoretische Aspekte (Konditionierung, Modelllernen, kognitive Prozesse) spielen eine wichtige Rolle für die Entwicklung und Aufrechterhaltung.
- Neben der Förderung der Änderungsbereitschaft umfasst die verhaltenstherapeutische Behandlung die Entwicklung von Änderungskompetenz, z. B. durch die Identifikation von Risikosituationen, und das Erlernen von adäquaten Bewältigungsstrategien sowie kognitive Interventionen zur Veränderung suchtspezifischer Grundannahmen.
- Zentrale psychotherapeutische Angebote für die Suchtbehandlung sind die ambulante Psychotherapie und die Psychotherapie im Rahmen der medizinischen Rehabilitation. Der gezielte Einsatz von Medikamenten kann den Therapieerfolg unterstützen.
- Die Psychotherapie von Abhängigkeitserkrankungen wird in evidenzbasierten Leitlinien empfohlen und kann durch den Einsatz von Behandlungsmanualen strukturiert und standardisiert werden.

35.1 Einführung

»Sucht« ist ein sehr unscharfer Begriff. Er wird zur Bezeichnung von Erkrankungen (»Schwindsucht«, »Magersucht«) oder im Zusammenhang mit (unangenehmen) Eigenschaften (»Tobsucht«), exzessivem Verhalten (»Sexsucht«) oder einem gesteigerten Konsum von psychoaktiven Substanzen in Verbindung gebracht.

Eine Sucht beeinflusst v. a. durch das »gesteigerte, unkontrollierbare Verlangen« das Denken, das gefühlsmäßige Erleben und das Handeln des Menschen und führt zu spezifischen psychischen, körperlichen und sozialen Konsequenzen.

Aktuelle Daten zum Auftreten von Störungen durch psychotrope Substanzen und von Verhaltenssüchten sind auf der Internetseite der Deutschen Hauptstelle für Suchtfragen (www.dhs.de) zu finden (▸ Tab. 35.1).

Menschen mit einer Abhängigkeitserkrankung werden im Vergleich zu Menschen mit anderen psychischen Störungen selten im Rahmen der ambulanten Psychotherapie behandelt. So liegt der Anteil der Behandlungsfälle bei Patientinnen und Patienten mit psychischen und Verhaltensstörungen durch Alkohol, der psychotherapeutisch behandelt wird, nur zwischen 1,0 und 1,3 % (DPtV, 2021). Dafür gibt es verschiedene Gründe. So mögen wegen der bestehenden Bagatellisierungstendenzen von Betroffenen die substanzbezogenen Störungen unerkannt und damit unbehandelt bleiben. Sicherlich verhinderte auch die bis 2025 gültige Version der Psychotherapie-Richtlinie, in der festgelegt war, dass innerhalb von zehn Sitzungen eine stabile Abstinenz erreicht worden sein musste, dass die ambulante Psychotherapie für Menschen mit Abhängigkeitserkrankungen erfolgreich durchgeführt werden kann. Psychotherapeutinnen und Psychotherapeuten fühlen sich oft auch nicht ausreichend für die Behandlung von Abhängigkeitserkrankungen qualifiziert. Lange Wartezeiten mögen ein weiterer Grund sein, dass Betroffene nicht im Behandlungssystem ankommen. Eine weitere Ursache mag sein, dass sich für Menschen mit einer Suchterkrankung in Deutschland ein eigenes differenziertes, von anderen Bereichen der Gesundheitsversorgung relativ unabhängiges Hilfesystem der »Suchthilfe« etabliert hat, in dem die Unterstützung u. a. durch qualifizierte Suchttherapeutinnen und -therapeuten, aber auch durch die Sucht-Selbsthilfe (https://www.dhs.de/suchthilfe/sucht-selbsthilfe/) erfolgt.

Eine ambulante psychotherapeutische Behandlung der Tabakabhängigkeit als alleinige Störung ist gemäß der Psychotherapie-Richtlinie ausgeschlossen.

Tab. 35.1: Prävalenz von Störungen durch psychotrope Substanzen und Verhaltenssüchten in Deutschland

Suchtform	Auftretenshäufigkeit
Alkohol	1,6 Mio. Menschen mit Alkoholabhängigkeit 2,7 Mio. Menschen mit schädlichem Alkoholgebrauch 3,2 Mio. Menschen mit riskantem Alkoholkonsum
Amphetamine	103.000 Menschen mit Amphetaminabhängigkeit
Cannabis	309.000 Menschen mit Cannabisabhängigkeit
Kokain	41.000 Menschen mit Kokainabhängigkeit
Medikamente	1,5–1,9 Mio. Menschen mit Medikamentenabhängigkeit davon bis zu 1,2 Mio. Menschen mit Benzodiazepinabhängigkeit
Opiate	166.000 Menschen mit Opiatabhängigkeit
pathologisches Spielen	1,3 Mio. Menschen mit »Glücksspielsucht« 1,6–4,8 Mio. Menschen mit einer »Computerspielsucht«
Tabak	4,4 Mio. Menschen mit Tabakabhängigkeit

Merke

Abhängigkeitserkrankungen treten häufig in Kombination mit anderen psychischen Störungen auf. Die aktuellen Leitlinien im Bereich der Störungen durch psychotrope Substanzen (siehe Abschnitt 6) empfehlen eine integrierte psychotherapeutische Behandlung.

Dabei ist die Änderung des Suchtverhaltens in der Regel vorrangig, weil nur so Verbesserungen von z. B. depressiven Störungen oder Angsterkrankungen erzielt werden können.

35.2 Diagnose und lerntheoretische Besonderheiten

Im Klassifikationssystem der ICD-10 (Dilling et al., 2015) werden Störungen durch psychotrope Substanzen und Verhaltenssüchte in unterschiedlichen Teilkapiteln abgebildet. In der ICD-11 (WHO, 2019) hingegen gibt es nur eine Störungsgruppe: »Störungen durch Substanzgebrauch oder Verhaltenssüchte«.

Störungen durch Substanzgebrauch nach ICD-11:

- 6C40 Störungen durch Alkohol
- 6C41 Störungen durch Cannabis
- 6C42 Störungen durch synthetische Cannabionoide
- 6c43 Störungen durch Opioide
- 6C44 Störungen durch Sedativa, Hypnotika oder Anxiolytika
- 6C45 Störungen durch Kokain
- 6C46 Störungen durch Stimulanzien, einschließlich Amphetamine, Methamphetamine oder Methcathinone
- 6C47 Störungen durch synthetische Cathinone
- 6C48 Störungen durch Koffein
- 6C49 Störungen durch Halluzinogene
- 6C4A Störungen durch Nikotin
- 6C4B Störungen durch volatile Inhalanzien
- 6C4C Störungen durch MDMA (»Ecstasy«: Pille) oder verwandte Substanzen, einschließlich MDA
- 6C4D Störungen durch Dissoziativa, einschließlich Ketamin oder PCP (Phenylcyclidin)
- 6C4E Störungen durch sonstige näher bezeichnete psychoaktive Substanzen, einschließlich Medikamente
- 6C4F Störungen durch multiple näher bezeichnete psychoaktiver Substanzen, einschließlich Medikamente
- 6C4G Störungen durch unbekannte oder nicht näher bezeichnete psychoaktive Substanzen
- 6C4H Störungen durch nicht psychoaktive Substanzen
- 6C4Y Sonstige näher bezeichnete Störungen durch Substanzgebrauch
- 6C4Z Störungen durch Substanzgebrauch, nicht näher bezeichnet

Störungen aufgrund von Verhaltenssüchten nach ICD-11:

- 6c50 Pathologisches Glücksspiel (Gambling)
- 6C51 Pathologisches Spielen (Gaming)
- 6C5Y Sonstige näher bezeichnete Störungen durch Verhaltenssüchte
- 6C5Z Störungen durch Verhaltenssüchte, nicht näher bezeichnet

Ein *riskanter Konsum* einer psychotropen Substanz liegt in der neuen Version der ICD dann vor, wenn Menschen psychoaktive Substanzen zu häufig und/oder eine zu hohe Menge konsumieren, sodass dadurch negative Konsequenzen für die Konsumierenden oder andere Personen entstehen könnten (vgl. John & Seitz, 2018). Die Grenzwerte für einen »risikoarmen Konsum« verschiedener Substanzen sind in den letzten Jahren immer wieder deutlich gesenkt worden. Als wirklich risikoarm kann nur ein Nullkonsum gelten.

Beim *schädlichen Gebrauch* von psychoaktiven Substanzen handelt sich um einen Suchtmittelkonsum, der physische oder psychische Gesundheitsschäden, jedoch keine Abhängigkeit hervorruft. Die ICD-11 ergänzt diese Defini-

Tab. 35.2: Screening-Instrumente zur Erfassung von Störungen durch Suchtmittel und Verhaltenssüchten

Suchtform	Testinstrument	Quelle
Alkohol	Alcohol Use Disorder Identification Test (AUDIT)	Babor et al. (2001)
Cannabis	Cannabis Use Disorder Identification Test (CUDIT)	Adamson et al. (2003)
Internetsucht	Compulsive Internet Use Scale (CIUS)	Meerkerk et al. (2009)
Medikamente	Kurzfragebogen für Medikamentengebrauch (KFM)	Watzl et al. (1991)
pathologisches Spielen	Kurzfragebogen zum Glücksspielverhalten (KFG)	Petry (1996)
psychotrope Substanzen (allgemein)	Alcohol, Smoking and Substance Involvement Screening Test (ASSIST)	WHO (2010)
Tabak	Fagerström Test for Cigarette Dependence	Heatherton et al. (1991)

tion dahingehend, dass dieses Konsummuster während eines Monats kontinuierlich bzw. innerhalb eines Jahres episodisch aufgetreten sein muss und zu einem tatsächlichen Schaden der psychischen oder physischen Gesundheit des Konsumenten oder einer anderen Person (z. B. als Verkehrsopfer durch die Trunkenheitsfahrt eines Konsumenten) geführt hat. Es gibt in der ICD-10 auch die Kategorie eines schädlichen Gebrauchs von nichtabhängigkeitserzeugenden Substanzen (F55) wie z. B. Analgetika, Laxantien oder auch Antidepressiva.

Die bisherige Evidenz zur Behandlung von Abhängigkeitserkrankungen bezieht sich auf die Einteilungen nach ICD-10 oder DSM-IV oder DSM 5.

Eine *Abhängigkeit* von psychotropen Substanzen gemäß ICD-10 liegt vor, wenn mindestens drei von sechs Diagnosekriterien in den vorausgegangenen 12 Monaten vorgelegen haben:

1. starkes Verlangen (»Craving«) nach einer psychotropen Substanz
2. verminderte Kontrollfähigkeit
3. Toleranzentwicklung
4. Entzugssymptome
5. Vernachlässigung anderen Interessen zugunsten des Suchtmittelkonsums
6. Konsum trotz des Nachweises eindeutig schädlicher Folgen

Im DSM-5 (APA, 2013) wird eine dimensionale Diagnosestellung vorgenommen. So können unterschiedliche Schweregrade der *»Substance Use Disorder«* (Substanzgebrauchsstörung) unterschieden werden. Die Kriterien sind: wiederholter Konsum, (1) sodass wichtige Aufgabenfelder vernachlässigt werden, (2) in Situationen, in denen es auf Grund des Konsums zu einer körperlichen Gefährdung kommen kann und (3) trotz ständiger oder wiederholter sozialer oder zwischenmenschlicher Probleme. (4) Toleranzentwicklung, (5) Entzugssymptome oder Substanzkonsum, um diese zu vermeiden, (6) Kontrollverlust, (7) anhaltender Wunsch oder erfolglose Versuche, den Suchtmittelkonsum zu verringern, (8) hoher Zeitaufwand, um die psychotrope Substanz zu beschaffen, zu konsumieren oder sich von der Wirkung des Konsums zu erholen, (9) Aufgabe oder Reduzierung von Aktivitäten zugunsten des Substanzkonsums, (10) fortgesetzter Gebrauch, obwohl körperliche oder psychische Probleme bekannt sind, (11) starkes Verlangen (Craving). Sind zwei bis drei Kriterien erfüllt, so liegt eine moderate Störung vor, bei vier oder fünf erfüllten Kriterien ist eine schwere Substanzgebrauchsstörung zu diagnostizieren.

In der ICD-11 wird eine Abhängigkeit im Zusammenhang mit dem Konsum von psychotropen Substanzen und Verhaltenssüchten anhand von drei Doppelkriterien zusammengefasst. Um eine Abhängigkeit zu diagnostizieren, müssen zwei dieser Doppelkriterien erfüllt sein: (1) Starker Konsumdrang (Craving) und verminderte Kontrolle, (2) Toleranzentwicklung und/oder Entzugssymptome, (3) Vernachlässigung anderer Interessen und fortgesetzter Substanzkonsum oder Fortsetzung der Verhaltenssucht trotz negativer Folgen.

Die ICD-11-Kriterien beziehen sich auch auf das pathologische Glücksspiel und das »Gaming«. Betroffene »spielen« oft mehrere Stunden täglich, sind daher häufig sozial isoliert und wichtige Aufgaben im schulischen oder beruflichen Kontext werden vernachlässigt. Als »Entzugssymptome« könnten Angstzustände, depressive Befindlichkeit oder Frustrationserleben bewertet werden, wenn das Spielen unterbrochen werden muss oder die Person nicht spielen kann (Müller et al., 2018).

Bei der Diagnose von Störungen durch Suchtmittel oder Verhaltenssüchten ist zu beachten, dass es bei den Betroffenen häufig zu kognitiven Verzerrungen kommt, d. h., sie bagatellisieren die negativen Konsequenzen oder überbewerten die erlebten positiven Effekte. Auch motivationale Aspekte (z. B. geringe Bereitschaft zur Veränderung) sind im diagnostischen Prozess zu berücksichtigen. Insgesamt ist eine multidimensionale Diagnostik notwendig, um ein umfassendes Bild zu erhalten. So liegen neben den psychischen und Verhaltensstörungen häufig auch Beeinträchtigungen von Körperfunktionen und -strukturen sowie Einschränkungen bezüglich Aktivitäten und Teilhabe im Sinne der ICF (Internationale Klassifikation der Funktionsfähigkeit, Behinderung und Gesundheit, vgl. DIMDI, 2005) vor. Dazu gehören Beeinträchtigungen von (1) Körperfunktionen und -strukturen (z. B. Aufmerksamkeits- und Gedächtnisstörungen, sexuelle Funktionsstörungen, Ein- und Durchschlafprobleme), von (2) Aktivitäten (eingeschränkte Mobilität, eingeschränkte Fähigkeit zur Selbstversorgung) und von (3) Teilhabe (Einschränkung zur Beteiligung am gesellschaftlichen und beruflichen Leben).

Die Nutzung von Selbstbeurteilungsverfahren oder (halb-)strukturierter Interviews kann die Diagnosestellung unterstützen. In ▸ Tab. 35.2 werden Screening-/Casefinding-Instrumente aufgelistet. Sie liegen alle in deutscher Sprache vor und sind im Internet lizenzfrei verfügbar.

Im Rahmen der Diagnosestellung sollten auch klinische und apparative Untersuchungen durchgeführt werden. Diese umfassen u. a. die Feststellung des Allgemeinzustandes sowie neurologische Untersuchungen.

35.3 Lernpsychologische Modelle

Die Entstehung und Aufrechterhaltung eines problematischen Suchtmittelkonsums bzw. einer Verhaltenssucht lässt sich im Rahmen eines »bio-psycho-sozialen Modells« erklären. Dieses betont die Interaktion zwischen genetischen Prädispositionen, individuellen psychischen Faktoren und sozialen Einflüssen.

> **Merke**
>
> Die familiäre Häufung von Abhängigkeitserkrankungen ist gut untersucht – dabei weisen insbesondere Zwillings- und Adoptionsuntersuchungen nach, dass über eine »soziale Vererbung« hinausgehend eine hereditäre Komponente vorhanden ist.

Kandidatengene für die Begünstigung einer Abhängigkeitsentwicklung wurden in Assoziationsstudien für dopaminerge und serotonerge Rezeptorsysteme sowie das GABA- und Glutamatsystem, für Opioidrezeptoren und nikotinerge Acetylcholinrezeptoren gefunden (Singh et al., 2025).

Die Entwicklung und Aufrechterhaltung einer Abhängigkeit ist mit verschiedenen neurologischen Funktionsstörungen verbunden. Der dauerhafte Konsum von psychotropen Substanzen führt zu Veränderungen in der Rezeptorverfügbarkeit, der Neurotransmitterfreisetzung und der Signalübertragung. Eine durch den Substanzkonsum ausgelöste Freisetzung von Dopamin in den Bereichen des ventralen Tegmentums und dem Nucleus accumbens führt zu einem intensiven Gefühl von Vergnügen und Belohnung. Das Dopaminsystem ist auch entscheidend für Lern- und Gedächtnisprozesse, die mit Belohnung und Motivation verbunden sind. So können konditionierte Reaktionen ein starkes Craving auslösen. Auch die Toleranzentwicklung hängt mit neuroadaptiven Änderungen im dopaminergen System zusammen. Die Rezeptorsysteme werden immer weniger empfindlich, sodass immer höhere Dosen benötigt werden, um dieselbe Wirkung zu erzielen. Die Dysregulation des dopaminergen Systems beeinträchtigt darüber hinaus auch die Funktion der präfrontalen Hirnregionen, die für die Impulskontrolle und Entscheidungsfindung verantwortlich sind, sodass Menschen impulsiver handeln und langfristige (negative) Konsequenzen ihres Konsumverhaltens nicht ausreichend berücksichtigen. Endorphine erzeugen Gefühle von Freude und Entspannung. Der Konsum von psychotropen Substanzen kann die Endorphinfreisetzung begünstigen. Ein langfristiger Konsum psychotroper Substanzen beeinträchtigt allerdings die Endorphinproduktion und -verfügbarkeit im Gehirn.

Entscheidende Umweltfaktoren für das Auftreten sind die breite Verfügbarkeit von psychoaktiven Substanzen; auch die Nutzung des Internets und die Teilnahme an Glücksspielen gelingt leicht. Psychosoziale Belastungen (Stresserleben, Konflikte) sowie wirtschaftliche Faktoren (Arbeitslosigkeit, Armut) und kulturelle Normen, die den Konsum von psychoaktiven Substanzen befördern, erhöhen das Risiko von Suchterkrankungen.

Mittels verschiedener lern- und verhaltenstheoretischer Modelle lässt sich die Entstehung und Aufrechterhaltung von Störungen durch Suchtmittelkonsum oder von Verhaltenssüchten erklären (Veltrup, 2020):

- *Klassische Konditionierung:* Ein ursprünglich neutraler Reiz (z. B. eine ganz bestimmte Umgebung) wird durch wiederholte Assoziation mit einem unbedingten Reiz (z. B. Trinken von Alkohol, Rauchen) verknüpft und so über die Zeit zu einem bedingten Reiz, der ein Craving und damit dann auch das vermehrte Problemverhalten auslösen kann.
- *Operante Konditionierung:* Das Suchtverhalten kann angenehme Gefühle hervorrufen, was zu einer häufigen Wiederholung des Konsums psychotroper Substanzen oder zur Steigerung der Verhaltenssucht führt. Auch das subjektive Erleben, dass unangenehme Gefühle durch den Konsum psychotroper Substanzen gelindert werden können, verstärkt das Problemverhalten.
- *Zustandsabhängiges Lernen:* Dieses Modell bezieht sich auf die Tendenz, bestimmte Verhaltensweisen in spezifischen Kontexten oder Zuständen stärker zu erinnern. Es ist eng mit den Modellen der klassischen und operanten Konditionierung verbunden und meint, dass bestimmte Orte oder Situationen sowie bestimmte emotionale Zustände, die mit z. B. dem Konsum von Suchtmitteln verbunden gewesen sind, immer wieder ein Craving auslösen können.
- *Modelllernen oder soziales Lernen:* Vor allem Kinder und Jugendliche neigen dazu, das Verhalten von »attraktiven Modellen« (z. B. Freunden, Medienfiguren) zu übernehmen. So kann der Druck durch Gleichaltrige bei Jugendlichen die Wahrscheinlichkeit, bestimmte Substanzen zu konsumieren, erhöhen. Auch kulturelle und gesellschaftliche Einflussfaktoren sind bedeutsam.
- *Kognitive Modelle:* Dysfunktionale Denkmuster (z. B. Grundüberzeugungen) oder maladaptive Gedanken können die Bereitschaft zum Konsum von Suchtmitteln oder zu Suchtverhalten verstärken. Auch positive Erwartungen an das (problematische) Verhalten erhöhen die Bereitschaft, es mal »auszuprobieren«. Die dann erlebten vermeintlich positiven Erfahrungen führen zu einer Erhöhung des Auftretens. Durch erlaubniserteilende Gedanken zur Milderung der kognitiven Dissonanz wird das problematische Verhalten gerechtfertigt und aufrechterhalten. Weiter kann das Erleben von erhöhter Selbstwirksamkeit durch den Konsum von psychotropen Substanzen das Verhalten verstärken.

35.4 Störungsspezifische Psychotherapie

Fallbeispiel

Herr W., 42 Jahre, kommt in die ambulante Sprechstunde. Er berichtet von einem zunehmenden Konsum von Cannabis und Alkohol in den letzten zwei Jahren. Dies sei vor allem seinem Partner, mit dem er in einer Fernbeziehung lebt, aufgefallen, dieser habe nun mit Trennung gedroht, wenn er seinen Konsum nicht deutlich ändere. Er rauche in der Woche fast jeden Abend bis zu drei Joints, um Abstand von dem als anstrengend erlebten Arbeitsalltag zu gewinnen und zu entspannen. Am Wochenende sei er häufig auf Partys und bei Musikveranstaltungen, hier trinke er v. a. Alkohol. Besonders erschreckt habe ihn nun, dass vor vier Wochen morgens seine Hände nach einer durchzechten Nacht zu zittern angefangen hätten. Bei der Arbeit bemerke er seit einiger Zeit Beeinträchtigungen der Aufmerksamkeits- und Gedächtnisleistungen. Außerdem sei er morgens oft antrieblos und melde sich dann immer mal wieder kurzfristig für einen Tag »krank«. Er habe es immer mal wieder für eine Woche geschafft, nicht zu kiffen, und habe auch über zwei Monate seinen Alkoholkonsum deutlich reduziert. Vor dem Hintergrund der zunehmenden Konflikte in der Partnerschaft habe er aber seit drei Wochen den Suchtmittelkonsum wieder deutlich gesteigert.

Bei der Verhaltenstherapie der Sucht sind grundlegend zwei Ziele von zentraler Bedeutung: (1) Förderung der Änderungsbereitschaft und (2) Förderung der Änderungskompetenz.

Eine grundlegende Methode für die Förderung von Änderungsbereitschaft bei gesundheitsschädlichem Verhalten stellt das Motivational Interviewing (MI) dar (Miller & Rollnick, 2023). Das klientenzentrierte und gleichzeitig direktive Vorgehen ermöglicht die Reduzierung von Ambivalenz bezüglich einer Verhaltensänderung und fördert den Aufbau von intrinsischer Motivation (vgl. ▸ Kap. 29). Im Rahmen des Motivationsprozesses werden u. a. auch die störungsbezogenen Behandlungsziele (z. B. Veränderung des Problemverhaltens, Verbesserung der sozialen Beziehungen, konstruktive Bewältigung von Stresserleben) gemeinsam mit den Patientinnen und Patienten erarbeitet. Das MI umfasst grundlegend folgende Aspekte, die für die Behandlung von Sucht bedeutsam sind: (1) Einsicht: Entwicklung eines angemessenen Problemverständnisses, (2) Empfehlung: Expertenratschlag geben, wenn dieser von Patientinnen und Patienten gewünscht wird, (3) Entscheidung: den Patientinnen und Patienten helfen, eine reflektierte Änderungsentscheidung zu treffen.

Generell wird als »sicherste« Weg zur Bewältigung von Sucht die Abstinenz empfohlen. Neben der »unbefristeten« Abstinenz kann mit Patientinnen und Patienten auch vereinbart werden, dass sie eine »Nüchternheit auf Probe« (z. B. über 90 Tage) realisieren oder während der gesamten Therapiephase auf den Konsum der »problematischen« psychotropen Substanzen verzichten. Nach einer solchen »Erprobungsphase« können sich die Betroffenen vor dem Hintergrund positiver Erfahrungen und einer gesteigerten Selbstwirksamkeit leichter für eine dauerhafte Suchtmittelfreiheit entscheiden.

Als schadensminimierendes Konsumziel bietet sich der Verzicht auf Suchtmittel in kritischen Hochrisikosituationen an, in denen Patientinnen und Patienten Gefahr laufen, einen deutlich überhöhten Konsum zu praktizieren. So lässt sich mit den Patientinnen und Patienten erarbeiten, unter welchen emotionalen, kognitiven und situativen Bedingungen (z. B. unangenehme Gefühlszustände, körperliche Beschwerden, soziale Konflikte) es vorteilhaft ist, auf Suchtmittel zu verzichten (»Punktabstinenz«) und in welchen ein moderater, risikoarmer Konsum vorstellbar erscheint.

Als »kontrollierten Konsum« versteht man den vorab geplanten und begrenzten »Genuss« von psychotropen Substanzen, sodass das Auftreten von körperlichen und psychischen Beeinträchtigungen und negativen sozialen Konsequenzen minimiert wird. So werden die Konsumtage und die -mengen beispielsweise jede Woche vorab festgelegt. Beim Alkohol wird empfohlen, bei einem Konsumereignis nur alle 20 Minuten ein Standardgetränk zu konsumieren, also etwa ein Glas Bier (0,3 Liter) oder ein Glas Sekt (0,1 Liter). So wird eine Rauschwirkung verhindert. Insgesamt sollte man nicht mehr als drei Standardeinheiten bei einer Trinkgelegenheit an maximal vier Tagen pro Woche konsumieren.

Der Prozess der Entscheidung für eine konkrete Verhaltensänderung des Suchtmittelkonsums bzw. des Suchtverhaltens ist in der Anfangsphase der Therapie von zentraler Bedeutung. Es handelt sich für Betroffene zumeist um einen doppelten Appetenz-Aversionskonflikt.

Merke

Es ist weniger eine Frage der Motivation, ob sich Patientinnen und Patienten für eine Änderung entscheiden, sondern vielmehr eine Frage der Motive.

Die guten Gründe können Notwendigkeiten, Wünsche, Werte und Ziele beinhalten. Diese gilt es mit den Patientinnen und Patienten zu erarbeiten und in einen klaren Entscheidungssatz zu gießen, der das »neue« Verhalten begründet: »Ich abstiniere, weil ich ein verlässlicher Partner sein will und weil ich meine Gesundheit nicht weiter gefährden möchte«. Dieser »entscheidende Satz« kann zur Vertiefung z. B. in Form eines Bildes auf dem Display des Smartphones abgebildet werden und ist so (fast) immer gegenwärtig.

Fallbeispiel (Fortsetzung)

Bei Herrn W. wurden vier Gespräche im Rahmen der ambulanten Sprechstunde durchgeführt. Die Kriterien für die Diagnosen »Cannabisabhängigkeit« und »Alkoholabhängigkeit« gemäß ICD-10 sind erfüllt. Herr W. konnte ein angemessenes Problemverständnis entwickeln und die Notwendigkeit einer Behandlung der Suchtproblematik akzeptieren. Dem Patienten wurde empfohlen, eine ambulante Entzugsbehandlung durch den Hausarzt durchführen zu lassen. Begleitend zum Entzug wurden dem Patienten insgesamt fünf einzeltherapeutische Gespräche im Rahmen der psychotherapeutischen Akutbehandlung angeboten, darunter auch ein

Gespräch gemeinsam mit seinem Lebenspartner. In diesen Gesprächen konnte der Patient gute Gründe für eine umfassende Änderung seines Konsumverhaltens entdecken und entschied sich für eine zunächst befristete Abstinenz von 12 Monaten. Beim Entzug traten keine medizinischen Komplikationen auf, eine medikamentöse Begleitbehandlung war nicht notwendig. Sein Lebenspartner wohnte in dieser Zeit bei ihm und unterstützte den Patienten bei der Bewältigung der relativ moderaten Entzugssymptome.

Bei Vorliegen einer stabilen Änderungsbereitschaft kann mit der Umsetzung der Änderungsziele begonnen werden. Es gilt, die vorhandenen Fertigkeiten und Fähigkeiten der Patientinnen und Patienten zu nutzen und durch zusätzliche effektive Strategien zur Bewältigung des Problemverhaltens und zur Sicherung des neuen alternativen Verhaltens zu ergänzen. Eine wichtige Grundlage für eine erfolgreiche Behandlung von Menschen mit Abhängigkeitserkrankung ist ein möglichst nahtloser Übergang zu unterschiedlichen Unterstützungsangeboten, also z. B. die direkte Verlegung aus der stationären qualifizierten Entzugsbehandlung in die stationäre medizinische Suchtrehabilitation. Im ambulanten Setting es sehr sinnvoll, dass sich direkt an die Sprechstunde bzw. die Akutbehandlung die ambulante Psychotherapie anschließt.

Die ambulante Behandlung von Menschen mit substanzbezogenen Störungen und Verhaltenssüchten kann sowohl einzeltherapeutisch als auch im gruppentherapeutischen Setting erfolgen. Die Gruppe ist für isoliert lebende Patientinnen und Patienten besonders geeignet. In Gruppen besteht auch der Vorteil, dass sowohl individuenspezifisch als auch themenspezifisch gearbeitet werden kann. Auch eine Kombination aus Einzel- und Gruppensitzungen kann vorteilhaft sein.

Die Dauer der ambulanten Suchtbehandlung variiert stark. Im Rahmen der Einzeltherapie sind in der Regel mindestens 24 Sitzungen notwendig. Die Verweildauer in der Gruppe sollte etwa ein Jahr betragen.

Voraussetzung für die Durchführung einer ambulanten Psychotherapie ist die Aufrechterhaltung von Abstinenz. Bis zur zehnten Sitzung muss gemäß der aktuellen Psychotherapie-Richtlinie (https://www.g-ba.de/richtlinien/20/) eine »Suchtmittelfreiheit« bzw. eine »Beigebrauchsfreiheit« bei Menschen mit Opiatabhängigkeit, die sich in substitutionsgestützter Behandlung befinden, erreicht und durch geeignete Nachweise belegt sein. Die ärztliche Bescheinigung darf nicht durch die Behandelnden selbst ausgestellt werden. Die labordiagnostischen Nachweise von Suchtmittel- bzw. Beikonsumfreiheit sind z. T. sehr aufwändig und kostenintensiv. Es besteht die Möglichkeit, die Kostenübernahme bei dem zuständigen Leistungsträger (in der Regel die Krankenversicherung) zu beantragen. Urinkontrollen, Kapillarblut- oder Speichelproben oder Haaranalysen können durchgeführt werden. Mit den Patientinnen und Patienten kann auch vereinbart werden, dass solche Untersuchungen in regelmäßigen Abständen durchgeführt werden, um den »Therapieerfolg« zu dokumentieren.

Bei Patientinnen und Patienten, bei denen sich im Rahmen der Sprechstunde oder der probatorischen Sitzungen ergibt, dass die Suchtproblematik zu schwerwiegenden Beeinträchtigungen der körperlichen und psychischen Gesundheit und sozialen Konsequenzen geführt hat (Verlust von Arbeit, soziale Isolation), bietet sich die Durchführung einer medizinischen Rehabilitation an. Entsprechende Fachkliniken im gesamten Bundesgebiet können über die Informationsseite der Deutschen Rentenversicherung gefunden werden (https://meine-rehabilitation.de/pr-web/). Menschen mit einem pathologischen Glücksspielverhalten können sowohl im Rahmen der psychosomatischen Rehabilitation als auch in der »Suchtrehabilitation« behandelt werden. Die Dauer einer stationären psychosomatischen Rehabilitation beträgt bis zu 6 Wochen. Die medizinische Rehabilitation für Menschen mit Abhängigkeitserkrankungen (auch für substituierte Drogenabhängige) kann nicht nur stationär (in der Regel 13 Wochen bei Alkohol- und Medikamentenabhängigkeit und bis zu 26 Wochen bei Drogenabhängigkeit), sondern auch ganztägig-ambulant (tagesklinisch) mit einer Dauer von bis zu 12 Wochen bei alkohol- oder medikamentenabhängigen Menschen und bis zu 20 Wochen bei drogenabhängigen Personen oder ambulant (Dauer: 6–18 Monate) durchgeführt werden. Es ist auch eine Kombination der verschiedenen Settings im Rahmen eines Gesamtrehabilitationsplans möglich (Veltrup, 2023).

Voraussetzung für die Inanspruchnahme einer medizinischen Rehabilitation ist die Beantragung beim zuständigen Leistungsträger (in der Regel ist das die Deutsche Rentenversicherung). Es ist zu prüfen, ob eine Rehabilitationsbedürftigkeit vorliegt, eine Rehabilitationsfähigkeit vorhanden ist und eine günstige Rehabilitationsprognose gestellt werden kann. Bei Menschen mit einer Abhängigkeitserkrankung gehört zum Antrag ein »Sozialbericht«, der in der Regel durch Mitarbeitende in der Suchtberatung (https://www.dhs.de/service/suchthilfeverzeichnis) oder im Rahmen des qualifizierten Entzugs erstellt wird.

Die zentralen Ziele der medizinischen Rehabilitation sind die Optimierung der funktionalen Gesundheit sowie die Sicherung und Wiederherstellung von Erwerbs-, Berufs- und Arbeitsfähigkeit. In Anlehnung an das bio-psycho-soziale Störungsmodell lassen sich im Rahmen der medizinischen Rehabilitation folgende Zielebenen unterscheiden: (1) Zielsetzungen auf psychosozialer Ebene, (2) Zielsetzungen auf somatischer Ebene (Körperfunktionen und -strukturen), (3) Zielsetzungen auf der Ebene von Aktivitäten und Partizipation. Diese Zieldimensionen sind grundsätzlich auch im Rahmen der ambulanten Psychotherapie zu beachten.

Zielsetzungen in der medizinischen Rehabilitation von Abhängigkeitserkrankungen und Verhaltenssüchten:

- *auf psychosozialer Ebene:*
  - psychische Stabilisierung
  - Bearbeitung emotionaler Beeinträchtigungen
  - Bearbeitung kognitiver Beeinträchtigungen
  - Entwicklung von Krankheitsbewältigungskompetenz
  - Bearbeitung intrapsychischer Konflikte
  - Verarbeitung relevanter biographischer Ereignisse
- *auf somatischer Ebene:*
  - Erkennen und Behandlung von somatischen Begleiterkrankungen
  - Steigerung von Leistungsfähigkeit
  - Linderung von körperlichen Beschwerden
- *auf der Ebene von Aktivitäten und Partizipation:*
  - Stärkung der gesellschaftlichen Teilhabe
  - Förderung der beruflichen (Re-)Integration
  - Entwicklung von tragfähigen Zukunftsperspektiven

Im Rahmen des verhaltenstherapeutischen Prozesses kommen folgende Strategien zur Förderung der Änderungskompetenz zur Anwendung:

- *Identifikation von Auslösern für Suchtverhalten:* Die Patientinnen und Patienten lernen, die spezifischen Situationen, Gedanken und Emotionen zu erkennen, die ihr Suchtverhalten auslösen.
- *Kognitive Umstrukturierung:* Negative Denkmuster, suchtspezifische Grundannahmen und erlaubniserteilende Gedanken, die das Suchtverhalten unterstützen, werden identifiziert und durch konstruktivere Gedanken ersetzt.
- *Erlernen von Bewältigungsstrategien:* Die Therapie vermittelt Fähigkeiten, um mit Versuchungs- und Verführungssituationen konstruktiv umzugehen. Dazu gehören Techniken wie Entspannung, Problemlösung und soziale Fähigkeiten. In diesem Zusammenhang sind auch Rollenspiele zum Ablehnungstraining, Verhaltensexperimente sowie Expositionsübungen von großer Bedeutung.
- *Aufbau und Verstärkung von positiven Verhaltensweisen:* Durch positive Verstärkung werden gesunde Verhaltensänderungen gefördert. Patientinnen und Patienten werden ermutigt, Belohnungen für konstruktive Änderungsortschritte zu setzen.
- *Einbeziehung des sozialen Umfelds:* Die Therapie kann auch die Einbeziehung von Familienmitgliedern oder Freunden umfassen, um Unterstützung zu bieten und das soziale Netzwerk zu stärken.

Die Entwicklung von Änderungskompetenz meint konkret das Einüben von suchtinkompatiblen Verhaltensweisen sowie ihre Umsetzung und dauerhafte Aufrechterhaltung im Alltag. Am Anfang dieses Prozesses stehen die Analyse allgemein belastender Faktoren im Lebensalltag sowie die Erfassung von spezifischen situativen, kognitiven und emotionalen Hochrisikobedingungen, unter denen das Suchtverhalten bei den Patientinnen und Patienten in der Vergangenheit aufgetreten ist.

Es gilt mit den Patientinnen und Patienten Strategien zu entwickeln, um alltägliche Belastungen abzubauen. Dazu können Stressbewältigungs- und Entspannungstrainings (z. B. Progressive Muskelrelaxation) genutzt werden. Gleichzeitig gilt es, »genussvolle, euthyme Aktivitäten« wie Sport, Hobbys und angenehme soziale Interaktionen zu fördern. Auch Ideen zu alternativen »Highlights im Leben« (besondere Urlaubsreisen, Spiritualität) sollten entwickelt werden. Wichtig ist, mit den Patientinnen und Patienten die ersten Tage und Wochen ihrer Genesungsphase genau zu planen, damit diese jene Stunden sinnvoll füllen, die in der Vergangenheit mit dem Suchtverhalten verknüpft gewesen sind.

Hochrisikosituationen für den Konsum psychotroper Substanzen oder Suchtverhalten sind u. a. unangenehme oder angenehme Gefühlszustände, körperliches Unwohlsein, Craving, die Vorstellung, den Konsum oder das Verhalten kontrollieren zu können, Konfliktsituationen, Geselligkeit und soziale Verführungssituationen. Neben den inneren gilt es auch die äußeren Trigger, die »Suchtdruck« auslösen, präzise zu erfassen (z. B. beim Essen, auf Partys, bei Sportereignissen, bei einem Date, vor oder nach sexuellen Aktivitäten, bei Schmerzen, bei mitgeführtem Bargeld u. ä.).

Im Buch von Lindenmeyer (2013) findet sich die deutsche Version des Inventory of Drug Situations (Alcohol), mit dem sich für die Patientinnen und Patienten ein individuelles Risikoprofil erstellen lässt. Zusätzlich lässt sich mit dem Drug-Taking Confidence Questionnaire (DTCQ) (deutsch: Lindenmeyer, 2013) das Ausmaß der Selbstwirksamkeit im Zusammenhang mit der konstruktiven Bewältigung der Risikosituationen erfassen. Damit erhält man wichtige Hinweise, in welchen Risikobereichen eine intensivere verhaltenstherapeutische Behandlung notwendig ist.

Fallbeispiel (Fortsetzung)

Herr W. nahm regelmäßig einmal wöchentlich an einer Gruppentherapie für Menschen mit substanzbezogenen Störungen teil und erhielt zusätzlich Einzelgespräche. Es wurde deutlich, dass es ihm anfangs sehr schwerfiel, dem starken Verlangen nach Cannabis zu widerstehen. Der Verzicht auf Alkohol fiel ihm besonders schwer in sozialen Situationen, also auf Feiern, bei denen andere Menschen Alkohol tranken und ihn auch zum Mittrinken aufforderten.

Es lassen sich vier Formen des Umgangs mit Hochrisikosituationen unterscheiden: (1) Vermeiden (2) sofortiges Verlassen, (3) Aushalten oder (4) konstruktive Bewältigung. Mit den Patientinnen und Patienten sollte erarbeitet werden, welche Strategie ihnen in welchen Risikosituationen am sinnvollsten und am machbarsten erscheint.

Die Expositionsbehandlung kann am besten in der Einzeltherapie sowohl in sensu als auch in vivo sowie neuerdings in »virtueller Realität« (VR) durchgeführt werden. Wichtig ist die kognitive Vorbereitung. Patientinnen und Patienten werden gebeten, sich eine typische Risikosituation vorzustellen, in der sie ein Craving spüren würden. Sie werden dann gebeten, alles in ihrer Vorstellung zu tun, um das Verlangen noch zu steigern, ohne das Suchtverhalten zu zeigen. Beim Erreichen der maximalen Ausprägung ihres Cravings sollen Patientinnen und Patienten sich vorstellen, bewegungslos zu sein, um dann zu beschreiben, wie sich der Suchtdruck über die Zeit (nach 5, 10, 15 oder 30 Minuten) entwickelt. Die Übungen werden so oft wiederholt, bis die Patientinnen und Patienten von keinem oder kaum noch wahrnehmbarem Craving berichten. Dann üben die Patientinnen und Patienten in einer realen Standardsituation, zunächst im Beisein der Therapeutin/des Therapeuten. Später wird allein im realen Umfeld geübt. Es ist wichtig, alle (möglichen) typischen Risikosituationen ausreichend zu berücksichtigen. In Entstehung befindlich sind etliche Expositionsübungen in virtueller Realität. Noch ist offen, ob die Übertragbarkeit auf reale Versuchungssituationen gegeben ist.

Fallbeispiel (Fortsetzung)

Herr W. bringt alle Utensilien und Produkte, die er fürs Kiffen benötigt, mit in die Praxis. Er sitzt auf einem gemütlichen Sofa und wird nun aufgefordert, sich einen Joint aus seiner Lieblingsmischung zu drehen. Im Hintergrund läuft die von ihm ausgewählte Musik, die mit früheren Konsumsituationen verbunden ist. Er zündet seinen Joint an und legt diesen dann auf einen Aschenbecher (ohne daran zu ziehen) und soll die Situation genießen. Herr W. berichtet zunächst von einem deutlichen Anstieg des Cravings. Der Suchtdruck lässt allerdings schnell nach. Es ist weniger eine Habituation, sondern es sind seine Gedanken (»Ich habe es meinem Freund versprochen, nicht mehr zu rauchen«), die den Rückgang bewirken. In der anschließenden Reflexionsphase berichtet er, wie stolz er sich fühlt, diese Situation bewältigt zu haben.

Sehr viel Spaß hat Herrn W. in der Gruppentherapie auch die Übung »Engelchen und Bengelchen« gemacht. Ausgangspunkt der Übung ist eine typische Risikosituation: Der Patient ist allein zuhause und überlegt, ob er nicht doch einen Joint rauchen soll. Er wird aufgefordert, zwei Mitglieder aus der Gruppe zu bestimmen und sich mit diesen in die Mitte des Kreises zu setzen. Das Mitglied, welches rechts vom Patienten sitzt, wird aufgefordert, diesem »gute Gründe« zu liefern, jetzt zu kiffen. Das Mitglied zur Linken hingegen soll **A**rgumente für die **A**ufrechterhaltung von **A**bstinenz (AAA) liefern. Er selbst soll dieses »Einflüstern« nur auf sich wirken lassen. Nach etwa zehn Minuten ist die Übung beendet. Herr W. berichtet, die erlaubniserteilenden Gedanken seien für ihn schon sehr einleuchtend gewesen, die AAA (Gegengedanken) seien rationaler, aber auch sehr »ernüchternd« gewesen. Die Gruppe gibt Rückmeldung und es schließt sich eine Sammlung von »einleuchtenden Gedanken« zur Aufrechterhaltung von Nüchternheit an.

Zur Bewältigung von sozialen »Verführungssituationen« sollen die Patientinnen und Patienten lernen, den Konsum von psychotropen Substanzen abzulehnen. Dabei sind zwei Strategien voneinander zu unterscheiden:

(1) Ablehnung mit Hinweis auf Suchtproblematik (z. B. gegenüber Freunden, Kollegen etc.): Hier sollen die Betroffenen Aussagen für sich entwickeln, die für sie passend sind (z. B. »Ich trinke aus gesundheitlichen Gründen keinen Alkohol«).

(2) Ablehnung ohne Hinweise auf Suchtproblematik (bei Veranstaltungen, Partys etc.): Die Patientinnen und Patienten lernen, die Aufforderung zum Konsum (mehrfach) bestimmt abzulehnen, das Thema zu wechseln oder bei einem zu starken Druck die Situation zu verlassen.

Im Abschnitt »Empfohlene Materialien« (s. u. am Ende des Kapitels) findet sich eine Auswahl von Manualen, die sich in der verhaltenstherapeutischen Einzel- und Gruppentherapie von Menschen mit Abhängigkeitserkrankungen bewährt haben. Gerade für Psychotherapeutinnen und Psychotherapeuten mit geringen Erfahrungen in der Suchttherapie bieten Manuale einen klaren Orientierungsrahmen und enthalten darüber hinaus Arbeitsmaterialien zum Kopieren oder als Download.

Zunehmend werden digitale Gesundheitsanwendungen (DiGA) als Ersatz oder begleitend zur verhaltenstherapeutischen Behandlung eingesetzt. Eine aktuelle Liste der vom Bundesinstitut für Arzneimittel und Medizinprodukte gemäß § 139e SGB V bewerteten Anwendungen findet sich unter https://diga.bfarm.de/de/verzeichnis. Zum Teil ist die Evidenzbasierung der verfügbaren DiGAs noch unzureichend.

35.5 Pharmakotherapie

Bei Abhängigkeitserkrankungen stehen verschiedene pharmakotherapeutische Behandlungsmöglichkeiten zur Verfügung.

- Bei akuten Entzugssymptomen werden oft Medikamente eingesetzt, um die Symptome zu lindern. Dazu gehören Benzodiazepine oder Chlomethiazol bei Alkoholentzug oder Opioid-Agonisten wie Methadon sowie weitere Medikamente zur Linderung begleitend auftretender Symptome (Schlafstörungen, Schmerzen, gastrointestinale Beschwerden) bei Opiatabhängigkeit. Nikotin, Bupropion oder partielle Nikotinrezeptoragonisten werden beim Nikotinentzug empfohlen.
- Zur Reduzierung des Verlangens nach Alkohol wird Acamprosat zur Verhinderung des anspannungsassoziierten Suchtdrucks oder auch Naltrexon (Opiatantagonist) zur Verhinderung der Stimulation des Belohnungssystems verordnet. Nalmefen, auch ein Opiatantagonist, soll v. a. dazu beitragen, den Betroffenen zu helfen, ihre Trinkmengen zu verringern. Es soll ein bis zwei Stunden vor potenziellen Risikosituationen eingenommen werden. In Frankreich ist Baclofen, ein Muskelrelaxans, als Anti-Craving-Substanz zugelassen.
- Die Substitutionstherapie mit Arzneimitteln wie Methadon, Morphin, Buprenorphin oder auch Diamorphin soll v. a. zur Stabilität des Gesundheitszustands bei Opiatabhängigen beitragen, die Beschaffungskriminalität senken und den Beikonsum minimieren oder verhindern. Die Substitutionsmittel dürfen in der Regel nur unter Sicht in der Arztpraxis oder in anderen geeigneten Einrichtungen (z. B. Apotheken) eingenommen werden. Bei ausreichender Stabilität werden auch »Take home«-Rezepte zur eigenverantwortlichen Einnahme übergeben.
- Im Rahmen einer Aversionstherapie wurde Alkoholabhängigen Disulfiram (»Antabus«) verordnet. Es wirkt durch eine Hemmung des Enzyms Acetaldehydrogenase, was zu einer erhöhten Konzentration von Acetaldehyd im Körper führt und Übelkeit und Schwindel beim Konsum von Alkohol auslösen kann. In Deutschland ist dieses Medikament nicht mehr zugelassen.

Merke

Der Einsatz von Medikamenten kann im Einzelfall sinnvoll sein, um den Erfolg der psychotherapeutischen Behandlung abzusichern, zu verbessern oder psychosoziale Interventionen überhaupt erst möglich zu machen.

35.6 Evidenzbasierung

Für die Behandlung von Abhängigkeitserkrankungen liegen Leitlinien vor, die durch die Arbeitsgemeinschaft Wissenschaftlich-Medizinischer Fachgesellschaften (AWMF, 2020, 2021a, 2021b, 2024, 2025) veröffentlicht werden. Es handelt sich sowohl um S1-Leitlinien (z. B. zur Internetgebrauchsstörung), vor allem aber um S3-Leitlinien (für Alkohol, Tabak, Opioide und Medikamente). Die in den Leitlinien zitierten kontrollierten Studien belegen die Wirksamkeit von verhaltenstherapeutischen Interventionen bei Abhängigkeitserkrankungen.

Prüfungsfragen

1. Welche Formen des problematischen Konsums von psychoaktiven Substanzen lassen sich voneinander unterscheiden und was sind ihre jeweils zentralen Merkmale?
2. Unter welchen Hochrisikobedingungen besteht die Gefahr eines erneuten Konsums von psychoaktiven Substanzen bzw. des Wiederauftretens von Suchtverhalten?
3. Welche grundlegenden Möglichkeiten einer verhaltenstherapeutischen Behandlung bestehen bei Menschen mit einer Abhängigkeitserkrankung?

Antworten

1. Der *riskante Konsum* ist gekennzeichnet durch einen häufigen Konsum von psychotropen Substanzen oder durch eine Überschreitung der jeweils geltenden Grenzwerte für einen risikoarmen Konsum. Dadurch können negative Folgen für den Betroffenen und andere Personen auftreten.
   Von einem *schädlichen Gebrauch* spricht man, wenn durch den Konsum körperliche oder psychische Gesundheitsschäden entstanden sind, aber die Kriterien für eine Abhängigkeit noch nicht erfolgt sind.
   Eine *Abhängigkeit* liegt dann vor, wenn drei von sechs Kriterien (gemäß ICD-10) in den letzten 12 Monaten aufgetreten sind: starkes Verlangen (»Craving«), verminderte Kontrollfähigkeit, Toleranzentwicklung, Entzugssymptome, Vernachlässigung anderer Interessen sowie Konsum trotz des Nachweises eindeutig schädlicher Folgen. Im DSM-5 wird von einer »Substanzgebrauchsstörung« gesprochen und es werden verschiedene Schweregrade (moderat, schwer) je nach Anzahl der erfüllten Kriterien unterschieden.
2. Hochrisikosituationen für den erneuten Konsum psychotroper Substanzen oder erneutes Suchtverhalten sind u. a. unangenehme oder angenehme Gefühlszustände, körperliches Unwohlsein, Craving, die Vorstellung, den Konsum oder das Verhalten kontrollieren zu können, Konfliktsituationen, Geselligkeit und soziale Verführungssituationen. Im Gespräch oder durch Fragebögen können diese erfasst werden. Im Rahmen der VT gilt es dann, für jedes Risikocluster eine angemessene Bewältigungsstrategie zu entwickeln, also z. B. die Patientinnen und Patienten zu befähigen, ein angebotenes alkoholisches Getränk abzulehnen oder nonsoziale Risikosituationen zu meistern.
3. Zentrale Ziele sind die Förderung von Änderungsbereitschaft, welche durch verhaltenstherapeutisch orientierte motivationale Interventionen (z. B. Motivational Interviewing) gelingen kann, sowie die Förderung der Änderungskompetenz, die folgende Elemente umfasst: Identifikation von Auslösern für Suchtverhalten, kognitive Umstrukturierung, Erlernen von angemessenen Bewältigungsstrategien (Entspannung, Problemlösung und soziale Fähigkeiten), Aufbau und Verstärkung von positiven Verhaltensweisen. Auch die Einbeziehung des sozialen Umfelds kann den Behandlungserfolg absichern helfen.

Empfohlene Materialien

- Die Nutzung von Manualen (▸ Tab. 35.3) bietet Psychotherapeutinnen und Psychotherapeuten Sicherheit für ihre Behandlung und stellt eine umfassende, die zentralen Aspekte berücksichtigende Psychotherapie sicher.
- Sehr anschaulich wird (kostenpflichtig) anhand von Videosequenzen die Behandlung von Abhängigkeitserkrankungen bei Müller (2022) dargestellt: https://psychotherapie.tools/material-finden/icd-10/f10-f19/alkoholabhaengigkeit/13671/video-playlist-abhaengigkeitserkrankungen?p=1
- Sehr hilfreiche Arbeitsmaterialien für Patientinnen und Patienten zur Tabak- und Alkoholabhängigkeit finden sich bei Lindenmeyer und Mühlig (2019).
- Zur Erarbeitung von Störungsmodellen bei Abhängigkeitserkrankungen finden sich Anregungen bei Hessler-Kaufmann und Neudeck (2020).

Tab. 35.3: Verhaltenstherapeutische Manuale für die Behandlung von Abhängigkeitserkrankungen

Manual	Quelle
Alkoholabhängigkeit. Ein Leitfaden zur Gruppentherapie.	Gutwinski et al. (2016)
Achtsamkeitsbasierte Rückfallprävention bei Substanzabhängigkeit.	Bowen et al. (2011)
CRA-Manual zur Behandlung von Alkoholabhängigkeit: Erfolgreicher behandeln durch positive Verstärkung im sozialen Bereich.	Meyers & Smith (2017)
Das Matrix-Modell. Ambulante Intensivbehandlung bei Störungen durch Stimulanzienkonsum.	Center for Substance Abuse Treatment (2006)
Der springende Punkt. Stationäre Kurzintervention bei Alkoholmissbrauch.	Lindenmeyer (2001)
Group Treatment for Substance Abuse. A Stages-of Change Therapy Manual.	Velasquez et al. (2015)
Group Therapy for Substance Use Disorders.	Carter Sobell & Sobell (2011)
Gruppentherapie zur Abstinenz- und Motivationsstärkung bei opiatabhängigen Patienten. Ein verhaltenstherapeutisches Manual.	Franke & Schildberg (2004)
Ich bin kein Alkoholiker. Ambulante Psychotherapie bei Alkoholproblemen.	Lindenmeyer (2013)
Lust auf Abstinenz. Ein Therapiemanual bei Alkohol-, Medikamenten und Drogenabhängigkeit.	Bachmann & El-Akhras (2014)
Modulare Therapie von Cannabisstörungen. Das CANDIS-Programm.	Hoch et al. (2011)
Psychoedukatives Training bei Abhängigkeitserkrankungen.	Schober et al. (2013)
Rückfallprävention mit Alkoholabhängigen.	Körkel & Schindler (2002)
Rückfallprophylaxe bei Drogenabhängigkeit. Ein Trainingsprogramm.	Klos & Görgen (2009)
Integrative Verhaltenstherapie bei Alkoholabhängigkeit. Ein Therapiemanual.	Burtscheidt (2001)
Therapieprogramm zur Integrierten Qualifizierten Akutbehandlung bei Alkohol und Medikamentenproblemen (TIQAAM). Ein verhaltenstherapeutisches Praxismanual.	Lippert (2025)
Tabakentwöhnung: ein verhaltenstherapeutisches Manual.	Batra & Buchkremer (2025)
Internetsucht: Eltern stärken! Ein manualisiertes Gruppentraining.	Brandhorst et al. (2025)
Individualisierte Tabakentwöhnung. Verhaltenstherapeutisches Manual.	Torchalla et al. (2013)
Computerspiel- und Internetsucht. Ein kognitiv-behaviorales Behandlungsmanual.	Wölfling et al. (2022)

Literatur

Adamson, S. J., Sellman, J. D. (2003). A Prototype Screening Instrument for Cannabis Use Disorder: The Cannabis Use Disorders Identification Test (CUDIT) in an Alcohol Dependent Clinical Sample. *Drug and Alcohol Review, 22*, 309–315.

APA – American Psychiatric Association (2013). *Diagnostic and Statistical Manual of Mental Disorders, Fifth Edition*. Arlington, VA: American Psychiatric Association.

AWMF (2020) S3-Leitlinie Medikamentenbezogene Störungen. https://register.awmf.org/de/leitlinien/detail/038-025 (Zugriff am 28.7.2025).

AWMF (2021a) S3-Leitlinie Screening, Diagnostik und Behandlung alkoholbezogener Störungen. https://register.awmf.org/de/leitlinien/detail/076-001 (Zugriff am 28.7.2025).

AWMF (2021b) S3-Leitlinie Rauchen und Tabakabhängigkeit: Screening, Diagnostik und Behandlung. https://register.awmf.org/de/leitlinien/detail/076-006 (Zugriff am 28.7.2025).

AWMF (2024) S1-Leitlinie Diagnostik und Therapie von Internetnutzungsstörungen. https://register.awmf.org/de/leitlinien/detail/076-011 (Zugriff am 28.7.2025).

AWMF (2025) S3-Leitlinie Opioidbezogene Störungen. https://register.awmf.org/de/leitlinien/detail/076-012 (Zugriff am 28.7.2025).

Babor, T. F, Higgins-Biddle, J. C., Saunders, J. B. et al. (2001). *The Alcohol Use Disorders Identification Test: Guidelines for use in primary care* (2nd ed.). Geneva: World Health Organization.

Bachmann, M., El-Akhras, A. (2014). *Lust auf Abstinenz. Ein Therapiemanual bei Alkohol-, Medikamenten- und Drogenabhängigkeit*. Heidelberg: Springer.

Batra, A., Buchkremer, G (2025). *Tabakentwöhnung: ein verhaltenstherapeutisches Manual.* Stuttgart: Kohlhammer.

Bowen, S., Chawla, M., Marlatt, G. A. (2011). *Achtsamkeitsbasierte Rückfallprävention bei Substanzabhängigkeit. Das MBRP-Programm*. Weinheim: Beltz.

Brandhorst, I., Petersen, K. U; Hanke, S. et al. (2025). *Internetsucht: Eltern stärken! Ein manualisiertes Gruppentraining*. Stuttgart: Kohlhammer.

Burtscheidt, W. (2001). *Integrative Verhaltenstherapie bei Alkoholabhängigkeit. Ein Therapiemanual*. Heidelberg: Springer.

Carter Sobell, L., Sobell, M. B. (2011). *Group Therapy for Substance Use Disorders. A Motivational-Cognitive Approach*. New York: Guilford Press.

Center for Substance Abuse Treatment (2006). Matrix Intensive Outpatient Treatment for People With Stimulant Use Disorders. DHHS Publication No. (SMA) 07-4152. Rockville (Deutsche Übersetzung und Adaption: Suchtfragen in Praxis und Theorie (Hrsg.) (2016). *Das Matrix-Modell. Ambulante Intensivbehandlung bei Störungen durch Stimulanzienkonsum* – Therapiemanual).

DPtV – Deutsche Psychotherapeuten Vereinigung (2021). *Report Psychotherapie 2021*. Berlin. https://www.dptv.de/fileadmin/Redaktion/Bilder_und_Dokumente/Wissensdatenbank_oeffe

ntlich/Report_Psychotherapie/DPtV_Report_Psychotherapie_2021.pdf (Zugriff am 24.7.2025).
Dilling, H., Mombour, W., Schmidt, M. H. (2015). *Internationale Klassifikation psychischer Störungen, ICD-10 Kapitel V (F): Klinisch-diagnostische Leitlinien* (10. Auflage). Bern: Huber.
DIMDI – Deutsches Institut für Medizinische Dokumentation und Information. WHO-Kooperationszentrum für das System Internationaler Klassifikationen (Hrsg.) (2005). *Internationale Klassifikation der Funktionsfähigkeit, Behinderung und Gesundheit*. Genf.
Franke, P., Schildberg, F. (2004). *Gruppentherapie zur Abstinenz- und Motivationsstärkung bei opiatabhängigen Patienten. Ein verhaltenstherapeutisches Praxismanual.* Tübingen: Dgvt.
Gemeinsamer Bundesausschuss (2025). *Richtlinie des Gemeinsamen Bundesausschusses über die Durchführung der Psychotherapie.* Zuletzt geändert im August 2024.
Gutwinski, S., Kienast, T., Lindenmeyer, J. et al. (2016). *Alkoholabhängigkeit. Ein Leitfaden für Gruppentherapie* (2. Aufl.). Stuttgart: Kohlhammer.
Heatherton, T. F, Kozlowski, L. T, Frecker, R. C. et al. (1991). The Fagerström Test for Nicotine Dependence: a revision of the Fagerström Tolerance Questionnaire. *British Journal of Addiction, 86*, 1119–1127.
Hessler-Kaufmann, J., Neudeck, P. (2020). *Therapie-Tools. Störungsmodelle in der Verhaltenstherapie*. Weinheim: Beltz.
Hoch, E., Zimmermann, P., Henker, J. et al. (2011). *Modulare Therapie von Cannabisstörungen. Das CANDIS Programm*. Göttingen: Hogrefe.
John, U., Seitz, H. K. (2018). Alkoholumgang: Konsum bedeutet immer Risiko. *Deutsches Ärzteblatt 115* (14), 640–644.
Görgen, W. (2009). *Rückfallprophylaxe bei Drogenabhängigkeit*. Göttingen: Hogrefe.
Körkel, J., Schindler, C. (2003). *Rückfallprävention mit Alkoholabhängigen. Das strukturierte Trainingsprogramm S.T.A.R.* Berlin: Springer.
Lindenmeyer, J. (2001). *Der springende Punkt. Stationäre Kurzintervention bei Alkoholmissbrauch*. Lengerich: Pabst.
Lindenmeyer, J. (2013). *Ich bin kein Alkoholiker! Ambulante Psychotherapie bei Alkoholproblemen*. Berlin: Springer.
Lindenmeyer, J., Mühlig, S. (2019). *Therapie-Tools: Alkohol- und Tabakabhängigkeit*. Weinheim: Beltz.
Lippert, A. (2025). *Therapieprogramm zur Integrierten Qualifizierten Akutbehandlung bei Alkohol- und Medikamentenproblemen. TIQAAM. Ein verhaltenstherapeutisches Praxismanual*. Tübingen: Dgvt.
Meerkerk, G. J., VanDen Eijnden, R., Vermulst, A. A. et al. (2009). The Compulsive Internet Use Scale (CIUS): Some Psychometrics Properties. *Cyberpsychology & Behavior, 12* (1), 1–6.
Meyers, R. J., Smith, J. E (2017). *CRA-Manual zur Behandlung der Alkoholabhängigkeit.* Köln: Psychiatrie Verlag.
Miller, W. R., Rollnick, S. (2023). *Motivational Interviewing. Helping People Change and Grow* (4th ed.). New York: Guilford Press.
Müller, A., Wölfling, K., Müller, K. W. (2018). *Verhaltenssüchte: Pathologisches Kaufen, Spielsucht. Internetsucht.* Göttingen: Hogrefe.
Müller, H.-J. (2022). *Abhängigkeitserkrankungen.* Beltz Video-Learning (2 DVDs). Weinheim: Beltz.
Petry, J. (1996). *Psychotherapie der Glücksspielsucht.* Weinheim: Psychologie Verlags Union.
Schober, F., Peukert, P., Wernz, F. et al. (2013). *Psychoedukatives Training bei Abhängigkeitserkrankungen.* Stuttgart: Kohlhammer.
Singh, A., Ali, A., Paul, F. A. (2025). Neurobiological contributions to addiction: a narrative review of adolescent and adult vulnerabilities. *Journal of addictive diseases*, 1–11.
Torchalla, I., Schröter, M., Batra, A. (2013) *Individualisierte Tabakentwöhnung. Verhaltenstherapeutisches Manual.* Stuttgart: Kohlhammer.
Velasquez, M. M., Maurer, G. G, Crouch, C. et al. (2015). *Group Treatment for Substance Abuse. A Stages-of Change Therapy Manual* (2nd ed.). New York: Guilford Press.
Veltrup, C. (2020). Theorie und Praxis des bio-psychosozialen Modells: Rolle und Beitrag der Psychologie. In Rummel, C., Gaßmann, R. (Hrsg.), *Sucht: bio-psycho-sozial. Die ganzheitliche Sicht auf Suchtfragen – Perspektiven aus Sozialer Arbeit, Psychologie und Medizin* (S. 56–68). Stuttgart: Kohlhammer.
Veltrup, C. (2023). Süchtiges Verhalten: Problemlage, Diagnostik und Interventionen. In Gostomzyk, J. & Hollederer, A. (Hrsg.), *Angewandte Sozialmedizin*, XIII-2 (S. 1–21). Landsberg am Lech: Ecomed.
Watzl, H., Rist, F., Höcker, W. et al. (1991). Entwicklung eines Fragebogens zur Erfassung von Medikamentenmißbrauch bei Suchtpatienten. In Heide, M., Lieb, H. (Hrsg.), *Sucht und Psychosomatik. Beiträge des 3. Heidelberger Kongresses* (S. 123–139). Bonn: Nagel.
WHO – World Health Organization (2010). *The Alcohol, Smoking and Substance Involvement Screening Test (ASSIST): manual for use in primary.* Geneve.
WHO – World Health Organization (2019). *ICD-11 MMS International Classification of Diseases for Mortality and Morbidity Statistics.* Geneve.
Wölfling, K., Beutel, M., Bengesser, I. et al. (2022). *Computerspiel- und Internetsucht. Ein kognitiv-behaviorales Behandlungsmanual.* Stuttgart: Kohlhammer.

Weiterführende Literatur

Batra, A., Bilke-Hensch, O. (Hrsg.) (2022). *Praxisbuch Sucht. Therapie der Suchterkrankungen im Jugend- und Erwachsenenenalter* (3. Aufl.). Stuttgart: Thieme.

36 Schizophrene Psychosen

Stefan Klingberg und Andreas Wittorf

Das Wichtigste auf einen Blick

- Psychotherapie und insbesondere die kognitive Verhaltenstherapie ist ein integraler Bestandteil einer evidenzbasierten, leitlinienorientierten Behandlung der Schizophrenie.
- Die therapeutische Beziehung sollte nicht-konfrontativ gestaltet werden. Eine gute Balance von Respekt vor der Autonomie einerseits und dem Angebot von Unterstützung andererseits ist wesentlich.
- Die verhaltenstherapeutischen Strategien zielen auf die Verbesserung der Alltagsbewältigung, Teilhabe und Recovery. Die Bearbeitung von Positiv- und Negativsymptomen dient der Ausweitung von Verhaltensspielräumen.
- Die in der Verhaltenstherapie üblichen Methoden und Techniken (Psychoedukation, Motivationsförderung, sokratischer Dialog, Verhaltensexperimente, In-vivo-Übungen, Rückfallprävention) sind auch hier einsetzbar und hilfreich.
- Die Einbeziehung von Angehörigen ist in vielen Fällen hilfreich bei der Krankheits- und Alltagsbewältigung der Betroffenen.

36.1 Einführung

Es gibt wenige psychische Erkrankungen, die eine ähnlich existenzielle Verunsicherung mit sich bringen wie schizophrene Psychosen. Bei vielen Betroffenen ist der Lebensentwurf in den Grundfesten erschüttert. Über lange Zeitspannen hinweg fragen sie sich: »Wem kann ich vertrauen? Wie kann ich mir sicher sein? Wer ist auf meiner Seite?« Intensive Gefühle, insbesondere Angst und Wut, prägen die Akutphase. Emotionale Verflachung und Initiativlosigkeit sind außerhalb der Akutphase bestimmend. »Wo ist mein Platz im Leben? Kann ich wirklich auf ein gelingendes Leben hoffen?«, sind drängende Fragen, die im Hintergrund spürbar sind.

Von außen betrachtet haben die Betroffenen Probleme bei der realistischen Beurteilung der Situation, im Denken, Wahrnehmen, Fühlen sowie bei der Motivation. Die sozialen Funktionen sind eingeschränkt. In einer Lebensphase, in der die Autonomieentwicklung ansteht, sind die Eltern wieder von großer Bedeutung. Der Freundeskreis wird kleiner, die Wohnsituation ist ungeklärt, Arbeit/Ausbildung sind ein großer Problembereich.

Was kann Psychotherapie und insbesondere Verhaltenstherapie hier leisten? Das soll die zentrale Frage für dieses Kapitel sein. Die wichtigste Botschaft wird sein, dass es sich hier um »normale« Psychotherapie handelt, die auf interaktionelle Besonderheiten der Patientinnen und Patienten mit Schizophrenie eingeht, in den Zielen und Methoden jedoch vollständig im üblichen Bezugsrahmen bleibt. Skeptische Urteile, Psychotherapie sei unwirksam oder gar schädlich, können evidenzbasiert zurückgewiesen werden. Die aktuellen Leitlinien geben eine Reihe starker Empfehlungen zugunsten der Verhaltenstherapie ab.

36.2 Diagnose und lerntheoretische Besonderheiten

Die Darstellung von Symptomatik, Verlauf, Diagnosekriterien und Epidemiologie ist an anderer Stelle der Lehrbuchliteratur ausreichend verfügbar. Hier soll ein explizit verhaltenstherapeutischer Blick auf die Behandlungssituation geworfen werden. Die dazugehörigen Fragen sind: Welche Probleme, welche Ressourcen, welche Störungsmodelle und welche Therapieziele sind für Menschen mit psychotischen Erkrankungen prototypisch?

36.2.1 Entwicklungskrise im jungen Erwachsenenalter

Schizophrene Psychosen beginnen nicht in der Akutphase, sondern in den meisten Fällen mehrere Jahre vorher. Studien zum Prodromalstadium der Schizophrenie vor der Ersterkrankung zeigen, dass etwa drei Viertel der Patientinnen und Patienten in einem Zeitraum von mehr als fünf Jahren vor der Ersthospitalisation psychische Beschwerden aufweisen (Hafner et al., 2013). Das durchschnittliche Alter beim Auftreten erster Symptome liegt bei 22,5 (Männer) bzw. 25,4 Jahren (Frauen). Die soziale Entwicklung ist umso stärker beeinträchtigt, je früher die Erkrankung einsetzt. Das bei Ersterkrankung erreichte soziale Niveau bleibt – bei großer interindividueller Variation – recht stabil. Demnach treten weder ein genereller, ausgeprägter sozialer Abstieg noch ein deutliches Aufholen von Entwicklungsdefiziten ein. Fünf Jahre nach Ersterkrankung sind nur ca. 35 % der Männer und 60 % der Frauen finanziell selbstständig, wobei die Überlegenheit der Frauen hier auf das spätere Ersterkrankungsalter zurückgeführt wird (Hafner et al., 1995).

Diese Lebensphase ist durch viele Herausforderungen gekennzeichnet: Loslösung vom Elternhaus, Beginn der Berufsbiografie, Aufbau und Aufrechterhaltung von Partnerschaften. Viele Betroffene erleben die Erfahrung von Scheitern in einem oder mehreren dieser Lebensbereiche. Viele Situationen bringen große Belastungen und Verunsicherungen mit sich.

Das mit dieser Entwicklungskrise verbundene Therapieziel ist, den nächsten Entwicklungsschritt zu identifizieren und den Weg dahin einzuschlagen. Das kann die berufliche Umorientierung sein, die Inanspruchnahme von Maßnahmen der Eingliederungshilfe oder die Aussöhnung mit den Eltern. Aus Sicht der Betroffenen geht es um den Erhalt oder die Wiederherstellung der persönlichen Autonomie, auch und gerade dann, wenn Hilfen durch die Eltern oder das sozialpsychiatrische Hilfesystem in Anspruch genommen werden müssen.

36.2.2 Leistungsverlust

In der Regel geht mit der Erkrankung ein Leistungsverlust einher. Dieser setzt Jahre vor der ersten akuten Phase ein und bleibt auch nach der Akutphase fortbestehen. Dieser Leistungsknick führt zum Abbruch von Schule oder Studium, zu Schwierigkeiten bei der Ausbildung oder am Arbeitsplatz. Reviews über kognitive Funktionsdefizite schizophrener Patientinnen und Patienten kommen übereinstimmend zur Schlussfolgerung, dass Menschen mit Schizophrenie im Vergleich zu Normalpersonen Defizite in vielen Leistungsbereichen haben, besonders jedoch in den Bereichen Aufmerksamkeit/Konzentration, Exekutivfunktionen/problemlösendes Denken sowie sekundäres verbales Gedächtnis (Fioravanti et al., 2012). Nach der Akutphase, die oft mit formalen Denkstörungen verbunden ist, kommt es zu einer Leistungsverbesserung, meist jedoch nicht auf das frühere Leistungsniveau. Längere Zeiten von Symptomfreiheit sind mit weiterer Besserung der kognitiven Leistungsfähigkeit verbunden.

Es liegt somit keine Demenz im Sinne einer weit unterdurchschnittlichen kognitiven Leistung vor. Ausgehend vom früheren Leistungsniveau reduziert sich die Leistungsfähigkeit um ca. 1–1,5 Standardabweichungen. Die Leistungsfähigkeit erreicht deshalb nur selten das weit unterdurchschnittliche Niveau, das bei der Demenz zu beobachten ist. Der Begriff Minderbegabung trifft ebenfalls nicht zu, da in Kindheit und Jugend in der Regel ein unbeeinträchtigtes und unauffälliges Leistungsniveau vorlag.

Das Therapieziel in diesem Bereich kann darin bestehen, das Leistungspotenzial auszuschöpfen, sinnvolle Arbeitsstrategien zu erwerben, das Durchhaltevermögen zu steigern und für die spezifischen Anforderungen Bewältigungskompetenzen zu erwerben. Dies kann Teil jeder Behandlung sein. Die systematische Durchführung fällt in den Bereich der »kognitiven Remediation« bzw. der neuropsychologischen Therapie, nicht der Verhaltenstherapie.

36.2.3 Bedeutsamkeitserleben und Bedrohungsgefühl

In der vollen Ausprägung von Beschwerden in diesem Bereich treten Beziehungs- und Beeinträchtigungswahn auf. Diese Symptome sind für die Diagnose einer Schizophrenie zentral. Bei dimensionaler Betrachtung der Symptomatik stehen diese Symptome am Ende eines Kontinuums, an dessen anderem Ende das Erleben von fehlender Bedeutung der eigenen Person und/oder ängstliche Überforderung in einer komplexen sozialen Welt stehen könnten. Viele Betroffene sind misstrauisch anderen Menschen gegenüber, ziehen sich zurück, um gefürchteten Bedrohungen aus dem Weg zu gehen. Erfahrungen von Ausgrenzung und Mobbing haben oft den Boden dafür bereitet. In der Zuspitzung eines manifesten Wahns kann es dann aber auch zu Gewalt dem gewähnten Verfolger gegenüber kommen. Beziehungswahn tritt nicht selten bei sehr einsamen Menschen auf. Der tatsächlichen sozialen Vereinsamung steht dann das Erleben besonderer Bedeutung gegenüber.

Beeinträchtigungs- und Verfolgungswahn implizieren, dass die Überprüfung der damit verbundenen Annahmen nicht mehr gut gelingt. Geeignete Therapieziele können aber sein, die Orte und Situationen zu identifizieren, die ausreichende Sicherheit mit sich bringen, soziale Bedingungen zu suchen, die mit positiven Erlebnissen und dem Erleben von Bedeutsamkeit verbunden sind. Spezifische Methoden der kognitiven Verhaltenstherapie können hier helfen.

36.2.4 Stimmenhören

Akustisch verbale Halluzinationen sind für Betroffene schwer oder gar nicht von »realen« akustischen Wahrnehmungen zu unterscheiden. Das bringt eine große Verunsicherung mit sich. Wie kann man damit zurechtkommen, dass auf die eigenen Sinne kein Verlass mehr ist?

Betroffene berichten von unterschiedlichem halluzinatorischen Erleben: a) imperative Stimmen, die versuchen, die Kontrolle über die Person zu übernehmen bzw. die Person im Fall der Nichtbeachtung der Anweisungen zu bedrohen, b) kommentierende Stimmen, die das Verhalten oder die Äußerungen bewerten, verurteilen oder lächerlich machen, c) Stimmen, die mit dem Betroffenen reden oder sich mit anderen Stimmen unterhalten. Die Inhalte haben sehr oft herabsetzenden Charakter, enthalten also Beleidigungen, Entwertungen, obszöne Worte. Nicht selten werden die »Stimmen« als eine Art Lebensbegleiter wahrgenommen. Die Betroffenen entwickeln eine soziale Beziehung zu den halluzinierten Stimmen, die sich ähnlich anfühlt wie die Beziehung zu einem langjährigen Freund oder einer Person, die seit vielen Jahren mit bestimmten Absichten (auch feindseliger Art) an der Beziehung festhält (Hayashi et al., 2004). Hier muss auch im Blick bleiben, dass das reale soziale Umfeld in einer späteren Erkrankungsphase kleiner ist als bei gesunden Menschen in ähnlicher Lebensphase. Die halluzinierten Begleiter können eine soziale Leerstelle ausfüllen.

Das Therapieziel könnte daher darin bestehen, soziale Beziehungen in der realen Lebenswelt aufzubauen und darauf hinzuarbeiten, dass diese realen Beziehungen stabil bleiben und die Bedürfnisse nach Kontakt und sozialer Einbindung abdecken.

36.2.5 Fehlen persönlicher Präferenzen und emotionaler Rückzug

Aktuelle Konzepte der Negativsymptomatik unterteilen diese in Probleme bei der Expression von Emotionen sowie der reduzierten Motivation (Richter et al., 2019). Wie kann es gelingen, persönliche Präferenzen zu entdecken, also z. B. eine befriedigende berufliche Tätigkeit zu finden, ein Hobby zu haben oder auch zu sagen, welche Menschen man mag? Aus motivationspsychologischer Perspektive ist dazu erforderlich, eine zukünftige Erfahrung, die aktuell nur in der Vorstellung existiert, positiv zu bewerten und das Empfinden zu entwickeln, dass die Erreichung dieses Zustands eine befriedigende, freudvolle Erfahrung sein wird. Wenn dies nicht möglich ist, ist es unwahrscheinlich, dass viel Energie investiert wird, auf diesen künftigen Zustand hinzuarbeiten. Diese Problematik ist mit dem Konzept der antizipatorischen Freude verbunden, die im Zusammenhang mit der Negativsymptomatik bei schizophrenen Psychosen als eingeschränkt vermutet wird, obwohl die Evidenz noch nicht ausreichend ist (Merchant et al., 2022). Die geringe Aktivitätsrate, die – zumindest von außen wahrgenommene – Gleichgültigkeit auch aversiven Zuständen gegenüber, hat möglichweise mit der reduzierten antizipatorischen Freude ihr Korrelat. Der reduzierte Ausdruck von Emotionen kann einerseits als Folge der Erkrankung eingeordnet werden (sog. »primäre« Negativsymptomatik), andererseits oft aber auch als emotionaler Rückzug verstanden werden, wenn Erfahrungen von Ausgrenzung oder Scheitern nicht anders bewältigt werden konnten.

36.2.6 Rückfallgefährdung und Recovery

Prospektive Studien, z. B. Robinson et al. (1999) weisen auf ein hohes Rückfallrisiko hin. Die Rezidivrate ersterkrankter Patientinnen und Patienten lag fünf Jahre nach der ersten Remission bei 82 %. Das Therapieziel der Rückfallverhütung ist in vielen Studien repräsentiert und damit auch in den evidenzbasierten Behandlungsleitlinien von großer Bedeutung. In den letzten zwei Jahrzehnten wurde jedoch – insbesondere auch von Betroffenen – zunehmend argumentiert, dass nicht die Rückfallverhütung, sondern die Teilhabe im Vordergrund der Argumentation stehen sollte. Dies ist verbunden mit dem Begriff der »Recovery«, die als relevanteres Therapieziel befürwortet wurde (Heinz et al., 2015).

Für die Rückfallverhütung ist eine möglichst belastungsfreie Lebenssituation hilfreich, die allerdings auch in Vereinsamung, Passivität und Krise führen könnte. Die Erreichung von Teilhabe welcher Art auch immer geht jedoch zumeist mit einer Belastungserhöhung einher und könnte auch Rezidivrisiken erhöhen.

▸ Tab. 36.1 fasst den prototypischen Krankheitsverlauf in den verschiedenen genannten Problembereichen zusammen.

36.2.7 Auswirkungen auf das soziale Umfeld

In der Expressed-Emotion-Forschung (EE) wurden Angehörige, die ein hohes Maß an Kritik am Patienten/an der Patientin äußern oder emotional tief betroffen sind bzw. überprotektiv reagieren, als »high expressed emotion« (HEE) bezeichnet im Gegensatz zu Angehörigen, die nicht

Tab. 36.1: Prototypischer Verlauf der Symptome sowie der kognitiven und sozialen Beeinträchtigungen bei schizophrenen Erkrankungen

Phasen	Positivsymptomatik	Negativsymptomatik	kognitive Störung	soziale Anpassung
Prodromalphase (mehrere Jahre vor Ersthospitalisation)	Entwicklung ab ca. 1 Jahr vor Ersthospitalisation	Beginn mehrere Jahre vor Ersthospitalisation	nachlassende Leistungsfähigkeit mit zunehmender Nähe zur Ersthospitalisation	zunehmender sozialer Rückzug, Zunahme von Konflikten, zunehmende Arbeitsstörungen
Akutphase	individuelles Maximum	vorhanden, jedoch durch Positivsymptome überdeckt	Defizite verstärkt durch Positivsymptome	ausgeprägte soziale Beeinträchtigung in den meisten Lebensbereichen
Stabilisierungsphase (bis 6 Monate nach akuter Phase)	nur noch leichte oder residuale Symptome, schnelle Exazerbation unter Belastung	individuelles Maximum	Verbesserung der Aufmerksamkeitsleistungen, ansonsten wenig Veränderung	langsamer Wiederaufbau von Kompetenzen, schnelle Überforderung
stabile Phase (mehr als 6 Monate nach letzter akuter Phase)	Remission der Symptomatik mit Ausnahme von ca. 20 % der Betroffenen	Symptomreduktion über längere Zeiträume, Restsymptom nach 1 Jahr bei ca. 50 % der Betroffenen	Besserung spezifischer Funktionen bei günstigen Rahmenbedingungen	große Heterogenität des Verlaufs, Reintegration abhängig von den Rahmenbedingungen, von kognitiven Defiziten und Symptomatik

in dieser Weise hoch emotional reagierten (»low expressed emotion«, LEE). Zusammenfassende Analysen zeigen, dass die Korrelation von EE und Rückfall als etabliert angesehen werden sollte (Butzlaff & Hooley, 1998), die Frage nach den Gründen für diesen Zusammenhang ist jedoch offengeblieben. Zudem ist dieses Forschungsfeld, nicht zuletzt auch wegen der völlig unzureichenden Einführung der Familienbetreuung in die Versorgung, nicht mehr mit dem erforderlichen Nachdruck weiterverfolgt worden.

Auch auf dem Hintergrund dieser Befunde ist die Untersuchung der familiären Belastung in den Mittelpunkt der Aufmerksamkeit gerückt. Im kognitiven Modell der Belastung Angehöriger spielt die Kausalattribution der Angehörigen eine große Rolle (Kuipers et al., 2010). Nur dann, wenn Betroffenen von den Angehörigen Kontrolle über die Symptome zugeschrieben wird, kommt es demnach zum Anstieg der Belastung für die Angehörigen.

Merke

Insgesamt spricht vieles dafür, die Familie vor allem als wichtige Ressource für Patientinnen und Patienten zu sehen. Es gibt keine empirische Evidenz dafür, die Familie primär und in erster Linie als soziale Belastung für Betroffene zu sehen.

36.3 Lernpsychologische Modelle

Für die Entwicklung und Konzeption von psychotherapeutischen Interventionen spielen sogenannte Störungsmodelle in der Verhaltenstherapie eine bedeutsame Rolle. Hier sollen Faktoren benannt werden, die ätiologisch oder pathogenetisch bedeutsam sein könnten und die Ansatzpunkte für psychotherapeutische Interventionen darstellen.

Nahezu alle Modelle orientieren sich am allgemeinen Vulnerabilitäts-Stress-Modell, bei dem davon ausgegangen wird, dass überdauernde Aspekte der Vulnerabilität mit aktuellen Belastungsfaktoren interagieren, damit eine psychotische Episode ausgelöst wird.

36.3.1 Vulnerabilitäts-Stress-Modell

Das Vulnerabilitäts-Stress-Modell der Schizophrenie wurde Ende der 1970er Jahre erstmals vorgestellt und von Liberman & Corrigan (1993) um die protektiven Faktoren ergänzt (▸ Abb. 36.1).

Psychotische Episoden sind diesem Rahmenmodell folgend eine Überforderungsreaktion, die bei vulnerablen Menschen dann auftritt, wenn die Belastungen übergroß sind und protektive Faktoren (sozialer Rückhalt, Bewältigungskompetenzen, präventive Medikation) zu wenig wirksam sind. Die Stärkung dieser protektiven Faktoren ist ein wesentlicher Ansatzpunkt der Psychotherapie. Belastungen können dagegen oft nicht einfach verändert werden, ohne biografische Rückschritte in Kauf zu nehmen (z. B. eine Prüfung abzusagen). Darüber hinaus ist die Erkennung von Frühsymptomen und die Erarbeitung angemessener Strategien eine direkte Implikation dieses Modells. Es ist hier eindeutig postuliert, dass sich psychotische Episoden durch Frühsymptome ankündigen. Insofern dann adäquate Reaktionen zur Senkung der Belastung und Verbesserung der Bewältigung gelingen, kann die Reduktion der Rückfallwahrscheinlichkeit erwartet werden.

36.3.2 Psychologisches Modell der Positivsymptomatik

Psychologische Modelle des Verfolgungswahns postulieren, dass bereits im Vorfeld der Wahnentwicklung überdauernde Veränderungen der kognitiven Verarbeitung sozialer Stimuli bestehen und die Wahnentwicklung begünstigen oder ihr zumindest vorausgehen. So beachten Menschen mit Verfolgungswahn auch außerhalb psychotischer Episoden bevorzugt bedrohungsbezogene Informationen und schreiben die Schuld für negative Ereignisse eher äußeren Umständen bzw. anderen Personen zu. Diese external-personale Ursachenzuschreibung wird auch als selbstwertdienlicher Attributionsstil bezeichnet. Bentall et al. (2008) nehmen an, dass Menschen mit Verfolgungswahn ungünstige Selbstkonzepte besitzen, die durch negative Lebensereignisse aktualisiert werden können. In dieser Hinsicht gibt es Ähnlichkeiten zur Entwicklung depressiver Störungen. Anders als depressive Patientinnen und Patienten, so wird postuliert, vermeiden Menschen mit Verfolgungswahn jedoch eine Aktualisierung ungünstiger Selbstkonzepte über die Externalisierung negativer Ereignisse.

Andere Forscher vermuten, dass auch Defizite beim probabilistischen Schlussfolgern eine Rolle für den Verfolgungswahn spielen. Der sog. »Jumping to conclusions«-Bias könnte dazu führen, dass Personen weniger Evidenzen berücksichtigen und zu Schlussfolgerungen »springen« oder unrealistische Erklärungen akzeptieren (Dudley et al., 2016; McLean et al., 2017).

Verschiedene Autoren haben komplexe Modelle des Verfolgungswahns erarbeitet, die neben den erwähnten kognitiven Biases auch die Bedeutung von Emotionen, insbesondere der Angst, herausstellen (Garety et al., 2007). Solche Modelle postulieren, dass Menschen unter belastenden Lebensereignissen ungewöhnliche Erfahrungen machen. Bei der Suche nach der Bedeutung solcher Erfahrungen führen die kognitiven Biases zusammen mit der Angst schließlich zur Interpretation einer Bedrohung, d. h. zum Verfolgungswahn. Howes und Murray (2014) haben Modellvorstellungen entwickelt, wie die Hypothese einer erhöhten Stress-Sensitivität in Folge einer Hirnentwicklungsstörung mit der Hypothese des Vorliegens dysfunktionaler Kognitionen in Folge einer Informationsverarbeitungsstörung vereinbar sein könnte

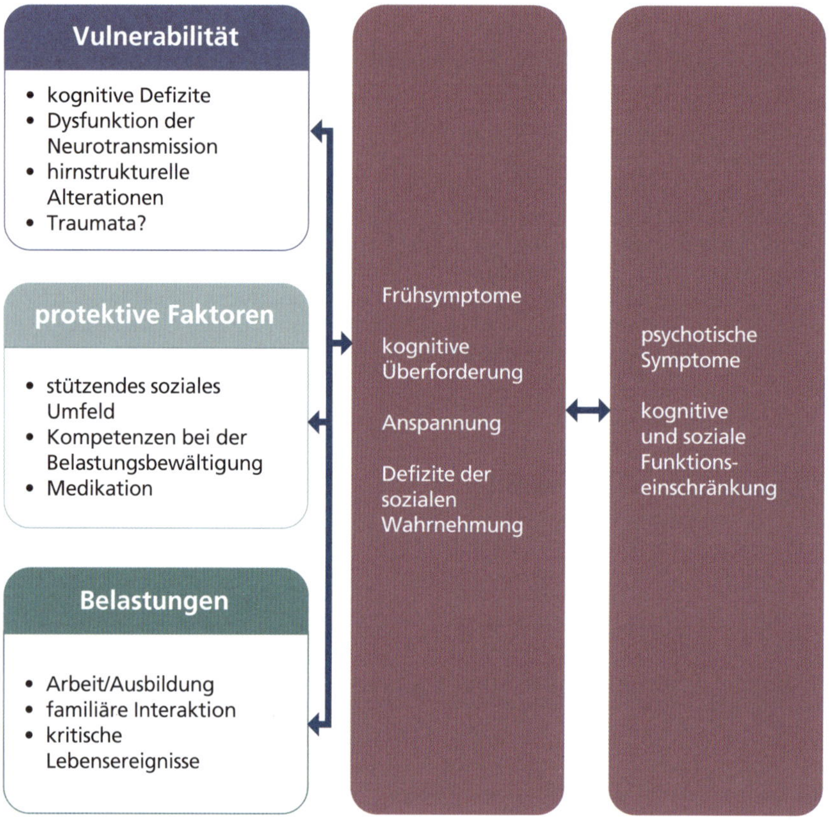

Abb. 36.1: Vulnerabilitäts-Stress-Modell (modifiziert nach Liberman & Corrigan, 1993)

36.3.3 Sozialkognitives Modell

Personen mit schizophrenen Erkrankungen haben oft Einschränkungen in den sozialen Funktionen, wie z. B. Interaktionsfähigkeit im beruflichen Kontext, aber auch im Zusammenleben mit Angehörigen. Prozesse der sozialen Kognition stellen hier einen Ansatzpunkt für die Intervention dar. Die Verbesserung der Emotionswahrnehmung, die Differenzierung sozialer Schemata, die Verbesserung der Bewältigungskompetenzen sowie die Fähigkeit zur Perspektivenübernahme sollte daher auch positive Auswirkungen auf die Alltagsbewältigung haben. Basale kognitive Funktionen wie Vigilanz, exekutive Funktion und verbales Gedächtnis stehen damit in Zusammenhang, können die soziale Funktionsfähigkeit allein jedoch nicht ausreichend erklären. Gleiches gilt für die Negativsymptomatik. (Green et al., 2015a, 2015b). (▸ Abb. 36.2).

36.3.4 Psychologisches Modell der Negativsymptomatik

Kognitiv-verhaltenstheoretische Modelle postulieren, dass Negativsymptome Folge einer Überforderung sind und eine Schutzfunktion haben. Nach Kingdon und Turkington (2005) könnte der soziale Rückzug beispielsweise die Funktion haben, eine Überstimulation zu vermeiden und so Stress zu reduzieren. Die Alogie (bzw. Sprachverarmung) könnte anstelle einer bloßen Gedankenarmut auch ein Kommunikationsproblem, möglicherweise als Reaktion auf übermäßige Kritik, repräsentieren. Rector et al. (2005) betonen die Rolle dysfunktionaler Gedanken bei der Aufrechterhaltung der Negativsymptomatik. So könnten z. B. eine negative Konsequenzerwartung (z. B. »Wenn ich meine Gefühle zeige, werden andere meine Fehlerhaftigkeit sehen«) bzw. eine geringe Kompetenzerwartung (»Ich habe nicht die Möglichkeit, meine Gefühle auszudrücken«) die Affektverflachung stabilisieren. In einer aktuellen Metaanalyse (Saperia et al., 2025) fanden sich Belege für den Zusammenhang von Negativsymptomen und Misserfolgserwartung, Erwartung sozialer Ausgrenzung, geringe Erwartung von Freude sowie Selbststigmatisierung.

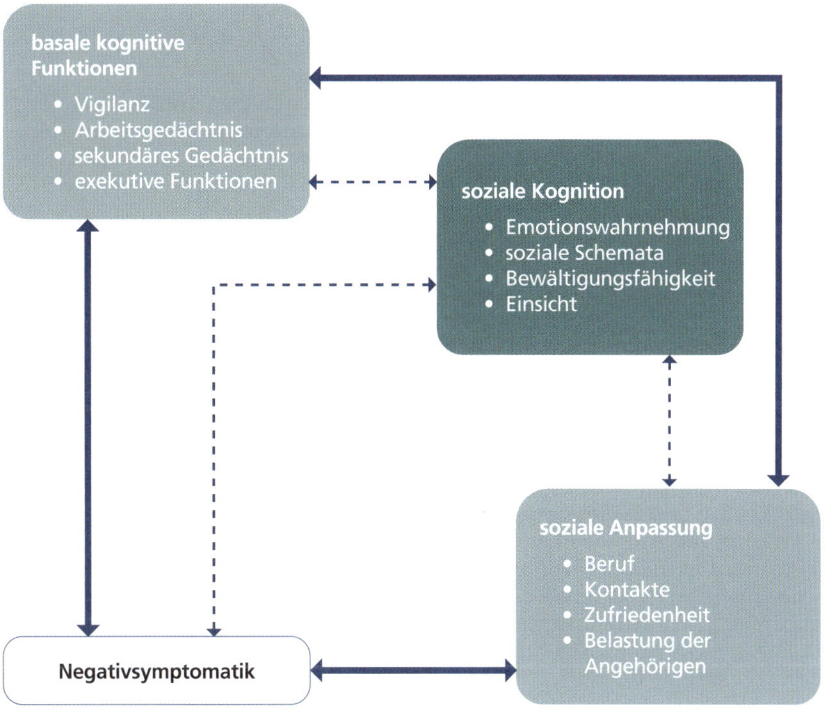

Abb. 36.2: Zentrale Rolle der sozialen Kognition als Ansatzpunkt für die Verbesserung des sozialen Funktionsniveaus (in Anlehung an Green & Nuechterlein, 1999)

36.4 Störungsspezifische Psychotherapie

36.4.1 Psychotherapeutische Grundhaltung und systematische Psychotherapie

Die Leitlinienempfehlungen richten sich grundsätzlich auf systematisch formulierte, zumeist auch manualisierte Interventionsstrategien, die einem der psychotherapeutischen Hauptverfahren zuzuordnen sind und die in randomisierten klinischen Studien erfolgreich evaluiert wurden. Für solche systematischen Interventionen sind in der Regel spezifisches Training und die Qualifikation für psychologische bzw. ärztliche Psychotherapie erforderlich.

Aus der Versorgungsperspektive betrachtet ist diese systematische Form nicht die einzige Form psychotherapeutischer Intervention. Kolleginnen und Kollegen vieler Berufsgruppen sind psychotherapeutisch tätig, insofern sie auf der Basis einer psychotherapeutischen Grundhaltung arbeiten, die wie folgt beschrieben werden könnte:

- Es wird nicht nur, ggf. nicht einmal primär auf die psychopathologischen Symptome fokussiert, sondern die gesamte Person wird wahrgenommen und in ihrem Hilfebedarf gesehen.
- Die aktuelle Situation wird im Kontext der Lebensgeschichte und des sozialen Umfelds reflektiert.
- Es wird ein regelmäßiger Perspektivwechsel gesucht: Wie sieht die Welt wohl aus der Sicht des Patienten/der Patientin aus?
- Die Beziehung zum Patienten/zur Patientin wird regelmäßig reflektiert: Was läuft gut? Welche Besonderheiten hat die Interaktion? Wie sollte die Zusammenarbeit verändert werden, damit der Patient/die Patientin besser mitziehen kann?
- Therapieziele werden regelmäßig überprüft: Wessen Belange stehen im Vordergrund? Hier spielen Supervision, Intervision und Fallbesprechungen eine wichtige Rolle.

Diese Aspekte sind schwer zu evaluieren und in der Regel in den Leitlinienempfehlungen kaum berücksichtigt.

Nahezu alle Manuale zur »Cognitive Behavioral Therapy for Psychosis« (CBTp) betonen eine besondere Form der Beziehungsgestaltung. Diese zielt darauf ab, Menschen mit akuten Wahninhalten in einer Weise zu begegnen, die Sicherheit und Hoffnung vermittelt und die nicht konfrontativ bzgl. der Wahninhalte ist. So soll die Haltung gegenseitigen Respekts und Achtung der Autonomie vermittelt werden.

36.4.2 Rückfallprävention und Recovery-Orientierung

Recovery-Orientierung und Rückfallprävention wurden zwar gelegentlich als gegensätzliche Ziele dargestellt, beide Zielsetzungen ergänzen sich anderseits auch sehr. Rückfälle sind bei der Reintegration hinderlich, gelingende Teilhabe kann stabilisierend wirken. In dieser Hinsicht sind polarisierte Zuspitzungen nicht sinnvoll. Bei der Wirksamkeitsüberprüfung im Rahmen der Etablierung psychologischer Interventionen spielte das Kriterium der Reduktion von Rückfallraten eine besondere Rolle. Es hat Vorteile bei der Erfassung. Recovery hingegen ist ein unscharfes, schwer überprüfbares Konstrukt.

Psychoedukative Interventionen bei schizophrenen Erkrankungen (Bäuml et al., 2008) sind vielfach hinsichtlich ihrer Wirksamkeit überprüft worden. Lincoln et al. (2007) zeigten, dass psychoedukative Interventionen die Rückfallrate senken können, wenn die Interventionsdauer mehr als sechs Monate beträgt und die Familien einbezogen wurden. Psychoedukation und Familieninterventionen sind gemäß der S3-Leitlinie »Schizophrenie« für die Rückfallprävention empfohlen.

Zwischen psychoedukativen und rückfallverhütenden verhaltenstherapeutischen Strategien gibt es einen fließenden Übergang, sodass eine strenge Abgrenzung kaum möglich ist. Stellt man beide Ansätze polarisiert gegenüber, so steht Psychoedukation verkürzt auf dem Pol einer standardisierten, kurzen, informationszentrierten Gruppenintervention, wohingegen die kognitive Verhaltenstherapie auf dem Pol der individualisierten, patientenzentrierten, längeren Einzelintervention anzusiedeln ist. Einzelne Behandlungstechniken in diesem Kontext sind:

- *Differenzierte Erarbeitung von Frühsymptomen:* Hierbei wird auf die individuellen Vorerfahrungen der Betroffenen zurückgegriffen. Wenn möglich, wird das Auftreten von Frühsymptomen in zeitlicher Staffelung erarbeitet, d. h. zwischen frühen und späten Frühsymptomen unterschieden.
- *Erarbeitung eines Krisenplans:* Mit Betroffenen und deren Angehörigen wird erarbeitet, welche Maßnahmen getroffen werden sollten, wenn künftig Frühsymptome auftreten. Auch hier ist wesentlich, die Schritte sehr konkret zu planen, Hindernisse zu antizipieren und Strategien für ungünstige Rahmenbedingungen zu erarbeiten.
- *Organisation des Behandlungsteams* in einer Weise, dass im Fall von Krisen unmittelbar die abgesprochenen Maßnahmen durchgeführt werden können. Herz et al. (2000) zeigten in einer randomisierten klinischen Studie, dass eine systematische Umsetzung dieses Behandlungsprinzips zu einer signifikanten Reduktion des Rückfallrisikos führte. Dies hört sich zwar einfach an, unter den konkreten Bedingungen der Versorgungsstrukturen ist dies aber oft eine erhebliche Herausforderung.
- *Der Umgang mit alltäglichen Belastungen* stellt für viele Betroffenen eine große Herausforderung dar. Hogarty et al. (1995) haben hierbei unter der Bezeichnung »Personal Therapy« einen Ansatz vorgelegt, der neben der Belastungsbewältigung auch die Affektregulation in den Mittelpunkt der therapeutischen Bemühungen stellt.

36.4.3 Einbeziehung der Angehörigen und Vertrauenspersonen

Ausgehend vom oben skizzierten Konzept der »Expressed Emotion« im Sinne eines sozialen Belastungsfaktors wurden Familieninterventionen entwickelt mit dem Ziel, die Kommunikations- und Problemlösefähigkeit der Familie zu verbessern. Einer der bekanntesten Ansätze ist von Falloon et al. (1982), eine deutsche Übertragung dieses Ansatzes findet sich bei Hahlweg et al. (2006). Hierbei handelt es sich um eine Intervention für eine einzelne Familie. Zu Beginn werden Informationen über die Erkrankung und die Behandlung vermittelt im Sinne einer familienbezogenen Psychoedukation. Frühwarnzeichen werden identifiziert und für die Rezidivprophylaxe nutzbar gemacht. Es schließt sich ein Kommunikationstraining sowie ein soziales Problemlösetraining an. Die erworbenen Strategien werden abschließend auf individuelle Probleme der Familie angewandt. Dies soll zu einer entspannteren Familieninteraktion und damit geringeren sozialen Belastung der Patientinnen und Patienten führen und auf diese Weise helfen, Rückfälle zu vermeiden. Die Familienbetreuung ist im Bereich der verhaltenstherapeutischen Interventionen empirisch am besten untersucht. Pitschel-Walz et al. (2001) fassten in einer Metaanalyse zusammen, dass die Rückfallrate um 20 % gesenkt werden kann, wenn die Familie systematisch in die Behandlung einbezogen ist.

Für die Einbeziehung der Angehörigen in die Behandlung gibt es recht heterogene Modelle über deren differentielle Wirksamkeit jedoch noch Unklarheit besteht.

- Intervention in einer einzelnen Familie
- Intervention in einer einzelnen Familie plus zusätzliche Angehörigengruppen
- Gruppen für Angehörige ohne Beteiligung von Patientinnen und Patienten
- Gruppen für mehrere Familien mit Beteiligung der Patientinnen und Patienten
- parallele Gruppen für Patientinnen und Patienten sowie Angehörige

Unter pragmatischen Gesichtspunkten spricht viel dafür, die individuellen patientenbezogenen und familienorientierten Strategien im Behandlungsplan zu integrieren. Auch unter Bedingungen der Routineversorgung können dann die erwarteten Effekte gezeigt werden (Klingberg et al., 2010).

36.4.4 Kognitiv-verhaltenstherapeutische Strategien bei psychotischen Symptomen

Lange Zeit galt es als undenkbar, psychotische Symptome direkt durch psychotherapeutische Strategien behandeln zu können. Es wurde befürchtet, dass die Beschäftigung mit dem Wahninhalt die Symptomatik sogar verfestigen könnte. Die wissenschaftliche Überprüfung zeigte, dass diese Befürchtung unzutreffend ist. Stattdessen ist die Wirksamkeit kognitiv-verhaltenstherapeutischer Strategien seit vielen Jahren als erwiesen anzusehen. Es liegen inzwischen viele randomisierte klinische Studien vor, diese sind regelmäßig metaanalytisch ausgewertet (Bighelli & Leucht, 2018) und wiederholt in verschiedenen Leitlinienkommissionen (z. B. NICE, 2014) geprüft worden.

Das therapeutische Vorgehen wurde zunächst in englischsprachigen Buchpublikationen beschrieben (Fowler et al., 1995; Kingdon & Turkington, 2005). Ein umfassendes deutschsprachiges Therapiemanual ist von Lincoln et al.

(2006) vorgelegt worden. Seither sind eine Reihe weiterer Manuale entstanden.

Auf der Basis einer nicht-konfrontativen, unterstützenden Beziehung wird das das Prinzip des geleiteten Entdeckens in den Mittelpunkt gestellt. Patientinnen und Patienten wird hier keineswegs einfach eine andere Sichtweise vorgestellt, die sie dann übernehmen sollen. Die therapeutische Kompetenz besteht hier genau darin, bei Patientinnen und Patienten die Motivation zur Überprüfung der eigenen (wahnhaften) Annahmen zu erreichen und solche Therapieschritte vorzuschlagen, die für die Betroffenen plausibel und annehmbar sind. Diese Überprüfung soll sich insbesondere auf solche Befürchtungen beziehen, die für die Alltagsgestaltung besondere Bedeutung haben und deren Relativierung eine Ausweitung des Lebensbereichs ermöglichen könnte. Für die Bearbeitung von Halluzinationen werden zunächst auslösende Situationen gesucht und so das Verständnis für diese Erlebnisse thematisiert. Im Kern geht es darum, mit den Betroffenen Evidenz dafür zu erarbeiten, dass die Halluzinationen nicht Folge von realer Wahrnehmung, sondern Produkt des eigenen Gehirns sind und möglicherweise eine Bedeutung für die betroffene Person haben könnte. Ein anderer Aspekt ist die Suche nach Bewältigungsstrategien. Patientinnen und Patienten sind oft selbst sehr aktiv darin, sich abzulenken, und haben Erfahrungen, wie ihnen dies gelingt.

Im Bereich der Negativsymptomatik werden insbesondere die generalisierten negativen Erwartungen fokussiert. Hierunter fallen Erwartungen von Misserfolg, Ausgrenzung, Ablehnung, fehlendem Genuss und fehlendem Vergnügen.

Eine verwandte Entwicklung ist das Metakognitive Training (MKT) (Moritz et al., 2019). Dieses Training fokussiert auf die Überprüfung des eigenen Denkstils und insbesondere solche kognitiven Verzerrungen, die im Rahmen von Psychosen relevant sein könnten. Als Gruppentraining ist es vor allem auch in Kliniken auf viel Resonanz gestoßen. Aufgrund vieler erfolgreicher Überprüfungen in klinischen Studien wird das Metakognitive Training in der S3-Leitlinie »Schizophrenie« empfohlen. Es ist zu erwarten, dass die Empfehlungsstärke künftig auf A angehoben wird.

36.4.5 Training sozialer Fertigkeiten

Auch das Training sozialer Fertigkeiten wird in aktuellen Behandlungsleitlinien für die Routineversorgung empfohlen (A-Empfehlung). Dies basiert auf entsprechend einschlägigen Metaanalysen von Originalarbeiten (Turner et al., 2017). Im deutschen Sprachraum war vor allem das »Integrierte Psychologische Therapieprogramm bei Schizophrenie« (IPT) von Bedeutung, das ein gestuftes Training mit zunehmender Komplexität vorsieht (Roder et al., 2010). In diesem Programm werden aufeinander aufbauend kognitive Differenzierung, soziale Wahrnehmung, verbale Kommunikation, soziale Fertigkeiten und interpersonales Problemlösen bearbeitet und auf die genannten Funktionsbereiche bezogen. Es wird dabei postuliert, dass eine verbesserte soziale Kompetenz zu einer Reduktion der sozialen Belastung führt. Da sozial kompetentes Verhalten jedoch auch Belastungen wie soziale Konflikte erst auslösen kann, ist dies eine kritische Annahme, deren Gültigkeit nicht erwiesen ist. Eine weitere Annahme in diesem Trainingsansatz ist, dass die kognitiven und sozialen Kompetenzen hierarchisch angeordnet sind und für das Training höherer sozialer Kompetenzen basale kognitive Kompetenzen eine wichtige Voraussetzung sind. Auch diese Annahme ist Gegenstand kritischer Diskussion.

Weiterentwicklungen in diesem Bereich sind vor allem die sozial-kognitiven Interventionen, die nicht nur die behavioralen Kompetenzen adressieren, sondern den Aspekt der sozialen Kognition fokussieren (Kurtz et al., 2016).

36.5 Pharmakotherapie

Der S3-Leitlinie (DGPPN, 2019) entsprechend soll bei schizophrenen Erkrankungen eine komplexe Behandlung mit Pharmakotherapie, sozialpsychiatrischer Unterstützung und Psychotherapie angeboten werden. Die meisten Studien zur Psychotherapie wurden bei Patientinnen und Patienten durchgeführt, die antipsychotisch wirksame Medikamente eingenommen haben. Oft ermöglicht Pharmakotherapie die Bearbeitung relevanter psychotherapeutischer Themen, z. B. wenn nach dem Abklingen des Wahns das Vertrauen in die Behandler zunimmt und belastende Themen in der Psychotherapie bearbeitet werden können. Andererseits unterstützt eine gute psychotherapeutische Beziehung die Bereitschaft der Patientinnen und Patienten, einen Behandlungsversuch mit Antipsychotika zu akzeptieren und im späteren Verlauf auch einer längerfristigen Behandlung zuzustimmen. Das Vertrauen in die Behandelnden kann insbesondere auch dadurch steigen, dass nicht primär auf Symptomatik und Verhaltensauffälligkeit eingegangen wird, sondern dass die Person als solche, ggf. auch mit ihrer existentiellen Not, in den Blick kommt.

Die Ablehnung der Pharmakotherapie durch die Betroffenen soll der S3-Leitlinie entsprechend kein Grund sein, die Behandlung zu beenden, solange andere konstruktive Behandlungsschritte unternommen werden.

36.6 Evidenzbasierung

Die S3-Leitlinie »Schizophrenie« (DGPPN, 2019) hat, wie auch schon die Vorgängerversion, eine Reihe von A-Empfehlungen für die Verhaltenstherapie ausgesprochen. Diese Leitlinie empfiehlt grundsätzlich eine multimodale Be-

Tab. 36.2: Empfehlungen für die Verhaltenstherapie in der S3-Leitlinie »Schizophrenie« (DGPPN, 2019)

Verhaltenstherapeutische Intervention	Empfehlungsstärke
Psychoedukation in Kombination mit Einbeziehung der Familie zur Rückfallverhütung	A
Cognitive Behavioral Therapy for Psychosis (CBTp) zur Reduktion von Positiv- und Negativsymptomen	A
Metakognitives Training zur Reduktion von Positivsymptomen	B
Training sozialer Fertigkeiten zur Reduktion von Negativsymptomen sowie zur Verbesserung der sozialen Funktionsfähigkeit	A
Einbeziehung der Angehörigen zur Rückfallverhütung	A

handlung, die Pharmakotherapie, sozialpsychiatrische Hilfen und Psychotherapie kombiniert. Zu den verwendeten Begrifflichkeiten im Bereich der Psychotherapie ist eine Besonderheit zu beachten: Viele britische Studien zur »Cognitive Behavioral Therapy for Psychosis« (CBTp) verfolgen ein recht enges Konzept von primär kognitiver Psychotherapie. Im Kontrast dazu ist »Verhaltenstherapie« im Sinne der Psychotherapie-Richtlinie, die die Psychotherapie im Bereich der gesetzlichen Krankenversicherung in Deutschland reguliert, wesentlich breiter gefasst und beinhaltet u. a. Psychoedukation, Training sozialer Kompetenz, eine punktuelle Einbeziehung der Angehörigen sowie weitere Gruppentherapieverfahren.

Merke

Die S3-Leitlinie Schizophrenie empfiehlt verhaltenstherapeutische Interventionen für die Symptomreduktion, für die Rückfallverhütung und für die Verbesserung des sozialen Funktionsniveaus.

Die Empfehlungen für die Verhaltenstherapie sind in ▸ Tab. 36.2 zusammengefasst.

Die zugrundeliegenden Studien sind ganz überwiegend an Patientinnen und Patienten durchgeführt worden, die eine antipsychotische Medikation einnehmen. Die Psychotherapie-Effekte sind somit als Add-on-Effekte evaluiert. Studien zur Psychotherapie ohne gleichzeitige Psychopharmakotherapie sind noch selten, angesichts der vorliegenden Evidenz aus Pilotstudien inzwischen aber als ethisch vertretbar einzuordnen und sollten wieder durchgeführt werden.

Aufgrund fehlender Studien liegen neben der VT zu keinem anderen Psychotherapieverfahren (entsprechend der Regulierung in der Psychotherapie-Richtlinie) A-Empfehlungen vor.

Die S3-Leitlinie »Schizophrenie« ist aktuell wieder in Überarbeitung. Bei den o. g. Empfehlungen sind jedoch kaum grundlegende Änderungen zu erwarten. Auf der Basis der Literatur könnten jedoch Empfehlungen zu achtsamkeitsbasierten Interventionen, zur Kombination von Therapiestrategien bei posttraumatischer Belastungsstörung sowie zur Einbeziehung von digitalen Interventionen hinzukommen.

Prüfungsfragen

1. Welche Probleme der Alltagsbewältigung nennen Betroffene, wenn Sie an Verfolgungswahn, an Beziehungswahn, an Affektverflachung, an Einschränkungen der exekutiven Funktionen oder an formalen Denkstörungen leiden?
2. Welche Denkstile (»cognitive bias«) wurden bei Patientinnen und Patienten mit schizophrenen Psychosen als auffällig identifiziert?
3. Beschreiben Sie bitte das psychotherapeutische Vorgehen zur frühsymptomorientierten Rückfallverhütung.
4. Was unterscheidet beim Umgang mit Wahn das kognitiv-verhaltenstherapeutische Vorgehen von einfachem Widersprechen bei auffälligen Überzeugungen?

Antworten

1. Verfolgungswahn: Die Lebensführung ist eingeengt, um der gewähnten Verfolgung zu entkommen, z. B. Vermeidung der Nutzung öffentlicher Verkehrsmittel. Beziehungswahn: oft entsteht Streit oder andere Konflikte wegen der gewähnten Beziehung. Exekutivfunktionen und formale Denkstörungen: Es entsteht Überforderung bei der Bewältigung von Aufgaben bei Arbeit oder Ausbildung.
2. Häufig beschrieben sind voreilige Schlussfolgerungen, externalisierende Attributionen, Fehler bei der Perspektivenübernahme. Diese Verzerrungen liegen auch außerhalb der psychotischen Akutphase vor.
3. a) Identifizierung von Frühwarnzeichen mit möglichst alltagsnaher Beschreibung. Der zu beobachtende Aspekt sollte betont werden (nicht »Reizbarkeit«, sondern »Ich bin gereizt bei Dingen, die mich zuvor nicht gestört haben, z. B. wegen der Musik des Nachbarn«).
   b) Besprechung möglicher Bagatellisierungs- oder Katastrophisierungskognitionen.
   c) Erarbeitung von Krisenbewältigungsstrategien und Einübung in Rollenspielen unterschiedlicher Schwierigkeiten (z. B. Vereinbarung eines Arzttermins, Umgang mit abweisender Antwort).
4. Die Techniken der kognitiven Therapie zielen darauf ab, dass die Betroffenen die Bereitschaft entwickeln, ihre (wahnhaften) Überzeugen selbst zu überprüfen. Nicht der Widerspruch durch die Therapeu-

tin/den Therapeuten ist wirksam, sondern die Begleitung auf dem Weg der Überprüfung der eigenen Überzeugungen der Betroffenen. Dazu gehören eine nicht-konfrontative Beziehung, Motivationsaufbau, Identifizierung kognitiver Verzerrungen, Verhaltensexperimente usw.

Literatur

Bäuml, J., Pitschel-Walz, G., Bechdolf, A., et al. (2008). *Psychoedukation bei schizophrenen Erkrankungen. Konsensuspapier der Arbeitsgruppe »Psychoeduaktion bei schizophrenen Erkrankungen«*. Schattauer.

Bentall, R. P., Rowse, G., Kinderman, P., et al. (2008). Paranoid Delusions in Schizophrenia Spectrum Disorders and Depression: The Transdiagnostic Role of Expectations of Negative Events and Negative Self-Esteem. *Journal of Nervous and Mental Disease*, *196*(12), 935–935.

Bighelli, I., & Leucht, S. (2018). Psychological Interventions for Positive Symptoms in Schizophrenia: A Network Meta-Analysis. *Schizophrenia Bulletin*, *44*, S305–S305.

Butzlaff, R. L., & Hooley, J. M. (1998). Expressed emotion and psychiatric relapse – A meta-analysis. *Archives of General Psychiatry*, *55*(6), 547–552. https://doi.org/DOI 10.1001/archpsyc.55.6.547

DGPPN e. V. (Hrsg.) für die Leitliniengruppe (2019). S3-Leitlinie Schizophrenie. Langfassung, 2019, Version 1.0, zuletzt geändert am 15. März 2019. https://register.awmf.org/de/leitlinien/detail/038-009 (Zugriff am 24.7.2025).

Dudley, R., Taylor, P., Wickham, S., & Hutton, P. (2016). Psychosis, Delusions and the »Jumping to Conclusions« Reasoning Bias: A Systematic Review and Meta-analysis. *Schizophr Bull*, *42*(3), 652–665. https://doi.org/10.1093/schbul/sbv150

Falloon, I. R., Boyd, J. L., McGill, C. W., et al. (1982). Family management in the prevention of exacerbations of schizophrenia: a controlled study. *N Engl J Med*, *306*(24), 1437–1440. https://doi.org/10.1056/NEJM198206173062401

Fioravanti, M., Bianchi, V., & Cinti, M. E. (2012). Cognitive deficits in schizophrenia: an updated metanalysis of the scientific evidence. *Bmc Psychiatry*, *12*, Article 64. https://doi.org/10.1186/1471-244x-12-64

Fowler, D., Garety, P., & Kuipers, E. (1995). *Cognitive Behaviour Therapy for Psychosis. Theory and Practice*. Wiley.

Garety, P., Bebbington, P., Fowler, D., et al. (2007). Implications for neurobiological research of cognitive models of psychosis: a theoretical paper [Review]. *Psychological Medicine*, *37*(10), 1377–1391. https://doi.org/10.1017/s003329170700013x

Green, M. F., Horan, W. P., & Lee, J. (2015a). Social cognition in schizophrenia. *Nat Rev Neurosci*, *16*(10), 620–631. https://doi.org/10.1038/nrn4005

Green, M. F., Llerena, K., & Kern, R. S. (2015b). The »Right Stuff« Revisited: What Have We Learned About the Determinants of Daily Functioning in Schizophrenia? *Schizophr Bull*, *41*(4), 781–785. https://doi.org/10.1093/schbul/sbv018

Green, M. F., & Nuechterlein, K. H. (1999). Should schizophrenia be treated as a neurocognitive disorder? *Schizophrenia Bulletin*, *25*(2), 309–319.

Hafner, H., Maurer, K., & an der Heiden, W. (2013). ABC Schizophrenia study: an overview of results since 1996. *Soc Psychiatry Psychiatr Epidemiol*, *48*(7), 1021–1031. https://doi.org/10.1007/s00127-013-0700-4

Hafner, H., Nowotny, B., Loffler, W., et al. (1995). When and how does schizophrenia produce social deficits? *Eur Arch Psychiatry Clin Neurosci*, *246*(1), 17–28. https://doi.org/10.1007/BF02191811

Hahlweg, K., Dürr, H., Dose, M., & Müller, U. (2006). *Familienbetreuung schizophrener Patienten. Ein verhaltenstherapeutischer Ansatz zur Rückfallprophylaxe* (2. Aufl.). Hogrefe.

Hayashi, N., Igarashi, Y., Suda, K., & Nakagawa, S. (2004). Phenomenological features of auditory hallucinations and their symptomatological relevance. *Psychiatry and Clinical Neurosciences*, *58*(6), 651–659. https://doi.org/Doi 10.1111/J.1440-1819.2004.01316.X

Heinz, A., Mahler, L., Montag, C., & Muller, C. (2015). Treatment Goal: Recovery. *European Psychiatry*, *30*(S1), 1–1. https://doi.org/10.1016/S0924-9338(15)30072-9

Herz, M. I., Lamberti, J. S., Mintz, J., et al. (2000). A program for relapse prevention in schizophrenia: a controlled study. *Arch Gen Psychiatry*, *57*(3), 277–283. https://www.ncbi.nlm.nih.gov/pubmed/10711914

Hogarty, G. E., Kornblith, S. J., Greenwald, D., et al. (1995). Personal therapy: a disorder-relevant psychotherapy for schizophrenia. *Schizophr Bull*, *21*(3), 379–393. https://www.ncbi.nlm.nih.gov/pubmed/7481569

Howes, O. D., & Murray, R. M. (2014). Schizophrenia: an integrated sociodevelopmental-cognitive model. *Lancet*, *383*(9929), 1677–1687. https://doi.org/10.1016/S0140-6736(13)62036-X

Kingdon, D., & Turkington, D. (2005). *Cognitive therapy of schizophrenia*. Guildord Press.

Klingberg, S., Wittorf, A., Meisner, C., et al. (2010). Cognitive behavioural therapy versus supportive therapy for persistent positive symptoms in psychotic disorders: The POSITIVE Study, a multicenter, prospective, single-blind, randomised controlled clinical trial. *Trials*, *11*, Article 123. https://doi.org/10.1186/1745-6215-11-123

Kuipers, E., Onwumere, J., & Bebbington, P. (2010). Cognitive model of caregiving in psychosis. *Br J Psychiatry*, *196*(4), 259–265. https://doi.org/10.1192/bjp.bp.109.070466

Kurtz, M. M., Gagen, E., Rocha, N. B., et al. (2016). Comprehensive treatments for social cognitive deficits in schizophrenia: A critical review and effect-size analysis of controlled studies. *Clinical Psychology Review*, *43*, 80–89. https://doi.org/10.1016/j.cpr.2015.09.003

Liberman, R. P., Corrigan, P. W. (1993). Designing new psychosocial treatments for schizophrenia. *Psychiatry*, *56*, 238–249.

Lincoln, T. (2006). *Kognitive Verhaltenstherapie der Schizophrenie*. Hogrefe.

Lincoln, T. M., Wilhelm, K., & Nestoriuc, Y. (2007). Effectiveness of psychoeducation for relapse, symptoms, knowledge, adherence and functioning in psychotic disorders: a meta-analysis. *Schizophr.Res.*, *96*(1–3), 232–245.

McLean, B. F., Mattiske, J. K., & Balzan, R. P. (2017). Association of the Jumping to Conclusions and Evidence Integration Biases With Delusions in Psychosis: A Detailed Meta-analysis. *Schizophr Bull*, *43*(2), 344–354. https://doi.org/10.1093/schbul/sbw056

Merchant, J. T., Moran, E. K., & Barch, D. M. (2022). Negative and depressive symptoms differentially relate to real-world anticipatory and consummatory pleasure in schizophrenia.

Schizophr Res, 241, 72–77. https://doi.org/10.1016/j.schres.2022.01.012
Moritz, S., Klein, J. P., Lysaker, P. H., & Mehl, S. (2019). Metacognitive and cognitive-behavioral interventions for psychosis: new developments. *Dialogues Clin Neurosci, 21*(3), 309–317. https://doi.org/10.31887/DCNS.2019.21.3/smoritz
NICE – National Institute for Health and Clinical Excellence. (2014). *Schizophrenia. Core interventions in the treatment and management of schizophrenia in primary and secondary care (update). National Clinical Practice Guideline Number 82*. National Institute for Health and Clinical Excellence.
Pitschel-Walz, G., Leucht, S., Bäuml, J., et al. (2001). The Effect of Family Interventions on Relapse and Rehospitalization in Schizophrenia – A Meta-Analysis. *Schizophrenia Bulletin*, 27(1), 73–92.
Rector, N. A., Beck, A. T., & Stolar, N. (2005). The negative symptoms of schizophrenia: A cognitive perspective. *Canadian Journal of Psychiatry-Revue Canadienne De Psychiatrie, 50*(5), 247–257.
Richter, J., Hesse, K., Schreiber, L., et al. (2019). Evidence for two distinct domains of negative symptoms: Confirming the factorial structure of the CAINS. *Psychiatry Research, 271*, 693–701. https://doi.org/10.1016/j.psychres.2018.12.043
Robinson, D., Woerner, M. G., Alvir, J. M., et al. (1999). Predictors of relapse following response from a first episode of schizophrenia or schizoaffective disorder. *Arch Gen Psychiatry, 56*(3), 241–247. https://doi.org/10.1001/archpsyc.56.3.241
Roder, V., Müller, D., Brenner, H., & Spaulding, W. (2010). *Integrated Psychological Therapy (IPT)*. Hogrefe.
Saperia, S., Plahouras, J., Best, M., et al. (2025). The cognitive model of negative symptoms: a systematic review and meta-analysis of the dysfunctional belief systems associated with negative symptoms in schizophrenia spectrum disorders. *Psychol Med, 55*, e11. https://doi.org/10.1017/S0033291724003325
Turner, D. T., McGlanaghy, E., Cuijpers, P., et al. (2017). A Meta-Analysis of Social Skills Training and Related Interventions for Psychosis. *Schizophr Bull, 44*(3), 475–491. https://doi.org/10.1093/schbul/sbx146

Weiterführende Literatur

Bäuml, J., & Pitschel-Walz, G. (2018). *Psychoedukation bei schizophrenen Erkrankungen. Konsensuspapier der Arbeitsgruppe »Psychoedukation bei schizophrenen Erkrankungen«* (2. Aufl.). Klett-Cotta.
Hahlweg, K., Dürr, H., Dose M., et al. (2006). *Familienbetreuung schizophrener Patienten. Ein verhaltenstherapeutischer Ansatz zur Rückfallprophylaxe* (2. Aufl.). Hogrefe.
Klingberg, S., & Hesse, K. (2014). *Stationäre evidenzbasierte Psychotherapie bei Psychosen. Kognitiv-verhaltenstherapeutisches Praxismanual*. Kohlhammer.
Lincoln, T. (2019). *Kognitive Verhaltenstherapie der Schizophrenie. Ein individuenzentrierter Ansatz* (3. Aufl.). Hogrefe.
Mehl, L. (2014). *Therapie-Tools Psychosen*. Beltz.
Moritz, S. (o.J.). *Online-Ressource zum Metakognitiven Training*. https://clinical-neuropsychology.de/mkt-os/ (Zugriff am 11.6.2025).

37 Bipolare Störungen

Stephan Mühlig und Elena Ernst

Das Wichtigste auf einen Blick

- Die Behandlung der Bipolarstörung ist komplex und langwierig.
- Eine evidenzbasierte und nachhaltig effektive Therapie erfordert eine multidisziplinäre Kooperation, die eine dauerhafte psychopharmakologische Behandlung und eine intensive Psychotherapie einschließt.
- Die Erkrankung erfordert eine lebenslange Anpassung des Lebensstils und der Alltagsgestaltung an die Erkrankung, insbesondere eine stabile Tagesstruktur mit ausgewogenen Schlaf-Wach-Rhythmen.
- Die kognitive Verhaltenstherapie beinhaltet neben Basiselementen wie Psychoedukation, Selbstmonitoring und Selbstmanagement ein Spektrum therapeutischer Methoden zur Veränderung dysfunktionaler Einstellungen sowie des oft negativen Selbstkonzepts, zur Vermittlung von Problemlösefähigkeiten und sozialer Kompetenz sowie zur Stärkung alltagspraktischer Fertigkeiten.
- Metaziele sind der Erhalt einer bestmöglichen Funktions- und Berufsfähigkeit, einer guten Lebensqualität und eine befriedigende soziale Teilhabe.
- In einigen schweren Fällen werden u. U. zusätzliche Begleit- und Betreuungsmaßnahmen zur Rehabilitation erforderlich. Manche Patientinnen und Patienten entscheiden sich dafür, zum Selbstschutz eine gesetzliche Betreuung einrichten zu lassen.

37.1 Einführung

Die bipolare Störung ist eine schwere psychische Störung, die durch das Auftreten von rezidivierenden affektiven Episoden oder Symptomen gekennzeichnet ist. Diese manischen, hypomanen oder gemischten Episoden wechseln im Verlauf typischerweise mit depressiven Episoden oder Perioden mit depressiven Symptomen. Die Symptomatik beeinflusst das emotionale, kognitive und verhaltensbezogene Erleben der betroffenen Person und führt häufig zu erheblichen Einschränkungen im sozialen, beruflichen und familiären Umfeld. Zwischen den affektiven Episoden können längere symptomfreie oder -arme Intervalle bestehen. Aufgrund der Chronizität, der Symptomcharakteristika und den inhärenten Risikoverhaltensweisen ist die Störung für die Betroffenen häufig mit erheblichen Krankheitsfolgebelastungen in Beruf und Privatleben verbunden.

Die Angaben zur wahren Prävalenz schwanken international zwischen 0,5 % und 5 %. In der aktuellen S3-Leitline (DGBS & DGPPN, 2020) wird die Lebenszeitprävalenz mit etwa 3 % deutlich höher eingeschätzt als früher angenommen. Wird die Definition einer Bipolar-Spektrumserkrankung zugrunde gelegt, ist von einer Lebenszeitprävalenz von etwa 5 % auszugehen. Die Inzidenz liegt über 10 Jahre kumulativ bei 2,9 % für manische, 4,0 % für hypomanische, 29,4 % für depressive und 19,0 % für subdepressive Episoden (Beesdo et al., 2009).

37.2 Diagnose und lerntheoretische Besonderheiten

In der Klassifikation der affektiven Störungen wird zwischen der Bipolar I- und der Bipolar II-Störung sowie der Zyklothymie unterschieden.

Die *bipolare Störung Typ I* ist durch das Auftreten einer oder mehrerer manischer oder gemischter Episoden definiert. Eine *manische Episode* dauert unbehandelt mindestens eine Woche an und ist durch extreme affektive Zustände definiert. Die Leitsymptome Euphorie, Hyperaktivität, subjektiv übersteigertes Energieniveau, Reizbarkeit und Expansivität werden oft begleitet von gesteigertem Selbstwertgefühl oder Grandiosität, Rededrang, vermindertem Schlafbedürfnis, Ideenflucht, Ablenkbarkeit sowie impulsivem, riskantem oder rücksichtslosem Verhalten und ausgeprägter Stimmungslabilität. Eine *gemischte Episode* ist durch mehrere manische und depressive Symptome in jeweils starker Ausprägung gekennzeichnet, die synchron oder im schnellen Wechsel auftreten. Konstituierend für die Diagnose ist ein ausgeprägt veränderter manischer und/oder depressiver Stimmungszustand (depressive, dysphorische, euphorische oder expansive Stimmung), der die meiste Zeit des Tages, fast jeden Tag, während eines Zeitraums von mindestens zwei Wochen vorliegt. Die Diagnose soll bereits bei Nachweis einer einzigen manischen, hypomanen oder gemischten Episode gestellt werden. Typischerweise wechseln sich manische oder gemischte Episoden mit depressiven Episoden im Verlauf ab.

Die *bipolare Störung Typ II* ist charakterisiert durch mindestens eine hypomanische Episode sowie mindestens eine depressive Episode. Der *hypomane Zustand* ist definiert durch anhaltende Stimmungsaufhellung oder erhöhte Reizbarkeit sowie Hyperaktivität oder subjektive Energiesteigerung, der mindestens mehrere Tage anhalten muss. Die Begleitsymptome entsprechen qualitativ denen der Manie, sind aber deutlich geringgradiger ausgeprägt und verursachen keine substanzielle Beeinträchtigung der Funktionsfähigkeit. Auf der anderen Seite müssen sie sich nachvollziehbar vom gesunden Normalzustand (euthymen Intervall) abheben.

Die *zyklothyme Störung* ist gekennzeichnet durch eine anhaltende Stimmungsinstabilität über einen Zeitraum von mindestens zwei Jahren, die wechselnde Perioden mit hypomanischen und depressiven Symptomen umfasst. Diese Symptome müssen während eines substanziellen Anteils der Tage bzw. der Tageszeit vorhanden sein und zu bedeutsamem Leidensdruck oder zu signifikanten Beeinträchtigungen in persönlichen, familiären, sozialen, ausbildungsbezogenen, beruflichen oder anderen wichtigen Funktionsbereichen führen.

Die korrekte Diagnosestellung ist bei Bipolarstörung im Einzelfall besonders schwierig, aber auch besonders entscheidend für eine adäquate Behandlung. Sie bildet die wichtigste Grundvoraussetzung für eine erfolgreiche Therapie. Insbesondere für die psychopharmakologische Behandlung wäre eine Fehldiagnose (z. B. als unipolare Depression) mit hohen Risiken einer Fehlbehandlung behaftet. Erschwert ist die Diagnostik dadurch, dass a) einzelne Symptome an sich genommen nicht pathologisch oder b) nicht bipolar-spezifisch sein müssen oder c) keines der Symptome obligatorisch vorhanden sein muss. Damit können phänomenologisch sehr unterschiedliche Symptomkombinationen die gleiche Bipolar-Diagnose begründen.

Die Diagnose affektiver Störungen beginnt gemäß der beiden gebräuchlichen Klassifikationssysteme (DSM-5 und ICD-10 bzw. ICD-11) immer mit der Beurteilung des Vorliegens *affektiver Episoden*. Die Bipolarstörung wird nur dann diagnostiziert, wenn im bisherigen Lebensverlauf a) die Kriterien mindestens einer depressiven Episode *und* b) die Kriterien für mindestens eine hypomane, manische oder gemischte Episode erfüllt bzw. jahrelang persistierende zyklothyme Symptome (zyklothmye Störung) aufgetreten sind. Im Verlauf der Behandlung soll die Diagnose wiederholt überprüft werden (DGBS & DGPPN, 2020).

Merke

Bipolare Störungen sind aus klinisch-therapeutischen Gesichtspunkten den unipolaren depressiven Störungsdiagnosen übergeordnet, d. h., wann immer manische, hypomane oder gemischte Episoden irgendwann im Lebensverlauf aufgetreten sind, ist die Diagnose bipolare Störung zu stellen – ungeachtet der Form der aktuellen Symptomatik. Für die Differenzialdiagnose affektiver Störungen ist immer eine lebenszeitbezogene Erfassung der Beschwerden unerlässlich!

Neben der klassifikatorischen Diagnostik werden in der klinischen Praxis valide diagnostische Informationen über die Symptomschwere und den Ausprägungsgrad der Störung benötigt, die der konkreten Therapieplanung und der Verlaufs- und Erfolgskontrolle dienen. Im Rahmen dieser dimensionalen Diagnostik zur Ausprägungs- und Schweregradbestimmung der bipolaren Symptomatik ist dringend ein multimodales Vorgehen zu empfehlen, also eine Kombination verschiedener Erhebungsinstrumente unter Heranziehung mehrerer Datenquellen (Selbst- und Fremdbeurteilung). In der S3-Leitlinie Bipolare Störungen (DGBS & DGPPN, 2020) werden international häufig eingesetzte Instrumente dargestellt.

Die lerntheoretischen Besonderheiten der bipolaren Störung betreffen vor allem die Verarbeitung von Verstärkern, Kontingenzen und kognitiv-emotionale Bewertungsmuster. Aus lerntheoretischer Perspektive lassen sich bei Menschen mit bipolarer Störung vor allem spezifische Besonderheiten beobachten:

Dysregulierte Verstärkerverarbeitung (operantes Konditionieren): Übermäßige Belohnungssensitivität in manischen Phasen mit gesteigerter Reagibilität auf Belohnungen und resultierender Tendenz zu Hochrisikoverhalten wegen erhöhtem Fokus auf kurzfristige Belohnung bei Ausblendung langfristiger Bestrafung (reduzierte Risikofolgeabschätzung). In depressiven Episoden besteht tendenziell eine verringerte Belohnungssensitivität (Anhedonie) und eine erhöhte Sensitivität gegenüber Bestrafung mit resultierender erlernter Hilflosigkeit. Zudem treten Probleme bei der *Reizdiskrimination und Kontingenzlernen* auf (Überinterpretation von Kontingenzen in manischen und reduziertes Kontingenzlernen in depressiven Phasen). Ähnliche Probleme treten in den Bereichen *emotionales Lernen und Gedächtnis*, *soziales Lernen und Selbstverstärkung* sowie *Emotionsregulation* auf. In den manischen Episoden werden bspw. emotionale Gedächtnisinhalte überpositiv bewertet und die Selbstwirksamkeit übersteigert erlebt, während die entsprechenden funktionalen Lernprozesse in den depressiven Phasen reduziert sind.

37.3 Lernpsychologische Modelle

Die Ursachen für die Entstehung bipolarer Störungen sind derzeit erst ansatzweise geklärt. Die komplexe und multifaktorielle Ätiologie der bipolaren Störung schließt genetische, neurobiologische und psychosoziale Faktoren ein. Die aktuelle Befundlage zeigt eine relativ starke *genetische Komponente* i. S. einer Prädisposition (Stahl et al., 2019). Zudem belegen die Resultate bildgebender Verfahren auffällige strukturelle und funktionelle *neurobiologische Veränderungen* im Gehirn von Betroffenen, u. a. in neuronalen Netzwerken, die an der Verarbeitung von Emotionen, der

Emotionsregulation und dem Belohnungssystem beteiligt sind und die mit anatomischen Veränderungen im präfrontalen und temporalen Kortex, im Hippocampus und in der Amygdala korrelieren (Phillips et al., 2014). Obwohl genetische und neurobiologische Faktoren eine bedeutende Rolle spielen, können *psychosoziale Einflüsse* als Auslöser für Episoden fungieren. Stressige Lebensereignisse, wie Partnerschaftskonflikte oder Arbeitsplatzprobleme, können bei vulnerablen Individuen manische oder depressive Episoden auslösen. Ein unregelmäßiger Schlaf-Wach-Rhythmus und Substanzmissbrauch gelten ebenfalls als potenzielle Auslöser.

37.4 Störungsspezifische Psychotherapie

Bei der Bipolarstörung als chronischer Erkrankung mit volatilem Verlauf und wechselnden Episoden mit sehr unterschiedlicher Symptomatik werden in der Behandlung kurz- und langfristige Ziele unterschieden: Die *Akutbehandlung* zielt auf eine Reduktion der depressiven bzw. (hypo-)manischen Symptome ab, die *Phasenprophylaxe* auf die Reduktion bzw. Vermeidung weiterer affektiver Episoden. *Metaziele* der Behandlung sind die Aufrechterhaltung eines hohen psychosozialen Funktionsniveaus, die Verhinderung von Folgeschäden und Krankheitsfolgebelastungen, die berufliche und soziale Integration sowie die bestmögliche gesundheitsbezogene Lebensqualität und soziale Teilhabe.

Eine psychopharmakologische Behandlung bipolarer Erkrankungen ist nach den Leitlinien im Regelfall langfristig essenziell. Hierauf wird untenstehend unter ▸ Kap. 37.5 eingegangen. Dieser Abschnitt behandelt die Psychotherapie der Bipolarstörung.

37.4.1 Prävention

Zu den möglichen psychotherapeutischen Maßnahmen zur *Primärprävention* mit dem Ziel, bei prädisponierten Risikopersonen den Ausbruch der Störung zu verzögern und deren Verlauf günstig zu beeinflussen, zählen:

- *Psychoedukation bei Risikopersonen*: Aufklärung über Frühwarnzeichen und Risikofaktoren sowie Vorbeugungsmaßnahmen (z. B. Förderung eines stabilen Lebensstils mit regelmäßigem Schlaf, Stressreduktion etc. bei Menschen mit familiärer Vorbelastung)
- *Stressbewältigung und Resilienztraining*: kognitive Verhaltenstherapie oder achtsamkeitsbasierte Ansätze zur besseren Stressbewältigung; Förderung gesunder Denk- und Verhaltensmuster, um extreme emotionale Reaktionen zu vermeiden.
- *Schlafhygiene und soziale Rhythmusstabilisierung*: Etablierung eines stabilen Tagesrhythmus u. a. mittels der Interpersonellen und Sozialen Rhythmus-Therapie (IPSRT); vorbeugende Strategien zur Verhinderung von Schlafmangel.
- *Früherkennung und Monitoring*: Screenings bei Jugendlichen und jungen Erwachsenen mit Risikofaktoren, um frühe Anzeichen (z. B. Stimmungsschwankungen) zu erkennen; engmaschige Beobachtung durch Therapeuten oder Ärzte, bevor sich eine bipolare Störung manifestiert.
- *Förderung gesunder Bewältigungsmechanismen*: Unterstützung beim Aufbau gesunder sozialer Beziehungen und Konfliktlösungsstrategien; strikte Vermeidung von Drogen und Alkohol, da sie das Risiko für eine bipolare Störung erhöhen können.

37.4.2 Psychotherapie

Psychotherapie soll in allen Phasen der Erkrankung eingesetzt werden, von der Akutbehandlung über die Erhaltungstherapie bis zur Rückfallprophylaxe. Psychotherapie kann darüber hinaus zur Primärprävention beitragen, indem sie Risikopersonen hilft, Frühwarnzeichen zu erkennen, ihren Lebensstil stabil zu halten und gesunde Bewältigungsstrategien zu entwickeln. Damit kann sie zumindest dazu beitragen, den Krankheitsbeginn hinauszuzögern oder den Verlauf abzumildern.

Gemäß der S3-Leitlinie (DGBS & DGPPN, 2020) ist die Psychotherapie bei bipolaren Störungen im Regelfall als Ergänzung und nicht als Alternative zur Psychopharmakotherapie anzusehen, was von allen beteiligten Behandlern eine besondere Bereitschaft zur multiprofessionellen Zusammenarbeit erfordert. Dennoch kommt der Psychotherapie eine besondere und eigenständige Bedeutung zu, um die Akutsymptomatik abzuschwächen, Therapieeffekte zu verstetigen und Rezidiven vorzubeugen.

> **Merke**
>
> Trotz der unbestrittenen biologischen Ätiologie prägen psychosoziale Einflüsse wie Entwicklung, Sozialisation, Belastungserfahrungen, akute Stressoren, Schutz- und Risikofaktorenkonstellation, Bewältigungsressourcen oder kognitive Verzerrungen und Einstellungsmuster die Art, Ausprägung und den Verlauf der Erkrankung mit.

Die jeweiligen Therapieziele hängen von den individuellen Charakteristika der Störung und der Konstellation mit weiteren Komorbiditäten, der Person und der Störungsphase ab. Viele Betroffene suchen therapeutische Hilfe vor allem in der akuten depressiven Episode auf, um die depressive Seite der Störungssymptomatik zu verbessern. Die besten Erfolgsaussichten für Psychotherapie bestehen, wenn diese im remittierten Zustand bzw. im euthymen Intervall durchgeführt wird. Aber auch Rezidive lassen sich bei einer bereits laufenden Psychotherapie positiv beeinflussen.

Die Besonderheiten in der Psychotherapie der Bipolarstörung beziehen sich auf:

- die besonders ausgeprägte *Instabilität und Irritierbarkeit* der Patientinnen und Patienten in Bezug auf ihren Lebensstil, ihr Selbstkonzept und ihre sozialen Bindungen. Eine wesentliche Säule der Psychotherapie zielt auf die Einhaltung einer möglichst stabilen Lebensführung mit regelmäßigen Schlaf-Wach-Rhythmen, Essenszeiten und Tagesabläufen ab.

- eingeschränkte und *volatile Therapiemotivation*: Insbesondere in hypomanen und manischen Phasen, die subjektiv als überwiegend positiv erlebt werden, besteht wenig Störungseinsicht oder Therapiebedürfnis. Manien werden oft erst dann als problematisch wahrgenommen, wenn ernsthafte Konsequenzen des Hochrisikoverhaltens drohen oder eintreten (z. B. Verschuldung, Verlust von Partnerschaft oder Arbeitsplatz, interpersonelle Probleme, Arbeitslosigkeit, juristische Probleme, gesundheitliche Folgebelastungen).
- *Auswirkungen auf das soziale Umfeld*: Aufgrund der großen Schwankungen in Stimmung und Verhalten, der Unberechenbarkeit und des Risikoverhaltens sowie der oftmals beeinträchtigten Fähigkeit zur Rücksichtnahme auf andere im Alltag (z. B. Unruhe oder Lärm zu normalen Schlafenszeiten) in der Manie sind Angehörige (Partner, Eltern, Geschwister, eigene Kinder) oder andere nahestehende Personen im Umfeld der Betroffen nicht selten stark und anhaltend von der Bipolarstörung belastet. Die Einbeziehung der Angehörigen in die Therapie kann deren Ergebnisse substanziell verbessern.
- *Phasenprophylaxe und Rückfallprävention*: Zur nachhaltigen Stabilisierung und zur Verstetigung von Therapieerfolgen sollen Patientinnen und Patienten in der Psychotherapie lernen, ihre neurobiologischen, kognitiven und emotionalen Prozesse besser zu reflektieren, Frühwarnzeichen einer bevorstehenden Episode zu erkennen und angemessen gegenregulativ einzugreifen bzw. akute Hilfe aufzusuchen.

Im ambulanten Versorgungssystem wird Psychotherapie in der Regel im Einzelsetting als Individualtherapie durchgeführt, seltener als Gruppentherapie bzw. mit ergänzenden Angehörigengruppen. Gerade für Patientinnen und Patienten mit bipolarer Störung können die Gruppenangebote jedoch besonders hilfreich sein.

Laut S3-Leitlinie zählen in der Bipolarbehandlung die Psychoedukative Therapie (Colom et al., 2006), die Kognitive Verhaltenstherapie (KVT) (Meyer & Hautzinger, 2013), die Familienfokussierte Therapie (FFT) (Miklowitz, 2022) und die Interpersonelle und Soziale Rhythmus-Therapie (IPSRT) (Frank, 2007) zu den evidenzbasierten Psychotherapieverfahren mit Empfehlungsgrad.

Die regelmäßige Einnahme von Stimmungsstabilisierern ist im Regelfall entscheidend für den langfristigen und nachhaltigen Therapieerfolg der Bipolar-Behandlung (▶ Kap. 37.5). Aufgrund ihrer geringen therapeutischen Breite (Lithium) und der daraus resultierenden Arzneimittelrisiken und/oder wegen ihrer erheblichen Nebenwirkungen sind diese Arzneimittel mit besonderen Problemen bei der Adhärenz auf Patientenseite verbunden. Studien zeigen, dass ein signifikanter Anteil von über 40 % der Patientinnen und Patienten mit bipolarer Störung ihre Medikation nicht wie verordnet einnimmt (Sajatovic et al., 2008). Als Folgen der Non-Compliance sind Symptomverschlechterung, erhöhte Rückfall- und Hospitalisierungsraten sowie ein gesteigertes Suizidrisiko belegt (Jawad et al., 2018). Aus diesem Grund bildet die Verbesserung der Medikamentencompliance einen wesentlichen Inhalt der Psychotherapie.

Für eine mangelnde Arzneimittel-Adhärenz können unterschiedliche intentionale oder non-intentionale Faktoren eine Rolle spielen. Zu den intentionalen Gründen gehören vor allem die Ablehnung der Medikation wegen ihrer unerwünschten Nebeneffekte, Zweifel an ihrer Wirksamkeit oder Angst vor Abhängigkeit oder Langzeitschäden bei Dauergebrauch. Medikamentenbezogene Non-Adhärenz kann auch auf mangelndes Verständnis oder Akzeptanz der eigenen Erkrankung oder ein Fehlverständnis über das Rational und die Wirkmechanismen der Medikamente zurückzuführen sein. Zu den non-intentionalen Ursachen gehören vor allem Vergesslichkeit oder eine kognitive Überforderung bei komplexen Behandlungsplänen mit mehrfachen täglichen Dosierungen oder komplizierten Einnahmeschemata.

Eine Verbesserung der Medikamenten-Adhärenz kann auf drei Ebenen erreicht werden:

- *Kompexitätsreduktion* durch vereinfachte Behandlungspläne und Dosierungsschemata (z. B. Minimierung der Arzneimittelanzahl, einmal tägliche Dosierungen, Depotmedikamente)
- *Nebenwirkungsmanagement*: aktives Ansprechen und Behandeln von Nebenwirkungen zur Erhöhung der Therapietreue und Verbesserung der Lebensqualität
- *Aufklärung und Psychoedukation*: Förderung von Verständnis und Akzeptanz durch detaillierte und verständliche Informationen über die Erkrankung und die Bedeutung der Medikation

Die individuelle Anpassung der Arzneimitteltherapie und ein interdisziplinärer Ansatz sind dabei essenziell, um sowohl die Wirksamkeit der Behandlung, die Therapiemitarbeit der Patientinnen und Patienten und ihr Selbstmanagement in der Daueranwendung zu maximieren als auch die Lebensqualität zu erhalten.

37.4.3 (Kognitive) Verhaltenstherapie

Die kognitive Verhaltenstherapie (KVT) hat sich als wirksame psychotherapeutische Ergänzung zur pharmakologischen Behandlung der bipolaren Störung erwiesen. Sie hilft Patientinnen und Patienten, ihre Krankheit besser zu verstehen, Frühwarnzeichen zu erkennen, maladaptive Denkmuster zu verändern und effektive Bewältigungsstrategien zu entwickeln.

Die KVT basiert auf der Annahme, dass kognitive Verzerrungen und maladaptive Verhaltensmuster zur Aufrechterhaltung und Verschlechterung der Erkrankung beitragen. Durch gezielte therapeutische Techniken können diese Muster erkannt, modifiziert und durch funktionalere Denk- und Verhaltensweisen ersetzt werden. Evidenzbasierte Methoden der KVT in der Behandlung der bipolaren Störung werden meist in der Kombination von Psychoedukation, kognitiver Umstrukturierung, Verhaltensaktivierung, Stressmanagement und Förderung der Medikamentenadhärenz eingesetzt, um das Rückfallrisiko zu reduzieren und die Lebensqualität der Betroffenen nachhaltig zu verbessern. Im Folgenden werden die wichtigsten evidenzbasierten Methoden der KVT zur Behandlung der bipolaren Störung näher beschrieben.

Psychoedukation

Ein zentraler Bestandteil der KVT ist die Psychoedukation, die darauf abzielt, den Patientinnen und Patienten ein umfassendes Verständnis ihrer Erkrankung zu vermitteln. Dazu gehört die Aufklärung über die bipolare Störung, ihre Symptome, den Verlauf, potenzielle Auslöser von Episoden sowie die Bedeutung einer konsequenten medikamentösen Therapie. Studien zeigen, dass Betroffene, die eine strukturierte Psychoedukation erhalten, besser mit ihrer Erkrankung umgehen können und eine geringere Rückfallquote aufweisen. Insbesondere die Sensibilisierung für individuelle Frühwarnzeichen manischer oder depressiver Episoden ist von entscheidender Bedeutung, da ein frühzeitiges Gegensteuern die Dauer und Schwere der Episoden erheblich reduzieren kann.

Psychoedukation bei bipolarer Störung umfasst spezifische Elemente, die sowohl für Betroffene als auch für Angehörige von essenzieller Bedeutung sind und die darauf abzielen, diese im Umgang mit der bipolaren Störung zu stärken und die Lebensqualität aller Beteiligten zu verbessern. Vorrangige Ziele der Psychoedukation mit Patientinnen und Patienten sind die Wissensvermittlung, ein verantwortungsvoller Umgang mit der Erkrankung, der Medikation, sich selbst und der Umwelt (Simhandl & Mittwachauer, 2007), im Einzelnen:

- *Krankheitsverständnis:* Vermittlung von Wissen über die Symptomatik der bipolaren Störung, einschließlich der Erkennung von Frühwarnzeichen
- *Ursachen und Auslöser:* Informationen über mögliche Ursachen der Erkrankung und individuelle Risikofaktoren sowie Auslöser/Trigger von Episoden
- *Umgang mit Stress:* Strategien zur Stressbewältigung und zur Planung von Aktivitäten
- *Notfallplan:* Erarbeitung eines individuellen Notfallplans für Krisensituationen
- *Medikamenteninformation:* Aufklärung über die medikamentöse Behandlung, deren Wirkung und mögliche Nebenwirkungen

Die wichtigsten Elemente der Psychoedukation in der Angehörigenarbeit umfassen:

- *Krankheitsaufklärung:* detaillierte Informationen über die bipolare Störung, um ein besseres Verständnis für den Betroffen und seine Erkrankung zu entwickeln
- *Unterstützung im Alltag:* Strategien, wie Angehörige Betroffene im Alltag unterstützen und zur sozialen Integration beitragen können
- *Selbstfürsorge:* Hinweise zur eigenen Psychohygiene und zum Umgang mit Belastungen, die durch die Betreuung entstehen können
- *Kommunikation:* Förderung einer offenen und unterstützenden Kommunikation innerhalb der Familie

Erkennung und Management von Frühwarnzeichen und Rückfallprophylaxe

Ein zentraler Mechanismus zur Prävention von Stimmungsepisoden ist das Monitoring und Management von Frühwarnzeichen. In der KVT lernen Patientinnen und Patienten, spezifische Symptome zu identifizieren, die einem Rückfall vorausgehen, wie etwa Schlafstörungen, erhöhte Reizbarkeit oder vermehrte soziale Isolation. Dies geschieht häufig durch das Führen von Selbstbeobachtungsprotokollen oder Stimmungstagebüchern. Sobald Frühwarnzeichen erkannt wurden, werden individuell angepasste Bewältigungsstrategien entwickelt, um eine weitere Eskalation zu verhindern. Studien belegen, dass diese Methode die Häufigkeit und Intensität von Episoden reduzieren kann.

Das *Relapse Prevention Mapping* stellt eine strukturierte und visuell unterstützte Methode zur Rückfallprophylaxe dar, die sich besonders für Patientinnen und Patienten mit bipolarer Störung eignet. Ziel ist es, individuelle Rückfallmuster systematisch zu identifizieren, um darauf basierend personalisierte Frühwarnzeichen und präventive Strategien zu entwickeln. Im therapeutischen Prozess wird gemeinsam mit der Patientin oder dem Patienten eine Art »Landkarte« oder Verlaufskurve erarbeitet, in der typische Vorboten manischer oder depressiver Episoden verortet werden – etwa verändertes Schlafverhalten, gesteigerte Reizbarkeit, übermäßige Aktivitätssteigerung oder sozialer Rückzug. Auch kritische Lebensereignisse, soziale oder körperliche Belastungen, die in der Vergangenheit als Auslöser dienten, werden aufgenommen. Die visuelle Darstellung dieser Prozesse, z. B. in Form von Diagrammen, Zeitstrahlen oder Ampelmodellen, hilft Betroffenen, einen klaren Überblick über die eigene Krankheitsdynamik zu gewinnen. Darauf aufbauend können gemeinsam mit der Therapeutin/dem Therapeuten konkrete Interventionsschritte für unterschiedliche Eskalationsstufen festgelegt werden – angefangen bei Selbsthilfemaßnahmen über den Einbezug von Vertrauenspersonen bis hin zur frühzeitigen professionellen Unterstützung. Durch diese personalisierte Rückfallprophylaxe wird die Selbstwirksamkeit der Patientinnen und Patienten gestärkt und die Wahrscheinlichkeit eines schwereren Rezidivs reduziert.

Verhaltensaktivierung und Tagesstrukturierung

Insbesondere während depressiver Phasen sind Betroffene oft antriebslos und ziehen sich sozial zurück. In der KVT wird daher die Verhaltensaktivierung eingesetzt, um Patientinnen und Patienten dabei zu helfen, wieder positive Aktivitäten in ihren Alltag zu integrieren. Dabei werden individuelle, angenehme und bedeutungsvolle Aktivitäten identifiziert und systematisch in den Tagesablauf eingebaut. Gleichzeitig wird an der Wiederherstellung einer stabilen Tagesstruktur gearbeitet, die regelmäßige Schlaf- und Essenszeiten sowie geplante Pausen und soziale Interaktionen umfasst. Eine strukturierte Tagesplanung kann insbesondere das Risiko für manische Episoden senken, da sie exzessives Verhalten verhindert und für eine ausgeglichene Stimulation sorgt.

Stressbewältigung und Problemlösetraining

Stress ist ein häufiger Auslöser für Stimmungsepisoden bei bipolaren Patientinnen und Patienten. Die KVT umfasst daher verschiedene Techniken zur Stressbewältigung, darunter progressive Muskelentspannung, Achtsamkeitsübungen und Atemtechniken. Zudem wird im Rahmen des Problemlösetrainings die Fähigkeit gefördert, Herausforderungen systematisch anzugehen. Hierbei lernen Patientinnen und Patienten, Probleme in konkrete Schritte zu unterteilen, verschiedene Lösungsmöglichkeiten zu generieren und die beste Option gezielt umzusetzen. Dies reduziert das Gefühl der Hilflosigkeit und trägt zur Emotionsregulation bei.

Verbesserung der sozialen Kompetenz und interpersonelle Therapieansätze

Da zwischenmenschliche Konflikte oft Auslöser für manische oder depressive Episoden sind, wird innerhalb der KVT an der Verbesserung sozialer Kompetenzen gearbeitet. Dazu gehören die Entwicklung von Strategien zur Konfliktlösung, die Förderung von Kommunikationsfähigkeiten sowie der Aufbau und die Pflege sozialer Beziehungen. In Kombination mit der interpersonellen Therapie kann dies dazu beitragen, das soziale Umfeld stabiler zu gestalten und Belastungen zu reduzieren.

Kognitive Umstrukturierung und Verhaltensexperimente

Die kognitive Umstrukturierung ist eine Kerntechnik der KVT, die darauf abzielt, dysfunktionale Denkmuster zu identifizieren und zu modifizieren. Bipolare Patientinnen und Patienten neigen dazu, in extremen Denkkategorien (»Alles-oder-Nichts-Denken«) zu verharren, was das Risiko für affektive Episoden erhöht. Beispielsweise können während einer depressiven Episode selbstabwertende Gedanken (»Ich bin ein Versager«) auftreten, während in einer manischen Phase grandiose Überzeugungen (»Ich bin unaufhaltsam«) vorherrschen. Durch sokratische Fragen, evidenzbasierte Überprüfung und alternative Sichtweisen werden solche Überzeugungen hinterfragt und durch realistischere und adaptive Gedanken ersetzt. Verhaltensexperimente dienen zur Überprüfung dysfunktionaler Überzeugungen, insbesondere in manischen Phasen (z. B. »Ich brauche keinen Schlaf«, »Ich bin unaufhaltsam«).

Affektregulation und Identitätsarbeit zur Integration ambivalenter Selbstanteile

Bipolare Störungen gehen nicht selten mit stark ambivalenten Selbstanteilen einher, etwa zwischen einem überhöhten, manischen Selbstbild (»Ich bin genial, leistungsfähig, unbesiegbar«) und einem depressiv gefärbten Selbstschema (»Ich bin wertlos, unfähig, eine Belastung«). Diese extremen inneren Selbstbilder können zu einer fragmentierten Identität führen und das emotionale Erleben zusätzlich destabilisieren. Therapeutisch sinnvoll ist daher eine vertiefte Arbeit an der *Affektregulation* und der *Integration dieser gegensätzlichen Selbstanteile*. Hierbei werden zunächst die affektiven Zustände differenziert wahrgenommen und beschrieben, um ein besseres Verständnis für ihre Entstehung und Wechselwirkungen zu ermöglichen. Kognitive Strategien zur Emotionsregulation – etwa Reattributionstechniken, Perspektivwechsel oder der Aufbau innerer Dialoge – helfen dabei, extreme affektive Zustände besser einzuordnen und zu modulieren. Parallel dazu wird auf einer tieferliegenden Ebene an der Konstruktion eines stabileren Selbstkonzepts gearbeitet. Dies geschieht unter anderem durch die Validierung beider Pole der Selbstwahrnehmung und die Entwicklung eines »integrierenden Selbst«, das sowohl manische Ressourcen als auch depressive Verletzlichkeiten anerkennt und beides als Teil der eigenen Person akzeptieren kann. Die identitätsbezogene Arbeit unterstützt Patientinnen und Patienten dabei, ein kohärenteres Selbstverständnis zu entwickeln und auf diese Weise auch langfristig zu mehr innerer Stabilität und Selbstfürsorge zu finden.

37.4.4 Ergänzungen und Kombinationen

Darüber hinaus lassen sich Methoden der sogenannten dritten Welle der Verhaltenstherapie gewinnbringend mit der KVT kombinieren. Die Akzeptanz- und Commitment-Therapie (ACT) bietet etwa wirksame Ansätze zur Förderung von psychischer Flexibilität, zur Werteklärung sowie zum achtsamen Umgang mit inneren Spannungen und stimmungsschwankenden Zuständen. Auch die Integration achtsamkeitsbasierter Verfahren wie Mindfulness-Based Cognitive Therapy (MBCT) oder Mindfulness-Based Stress Reduction (MBSR) kann hilfreich sein, um Patientinnen und Patienten in einer akzeptierenden Haltung gegenüber fluktuierenden Affekten zu schulen und ihnen ein besseres Frühwarnsystem an die Hand zu geben. Bei komorbiden Persönlichkeitsakzentuierungen oder früh erworbenen maladaptiven Beziehungsmustern können Elemente der Schematherapie zum Einsatz kommen, insbesondere zur Arbeit mit dysfunktionalen Grundannahmen wie Entwertung, Verlassenheitsangst oder Größenphantasien. Auch emotionsaktivierende Techniken können zur Integration gegensätzlicher »Selbstanteile« beitragen.

Für besonders impulsive oder emotional instabile Patientinnen und Patienten lassen sich zudem Module aus der Dialektisch-Behavioralen Therapie (DBT) übernehmen. Hierzu zählen das Skills-Training zur Spannungsregulation und zur Impulskontrolle sowie der Umgang mit intensiven zwischenmenschlichen Konflikten. Ergänzend können auch metakognitive Verfahren (z. B. Metakognitive Therapie, MCT) integriert werden, die darauf abzielen, dysfunktionale Denkstile wie Grübeln, Rumination oder die Überbewertung von Gedanken zu reduzieren – besonders relevant in depressiven Phasen mit perseverierenden Kognitionen.

Auch die Kombination mit anderen modernen Ansätzen ist sinnvoll. Die Interpersonelle und Soziale Rhythmus-Therapie (IPSRT) lässt sich sehr gut mit verhaltenstherapeutischen Elementen verzahnen, insbesondere im Hinblick auf die Stabilisierung sozialer Zeitgeber, Schlaf-Wach-Rhythmen und Alltagsstruktur. Systemische Elemente, insbesondere die Arbeit mit Angehörigen, können helfen, familiäre Belastungen zu reduzieren und soziale Ressourcen gezielt zu stärken. Darüber hinaus eignet sich die Methode des Motivational Interviewing insbesondere in akuten oder postmanischen Phasen zur Förderung der Behandlungsbereitschaft, zur Erarbeitung von Therapiezielen sowie zur Unterstützung der Medikamentenadhärenz.

37.4.5 Internetbasierte Programme und digitale Gesundheitsanwendungen

Ein weiterer vielversprechender Bereich betrifft digitale und blended-care-gestützte Interventionen. Hier können mobile Applikationen oder internetbasierte Tools zur Stimmungsbeobachtung, Rückfallprävention oder Achtsamkeitsschulung genutzt werden. Sie bieten eine zusätzliche Unterstützung im Selbstmanagement und helfen, therapeutische Inhalte zwischen den Sitzungen zu verankern. Ebenso können neuropsychologische Trainings zur Verbesserung exekutiver Funktionen und der Aufmerksamkeit die klassische Psychotherapie bei Patientinnen und Patienten mit kognitiven Beeinträchtigungen sinnvoll ergänzen. Aktuelle Studien, wie das Projekt »DigiBipo« (Schreitner & Charité, o.J.), untersuchen die Versorgungsbedürfnisse und die Nutzung digitaler Gesundheitstechnologien bei Betroffenen von bipolaren Störungen. Ziel ist es, digitale Angebote besser auf die Bedürfnisse der Betroffenen abzustimmen.

Internetbasierte Programme und digitale Gesundheitsanwendungen (DiGA) gewinnen in der Behandlung der bipolaren Störung zunehmend an Bedeutung. Zu den Online-Angeboten, die Betroffenen in Deutschland flexible Unterstützungsmöglichkeiten bieten und traditionelle Therapieformen ergänzen, gehören:

- *Metakognitives Training bei bipolaren Störungen (MKT-Bipolar):* Das MKT-Bipolar besteht aus acht Modulen, die Elemente von Psychoedukation, Metakognition und Achtsamkeit kombinieren. Ziel ist es, kognitive Verzerrungen zu erkennen und zu bearbeiten. In einer Pilotstudie wurde die Wirksamkeit bei Personen mit bipolaren Störungen und eingeschränktem sozialem Funktionsniveau nachgewiesen.
- *Online-Kurs der Bipolar-Academy:* Dieser Kurs umfasst acht Einheiten mit Videos, in denen Betroffene die Ursachen und Auswirkungen der Erkrankung kennenlernen und Strategien zur Rückfallprävention erarbeiten. Der Kurs fördert ein tieferes Verständnis der eigenen Erkrankung und unterstützt den Aufbau eines stabilen Alltags.
- *Digitale Gesundheitsanwendungen (DiGA):* Seit Oktober 2020 können in Deutschland DiGA im Rahmen psychotherapeutischer oder ärztlicher Behandlungen eingesetzt und über die Krankenkassen abgerechnet werden. Ein Beispiel ist »deprexis«, ein interaktives Online-Selbsthilfeprogramm zur Unterstützung bei Depressionen und depressiven Verstimmungen. Obwohl »deprexis« primär für Depressionen entwickelt wurde, können bestimmte Module auch für Menschen mit bipolaren Störungen hilfreich sein, insbesondere in depressiven Phasen.
- *Bipolar-Forum der Deutschen Gesellschaft für Bipolare Störungen (DGBS):* Mit über 10.000 registrierten Teilnehmern ist dieses Forum die größte virtuelle Selbsthilfeplattform zur bipolaren Störung im deutschsprachigen Raum. Es bietet Betroffenen und Angehörigen die Möglichkeit zum Erfahrungsaustausch und zur gegenseitigen Unterstützung.

Fallbeispiel

Frau B., eine 25-jährige Patientin mit vordiagnostizierter Bipolar-I-Störung, stellte sich in der psychotherapeutischen Hochschulambulanz vor. Ihre Krankheitsgeschichte umfasste mehrere manische Episoden mit psychotischen Symptomen sowie hypomane, gemischte und depressive Episoden. Zum Zeitpunkt der Vorstellung litt sie unter einer depressiven Episode mit multiplen Ängsten, kognitiver Verlangsamung und ausgeprägten Selbstwertproblemen. Zudem berichtete sie über soziale Kompetenzdefizite sowie massive Schwierigkeiten im familiären und sozialen Umfeld. Trotz dieser Herausforderungen zeigte sie eine hohe Therapiemotivation und Kooperationsbereitschaft.

Die Patientin hatte bereits seit ihrer Jugend psychiatrische Behandlungen erhalten, darunter mehrere stationäre Aufenthalte. In ihrer Biografie fanden sich belastende familiäre Umstände mit psychischer Störung der Eltern, die vermutlich zur Entwicklung und Manifestation der bipolaren Störung beitrugen. Trotz starker Beeinträchtigung durch die Störung und die resultierenden Krankheitsfolgebelastungen absolvierte sie erfolgreich eine Berufsausbildung und bemühte sich aktiv um soziale Reintegration. Ihr zentrales Anliegen in der Therapie bestand darin, eine bessere Kontrolle über ihre Stimmungsschwankungen zu erlangen, zwischenmenschliche Beziehungen zu verbessern und langfristig eine eigenständige Lebensführung zu ermöglichen.

Ziel der ambulanten Psychotherapie waren die Stabilisierung der affektiven Symptomatik, die Förderung der Selbstregulation und eine Verbesserung der psychosozialen Integration. Im Rahmen eines verhaltenstherapeutischen Ansatzes wurden verschiedene Methoden eingesetzt: Psychoedukation zur Vermittlung von Wissen über die bipolare Störung, Erkennung und Management der Frühwarnzeichen inkl. Erstellung eines Notfallplans, Verhaltensaktivierung, kognitive Umstrukturierung der dysfunktionalen Denkmuster, soziales Kompetenztraining in der Gruppe, Problemlösetraining anhand von Beispielen aus dem Alltag der Patientin sowie Emotionsregulation und Stressbewältigung.

Im Laufe der Therapie konnte Frau B. signifikante Fortschritte erzielen. Sie entwickelte eine höhere Selbstwahrnehmung für affektive Schwankungen und erlernte effektive Strategien zur Stimmungsstabilisierung. Besonders die kognitive Umstrukturierung half ihr, extreme Denkmuster zu hinterfragen und realistischere Sichtweisen zu entwickeln. Durch eine Kombination aus Psychoedukation und Selbstmanagementmaßnahmen gelang es ihr, Frühwarnzeichen von Episoden frühzeitiger zu identifizieren und gezielt gegenzusteuern.

Die Verhaltensaktivierung führte zu einer besseren Alltagsstruktur und gesteigerter sozialer Teilhabe. Sie begann, regelmäßig soziale Aktivitäten wahrzunehmen und nahm Kontakt zu neuen sozialen Netzwerken auf. Ihre Fähigkeit, zwischenmenschliche Konflikte zu erkennen und angemessener zu reagieren, verbesserte sich deutlich. Die Integration von Achtsamkeits- und Entspannungsmethoden in den Alltag half ihr zudem, ihre emotionale Anspannung zu reduzieren und insgesamt ausgeglichener zu bleiben.

Ein wesentlicher Erfolg der Therapie war die Verbesserung der Selbstregulation. Die Patientin konnte ihre

Frühwarnzeichen zunehmend eigenständig identifizieren und rechtzeitig gegensteuern. Dies führte dazu, dass sie über den Therapiezeitraum hinweg keine stationären Aufenthalte benötigte und eine stabilere affektive Grundstimmung erreichte. Ihre Compliance in Bezug auf die medikamentöse Therapie verbesserte sich ebenfalls, da sie ein besseres Verständnis für deren Wirkung und Notwendigkeit entwickelte.

Die Patientin war am Ende in der Lage, sich selbstständig sozialrechtliche Unterstützung zu organisieren (Sozialtherapie, Wohnbetreuung, Umschulungsmaßnahmen, finanzielle Unterstützung durch Sozialversicherungsträger).

Die ambulante Psychotherapie im Einzelsetting erwies sich als effektive Maßnahme zur Stabilisierung der bipolaren Störung von Frau B. Die Kombination aus Psychoedukation, kognitiver Verhaltenstherapie und sozialer Kompetenzförderung ermöglichte ihr eine nachhaltige Verbesserung ihrer Lebensqualität. Trotz des chronischen Charakters der Erkrankung konnte durch die therapeutische Arbeit eine signifikante Reduktion von Symptomatik und psychosozialen Belastungen erreicht werden. Die Patientin berichtete, sich erstmals seit Jahren als handlungsfähiger und selbstbestimmter zu erleben.

Zur langfristigen Stabilisierung wurde eine fortlaufende niederfrequente ambulante Begleitung durchgeführt, um Rückfälle frühzeitig zu verhindern und die erreichten Fortschritte weiter zu festigen. Zusätzlich wurde eine weiterführende soziale Unterstützung im Rahmen von Selbsthilfegruppen initiiert, um ihre Integration in das berufliche und soziale Leben nachhaltig zu fördern. Eine Bipolar-spezifische Selbsthilfegruppe vor Ort wurde von Frau B. selbst gegründet und organisiert. Nach insgesamt 40 Monaten wurde die Therapie regulär beendet.

37.5 Pharmakotherapie

Eine psychopharmakologische Behandlung bipolarer Erkrankungen ist nach den Leitlinien im Regelfall langfristig essenziell. Für die Akut- und Erhaltungstherapie sowie zur Rezidivprophylaxe sollen dafür folgende Arzneimittel(-gruppen) eingesetzt werden:

- *Antidepressiva* dienen der Therapie der depressiven Seite der Störung und umfassen ein Spektrum von ca. 30 Wirkstoffen, die in Deutschland primär zur Akutbehandlung der unipolaren Depression zugelassen sind.
- *Stimmungsstabilisierer* zielen darauf ab, Stimmungsschwankungen zu minimieren und sowohl manischen als auch depressiven Episoden vorzubeugen. Diese Gruppe von Substanzen besitzt auch eine Indikation für die Behandlung psychotischer (in der Regel schizophrener) Erkrankungen. Hauptgruppen von Stimmungsstabilisierern sind Lithium, Antikonvulsiva und atypische Antipsychotika.
- *Atypische Antipsychotika* werden darüber hinaus zur antipsychotischen Behandlung bei Bipolarstörungen mit psychotischer Symptomatik eingesetzt.

37.6 Evidenzbasierung

In der S3-Leitlinie zur Diagnostik und Therapie bipolarer Störungen (DGBS & DGPPN, 2020) besitzt die Evidenzbasierung für Psychotherapie bei bipolaren Störungen einen zentralen Stellenwert. Die wichtigsten Therapieziele Rückfallprophylaxe, Krankheitseinsicht, Förderung der Medikamentenadhärenz, Stabilisierung psychosozialer Funktionsfähigkeit, Abbau dysfunktionaler Kognitionen und Verhaltensmuster wurden teilweise in systematischen Reviews, Metaanalysen und RCTs auf ihre Wirksamkeit geprüft. Obwohl die Evidenzlage insgesamt als vergleichsweise schwach einzustufen ist, stützen Studienergebnisse die Empfehlung einer additiven KVT insbesondere zur Rückfallprophylaxe, zur Reduktion depressiver Symptome, Förderung der Adhärenz und Verbesserung der Funktionsfähigkeit (Lam et al., 2003; Miklowitz et al., 2007; Oud et al., 2016). Die Effekte der KVT sind geringer in der akuten Manie und am höchsten bei ≤ 12 vorherigen Episoden und hoher (Medikamenten-)Adhärenz (Scott et al., 2006).

37.7 Bipolarstörung in Komorbidität mit einer Substanzkonsumstörung

Bipolare Störungen gehören zu den psychischen Erkrankungen mit der höchsten Komorbiditätsrate in Bezug auf Substanzmissbrauch oder -abhängigkeit (Überblick bei Mühlig & Fuchs, 2009). Epidemiologische Studien zeigen, dass bis zu 71 % der Menschen mit bipolarer Störung im Laufe ihres Lebens eine Substanzstörung entwickeln. Untersuchungen zur 12-Monats-Prävalenz zeigen, dass Menschen mit einer bipolaren Störung ein erhöhtes Risiko für Substanzstörungen haben. Studien weisen darauf hin, dass verschiedene Substanzen mit der Störung in Zusammenhang stehen, darunter Alkohol, Cannabis, Kokain, Ecstasy und Opioide. Darüber hinaus besteht ein signifikant erhöhtes Risiko für Spielsucht, insbesondere bei Männern und Menschen mit komorbiden Alkohol- oder Drogenstörungen. Zudem sind Menschen mit einer bipolaren Störung und komorbider Substanzstörung häufig von weiteren psychischen Erkrankungen betroffen, insbesondere Angststörungen und posttraumatischen Belastungsstörungen (PTBS). Die Folgen der Komorbidität von bipolaren Störungen und Substanzstörungen sind schwerwiegend. Patientinnen und Patienten mit dieser Doppeldiagnose zeigen eine schlechtere Therapieansprache, höhere Hospitalisierungsraten und eine schlechtere Prognose, haben ein erhöhtes Risiko für manische Episoden, eine geringere Remissionsrate sowie eine höhere Suizidrate. Auch die Lebensqualität der Betroffenen ist erheblich reduziert. Die Suizidrate unter bipolaren Patientinnen und Patienten mit Substanzstörungen ist signifikant erhöht. Insbesondere Menschen mit Polysubstanzmissbrauch haben eine alarmierend hohe Rate an Suizidversuchen. Die Ätiologie dieser Doppeldiagnose ist komplex. Es gibt Hinweise darauf, dass der Substanzkonsum als Selbstmedikation genutzt wird, um Symptome der bipolaren Störung zu lindern. Andererseits gibt es auch Befunde, die darauf hindeuten, dass Substanzmissbrauch die Entstehung einer bipolaren Störung begünstigen kann. Genetische Faktoren und neurobiologische Mechanismen spielen ebenfalls eine Rolle.

Diagnostisch ist die Unterscheidung zwischen bipolarer Störung und substanzbedingten Stimmungsschwankungen schwierig (DGBS & DGPPN, 2020; Mühlig & Fuchs, 2009). Substanzkonsum kann manische oder depressive Symptome verstärken oder maskieren, wodurch die korrekte Diagnose erschwert wird. Zudem berichten Betroffene häufig ungenau über ihren Substanzkonsum, was eine verlässliche Diagnosestellung erschwert. Die Therapie der bipolaren Störung in Kombination mit einer Substanzstörung ist besonders anspruchsvoll. Patientinnen und Patienten nehmen ihre Erkrankung oft ernst, priorisieren jedoch die Behandlung depressiver Symptome. Ein spezifisches integratives Therapieprogramm für bipolare Störungen mit komorbider Substanzstörung umfasst Psychoedukation, die Förderung von Abstinenz, Strategien zur Verbesserung der Medikamenten-Compliance und die Mobilisierung sozialer Unterstützung. Ein solches Programm besteht in der Regel aus wöchentlichen Sitzungen, in denen zentrale Themen wie die Identifikation von Triggern, die Bewältigung von Stimmungsschwankungen ohne Substanzgebrauch und der Umgang mit sozialen Beziehungen behandelt werden.

Zusammenfassend stellt die Komorbidität von bipolarer Störung und Substanzstörungen eine große Herausforderung dar. Die Ursachen sind nicht vollständig geklärt, und die Diagnostik ist komplex. Bisherige Behandlungsansätze sind oft unzureichend integriert. Dennoch gibt es erste Ansätze für integrative Therapieprogramme, deren Wirksamkeit jedoch noch weiter erforscht werden muss, um eine optimale Versorgung dieser besonders vulnerablen Patientengruppe zu gewährleisten.

Prüfungsfragen

1. Welche verhaltenstherapeutischen Methoden werden in der ambulanten Psychotherapie bei bipolaren Störungen eingesetzt und welches Ziel verfolgen sie?
2. Warum ist eine stabile Tagesstruktur für Menschen mit bipolarer Störung besonders wichtig und welche Maßnahmen können zur Stabilisierung beitragen?
3. Wie unterscheidet sich die kognitive Umstrukturierung bei bipolaren Patientinnen und Patienten im Vergleich zur Therapie von unipolaren Depressionen?
4. Welche Herausforderungen ergeben sich in der Psychotherapie für Patientinnen und Patienten mit bipolaren Störungen in Bezug auf Therapiemotivation und Compliance?
5. Wie kann ein Notfallplan für Menschen mit bipolarer Störung aussehen und welche Schritte umfasst er zur Prävention von akuten Krisensituationen?

Antworten

1. *Psychoedukation:* Ziel der Psychoedukation ist die Aufklärung über Entstehung, Symptome, Verläufe, potenzieller Auslöser von Episoden sowie über verschiedene Behandlungsbestandteile. Insbesondere zur Medikamenten-Compliance ist eine ausführliche Psychoedukation über die Bedeutung medikamentöser Behandlung förderlich. Der Umgang der Betroffenen mit der bipolaren Erkrankung soll gestärkt werden, sowie die Lebensqualität verbessert werden.
   Erkennung und Management von Frühwarnzeichen: Ziel ist das Erkennen individueller Frühwarnzeichen, häufig durch Methoden wie Stimmungstagebücher o. Ä., und die Entwicklung spezifischer Bewältigungsstrategien, um eine weitere Episode nach Möglichkeit zu verhindern bzw. in der Intensität zu Verringern.
   Kognitive Umstrukturierung: Ziel ist es, die extremen Denkkategorien zu identifiziert und durch funktionalere Gedanken zu ersetzt.
   Verhaltensaktivierung und Tagesstrukturierung: Insbesondere während depressiver Phasen wird mittels dieser Techniken das Ziel verfolgt, angenehme Aktivitäten in den Alltag einzuplanen und eine stabile Tagesstruktur wiederherzustellen.
   Stressbewältigung und Problemlösetraining: Ziel ist das Erlernen bzw. der Ausbau von Fertigkeiten zur Bewältigung von Stress sowie die Fähigkeit zu stärken, mit Herausforderungen im Alltag umzugehen.
   Verbesserung der sozialen Kompetenzen: Ziel ist, den Umgang mit zwischenmenschlichen Konflikten durch Training der sozialen Kompetenzen zu verbessern. Durch die Kombination mit interpersonellen Therapien wird somit das soziale Umfeld gestärkt und mögliche Auslöser für erneute Belastungen werden reduziert.
2. Eine stabile Tagesstruktur mit regelmäßigen Schlaf- und Wachzeiten, festen Essenszeiten und ausgewogenen Arbeits- und Erholungszeiten reduziert das Risiko

für weitere affektive Episoden. Insbesondere Schlafmangel oder stark abweichende Tagesabläufe erhöhen das Risiko für weitere (hypo-)manische Episoden, fehlende Erholungszeiten, fehlende angenehme Aktivitäten und soziale Interaktionen für depressive Episoden. Durch eine strukturierte Tagesplanung kann durch Verhinderung von Schlafmangel und exzessiven Verhaltens das Risiko für eine manische Episode sowie durch Planung von angenehmen Aktivitäten das Risiko für eine depressive Episode gesenkt werden.

3. Neben der Umstrukturierung der dysfunktionalen Denkmuster während einer depressiven Episode (z. B. »Ich bin ein Versager«) müssen auch die ins andere Extrem rutschenden Denkmuster während der manischen Episode (z. B. »Ich bin unaufhaltsam«) beachtet werden. Ziel ist, für beide Denkverzerrungen eine realistischere Selbstwahrnehmung zu erarbeiten.
4. Insbesondere in den (hypo-)manischen Phasen besteht krankheitsbedingt in der Regel wenig Störungseinsicht bzw. Veränderungsmotivation. Diese Phasen können zunächst einen subjektiv eher als positiv eingeschätzten Charakter haben und werden meist erst als aversiv erlebt, wenn ernsthafte Konsequenzen eingetreten sind.
5. Ein Notfallplan sollte die individuell erarbeiteten Frühwarnzeichen sowohl für manische als auch depressive Episoden enthalten. Nach konkreten Strategien zur Selbsthilfe sollten darin als nächste Schritte Ansprechpartner im persönlichen Umfeld der Person sowie professionelle Ansprechpartner wie etwa Psychiater und Psychotherapeuten aufgelistet sein. Auch Informationen zu Notfallmaßnahmen sowie notwendigen Medikamentenanpassungen sollten sinnvollerweise ergänzt werden.

Literatur

Beesdo, K., Höfler, M., Leibenluft, E., et al. (2009). Mood episodes and mood disorders: patterns of incidence and conversion in the first three decades of life. *Bipolar Disorders, 11*(6), 637–649. https://doi.org/10.1111/j.1399-5618.2009.00738.x

Colom, F., Vieta, E. & Scott, J. (2006). *Psychoeducation Manual for Bipolar Disorder.* Cambridge University Press. https://doi.org/10.1017/cbo9780511543685

DGBS & DGPPN. (2020). *S3-Leitlinie zur Diagnostik und Therapie Bipolarer Störungen* (Nr. 038–019). https://www.dgppn.de/_Resources/Persistent/ef9214009e20d260d4f5a6e6932f3fb7f914efbb/S3_Leitlinie_Bipolar_V2.1_Update_20200504.pdf (Zugriff am 24.7.2025).

Frank, E. (2007). *Treating bipolar disorder: A Clinician's Guide to Interpersonal and Social Rhythm Therapy.* Guilford Press.

Jawad, I., Watson, S., Haddad, P. M., et al. (2018). Medication nonadherence in bipolar disorder: a narrative review. *Therapeutic Advances in Psychopharmacology, 8*(12), 349–363. https://doi.org/10.1177/2045125318804364

Lam, D. H., Watkins, E. R., Hayward, P., et al. (2003). A randomized controlled study of cognitive therapy for relapse prevention for bipolar affective disorder: outcome of the first year. *Archives of general psychiatry, 60*(2), 145–152.

Meyer, T. D. & Hautzinger, M. (2013). *Bipolare Störungen: Kognitiv-verhaltenstherapeutisches Behandlungsmanual.* Beltz.

Miklowitz, D. (2022). *Familienfokussierte Psychotherapie bei Bipolaren Störungen.* Beltz.

Miklowitz, D. J., Otto, M. W., Frank, E., et al. (2007). Psychosocial treatments for bipolar depression: a 1-year randomized trial from the Systematic Treatment Enhancement Program. *Archives of General Psychiatry, 64*(4), 419–426.

Mühlig, S. & Fuchs, S. (2009). Komorbide Substanzstörungen bei bipolaren Patienten – aktueller Forschungsstand zu Hintergründen und Therapieansätzen. *Suchttherapie, 10*(S01), 52.

Oud, M., Mayo-Wilson, E., Braidwood, R., et al. (2016). Psychological interventions for adults with bipolar disorder: systematic review and meta-analysis. *British Journal of Psychiatry, 208*(3), 213–222.

Phillips, M. L. & Swartz, H. A. (2014). A Critical Appraisal of Neuroimaging Studies of Bipolar Disorder: Toward a New Conceptualization of Underlying Neural Circuitry and a Road Map for Future Research. *American Journal Of Psychiatry, 171*(8), 829–843. https://doi.org/10.1176/appi.ajp.2014.13081008

Sajatovic, M., Ignacio, R. V., West, J. A., et al. (2008). Predictors of nonadherence among individuals with bipolar disorder receiving treatment in a community mental health clinic. *Comprehensive Psychiatry, 50*(2), 100–107. https://doi.org/10.1016/j.comppsych.2008.06.008

Schreitner, S. & Charité Berlin (o. J.). *Digital Health Applications for People with Bipolar Disorders (DigiBipo)* [laufende Studie, unveröffentlicht].

Scott, J., Paykel, E., Morriss, R., et al. (2006). Cognitive–behavioural therapy for severe and recurrent bipolar disorders: a randomised controlled trial. *British Journal of Psychiatry, 188*(4), 313–320. https://doi.org/10.1192/bjp.188.4.313

Simhandl, C. & Mitterwachauer, K. (2007). *Depression und Manie: Erkennen und erfolgreich behandeln.* Springer.

Stahl, E. A., Breen, G., Forstner, A. J., et al. (2019). Genome-wide association study identifies 30 loci associated with bipolar disorder. *Nature Genetics, 51*(5), 793–803. https://doi.org/10.1038/s41588-019-0397-8

Weiterführende Literatur

Meyer, T. D. & Hautzinger, M. (2013). *Bipolare Störungen: Kognitiv-verhaltenstherapeutisches Behandlungsmanual.* Beltz.

Miklowitz, D. (2022). *Familienfokussierte Psychotherapie bei Bipolaren Störungen.* Beltz.

Frank, E. (2007). *Treating bipolar disorder: A Clinician's Guide to Interpersonal and Social Rhythm Therapy.* Guilford Press.

38 Unipolare Depressionen

Martin Hautzinger und Gabriel Kornwachs

Das Wichtigste auf einen Blick

- Kernsymptome einer depressiven Episode sind Niedergeschlagenheit, Verlust von Freude und Interesse sowie Minderung des Antriebs. Verschiedene Nebensymptome kommen hinzu.
- Neben biologischen Erklärungen bilden kognitive und lerntheoretische Überlegungen nachvollziehbare und für die Therapie hilfreiche ätiologische Modelle.
- Der Aufbau positiver Aktivitäten hilft in der Therapie dabei, einem häufig vorhandenen sozialen Rückzug entgegenzuwirken.
- Mit Hilfe kognitiver Umstrukturierung lassen sich verzerrte, rigide Grundannahmen aufbrechen und in funktionale Annahmen umformulieren. Diese können dann eingeübt werden.
- Depressive Episoden lassen sich meist gut behandeln. Da das Rückfallrisiko hoch ist, sollten etwaige Medikamente ausgeschlichen werden und die Psychotherapie eine profunde Rückfallprophylaxe beinhalten.

38.1 Einführung

Affektive Störungen sind psychische Beschwerden, bei denen die Veränderung der Stimmung, der Interessen und des Antriebs zentral sind. Neben Depressionen mit Niedergeschlagenheit, Verlust der Freude, emotionaler Leere, Antriebslosigkeit, Interessenverlust und zahlreichen körperlichen Beschwerden als wesentlichen Merkmalen sind Manien mit expansiver Stimmung, Gereiztheit, Euphorie, Überaktivität, Unruhe, Ablenkbarkeit und Ideenflucht zu unterscheiden.

Die Einteilung affektiver Störungen in mono- bzw. unipolare und bipolare Verläufe ist heute breit akzeptiert und wissenschaftlich gut begründet. Die unipolar verlaufende Depression (depressive Episode, Dysthymia) ist mit einer Lebenszeitprävalenz von 15–20 % (Hautzinger, 2023) die weitaus häufigste Störungsform affektiver Erkrankungen. Zahlreiche Familienstudien, Zwillingsstudien, Adoptionsstudien, biologische Markerstudien, Studien zu lebensgeschichtlichen, soziodemografischen und auf die Persönlichkeit bezogenen Variablen sowie zur Symptomatologie, zum Verlauf, zum Ansprechen auf Behandlungsmaßnahmen und zur Prognose unterstützen die Abgrenzung dieser Depressionen von den bipolar verlaufenden affektiven Störungen.

38.2 Diagnose

Die Diagnose einer depressiven Episode beinhaltet Haupt- und Nebensymptome, die mindestens über zwei Wochen (> 50 % der Zeit) auftreten. Die Anzahl der Symptome entscheidet über den Schweregrad. Zu den Hauptsymptomen gehören gedrückte/niedergeschlagene Stimmung, Interessenverlust und Antriebsminderung. Zusätzlich können Nebensymptome wie Schlafstörungen, Konzentrationsprobleme, geringes Selbstwertgefühl, Schuldgefühle, negative Zukunftsperspektiven, erhöhter oder verminderter Appetit, Suizidgedanken- oder handlungen, agitierte oder verlangsamte Bewegung bis hin zu Verschuldungs-, Verarmungs- oder nihilistischem Wahn auftreten. Der Verlauf kann wiederkehrend sein (vs. einzelne Episode) und es kann eine mögliche Chronifizierung vorliegen.

38.3 Lerntheoretische und kognitive Erklärungsmodelle

Die Ursachen einer aktuellen akuten Depression eines konkreten Patienten sind angesichts der Komplexität der möglichen Risiko- und Entwicklungsfaktoren kaum zweifelsfrei zu klären. Expertinnen und Experten stimmen heute darin überein, dass genetische, neuromodulatorische, endokrine, physikalische, neurobiologische, lern- und lebensgeschichtliche, traumatisierende, kognitive, emotionale, interaktionale, soziale, kulturelle und ökonomische Faktoren auf distaler und proximaler Ebene miteinander interagieren und sich in beeinträchtigten Hirnfunktionen und dysfunktionalem Hirnstoffwechsel zeigen und darüber eine Depression entsteht (Multikausalitäts-Prinzip; Vulnerabilitäts-Stress-Modell). Daher werden nachfolgend drei psychologische Ätiologiemodelle vorgestellt und deren Relevanz für die Psychotherapie wird jeweils kurz erläutert.

38.3.1 Theorie der erlernten Hilflosigkeit

Das Konzept der erlernten Hilflosigkeit basiert auf Arbeiten von M. Seligman (1972). Dieses besagt, dass wenn Tiere (später bei Menschen bestätigt) wiederholt unangenehmen Ereignissen ausgesetzt sind, welche weder ausweichbar noch zu verhindern oder abzuändern sind (d. h., wenn Lösungsversuche erfolglos bleiben), diese häufig jegliche Versuche des Problemlösens einstellen. Das Erleben von Kontrollverlust führt zur Erwartung, auch in Zukunft keine Kontrolle zu haben. Lösungsversuche werden folglich selbst dann unterlassen, wenn die Situation wieder veränderbar wäre.

Nach dieser Theorie verändern depressive Menschen unangenehm erlebte Zustände nicht mehr, obwohl sie es in der Realität könnten (Selbstbeschränkung und Passivität), da sie aufgrund wiederholter Erfahrung von Machtlosigkeit und fehlender Kontrolle bei bisherigen Lösungsversuchen davon ausgehen, auch in Zukunft keinen positiven Einfluss mehr auf die Situation zu haben. Diese Annahme beeinflusst das weitere subjektive Erleben und Verhalten der Betroffenen und kann sich in fehlender Motivation, emotionalen Konsequenzen (z. B. niedergedrückter Stimmung) und in kognitiven Verzerrungen (u. a. internale Attribution, Generalisierung) äußern (Maier & Seligmann, 2016). Hoffnungslosigkeit kann dabei als eine extreme Form der Hilflosigkeit verstanden werden, bei der zusätzlich weder indirekte Hilfe (durch andere) noch sekundäre (Anpassung der Ansprüche) Kontrolle von den Betroffenen erwartet wird.

Für die Therapie ist es folglich von hoher Bedeutung, diesem Erleben entgegenzuwirken. Dabei ist es das Ziel, dass Patienten wieder Selbstwirksamkeit erleben können. Das Erleben von Selbstwirksamkeit widerspricht der Erfahrung von erlernter Hilflosigkeit und korrigiert damit entsprechende Wahrnehmungen der Patientinnen und Patienten.

> **Merke**
>
> Ziele und Hausaufgaben in der Therapie sollten so gewählt werden, dass sie erreichbar sind, d. h., dass sie überschaubar, zeitnah realisierbar, realistisch, messbar und somit auch erlebbar und spürbar sind.

38.3.2 Theorie des Verstärkerverlusts

Auf lerntheoretischer Ebene ist ebenso die Theorie des Verstärkerverlusts von P. M. Lewinsohn (1975) relevant. Die Grundannahmen dieses Ansatzes lauten:

- Eine zu geringe Rate positiver Verstärkung wirkt auslösend für depressives Verhalten.
- Eine geringe Rate positiver Verstärkung hält die Depression aufrecht. Das zu verstärkende Verhalten wird zusätzlich verringert. Patientinnen und Patienten sind damit langanhaltenden Löschungsbedingungen für gewünschtes und hilfreiches Verhalten ausgesetzt.
- Die Gesamtmenge positiver Verstärker ist abhängig von:
  - dem Umfang und der Hierarchie potenziell verstärkender Ereignisse und Aktivitäten (zusätzlich beeinflusst durch individuelle Differenzen wie Alter, Geschlecht, Lerngeschichte eines Patienten etc.),
  - dem Umfang verfügbarer und erreichbarer Verstärker zu einem bestimmten Zeitpunkt bzw. unter bestimmten situativen Bedingungen (Beispiel: Invalidität, Inhaftierung),
  - dem Verhaltensrepertoire von Patientinnen und Patienten und ihrer Fähigkeit, Verhalten zu zeigen, das verstärkt werden kann (Beispiel: extreme Schüchternheit).
- Depressives Verhalten wird oftmals aufrechterhalten durch die Art der Verstärkung, die Patientinnen und Patienten kurzfristig durch die (engere) soziale Umwelt erhalten, wie Sympathie, Anteilnahme und Hilfe.

Aus den genannten theoretischen Überlegungen, aus klinischen Beobachtungen und aufgrund empirischer Arbeiten lassen sich Hypothesen ableiten, die nahelegen, dass sowohl die Förderung von positiv verstärkten Aktivitäten als auch der Aufbau sozialer Fertigkeiten zentraler Bestandteil der Behandlung von Depressionen sein müssen (▶ Kap. 38.4.2).

Die Förderung von positiven Aktivitäten im Rahmen der Verhaltensaktivierung ist als therapeutisch hilfreich einzuschätzen, weil:

- ein entsprechendes Aktivitätsniveau das Ausmaß potenzieller positiver Verstärker erhöht
- depressive Menschen viel Zeit mit solchen Aktivitäten verbringen, die eher als »passiv« zu bezeichnen sind (grübeln, vor sich hinstarren) und keinen positiven Verstärkerwert besitzen und durch positive Aktivitäten davon abgehalten werden
- ein Zusammenhang zwischen der Aktivitätsrate eines Patienten, der Art der Aktivitäten und seiner Stimmung vermutet wird
- depressive Patientinnen und Patienten dazu neigen, ihre Aktivitätsrate gering einzuschätzen und keine Stimmungsunterschiede wahrzunehmen

Der Aufbau sozialer Fertigkeiten erscheint nach den genannten theoretischen Vorstellungen und dem heutigen Wissensstand über Entstehungs- und Aufrechterhaltungsbedingungen einer Depression aus folgenden Gründen sinnvoll:

- Depressiven Patientinnen und Patienten fehlt oft die Fähigkeit, sich im Gespräch so zu verhalten, dass beide Interaktionspartner dies als angenehm erleben: Typisch sind langsames, leises Sprechen, fehlender Blickkontakt, mangelhafte Gesprächsbeteiligung, ungenügendes Eingehen auf den Gesprächspartner etc.
- Depressive Menschen entwickeln oft ungünstige Interaktionsstile, z. B. Überwiegen von Klagen und hilfesuchenden Bemerkungen, geringes Einfühlungsvermögen für den Gesprächspartner, unzureichende Wahrnehmung von »Signalen« anderer Personen, auf die reagiert werden müsste, Unfähigkeit, positive Verstärker wahrzunehmen bzw. anderen zu vermitteln.
- Depressive Menschen können negative Gefühle nicht offen und direkt zum Ausdruck bringen, wirken auf Mitmenschen mürrisch und feindselig.
- Patientinnen und Patienten sollten erfahren, wie ihr Verhalten auf ihre Mitmenschen wirkt und welchen Einfluss dies auf den Umgang mit anderen hat: Kurzfristig wecken sie Interesse und erregen das Mitleid des Gesprächspartners, langfristig werden sie für die Interaktionspartner zu belastend.

Merke

Aus der Verstärkerverlust-Theorie ergibt sich, dass bei der Diagnostik und Problemanalyse ein besonderes Augenmerk gelegt wird auf Aktivitätsniveau, Tagesablauf, Alltagstruktur und Kompetenzen, Ressourcen und mögliche Defizite in diesem Bereich. Bei den Behandlungszielen ergibt sich, das Ausmaß positiver Verstärkung zu erhöhen, neue Verstärkerquellen zu schaffen, Verstärkerpläne zu verändern, aktives Verhalten fördernde Reizbedingungen (Stimuli, Hilfen) zu gestalten, neues Verhalten aufzubauen und Lücken bei den Kompetenzen (Ressourcen) auszugleichen. Therapeutische Interventionen, die sich aus diesem Modell ableiten, zielen insbesondere darauf, sozial erwünschtes Verhalten zu fördern, die Anzahl potenziell verstärkender Ereignisse und Aktivitäten zu erhöhen und notwendige Fertigkeiten zu vermitteln.

38.3.3 Kognitionstheoretisches Erklärungsmodell

A. T. Beck (z. B. 2017) formulierte ein kognitionstheoretisches Modell der Depression. Seine zentralen Annahmen lauten:

- Grundlage einer jeden depressiven Entwicklung ist eine kognitive Störung, wobei das Denken depressiver Menschen durch logische Fehler wie selektive Wahrnehmung, willkürliches Schlussfolgern, Übertreibungen etc. gekennzeichnet ist.
- Depression geht mit »primitive thinking« (präoperativem Denken) einher. Das Denken ist kategorisch, moralisch, wertend, eindimensional auf eigenes Versagen und Fehler gerichtet.
- Auslösebedingungen für eine solche kognitive Störung sind negative, stressbesetzte Erfahrungen im Verlauf der lebensgeschichtlichen Entwicklung von Patientinnen und Patienten (insbesondere Verlusttraumata in der Kindheit), die sich als kognitive Schemata (Grundüberzeugungen) verfestigen.
- Diese Schemata werden aktiviert durch belastende Situationen oder kumulativ verstärkt durch die Erfahrung, überhöhten eigenen Ansprüchen nicht gerecht werden zu können. In solchen Situationen neigen Patientinnen und Patienten dazu, sich selbst, ihre Umwelt und ihre Zukunft negativ zu sehen. Diese »kognitive Triade« bewirkt, dass sich depressive Menschen immer wieder mit irrationalen negativen Gedanken beschäftigen, die ihnen plausibel, wenngleich belastend und unerwünscht erscheinen.
- Diese Gedanken erleben sie als automatisch, außerordentlich beharrlich, andauernd und unfreiwillig. Sie kreisen immer wieder um Themen wie Hoffnungslosigkeit, geringe Selbstachtung, Selbstkritik, Flucht und Vermeidung sowie Suizidabsichten. Beck macht diese kognitive Störung für alle affektiven, motivationalen und psychischen Merkmale bei einer Depression verantwortlich.

Folgt man diesem theoretischen Modell, dann wird die Veränderung von Gedanken und Einstellungen aus folgenden Gründen als therapeutisch wirksam postuliert (▶ Kap. 38.4.4):

- Depressive Menschen neigen zu kognitiven Verzerrungen, falschen Ursachenzuschreibungen und Wahrnehmungsmustern.
- Es besteht ein Zusammenhang zwischen (negativen) Gedanken, Gefühlen und der Stimmung sowie den körperlichen Vorgängen der Patientinnen und Patienten.
- Depressive Menschen setzen sich in der Regel sehr hohe Ziele und übernehmen unkritisch Normen, die für andere gelten. Zwangsläufig ergibt sich daraus oft das Problem, dass Patientinnen und Patienten ihre eigenen Fähigkeiten als gering einschätzen.
- Depressive Patientinnen und Patienten verwenden vor allem Selbstabwertungen als Verhaltenssteuerung. Selbstbeobachtung und Selbstverstärkung als Selbstmanagement werden kaum eingesetzt.
- Depressive Menschen haben die Tendenz, ihre Gedanken bereits als Tatsachen zu betrachten.
- Depressive Menschen überprüfen ihre Annahmen, Wahrnehmungen und Schlussfolgerungen nicht an der Realität bzw. fragen nicht nach deren Berechtigung und Nützlichkeit.
- Depressive Patientinnen und Patienten versuchen mit den falschen Mitteln, ihren Ansprüchen nachzukommen bzw. ihre negativen Gedanken zu vermeiden, wegzudrücken oder zu kontrollieren.

Merke

Jede Depressionstherapie muss sich mit den Schemata und Überzeugungen, den negativen, pessimistischen Gedanken, den Übergeneralisierungen und voreiligen Schlussfolgerungen, den Selbstzweifeln und Schuldzuweisungen von Patientinnen und Patienten auseinandersetzen. Die Problemanalyse soll daher einen Fokus darin haben, die automatischen, unbemerkt ablaufenden Gedanken aufzuspüren und die relevanten Auslöser und Konsequenzen dafür zu verstehen. Die kognitiven Interventionen richten sich darauf, die situationsbezogenen, konkreten automatischen Gedanken, die Grundeinstellungen und Schemata von Patientinnen und Patienten zu überprüfen und hin zu der selbstwertdienlicheren Seite zu beeinflussen. Dafür werden v. a. die sokratische Gesprächsführung, das Spaltenprotokoll negativer Gedanken sowie Realitätsüberprüfungen eingesetzt, um zu Veränderungen zu gelangen.

Siehe auch ▸ Kap. 25.

38.4 Störungsspezifische Psychotherapie

38.4.1 Kognitive Verhaltenstherapie bei Depressionen

Theoretischen Rahmen vermitteln

Verstärkungstheoretische (Lewinsohn, Coyne) und kognitionspsychologische Hypothesen (Beck, Seligman) sowie neuere, multifaktorielle Vorstellungen zur Entwicklung unipolarer Depressionen (siehe ausführlich Hautzinger, 2023) bilden den produktiven Hintergrund für die kognitive Verhaltenstherapie. Eine transparente Vermittlung dieser theoretischen Hintergründe und der daraus abgeleiteten Vorgehensweisen kann im Rahmen einer Therapie von großem Vorteil sein, da somit Patientinnen und Patienten auf Augenhöhe begegnet wird und ein Problemverständnis geschaffen wird. Dieses Vorgehen schafft Vertrauen. Es wird zudem therapeutische Kompetenz und schließlich auch Hoffnung vermittelt.

Diese theoretischen Überlegungen lassen sich in eine Behandlungsheuristik integrieren (vgl. Hautzinger, 2021), die für die Problem- und Verhaltensanalyse depressiver Störungen hilfreich ist (▸ Abb. 38.1). Die Abbildung verdeutlich die lern- und kognitionspsychologischen Überlegungen. Als Auslöser (Ursachen) einer Depression werden interne bzw. externe Ereignisse, traumatisierende Belastungen, Verluste usw. angenommen. Diese Auslöser führen jedoch nicht direkt zu einer Depression, sondern beeinflussen das Verhalten (Fertigkeiten), Denken (Kognitionen) und Handeln (Aktivitäten). Entsprechend analysiert eine auf KVT ausgerichtete Behandlung zunächst mögliche Belastungen (Auslöser, traumatische Erfahrungen), die Informationsverarbeitung (kognitive Prozesse, Denkinhalte), die Alltagserfahrungen (negative und positive Erfahrungen) sowie die verfügbaren Kompetenzen (Ressourcen, soziale und interaktionale Fertigkeiten) von Patientinnen und Patienten.

Vorgehen

Unter kognitiver Verhaltenstherapie versteht man einen problemzentrierten, strukturierten, psychologischen Behandlungsansatz, der bezogen auf Depressionen vier Schwerpunkte verfolgt:

- Überwindung der Inaktivität bzw. von einseitigen, belastenden Aktivitäten
- Verbesserung des Sozial- und Interaktionsverhaltens sowie der sozialen Kontaktstruktur
- Erkennen, Überprüfen und Korrigieren dysfunktionaler Einstellungen und Überzeugungen
- Aufbau eines Bewältigungsrepertoires für zukünftige Krisen

Depressionen werden diesem Verständnis nach sowohl durch gedankliche (kognitive) Prozesse als auch durch den Verlust von Verstärkern (Aktivitätsrate, Fertigkeiten, Belastungen) bedingt. Die Häufung unangenehmer Ereignisse oder die Folge unangemessenen Verhaltens beeinflussen dabei kognitive Strukturen ebenso wie negative

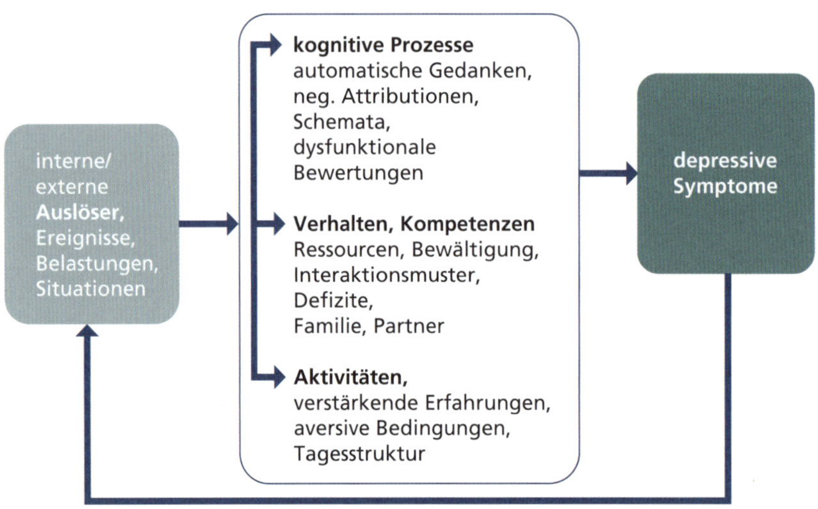

Abb. 38.1: Therapiemodell für die kognitive Verhaltenstherapie bei Depressionen

Einstellungen und Erwartungen ihrerseits Auswirkungen auf die Aktivitätsrate von Patientinnen und Patienten, ihr soziales Handeln und das Ausmaß positiver Erfahrungen haben.

Neben üblichen initialen Grundbausteinen einer Psychotherapie, wie der Diagnostik, dem Beziehungsaufbau, der Problemeingrenzung, der Zielklärung und der Psychoedukation, gilt es insbesondere neben den individuell erklärenden Faktoren der Entstehung persönliche Faktoren der *Aufrechterhaltung* zu erkennen und zu besprechen (u. a. Faktoren, wie negative Verstärkung durch Vermeidung; sekundärer Krankheitsgewinn).

Erstes Ziel einer Behandlung muss das Unterlassen von suizidalen, parasuizidalen und selbstverletzenden Verhaltensweisen sein. Das Risiko für Eigen- und Fremdgefährdung muss zu Beginn einer jeden Therapie geklärt werden (siehe Kasten). Besteht eine Gefährdung, ist eine stationäre, beschützende Behandlung indiziert.

Suizidalität und Suizidrisiko

Dazu sind folgende Risikofaktoren abzuklären:

- Patient/in distanziert sich nicht von Suizidideen bzw. einem früheren Suizidversuch
- Patient/in erlebt drängende Suizidgedanken
- Patient/in wirkt ausgesprochen hoffnungslos (fehlende Zukunftsperspektive)
- Patient/in ist sozial isoliert, hat sich in letzter Zeit zunehmend zurückgezogen
- Patient/in hat einen Konflikt, der zu Suizidideen/Suizidversuch führte, nicht gelöst
- Patient/in reagiert ausgesprochen gereizt/aggressiv oder ist agitiert
- Patient/in hat eine schwere depressive Verstimmung, evtl. mit depressiven Wahnideen
- Patient/in hat eine Suchterkrankung
- Patient/in befindet sich in einer psychotischen Episode
- Patient/in hat einen oder mehrere Suizidversuche in der Vorgeschichte
- Patient/in hat ein Suizidarrangement getroffen, das eine Auffindung schwierig oder unmöglich macht
- Patient/in unternahm einen Suizidversuch mit harter Methode oder hat Suizidgedanken mit harter Methode
- Patient/in zeigt mangelnde Impulskontrolle
- Patient ist männlich im höheren Lebensalter
- Patient/in ist in akuter, existentieller Krise (z. B. durch Verluste, Misserfolge)

In der Regel dauert eine ambulante kognitive Verhaltenstherapie bei Depressionen zwischen 25 und 40 Sitzungen (meist in Einzelsitzungen, doch zunehmend auch in Gruppen) und nimmt sich zunächst der Passivität, des Rückzugs und der Lust- bzw. Antriebslosigkeit der depressiven Patientinnen und Patienten an. Je nach Problemlage schließen sich die kognitiven oder die auf das soziale Verhalten bezogenen Interventionselemente an (▶ Tab. 38.1). Obgleich eine Reihe von Techniken und Hausaufgaben eingesetzt werden, folgt das Vorgehen keinem von vornherein festliegenden Therapieplan, sondern die Therapie soll individuell angepasst und für die Patientin/den Patienten persönlich überzeugend vorgestellt und durchgeführt werden. Das Vorgehen, die Methoden, die Materialien, die Übungen und vor allem die Interaktionsweisen, die Voraussetzungen und die Beziehungsgestaltung sind ausführlicher als hier möglich in Hautzinger (2021), Beck et al. (2017) und als Einzelverfahren in Linden und Hautzinger (2019) dargestellt.

Grundfertigkeiten und Rahmenbedingungen

Mag kognitive Verhaltenstherapie auf den ersten Blick wie eine Ansammlung von Techniken erscheinen, die in einem stark strukturierten Rahmen das Vorgehen bestimmen, so darf nicht übersehen werden, dass dieser kognitive, problemzentrierte Ansatz nur vor dem Hintergrund grundlegender therapeutischer Verhaltensweisen zur Wirkung kommen kann. Grundlegend für kognitive Verhaltenstherapeutinnen und -therapeuten sind daher Neugier, Interesse, Bemühen, Echtheit und Aufrichtigkeit, Empathie und Verständnis, Akzeptanz und Wärme sowie fachliche Kompetenz und professionell-entspanntes Verhalten in der Interaktion. Der Aufbau einer tragfähigen therapeutischen Beziehung ist im Verlauf an verschiedenen Stellen von maßgeblicher Bedeutung. Zum einen geht es darum, dass sich Patientinnen und Patienten wohlfühlen können, um offen berichten zu können, sich der eigenen Reflektion zu öffnen, aber auch um ggf. schmerzhafte Wahrheiten (z. B. Trauer um verpasste Möglichkeiten aufgrund der bisherigen Verhaltensmuster) erkennen und zulassen zu können und sich nicht von der Therapeutin/dem Therapeuten genieren zu müssen. Eine gute therapeutische Beziehung ist auch für die gemeinsame Reflexion des Themas Funktionalität von Symptomen/Krankheitsgewinn von besonderer Bedeutung. Sekundärer Krankheitsgewinn kann z. B. dann entstehen, wenn der betroffenen Person aufgrund der Depression eine gewisse Schonung zuteilwird (z. B. Prüfung wird vermieden). Da Rückzug/Vermeidung eine kurzfristige Reduktion von aversiven Zuständen herstellen kann, entsteht somit negative Verstärkung. Diesen Lernmechanismus und damit das *erklärbare* Verhaltensmuster gilt es von Seite der Therapeutinnen und Therapeuten zu normalisieren und den kurzfristigen Vorteil »gelten« zu lassen. Diese Erklärung kann zum einen den Selbstwert schützen, zum anderen sind Patientinnen und Patienten dann meist eher bereit, den längerfristigen Nachteil (vgl. Verstärkerverlust) erkennen zu können, und schließlich oft viel eher motiviert, bisherige Verhaltensmuster zu verändern.

Therapeut/in und Patient/in arbeiten zusammen an der Lösung bestimmter zentraler Probleme. Dazu strukturieren Therapeutinnen und Therapeuten den therapeutischen Rahmen und den Inhalt der Sitzungszeit. Wesentlich ist, dass es gelingt, depressionsrelevante, bearbeitbare Problembereiche herauszuarbeiten. Dazu ist es erforderlich, wiederholt zusammenzufassen, das Gespräch auf zentrale Aspekte und Probleme zu lenken, Rückmeldungen zu geben und darauf zu achten, dass Übungen, Hausaufgaben und konkrete Schritte für die Bewältigung des Alltags die Sitzung bzw. ein Thema beschließen.

Beim Arbeiten an kognitiven Mustern verwirklichen Therapeutinnen und Therapeuten den sog. »sokratischen Fragestil«, eine Interaktionsform, die aus gelenkten, die Exploration und die Analyse leitenden, offenen Fragen be-

Tab. 38.1: Interventionselemente der kognitiven Verhaltenstherapie bei Depressionen

Phase	Thema	Interventionselemente
1. Phase	Schlüsselprobleme benennen; Abklärung Suizidalität; Diagnostik, Klärung Therapieziele	• Überblick • Kriterien: Dringlichkeit, Wichtigkeit, Veränderbarkeit • Aufbau einer therapeutischen Beziehung • Patient/innen in negativer Sichtweise akzeptieren • Interesse (aktives Zuhören) • Professionalität (Kenntnis der Störung, andere Behandlung) • Psychoedukation bzgl. des Störungsbildes, den individuellen Entstehungsfaktoren und aufrechterhaltenden Faktoren der Betroffenen (gemeinsam erarbeitet) • Arbeitsbündnis, empirisches Vorgehen
2. Phase	Vermittlung des therapeutischen Modells	• Zusammenhang von Gedanken, Gefühlen und Verhalten anhand der Erlebnisse der Betroffenen • Elemente und Struktur der Therapie, Psychoedukation
3. Phase	Aktivitätsaufbau	• Erfolg- und Vergnügen-Technik • gestuftes Vorgehen, realistische Standards • Ablauf planen: Wie sieht der erste Schritt aus? • Welche Hilfen kann es geben?
4. Phase	soziale Kompetenz	• Rollenspiele: klare Instruktion, Bezug zu Problem der Betroffenen, differenzierte, verhaltensbezogene Rückmeldung, erneutes Üben, Transfer gestalten • Kommunikationsübungen (Einbezug des Ehepartners bzw. der Familie)
5. Phase	kognitive Techniken (werden meist schon beim Aktivitätsaufbau und über den gesamten Verlauf flexibel eingesetzt)	• Erfassen von negativen Gedanken und Einstellungen • Zusammenhang von negativen Gedanken, Gefühlen und Verhalten verdeutlichen • Kognitionen als Hypothesen, nicht Fakten • Realitätstestung • Reattribution, alternative Erklärungen • Entkatastrophisieren • Pros und Kontras, kurzfristige und langfristige Konsequenzen von Einstellungen
6. Phase	Rückfallverhinderung und Erfolgsstabilisierung	• Erkennen von ersten Symptomen, Vorwarnzeichen einer Depression • Beibehalten des Gelernten • Stabilisierung erfolgreicher Interventionselementen • Notfallplanung und Krisenbewältigung • Ausschleichen der Therapie, Booster-Sitzungen

steht, um Patientinnen und Patienten selbst dazu zu bringen, Widersprüche und den Überzeugungen zuwiderlaufende Erfahrungen zu berichten, zu erkennen und zuzulassen. Ebenso werden dadurch die Betroffenen dazu gebracht, selbstständig alternative Sichtweisen und Lösungswege zu überlegen und für eine nachfolgende Prüfung, Erprobung und Einübung bereit zu haben (vgl. ▶ Kap. 25).

Zu den Grundfertigkeiten von Psychotherapeutinnen und -therapeuten im Umgang mit depressiven Menschen gehört es auch, die aktuelle Lage, die Leistungs- und Belastungsfähigkeit der Betroffenen einschätzen zu können und alle therapeutischen Schritte darauf abzustimmen. Zu Beginn der therapeutischen Arbeit, aber auch in Krisen und verstärkt depressiven Phasen während der Therapie haben »beruhigende Versicherungen« und aktuelle Entlastung und kurzfristige Vorgaben ihren Sinn und ihre Berechtigung (Hautzinger, 2021). Längerfristig geht es darum, dass Patientinnen und Patienten durch ihre Entscheidungen, sich Herausforderungen auch ohne mehrmalige Absicherung stellen zu können, und durch die von ihnen erreichte Veränderung *Selbstwirksamkeit* (anstelle von *Hilflosigkeit*) erleben.

38.4.2 Verhaltensaktivierung und Aktivitätsaufbau

Merke

Mit zu den ersten therapeutischen Maßnahmen bei depressiven Patientinnen und Patienten gehört, auf der konkreten Handlungsebene erste Versuche der Aktivierung zu starten, um damit früh positive Erfahrungen und Verstärkung zu erreichen.

Bei der Verhaltensaktivierung (Kanter et al., 2009) geht es einerseits um die Steigerung bzw. den Wiederaufbau positiver Erfahrungen und Aktivitäten, andererseits um die Reduktion eines Übermaßes an negativen, belastenden Erfahrungen. Wichtigstes Instrument ist dabei der Wochen- und Tagesplan. Werden Patientinnen und Patienten in einer Anfangsphase gebeten, in Form einer täglichen Selbstbeobachtung der Aktivitäten und Ereignisse dieses Protokoll auszufüllen, so dient es später auch dazu, die Tage zu strukturieren und Aktivitäten zu planen. Eine »Liste persönlicher Verstärker und angenehmer Aktivitäten« hilft in dieser Phase, genügend Ideen und Anregungen für diese allmähliche, sukzessive Steigerung der Aktivitäten verfügbar zu haben. Reaktanz auf Seiten der Patientinnen und Patienten kann von der Therapeutin/dem Therapeuten vorweggenommen werden, in dem die Aktivitäten auf der Liste lediglich als »Vorschläge« beschrieben werden, die für die Patientinnen und Patienten individuell jeweils passend oder weniger passend sein können. Wichtig ist, *dass* Patientinnen und Patienten positiv aktiviert werden, doch darf diese die Meinungshoheit über die Auswahl der positiven Tätigkeit jederzeit behalten.

Mit positiven Aktivitäten werden Tätigkeiten bezeichnet, die von den Patientinnen und Patienten als angenehm erlebt werden. Dabei kann es sich sowohl um aktiv initiierte Tätigkeiten als auch um Ereignisse handeln, die in verschiedenen Bereichen des individuellen Lebens wie Beruf, Freizeit und Alltag vorkommen. Wichtig ist die Unterscheidung von Aktivitäten, die als neutral oder unangenehm erlebt werden (Typ A), die aber aus verschiedensten Gründen ausgeführt werden müssen, und Aktivitäten, die als angenehm oder schön erlebt werden (Typ B), doch nicht zu den Pflichten zählen. Im täglichen Leben kann man nicht nur Aktivitäten ausführen, die man positiv erlebt. Deshalb muss bei der Tages- oder Wochenplanung auf die Ausgewogenheit der beiden Aktivitätsarten geachtet werden. Je mehr es gelingt, positive Aktivitäten regelmäßig in den Tagesablauf einzubauen, desto besser fühlt sich die Patientin/der Patient sehr wahrscheinlich. Diese verbesserte Stimmung steigert dann sehr wahrscheinlich wiederum die Bereitschaft, aktiver zu sein. Dieser Zusammenhang muss zunächst über Selbstbeobachtungen (Protokolle oder Checklisten und Selbstbeurteilungsfragebögen) erkannt und als Wirkmechanismus verstanden werden. Die Ziele sind:

- Erfassen von Ereignissen und Aktivitäten, die Verstärkerwert haben
- Rückmeldung darüber, dass es bei einer/einem bestimmten Patientientin/Patienten zwar eine Reihe potenziell angenehmer Aktivitäten gibt, sie diese aber nicht nützt
- Erkennen des wechselseitigen Einflusses von Aktivitäten und Befinden
- geplante und abgestufte Heranführung an angenehme Aktivitäten
- Identifizieren und Kontrollieren depressionsfördernder Verhaltensweisen und Aktivitätsmuster
- Vermittlung von Fertigkeiten zur Aufrechterhaltung eines ausgeglichenen Aktivitätsniveaus

Konkret werden die von dem Patienten/der Patientin ausgefüllten »Wochenpläne« nach dem Zusammenhang von Handeln (Aktivitäten, Ereignisse) und Fühlen (Befinden, Stimmung) Stunde für Stunde eines bzw. mehrerer Tage ausgewertet. Daraus erwächst dann das Verständnis, dass es zwischen Befinden und Aktivitäten einen Zusammenhang gibt, der für therapeutische Zwecke genutzt werden kann. Getragen von der Idee, dass es leichter möglich ist, das eigene Tun und die Menge angenehmer Aktivitäten als direkt die Gefühle zu beeinflussen, geht es darum, eine ganz persönliche Liste angenehmer Aktivitäten zu erarbeiten. Dazu kann die von verschiedenen Autoren vorgeschlagene Liste verstärkender oder angenehmer Ereignisse verwendet werden. Gelingt es, eine derart persönliche Verstärkerliste zu erstellen, dann mündet die Therapie in eine Phase des aktiven Planens und Umsetzens der dort enthaltenen angenehmen Aktivitäten in den Alltag. Dazu werden meist wieder Wochenpläne als Strukturierungshilfen verwendet. Wichtig ist, gestuft, d. h. angepasst an die Lage der Patientinnen und Patienten vorzugehen und das Aktivitätsniveau allmählich auszuweiten. Die Therapeutin/der Therapeut kann hierbei psychoedukativ normalisieren (und dabei etwaige Zweifel oder Widerstände vorwegnehmen), indem sie/er erklärt, dass nicht selten eine Stimmungsveränderung nicht sofort, sondern möglicherweise erst nach einer gewissen Zeit eintritt, obwohl diese Tätigkeiten von der Patientin/dem Patienten bereits unternommen werden. Wichtig ist zudem, auch kleine Schritte, die von Patientinnen und Patienten in Richtung Aktivierung gegangen werden, von Seiten der Therapeutin/dem Therapeuten mit besonderer Zuwendung und Aufmerksamkeit (z. B. ausdrückbar verbal durch Lob oder nonverbal durch das Einnehmen einer besonders aufmerksam zuhörenden Körperposition der Therapeutin, während der Patient erzählt) zu verstärken.

Häufiges Hindernis beim Aktivitätsaufbau sind die weiter oben erwähnten Aktivitäten vom Typ A. Dabei handelt es sich um Belastungen, Verpflichtungen, Routinen und Aufgaben, die getan werden müssen oder von denen Patientinnen und Patienten meinen, sie würden von ihnen verlangt. Manchmal erlaubt erst eine Reduzierung dieser Typ-A-Aktivitäten Raum für angenehme, die Stimmung positiv beeinflussende Aktivitäten. Therapeutische Mittel sind:

- Stimuluskontrolle (Kontrolle und Beeinflussung von Auslösereizen)
- kognitive Interventionen (Regeln und Gewohnheiten hinterfragen, neue Einstellungen erproben)
- Einbezug des Sozialpartners und der Familie (deren Unterstützung einholen, Veränderung von Abläufen und Erwartungen)
- detaillierte Tages- und Wochenplanung, um über diese Art vertraglicher Verpflichtung neue Erfahrungen zu machen

Die »notwendigen Pflichten« des Alltags (z. B. Arbeit, Kinder zur KiTa bringen), die von der Patientin/dem Patienten zwar als anstrengend und herausfordernd, jedoch auch notwendig und (längerfristig) hilfreich beschrieben werden, können ebenfalls in den Wochenplan mitaufgenommen werden. Hier ist besonders hilfreich, die als bisher nicht bewältigbar erlebten Herausforderungen/Pflichten in möglichst kleine Teileinheiten (z. B. Unterschritte oder zeitliche Abschnitte) herunterzubrechen und zusammen mit den Patientinnen und Patienten in machbare, konkrete, spezifische und messbare (z. B. Hausaufgaben bis zur nächsten Woche) Aufgaben/Teilziele umzuformulieren. Auch dies dient der Tagesstrukturierung. Es sollte (siehe unten: Kontaktaufnahme) von Seiten der Therapeutin/des Therapeuten die unternommenen Versuche oder Teilschritte der Zielerreichung der Patientin/des Patienten verstärkt werden (nicht nur wenn »Erfolg« vermeldet wird). Werden Ziele nicht versucht oder nicht erreicht, gilt es gemeinsam zu prüfen, ob die Ziele erreichbar waren, der/die Betroffene hinter der Sinnhaftigkeit dieser steht und ob möglicherweise Widerstand oder Motivationsdefizite bestehen. In diesem Fall stünde eine Klärung der Widerstände und/oder eine erneute motivationale Klärung an. In dem Fall, wenn die Patientin/der Patient die zu erarbeitenden Teilaufgaben wiederholt nicht versucht, sollte die Therapeutin/der Therapeut keinesfalls in Aktionismus verfallen und bspw. viele neue Aktivitätsvorschläge unterbreiten. Bemerkt die Therapeutin/der Therapeut, dass sie/er »mehr arbeitet als die Patientin/der Patient«, so gilt es, »einen Schritt zurückzutreten« und die Ziele der Patientin/des Patienten und deren Therapie- und Veränderungsmotivation erneut zu klären.

38.4.3 Kompetenzerweiterung und instrumentelle Fertigkeiten

Die sozialen Beziehungen sind bei depressiven Menschen häufig belastet. Soziale Kontakte sind verkümmert, soziales Verhalten ist gehemmt und reduziert. Bei vielen Patientinnen und Patienten reicht allein die Behebung der Depression nicht aus, um dieses Brachliegen der sozialen Interaktionen und Interaktionsfähigkeiten zu überwinden. Der Aufbau und die Verbesserung von sozialer Sicherheit, Kontaktverhalten, instrumentellen Ressourcen, Kommunikationsfertigkeiten und partnerschaftlichen Problembewältigungsfertigkeiten gehört daher zu einer erfolgversprechenden kognitiven Verhaltenstherapie. Die wesentlichen Mittel dabei sind:

- Verhaltensbeobachtungen
- Rollenspiele und Verhaltensübungen zur Verbesserung der sozialen Wahrnehmung
- Aufbau sozialer Fertigkeiten und selbstsicheres Verhalten
- Einbeziehung des Partners und der Familie
- Steigerung interpersonaler Aktivitäten während der Woche (Planung, Verwirklichung, gestuftes Vorgehen) zur Mehrung sozialer Kontakte
- Kommunikationsübungen mit dem Partner
- Umgang mit sozialen Belastungen

Konkret werden Übungen aus dem Selbstsicherheitstraining durchgeführt: Übungen zum Durchsetzen, Nein-Sagen, Gefühle ausdrücken, Kritik üben, Wünsche und Bedürfnisse Äußern, Lob Ausdrücken etc. Ideal ist, derartige Übungen in einer Gruppe mit Videounterstützung durchzuführen. Ausgangspunkt sind die sozial problematischen Situationen der Patientinnen und Patienten, die zu nachspielbaren Szenen reduziert werden. Die Patientin/der Patient spielt sich meist selbst, während die Therapeutin/der Therapeut bzw. Gruppenmitglieder die Interaktionspersonen darstellen. Um komplexere Verhaltensalternativen aufzubauen, ist auch eine Modellvorgabe und Rollentausch (Patientin spielt den Interaktionspartner, Therapeut übernimmt Rolle der Patientin) angezeigt. Die Rollenspiele sind zunächst sehr kurz. Rückmeldungen erfolgen konstruktiv mit der Betonung des korrekten bzw. sozial kompetenten Verhaltens. Veränderungswünsche beziehen sich auf konkrete Bewegungen, Äußerungen, Gestik und Mimik. Die Übungen werden mehrfach wiederholt, bis die Patientinnen und Patienten neue, kompetentere Verhaltensweisen übernehmen können. Indem sich Patientinnen und Patienten selbst Feedback geben, was sie im Rollenspiel bereits gut gemeistert haben, und wo sie noch etwas verfeinern können, können sie zudem lernen, einen realistischen, jedoch auch wohlwollenden und fairen Blick auf sich selbst zu entwickeln.

Bei Partnerschaftsproblemen bieten sich Übungen zur Verbesserung der Interaktion bzw. Kommunikation an. Dazu ist die Einbeziehung des Partners bzw. der Familie erforderlich. Zunächst geht es um richtiges Zuhören, Paraphrasieren, Anerkennen, Loben, Verwöhnen, gemeinsame Aktivitäten, Ausdrücken von Wünschen und erst danach um Kritisieren. In vielen Fällen ist ein derart ausführliches Kommunikationstraining nicht notwendig bzw. machbar. Einzelne Elemente lassen sich herausgreifen und in wenigen zusätzlichen gemeinsamen Gesprächen mit den beiden Partnern einarbeiten, einüben und in Form von Hausaufgaben im Alltag erproben. Oft finden im Rahmen einer kognitiven Depressionstherapie nur ein oder zwei gemeinsame Gespräche mit dem Partner statt, mit dem Ziel, den Partner auf neue Verhaltens- und Denkweisen der Patientin/des Patienten aufmerksam zu machen, zu Verhaltensänderungen zu motivieren und gemeinsame Absprachen zu treffen. Wichtig ist, die Ziele der Patientin/des Patienten für ein solches Partnergespräch vorzubesprechen und zudem zu klären, dass diese Gespräche keine Paartherapie (oder Therapie des Partners oder Familienmitglieder) darstellen, sondern alleinig dem Zwecke der Verbesserung der Patientinnen und Patienten gelten.

Zur Steigerung sozialer Kontakte lassen sich Methoden einsetzen, wie sie bereits beim Thema Aktivitätsaufbau angesprochen wurden. In der schon erwähnten Liste angenehmer Aktivitäten sind zahlreiche soziale Ereignisse enthalten, die nun besonders beachtet werden können. Wichtig ist bei dieser Therapiephase die Bereitschaft zum Experimentieren und Ausprobieren. Dazu müssen die Patientinnen und Patienten auf die Konfliktsituationen vorbereitet werden (ideal sind Rollenspiele und kognitive Methoden). Erwartungshaltungen, Ziele und heimliche Wünsche sollten ausgesprochen, in der Therapie hinsichtlich der Erreichbarkeit besprochen und bezüglich der Frage, wie hilfreich derartige Kognitionen sind, bearbeitet werden. Die Vorbereitung auf wiederholte Misserfolge und Enttäuschungen ist unerlässlich.

Merke

Wichtig ist, nicht nur einen Versuch zu verstärken, der tatsächlich in einer sozialen Interaktion mündet, sondern *jeden* Versuch der sozialen Kontaktaufnahme des Patienten.

38.4.4 Kognitive Interventionen

Das Denken depressiver Menschen lässt sich als global, eindimensional, absolutistisch, invariant, bewertend und kategorial beschreiben. Nichtdepressives »reifes« Denken ist dagegen mehrdimensional, nicht wertend, relativierend, variabel, reversibel, spezifisch und konkret. Eine solche Person ordnet Erklärungen nicht in »Schwarz-Weiß-Kategorien« ein oder erstellt »Charakterdiagnosen«, sondern legt menschlichen Erfahrungen und den Ursachen für Ereignisse ein Kontinuum zugrunde und erstellt »Verhaltensdiagnosen«. Ziel einer Depressionstherapie, die an diesen kognitiven Strukturen ansetzt, muss daher sein, den Patientinnen und Patienten zu helfen, das depressive, unreife Denken in ein differenziertes, reiferes Denken zu verändern.

Schemata bezeichnen stabile kognitive Muster, die die Wahrnehmung, Kodierung, Bewertung, das Erinnern und Problemlösen organisieren. Diese kognitiven Organisationsmuster bilden sich im Laufe der Entwicklung aufgrund von Lernprozessen heraus. Belastende Erfahrungen während der Sozialisation, traumatische Erfahrungen, chronische Belastungen, fehlende Modelle und Lernerfahrungen, aber möglicherweise auch biologische Vorgänge tragen zur Herausbildung der Schemata bei, die dann durch entsprechende aktuelle Gegebenheiten aktiviert werden.

Als *kognitive Fehler* lassen sich benennen:

- Übergeneralisierungen
- selektive Abstraktionen
- Personalisierungen
- dichotomes Denken
- »Sollte«-Tyranneien
- emotionales Begründen
- Fokus auf Negativem

Diese Fehler verzerren in systematischer, der Wirklichkeit widersprechender Weise die Wahrnehmungen, das Erinnern, die Verarbeitung und die Erwartung eines Menschen (Beck et al., 2017).

Kognitive Elemente der Verhaltenstherapie zielen darauf, die fehlerhaften, verzerrten und nicht realitätsangemessenen Gedanken, Bewertungen, Schlussfolgerungen, Ursachenzuschreibungen und Überzeugungen zu erkennen, beobachten zu lassen, ihren Realitätsgehalt zu testen und letztendlich zu verändern. Diese Therapie ist daher immer problemorientiert, konkret und spezifisch. Es geht niemals darum, den Patientinnen und Patienten etwas auszureden und sie per Argumentation eines Besseren zu belehren, sondern durch die Kooperationen zwischen Patientin/Patient und Therapeutin/Therapeut Probleme zu identifizieren, die individuellen Blockaden zu erkennen, Alternativen dazu zusammenzutragen und zu prüfen sowie diese auszuprobieren.

Vorbereitend hierfür ist eine verständliche und an den persönlichen Erfahrungen der Patientinnen und Patienten ansetzende Information und Erklärung dessen, was Kognitionen sind, welche Rolle sie spielen und welche Auswirkungen sie für das emotionale Erleben und Verhalten haben. Ein grundsätzlicher Fehler ist es, den Patientinnen und Patienten unterstellen zu wollen, dass sie falsch oder irrational denken. Stattdessen wird versucht, die Art und Weise des Denkens in ganz konkreten Zusammenhängen zu erkennen, die Verbindung des Denkens zu den Gefühlen und körperlichen Symptomen herauszufinden und immer wieder die Adäquatheit und den Realitätsgehalt der Gedanken zu hinterfragen bzw. zu testen.

Der erste Schritt zur Bearbeitung kognitiver Prozesse ist daher die Entdeckung sowie das Beobachten und Protokollieren von automatischen Gedanken in relevanten und zentralen Problembereichen. Ausgangspunkt sind die Empfindungen, Gefühle und Stimmungen, auch Beschwerden in einem konkreten Zusammenhang, etwa einer Situation oder einer Sensation, also mit internen und externen Auslösern. Die Patientin/der Patient soll sich die auslösende Sache nochmals genau vorstellen und sich an ihre/seine Gefühle zurückerinnern. Während dies geschieht, bittet die Therapeutin/der Therapeut, alles zu äußern, was ihr/ihm zu dieser Vorstellung einfällt, durch den Kopf geht, bildhaft erscheint.

Bevorzugt benützt die Therapeutin/der Therapeut für das Festhalten dieser Kognitionen das »Protokoll negativer Gedanken«, das aus fünf Spalten besteht:

- auslösender Reiz bzw. Situation
- Gefühle, Empfindungen
- automatische Gedanken
- alternative, angemessene Gedanken
- erneutes Gefühlsurteil aufgrund der alternativen, angemessenen automatischen Gedanken

Das anfängliche Beobachten und Protokollieren automatischer Gedanken füllt die drei ersten Spalten dieses Arbeitsblatts. Patientin/Patient und Therapeutin/Therapeut lernen auf diese Weise zu erkennen und zu benennen, welche automatischen Gedanken, welche kognitiven Fehler und immer wiederkehrenden Themen im Zusammenhang mit bestimmten Auslösern auftreten.

Eine Vielzahl von kognitiven Techniken ist vorgeschlagen worden (vgl. Hautzinger & Pössel, 2017), um die so zutage tretenden automatischen Gedanken und Themen – später auch die Grundüberzeugungen – zu beeinflussen. Grundlage all dieser Strategien ist immer das gelenkte Fragen des sokratischen Dialogstils. Wesentliche Methoden für das Ändern kognitiver Muster sind (siehe auch ▶ Kap. 25):

- Überprüfung und Realitätstestung
- Experimentieren
- Reattribuierung
- kognitives Neubenennen
- Alternativen finden
- Rollentausch
- Kriterien Prüfen
- »Was-ist-wenn«-Technik
- Übertreiben
- Entkatastrophisieren
- Vor- und Nachteile sammeln
- etc.

Nachdem automatische Gedanken erkannt und zusammengetragen wurden, geht es darum, dieses kognitive Material einzeln zu bearbeiten und systematisch zu hinterfragen. Dazu wird von der Therapeutin/dem Therapeuten die Grundhaltung eines unterstützenden, bemühten und freundlichen »Forschers« und nicht die neutral-distanzierte, fragende Haltung eines »Polizisten« verlangt. Zunächst geht es darum, mit Patientinnen und Patienten alle nur möglichen Informationen zu der entsprechenden Situation und der Entwicklung bis dahin zusammenzutragen und mit geeigneten Methoden kognitive Dissonanz zu erzeugen.

Weiterhin werden so Ziele konkretisiert und Wege zu den Zielen spezifiziert. Dadurch wird i. d. R. deutlich, welche Probleme es gibt, in welchen Bereichen Lösungsstrategien und Fertigkeiten fehlen bzw. wie Patientinnen und Patienten sich selbst mit ihren Überzeugungen im Weg stehen. Konkrete Übungen, Planungen und Hausaufgaben, z. B. mittels eines Wochenplans, Interaktionsaufgaben oder des Protokolls negativer Gedanken (erweitert um Spalte 4) helfen dann, diese Lücken und Blockaden zu überwinden.

Patientinnen und Patienten werden im Verlauf der kognitiven Umstrukturierung immer mehr zu Expertinnen/Experten der eigenen Gedankenmuster. Sie wissen und antizipieren, in welchen Situationen diese Gedanken typischerweise vorkommen und dass und wie diese verzerrt/gefärbt sein können. Patientinnen und Patienten lernen, diesen dysfunktionalen Gedanken keinen Glauben schenken zu müssen, diese zu hinterfragen und alternative Sichtweisen gelten lassen zu können und/oder automatische Gedanken nicht bewerten zu müssen, sondern diese lediglich aus einer »weisen« Perspektive interessiert und gelassen betrachten zu können, ohne in automatisierte (Sekundär-)Bewertungen, Überzeugungen oder Ruminationen einsteigen zu müssen.

38.4.5 Stabilisierung der Veränderungen und Erfolge

Patientinnen und Patienten sollen durch die kognitive Verhaltenstherapie in die Lage versetzt werden, mit zukünftigen depressiven Symptomen und möglichen Rezidiven selbst umzugehen. Diese Fähigkeit zur Eigensteuerung umfasst das selbstständige Umgehen mit:

- Belastungen und depressiven Beschwerden
- Rückfall in alte Handlungsabläufe
- Reduktion angenehmer, verstärkender Aktivitäten
- Rückzug und sozialer Vermeidung
- Wiederaufleben alter, negativer und einseitiger Denkmuster und Überzeugungssysteme

Gegen Ende der Therapie werden die Patientinnen und Patienten auf zukünftige Krisen und Rückschläge vorbereitet. Es wird dafür trainiert, das Gelernte verfügbar und anwendbar zu haben. Konkrete, alle Krisen betreffende und belastende Ereignisse werden »provozierend« durchgesprochen und Möglichkeiten der eigengesteuerten Überwindung erprobt. Es hängt vom Einzelfall ab, welche Behandlungsanteile besonders hervorgehoben und für zukünftige Krisen bereitgelegt werden. Wichtige Botschaften der Therapie können ebenso festgehalten und Teil eines »Rückfallkoffers« werden wie konkrete Erinnerungshilfen an Verhaltensstrategien für schlechte Tage oder zum Umgang mit Krisen.

38.4.6 Gruppentherapie

Beispiele für kognitiv-verhaltenstherapeutische Gruppenprogramme sind in ▸ Tab. 38.2 dargestellt. Bewährt hat sich, dass die während der über 90–120 Minuten gehenden Sitzungen verwendeten therapeutischen Materialien den Patientinnen und Patienten ausgehändigt, gemeinsam bearbeitet und zur Beibehaltung empfohlen werden. Das Gruppenkonzept ist empirisch bewährt und erfolgreich untersucht (Hegerl et al., 2010). Gruppentherapie lässt sich auch gut ergänzend zur Einzeltherapie anwenden.

38.4.7 Kognitive Verhaltenstherapie bei chronischer Depression

Hinter dem sperrigen Namen »Cognitive Behavioral Analysis System of Psychotherapy« (CBASP) (McCullough, 2007) verbirgt sich ein psychotherapeutisches Vorgehen, welches spezifisch zur Behandlung der chronischen Depression entwickelt und evaluiert wurde. Entsprechend den theoretischen Annahmen fokussiert CBASP in erster Linie auf soziales und interpersonelles Lernen, da angenommen wird, dass bei chronisch Depressiven durch vielfältige traumatische Lebenserfahrungen die Entwicklung vom präoperationalen zum operationalen Denken blockiert sei und sich in der Folge im interpersonellen Bereich die größten Auswirkungen zeigen würden. Daher wird die therapeutische Beziehung zu einem wichtigen Gegenstand in der Therapie. CBASP ist in erster Linie eine kognitive Verhaltenstherapie, in der es um das Erlernen neuer Verhaltens- und Denkstrategien, aber darüber hinaus auch um das transparente Erlernen bzw. Erleben neuer korrigierender Beziehungserfahrungen geht (Schramm et al., 2025). Für weitere Informationen siehe ▸ Kap. 59.

Folgende Therapiestrategien werden vorgeschlagen:

- *Situationsanalyse mit Verhaltenstrainings* durch Rollenspiele, kognitive Umstrukturierung, Verhaltensaktivierung und Transferübungen
- interpersonelle Strategien zur Gestaltung der *therapeutischen Beziehung* (z. B. Kiesler-Kreis)
- Kindheits- und Lebenserfahrungen werden durch die *Liste prägender Bezugspersonen* in Zusammenhang zu den heutigen interpersonellen Problemen, u. a. auch mit den Therapeutinnen und Therapeuten, gestellt
- *Übertragungshypothesen* werden bereits in der ersten Phase der Therapie für die Patienten transparent eingeführt
- Therapeutische Beziehungsgestaltung nutzt *diszipliniertes persönliches Einlassen*, welches durch das Preisgeben persönlicher Gefühle und Reaktionen eine auf die Bedürfnisse chronisch Depressiver adaptierte Rolle der Therapeutin/des Therapeuten und eine adaptierte therapeutische Beziehung ermöglicht
- In Verbindung damit stehen *interpersonelle Diskriminationsübungen*, durch welche den Patientinnen und Patienten transparent gemacht wird, dass die Therapeutinnen und Therapeuten anders als die missbrauchenden, vernachlässigenden, negativen prägenden Bezugspersonen aus ihrem bisherigen Leben reagieren, woraus heilsame Beziehungserfahrungen resultieren können

38.4.8 Kognitive Erhaltungstherapie

Das »Differential Activation Model« (Teasdale, 1988) geht davon aus, dass wiederholte depressive Episoden die Verletzlichkeit der Betroffenen insofern erhöhen, da bereits minimale Belastungen bzw. Stimmungsveränderungen die Spirale hin zu einer erneuten Depression starten können. Die Verletzlichkeit gegenüber »Stress« besteht in der Aktivierung pessimistischer Überzeugungen, Grübeln, erhöhter, selektiver Aufmerksamkeit, gesteigertem Zugang zu negativen Erinnerungen verbunden mit Selbstzweifeln und Selbstabwertungen. Es ist diese »kognitive Reaktivität«, welche in der Remission fortbesteht und damit das Rückfallrisiko in sich birgt. Folglich sollten rückfallprophylaktische Interventionen darauf abzielen, diese »kognitive Verletzlichkeit« zu reduzieren und den Betroffenen einen veränderten Umgang mit Stress und beginnenden pessimistischen Grübeleien zu vermitteln.

Tab. 38.2: Kognitiv-verhaltenstherapeutische Gruppentherapie bei Depressionen

Sitzung	Inhalte
1.–2.	Begrüßung, Erklärung, Zusammenhang Fühlen – Denken – Handeln – Körper, Information zu Depression, Psychoedukation, multifaktorielles Erklärungsmodell, Problemanalyse, Ziele formulieren
3.–6.	angenehme Tätigkeiten, Tagesplan, Planung angenehmer Aktivitäten, Stressabbau, angenehme Tätigkeiten und Kontrolle über Befinden, Wochenplan, Tätigkeitenprotokoll
7.–10.	Gedanken und Befinden, Rolle von Kognitionen, Einstellung, Gedanken verändern lernen, kognitive Umstrukturierung, Gedankenkontrolltechniken, Spaltenprotokolle
11.–14.	soziale Kompetenz, Fertigkeiten einüben, Interaktion und Kommunikation, Bedürfnisse äußern, neue Kontakte knüpfen, Selbstbehauptung, Selbstsicherheit
15.	Abschluss, Beibehalten von Fortschritten, Erkennen von Krisen, Notfallplanung: Was tun bei Rückschlag

Tab. 38.3: Module der kognitiven Erhaltungstherapie (Risch et al., 2012)

Modul	Inhalt
1	Psychoedukation, Diagnostik, individuelle Planung
2	Akzeptanz und Achtsamkeit, werteorientierte Verhaltensaktivierung
3	kognitive Umstrukturierung
4	Belastungstest im Alltag und an persönlich schwierigen, stressigen Situationen
5	Well-Being, Lifestyle-Veränderung, Balance
6	Rückfallprophylaxe, Notfallplanung, selbstständige Anwendung und Fortführung

Das vorgeschlagene, erfolgreich evaluierte Interventionsprogramm ist unter dem Namen »Mindfulness-Based Cognitive Therapy« (MBCT) oder als »achtsamkeitsbasierte kognitive Therapie« (Segal, William & Teasdale, 2009) bekannt geworden. Dabei werden völlig remittierte Patientinnen und Patienten mit drei oder mehr früheren depressiven Episoden über acht Wochen in einer Gruppe mit 10–12 Betroffenen darin trainiert, aufrechterhaltende kognitive Routinen zu verlassen bzw. aus ihnen auszusteigen, *achtsam zu sein* und *loszulassen*. Loslassen bedeutet dabei, seine Beteiligung an diesen Routinevorgängen aufzugeben und sich von der Bindung zu befreien, von der diese Denkmuster angetrieben werden. Die Betonung liegt demnach darauf, zu lernen, wie man seine Aufmerksamkeit bewusst, im gegenwärtigen Augenblick und ohne dabei Wertungen vorzunehmen auf etwas richten kann.

Eine erweiterte Einzeltherapie (Risch et al., 2012) ergänzt diese Achtsamkeitsstrategien um psychoedukative, akzeptanzorientierte, verhaltensaktivierende, lebensstrukturierende, übende und kognitive Elemente (▸ Tab. 38.3).

38.5 Pharmakotherapie

Selektive Serotonin-Wiederaufnahmehemmer (SSRIs) gelten als gut wirksam bei vergleichsweise niedrigen Nebenwirkungen. Daher werden diese ggü. den trizyklischen Antidepressiva (TZA) meist bevorzugt. Selektive Serotonin- und Noradrenalin-Wiederaufnahmehemmer (SSNRIs) erweitern das Wirkspektrum. Irreversible Monoaminoxidase-Hemmer (MAO-Hemmer) werden mittlerweile aufgrund schwerer Nebenwirkungen (u. a. Serontonin-Syndrom, Blutdruckkrisen, insbesondere in Kombination mit bestimmten Medikamenten oder tyraminhaltigen Lebensmitteln) nur noch eingesetzt, wenn alle anderen Wirkstoffe erfolglos sind (vgl. Dreher, 2024). Alternativ stehen noch Substanzen wie das monozyklische Bupropion oder Melatoninrezeptoragonisten zur Verfügung.

Nebenwirkungen wie Appetit- und Schlafstörungen sowie sexuelle Funktionsstörungen sind individuell und vor allem substanzspezifisch sehr unterschiedlich. Meist erfolgt erst nach etwa ein bis zwei Wochen täglicher Einnahme eine gewünschte Reduktion der depressiven Symptome. Die volle Wirksamkeit kann sich teilweise erst nach einigen Wochen zeigen.

Als weitere Nebenwirkung kann durch Einnahme von SSRIs – insbesondere für junge Patientinnen und Patienten – ein erhöhtes Suizidrisiko bestehen. Es besteht hier jedoch eine kontroverse Diskussion bzgl. aller antriebssteigernder Antidepressiva (siehe u. a. PhVWP, 2008; Fornaro et al., 2019). Problematisch könnte insbesondere sein, dass während der Eindosierung häufig eine Antriebssteigerung vor einer Stimmungsaufhellung eintritt. Wegen dieses Risikos sollten laut der Europäischen Zulassungsbehörde für Arzneimittel (EMA) SSRIs bei Kindern und Jugendlichen außerhalb zugelassener Indikationsbereiche nicht angewandt oder im begründeten Einzelfall (schwere Symptomatik) nach Nutzen-Risiko-Abwägung eingesetzt werden (vgl. Fegert & Herpertz-Dahlmann, 2005).

Antidepressiva dürfen bei Besserung nicht sofort wieder abgesetzt, sondern langsam ausdosiert werden.

38.6 Evidenzbasierung

In den zurückliegenden drei Jahrzehnten haben sich psychotherapeutische, insbesondere verhaltenstherapeutische Methoden als wirksame Behandlungen bei unipolaren Depressionen etabliert. Übereinstimmend kommen verschiedene neuere Übersichtsarbeiten und Metaanalysen zu dem Schluss, dass Psychotherapie, insbesondere die kognitive Verhaltenstherapie (Beck et al., 2017; Hautzinger, 2021), für die Mehrzahl der Patientinnen und Patienten sehr wirksam ist, um klinisch relevante Besserungen zu erreichen. Dabei ist die kognitive Verhaltenstherapie den bewährten Antidepressiva sowie auch anderen Psychotherapien nicht unterlegen, sondern eher sogar überlegen (Cuijper et al., 2020).

Die aktuelle Überarbeitung der Nationalen VersorgungsLeitlinie (NVL) Unipolare Depression (BÄK, 2022) fasst die Evidenzlage in folgenden Behandlungsempfehlungen zusammen:

- Zur Behandlung *akuter leichter bis mittelschwerer* depressiver Episoden **soll** Psychotherapie angeboten werden.
- Bei *akuten schweren* bzw. *chronischen* Depressionen **soll** eine Kombinationsbehandlung aus medikamentöser Therapie und Psychotherapie angeboten werden.
- Wenn ein alleiniges Behandlungsverfahren angeboten werden soll, **sollte** bei ambulant behandelbaren Patientinnen und Patienten mit *akuten mittelschweren bis schweren* depressiven Episoden eine alleinige Psychotherapie gleichwertig zu einer alleinigen medikamentösen Therapie in Betracht gezogen werden.
- Bei *rezidivierenden* Depressionen **soll** während der Remission in der Erhaltungstherapiephase Gruppen- oder Einzelpsychotherapie mit dem Schwerpunkt Rückfallprophylaxe angeboten werden.

Ähnliche, wenngleich nicht durch ausreichende Untersuchungen gestützte Empfehlungen lassen sich auch für Depressionen bei Kindern und Jugendlichen treffen. KVT mit jungen Patientinnen und Patienten erweist sich in mehreren Studien verschiedenen Kontrollbedingungen überlegen (vs. Placebo: $d = 0.47$, vs. Treatment as usual: $d = 0.55$, vs. Warteliste: $d = 0.83$, vs. Problemlösetraining: $d = 0.90$) (Zhou et al., 2015; Park & Goodyer, 2000; Oud et al., 2019). Auch von Patientinnen und Patienten mit Depressionen im höheren Lebensalter wird KVT gut angenommen und erweist sich als wirksam (Gühne et al., 2014; Hautzinger, 2016; Dafsari et al., 2023).

Insgesamt liegen zahlreiche empirische Untersuchungen zur Wirksamkeit der hier skizzierten kognitiven Verhaltenstherapien bei Depressionen vor (z. B. Cuijpers et al., 2008, 2010, 2020; Oud et al., 2019; Wiles et al., 2013, de Maat et al., 2006). Diese Fülle von Untersuchungen demonstriert überzeugend, dass mit der kognitiven Verhaltenstherapie eine psychotherapeutische Behandlung unipolarer Depressionen zur Verfügung steht, die kurzfristig der psychiatrischen Antidepressiva-Therapie gleichwertig, langfristig der pharmakologischen Behandlung sogar überlegen ist. Es werden Erfolgsquoten zwischen 63–83 % gefunden. Die Abbrecherquote liegen dabei immer deutlich niedriger als bei der medikamentösen Behandlung (4–33 % gegenüber 36–57 %). Die Katamnesestudien (bis zu 5 Jahren, vgl. Beutel et al., 2023) zeigen einheitlich, dass die kognitive Verhaltenstherapie dazu beiträgt, dass die erzielten Erfolge gehalten, vereinzelt sogar gesteigert werden (▸ Tab. 38.4). Die Remissionsrate (Anzahl klinisch relevant gebesserter Patientinnen und Patienten) wird durch die kognitive Verhaltenstherapie signifikant günstiger und erreicht zur Einjahreskatamnese knapp 60 %, während durch Antidepressiva weniger als 35 % erreicht werden (Hollon et al., 2005b). Auch Barton et al. (2017) sowie Zwick & Hautzinger (2020) beschreiben eine langfristige generelle Überlegenheit der KVT oder der Kombinationstherapie gegenüber alleiniger Pharmakotherapie.

Im Vergleich zu akut-episodischen Depressionen wurden zu chronischen und therapieresistenten Depressionen bislang nur wenige kontrollierte Therapiestudien durchgeführt. Die vorliegenden Studienergebnisse weisen jedoch darauf hin, dass Psychotherapie auch bei therapieresistenten Depressionen und chronischen Verlaufsformen (Cuijpers et al., 2020; Schramm et al., 2017, 2019) wirksam ist, wenn auch etwas weniger als bei nicht-chronischer Depression. Dabei erwies sich die *Kombination aus Psychotherapie und Antidepressiva* als erfolgreicher verglichen mit den Monotherapien (Cuijpers et al., 2020; Keller et al., 2000). Die Metaanalyse fand bei chronischen oder therapieresistenten Depressionen außerdem keinen Unterschied zwischen medikamentöser und psychologischer Monotherapie in Bezug auf Wirksamkeit und Remissionsraten zum Behandlungsende. Jedoch wiesen Psychotherapie allein und die Kombinationstherapie eine bessere *Akzeptanz* auf. Hinsichtlich des *langfristigen* Behandlungserfolgs war Psychotherapie wirksamer als Pharmakotherapie, jedoch weniger wirksamer als eine Kombination beider Ansätze (Cuijpers et al., 2020).

Tab. 38.4: Response-Raten verschiedener Formen von Psychotherapie, antidepressiver Medikation und Placebomedikation (Hollon et al., 2005a)

Behandlungsarten	Response- und Remissionsraten
antidepressive Medikamente	49 %
Placebo	30 %
psychodynamische Kurztherapie	33 %
interpersonale Psychotherapie	51 %
kognitive Verhaltenstherapie	52 %

Prüfungsfragen

1. Wie unterscheidet sich das Denken depressiver Menschen häufig vom Denken von Personen, die nicht unter einer Depression leiden?
2. Inwiefern ist das Erleben von Selbstwirksamkeit bedeutsam im Rahmen der Therapie depressiver Patientinnen und Patienten?
3. Welche Grundhaltung nehmen Therapeutinnen und Therapeuten ein, wenn dysfunktionale kognitive Muster der Patientin/des Patienten bearbeitet und systematisch hinterfragt werden?

Antworten

1. Das Denken depressiver Menschen ist häufig kategorial, global, eindimensional, absolutistisch, invariant, und bewertend. Nichtdepressives, funktionaleres und selbstwertschützendes Denken ist dagegen meist relativierend, variabel, nicht wertend, reversibel, spezifisch, mehrdimensional und konkret.
2. Durch die Entscheidung für und das Durchführen von Handlungen, die zunächst als herausfordernd erlebt, dann jedoch (erfolgreich) erledigt werden, erleben Patientinnen und Patienten, dass sie durch eigene Handlungen einen positiven Effekt erzielen können (Selbstwirksamkeit anstelle von Hilflosigkeit). Diese Erfahrung ist häufig essenziell für die Therapie.
3. Die Therapeutin/der Therapeut nimmt die Grundhaltung eines unterstützenden, bemühten, wohlwollenden und freundlichen »Forschers« ein anstatt die überkritische, neutral-distanzierte, bewertende und/oder hinterfragende Haltung eines »Polizisten«.

Literatur

BÄK – Bundesärztekammer (BÄK), Kassenärztliche Bundesvereinigung (KBV), Arbeitsgemeinschaft der Wissenschaftlichen Medizinischen Fachgesellschaften (AWMF) (2022). *Nationale VersorgungsLeitlinie Unipolare Depression*. Langfassung, Version 3.2.2022. DOI: 10.6101/AZQ/000505. https://register.awmf.org/de/leitlinien/detail/nvl-005 (Zugriff am 5.6.2025).

Barton, B., Schramm, E., & Voderholzer, U. (2017). Kurz- und langfristige Wirksamkeit von Psychotherapie bei Depression im Vergleich zu medikamentöser Therapie. *Zeitschrift für Psychiatrie, Psychologie und Psychotherapie, 66*(1), 19–29.

Beck, A. T., Rush, A. J., Shaw, B. F. et al. (2017). *Kognitive Therapie der Depression* (5. Aufl.). Weinheim: Beltz.

Beutel, M., Krakau, L., Kaufhold J. et al. (2023). Recovery from chronic depression and improved personality functioning: differential effects of psychoanalytic and cognitive-behavioral long-term treatments: Outcomes after 5 years. *Clinical Psychology & Psychotherapy 30*, 188–201.

Cuijpers, P., Van Straten, A., Andersson, G. et al. (2008). Psychotherapy for depression in adults: a meta-analysis of comparative outcome studies. *Journal of consulting and clinical psychology, 76*(6), 909–922.

Cuijpers, P., van Straten, A., Schuurmans, J. et al. (2010). Psychotherapy for chronic major depression and dysthymia: a meta-analysis. *Clinical psychology review, 30*, 51–62.

Cuijpers, P, Noma, H, Karyotaki, E. et al. (2020). A network meta-analysis of the effects of psychotherapies, pharmacotherapies and their combination in the treatment of adult depression. *World Psychiatry, 19*, 92–107.

Dafsari F. S, Bewernick B, Boehringer S. et al. (2023). Cognitive behavioral therapy for late life depression. Results of a multicenter, randomized, observer-blinded, controlled trial.*Psychotherapy and Psychosomatic, 92*, 180–192.

DeMaat, S., Dekker, J., Schoevers, R. et al. (2006). Relative efficacy of psychotherapy and pharmacotherapy in the treatment of depression. A meta-analysis. *Psychotherapy Research, 16*, 566–578.

Dreher, J. (2024). *Psychopharmakotherapie griffbereit: Medikamente, psychoaktive Genussmittel und Drogen griffbereit.* (6. Aufl.). Schattauer.

Fegert, J. M. & Herpertz-Dahlmann, B. (2005). Serotonin-Wiederaufnahmehemmer im Kindes- und Jugendalter – Warnhinweise der Behörden, Analyseergebnisse und Empfehlungen. *Nervenarzt, 76*, 1330–1339.

Fornaro, M., Anastasia, A., Valchera, A., et al. (2019). The FDA »black box« warning on antidepressant suicide risk in young adults: more harm than benefits? *Frontiers in psychiatry, 10*, 294.

Gühne, U., Luppa, M., Könik, H. H. et al. (2014). Ist Psychotherapie bei depressiven Erkrankungen im Alter wirksam? *Psychiatrische Praxis, 41*, 415–423.

Hautzinger, M. (2016). *Depressionen im Alter* (2. Aufl.). Weinheim: Beltz.

Hautzinger, M. (2021). *Kognitive Verhaltenstherapie bei Depressionen* (8. Aufl.). Weinheim: Beltz.

Hautzinger, M. (2023). *Akute Depression. Fortschritte in der Psychotherapie* (2. Aufl.). Göttingen: Hogrefe.

Hegerl, U., Hautzinger, M., Mergl, R. et al. (2010). Effects of pharmacotherapy and psychotherapy in depressed primary-care patients: a randomized, controlled trial including a patients' choice arm. *International Journal of Neuropsychopharmacology, 13*(1), 31–44.

Hollon, S. D., Jarrett, R. B., Nierenberg, A. A. et al. (2005a). Psychotherapy and medication in the treatment of adult and geriatric depression: which monotherapy or combined treatment? *Journal of Clinical Psychiatry, 66*(4), 455–468.

Hollon, S. D., DeRubeis, R. J., Shelton, R. C. et al. (2005b). Prevention of relapse following cognitive therapy vs medications in moderate to severe depression. *Archives of General Psychiatry, 62*, 417–422.

Kanter, J. W., Busch, M., & Rusch, L. C. (2009). *Behavioral Activation*. London: Routledge.

Keller, M. B., McCullough, J. P., Klein, D. N. et al. (2000). A comparison of nefazodone, the cognitive behavioral-analysis system of psychotherapy, and their combination for the treatment of chronic depression. *New England Journal of Medicine, 342*(20), 1462–1470.

Linden, M., & Hautzinger, M. (2022). *Verhaltenstherapie Manual* (9. Aufl.). Heidelberg: Springer.

Lewinsohn, P. M. (1975). The behavioral study and treatment of depression. *Progress in behavior modification* (1), 19-64.

Maier, S. F., & Seligman, M. E. (2016). Learned helplessness at fifty: Insights from neuroscience. *Psychological review, 123*(4), 349–367.

McCullough, J. (2007). *CBASP. Psychotherapie bei chronischer Depression*. München: Elsevier.

Oud, M., De Winter, L., Vermeulen-Smit, E. et al. (2019). Effectiveness of CBT for children and adolescents with depression: A systematic review and meta-regression analysis. *European psychiatry, 57*, 33–45.

Park, R. J., & Goodyer, I. M. (2000). Clinical guidelines for depressive disorders in childhood and adolescence. *European child & adolescent psychiatry, 9*, 147–161.

PhVWP – Pharmacovigilance Working Party (2008). *Antidepressants and suicidal thoughts and behaviour.* Verfügbar über die Website des Bundesinsituts für Arzneimittel und Medizinprodukte (BfArM): https://www.bfarm.de/SharedDocs/Risikoinformationen/Pharmakovigilanz/DE/RI/2008/RI-antidepressiva.html (Zugriff am 5.6.2025).

Schramm, E., Brakemeier, E-L., & Hautzinger, M. (2025) *Chronische und therapieresistente Depression* (2. Aufl.). Göttingen: Hogrefe.

Schramm, E., Kriston, L., Zobel, I. et al. (2017). Effect of Disorder-Specific vs Nonspecific Psychotherapy for Chronic Depression: A Randomized Clinical Trial. *JAMA Psychiatry, 74*, 233–242.

Schramm, E., Kriston, L., Elsaesser et al. (2019). Two-year follow-up after treatment with the cognitive behavioral analysis system of psychotherapy versus supportive psychotherapy for early-onset chronic depression. *Psychotherapy and Psychosomatics, 88*, 154–164.

Segal, Z. V., Williams, J. M. G., &, Teasdale, J. D. (2009). *Achtsamkeitsbasierte Kognitive Therapie. Ein neuer Ansatz zur Rückfallprävention*. Tübingen: dgvt.

Seligman, M. E. (1972). Learned helplessness. *Annual review of medicine, 23*(1), 407–412.

Teasdale, J. D. (1988). Cognitive vulnerability to persistent depression. *Cognition & Emotion, 2*(3), 247–274.

Wiles, N., Thomas, L., Abel, A. et al. (2013). Cognitive behavioural therapy as an adjunct to pharmacotherapy for primary care based patients with treatment resistant depression: results of the CoBalT randomised controlled trial. *The Lancet, 381*, 375–384.

Zhou, X., Hetrick, S. E., Cuijpers, P. et al. (2015). Comparative efficacy and acceptability of psychotherapies for depression in children and adolescents: A systematic review and network meta-analysis. *World Psychiatry, 14*(2), 207–222.

Zwick, J., Hautzinger, M. (2020). Kognitive Verhaltenstherapie bei affektiven Störungen. *PsychUp2date, 14*, 1–16.

Weiterführende Literatur

Hautzinger, M. (2023). *Akute Depression. Fortschritte in der Psychotherapie* (2. Aufl.). Göttingen: Hogrefe.

Schramm, E., Brakemeier, E.-L. & Hautzinger, M. (2025). *Chronische und therapieresistente Depression* (2. Aufl.). Göttingen: Hogrefe.

39 Phobien und Panikstörungen

Jörg Angenendt

Das Wichtigste auf einen Blick

- Angststörungen (ICD-10 und DSM-5) bzw. »Angst- oder furchtbezogene Störungen« (ICD-11) sind weitverbreitete, häufig chronisch verlaufende psychische Störungen.
- Sie sind mit erheblichen Funktionsbeeinträchtigungen, Leidensdruck und hohen sozialmedizinischen Kosten verbunden.
- Komorbidität mit anderen Angststörungen, depressiven-, somatoformen- und Abhängigkeitserkrankungen ist häufig.
- Kognitive Verhaltenstherapien (KVT) und Psychopharmakotherapien sind leitliniengerechte Behandlungen der ersten Wahl.
- Expositions-, kognitive und Entspannungstechniken sind kurz- und langfristig als wirksam nachgewiesene Standardverfahren.
- Neue Anwendungs- (z. B. virtuelle Exposition) und Disseminationsformen (digitale Gesundheitsanwendungen) können die Versorgungssituation ergänzen und verbessern, erfordern aber weitere Evidenz.

39.1 Einführung

Angststörungen bzw. »Angst- und furchtbezogene Störungen« (nach ICD-11) gehören mit einer Lebenszeitprävalenz von 15 % zu den am weitesten verbreiteten psychischen Störungen in der Allgemeinbevölkerung. Die Diagnostik und Klassifikation der Angststörungen ist trotz internationaler Gültigkeit der ICD-11 zumeist noch an den Kriterien der ICD-10 (WHO, 1991) orientiert, da eine autorisierte deutsche Übersetzung der ICD-11 noch nicht vorliegt. ICD-11 (WHO, 2022) und DSM-5 (Falkai & Wittchen, 2015) umfassen Angststörungen über die gesamte Lebensspanne und haben neue Unterformen (z. B. Trennungsangst im Erwachsenenalter) in ihre Störungskapitel integriert. Diese werden hinsichtlich ihrer Kernsymptome, Auslöser, ihres zeitlichen Verlaufs und ihrer Auswirkungen unterschieden.

Phobische Ängste sind übermäßige Furchtreaktionen, die situativ ausgelöst, zeitlich überdauernd (persistierend) und mit Flucht- und Vermeidungsverhalten verbunden sind. Je nach Auslöser werden unterschieden:

- *spezifische Phobien:* z. B. Tier-, Umwelt- (z. B. Höhen, Dunkelheit, Gewitter), Blut-, Verletzungs-, situativer Typ (z. B. Klaustrophobie, Flugphobie)
- *soziale Phobie bzw. Angststörung:* in zwischenmenschlichen Mittelpunkts-, Bewertungs- und Kontaktsituationen
- *Agoraphobie:* »multiple Situationsphobie«, z. B. Verlassen sicherheitsvermittelnder Orte, alleiniges Aufsuchen öffentlicher Situationen (Verkehrsmittel, Kaufhäuser, Plätze), Verreisen, Alleinsein
- *Trennungsangststörungen:* reales oder vermeintliches Entfernen und Verlassenwerden von Bezugspersonen, Alleinsein, Befürchtungen vor Verlust wichtiger Bezugspersonen)

Die *Panikstörung* ist eine episodische, fluktuierend auftretende Angstsymptomatik, die nicht durch spezifische Umweltreize und äußere Situationen ausgelöst wird. Sie ist gekennzeichnet durch das Auftreten rezidivierender, für die die Betroffenen nicht kontrollierbarer Panikattacken. Angststörungen werden in der ärztlichen Primärversorgung häufig gar nicht oder erst sehr spät korrekt identifiziert und diagnostiziert, was zu Chronifizierungen und einer Vielzahl gravierender Folgebeschwerden führen kann:

- gesundheitliche Risiken durch Fehlbehandlungen
- Entstehung eines schädlichen Substanzgebrauchs
- Abhängigkeit von Alkohol oder Benzodiazepinen
- Entwicklung sekundärer depressiver Beschwerden
- Suizidalität

Deutliche Einschränkungen der beruflichen und persönlichen Funktionstüchtigkeit, des Selbstvertrauens und der Lebensqualität sind die persönlichen Folgen. Gesellschaftlich entstehen hohe Folgekosten durch eine Überbeanspruchung der Gesundheitsdienste (exzessive Diagnostik und inadäquate Therapiemaßnahmen) und der sozialen Sicherungssysteme (Arbeitsausfallzeiten, frühzeitige Erwerbsunfähigkeit) (Craske & Stein, 2016).

Bei Betroffenen mit einer identifizierten Angststörung besteht ein im Vergleich zur Allgemeinbevölkerung deutlich erhöhtes Risiko für das Auftreten anderer psychischer Störungen (parallele oder sequenzielle Komorbidität) (Pennix et al., 2021):

- andere Angststörungen
- affektive Störungen (depressive Episode, Dysthymie)
- schädlicher Substanzgebrauch/Abhängigkeitserkrankungen
- somatoforme Störungen

Für die Therapie der Angststörungen werden in den nationalen und internationalen Leitlinien die kognitive Verhaltenstherapie mit ihren verschiedenen Verfahren und die Psychopharmakotherapie als empirisch validierte Behandlungsverfahren empfohlen (DGPM, 2021; NICE, 2020; APA, 2010). Diese basieren auf systematischen Sekundär- und Metaanalysen der publizierten kontrollierten Therapiestudien und einem Konsensus klinischer Expertenerfahrungen und -urteile. In der Versorgungspraxis besteht bis heute eine Diskrepanz zwischen den am häufigsten zur Anwendung kommenden Behandlungsformen und den Therapieverfahren, die nachgewiesenermaßen als effektiv gelten können. Die Dissemination der wirksamsten Verfahren in die Versorgungspraxis bedarf weiterer Verbesserungen.

39.2 Diagnose und lerntheoretische Besonderheiten

Ängste, ängstliche Anspannung, Besorgtheit und körperliche Unruhezustände sind Phänomene, die als normalpsychologische Reaktionen bei Belastungen und Konflikten (»Distress«), im Rahmen körperlicher Erkrankungen und bei verschiedenen psychischen Störungen auftreten können. Nicht alle sind Anzeichen für eine primäre und krankheitswertige Angststörung.

39.2.1 Gestuftes diagnostisches Vorgehen

Besteht aufgrund der subjektiven Beschwerdeschilderungen der Verdacht auf eine Angststörung, ist ein sequenzieller diagnostischer Algorithmus erforderlich:

- Als erstes ist im Rahmen einer genauen Exploration zu beurteilen, ob die vorgebrachten Ängste als »gestört« (pathologisch) zu bewerten sind. Dabei sind der Vorstellungsgrund, die Umstände des Auftretens, die Charakteristika (Intensität, Dauer, Angemessenheit) und Auswirkungen der Angstreaktionen zu berücksichtigen.
- Liegt eine als pathologisch bewertete Angst vor, muss ausgeschlossen werden, dass diese auf eine körperliche Grunderkrankung zurückzuführen ist. Hierzu ist eine orientierende ärztlich-neurologische Untersuchung mit Durchführung basaler laborchemischer und labortechnischer Untersuchungen erforderlich. Wichtige Differenzialdiagnosen (z. B. Schilddrüsenerkrankungen, Herzrhythmusstörungen, zerebrale Anfallsleiden, vestibuläre Störungen und Asthma bronchiale) müssen sicher ausgeschlossen werden.
- Das Bestehen einer anderen psychiatrischen Erkrankung, insbesondere einer primär affektiven Erkrankung (Angst im Rahmen einer depressiven Störung), einer schizophrenen Psychose oder des schädlichen Substanzgebrauchs bzw. dessen Entzug ist differenzialdiagnostisch zu klären.
- Wurde ein sekundäres Angstsyndrom ausgeschlossen und bestehen die typischen diagnostischen Kriterien, liegt eine gesicherte primäre Angststörung vor. Typische Auslösesituationen, Verlaufsmerkmale und Schweregrad erlauben eine Zuordnung zu einer der diagnostischen Unterformen. Die Diagnose ist an den Leitlinien der ICD-10 (zukünftig ICD-11) bzw. an den operationalisierten Kriterien des DSM-5 zu orientieren. Für Forschungsfragestellungen und zur Diagnosesicherung ist die Durchführung eines standardisierten oder strukturierten diagnostischen Interviews (z. B. SKID-I, DIPS, CIDI) obligat. In der klinischen Praxis werden diese wegen des hohen Aufwandes aber seltener angewandt.
- Eine Planung der Veränderungsdiagnostik ist für die Evaluation der Therapie und die Entscheidung über weitere therapeutische Maßnahmen wichtig. Es stehen eine Reihe psychometrisch überprüfter Selbst- und Fremdbeurteilungsskalen zur Verfügung:
  - *allgemeine Beurteilungsskalen für Angst:* z. B. Hamilton Anxiety Skala (HAMA), Beck-Angst-Inventar (BAI), State-Trait-Angst-Inventar (STAI), Unterskalen der Symptom-Checkliste (SCL-90-R)
  - *spezielle Beurteilungsskalen für Agoraphobie und Panikstörung:* z. B. Mobilitäts-Inventar (MI), Fragebogen zu angstbezogenen Kognitionen (ACQ), Fragebogen zur Angst vor Körperempfindungen (BSQ), Panik- und Agoraphobie-Skala (PAS)
  - *spezifische Phobien:* z. B. Fear Questionnaire (FQ)
  - *soziale Phobien:* z. B. Liebowitz-Skala (SIAS)

Für eine detaillierte Darstellung sei auf Hoyer et al. (2005) und Meinlschmidt et al. (2011) verwiesen.

39.2.2 Therapiespezifische Diagnostik – Verhaltens- und Problemanalyse

Merke

Eine primär an der nosologischen Diagnose orientierte Auswahl und Durchführung verhaltenstherapeutischer Standardverfahren und -techniken ist obsolet.

Stattdessen ist für die Diagnostik, Planung und Durchführung therapeutischer Interventionen eine individuelle (personalisierte) »Verhaltens-, Bedingungs- und Funktionsanalyse« (Hand, 2015) unabdingbare Voraussetzung. D. h., auch Standardverfahren bei Angststörungen müssen im Rahmen einer individuellen Fallkonzeption in ihrer Anwendung begründet und abgeleitet werden (▸ Kap. 8 und ▸ Kap. 9).

Die Problem- und Verhaltensanalyse erlaubt eine über die Indikationsstellung hinausgehende individuelle Therapieplanung unter Berücksichtigung von Schweregrad, Komorbidität, Vorbehandlungen, intrapsychisch bzw. interpersonell aufrechterhaltenden Faktoren der Symptomatik sowie der Therapie- und Veränderungsmotivation. Sie erbringt wichtige Informationen, die im Falle eines Nichtansprechens auf das zunächst gewählte Verfahren zur Misserfolgsanalyse, weiteren Interventionsplanung und zur Erhaltung der psychotherapeutischen Handlungsfähigkeit erforderlich sind (Hoyer & Plag, 2024).

39.3 Lernpsychologische Modelle

Alle verhaltenstherapeutischen Verfahren und Techniken basieren – bei grundsätzlicher Berücksichtigung des »Vulnerabilitäts-Stress-Modells« – auf lerntheoretischen Theorien und Modellvorstellungen (v. a. klassische und operante Konditionierung, Modelllernen, stellvertretendes Lernen, kognitives Lernen; ▸ Kap. 5). Diese betonen die zentrale Bedeutung psychologischer Lernvorgänge für die Entstehung, Auslösung und Aufrechterhaltung von Angststörungen. Die sog. »Zwei-Faktoren-Theorie« nach Mowrer (1947) beschreibt phobische Ängste als durch klassische Konditionierungsvorgänge bedingt. Zuvor neutrale Stimuli (CS) werden durch das wiederholte gemeinsame Auftreten mit einem unkonditionalen Bedrohungsreiz (UCS), der Schreck-, Schutz- oder Abwehrreaktionen (UCR) hervorruft, zum Auslöser einer konditionierten Angstreaktion (CR). Der durch Lernvorgänge verknüpfte Reiz wird zum Signal für die erwartete unkonditionierte Angstreaktion und löst danach allein eine vergleichbare Reaktion aus. Die lerntheoretisch zu erwartende Löschung (Extinktion) bei ausbleibender Kopplung von konditioniertem und unkonditioniertem Reiz wird durch den zweiten Faktor verhindert: Der Reiz löst eine gelernte Vermeidungsreaktion aus, durch die die antizipierte Angstreaktion vermieden bzw. (vermeintlich) kontrolliert werden kann. Das Ausbleiben der erwarteten aversiven Konsequenz führt somit zu einer negativen Verstärkung des Vermeidungsverhaltens und verfestigt eine Gedächtnisspur im »Angst- und Furchtnetzwerk«.

Merke

Die Zwei-Faktoren-Theorie führt das stabile Fortbestehen einer durch Lernprozesse erworbenen Angstreaktion auf gezeigte Vermeidungsverhalten gegenüber der angstauslösenden Situation zurück.

Das phobische Vermeidungsverhalten verhindert somit korrigierende Lernerfahrungen und stellt eine dysfunktionale und Angst aufrechterhaltende Form des Umgangs dar.

Das lernpsychologische Konzept der Extinktion wird zur Erklärung der Wirksamkeit der Expositionsverfahren herangezogen. Entgegen früheren Modellannahmen wird bei der Extinktion die konditionierte Angstreaktion (CR) nicht vollständig gelöscht (Craske et al., 2008, 2014). Vielmehr wird die ursprüngliche Assoziation zwischen dem reaktionsauslösenden Reiz (CS) und dem unkonditionierten Stimulus (UCS) durch die im Rahmen der Expositionstherapie neu gelernten, nicht mehr so stark angstbesetzten Assoziationen gehemmt. Die Angsthemmung ergibt sich aus der wiederholten Erfahrung, dass das erwartete negative Ereignis tatsächlich so nicht eintritt (»violation of expectations«), und führt somit zu Veränderungen des »Angstgedächtnisses«. Neue, wiederholte Bewältigungserfahrungen werden als Gedächtnisspur konsolidiert, hemmen somit den Abruf der ursprünglichen Lernverknüpfungen im Furchtnetzwerk. Sie werden zunehmend dominant für das veränderte Erleben und alternative Verhalten in den früher angstauslösenden Situationen.

Ergänzend zu den an Konditionierungsmechanismen orientierten Konzepten haben kognitive Modelle (▸ Kap. 5 und ▸ Kap. 25) der Entstehung und Aufrechterhaltung von Angst- bzw. Panikattacken zunehmende Bedeutung gewonnen. Sie betonen die Rolle intrapsychischer informationsverarbeitender Prozesse und gehen von folgenden Grundannahmen aus:

- Emotionale Reaktionen werden nicht durch äußere Ereignisse selbst, sondern durch deren Bewertung und Interpretation bestimmt.
- Angst und Panik entsteht dabei als Reaktion auf eine als physisch gefährlich oder als psychosozial bedrohlich bewertete Situation, auch wenn diese Gefahr/Bedrohung nicht real gegeben oder zumindest sehr unwahrscheinlich ist.
- Bei Panikattacken werden unspezifische, eigentlich harmlose körperliche Missempfindungen katastrophisierender Art als für die eigene körperliche und psychische Gesundheit bedrohlich missinterpretiert.

Dadurch kommt es zu einer positiven Rückkoppelung (»Aufschaukelung«) zwischen körperlichen Missempfindungen, ihrer Wahrnehmung und Bewertung als (lebens)gefährlich, sodass eine weitere Eskalation von ängstlicher Anspannung folgt, die wiederum zu verstärkten körperlichen Angstanzeichen führt. Der »Teufelskreis der Panikattacken« (▸ Abb. 39.1) verdeutlicht die dabei ablaufenden Mechanismen.

Merke

Das Modell des »Teufelskreises der Angst« hebt die wiederholte gegenseitige Verstärkung der körperlich-physiologischen, kognitiv-emotionalen und behavioralen Reaktionsebenen hervor.

Diese Modellvorstellungen können mit den entsprechenden Modifikationen auch für die Erklärung situativ ausgelöster Angstattacken, z. B. bei der sozialen Angststörung oder spezifischen Phobie (Hamm, 2006) herangezogen wer-

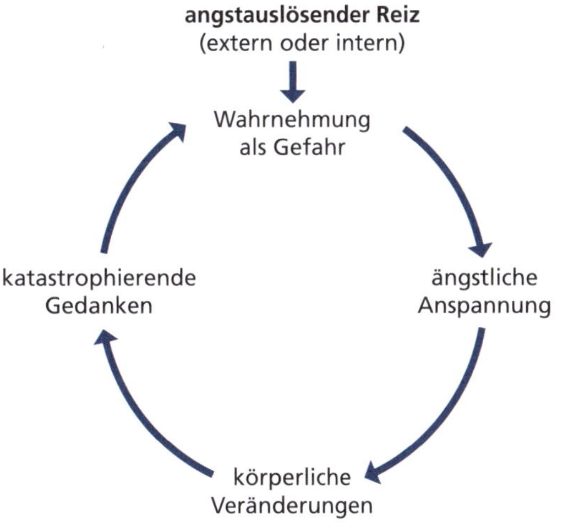

Abb. 39.1: Kognitives Modell der Panikattacken (»Teufelskreis der Angst«) (modifiziert nach Clark, 1986)

den. Das psychophysiologische Modell kann primär die aufrechterhaltenden Mechanismen wiederkehrender Ängste und Angstanfälle erklären. Für das Erstauftreten von Angststörungen müssen individuelle Prädispositionen i. S. einer genetisch vererbten oder lebensgeschichtlich erworbenen erhöhten Vulnerabilität für interozeptive Erregungsvorgänge bzw. deren Wahrnehmung (Angstsensitivität) angenommen werden. Neben interozeptiven Vorgängen können auch bedrohliche Gedanken und Vorstellungen (antizipatorische Ängste) als Auslöser fungieren.

39.4 Störungsspezifische Psychotherapie

39.4.1 Aufbau des therapeutischen Vorgehens

Der Ablauf einer KVT bei Angststörungen lässt sich in vier idealtypischen Phasen beschreiben:

1. Diagnostische Phase: Verhaltensanalyse (Mikroanalyse; ▸ Kap. 8 und ▸ Kap. 9) und Anleitung zur Selbstbeobachtung

Ziele sind die Förderung der Selbstbeobachtung und des Verständnisses der Betroffenen hinsichtlich:

- externer und/oder interner Auslöser der Angst
- verschiedenen Reaktionsebenen von Angst (körperlich-physiologisch, kognitiv, emotional, verhaltensbezogen = »Vier-Ebenen-Betrachtung«) und deren Interaktionen
- unmittelbarer und langfristiger Konsequenzen der Angstsymptomatik
- lerngeschichtlicher Entwicklung der Symptomatik
- bisher gezeigtem (nicht funktionalem) Umgang mit der Angstsymptomatik

Für die Verhaltensanalyse können Selbstbeobachtungsprotokolle, »Angst-Tagebücher« oder App-gestützte Symptomprotokolle eingesetzt werden, die das Verständnis für funktionelle Zusammenhänge der gegenwärtigen Angstsymptomatik und deren Mechanismen fördern können.

2. Vorbereitungs- und Instruktionsphase – Psychoedukation

Informationen, Aufklärung und »geleitetes Entdecken« hinsichtlich folgender Themen:

- »normale« und »gestörte« Angst
- weite Verbreitung der Angststörungen in der Allgemeinbevölkerung
- funktionale Zusammenhänge zwischen Angst und phobischem Vermeidungsverhalten
- Rolle von Erwartungsangst und »Angst vor der Angst«
- »Teufelskreismodell« von Angstattacken
- Möglichkeiten (Skills) des veränderten Umgangs mit aufkommenden Angstreaktionen

Übergeordnetes Ziel ist die Entwicklung eines adäquaten Störungsverständnisses und die daraus abgeleitete Begründung der Therapiemaßnahmen (Verbesserung der Transparenz und Therapiemotivation) (▸ Kap. 24). Für diese Aufgaben können didaktisch aufbereitete Materialien (Texte, Schaubilder, Modelle) aus störungsspezifischen Therapiemanualen oder »Tool-Büchern« (z. B. Hagena & Gebener, 2014; Patientenratgeber, Selbsthilfemanuale) sowie seriöse Websites (z. B. DASH, 2024) herangezogen werden. Psychoedukation kann als notwendige, allein aber nicht hinreichende Bedingung jeder wirksamen Angstbehandlung, auch bei primär pharmakologischen Therapien, angesehen werden.

3. Interventionsphase

Ziele der Interventionsphase im engeren Sinne sind die Reduktion bzw. Veränderung der aufrechterhaltenden Mechanismen der Angstsymptomatik und der Aufbau von Fertigkeiten zur selbstständigen Angstbewältigung bzw. Toleranz von Ängsten. Eine Veränderung des (fehl)erlernten Angst- bzw. Furchtgedächtnisses wird verfolgt.

Die Verfahren lassen sich danach unterscheiden, welche der drei interagierenden Reaktionsebenen (1. körperlich-physiologisch, 2. behavioral, 3. kognitiv) zum primären Ansatzpunkt der Therapie gewählt werden:

1. Entspannungsverfahren, Achtsamkeitstechniken und systematische Desensibilisierung
2. Expositionsverfahren
3. kognitive Verfahren

Es wird angenommen, dass Veränderungen auf der adressierten Reaktionsebene positive Veränderungen auch auf den anderen Dimensionen der Angst nach sich ziehen. Die einzelnen Verfahren und Techniken werden in den folgenden Abschnitten dargestellt.

4. Transferphase

Ziele sind die selbstständige Weiterführung der vermittelten Verfahren zur Angstbewältigung in Eigenregie, die Konsolidierung der therapeutisch induzierten (Um)lernprozesse, Umsetzung der Veränderungen im Alltagsleben und Rückfallprophylaxe. Da phobische Ängste und Panikattacken auch nach erfolgreichen Therapien wieder oder auch neu auftreten können, kommt einer Vorbereitung, wie mit Fluktuationen, wieder stärker auftretenden Symptomen und »Rückschlägen« umgegangen werden kann, ein hoher Stellenwert zu. Es folgt eine gemeinsame Bilanzierung der erreichten symptombezogenen Veränderungen und Entscheidung über die Notwendigkeit zusätzlicher Therapieschritte für andere, nicht-angstbezogene Problembereiche, die im Rahmen der Verhaltens-, Bedingungs- und Funktionsanalyse bzw. im weiteren Therapieverlauf identifiziert wurden. Ansonsten kann die Therapie abgeschlossen werden.

39.4.2 Entspannungsverfahren

Entspannungsverfahren, v. a. die progressive Muskelrelaxation (PMR), sind – unter der Annahme einer antagonistischen Wirkung auf die physiologischen Angstkorrelate – ein zentraler Bestandteil der systematischen Desensibilisierung (SD). Dieses Verfahren hat historisch entscheidend zur Verbreitung der Verhaltenstherapie bei Phobien beigetragen (Jacquart et al., 2022). Kernmerkmale sind:

1. Erstellung einer Angsthierarchie
2. Vermittlung und Einüben der PMR
3. imaginative Vorstellungsübungen (Konfrontation in sensu) mit den angstauslösenden Situationen
4. bei aufkommendem Angsterleben: Unterbrechung der Vorstellung und Einsatz von Entspannung, bis eine merkliche Angstreduktion erreicht ist. Dann erfolgt eine erneute imaginative Konfrontation, bis diese ohne Angst erlebt wird. Dieses Vorgehen wird graduiert mit den nächstschwierigeren Übungssituationen, bis hin zu den höchsten Items der Hierarchie fortgesetzt (▸ Kap. 21).

Anders als bei den späteren prolongierten Konfrontationsvorgehen handelt es sich bei der SD letztendlich um eine Form von Angst(reaktions)-Vermeidung. Der hohe Aufwand, praktische Anwendungshindernisse und die nachweislich bessere Wirksamkeit der direkten Expositionsverfahren (Reiz- und Reaktionskonfrontation) haben den Stellenwert der SD vermindert. Sie wird heute klinisch nur noch in Ausnahmefällen angewendet. Dagegen spielen Entspannungsverfahren (v. a. Atemtechniken), achtsamkeitsbasierte Verfahren und sportliche Ausdauer- und Fitnessübungen als an den physiologischen Aspekten der Angst und Anspannung ansetzenden Interventionen im Sinne basistherapeutischer Maßnahmen bei Angstbetroffenen eine wichtige Rolle (DGPM, 2021).

Bei der Panikstörung kann die Durchführung von Entspannungsübungen – zumindest initial – zu einer verstärkten Wahrnehmung interozeptiver Vorgänge (z. B. Extrasystolen) führen, was das Auftreten von Panikattacken passager begünstigen kann.

Angst- und Panikstörungen sind unter alleiniger Verwendung von Entspannungsverfahren nicht effizient behandelbar. Der Stellenwert modifizierter Formen der Entspannung (z. B. »Applied Relaxation« nach Öst) ist empirisch noch nicht hinreichend gesichert.

39.4.3 Expositionsverfahren

Expositionsverfahren zielen zunächst darauf ab, das erlernte phobietypische Flucht- und Vermeidungsverhalten abzubauen und Möglichkeiten eines veränderten Umgangs mit situativ, aber auch kognitiv oder interozeptiv ausgelösten Angstreaktionen zu vermitteln. Vor Anwendung des Expositionsvorgehens sind eine intensive Psychoedukation, Vorbereitung und Motivation für das geplante Vorgehen wichtig. Je nach Differenziertheitsgrad können die Begründungen und Rationale variiert werden. Die o. g. »Zwei-Faktoren-Theorie« ist dabei als heuristisches Erklärungsmodell gut geeignet. Entscheidend ist, dass Betroffene plausibel nachvollziehen können, dass ein bewusstes Aufsuchen angstauslösender Situationen notwendig ist und dass dabei *kein* angstfreies oder angstunterdrückendes Erleben angestrebt wird. Vielmehr geht es im Sinne eines »Angst(reaktions)managements« (Hand 2015) um ein *Zulassen* der Angst und das Erlernen eines veränderten Umgangs mit den Ängsten und Panikgefühlen. Ziel ist ein Zulassen auf der körperlich-physiologischen und auf der emotionalen Ebene der Angst. Unterbunden werden gleichzeitig phobische Flucht- und Vermeidungsreaktionen bzw. angstverstärkende negative Fantasien. Motiviert wird zum Verbleib in der Situation trotz unangenehmer Körpersensationen und Gefühle, bis ein Abklingen der Angst noch in der Situation (»in-session habituation«) erlebt werden kann. Die Rationale der Reiz- und Reaktionskonfrontation kann mit Hilfe einer Angstverlaufskurve (▸ Abb. 39.2) verdeutlicht werden. Sie zeigt, wie Betroffene in ihrer Vorstellung einen weiteren, stetigen Anstieg der Angst bis zum Eintreten der befürchteten Katastrophe (z. B. Ohnmacht, Herzinfarkt, Kontrollverlust usw.) antizipieren (gestrichelte Linie in der Angstverlaufskurve). Nur durch Entscheidung für einen Verbleib in der Situation trotz merklicher Angst kann real erfahren werden, dass diese auch ohne Flucht einer Selbstbegrenzung (Habituation) unterliegt und wieder abklingt. Bei wiederholter Exposition ist eine raschere Intensitätsabnahme der Angstreaktion zu erwarten. Außerdem werden neue, funktionale Einschätzungen (Kognitionen) über die in den Auslösesituationen tatsächlich erlebten – im Gegensatz zu den subjektiv antizipierten – Gefahren und Bedrohungen möglich. Es findet eine Überprüfung der Befürchtungen »an der Realität« statt.

Es gibt unterschiedliche Durchführungsmodalitäten der Expositionsbehandlung (▸ Kap. 21):

- in der Vorstellung (in sensu) vs. in der Realität (in vivo)
- kurze vs. verlängerte (»prolonged«) Expositionszeit
- Einzel- vs. Gruppenbehandlung
- »graduiert« vs. »massiert« (Flooding)
- therapeutenangeleitete vs. selbstständige (»self-directed«) Exposition
- in virtuo vs. in vivo.

Vergleichende Untersuchungen legen eine Überlegenheit der Konfrontation in vivo nahe. Für die Dauer der Expositionsübungen lassen sich keine verbindlichen Angaben machen. Entscheidend ist, dass Betroffene zeitlich ausreichend lange in der Situation verbleiben, sodass die Angst emotional und physiologisch abklingen kann. Für die Therapie phobischer Patientinnen und Patienten sind für Übungen außerhalb des Therapiezimmers mindestens doppelstündige Sitzungen zu veranschlagen. Längere Übungszeiten von halbtägiger oder ganztägiger Dauer zeigen sehr günstige Wirkungen, sind jedoch wegen des Zeit- und Organisationsaufwands schwerer zu realisieren. Ähnliches gilt für die Durchführung in Gruppen, die – außer bei sozialen Angststörungen – als vergleichbar effektiv gilt wie die Einzeltherapie. Hier limitieren praktische und organisatorische Faktoren, insbesondere außerhalb eines stationären Behandlungsrahmens, häufig die Anwendung im Gruppensetting.

Die Frage der unterschiedlichen Wirksamkeit des massierten vs. graduierten Vorgehens wird kontrovers diskutiert

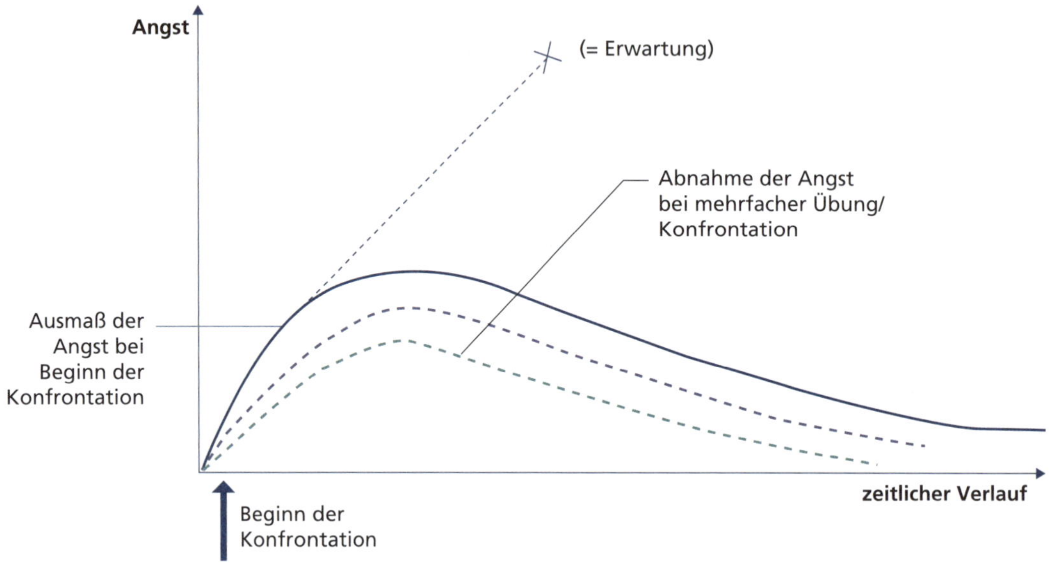

Abb. 39.2: Rationale der Expositionstherapie: Angstverlaufskurve (modifiziert nach Reinecker, 1993)

(Jaquart et al., 2022). Die *massierte* Form der Exposition wird als »Flooding-Therapie« im Sinne einer Überflutung mit den angstauslösenden Reizen (Reizexposition) und den dadurch ausgelösten Angstreaktionen (Reaktionsüberflutung) bezeichnet. Dieses Vorgehen ist charakterisiert durch eine rasche Auslösung starker bis maximaler Ängste (Panik) durch in der Angsthierarchie hoch bewertete Auslösesituationen. In der ursprünglichen Konzeption wurden explizit keine angstmodulierenden Maßnahmen (z. B. Entspannungsverfahren, Ablenkung) vermittelt. Nach heutigem Verständnis gelten Maßnahmen zur aktiven Beeinflussung der Angst, wie z. B. die gezielte Aufmerksamkeitsverlagerung auf äußere Realitätsaspekte (Realitätstestung), Atemtechniken und positive Selbstinstruktionen, als vereinbar mit einem solchen Vorgehen. Erforderlich sind mehrere (etwa 4 bis 7) mehrstündige Übungssitzungen in Begleitung eines/einer erfahrenen Therapeuten/Therapeutin, eine gute Arbeitsbeziehung und Therapiemotivation sowie Handlungsbereitschaft der Betroffenen. Andererseits scheint dieses Vorgehen – speziell beim erfolgreichen Umgang mit aufkommenden Panikattacken während der Übungen – langfristig stabile Veränderungen zu bewirken und spätere Rückfälle zu verhindern. Eine Alternative ist das *graduierte* Expositionsvorgehen (Habituationstraining). Es sieht eine schwierigkeitsgestufte Annäherung an die auslösenden Situationen vor. Man beginnt mit den in der Angsthierarchie niedrigen Übungssituationen und vermittelt in Schritten, wie ein veränderter Umgang mit der Angst erlernt werden kann. Durch erlebte Erfolge der Angstbewältigung und durch korrigierende Erfahrungen ermutigt, wird zum bewussten Aufsuchen zunehmend schwieriger Situationen motiviert. Das graduierte Vorgehen wird von den meisten Patientinnen und Patienten gut akzeptiert, zeigt möglicherweise aber langsamere Fortschritte und gilt bei verbleibenden Restsymptomen – speziell Panikattacken – als anfälliger für Rückfälle. Die Einschätzung einer differenziellen Wirksamkeit des graduierten vs. massierten Expositionsvorgehens ist umstritten. Insbesondere das veränderte Verständnis, dass Habituation innerhalb der Übungstherapie (in-session) oder zwischen den Sitzungen (between-sessions) nicht der entscheidende Wirkfaktor zu sein scheint, begründet aktive Bewältigungsformen der Angstinterventionen (Sánchez-Meca et al., 2010). Insbesondere die Theorie des Inhibitionslernens betont als zentralen Wirkfaktor korrigierende Erfahrungen (»change« bzw. »violation of expectations«) in den Auslösesituationen, die eine gelingende Angstbewältigung im Gedächtnis verfestigt. Ein Um- und Neulernen verändert das bisherige Angstgedächtnis und bewirkt eine Hemmung der bisherigen assoziativen Verknüpfungen (Hoyer & Lueken, 2021). Innerhalb dieses Expositionsverständnisses ist die Auslösung besonders starker Ängste und die unbedingte Begleitung durch einen Therapeuten oder eine Therapeutin nicht erforderlich. Stattdessen wird eine eigenständige und regelmäßige Durchführung von Expositionsübungen mit möglichst vielen Variationen der angstauslösenden Stimuli und Situationen außerhalb des psychotherapeutischen Settings als entscheidende Wirkkomponente hervorgehoben. Auch in Eigenregie zwischen den Therapiesitzungen durchgeführte Übungen sind ein wirksamer Beitrag und sichern den Transfer auf die realen Alltagsbedingungen. Es existieren Behandlungsmanuale (Lang et al., 2012), die auch für die Durchführung der Exposition in Eigenregie im Rahmen einer Psychotherapie geeignet sind. Unter bestimmten Umständen können auch »Selbsthilfe-Manuale« verwendet werden (Schmidt-Traub, 2014). Eine Expositionstherapie ist Therapie der Wahl, wenn situativ ausgelöste Ängste und Vermeidungsverhalten im Vordergrund stehen. Treten dagegen trotz wiederholter Konfrontation mit den phobischen Situationen und trotz erfolgreicher Bewältigung der situationsgebundenen Angstanfälle schwere, spontane Attacken auf, ist die zusätzliche Anwendung spezieller kognitiver Interventionen erforderlich.

39.4.4 Kognitiv-behaviorale Therapieverfahren

Ausgehend von den oben dargestellten Grundannahmen des kognitiven Modells versucht die kognitive Therapie der

Panikstörung, den Teufelskreis der Angstanfälle zu durchbrechen und korrigierende Erfahrungen und kognitive Neubewertungen zu ermöglichen. Die Programme enthalten folgende Bestandteile:

- differenzierte Aufklärung über Panikattacken und den daran beteiligten Mechanismen (Psychoedukation)
- Reattribution der körperlichen Missempfindungen durch eine Auseinandersetzung mit typischen angstinduzierenden und/oder -verstärkenden dysfunktionalen kognitiven Bewertungen (z. B. »Herzrasen kündigt einen bevorstehenden Herzinfarkt an«, »Schwindelgefühle sind Vorzeichen bevorstehender Ohnmacht«) und die Entwicklung alternativer (adäquaterer bzw. hilfreicher) Bewertungen
- gezielte Anwendung dieser veränderten Bewertungen bei Übungen zur interozeptiven Exposition

Dabei findet eine »Reaktionskonfrontation« mit Panik provozierenden körperlichen Erregungszeichen statt. Die Therapie findet zunächst im Therapiezimmer statt, nutzt die Gesprächsformen des »geleiteten Entdeckens« durch intensives Nachfragen und den sog. sokratischen Dialog. Angsttagebücher und Aktivitätsprotokolle dienen einer differenzierten Verlaufsbeobachtung und bilden die Grundlage für ein angemessenes Verständnis der psychophysiologischen Prozesse bei auftretenden Ängsten. Der übende Anteil beschränkt sich im Wesentlichen auf sog. Simulationsübungen, bei denen Betroffene mit interozeptiven Angststimuli konfrontiert werden (z. B. Induktion von Herzrasen durch körperliche Belastungen, Induktion von Atemnot und anderen Missempfindungen durch willkürliche Hyperventilation, Auslösung von Schwindelgefühlen durch Drehungen oder schnelle Kopfbewegungen). Der Transfer auf Situationen des alltäglichen Lebens, vor allem in Situationen, die bisher als phobische oder prädisponierende Auslösesituationen wirksam waren, ist von höchster Bedeutung und muss im gesamten Therapieprozess verfolgt werden. Die kognitive Therapie ist eine hochstrukturierte, zielbezogene und gegenwartsbezogene Form der Kurzzeittherapie bei Panikstörungen, für deren Anwendung u. a. das Behandlungsmanual von Margraf und Schneider (2013) bzw. Schneider und Margraf (2017) zur Verfügung steht.

In Analogie zum kognitiven Modell der Panikattacken wurde ein kognitives Modell der sozialen Angststörungen entwickelt mit daraus abgeleiteten spezifischen kognitiv-verhaltenstherapeutischen Interventionen.

Fallbeispiel

Herr M. ist ein 23-jähriger Student der sozialen Arbeit, der sich wegen einer seit seiner Jungendzeit bestehenden Angst in sozialen Leistungs- und Mittelpunktsituationen vorstellt. Er sei schon immer eher zurückhaltend und selbstunsicher gewesen. Er stamme aus »einfachen sozialen Verhältnissen«, seine Eltern seien vor seiner Geburt aus Osteuropa nach Deutschland umgesiedelt. Er habe zwar in der Schule akzentfrei gesprochen, jedoch bei mündlichen Beiträgen und später bei Referaten in der Klasse immer sehr ängstlich reagiert. Er habe befürchtet, negativ aufzufallen und Fehler zu machen, die ihn in Frage stellten (»Was will der eigentlich auf dem Gymnasium?«). Außerdem sei er leicht übergewichtig gewesen und habe sich besonders den Mitschülerinnen gegenüber unsicher und unattraktiv gefühlt. Er habe gute Noten erzielt, in kleinen Gruppen mit vertrauten Mitschülern vergleichbare Ängste und Hemmungen nicht gekannt. Nach einem für ihn »super peinlich gelaufenen Referat« in der 10. Klasse, bei dem er sich von Mitschülern »auseinandergenommen gefühlt habe«, habe er sich im Unterricht komplett zurückgehalten und Vorträge gänzlich vermieden. Er habe aber sein Abitur gut abgeschlossen, danach sein Studium begonnen, in dem viel mit Gruppenarbeit, Plenardiskussionen und Präsentationen gearbeitet werde. Seine Ängste seien hier schlimmer geworden: Er habe sich häufig krankgemeldet, vor allem vor Referaten. Er habe auch schon erwogen, sein Studium abzubrechen. Durch kompetente Beiträge in kleinen Gruppen versuche er zu zeigen, was »er eigentlich draufhabe«. Sein Hausarzt und die Studienberatung haben ihm die Aufnahme einer KVT empfohlen.

Diagnose und Fallbeurteilung: Soziale Phobie vom Performanz-Typ. Keine komorbiden Störungen. Keine Vorbehandlungen. Erhaltenes Funktionsniveau. Außerhalb der speziellen Auslösesituationen keine schweren sozialen Defizite.

Herr M. aus dem Fallbeispiel befürchtet, vor dem – als kritisch-ablehnend angenommenen – »Publikum« (Lehrende, Mitstudierende) nicht so »auftreten« zu können, wie es seinen eigenen und den (vermeintlichen) Erwartungen der anderen (souverän, kompetent) entspricht. Das kognitive Verständnismodell postuliert sich verstärkende Wechselwirkungen zwischen den folgenden Prozessen (Rapee & Heimberg 1997; Clark & Wells, 1995):

- perfektionistische Ansprüche an sein Zurechtkommen in den Mittelpunkts- und Bewertungssituationen bei gleichzeitigen, seit der Schulzeit erlernten sozialen Unsicherheiten, Zweifeln und Ängsten
- die Reaktionen der anderen werden als kritisch bis potenziell ablehnend antizipiert, woraus eine selektive und erhöhte Wahrnehmung (Sensibilisierung) für sozial bedrohliche Signale resultiert (er nehme Blicke als kritisch und arrogant wahr, achte darauf, ob die Mitstudierenden sich langweilen oder seine Beiträge belanglos finden könnten)
- im Zustand erhöhter Bedrohungsaktivierung (gleich beginnt mein Referat) werden frühere soziale Ängste und »Versagen« in vergleichbaren Situationen (Schule/vorherige Semester, Diskussionsbeiträge) bevorzugt erinnert
- erhöhte Selbstaufmerksamkeit (anstelle eines aufgabenbezogenen Aufmerksamkeitsfokus) führt zu einer verstärkten Wahrnehmung ansonsten weitgehend automatisch (implizit) ablaufender innerer Prozesse:
  - die interozeptive Selbstwahrnehmung (z. B. Hautrötung, Zittern, brüchige Stimme, etc.) wird intensiviert
  - gedanklich steht die vermeintliche Außenwirkung seiner Person und intellektuellen Leistung (»Welchen Eindruck gebe ich nach außen ab?«) im Mittelpunkt
  - auf der Verhaltensebene wird versucht, willentliche Kontrolle über Emotionen und deren körperliche Begleiterscheinungen zu erlangen (z. B. »Reiß Dich zusammen. Jetzt bloß nicht zittern!«)
- durch »Sicherheits-Verhaltensweisen« (wortwörtlich, »perfekt« ausgearbeitetes Manuskript) werden die Ängste zu vermindern versucht

- intern wahrgenommene physiologische Erregung führt zu wachsender Angst vor dem »Entdecktwerden« durch die Zuhörenden
- für diesen Fall wird eine – für den eigenen Selbstwert als »katastrophal« (weil peinlich und beschämend) angesehene – negative Bewertung als nicht mehr zu verhindern befürchtet
- es kommt es zu eskalierenden Aufschaukelungsprozessen zwischen den beschriebenen Reaktionsanteilen und zu einer weiteren Intensivierung der sozialen Angst

In der Therapie geht es zunächst um eine Identifizierung der in den Auslösesituationen aktivierten o. g. kognitiven Mechanismen, insbesondere um die Aufmerksamkeitsfokussierung, sog. »automatische Gedanken«, Emotionsvermeidung und negativ verzerrte Antizipationen.

Im zweiten Schritt werden diese Bewertungen einer kritischen Überprüfung unterzogen. Fragen nach der Wahrscheinlichkeit des Eintretens der befürchteten Konsequenzen (»Wie wahrscheinlich ist es, dass ich das Referat wegen zittriger Stimme und Denkblockade wirklich abbrechen muss?«), nach alternativen Sichtweisen (»Nervosität bei Vorträgen kennt fast jeder Referent«) und nach einem Perspektivenwechsel (»Wie würde mein Freund mit aufkommender Nervosität im Referat umgehen?«) sind geeignet zur Infragestellung und Modifikation negativ verzerrter Gedanken.

Im dritten Schritt findet eine Überprüfung der Wahrnehmungen, Erwartungen und Selbstbewertungen durch Verhaltensexperimente im Rollenspiel, bevorzugt mit Videoaufnahmen als Feedbackmöglichkeit, und durch in-vivo-Übungen statt. Sicherheitsverhalten, mit dem Betroffene subjektiv eigene Angstreaktionen zu kontrollieren versuchen, soll in seiner aufrechterhaltenden Funktion erkannt und durch Verzicht und hilfreiche Alternativen ersetzt werden. Die Formulierung konkreter, am beobachtbaren Verhalten orientierter Ziele (z. B. »Ich werde im Seminar heute eine Frage stellen und einen spontanen Diskussionsbeitrag machen«) ist wichtig. Außerdem sind für die Übungen realistische, kurz- und mittelfristige Ziele (z. B. »Ich möchte mich stärker an Seminardiskussionen beteiligen und meinen Standpunkt offen vertreten«) aufzustellen, die sich in der Therapie tatsächlich umsetzen lassen. Für langfristigere Ziele (z. B. einen guten Studienabschluss erreichen) können lediglich die als hinderlich erkannten Einflüsse vermindert und durch neue, funktionalere ersetzt werden.

Das kognitiv-verhaltenstherapeutische Vorgehen bei sozialen Phobien ist in Form eines Behandlungsmanuals (Stangier et al., 2003) beschrieben. Ein therapiebegleitendes oder ggf. als Selbsthilfemanual nutzbares Programm findet sich bei Fischer-Klepsch (2021).

39.4.5 Rahmenbedingungen der KVT bei Angststörungen

Therapie-Setting

Die ambulante Durchführung einer KVT ist nicht nur aus pragmatischen und ökonomischen Gründen das bevorzugte Setting. Sie entspricht zumeist auch den Vorstellungen der Betroffenen und hat durch die Alltagsnähe Vorteile, insbesondere die Durchführung von Übungen in den realen Auslösesituationen und den Transfer auf das eigene Umfeld. Stationäre Behandlungen sind bei Vorliegen erheblich komplizierender Faktoren angezeigt:

- ausgeprägte komorbide Störungen (z. B. Substanzabhängigkeiten, schwere Depression mit Suizidalität)
- besondere medizinische Komplikationen (gleichzeitige schwere körperliche Erkrankungen)
- massive psychosoziale Belastungsfaktoren

Als spezielle Indikation kommen des Weiteren außergewöhnlich schwere und chronifizierte Verlaufsformen mit Therapieresistenz (Hoyer & Plag, 2024) nach adäquaten ambulanten Behandlungsversuchen in Betracht. Behandlungen in KVT-orientierten akuten oder psychosomatischen Kliniken können in Einzelfällen angezeigt sein, wenn ambulante Therapiemöglichkeiten in Wohnortnähe fehlen.

Therapiedauer

Diese ist in Abhängigkeit von der individuell vorliegenden Angst-Unterform, ihrer Schwere und Komplexität sowie dem Ausmaß komplizierender Faktoren (z. B. Persönlichkeitsstörung) zu bestimmen. In der überwiegenden Zahl ist eine Behandlung im Rahmen von etwa 15 bis 45 Therapiestunden durchführbar. Im deutschen Versorgungssystem kann im ersten Schritt mit einer Kurzzeittherapie (4 probatorische und 24 Sitzungen) begonnen werden. Im Verlauf wird überprüft, ob im Sinne einer adaptiven Indikation nach der Symptomtherapie eine Verlängerung für die Bearbeitung verbliebener residualer Beschwerden und/oder anderer Problembereiche notwendig ist, die eine Umwandlung in eine Langzeittherapie (60 Stunden) begründen können. Auch wenn keine weiteren Therapiemaßnahmen mehr erforderlich sind, ist es sinnvoll, nach Therapieende Nachuntersuchungstermine in größeren Abständen zur Rückfallprävention zu planen (z. B. 3, 6 und 12 Monate nach Therapieende). Für Behandelte stellen sie häufig eine »Hintergrundsicherheit« dar, die die Ablösung aus der Therapie erleichtern und das Selbsthilfepotenzial stärken kann.

Kombinationsbehandlungen mit Psychopharmakotherapie

Seit Jahren hat die Frage einer *parallelen* Kombination aus Verhaltens- und Pharmakotherapie bei Angststörungen – dabei besonders bei der Agoraphobie und Panikstörung – empirische Beachtung gefunden (Furukawa et al., 2007). Man hoffte, die Effekte der jeweils bereits als Monotherapien wirksamen Behandlungsformen ließen sich addieren oder gar potenzieren. Fasst man die Ergebnisse bei der Agoraphobie und Panikstörung zusammen, ergeben sich aus den meisten Studien zwar Hinweise auf eine kurzfristige Überlegenheit der Kombination von Antidepressiva plus KVT gegenüber Placebo und KVT. Häufig wurde ein rascherer Wirkungseintritt beobachtet. Die Erfolgsquoten bei Therapieende waren aber bei moderaten und mittelschweren Angststörungen vergleichbar, sodass sich aus der Perspektive der KVT kein überzeugender kurzzeitiger Additionseffekt ergab. Bei Nachuntersuchungen waren die mit der Kombination behandelten Patientinnen und Patienten nicht mehr überlegen. Eine parallele Kombinationstherapie ist *nicht* als Therapie der ersten Wahl zu betrachten, sondern sollte nur bei spezieller Indikation (z. B. starke Symptomausprägung, schwere begleitende Depression) erfolgen bzw. bei unzureichendem Ansprechen auf eine zuvor adäquat durchgeführte KVT. Auch entsprechende Behandlungspräferenzen der Betroffenen können für eine Kombinationstherapie sprechen.

Umgekehrt zeigen mehrere Studien zum *sequenziellen* Einsatz von KVT-Programmen nach vorheriger Pharmakotherapie, dass sie die Chancen eines erfolgreichen Absetzens der Medikamente erhöhen und die Rückfallrate vermindern. Diese Ergebnisse bestätigen indirekt kognitiv-behaviorale Modellannahmen, dass eine ausschließlich medikamentöse Adressierung von Ängsten bei unverändert fortbestehenden kognitiven Fehlbewertungen und subtilen Vermeidungstendenzen ein hohes Rückfallrisiko darstellen. Es werden keine aktiven anderen Bewältigungsfertigkeiten erlernt, und die Reduktion der Symptomatik wird vor allem auf das Medikament attribuiert (Fava, 2017).

Auch für soziale Phobien ergeben sich empirisch keine Hinweise auf eine Überlegenheit einer kombinierten verhaltenstherapeutischen und pharmakologischen Therapie über eine ausschließliche KVT.

> **Merke**
>
> Bei den Phobien und der Panikstörung ohne komplizierende Faktoren (schwere Komorbidität) und bei entsprechender Verfügbarkeit ist eine KVT ohne begleitende medikamentöse Unterstützung die Therapie der ersten Wahl.

Differenzielle Indikationen

Die Frage, welches Therapieverfahren bei welcher Angststörung und bei welchen Ausgangsbedingungen der Betroffenen kurz- und langfristig am besten geeignet ist, kann nicht generell beantwortet werden. Weder die Therapieforschung noch klinische Urteile erlauben optimale Indikationsentscheidungen. Im Einzelfall wird die Frage, welche Therapie im individuellen Fall mit Aussicht auf größtmöglichem Erfolg zum Einsatz gebracht werden kann, unter Beachtung von drei Faktoren klinisch entschieden werden müssen (Angenendt et al., 2023).

Art und Schwere der Angststörung

Kriterien wie Symptomdauer, Komorbidität, Ausmaß der Folgebeschwerden, Art und Effekte bisheriger Vorbehandlungen usw. bestimmen a priori mit, welche Therapie infrage kommt. Unkomplizierte, bislang unbehandelte Angststörungen mit kurzer Symptomdauer ohne relevante begleitende Störungen sind der eine Pol, dessen Gegenpol durch schwerste Verlaufsformen gekennzeichnet ist:

- komplexe und chronifizierte Angststörungen mit psychiatrischer Komorbidität
- Non-Response auf Vorbehandlungen und komplizierenden Faktoren, wie Persönlichkeitsstörungen und/oder massiven psychosozialen Folgeproblemen

Zwischen beiden Extremen befindet sich das Spektrum mittlerer und schwerer Angststörungen.

Komplexität des Therapieprogramms

Wichtige Unterscheidungsmerkmale wie:

- zeitlicher und personeller Aufwand
- spezielle Ausbildungserfordernisse der Therapeutinnen und Therapeuten
- Komplexität der Maßnahmen (Standardtherapie vs. multimodale Therapie)
- therapeutisches Setting (ambulant vs. tagesklinisch/stationär)
- Frage einer Mono-KVT gegenüber einer Kombinationstherapie (z. B. mit Pharmakotherapie)

Hier reicht das Spektrum von basalen verhaltensorientierten Interventionen unterhalb einer vollständigen KVT (wie z. B. Beratung, Psychoedukation, Selbsthilfeprogramme, digitale Gesundheitsanwendungen – DiGA) bis hin zu komplexen stationären Behandlungsprogrammen mit multimodaler KVT, evtl. in Kombination mit anderen psychopharmakologischen und/oder psychotherapeutischen Therapieverfahren. Zwischen diesen Polen liegt das *klassische* Indikationsfeld ambulanter KVT im Sinne der o. g. Ausführungen.

Spezielle Merkmale der Therapiedurchführung

Hierunter versteht man die therapeutischen Bedingungen, die eine individuelle Feinanpassung zwischen den zuvor genannten Störungs-, Patienten- und Therapiemerkmalen ermöglichen. Einige Beispiele für die vielfältigen Durchführungsmodalitäten von KVT bei Angststörungen im Einzelfall sind:

- Graduierung des Expositionsvorgehens
- Vorgehen mit vs. ohne Angstbewältigungsverfahren
- Einsatz virtueller Expositions-Modalitäten (Diemer et al., 2019; Diemer & Zwanzger, 2024) und internet-basierten Programmen (z. B. Digitale Gesundheitsanwendungen: Guth et al., 2023)
- Durchführung als Einzel- vs. Gruppentherapie
- Bearbeitung anderer Problembereiche
- Einbezug von Familienangehörigen in die Behandlung etc.

Von der empirischen Therapieforschung wären weitere Beiträge zur Optimierung differenzieller Therapieindikationen wünschenswert.

> **Merke**
>
> Für alle Indikationsentscheidungen gilt: Für eine wirksame Realisierung müssen das Bekannt- und Vertrautsein der Betroffenen mit sowie die Verfügbarkeit von KVT-Behandlungsverfahren in der Versorgungspraxis und ebenso die Akzeptanz der Therapieverfahren durch Betroffene und deren Kosten bedacht werden.

Grundsätzlich sollte das Prinzip der »minimalen Interventionen« gelten, d. h. verhaltenstherapeutische Maßnahmen sollen sich auf das Maß von Hilfe beschränken, das für den konkreten Fall notwendig ist, Betroffene in die Entscheidung über die Therapieverfahren einbeziehen (»shared decision making«) und stets die aktiven Bewältigungsbemühungen stärken. Aufwändigere Therapien sollten erst erwogen werden, wenn a priori zu erwarten ist, dass die Symptomatik anderweitig nicht adäquat zu behandeln ist. Ansonsten bietet sich ein schrittweises (»sequenzielles«) »stepped care« Vorgehen an, bei dem aufwändigere Maßnahmen erst eingesetzt werden, wenn einfachere Interventionsformen nicht zu ausreichenden Veränderungen geführt haben.

39.5 Pharmakotherapie

Die Pharmakotherapie hat in zahlreichen placebokontrollierten Studien für verschiedene Substanzklassen ihre Wirksamkeit für die verschiedenen Unterformen von Angststörungen nachgewiesen: trizyklische Antidepressiva, Monoamino-Oxidase-Hemmer (MAO), selektive Serotonin-Wiederaufnahmehemmer (SSRI), selektive serotonergnoradrenerge Wiederaufnahmehemmer (SSNRI) und Benzodiazepine (BZD) erwiesen sich bei der Panikstörung mit oder ohne Agoraphobie als effektiv. Für die soziale Phobie ist der Wirksamkeitsnachweis für SSRI, SSNRI, MAO-Hemmer und BZD erbracht (Bandelow et al., 2017; DGPM, 2021; Zwanzger et al., 2021). Benzodiazepine können bei Angststörungen kurzfristig helfen, sind aber – besonders wegen der Gefahren ihres Langzeitgebrauchs (Missbrauch, Abhängigkeit) – allenfalls für eine kurzzeitige Anwendung geeignet.

Merke

Nach der S3-Leitlinie Behandlung von Angststörungen (DGPM, 2021) ist für die Behandlung der spezifischen Phobien eine Pharmakotherapie nicht indiziert.

Generell schränken unerwünschte Arzneimittelwirkungen die Möglichkeiten der Pharmakotherapie ein, weil diese häufig zu Compliance-Problemen führen. Weiterhin ist das hohe Rückfallrisiko nach dem Absetzen von medikamentösen Behandlungen zu beachten. Besonders kritisch ist der längerfristige Einsatz von BZD, der nach dem Absetzen zu Rebound-Phänomenen, Entzugserscheinungen sowie einem Wiederauftreten der ursprünglichen Angstbeschwerden führen kann, sodass viele Patientinnen und Patienten sofort wieder auf die Einnahme dieses Medikaments zurückgreifen (Zwanzger et al., 2021). Die Entwicklung einer sekundären Benzodiazepin-Abhängigkeit wird auf diese Weise häufig gebahnt. Den größten Stellenwert bei der Panikstörung (ohne und mit Agoraphobie) und den sozialen Angststörungen haben heute SSRI und SNRI, die gegenüber den anderen Substanzklassen ein günstigeres Nebenwirkungsprofil aufweisen. Für die differenzierte Darstellung der Psychopharmakotherapie bei den verschiedenen Unterformen der Angststörungen sei auf die S3-Leitlinie Behandlung von Angststörungen (DGPM, 2021; Bandelow et al., 2017; Zwanzger et al., 2021) verwiesen. Ausführungen zur pharmakologisch-psychotherapeutischen Kombinationstherapien finden sich in ▸ Kap. 39.4.5.

39.6 Evidenzbasierung

Die KVT hat bei der Behandlung der Phobien und Panikstörung ihre kurzzeitige Effektivität gegenüber Kontrollbedingungen und konkurrierenden Therapieverfahren wiederholt unter Beweis gestellt. Die inzwischen fast unüberschaubar große Zahl von Einzelstudien zur Expositionstherapie und zur kognitiven Verhaltenstherapie wurde in einer Reihe von Sekundär- und Metaanalysen zusammenfassend bewertet (Mitte, 2005; Norton & Price, 2007; Carpenter et al, 2017).

Dabei wurde deutlich, dass die Programme geringe Abbrecherquoten aufweisen, bei 65–75 % der Patientinnen und Patienten, die die Therapie beenden, innerhalb 4- bis 6-monatiger Behandlungszeiträume klinisch relevante Verbesserungen bewirken und über die Symptomatik i. e. S. hinausgehende psychopathologische und psychosoziale Verbesserungen erbringen können.

Ein Vorteil von KVT gegenüber Pharmakotherapien bei Angststörungen ergibt sich unter Beachtung der langfristigen Effekte (Gloster et al., 2013; Hoyer & Lueken, 2021). Hier konnte in Follow-up-Studien auch Jahre nach Beendigung der KVT (z. B. bei Agoraphobie und Panikstörung) die hohe Stabilität der erreichten Veränderungen nachgewiesen werden. Die überwiegende Zahl der Betroffenen hatte offensichtlich gelernt, ihre Angst- und Panikreaktionen zu reduzieren und selbstständig ohne größere Rückfälle und weitere professionelle Hilfestellungen zurechtzukommen. Wichtiger als die Angst- und Panikfreiheit bei Therapieende sind eine Veränderung des phobischen Vermeidungsverhaltens sowie der Abbau von Angstsensitivität und dysfunktionalen kognitiven Bewertungen.

Für die soziale Phobie sind Langzeitkatamnesen noch nicht in vergleichbar großer Anzahl vorhanden wie bei den anderen Angststörungen.

Es gibt Hinweise, dass ausgewählte Monophobien in Form extremer Kurzbehandlungen (z. B. »Ein-Sitzung-Therapien«) behandelbar sind. Bei Tier- und Höhenphobien kann die Expositionstherapie durch eine Form des teilnehmenden Modelllernens ergänzt werden.

Prüfungsfragen

1. Was sind die Kernmerkmale von Phobien und Unterschiede zur Panikstörung?
2. Erläutern Sie zentrale Annahmen des »Teufelskreismodells« der Panikattacken.
3. Beschreiben Sie Ziele und Rationale der Expositionstherapie bei phobischen Angststörungen.
4. Was sind Indikationskriterien für eine stationäre Therapie bei Angststörungen?

Antworten

1. Phobische Ängste werden durch für die Betroffenen subjektiv erkennbare externe Objekte oder Situationen ausgelöst. Sie führen zu Vermeidungsverhalten, mit dem die Betroffenen vermeintlich Kontrolle über die als nicht kontrollierbar erlebten Reaktionen zu erreichen versuchen. Die subjektiven Befürchtungen richten sich bei der Panikstörung häufig auf die Möglichkeit einer akut drohenden körperlichen und/oder mentalen Gefährdung (Kontrollverlust), nicht auf die von den auslösenden Objekten ausgehenden Gefahren.
2. Das Teufelskreismodell geht davon aus, dass Panikattacken durch unspezifische körperlich-physiologische Missempfindungen ausgelöst werden, wenn diese von den Betroffenen in einer negativ verzerrten, »katastrophisierenden Art« bewertet werden. Betroffene interpretieren ihre interozeptiven Missempfindungen als Vorboten für eines akut gefährlichen Zustands (z. B. Kollaps, Herzinfarkt, Ersticken). Diese »kognitive« Bewertung führt zu verstärkter Aufmerksamkeitszuwendung zu den internen Vorgängen, zum Erleben von Angst, Panik, Hilflosigkeit und zu einem entsprechenden Hilfesuchverhalten (z. B. sofortiges Verlassen der Situation und Konsultation ärztlicher Hilfe). Die körperlichen, emotionalen, kognitiven und verhaltensbezogenen Aspekte der Angst interagieren im Sinne einer positiven Rückkoppelung. Es kommt zu einer Intensivierung und Eskalation des Angsterlebens, das für die Betroffenen subjektiv als nicht mehr beeinflussbar erlebt wird.
3. Ziele sind 1. die Wiederannäherung an die angstmotiviert vermiedenen externen Situationen, 2. ein Zulassen der Angstreaktionen auf der körperlichen und emotionalen Ebene und 3. das Erleben, dass die negativ verzerrten Erwartungen, was bei Verbleib in der Angst auslösenden Situation schlimmstenfalls passieren könnte, an der Realität überprüft werden können. Es geht um ein korrigierendes (Um)Lernen der gelernten und durch ungünstige Mechanismen aufrechterhaltenen Angstreaktionen. Die Betroffenen können erfahren, dass sie einen veränderten Umgang mit den aufkommenden Angstreaktionen erlernen können, Ängste trotz Verbleibs in der auslösenden Situation von alleine abnehmen, durch aktive Möglichkeiten beeinflusst oder auch toleriert werden können.
4. Die meisten Angststörungen können ambulant behandelt werden. Stationäre Behandlungen sind nur bei besonders schweren und komplexen Störungen (mit zusätzlichen Substanzproblemen (Missbrauch/Abhängigkeit), gravierendem depressiven Syndrom (Antriebsstörungen, sozialer Rückzug) und bei Suizidalität erforderlich. Chronifizierte Therapieverläufe mit Nicht-Ansprechen auf vorherige leitliniengerecht durchgeführte ambulante Therapien (kognitive Verhaltenstherapie, Psychopharmakotherapie, ggf. in Kombination) und stark belastende psychosoziale Lebensumstände können eine stationäre Behandlung begründen, um eine Herausnahme aus dem belastenden sozialen Umfeld zu ermöglichen. Die mangelnde regionale Verfügbarkeit evidenzbasierter ambulanter Therapiemöglichkeiten sollte nur in Ausnahmefällen Indikationskriterium sein.

Empfohlene Materialien

- Interview mit Prof. Jürgen Hoyer: Die Wandlung des Habituationsgedankens. Mindable Health: https://www.youtube.com/watch?v=U6bO0LDmz08&list=PL2B09igcVSpIQPO1V9a8R2zYsHO93Yyzh&index=9
- Interview mit Prof. Jürgen Hoyer: Unterscheidung Verhaltensexperimente vs. Exposition. Mindable Health: https://www.youtube.com/watch?v=qidkH96wpbQ&list=PL2B09igcVSpIQPO1V9a8R2zYsHO93Yyzh&index=10
- Interview mit Prof. Jürgen Hoyer: Warum Sie bei Befürchtungen von Patient:innen genau hinhören sollten. Mindable Health: https://www.youtube.com/watch?v=OgyoBeWvLKk&list=PL2B09igcVSpIQPO1V9a8R2zYsHO93Yyzh&index=16
- Wenn Angst krank macht – Anatomie eines Gefühls. Doku (Arte): https://www.youtube.com/watch?v=bs4f-qqJlA0
- Überblick über Angststörungen (für Fachkreise): https://www.msdmanuals.com/de/profi/psychiatrische-erkrankungen/anst-und-stressbezogene-erkrankungen/überblick-über-angststörungen
- Stiftung Gesundheitswissen: Diagnose Angststörung – Wie läuft eine Expositionstherapie ab? https://www.youtube.com/watch?v=nwVTp0oMiCU&t=7s

Literatur

Angenendt, J., Frommberger, U., Berger, M. & Domschke, K. (2023). Angst- und furchtbezogene Störungen (Kapitel 13). In L. Van Elst, L. Schramm, M. Berger (Hrsg.), *Psychiatrie und Psychotherapie* (S. 468–502). Elsevier.

APA – American Psychiatric Association (2010). *Practice Guideline for the Treatment of Patients with Panic Disorder* (2nd ed.). American Psychiatric Press. https://www.psychiatryonline.org/pb/assets/raw/sitewide/practice_guidelines/guidelines/panicdisorder.pdf (Zugriff am 2.12.2024).

Bandelow, B., Michaelis, S., & Wedekind, D. (2017). Treatment of anxiety disorders. *Dialogues Clin Neurosci, 19*, 93–107.

Carpenter, J. K., Andrews, L. A., Witcraft, S. M. et al. (2018). Cognitive behavioral therapy for anxiety and related disorders: A meta-analysis of randomized placebo-controlled trials. *Depress Anxiety, 35*, 502–514.

Clark, D. M. (1986). A cognitive approach to panic. *Behav Res Ther, 24*, 461–470.

Clark, D. M., Wells, A. (1995). A cognitive model of social phobia. In R.G. Heimberg, M. Liebowitz, D. Hope et al., (eds). *Social phobia: Diagnosis, assessment and treatment* (pp. 69–93). Guilford.

Craske, M., Kircanski, K., Zelikowsky, M. et al. (2008). Optimizing inhibitory learning during exposure therapy. *Behav Res Ther, 46*, 5–27.

Craske, M., Treanor, M., Conway, C. et al. (2014). Maximizing exposure therapy: An inhibitory learning approach. *Behav Res Ther, 58*, 10–23.

Craske, M. G., Stein, M. B. (2016). Anxiety. *Lancet, 388*, 3048–3059.

DASH – Deutsche Angst Hilfe e. V. (2024). *Angst ist eine Chance.* https://www.angstselbsthilfe.de (Zugriff am 2.12.2024).

DGPM – Deutsche Gesellschaft für Psychosomatische Medizin und Ärztliche Psychotherapie e. V. (2021). *S3-Leitlinie Behandlung von Angststörungen.* https://www.awmf.org/leitlinien/detail/ll/051-028.html (Zugriff am 22.4.2023).

Diemer, J., & Zwanzger, P. (2019). Die Entwicklung virtueller Realität als Expositionsverfahren. *Nervenarzt, 90*, 715–723.

Diemer, J., Kothgassner, O. D., Herrmann, M. J. et al. (2024). VR-gestützte Therapie bei Angst und posttraumatischer Belastungsstörung: aktuelle Möglichkeiten und Grenzen. *Nervenarzt, 95*, 223–229.

Falkai, P. & Wittchen, H. U. (2015). *Diagnostische Kriterien DSM-5®*. Deutsche Ausgabe. Hogrefe.

Fava, G., Benasi, G., &, Cosci, F. (2017). The potential role of iatrogenic comorbidity in the interaction between pharmacotherapy and psychotherapy in anxiety disorders. *Verhaltenstherapie, 27*, 265–270.

Fischer-Klepsch, M. (2021). *Soziale Phobie – die heimliche Angst: Selbsthilfeprogramm mit Übungen aus der Praxis.* Junfermann.

Furukawa, T. A., Watanabe, N., & Churchill, R. (2007). Combined psychotherapy plus antidepressants for panic disorder with or without agoraphobia. *Cochrane Database Syst Rev, 1*, CD004364.

Gloster, A. T., Hauke, C., Höfler, M., et al. (2013). Long-term stability of cognitive behavioral therapy effects for panic disorder with agoraphobia: A two-year follow-up study. *Behav Res Ther, 51*, 830–839.

Guth, M., Wiebe, A., & Philipsen, A. (2023). Digitale Gesundheitsanwendungen mit psychotherapeutischem Fokus. *Nervenarzt, 94*, 250–261.

Hagena, S. & Gebauer, M. (2014). *Therapie-Tools Angststörungen*. Beltz

Hamm, A. (2006). *Spezifische Phobien*. Hogrefe.

Hand, I. (2015). Exposition und Konfrontation. In M. Linden, M. Hautzinger (Hrsg.), *Verhaltenstherapiemanual, Psychotherapie: Praxis* (S. 121–129). Springer.

Heinrichs, N., Alpers, G., & Gerlach, A. (2007). *Evidenzbasierte Leitlinie zur Psychotherapie der Panikstörung und Agoraphobie.* Hogrefe.

Hoyer, J., Helbig, S., & Margraf, J. (2005). *Diagnostik der Angststörungen.* Kompendien der Diagnostik (Band 8). Hogrefe.

Hoyer, J., & Lueken, U. (2021). Psychotherapie der Angststörungen: State of the Art. *Nervenarzt, 92*, 441–449.

Hoyer, J., & Plag, J. (2024). Nichtansprechen auf Psychotherapie: Konzepte, Problemstellungen, Zuweisungsoptionen. *Nervenarzt, 95*, 440–447.

Jacquart, J., Abramowitz, J., Arch, J. et al., (2022). In J. Smits, J. Jacquart, J. Abramowitz et al. (eds.), *Clinical Guide to Exposure Therapy, Beyond Phobias* (pp. 1–31). Springer Nature.

Lang, T., Helbig-Lang, S., Westphal, D. et al. (2012). *Expositionsbasierte Therapie der Panikstörung mit Agoraphobie. Ein Behandlungsmanual.* Hogrefe.

Margraf, J., & Schneider, S. (2013). *Panik. Angstanfälle und ihre Behandlung* (2. Aufl.). Springer.

Meinlschmidt, G., Schneider, S., & Margraf, J. (Hrsg.) (2012). *Lehrbuch der Verhaltenstherapie* (Band 4). Materialien für die Psychotherapie. Springer.

Mitte, K. (2005). A meta-analysis of the efficacy of psycho-and pharmacotherapy in panic disorder with and without agroraphobia. *J Affect Disord, 88*, 27–45.

Mowrer, O. H. (1947). On the dual nature of learning – a reinterpretation of »conditioning« and »problem solving«. *Harv Educat Rev, 17*, 102–148.

NICE – National Institute for Health and Clinical Excellence (2020). *Generalised anxiety disorder and panic disorder in adults: management. Clinical guideline [CG113].* https://www.nice.org.uk/guidance/cg113 (Zugriff am 2.12.2024).

Norton, P. J., Price, E. C. (2007). Meta-analytic review of adult cognitive-behavioral treatment outcome across the anxiety disorders. *J Nerv Men Dis, 195*, 521–531.

Pennix, B., Pine, S., Holmes, E. et al. (2021). Anxiety disorders. *Lancet, 397*, 914–927.

Plag, J., & Ströhle, A. (2024). Allgemeine Aspekte der Pharmakotherapie. In J. Plag, A. Ströhle, J. Hoyer (Hrsg.), *Praxishandbuch Angststörungen. Ursachen-Diagnostik-Behandlung-Prävention* (S. 135–152). Elsevier.

Rapee, M., Heimberg, R. G. (1997). A cognitive-behavioral model of anxiety in social phobia. *Beh Res Ther, 35*, 741–756.

Reinecker, H. (1993). *Phobien. Agoraphobien, soziale und spezifische Phobien.* Hogrefe.

Sánchez-Meca, J., Rosa-Alcázar, A., Marín-Martínez, F. et al. (2010). Psychological treatment of panic disorder with or without agoraphobia: A meta-analysis. *Clin Psychol Rev, 30*, 37–50.

Schmidt-Traub, S. (2014). *Panikstörung und Agoraphobie. Ein Therapiemanual.* Hogrefe.

Schneider, S., & Margraf, J. (2017). *Agoraphobie und Panikstörung.* Fortschritte der Psychotherapie (Band 3). Hogrefe.

Stangier, U., Heidenreich, T., Peitz, M. (2007). *Soziale Phobien. Ein kognitiv verhaltenstherapeutisches Behandlungsmanual.* Beltz.

WHO – World Health Organization (1991). *Internationale Klassifikation psychischer Störungen, ICD-10, Kapitel V (F): Klinisch diagnostische Leitlinien.* Huber.

WHO – World Health Organization (2022). *International Classification of Diseases 11th Revision: The global standard für diagnostic health information.* https://icd.who.int/en (Zugriff am 2.12.2024).

Zwanzger, P., Singewald, N, Bandelow, B. (2021). Pharmacotherapy of anxiety disorders – Guideline-conform treatment and new developments. *Nervenarzt, 92*, 443–440.

Weiterführende Literatur

Domschke, K., & Zwanzger, P. (2025). *Das Alphabet der Angst. 200 Fakten rund um unsere wichtigste Emotion.* Herder.

Neudeck, P., Hennig, I., Hummel, U. et. al. (2024). *Erwartungsveränderung und Neulernen bei Ängsten. Ein Manual zur expositionsorientierten Behandlung.* Beltz.

Zwick, J., Hautzinger, M. (2024). *Panik und Agoraphobie. Kognitiv-verhaltenstherapeutisches Manual.* Beltz.

40 Generalisierte Angststörung

Michael Linden

Das Wichtigste auf einen Blick

- Die generalisierte Angststörung (GAS) ist eine häufige Erkrankung, die gekennzeichnet ist durch ständige vorausblickende Sorgen wegen potenzieller ernsthafter Probleme (z. B. bei einer schweren Erkrankung) wie auch wegen »Minor Hassles« und alltäglicher Bagatellen (z. B. ob die Waschmaschine richtig funktioniert).
- Die GAS ist u. a. gekennzeichnet durch eine Sensitizerpsychologie, hohe negative und geringe positive Fluency, Metaworrying, Ungewissheitsintoleranz, inadäquates Problemlöseverhalten und negative Verstärkung.

40.1 Einführung

Die generalisierte Angststörung (GAS) ist die häufigste Angsterkrankung. Sie wird vorrangig in der ambulanten Versorgung gesehen, wo sich Patientinnen und Patienten mit Stresssymptomen und Anpassungsstörungen vorstellen. Die Betroffenen erleben subjektiv keine Angst, sondern machen sich Sorgen wegen wichtiger Lebensereignisse, vor allem aber auch wegen alltäglicher Kleinigkeiten (generalisiert). Sorgen sind ein vorausschauender Versuch, potenziellen Gefahren aus dem Weg zu gehen. Dabei gehen die Betroffenen immer zunächst einmal vom Schlimmsten aus und versuchen dementsprechend, Kontrolle auszuüben (z. B. die Tochter anrufen, um in Erfahrung zu bringen, wo sie ist und ob alles in Ordnung ist oder nicht doch Hilfe nötig ist). Die Patientinnen und Patienten sehen ihre Sorgen (Worrying) als funktional und erforderlich an und halten z. B. den Partner/die Partnerin für leichtfertig, dem/der daher nicht zu trauen ist. Das Therapieziel muss sein, das Worrying unter Kontrolle zu bringen. Wenn Therapeutinnen und Therapeuten sich auf die von den Betroffenen vorgetragenen »Probleme« einlassen, dann verschlimmern sie die Erkrankung. Dies kann zu Problemen in der Beziehungsaufnahme zwischen Patienten und Therapeuten führen.

Merke

Wegen der Vielfalt von Sorgenthemen kommt es regelhaft zu Fehldiagnosen, z. B. Zwangsstörung wegen der Kontrolle, ob die Fenster geschlossen sind, Hypochondrie oder Somatisierungsstörung wegen Sorgen um körperliche Symptome, Depression wegen Stresserleben und dem Gefühl der Überforderung usw. Die Therapie darf sich nicht auf die Sorgeninhalte beziehen, sondern nur auf das »Worrying«, weil es ansonsten zu Problemaggravierungen kommen kann.

40.2 Diagnose und lerntheoretische Besonderheiten

Das Leitsymptom der generalisierten Angststörung sind ständige Sorgen und vorausschauende Befürchtungen wegen alltäglicher Kleinigkeiten. Diese Symptome müssen über einen Zeitraum von mindestens sechs Monaten bestehen (Niles et al., 2012). In der Regel handelt sich jedoch um eine Tendenz, die über die gesamte Lebensspanne beobachtbar ist. Die Prävalenz liegt etwa bei 5–10 %, womit die GAS die häufigste Angststörung ist. Etwa zwei Drittel der von GAS Betroffenen sind weiblich (Wittchen & Hoyer, 2001; Marques et al., 2011).

Die Patientinnen und Patienten halten ihre Sorgen einerseits für sachangemessen, andererseits haben sie aber auch das Erleben, diese nicht abstellen bzw. kontrollieren zu können und sich zu viel »einen Kopf zu machen«. Das ständige Sich-Sorgen setzt die Betroffenen unter Dauerstress und Belastung, führt zu einer katastrophisierenden Verarbeitung kleiner Probleme, zu einem ständigen vorausschauenden Kontrollbedürfnis und dadurch zu einer deutlichen Beeinträchtigung der betroffenen Personen und ihrer Umwelt. Zusatzsymptome können entstehen in Form von Verspannung, Ruhelosigkeit, leichter Ermüdbarkeit, Konzentrationsstörungen, Schlafstörungen, Reizbarkeit, Schwitzen, Herzrasen, Magenbeschwerden, Übelkeit, Erstickungsgefühlen oder Schwindel. Diese sind jedoch nicht obligat. Entscheidend für die Diagnose der GAS sind nach ICD-11 übermäßige andauernde Angst und Sorgen (d. h. ängstliche Besorgnis, furchtsame Erwartung, Gefühl drohenden Unheils) bezüglich unterschiedlichster Alltagsereignisse. Eine GAS kann nicht diagnostiziert werden unter Bezug auf ernsthafte Herausforderungen (z. B. Krankheit des Kindes), auch wenn der Umgang der Patientinnen und Patienten damit übertrieben wirken mag. Es muss nach dem Umgang mit Alltäglichkeiten oder »Minor Hassles« gefragt werden (z. B. Urlaubsvorbereitungen, Beaufsichtigung der Hausaufgaben der Kinder). In der ICD-11 wird als zusätzliches diagnostisches Kriterium dann auch noch der Terminus »freiflottierende Ängste« genannt, was fachlich jedoch falsch ist. Angst bei GAS ist niemals freiflottierend, sondern immer ereignisgebunden. Die Betroffenen können stets sehr genau sagen, worüber sie sich gerade Gedanken machen und sorgen, im Gegensatz zu freiflottierender Angst z. B. bei depressiven Störungen.

GAS-Betroffene und gesunde Probanden unterscheiden sich hinsichtlich der Intensität, Häufigkeit, subjektiven Kontrollierbarkeit, der Dauer und vor allem bzgl. des Gegenstands von Sorgengedanken, d. h. Sorgen über Kleinigkeiten (»Minor Hassles«; Hoyer et al., 2001; Craske et al., 1989; Roemer et al., 1997; Sanderson & Barlow, 1990). Dies wird noch verstärkt, wenn »echte« Gefahren drohen (Olatunji et al., 2011; Mogg et al., 1995; Palinkas et al., 1993; Mathew et al., 1993). Insofern können Stressbelastungen zur Exazerbation der Symptomatik führen (Scheibe & Albus, 1992). Das Kennzeichen der GAS ist, dass es nahezu gleichgültig ist, womit die Patientinnen und Patienten befasst sind, sie machen sich verstärkt Sorgen (Olatunji et al., 2011). Es geht nicht um die Inhalte des Denkens, sondern den dysfunktionalen Denkprozess, was auch als Metaworrying beschrieben wurde (Korn et al., 2012). Die GAS kann als eine Art »formaler Denkstörung« angesehen werden.

Die korrekte Diagnose einer GAS erfordert ein präzises Verständnis von »Sorgen« (van der Heiden et al., 2011). Dies sind repetitive negative Kognitionen, vorwiegend verbalgedanklich, die Problemmöglichkeiten antizipieren und vorbeugend eine Problemkontrolle und -bewältigung versuchen. Sie sind assoziiert mit einem ängstlichen Affekt, werden als ich-synton erlebt, aber gleichzeitig auch partiell unkontrollierbar im Sinne von »unvermeidlich«. Sorgen sind abzugrenzen von Panikgefühlen, freiflottierenden Ängsten, Grübeln, Zwangsgedanken und -handlungen, Intrusionen, Gedankendrängen, Gedankeneingebung oder überwertigen Ideen. GAS-Patientinnen und -Patienten leiden nicht unter Insuffizienzerleben, sondern haben oft die Idee, als einzige die Dinge unter Kontrolle zu haben.

Die GAS-Symptomatik ist mit üblichen Angstskalen nur bedingt zu erfassen. Spezielle Messinstrumente sind z. B. der Penn State Worry Questionnaire (PSWQ) oder das Brief Measure of Worry Severity (BMWS) (Meyer et al., 1990; Gladstone et al., 2005). Typische Items lauten: »Ich mache mir in vielen Situationen Sorgen«, »Wenn ich mit etwas fertig bin, fange ich an, mir über etwas anderes Sorgen zu machen«, »Wenn ich erst einmal anfange, mir über etwas Sorgen zu machen, dann kann ich nicht mehr aufhören« oder »Ich weiß, ich sollte mir nicht so viele Sorgen machen, aber kann nicht anders«.

Das Sich-Sorgen kann nahezu jede andere psychische Störung vorspiegeln. Körperbezogene Sorgen sehen wie eine Hypochondrie aus, die Vermeidung von potenziell »gefährlichen« Orten wie eine Agoraphobie, die Verzweiflung wegen der Unfähigkeit, Dinge unter Kontrolle zu nehmen, wie Insuffizienzerleben und Depression, der kontrollierende Stil wie eine Zwangsstörung, die gelegentlichen Angstdurchbrüche wie eine Panikstörung, die Stresssymptomatik wie eine somatoforme Störung, die gelegentliche Selbstberuhigung durch Alkohol (Wilhelm Busch: »Wer Sorgen hat, hat auch Likör«) wie eine Suchterkrankung. Die publizierten hohen Komorbiditätsraten dürften partiell falsch und Methodenartefakte sein (Mancuse, 1993; Vaidyanathan et al., 2011).

40.3 Lernpsychologische Modelle

Ätiologisch werden zum einen biologische Modelle diskutiert i. S. genetisch bedingter Vulnerabilität mit erhöhter autonomer Erregbarkeit (Akiskal, 1998; Barlow, 1988; Stein, 2009). Analog wird auch eine Persönlichkeitsstörung oder Persönlichkeitseigenschaft im Sinne einer »generalisierten Ängstlichkeit« postuliert (Eysenck, 1992; Zapotoczky & Herzog, 1995; Rapee, 1991).

Unabhängig von ätiologischen Spekulationen kann bei den Patientinnen und Patienten eine systematische Verzerrung der Informationsverarbeitung beobachtet werden, die die Generalisierung der Störung und ihre Chronizität erklären können und aus denen sich auch unmittelbar Therapieansätze ableiten lassen.

Psychologie der generalisierten Angststörung

Psychologische Besonderheiten:

- Ungewissheitsintoleranz
- Aufmerksamkeitsfokussierung auf Bedrohungsstimuli
- Induktion von zusätzlicher Ängstlichkeit
- geringe Fluency für positive Erwartungen und hohe Fluency für katastrophisierende Erwartungen
- schnelle ablaufende katastrophisierende Assoziationen
- Stresserleben und Entwicklung somatoformer Beschwerden
- inadäquates Problemlöseverhalten
- negative Verstärkung durch Worrying

Sensitizer

Sensitizer sind Menschen, die ihr Verhalten an der Vermeidung von Problemen und Gefahren orientieren (von Baeyer, 1982), im Gegensatz zu Repressor-Typen, die sich an Zielen unter evtl. Missachtung von Gefahren orientieren. Sensitizer würden niemals in Urlaub fahren, ohne genau zu wissen, was sie dort erwartet.

Ungewissheitstoleranz

Ungewissheit ist für jeden Menschen ein beunruhigender und damit auch angstauslösender Stimulus (Buhr & Dugas, 2009, 2012). Die Ungewissheitsintoleranz ist zwischen Menschen sehr unterschiedlich ausgeprägt. Bei GAS-Betroffenen lösen schon geringe Unabsehbarkeiten ein verstärktes Angsterleben aus.

Aufmerksamkeitsorientierung auf Gefahrenstimuli

Im Rahmen des Versuchs einer antizipatorischen Gefahrenerkennung und -abwehr haben GAS-Betroffene eine verstärkte Aufmerksamkeitsorientierung auf potenzielle Gefahren, wie Sicherheitsingenieure (Olatunji et al., 2011; Korn et al., 2012). Sie sehen beispielsweise nicht die architektonische Schönheit eines Gebäudes, sondern die Stolperkanten. Und je genauer sie hinsehen, desto mehr sehen sie.

Induktion von Ängstlichkeit und Teufelskreis der Angst

Wenn erst einmal Gefahren gesehen werden und dadurch Angst erlebt wird, dann führt dies wiederum zur Erhöhung von Insuffizienzgefühlen, Induktion angstbezogener negativer Kognitionen, Stressreaktionen etc. i. S. des bekannten »Teufelskreises der Angst«.

Negativ-Fluency

Fluency ist ein Konstrukt aus der Intelligenzforschung. Eine hohe Negativ-Fluency bedeutet, dass den Patientinnen und Patienten schnell viele Fantasien kommen, was »alles passieren kann« (Gass et al., 1994). Wenn das Kind eine halbe Stunde überfällig ist, sehen sie vor ihrem inneren Auge viele Möglichkeiten an schlimmen Dingen, von Unfällen bis zur Entführung. Sie haben gleichzeitig eine geringe Positiv-Fluency, d. h. Schwierigkeiten sich vorzustellen, welche positiven Gründe es für die Verspätung des Kindes geben könnte.

Katastrophisierende Assoziationen

Die Negativ-Fluency wird noch verstärkt durch fortlaufende katastrophisierende Assoziationen. Die Verspätung des Kindes induziert die Sorge wegen eines potenziellen Unfalls, dann wegen möglicher Verletzungen, einer resultierenden Behinderung, das Erfordernis einer neuen Wohnung, Geldproblemen und Unverständnis des anderen Elternteils. Eine solche Sequenz läuft in Sekunden ab.

Kontrollverlusterleben, Stress und somatoforme Beschwerden

Die Patientinnen und Patienten klagen in der Regel nicht über Angst, sondern über zu viele Probleme oder Stress (Romera et al., 2010). Der ständige Kampf um Gefahrenabwehr verursacht Stress und gibt wiederum Anlass zur Sorge, die Kontrolle zu verlieren. Dies ist ein zentraler Aspekt im Modell der »Self-Regulatory Executive Function« (S-REF) und der Metakognitiven Therapie (MCT) (Wells & Matthews, 1996; Wells & Papageorgiou, 1995; Korn et al., 2012). Die Sorge über die Sorgen, d. h. Metaworrying wird zum krankheitsverstärkenden Element.

Inadäquates Problemlöseverhalten

Die Patientinnen und Patienten haben das subjektive Erleben, dass ihre Sorgen begründet sind und die Notwendigkeit der Gefahrenabwehr besteht. Da die daraus abgeleiteten Problemlösungsversuche angstgesteuert sind und ständig durch neue Katastrophenassoziationen unterbrochen werden, bleiben sie inadäquat oder unvollständig. Die Verarbeitung komplexer Informationen wird durch die Belegung des Arbeitsspeichers mit aufgabenirrelevanten Kognitionen beeinträchtigt (Eysenck, 1979)

Negativverstärkung

Antizipatorische Problemlösungen beruhigen. Aus dem Fenster schauen oder herumtelefonieren reduziert Angst. Die Patientinnen und Patienten haben die Überzeugung: »Wenn ich mir Sorgen mache, dann bin ich auf zukünftige Katastrophen vorbereitet« (Roemer & Orsillo, 2002; Upatel & Gerlach, 2008; Buhr & Dugas, 2012; Korn et al., 2012). »Worrying« fungiert als »antizipatorischer Problemlöseprozess« und gibt damit ein Gefühl von (Pseudo-)Kontrolle, was angstreduzierend ist (Matthews, 1990; Roemer & Borkovec, 1993; Borkovec & Roemer, 1995). Damit sind Sorgen zugleich eine Art »negativer Verstärkung«, was kurzfristig zur Besserung, längerfristig zu Verschlechterung führt.

40.4 Störungsspezifische Psychotherapie

Die Verhaltenstherapie der GAS hat entsprechend der vorbeschriebenen mehrdimensionalen Psychologie mehrere Ansatzpunkte, die im Kasten »Therapieprinzipien« aufgelistet sind. Sie zielt auf die Veränderung von Kognitionen und Metakognitionen, Unsicherheitsintoleranz, Emotionsregulation, Toleranz von Angsterleben und Emotionskontrolle (Garfinkle & Behar, 2012), was im Folgenden zusammenfassend dargestellt werden soll (Bär et al., 2007; Zubrägel & Linden, 2011). Es geht nicht um die Unterstützung der Patientinnen und Patienten bei der Lösung ihrer konkreten Probleminhalte, was sogar kontraproduktiv sein kann.

Therapieprinzipien bei GAS

- Empathie für Belastungserleben
- Selbstbeobachtung
- Analyse von Antezendenzen und Konsequenzen (Mikro- und Kontingenzanalyse)
- Relativierung durch Vergleich mit anderen (Was machen andere in dieser Situation?)
- Relativierung durch Antizipation
- internale Problemattribuierung (Ich mache mir zu oft einen Kopf, Identifikation von Sorgenketten)
- Präzisierung von Vorhersagen (Wie oft treffen sie zu, was kann getan werden, um die Vorhersage zu verbessern?)
- Erkennen der negativen Fluency (Analyse von tatsächlichen Ereignissen, was fällt mir an positiven oder an negativen Denkmöglichkeiten ein?)
- Sorgendistanzierung und -kontrolle (Einüben der Fähigkeit zu positiven Antizipationen, interne Dialoge der Selbstdistanzierung)
- Reattribuierung
- Abbau von Vermeidungsverhalten
- Problemlösetraining
- Sorgenexposition (Übung zur Verbesserung der Angsttoleranz)
- Angst- und Arousal-inkompatible Entspannung und Aktivitäten
- Salutotherapie und Ressourcenaufbau

40.4.1 Therapeutische Beziehung

Der Aufbau einer therapeutischen Beziehung und die Motivierung der Betroffenen für die Therapieaufnahme muss berücksichtigen, dass Patientinnen und Patienten typischerweise nicht wegen Angst, sondern wegen ihrer konkreten Lebensprobleme in die Therpie kommen. Da Kinder oder Ehepartner sie schon öfter zurechtgewiesen haben, weil sie sich ständig »einen Kopf machen« und alles so genau nehmen, wissen sie einerseits, dass sie irgendwie übertreiben, sie fühlen sich zugleich aber auch missverstanden und zu Unrecht belächelt. Obwohl sie erkennen, dass es der Partner sehr viel leichter im Leben hat, weil er oder sie sich nicht so viel Sorgen machen, möchten sie dennoch nicht so leichtfertig werden. Es gilt also empathisch zu vermitteln, dass man die Probleme des Betroffenen gut nachvollziehen kann, sie für schwerwiegend hält und sieht, dass dies zu ständigem Stress führt.

40.4.2 Selbstbeobachtung und Verhaltensanalyse

Im Rahmen einer Mikroverhaltensanalyse (Hautzinger, 2022a) sind die Kontingenzen der Angst herauszuarbeiten, d. h., dass auslösende Stimuli für Sorgen jedwede alltägliche Kleinigkeiten sein können, sog. »Minor Hassles«, die dann zu antizipatorischen katastrophisierenden Kognitionen und damit einer Daueranspannung führen. Beispiele für Minor Hassles wären das Kind auf dem Spielplatz, das sich verletzen, oder der Schnellkochtopf, der explodieren könnte usw. Es müssen die katastrophisierenden Kognitionen, körperliche Anspannung, das vorbeugende Kontrollverhalten, die Belohnungen durch die Umwelt für die Verlässlichkeit wie auch die negativen Umweltreaktionen wegen der ständigen sorgenvollen Kontrolle herausgearbeitet werden. Durch »gelenkte Fantasie« (Kirn & Hautzinger, 2022) und weitere Selbstbeobachtungsaufgaben kann die Unterscheidung zwischen externen, somatosensorischen und kognitiven Stimuli gelernt werden.

In einer Makroverhaltensanalyse (Sulz, 2022) kann die Entwicklung der Symptomatik mit biografischen Daten in Verbindung gebracht werden, um die Chronizität der Erkrankung und eine neue Sichtweise von Bedingungszusammenhängen sowie ein Reframing (Hautzinger, 2022b) zu ermöglichen. Patientinnen und Patient müssen lernen, dass nicht die Rahmenbedingungen Grund zur Sorge sind, sondern dass sie selbst unter einer Tendenz zu ständigen und übertriebenen Sorgen leiden.

40.4.3 Sorgenrelativierung, Förderung einer internalen Kausalattribution und Therapiezielfestlegung

Das Erleben der eigenen Tendenz zu übertriebenen Sorgen hilft Patientinnen und Patienten zu akzeptieren, dass das Therapieziel nicht sein kann, die vorgetragenen Lebensprobleme zu klären. Das wäre geradezu ein Fehler, da dies durch Stimulierung der Negativ-Fluency und Katastrophenassoziationen nur weitere Sorgen anstoßen würde (Fisher & Durham, 1999). Die Neigung zum Katastrophisieren ist zu verändern. Es können hierzu Vergleiche mit anderen Personen vorgenommen werden, die mit Alltäglichkeiten besser klarkommen. Es kann herausgearbeitet werden, wie oft die Katastrophenerwartungen eingetroffen sind oder man sich »umsonst« Sorgen gemacht hat. Die Patientinnen und Patienten akzeptieren in der Regel, dass es hilfreich wäre, wenn man sich nur dann Sorgen macht, wenn dies auch »nötig« ist, und dass es nicht gut ist, wenn sie sich fälschlicherweise Sorgen machen, die dann nicht situationsadäquat sind und sogar zu Fehlverhalten führen könnten. Den Betroffenen ist ja wichtig, alles »richtig zu machen«. Im Sinne des Premack-Prinzips (McMorrows et al., 1978) wird die pathologische Neigung zur Sorge gegen das eigene Sorgenverhalten gewendet. Im Idealfall wollen Patientinnen und Patient in der Therapie lernen, zwischen begründeten und unbegründeten Sorgenanlässen zu unterscheiden.

40.4.4 Analyse und Modifikation katastrophisierender Kognitionen

Die kognitive Therapie des dysfunktionalen Denkstils zielt darauf ab, innere vorbewusste Dialoge und katastrophisierende Kognitionen bewusst zu machen, sie zu identifizieren und zu modifizieren. Hierfür kann das gesamte Methodenrepertoire der kognitiven Therapie genutzt werden, wie z. B. Erfassung automatischer Gedanken (Hautzinger, 2022c), interne Dialoge (Fliegel, 2022), gelenkte Fantasie (Kirn & Hautzinger, 2022) oder Reattribuierung (Hautzinger,

2022b). Dies erfolgt, wie bereits mehrfach ausgeführt, nicht an ernsthaften Lebensproblemen, sondern an alltäglichen Minor Hassles, wie kochen mit einem Schnellkochtopf oder Planung einer Urlaubsreise. Anhand solcher Banalereignisse können katastrophisierende Kognitionen in der Therapie zum Blühen gebracht werden. Die Patientinnen und Patienten sollten lernen, die eigenen Einfälle zu relativieren, sich selbst nicht immer gleich zu glauben und sich idealerweise selbst mit humorvoller Distanz zu begegnen.

Das nächste Therapieziel ist dann eine Worry-Balance. Zur Änderung der Dysbalance zwischen Fantasien zu gefährlichen und ungefährlichen Ereignissen und Einübung einer »realistischen« Situationsbeurteilung kann die Zweispaltentechnik eingesetzt werden. Zu jeder Gefahrenfantasie muss eine Alternativmöglichkeit bedacht werden, um danach zu prüfen, was realistisch ist.

Die Veränderung der Häufigkeit von Sorgen, der Grad der emotionalen Belastung durch Sorgen, die Unterbrechung fortlaufender Sorgenketten und die Kontrollierbarkeit der Sorgen sind der entscheidende Teil der Therapie (Bär et al., 2001). Es geht nicht um die Veränderung der Sorgeninhalte, da diese in aller Regel sinnvoll sind, sondern darum, wie viel Raum solchen Gedanken gegeben wird (▸ Abb. 40.1).

40.4.5 Abbau von Vermeidungsverhalten und Problemlösetraining

Patientinnen und Patienten zeigen häufig präventives und kontrollierendes Verhalten, z. B. häufige Anrufe bei der Tochter oder das Vermeiden von Zeitungslektüre, was ein selbstberuhigendes Vermeidungsverhalten ist. Betroffene müssen dies erkennen und als Teil ihrer Störung verstehen. Es ist herauszuarbeiten, dass z. B. Sorgen um den Verbleib der Kinder kurzfristig beruhigen, letztlich jedoch im Sinne des »Teufelskreises der Angst« zu noch mehr Sorgen und Angst führen (Cadbury et al., 1990).

Durch Selbstkontrollstrategien oder auch Reaktionsverhinderung (Hautzinger & Reinecker, 2022) sind die Frequenz und Art des Sorgenkontrollverhaltens zu modifizieren. Dabei wird erkennbar, dass die GAS zu Recht den Angsterkrankungen zugerechnet wird. Beispiel: Wenn die Patientin die Tochter zwei Tage nicht anrufen darf, können sich panikartige Angstgefühle entwickeln.

Statt der angstgesteuerten Verhaltensweisen müssen problemadäquate Verhaltensweisen eingeübt werden. Eine Verbesserung der Problemlösefähigkeit hilft Patientinnen und Patienten, mit den kleinen Alltagsproblemen aktiv statt sorgend umzugehen. Therapieprinzipien sind, Probleme in kleine, besser zu bewältigende Teilschritte zu zerlegen und jeweils mehrere Lösungsoptionen zu entwickeln, um das Spektrum der (kognitiven) Bewältigungsreaktionen in problematischen Situationen zu erweitern. Im Rahmen eines Zeitmanagement-Trainings können Patientinnen und Patienten lernen, ihre Aufmerksamkeit auf die anstehende Aufgabe zu lenken und nicht auf die Sorge, ob sie diese Anforderung bewältigen oder nicht. Weitere einzuübende Fertigkeiten sind z. B. die Abgabe von Verantwortung, Selbstsicherheit (um z. B. »Nein« zu sagen) oder die Ordnung von Aufgaben nach ihrer Wichtigkeit.

40.4.6 Worry-Exposure, Entspannung, Angst- und Anspannungstoleranz

Da die katastrophisierenden Kognitionen im Sinne automatischer Gedanken in Millisekunden auftreten, kommt es selbst bei gut eingeübten Selbstkontrollstrategien immer wieder zu ängstlicher Anspannung, noch bevor sich Patientinnen und Patienten bewusst werden können, dass sie wieder katastrophisieren. Daher müssen die Betroffenen

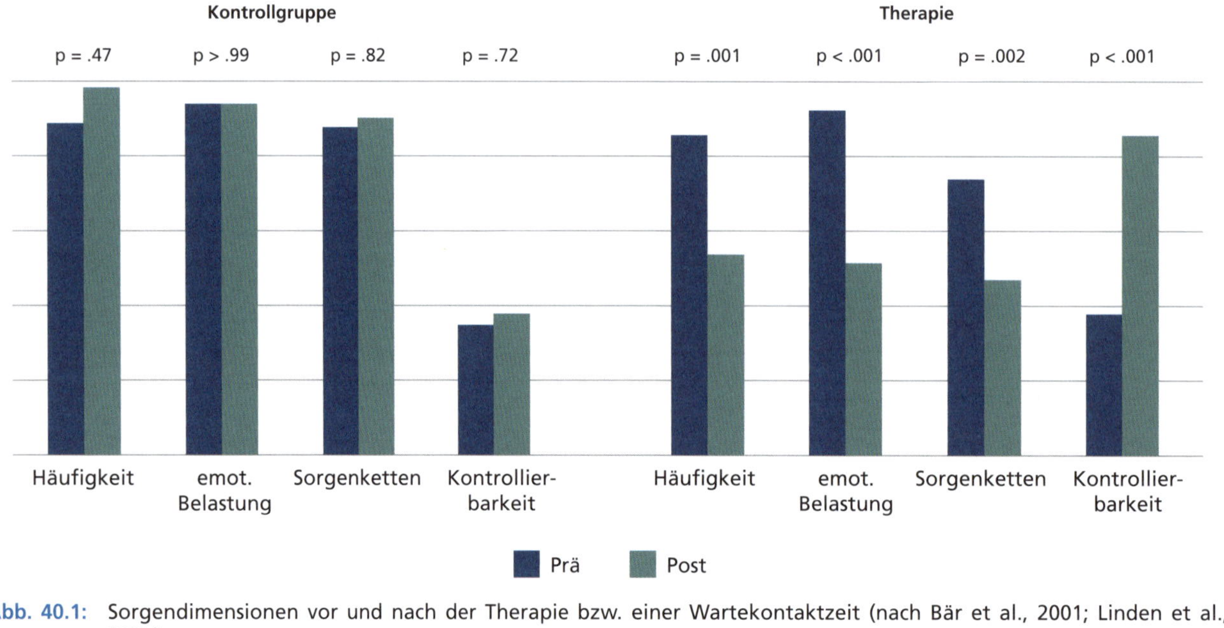

Abb. 40.1: Sorgendimensionen vor und nach der Therapie bzw. einer Wartekontaktzeit (nach Bär et al., 2001; Linden et al., 2005)

lernen, die innere Anspannung als »Sentinel-Symptom« zu nutzen, d. h., immer wenn Stresssymptome auftreten (z. B. Anspannung der Schultern), sich zu fragen, welche automatischen Gedanken eingeschossen sind, um sie dann im internen Dialog zu relativieren.

Zum Zweiten sollte dem Anspannungserleben mit Entspannung begegnet werden. Nach Einübung der progressiven Muskelrelaxation (PMR; Derra & Linden, 2022) ist der eigentliche Therapieschritt, sich in angstbesetzten Situationen unter Alltagsbedingungen muskulär, respiratorisch sowie vor allem auch kognitiv zu entspannen. Dies ist ein wesentliches Wirkprinzip der »Applied Relaxation« (Öst & Breitholz, 2000).

Zum Dritten ist eine Symptomtoleranz einzuüben. Da Sorgen ein Vermeidungsverhalten sind, um Angstgefühle zu reduzieren (»negatives Reinforcement«), müssen Patientinnen und Patienten lernen, dem Angstgefühl und -impuls nicht nachzugeben und eine bessere Symptomtoleranz zu erwerben. Dazu dient eine »Sorgenexposition« (Brown et al., 1993). Es werden möglichst banale Sorgenanlässe genommen, z. B. ob man zu viel oder zu wenig eingekauft hat, falls Gäste kommen. Es dürfen keine ernsten Probleme sein. Es kann dann im kognitiven Rehearsal (Kirn & Hautzinger, 2022) stimuliert werden, was alles an Katastrophen passieren kann. Im Sinne einer Reaktionsexposition (Hand, 2022) sollen Patientinnen und Patienten dabei lernen, die eigenen Gefühle differenziert zu beschreiben, auszuhalten und das Angstgefühl nicht zum Anlass zu nehmen, darauf zu reagieren.

40.4.7 Aufbau angstinkompatibler und salutotherapeutischer Aktivitäten

Wichtig ist auch die Förderung eines mit Angst inkompatiblen Verhaltens. Hierunter sind alle Aktivitäten zu verstehen, die von den Patientinnen und Patienten ohne Angst ausgeführt werden konnten. Die Beschäftigung mit angstbezogenen Themen umfasst einen wesentlichen Teil des Lebens auf Kosten angstfreier Aktivitäten und Lebensräume. Dies ist umzukehren im Sinne einer Salutotherapie (Linden & Weig, 2009), die unproblematische Lebensbereiche der Betroffenen herausarbeitet und fördert.

40.5 Pharmakotherapie

Zur Behandlung der GAS werden u. a. empfohlen: Paroxetin, Escitalopram, Venlafaxin, Duloxetin, Opipramol, Pregabalin. Der Evidenzgrad für die SSRI oder NSRI ist höher als für Pregabalin. Bei Pregabalin ist auch an eine Abhängigkeitsentwicklung zu denken. Eine sedierende Wirkung, z. B. von Opipramol, setzt sofort ein. Bei den SSRI ist mit einer Wirklatenz von einigen Wochen zu rechnen.

Grundsätzlich ist eine Pharmakotherapie als Option der zweiten Linie anzusehen. Primär ist psychotherapeutisch zu behandeln.

40.6 Evidenzbasierung

Es gibt eine Reihe von kontrollierten Studien zur Wirksamkeit von Psychotherapie bei GAS. Metaanalysen sprechen für eine mittlere bis gute Wirkung der kognitiven Verhaltenstherapie sowie eine Überlegenheit gegenüber Kontrollbedingungen oder anderen Therapieformen (u. a. Fisher & Durham, 1999; Ruhmland & Margraf, 2001; Garfinkle & Behar, 2012). Die Verbesserungsraten liegen zwischen 50 und 65 % des Ausgangswerts im Fremdrating und zwischen 10 und 30 % im Selbstrating.

▸ Abb. 40.2 zeigt einen Vergleich verschiedener psychotherapeutischer Ansätze unter Bezug auf Originaldaten der berücksichtigten Studien (Fisher & Durham, 1999). Die meisten psychotherapeutischen Behandlungsansätze sind im Vergleich zu einer Placeborate von etwa 25 % entweder wirkungslos oder sogar schlechter. Durch Psychotherapie angestoßene Problemanalysen können dazu führen, dass Sorgen erst richtig angeheizt werden. Verfahren, die an der Veränderung des Sorgenverhaltens ansetzen, d. h. kognitive Verhaltenstherapie und »Applied Relaxation« (Öst & Breitholz, 2000) erreichen hingegen gute Remissionsraten von ca. 60 %. Interessant ist gerade auch ein Vergleich einer problemzentrierten Verhaltenstherapie mit einer auf das Sorgenverhalten abgestellten Verhaltenstherapie, die schlechter, wenn nicht sogar verschlechternd wirkt. Auch direkte Vergleiche von kognitiver Verhaltenstherapie und psychodynamischer Therapie zeigen eine Überlegenheit der Verhaltenstherapie (Leichsenring et al., 2009; Salzer et al., 2011).

Merke

Bei störungsspezifischer Psychotherapie ist von einer guten Response in zwei Drittel der Fälle auszugehen, d. h., die Patientinnen und Patienten sind in der Lage, dysfunktionale Sorgen zu erkennen und zu unterbrechen. Dies belegen viele einschlägige Studien. Es kann keine Remission erwartet werden. Bei einem therapeutischen Fokus auf anstehende Problemen muss mit einer Vermehrung von Sorgen gerechnet werden.

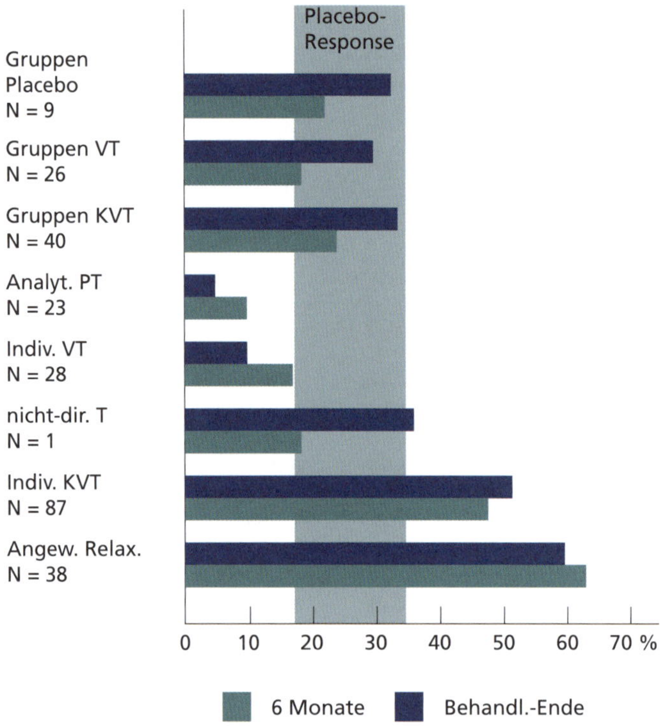

Abb. 40.2: Vergleich der Wirksamkeit (Vollremissionsraten) verschiedener Psychotherapievarianten bei generalisierten Angsterkrankungen anhand einer Reanalyse der Originaldaten der einbezogenen Studien (nach Fisher & Durham, 1999) VT = Verhaltenstherapie; KVT = Kognitive Verhaltenstherapie; nicht-dir. T: nicht-direktive Therapie; PT = Psychotherapie

Prüfungsfragen

1. Was sind die Charakteristika von Sorgen?
2. Welche psychopathologischen Phänomene und Störungen werden oft mit Sorgen verwechselt?
3. Welche psychologischen Prozesse sind bei der generalisierten Angststörung (GAS) von Bedeutung?
4. Warum ist eine auf Problemlösungen abgestellte Therapie bei GAS nicht zielführend?
5. Was sind die grundlegenden Therapieprinzipien in der Behandlung der GAS?

Antworten

1. Versuch einer antizipatorischen Gefahrenerkennung und -abwehr mit Aufmerksamkeitsorientierung auf potenzielle Gefahren und fortlaufenden katastrophisierenden Assoziationen.
2. Phobie, Depression, Somatisierungsstörung, Zwangsstörung.
3. Sensitizerpsychologie, hohe negative und geringe positive Fluency, Metaworrying, Ungewissheitsintoleranz, inadäquates Problemlöseverhalten und negative Verstärkung.
4. Die GAS ist eine »formale Denkstörung«, der Inhalt ist unwichtig. Verstärkt man den Aufmerksamkeitsfokus auf äußere Probleme, dann werden eher noch mehr Sorgen ausgelöst.
5. Worry Control – Es geht darum, dass Patientinnen und Patienten lernen, dass sie keine Probleme haben, sondern sich Probleme machen und daher durch interne Dialoge dem entgegenarbeiten.

Literatur

Akiskal, H. S. (1998). Toward a definition of generalized anxiety disorder as an anxious temperament type. *Acta Psychiatr Scand Suppl, 393*, 66–73.

von Baeyer, C. (1982). Repression-sensitization, stress, and perception of pain in others. *Percept Mot Skills., 55*, 315–320.

Bär, T., Zubrägel, D., Linden, M. (2001). Generalisierte Angststörungen und Depression: Psychometrische Erfassung von Sorgen. *Med Review, 2*, 20–21.

Bär, T., Zubrägel, D., Linden, M. (2007). Kognitive Verhaltenstherapie bei Generalisierten Angststörungen. Das Manual der

Berliner KVT-GAD-Studie. *Verhaltenstherapie und Verhaltensmedizin, 28*, 447–462.
Barlow, D. H. (1988). *Anxiety and its disorders. The nature and treatment of anxiety and panic*. New York: Guilford Press.
Borkovec, T. D., Roemer, L. (1995). Perceived functions of worry among generalized anxiety disorder subjects: distraction from more emotionally distressing topics? *Journal of Behaviour Therapy and Experimental Psychiatry, 26*, 25–30.
Brown, T. A., O'Leary, T. A., Barlow, D. H. (1993). Generalized anxiety disorder. In D. H. Barlow (ed.), *Clinical Handbook of Psychological Disorders.* New York: Guilford Press: 137–188.
Buhr, K., Dugas, M. J. (2009). The role of fear of anxiety and intolerance of uncertainty in worry: an experimental manipulation. *Behav Res Ther, 47*, 215–223.
Buhr, K., Dugas, M. J. (2012). Fear of emotions, experiential avoidance, and intolerance of uncertainty in worry and generalized anxiety disorder. *Intern J Cogn Ther, 5*, 1–17.
Cadbury, S., Childs-Clark, A., Sandhu, S. (1990). Group anxiety management: Effectiveness, perceived helpfulness and follow-up. *British Journal of Clinical Psychology, 29*, 245–247.
Craske, M. G., Rapee, R. M., Jackel, L. et al. (1989). Qualitative dimensions of worry in DSM-III-R generalized anxiety disorder subjects and non-anxious controls. *Behaviour Research and Therapy, 27*, 397–402.
Derra, C., Linden, M. (2022). Entspannungsverfahren. In M. Linden, M. Hautzinger (Hrsg.), *Verhaltenstherapie* (S. 115–122). Heidelberg: Springer.
Eysenck, M. W. (1992). *Anxiety: The Cognitive Perspective*. Hove: Lawrence Erlbaum Association.
Eysenck, W. (1979). Anxiety, learning, and memory: A reconceptualization. *Journal of Research in Personality, 13*, 363–385.
Fisher, P. L., Durham, R. C. (1999). Recovery rates in generalized anxiety disorder following psychological therapy: an analysis of clinically significant change in the STAI-T across outcome studies since 1990. *Psycholog Med, 29*, 1425–1434.
Fliegel, S. (2022). Selbstverbalisation und Angstbewältigung. In M. Linden, M. Hautzinger (Hrsg.), *Verhaltenstherapie* (S. 209–213). Heidelberg: Springer.
Gass, C. S., Ansley, J., Boyette, S. (1994). Emotional correlates of fluency test and maze performance. *J Clin Psychol, 50*, 586–590.
Garfinkle, E. J., Behar, E. (2012). Advances in Psychotherapy for Generalized Anxiety Disorder. *Curr Psychiatry Rep, 14*(3), 203–10.
Gladstone, G. L., Parker, G. B., Mitchell, P. B. et al. (2005). A Brief Measure of Worry Severity (BMWS): personality and clinical correlates of severe worriers. *J Anxiety Disord, 19*, 877–892.
Hand, I. (2022). Exposition und Konfrontation. In M. Linden, M. Hautzinger (Hrsg.), *Verhaltenstherapie* (S. 121–129). Heidelberg: Springer.
Hautzinger, M. (2022a). Mikro-Verhaltensanalyse. In M. Linden, M. Hautzinger (Hrsg.), *Verhaltenstherapie* (S. 175–180). Heidelberg: Springer.
Hautzinger, M. (2022b). Kognitionen erkennen und verändern. In M. Linden, M. Hautzinger (Hrsg.), *Verhaltenstherapie* (S. 159–166). Heidelberg: Springer.
Hautzinger, M. (2022c). Tages- und Wochenprotokolle. In M. Linden, M. Hautzinger (Hrsg.), *Verhaltenstherapie* (S. 261–264). Heidelberg: Springer.
Hautzinger, M., Reinecker, H. (2022). Selbstkontrollstrategien. In M. Linden, M. Hautzinger (Hrsg.), *Verhaltenstherapie* (S. 167–174). Heidelberg: Springer.
Hoyer, J., Becker, E. S., Roth, W. T. (2001). Characteristics of worry in GAD patients, social phobics, and controls. *Depress Anxiety, 13*, 89–96.
Kirn, T., Hautzinger, M. (2022). Imaginative Verfahren. In M. Linden, M. Hautzinger (Hrsg.), *Verhaltenstherapie* (S. 145–151). Heidelberg: Springer.
Korn, O., Sipos, V., Schweiger, U. (2012). Die Metakognitive Therapie der Generalisierten Angststörung. *Psychotherapie, 17*, 119–130.
Leichsenring, F., Salzer, S., Jaeger, U. et al. (2009). Short-term psychodynamic psychotherapy and cognitive-behavioral therapy in generalized anxiety disorder: a randomized, controlled trial. *Am J Psychiatry, 166*, 875–881.
Linden, M., Weig, W. (Hrsg.). (2009). *Salutotherapie.* Köln: Deutscher Ärzteverlag.
Linden, M., Zubrägel, D., Bär, T. et al. (2005). Efficacy of Cognitive Behaviour Therapy in Generalized Anxiety Disorders. Results of a controlled clinical trial (Berlin CBT-GAD-Study). *Psychotherapy and Psychosomatics, 74*, 36–42.
Mancuse, D. M., Townsend, M. H., Mercante, D. E. (1993). Longterm follow-up of generalized anxiety disorder. *Comprehensive Psychiatry, 34*, 441–446.
Marques, L., Robinaugh, D. J., LeBlanc, N. J. et al. (2011). Cross-cultural variations in the prevalence and presentation of anxiety disorders. *Expert Rev Neurother, 11*, 313–322.
Mathew, R. J., Wilson, W. H., Blazer, D. G. et al. (1993)., Psychiatric disorders in adult children of alkoholics: Data from the epidemiologic catchment area project. *American Journal of Psychiatry, 150*, 793–799.
Mathews, A. (1990). Why worry? The cognitive function of anxiety. *Behaviour Research and Therapy, 28*, 455–468.
McMorrow, M. J., Cullinan, D., Epstein, M. H. (1978). The use of the Premack Principle to motivate patient activity attendance. *Perspect Psychiatr Care, 16*, 14–20.
Meyer, T. J., Miller, M. L., Metzger, R. L. et al. (1990). Development and validation of the Penn State Worry Questionnaire. *Behav Res Ther, 28*, 487–95.
Mogg, K., Brendan, P., Bradley, N. M. et al. (1995). follow-up study of cognitive bias in generalized anxiety disorder. *Behaviour-Research-Therapy, 33*, 927–935.
Niles, A. N., Lebeau, R. T., Liao, B. et al. (2012). Dimensional indicators of generalized anxiety disorder severity for DSM-V. *J Anxiety Disord, 26*, 279–286.
Olatunji, B. O., Ciesielski, B. G., Armstrong, T. et al. (2011). Making something out of nothing: neutral content modulates attention in generalized anxiety disorder. *Depress Anxiety, 28*, 427–434.
Öst, L. G., Breitholz, E. (2000). Applied relaxation vs. cognitive therapy in the treatment of generalized anxiety disorder. *Behav Res Ther, 38*, 777–790.
Palinkas, L. A., Petterson, J. S., Russell, J., et al. (1993). Community Patterns of psychiatric disorders after the Exxon Valdez oil spill. *American Journal of Psychiatry, 150*, 1517–1523.
Rapee, R. M. (1991). Psychological factors involved in generalized anxiety. In R. M. Rapee, D. H. Barlow (Hrsg.), *Chronic anxiety. Generalized anxiety disorder and mixed anxiety-depression*. New York: Guilford Press.
Roemer, L., Borkovec, T. D. (1993). Worry: Unwanted cognitive activity that controls unwanted somatic experience. In D. M. Wegner, J. W. Pennebaker (Hrsg.), *Handbook of mental control. Englewood Cliffs*. Prentice Hall, 220–238.
Roemer, L., Orsillo, S. M. (2002). Expanding our conceptualization of and treatment for generalized anxiety disorder: Integrating mindfulness/acceptance-based approaches with existing cognitive-behavioral models. *Clin Psychol Sci Practice, 9*, 54–68.
Roemer, L., Molina, S., Borkovec, T. D. (1997). An investigation of worry content among generally anxious individuals. *Journal of Nervous and Mental Disease, 185*, 314–319.
Romera, I., Fernández-Pérez, S., Montejo, A. L. et al. (2010). Generalized anxiety disorder, with or without co-morbid major depressive disorder, in primary care: prevalence of painful somatic symptoms, functioning and health status. *J Affect Disord, 127*, 160–168.

Ruhmland, M., Margraf, J. (2001). Effektivität psychologischer Therapien von generalisierter Angststörung und sozialer Phobie: Meta-Analysen auf Störungsebene. *Verhaltenstherapie, 11*, 27–40.

Salzer, S., Winkelbach, C., Leweke, F., et al. (2011). Long-term effects of short-term psychodynamic psychotherapy and cognitive-behavioural therapy in generalized anxiety disorder: 12-month follow-up. *Can J Psychiatry, 56*, 503–508.

Sanderson, W. C., Barlow, D. H. (1990). A description of patients diagnosed with DSM-II-R generalized anxiety disorder. *Journal of Nervous and Mental Disease, 178*, 588–591.

Scheibe, G., Albus, M. (1992). Age at onset, precipitating events, sex distribution, and co-occurence of anxiety disorders. *Psychopathology, 25*, 11–18.

Stein, M. B. (2009). Neurobiology of generalized anxiety disorder. *J Clin Psychiatry, 70*, 15–19.

Sulz, S. K. D. (2022). Makro-Verhaltensanalyse. In M. Linden, M. Hautzinger (Hrsg.), *Verhaltenstherapie* (S. 181–184). Heidelberg: Springer.

Upatel, T., Gerlach, A. L. (2008). Appraisal of activating thoughts in generalized anxiety disorder. *J Behav Ther Exp Psychiatry, 39*, 234–249.

Vaidyanathan, U., Patrick, C. J., Iacono, W. G. (2011). Patterns of comorbidity among mental disorders: a person-centered approach. *Compr Psychiatry, 52*, 527–535.

van der Heiden, C., Methorst, G., Muris, P. et al. (2011). Generalized anxiety disorder: clinical presentation, diagnostic features, and guidelines for clinical practice. *J Clin Psychol, 67*, 58–73.

Wells, A., Matthews, G. (1996). Modelling cognition in emotional disorder: the S-REF model. *Behav Res Ther 34*, 881–888.

Wells, A., Papageorgiou, C. (1995). Worry and the incubation of intrusive images following stress. *Behaviour Research and Therapy, 33*, 579–583.

Wittchen, H. U., Hoyer, J. (2001). Generalized anxiety disorder: nature and course. *J Clin Psychiatry, 62*, 15–19.

Zapotoczky, H. G., Herzog, G. (1995). Lerntheoretische Modellvorstellungen zur Ätiologie. In Kasper S, Möller HJ, (Hrsg.), Angst- und Panikerkrankungen. Jena: Fischer.

Linden, M. (2022). Generalisierte Angststörung. In M. Linden, M. Hautzinger (Hrsg.), *Verhaltenstherapie* (S. 525–529). Heidelberg: Springer.

Weiterführende Literatur

Baumann, L. (2024). *Generalisierte Angststörung: Ein Selbsthilfe Buch*. edition JT, Jemgumm.

Becker, E., Margraf, J. (2016). *Generalisierte Angststörung. Ein Therapieprogramm*. München: Hogrefe.

Hoyer, J., Beesdo-Baum, K., Becker, E. (2016). *Ratgeber Generalisierte Angststörung*. München: Hogrefe.

41 Zwangsstörungen

Andreas Wahl-Kordon und Alexandra Zürn

Das Wichtigste auf einen Blick

- Zwangsstörungen zeichnen sich durch wiederkehrende, intrusive Gedanken, Bilder oder Impulse aus, die typischerweise Angst oder Anspannung induzieren und von Versuchen begleitet sind, diese zu unterdrücken, zu ignorieren oder durch repetitive Verhaltensweisen zu neutralisieren.
- Lerntheoretische und kognitiv-behaviorale Modelle bilden das psychologische Narrativ, um die Genese und Aufrechterhaltung der Störung zu erklären. Letzteres postuliert, dass die Bewertung intrusiver Gedanken als schuldhaft, verwerflich, ängstigend oder bedrohlich dysfunktionale emotionale/kognitive Muster aktiviert und so Zwangssymptome von Krankheitswert schafft.
- Therapie der ersten Wahl ist die störungsspezifische kognitive Verhaltenstherapie, in der sich an die kognitive Vorbereitung die Exposition mit Reaktionsmanagement als Herzstück der therapeutischen Arbeit anschließt.
- Den zentralen Wirkmechanismus der symptomorientierten Exposition stellt die Reduktion von Angst bzw. Anspannung ohne vorangehende Neutralisierung als erlebbares Korrektiv dar.

41.1 Einführung

Zwangsstörungen zeichnen sich durch mannigfaltige klinische Zustandsbilder aus, denen sowohl diagnostische als auch ätiologische Gemeinsamkeiten zugrunde liegen und die sich phänomenologisch primär in Form von repetitiven, sich aufdrängenden Gedanken und/oder damit assoziierten Verhaltensweisen manifestieren. Dabei bilden sie den pathologischen Endpunkt eines Kontinuums zwanghaften Verhaltens ab, das viele Menschen im Alltag in reduzierter Form praktizieren, wie etwa das erneute Kontrollieren des Herds bei Verlassen der Wohnung. Symptomatisch äquivalent variieren die Verhaltensweisen der Zwangsstörung lediglich in ihrer Intensität und Auftretenshäufigkeit, nehmen häufig mehrere Stunden täglich in Anspruch und bedingen schwerwiegende Funktionseinschränkungen, wodurch ihnen Krankheitswert zukommt. Bei den Betroffenen besteht zumeist hoher Leidensdruck bei gleichzeitig persistierender hoher Scham, da diese überwiegend über die Einsicht verfügen, dass ihr Verhalten übertrieben oder unsinnig ist, was nicht selten verhindert, dass Hilfe in Anspruch genommen wird.

In der ICD-11 werden Zwangsstörungen oder verwandte Störungen erstmals in einem eigenständigen Kapitel mit Bezug auf eine gemeinsame Genese subsummiert (WHO, 2019/2021). Zwangsstörungen umfassen ein breites Spektrum und sind von unterschiedlichem Ausprägungsgrad. Inhaltlich lassen sich Subtypen bezogen auf unterschiedliche Themenkomplexe differenzieren: Waschen (Kontamination, Waschzwang), Symmetrie (Symmetrie, Ordnen, Zählen, Wiederholung), Tabuisierungen (aggressiven, sexualisierten oder religiösen Inhalts) sowie Horten als Neutralisationsversuch bezüglich der vorausgehenden wiederkehrenden, intrusiven Gedanken. Obwohl die Neutralisationshandlung per se nicht als angenehm erlebt wird, bewirkt diese eine Erleichterung durch den kurzfristigen Abfall der als unerträglich erlebten Anspannung bzw. Angst, was die Aufrechterhaltung der Störung evoziert. Konfrontiert mit auslösenden Situationen erleben die Betroffenen eine Vielzahl aversiver Emotionen, die von Angst oder Panik über Ekel bis hin zu Inkonsistenzerleben reichen und häufig zur Etablierung von ausgeprägtem Vermeidungsverhalten führen.

Zwangserkrankungen manifestieren sich häufig im späten Teenageralter bis in die frühe Adoleszenz. Ein späteres Auftreten ist eher untypisch und zumeist mit einer vorangegangenen chronifizierten subklinischen Symptomatik assoziiert. Häufig finden sich bereits in der Kindheit erste Symptome (ca. 30–50 %), wobei rund 40 % dieser Betroffenen eine Remission in der frühen Adoleszenz berichten (WHO, 2019/2021). Typischerweise fluktuiert der Schweregrad der Symptomatik, es bestehen sowohl episodische Verläufe als auch geringfügige Verschlechterungen. Eine Manifestation der Symptomatik vor dem 10. Lebensjahr findet sich eher bei Männern (ca. 25 %), ein erstmaliges Auftreten in der Adoleszenz zeigt sich eher bei Frauen. Ein jüngeres Alter bei erstmaligem Auftreten ist mit einer stärkeren genetischen Beteiligung assoziiert und geht mit einer schlechteren Prognose einher. Im höheren Lebensalter ist die Prävalenz für Zwangserkrankungen bei Männern etwas höher. Zwangserkrankungen gehen häufig mit Komorbiditäten einher.

41.2 Diagnose und lerntheoretische Besonderheiten

In der Neukonzeption der ICD-11 werden zur Diagnosestellung einer Zwangsstörung das Vorliegen persistierender Zwangsgedanken und/oder Zwangshandlungen gefordert, die charakterisiert sind als unerwünschte wiederkehrende Gedanken, Bilder oder Impulse intrusiver Natur, die als ängstigend erlebt werden und von Versuchen begleitet sind, diese zu ignorieren, unterdrücken oder neutralisieren. Zwangshandlungen sind definiert als repetitive Verhaltensweisen, die sowohl konkret auf Verhaltensebene als auch mental durchgeführt und durch Zwangsgedanken initiiert werden, die beobachtbare Konsequenz eines rigiden internalisierten Regelwerks darstellen, mit dem Ziel, Konsistenzerleben zu generieren und drohendes Unheil abzuwenden. Sie stehen in keinem realistischen kausalen Zusammenhang mit den abzuwehrenden Befürchtungen und können als Verhaltensexzess aufgefasst werden. Die intrusiven Gedanken und/oder repetitiven Verhaltensweisen sind zeitaufwendig oder führen zu erheblichem Leidensdruck bzw. schwerwiegenden Beeinträchtigungen im persönlichen, familiären, sozialen, schulischen/beruflichen Bereich oder anderen wichtigen Lebensbereichen. Wenn die Funktionsfähigkeit aufrechterhalten werden kann, dann nur durch erhebliche zusätzliche Anstrengungen. Die Symptomatik ist nicht Folge einer anderen Erkrankung, von Substanzgebrauch bzw. Medikation oder von Entzugserscheinungen, die sich auf das zentrale Nervensystem auswirken.

In Abgrenzung zur ICD-10 wird in der ICD-11 auf das Zeitkriterium für das Vorliegen der Zwangsgedanken und/oder Zwangshandlungen verzichtet. Zusätzlich werden bezüglich der Definition von Zwangsgedanken Impulse inkludiert. Zwangshandlungen werden um mentale/kognitive Verhaltensweisen ergänzt und somit nach ihrer Wirkungsweise im Störungsmodell klassifiziert. Die Definition der Zwangsgedanken bzw. Zwangshandlungen bleibt weitgehend phänomenologisch konzipiert, fokussiert jedoch stärker auf dahinterliegende motivationale und damit aufrechterhaltende Faktoren. Auch wird Kausalität geschaffen zwischen der Zwangshandlung und den zugrunde liegenden auslösenden Faktoren. Auf das Kriterium der Ich-Dystonie wird verzichtet, stattdessen wird die Möglichkeit implementiert, diesbezüglich Subtypen zu kodieren. Die ICD-11 wendet sich vom geforderten aversiven Charakter der Zwangsgedanken bzw. der Zwangshandlungen ab, formuliert stattdessen eine angstauslösende Qualität. Der Widerstand gegen die als unerwünscht bzw. intrusiv bezeichneten Gedanken wird mit den entsprechenden Kompensationsversuchen sowie den neutralisierenden Korrelaten assoziiert, was dem phänomenologischen Fokus Rechnung trägt. Weiter führt die ICD-11 die normabweichende Qualität der Zwangsgedanken und -handlungen ein. Sie verzichtet auf die Differenzierung der Subtypen mit vorwiegend Zwangsgedanken, vorwiegend Zwangshandlungen bzw. den gemischten Subtyp zugunsten einer Klassifizierung nach dem Grad der Krankheitseinsicht.

Typische Zwangsgedanken mit aggressiven Inhalten referieren auf Befürchtungen, sich selbst oder andere zu schädigen. Zwangsgedanken mit Fokus auf Kontamination beinhalten zumeist Befürchtungen oder Ekel vor Ausscheidungen bzw. vor Schmutz oder Keimen und der damit verbundenen Sorge zu erkranken oder sich und andere zu infizieren. Symmetrieassoziierte Zwangsgedanken umfassen die Notwendigkeit, Gegenstände einer bestimmten Ausrichtung, Gruppierung oder Anordnung zu unterwerfen. Typische Zwangshandlungen des Themenkomplexes Waschen beziehen sich häufig auf exzessives Händewaschen nach ritualisierter Abfolge, insbesondere nach Kontakt mit vermeintlich kontaminiertem Terrain, oder zwanghaftes Desinfizieren von Gegenständen. Mit Kontrolle assoziierte Zwangshandlungen beziehen sich meist auf Elektrogeräte oder Schließvorrichtungen, jedoch auch auf das repetitive Überprüfen auf Fehler bei Aufgaben oder auf durch den Patienten/die Patientin induzierte Schädigungen anderer.

Zwanghafte Symptome können sowohl im Rahmen von substanzinduzierten Phänomenen als auch bei anderen organischen oder psychischen Erkrankungen persistieren, was eine differenzialdiagnostische Abklärung erforderlich macht. Bei depressiven Störungen können sowohl Zwangsgedanken als auch -handlungen auftreten. Bei einer primären depressiven Störung ist die Remission der Zwangssymptomatik mit einer Reduktion der depressiven Symptomatik assoziiert, das erneute Auftreten mit einer weiteren depressiven Episode. Bei einer sekundären depressiven Störung bei entsprechend im Vordergrund stehender Zwangsstörung ist die Zwangssymptomatik kontinuierlich persistent, bei episodischem Verlauf der depressiven Symptomatik. Ängste werden bei Zwangsstörungen phänomenologisch evident, treten jedoch zumeist spezifisch auf, wenn Neutralisierungen nicht vorgenommen werden können. Bei schizophrenen Psychosen können sich ebenfalls Zwangsphänomene zeigen, allerdings bestehen zeitgleich weitere Erstrangsymptome. Notwendig ist außerdem die Abgrenzung gegenüber der anankastischen Persönlichkeitsstörung, bei der sich die Betroffenen durch perfektionistische, rigide, zumeist absolute Werte sowie hohe Gewissenhaftigkeit und Leistungsbereitschaft auszeichnen.

41.3 Lernpsychologische Modelle

41.3.1 Lerntheoretisches Modell

Das Zwei-Faktoren-Modell wurde von Mowrer(1947) entwickelt, um die Genese von Angststörungen zu erfassen, und später von Reinecker (1994) zur Skizzierung der Vermeidung im Rahmen der Zwangsstörung modifiziert. Dabei wird ein zweistufiger Prozess beschrieben, der die Mechanismen der klassischen und operanten Konditionierung kombiniert. In der ersten Stufe wird durch klassische Konditionierung ein unkonditionierter Stimulus (UCS, z. B. Stressor), der Angst bzw. Belastungserleben auslöst (unkonditionierte Reaktion, UCR), mit einem primär neutralen

Reiz (z. B. Verunreinigung) gekoppelt, wodurch dieser zum konditionierten Stimulus (CS) wird und in der Konsequenz ebenfalls eine Angst- oder Belastungsreaktion (konditionierte Reaktion, CR) auslösen kann. Anschließend induziert die alleinige Konfrontation mit dem konditionierten Stimulus (CS, z. B. Verunreinigung) eine Angst- oder Belastungsreaktion (CR). In der zweiten Stufe wird durch operante Konditionierung die Aufrechterhaltung der Symptomatik manifestiert: Die Ausführung kompensatorischer Neutralisationshandlungen (z. B. Hände waschen) bewirkt eine kurzfristige, simultane Reduktion des Angst- bzw. Belastungserlebens, was einer negativen Verstärkung, d. h. dem Wegfall eines aversiven Reizes (C^{-}) gleichkommt und dadurch die Wiederauftretenswahrscheinlichkeit erhöht. Im weiteren Verlauf erfolgen Generalisierungsprozesse von Stimuli, die die Zwangshandlung auslösen, sowie die Etablierung von Vermeidungsverhalten.

41.3.2 Kognitiv-behaviorales Modell

Beim Verständnis der Entstehung von Zwangsimpulsen und der Ableitung entsprechender therapeutischer Interventionen gewinnen zunehmend Modelle der Aufnahme, Verarbeitung und Bewertung von Informationen an Bedeutung. Gedanken, Impulse oder Bilder von intrusivem Charakter sind per se nicht pathologisch, sondern vielmehr ein Phänomen, das den meisten Menschen bekannt ist. Diese werden naturgemäß jedoch nicht als bedrohlich bewertet und geraten so vergleichsweise schnell aus dem Fokus der Aufmerksamkeit. Erst die Bewertung als bedrohlich für die eigene Person oder andere zieht die dysfunktionale Aktivierung emotionaler und/oder kognitiver Muster nach sich und bewirkt so die Genese und Aufrechterhaltung der Zwangsstörung. Die Bewertung eines intrusiven Gedankens (z. B. »Ich könnte pädophil sein.«) als beängstigend oder schuldhaft erschwert das Vergessen und wird dadurch bedeutsam, dass der Gedanke als katastrophal erlebt wird, bei simultaner Überverantwortlichkeit des Betroffenen, möglichen Schaden abzuwenden. Es entspinnt sich ein Netz aus Zwangsgedanken, Überverantwortlichkeit, der Befürchtung, schuldhaft zu handeln, und der übersteigerten Erwartungshaltung, dass ein Ereignis von katastrophalem Ausmaß eintritt. Die Bewertung des intrusiven Gedankens generiert in der Folge vor dem Hintergrund dysfunktionaler Grundannahmen (z. B. »Ich denke, ich könnte pädophil sein, also muss ich es sein, weil ich diesen Gedanken habe.«) ein Perpetuum Mobile aus Angst- bzw. Belastungserleben und dem Grübeln über die intrusiven Gedanken. Dabei kommen Vermeidungsverhalten (z. B. den Gedanke nicht zu Ende zu denken) sowie der sofortigen Ausführung kompensatorischer Neutralisierungen störungsaufrechterhaltende Bedeutung zu: Angst- bzw. Belastungserleben wird unmittelbar reduziert, was in der Form als negative Verstärkung die Auftretenswahrscheinlichkeit für Neutralisierungen erhöht, zum anderen wird ein Korrektiv in Bezug auf die Bewertung bzw. die dysfunktionalen Grundannahmen sowie Überzeugungen bezüglich der Angst-/Belastungskurve verhindert.

41.4 Störungsspezifische Psychotherapie

41.4.1 Methoden und Techniken

In der störungsspezifischen kognitiven Verhaltenstherapie mit Exposition und Reaktionsmanagement werden behaviorale und kognitive Elemente kombiniert. Für die Wirksamkeit der KVT können hohe Effektstärken nachgewiesen werden, bei deutlicher Reduktion der Symptomatik, wobei die vollständige Remission selten ist (Öst et al., 2015). Der therapeutische Prozess lässt sich in zwei Phasen unterteilen: die kognitive Vorbereitung sowie die therapeutischen Interventionen.

41.4.2 Aufbau des therapeutischen Vorgehens

Aufbau der therapeutischen Beziehung und Motivationsklärung

Die Etablierung eines tragfähigen therapeutischen Arbeitsbündnisses ist insbesondere bei der Behandlung von Zwangsstörungen essenziell.

Die Betroffenen haben zumeist ein ausgeprägtes Bedürfnis nach Rückversicherung, das in der Phase des Beziehungsaufbaus gewährt werden sollte, im weiteren Verlauf der Behandlung jedoch nicht sinnvoll ist. Die Veränderungsmotivation erweist sich typischerweise als hochambivalent besetzt und starken Schwankungen unterworfen. Zwar besteht hoher Leidensdruck, jedoch auch ein hohes Angstniveau in Bezug auf Veränderung. Daher ist die Klärung der Therapiemotivation zu Beginn bedeutsam, etwa durch das Sammeln von Argumenten für und gegen die Behandlung oder die Entwicklung einer Vision, wie ein Leben ohne die Limitationen des Zwangs aussehen könnte.

> **Merke**
>
> Betroffene leiden zumeist unter hohem Schamerleben, was eine detaillierte Exploration der Symptomatik deutlich erschwert, die jedoch Voraussetzung für die nachfolgenden therapeutischen Interventionen ist. Auch bedarf es einer vertrauensvollen Beziehung, um sich auf die spätere Exposition einlassen zu können, da die Betroffenen sich mit massivem Angst- und Belastungserleben konfrontieren.

Biografische Anamnese und Verhaltensanalyse (SORKC-Schema)

Mit der biografischen Anamnese werden die Genese der Zwangssymptomatik exploriert sowie auslösende Stressoren ermittelt und in einen lebensgeschichtlichen Zusammenhang gesetzt, was zur Klarifizierung des Krankheitsverständnisses beitragen kann. Eine detaillierte Verhaltensanalyse schafft die notwendigen Voraussetzungen für die Exposition und wird von den Betroffenen mittels Selbstbeobachtungsprotokollen erfasst.

Die Verhaltensanalyse auf Symptomebene wird mittels SORKC-Schema erfasst:

- *S – Stimulus:* Typische Situationen und Faktoren, die sich als Auslöser von Zwangsphänomenen erweisen, wobei gleichermaßen konkrete, haptische Stimuli als auch interaktionelle, kognitive und emotionale Stimuli inkludiert sind.
- *O – Organismusvariable (POE):* Modulierende Variablen, die auf die Symptomatik Einfluss nehmen, wie etwa Persönlichkeitsstruktur *(P)* oder frühkindliche Hirnschädigung *(O)* und die Bewältigungsstrategien der Betroffenen limitieren. Dies inkludiert auch dysfunktionale Grundüberzeugungen oder kognitive Verarbeitungsmechanismen, z. B. Gedanke-Handlungs-Fusion *(E)*.
- *R – Reaktion:* Das Problemverhalten, wobei zwischen motorischer, kognitiver, emotionaler und physiologischer Komponente differenziert werden kann. Die Reaktion ist die lerntheoretische Konsequenz der auslösenden Stimuli. Dabei umfasst die physiologische Reaktion die psychovegetativen Begleiterscheinungen, die emotionale Reaktion Affekte wie Angst, Anspannung, Wut, Scham und Hilflosigkeit, die motorische Reaktion das beobachtbare Zwangs- bzw. Vermeidungsverhalten und die kognitive Reaktion mentalisierte Zwangshandlungen.
- *K – Kontingenzen:* Die Vermeidung aversiv erlebter Emotionen durch die ritualisierten Reaktionen geht zumeist mit einer kontinuierlichen Verstärkung durch unmittelbar nachlassende Anspannung und Ängste einher.
- *C – Konsequenzen:* Sowohl kurz- als auch langfristige Konsequenzen des Problemverhaltens, wobei die kurzfristigen Konsequenzen typischerweise positiv sind und über negative Verstärkung handlungsleitend wirken, etwa Reduktion von Angst oder Anspannung als Folge der Zwangshandlung. Die langfristigen Konsequenzen sind überwiegend negativ, etwa zunehmende Isolation.

Zielanalyse und Behandlungsplan

Die Behandlungsziele werden sowohl mit Blick auf die Symptomebene als auch für spezifische Problembereiche definiert, wobei auf konkrete, empirisch überprüfbare Unterziele (z. B. das Haus verlassen, ohne vorher den Herd zu kontrollieren) fokussiert wird. Besondere Beachtung sollte dabei die Klärung von Standards und Normen in Bezug auf die Einordnung innerhalb des Kontinuums der Normalität finden, da chronifizierte Zwangspatienten und -patientinnen diesbezüglich häufig Verunsicherung zeigen. Bedeutsam für den Therapieerfolg ist außerdem, dass die Ziele von Patienten und Behandelnden konvergieren. In der Behandlungsplanung werden anschließend die Interventionsstrategien festgelegt.

Exposition mit Reaktionsmanagement

Der eigentlichen Exposition geht zunächst eine Hierarchisierung der zwangsauslösenden Situationen nach Stärke der antizipierten Anspannung auf Basis der Verhaltensanalyse voraus. Die Exposition mit Reaktionsmanagement ist zentraler Bestandteil der Behandlung von Zwangsstörungen. Dabei erfolgt die Konfrontation mit den zwangsauslösenden Stimuli, bei simultaner Unterlassung der kompensatorischen Neutralisierungen – sowohl in physischer als auch mentalisierter Form. Dabei ist sowohl ein graduiertes Vorgehen entsprechend der Hierarchisierung möglich als auch ein zufallsgeleitetes Vorgehen.

> **Merke**
>
> Theoretisches Narrativ ist die Beobachtung, dass für die Betroffenen typische Stimuli und Situationen Angst- und Belastungserleben induzieren, das mittels Neutralisierungen reduziert wird. Die Ausführung der Neutralisierungshandlung verhindert jedoch die korrigierende Erfahrung, dass Angst bzw. Anspannung auch ohne vorausgegangene Neutralisierung nachlassen. Dies wird für den Betroffenen im Rahmen der Exposition erfahrbar und stellt den zentralen Wirkmechanismus für die Symptomreduktion dar.

Konfrontiert mit den zwangsauslösenden Stimuli erleben die Betroffenen zunächst einen Anstieg des Angst- bzw. Belastungserlebens, die sich jedoch auch ohne Neutralisierung abschwächt, was als Habituation bezeichnet wird. Sie ist der Indikator für die angemessene Beendigung der Exposition – erst wenn eine deutliche Habituation auf physiologischer, kognitiver und emotionaler Ebene besteht, sollte der Abschluss erfolgen. Bedeutsam für den Therapieerfolg ist auch der Abbau von Vermeidungsverhalten, das zunächst identifiziert und anschließend ebenfalls exponiert wird. Die direkte Symptomreduktion wirkt sich stärkend auf die Veränderungsmotivation aus und ermöglicht eine angemessenere Wahrnehmung der auslösenden Stimuli. Die Exposition wird zunächst unter Anleitung der Therapeutin oder des Therapeuten durchgeführt, erfolgt jedoch zunehmend in Eigenregie. Im Verlauf des therapeutischen Prozesses finden Generalisierungsprozesse in Bezug auf das Gelernte statt.

Indizierte Bearbeitung sekundärer Problemfelder

Neben der symptomorientierten Exposition mit Reaktionsmanagement sollte insbesondere bei bestehenden Komorbiditäten die Erarbeitung eines Verständnisses für die (über-) kompensatorische regulatorische Funktion der Zwangsstörung in den Fokus gerückt und die Entwicklung alternativer, konstruktiver Bewältigungsmuster gefördert werden. Häufig finden sich bei den Betroffenen Defizite in Bezug auf soziale Fertigkeiten, etwa in der Formulierung der eigenen Grenzen und Bedürfnisse oder im Aufbau zwischenmenschlicher Beziehungen. Insbesondere bei multiplen Komorbiditäten entspinnen sich häufig komplexe Wechselwirkungen aus aufrechterhaltenden und verstärkenden Faktoren zwischen den unterschiedlichen Symptombildern und deren Kompensationsmustern, die eine simultane Behandlung erfordern. Beispielsweise bei gleichzeitigem Vorliegen einer PTBS und einer Zwangsstörung scheint es sinnvoll, zunächst die im Vordergrund stehende Erkrankung störungsspezifisch zu therapieren, so dass es je nach Patient oder Patientin indiziert sein kann, zunächst mit Exposition mit Reaktionsmanagement oder mit Traumakonfrontation zu beginnen. Bei komorbider emotional instabiler Persönlichkeitsstörung finden sich häufig Defizite im Bereich der Affektmodulation und Selbstberuhigung, die eine vorrangige Bearbeitung, z. B. Alternativen im Umgang mit Hochanspannungszuständen, erforderlich machen. Weiteres Augenmerk sollte auch auf die zugrunde liegenden intrapsychischen und interaktionellen Konfliktpathologien gelegt und deren Lösungsfindung forciert werden.

41.5 Pharmakotherapie

Trotz der primären Empfehlung der kognitiven Verhaltenstherapie (KVT) mit Exposition und Reaktionsmanagement als Goldstandard spielt die Psychopharmakotherapie eine wichtige Rolle, insbesondere bei schwerer Symptomatik, unzureichender Verfügbarkeit von KVT oder wenn Patientinnen und Patienten Psychotherapie ablehnen. Die S3-Leitlinie (DGPPN, 2022) betont, dass die Psychopharmakotherapie eine gut belegte Wirksamkeit zeigt, jedoch in der Regel als zweite Wahl nach oder in Kombination mit KVT empfohlen wird. Sie spricht sich für die Kombination von Psychopharmakotherapie (SSRI oder Clomipramin) mit KVT aus, da dies zusätzliche und nachhaltige Therapieeffekte im Vergleich zu einer Monotherapie mit Medikamenten erzielen kann. Studien geben Hinweise, dass die Kombinationstherapie insbesondere bei schwerer Symptomatik oder komorbiden depressiven Störungen überlegen ist (Foa et al., 2005). Die Psychopharmakotherapie kann die emotionale Belastbarkeit der Patientinnen und Patienten erhöhen, was die Durchführung expositionsbasierter Verfahren erleichtern kann und nicht im Widerspruch mit der KVT und Expositionen steht.

Selektive Serotonin-Wiederaufnahmehemmer (SSRI) sind aufgrund ihrer Wirksamkeit und ihres günstigen Nebenwirkungsprofils die Medikamente der ersten Wahl für die Behandlung von Zwangsstörungen. Die Leitlinie empfiehlt folgende in Deutschland zugelassene SSRI: Escitalopram, Fluoxetin, Fluvoxamin, Paroxetin und Sertralin. Sie betont, dass SSRI bis zur maximal zugelassenen therapeutischen Dosierung titriert werden sollten, da eine höhere Dosierung häufig mit einer stärkeren Wirksamkeit assoziiert ist. Eine ausreichende Behandlungsdauer von mindestens 8–12 Wochen ist notwendig, um die volle Wirkung beurteilen zu können. Studien zeigen, dass etwa 40–60 % der Bertoffenen auf eine SSRI-Therapie ansprechen, wobei eine vollständige Remission seltener erreicht wird (Mataix-Cols et al., 2016).

Clomipramin, ein trizyklisches Antidepressivum mit starker serotonerger Wirkung, ist ebenfalls hochwirksam bei Zwangsstörungen. Es zeigt eine vergleichbare Effektivität wie SSRI, sollte jedoch aufgrund eines ungünstigeren Nebenwirkungsprofils (z. B. anticholinerge Effekte, Kardiotoxizität) nicht als Mittel der ersten Wahl eingesetzt werden.

Bei Ansprechen auf die medikamentöse Therapie sollte die Behandlung für mindestens 12–24 Monate fortgeführt werden, um ein Rückfallrisiko zu minimieren. Ein schrittweises Ausschleichen der Medikation wird empfohlen, idealerweise unter gleichzeitiger Fortführung oder Wiederaufnahme von KVT, da die KVT nachhaltigere Effekte zeigt. Studien weisen darauf hin, dass etwa 50 % der Patientinnen und Patienten nach Absetzen der Medikation ohne KVT einen Rückfall erleiden, was die Bedeutung einer langfristigen Behandlungsstrategie unterstreicht (Hollander et al., 2010).

Bei ausbleibendem Ansprechen auf eine adäquate SSRI- oder Clomipramin-Therapie nach 12 Wochen in maximaler Dosierung spricht man von einer therapierefraktären Zwangsstörung. Die Leitlinie schlägt in diesen Fällen folgende Strategien vor:

1. *Wechsel zu einem anderen SSRI oder Clomipramin:* Ein Wechsel kann bei etwa 25 % der Betroffenen zu einer Besserung führen.
2. *Augmentation mit Antipsychotika:* Der Einsatz von niedrig dosierten atypischen Antipsychotika wie Risperidon oder Aripiprazol kann bei einem Teil der Betroffenen wirksam sein. Die Evidenz ist jedoch begrenzt, und die Risiken (z. B. metabolische Nebenwirkungen) müssen sorgfältig abgewogen werden.

41.6 Evidenzbasierung

Zur Diagnostik und Behandlung von Zwangsstörungen liegt die S3-Leitlinie (DGPPN, 2022) mit Empfehlungen vor. Diese sieht in Bezug auf psychotherapeutische Verfahren vor, dass beim Vorliegen einer Zwangsstörung eine störungsspezifische kognitive Verhaltenstherapie (KVT) einschließlich Exposition als Psychotherapie der ersten Wahl angeboten werden soll. Weiter wird empfohlen, dass die Behandlung mit KVT einschließlich Exposition Strategien zur Rückfallprophylaxe beinhalten soll, z. B. Booster-Sitzungen zur Verstärkung und Wiederauffrischung von Therapieinhalten, Selbsthilfegruppen, Übergang in ambulante Psychotherapie nach stationärer Behandlung. Die Leitlinie sieht außerdem vor, dass bei der Wahl zwischen einer Behandlung mit SSRI oder Clomipramin und der Verhaltenstherapie (VT) mit Exposition die (K)VT bevorzugt werden soll. Weiter wird für die Behandlung von Zwangsstörungen definiert, dass die Akzeptanz- und Commitment-Therapie (ACT) in Erwägung gezogen werden kann. Die Leitlinie legt fest, dass die KVT im Gruppensetting angeboten werden sollte, insbesondere wenn Einzeltherapie nicht verfügbar ist. Sie bevorzugt die Durchführung hochfrequenter Exposition mit Reaktionsmanagement (Blockexposition an unmittelbar konsekutiven Therapietagen; mindestens aber zwei lange Expositionseinheiten pro Woche) und legt fest, dass diese genutzt werden sollte. Sie empfiehlt, dass die KVT mit Exposition unter der Voraussetzung eines Ansprechens auf dieses Vorgehen bis zum Erreichen einer klinischen Remission fortgeführt werden soll. Bezüglich therapeutischer Begleitung legt die Leitlinie nahe, dass die Expositionen in der KVT in Begleitung von Therapeutinnen und Therapeuten angeboten werden und auf eine Überführung in das Selbstmanagement abzielen sollen. Die Expositionen der KVT sollen im häuslichen Umfeld oder in zwangsauslösenden Situationen (außerhalb von Praxis/Klinik) durchgeführt werden, falls die Zwangssymptome im Praxis- bzw. Klinik-Setting nicht aktualisierbar sind. Sie postuliert, dass stationäre Therapie, die KVT mit Exposition und Reaktionsmanagement im Rahmen multimodaler zwangsspezifischer Therapieprogramme anbietet, bei Zwangsstörungen wirksam ist und hohe Effektstärken erzielt, und empfiehlt, enge Bezugspersonen in die KVT einzubeziehen. Die Leitlinie definiert, dass Achtsamkeitsbasierte kognitive Therapie (MBCT) als Gruppenangebot in Erwägung gezogen werden kann, wenn zuvor keine ausreichende Response auf (K)VT erfolgt ist. Sie gibt an, dass sowohl achtsamkeitsbasierte Exposition in der Gruppe als auch metakognitive Therapieansätze zur Behandlung in Erwägung gezogen werden können. Bei wenig Einsicht in die Irrationalität der Zwangsinhalte wird inferenzbasierte Therapie nahegelegt. Für eine Reihe von weiteren Therapievarianten (EMDR, Schematherapie, Assoziationsspaltung, Sättigungstherapie, DIRT) existieren keine hinreichenden Wirksamkeitsnachweise. Die Leitlinie empfiehlt bei begrenztem Behandlungsangebot oder zur Überbrückung von Wartezeiten KVT-basierte Therapieformen (inkl. Selbsthilfe) über das Internet verfügbar zu machen. Sofern die Durchführung der KVT nicht im direkten persönlichen Kontakt mit dem Therapeuten/der Therapeutin möglich ist, spricht sich die Leitlinie für die Durchführung der KVT per Videosprechstunde/-behandlung aus. Es gibt Hinweise, dass die Effekte internetbasierter kognitiv verhaltenstherapeutischer Behandlungsangebote mit zunehmendem Therapeutenkontakt gesteigert werden können. Für psychoanalytisch und tiefenpsychologisch begründete Psychotherapieverfahren liegt keine Evidenz für ihre Wirksamkeit aus randomisierten kontrollierten Studien vor.

Prüfungsfragen

1. Wie erklärt das kognitiv-behaviorale Modell die Genese und Aufrechterhaltung der Zwangssymptomatik?
2. Warum ist der Aufbau einer vertrauensvollen therapeutischen Beziehung wichtige Voraussetzung für die spätere Exposition mit Reaktionsverhinderung?
3. Was ist der zentrale Wirkmechanismus der symptomorientierten Exposition mit Reaktionsmanagement?

Antworten

1. Wiederkehrende, intrusive Gedanken werden als bedrohlich, schuldhaft, ängstigend oder verwerflich bewertet, was die dysfunktionale Aktivierung emotionaler und/oder kognitiver Muster nach sich zieht und so die Genese und Aufrechterhaltung der Zwangsstörung bewirkt. Der Gedanke wird als katastrophal erlebt, bei simultaner Überverantwortlichkeit, Schaden abzuwenden. Es entsteht ein Teufelskreis aus Zwangsgedanke, Überverantwortlichkeit, der Befürchtung, schuldhaft zu handeln, und der übersteigerten Erwartungshaltung, dass ein Ereignis von katastrophalem Ausmaß eintritt. Vermeidungsverhalten und Neutralisierungen kommt aufrechterhaltende Bedeutung zu: Angst- bzw. Belastungserleben wird unmittelbar reduziert, was in der Form als negative Verstärkung die Auftretenswahrscheinlichkeit für Neutralisierungen erhöht und ein Korrektiv verhindert.
2. Die Betroffenen werden in der Exposition mit massivem Angst- und Belastungserleben konfrontiert. Eine haltgebende therapeutische Beziehung wirkt sich motivierend aus, hat aber auch emotional begleitenden Charakter und schafft dadurch Sicherheit und Vertrauen in eigene Bewältigungskompetenzen.
3. Spezifische Stimuli induzieren Angst- bzw. Belastungserleben, das mittels Neutralisierung reduziert wird. Die Ausführung der Neutralisierungshandlung verhindert die Erfahrung, dass sich die Angst bzw. Belastung auch ohne vorangehendes Neutralisierungsritual reduziert, was für Betroffene in der Exposition erlebbar wird.

Literatur

DGPPN – Deutsche Gesellschaft für Psychiatrie und Psychotherapie, Psychosomatik und Nervenheilkunde (2022). *S3-Leitlinie Zwangsstörungen.* Langversion. Version 2.0. https://register.awmf.org/de/leitlinien/detail/038-017 (Zugriff am 24.4.2025).

Foa, E. B., Liebowitz, M. R., Kozak, M. J., et al. (2005). Randomized, placebo-controlled trial of exposure and ritual prevention, clomipramine, and their combination in the treatment of obsessive-compulsive disorder. *American Journal of Psychiatry, 162*(1), 151–161.

Hollander, E., et al. (2010). Long-term outcome of obsessive-compulsive disorder. *Journal of Clinical Psychiatry, 71*(6), 722–728.

Mataix-Cols, D., et al. (2016). Evidence-based treatment for obsessive-compulsive disorder. *Current Opinion in Psychiatry, 29*(2), 103–108.

Mowrer, H. O. (1947). On the dual nature of learning: A reinterpretation of »conditioning« and »problem solving«. *Harvard Educational Review, 17*, 102–148.

Öst, L.G., Havnen, A., Hansen, B., & Kvale, G. (2015). Cognitive behavioral treatments of obsessive-compulsive disorder. A systematic review and meta-analysis of studies published 1993–2014. *Clinical Psychological Review, 40*, 156–169.

Reinecker, H. (1994). *Zwänge: Diagnose, Theorien und Behandlung* (2. Aufl.). Hans Huber.

WHO – World Health Organization (2019/2021). *International Classification of Diseases, Eleventh Revision (ICD-11).* Online verfügbar unter: https://icd.who.int/browse11 (Zugriff am 22.2.2025; Version 01/2025).

42 Posttraumatische Belastungsstörung (PTBS) und komplexe posttraumatische Belastungsstörung (KPTBS)

Mareike Augsburger

Das Wichtigste auf einen Blick

- PTBS kann nach traumatischen Ereignissen entstehen und wird nach ICD-11 durch Wiedererleben, Vermeidung und ein anhaltendes Gefühl einer aktuellen Bedrohung charakterisiert.
- KPTBS kann nach anhaltenden oder wiederholten traumatischen Ereignissen auftreten und umfasst zusätzlich Probleme in der Affektregulation, ein anhaltend negatives Selbstbild und Schwierigkeiten in zwischenmenschlichen Beziehungen.
- Die Diagnose erfolgt bei positiver Trauma-Anamnese über Selbstbeurteilungsverfahren und (teil)standardisierte Interviews.
- Die PTBS ist gut behandelbar. Goldstandard sind traumafokussierte kognitiv-verhaltenstherapeutische Verfahren – hier die Prolongierte Expositionstherapie (PE), Narrative Expositionstherapie (NET), Cognitive Processing Therapy (CPT) und Kognitive Therapie (CT) – sowie Eye Movement Desensitization and Reprocessing (EMDR).
- Die Behandlung der KPTBS ist weniger gut untersucht. Nach Empfehlungen erfolgen vor der Auseinandersetzung mit der Trauma-Erinnerung ein Ressourcenaufbau und Skills-Training.

42.1 Einführung

Trotz früherer systematischer Beschreibungen der psychischen Folgen extremer Ereignisse dauerte es bis zum Jahr 1980, bis die PTBS im Diagnostischen und Statistischen Manual psychischer Störungen (DSM) erstmalig anerkannt wurde. In die Internationale Klassifikation der Erkrankungen (ICD) wurde sie erst 1992 aufgenommen. In ihrer neuesten Version, der ICD-11, wurde erstmalig auch die »Geschwisterdiagnose« KPTBS eingeführt. Diese entsteht vor allem nach wiederholten oder langandauernden traumatischen Ereignissen. Betroffene mit (K)PTBS erleben eine starke Belastung und Einschränkungen im Alltag. Unbehandelt ist eine Spontanremission nach dem ersten Jahr selten.

Obwohl die Mehrheit der Bevölkerung in ihrem Leben mindestens ein traumatisches Ereignis erlebt (Kessler et al., 2017), entwickelt nur ein kleiner Teil eine PTBS. Die kombinierte Ein-Monats-Prävalenz von PTBS und KPTBS in der BRD liegt bei etwa 2 % (Maercker et al., 2018), wobei Frauen weltweit häufiger betroffen sind (Tolin & Foa, 2008). Allerdings steigt das Risiko nach bestimmten Ereignissen, vor allem nach interpersonellen Erlebnissen wie Vergewaltigung (19 %), körperlicher Gewalt in der Paarbeziehung (11,7 %) sowie Entführungen (11 %) (Kessler et al., 2017). Auch bestimmte Personengruppen zeigen deutlich höhere Raten, wie beispielsweise Geflüchtete, bei denen fast ein Drittel an einer PTBS erkrankt ist (Blackmore et al., 2020), Angehörige von Blaulicht- und Rettungsorganisationen mit einer Prävalenzrate von 6,4–57 % (Berger et al., 2012) oder Überlebende nach Terroranschlägen mit 33–39 % (Paz García-Vera et al., 2016).

Merke

Risikopopulationen haben deutlich erhöhte Prävalenzraten für eine PTBS aufgrund der erhöhten Wahrscheinlichkeit einer Exposition traumatischer Ereignisse.

42.2 Diagnose und lerntheoretische Besonderheiten

Die PTBS und KPTBS werden gemäß ICD-11 den »spezifisch Belastungs-assoziierten Störungen« zugeordnet (WHO, 2022). Damit gehören sie zur Gruppe der Störungsbilder, die kausal durch ein externes Ereignis verursacht wurden.

42.2.1 Das traumatische Ereignis

Fallbeispiel

Der 30-jährige Herr H. erlebte während seiner Tätigkeit als Kassierer in einer Tankstelle einen bewaffneten Raubüberfall. In der späteren Psychotherapie berichtet er typische Kennzeichen einer PTBS:

»Jede Nacht wache ich schweißgebadet auf. Es ist so, als erlebe ich den Überfall im Traum aufs Neue. Es ist schrecklich. Ich sehe die Mündung der Waffe direkt vor mir, auf mich gerichtet. Ich stehe an der Kasse. Ich sehe den Mann, der sie hält. Ich habe große Angst. Dann wache ich auf. An Schlaf ist so nicht mehr zu denken. Tagsüber bin ich unkonzentriert und reizbar. Schon kleinste Geräusche erschrecken mich. Arbeitsfähig bin ich nicht mehr. Ich traue mich nicht, auch nur in die Nähe des Orts zu gehen, an dem es geschehen ist.«

Ein traumatisches Ereignis definiert sich gemäß ICD-11 für die PTBS als »extrem bedrohliches oder katastrophales Ereignis oder eine Reihe von Ereignissen«, bei der KPTBS »nachdem man einem Ereignis oder einer Reihe von Ereignissen extrem bedrohlicher oder schrecklicher Natur ausgesetzt war, meist langanhaltende oder sich wiederholende Ereignisse, denen man nur schwer oder gar nicht entkommen kann« (WHO, 2022, dt. Übers. Bundesinstitut für Arzneimittel und Medizinprodukte [BfArM]).

In der Vorgängerversion ICD-10 definierte sich das traumatische Ereignis als »Ereignis [...] mit außergewöhnlicher Bedrohung oder katastrophenartigem Ausmaß, [das] bei fast jedem eine tiefe Verzweiflung hervorrufen würde« (DIMDI, 2016). Dieses sogenannte subjektive Kriterium ist nicht tauglich, da vor allem langanhaltende traumatische Erfahrungen oder Ereignisse von trainierten Einsatzkräften wie der Feuerwehr dieses subjektive Empfinden nicht auslösen müssen und trotzdem zu einer PTBS führen können (vgl. Maercker & Augsburger, 2019).

Gemäß engerer Definition gehören dazu Situationen, die die körperliche und/oder sexuelle Integrität bedrohen oder verletzen, z. B. Gewalt, sexualisierte Übergriffe, Naturkatastrophen, lebensbedrohliche Krankheiten, Unfälle, etc. Diese können selbst erlebt oder bezeugt sein oder auch im Rahmen des Berufs auftreten (z. B. als Rettungspersonal). »Typische« Ereignisse für eine KPTBS sind Folter, Sklaverei, Völkermordkampagnen, langanhaltende häusliche Gewalt oder wiederholter sexueller/körperlicher Missbrauch in der Kindheit (WHO, 2022, dt. Übers. BfArM).

Neuere Untersuchungen zeigen, dass dieses Konzept traumatischer Erlebnisse jedoch zu kurz greift und auch eine Verletzung der sozialen und/oder psychischen Integrität eine PTBS/KPTBS auslösen kann. Aus diesem Grund werden nach einem erweiterten Verständnis Ereignisse wie z. B. anhaltendes Mobbing, emotionale Vernachlässigung in der Kindheit, Verunglimpfen in der Öffentlichkeit etc. ebenfalls als traumatisches Ereignis betrachtet (vgl. Hyland et al., 2021; Neuner, 2023).

Merke

In der Alltagssprache werden Begriffe wie »traumatisch« häufig für psychosoziale Belastungssituationen (z. B. Trennung) verwendet. Dies entspricht nicht dem klinischen Verständnis. Dazu muss es ein *subjektives Gefühl der Bedrohung* gegeben haben.

Eine gute Unterstützung in der Praxis bieten strukturierte Ereignislisten wie der speziell für ICD-11 entwickelte Internationale Fragebogen zur Erhebung traumatischer Ereignisse (ITEM) (Meinhardt & Lueger-Schuster, 2022).

Merke

Die Diagnose der PTBS/KPTBS definiert sich nach dem Vorhandensein der Kernsymptome als *Reaktion* auf ein Ereignis. Ob eine (K)PTBS vorliegt, kann nicht anhand des Vorhandenseins eines Ereignisses alleine bewertet werden.

42.2.2 Kernmerkmale der PTBS

Die PTBS ist gemäß ICD-11 durch drei Symptomgruppen gekennzeichnet: 1. Wiedererleben des traumatischen Ereignisses, 2. Vermeidung von Gedanken/Erinnerungen an das Ereignis oder Vermeidung von Aktivitäten Situationen oder Personen, die an das Ereignis bzw. die Ereignisse erinnern, und 3. anhaltende Wahrnehmung einer erhöhten aktuellen Bedrohung (WHO, 2022, dt. Übers. BfArM).

In der ICD-10 waren die Symptome der PTBS als langer Kriterienkatalog unspezifischer formuliert. Es gab keine Kernsymptomatik und große Überlappungen zu anderen Störungsbildern. Dies erschwerte eine differenzialdiagnostische Abgrenzung. Gleichzeitig wurde eine fehlende interkulturelle Perspektive kritisiert. Seit der Veröffentlichung der ICD-10 wurde die PTBS auf eine solidere empirische Basis gestellt, so dass die ICD-11-Kriterien den aktuellen Stand der internationalen Forschung praxisnah und interkulturell passend abbilden.

Wiedererleben

Betroffene mit PTBS erleben Elemente der traumatischen Situation unwillkürlich und sich in Gedanken oder Bildern vor dem inneren Auge unkontrollierbar aufdrängend wieder. Man nennt dies auch Intrusion oder Nachhallerinnerung. Diese sind sehr belastend und häufig begleitet von starker Angst oder körperlichen Empfindungen (z. B. Schweißausbruch, Zittern). In ihrer intensivsten Form mündet eine Intrusion im Flashback, in dem das traumatische Ereignis unter Sinnesbeteiligung mit Hier-und-Jetzt-Qualität erlebt wird. Wiedererleben kann auch im Schlaf in Form von Alpträumen stattfinden (siehe Fallbeispiel).

Die bloße (unangenehme) Erinnerung an eine Situation stellt kein Wiedererleben dar. Intensives Grübeln zählt ebenfalls nicht als Wiedererleben.

Vermeidung

Betroffene vermeiden Stimuli, die an das traumatische Erlebnis erinnern könnten. Dies sind einerseits Gedanken an das Ereignis sowie eine Auseinandersetzung mit dem Erlebten. Andererseits werden Orte, Aktivitäten, Personen, Tätigkeiten, etc. vermieden. Lerntheoretisch spielt das Vermeidungsverhalten eine wichtige Rolle bei der Entstehung und Aufrechterhaltung der Symptomatik (▶ Kap. 42.3).

> **Merke**
>
> Die PTBS wird in der klinischen Praxis häufig übersehen. Vermeidungsverhalten kann ein Grund davon sein.

Wahrnehmung einer anhaltenden Bedrohung

Patientinnen und Patienten mit PTBS erleben das traumatische Ereignis nicht als abgeschlossen, sondern als gegenwärtige, ständig andauernde Bedrohung. Sie sind übermäßig wachsam und in ständiger Alarmbereitschaft (Hypervigilanz). Häufig zeigen sie eine starke Schreckreaktion auf unerwartete Geräusche (z. B. Händeklatschen). Konzentrationsprobleme und Schlafstörungen aufgrund physiologischer Übererregung gehören ebenfalls zu diesem Bereich.

42.2.3 Kernmerkmale der KPTBS

Manche Betroffene mit traumatischen Erfahrungen berichten Schwierigkeiten in der Selbstorganisation (*disorders of self-organization*, DSO), die sich mit der »klassischen« PTBS nicht hinreichend erklären lassen. Eine KPTBS erfordert zusätzlich zum Vorliegen einer PTBS Probleme in der Affektregulation, ein anhaltend negatives Selbstkonzept und Probleme in zwischenmenschlichen Beziehungen (WHO, 2022, dt. Übers. BfArM).

Die ICD-10-Vorgängerdiagnose der KPTBS lautet »Andauernde Persönlichkeitsveränderung nach Extrembelastung«, findet sich im Bereich der Persönlichkeitsstörungen und ist konzeptuell und empirisch wenig gesichert. Im DSM-5 gehören die Symptome der KPTBS zum Diagnosecluster D der PTBS, eine separate Diagnose der KPTBS gibt es nicht.

Affektive Dysregulation

Betroffene mit KPTBS haben Schwierigkeiten, ihre affektiven Zustände angemessen zu regulieren. Sie erleben starke plötzliche Übererregung (z. B. starke Wut, plötzlicher Ärger) oder Untererregung (z. B. emotionale Taubheit und Dissoziation).

Anhaltend negatives Selbstkonzept

Betroffene berichten ein tief verankertes starkes Gefühl von intensiven Scham-, Schuld- oder Versagensgefühlen. Sie nehmen sich häufig als erniedrigt, unterlegen oder wertlos wahr.

Probleme in zwischenmenschlichen Beziehungen

Tiefgreifende Probleme in der zwischenmenschlichen Beziehungsgestaltung sind ein weiteres Kernkriterium. Betroffene ziehen sich zurück, meiden Nähe und brechen Kontakte ab, sobald zu viel Nähe entsteht.

42.2.4 Dauer und Funktionsbeeinträchtigung

Beide Störungen können vorliegen, wenn die Symptome mehrere Wochen lang anhalten (häufig werden vier Wochen als Kriterium genutzt analog der Empfehlung im DSM-5) und wenn wichtige Bereiche des täglichen Lebens (z. B. persönlich, familiär, sozial, ausbildungs- oder arbeitsbezogen, sonstige Bereiche) beeinträchtigt sind.

> **Merke**
>
> Reaktionen innerhalb der ersten Stunde bis wenige Wochen nach einem traumatischen Ereignis werden der akuten Belastungsreaktion zugeordnet. Es handelt sich hierbei um eine normale, nicht pathologische Reaktion auf eine »abnormale« Situation, die der PTBS symptomatisch ähneln kann, und ist Kerngebiet der Notfallpsychologie bzw. Notfallpsychiatrie.

Eine PTBS kann bei einer positiven Trauma-Anamnese diagnostiziert werden, wenn alle drei Kernmerkmale in klinisch signifikantem Ausmaß vorhanden sind, diese über mehrere Wochen anhalten und zu klinisch relevanten Funktionsbeeinträchtigungen führen.

Bei der KPTBS müssen die Kriterien der PTBS erfüllt und zusätzlich die drei weiteren Kernbereiche ebenfalls in klinisch signifikantem Ausmaß vorliegen. Dauer und Funktionsbeeinträchtigung müssen analog PTBS ebenfalls für diese drei Bereiche vorliegen.

42.2.5 Weitere Symptome

Dissoziation

Dissoziation beschreibt eine Unterbrechung in der Wahrnehmung der Welt und von sich selbst. Der Realitätsbezug zur Gegenwart geht kurzzeitig verloren. Dies geschieht unwillkürlich als Reaktion auf einen Auslösereiz. Dissoziationen äußern sich als Aufmerksamkeitsstörungen, (Teil)Amnesien, Derealisations- oder Depersonalisationserleben und emotionale Taubheit. Dissoziative Tendenzen sind häufig nach interpersonellen traumatischen Erfahrungen und können sowohl bei PTBS als auch bei KPTBS auftreten. Für die Therapieplanung ist das Wissen um die individuelle Dissoziationsneigung essenziell.

Da dissoziative Symptome auch bei anderen Störungen auftreten (z. B. Persönlichkeitsstörung mit dissoziativen Merkmalen) und in der ICD-11 eine eigene diagnostische Störungsgruppe ausmachen, wurden sie aus Gründen der klinischen Nützlichkeit und differenzialdiagnostischen Abgrenzbarkeit nicht als eigenes Kriterium mitaufgenommen.

Sekundäremotionen

Verschiedene starke Affektzustände finden sich häufig bei Betroffenen mit PTBS und KPTBS. Scham als Gefühl der eigenen Bloßstellung sowie starke generalisierte Ekelgefühle berichten vor allem Überlebende sexualisierter Gewalt häufig. Schuld- und Versagensgefühle bis hin zur

Überlebensschuld wurden erstmalig bei Holocaust-Überlebenden berichtet und treten oft nach Unfällen mit Toten auf (z. B. Bootsunglücke bei Geflüchteten). Diese posttraumatisch auftretenden Emotionen haben häufig eine Funktion der vermeidlichen Kontrollierbarkeit und können dadurch stabilisierend wirken (»Wenn ich mich anders verhalten hätte, wäre der Unfall nicht passiert«). Für die Verarbeitung des Trauma-Erlebens sind sie hinderlich.

42.3 Lernpsychologische Modelle

Durch klassische Konditionierung lässt sich erklären, wie ein ehemals neutraler Reiz wie z. B. ein bestimmtes Geräusch mit intensiver Angst verknüpft wird und zu einer Angstreaktion führt. In der Folge ist das Geräusch allein ausreichend, um eine starke Angstreaktion hervorzurufen und dies losgelöst von Kontext. Die nun stattfindende Vermeidung auslösender Situationen und Stimuli sorgt nach den Gesetzen der operanten Konditionierung kurzfristig für eine emotionale Entlastung und Reduktion der Anspannung. Langfristig verhindert das Vermeidungsverhalten eine Habituation und sorgt so für eine Aufrechterhaltung der Symptomatik: Die eigentlich ungefährliche Situation (z. B. Autofahren, Besuch des Ortes des Geschehens, etc.) oder bestimmte Stimuli bleiben subjektiv bedrohlich für Betroffene.

Das Auftreten von Intrusionen kann durch neurobiologische Besonderheiten des Traumagedächtnisses erklärt werden. Traumatische Erinnerungen werden hauptsächlich perzeptuell und basierend auf Sinneswahrnehmungen enkodiert, während kontextuelle Informationen nur eingeschränkt abgespeichert werden. Dadurch erfolgt die Abspeicherung fragmentiert. Als Folge können Erinnerungen nicht kohärent willentlich abgerufen werden, sondern werden durch traumabezogene Stimuli aktiviert (Brewin, 2011). Gleichzeitig geht man davon aus, dass die Trauma-Erinnerung nur eingeschränkt in das autobiografische Gedächtnis integriert wird und so die Bedrohungsinformation nicht mit aktualisierten Informationen (z. B. überlebt zu haben) korrigiert wird (Ehlers, 2025).

Lerntheoretische und neurobiologische Sichtweisen werden ergänzt um peri- und posttraumatisch stattfindende kognitive Prozesse: Veränderte dysfunktionale Grundüberzeugungen und Kognitionen über sich selbst oder die Welt führen zu einer Aufrechterhaltung der Symptomatik. Studien zeigen, dass katastrophisierende Interpretationen initialer Symptome das Risiko für eine chronische PTBS erhöhen (Ehring, 2019).

42.4 Störungsspezifische Psychotherapie

Die erste Wahl der Behandlung von PTBS und KPTBS sind die Traumafokussierte kognitive Verhaltenstherapie (TF-KVT) sowie Eye Movement Desensitization and Reprocessing (EMDR). Da die EMDR nicht zu den verhaltenstherapeutischen Verfahren zählt, wird in diesem Kapitel nicht weiter darauf eingegangen.

Bei der TF-KVT handelt es sich um eine Gruppe von Verfahren: Es lassen sich kognitionsbasierte Verfahren von den expositionsbasierten Verfahren abgrenzen (s. u.). Der Fokus und die jeweiligen Techniken variieren dabei. Allen traumafokussierten Verfahren gemein ist eine kontrollierte Auseinandersetzung mit und Verarbeitung der Trauma-Erinnerung und deren Folgen. Dadurch werden Symptome reduziert und die traumatische Erfahrung erhält eine neue Bedeutung.

Kognitionsbasierte Verfahren:

- Cognitive Processing Therapy (CPT)
- Kognitive Therapie nach Ehlers (CT)

Expositionsbasierte Verfahren:

- Narrative Expositionstherapie (NET)
- Prolongierte Expositionstherapie (PE)

42.4.1 Setting und therapeutische Beziehung

Betroffene mit PTBS haben häufig einen Vertrauensverlust erlitten. Dysfunktionale posttraumatische Überzeugungen (»Ich kann niemandem mehr trauen«) erschweren die therapeutische Beziehung zusätzlich. Dementsprechend wichtig ist ein behutsames Vorgehen mit einem transparenten und verlässlichen Ablauf. Der Aufbau und die Sicherheit des therapeutischen Raums und eine tragfähige therapeutische Beziehung sind zentral für die Konfrontation mit Trauma-Material. Vermeidungsverhalten ist Teil der PTBS-Symptomatik und kann die therapeutische Arbeit erschweren, indem Patientinnen und Patienten zum Beispiel nicht zu vereinbarten Sitzungen erscheinen. Hier hilft Psychoedukation und der Aufbau eines sicheren Rahmens. Als Fachperson sollte man auf eigene Anzeichen von Vermeidungstendenzen achten und diese ggf. in Selbsterfahrung und Supervision reflektieren. Traumatherapie ist auch für Behandelnde emotional fordernd. Zum Selbstschutz sind eine gute Psychohygiene und individuell angemessene Fallzahl wichtig.

Tab. 42.1: Items des Internationalen Traumafragebogens (ITQ) für PTBS und KPTBS (Cloitre et al., 2018, dt. Übers. nach Lueger-Schuster, Knefel, Maercker, 2021)

Items der PTBS	Items der KPTBS
P1. Aufwühlende Träume	C1. Lange Zeit bis zur Beruhigung, wenn aufgebracht
P2. Intensive Bilder oder Erinnerung	C2. Gefühl der Taubheit oder Abgestumpftheit
P3. Vermeidung von innen	C3. Gefühl des eigenen Versagens
P4. Vermeiden von außen	C4. Gefühl der eigenen Wertlosigkeit
P5. Extreme Wachsamkeit	C5. Gefühl der Abgeschnittenheit/Entferntheit von anderen
P6. Erschreckbarkeit	C6. Schwierigkeiten, anderen nahe zu bleiben
P7. Auswirkungen auf Beziehungen	C7. Auswirkungen auf Beziehungen
P8. Auswirkungen auf Arbeit(sfähigkeit)	C8. Auswirkungen auf Arbeit(sfähigkeit)
P9. Auswirkungen auf andere Lebensbereiche	C9. Auswirkungen auf andere Lebensbereiche

42.4.2 Phasen der Behandlung

Die Psychotherapie der PTBS/KPTBS kann in unterschiedliche Phasen gegliedert werden: Diagnostik, Psychoedukation und Aufbau eines Störungsmodells, Aufbau von Emotions- und Bewältigungsstrategien, Bearbeitung des Traumagedächtnisses, kognitive Verarbeitung und Umgang mit Emotionen sowie Therapieabschluss (vgl. Schnyder et al., 2015).

Diagnostik

Die Diagnostik umfasst eine Trauma-Anamnese, z. B. mittels einer standardisierten Ereignisliste wie ITEM, ein Selbstbeurteilungsverfahren als Screening und die Bestätigung der Diagnose durch ein (teil-)strukturiertes klinisches Interview. Es gibt verschiedene Selbstbeurteilungsinstrumente im deutschsprachigen Raum. Spezifisch für ICD-11 hat sich in den letzten Jahren der Internationale Traumafragebogen (ITQ) (Christen et al., 2021; Cloitre et al., 2018) etabliert. ▸ Tab. 42.1 zeigt dessen Items.

In der Praxis wird, wenn möglich, ein Indextrauma definiert, also das Ereignis, das subjektiv am schlimmsten für die Betroffenen ist. Zur Therapieplanung ist es außerdem wichtig, dabei den Zeitpunkt, die Häufigkeit und die am stärksten damit verbunden Emotionen zu berücksichtigen (z. B. Ärger, Ekel, Scham).

Als diagnostisches Interview bietet sich das Internationale Trauma-Interview an (ITI) (Bachem et al., 2024). Es ist das erste validierte Instrument zur Erfassung der PTBS/KPTBS nach ICD-11.

> **Merke**
>
> Auch das diagnostische Gespräch kann Betroffene belasten. Überflutung sollte unbedingt verhindert werden durch eine gute Vorbereitung und ausreichende Strukturierung. Trauma-Details sollten in dieser Phase nur in der Tiefe exploriert werden, in der sie zur Diagnosestellung unerlässlich sind.

Psychoedukation und Aufbau eines Störungsmodells

Die Erklärung der Entstehung der Symptome, der Besonderheiten des Traumagedächtnisses und der Wirkung der Psychotherapie auf anschauliche Art und Weise sorgt für eine erste Entlastung. Gleichzeitig kann die Psychoedukation die Therapiemotivation steigern. Patientinnen und Patienten soll der Zusammenhang zwischen Verhaltensweisen, Gedanken und Gefühlen und der Aufrechterhaltung von Symptomen bewusstwerden.

> **Merke**
>
> Metaphern eignen sich gut, um Entstehung, Aufrechterhaltung und Therapie der PTBS zu erklären. Ein Beispiel ist die »Schrankmetapher«: Normalerweise sind Kleidungsstücke geordnet im Schrank (= intakte Gedächtnisstruktur). Bei PTBS herrscht Chaos, der Schrank quillt über (= Traumagedächtnis, Wiedererleben). Der Versuch, die Türen zuzuhalten, scheitert (= Vermeidung). Zur Verarbeitung müssen die Kleidungsstücke einzeln herausgenommen und in das passende Fach einsortiert werden.

Die Erarbeitung eines individuellen Störungsmodells spielt in den Verfahren eine unterschiedlich wichtige Rolle:

In der CT wird der Exploration posttraumatischer Kognitionen, Emotionen und deren Zusammenspiel eine große Bedeutung zugemessen. Aufrechterhaltende Verhaltensweisen sowie kognitive Strategien werden identifiziert.

In der CPT wird ein sog. *Impact Statement* erarbeitet, das aus Betroffenensicht erklärt, wieso ein traumatisches Ereignis passiert ist und wie es die betroffene Person beeinflusst hat.

> **Fallbeispiel (Fortsetzung)**
>
> *Impact Statement:*
> »Ich bin unfähig, schwach und hilflos. Ich habe versagt. Deswegen wurde ich überfallen und mit der Waffe bedroht.«

In der NET wird eine Lebenslinie gelegt: Ein Überblick über das gesamte bisherige Leben ab Geburt mit positiven (symbolisiert durch Blumen) und negativen/traumatischen (symbolisiert durch Steine) Erlebnissen, die an einem Seil chronologisch platziert werden. Dieses Vorgehen dient als Orientierungshilfe für die weitere Planung der Konfrontation und unterstützt bereits die kohärente Einordnung der traumatischen Erinnerung(en) in die gesamte Lebensgeschichte. Gleichzeitig wirkt die Lebenslinie ressourcenaktivierend aufgrund der Integration positiver Erlebnisse und der Herausarbeitung eigener Stärken. Die grafische Darstellung und Symbolik ermöglicht überdies einen erlebnisorientierten anstatt sprachbasierten Zugang zum Erlebten.

Schaffung geeigneter Rahmenbedingungen

Traumafokussierte Verfahren sind kognitiv und emotional fordernd sowie zeitintensiv. Das Schaffen geeigneter Rahmenbedingungen ist daher wichtig. Vor Beginn der Traumatherapie sollte nach Meinung der meisten Fachpersonen die äußere Sicherheit der Betroffenen gewährleistet sein und keine Bedrohungssituation vorliegen. Dies bedeutet zum Beispiel: Keine unmittelbar bevorstehende Anhörung im Asylverfahren bei Geflüchteten, kein anhaltender Täter-/Täterinnenkontakt bei häuslicher Gewalt, etc. Gleichzeitig sollte genug Zeit zur Verfügung stehen, um nicht nur eine regelmäßige Teilnahme an Therapiesitzungen, sondern auch ein Bearbeiten der Hausaufgaben zwischen den Sitzungen zu ermöglichen.

Ein vorheriges explizites Training zum Umgang mit und zur Bewältigung von starken Emotionen ist bei der »klassischen« PTBS meistens nicht gesondert nötig (Ehring, 2019). Falls notwendig, können Achtsamkeits- und Imaginationsübungen wie der Aufbau eines »sicheren Ortes« als imaginativer Regulationsort oder die »Tresorübung« zur Verwahrung aversiver Erinnerungen (vgl. Reddemann, 2016), die Erarbeitung eines Notfallplans, Grounding-Techniken sowie Atemübungen Sicherheit und Kontrolle geben.

Aktualisierung des Traumagedächtnisses

Interventionen zur Bearbeitung des Traumagedächtnisses kennzeichnen alle traumafokussierten Verfahren. Über verschieden intensive »Dosen« von imaginativer und teils In-vivo-Konfrontation unter therapeutischer Anleitung wird das Traumagedächtnis kontrolliert emotional aktiviert und in der Folge bearbeitet. Auf diese Weise wird eine Habituation ermöglicht und kann eine nun kohärente autobiografische Abspeicherung im Gedächtnis durch Integration von sensorischen und kontextuellen Informationen des Erlebten erfolgen. Dies führt nicht nur zu einem Rückgang von Wiedererleben und Vermeidung, sondern häufig in der Folge auch zu einer Neubewertung des Geschehenen und zu einer Reduktion von starken Emotionen.

Die genaue Art und der Umfang der Konfrontation unterscheiden sich zwischen den einzelnen Verfahren. Bei den beiden expositionsbasierten Verfahren PE und NET ist die intensive und wiederholte In-sensu-Konfrontation mit dem Erlebten ein Hauptbestandteil der Therapie. Patientinnen und Patienten werden angeleitet, chronologisch und mit allen Details das Erlebte zu beschreiben. Dabei sollen nicht nur Merkmale der Situation, sondern auch Verhalten, Kognitionen, Emotionen und alle Sinneswahrnehmungen miteinbezogen werden. Die imaginative Konfrontation erfolgt wiederholt, bis eine signifikante Reduktion der Anspannung erfolgt. Zur Erfassung der Anspannung vor, während und nach der Konfrontation wird in beiden Verfahren systematisch das Belastungslevel erhoben. Während der Konfrontation werden so die Hotspots herausgearbeitet, also jene Momente der Trauma-Erinnerung, die üblicherweise die Details des Wiedererlebens definieren. In der NET erfolgt ein ständiges »Pendeln« zwischen dem »Damals« und dem »Hier und Jetzt«.

In den Wiederholungen kann sich im Verlauf immer mehr auf die Hotspots konzentriert werden. In der NET werden die Konfrontationen Wort-für-Wort schriftlich notiert, in der PE üblicherweise auf Ton aufgenommen. Patientinnen und Patienten wird als Hausaufgabe mitgegeben, die Audiosequenzen erneut anzuhören. Details (z. B. Gegenwartsform in der PE versus Pendeln zwischen Vergangenheitsform für das Trauma-Erlebnis und Gegenwartsform für das aktuelle Erleben in der NET, geöffnete versus geschlossene Augen, etc.) variieren zwischen den Verfahren.

> **Merke**
>
> Bei dissoziativen Tendenzen wird ein graduiertes Vorgehen empfohlen. Der Einsatz von Grounding-Techniken kann ebenfalls hilfreich sein.

Auch in den kognitionsbasierten Verfahren CPT und CE erfolgt eine Konfrontation. Diese hat jedoch weniger eine Habituation zum Ziel, sondern dient der Identifikation dysfunktionaler traumabezogener Kognitionen, Bewertungen und Emotionen, die während des Hotspots auftreten und im Folgenden bearbeitet werden können (siehe nächster Abschnitt). In der CT werden dazu komplette imaginative Expositionen durchgeführt, in der CPT setzen sich Patientinnen und Patienten schriftlich mit dem Erlebten auseinander.

> **Merke**
>
> Leitende Fragen, Strukturierung (»Was passierte dann«, »Was denken Sie jetzt«, »Was haben Sie damals gedacht«, …) sowie eine kontinuierliche Unterstützung und Validierung der betroffenen Person (»Ich sehe Ihnen an, dass das Sprechen über das Erlebte nicht einfach ist. Sie machen das sehr gut«, »Hier ist ein sicherer Ort, es kann nichts passieren«) sind fester Bestandteil eines expositionsbasierten Vorgehens.

Neben der imaginativen Konfrontation erfolgen bei der CT und der PE auch Expositionen in vivo. Dabei werden angstbesetzte Orte oder Situationen schrittweise aufgesucht. Bei der PE wird vorgängig eine Hierarchie angstauslösender Orte erarbeitet und durch die In-vivo-Exposition eine Habituation und der Abbau von Vermeidungsverhaltenen erreicht. In der CT dient das Verfahren vor allem der Förderung der Diskrimination zwischen dem, was damals passiert ist (traumatische Situation) und dem »Heute«. Angstauslösende Situationen sollen bewusst aufgesucht werden und die Unterschiede zum »Damals« herausgearbeitet werden.

Kognitive Neubewertung des Erlebten

Die Arbeit an dysfunktionalen Bewertungen ist ein Kernelement von kognitionsbasierten Verfahren wie der CT und CPT. Dabei unterscheiden beide Verfahren zwischen peritraumatisch auftretenden Gefühlen und Gedanken, die sich unmittelbar aus dem Ereignis ergeben, und sekundären Gefühlen (CPT) bzw. posttraumatischen Kognitionen (CT), die sich als dysfunktionale Interpretation der Situation (z. B. rigide Bewertungen, Fehlinterpretationen, Ursachenzuschreibung, kognitive Verzerrungen) entwickeln und eine Aufrechterhaltung der Symptome bewirken. Diese werden durch die Therapie herausgearbeitet und verändert. Patientinnen und Patienten werden in der Bewältigung peritraumatisch auftretender Emotionen unterstützt, während peritraumatisch aufgetretene Bewertungen durch eine Aktualisierung des Traumagedächtnisses verändert werden.

Die CPT geht weiter davon aus, dass Menschen bestimmte Annahmen über die Welt, sich selbst und andere haben (sog. Schemata, z. B. »Die Welt ist ein sicherer Ort«). Traumatische Erfahrungen werden häufig über eigene Beschuldigungen und Selbstvorwürfe (»Ich hätte sehen müssen, dass der Mann eine Waffe bei sich trägt, ich habe versagt«) oder aber durch die Entstehung generalisiert-negativer Schemata (»Die Welt ist ein unsicherer Ort«, »Ich kann niemandem mehr trauen«) verarbeitet – es entstehen sog. Hängepunkte. Diese verhindern die funktionelle Integration der Trauma-Erinnerung.

In beiden Verfahren werden diese dysfunktionalen Grundüberzeugungen, Annahmen und Bewertungen durch Techniken der kognitiven Verhaltenstherapie modifiziert. Wichtige Techniken sind der sokratische Dialog, kognitive Umstrukturierung, hedonistische und empirische Disputation, Abbau von kognitiven Fehlern und Verhaltensexperimente (Ehring, 2019). Die CPT folgt dabei einem stark standardisierten Ansatz mit strukturierten Arbeitsblättern zu bestimmten Themen. Typisch für die CPT sind ABC-Arbeitsblätter zum Zusammenhang von Ereignis, Bewertung und Konsequenz sowie deren Einfluss auf Situationen nach dem Trauma.

Fallbeispiel (Fortsetzung)

Auslösendes Ereignis:
»Mann mit schwarzer Jacke.«

Gedanke/Bewertung:
»Er wird mich gleich mit einer Waffe bedrohen. Ich muss um mein Leben fürchten.«

Konsequenz:
»Ich gehe nicht mehr nach draußen und vermeide es, Männern zu begegnen.«

Auch PE und NET kennen kognitive Ansätze. Sie sind jedoch Bestandteil der Nachbesprechung der Konfrontation. Hier wird diskutiert, welche Veränderungen in der Bewertung aufgetreten sind, und diese werden gegebenenfalls mittels weiterer Techniken tiefergehend bearbeitet.

Fallbeispiel (Fortsetzung)

Veränderte Bewertung durch Herrn H. im Rahmen der Therapie:

Vorher:
»Ich hätte erkennen müssen, dass der Mann einen Überfall plant und besser vorbereitet sein müssen.«
»Ich werde nicht mehr sicher sein können in der Tankstelle.«
»Es war meine Schuld.«

Nachher:
»Es war nicht erkennbar, dass der Mann eine Waffe bei sich trägt.«
»Überfälle mit Waffenbedrohung sind selten. Trotzdem gibt es nun ein Sicherheitskonzept. Somit kann ich langsam wieder an den Arbeitsplatz zurückkehren.«

Abschluss

Der Abschluss der Therapie besteht üblicherweise in einer Zusammenfassung der Therapieinhalte sowie der Rückfallprophylaxe. Booster-Sitzungen, die sich schrittweise auf mehrere Wochen und Monate erhöhen, können empfehlenswert sein. Auch eine Evaluation des Therapieerfolgs gehört zum Abschluss. In der NET wird Patientinnen und Patienten auf Wunsch eine gedruckte und unterschriebene Version ihrer persönlichen Narration mitgegeben.

42.4.3 Besonderheiten bei der KPTBS

Wie bereits erwähnt, liegt bei der KPTBS ein zusätzlicher Schwerpunkt auf der Erarbeitung von Stabilisierungstechniken und dem Aufbau von Ressourcen. Spezifisch für die KPTBS entwickelt, gibt es mittlerweile mehrere Verfahren. Am bekanntesten im deutschsprachigen Raum sind diese Verfahren:

- Dialektisch-Behaviorale Therapie für komplexe PTBS (DBT-PTSD)
- Skills-Training affektiver und interpersonaler Regulation mit Narrativer Therapie (STAIR/NT)

Beide kombinieren traumafokussierte Exposition mit dem Training von Emotionsregulation, der Stärkung von Selbstwert und sozialen Kompetenzen.

Die DBT-PTSD gliedert sich in sechs Phasen der Behandlung: Nach der Zusage von Verbindlichkeit und Erarbeiten des Traumamodells erfolgt in einer dritten Phase ein Skills-Training. In diesem werden verhaltensbezogene und emotionale Fertigkeiten trainiert. Anschließend wird die Trauma-Erinnerung expositionsbasiert bearbeitet. Die letzten Phasen nutzen Übungen aus der Akzeptanz- und Commitment-Therapie (ACT) zum Umgang mit dem Erlebten und dem Aufbau eines sinnerfüllten Lebens bzw. der Erarbeitung neuer Lebensziele zum Abschluss der Therapie (Bohus & Priebe, 2019).

Bei der STAIR/NT erfolgt ein phasenbasiertes Vorgehen. Die ersten acht Sitzungen (Modul STAIR) umfassen das Training von Emotionsregulationskompetenzen und interpersonellen Fertigkeiten. Es werden Interventionen zum bewussten Wahrnehmen, der Regulation und dem funktionalen Einsatz zur individuellen Zielerreichung durchgeführt. Anschließend erfolgt die Arbeit an dem Verstehen und der Veränderung von Beziehungsmustern sowie dem Aufbau selbstsicheren Handelns in Beziehungen. Die darauf folgenden vier Sitzungen befassen sich mit einer modifizierten Variante der prolongierten Expositionstherapie zur Bearbeitung des Traumagedächtnisses (Modul NT).

Eine Abschlusssitzung fasst die Fortschritte zusammen, es werden Rückfallrisiken diskutiert und weitere Schritte geplant (Schäfer, Borowski, et al., 2019).

Merke

Auch bei der KPTBS ist es umstritten, ob es vorab eine Phase der Stabilisierung braucht. Kritiker/-innen argumentieren, es fehle an empirischen Belegen für die Notwendigkeit einer Stabilisierungsphase und diese verzögere die bekanntermaßen wirksame Intervention der Bearbeitung von Trauma-Erinnerungen (De Jongh et al., 2016). Befürworter/-innen halten dagegen, die Symptome des DSO-Clusters beeinträchtigten das Therapieengagement und führten zu höherem Dropout. Aus diesem Grund sei eine vorgeschaltete Phase des Ressourcenaufbaus und Skills-Trainings sinnvoll (Cloitre, 2016). Es braucht weitere Untersuchungen zur Klärung dieser Frage.

42.5 Pharmakotherapie

Psychopharmaka können unterstützend eingesetzt werden oder dann, wenn Betroffene eine medikamentöse Behandlung vorziehen (NICE, 2018). Die Studienlage zur Wirksamkeit ist uneinheitlich, im Gesamtbild unterliegen Psychopharmaka der Psychotherapie (Schäfer, Gast, et al., 2019).

Im Zentrum stehen selektive Serotonin-Wiederaufnahmehemmer (SSRI) bzw. selektive Norepinephrin-Wiederaufnahmehemmer (SNRI). Vom Einsatz von Benzodiazepinen wird abgeraten. Für weitere Details siehe Schäfer, Gast et al. (2019).

42.6 Evidenzbasierung

Bei traumafokussierten psychotherapeutischen Verfahren handelt es sich um wirksame Interventionen mit einer großen Anzahl an qualitativ hochwertigen randomisiert-kontrollierten Studien und Metaanalysen. Insgesamt können alle vorgängig beschriebenen Verfahren empfohlen werden. Abhängig von der spezifischen Leitlinie und ihrer Aktualität finden sich unterschiedliche Schlussfolgerungen in den Details der Evidenzgrade. Die CPT und die PE werden durchgängig als Erstlinienverfahren aufgrund ihrer starken Evidenzbasis in unterschiedlichen Populationen bewertet. Die CT wird ebenfalls als wirksam eingestuft, ihre Evidenz gilt jedoch als teilweise moderat bzw. »konditionell«. Dies liegt an der im Vergleich geringeren Anzahl an Studien in homogeneren Populationen oder an einer höheren emotionalen Belastung durch das Verfahren gemessen am Studien-Dropout. Die NET ist im Kontext von Flucht, Folter und Migration sehr gut untersucht und bewertet, mit anderen Gruppen gibt es jedoch nur wenige Untersuchungen. Dies schränkt die Generalisierbarkeit der Befunde ein und führt zu einer vorsichtigen Bewertung in manchen Leitlinien. Zum aktuellen Zeitpunkt gibt es keinen systematischen direkten Vergleich der unterschiedlichen Verfahren in ihrer Wirksamkeit. Die Entscheidung für ein spezifisches Verfahren hängt also auch von den Kompetenzen der Fachperson und den individuellen Präferenzen der Patientinnen und Patienten ab (APA, 2025; NHMRC, 2022; NICE, 2018; Schäfer, Gast, et al., 2019).

Darüber hinaus gibt es vielversprechende neuere Ansätze und Verfahren wie z. B. die Imagery Rescripting & Reprocessing Therapy (IRRT) oder die Metakognitive Therapie (MKT), gruppentherapeutische Settings, Videotherapie oder digitale Angebote. Diesen fehlt es bisher noch an ausreichenden Wirksamkeitsnachweisen, sodass noch keine Empfehlung dafür ausgesprochen werden kann (NHMRC, 2022).

Für die Behandlung der KPTBS ist die Evidenzbasierung ebenfalls eingeschränkt. Da es sich um eine neue Diagnose handelt, gibt es wenig Studien, die Patientinnen und Patienten nach den neuen ICD-11-Kriterien eingeschlossen haben. Eine Metaanalyse zeigte, dass die Verfahren zur Behandlung der PTBS auch bei KPTBS wirksam sind. Ebenfalls führen sie zu einer Verbesserung in den Symptombereichen anhaltend negatives Selbstbild und Schwierigkeiten in der Beziehungsgestaltung. Für die affektive Dysregulation gibt es jedoch keine hinreichende Wirksamkeit (Karatzias et al., 2019). Erste Untersuchungen zeigen, dass DBT-PTSD und STAIR/NT vielversprechend sind (siehe Bohus & Priebe, 2019; Schäfer, Borowski, et al., 2019), die Evidenzlage ist für eine Aufnahme in die Leitlinien jedoch noch zu eingeschränkt.

Prüfungsfragen

1. Wie lauten die drei Kernsymptomgruppen der PTBS nach ICD-11?
2. Wie lauten die drei zusätzlichen Symptomgruppen der KPTBS nach ICD-11?
3. Wozu dienen traumafokussierte psychotherapeutische Interventionen?
4. Welche Verfahren(sgruppen) sind evidenzbasiert?

Antworten

1. 1. Wiedererleben des traumatischen Ereignisses, 2. Vermeidung von Gedanken/Erinnerungen bzw. Aktivitäten/Situationen oder Personen, die an das Ereignis erinnern, 3. anhaltende Wahrnehmung einer erhöhten aktuellen Bedrohung.
2. 1. Probleme bei der Affektregulierung, 2. Anhaltend negatives Selbstbild, 3. Schwierigkeiten in zwischenmenschlichen Beziehungen.
3. Verarbeitung der Trauma-Erinnerung und/oder Bedeutung der Erinnerung, Abbau von Vermeidungsverhalten, Umstrukturierung dysfunktionaler Gedanken und kognitive Neubewertung.
4. Traumafokussierte kognitive Verhaltenstherapie: Prolongierte Exposition (PE), Kognitive Therapie (CT), Cognitive Processing Therapy (CPT), Narrative Expositionstherapie (NET).

Empfohlene Materialien

- Traumawissen – Übersicht über digitale Unterstützung & Apps:
  https://traumawissen.de/apps-rund-um-das-thema-trauma/
- Fachinformationen der Deutschsprachigen Gesellschaft für Psychotraumatologie (DeGPT):
  https://www.degpt.de/fach-informationen/mehrsprachige-informationsmaterialien-fuer-fachpersonen/
- Filmprojekt der Elfriede-Dietrich-Stiftung für Betroffene, Helfer/-innen und Öffentlichkeit:
  https://www.e-dietrich-stiftung.de/filmprojekt/film-downloads
- Englischsprachige Behandlungsmanuale, Fallvignetten, Webinare und Online-Trainings zu allen beschriebenen Verfahren:
  https://www.apa.org/ptsd-guideline/resources
- Englischsprachige Materialsammlung zu PTBS des U.S. Department of Veterans Affairs National Center for PTSD (z. B. Arbeitsmaterialien, Kurse, Fragebögen):
  https://www.ptsd.va.gov/publications/print/index.asp
- Videolink zum Umgang mit Dissoziation:
  https://www.youtube.com/watch?v=MqzM9QWXwHg

Zur Diagnostik:

- Deutschsprachige diagnostische Instrumente (z. B. PC-PTSD, PCL-5):
  https://zep-hh.de/diagnostische-instrumente/
- International Trauma Consortium mit vielen diagnostischen Ressourcen in unterschiedlichen Sprachen (z. B. ITI, ITQ, ITEM):
  https://www.traumameasuresglobal.com/

Zu den einzelnen Verfahren:

- Videos zu Behandlungssitzungen in der PE (auf Englisch):
  https://deploymentpsych.org/PE-videos-main-page
- Videos zur NET (auf Englisch):
  https://www.net-institute.org/videos
- Website zur CPT mit umfangreichem Material (auf Englisch):
  https://cptforptsd.com/cpt-resources/
- Website zur CT mit umfangreichem Material (in vielen Sprachen):
  https://oxcadatresources.com/therapy-materials-german/

Literatur

APA – American Psychological Association. (2025). *APA Clinical Practice Guideline for the Treatment of Posttraumatic Stress Disorder (PTSD) in Adults.* https://www.apa.org/ptsd-guideline/ptsd.pdf

Bachem, R., Maercker, A., Levin, Y., et al. (2024). Assessing complex PTSD and PTSD: Validation of the German version of the International Trauma Interview (ITI). *European Journal of Psychotraumatology, 15*(1), 2344364. https://doi.org/10.1080/20008066.2024.2344364

Berger, W., Coutinho, E. S. F., Figueira, I., et al. (2012). Rescuers at risk: A systematic review and meta-regression analysis of the worldwide current prevalence and correlates of PTSD in rescue workers. *Social Psychiatry and Psychiatric Epidemiology, 47*(6), 1001–1011. https://doi.org/10.1007/s00127-011-0408-2

Blackmore, R., Boyle, J. A., Fazel, M., et al. (2020). The prevalence of mental illness in refugees and asylum seekers: A systematic review and meta-analysis. *PLOS Medicine, 17*(9), e1003337. https://doi.org/10.1371/journal.pmed.1003337

Bohus, M., & Priebe, K. (2019). Dialektisch-behaviorale Therapie für komplexe PTBS. In A. Maercker (Hrsg.), *Traumafolgestörungen* (S. 331–348). Springer. https://doi.org/10.1007/978-3-662-58470-5_17

Brewin, C. R. (2011). The Nature and Significance of Memory Disturbance in Posttraumatic Stress Disorder. *Annual Review of Clinical Psychology, 7*(1), 203–227. https://doi.org/10.1146/annurev-clinpsy-032210-104544

Christen, D., Killikelly, C., Maercker, A., & Augsburger, M. (2021). Item Response Model Validation of the German ICD-11 International Trauma Questionnaire for PTSD and CPTSD. *Clinical Psychology in Europe, 3*(4), e5501. https://doi.org/10.32872/cpe.5501

Cloitre, M. (2016). Commentary on De Jongh et al. (2016) Critique Of ISTSS Complex PTSD Guidelines: Finding The Way Forward. *Depression and Anxiety, 33*(5), 355–356. https://doi.org/10.1002/da.22493

Cloitre, M., Shevlin, M., Brewin, C. R., et al. (2018). The International Trauma Questionnaire: Development of a self-report measure of ICD-11 PTSD and complex PTSD. *Acta Psychiatrica Scandinavica, 138*(6), 536–546. https://doi.org/10.1111/acps.12956

De Jongh, A., Resick, P. A., Zoellner, L. A., et al. (2016). Critical Analysis of the current Treatment Guidelines for Complex PTSD in adults. Review: Treatment Guidelines Complex PTSD. *Depression and Anxiety, 33*(5), 359–369. https://doi.org/10.1002/da.22469

DIMDI – Deutsches Institut für Medizinische Dokumentation und Information (2016). *ICD-10-GM*. https://www.bfarm.de/DE/Kodiersysteme/Klassifikationen/ICD/ICD-10-GM/_node.html

Ehlers, A. (2025). *Posttraumatische Belastungsstörungen* (2. Aufl.). Hogrefe.

Ehring, T. (2019). Kognitive Verhaltenstherapie. In A. Maercker (Hrsg.), *Traumafolgestörungen* (S. 249–274). Springer. https://doi.org/10.1007/978-3-662-58470-5_13

Hyland, P., Karatzias, T., Shevlin, M., et al. (2021). Does requiring trauma exposure affect rates of ICD-11 PTSD and complex PTSD? Implications for DSM-5. *Psychological Trauma: Theory, Research, Practice and Policy, 13*(2), 133–141. https://doi.org/10.1037/tra0000908

Karatzias, T., Murphy, P., Cloitre, M., et al. (2019). Psychological interventions for ICD-11 complex PTSD symptoms: Systematic review and meta-analysis. *Psychological Medicine, 49*(11), 1761–1775. https://doi.org/10.1017/S0033291719000436

Kessler, R. C., Aguilar-Gaxiola, S., Alonso, J., et al. (2017). Trauma and PTSD in the WHO World Mental Health Surveys. *European Journal of Psychotraumatology, 8*(5), 1353383. https://doi.org/10.1080/20008198.2017.1353383

Lueger-Schuster, B., Knefel, M., & Maercker, A. (2021). *Der Internationale Trauma Questionnaire – deutsche Version.* https://www.psychologie.uzh.ch/dam/jcr:ad66be44-4cd9-44c3-9911-488253de04cc/ITQ%20Deutsch%20Fragebogen%20final_21.pdf

Maercker, A., & Augsburger, M. (2019). Die posttraumatische Belastungsstörung. In A. Maercker (Hrsg.), *Traumafolgestörungen* (S. 13–45). Springer. https://doi.org/10.1007/978-3-662-58470-5_2

Maercker, A., Hecker, T., Augsburger, M., & Kliem, S. (2018). ICD-11 Prevalence Rates of Posttraumatic Stress Disorder and Complex Posttraumatic Stress Disorder in a German Nationwide Sample. *Journal of Nervous & Mental Disease, 206*(4), 270–276. https://doi.org/10.1097/NMD.0000000000000790

Meinhardt, J., & Lueger-Schuster, B. (2022). *Deutsche Übersetzung des Internationalen Fragebogens zur Erhebung traumatischer Ereignisse (ITEM).* https://www.traumameasuresglobal.com/_files/ugd/be25b4_c8e2f653017846308064077d842b0433.pdf

NHMRC – National Health and Medical Research Council (2022). *Australian Guidelines for the Prevention and Treatment of Acute Stress Disorder, Posttraumatic Stress Disorder and Complex PTSD.* https://www.phoenixaustralia.org/australian-guidelines-for-ptsd/

NICE – National Institute for Health and Care Excellence (2018). *Post-traumatic stress disorder. Nice guideline.* https://www.nice.org.uk/guidance/ng116

Neuner, F. (2023). Physical and social trauma: Towards an integrative transdiagnostic perspective on psychological trauma that involves threats to status and belonging. *Clinical Psychology Review, 99*, 102219. https://doi.org/10.1016/j.cpr.2022.102219

Paz García-Vera, M., Sanz, J., & Gutiérrez, S. (2016). A Systematic Review of the Literature on Posttraumatic Stress Disorder in Victims of Terrorist Attacks. *Psychological Reports, 119*(1), 328–359. https://doi.org/10.1177/0033294116658243

Reddemann, L. (2016). *Imagination als heilsame Kraft: Ressourcen und Mitgefühl in der Behandlung von Traumafolgen* (24. Aufl.). Klett-Cotta.

Schäfer, I., Borowski, J., & Cloitre, M. (2019). Behandlung der komplexen PTBS mit STAIR/Narrative Therapie. In A. Maercker (Hrsg.), *Traumafolgestörungen* (S. 311–330). Springer. https://doi.org/10.1007/978-3-662-58470-5_16

Schäfer, I., Gast, U., Hofmann, A., et al. (Hrsg.) (2019). *S3-Leitlinie Posttraumatische Belastungsstörung.* Springer. https://doi.org/10.1007/978-3-662-59783-5

Schnyder, U., Ehlers, A., Elbert, T., et al. (2015). Psychotherapies for PTSD: What do they have in common? *European Journal of Psychotraumatology, 6*(1), 28186. https://doi.org/10.3402/ejpt.v6.28186

Tolin, D. F., & Foa, E. B. (2008). Sex differences in trauma and posttraumatic stress disorder: A quantitative review of 25 years of research. *Psychological Trauma: Theory, Research, Practice, and Policy, S*(1), 37–85. https://doi.org/10.1037/1942-9681.S.1.37

WHO – World Health Organization (2022). *ICD-11: International classification of diseases (11th revision).* https://icd.who.int/

Weiterführende Literatur

Allgemeines zu PTBS/KPTBS:

Augsburger, M., & Maercker, A. (2020). *Posttraumatische Belastungsstörungen. PTBS und KPTBS: Ein Leitfaden für die Diagnostik und Behandlung.* Kohlhammer.

Dyer, A., & Priebe, K. (Hrsg.) (2014). *Metaphern, Geschichten und Symbole in der Traumatherapie.* Hogrefe.

Ehring, T., & Ehlers, A. (2019). *Ratgeber Trauma und Posttraumatische Belastungsstörung: Informationen für Betroffene und Angehörige* (2. Aufl.). Hogrefe. https://doi.org/10.1026/02949-000

Keller, R., Frommberger, U., & Graul, J. (2022). *Praxishandbuch Traumatherapie. Diagnostik, ambulante und stationäre Behandlung, Rahmenbedingungen und Anwendungsbeispiele.* Elsevier

Maercker, A. (Hrsg.) (2019). *Traumafolgestörungen.* Springer. https://doi.org/10.1007/978-3-662-58470-5

Spezifische Therapieverfahren:

Ehlers, A. (2025). *Posttraumatische Belastungsstörungen* (2. Aufl.). Hogrefe.

Foa, E. B., Hembree, E. A., Rothbaum, B. O., & Foa, E. B. (2014). *Handbuch der prolongierten Exposition: Basiskonzepte und Anwendung; eine Anleitung für Therapeuten.* Probst.

Neuner, F., Catani, C., & Schauer, M. (2021). *Narrative Expositionstherapie (NET).* Hogrefe. https://doi.org/10.1026/03097-000

Resick, P. A., Monson, C. M., & Chard, K. M. (2025). *Cognitive Processing Therapy bei Posttraumatischer Belastungsstörung.* Beltz.

43 Anhaltende Trauerstörung

Birgit Wagner

Das Wichtigste auf einen Blick

- Der Verlust einer nahestehenden Person führt in der Regel zu einer normalen, nicht-pathologischen Trauerreaktion.
- Die Trauerverarbeitung ist ein individueller Prozess, abhängig von Einflussfaktoren, wie beispielsweise den Todesumständen (z. B. Krankheit, Suizid), der Beziehung zur verstorbenen Person (z. B. Kind, Elternteil) und kulturellen Normen.
- Die anhaltende Trauerstörung ist eine eigenständige klinische Diagnose, die sich von normaler Trauer durch die Dauer und Intensität der Symptome unterscheidet. Sie ist in der ICD-11 als Diagnosekategorie anerkannt.
- Wichtige Risikofaktoren für die anhaltende Trauerstörung sind plötzliche oder traumatische Verluste (z. B. Suizid), Verlust eines Kindes oder Partners, ein niedriges Bildungsniveau und sozioökonomische Faktoren.
- Die trauerfokussierte kognitive Verhaltenstherapie hat sich als wirksam erwiesen, insbesondere mit Techniken wie Exposition, kognitiver Umstrukturierung und Verhaltensaktivierung.
- Hinterbliebene nach einem Suizid sind eine Hochrisikogruppe für psychische Erkrankungen wie die anhaltende Trauerstörung, Depressionen und posttraumatische Belastungsstörung.

43.1 Einführung

Der Verlust eines nahestehenden Menschen kann als eine existentielle Lebenserfahrung erlebt werden, die einen langfristigen, manchmal auch lebenslangen Adaptionsprozess zur Folge haben kann. Auch wenn die Trauerreaktion nach dem Verlust eines Menschen sowohl seelisch als auch körperlich sehr belastend sein kann, ist das Trauern um einen verstorbenen Menschen Teil eines normalen Lebenszyklus. Der Tod als grundlegende menschliche Erfahrung gehört genauso untrennbar zum Leben dazu wie die Geburt oder andere wichtige Lebensabschnitte. Daher wird die Trauer nach dem Verlust eines geliebten Menschen zunächst nicht als psychische Erkrankung betrachtet, sondern als natürlicher Bestandteil des menschlichen Lebensweges. Eine der gängigsten Definitionen der normalen Trauer ist, dass der normale Trauerprozess nach dem Tod einer nahestehenden Person eine Reihe von negativen Symptomen beinhaltet, wie beispielsweise Trennungsschmerz, Traurigkeit, und die Intensität der Trauersymptomatik graduell im Laufe der Zeit abnimmt (Wagner, 2013). Parallel nimmt die Akzeptanz des Verlustes zu. Die Mehrheit der Menschen durchläuft einen solchen typischen Trauerprozess. Bei einer kleineren Gruppe jedoch gelingt diese Anpassung an das Leben ohne die verstorbene Person nicht. Diese Betroffenen erleben fortdauernde und immer komplizierter werdende Symptome mit teils sehr beeinträchtigenden psychosozialen (z. B. Frühberentung) und gesundheitlichen Folgen (z. B. Herzerkrankungen, Suizidalität). Sie verbleiben in einem intensiven Trauerschmerz und haben mitunter große Schwierigkeiten, den Tod anzunehmen.

In den frühen 1990er Jahren haben erste Studien Hinweise darauf gegeben, dass eine pathologische Form der Trauer sich als eigenständiges Störungsbild von der Depression und der posttraumatischer Belastungsstörung differenzialdiagnostisch abgrenzt. Horowitz et al. (1993) beschrieben das Phänomen zunächst als eine »pathologische Trauer«. Später wurden diese Trauerprozesse, welche sich von den normalen Trauerreaktionen unterschieden mit den Begriffen *komplizierte Trauer*, *traumatische Trauer* oder *komplexe persistierende Trauer* benannt. Erst in den vergangenen Jahren hat sich letztendlich die *anhaltende Trauerstörung* als Begriff für das diagnostische Kriterium durchgesetzt. Inzwischen wurde die anhaltende Trauerstörung sowohl in der ICD-11 (International Statistical Classification of Diseases and Related Health Problems) als auch im DSM-5-TR (Diagnostic and Statistical Manual of Mental Disorders) als eigenständiges diagnostisches Störungsbild mit aufgenommen.

43.2 Diagnose und Differenzialdiagnose

43.2.1 Anhaltende Trauerstörung in der ICD-11

Die anhaltende Trauerstörung wurde in der ICD-11 als neue Diagnose (Kodierung: 6B42) mitaufgenommen. Sie beschreibt eine tiefgreifende Trauerreaktion nach dem Verlust einer nahestehenden Person (z. B. Partner, Elternteil, Kind oder andere Bezugsperson). Wichtige Merkmale sind ein ausgeprägtes Verlangen oder Sehnsucht nach der verstorbenen Person, begleitet von einem intensiven emotionalen Schmerz (z. B. Traurigkeit, Schuld, Wut, Verleugnung) und Schwierigkeiten, den Tod anzuerkennen oder sich wieder am sozialen und Alltagsleben zu beteiligen. Diese Trauerreaktion dauert über einen atypisch langen Zeitraum nach dem Verlust an (mindestens 6 Monate) und übersteigt eindeutig die erwarteten sozialen, kulturellen oder religiösen Normen für die Kultur und den Kontext der betroffenen Person. Zudem muss eine relevante Beeinträchtigung in wichtigen Lebensbereichen (z. B. sozial, beruflich) bestehen. Obwohl die anhaltende Trauerstörung ein eigenes Symptomcluster beschreibt, unterscheidet sie sich inhaltlich nicht grundlegend von einer normalen Trauerreaktion. Vielmehr grenzt sich das Störungsbild hauptsächlich durch den Zeitraum und die ausgeprägte Intensität der Symptome ab: Alle Symptome der anhaltenden Trauerstörung der ICD-11 können auch bei einem normalen Trauerverlauf in den ersten Wochen und Monaten nach dem Verlust auftreten. Der wesentliche Unterschied ist das vorgegebene Zeitkriterium von mindestens 6 Monate nach dem Tod und Dauer und Intensität der Symptome. Eine Metaanalyse, welche insgesamt 14 Studien mit Prävalenzraten von ausschließlich epidemiologischen Studien einschloss, fand eine durchschnittliche Prävalenzrate von 9,8 % für die anhaltende Trauerstörung (Lundorff et al., 2017). Die höchste Prävalenz der anhaltenden Trauerstörung wurde in Stichproben mit psychisch kranken Menschen gefunden. So wiesen Menschen mit einer depressiven Störung eine Prävalenzrate von 18,6–25 % gefunden (Kersting et al., 2009).

Diagnostische Kriterien der anhaltenden Trauerstörung (ICD-11)

1. Anhaltende Trauerreaktion nach dem Tod einer nahestehenden Person (z. B. Partner, Kind, Elternteil).
2. Ausgeprägte Sehnsucht nach der verstorbenen Person, welche begleitet wird durch starke emotionale Schmerzen (z. B. Traurigkeit, Schuldgefühle, Wut, Verleugnung, Schwierigkeiten, den Tod anzunehmen, das Gefühl, einen Teil des eigenen Selbst verloren zu haben, die Unfähigkeit, eine positive Stimmung zu erleben, emotionale Taubheit, Schwierigkeiten bei der Beschäftigung mit sozialen oder anderen Aktivitäten.
3. Die Trauerreaktion persistiert über einen atypisch langen Zeitraum nach dem Verlust (mindestens 6 Monate).
4. Die Trauerreaktion übersteigt die erwarteten sozialen, kulturellen oder religiösen Normen für die Kultur und den Kontext des Einzelnen.

Trauerreaktionen, welche über längere Zeiträume andauern und sich aufgrund des kulturellen und religiösen Kontexts der Person als eine normative Trauerzeit bewerten lassen, werden als normale Trauerreaktionen angesehen und erhalten keine Diagnose.

43.2.2 Differenzialdiagnostische Abgrenzung

Depression

Die anhaltende Trauerstörung beinhaltet eine Reihe von Symptomen, die eine differenzialdiagnostische Unterscheidung zwischen den beiden Störungsbildern erschwert. Zu den überlappenden Symptomen gehören mitunter Traurigkeit, Schuldgefühle, depressive Stimmung und sozialer Rückzug. Diagnostische Unterschiede liegen insbesondere in den Hauptsymptomen der anhaltenden Trauerstörung, wie beispielsweise das Erleben eines intensiven Trennungsschmerzes und eine ausgeprägte Sehnsucht nach der verstorbenen Person. Dennoch sind Trauernde auch in der Lage, positive Gefühle zu erleben und schöne Erinnerungen an die verstorbene Person zuzulassen. Die für eine Depression charakteristischen Gefühle wie beispielsweise Wertlosigkeit, negative Selbstabwertung oder motorische Verlangsamung werden bei Trauernden in der Regel nicht beobachtet. Während depressive Menschen oft nicht mehr in der Lage sind, mit anderen Menschen eine interpersonelle emotionale Beziehung zu erleben, ist es Trauernden möglich, eine nahe Beziehung zu anderen Menschen aufrechtzuerhalten und ihre Gefühle zu teilen (Pies, 2009). Bei der Depression sind Schuldgefühle hingegen eher ein Ausdruck der eigenen wahrgenommenen Wertlosigkeit und das Gefühl, anderen eine Last zu sein.

Posttraumatische Belastungsstörung (PTBS)

Die posttraumatische Belastungsstörung weist zunächst in mehreren Aspekten transdiagnostische Ähnlichkeiten mit der anhaltenden Trauerstörung auf. Sowohl bei der PTBS als auch bei der anhaltenden Trauerstörung liegt ein ätiologisches Ereignis (Tod und traumatisches Ereignis) als Auslösekriterium vor. Ein Hauptsymptom der PTBS ist das Vermeidungsverhalten. Dabei werden interne und externe traumaassoziierte Stimuli vermieden, welche Furcht und Angst bei den Betroffenen auslösen. Hingegen werden bei der anhaltenden Trauerstörung zum einen Erinnerungen an die verstorbene Person (z. B. Orte, Beziehungen, Erinnerungsgegenstände), aber auch der Trennungsschmerz an sich vermieden. Aus Angst vor dem aufkommenden Trauerschmerz entwickeln Trauernde maladaptive Verhaltensweise und Kognitionen (z. B. »Ich darf nicht an meine Tochter denken, da ich den Schmerz nicht aushalten kann«), um den Schmerz des Verlustes zu vermeiden. So stellt die Vermeidung von Erinnerungen, dass der Mensch tot ist, ein wesentliches Vermeidungsverhalten bei der anhaltenden Trauerstörung dar.

Patienten, die an einer PTBS leiden, zeigen häufig traumabezogene Intrusionen, in Form von Flashbacks und

Alpträumen, während Trauernde neben negativen Intrusionen (z. B. Sterbeprozess) auch positive Erinnerungen an die verstorbene Person erleben können. Ein weiterer wichtiger Unterschied der beiden Störungsbilder ist das Symptom der Hypervigilanz bei der PTBS, welche oft mit einer erhöhten Schreckhaftigkeit und Reizbarkeit einhergeht. Dieses Symptomcluster wurde bisher in noch keiner Studie für die anhaltende Trauerstörung nachgewiesen.

43.2.3 Risikofaktoren

Die Erforschung von Risikofaktoren für die Entwicklung einer anhaltenden Trauerstörung ist entscheidend, um präventiv bestimmte Hochrisikogruppen zu unterstützen. Ein plötzlicher und unerwarteter Tod, gewaltsame oder traumatische Todesumstände (z. B. Suizide) sowie der Verlust eines Kindes oder Lebenspartners zählen zu den bedeutendsten Risiken (Buur et al., 2023). Darüber hinaus konnten ein niedriger Bildungsgrad, ein geringes Einkommen und weibliches Geschlecht als weitere Faktoren identifiziert werden, die mit einem erhöhten Risiko einhergehen. In einer Studie aus den USA wurden verschiedene Beziehungsgrade zur verstorbenen Person untersucht (Thieleman et al., 2023). Hier wiesen insbesondere trauernde Eltern nach dem Verlust ihres Kindes mit 41,6 %, gefolgt von Witwen/Witwern (33,7 %) und trauernden Geschwistern (29,4 %) die höchsten Prävalenzraten einer anhaltenden Trauerstörung auf.

43.3 Lerntheoretische Modelle

Während ältere Trauertheorien von der Annahme ausgingen, dass eine gelungene Trauerverarbeitung in aufeinanderfolgenden Phasen ablaufe, wie beispielsweise das 5-Phasen-Modell (Kübler-Ross & Kessler, 2014), konnten empirische Studien diesen phasenhaften Verlauf der Trauer nicht belegen (Maciejewski et al., 2007). Ein modernerer Ansatz der Trauertheorien stellt das Duale-Prozess-Modell dar. Stroebe und Schut (1999) integrierten dabei zwei Stressoren, die Trauernde nach einem Verlust erleben. Ein Stressor nach einem Verlust beschreibt die verlustorientierte Verarbeitung des Verlusts (z. B. Trauerarbeit, Auseinandersetzung mit dem Verlust, Durchleben der schmerzhaften Erfahrung und der Sehnsucht nach der verstorbenen Person). Der zweite Stressor betrifft die Bewältigung des zukünftigen Lebens ohne die verstorbene Person (z. B. Umgestaltung des Lebens ohne die verstorbene Person, neue Freizeitgestaltung). In diesem Modell wird die Trauerarbeit als dynamischer Prozess verstanden, in welchem sich das verlustorientierte Verarbeiten mit dem wiederherstellungsorientierten Bewältigen immer wieder zeitweise abwechselt. In der verlustorientierten Phase beschäftigen sich Betroffene intensiv mit dem Verlust, den Erinnerungen an die verstorbene Person und den damit verbundenen Emotionen (z. B. Trauer, Schmerz, Wut). Im Sinne einer klassischen Konditionierung wird der Verlust mit bestimmten Reizen assoziiert (z. B. Orte, Musik). Diese Reize, die ursprünglich neutral waren, lösen nun konditionierte Trauerreaktionen aus. In der wiederherstellungsorientierten Phase richtet sich der Fokus auf eine Anpassung an das Leben ohne die verstorbene Person, die Übernahme neuer Rollen und die Entwicklung neuer Lebensziele. Hier spielt Verstärkung eine zentrale Rolle. Neue Rollenübernahmen oder gelungene Anpassungsleistungen an das Leben ohne die verstorbene Person können eine Trauerintegration bewirken, welche als positive Verstärkung wirkt.

43.3.1 Trauer nach einem Suizid

In Deutschland sterben jährlich ca. 10.000 Personen durch einen Suizid. Studien belegten, dass ein Suizid im Durchschnitt ca. 6–10 Angehörige und nahestehende Personen, welche unmittelbar durch den Suizid betroffen sind, hinterlässt. Dennoch schätzen neuere Studien die Anzahl der Hinterbliebenen jedoch als weitaus höher ein und gehen von 60–135 betroffenen Personen (z. B. entferntere Verwandte, Lehrer und Lehrerinnen) aus (Cerel et al., 2019). Seit 1989 bezeichnet die WHO Suizidhinterbliebene als Hochrisikogruppe für Suizide und beschreibt die Nachsorge dieser Betroffenengruppe als wesentlichen Bestandteil der nationalen und internationalen Suizidprävention.

Ein Suizid einer nahestehenden Person unterscheidet sich in der Trauerverarbeitung wesentlich von anderen Todesumständen (Wagner & Hofmann, 2020). Spezifische Reaktionen nach einem Suizid sind beispielsweise das Gefühl von Mitverantwortung am Suizid, Schuldgefühle, die Sinn-und-Warum-Frage, Zurückweisungserleben oder Gefühle der Wut auf die verstorbene Person. Des Weiteren weisen Suizidhinterbliebene ein nahezu dreimal so hohes Risiko für die Entwicklung affektiver Störungen, suizidalen Erlebens und Verhaltens, einer PTBS sowie Angst- und Suchterkrankungen im Vergleich zur Allgemeinbevölkerung auf (Erlangsen et al., 2017). In einer Studie mit Angehörigen nach einem Suizid erfüllten 12 % die Diagnose einer komplexen posttraumatischen Belastungsstörung (kPTBS), 5,0 % die einer PTBS, 22,0 % erfüllten die Diagnose einer anhaltenden Trauerstörung und 42 % zeigten mindestens mittelgradige Symptome einer Depression (Hofmann & Wagner, 2024). Darüber hinaus weisen Angehörige nach einem Suizid ein erhöhtes eigenes suizidales Erleben und Verhalten auf. Im Vergleich mit anderen Hinterbliebenengruppen zeigten Suizidhinterbliebene das größte Risiko, später selbst durch einen Suizid zu versterben. Als Konsequenz der psychischen Belastung sind die Hinterbliebenen häufig mit gravierenden sozioökonomischen Belastungen konfrontiert, die sich in Form von Arbeitsunfähigkeit, Frühberentung und einer eingeschränkten Arbeitsfähigkeit manifestieren. Neben den strukturellen und institutionellen Barrieren bei der Versorgung von Angehörigen nach einem Suizid gibt es auch persönliche und soziale Barrieren, die eine Inanspruchnahme von Hilfe verhindern kann. Pitman und Kollegen (Pitman et al., 2017) zeigten, dass Suizidhinterbliebene signifikant seltener informelle und formelle Unterstützung durch ihre soziale Umwelt erhielten. Auf persönlicher Ebene sind Stigmatisierung und Scham hierbei zentrale Hindernisse. Die Erfahrung einer Stigmatisierung wurde von den Angehörigen derjenigen, die durch Suizid aus dem Leben geschieden sind, signifikant stärker wahrgenommen als von den Hinterbliebenen anderer plötzlicher natürlicher oder unnatürlicher Todesursachen

43.4 Störungsspezifische Interventionen

In den vergangenen Jahrzehnten wurden eine Reihe von Metaanalysen über die Wirksamkeit von Trauerinterventionen durchgeführt (z. B. Allumbaugh & Hoyt, 1999). Die ersten Metaanalysen und systematische Überblicksartikel wiesen eher schwache Behandlungseffekte zur Reduktion der Trauersymptomatik auf. Der unzureichende Wirksamkeitsnachweis von Trauerinterventionen führte zu Neimeyers viel zitiertem Satz, dass Trauerinterventionen »typischerweise ineffektiv und vielleicht sogar schädlich sind, zumindest für Personen, die eine normale Trauer erleben« (Neimeyer, 2000, S. 541). Currier und Kollegen (2008) schlossen in ihre Metaanalyse insgesamt 61 kontrollierte Interventionsstudien ein und fanden einen schwachen Behandlungseffekt von $d = .16$. Die Autoren untersuchten darüber hinaus auch die Unterschiede zwischen Primärinterventionen (Interventionen für alle trauernden Hinterbliebenen) und Interventionen für Hochrisikogruppen. Studien, welche sich an Hochrisikogruppen richteten, zeigten insgesamt bessere therapeutische Effekte als die Primärinterventionen. Bei den Primärinterventionen konnten keine Behandlungseffekte nachgewiesen werden. Zu ähnlichen Ergebnissen kam die Metaanalyse von Wittouck und Kollegen (2011). In dieser Metaanalyse wurden insgesamt 14 kontrollierte Studien einbezogen und zwischen Präventionsprogrammen (k = 9) und Therapieprogrammen (k = 5) unterschieden. Auch hier zeigten die Präventionsprogramme nur einen sehr schwachen oder keinen therapeutischen Effekt. Im Gegensatz dazu konnte den Psychotherapiestudien eine mittlere Behandlungswirksamkeit nachgewiesen werden. Eine systematische Übersichtsarbeit und Metaanalyse (Komischke-Konnerup et al., 2024) untersuchte die Wirksamkeit von kognitiv-verhaltenstherapeutischen Interventionen der anhaltenden Trauerstörung. Die Auswertung umfasste insgesamt 22 randomisierte kontrollierte Studien (N = 2.602). Die Ergebnisse zeigten, dass die trauerfokussierte kognitive Verhaltenstherapie (KVT) signifikante mittlere Behandlungseffekte direkt nach der Intervention aufwies. Darüber hinaus wurden signifikante kleine bis mittlere Effekte für posttraumatische Belastungssymptome, depressive Symptome und Angst festgestellt.

Die meisten der eingeschlossenen Studien basierten auf den drei zentralen Behandlungskomponenten: Exposition, kognitive Umstrukturierung und Verhaltensaktivierung. Die Exposition unterstützt die Betroffenen, sich schrittweise mit vermiedenen trauerbezogenen Themen auseinanderzusetzen, um den Verlust in das autobiografische Gedächtnis zu integrieren und um trauerspezifische Vermeidungsstrategien abzubauen. Die kognitive Umstrukturierung zielt darauf ab, dysfunktionale Gedanken über den Verlust zu identifizieren und durch hilfreiche Denkweisen zu ersetzen. Die Verhaltensaktivierung fördert die Teilnahme an positiven und bedeutungsvollen Aktivitäten, um depressive Rückzüge zu vermeiden. Die Analyse zeigte, dass weder Teilnehmermerkmale wie beispielsweise Alter und Geschlecht noch Interventionsmerkmale wie das Therapieformat (digital oder face-to-face) einen signifikanten Einfluss auf die Behandlungsergebnisse hatten.

Merke

Eine trauerfokussierte KVT ist eine wirksame Intervention zur Behandlung der Trauersymptome und kann gleichzeitig auch sekundäre Belastungen wie Depression, Angst und posttraumatische Belastungsstörungen reduzieren.

Eine der bisher am häufigsten untersuchten Einzeltherapien für die Behandlung der anhaltende Trauerstörung ist die *Complicated Grief Therapy (CGT)* (Shear et al., 2005). Diese Intervention wurde inzwischen in drei randomisierten Kontrollgruppenstudien evaluiert und konnte eine signifikante Symptomreduzierung der anhaltenden Trauerstörung aufzeigen.

Das Behandlungsmanual basiert auf kognitiv-behavioralen und interpersonellen Therapieansätzen und enthält mehrere spezifische Therapiemodule, die auf die besonderen Herausforderungen der anhaltenden Trauerstörung abzielen. Zu Beginn der Therapie erfolgt die Psychoedukation, bei der das Konzept der anhaltenden Trauerstörung eingeführt wird. Die Betroffenen erhalten umfassende Informationen über normale und pathologische Trauerreaktionen sowie eine Einführung in das Duale-Prozess-Modell der Trauer, welches den oszillierenden Wechsel zwischen Verlust- und Wiederanpassungsprozessen von Trauernden beschreibt (Stroebe & Schut, 1999). Ein weiteres wichtiges Behandlungselement ist die *Imaginal Exposure*, bei welcher die Betroffenen ihre Verlustgeschichte wiederholt erzählen, um die emotionale Verarbeitung zu fördern und Vermeidungsverhalten abzubauen. Ergänzend dazu erfolgt die situative Exposition, bei der sich die Betroffenen bewusst mit Orten, Aktivitäten oder Personen auseinandersetzen, die mit dem Verlust in Verbindung stehen und bisher gemieden wurden. Ein wichtiger Bestandteil der Therapie sind die Entwicklung von Bewältigungsstrategien und die kognitive Umstrukturierung. Dabei werden dysfunktionale Gedanken über den Verlust identifiziert und in hilfreichere, anpassungsfähige Denkmuster überführt, um Schuldgefühle oder Selbstvorwürfe zu reduzieren. Die Integration des Verlustes und die Neugestaltung der Zukunft sind ebenfalls zentrale Themen. Die Betroffenen werden dabei unterstützt, den Verlust schrittweise in ihr Leben zu integrieren und neue Ziele sowie Perspektiven für die Zukunft ohne die verstorbene Person zu entwickeln. In der abschließenden Phase der Therapie werden die erzielten Fortschritte reflektiert und Strategien zur Rückfallprophylaxe entwickelt, um die positiven Veränderungen langfristig aufrechtzuerhalten und den Umgang mit möglichen zukünftigen Trauerreaktionen zu erleichtern.

Complicated Grief Therapy (CGT) – zentrale Therapieelemente

- *Psychoedukation:*
  Einführung in das Konzept der anhaltenden Trauerstörung, Aufklärung über normale vs. pathologische Trauerreaktionen und Vorstellung des Dualen-Prozess-Modells der Trauer (Stroebe & Schut, 1999).
- *Imaginal Exposure:*
  Wiederholtes Erzählen der Verlustgeschichte zur Förderung der emotionalen Verarbeitung und Reduktion von Vermeidungsverhalten.
- *Situative Exposition:*
  Bewusste Konfrontation mit Orten, Aktivitäten oder Personen, die mit dem Verlust assoziiert sind und bisher vermieden wurden.
- *Kognitive Umstrukturierung und Entwicklung von Bewältigungsstrategien:*
  Identifikation und Veränderung dysfunktionaler Gedanken über den Verlust und Förderung alternativer Denk- und Verhaltensmuster im Umgang mit dem Verlust.
- *Integration des Verlustes und Zukunftsgestaltung:*
  Unterstützung bei der schrittweisen Integration des Verlustes ins Leben und Entwicklung neuer Ziele und Perspektiven für die Zukunft.
- *Rückfallprophylaxe:*
  Reflexion der erzielten Fortschritte und Entwicklung von Strategien, um langfristig positive Veränderungen zu stabilisieren und zukünftige Trauerreaktionen besser zu bewältigen.

Eine weitere trauerfokussierte kognitiv-verhaltenstherapeutische Intervention wurde inzwischen sowohl im Einzel- und Gruppensetting evaluiert (Rosner et al., 2024). Im Rahmen einer randomisierten Kontrollgruppenstudie wurde die trauerfokussierte KVT mit einer *Present-Centered Therapy (PCT)* als Kontrollgruppe verglichen (Rosner et al., 2024). Die trauerfokussierte KVT beinhaltete gezielte Expositionsübungen zum schlimmsten Moment des Verlustes sowie eine trauerfokussierte kognitive Umstrukturierung, kombiniert mit lösungsfokussierten und erlebnisorientierten Methoden, wie beispielsweise der »Gang zum Grab«-Übung. Die PCT hingegen konzentrierte sich auf den Aufbau einer unterstützenden Beziehung und die Bewältigung alltäglicher Probleme, die aus der Trauer entstanden sind. Beide Therapieformen führten zu signifikanten Verbesserungen der anhaltenden Trauerstörung, wobei nach der Behandlung die trauerfokussierte KVT eine größere Reduktion der Symptome zeigte als PCT. Im 12-Monats-Follow-up war dieser Behandlungseffekt allerdings nur noch auf Trendniveau erkennbar.

Das Unterstützungsangebot in Deutschland für Trauernde stellt ein heterogenes Feld in Bezug auf Qualifikation, Kompetenzen und Wissen dar. Die psychosoziale Versorgung von Trauernden ist durch eine Kombination aus professionellen und ehrenamtlichen Angeboten gekennzeichnet, die meistens im Gruppensetting angeboten werden. Maaß und Kollegen (2022) untersuchten im Rahmen einer Metaanalyse die Wirksamkeit von Trauergruppen (k = 14) und fanden nur einen schwachen Therapieeffekt zum Ende der Intervention für die Trauersymptomatik (g = 0.33), allerdings konnte dieser Effekt in den Follow-up-Erhebungen nicht mehr aufrechterhalten werden.

43.4.1 Internetbasierte Trauerinterventionen

Mit den neuen Möglichkeiten der Digitalisierung hat in den letzten Jahren ein Umdenken in der psychotherapeutischen Versorgung stattgefunden, welches sich auch in dem Angebot von internetbasierten Trauerinterventionen widerspiegelt. Wagner und Kollegen (2006) entwickelten eine der ersten internetbasierten Schreibtherapien für Trauernde. Die Studienergebnisse zeigten eine signifikante Verbesserung der Trauersymptomatik und der allgemeinen Psychopathologie (Wagner et al., 2006). In einer Langzeiterhebung zeigte sich, dass die erzielte signifikante Symptomreduktion auch eineinhalb Jahre nach der Therapie aufrechterhalten werden konnte (Wagner & Maercker, 2007). Das Therapiemanual wurde inzwischen in einer Reihe von Studien mit unterschiedlichen Trauergruppen evaluiert, wie beispielsweise für Eltern, die ihr Kind während der Schwangerschaft oder der Geburt verloren haben (Kersting et al., 2011), oder für trauernde Geschwister (Wagner et al., 2022). Die Ergebnisse dieser Studien wiesen ebenfalls eine signifikante Symptomreduzierung der Trauersymptomatik auf. Wagner und Kollegen (2020) fanden in einer Metaanalyse zu internetbasierten Trauerinterventionen moderate bis große Effekte auf die Trauersymptome (g = .54) und PTBS (g = .86), während die Therapieeffekte in Bezug auf Depression (g = .44) geringer ausfielen.

43.4.2 Interventionen für Suizidhinterbliebene

Inzwischen wurden psychosozialen Unterstützungsprogramme und psychotherapeutische Interventionen speziell für An- und Zugehörige nach einem Suizid entwickelt. Zu diesen gehören insbesondere Selbsthilfegruppen, Trauergruppen, individuelle Trauerberatung durch Trauerberater/-begleiter, kirchliche Angebote und niedrigschwellige Online-Angebote. Obwohl die Gruppe der Suizidhinterbliebenen einen hohen Bedarf an psychotherapeutischer Unterstützung aufweist, wurden bisher nur eine begrenzte Zahl von randomisierten Kontrollgruppenstudien für diese Betroffenengruppe durchgeführt (Wagner et al., 2021). Die Ergebnisse deuten insgesamt darauf hin, dass Trauerinterventionen für Suizidhinterbliebene im Prä-post-Vergleich in der Reduktion der Trauersymptomatik und der Depression zwar wirksam sein können. Dennoch konnte ein Wirksamkeitsnachweis in den Zwischengruppenvergleichen der untersuchten randomisierten kontrollierten Studien nur bei einer Studie (Treml et al., 2021) erbracht werden.

Prüfungsfragen

1. Welche Symptome sind charakteristisch für anhaltende Trauerstörung, aber nicht für posttraumatische Belastungsstörung (PTBS)?
2. Was sind zentrale diagnostische Kriterien der anhaltenden Trauerstörung gemäß ICD-11?
3. Welche Therapieform hat sich in Studien als besonders wirksam für anhaltende Trauerstörung erwiesen?

Antworten

1. Intensive Sehnsucht nach der verstorbenen Person, begleitet von einem intensiven emotionalen Schmerz (z. B. Traurigkeit, Schuld, Wut, Verleugnung) und Schwierigkeiten, den Tod anzuerkennen oder sich wieder am sozialen und Alltagsleben zu beteiligen.
2. Intensive Sehnsucht nach der verstorbenen Person. Diese Trauerreaktion dauert über einen atypisch langen Zeitraum nach dem Verlust an (mindestens 6 Monate) und übersteigt eindeutig die erwarteten sozialen, kulturellen oder religiösen Normen für die Kultur und den Kontext der betroffenen Person. Zudem muss eine relevante Beeinträchtigung in wichtigen Lebensbereichen (z. B. sozial, beruflich) bestehen.
3. Die Complicated Grief Therapy (CGT). Sie basiert auf kognitiv-behavioralen und interpersonellen Therapieansätzen und enthält mehrere spezifische Therapiemodule, die auf die besonderen Herausforderungen der anhaltenden Trauerstörung abzielen.

Literatur

Allumbaugh, D. L., & Hoyt, W. T. (1999). Effectiveness of grief therapy: A meta-analysis. *Journal of counseling psychology, 46*(3), 370.

Buur, C., Zachariae, R., Komischke-Konnerup, K., Marello, M., Schierff, L., & O'Connor, M. (2023). Risk factors for prolonged grief symptoms A systematic review and meta-analysis. *Clinical psychology review,* 102375.

Cerel, J., Brown, M. M., Maple, M., Singleton, M., Van de Venne, J., Moore, M., & Flaherty, C. (2019). How many people are exposed to suicide? Not six. *Suicide and Life-Threatening Behavior, 49*(2), 529–534.

Currier, J. M., Neimeyer, R. A., & Berman, J. S. (2008). The effectiveness of psychotherapeutic interventions for bereaved persons: a comprehensive quantitative review. *Psychological bulletin, 134*(5), 648.

Erlangsen, A., Runeson, B., Bolton, J. M., Wilcox, H. C., Forman, J. L., Krogh, J., Shear, M. K., Nordentoft, M., & Conwell, Y. (2017). Association between spousal suicide and mental, physical, and social health outcomes: a longitudinal and nationwide register-based study. *JAMA psychiatry (Chicago, Ill.), 74*(5), 456–464.

Hofmann, L., & Wagner, B. (2024). Understanding the complexity of suicide loss: PTSD, complex PTSD and prolonged grief disorder following suicide bereavement. *Death studies,* 1–10.

Horowitz, M. J., Bonanno, G. A., & Holen, A. (1993). Pathological grief: diagnosis and explanation. *Psychosomatic medicine, 55*(3), 260–273.

Kersting, A., Kroker, K., Horstmann, J., Ohrmann, P., Baune, B. T., Arolt, V., & Suslow, T. (2009). Complicated grief in patients with unipolar depression. *Journal of affective disorders, 118*(1–3), 201–204. https://doi.org/10.1016/j.jad.2009.01.033

Kersting, A., Kroker, K., Schlicht, S., Baust, K., & Wagner, B. (2011). Efficacy of cognitive behavioral internet-based therapy in parents after the loss of a child during pregnancy: pilot data from a randomized controlled trial. *Archives of women's mental health, 14*(6), 465-477.

Komischke-Konnerup, K. B., Zachariae, R., Boelen, P. A., Marello, M. M., & O'Connor, M. (2024). Grief-focused cognitive behavioral therapies for prolonged grief symptoms: A systematic review and meta-analysis. *Journal of consulting and clinical psychology, 92*(4), 236.

Kübler-Ross, E., & Kessler, D. (2014). *On grief and grieving: Finding the meaning of grief through the five stages of loss.* Simon and Schuster.

Lundorff, M., Holmgren, H., Zachariae, R., Farver-Vestergaard, I., & O'Connor, M. (2017). Prevalence of prolonged grief disorder in adult bereavement: A systematic review and meta-analysis. *Journal of affective disorders, 212*, 138–149. https://doi.org/10.1016/j.jad.2017.01.030

Maass, U., Hofmann, L., Perlinger, J., & Wagner, B. (2022). Effects of bereavement groups–a systematic review and meta-analysis. *Death studies, 46*(3), 708–718.

Maciejewski, P. K., Zhang, B., Block, S. D., & Prigerson, H. G. (2007). An empirical examination of the stage theory of grief. *JAMA: the journal of the American Medical Association, 297*(7), 716–723. https://doi.org/10.1001/jama.297.7.716

Neimeyer, R. A. (2000). Searching for the meaning of meaning: Grief therapy and the process of reconstruction. *Death studies, 24*(6), 541–558.

Pies, R. (2009). Depression or »Proper Sorrows« – Have Physicians Medicalized Sadness? *Primary care companion to the Journal of clinical psychiatry, 11*(1), 38.

Pitman, A. L., Rantell, K., Moran, P., Sireling, L., Marston, L., King, M., & Osborn, D. (2017). Support received after bereavement by suicide and other sudden deaths: A cross-sectional UK study of 3432 young bereaved adults. *BMJ open, 7*(5), e014487.

Rosner, R., Rau, J., Kersting, A., Rief, W., Steil, R., Rummel, A.-M., Vogel, A., & Comtesse, H. (2024). Grief-Specific Cognitive Behavioral Therapy vs Present-Centered Therapy: A Randomized Clinical Trial. *JAMA psychiatry, 82*(2), 109–117.

Shear, K., Frank, E., Houck, P. R., & Reynolds, C. F., 3rd. (2005). Treatment of complicated grief: a randomized controlled trial. *JAMA: the journal of the American Medical Association, 293*(21), 2601–2608.

Stroebe, M., & Schut, H. (1999). The dual process model of coping with bereavement: rationale and description. *Death studies, 23*(3), 197–224. https://doi.org/10.1080/074811899201046

Thieleman, K., Cacciatore, J., & Frances, A. (2023). Rates of prolonged grief disorder: considering relationship to the person who died and cause of death. *Journal of affective disorders, 339*, 832–837.

Treml, J., Nagl, M., Linde, K., Kündiger, C., Peterhänsel, C., & Kersting, A. (2021). Efficacy of an Internet-based cognitive-behavioural grief therapy for people bereaved by suicide: a randomized controlled trial. *European journal of psychotraumatology, 12*(1), 1926650.

Wagner, B. (2013). *Komplizierte Trauer. Grundlagen, Diagnostik und Therapie.* Springer.

Wagner, B., & Hofmann, L. (2020). Psychische Folgen und psychotherapeutische Unterstützung nach dem Suizid eines Angehörigen. *Psychotherapeutenjournal (19), 1*(2020), 26–33.

Wagner, B., Hofmann, L., & Grafiadeli, R. (2021). Wirksamkeit von Interventionen für Hinterbliebene nach einem Suizid: ein Systematischer Review. *Psychiatrische Praxis, 48*(01), 9–18.

Wagner, B., Hofmann, L., & Maaß, U. (2022). A therapist-supported internet-based intervention for bereaved siblings: A randomized controlled trial. *Palliative medicine*, 02692163221122344.

Wagner, B., Knaevelsrud, C., & Maercker, A. (2006). Internet-based cognitive-behavioral therapy for complicated grief: a randomized controlled trial. *Death studies, 30*(5), 429–453.

Wagner, B., & Maercker, A. (2007). A 1.5-year follow-up of an Internet-based intervention for complicated grief. *Journal of traumatic stress, 20*(4), 625–629. https://doi.org/10.1002/jts.20230

Wagner, B., Rosenberg, N., Hofmann, L., & Maass, U. (2020). Web-based bereavement care: a systematic review and meta-analysis. *Frontiers in psychiatry, 11, 525.*

Wittouck, C., Van Autreve, S., De Jaegere, E., Portzky, G., & van Heeringen, K. (2011). The prevention and treatment of complicated grief: a meta-analysis. *Clinical psychology review, 31*(1), 69–78.

Weiterführende Literatur

Rosner, R., Pfoh, G., Rojas, R., Brandstätter, M., Rossi, R., Lumbeck, G., Kotoucova, M., Hagl., M. & Geissner, E. (2014). *Anhaltende Trauerstörung: Manuale für die Einzel- und Gruppentherapie*. Hogrefe.

Wagner, B. (2019). *Psychotherapie mit Trauernden. Grundlagen und therapeutische Praxis.* Beltz.

Znoj, H. (2023). *Trauer und Trauerbewältigung: Psychologische Konzepte im Wandel.* Kohlhammer.

44 Chronische Schmerzstörung und somatoforme Schmerzstörung

Anil Batra

Das Wichtigste auf einen Blick

- Chronische Schmerzstörungen stellen ein erhebliches gesundheitliches und sozioökonomisches Problem dar.
- Schmerzstörungen sind nicht nur auf organische Ursachen zurückzuführen, sondern sind in einem bio-psycho-sozialen Rahmen zu verstehen.
- Verhaltenstherapeutische Verfahren mit psychoedukativen, kognitiven und operanten Elementen spielen eine zentrale Rolle in der multimodalen Schmerztherapie.
- Insbesondere die kognitive Verhaltenstherapie zeigte in zahlreichen Studien eine signifikante Wirksamkeit. Die besten Ergebnisse werden durch integrative, multimodale Ansätze erzielt, die psychotherapeutische mit somatischen und physiotherapeutischen Elementen verbinden.

»Nicht die Dinge selbst beunruhigen uns,
sondern die Vorstellungen von den Dingen.«
Epiktet (50–125 n. Chr.)

44.1 Einführung

Rücken-, Gelenks-, Gesichts- und Kopfschmerzen gehören zu den häufigsten gesundheitlichen Störungen. Etwa 20 % aller Krankschreibungen in Deutschland gehen auf Rückenschmerzen, Bandscheibenschäden oder andere Erkrankungen des Muskel-Skelett-Systems zurück (Statista, 2024). Genannt werden Prävalenzzahlen von bis zu 23 Millionen Menschen, die in Deutschland an häufigen Schmerzen leiden (Wolff et al., 2011). Etwa 6 Millionen Menschen leiden unter starken chronischen Schmerzen, 2,2 Millionen seien durch chronische Schmerzen erheblich belastet (DGAI, 2024).

Schmerz wird unterteilt in einen akuten, an konkrete Auslöser (z. B. entzündliche Prozesse oder Verletzungen) gebundenen Schmerz, der wenige Sekunden bis maximal einige Tage oder Wochen anhalten kann, und in einen chronischen Schmerz, der konstant, jedoch mit wechselnder Intensität vorhanden ist, vielfältige Ursachen haben kann und seit mindestens sechs Monaten anhält.

Etwa 20–30 % der bundesdeutschen Bevölkerung leiden unter chronischen Schmerzen, am häufigsten unter chronischen Rückenschmerzen, Kopfschmerzen und generalisierten Schmerzsyndromen wie Fibromyalgie. Die volkswirtschaftlichen Kosten in Deutschland werden auf 20–28 Mrd. € geschätzt (11,7–15,5 Mrd. € direkte Kosten der Behandlung, Rehabilitation, Medikamente und Ähnlichem sowie 8,8–13,2 Mrd. € indirekte Kosten infolge vorzeitiger Berentung oder Arbeitsunfähigkeit). 5–14 % der Schmerzpatienten und -patientinnen begehen Suizidversuche (Dietl & Korczak, 2011).

44.1.1 Symptomatik chronischer, generalisierter Schmerzen

Chronische Schmerzen ohne bekanntes organisches Korrelat sind oft durch ausgedehnte Schmerzen am gesamten Bewegungsapparat charakterisiert. Sie werden als »psychogener Rheumatismus«, »somatoforme Schmerzstörung«, »Weichteilrheumatismus«, oder »Fibromyalgie« eingeordnet. Die diagnostische Zuordnung zu einem der genannten Begriffe unterliegt dabei u. a. auch der Betrachtungsweise (psychiatrische, psychosomatische, internistische/rheumatologische oder orthopädische Perspektive) und konzeptuellen Heimat des Untersuchers oder der Untersucherin.

Den Störungen gemeinsam ist das Auftreten von (generalisierten) Schmerzen mit psychischen, vegetativen und funktionellen Störungen. Psychopathologische Auffälligkeiten finden sich im Bereich des Antriebs und der Affektlage bis hin zum Auftreten von Suizidalität und einer Beeinträchtigung der individuellen Lebensqualität. Zu den vegetativen und funktionellen Störungen gehören eine ausgeprägte Tagesmüdigkeit, Steifigkeit am ganzen Körper, ein Morgentief, aber auch Schlafstörungen, Kopfschmerzen, Libidoverlust oder Beschwerden im Urogenitalsystem (Miktionsstörungen, Dysmenorrhoe). Psychosoziale Folgen chronischer Schmerzen umfassen Einschränkungen der Arbeitsfähigkeit (evtl. aufgrund einer Invalidität), oft einen sozialen Rückzug mit Verstärkerverlust sowie die Aufgabe der eigenen Unabhängigkeit.

44.2 Diagnose und lerntheoretische Besonderheiten

Während die Diagnostik und Behandlung akuter Schmerzen die Domäne der Organmedizin ist, existieren für chronische Schmerzen ohne organisches Korrelat unterschiedliche ätiologische Modelle und psychotherapeutische Behandlungskonzepte.

Die somatischen Modelle für chronische Schmerzen gehen von vielerlei möglichen Ursachen aus:

- statische Fehlfunktionen
- degenerative Veränderungen
- Störungen des Muskelstoffwechsels
- Infektionen
- autoimmunologische Geschehen
- Intoxikationen mit Schwermetallen
- Schlafstörungen, z. B. Störungen des REM-Schlafs mit Alpha-Intrusionen, die zur Chronifizierung von Schmerzen beitragen können

Auf einer physiologischen Betrachtungsebene sind u. a. in Diskussion:

- Übererregungen peripherer oder spinaler Nozizeptoren
- reduzierte supraspinale Hemmung
- erhöhte supraspinale Empfindlichkeit für die qualitative Veränderung der Schmerzwahrnehmung
- generell erhöhte Schmerzempfindlichkeit

In einem psychiatrischen oder psychotherapeutischen Modell werden Schmerzen häufig bei depressiven Störungen beobachtet (»somatisierte Depression« oder Depression mit somatischen Anteilen). Schmerzstörungen sind auch als Reaktionsbildungen bei einer narzisstischen, depressiven oder histrionischen Persönlichkeitsstruktur vorstellbar. Einige Formen der chronischen Schmerzerkrankungen werden Störungen aus dem Bereich der affektiven Erkrankungen zugeordnet (»affective spectrum disorder«), depressive Erkrankungen treten bei Patientinnen und Patienten mit einem Fibromyalgiesyndrom überzufällig häufig auf (Batra et al., 2003, 2007). Interessant sind Untersuchungen zu Persönlichkeitsprofilen von Patientinnen und Patienten mit verschiedenen psychosomatischen Leiden, zu denen auch ein Teil der chronifizierten Schmerzerkrankungen zu rechnen ist. Diese zeigen Gemeinsamkeiten im Sinne einer Konfliktleugnung, einer Alexithymie, eines Perfektionismus, einer Angst vor Abhängigkeit, einer Neigung zur Katastrophisierung und einer Unfähigkeit zu genießen (Leitlein, 2001).

In der ICD-10 wird die »Somatoforme Schmerzstörung« mit F45.4 verschlüsselt. Die Klassifikation nach ICD-10 verlangt, dass keine ausreichende körperliche Erklärung (»ohne Vorliegen einer organischen Erkrankung«) zu finden ist. Zu den ICD-10-Kriterien gehören neben dem andauernden, schweren Schmerz seit mindestens 6 Monaten dessen Kombination mit emotionalen Konflikten und psychosozialen Belastungen.

Im ICD-11 (6C20.2) verändert sich der Begriff der somatoformen Schmerzstörungen zu »Schmerzstörung mit somatischen und psychologischen Faktoren«. Dabei wird weniger Wert auf den Ausschluss einer organischen Ursache gelegt, verfolgt wird vielmehr ein integrierter Ansatz, bei dem sowohl körperliche als auch psychologische Faktoren und die subjektive Erfahrung der funktionellen Beeinträchtigung berücksichtigt werden, selbst wenn eine körperliche Erkrankung vorhanden sein sollte.

44.3 Lernpsychologische Modelle

Aus verhaltensmedizinischer Perspektive wird ein schmerztypisches Verhalten wie jedes andere menschliche Verhalten erlernt. Klassisch konditionierte Reize lösen ohne tatsächlichen Schmerz eine Schmerzreaktion oder Vermeidungsverhalten aus. Operante Konditionierungen verstärken Schmerzverhalten (z. B. Schonhaltung, Klagen) durch Aufmerksamkeit, Zuwendung, Entlastung oder Schonung. Schmerzverhalten kann durch das Beobachten von Bezugspersonen erlernt und übernommen werden (Modelllernen).

Wie bei anderen psychischen Störungen lassen sich auslösende Bedingungen *(S)*, aufrechterhaltende Konsequenzen *(C)*, biologische Bedingungen und persönliche Variablen *(O sowie P und E)* im erweiterten Kanfer-Modell mit den Variablen S-POE-R-K-C integrieren.

Dysfunktionale Kognitionen und Denkschemata (Katastrophisieren, erlernte Hilflosigkeit, übermäßige Aufmerksamkeit auf Schmerz) verstärken die wahrgenommene Schmerzintensität. Daraus entstehende Überzeugungen wie »Bewegung schadet mir« führen zu Vermeidungsverhalten. Letztlich resultiert daraus ein Teufelskreis: Vermeidung führt zu Inaktivität, mangelnder körperlicher Fitness, sozialem Rückzug u. v. m. – was wiederum Schmerz und psychisches Leiden intensivieren kann.

Schmerzreaktionen (z. B. bei der Entbindung, bei religiösen Ritualen oder auch im Alltag) unterliegen zudem kulturellen (Systemebene) und biografischen Einflüssen (Verankerung in der P- und E-Variable). Die Chronifizierung von Schmerzen geht mit individuellen und kulturspezifischen schmerzbezogenen Verhaltensmustern einher. Aus kognitiv-verhaltenstherapeutischer Sicht bieten insbesondere das Konzept der Aufmerksamkeitsfokussierung, der erlernten Hilflosigkeit, das Gefühl des Ausgeliefertseins und der operanten Verstärkung des Krankheitsverhaltens mögliche Erklärungsansätze für eine Chronifizierung von Schmerzen. Aufmerksamkeitsverschiebungen dagegen lassen den Schmerz an Intensität verlieren. Aktivitäten und ein Fehlen operanter Verstärkung für schmerzbezogene Verhaltensweisen (Vermeidung von sozialen Kontakten, Schonverhalten) reduzieren die Bedeutung des Schmerzes.

Merke

Schmerzwahrnehmungen und -äußerungen sind durch soziale Einflüsse oder Umweltbedingungen sowie Persönlichkeitsfaktoren moduliert und werden in Abhängigkeit von diesen Bedingungen unterschiedlich stark wahrgenommen oder geäußert. Die Erwartung eines Schmerzreizes erhöht die kognitive und emotionale Spannung. Angst als Ausdruck der emotionalen Spannung erhöht die Schmerzempfindlichkeit.

Die »Gate-Control-Theory« von Melzack und Wall (1965) ist ein bedeutendes neurophysiologisches Modell zur Erklärung der Schmerzwahrnehmung. Sie beschreibt, wie Schmerzreize im Rückenmark moduliert und gefiltert werden, bevor sie ins Gehirn gelangen.

Zentraler Inhalt der Theorie ist das Modell des Rückenmarks (Substantia gelatinosa im Hinterhorn), das wie ein Schaltzentrum oder »Tor« Schmerzsignale weiterleitet oder blockiert:

Dicke A-Beta-Nervenfasern (nicht-schmerzhaft, z. B. Berührung, Druck) können die Transmission bremsen, dünne A-Delta- und C-Fasern (Schmerzreize) können das Tor öffnen.

Die Schmerzwahrnehmung ist allerdings nicht allein durch den Reiz, sondern auch durch die Verarbeitung im Nervensystem und durch psychische Faktoren bestimmt. Vor allem die zentrale Steuerung (ein Top-down-Einfluss) mit psychologischen Faktoren wie Aufmerksamkeit, Emotionen oder Erwartungen beeinflusst die Schmerzwahrnehmung (Stress, Angst und Katastrophisieren intensivieren die Schmerzwahrnehmung; Ablenkung, Entspannung, positive Stimmung reduzieren die wahrgenommene Intensität des Schmerzes).

Ausgehend von der Beobachtung, dass gleiche Verletzungen bei verschiedenen Patientinnen und Patienten zu unterschiedlichen Schmerzreaktionen führen, hatten Melzack und Wall (1965) angenommen, dass Schmerz durch vielfältige sensorische, motivationale und affektive Faktoren modelliert werde. In ihrem Schmerzmodell beschreiben sie daher Schmerz als eine Funktion der gesamten Person mit ihren gegenwärtigen Gedanken, Befürchtungen und Zukunftserwartungen. Ihre »Gate-Control-Theory« war die erste Theorie, die psychologische Prozesse in die Schmerzwahrnehmung integriert hat. Sie legte den Grundstein für bio-psycho-soziale Schmerzmodelle und Verhaltenstherapien bei chronischem Schmerz. Die Gate-Control-Theorie greift die multikausalen Bedingungen des Schmerzes auf und stellt den Bezug zu zentralnervösen Strukturen her, die aus dem sensorischen, dem affektiv-motivationalen und dem kognitiven System beeinflusst werden.

Damit scheint eine zielgerichtete, auch therapeutische Modulation des Schmerzerlebens sowohl über die affektiv-motivationale Ebene als auch über einen kognitiven Verarbeitungsprozess möglich zu sein. Schmerz kann somit zum einen durch eine Blockade des sensorischen Reizleitungssystems – in diesem Konzept beispielsweise einerseits durch eine Überlagerung der Schmerzreize mit Berührungsreizen (das Reiben einer schmerzhaften Stelle) – als auch andererseits durch motivational-affektive (depressive oder ängstliche Gestimmtheit) sowie kognitiv-evaluative (Erwartungen, Erfahrungen, Selbstkonzept) Faktoren beeinflusst werden.

Diese Betrachtungsweise lässt sich leicht auf das S-POE-R-K-C-Modell zurückführen: Diskriminative Stimuli (S_{β}: soziale, körperliche oder intrapsychische Situation und gedankliche Impulse) führen bei Auftreten begünstigender Organismusvariablen (*POE*: Verletzungen, Ermüdung, Erschöpfung, Krankheit, Frustrationen, Einstellungen und Erwartungen, Persönlichkeit) zum »Schmerzverhalten«.

Die (Schmerz-)Reaktion *(R)* wird in einem »trimodalen Modell der Schmerzreaktion« analog dem Systemmodell der Regulation menschlichen Verhaltens nach Kanfer (▶ Kap. 3) unterteilt in eine beobachtbare Verhaltensebene, die Ebene der kognitiven-emotionalen Betrachtung und Bewertung und Inhalte sowie die Ebene der biologisch-physiologischen Prozesse. Unterschieden werden:

- motorisch-verhaltensmäßige Ebene (Mimik, Schonhaltung)
- subjektiv-verbale Ebene (Klagen, Stöhnen, verdeckte Reaktionen in Form von Gedanken, Gefühlen und Vorstellungen)
- physiologische Ebene (Erregung der Nozizeptoren und Beeinflussung durch biochemische Prozesse, An-/Verspannung)

Die negativen kurz- und langfristigen Konsequenzen *(C)* sind nicht nur in der Chronifizierung der Schmerzen, sondern auch in den Veränderungen im sozialen Bereich (Isolation) und der zunehmenden affektiven (Depression) und kognitiven Folgeerscheinungen (Selbstunsicherheit, geminderte soziale Kompetenz durch geringere Selbstwirksamkeitserwartung) zu sehen. Positive Konsequenzen können sich im Sinne einer unmittelbaren, oft kontinuierlichen *(K)* negativen Verstärkung durch Entlastung, Versorgung oder Exkulpation einer subjektiv erlebten oder objektiv vorhandenen Leistungsinsuffizienz ergeben. Die Schmerzreaktion wird durch Entlastung, Zuwendung oder andere Mechanismen der positiven oder negativen Verstärkung aufrechterhalten.

Untersuchungen zur Bedeutung früher Traumatisierungen kommen zu dem Ergebnis, dass nicht allein die traumatisierende Erfahrung, sondern die individuelle Stresstoleranz und -vulnerabilität für die Entstehung einer psychischen Störung verantwortlich ist. Die *Vulnerabilitätshypothese* fasst diese zahlreichen Bedingungsfaktoren, die für die Entstehung und Aufrechterhaltung chronischer Schmerzen verantwortlich sind, zusammen:

- somatische Probleme
- edukative Faktoren
- soziale Bedingungen und Konsequenzen
- psychische Prädisposition
- kognitive Faktoren wie Einstellungen oder Werthaltungen
- operante Verstärkungsmechanismen

44.4 Störungsspezifische Psychotherapie

Im Rahmen einer medizinischen Behandlung ist zuallererst die differenzialdiagnostische Abklärung der Ursache der Schmerzen von Belang. Danach steht der Versuch im Vordergrund, eine medikamentöse oder andere biologisch-interventionelle Schmerzreduktion vorzunehmen. Erst wenn hierdurch keine ausreichenden Veränderungen herbeizuführen sind, kann eine erfolgversprechende psychotherapeutische Behandlung begonnen werden. Das gängige Krankheitsmodell der Patientinnen und Patienten geht zunächst von einer externalen Lösung des Schmerzproblems aus. Die Einleitung einer Psychotherapie erfolgt somit oft erst sehr spät innerhalb des therapeutischen Prozesses. Dies ist allerdings als ungünstiger Prognosefaktor für eine erfolgreiche Behandlung zu werten.

Nichtmedikamentöse therapeutische Ansätze haben häufig eine bessere und länger anhaltende Effektivität als eine Pharmakotherapie. Hierzu gehören sportliche Aktivitäten, wenngleich hier eine geringe Compliance zu verzeichnen ist, ansonsten auch lokale Wärmeanwendungen, Entspannungsübungen, Akupunktur und Hypnose. Letztere kommen vermutlich vor allem (auto-)suggestiven Einflüssen zugute. Psychophysiologische Verfahren wie Entspannungsmethoden, Muskelentspannungstraining nach Jacobson oder verhaltenstherapeutische Selbstkontrollmethoden führen eindeutig zu einer Schmerzreduktion. Biofeedback fördert die Körperwahrnehmung und Kontrolle über physiologische Prozesse (z. B. Muskelspannung, Herzfrequenz) und ist besonders bei muskulär bedingtem Schmerz (z. B. Spannungskopfschmerz) wirksam, steht allerdings nicht immer zur Verfügung.

44.4.1 Psychotherapeutische Schmerzbehandlung

Eine psychotherapeutische Schmerzbehandlung ist dann indiziert, wenn folgende Bedingungen erfüllt sind (Birbaumer, 1986):

- Schmerzen ohne nachweisbaren Organbefund und Vorliegen einer umfassenden psychologischen Diagnostik (Verhaltensanalyse und Testdiagnostik), die psychologische Ursachen als wahrscheinlich identifiziert hat
- Schmerzen mit Organbefund, wenn die indizierten medizinischen Behandlungen keine wesentliche Besserung erbrachten
- Schmerzen mit Organbefund, wenn depressive Verstimmungen oder Angstzustände vorliegen (in Kombination mit einer medizinischen Behandlung)

Die Indikation für eine psychotherapeutische Schmerzbehandlung ergibt sich vor allem bei chronischem Schmerzleiden. Hierzu gehören Spannungskopfschmerzen, chronisch rheumatische Leiden, chronische Rückenschmerzen oder generalisierte somatoforme Schmerzstörungen, Weichteilrheumatismus und ähnliche, somatisch nicht klärbare chronifizierte Schmerzsyndrome. Eine Voraussetzung für die psychologische Schmerzbehandlung sind eine medizinisch-somatische Abklärung im Vorfeld, die Motivation zur Teilnahme an einer Schmerzkontrollbehandlung und natürlich ein Ausmaß der Schmerzen, das eine aktive Mitarbeit in einer psychotherapeutischen Behandlung noch gestattet.

> **Merke**
>
> Als Ziel der psychotherapeutischen Behandlung ist nicht die Schmerzfreiheit anzusehen, sondern eine Kontrolle im Umgang mit den Schmerzen.

Hierzu gehören eine positive Beeinflussung der Schmerzwahrnehmung durch Entspannungstraining, Abbau von Folgeerscheinungen der Schmerzen, z. B. von Angst oder Anspannung, und Reduktion der erlebten Hilflosigkeit im Umgang mit den Schmerzen. Die Therapie zielt auf einen Aufbau schmerzinkompatibler Aktivitäten (d. h. Aktivitäten, die zuvor wegen der Schmerzen vermieden wurden, aber wichtig für die Lebensqualität sind, z. B. soziale Kontakte, Freizeitaktivitäten etc.), die Beeinflussung primärer und sekundärer depressiver Kognitionen, die Selbstwertstärkung durch Verantwortungsübernahme und Erwerb von Kontrollstrategien sowie einer Neubewertung der Selbsteffizienz im Umgang mit Schmerzen, daneben auch eine Senkung der Frequenz von Arztbesuchen und Medikamenteneinnahmen.

Unter der einschränkenden Bedingung, dass Patientinnen und Patienten oft erst dann zur Psychotherapie kommen, wenn alle somatischen Möglichkeiten ausgeschöpft und die Chronifizierungsprozesse bereits abgelaufen sind, müssen die sekundären Behandlungsziele vor allem in der sozialen Reintegration und Stabilisierung, in der Erhaltung der Arbeitsfähigkeit und in der Reduktion fehlangepasster Verhaltensweisen, sei es Schonung, Klageverhalten oder der Arztbesuche, gesehen werden.

Als primäre Ziele werden die Steigerung der Kontrolle im Umgang mit chronischen Schmerzen, die soziale Wiedereingliederung und die Beseitigung psychischer Folgen (Depressivität, geringer Selbstwert, sozialer Rückzug, Angst- und Abhängigkeitserkrankungen) angesehen. Dies sind weitreichende Ziele, die über eine Schmerzbewältigung, durch eine Verbesserung der Coping-Strategien im Umgang mit den Schmerzen und mittels einer Stabilisierung im sozialen Umfeld den Erhalt des Arbeitsplatzes möglichst lange gewährleisten sollen.

44.4.2 Aufbau eines verhaltenstherapeutischen Behandlungsprogramms

Allgemeines Behandlungssetting

> **Merke**
>
> Anerkannte verhaltenstherapeutische Maßnahmen zur Behandlung der somatoformen Schmerzstörung basieren auf einem bio-psycho-sozialen Krankheitsmodell und zielen darauf ab, Schmerzwahrnehmung, Coping und Lebensqualität zu verbessern.

Verhaltenstherapeutische Schmerzbehandlungen werden als Einzelbehandlungen oder im Rahmen von gruppenthe-

Tab. 44.1: Therapeutische Ziele der Schmerzkontrollbehandlung

Aufbau	Abbau
• Erhöhung der erlebten Selbsteffizienz und Kontrolle im Umgang mit den Schmerzen • positive Beeinflussung der Schmerzwahrnehmung durch Entspannungstraining • Aufbau von schmerzinkompatibler Aktivität • sekundär eine Beeinflussung psychischer Störungen • Vermittlung kognitiver Strategien zum Umgang mit hinderlichen Gedanken	• Abbau der erlebten Hilflosigkeit im Umgang mit den Schmerzen • Abbau von Angst und allgemeiner Anspannung • Abbau fehlangepasster, vermeidender Verhaltensweisen • Abbau des sozialen Rückzugs • Reduktion der Arztbesuche und der schädlichen/abhängigen Medikamenteneinnahme

rapeutischen Settings mit einer Doppelstunde pro Woche bei einer Gruppengröße von sechs bis zwölf Teilnehmenden durchgeführt. Ergänzend können auch Selbsthilfematerialien auf verhaltenstherapeutischer Grundlage empfohlen werden (siehe weiterführende Literatur).

Inhalt einer jeden verhaltenstherapeutischen Schmerzkontrollbehandlung ist zunächst eine Information und Aufklärung über die Genese der Schmerzen, über medizinische und psychologische Schmerzkonzepte und die Vermittlung der Therapierationale sowie eine Aufklärung über die mögliche Wirksamkeit der Behandlung, um die Ansprüche, die innerhalb der Teilnehmerrunde formuliert werden, vorab an realistischen Zielen (▸ Tab. 44.1) zu orientieren. Diese erste Phase kann auch im Rahmen einer Einzelberatung der eigentlichen Therapie vorgelagert werden und sollte bereits Prinzipien der Psychoedukation beinhalten (Erarbeitung auf der Basis vorhandener Erfahrungen, aktive Mitarbeit der betroffenen Person, systematischer Aufbau von Veränderungsmotivation).

Die Therapie kann zusätzlich krankengymnastische Übungsbehandlungen beinhalten, im Wesentlichen konzentriert sie sich jedoch auf die Vermittlung der Selbstkontrollmethoden, Methoden des verdeckten Konditionierens, auf kognitive Verfahren zur Reattribuierung der Schmerzen und schmerzauslösenden Situationen, die Entwicklung von Alternativverhalten, den Einsatz schmerzinkompatibler Verstärker und die begleitende Durchführung von Muskelentspannungstrainings, z. B. der progressiven Muskelrelaxation nach Jacobson.

Diagnostikphase

Voraussetzungen für eine verhaltenstherapeutische Schmerzbehandlung sind eine ausführliche medizinische und psychologische Schmerzdiagnostik, eine Schmerzanamnese und eine Verhaltensanalyse, um die funktionellen Bedingungen des Schmerzverhaltens sowohl hinsichtlich der sozialen als auch der kognitiven Einflüsse zu eruieren. Psychophysiologische Messungen können einer Quantifizierung der Schmerzwahrnehmung und der Schmerzverarbeitung dienen.

Die subjektive Schmerzwahrnehmung wird sowohl auf einer sensorischen als auch affektiven Ebene gemessen. Informationen erhält der Untersucher bzw. die Untersucherin über ein Interview oder mit Hilfe vorgegebener Instrumente. Die reine Quantifizierung der Schmerzstärke erfolgt über isolierte visuelle Analogskalen und Schmerztagebücher, wobei stets berücksichtigt werden muss, dass nur eine eingeschränkte interindividuelle Vergleichbarkeit herrscht. Schmerztagebücher erfassen die Schmerzqualität mit unterschiedlichen Kennwerten, beispielsweise über visuelle Analogskalen mit Werten zwischen 0 und 10, die mehrfach am Tag in unterschiedlichen Situationen ausgefüllt werden und besondere Vorkommnisse, eine zusätzliche Medikamenteneinnahme oder die berufliche Aktivität, das Freizeitverhalten oder die Schlafqualität miterfassen (▸ Abb. 44.1).

Standardisierte und halbstandardisierte diagnostische Verfahren dienen der Gewinnung von Informationen über die Schmerzattribution und das Schmerzverhalten der Betroffenen. Schmerzfragebögen, hierzu gehören Wortlisten oder Wortkategorien, dienen der qualitativen Beschreibung, Dreispaltentechniken sind bei der Einteilung der Beschwerden in die Dimensionen der physiologisch-sensorischen, affektiv-emotionalen und kognitiven Merkmale hilfreich (▸ Abb. 44.2).

Der Verlauf der Schmerzintensität im Therapieprozess, aber auch der sekundären Variablen (Depressivität, Ängstlichkeit, allgemeine Befindlichkeit) wird mit Hilfe von visuellen Analogskalen, einfachen Fragebögen oder mit Hilfe von Schmerztagebüchern dokumentiert. Im Hinblick auf das Therapieziel verliert die quantitative Schmerzdiagnostik im weiteren Verlauf an Bedeutung. Wichtig ist es vielmehr, die sekundären Therapieziele in die Psychodiagnostik einfließen zu lassen und im Verlauf der Behandlung nach der allgemeinen Befindlichkeit, der Frequenz des Übens therapeutischer Inhalte und der daraus positiven Veränderungen, z. B. im Bereich der Affektivität, der Freizeitaktivität oder des Schlafverhaltens, zu fragen.

Grundlegende Inhalte eines Schmerztherapieprogramms

In der Psychoedukation wird ein bio-psycho-soziales Schmerzmodell vermittelt, dabei eine einfache Erklärung über Schmerzphysiologie (Unterschied zwischen akutem und chronischem Schmerz) und die Gate-Control-Theorie gegeben.

Merke

Die Erkenntnis, dass Schmerz nicht immer mit Schaden gleichzusetzen ist, erhöht die Bereitschaft zur aktiven Mitarbeit.

Vor kognitiv-verhaltenstherapeutischen Interventionen müssen dysfunktionale Gedanken, z. B. Katastrophisieren, dysfunktionale, katastrophisierende oder schmerzverstärkende Gedanken, Gedanken der Hilflosigkeit etc., identifiziert und die Modifikation über die Förderung realistischer und hilf-

Datum: ______________________________

Bitte notieren Sie die Anzahl der Stunden, die Sie heute für die aufgeführten Tätigkeiten verwenden konnten:

berufliche Aktivität: ______________ Freizeit: ______________

Mittagsruhe: ______________ Schlaf: ______________

Bitte beurteilen Sie die Stärke Ihrer Schmerzen zwischen „0" und „10"

(0 = keine, 1–2 = leicht, 3–4 = mäßig stark, 5–6 = stark, 7–8 = heftig, 9–10 = unerträglich)

morgens	0	2	4	6	8	10
mittags	0	2	4	6	8	10
abends	0	2	4	6	8	10
nachts	0	2	4	6	8	10

Medikamente (was, wie viel, wann, Wirkung?):

____

____

Besondere Vorkommnisse:

____

____

Abb. 44.1: Auszug aus einem Schmerztagebuch

Situation	Gefühl	Gedanken
Beschreiben Sie Ihre Tätigkeit/die Situation, in der die Schmerzen auftraten: beim Einkaufen, im Garten, nach dem Abendessen	Beschreiben Sie Ihre Gefühle in dieser Situation: Wut, Ärger, Trauer etc.	Beschreiben Sie Ihre Gedanken in dieser Situation: „nein, nicht schon wieder", „gleich geht es los", „jetzt ist der Tag gelaufen"

Abb. 44.2: Dreispaltentechnik zur Schmerzdiagnostik

reicher Überzeugungen über Schmerz und Bewegung eingeleitet werden. Aufbau von Kontrollüberzeugungen (»Ich kann selbst etwas tun«, »Ich habe bisher viele Schmerztage überstanden – ich finde Wege, damit umzugehen«) stärken das Therapievertrauen.

Das Problemlösetraining fördert die Entwicklung aktiver Bewältigungsstrategien in herausfordernden Situationen im Alltag.

Abbau von Vermeidung und Schonverhalten, Steigerung körperlicher Aktivität sind Inhalt des Aktivitätsaufbaus, über operante Techniken (Verstärker, Beachtung der Kontingenzen) sollen gesundheitsförderliche Verhaltensweisen verstärkt werden.

Techniken aus dem Stressmanagement lassen den Zusammenhang zwischen Stress und Schmerz erkennen und beeinflussen. Ablenkungstechniken und Aufmerksamkeitslenkung unterstützen den Umgang mit Schmerzspitzen, Frustration und wiedereinsetzender Vermeidung.

Mit dem Erlernen der Progressiven Muskelrelaxation (PMR) nach Jacobson wird nicht eine aktive Technik zur Reduktion von Muskelspannung vermittelt, sondern – lernpsychologisch gesehen – bewusste Entspannung unmittelbar operant verstärkt. Alternativ zur progressiven Muskelrelaxation kann auch Autogenes Training eingesetzt werden. Ziele sind der Abbau von Anspannung, Angst und Schmerzsensitivität.

Genuss- und Aktivitätsplanung, Atemübungen oder Achtsamkeitstechniken sind komplementäre Strategien.

Am Ende sollten die Patientinnen und Patienten über ein individuelles Bewältigungsrepertoire verfügen, das langfristige Strategien zur Schmerzbewältigung, Problemlösetechniken für den Umgang mit schwierigen Situationen und die operante Verstärkung der Anwendung erlernter Techniken im Alltag beinhaltet.

Therapiephasen

In der einleitenden *edukativen Phase* werden ausführliche Informationen über physiologische und psychologische Schmerzverarbeitungsmechanismen gegeben. Dazu gehören eine Vermittlung der Gate-Control-Theorie und der Hinweis darauf, dass sowohl sensorische Berührungsreize als auch affektive Elemente und kognitive Werthaltungen die Qualität des Schmerzes verändern können. Lernerfolg dieses Therapieabschnitts ist es, die chronifizierten Schmerzen fassbar zu machen, sie als beeinflussbar anzusehen, die beschränkten Dimensionen der möglichen Beeinflussung anzuerkennen und die Selbstwirksamkeitserwartung zu stärken.

Diese edukative Therapiephase erfolgt in einem therapeutisch-interaktiven Vorgehen unter Nutzung von Informationsmaterialien (Videomaterial, Schautafeln etc.). Wichtig ist die frühzeitige aktive Einbindung der Teilnehmer, um einer passiven, konsumierenden Haltung vorzubeugen. Die edukative Phase kann bis zu vier Therapiestunden in Anspruch nehmen.

Therapiebegleitend und im Anschluss an die edukative Phase werden die belastenden Gedanken, die negativen und bereits vorhandenen positiven Selbstverbalisationen und die wahrgenommenen Emotionen kontinuierlich erfasst und der kognitiven Umstrukturierung in der übenden Phase zugänglich gemacht. Diese diagnostische Phase ist in und zwischen den ersten Therapiestunden anzusiedeln.

In der *übenden Phase* werden von den Teilnehmenden einer Gruppentherapie oder den Patientinnen und Patienten im Einzelsetting die bisher erfahrenen Möglichkeiten der Beeinflussung der Schmerzen vorgestellt und diskutiert. In einer Gruppentherapie erweitert sich das individuelle Interventionsspektrum des Einzelnen um die Erfahrungen der Mitpatienten. Die neuen Schmerzbewältigungsverfahren dienen dem Erlernen einer aktiven Schmerzkontrolle und Schmerzregulation des anhaltenden chronischen Schmerzes. Hierzu gehören Entspannungstraining, vorzugsweise in einer modifizierten Variante der progressiven Muskelentspannung nach Jacobson, die die motorische Anspannungsphase in sensu verlagert (die Anspannungsphase wird als schmerzhaft erlebt, die reine Vorstellung der Anspannungsphase hingegen toleriert), Techniken zur Aufmerksamkeitsverschiebung und Ablenkung (Gedankenstopp, Herbeirufen angenehmer Gedankeninhalte, verdecktes Konditionieren) mittels Autosuggestion und Vorstellungsübungen. Letztere werden initial vom Gruppentherapeuten vorgegeben, später dann aber von Gruppenteilnehmern selbstständig geübt und fortgeführt.

Die operanten Methoden zielen auf den Abbau schmerzbezogenen Schonverhaltens und eine Förderung von Aktivität trotz Schmerz mit Verstärkung gesundheitsförderlichen Verhaltens, systematischem Aktivitätsaufbau unter Zuhilfenahme eines Tagesplans und abgestufter Reaktivierung. Sekundäre Krankheitsgewinne (z. B. Schonung, Zuwendung) sollen systematisch reduziert werden. Gegebenenfalls ist eine Einbeziehung naher Angehöriger im Sinne eines Partnertrainings erforderlich. Die übende Phase sollte wenigstens sechs Therapieeinheiten (Doppelstunden) umfassen.

In der abschließenden *evaluativen Praxisphase* werden die neu erworbenen Fertigkeiten im Alltag geübt. Im Anschluss an die Vermittlung der Techniken zur Schmerzbewältigung sollen die Patientinnen und Patienten im Sinne eines Schmerzimpfungstrainings lernen, die erlernten Techniken im Alltag zur Bewältigung konkreter Situationen einzusetzen. Voraussetzung hierfür ist, dass die Betroffenen schwierige und schmerzauslösende oder schmerzverstärkende Situationen und ungünstige Verhaltensweisen identifizieren können und negative Selbstinstruktionen und Emotionen, die den Einsatz förderlicher Verhaltensweisen verhindern, erkennen lernen und durch positive Selbstinstruktionen ersetzen können. Kognitive Konfrontationen (in sensu) mit den realen oder imaginativen Schmerzen bereiten auf den Schmerz vor. Der Aufbau schmerzinkompatibler Verhaltensweisen sichert die Aktivität der Schmerzpatienten auch beim Auftreten von Schmerzen. Die Einführung der Selbstverstärkung für eine erfolgreiche Schmerzbewältigung erhöht die Compliance bei der regelmäßigen Anwendung der erlernten Techniken.

Durch die gezielte Anwendung und Übung der Techniken im Alltag sollen die erlebte Hilflosigkeit der Patientinnen und Patienten im Umgang mit den Schmerzen abgebaut werden und die erlebte Selbsteffizienz gefördert werden. Ein weiterer Schwerpunkt kann auf die soziale Interaktion der Betroffenen mit ihrer Umwelt, mit dem Partner, am Arbeitsplatz sowie auf den Aktivitätsaufbau gelegt werden.

In dieser letzten Phase der Behandlung soll den Patientinnen und Patienten die Möglichkeit gegeben werden, Folgeprobleme, die sich im Verlauf der Chronifizierung der Erkrankung ergeben haben, anhand eines Problemlösetrainings zu bearbeiten. Bereiche, die ein solches Prob-

Tab. 44.2: Darstellung eines Schmerzkontrollprogramms (modifiziert nach Köhler, 1982; Rehfisch, 1988; Rief, 2018; Turk & Gatchel, 2002; Flor & Hermann, 2004 u. a.)

Therapiephasen	Inhalte
1. diagnostische und edukative Phase	• Basisdiagnostik, Klärung der Schmerzausprägung (quantitative Messverfahren) • Klärung der Schmerzattribution (kognitive und emotionale Bewertungen schmerzhaften Erlebens) • Einführung in die Selbstbeobachtung (visuelle Analogskala, Schmerztagebücher etc.) • Aufdeckung individueller Ressourcen (Welche Fähigkeiten, Hobbys, Interessen, soziale Versorgungsstrukturen etc. stehen zur Verfügung?) • Information über Schmerzwahrnehmung: – Mitteilung der psychologischen und physiologischen Konzepte zur Schmerzentstehung, Schmerzweiterleitung, Schmerzbeeinflussung durch Berührungsreize etc. – Beratung und Edukation zur Pathophysiologie, Vorstellung der Gate-Control-Theorie und der häufig wahrgenommenen physiologischen und physikalischen Auslöser • Gruppengespräche zur Förderung der Motivation zur aktiven Mitarbeit, Austausch über positive Erfahrungen im Rahmen der Techniken, Austausch über Verhaltensdefizite
2. übende Phase	• Minderung der Medikation durch Zuteilungspläne, Optimierung der Dosis mit Hilfe der operanten Verstärkung • Biofeedback zur Behandlung akuter Schmerzsyndrome (vor allem induziert durch Spannungskopfschmerzen, Rückenschmerzen), häufig stehen hierfür die apparativen Möglichkeiten jedoch nicht zur Verfügung • Kontrolle physiologischer Reaktionen durch die Einführung des Muskelentspannungstrainings zur Reduktion des Muskeltonus • autosuggestive Beeinflussung der Schmerzwahrnehmung durch Umattribution des Schmerzes, Schmerz wird gleichgültig, nebensächlich, Wahrnehmung der auslösenden Bedingungen wird wichtiger, Veränderungsmöglichkeiten in der auslösenden Situation werden vorgestellt und diskutiert • Aufmerksamkeitsfokussierung/Verschiebung • Ablenkung • Gedankenstopp • Vorstellung der Wechselwirkungen von förderlichen Gedanken, einer angenehmen Stimmung, der körperlichen Entspannung und der Minderung der Schmerzempfindung einerseits und der negativen Gedanken andererseits, die zu einer Niedergeschlagenheit, Angst oder Depressivität führen, mit einer körperlichen Anspannung verbunden seien und zu stärkeren Schmerzen mit einem geringen Vertrauen, die Schmerzen zu vermeiden, einhergehen
3. Praxisphase	• Erhöhung des allgemeinen Aktivitätsniveaus im Alltag (durch Bewegungsprogramme, gemeinsame Sportaktivitäten, mit dem Ziel, das Vermeidungs- und Schonungsverhalten zu reduzieren, Schmerzreize weniger im Vordergrund zu erleben und auch andere Phänomene wie das Schlafverhalten zu normalisieren) • Erhöhung der Problemlösefertigkeiten, der sozialen Kompetenz und Selbstsicherheit • Reduktion der Inanspruchnahme von klinischen Institutionen und Medikation

lemlösetraining umfassen kann, sind z. B. Selbstsicherheit (im Hinblick auf Familie, Freunde, Bekannte, Arbeitskollegen, Gesundheitsinstitutionen) oder die allgemeine Aktivität (Umgang mit Arbeitsunfähigkeit, Freizeitverhalten, Tagesstrukturierung).

Eine Unterstützung der einzelnen Therapieschritte wird intensiv mit Hilfe von Selbstkontrollmethoden, insbesondere (verdeckten) operanten Verstärkungsmechanismen betrieben. Die evaluative Phase sollte wenigstens vier Therapieeinheiten (Doppelstunden) umfassen.

Eine Kurzfassung aus einem Schmerzbewältigungsprogramm ist in ▸ Tab. 44.2 dargestellt.

44.4.3 Verhaltenstherapeutisches Vorgehen bei chronifizierten Schmerzsyndromen mit einer beschränkten Therapiemotivation

Andere Vorgehensweisen ergeben sich bei Patientinnen und Patienten mit chronifizierten Schmerzen, die für eine aktive Schmerzkontrollbehandlung nicht zur Verfügung stehen. Hier liegen möglicherweise Verstärkerkontingenzen vor, die eine Reduktion des Problemverhaltens erschweren.

> **Merke**
>
> Bei einer schmerzinduzierten Schonhaltung, bei einer Reduktion der körperlichen und sozialen Aktivitäten infolge der Schmerzen, bei einem Schmerzmittelmissbrauch und generell einer erhöhten Aufmerksamkeitslenkung auf den Schmerz, aber auch bei einer starken Inanspruchnahme positiver Konsequenzen des Schmerzes im Sinne eines sekundären Krankheitsgewinns ist eine operante Schmerztherapie indiziert.

Die Verminderung des Klagens geschieht durch Instruktionen zur Ablenkung, projektive Vorstellungen, aber auch (mit Einverständnis der Patientinnen und Patienten) durch die Einbeziehung der Umgebung, um anhaltende Verstärkungen des Rückzugsverhaltens und des Schmerzverhaltens zu unterbrechen. Kontaktpersonen sollen Schmerzäußerungen ignorieren, positive und aktivitätsfördernde Äußerungen dagegen verstärken. Die Förderung des gesunden Verhaltens soll in einer Selbstverstärkung und durch eine therapeutische Verstärkung im Rahmen des Therapieprogramms erfolgen.

Ein solches verhaltenstherapeutisches Schmerzbehandlungsprogramm sieht folgende Komponenten vor:

- Aktivierung (Bewegungsprogramme, Sport)
- kognitive Umstrukturierung (Selbstverbalisation), die unmittelbar und hochwirksam verstärkt wird (Einsatz von Verstärkerfragebögen zur Identifikation wirksamer Verstärker)
- unmittelbare operante Verstärkung bei einer Erhöhung des Aktivitätsniveaus
- Minderung der Arztbesuche
- geringere Inanspruchnahme klinischer Einrichtungen
- Minderung der Schmerzäußerung
- Reduktion der Einnahme von Analgetika
- Aufbau gesunden Verhaltens (beispielsweise krankengymnastische Übungen)
- Veränderung der Verstärkerkontingenzen in der Familie
- Abbau sozialer Defizite

In einer eigenen Studie zur Wirksamkeit eines verhaltenstherapeutischen Behandlungsprogramms für Patientinnen und Patienten mit einem Fibromyalgiesyndrom dokumentierten die Ergebnisse ein gutes Ansprechen der Betroffenen auf psychotherapeutische Maßnahmen. Die Lebensqualität im Sinne einer größeren Lebenszufriedenheit wurde durch die Behandlung positiv beeinflusst, auch wenn die erlebten Schmerzen sich im Wesentlichen nicht verändert hatten. Patientinnen und Patienten profitierten vermutlich am stärksten von den verbesserten Coping-Strategien zur Bewältigung dysfunktionaler Einstellungen und Handlungen bei Auftreten der Schmerzsymptomatik (Batra et al., 2003). Inhalt der dreimonatigen ambulanten Behandlung mit einer Therapieeinheit im Umfang von 90 Minuten pro Woche war die Vermittlung von Lebensqualität trotz der Schmerzen. Das Programm umfasste:

- Psychoedukation zur Vermittlung des Therapierationale (Darstellung des differenzierten Schmerzkonzepts und anhand der Gate-Control-Theorie von Melzack und Wall, Modell zum Einfluss peripherer und kognitiver Faktoren auf Schmerzverarbeitung und Schmerzerleben)
- Selbstbeobachtung (Patientinnen und Patienten sollten anhand der Selbstbeobachtung schmerzauslösende Situationen beschreiben und Alternativsituationen zur Schmerzreduktion benennen, gesucht wurden individuelle Ressourcen für Coping-Strategien)
- Entspannungstraining nach Jacobson (Patientinnen und Patienten sollten dabei keine maximale Muskelanspannung versuchen, sondern nur bis zur Grenze der schmerzhaften Empfindung anspannen, die Entspannungsphase wurde dafür ausgedehnt)
- allgemeine Aktivitätsförderung zum Aufbau schmerzinkompatibler Aktivitäten
- Techniken zur Schmerzbewältigung (Aufmerksamkeitssteuerung durch innere und äußere Ablenkung und Techniken zur Aufmerksamkeitsverschiebung im Hinblick auf die Schmerzqualität)
- kognitive Verhaltenstherapieelemente (zur Modifikation der affektiv-motivationalen und der kognitiv-evaluativen Komponente der Schmerzwahrnehmung sowie zum Aufbau von Alternativkognitionen)
- Schmerzimpfungstraining (durch die gezielte Anwendung der Techniken im Alltag sollte die erlebte Hilflosigkeit der Patientinnen und Patienten im Umgang mit den Schmerzen abgebaut und die erlebte Selbsteffizienz gefördert werden)
- allgemeines Problemlösetraining

44.5 Pharmakotherapie

Therapeutische Ansätze mit Medikamenten sind vielfach untersucht. Einfache Analgetika oder nichtsteroidale Antirheumatika (NSAR) haben im Verlauf der Chronifizierung häufig ihre Wirksamkeit verloren. Viele Patientinnen und Patienten profitieren zwar noch von lokalen Infiltrationen, jedoch haben Muskelrelaxanzien oder auch Benzodiazepine eine nur vorübergehende Wirkung auf den Verlauf der chronischen Schmerzen. Nachgewiesen sind günstige Einflüsse von trizyklischen Antidepressiva (z. B. Clomipramin oder Amitriptylin) oder modernen Antidepressiva (z. B. Duloxetin), die zwar nicht zu einer Schmerzfreiheit, jedoch zu einer Schmerzreduktion bzw. Schmerzdistanzierung oder zu einer Minderung des täglichen Bedarfs an Analgetika führen können. In den letzten Jahren hat die Verordnung medizinischer Cannabispräparate deutlich zugenommen, die vorhandene Evidenz für den Einsatz bei chronischen Schmerzen beschränkt sich allerdings überwiegend auf neuropathische Schmerzen infolge einer Schädigung des Nervensystems sowie rheumatische Erkrankungen (Hoch et al., 2019). Bei medikamentösen Therapieoptionen ist stets auch die Gefahr der Entwicklung eines schädlichen oder abhängigen Konsummusters zu bedenken.

44.6 Evidenzbasierung

Die KVT ist das am besten erforschte psychotherapeutische Verfahren bei chronischen Schmerzstörungen. Sie zielt auf die Veränderung maladaptiver Gedankenmuster, die Förderung von Selbstwirksamkeit und die Reduktion von Schonverhalten ab. Metaanalysen belegen, dass KVT moderate bis große Effekte auf die Schmerzwahrnehmung, eine begleitende psychische Komorbidität (v. a. Depression und Angst) sowie funktionelle Beeinträchtigungen hat (Ehde et al., 2014; Lumley et al., 2011; Williams et al., 2020). In der Praxis bewähren sich besonders interdisziplinäre, multimodale Programme, die psychotherapeutische Interventionen mit medizinischer, physiotherapeutischer und edukativer Behandlung kombinieren. Derartige Programme zeigen in kontrollierten Studien eine hohe Wirksamkeit bezüglich Schmerzintensität, funktioneller Verbesserung und Arbeitsfähigkeit (Kamper et al., 2015).

Neben der kognitiven Verhaltenstherapie erreichen »Dritte-Welle-Verfahren« wie die Akzeptanz- und Commitment-Therapie (ACT, ein achtsamkeitsbasierter Ansatz, der nicht auf Schmerzreduktion, sondern auf eine Akzeptanzförderung und veränderte Beziehung zum Schmerz fokussiert) oder auch die Mindfulness-Based Cognitive Therapy (MBCT) signifikante Verbesserungen in Lebensqualität und Funktionsfähigkeit, insbesondere bei Patientinnen und Patienten mit hoher Schmerzchronifizierung (Veehof et al., 2016).

Die Wirksamkeit psychotherapeutischer Interventionen wird von zahlreichen Faktoren beeinflusst, darunter Motivation und Therapieadhärenz der Patientinnen und Patienten, Komorbiditäten (v. a. Depression), Chronifizierungsgrad sowie die therapeutische Beziehung. Individualisierte Therapieansätze gelten daher als besonders wirksam.

Prüfungsfragen

1. Fassen Sie ätiologische Konzepte chronischer Schmerzerkrankungen aus verhaltenstherapeutischer Perspektive zusammen.
2. Welche Inhalte sind in einem verhaltenstherapeutischen Schmerzkontrollprogramm von zentraler Bedeutung?
3. Was ist Inhalt der Gate-Control-Theory von Melzack und Wall?

Antworten

1. Schmerz entsteht und bleibt bestehen durch das Zusammenspiel biologischer (z. B. Entzündung), psychologischer (z. B. Angst, Aufmerksamkeit) und sozialer Faktoren (z. B. Rollenverhalten, soziale Verstärker. Klassische und operante Konditionierungen und Modelllernen spielen initial eine wichtige Rolle, kognitive Faktoren (prämorbide Ängstlichkeit, Erfahrungen und Einstellungen, dysfunktionale Denkstrategien) und die Reaktion der Umgebung (Elemente der Makroebene) fördern die Chronifizierung.
2. Ein verhaltenstherapeutisches Schmerztherapieprogramm umfasst die Elemente Psychoedukation, kognitive Interventionen (Identifikation und Modifikation dysfunktionaler Gedanken, z. B. Katastrophisieren), die Förderung realistischer und hilfreicher Überzeugungen sowie den Aufbau von Kontrollüberzeugungen, Aktivitätsaufbau, den Einsatz von Verstärkerkontingenzen, Aktivitätsplanung, Entspannungsverfahren (PMR), Achtsamkeitsübungen und Techniken zur Stressbewältigung.
3. Die Gate-Control-Theory von Melzack und Wall (1965) ist ein bedeutendes neurophysiologisches Modell zur Erklärung der Schmerzwahrnehmung. Sie beschreibt, wie Schmerzreize im Rückenmark moduliert und gefiltert werden, bevor sie ins Gehirn gelangen. Das Rückenmark wirkt dabei wie ein Schaltzentrum. Auch psychologische Faktoren wie Aufmerksamkeit, Emotionen, Stress, Angst oder Erwartungen beeinflussen die Schmerzwahrnehmung. Schmerz ist also nicht allein durch den Reiz, sondern durch die Verarbeitung im Nervensystem und psychische Faktoren bestimmt.

Empfohlene Materialien

- Deutsche Schmerzgesellschaft (Informationsblätter, Patientenmaterialien):
  www.dgss.org
- Bundesinstitut für öffentliche Gesundheit (BIöG) (kostenfreie Broschüren zu verhaltenstherapeutischen Techniken, Patientenratgeber):
  www.bioeg.de
- Deutsche Schmerzliga (allgemeine Infos, Patientenratgeber):
  www.schmerzliga.de

Literatur

Batra, A., Leitlein, G., Dürr, M. (2003). Psychosomatische Genese der Fibromyalgie und therapeutische Konsequenzen – ein Erfahrungsbericht. In Berg, P. A. (Hrsg.), *Chronisches Müdigkeits- und Fibromyalgiesyndrom* (2. Aufl., S. 167–182). Springer.

Batra, A. (2007). Fibromyalgie und somatoforme Schmerzstörung aus psychiatrischer Sicht. *Der medizinische Sachverständige, 103*, 124–127.

Birbaumer, N. (1986). Schmerz. In Miltner, W., Birbaumer, N., Gerber, W. D. (Hrsg.), *Verhaltensmedizin* (S. 113–134). Springer.

DGAI – Deutsche Gesellschaft für Anästhesiologie und Intensivmedizin (2024). *Aktionstag gegen den Schmerz: Fachärztinnen und Fachärzte für Anästhesiologie setzen sich für Behandlung von Schmerzpatienten ein* (Pressemitteilung). https://www.dgai.de/aktuelles-patientinnen-projekte/pressemitteilungen/2216-aktionstag-gegen-den-schmerz-fachaerztinnen-und-fachaerzte-fuer-anaesthesiologie-setzen-sich-fuer-behandlung-von-schmerzpatienten-ein.html (Zugriff am 14.5.2025).

Dietl, M., Korczak, D. (2011). Versorgungssituation in der Schmerztherapie in Deutschland im internationalen Vergleich hinsichtlich Über-, Unter- oder Fehlversorgung. *DIMDI: Schriftenreihe Health Technology Assessment*, Bd. 111.

Ehde, D. M., Dillworth, T. M., & Turner, J. A. (2014). Cognitive-behavioral therapy for individuals with chronic pain: Efficacy, innovations, and directions for research. *American Psychologist, 69*(2), 153–166.

Flor, H., Hermann, C. (2004). Kognitiv-behaviourale Therapie. In Basler, H. D., Rehfisch, H. P. (Hrsg.), *Psychologische Schmerztherapie* (S. 589–601) Springer.

Hoch, E., Friemel, C., Schneider, M. et al. (2019). Wirksamkeit und Sicherheit von Cannabisarzneimitteln: Ergebnisse der CaPRis-Studie. *Bundesgesundheitsblatt, 62*, 825–829.

Kamper, S. J., Apeldoorn, A. T., Chiarotto, A. et al. (2015). Multidisciplinary biopsychosocial rehabilitation for chronic low back pain: Cochrane systematic review and meta-analysis. *BMJ, 350*, h444.

Köhler H. (1982). *Psychologische Schmerzbewältigung bei chronischer Polyarthritis*. Universität Tübingen, Dissertation.

Leitlein, G. (2001). *Krankheitsverarbeitung bei Patienten mit chronischen Schmerzen*. Universität Tübingen, Dissertation.

Lumley, M. A., Schubiner, H., Lockhart, N. A. et al. (2011). Emotional awareness and expression therapy, cognitive-behavioral therapy, and education for fibromyalgia: A cluster-randomized controlled trial. *Pain, 152*(12), 3154–3164.

Melzack, R., Wall, P. (1965). Pain mechanisms, a new theory. *Science, 150*(3699), 971–979.

Rehfisch, H.P. (1988). Psychologische Schmerztherapie bei Patienten mit chronischer Polyarthritis. *Aktuelle Rheumatologie, 13*, 34–37.

Statista (2023). *Anteile der zehn wichtigsten Krankheitsarten an den Arbeitsunfähigkeitstagen in Deutschland im Jahr 2023*. https://de.statista.com/statistik/daten/studie/77239/umfrage/krankheit-hauptursachen-fuer-arbeitsunfaehigkeit/ (Zugriff am 14.5.2025).

Turk, D. C., Gatchel, R. J. (Hrsg.) *Psychological Approaches to pain Management: A practitioners Handbook* (2nd ed.). Guilford.

Veehof, M. M., Trompetter, H. R., Bohlmeijer, E. T. et al. (2016). Acceptance- and mindfulness-based interventions for the treatment of chronic pain: A meta-analytic review. *Cognitive Behaviour Therapy, 45*(1), 5–31.

Williams, A. C. de C., Fisher, E., Hearn, L. et al. (2020). Psychological therapies for the management of chronic pain (excluding headache) in adults. *Cochrane Database of Systematic Reviews, 8*(8), CD007407.

Wolff, R., Clar, C., Lerch, C. et al. (2011). Epidemiologie von nicht tumorbedingten chronischen Schmerzen in Deutschland. *Schmerz, 25*, 26–44.

Weiterführende Literatur

Rief, W. (2018). *Chronische Schmerzen verstehen und bewältigen: Ein psychologisches Selbsthilfeprogramm* (2. Aufl.). Springer.

Flor, H., Kröner-Herwig, B. (2013). *Leben mit Schmerzen: Ein Selbsthilfeprogramm*. Hogrefe.

Hayes, S., Vowles, K. (2022). *Schmerzen akzeptieren – ein neues Leben beginnen: Das Selbsthilfeprogramm mit Akzeptanz und Achtsamkeit (ACT)*. Beltz.

Schweitzer, J. & Adam, J. (2020). *Schmerz lass nach: Das Selbsthilfeprogramm für chronische Schmerzen*. Beltz.

45 Chronische somatische Erkrankungen

Nora Dörrie, Leon van den Berg und Martin Teufel

Das Wichtigste auf einen Blick

- Somatische Erkrankungen wie Diabetes mellitus, Herz-Kreislauf-Erkrankungen oder Krebs verursachen körperliche Einschränkungen sowie hohe Belastungen im Alltag und wirken sich daher negativ auf die Lebensqualität und das psychische Wohlbefinden der Betroffenen aus.
- Die psychischen Folgen reichen von einer erfolgreichen Krankheitsbewältigung ohne Behandlungsbedarf über vorübergehende Belastungssymptome bis hin zur Entwicklung psychischer Erkrankungen wie Depressionen oder Anpassungsstörungen.
- Gestufte integrative Ansätze, die physische und psychische Aspekte berücksichtigen, sind entscheidend. Kognitive Verhaltenstherapie, achtsamkeitsbasierte Interventionen sowie Akzeptanz- und Commitment-Therapie haben nachweislich positive Effekte bei der Reduktion psychischer Belastungen und der Verbesserung der Lebensqualität.
- Schwierigkeiten bei der Adhärenz sind häufig und können durch Psychoedukation, motivierende Gesprächsführung und Selbstmanagement-Programme verbessert werden.
- Medikamente wie Antidepressiva oder Anxiolytika müssen bei Verwendung individuell angepasst werden, um Wechselwirkungen und Nebenwirkungen zu minimieren.

45.1 Einführung

Chronische körperliche Erkrankungen wie Herz-Kreislauf-Erkrankungen, Diabetes mellitus oder Schmerzsyndrome, aber auch onkologische Erkrankungen sind langfristige gesundheitliche Herausforderungen, die meist nicht vollständig heilbar sind und oft mit hohen Belastungen im Alltag einhergehen. Diese Erkrankungen haben dementsprechend über verschiedene Mechanismen weitreichende psychosoziale Auswirkungen und beeinflussen die Lebensqualität der Betroffenen nachhaltig.

45.2 Diagnose und lerntheoretische Besonderheiten

Auch wenn eine körperliche Erkrankung stets eine erhebliche Herausforderung darstellt, führt sie nicht zwangsläufig zur Ausbildung einer manifesten Störung im Sinne der ICD-10 bzw. ICD-11. Im Rahmen einer Erkrankung im Sinne einer »*somatischen Krise*« können der Verlauf und die seelische Verarbeitung stark variieren, abhängig von Faktoren wie z. B. psychischer Vorbelastung, bisherigen Lernerfahrungen, Persönlichkeitsstruktur, sozialer Unterstützung, biologischen Gegebenheiten sowie den angewandten Behandlungsmethoden (▸ Abb. 45.1).

Das Spektrum reicht dabei von einer adäquaten und vollständigen Krankheitsbewältigung ohne spezifischen Behandlungsbedarf über das Auftreten meist vorübergehender unspezifischer Belastungssymptome bis hin zur Entwicklung einer ausgeprägten psychischen Störung (▸ Tab. 45.1).

Tab. 45.1: Häufige psychische Diagnosen bei körperlichen Erkrankungen

ICD-10	ICD-11
• F43.0 Akute Belastungsreaktion • F43.2 Anpassungsstörung • F32 Depressive Episoden • F54 Psychische Faktoren oder Verhaltensfaktoren bei anderenorts klassifizierten Krankheiten • Z91.1 Nichtbefolgung ärztlicher Anordnungen in der Eigenanamnese	• QE84 Akute Belastungsreaktion • 6B43 Anpassungsstörung • 6A70 Depressive Störung mit Einzelepisoden • 6E4x Psychologische oder Verhaltensfaktoren bei anderenorts klassifizierten Störungen oder Erkrankungen • QC49 Fehlende Adhärenz oder Noncompliance • 6C20 Körperliche Belastungsstörung

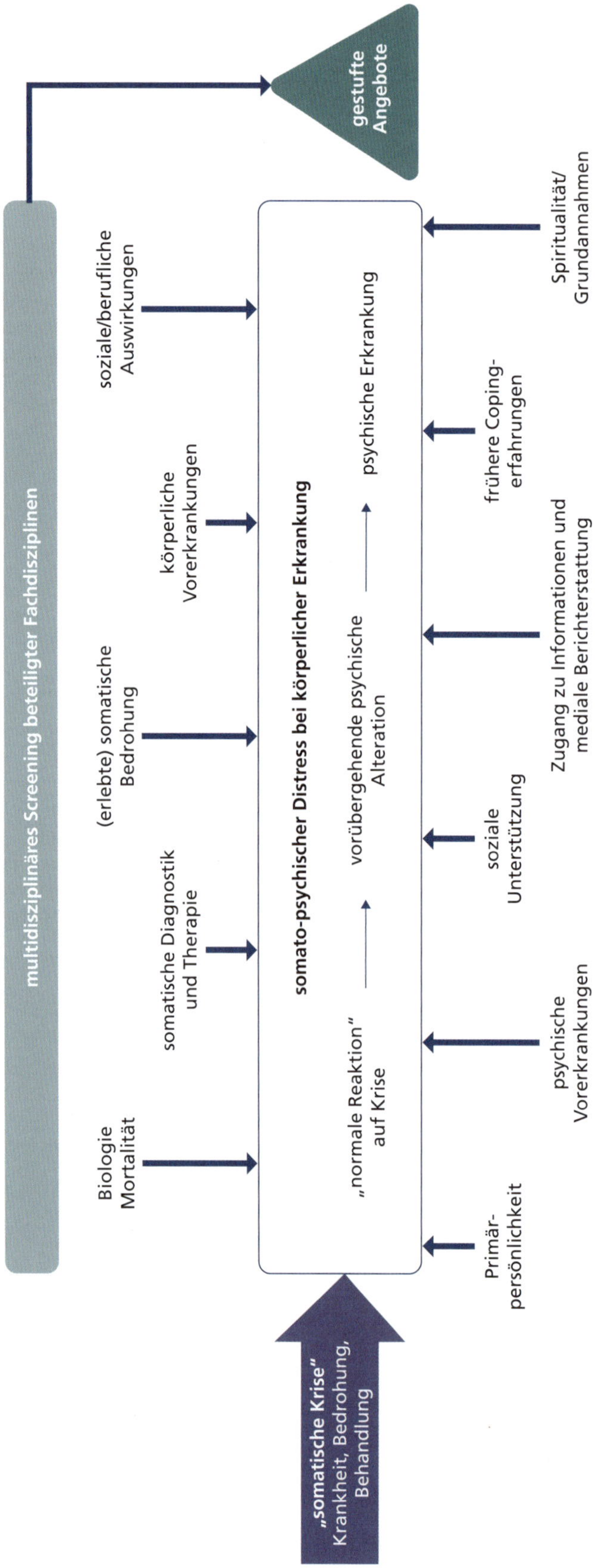

Abb. 45.1: Somato-psychischer Distress bei körperlicher Erkrankung (modifiziert nach Teufel & Zipfel, 2016, S. 648)

45.3 Lernpsychologische Modelle

Bekannte Konditionierungsmechanismen haben auch bei körperlichen Erkrankungen einen wesentlichen Einfluss. Durch *operante Konditionierung* können krankheitsbedingte Verhaltensweisen wie Schonverhalten durch soziale Verstärker (z. B. Aufmerksamkeit) unabsichtlich gefördert werden, was den Krankheitsverlauf negativ beeinflussen kann. Gemäß der *klassischen Konditionierung* können neutrale Reize, z. B. durch wiederholte Kopplung mit (Begleit-)Symptomen/Nebenwirkungen, maladaptive Assoziationen erzeugen (z. B. Übelkeit bereits bei Betreten des Raums der Chemotherapiegabe). *Kognitive Modelle* verdeutlichen, dass negative Gedanken die Wahrnehmung körperlicher Symptome verschlimmern und Vermeidungsverhalten verstärken können. Ein Mangel an positiver Verstärkung für gesundes Verhalten kann zudem die Motivation zur Verhaltensänderung und zur *Adhärenz* mindern.

Coping kann in diesem Zusammenhang als Sammlung gezielter Bemühungen betrachtet werden, die darauf abzielen, Aspekte des Selbst und der Umgebung unter Stress zu regulieren. Dieser Prozess umfasst emotions-, problemlösungs- und bedeutungsorientierte Strategien, um die Stressreaktionen zu steuern. Hierbei erfolgt eine ständige Anpassung an spezifische Anforderungen, was oft als psychische Erschöpfung und Anstrengung wahrgenommen wird, ohne dass die Prozesse unbedingt bewusst kognitiv ablaufen bzw. wahrgenommen werden. Die Art der Bewältigungsstrategien hängt dabei sowohl von individuellen Faktoren wie der Persönlichkeit als auch von der Art des Stressors ab und ist entscheidend für die psychische Widerstandsfähigkeit in stressigen Situationen (Compas et al., 2011). Hält die Belastung durch die somatische Erkrankung trotz vorhandener Copingstrategien an, kommt es häufig zu einer veränderten Wahrnehmung und Bewertung von Reizen, was als auslösend für Verhaltensmodifikationen angesehen wird.

Ein Beispiel hierfür ist das *Modell der erlernten Hilflosigkeit.* Dieses beschreibt ein Verhaltensmuster, bei dem Patientinnen und Patienten, die wiederholt negative Erfahrungen gemacht haben, aktives Verhalten zur Problemlösung oder Problembewältigung einstellen und zunehmend passiv reagieren. Diese Reaktion entsteht aus der Überzeugung, dass ihre Handlungen keinen oder unzureichenden Einfluss auf das Krankheitsgeschehen haben (Baratta et al., 2023). Dieser erlebte *Kontrollverlust* ist bei Patientinnen und Patienten mit körperlichen Krankheiten stark mit negativen Bewältigungsstrategien wie sozialem Rückzug und emotionalem Vermeiden verbunden (Cardile et al., 2024), was wiederum zu einer depressiven Symptomatik führen oder eine bereits vorhandene depressive Entwicklung verstärken kann.

45.4 Störungsspezifische Psychotherapie

45.4.1 Ausgangspunkt jeder Erkrankung: »Breaking Bad News«

Im Verlauf von körperlichen Erkrankungen erleben Patientinnen und Patienten wiederholt kritische Momente. Ein besonders wichtiger Zeitpunkt ist der der Erstdiagnosestellung, aber auch signifikante Befund- oder Behandlungsänderungen oder der Beginn einer palliativen Behandlungsplanung können dementsprechend wahrgenommen werden. Hier steht zunächst die akute emotionale Unterstützung im Vordergrund: Durch Validierung und Normalisierung von Emotionen (»Es ist verständlich, dass Sie sich überwältigt fühlen«), Förderung der psychischen Stabilität, z. B. durch aktives Zuhören mit empathischer Haltung und ggf. Einsatz von Techniken zur Stressbewältigung (situationsabhängig und je nach Vorkenntnissen der Patientinnen und Patienten z. B. Atemtechniken, 5-4-3-2-1-Übung o. Ä.) kann die Stabilität und auch schon an diesem Punkt das Selbstwirksamkeitserleben der Patientinnen und Patienten gestärkt werden. Dies muss nicht unbedingt in einem psychotherapeutischen Rahmen geschehen, sondern stellt zunächst einen regulären Teil der ärztlich-pflegerischen Behandlung dar.

45.4.2 Bedarfsorientierte gestufte Behandlung

Bei der psychotherapeutischen Unterstützung von Patientinnen und Patienten mit körperlichen Erkrankungen steht die Anpassung der Behandlung an den individuellen psychischen Bedarf im Vordergrund. Dabei kann die psychische Belastung von unauffälligem psychischem Befinden über erste Anzeichen psychischer Beeinträchtigungen bis hin zur Entwicklung klinisch relevanter Störungen variieren. Ziel ist es, eine möglichst passgenaue Intervention bereitzustellen, die den jeweiligen Bedürfnissen der Betroffenen gerecht wird.

Patienten ohne psychische Komorbidität

Ein Teil der Patientinnen und Patienten entwickelt trotz vorliegender chronischer und/oder schwerer Erkrankung *keine psychische Komorbidität oder spezifischere schwerere Belastungen*. Dennoch sollten auch hier Basismaßnahmen ergriffen werden, um einer möglichen zukünftigen psychischen Symptomatik vorzubeugen. Neben einer störungsspezifischen Psychoedukation in Hinblick auf die somatische Erkrankung bieten sich hier allgemeine, störungsunabhängige Maßnahmen zur psychischen Stabilisierung an, so zum Beispiel das Erlernen von Entspannungstechniken, Umgang mit Stress und Belastung, Schlafhygiene und die

Teilnahme an Bewegungsangeboten (ggf. auch störungsspezifisch: Herzsportgruppe, onkologische Sportangebote etc.). Auch die Vermittlung von weiteren Hilfsangeboten (Selbsthilfegruppen, Sozialberatung) stellt einen wichtigen Baustein dar.

> **Merke**
>
> Ein regelmäßiges Screening sollte erfolgen, um auch im Verlauf psychotherapeutischen Behandlungsbedarf frühzeitig zu erkennen, idealerweise integriert in somatische Behandlungstermine oder über Konsiliar- und Liaisondienste.

Patienten mit subklinischer Symptomatik

Eine zweite Patientengruppe entwickelt keine manifeste psychische Erkrankung, leidet jedoch unter *subklinischen Symptomen und/oder stärkeren Belastungen*. In diesem Fall können störungsspezifischere Interventionen sowohl im Einzel- als auch im Gruppensetting erforderlich sein. Gerade zu Beginn des Krankheitsverlaufs steht oft eine Förderung der *Krankheitsakzeptanz* im Vordergrund. Durch Unterstützung bei der Verarbeitung negativer Gedanken (»Warum gerade ich?«) und der Arbeit an einer realistischen Perspektive kann Patientinnen und Patienten geholfen werden, die Realität der Erkrankung anzuerkennen, ohne sie zu überfordern. *Coping-Strategien* sollten gefördert werden, wobei sowohl problem- als auch emotionsorientiert gearbeitet werden sollte (Unterstützung bei der Planung der nächsten Schritte; Techniken wie Achtsamkeit, Entspannungsübungen oder kreative Ausdrucksformen). Zur *Identifikation von Ressourcen* sollten die individuellen Stärken und sozialen Netzwerke der Patientinnen und Patienten mobilisiert werden (»Welche Menschen und Aktivitäten haben Ihnen in schweren Zeiten geholfen?«). Bei Bedarf kann auch eine *Förderung der Arzt-Patienten-Kommunikation* erfolgen, um eigene Bedürfnisse artikulieren zu können, die Beziehung zu den behandelnden Ärztinnen und Ärzten zu stärken und Unsicherheiten zu reduzieren. Sowohl im Rahmen einer körperlichen Erkrankung selbst als auch in Hinblick auf Behandlungsmaßnahmen kommt es häufig zu *Erleben von Kontrollverlust*. Hier können neben achtsamkeitsbasierten Ansätzen (z. B. Lenkung des Fokus auf den gegenwärtigen Moment, Akzeptanz für das Unkontrollierbare) auch bekannte Methoden der kognitiven Verhaltenstherapie (z. B. Modifikation dysfunktionaler Denkmuster, die mit Kontrollverlust assoziiert sind, bspw. Katastrophisieren) sowie der Akzeptanz- und Commitment-Therapie (z. B. Förderung der Akzeptanz unvermeidbarer Einschränkungen und des Engagements für Werte und Lebensziele) zum Einsatz kommen. Zur *Förderung von Autonomie* kann eine Unterstützung beim Setzen realistischer Ziele Patientinnen und Patienten ein Gefühl der Kontrolle über ihren Alltag vermitteln. Sowohl im Einzel- als auch im Gruppensetting können zudem Selbstmanagement-Strategien zur Vermittlung von Fertigkeiten zur eigenständigen Bewältigung vermittelt werden, was auch zu einer Stärkung des *Selbstwirksamkeitserlebens* beiträgt (»Ich kann aktiv zum Behandlungserfolg beitragen!«). Diese Techniken sind ebenfalls hilfreich zur Bewältigung von belastender *Progredienzangst*. Auch hier spielen die Fokussierung auf das Hier und Jetzt, eine Unterstützung bei der Sinnfindung sowie allgemeine Stressbewältigungsstrategien und das Anbieten eines Raumes zur emotionalen Verarbeitung eine bedeutende Rolle, um trotz der Erkrankung erfüllende Lebensinhalte zu finden. Auch ein verändertes Körperschema im Rahmen einer Erkrankung – beispielsweise durch Amputationen, Lähmungen, chronische Schmerzen oder Entstellungen – erfordert ergänzende therapeutische Ansätze. Neben physiotherapeutischen Ansätzen zur Förderung z. B. der motorischen Funktionen kommen dabei auch körperorientierte Psychotherapieansätze wie Körperwahrnehmungstrainings zum Einsatz. Als Übungen zur gezielten Wahrnehmung des Körpers können z. B. Bodyscans, Spiegeltherapie oder auch die Feldenkrais-Methode eingesetzt werden, um Psyche und Gehirn eine Anpassung an eine veränderte Körperstruktur zu ermöglichen. Gerade bei schweren Krankheitsverläufen spielt schließlich der Umgang mit *existentiellen Fragen* eine wichtige Rolle. Es sollte stets auch Raum für spirituelle oder philosophische Fragen geschaffen werden, sodass auch herausfordernde Themen wie Sterblichkeit, Lebenssinn oder Verlustängste reflektiert werden können und insgesamt die Entwicklung eines persönlichen Narrativs zur Erkrankung erfolgt.

Patienten mit manifesten psychischen Störungen

Patientinnen und Patienten, die eine manifeste *psychische Komorbidität, z. B. im Sinne einer depressiven Symptomatik*, entwickeln, sollten in Ergänzung zu den bereits geschilderten basispsychotherapeutischen sowie somatischen Behandlungsmaßnahmen eine verhaltenstherapeutische Behandlung im klassischen Sinne erhalten. Zu berücksichtigen ist hierbei, dass häufig ein eher somatisch geprägtes Krankheitsverständnis vorliegt und die Motivation der Patientinnen und Patienten stark variieren kann. Häufig ergeben sich auch organisatorische Herausforderungen, da die Therapie an somatische Behandlungstermine angepasst werden muss oder – beispielsweise im konsiliarischen Setting – an nur bedingt geeigneten Orten stattfinden kann. Zudem ist die Behandlung zeitlich und inhaltlich an die körperliche und psychische Belastbarkeit der Patientinnen und Patienten anzupassen.

45.4.3 Probleme der Adhärenz

Häufig treten vor dem Hintergrund der andauernden Belastung auch *Adhärenzschwierigkeiten* bei Menschen mit körperlichen Erkrankungen auf, wodurch die Behandlungsergebnisse beeinträchtigt werden können. Psychotherapeutische Ansätze können helfen, die Motivation zu fördern, Schwierigkeiten zu identifizieren und die Zusammenarbeit zwischen Patienten und Behandelnden zu verbessern. Initial besteht bei den Betroffenen oft kein psychotherapeutischer Behandlungswunsch und die Erstvorstellung erfolgt auf Initiative von Behandelnden oder Familienangehörigen. Durch Techniken der *motivierenden Gesprächsführung* können jedoch im Verlauf Ambivalenzen herausgearbeitet und die intrinsische Motivation gestärkt werden. Durch empathisches Zuhören, offene Fragen und Fördern der Veränderungsbereitschaft (»Was würde es Ihnen bringen, Ihre Medikamente regelmäßig einzunehmen?«) wird so eine schrittweise Verbesserung der Adhärenz angestrebt. In diesem Zusammenhang wird häufig auch die Notwendigkeit einer erneuten *Psycho-*

Tab. 45.2: Bedarfsorientierte gestufte psychotherapeutische Behandlung

bei Erstdiagnose einer körperlichen Erkrankung	bei adäquater Krankheitsbewältigung	bei subklinischer Belastung	bei psychischer Erkrankung	bei Adhärenzstörung
psychische Stabilisierung: Basismaßnahmen	regelmäßiges Screening bzgl. möglicher psychischer Belastungen	Förderung von Krankheitsakzeptanz, Copingstrategien, Ressourcenarbeit, Selbstwirksamkeitserleben, Bewältigung von Progredienzangst, Körperschemaänderung	psychotherapeutische störungsspezifische Behandlung unter Berücksichtigung der chronischen Erkrankung (ergänzend zu den Maßnahmen bei subklinischer Belastung)	motivierende Gesprächsführung,Psychoedukation, kognitive Umstrukturierung, Zielvereinbarungen, positive Verstärkung

edukation deutlich, wobei insbesondere die Erläuterung des Zusammenhangs zwischen Therapieadhärenz und Behandlungserfolg, möglicher Konsequenzen bei fehlender Adhärenz und einer erneuten Schulung zu Maßnahmen wie Medikamenteneinnahme oder Kontrollterminen im Vordergrund stehen. Sollten in diesem Rahmen dysfunktionale Überzeugungen und Verhaltensweisen deutlich werden, können klassische Methoden der Verhaltenstherapie wie die Identifikation hinderlicher Gedanken, eine Umstrukturierung negativer Überzeugungen und Techniken zur Verhaltensaktivierung eingesetzt werden. Auch *psychosoziale Belastungen* mit Auswirkungen auf die Adhärenz sollten identifiziert und ggf. in Zusammenarbeit mit weiteren Berufsgruppen (z. B. sozialarbeiterischer oder pflegerischer Unterstützung) adressiert werden. Durch Selbstmanagement-Programme, Zielvereinbarungen und Belohnungssysteme kann schließlich eine Verlaufskontrolle erfolgen. Bedeutsam ist hier die *Vereinbarung realistischer Ziele* (»Ich werde meinen Nikotinkonsum in dieser Woche um X Zigaretten reduzieren«) und eine *positive Verstärkung* der tatsächlich erreichten Veränderungen. Das übergeordnete Ziel sollte stets in der Entwicklung von Strategien zur langfristigen Adhärenzsicherung und zur Rückfallprophylaxe bestehen.

Fallbeispiel

Bei Herrn M., 56 Jahre alt, wurde vor einem Jahr eine chronische Herzinsuffizienz diagnostiziert. Er ist verheiratet, Vater zweier jugendlicher Kinder und als Ingenieur in einem Großkonzern tätig. Bisher hat er im Krankheitsverlauf keine signifikante psychische Symptomatik entwickelt, zeigt jedoch in Gesprächen gelegentlich eine erhöhte Belastung durch die ständige Sorge um seine Gesundheit und die Auswirkungen auf sein Berufs- und Familienleben. Sowohl beruflich als auch im familiären Alltag fühle er sich weniger leistungsfähig als früher, was ihn zunehmend belaste. Es erfolgten daher mittelfrequente psychotherapeutische Einzelsitzungen sowie weiterhin kardiologische Kontrollen.

Zunächst wurde Herrn M. in der kardiologischen Sprechstunde eine erneute umfassende Psychoedukation zur Herzinsuffizienz angeboten. Medizinische Aspekte und die möglichen Auswirkungen auf den Alltag wurden erläutert, ein besonderer Schwerpunkt lag auf Basismaßnahmen wie Ernährung und Bewegung. Das verbesserte Verständnis half ihm dabei, eine realistische Perspektive zu entwickeln, ohne sich von der Diagnose überwältigen zu lassen.

Herr M. zeigte zudem eine erhöhte Anspannung und Sorge, insbesondere vor Belastungssituationen wie dem Nachhausekommen von der Arbeit oder dem Besuch von Familienfeiern. Gemeinsam wurde ein individuelles Entspannungsprogramm erarbeitet. Dies beinhaltete einfache Atemübungen und kurze Achtsamkeitstechniken, die er nach anfänglicher Skepsis erfolgreich anwenden konnte. Darüber hinaus nahm er regelmäßig an einer Herzsportgruppe teil, was vorrangig die körperliche Fitness steigerte, aber auch dabei half, sich weniger isoliert zu fühlen.

Herrn M. fiel es anfangs schwer, sich mit den krankheitsbedingten Einschränkungen abzufinden. Im Verlauf der Therapie gelang es ihm, sich mit negativen Gedanken wie »Warum ausgerechnet ich?« auseinanderzusetzen und eine realistische Perspektive auf die Erkrankung zu entwickeln. Dies geschah u. a. durch kognitive Umstrukturierung, bei der dysfunktionale Denkmuster (»Ich muss verstecken, dass ich weniger leistungsfähig bin, sonst bin ich wertlos.«) identifiziert und kritisch hinterfragt werden konnten. Zudem wurde Herr M. ermutigt, seine persönlichen Ressourcen zu erkennen (Unterstützung seiner Familie, Austausch mit der Herzsportgruppe), wodurch ein Gefühl von Sicherheit und Zusammenhalt entstand.

Zur Stärkung des Kontrollerlebens wurde auch das Setzen realistischer Ziele ein zentrales Thema. Dies beinhaltete beispielsweise die Festlegung erreichbarer Ziele wie »Ich werde täglich 15 Minuten spazieren gehen!". Dies förderte nicht nur das Gefühl der Autonomie, sondern half auch dabei, die nicht optimale Adhärenz zu steigern. Durch regelmäßige Verlaufskontrollen und konkretes Lob für erreichte Ziele konnte die Motivation gesteigert und langfristig aufrechterhalten werden.

Herr M. nahm nach anfänglichem Zögern Kontakt zu einer Selbsthilfegruppe für Menschen mit chronischen Herzerkrankungen auf, tauschte so Erfahrungen aus und entwickelte neue Bewältigungsstrategien.

Im Verlauf der Behandlung traten weiterhin gelegentliche Adhärenzprobleme auf, besonders im Hinblick auf die regelmäßige Einnahme von Medikamenten. In einem Gespräch wurde mit Herrn M. erarbeitet, welche Hindernisse bei der Medikamenteneinnahme bestanden und welche individuellen Lösungen umsetzbar wären. Hier halfen insbesondere die Techniken der motivierenden Gesprächsführung, um die ambivalenten

Gefühle zu bearbeiten und die intrinsische Motivation zu stärken. Der Patient konnte durch empathisches Zuhören und offene Fragen seine Sorgen äußern und eine stärkere Bereitschaft zur Einhaltung der Medikation entwickeln.

Bei Herrn M. wurde insgesamt ein interdisziplinärer, individueller Therapieansatz angewandt. Durch eine Kombination aus psychoedukativen Maßnahmen, der Förderung von Krankheitsakzeptanz und Selbstmanagement, Entspannungsübungen sowie der Unterstützung bei der Identifikation von Ressourcen konnte eine Verschlechterung der psychischen Symptomatik verhindert und eine positive Anpassung an die Krankheit erreicht werden.

45.5 Pharmakotherapie

Auch bei psychischen Erkrankungen im Rahmen somatischer Behandlungen besteht leitliniengerecht die Empfehlung einer unterstützenden medikamentösen Behandlung. In diesem Kontext können sowohl Antidepressiva, Anxiolytika als auch Sedativa (unter Berücksichtigung des Potenzials einer Abhängigkeitsentwicklung) zum Einsatz kommen, um die komorbide psychische Symptomatik, bspw. Depressionen, Angst oder Stress, zu lindern. Im Allgemeinen besteht eine eher gute Verträglichkeit dieser Medikamente, wobei die spezifischen Risiken dennoch stets berücksichtigt werden müssen. Grundsätzlich sollte die Medikation daher *individualisiert* ausgewählt werden und auf die körperliche Erkrankung sowie die individuelle Verträglichkeit der Patientinnen und Patienten abgestimmt sein. So müssen etwa mögliche Wechselwirkungen mit anderen Arzneimitteln oder spezifische Kontraindikationen beachtet werden. Es sollte daher eine *regelmäßige Überwachung* stattfinden, um frühe Anzeichen von Nebenwirkungen zu erkennen und gegebenenfalls die Therapie anzupassen.

Merke

Eine enge interdisziplinäre Abstimmung ist essenziell: Die Pharmakotherapie sollte stets im integrativen Zusammenspiel mit Verhaltenstherapie erfolgen.

45.6 Evidenzbasierung

In den letzten Jahrzehnten wurden zahlreiche Studien durchgeführt, um evidenzbasiert die Wirksamkeit psychotherapeutischer Ansätze bei der Behandlung von körperlichen Erkrankungen zu untersuchen. Verschiedene Übersichtsarbeiten (z. B. Semenenko, 2023; Andersen, 2002) stützen dabei die Annahme, dass psychologische Interventionen eine bedeutende Rolle z. B. bei der Unterstützung von Krebspatientinnen und -patienten spielen.

Kognitive Verhaltenstherapie (KVT) ist eine der am besten untersuchten und evidenzbasierten psychotherapeutischen Methoden, so auch für die Behandlung von psychischen Belastungen bei chronischen Erkrankungen. Zahlreiche randomisierte kontrollierte Studien konnten zeigen, dass KVT bei der Reduktion von Angst, Depression und Schmerz bei Patientinnen und Patienten mit körperlichen Erkrankungen wie chronischen Rückenschmerzen, Fibromyalgie, rheumatoider Arthritis und chronisch entzündlichen Darmerkrankungen wirksam ist (z. B. Kuut et al., 2024).

Achtsamkeitsbasierte Interventionen zeigen ebenfalls eine solide Evidenzbasis. Studien haben gezeigt, dass z. B. die achtsamkeitsbasierte Stressreduktion (MBSR) bei Patientinnen und Patienten mit verschiedenen chronischen Erkrankungen (u. a. Krebserkrankungen, kardialen Erkrankungen, chronischen Schmerzen) die psychische Belastung verringern und auch die Lebensqualität verbessern kann (z. B. Bohlmeijer et al., 2010).

Akzeptanz- und Commitment-Therapie (ACT) ist eine weitere Methode mit wachsender Evidenz für die Behandlung von chronischen körperlichen Erkrankungen. Randomisierte Studien wie die von Graham et al. (2016) haben gezeigt, dass ACT bei der Bewältigung chronischer Schmerzen und bei der Verbesserung der Lebensqualität wirksam ist.

Eine systematische Übersichtsarbeit von Fournié et al. (2021) zeigt, dass *Biofeedback* bei chronischen Erkrankungen zur Verminderung von Depressionen, Ängsten und Schlafstörungen führen kann.

Trotz der hier vorgestellten Datenlage bestehen in Hinblick auf die bisherigen Untersuchungen deutliche Defizite, insbesondere hinsichtlich der Heterogenität der Patientengruppen, der Varianz in den Krankheitsbildern und dem Mangel an Langzeitstudien. Zudem erschweren die komplexen Wechselwirkungen zwischen psychischen und physischen Symptomen die klare Zuordnung von Behandlungseffekten, sodass die Datenlage insbesondere für spezifische Erkrankungen trotz guter klinischer Erfahrungen noch nicht ausreichend ist und derzeit daher meist auf allgemeine Untersuchungen zur Wirksamkeit der verschiedenen Verfahren zurückgegriffen wird.

Prüfungsfragen

1. Welche psychischen Diagnosen treten häufig im Zusammenhang mit körperlichen Erkrankungen auf?
2. Wie beeinflussen lernpsychologische Modelle den Umgang mit chronischen Erkrankungen?
3. Welche Techniken werden eingesetzt, um Adhärenzprobleme bei chronisch Erkrankten zu verbessern?
4. Welche psychotherapeutischen Ansätze haben sich als besonders wirksam bei der Behandlung psychischer Belastungen im Kontext körperlicher Erkrankungen erwiesen?

Antworten

1. Häufige Diagnosen sind Anpassungsstörungen und depressive Episoden. Diese spiegeln die Belastung durch die chronische Erkrankung wider und variieren in ihrer Schwere.
2. Operante Konditionierung kann krankheitsbedingtes Verhalten wie Schonverhalten verstärken, während klassische Konditionierung maladaptive Assoziationen, z. B. zwischen Schmerzen und bestimmten Umgebungen, schaffen kann. Negative Gedanken und Vermeidungsverhalten verschlimmern oft die Symptomwahrnehmung.
3. Techniken der motivierenden Gesprächsführung fördern die Veränderungsbereitschaft. Psychoedukation, kognitive Umstrukturierung, Selbstmanagement-Programme und realistische Zielvereinbarungen unterstützen die langfristige Therapieadhärenz.
4. Evidenzbasierte Ansätze wie kognitive Verhaltenstherapie (KVT), achtsamkeitsbasierte Interventionen (z. B. MBSR), Akzeptanz- und Commitment-Therapie (ACT) sowie Biofeedback zeigen nachweislich positive Effekte auf die psychische Belastung und Lebensqualität der Betroffenen.

Empfohlene Materialien

- Benkert, O. & Hippius, H. (2023). *Kompendium der Psychiatrischen Pharmakotherapie*. Springer.
- Diegelmann, C., Isermann, M., Zimmermann, T. (2020). *Therapie-Tools Psychoonkologie*. Beltz.
- Gräßer, M., & Gitta Reuner, G. (2024). *Therapie-Tools. Chronische Erkrankungen im Kindes- und Jugendalter.* Beltz.
- Seidel, G., Meierjürgen, R. et al. (Hrsg.) (2019). *Selbstmanagement bei chronischen Erkrankungen*. Nomos.
- Mehnert, A., & Koch, U. (2016). *Handbuch Psychoonkologie.* Hogrefe.
- PSO – Arbeitsgemeinschaft für Psychoonkologie in der Deutschen Krebsgesellschaft e. V.: https://pso-ag.org/de/index.php

Literatur

Andersen, B. L. (2002). Biobehavioral outcomes following psychological interventions for cancer patients. *Journal of consulting and clinical psychology, 70*(3), 590–610. https://doi.org/10.1037//0022-006x.70.3.590

Baratta, M. V., Seligman, M. E. P., & Maier, S. F. (2023). From helplessness to controllability: toward a neuroscience of resilience. *Frontiers in Psychiatry, 14,* 1170417. https://doi.org/10.3389/fpsyt.2023.1170417

Bohlmeijer, E., Prenger, R., Taal, E. et al. (2010). The effects of mindfulness-based stress reduction therapy on mental health of adults with a chronic medical disease: a meta-analysis. *Journal of psychosomatic research, 68*(6), 539–544. https://doi.org/10.1016/j.jpsychores.2009.10.005

Cardile, D., Calderone, A., Pagano, M. et al. (2024). Coping Strategies in Patients with Acquired Brain Injury: A Scoping Review. *Brain sciences, 14*(8), 784. https://doi.org/10.3390/brainsci14080784

Compas B. E., Jaser, S. S., Dunn, M. J. et al. (2012). Coping with chronic illness in childhood and adolescence. *Annu Rev Clin Psychol, 8,* 455–80. https://doi.org/10.1146/annurev-clinpsy-032511-143108

Fournié, C., Chouchou, F., Dalleau, G. et al. (2021). Heart rate variability biofeedback in chronic disease management: A systematic review. *Complementary therapies in medicine, 60,* 102750. https://doi.org/10.1016/j.ctim.2021.102750

Graham, C. D., Gouick, J., Krahé, C. et al. (2016). A systematic review of the use of Acceptance and Commitment Therapy (ACT) in chronic disease and long-term conditions. *Clinical psychology review, 46,* 46–58. https://doi.org/10.1016/j.cpr.2016.04.009

Kuut, T. A., Müller, F., Csorba, I. et al. (2023). Efficacy of Cognitive-Behavioral Therapy Targeting Severe Fatigue Following Coronavirus Disease 2019: Results of a Randomized Controlled Trial. *Clinical infectious diseases, 77*(5), 687–695. https://doi.org/10.1093/cid/ciad257

Semenenko, E., Banerjee, S., Olver, I. et al. (2023). Review of psychological interventions in patients with cancer. *Supportive care in cancer, 31*(4), 210. https://doi.org/10.1007/s00520-023-07675-w

Teufel, M., & Zipfel, S. (2016) Maladaptive Krankheitsverarbeitung: Anpassungsstörung, Angststörungen und Posttraumatische Belastungsstörung. In Mehnert, A., & Koch, U. (Hrsg.) *Handbuch Psychoonkologie* (S. 646–664). Hogrefe.

Weiterführende Literatur

Luppen, A., & Stavemann H. (2022). *Und plötzlich aus der Spur … Leben nach Schlaganfall, Schädel-Hirn-Trauma und anderen neurologischen Erkrankungen. Ein Ratgeber für Betroffene und Angehörige*. Beltz.

Vögele, C. (2009). *Klinische Psychologie: Körperliche Erkrankungen kompakt*. Beltz.

Leitlinienprogramm Onkologie (Deutsche Krebsgesellschaft, Deutsche Krebshilfe, AWMF) (2023). *Psychoonkologische Diagnostik, Beratung und Behandlung von erwachsenen Krebspatient*innen*. Langversion 2.1, AWMF-Registernummer: 032-051OL. https://www.leitlinienprogramm-onkologie.de/leitlinien/psychoonkologie/ (Zugriff am 2.6.2025).

Robert Bosch Stiftung (o. J.). INSEA aktiv – *Leben mit chronischer Krankheit. Ein Selbstmanagementprogramm für Menschen mit chronischer Erkrankung und deren Angehörige oder befreundete Personen.* https://www.bosch-stiftung.de/de/projekt/insea-aktiv-leben-mit-chronischer-krankheit (Zugriff am 2.6.2025).

46 Essstörungen

Markus Fumi und Ulrich Voderholzer

Das Wichtigste auf einen Blick

- Essstörungen sind schwerwiegende psychische Erkrankungen des Kindes-, Jugendlichen- und Erwachsenenalters mit hoher Mortalität (v. a. bei Anorexia nervosa).
- Essstörungen weisen ein ausgeprägtes Krankheitsverhalten sowie eine hohe Funktionalität auf.
- Die Behandlung sollte möglichst frühzeitig beginnen und störungsspezifisch erfolgen.
- Ein zweigleisiges therapeutisches Vorgehen kombiniert das notwendige Symptommanagement mit der Arbeit an den zugrundeliegenden Themen.
- Eine tragfähige therapeutische Allianz (Commitment) zwischen Behandelnden und Patientin ist essenziell für einen nachhaltigen Therapieerfolg.

46.1 Einführung

Essstörungen, vor allem die Anorexia nervosa, gehören zu den gefährlichsten unter den psychischen Erkrankungen. Sie sind durch ein ausgeprägtes, störungsspezifisches Krankheitsverhalten gekennzeichnet. Da es sich dabei um das Essverhalten und infolge häufig um das Körpergewicht handelt, bedrohen Essstörungen neben dem psychischen Wohlbefinden und der sozialen Integration vor allem auch die körperliche Gesundheit der Betroffenen. Die Mortalität liegt bei der Anorexia nervosa beispielsweise bei über 10 %, und damit deutlich über anderen psychischen Erkrankungen.

Merke

Essstörungen gehören zu den hochfunktionalen Erkrankungen. Das bedeutet, dass sich für die Betroffenen aus ihrem Krankheitsverhalten kurzfristig positive Effekte ergeben, und darüber hinaus das Symptomverhalten durch die Hoffnung aufrechterhalten wird, wesentliche Themen des Lebens beeinflussen und verbessern zu können.

Dazu gehören in erster Linie die Zufriedenheit mit sich selbst, das Bedürfnis nach Autonomie und Selbstwirksamkeit, der Umgang mit Gefühlen, soziale Anerkennung und die Einflussnahme auf das familiäre Umfeld. Die ausgeprägte Funktionalität, die sich in der Regel im psychotherapeutischen Prozess gut erarbeiten lässt, stellt einen wesentlichen krankheitsaufrechterhaltenden Faktor dar, der es den Betroffenen erschwert, die notwendigen Verhaltensänderungen durchzuführen.

Wie auch die häufigsten Komorbiditäten von Essstörungen zeigen, weisen sie Aspekte anderer psychische Erkrankungen auf und lassen sich zwischen diesen einordnen. Vor allem die Anorexia nervosa und die Bulimia nervosa sind mit ausgeprägter Angst verbunden und weisen deshalb in manchen Aspekten des Krankheitsmodells wie auch des psychotherapeutischen Vorgehens Ähnlichkeiten mit den Angsterkrankungen auf. Die Angst im Rahmen der Essstörungen bezieht sich vor allem auf die Gewichtszunahme und infolge davon auf bestimmte Lebensmittel. Sie steuert darüber hinaus bei manchen Betroffenen auch das Bewegungsverhalten. Eine zentrale Angst im Mittelpunkt und zwanghaft anmutende Verhaltensweisen ähneln in mancher Hinsicht der Zwangsstörung. Wie bei Angst- und Zwangserkrankungen stellt auch bei Essstörungen die Expositionstherapie einen zentralen Baustein im psychotherapeutischen Vorgehen dar. Das durch biografische Prägungen und entsprechende innere Repräsentanzen verzerrte Körperbild, die sogenannte Körperbild- oder Körperschemastörung, findet sich in ähnlicher Form auch bei der körperdysmorphen Störung, die nosologisch zwar den Zwangserkrankungen zugeordnet wird, die aber im Hinblick auf die Entstehungsgeschichte und das Selbstbild einschließlich der entsprechenden therapeutischen Interventionen deutliche Ähnlichkeiten vor allem mit der Anorexia nervosa aufweist.

Besonders unter den Betroffenen einer Bulimia nervosa, aber auch der Binge-Eating-Störung finden sich Menschen mit emotional-instabiler Persönlichkeitsstruktur. Ähnlich wie bei der Borderline-Persönlichkeitsstörung stellt das Emotionsmanagement auch bei den Essstörungen ein zentrales Thema dar. Daher ist es nicht verwunderlich, dass Essstörungspatientinnen von dialektisch-behavioralen Therapieansätzen bereits profitieren konnten, noch bevor störungsspezifische Varianten dieser Therapierichtung etabliert wurden.

Der Beginn von Essstörungen liegt bereits im Kindes- und Jugendalter. Sie sind damit Störungsbilder, die sowohl im Bereich der Kinder- und Jugendlichenpsychotherapie als auch der Erwachsenentherapie relevant sind. Die Anorexia nervosa beginnt meist um die Pubertät, die Bulimia nervosa im Verlauf des Jugendalters, möglicherweise auch später.

Tab. 46.1: Lebenszeitprävalenz spezifischer Essstörungen nach Geschlecht (nach Silén & Keski-Rahkonen, 2022)

Essstörung	Frauen	Männer
Anorexia nervosa	0,8–6,3 %	0,1–0,3 %
Bulimia nervosa	0,8–3,6 %	0,1–0,2 %
Binge-Eating-Störung	0,6–6,1 %	0,3–0,7 %

Merke

Der Zeitpunkt des Beginns von Essstörungen wird aus dem Krankheitsmodell verständlich und hängt regelhaft mit den alterstypischen und gesellschaftsspezifischen auslösenden und aufrechterhaltenden Faktoren zusammen.

Der frühe Beginn von Essstörungen und ihre Neigung zur Chronifizierung machen möglichst frühzeitige störungsspezifische Interventionen in einem spezialisierten Setting notwendig, um körperliche und psychosoziale Spätfolgen abwenden zu können. Eine vollständige Remission ist möglich.

Von Essstörungen sind ganz erheblich mehr Mädchen und Frauen als Jungen und Männer betroffen. Dieser eklatante Geschlechterunterschied lässt sich zumindest teilweise aus der unterschiedlichen pubertären Entwicklung von Mädchen und Jungen sowie aus geschlechtsspezifischen gesellschaftlichen Normen und Erwartungen erklären. Während für männliche Jugendliche das Konzept des Mehr-Werdens in der Pubertät, also größer und breiter, durchweg positiv besetzt ist, findet die Veränderung des weiblichen Körpers bei einigen Mädchen wenig Anklang, vor allem was die geschlechtsspezifische Fettverteilung betrifft.

Insgesamt haben 5,5–17,9 % der jungen Frauen und 0,6–2,4 % der jungen Männer bis zum frühen Erwachsenenalter eine Essstörung gemäß DSM-5 erlebt (Silén & Keski-Rahkonen, 2022). Die Lebenszeitprävalenzen für spezifische Essstörungen zeigen deutliche Unterschiede zwischen den Erkrankungen und Geschlechtern, wie in ▸ Tab. 46.1 klar wird.

Neuere Studien deuten darauf hin, dass die COVID-19-Pandemie zu einem Anstieg von Essstörungen beigetragen haben könnte. Besonders Jugendliche und junge Erwachsene scheinen durch diese Bedingungen ein erhöhtes Risiko für die Entwicklung oder Persistenz von Essstörungen zu haben. Für Anorexia nervosa wird zudem ein Anstieg der Inzidenz bei jüngeren Altersgruppen, insbesondere bei Personen unter 15 Jahren, beobachtet (van Eeden et al., 2021). Vorläufige Hinweise zeigen ebenfalls einen Anstieg der Prävalenz von Bulimia nervosa in bevölkerungsbasierten Studien, was angesichts sinkender Inzidenzraten in der primären und sekundären Versorgung widersprüchlich wirkt. Eine Erklärung hierfür ist, dass Personen mit selteneren Essanfällen und kompensatorischen Verhaltensweisen seltener Hilfe suchen und daher in versorgungsbasierten Studien weniger erfasst werden (van Eeden et al., 2021).

Die vor allem mit dem Untergewicht bei der Anorexia nervosa zusammenhängende medizinische Brisanz, das ausgeprägte und nachhaltige Krankheitsverhalten der Betroffenen, spezifische Besonderheiten des therapeutischen Vorgehens und auch des Verhaltens der Betroffenen in der Therapie sowie letztlich mangelnde Erfahrung mit den Störungsbildern sorgen dafür, dass unter Behandlerinnen und Behandlern ein gewisser Respekt vor den Krankheitsbildern der Essstörungen besteht sowie bisweilen auch Vorurteile. Die Therapie von Essstörungen ist »nicht jedermanns Sache«, ähnlich wie die Therapie der Borderline-Persönlichkeitsstörung. Doch jenseits der bisweilen hartnäckigen Symptomatik verbergen sich mit Themen wie Selbstbild und Selbstvertrauen, Bedürfnisse und Emotionen, Entwicklungsaufgaben und soziale Kompetenzen mithin Bereiche, die einer psychotherapeutischen Behandlung sehr gut zugänglich sind. Darüber hinaus bedeuten die regelhaft ausgeprägte Sensibilität und der hohe Grad an Differenziertheit der Betroffenen einer Essstörung grundsätzlich gute Voraussetzungen für eine erfolgreiche Therapie.

46.2 Diagnose und lerntheoretische Besonderheiten

Während Erstbeschreibungen der Anorexia nervosa aus der zweiten Hälfte des 19. Jahrhunderts stammen, ist die Bulimia nervosa erst seit 1979 eine eigenständige Diagnose. Der jüngste der drei großen Typen von Essstörungen ist die Binge-Eating-Störung. Sie ist, ebenso wie die vermeidend-restriktive Ernährungsstörung (ARFID) mit dem Wechsel von ICD-10 zur ICD-11 als eigene Essstörungsdiagnose aufgenommen worden.

Die Anorexia nervosa, auch Anorexie sowie im Deutschen etwas irreführend auch Magersucht genannt (die Bezeichnung stammt vermutlich vom altdeutschen Magersiechtum ab und meint nicht eine Suchterkrankung), zeichnet sich vor allem durch einen selbst herbeigeführten, deutlichen Gewichtsverlust und schließlich meistens Untergewicht aus, das auf unterschiedliche Weise erreicht wird. Beim restriktiven Typ der Anorexia nervosa erfolgt die Gewichtsabnahme nur durch restriktives und selektives Essverhalten. Die Selektion schließt dabei häufig fortschreitend Nahrungsmittel aus dem Speiseplan der Betroffenen aus, die in deren Sicht zu einer Gewichtszunahme führen könnten. Im Rahmen des aktiven Typs, auch Binge-/Purging- oder bulimischer Typ der Magersucht genannt, trägt selbstinduziertes Erbrechen nach Essanfällen oder auch normalen Mahlzeiten zum Gewichtsverlust bei. Eine Subgruppe der Anorexia-nervosa-Patientinnen weist ein zum Teil exzessives, zwanghaftes Bewegungsverhalten

Tab. 46.2: Grenzwerte des BMI für die Einordnung nach Gewichtsklassen und klinische Bereiche (nach WHO)

Kategorie	BMI (kg/m²)	Klinische Bereiche
starkes Untergewicht	< 16,00	
mäßiges Untergewicht	16,00–16,99	BMI < 18,5 = Untergewicht
leichtes Untergewicht	17,00–18,49	
Normalgewicht	18,50–24,99	Normalgewicht
Präadipositas	25,00–29,99	BMI ≥ 25 = Übergewicht
Adipositas Grad I	30,00–34,99	
Adipositas Grad II	35,00–39,99	BMI ≥ 30 = Adipositas
Adipositas Grad III	≥ 40,00	

auf, das über einen hohen Kalorienverbrauch ebenfalls zur Gewichtsabnahme führt.

Die aus dem Griechischen stammende Bezeichnung Anorexia legt das Fehlen eines Hungergefühls nahe. Tatsächlich berichten viele Patientinnen sehr wohl von Hunger, dem sie jedoch widerstehen und daraus ein Gefühl von Stärke und Kontrolle über den eigenen Körper beziehen können. In Folge konsequenter restriktiver Ernährung kann das Hungergefühl auch nachlassen.

Ein sehr spezifisches Merkmal der Anorexia nervosa ist die Körperbildstörung, im Rahmen derer sich die Betroffenen dicker fühlen und sehen, als sie tatsächlich sind. Kennzeichnend ist weiterhin eine ausgeprägte Angst vor einer Gewichtszunahme, trotz bestehenden Untergewichts. Untergewicht liegt bei einem BMI (Body-Mass-Index, berechnet aus Körpergewicht geteilt durch Größe in Meter zum Quadrat, kg/m^2) unterhalb von 18,5 bei Erwachsenen bzw. unterhalb der 10. Altersperzentile bei Kindern und Jugendlichen vor. Das Diagnosekriterium der Amenorrhoe wurde mit dem Übergang zur ICD-11 sinnvollerweise gestrichen, da die Regelblutung durchaus auch im Untergewicht zu beobachten ist.

Die verhältnismäßig kleine Gruppe männlicher Betroffener einer Anorexia nervosa zeigt sich heterogen. Während manche Patienten ein identisches Symptombild wie Mädchen und Frauen aufweisen, äußert sich die Essstörung bei anderen Patienten vor allem durch ein »body shaping«, eine Gestaltung des eigenen Körpers mit ausgeprägter Muskulatur an den gewünschten Stellen und wenig Fettanteil. Bei dieser Patientengruppe ist ein Übergang zur körperdysmorphen Störung in Form der sogenannten Muskeldysmorphie zu beobachten. Eine weitere Gruppe männlicher Patienten mit Anorexia nervosa benennt die mit dem Untergewicht und der Wiederernährung einhergehenden gastrointestinalen Symptome wie Blähungen, Völlegefühl oder Magenschmerzen als hauptsächliche Gründe, die erforderliche Nahrungsmenge nicht essen zu können. Analog der Therapie somatoformer Erkrankungen sind auch hier der Abbau des Vermeidungsverhaltens sowie eine Umlenkung der Aufmerksamkeit anzustreben.

Die vermeidend-restriktive Ernährungsstörung (ARFID) wird oftmals mit der Anorexia nervosa verwechselt. Die Motive für das ausgewählte Essverhalten und die Kriterien für die Selektion unterscheiden sich jedoch deutlich. Bei der bereits im Kindesalter beginnenden ARFID steht nicht die Kalorienvermeidung und der Wunsch nach Gewichtsabnahme im Vordergrund, sondern ein besonders wählerisches Essverhalten aufgrund sensorischer Sensibilität, ein allgemeines Desinteresse an Nahrung oder die Sorge vor aversiven Konsequenzen, z. B. dem Verschlucken. Krankheitswertig wird diese Form des Essverhaltens bei signifikantem Gewichtsverlust, Nährstoffmangel oder psychosozialen Einschränkungen.

Auch die Emetophobie, also die Angst vor dem Erbrechen, kann zur Vermeidung von Nahrung und damit zu Untergewicht führen. Die Motive für dieses Essverhalten sind somit also grundsätzlich andere als bei den Essstörungen. Auf der anderen Seite schließt eine Emetophobie eine Essstörung aber auch nicht aus, sondern beide Störungsbilder können auch nebeneinander bestehen.

Die Bulimia nervosa, auch Bulimie genannt, ist in erster Linie durch regelmäßige Essanfälle gekennzeichnet. Nach ICD-11 genügt eine wöchentliche Frequenz. Als Essanfall gilt eine deutlich erhöhte Nahrungsmenge, die meist allein und heimlich und verbunden mit einem Gefühl des Kontrollverlusts verzehrt wird. Da Patientinnen mit Bulimie genau wie mit Anorexie eine Gewichtsphobie und ein ausgeprägtes Schlankheitsstreben aufweisen, kompensieren sie den Essanfall durch eine Reihe gegensteuernde Maßnahmen: selbstinduziertes Erbrechen, körperliche Bewegung, der Gebrauch von Laxanzien und Diuretika oder auch restriktives Essverhalten. Diese Maßnahmen begünstigen wiederum das Entstehen von Heißhunger, woraus der sogenannte »bulimische Teufelskreis« resultiert.

Während die Diagnose einer Anorexia nervosa Untergewicht bzw. einen erheblichen Gewichtsverlust innerhalb kurzer Zeit voraussetzt, sind Betroffene einer Bulimie in der Regel normalgewichtig, eventuell auch übergewichtig. Bulimische Symptomatik bei Vorliegen aller Diagnosekriterien einer Anorexia nervosa bedeutet die Diagnose einer Anorexia nervosa vom bulimischen Typ.

Merke

Der Übergang von einer Anorexia in eine Bulimia nervosa im Verlauf einer Essstörung ist deutlich häufiger zu beobachten als umgekehrt. Dies hängt damit zusammen, dass manche Betroffenen ihrem Hungergefühl mit der Zeit nicht mehr widerstehen können.

Auch bei der Binge-Eating-Störung kommt es zu regelmäßigen Essanfällen wie bei der Bulimie, jedoch nicht zu gegensteuerndem Verhalten. Infolgedessen steigt das Körpergewicht der Betroffenen bis in den Bereich des Übergewichts (BMI 25–29,99), bzw. der Adipositas (BMI > 30) an. Eine Variante der Binge-Eating-Störung zeichnet sich durch beständiges Essen über den Tag hinweg aus, das als »Grasen« (engl. »grazing«) bezeichnet wird.

Differenzialdiagnostisch sind somatische Ursachen für Untergewicht oder Erbrechen auszuschließen, ferner eine Zwangserkrankung (z. B. mit Kontaminationsängsten), eine Psychose (z. B. mit Angst, vergiftet zu werden) oder eine hirnorganische Erkrankung als Grund für restriktives oder selektives Essverhalten.

▶ Abb. 46.1 zeigt die Häufigkeit komorbider Störungen bei Essstörung.

Besonders die Anorexie geht mit vielen körperlichen Symptomen einher: zunehmende Schwäche, Konzentrationsstörungen, Schlafstörungen, Durchblutungsstörungen, häufiges Frieren, trockene Haut, Haarausfall, Amenorrhoe, reversible zerebrale Atrophie, Bradykardie, Verminderung der Knochendichte mit erhöhtem Frakturrisiko und letztlich Schäden an verschiedenen Organen. Spezifisch für die bulimische Symptomatik sind vor allem der Kaliummangel aufgrund häufigen Erbrechens mit dem Risiko von Herzrhythmusstörungen, ferner Speicheldrüsenschwellungen und Verletzungen der Speiseröhre.

Fallbeispiele

Die 15-jährige Lena hat weniger Freunde und ist deutlich schlechter in der Schule als ihre zwei Jahre ältere Schwester. Lena hat im Zuge der Pubertät sichtbar zugenommen, dies wurde in der Schulklasse mehrfach negativ kommentiert. Im Freundeskreis tauschen sich die Mädchen über Diät-Tipps und Workouts aus. Als es Lena durch das konsequente Weglassen von Süßigkeiten und Kohlenhydraten erstmalig gelingt, sichtbar abzunehmen, erhält sie Anerkennung und spürt Stolz und Selbstwirksamkeit. Sie ist nun wenigstens in einer Sache erfolgreicher als ihre Schwester und setzt diesen Weg konsequent fort, bis sie mit einem BMI von 14,5 erstmalig stationär aufgenommen wird.

Die 21-jährige Henriette studiert weit entfernt von ihrer Heimatsstadt. Sie ist die erste Akademikerin in der Familie, alle sind stolz auf sie. Nach Hause berichtet sie nur Positives, doch eigentlich fühlt sich Henriette am Studienort einsam, in ihrem Fach überfordert und unglücklich in ihrer Partnerschaft. Durch vermehrten Sport und gesunde Ernährung versucht Henriette, mit sich und ihrer Lebenssituation zufriedener zu werden. Am Abend haben sich die unangenehmen Gefühle des Tages in ihr aufgestaut, sie ist erschöpft und hat Hunger. Aus ein paar Süßigkeiten wird ein Essanfall, den sie mit selbstinduziertem Erbrechen kompensiert. Der Vorsatz, sich am nächsten Tag beim Essen wieder zusammenzureißen und das Bild der erfolgreichen Studentin aufrecht zu erhalten, führt unmittelbar in den nächsten Essanfall.

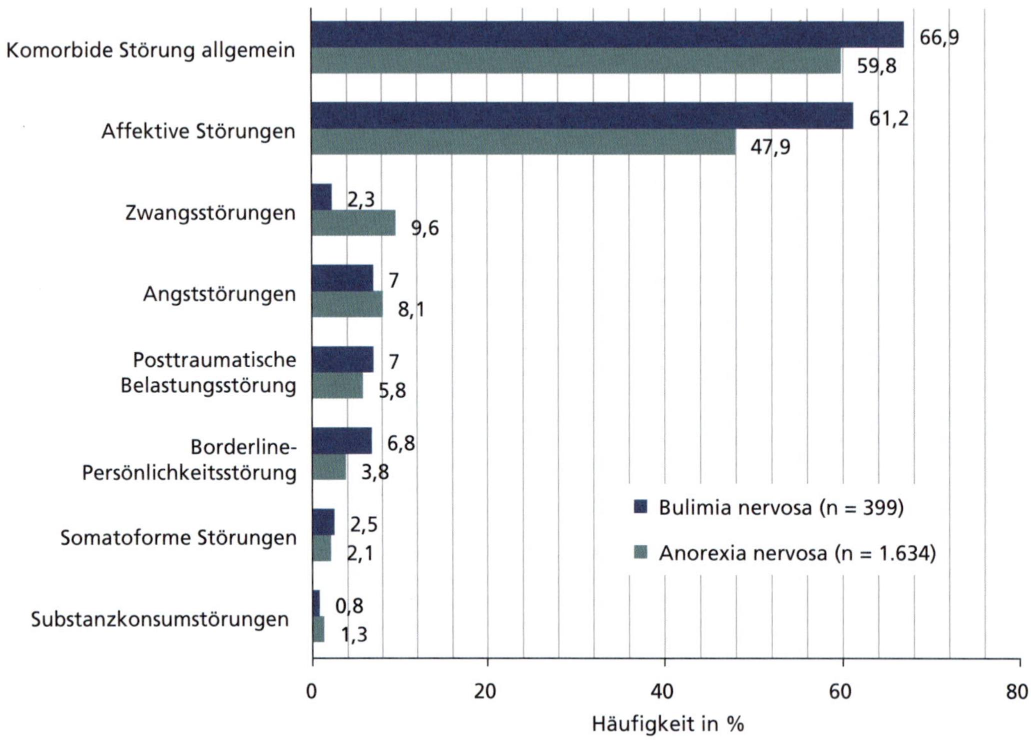

Abb. 46.1: Häufigkeit komorbider Störungen bei stationären Patientinnen und Patienten mit Essstörung

46.3 Lernpsychologische Modelle

Die Entstehung einer Essstörung erfolgt durch das Zusammenwirken mehrerer Faktoren. Neben einer genetischen Prädisposition und Modelllernen (zumeist in der Familie, aber auch in der Peergroup) spielen individuelle und lebensgeschichtliche sowie gesellschaftliche Faktoren eine Rolle. Es gibt erste Hinweise darauf, dass möglicherweise auch das Mikrobiom des Darms bei der Entstehung der Anorexie eine Rolle spielt.

Sowohl die Anorexia nervosa als auch die Bulimia nervosa beginnen in der Regel mit einer Veränderung des Essverhaltens in Richtung Restriktionen und Selektion. Bei der Anorexie vom restriktiven Typ wird dieses Ernährungsregime konsequent fortgeführt, bei den bulimischen Essstörungen wird es unterbrochen von Heißhunger und Essanfällen, gefolgt von gegensteuernden Maßnahmen. Auslöser für die Veränderungen im Essverhalten ist in den meisten Fällen eine wahrgenommene Unzufriedenheit der Betroffenen. Diese Unzufriedenheit kann sich direkt auf den eigenen Körper beziehen, beispielsweise infolge negativer Rückmeldungen oder alterstypischer Vergleiche. Sie kann aber auch in generalisierter Form die ganze eigene Person oder die gesamte aktuelle Lebenssituation umfassen. Derartige Ausprägungen von Unzufriedenheit sind gemeinhin nicht untypisch für die Lebensphasen der Pubertät und Adoleszenz, bei den späteren Betroffenen einer Essstörung jedoch stark ausgeprägt. Hilde Bruch beschrieb mit dem »allumfassenden Gefühl eigener Unzulänglichkeit« den zentralen Faktor der Entwicklung einer Essstörung.

Merke

Die defizitorientierte Selbstwahrnehmung steht bei vielen Betroffenen einer Essstörung im Widerspruch zu den Ressourcen, die sie in den Augen anderer aufweisen. Talente, gute Leistungen in Schule und Ausbildung sowie äußere Attraktivität finden sich bei vielen Betroffenen von Anorexie und Bulimie. Das schlechte Selbstbild und Selbstwertgefühl sowie das damit verbundene Leiden wird daher vom sozialen Umfeld nicht validiert.

In manchen Fällen spielen belastende bis traumatisierende Erlebnisse eine entscheidende Rolle für die Entstehung einer Essstörung. Die Erfahrung von Ablehnung oder Mobbing verstärkt die Unzufriedenheit mit sich selbst. Eine Essstörung als Folge traumatisierender Erlebnisse stellt den Versuch dar, die damit zusammenhängenden Gefühle zu unterdrücken und im Falle der Anorexia nervosa nicht mehr sichtbar zu sein oder das weibliche Aussehen des eigenen Körpers zu reduzieren.

Als zunächst durchaus sinnvolle Reaktion auf die subjektive Unzufriedenheit mit sich selbst startet als intrapsychischer Prozess die Suche nach verfügbaren Möglichkeiten, den eigenen Körper, die gesamte eigene Person und Lebenssituation zu verbessern. Die Maßnahmen, die ergriffen werden, müssen dabei gesellschaftlich anerkannt und im Bereich der eigenen Möglichkeiten liegen, um wirksam zu sein. Alterstypisch erfolgt eine Orientierung an den sozial erfolgreichen Personen der Peergroup. Handelte es sich dabei früher nur um tatsächlich anwesende Personen, sind nun in den sozialen Medien erheblich mehr Vorbilder (sogenannte Influencer oder Influencerinnen) verfügbar, die ihre Selbstdarstellung zumeist aufwendig perfektionieren. Studien haben inzwischen belegt, dass die Nutzung sozialer Medien mit den Inhalten Schlankheit, Fitness und Attraktivität die Zufriedenheit mit dem eigenen Körper reduziert. Gleichzeitig stellen die Inhalte, die ein unrealistisches Schönheitsideal transportieren, einen Ansporn und eine Orientierung dar, in welche Richtung man sich verbessern sollte. Damit es jedoch letztendlich zur Entwicklung einer Anorexie kommt, muss das Schlankheitsideal der westlich geprägten Gesellschaften auf die individuelle Fähigkeit treffen, tatsächlich an Gewicht abnehmen zu können. Betroffene einer Anorexia nervosa sind dazu nachhaltig in der Lage, diejenigen einer bulimischen Essstörung sind es phasenweise bzw. versuchen es immer wieder. Menschen mit Anorexie entdecken in der Anfangsphase ihrer Erkrankung ihre Fähigkeit, etwas zu schaffen, was nicht jeder kann, nämlich fortgesetzt abzunehmen. Das Gefühl von Leistungsfähigkeit, Stärke und Kontrolle stellt sich ein und Selbstwirksamkeit wird erlebbar. Menschen mit Bulimie streben ebenfalls danach, es gelingt Ihnen jedoch nur phasenweise, bevor der Essanfall aufgrund von Heißhunger das subjektive Versagen bedeutet und zunächst die Gefühle Schuld und Scham sowie dann den festen Vorsatz, wieder weniger zu essen, nach sich zieht. Das Prinzip dieses Teufelskreises erkennen Betroffene oft erst in der Psychotherapie.

Die ersten Veränderungen des Essverhaltens mit dem Ziel einer Gewichtsabnahme, manchmal zunächst auch nur einer gesünderen Ernährung, oft auch in Kombination mit vermehrten sportlichen Aktivitäten, werden absichtlich vollzogen. Im weiteren Verlauf einer Essstörung stellt sich zunehmend das Gefühl ein, die Situation nicht mehr unter Kontrolle zu haben. Die Betroffenen sprechen dann beispielsweise von einer »Abwärtsspirale«, die sie sich selbst nicht erklären können. Hintergrund dieser Entwicklung sind die Funktionen, die zumeist kurzfristigen positiven Effekte der Veränderung des Ess- und Bewegungsverhaltens. Allen voran steht die Verbesserung des Selbstbildes durch die Annäherung an das gesellschaftliche Ideal von Schlankheit und Fitness. Doch eine ebenso wichtige Funktion von Essstörungen liegt in der Möglichkeit, unerwünschte Gefühle durch Hungern, Essanfälle oder Erbrechen beseitigen zu können. Patientinnen mit Essstörungen weisen zwar eine hohe Sensibilität auf, fühlen sich von ihren Gefühlen jedoch häufig überfordert. Mit zunehmendem Gewichtsverlust schwindet auch die Emotionswahrnehmung. »Alles in sich hineinzufressen« gewinnt im Rahmen bulimischer Symptomatik eine doppelte Bedeutung.

Die gut quantifizierbare Gewichtsabnahme im Verlauf einer Anorexie verschafft den Betroffenen das Gefühl von Kontrolle, wenigstens über einen Lebensbereich, sowie von Selbstwirksamkeit und Autonomie. Dies wird vor dem Hintergrund eines bislang erlebten Defizits in der Befriedigung dieser Bedürfnisse von den Betroffenen in der Regel äußerst positiv erlebt.

Während die Bulimie den Betroffenen ein nach außen unauffälliges Weiterfunktionieren ermöglicht und daher selbst über lange Zeiträume geheim gehalten werden kann, wird die Anorexie rasch offensichtlich und generiert neben vermehrter Aufmerksamkeit und Zuwendung auch die Reduzierung externer Erwartungen. Die Betroffenen finden damit einen Weg, beispielsweise Entwicklungsaufgaben zu pausieren, denen sie sich nicht gewachsen fühlen. Aus systemischer Sicht finden sich zahlreiche Funktionen von Essstörungen im familiären Kontext. Die Varianten reichen dabei von der Zusammenführung konflikthafter Elternpaare in der gemeinsamen Sorge um die Tochter über die Ablenkung von anderen Problembereichen in der Familie bis zum Ausgleich eines Defizits an Aufmerksamkeit aufgrund eines kranken oder problematischen Geschwisters.

46.4 Störungsspezifische Psychotherapie

Die Therapie einer Essstörung kann ambulant, teilstationär oder stationär erfolgen. Kriterien für stationäre Therapie sind niedriges Gewicht (BMI <16 kg/m^2), ausgeprägte Symptomatik, Komorbidität und ein hilfreicher Abstand zum heimischen Umfeld. Im Weiteren wird ein therapeutisches Vorgehen in Anlehnung an die kognitive Verhaltenstherapie (KVT) beschrieben.

Merke

Die Haltung von Patientinnen mit Anorexie und Bulimie zu ihrer Erkrankung und zur Therapie ist im Normalfall ambivalent. Ängste vor den notwendigen Verhaltensänderungen stehen dem Erkennen nicht nur der Nachteile und Folgeschäden der Essstörungen, sondern auch der schwindenden Hoffnung gegenüber, die ursprünglichen Ziele, z. B. die Zufriedenheit mit sich selbst, auf diesem Weg zu erreichen. Dies ist in der Regel der Zeitpunkt, in dem Patientinnen in Therapie kommen.

Die Behandlung von Essstörungen erfolgt zweigleisig. Auf der einen Seite besteht die dringende Notwendigkeit, die tendenziell lebensbedrohliche Symptomatik zu reduzieren. Auf der anderen Seite sollen mit den Betroffenen alternative Strategien zum Erreichen ihrer Ziele entwickelt werden, die sie bislang mit der Essstörung verfolgt haben. Da die Betroffenen einer Essstörung große Angst davor haben, dass ihnen ihre dysfunktionale Bewältigungsstrategie lediglich weggenommen wird, sollte das Modell des Austauschs gegen funktionale Problemlösestrategien im Mittelpunkt des therapeutischen Arbeitsbündnisses stehen. Zentrales Element ist dabei die Etablierung eines Commitments zwischen Behandelnden und Patientin in Form einer therapeutischen Allianz mit dem Ziel, gemeinsam den Weg aus der Essstörung und alternative Wege für die Patientin zu finden.

46.4.1 Symptommanagement

Die wichtigsten symptomorientierten Therapieziele sind die Normalisierung des Essverhaltens und des Körpergewichts. Zu Beginn steht der Aufbau eines geregelten Essverhaltens mit drei Hauptmahlzeiten und gegebenenfalls kleineren Zwischenmahlzeiten. Da im Rahmen aller Essstörungen die Fähigkeit nachlässt, eine angemessene Nahrungsmenge einzuschätzen, benötigt jede Patientin zu Beginn der Therapie Beratung und einen Plan ihr Essverhalten und ihre Mahlzeitenstruktur betreffend. Gemeinsam mit der Patientin sollte eine tägliche Nahrungsmenge definiert werden, die etwa 2.000 kcal umfasst und damit noch Raum für Snacks und kalorienhaltige Getränke lässt, bis der Tagesbedarf eines jungen Menschen gedeckt ist. Patientinnen mit Essstörung selbst sollten nicht in Kalorien rechnen. Daher sollte der gemeinsam erarbeitete Speiseplan möglichst naturalistisch und im Alltag einfach umsetzbar sein (z. B. Frühstück: zwei Brötchen mit Belag oder ein Brötchen und eine Schale Müsli; Mittagessen: ein warmes Hauptgericht, Salat und Dessert; Abendessen: drei Scheiben Brot mit Belag und Beilagen).

Bei bulimischen Patientinnen ist die regelmäßige und ausreichende Ernährung ein wichtiges Therapieelement, um das Entstehen von Heißhunger und damit einen Essanfall zu vermeiden. Für anorektische Patientinnen muss der beschriebene Tagesbedarf in den meisten Fällen aufgestockt werden, um die erforderliche Gewichtszunahme zu erzielen. Dies kann sowohl durch eine Vergrößerung der Hauptmahlzeiten als auch durch kalorienreiche Zwischenmahlzeiten erreicht werden. Die Anpassung der Nahrungsmenge sollte entsprechend dem Gewichtsverlauf erfolgen.

Bei anorektischen Patientinnen ist die Gewichtsnormalisierung ein zentrales Therapieziel. Es ist dabei ein Tempo von 700–1.000 g Gewichtszunahme pro Woche im stationären Rahmen anzustreben, unter ambulanten Behandlungsbedingungen etwas weniger. Das Symptom-Monitoring erfolgt über eine Gewichtskurve, welche die Patientin selbst führt. Zu ihrer Orientierung wird dort »der Weg aus der Magersucht« als Korridor aus zwei parallel verlaufenden Steigungsgeraden mit 700 g bzw. 1.000 g Steigung pro Woche und einem Abstand von 2.000 g zu einander eingezeichnet, wobei die untere Linie mit der ersten Gewichtsmessung beginnt (▸ Abb. 46.2). Ziel ist es nun über den gesamten Verlauf der Therapie hinweg, dass sich die Patientin in ihrer Gewichtsentwicklung innerhalb dieses Korridors nach oben bewegt.

Erstes Ziel im Prozess der Gewichtsnormalisierung ist das Erreichen des Normalgewichtsbereichs, d. h. eines BMI von mindestens 18,5 kg/m^2 nach WHO bei Erwachsenen bzw. der 10. Altersperzentile bei Kindern und Jugendlichen. Anschließend ist die Gewichtsnormalisierung bis zum individuellen Normalgewicht anzustreben. Dieses zu eruieren ist in vielen Fällen nicht einfach und erfordert die Zusammenschau verschiedener Faktoren. Zu diesen zählt das prämorbide Körpergewicht, wenn es in einem Alter bestand, das als Referenz geeignet ist. Für eine zum Behandlungszeitpunkt 23-jährige Patientin mit Krankheitsbeginn im 15. Lebensjahr kann beispielsweise ihr Körpergewicht aus dieser Zeit nicht als Referenzgewicht dienen. Sollte das Körpergewicht vor Beginn der Gewichtsabnahme im Rahmen einer Anorexia nervosa ungewöhnlich

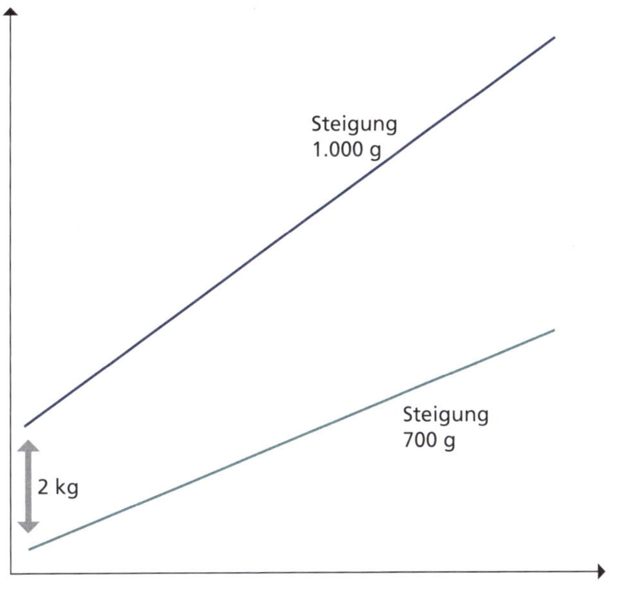

Abb. 46.2: Korridor für die Gewichtskurve

niedrig oder hoch gewesen sein, ist zu prüfen, ob der Beginn der Essstörung nicht weiter vordatiert werden muss. Weitere Faktoren zur Bestimmung des individuellen Normalgewichts sind familiäre Dispositionen, das Einsetzen der Regelblutung und eine ausgewogene Verteilung von Muskel- und Fettmasse. Da bei Kindern und Jugendlichen die Bestimmung des individuellen Normalgewichts besonders schwierig ist, hat die DGKJP die Empfehlung aufgestellt, ein Körpergewicht auf der 25. Altersperzentile anzustreben. Dies entspricht beim Erwachsenen einem BMI von ca. 19–20 kg/m^2.

Auch mit bulimischen Patientinnen sollte eine Gewichtskurve angelegt werden, um den Verlauf des Körpergewichts zu visualisieren. Hierbei kann aber auf den Korridor verzichtet werden. Infolge einer bulimischen Essstörung kann sich das Körpergewicht erhöhen, verringern oder gleichbleiben, je nach Verhältnis zwischen Essanfällen und gegensteuernde Maßnahmen. Daher kann sich mit Überwindung der bulimischen Symptomatik das Körpergewicht in beide Richtungen verändern oder gleichbleiben.

Insbesondere bei der Anorexia nervosa ist das regelmäßige Wiegen zur Erfassung des Körpergewichts essenziell, um den Therapieverlauf beurteilen zu können. Patientinnen mit Magersucht sollten im stationären Setting zweimal pro Woche gewogen werden, im ambulanten Setting einmal wöchentlich. Liegt hochgradiges Untergewicht vor, kann tägliches Wiegen erforderlich sein, um Tendenzen im Gewichtsverlauf zeitnah zu erkennen. Bei der Bulimie genügt es in der Regel, die Patientin einmal wöchentlich zu wiegen. Das Wiegen als zentrales Symptom-Monitoring sollte auch im ambulanten psychotherapeutischen Setting erfolgen. Bedenken, dass das Wiegen die therapeutische Beziehung beschädigen könnte, sind rein traditioneller Natur und inhaltlich unbegründet. Verbreitete Modelle wie das Wiegen beim Hausarzt mit anschließender Kommunikation des Gewichts an die Psychotherapeutin sind unnötig aufwendig und fehleranfällig.

Merke

Das Wiegen und das Symptom-Monitoring in Form des Führens einer Gewichtskurve sind zunächst aversiv und sollen deshalb im Verlauf der Therapie in ein gemeinsames Projekt (Commitment) mit klaren Erfolgskriterien (Gewichtszunahme bedeutet, die Anorexie zu überwinden) überführt werden.

Es ist hilfreich, das Wiegeergebnis im Gespräch mit der Patientin als »Feedback der Waage« zu bezeichnen, auf das die nachfolgenden Handlungen abgestimmt werden. Daher ist es in der Regel nicht zielführend und als Vermeidungsverhalten anzusehen, wenn die Patientin das Wiegeergebnis nicht erfährt. Dies sollte allenfalls vorübergehend und im Einzelfall bei extrem starker Angst vor einer Gewichtszunahme so gehandhabt werden.

Strafende Konsequenzen für Symptomverhalten wie unzureichende Gewichtszunahme, Essanfälle oder gegensteuernde Maßnahmen sind kontraproduktiv. Somit gewinnt auch das Wiegen den Charakter einer sachlichen Feststellung der momentanen Situation auf dem gemeinsamen Weg aus der Essstörung und wird von der Patientin nicht als Leistungskontrolle oder die Erfüllung von Erwartungen fehlgedeutet.

Hilfreich und dem Konzept des gemeinsamen Projekts (Commitment) zuträglich ist ein sachlicher und konstruktiver Umgang mit unerwünschtem Verhalten. Ist die Gewichtszunahme bei der Anorexia nervosa unzureichend, sollen mit der Patientin Nahrungssteigerungen vereinbart werden, die aus Sicht der Therapeutin erfolgversprechend sein können. Um dem Bedürfnis nach Autonomie bei der Patientin Rechnung zu tragen, sollte stets zuerst ihr Vorschlag für eine Mengensteigerung eingeholt und dieser dann im Dialog mit der Therapeutin gegebenenfalls nach oben korrigiert werden. Das nächste Feedback der Waage, vulgo Wiegeergebnis, wird dann zeigen, ob die Mengensteigerung ausreichend war. Dieser Prozess der Anpassung der Nahrungsmenge an das Feedback der Waage wird über den gesamten Therapieprozess weitergeführt (Versuch-Irrtum-Prinzip).

Bei Patientinnen, deren Einsichts- und Steuerungsfähigkeit aufgrund ihres Alters oder ihrer kognitiven Fähigkeiten beeinträchtigt sind, stellen Kontingenzpläne (Token-Prinzip, Verstärkerentzug) eine alternative Vorgehensweise dar.

Auch im Hinblick auf bulimische Symptomatik ist auf negative Konsequenzen nach Symptomverhalten unbedingt zu verzichten. Anderenfalls besteht die Gefahr, dass die Patientin Essanfälle oder gegensteuernde Maßnahmen aus Selbstschutz nicht mehr berichtet. Vielmehr sollten mittels einer Verhaltensanalyse die auslösenden Bedingungen beispielsweise für einen Essanfall eruiert werden. Da es sich bei der bulimischen Symptomatik im Gegensatz zur anorektischen um ein punktuelles Symptomverhalten handelt, sind Verhaltensanalysen, ganz ähnlich wie bei selbstverletzendem Verhalten, besonders sinnvoll und aufschlussreich. Daneben können auch Skills eine hilfreiche Intervention darstellen, um bulimisches Symptomverhalten kurz vor der Ausführung zu stoppen. Stimuluskontrolle kann über eine entsprechende Vorratshaltung von Lebensmitteln ausgeübt werden, indem Lebensmittel für den Essanfall nicht mehr bevorratet werden. Auch kann es sinnvoll sein, Alltagswege zu verändern, um nicht an dem Geschäft vorbeizukommen, in dem üblicherweise für den Essanfall eingekauft wurde.

46.4.2 Essbegleitung und Lehrküche

Die notwendigen Veränderungen im Essverhalten stellen eine große Herausforderung für die Betroffenen einer Essstörung dar. Die Angst vor einer Gewichtszunahme oder vor dem Kontrollverlust ist meistens so stark, dass es den Patientinnen alleine oft nicht gelingt, tatsächlich mehr oder andere Lebensmittel zu essen. In der ambulanten Psychotherapie sollte dennoch mit Ernährungsplänen und verbindlichen Absprachen in diese Richtung gearbeitet werden. Vor allem in der teilstationären und der vollstationären Therapie sollten die Patientinnen zumindest zu Beginn der Therapie bei allen Mahlzeiten therapeutisch begleitet werden. Diese Essbegleitung kann durch unterschiedliche Berufsgruppen erfolgen und sollte ebenfalls dem Prinzip der therapeutischen Allianz folgen. Das bedeutet, die Patientinnen werden bei den Mahlzeiten an ihre eigenen Ziele erinnert und zu den notwendigen Verhaltensänderungen ermutigt. Dabei ist eine wohlwollende, motivierende Atmosphäre anzustreben. Auf die Einhaltung der Tischregeln ist zu achten, belehrendes oder strafendes Verhalten seitens der Tischbegleitung hingegen ist zu vermeiden, um die Essenssituation für die Patientinnen nicht noch aversiver zu machen. Ideal ist die Etablierung verschiedener Tischtypen mit aufsteigender Selbstverantwortung der Patientin, zwischen denen sie je nach Therapiefortschritt wechselt. In der letzten Phase der Therapie sollte sich das Essverhalten der Patientin bereits nach Hunger und Sättigung orientieren.

Die Lehrküche, die in der Regel von Ernährungswissenschaftlerinnen und -wissenschaftlern durchgeführt wird, bietet neben der Psychoedukation über gesundes Essverhalten die Möglichkeit, sich mit angstbesetzten Lebensmitteln direkt zu konfrontieren und sie beim Kochen eigenverantwortlich zuzubereiten. Die anschließende gemeinsame Mahlzeit erfolgt in der Gruppe.

46.4.3 Expositionstherapie

Expositionen sind auch in der Therapie von Essstörungen indiziert, um spezifische Ängste zu überwinden. Dazu zählen neben der grundsätzlichen Angst vor einer Gewichtszunahme auch Ängste vor bestimmten Lebensmitteln oder davor, den eigenen Körper zu zeigen. Patientinnen mit Essstörungen fürchten nicht nur eine Gewichtszunahme als solches, sondern oft auch das Überschreiten bestimmter, hoch angstbesetzter Gewichtsgrenzen. Diese sind zumeist die Zahlen der Zehnerreihe, also 40, 50 oder 60 kg. Es existieren aber auch ganz individuelle Angstgrenzen in Form ungerader Zahlen (z. B. »Ich habe noch nie mehr als 44,8 kg gewogen«). Betrachtet man die Gewichtsentwicklung von Patientinnen, die seit vielen Jahren an Anorexia nervosa erkrankt sind, so kann man diese angstbesetzten Gewichtsgrenzen und ihre Bedeutung für Rückfälle mit erneuter Gewichtsabnahme meist gut erkennen. Das Überschreiten solcher Angstgrenzen ist daher ein wichtiges Therapieziel.

Im Rahmen einer Essstörung werden in der Regel Lebensmittel mit höherem Zucker-, Kohlenhydrat- oder Fettgehalt vermieden. Mittels Expositionen können solche Speisen wieder in die Ernährung integriert werden. Dabei sollte das Stichtagsprinzip aus der Behandlung von Zwangserkrankungen angewendet werden. Es macht wenig Sinn, sozusagen als Mutprobe einmal ein Stück Kuchen zu essen. Die bislang vermiedenen Nahrungsmittel sollten ab dem Zeitpunkt der Exposition wieder regelmäßig verzehrt werden. Weitere Anwendungsbereiche für eine Expositionstherapie sind die Vermeidung bestimmter Kleidungsstücke (Betroffene einer Anorexie kleiden sich meist zu weit, aber auch das Gegenteil kommt vor) oder von Tätigkeiten, bei denen der Körper sichtbar wird, z. B. Schwimmen.

46.4.4 Körperakzeptanz

Eine ausreichende Körperakzeptanz ist ein wichtiges Therapieziel für Patientinnen mit Anorexia nervosa und Bulimia nervosa, vor allem auch im Hinblick auf die Nachhaltigkeit der Gewichtsnormalisierung im Laufe einer Therapie. Unzureichende Körperakzeptanz ist ein bedeutsamer Faktor für Rückfälle. Alle Betroffenen einer Essstörung sind unzufrieden mit ihrem Körper. Bewegt sich diese Unzufriedenheit bei der Bulimie zumeist noch im Rahmen der üblichen kognitiven Bewertung (finde ich schön/nicht schön), geht sie bei der Anorexie in Form der Körperbild- oder Körperschemastörung noch darüber hinaus und beeinflusst sowohl die interozeptive wie auch die optische Wahrnehmung. Das heißt, die Betroffenen fühlen sich trotz bestehendem Untergewicht zu dick und sehen sich auch so, beispielsweise im Spiegel. Erklärt werden kann dieses Phänomen über Erkenntnisse der Wahrnehmungspsychologie. Uns gut bekannte Dinge betrachten wir nicht mehr aufmerksam, sondern haben ihren Anblick wie ein Bilderalbum im Kopf gespeichert. Unser Spiegelbild ist der vertrauteste Anblick. Meinungen und Einstellungen das eigene Aussehen betreffend prägen also das Bild im Kopf, und der übliche Blick in den Spiegel dient lediglich der Bestätigung.

Verschiedene therapeutische Interventionen zielen darauf ab, die Wahrnehmung des eigenen Körpers wieder realistischer zu machen. Dazu zählen Einschätzungen des Körperumfangs mit Seilen oder Zeichnungen sowie Konfrontationstechniken wie Videoaufnahmen des eigenen Körpers oder die Spiegel-Konfrontation. Bei letztgenannter Technik wird versucht, durch Beschreibung des eigenen Körpers statt Bewertung der reflexartigen Selbstabwertung entgegenzuwirken. Darüber hinaus kann die Wahrnehmung auch gezielt auf die positiven Aspekte des eigenen Körpers gelenkt werden.

Flankierend sollte ein wohlwollender Umgang mit dem eigenen Körper eingeübt werden. Dies betrifft die Bereiche Ernährung, Pflege, Kleidung und Bewegung.

46.4.5 Interventionen zum Bewegungsdrang

Eine Subgruppe von Patientinnen mit Anorexia nervosa, aber auch mit Bulimia nervosa weisen ein zwanghaftes Bewegungsverhalten im Rahmen ihrer Essstörung auf. Bei der Bulimie lässt sich in diesem Fall zumeist ein hoher Umfang sportlicher Betätigung beobachten (sogenannte »Sport-Bulimie«), wobei die exzessive Bewegung in der Regel eine gegensteuernde Maßnahme zu den Essanfällen darstellt.

Der Bewegungsdrang im Rahmen einer Anorexia nervosa zeigt sich in der Regel in einer Intensivierung von Alltagsaktivitäten (Aufstehen, Stehen, Treppensteigen), im Gehen oder Laufen weiter Strecken und in Ausdauersportarten. Es handelt sich dabei um zwanghafte Formen der Bewegung, die nicht unterlassen werden können und zumeist allein und in monotoner Form ausgeführt werden. Ist dieses Symptom ausgeprägt, kann es bei der Anorexia nervosa die notwendige Gewichtszunahme stark behindern. Analog zur Zwangsstörung wird die zwanghafte Bewegung im Rahmen einer Essstörung von den Betroffenen in der Regel als ich-dyston empfunden. Mit Fortschreiten der Erkrankung entsteht bei Betroffenen häufig ein Leidensdruck, dessen Gegenpart die große Angst davor ist, in der Bewegung eingeschränkt zu werden und diese nicht mehr ausführen zu dürfen. Daher sind viele Patientinnen zurückhaltend, von diesem Symptom zu berichten. Ähnlich wie bei bulimischem Verhalten muss daher Offenheit seitens der Patientin angestrebt werden.

Die therapeutischen Interventionen zum zwanghaften Bewegungsverhalten im Rahmen einer Essstörung ähneln denen bei Zwangsstörungen. Ausgehend von einem Leidensdruck und einer Veränderungsbereitschaft sollte eine Expositionstherapie mit Reaktionsverhinderung durchgeführt werden. Mithilfe einer Normabfrage lässt sich ein normales, gesundes Bewegungsverhalten definieren und anschließend in einem Stichtagsvertrag fixieren.

Lange Zeit galt jegliche körperliche Bewegung im Kontext einer Essstörungstherapie aus Angst vor zu hohem Kalorienverbrauch als kontraindiziert. Realistischer und hilfreicher ist es jedoch, mit der Patientin den Unterschied zwischen gesunder Bewegung und Sport auf der einen Seite und dem zwanghaften Bewegungsverhalten im Rahmen einer Essstörung auf der anderen Seite herauszuarbeiten und ihre Fähigkeit zu trainieren, das eine vom anderen zu unterscheiden.

46.4.6 Selbstwertarbeit

Angesichts des zentralen Auslösers einer Anorexia nervosa oder Bulimia nervosa als Versuch der Verbesserung der eigenen Person vor dem Hintergrund einer defizitorientierten Selbstwahrnehmung stellt die Arbeit am Selbstwert eine zentrale Säule in der Psychotherapie von Essstörungen dar. Trotz objektiv vorhandener Ressourcen und Stärken verfügen Patientinnen mit Essstörungen in der Regel über ein schlechtes Selbstwertgefühl infolge einer negativen Betrachtung der eigenen Person. Die Entstehung dieser Sicht auf sich selbst lässt sich in vielen Fällen biografisch erarbeiten. Aufgabe der Psychotherapie ist es dann, die Wahrnehmung positiver Selbstaspekte zu fördern. Voraussetzung dafür ist allerdings die Bereitschaft der Patientin, ihr bisheriges Selbstbild zu hinterfragen und die Integration positiver Selbstaspekte zuzulassen. Bei Patientinnen mit Essstörungen regelhaft anzutreffen sind Schwierigkeiten, positive Rückmeldungen anzunehmen. Dieses Problem geht auf die kognitive Dissonanz zwischen der negativen Selbstbewertung und der positiven Fremdeinschätzung zurück und zieht die Abwertung des positiven Feedbacks durch die Patientin nach sich. Je mehr Positives die Patientin im Lauf der Therapie an sich selbst erkennt, umso leichter wird es ihr fallen, Lob und Komplimente anzunehmen.

Vielfach wird insbesondere bei Patientinnen mit Anorexia nervosa ein ausgeprägter Perfektionismus beobachtet. Dieser geht in direkter Linie auf das schlechte Selbstbild zurück. Die Patientinnen können sich in ihrer Selbstwahrnehmung keinen Fehler leisten, da sie sich ohnehin als defizitär wahrnehmen. Mit steigendem Selbstwertgefühl entwickelt sich auch ein souveränerer Umgang mit eigenen Fehlern und Schwächen.

Betroffenen einer Anorexie sind häufig davon überzeugt, Dünnsein sei das Einzige, was sie wirklich gut können. Am Beginn der therapeutischen Arbeit sollte diese Sichtweise nicht gleich infrage gestellt, sondern zunächst validiert werden. Wenn im Verlauf der Arbeit am Selbstbild die Prämisse, nämlich nichts anderes zu können, widerlegt wird, wird die vermeintlich letzte Möglichkeit der Verbesserung der eigenen Person durch das Dünnsein obsolet.

Eine Essstörung stellt aufgrund des ausgeprägten Krankheitsverhaltens und einer starken gedanklichen Einengung auf die Themen Essen und Gewicht die Struktur eines gesamten Tages und unter Umständen eine gesamte Identität und einen Lebensinhalt dar. Daher ist es verständlich, dass viele Betroffene ängstlich auf eine Zeit nach ihrer Erkrankung blicken und die Freude ihrer Behandelnden über das Gesundwerden nicht unbedingt teilen. »Was bin ich ohne meine Essstörung?«, ist die bange Frage vieler Patientinnen, die in der Therapie aufgegriffen und mit alternativen Inhalten gefüllt werden muss.

46.4.7 Emotionsmanagement

Nach der Selbstwertstabilisierung bedeutet die Möglichkeit, unerwünschte Gefühle zu unterdrücken, eine zweite wichtige Funktion von Essstörungen. Menschen mit Anorexia nervosa oder Bulimia nervosa weisen in der Regel eine hohe Sensibilität auf, bei gleichzeitig ausgeprägten Schwierigkeiten, mit den eigenen Gefühlen umzugehen. Diese ungünstige Kombination begünstigt die Lernerfahrung, durch Hungern, exzessive Bewegung, Essanfälle oder Erbrechen schwierige und unerwünschte Gefühle kurzfristig beseitigen zu können. Mit der Gewichtsabnahme reduziert sich tendenziell auch die Gefühlswahrnehmung. Es ist jedoch nicht möglich, am BMI die Einschränkungen im emotionalen, aber auch im kognitiven Bereich abzulesen, da diese individuell äußerst unterschiedlich sind. Somit ist es auch nicht zulässig, emotionsfokussierte Inhalte einer Psychotherapie aufgrund des Untergewichts einer Patientin von vornherein auszuschließen oder die Eignung der Patientin für eine Psychotherapie aufgrund eines niedrigen BMI grundsätzlich infrage zu stellen.

Patientinnen mit Essstörungen sollten in der Therapie Psychoedukation zur Funktion von Gefühlen und zum Umgang mit ihnen erhalten und ihr emotionaler Ausdruck sollte gefördert werden. Die Bewertung von Gefühlen als schlecht oder bedrohlich lässt sich in der Regel biografisch nachvollziehen und geht auf mangelnde Validierung oder dysfunktionale Modelle zurück. Die Rückmeldung, zu sensibel oder zu empfindlich zu sein, die nicht wenige Betroffene erhalten haben, sollte im Rahmen eines Reframings in eine positive und nützliche Eigenschaft umgedeutet werden.

46.4.8 Soziale Fertigkeiten

Menschen, die eine Anorexia nervosa oder Bulimia nervosa entwickeln, können in der Regel soziale Anforderungen und Erwartungen rasch erkennen und weisen in vielen Fällen eine hohe Bereitschaft auf, diese auch zu erfüllen. Eine starke Tendenz zur Konfliktvermeidung ist regelhaft zu beobachten. Im Kontext des negativen Selbstbilds werden eigene Wünsche und Bedürfnisse gar nicht wahrgenommen oder als nicht relevant eingestuft. Anstelle des »Was möchte ich tun?« ist ein »Was soll ich tun?« getreten. Das Bedürfnis nach Autonomie, nach Durchsetzung der eigenen Vorstellungen, nach Selbstwirksamkeit und Kontrolle findet seine Erfüllung in der Essstörungssymptomatik. Nur dort ist es dem Betroffenen möglich, eigene Ideen auch gegen den Widerstand anderer durchzusetzen und »Nein« zu sagen. Durch die Betrachtung als Kompensation wird verständlich, warum bei den Patientinnen außerhalb ihrer Essstörung eine sozial angepasste Seite neben einer widerständigen, durchsetzungsstarken Seite innerhalb ihrer Essstörung existiert. Ziel der Therapie ist es, bei der Patientin die Fähigkeit zu entwickeln, ihre Bedürfnisse nach Autonomie und Kontrolle, nach einem Leben nach eigenen Vorstellungen in adäquater Weise wahrzunehmen, zum Ausdruck zu bringen und gegenüber anderen zu vertreten.

46.4.9 Angehörigenarbeit

Die Arbeit mit Angehörigen spielt in der Essstörungstherapie eine vergleichsweise größere Rolle als bei anderen Störungsbildern. Dies liegt vor allem am Alter der Patientinnen. Doch auch Betroffene in fortgeschrittenem Alter haben oft wenige soziale Kontakte und eine relativ enge Beziehung zu ihrer Ursprungsfamilie. Aufgrund der spezifischen Symptomatik tangiert eine Essstörung das Familienleben regelmäßig, nämlich mindestens zu allen Mahlzeiten. Angehörige und Freunde der Betroffenen stehen der Essstörung zumeist hilflos gegenüber. Vor dem Hintergrund des eigenen Anspruchs, der Betroffenen helfen zu wollen, treten auch Frustration, und in Folge Ärger und Wut auf. Angehörige sollten stets in die Psychotherapie von Patientinnen mit Essstörungen einbezogen werden. Dies ist zumeist die Voraussetzung dafür, dass Angehörige hilfreich an der Bewältigung einer Essstörung mitwirken können, indem sie von der Patientin selbst und auch von den Behandelnden durch Psychoedukation aufgeklärt und entsprechend instruiert werden.

46.5 Pharmakotherapie

Eine medikamentöse Therapie bei Essstörungen sollte stets in ein umfassendes multimodales Behandlungsprogramm integriert werden, das Psychotherapie, Ernährungsmanagement und medizinische Überwachung umfasst (Crone et al., 2023; Herpertz et al., 2011).

Bei Anorexia nervosa erfordert die durch Starvation bedingte erhöhte Anfälligkeit für Nebenwirkungen eine sorgfältige Risiko-Nutzen-Abwägung in Bezug auf den Einsatz von Psychopharmaka.

Antidepressiva zeigen keine nachweisbare Wirkung auf die Gewichtszunahme, allerdings gibt es bislang auch keine methodisch hochwertigen Studien. Für Antipsychotika wie Olanzapin ist die Evidenzlage uneinheitlich, was deren Anwendung auf Einzelfälle beschränkt (Himmerich et al., 2023).

Für Bulimia nervosa hat Fluoxetin signifikante Effekte bei der Reduktion von Essanfällen und kompensatorischem Verhalten gezeigt (Himmerich et al., 2023). Es ist das einzige in Deutschland zugelassene Medikament zur Behandlung von Essstörungen. Der Einsatz anderer Antidepressiva oder Antiepileptika bleibt aufgrund von Nebenwirkungen oder Kontraindikationen begrenzt.

Bei der Binge-Eating-Störung zeigen selektive Serotonin-Wiederaufnahmehemmer (SSRI) uneinheitliche Ergebnisse, meist ohne Gewichtsreduktion. Hingegen haben Topiramat und vor allem Lisdexamfetamin eine nachgewiesene Wirksamkeit bei der Reduktion von Essanfällen und führten zu Gewichtsverlust, wobei Lisdexamfetamin in Deutschland zur Behandlung der Essstörungen nicht zugelassen ist (Himmerich et al., 2023).

46.6 Evidenzbasierung

Verschiedene Leitlinien, wie die S3-Leitlinie Essstörungen (aus 2011 revidierte 2. Fassung 2019, Herpertz et al., 2019) oder die Leitlinie der American Psychiatric Association (Crone et al., 2023) zur Behandlung von Essstörungen, betonen übereinstimmend, dass die Mehrheit der Patientinnen und Patienten mit Essstörungen mit strukturierten psychologischen Therapien behandelt werden sollte. Aufgrund der unterschiedlichen Entwicklungsbedürfnisse unterscheiden sich die Behandlungsansätze zwischen Kindern und Jugendlichen sowie Erwachsenen.

Für Jugendliche mit Anorexia nervosa haben sich familienzentrierte Ansätze, wie die Familientherapie, als wirksamer erwiesen als Einzeltherapien (Bryson et al., 2024). Bei Erwachsenen mit Anorexia nervosa kommen hingegen individualisierte Therapien zum Einsatz, darunter die kognitive Verhaltenstherapie für Essstörungen (CBT-ED), MANTRA (Maudsley Model of Anorexia Nervosa Treatment for Adults), SSCM (Specialist Supportive Clinical Management) oder FPT (Focal Psychodynamic Therapy) (Herpertz et al., 2019).

Für Erwachsene mit Bulimie oder Binge-Eating-Störung wird eine essstörungsspezifische Form der KVT als bevorzugte Therapie empfohlen (Monteleone et al., 2022). Angeleitete Selbsthilfeformate der KVT, die über Bücher oder digitale Medien angeboten werden, sowie kürzere Interventionen haben sich ebenfalls als effektive Einstiegstherapien im gestuften Versorgungsmodell bewährt (Bryson et al., 2024). Auch im Bereich der Rückfallprophylaxe wird vor allem die KVT in unterschiedlichen Formaten (Gruppe/angeleitete Selbsthilfe/technologiebasiert) effektiv eingesetzt.

Die Effektivität neuartiger Psychotherapien (z. B. »dritte Welle«), alternativer Behandlungsformate (z. B. Internet- und Smartphone-basierte Therapie) und ergänzender Interventionen (z. B. virtuelle Realität) müssen noch weiter erforscht werden, auch wenn erste Studien vielversprechende Ergebnisse zeigen (Monteleone & Abbate-Daga, 2024). Alles in allem können evidenzbasierte Psychotherapien für Essstörungen empfohlen werden, obwohl weitere Follow-up-Daten erforderlich sind.

Tab. 46.3: Übersicht über die wichtigsten evidenzbasierten Behandlungsmethoden bei Essstörungen

Psychotherapieverfahren	Evidenzbasierung
Kognitive Verhaltenstherapie (KVT)	• KVT als primäre Behandlung für Personen mit Bulimie und Binge-Eating-Störung, auch der Standardeinsatz für Erwachsene mit Anorexie (Russell et al., 2023) • Einzel- und/oder Gruppensetting zeigt Wirksamkeit • erweiterte KVT (thematisiert auch Perfektionismus, niedriges Selbstwertgefühl, zwischenmenschliche Probleme) • Einsatz auch in der Rückfallprophylaxe
Dialektisch-Behaviorale Therapie (DBT)	• DBT und DBT-E speziell für Binge-Eating-Störung zeigen sich besonders wirksam in der Reduktion von Essanfällen (Russell et al., 2023)
Familienbasierte Therapie (FBT)	• nachweislich wirksam für Kinder und Jugendliche mit Anorexia nervosa und atypischer Anorexia nervosa (Austin et al., 2024) • erste Wirksamkeitsbelege bei jungen Erwachsenen mit Anorexia nervosa • Formen: klassische FBT, elternfokussierte FBT, Multifamilien-FBT, angeleitete Selbsthilfe-FBT
Interpersonelle Psychotherapie (IPT)	• IPT als wirksame und praktikable Behandlungsalternative zur KVT bei Bulimie und Binge-Eating-Störung (Russell et al., 2023)
Fokale Psychodynamische Psychotherapie (FPT)	• empfohlen für Anorexia nervosa, insbesondere bei Erwachsenen (Russell et al., 2023)
Technologiebasierte Interventionen	• neue Erkenntnisse weisen darauf hin, dass iCBT, CBTR4BN, Recovery Mantra, computergestützte Interventionen und der Einsatz virtueller Realität wirksame Behandlungen vor allem für Bulimie und Binge-Eating-Störung sein können (Russell et al., 2023)
Angeleitete Selbsthilfe	• empfohlen bei wiederkehrenden Essanfällen, vor allem für Binge-Eating-Störung und Bulimie (Russell et al., 2023)

Prüfungsfragen

1. Wodurch definiert sich eine Anorexia nervosa in erster Linie?
2. Welches ist das wichtigste Diagnosekriterium der Bulimia nervosa?
3. In welchem Alter beginnen Essstörungen üblicherweise?
4. Welches Persönlichkeitsmerkmal ist bezeichnend für Patientinnen mit Essstörungen?
5. Warum ist die therapeutische Allianz in der Essstörungs-Therapie so wichtig?

Antworten

1. Durch selbst herbeigeführtes Untergewicht.
2. Regelmäßige Essanfälle.
3. In der Pubertät und Adoleszenz.
4. Ein allumfassendes Gefühl eigener Unzulänglichkeit.
5. Weil die notwendigen Verhaltensänderungen hoch angstbesetzt sind.

Literatur

Austin, A., Anderson, A. G., Lee, J. et al. (2024). Efficacy of Eating Disorder Focused Family Therapy for Adolescents With Anorexia Nervosa: A Systematic Review and Meta-Analysis. *Int J Eat Disord, 58*(1), 3–36. https://doi.org/10.1002/eat.24252

Bryson, C., Douglas, D., & Schmidt, U. (2024). Established and emerging treatments for eating disorders. *Trends Mol Med, 30*(4), 392–402. https://doi.org/10.1016/j.molmed.2024.02.009

Crone, C., Fochtmann, L. J., Attia, E. et al. (2023). The American Psychiatric Association practice guideline for the treatment of patients with eating disorders. *American Journal of Psychiatry, 180*(2), 167–171. https://doi.org/10.1176/appi.ajp.23180001

Herpertz, S., Fichter, M., Herpertz-Dahlmann, B. et al. (2011). *S3-Leitlinie Diagnostik und Behandlung der Essstörungen*. Springer.

Herpertz, S., Fichter, M., Herpertza-Dahlmann, B. et al. (2019). *S3-Leitlinie Diagnostik und Behandlung der Essstörungen* (2. Aufl.). Springer.

Himmerich, H., Lewis, Y. D., Conti, C. et al. (2023). World Federation of Societies of Biological Psychiatry (WFSBP) guidelines update 2023 on the pharmacological treatment of eating disorders. *World J Biol Psychiatry, 24*(8), 1–64. https://doi.org/10.1080/15622975.2023.2179663

Monteleone, A. M., & Abbate-Daga, G. (2024). Effectiveness and predictors of psychotherapy in eating disorders: state-of-the-art and future directions. *Curr Opin Psychiatry, 37*(6), 417–423. https://doi.org/10.1097/YCO.0000000000000961

Monteleone, A. M., Pellegrino, F., Croatto, G. et al. (2022). Treatment of eating disorders: A systematic meta-review of meta-analyses and network meta-analyses. *Neuroscience and Biobehavioral Reviews, 142*, 104857. https://doi.org/https://doi.org/10.1016/j.neubiorev.2022.104857

Russell, H., Aouad, P., Le, A. et al. (2023). Psychotherapies for eating disorders: findings from a rapid review. *J Eat Disord, 11*(1), 175. https://doi.org/10.1186/s40337-023-00886-w

Silén, Y., & Keski-Rahkonen, A. (2022). Worldwide prevalence of DSM-5 eating disorders among young people. *Curr Opin Psychiatry, 35*(6), 362–371. https://doi.org/10.1097/YCO.0000000000000818

van Eeden, A. E., van Hoeken, D., & Hoek, H. W. (2021). Incidence, prevalence and mortality of anorexia nervosa and bulimia nervosa. *Curr Opin Psychiatry, 34*(6), 515–524. https://doi.org/10.1097/YCO.0000000000000739

47 Adipositas

Sandra Becker und Stephan Zipfel

Das Wichtigste auf einen Blick

- Die Behandlung der Adipositas ist komplex, sollte multidisziplinär erfolgen und erfordert eine lebenslange Verhaltensänderung.
- Die konservative Basistherapie (Lebensstil-Intervention) beinhaltet verhaltenstherapeutische Strategien zur Ernährungsumstellung und zum Aufbau von regelmäßiger Bewegung.
- Bei schwergradiger Adipositas mit somatischen Begleiterkrankungen oder nach erfolgloser konservativer Basistherapie sollte die Indikation für einen adipositaschirurgischen Eingriff überprüft werden.
- Additiv kann Pharmakotherapie als eine zusätzliche Unterstützung zum Gewichtsmanagement eingesetzt werden.
- Bei Adipositas mit einer ausgeprägten psychischen Komorbidität kommen zusätzlich störungsspezifische psychotherapeutische Therapieansätze zum Einsatz.

47.1 Einführung

Adipositas ist nach Angaben der Weltgesundheitsorganisation (WHO) das größte chronische Gesundheitsproblem (WHO, 2024). Der prozentuale Anteil übergewichtiger und adipöser Menschen in der Bevölkerung der westlichen Industrieländer nimmt seit einigen Jahrzehnten stetig zu und hat sich zwischen 1990 und 2022 mehr als verdoppelt. In Deutschland zeigt sich, dass 67 % der Männer und 53 % der Frauen übergewichtig sind, 25 % der Bundesbürgerinnen und -bürger sind als adipös (BMI $\geq 30\,kg/m^2$) zu bezeichnen. Eine deutliche Zunahme der Adipositas zeigt sich besonders bei jungen männlichen Erwachsenen, aber auch mit steigendem Lebensalter nimmt die Rate zu (Mensink et al., 2013).

Adipositas, insbesondere Grad II (BMI $\geq 35\,kg/m^2$) und Grad III (BMI $\geq 40\,kg/m^2$), kann zu ausgeprägten gesundheitlichen Folgeerkrankungen wie beispielsweise Bluthochdruck, Diabetes mellitus, koronarer Herzerkrankung, Fettstoffwechselstörungen, Schlaganfall, degenerativen Erkrankungen des Bewegungsapparats und zu erhöhter Mortalität führen (Kivimäki et al., 2022). Weitere Folgen, die oft vergessen werden, sind die langjährigen psychosozialen Belastungen. Ein unzureichendes körperliches Wohlbefinden führt insbesondere bei adipösen Frauen oft zu langjährigen seelischen und psychosozialen Belastungen. Häufig ist eine ausgeprägte Adipositas mit erheblichen Selbstwertproblemen, Beziehungs- und Kontaktstörungen, depressiver Stimmungslage, sozialer Isolation, beruflichen Schwierigkeiten und einer insgesamt deutlich eingeschränkten Lebensqualität verbunden. Die Prävalenz von depressiven Erkrankungen und Angststörungen ist doppelt so hoch wie bei Normalgewichtigen, wobei hauptsächlich Frauen einen Leidensdruck empfinden (Hagena & Herpertz, 2020). Die Zunahme von Adipositas und deren schwerwiegenden körperlichen und psychischen Folgeerkrankungen haben weitreichende soziale und ökonomische Konsequenzen für das Gesundheitssystem. Somit stellt die Behandlung von übergewichtigen und adipösen Menschen gegenwärtig eine der zentralen Herausforderungen der modernen Medizin dar.

Merke

Die steigende Prävalenz von Adipositas in Deutschland und weltweit erfordert interdisziplinäre Versorgungsstrukturen und eine multimodale Behandlung.

47.2 Diagnose und lerntheoretische Besonderheiten

Die Begriffe Übergewicht und Adipositas werden in der Literatur häufig synonym verwendet, wobei sie genau genommen Unterschiedliches beschreiben. Übergewicht bedeutet lediglich, dass die Körpermasse gegenüber der entsprechenden Alters- und Geschlechtsnorm erhöht ist. Adipositas hingegen sagt aus, dass der Anteil von Körperfett an der Gesamtkörpermasse zu hoch ist. Die Klassifizierung erfolgt mit Hilfe des Body Mass Index (BMI), der sich aus Körpergewicht und Körpergröße errechnet (Gewicht in kg geteilt durch Körpergröße in m^2). In ▸ Tab. 47.1 ist die Einteilung des Übergewichts und der Adipositas beschrieben, wie sie die WHO festgelegt hat.

Tab. 47.1: Einteilung der Adipositas nach WHO (2023)

Kategorie	BMI (kg/m^2)
Normalgewicht	18,5–24,9
Übergewicht/Präadipositas	25–29,9
Adipositas Grad I	30–34,9
Adipositas Grad II	35–39,9
Adipositas Grad III	≥ 40

Neben der Gewichtsmessung ist die Erfassung des Fettverteilungsmusters als Einschätzungsmaß vor allem in Bezug auf das kardiovaskuläre Risiko bedeutsam. Das Fettverteilungsmuster wird mit Hilfe des Taillenumfangs bestimmt. Menschen mit androidem Fettverteilungsmuster (»Apfelform«), das gehäuft bei Männern auftritt und bei dem das Fett vor allem am Bauch sitzt, weisen ein deutlich höheres kardiovaskuläres Risiko auf. Menschen mit gynoidem Fettverteilungsmuster (»Birnenform«), das gehäuft bei Frauen zu beobachten ist und bei dem das Fett vor allem an Hüften und Oberschenkeln sitzt, haben dagegen kein erhöhtes kardiovaskuläres Risiko. Wenn der Taillenumfang bei Männern größer als 102 cm bzw. bei Frauen größer als 88 cm ist, muss von einem erhöhten kardiovaskulären Risiko ausgegangen werden (DAG, 2024).

Obwohl der BMI seit Jahrzehnten das primäre Instrument zur Erfassung von Übergewicht und Adipositas ist, zeigt sich zunehmend, dass der BMI alleine weder die Komplexität von Adipositas noch deren gesundheitliche Auswirkungen adäquat widerspiegelt. Als reines Maß für das Verhältnis von Körpergewicht zu Körpergröße berücksichtigt er weder die Verteilung noch die Qualität des Körperfetts oder den individuellen Gesundheitszustand. So können Menschen mit identischem BMI stark unterschiedliche Fettverteilungen, Stoffwechselprofile und Krankheitsrisiken aufweisen. Die Lancet-Kommission zur klinischen Adipositas betont, dass viele Personen mit einem BMI unter 30 kg/m^2 dennoch klinische Anzeichen von Fettgewebsdysfunktion oder organbezogenen Schädigungen aufweisen können und somit an einer behandlungsbedürftigen Adipositas leiden (Rubino et al., 2025). Umgekehrt können Menschen mit einem hohen BMI metabolisch gesund sein, ohne relevante Funktionsstörungen aufzuweisen. Die ausschließliche Orientierung am BMI führt somit zu Fehldiagnosen und verhindert eine zielgerichtete, individualisierte Therapie. Die Kommission fordert deshalb ein mehrdimensionales Diagnosesystem, das zusätzlich zu anthropometrischen Daten auch funktionelle Gesundheitskriterien einbezieht.

47.3 Lernpsychologische Modelle

Die Gründe, die zur Entstehung von Übergewicht und Adipositas führen, sind vielfältig. Genetische und ernährungsbedingte Faktoren, Sozialisationsbedingungen und individuelle Lernerfahrungen, das Ausmaß an körperlicher Bewegung und psychische Aspekte wie das Auftreten chronischer oder akuter Belastungssituationen sowie dysfunktionale Stressverarbeitungsmechanismen spielen eine große Rolle. Eine vorwiegend psychische Genese ist bei einer Subgruppe adipöser Menschen zu finden, bei denen die Nahrungsaufnahme neben der Sättigung auch der Regulation negativer Affekte dient. In ▸ Abb. 47.1 sind die Entstehungsfaktoren im Sinne eines bio-psycho-sozialen Modells zusammengefasst.

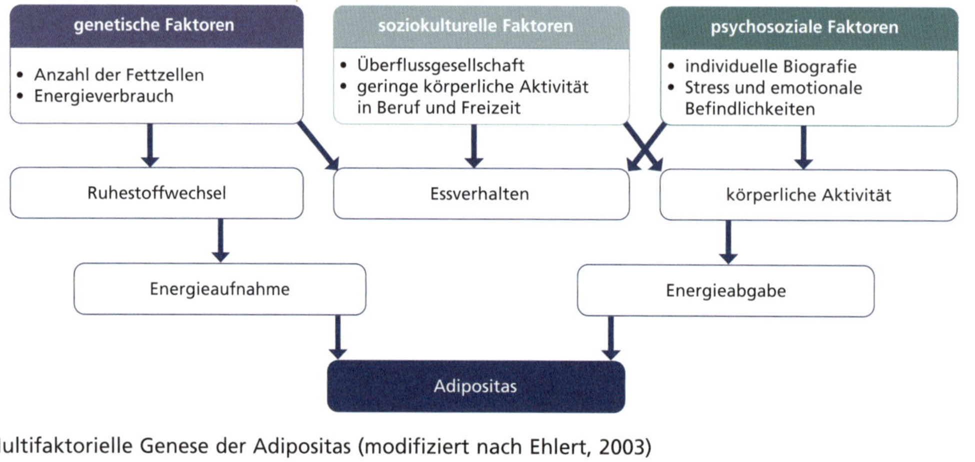

Abb. 47.1: Multifaktorielle Genese der Adipositas (modifiziert nach Ehlert, 2003)

47.4 Störungsspezifische Psychotherapie

Die Behandlung der Adipositas ist aufgrund der multifaktoriellen Genese komplex und oft schwierig. Die meisten adipösen Menschen haben schon eine längere Behandlungsvorgeschichte mit vielen Frustrationserlebnissen in Bezug auf eine Gewichtsreduktion hinter sich. Die Indikation für eine geeignete Behandlungsmaßnahme muss deshalb im Rahmen einer strukturierten und standardisierten Diagnostik und in Kooperation mit anderen Fachdisziplinen wie der Endokrinologie, Sportmedizin, Ernährungstherapie und Adipositaschirurgie erfolgen. Das Therapiekonzept muss auf die individuellen Bedürfnisse und Problembereiche der betroffenen Person zugeschnitten sein und ist von verschiedenen Faktoren abhängig (Becker, 2015):

- Ausmaß der Adipositas
- Vorliegen körperlicher Folgeerkrankungen und psychischer Komorbidität
- bisher erfolgte Behandlungsmaßnahmen
- Motivationsfaktoren der Patienten und Patientinnen

Ziel der Behandlung ist eine Gewichtsreduktion, insbesondere die Verringerung des Körperfettanteils, um das Risiko für Folgeerkrankungen zu minimieren und die Lebensqualität zu erhöhen. Besonderes Augenmerk sollte auf dem langfristigen Gewichtserhalt nach erfolgter Abnahme liegen (Varkevisser et al., 2019). Die aktuellen Behandlungsempfehlungen beinhalten je nach Ausprägung und Schweregrad der Adipositas verhaltenstherapeutische Programme (Lebensstil-Interventionen) sowie medikamentöse und chirurgische Therapien, die entweder unabhängig oder additiv eingesetzt werden. Der (kombinierte) Einsatz von Medikamenten gewinnt derzeit an Bedeutung und sollte als mögliche Option miteinbezogen werden. Bei Patientinnen und Patienten mit komorbider psychischer Störung (beispielsweise Depression oder Essstörung) sind in der Regel zusätzlich intensivere und störungsspezifische psychotherapeutische Interventionen notwendig.

47.4.1 Konservative verhaltenstherapeutische Therapieprogramme (Lebensstil-Interventionen)

Psychotherapeutische Interventionen zur Verhaltensmodifikation bei Adipositas – gemäß den Leitlinien der Deutschen Adipositas-Gesellschaft (DAG, 2024) – kommen vorwiegend bei Vorliegen von Adipositas Grad I und II und bei Übergewicht mit ausgeprägten somatischen Komorbiditäten zum Einsatz. Der Fokus liegt dabei auf dem Vermitteln von Strategien zur Veränderung des Ernährungs- und Bewegungsverhaltens, häufig kombiniert mit dem Erlernen von Maßnahmen zur verbesserten Emotions- und Stressregulation. Primäres Ziel ist die langfristige Reduktion des Körpergewichts und damit des Körperfettanteils sowie die Verbesserung Adipositas-assoziierter Begleit- und Folgeerscheinungen. Dies soll durch Veränderungsstrategien erfolgen, die sich dauerhaft in den jeweiligen Alltag der Betroffenen integrieren lassen und deren individuelle Möglichkeiten, Vorlieben und Lebensgewohnheiten berücksichtigen. Dabei wird ein moderater Gewichtsverlust von durchschnittlich 5–10 % vom Ausgangsgewicht innerhalb von 8–12 Monaten angestrebt. Anschließend erfolgt eine Phase der Gewichtsstabilisierung, in welcher der Schwerpunkt auf einem Gewichtserhalt und nicht mehr auf einer fortlaufenden Abnahme liegt (DAG, 2024).

> **Merke**
>
> Lebensstil-Interventionen führen durchschnittlich zu einem Gewichtsverlust von 5–10 % vom Ausgangsgewicht innerhalb von 8–12 Monaten.

Ernährungstherapie

Ziel einer wirksamen Ernährungstherapie ist, die Ernährung so umzustellen, dass eine Nahrungsaufnahme mit einem täglichem Energiedefizit von 500 kcal/Tag erreicht werden kann (DAG, 2024). Das angestrebte Energiedefizit wird entweder durch die Reduktion des Fettverzehrs, die Verminderung des Verzehrs von Kohlenhydraten oder durch die Reduktion des Fett- und Kohlenhydratverzehrs (Verminderung der Energiedichte) erreicht. In der Praxis kommt meistens die energiereduzierte Mischkost zum Einsatz, die große Flexibilität bei der individualisierten Beratung ermöglicht. Als Grundlage der Beratung dienen die lebensmittelbezogenen Ernährungsempfehlungen der Deutschen Gesellschaft für Ernährung (DGE) (Schäfer et al., 2024). Der Ernährungskreis gibt dabei Auskunft darüber, in welcher Menge einzelne Lebensmittelgruppen (z. B. Getreide, Obst und Gemüse, Fette und Süßigkeiten) im täglichen Speiseplan enthalten sein sollen (DAG, 2024). Das Energiedichtekonzept beruht auf der Erkenntnis, dass die Menge der Nahrung (nicht der Energiegehalt) entscheidend für die Magendehnung und somit ein Hauptstimulus für die Sättigung ist (Robinson et al., 2022). Durch den Verzehr von Lebensmitteln mit geringer Energiedichte kann das Körpergewicht bei Adipositas reduziert werden. Das Konzept erlaubt eine flexiblere Anpassung des Ernährungsstils an vorhandene Ernährungsgewohnheiten und -vorlieben und ist von der DGE ebenfalls anerkannt (Bechthold, 2014). Die Ernährungsempfehlungen sollten individuelle Essgewohnheiten sowie Nahrungsmittelvorlieben der Einzelnen berücksichtigen sowie das berufliche und persönliche Umfeld miteinbeziehen, um eine realistische Umsetzung im Alltag zu ermöglichen (Mack, 2022). Patientinnen und Patienten sollten möglichst zu einer weniger starren, sondern flexiblen Kontrolle ihres Essverhaltens im Alltag angeleitet werden, d. h., der Fokus liegt mehr auf einer Betrachtung der Energieaufnahme über mehrere Tage hinweg als über einen einzelnen Tag.

Bewegungstherapie

Für eine effektive Gewichtsabnahme empfiehlt die DAG im Rahmen der Basistherapie die Kombination von einer verminderten Kalorienzufuhr mit einem ausdauerorientierten Training von mehr als 150 Minuten pro Woche (DAG, 2024). Grundsätzlich wird ein ausgewogenes Trainingsprogramm, welches sowohl Kraft- als auch Ausdauertraining beinhaltet, empfohlen. Der aktuelle Trend zur Dauer der Bewegungseinheiten geht hin zu täglichen intensiveren Trainingseinheiten von ca. 30–50 Minuten. Aber auch kürzere Einheiten, die mit der Zeit gesteigert werden können, haben einen positiven Effekt auf die Gewichtsentwicklung (Wirth, 2019).

Nordic Walking, Ergometrie, Ausdauergymnastik, Gerätetraining, Schwimmen und Laufband eignen sich grundsätzlich als Bewegungsarten. Wer einen BMI $\geq$ 35 kg/m^2 hat, sollte gelenkschonende Sportarten wie z. B. Schwimmen und Wassergymnastik wählen. Bei der Trainingsgestaltung ist eine Berücksichtigung individueller Faktoren wie Ausgangsfitness, bisherige Erfahrung mit körperlichem Training, bevorzugte Bewegungsformen sowie körperliche Begleiterscheinungen erforderlich.

Bei schwer adipösen Menschen stellt oft schon der Ausbau von Bewegungsgewohnheiten im Alltag (wie zu Fuß gehen, mit dem Fahrrad fahren, Gartenarbeit verrichten) eine relevante Trainingsbelastung dar. Wichtig zur langfristigen Motivation ist, den Betroffenen zu vermitteln, dass es nicht um Leistungssport geht, sondern darum, ihre körperliche Fitness langsam zu steigern und positive Erfahrungen mit Bewegung zu machen.

In Bezug auf einen positiven Gewichtsverlauf spielt das körperliche Training vor allem in der Phase der Gewichtsstabilisierung nach erfolgter Abnahme eine entscheidende Rolle. Ein körperlich aktiver Lebensstil trägt entscheidend zur Aufrechterhaltung der erreichten Gewichtsabnahme bei (Varkevisser et al., 2019; Oppert et al., 2023), deshalb sollte der Fokus während der Behandlung auf einer für den Einzelfall realistischen Implementierung von körperlicher Aktivität im Alltag liegen.

Kognitive Verhaltenstherapie

Die Techniken der kognitiven Verhaltenstherapie und Verhaltensmodifikation eignen sich besonders, um die Einhaltung eines gesunden Lebensstils mit kalorisch angepasster Ernährung und regelmäßiger Bewegung zu erreichen. Ziel ist eine systematische Identifizierung und Modifikation ungünstiger Denk- und Verhaltensmuster, die die Adipositas aufrechterhalten. Darüber hinaus steht das Einüben von Verhaltensweisen und kognitiven Reaktionen, die für eine effektive Gewichtskontrolle und eine Steigerung der Lebensqualität notwendig sind, im Vordergrund. Wichtige Elemente der kognitiven Verhaltenstherapie eines konservativen Basisprogramms zur Gewichtsabnahme, die von Motivationsaufbau und Zielformulierung zu Beginn bis zur Rückfallprophylaxe am Ende der Behandlung reichen, sind in ▸ Tab. 47.2 dargestellt.

47.4.2 Internetbasierte Programme und digitale Gesundheitsanwendungen (DiGA)

Im Zuge der zunehmenden Digitalisierung finden in den letzten Jahren Onlineangebote und sogenannte Gesundheits-Apps, die Unterstützung bei der Ernährungsumstellung und beim Aufbau von Bewegung bieten, Eingang in die Behandlung der Adipositas (Holzapfel, 2024). Die Studienlage für die Wirksamkeit von webbasierten Interventionen ist heterogen, der Markt in Deutschland unübersichtlich, viele Programme sind unzureichend evaluiert und außerdem mit hohen Abbruchquoten verbunden. Für einen langfristigen Gewichtsverlust scheinen sie nicht so erfolgreich zu sein wie angeleitete konservative Therapieprogramme (Beleigoli et al., 2019).

Für den Bereich der digitalen Gesundheitsanwendungen (DiGA) existieren derzeit in Deutschland zwei geprüfte und zugelassene Gesundheits-Apps (Oviva Direkt und Zanandio), die auf Rezept verordnet werden können und von den Krankenkassen bezahlt werden. Diese Apps ermöglichen neben psychoedukativen Anteilen das Monitoring von Essgewohnheiten, körperlicher Aktivität und von Veränderungsfortschritten. Zudem bieten sie Tools zur direkten Kommunikation mit beratenden Personen. Im Rahmen von randomisiert-kontrollierten Studien konnte bei beiden Apps die klinische Wirksamkeit aufgezeigt werden (Roth et al., 2023; Gemesi et al., 2024), wobei die Datenlage darauf hindeutet, dass vor allem eine Kombination aus digitaler Intervention und geführtem konservativem Programm erfolgsversprechend ist (Holzapfel, 2024).

47.4.3 Chirurgische Therapie

Ab einer Adipositas Grad III sind in der Regel die Grenzen konservativer Therapieverfahren und Verhaltenstherapie erreicht. Sofern ein vorgeschalteter konservativer Behandlungsversuch erfolglos bleibt, liegt der Hauptansatz bei adipositaschirurgischen Maßnahmen. Unter bestimmten Umständen (z. B. BMI $\geq$ 50 kg/m^2) kann ein primär chirurgisches Vorgehen gewählt werden, ohne dass zuvor ein konservativer Therapieversuch erfolgt ist (DAG, 2024). Die operativen Verfahren sind der konservativen und psychotherapeutischen Behandlung in Bezug auf langzeitige Gewichtskontrolle, Lebensqualität und Verbesserung der somatischen Komorbiditäten überlegen (Carlsson et al., 2020). Es sind hierbei Gewichtsreduktionen bis zu 60 % vom Ausgangsgewicht möglich (Peterli et al., 2018).

Aber auch vor und nach chirurgischer Behandlung der Adipositas sind verhaltenstherapeutische Maßnahmen zur Lebensstilveränderung beispielsweise in Bezug auf die Strukturierung des Alltags, des Ess- und Bewegungsverhaltens und auf Entgegenwirken von ungünstigen sozialen Rückzugstendenzen notwendig und kommen dort zum Einsatz (De Zwaan & Herpertz, 2020).

> **Merke**
>
> Konservative verhaltenstherapeutische Therapieprogramme kommen vorwiegend bei Adipositas Grad I und Grad II zum Einsatz. Ab Adipositas Grad III sollte eine Indikation zu einer chirurgischen Intervention überprüft werden. Der zusätzliche Einsatz von medikamentöser Therapie zur Gewichtsabnahme gewinnt zunehmend an Einfluss.

47.4.4 Adipositas in Kombination mit einer Binge-Eating-Störung

Bei einer Subgruppe adipöser Patientinnen und Patienten besteht neben der Adipositas zusätzlich eine Essstörung.

Tab. 47.2: Kognitiv-verhaltenstherapeutische Interventionen zur Behandlung der Adipositas

1. Phase: Motivationsaufbau und Zielvereinbarung	
Psychoedukation und Aufbau von Motivation	• Motivierende Gesprächsführung • Erarbeitung eines individuellen Modells der Entstehung und Aufrechterhaltung der Adipositas • Informationen über Folgen für Körper und Gesundheit • Wissensvermittlung über gesunde und ungesunde Ernährung und ausreichende Bewegung
Zielvereinbarung	• Erarbeitung realistischer Gewichts- und Veränderungsziele
Selfmonitoring	• Führen von Ess- und Bewegungstagebüchern • Einführen von regelmäßigem Wiegen und Führen einer Gewichtskurve
2. Phase: Verhaltensmodifikation im Bereich Ernährungs- und Bewegungsverhalten	
Verhaltensanalyse (SORKC-Schema)	• Zusammenhänge von Essen und Gefühlen
Stimuluskontrolle zum Einüben eines flexibel kontrollierten Ess- und Bewegungsverhaltens	• strukturierte Ess- und Einkaufspläne • Einkaufen in sattem Zustand • wenig Essensvorräte • Implementierung regelmäßiger alltagsgerechter körperlicher Aktivität
Kontingenzmanagement	• Einsatz von Belohnungssystemen, z. B. Token-Systeme, um gesundes Essverhalten und regelmäßige Bewegung zu fördern
Exposition	• Nahrungskonfrontation zur Verhinderung von unkontrolliertem Essen
3. Phase: Umgang mit Stress und negativen Emotionen	
kognitive Umstrukturierung	• Identifikation und Hinterfragen dysfunktionaler Gedankenmuster in Bezug auf Essen, Figur und Gewicht • Reduktion von dichotomem (»Alles oder Nichts«) Denken • Bearbeitung negativer Grundeinstellungen zum Körper- und Selbstbild
positive Selbstinstruktion	• Förderung positiver Selbstgespräche zur Bewältigung schwieriger Situationen
Emotionsregulationsstrategien	• Stressmanagementstrategien • Selbstfürsorge und Achtsamkeit • Aufbau alternativer Strategien zur Affektregulation • soziales Kompetenztraining
4. Phase: Förderung der Aufrechterhaltung	
Rückfallprophylaxe	• Vorbereitung auf die Phase der Gewichtsstabilisierung • Analyse, was zu Rückfällen führen kann • Umgang mit Rückfällen (»Notfallkarte«)
Stärkung der Selbstwirksamkeit	• Self-Monitoring in Eigenregie (Wiegen, Nahrung) • körperlicher alltagsrealistischer aktiver Lebensstil • regelmäßige Mahlzeiten (geringer Fettgehalt) • soziale Unterstützung

Diese sollte frühzeitig erkannt bzw. diagnostiziert werden, da eine nachhaltige Gewichtsreduktion und ein dauerhaftes Gewichtsmanagement zumeist nur dann erfolgreich sind, wenn die komorbide Essstörung in der Behandlung mitberücksichtigt wird. Die am häufigsten mit der Adipositas assoziierte Essstörung ist die sogenannte Binge-Eating-Störung (BES), die mittlerweile in der aktuellen Fassung der beiden gängigen Diagnosesysteme DSM-5 und ICD-11 als eigenständige klinische Diagnose aufgenommen wurde. Bei einer BES kommt es durchschnittlich mindestens einmal pro Woche zu Essanfällen, bei denen – begleitet von einem Gefühl des Kontrollverlusts – überdurchschnittlich große Nahrungsmengen gegessen werden (► Kap. 46). Die Betroffenen leiden unter den Essanfällen, begleitet von Schuld- und Schamgefühlen. Im Gegensatz zur Bulimie finden keine kompensatorischen gewichtsreduzierenden Maßnahmen wie beispielsweise Erbrechen oder Einnahme von Abführmitteln statt (WHO, 2019). Die BES tritt in der Allgemeinbevölkerung mit einer Prävalenz von ca. 1–4 % auf (Fichter, 2019). Deutlich häufiger mit ca. 15–30 % kommt sie jedoch bei adipösen Menschen vor, die ein Gewichtsreduktionsprogramm aufsuchen (Bertoli et al., 2015). Die Behandlung dieser Gruppe erfordert die Kombination von Elementen aus verschiedenen Interventionsansätzen. Neben einer Lebensstiländerung kommen zusätzlich im Rahmen einer ambulanten Psychotherapie kognitiv-verhaltenstherapeutische Interventionen zur Reduktion von Essanfällen wie Techniken zur Stress- und Emotionsregulation, zur Verbesserung von Körperbild und Körperakzeptanz sowie zur Erhöhung von Selbstwert und sozialen Kompetenzen zum Einsatz (siehe Manual zur kognitiven-behavioralen Therapie der Binge-Eating-Störung von Hilbert & Tuschen-Caffier, 2010). Da Personen mit einer Binge-Eating-Störung häufig auch an einer erhöhten Impulsivität leiden (Giel & Schag, 2022) können auch Interventionsmodule zur impulsivitätsbezogenen Verhaltensmodifikation wie beispielsweise nahrungsbezogene Expositionsübungen integriert werden (Schag & Giel, 2024).

Fallbeispiel

Krankheitsgeschichte:
Frau G., eine 45-jährige kaufmännische Angestellte, leidet seit ihrem 16. Lebensjahr unter Adipositas (damaliger BMI 31,1 kg/m^2). Sowohl ihre Mutter und Großmutter mütterlicherseits als auch ihre ältere Schwester seien übergewichtig. In den letzten Jahren habe das Gewicht von Frau G. zwischen 95 und 100 kg gelegen. Es habe zwischenzeitlich immer wieder kurze Phasen gegeben, in denen sie mit Hilfe von Diäten ca. 6–12 kg abgenommen habe. Dennoch habe dieser Effekt nie lange angehalten, es sei dann immer wieder zu einer vermehrten Gewichtszunahme gekommen. In den letzten acht Monaten sei es vor dem Hintergrund einer Arbeitsplatzproblematik sowie Eheschwierigkeiten zu einem weiteren Gewichtsanstieg gekommen. Derzeit wiegt Frau G. 119 kg bei einer Körpergröße von 175 cm (BMI 38,1 kg/m^2). Sie berichtet von einem unstrukturierten Essverhalten: Sie esse mehrmals am Tag über eine Normalportion hinaus und vor allem zwischendurch Süßigkeiten. Seit einem halben Jahr komme es zwei bis drei Mal pro Woche zu einer Heißhungerattacke mit Süßigkeiten (z.B. zwei Tafeln Schokolade, eine Tüte Gummibärchen, zwei Stück Sahnetorte). Sie erlebe dabei ausgeprägten Kontrollverlust. Gewichtsreduzierende Maßnahmen gebe es derzeit keine, auch Diäten führe sie mittlerweile keine mehr durch. Sport oder Bewegung falle ihr schwer, sie lege in letzter Zeit viele Wege fast nur noch im Auto zurück. Wenn sie sich allerdings zwinge, könne sie sich beim Nordic Walking oder Laufen noch gut bewegen.

Sozialanamnese:
Die 45-jährige Patientin lebt mit ihrem Mann (50 Jahre, Handwerker) und ihrem 18-jährigen Sohn (in Ausbildung zum Kfz-Mechaniker) in einer eigenen Wohnung. Seit zwei Jahren herrschen ausgeprägte Eheschwierigkeiten, ihr Mann und sie würden sich häufig streiten. Zu ihrem Sohn besteht eine gute Beziehung, es fällt der Patientin allerdings derzeit schwer, dass dieser dabei sei, auszuziehen. Sie arbeitet in Teilzeit als kaufmännische Angestellte in einer Firma. Sowohl mit ihrem Chef als auch mit einer Kollegin kommt es immer wieder zu Konflikten. Frau G. fühlt sich »ausgenutzt«, kann sich nicht abgrenzen, wenn ihr neue Aufgaben aufgetragen werden, und traut sich nicht, einen eigenen Standpunkt zu vertreten.

Der Vater der Patientin ist vor zwei Jahren im Alter von 76 Jahren an einem Herzinfarkt verstorben. Seither lebt ihre Mutter (71 Jahre) alleine. Aufgrund eines leichten Schlaganfalls, den diese vor einem Jahr erlitten habe, braucht die Mutter täglich Hilfe im Haushalt. Die Patientin wechselt sich für die täglichen Besuche mit ihrer zwei Jahre älteren Schwester ab. Die Schwester zieht sich jedoch häufig aus der Verantwortung, ist nicht zuverlässig und grenzt sich oft ab. Dies würde beispielsweise dazu führen, dass Frau G. kaum noch in den Urlaub fahre, aus Sorge, dass die Mutter nicht richtig versorgt sei. Die Patientin sei darüber sehr enttäuscht und verärgert, kann dies aber nur wenig gegenüber ihrer Schwester äußern. Auch von sozialen Kontakten hat sie sich in letzter Zeit zurückgezogen, da ihr alles zu viel sei.

Krankheitsmodell (auslösende und aufrechterhaltende Bedingungen):
Zur Entwicklung eines individuellen Krankheitsmodells gehören die Erhebung einer ausführlichen biografischen Anamnese, das Erstellen von Verhaltensanalysen, die Identifizierung dysfunktionaler Gedankenmuster und überdauernder Einstellungen sowie die Analyse aktueller Lebensprobleme und derzeit bestehender Beziehungskonflikte. Vor diesem Hintergrund spielen bei der Entstehung und Aufrechterhaltung der Adipositas in Kombination mit einer Binge-Eating-Störung bei Frau G. folgende genetische, lerngeschichtliche, biographische und interaktionelle Faktoren eine Rolle:

- Genetische Prädisposition zu Übergewicht in ihrer Familie, vor allem auf der mütterlichen Seite.
- Das familiäre Essverhalten war schon in der Kindheit der Patientin von Unregelmäßigkeit geprägt, es wurde z.B. nicht regelmäßig gemeinsam gegessen. Darüber hinaus musste immer aufgegessen werden, was auf den Teller geschöpft wurde. Teilweise gab es aber auch Phasen mit strikten Diätversuchen, die die selbst übergewichtige Mutter mit ihrer Tochter unternommen hat.
- In der Jugendzeit kam es bei der Patientin zu häufigen Stigmatisierungserfahrungen und Hänseleien aufgrund ihres Übergewichts bzw. ihrer Adipositas, die die Entwicklung eines stabilen Selbstwertgefühls behinderten.
- Mangelnde Konfliktbewältigungsstrategien und fehlende soziale Fertigkeiten: Die Patientin bleibt im Kontakt immer sehr angepasst, freundlich, orientiert sich an den Bedürfnissen des Gegenübers. Es fällt ihr schwer, Kontakt zu anderen Menschen aufzunehmen. Gefühle wie Ärger, Wut, Enttäuschung oder Einsamkeit und Langeweile werden nicht offen gezeigt, sondern mit Essattacken »betäubt« bzw. reguliert. Sie fühlt sich sowohl in der Beziehung zu ihrer Kollegin als auch zu ihrer Schwester nicht in der Lage, die bestehenden Konflikte anzusprechen und auszutragen.
- Tiefgreifende Selbstwertproblematik: Es bestehen seit Kindheit viele selbstabwertende Kognitionen und eine überdauernde negative Sichtweise der eigenen Person (z. B. »Ich bin unfähig, mich zu wehren«, »Andere können alles besser«, »Mich mag keiner«). Vor dem Hintergrund der aktuellen Eheprobleme und der Konflikte am Arbeitsplatz haben sich diese negativen Gedankenmuster weiter verstärkt.

Therapeutische Interventionen:
- Ernährungsberatung und Analyse von Essprotokollen mit dem Ziel einer Regulierung des Essverhaltens im Sinne der Einhaltung einer regelmäßigen und leicht kalorienreduzierten, ballaststoffreichen Mischkost.
- Aufbau von regelmäßiger alltagsgerechter Bewegung: Frau G. schloss sich einer Nordic-Walking-Gruppe an. So konnte sie es mit der Zeit in ihren Alltag einbauen, zwei Mal wöchentlich für eine Stunde Nordic Walking zu betreiben und alle 14 Tage für eine Stunde schwimmen zu gehen. Darüber hinaus machte die Patientin die Erfahrung, dass Entspannungsübungen, Verände-

Tab. 47.3: Verhaltensanalyse auf Mikroebene einer Patientin mit Adipositas und Binge-Eating-Störung

Stimulus (S) **= auslösende Situation**	**Organismus (O)** **= körperliche Verfassung/ überdauernde persönliche Regeln und Pläne**	**Reaktion (R)** **= Problemverhalten**	**Konsequenzen (C)**
• nach dem Streit mit meinem Mann abends alleine vor dem Fernseher • zusätzlich anstrengenden Arbeitstag gehabt wegen Streit mit Kollegin	**körperliche Zustände:** • genetische Disposition (Übergewicht liegt in der Familie mütterlicherseits) • erhöhtes Hungergefühl, da ich tagsüber bei der Arbeit wenig gegessen habe **persönliche Einstellung:** • geringe Selbstachtung • »Ich bin nicht wichtig für andere Menschen.« • »Meine Meinung zählt sowieso nie.« • »Ich kann mich nie durchsetzen.«	**Gedanken:** • »Warum habe ich mich gegen meine Kollegin nicht gewehrt?« • »Mit mir kann man ja alles machen.« • »Mein Mann hat immer die besseren Argumente.« • »Ich bin unfähig, meine Meinung zu sagen.« **Gefühle:** • Wut • Ärger • Hilflosigkeit **Körperreaktion:** • Herzklopfen • flaues Gefühl im Magen • Hitzewallungen **Verhalten:** • Rückzug • in die Speisekammer gehen • Essanfall	**kurzfristig positiv:** • Reduktion des Ärgergefühls und der Hilflosigkeit • allgemeine Spannungsreduktion **kurzfristig negativ:** • Scham- und Schuldgefühle • Müdigkeit, Erschöpfung **langfristig negativ:** • fehlende konstruktive Konfliktbewältigung • Depression • Gewichtsanstieg

rungen ihres Kleidungsstils und ein sorgsamer Umgang mit dem eigenen Körper zu einer Verbesserung des Körperempfindens beitrugen.

- Erstellen von Verhaltensanalysen zur Identifizierung von Auslösern problematischen Essverhaltens (▶ Tab. 47.3): Es zeigte sich bei Frau G., dass vorwiegend die Situationen zu Essanfällen führen, in denen sie in Konflikte mit anderen gerät, sich ärgert, enttäuscht ist oder sich nicht von den Wünschen anderer abgrenzen kann.
- Reduktion der Heißhungerattacken durch Erlernen von funktionalen Konfliktbewältigungsstrategien (z. B. Äußern von Ärger) und sozialen Fertigkeiten wie Nein-Sagen und eigene Bedürfnisse und Wünsche äußern. Besonders wichtig für Frau G. war es, sich an ihrem Arbeitsplatz zu behaupten, nicht alle aufgetragenen Aufgaben, die teilweise nicht in ihr Arbeitsgebiet fielen, zu übernehmen, ungerechtfertigte von sachlicher Kritik ihres Chefs unterscheiden zu können und es auszuhalten, dass nicht alle ausschließlich positiv über sie denken. Auch andere interpersonale Konflikte, die die Patientin bisher nicht offen ausgetragen hat (z. B. mit ihrem Mann und ihrer Schwester) wurden fokussiert und hilfreiche Strategien im Umgang mit ihnen erarbeitet. So gelang es ihr beispielsweise, von ihrer Schwester mehr Zuverlässigkeit und bessere Einhaltung von Absprachen zu fordern.
- Aufbau eines tragfähigen sozialen Netzwerks und Durchführung positiver Aktivitäten, da sich Frau G. im letzten Jahr sowohl von sozialen Kontakten sehr zurückgezogen als auch ihre Hobbys wie Malkurs, ehrenamtliche Tätigkeit und Konzertbesuche vollständig eingestellt hatte.
- Bearbeitung von dysfunktionalen – teilweise aus der Biografie heraus entstandenen – Grundüberzeugungen bzgl. ihrer eigenen Person, Figur, Essen und Gewicht. Vor dem Hintergrund von Hänseleien aufgrund ihrer Figur in der Schul- und Ausbildungszeit und durch defizitäre Lernerfahrungen im konstruktiven Umgang mit unangenehmen Gefühlen und Konflikten sind viele negative Gedankenmuster um das Thema »Ich bin nichts wert«, »Mit diesem Gewicht mag mich niemand«, »Ich bin nicht wichtig«, »Meine Bedürfnisse zählen nicht« entstanden. Im Therapieverlauf konnte die Patientin solche Kognitionen herausarbeiten, sie mit ihrer biografischen Entwicklung in Verbindung bringen und mit Hilfe von Strategien zur kognitiven Umstrukturierung (z. B. Realitätsüberprüfung) verändern.

Merke

Bei Adipositas mit einer ausgeprägten psychischen Komorbidität ist in der Regel – zusätzlich zu den Maßnahmen zur Gewichtsreduktion – eine ambulante Psychotherapie indiziert.

47.5 Pharmakotherapie

Die pharmakologische Therapie bei Adipositas hat in den letzten Jahren bedeutende Fortschritte gemacht und bietet mittlerweile neue Möglichkeiten zur Unterstützung des Gewichtsmanagements, insbesondere für Menschen, die Schwierigkeiten haben, alleine durch Lebensstiländerungen langfristig abzunehmen. Die Leitlinie, die aktuell überarbeitet wird, empfiehlt eine medikamentöse Therapie nur in Kombination mit einer Lebensstil-Intervention (DAG, 2024), wobei sich zukünftig auch ein additiver Einsatz bei chirurgischen Interventionen zur Behandlung von Adipositas etablieren könnte (Mazaheri et al., 2023).

Die aktuelle Medikation bei Adipositas umfasst verschiedene Medikamente, die den Appetit unterdrücken, die Fettaufnahme reduzieren oder den Stoffwechsel beeinflussen. Derzeit stehen der Lipase-Inhibitor Orlistat, die GPL-1-Rezeptor-Agonisten Liraglutid und Semaglutid für eine langfristige medikamentöse Adipositastherapie zur Verfügung, sind allerdings bisher nicht erstattungsfähig. In Zukunft könnten adipöse Menschen auch von einer Behandlung mit Tirzepatid (GIP/GLP-1-Rezeptor-Agonist) bzw. von weiteren Poly-Agonisten profitieren (Roser, 2024). Eine Kostenerstattung ist bei begleitendem Diabetes mellitus Typ 2 möglich.

47.6 Evidenzbasierung

Die aktualisierte S3-Leitlinie zur Adipositas (DAG, 2024) bündelt systematisch die derzeitigen wissenschaftlichen Erkenntnisse und dient als praxisnahe Orientierung. Insgesamt zielt sie darauf ab, Betroffenen eine wissenschaftlich fundierte, ganzheitliche und nachhaltige Versorgung zu ermöglichen – orientiert an der besten verfügbaren Evidenz, aber auch an den individuellen Bedürfnissen und Lebensrealitäten der Betroffenen. Im Fokus der Behandlung steht der oben ausgeführte multimodale Ansatz, der aus Ernährungstherapie, Bewegungsförderung und Verhaltenstherapie besteht. Diese sogenannten Lebensstilinterventionen bilden die Grundlage jeder Behandlungsstrategie und sollten langfristig begleitet und individuell angepasst werden. Wenn konservative Maßnahmen nicht ausreichen oder zusätzliche gesundheitliche Risiken vorliegen, können zusätzlich medikamentöse Therapien zum Einsatz kommen. Diese sollten jedoch ergänzend zur Lebensstilveränderung eingesetzt werden. Bei schwergradiger Adipositas kann auch eine bariatrische Operation sinnvoll sein. Betont wird auch die Notwendigkeit einer sorgfältigen Indikationsstellung und einer engmaschigen lebenslangen Nachsorge. Die Leitlinie erwähnt darüber hinaus explizit, dass Menschen mit Adipositas häufig unter Stigmatisierung leiden – sowohl im sozialen als auch im medizinischen Kontext. Adipositas entsteht nicht allein durch individuelles Fehlverhalten, sondern durch ein Zusammenspiel genetischer, biologischer, psychologischer und sozialer Faktoren. Entsprechend fordert die Leitlinie ein respektvolles, empathisches und diskriminierungsfreies ärztliches Handeln.

Prüfungsfragen

1. Wie errechnet man den BMI? Wo ordnet man einen BMI von 29 kg/m^2 ein?
2. Was sind häufige körperliche Folgeerscheinungen von Adipositas?
3. Nennen Sie spezifische verhaltenstherapeutische Interventionen, die in der Adipositas-Behandlung eingesetzt werden.
4. Welches Behandlungskonzept sollte bei einem BMI von 61 kg/m^2 zur Gewichtsreduktion vorgeschlagen werden?

Antworten

1. Der BMI berechnet sich: Gewicht in kg geteilt durch Körpergröße in m^2. Ein BMI von 29 kg/m^2 gehört in die Kategorie Übergewicht/Präadipositas.
2. Z. B. Bluthochdruck, Diabetes mellitus, koronare Herzerkrankungen, Fettstoffwechselstörungen, Schlaganfall und degenerativen Erkrankungen des Bewegungsapparats.
3. Z. B. Stimuluskontrolle, Selfmontitoring, Verhaltensanalysen, positive Selbstinstruktion und kognitive Umstrukturierung.
4. Sofern keine psychischen oder körperlichen Kontraindikationen vorliegen, wäre bei einem BMI von 61 kg/m^2 ein chirurgisches Verfahren indiziert.

Empfohlene Materialien

- Nützliche Apps im DiGA-Verzeichnis unter: https://www.diga-verzeichnis.de/digas
  - Oviva Direkt für Adipositas
  - Selfapys Online-Kurs bei Binge-Eating-Störung
  - Zanadio Adipositas

Literatur

Bechthold, A. (2014). Food energy density and body weight. *Ernährungs-Umschau, 6*(1), 2–11.

Becker, S. (2015) Interdisziplinäre Diagnostik. In: S. Becker, S. Zipfel, M. Teufel (Hrsg.) *Psychotherapie der Adipositas* (S. 37-42). Kohlhammer.

Beleigoli, A. M., Andrade, A. Q., Cançado, A. G. et al. (2019). Web-based digital health interventions for weight loss and lifestyle habit changes in overweight and obese adults: systematic review and meta- analysis. *Journal of medical Internet research, 21*(1), e9609.

Bertoli S., Leone A., Ponissi V. et al. (2015). Prevalence of and risk factors for binge eating behavior in 6930 adults starting a weight loss or maintenance programme. *Public Health Nutrition, 19*(1), 71–77.

Carlsson, L. M., Sjöholm, K., Jacobson, P. et al. (2020). Life expectancy after bariatric surgery in the Swedish obese subjects study. *New England Journal of Medicine, 383*(16), 1535–1543.

DAG – Deutsche Adipositas-Gesellschaft (2024). Interdisziplinäre Leitlinie der Qualität S3 zur »Prävention und Therapie der Adipositas«. https://register.awmf.org/assets/guidelines/050-001l_S3_Praevention-Therapie-Adipositas_2024-10.pdf (Zugriff am 1.7.2025).

De Zwaan M., Herpertz S., Zipfel S. (2019). *Psychosoziale Aspekte der Adipositas-Chirurgie*. Springer.

Ehlert, U. (2003). *Verhaltensmedizin*. Springer.

Fichter, M. (2019). Epidemiologie der Ess- und Fütterungsstörungen. In S. Herpertz et al. (Hrsg.), *S3-Leitlinie Diagnostik und Behandlung der Essstörungen*. (S. 1–18). Springer.

Gemesi, K., Winkler, S., Schmidt-Tesch, S. et al. (2024). Efficacy of an app-based multimodal lifestyle intervention on body weight in persons with obesity: results from a randomized controlled trial. *International Journal of Obesity, 48*(1), 118–126.

Giel, K., & Schag, K. (2022). Impulsivität im Adipositasspektrum. In *Psychosoziale Aspekte der Adipositas-Chirurgie* (S. 89–102). Springer.

Hagena, V., & Herpertz, S. (2020). Psychische Komorbidität bei Adipositas. *Cardiovasc, 20*(3), 27–30.

Hilbert A., & Tuschen-Caffier, B. (2010). *Essanfälle und Adipositas. Ein Manual zur kognitiv-behavioralen Therapie der Binge-Eating-Störung*. Hogrefe.

Holzapfel, C. (2024). Apps zur Gewichtsreduktion: Qualität, Nutzen, Empfehlungen. *Adipositas-Ursachen, Folgeerkrankungen, Therapie, 18*(01), 32–36.

Kivimäki, M., Strandberg, T., Pentti, J. et al. (2022). Body-mass index and risk of obesity-related complex multimorbidity: an observational multicohort study. *The lancet Diabetes & endocrinology, 10*(4), 253–263.

Mack, I. (2022). Energiedichte von Lebensmitteln als Ernährungsstrategie bei der Gewichtsregulation. *Adipositas-Ursachen, Folgeerkrankungen, Therapie, 16*(03), 132–140.

Mazaheri, T., Ansari, S., Nallagonda, M. et al. (2023). Medikamentöse Therapie der Adipositas–Konkurrenz zur bariatrischen Chirurgie oder sinnvolle Ergänzung? *Die Chirurgie, 94*(6), 497–505.

Mensink, G., Schienkiewitz, A., Haftenberger, M. et al. (2013). Übergewicht und Adipositas in Deutschland. *Bundesgesundheitsbatt, 56*, 786–794.

Oppert, J. M., Ciangura, C., Bellicha, A. (2023). Physical activity and exercise for weight loss and maintenance in people living with obesity. *Reviews in Endocrine and Metabolic Disorders, 24*(5), 937–949.

Peterli, R., Wölnerhanssen, B. K., Peters, T. et al. (2018). Effect of laparoscopic sleeve gastrectomy vs laparoscopic Roux-en-Y gastric bypass on weight loss in patients with morbid obesity: the SM-BOSS randomized clinical trial. *JAMA, 319*(3), 255–265.

Robinson, E., Khuttan, M., McFarland-Lesser, I. et al. (2022). Calorie reformulation: a systematic review and meta-analysis examining the effect of manipulating food energy density on daily energy intake. *International Journal of Behavioral Nutrition and Physical Activity, 19*(1), 48.

Roth, L., Ordnung, M., Forkmann, K. et al. (2023). A randomized-controlled trial to evaluate the app-based multimodal weight loss program zanadio for patients with obesity. *Obesity, 31*(5), 1300–1310.

Roser, P. (2024). Pharmakotherapie der Adipositas. *Die Diabetologie, 20*(3), 340–348.

Rubino, F., Cummings, D., Eckel R. et al. (2025) Definition and diagnostic criteria of clinical obesity. *The Lancet Diabetes & Endocrinology, 13*, 221–262.

Schäfer, A. C., Boeing, H., Conrad, J. et al. (2024). Wissenschaftliche Grundlagen der lebensmittelbezogenen Ernährungsempfehlungen für Deutschland. *Ernährungs-Umschau, 71*, 158–66.

Schag, K., & Giel, K. (2024). *Binge Eating. Das impulsivitätsbezogene Programm zur Reduktion von Essanfällen (IMPULS)*. Schattauer.

Varkevisser, R. D. M., Van Stralen, M. M., Kroeze, W. et al. (2019). Determinants of weight loss maintenance: a systematic review. *Obesity reviews, 20*(2), 171–211.

WHO – World Health Organization (2019). *International Statistical Classification of Diseases and Related Health Problems* (11th ed.). Geneva.

WHO – World Health Organization (2023). *ICD-11 for mortality and morbidity statistics* (Version: 01/2023). https://icd.who.int/browse/2024-01/mms/en (Zugriff am 17.7.2024).

WHO – World Health Organization (2024). *Fact sheet obesity and overweight*. https://www.who.int/news-room/fact-sheets/detail/obesity-and-overweight (Zugriff am 24.6.2024).

Wirth, A. (2019). Adipositas und körperliche Aktivität bei Erwachsenen. *Physikalische Medizin, Rehabilitationsmedizin, Kurortmedizin, 29*(04), 233–242.

Weiterführende Literatur

Becker, S., Zipfel, S., & Teufel, M. (in Vorb.). *Psychotherapie der Adipositas* (2. Aufl.). Kohlhammer.

Hilbert A., & Tuschen-Caffier B. (2010). *Essanfälle und Adipositas*. Hogrefe.

Schag, K., & Giel, K. (2024). *Binge Eating. Das impulsivitätsbezogene Programm zur Reduktion von Essanfällen (IMPULS)*. Schattauer.

Munsch, S., Wyssen, A., & Biedert E. (2024). *Binge Eating. Kognitive Verhaltenstherapie bei Essanfällen*. Beltz.

48 Störungen mit Bezug zur sexuellen Gesundheit

Michael Berner

Das Wichtigste auf einen Blick

- Sexualität ist ein biopsychosoziales Phänomen, das biologische, psychologische und soziokulturelle Einflüsse untrennbar integriert und sowohl gesundes als auch gestörtes Erleben betrifft.
- Die Definition sexueller Gesundheit der WHO, zentraler Anker der ICD-11, betont Wohlbefinden über bloße Funktionsfähigkeit hinaus.

48.1 Einführung

Die Sexualität stellt einen hochkomplexen Bereich menschlichen Erlebens und Verhaltens dar. Bereits Kinsey et al. (2003) betonten 1948, dass biologische, psychologische und soziologische Faktoren dabei untrennbar zusammenwirken. Das Resultat ist ein einheitliches, integriertes Phänomen, das sich keiner isolierten Disziplin zuordnen lässt – dies gilt für gesunde wie für gestörte Sexualität gleichermaßen. Ein erfülltes Sexualleben ist nachweislich ein zentraler Prädiktor für die allgemeine Partnerschaftszufriedenheit (Schoenfeld et al., 2017).

In den vergangenen anderthalb Jahrzehnten hat sich international zunehmend das Konzept der »sexuellen Gesundheit« etabliert, wie es von der Weltgesundheitsorganisation (WHO, 2006) definiert wurde: »Sexuelle Gesundheit ist ein Zustand körperlichen, emotionalen, geistigen und sozialen Wohlbefindens in Bezug auf Sexualität und bedeutet nicht nur die Abwesenheit von Krankheit, Funktionsstörungen oder Schwäche [...]«. Diese Definition impliziert ein umfassendes Verständnis von Sexualität, das nicht nur Geschlechtsidentität, sexuelle Orientierung sowie Erotik, Intimität und Fortpflanzung umfasst, sondern auch Einstellungen, Werte, Fantasien und soziale Rollen. Sexualität wird demnach durch eine Vielzahl von Faktoren beeinflusst – darunter biologische, psychologische, soziale, ökonomische, kulturelle, politische und spirituelle Determinanten (WHO, 2006).

Mit der Einführung der ICD-11, in der sexuelle Störungen in einem eigenen Kapitel (»Conditions Related to Sexual Health«) verortet sind, wurde diesem breiten Verständnis Rechnung getragen. Besonders relevant ist dabei die Loslösung der Funktions- und Identitätsstörungen aus dem Kapitel der psychischen Erkrankungen, was eine neue diagnostische und therapeutische Orientierung erfordert (Reed et al., 2016).

Merke

Im Sinne moderner verhaltenstherapeutischer Ansätze verschiebt sich der Fokus zunehmend weg von der Defizitorientierung hin zu einem ressourcenorientierten Konzept gesunder, positiv erlebter Sexualität.

Hinsichtlich biologischer Aspekte sind in den vergangenen Jahren diagnostische Verfahren – insbesondere im urologischen und neurologischen Bereich – erheblich weiterentwickelt worden, was v. a. bei männlichen sexuellen Funktionsstörungen zu einer verbesserten Abklärung, etwa vaskulärer Ursachen, geführt hat. Die entsprechenden Aspekte werden im Fachkontext überblicksartig dargestellt. Auch soziokulturelle Faktoren bleiben nicht unbeachtet: Der sexuelle Liberalisierungsprozess ab den späten 1950er-Jahren (Sigusch & Schmidt, 1973) brachte zwar eine größere Offenheit im Umgang mit Sexualität mit sich, jedoch auch neue soziale Normen und Leistungsanforderungen, die ihrerseits zu Verunsicherung und zu Störungen führen können.

Zwei parallele Entwicklungen prägen das Feld in den letzten drei Jahrzehnten: einerseits die zunehmende »Medikalisierung« der männlichen und weiblichen Sexualität (Bancroft, 1991, 2002; Tiefer, 1996), vorangetrieben durch neue, effektive organmedizinische Therapieverfahren. Gleichzeitig konnten in den vergangenen Jahren neurobiologische Grundlagen der sexuellen Reaktion detaillierter aufgeklärt werden (Pfaus, 2009). Die Ausweitung des medikalisierenden Diskurses auf Frauen zeigt sich u. a. in der Etablierung des Begriffs »female sexual dysfunction« (FSD), der analog zur erektilen Dysfunktion (ED) verwendet wird (Tiefer, 2006). Dies ermöglichte auch ein besseres Verständnis medikamenteninduzierter sexuelle Funktionsstörungen (Berner, 2017).

Andererseits ist insgesamt eine Zunahme von Störungen im Zusammenhang mit verminderter sexueller Lust zu beobachten – v. a. bei Frauen, aber zunehmend auch bei Männern (McCabe et al., 2016). Die häufig genannte Diagnose der »hypoactive sexual desire disorder« (HSDD) wurde zeitweise soziologisch als Ausdruck feministischer Selbstbestimmung interpretiert (Schmidt, 1993), doch reicht diese Erklärung angesichts des heutigen Prävalenzspektrums nicht aus.

Die sehr persönliche, intime Natur sexueller Störungen erschwert methodisch die Durchführung randomisierter kontrollierter Studien im psychotherapeutischen Bereich. In Teilen – etwa bei paraphilen Störungen – sind randomi-

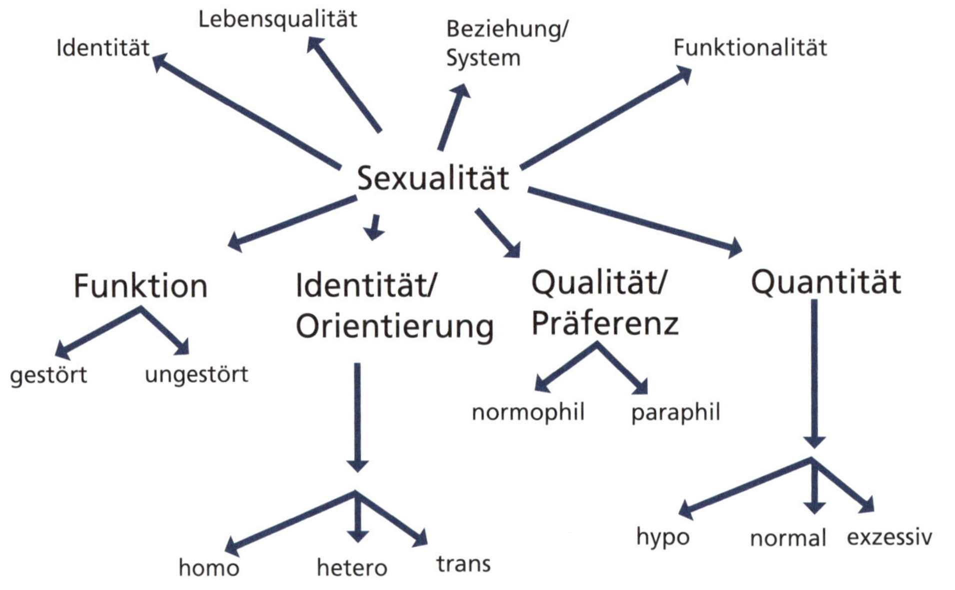

Abb. 48.1: Darstellung verschiedener normaler und dysfunktionaler Aspekte menschlicher Sexualität einschließlich übergeordneter Bereiche

sierte Designs aufgrund forensischer Implikationen ethisch problematisch. Folglich bleibt der evidenzbasierte Nachweis therapeutischer Wirksamkeit in vielen Bereichen lückenhaft (Dennis et al., 2012; Maseroli et al., 2018; Schmidt et al., 2012). Für organmedizinische Therapien liegen validierte Leitlinien vor, z. B. der European Urological Association (EAU Guidelines – Uroweb, 2025). Im psychosomatisch-integrativen Bereich existieren mittlerweile strukturierte, evidenzbasierte Empfehlungen, insbesondere durch die S2K-Leitlinie »Geschlechtsinkongruenz, Geschlechtsdysphorie und Trans-Gesundheit« (DGfS, 2018), die einen biopsychosozialen und partizipativen Ansatz in der Begleitung und Versorgung transgeschlechtlicher Personen verfolgt. Sie hebt die Bedeutung individueller Entwicklungsverläufe, die Wahrung der Selbstbestimmung sowie die multiprofessionelle Versorgung hervor.

Für den Bereich paraphiler Störungen liegt mit der DGPPN-Leitlinie »Behandlungsleitline Störungen der sexuellen Präferenz« (Berner et al., 2007) zumindest eine konsensbasierte Leitlinie vor, die insbesondere Empfehlungen zur differenzierten Diagnostik, zur Indikationsstellung psychotherapeutischer und pharmakologischer Interventionen sowie zur Rückfallprävention enthält.

▸ Abb. 48.1 liefert eine beispielhafte synoptische Systematisierung der Einteilung von funktionalem und dysfunktionalen Sexualverhalten.

Dieses Kapitel behandelt sexuelle Funktionsstörungen (▸ Kap. 48.2), Geschlechtsinkongruenz (▸ Kap. 48.3), Paraphilien (▸ Kap. 48.4) sowie die zwanghafte sexuelle Verhaltensstörung (▸ Kap. 48.5). Um den individuellen Gegebenheiten dieser Formen gerecht zu werden, wurde auf eine einheitliche Gliederung verzichtet.

48.2 Sexuelle Funktionsstörungen

Das Wichtigste auf einen Blick

- Die psychotherapeutische Behandlung sexueller Funktionsstörungen basiert auf individuellen Sexualanamnesen, funktionaler Diagnostik und störungsspezifischen Modellen.
- Verhaltenstherapeutische Techniken wie Sensate Focus, kognitive Umstrukturierung, Reizexposition mit Reaktionsverhinderung und Kommunikationstraining sind zentral.
- Sexualmedizinische Verfahren wie der Einsatz von Dapoxetin sind wirksam, erfordern aber oft eine begleitende sexualtherapeutische Integration.
- Systemische Sexualtherapie ergänzt die Behandlung durch Einbezug von Paar- und Interaktionsdynamiken, etwa bei Lustlosigkeit, Machtkonflikten oder kommunikativen Blockaden.

48.2.1 Klassifikation

Die Klassifikation sexueller Dysfunktionen (SD) gemäß ICD-10 (F52) beruhte noch auf einem cartesianischen Dualismus zwischen »organischen« und »nicht organischen« Ursachen. Während die »nicht organischen« SD dem Kapitel über psychische und Verhaltensstörungen zugeordnet wurden, fanden sich »organische« SD unter den somatischen Diagnosen im urogenitalen Bereich.

Diese Trennung wurde durch aktuelle wissenschaftliche Erkenntnisse zunehmend infrage gestellt, da sexuelle Störungen in den meisten Fällen aus komplexen Interaktionen psychischer und physischer Faktoren resultieren. Neuere neurobiologische Konzepte – etwa zur zentralnervösen Steuerung sexueller Reaktionen (Pfaus, 2009) – haben hier wesentliche Beiträge geleistet.

Mit der ICD-11 wurde ein paradigmatischer Schritt vollzogen: Sexuelle Dysfunktionen werden nun im neuen Kapitel »Conditions Related to Sexual Health« zusammengefasst, wodurch eine ganzheitlichere Sichtweise Einzug hält. Diese Neustrukturierung ermöglicht eine interdisziplinär anschlussfähige und einheitliche Einordnung funktioneller, schmerzbezogener sowie anatomischer Veränderungen im Bereich der Sexualität. Die zuvor unter den psychischen Erkrankungen geführten Störungsbilder – etwa sexuelle Funktionsstörungen und Geschlechtsidentitätsstörungen – wurden in das Kapitel 17 HA überführt. Paraphile Störungen werden zwar weiterhin primär dem Kapitel 06 (»Mental, Behavioural or Neurodevelopmental Disorders«) zugeordnet, finden jedoch als sogenannte Cross-Links auch im Kontext sexueller Gesundheit Erwähnung.

Zentraler Referenzbegriff im Kapitel 17 bleibt die sexuelle Gesundheit im Sinne der WHO (2006), wie eingangs zitiert. Die Revision der ICD-11 orientierte sich ausdrücklich an diesem Konzept: Alle Störungsbilder – auch jene aus dem Bereich der Paraphilien – wurden daraufhin überprüft, ob sie ein Krankheitsbild im Sinne einer Beeinträchtigung sexueller Gesundheit darstellen und ob ein therapeutischer Bedarf besteht (Edwards & Coleman, 2004). In diesem Zuge wurden bestimmte Diagnosen gestrichen – z. B. der »Sado-Masochismus« als Paraphilie – oder in neue Kategorien überführt, etwa die Zusammenführung von Dyspareunie und Vaginismus zur Diagnose der sexuellen Schmerz-Penetrationsstörung. Überholte Konstrukte wie die »sexuelle Aversion« oder die »Störung mit gesteigertem sexuellem Verlangen« wurden entfernt oder – im Falle letzterer – unter zwanghafte Sexualverhaltensstörungen bzw. spezifischen Angststörungen neu eingeordnet.

▶ Tab. 48.1 zeigt eine synoptische Darstellung der Diagnosen der ICD-11 im Vergleich zu den bisherigen Diagnosen der ICD-10 und des DSM-5 (nach Berner, 2024).

Formale Beschreibungskriterien für sexuelle Funktionsstörungen sollten u. a. die Häufigkeit der Problematik (z. B. immer oder gelegentlich), die Umstände und Bedingungen ihres Auftretens sowie die Dauer und den Schweregrad beinhalten. Eine solche Diagnostik sexueller Symptomatik hat den Vorteil einer genauen und therapierelevanten Syndrombeschreibung. Das ist gleichzeitig ein guter Leitfaden für die Exploration von Patientinnen und Patienten.

Einige formale Merkmale sind herauszuheben, da sie diagnostische Hinweise geben:

- *primär vs. sekundär*
  - Primär ist eine Störung, die von Beginn der Aufnahme sexueller Aktivität an besteht.
  - Sekundär ist eine Störung, die nach einer symptomfreien Phase beginnt. Sekundäre Störungen haben meist relativ leicht explorierbare Auslöser.
- *durchgängig vorhanden vs. situationsabhängig*
  - Situationsabhängige Störungen treten nur bei bestimmten sexuellen Aktivitäten auf, z. B. nur beim Koitusversuch, nicht aber bei der Masturbation.
  - Situationsabhängigkeit ist ein sehr deutlicher Hinweis auf eine psychisch bedingte Problematik. Als durchgängig werden solche Störungen bezeichnet, die bei jeder Form einer sexuellen Aktivität auftreten. Das spricht eher für eine körperliche Ursache.
- *partnerabhängig vs. partnerunabhängig*
  - Partnerabhängige Störungen, also nur bei einem bestimmten Partner auftretend, sind ein sehr starkes Indiz für Schwierigkeiten mit diesem speziellen Partner.

48.2.2 Störungsbilder

Appetenzstörungen

Appetenzstörungen zählen zu den sexuellen Erlebensstörungen. Betroffene berichten über eine anhaltende oder wiederkehrende, unterschiedlich stark ausgeprägte Lustlosigkeit oder ein fehlendes sexuelles Verlangen. In schweren Fällen kann es zur Ausbildung einer sexuellen Aversion kommen – insbesondere dann, wenn sexuelle Kontakte dennoch eingegangen werden. Solche Aversionen entstehen nicht selten als Folge negativer sexueller Erlebnisse oder traumatischer Erfahrungen. Frauen sind deutlich häufiger betroffen als Männer.

Die »Hypoactive Sexual Desire Disorder« (HSDD) ist ein international gebräuchlicher Begriff für dieses Störungsbild, wenngleich auch Kritik an seiner normativen Aufladung geübt wurde (Tiefer, 2006). Die ICD-11 subsumiert diese Problematik nun unter dem Begriff der Appetenzstörung und berücksichtigt dabei auch kontextuelle Faktoren wie Beziehungsdynamiken, Lebensphase und kulturelle Hintergründe.

Erregungsstörungen

Beim Mann äußern sich Erregungsstörungen durch unzureichende Erektion, sei es im Sinne einer unvollständigen, gar nicht eintretenden oder nicht aufrechterhaltbaren Erektion. Ein typischer Hinweis auf eine psychogene Ursache ist das Nachlassen der Erektion beim Versuch der Penetration trotz ausreichender Gliedsteife während des Vorspiels. Tritt die Problematik auch bei Masturbation oder morgendlichen Erektionen auf, ist eine organische Genese wahrscheinlich.

Bei Frauen manifestieren sich Erregungsstörungen durch eine unzureichende Lubrikations- und Schwellreaktion während sexueller Stimulation. Die subjektive Erfahrung kann dabei stark variieren: Manche Frauen erleben körperliche Erregungszeichen ohne korrespondierendes Lustgefühl. Isolierte Erregungsstörungen sind bei Frauen seltener und treten meist gemeinsam mit Appetenz- oder Orgasmusstörungen auf.

Tab. 48.1: Sexuelle Funktionsstörungen in den verschiedenen Phasen der sexuellen Interaktion in ICD-10, ICD-11 und DSM-5 (APA, 2013, dt. Ausgabe 2015)

ICD-11-Code	ICD-11-Bezeichnung	ICD-10- Code	ICD-10-Bezeichnung	DSM-5
Kapitel 17 (HA)	Zustände in Bezug auf die sexuelle Gesundheit (sexuelle Dysfunktionen und Schmerzstörungen)	F52	Sexuelle Funktionsstörungen, nicht verursacht durch eine organische Störung oder Krankheit	Sexuelle Funktionsstörungen
Störungen der sexuellen Appetenz				
HA00	Störung mit vermindertem Verlangen (»hypoactive sexual desire dysfunction«)	F52.0	Mangel oder Verlust von sexuellem Verlangen	Störung des sexuellen Interesses bzw. der Erregung bei der Frau Störung mit verminderter sexueller Appetenz beim Mann
	entfällt	F52.1	Sexuelle Aversion und mangelnde sexuelle Befriedigung	
	entfällt, neues Konzept	F52.7	Gesteigertes sexuelles Verlangen	
Störungen der sexuellen Erregung				
HA01.0	Sexuelle Erregungsstörungen (Frauen)	F52.2	Versagen genitaler Reaktionen (Erektion im Hinblick auf Dauer und Stärke bzw. Lubrikation nicht ausreichend für befriedigenden Geschlechtsverkehr)	Störung des sexuellen Interesses bzw. der Erregung bei der Frau
HA01.1	Erektile Dysfunktion/ Erektionsstörung (Männer)			Erektionsstörung
Orgasmusstörungen				
HA02.0	Anorgasmie	F52.3	Orgasmusstörung (Orgasmus nie oder selten; trotz voller Erektion und intensiver Reizung kein Samenerguss)	Weibliche Orgasmusstörungen
HA03.1	Verzögerte Ejakulation bei Männern			Verzögerte Ejakulation (Männer)
HA03.0	Vorzeitige Ejakulation bei Männern	F52.4	Ejaculatio praecox (vorzeitiger Samenerguss des Mannes)	Vorzeitige (frühe) Ejakulation
Störungen mit sexuell bedingen Schmerzen				
HA20	Schmerz-Penetrationsstörung	F52.5	Nichtorganischer Vaginismus (Einführung des Penis durch krampfartige Verengung des Scheideneingangs nicht oder nur unter Schmerzen möglich)	Genitopelvine Schmerz-Penetrationsstörung (Dyspareunie/Vaginismus)
HA20	Schmerz-Penetrationsstörung	F52.6	Nichtorganische Dyspareunie (Schmerzen im Genitalbereich während oder unmittelbar nach dem Koitus)	

Sexuelle Schmerz-Penetrationsstörung (ehemals Vaginismus und Dyspareunie)

Die ICD-11 führt die zuvor getrennt klassifizierten Störungsbilder Vaginismus und Dyspareunie unter der übergeordneten Diagnose sexuelle Schmerz-Penetrationsstörung zusammen. Diese Entscheidung berücksichtigt die hohe Komorbidität und die häufige diagnostische Überschneidung beider Phänomene sowie ihre gemeinsame klinische Relevanz für den weiblichen Sexualschmerz (Conforti, 2017). Schmerzbedingte Penetrationsprobleme umfassen zwei Hauptformen:

1. *ehemals »Vaginismus«:* Hierbei handelt es sich um eine unwillkürliche, reflexartige Kontraktion der Beckenbodenmuskulatur und des äußeren Vaginaldrittels, die beim Versuch des Eindringens auftritt. Die Verspannung kann so stark sein, dass eine vaginale Penetration – z. B. durch den Penis, einen Tampon oder ein gynäkologisches Instrument – unmöglich wird. In ausgeprägten Fällen ist selbst die Vorstellung von Penetration mit intensiver Angst und Abwehrreaktionen verbunden. Trotz der Penetrationsproblematik ist bei vielen Betroffenen die Orgasmusfähigkeit durch nichtpenetrative Stimulation erhalten.
2. *ehemals »Dyspareunie«:* Frauen berichten hier über Schmerzen während oder nach der Penetration, die an unterschiedlichen Stellen des Genitalbereichs auftreten können und unterschiedlich stark ausgeprägt sind. Neben organmedizinischen Ursachen – wie etwa Infektionen, hormonellen Veränderungen oder dermatologischen Erkrankungen – spielen auch psychogene Faktoren eine Rolle. Diese treten häufig sekundär auf, etwa

bei unzureichender Lubrikation infolge mangelnder sexueller Erregung oder Lustlosigkeit. Die Schmerzproblematik kann zu einer zunehmenden sexuellen Vermeidung und partnerschaftlichen Belastung führen.

Bei Männern sind Penetrationsschmerzen selten. Wenn sie auftreten, betreffen sie meist die Glans penis und sind häufig durch organische Ursachen wie etwa eine Phimose erklärbar. Liegen keine somatischen Befunde vor, ist häufig eine erhöhte Sensitivität oder eine sexualbezogene Angst die Ursache.

Die Zusammenführung der bisherigen Diagnosen in der ICD-11 trägt der klinischen Realität Rechnung, in der Vaginismus und Dyspareunie oft gemeinsam auftreten oder ineinander übergehen. Die sexuelle Schmerz-Penetrationsstörung wird somit als einheitliches biopsychosoziales Störungsbild begriffen, das einer differenzierten, multidimensionalen Diagnostik und Therapie bedarf.

Orgasmus- und Ejakulationsstörungen

Beim Mann lassen sich zwei Hauptkategorien unterscheiden: Veränderungen der Orgasmuszeit (z. B. vorzeitiger oder verzögerter Samenerguss) und Störungen des Ejakulationsprozesses selbst (z. B. retrograde Ejakulation, Spermatorrhoe).

- Die *Ejaculatio praecox* ist die häufigste Form und gekennzeichnet durch den Verlust der Kontrolle über den Zeitpunkt der Ejakulation. Der Übergang zwischen normativer »Schnelligkeit« und pathologischer Störung ist fließend.
- Die *Anorgasmie* bzw. stark verzögerte Ejakulation ist seltener und tritt häufiger bei psychischer Gehemmtheit, unter Einfluss bestimmter Medikamente (z. B. SSRI) oder im höheren Lebensalter auf.
- *Retrograde Ejakulation* und *Spermatorrhoe* gelten als seltene, meist organisch bedingte Sonderformen.

Bei der Frau ist die Orgasmusfähigkeit deutlich variabler und stark abhängig von situativen, emotionalen und partnerschaftlichen Kontexten. Eine Störung liegt nur dann vor, wenn der Orgasmus dauerhaft oder überwiegend ausbleibt und subjektiv als leidvoll erlebt wird. Es wird zwischen vollständiger und koitaler Orgasmusstörung unterschieden:

- Bei *vollständiger Orgasmusstörung* hat die betroffene Frau niemals einen Orgasmus erlebt.
- Bei *koitaler Orgasmusstörung* tritt der Orgasmus nur bei bestimmten Formen der Stimulation (z. B. Masturbation), nicht aber beim Koitus auf.

48.2.3 Ursachen

Sexuelle Funktionsstörungen beruhen meist auf einer komplexen Wechselwirkung zwischen biologischen, psychologischen und interaktionellen Faktoren. Besonders das Zusammenspiel aus vulnerabilitätsbedingten Dispositionen und belastenden Kontextfaktoren ist entscheidend für das Entstehen und die Aufrechterhaltung.

Ein differenzierter, störungsspezifischer diagnostischer Prozess unter Berücksichtigung von Verlauf, Kontext, Partnersituation und individuellen Ressourcen bleibt daher unverzichtbar.

Ein heuristisches Modell zur Erklärung der sexuellen Reaktion bietet das Konzept der *dualen Kontrolle der Sexualität* des Kinsey Institute (Bancroft & Janssen, 2000; Janssen & Bancroft, 2023), das eine individuell unterschiedlich starke Wechselwirkung von exzitatorischen und inhibitorischen Mechanismen beschreibt. Eine verstärkte Inhibition – etwa serotonerg vermittelt – könnte so z. B. bei vermindertem Verlangen eine zentrale Rolle spielen (Pfaus, 2009).

Körperliche Ursachen

Zu den häufigsten körperlichen Ursachen zählen:

- vaskuläre Störungen (z. B. arterielle Insuffizienz)
- neurologische Erkrankungen (z. B. Multiple Sklerose, Querschnittssyndrome)
- endokrinologische Dysregulationen (z. B. Diabetes mellitus, Hypogonadismus)
- Medikamenten- oder Substanznebenwirkungen (z. B. Antidepressiva, Alkohol, Opiate)
- postoperative Veränderungen

Diese Faktoren können sowohl direkt auf die sexuelle Funktion einwirken als auch sekundär über psychische Effekte zur Entstehung sexueller Probleme beitragen (Berner, 2017).

Psychische Ursachen

Psychische Einflussfaktoren lassen sich in vier zentrale Gruppen gliedern:

- *innerpsychische Konflikte und Ängste*, etwa im Bereich von Trieb, Beziehung, Gewissen oder Geschlechtsidentität (Arentewicz & Schmidt, 1993)
- *partnerschaftliche Probleme*, die sich mit sexuellen Funktionsstörungen wechselseitig verstärken und im therapeutischen Prozess oft erst durch systematische Exploration erkennbar werden (Zimmer & Zimmermann, 1985)
- *Lerndefizite und sexuelle Desinformation*, etwa durch rigide Rollenvorstellungen oder fehlende positive sexuelle Lernerfahrungen
- *Versagensängste und Erwartungsspannung*, die durch kognitive Ablenkung und sympathikoadrenerge Aktivierung die physiologische Erregung unterdrücken (Barlow, 2020; Masters & Johnson, 1970)

Systemische und interaktionelle Perspektiven rücken zunehmend in den Fokus: Die sexuelle Problematik wird nicht mehr nur als individuelles Symptom verstanden, sondern als Ausdruck einer gestörten Beziehungsdynamik. Paarkonflikte, Rollenerwartungen oder dysfunktionale Kommunikationsmuster können ebenso pathogenetisch wirksam sein wie intrapsychische Prozesse.

Lerntheoretisch-systemische Perspektive

Lerntheoretische Erklärungsmodelle betonen, dass sexuelle Störungen häufig durch negative Erfahrungen konditioniert werden. Das Zusammenspiel aus Erwartungsangst, Selbstbeobachtung und Vermeidung kann einen Teufelskreis dysfunktionaler Reaktionen bedingen.

Beispiel: Ein Mann erlebt einmal ein Versagen bei der Erektion nach einem stressreichen Arbeitstag. In der Folge achtet er bei jedem sexuellen Kontakt verstärkt auf seine Körperreaktionen, was zu wachsender Unsicherheit und schließlich zu einem vollständigen Rückzug aus der Sexualität führt.

Der sogenannte *Selbstverstärkungsmechanismus der Versagensangst* (Kaplan, 1974) beschreibt, wie ein initiales sexuelles Versagen durch Erwartungsspannung und erhöhte Selbstfokussierung chronifiziert wird – unabhängig von der ursprünglichen Ursache.

Diese Prozesse sind selten rein intrapsychisch: Die Reaktion des Partners, das implizite interaktionelle Feedback sowie implizite Regeln innerhalb der Beziehung wirken oft verstärkend oder stabilisierend auf das Problemverhalten. Sexualvermeidung kann kurzfristig entlastend sein, führt aber langfristig zu Entfremdung und neuen Konflikten – ein zentrales Feld für systemisch-verhaltenstherapeutische Interventionen.

Beispiel: In einer langjährigen Partnerschaft reagiert der Partner mit Rückzug und Kränkung auf die sexuellen Probleme der Patientin, anstatt diese offen anzusprechen. Dies verstärkt bei der Patientin das Schuldgefühl und führt zu einer Eskalation der wechselseitigen Distanzierung.

48.2.4 Diagnostischer Prozess

Die zentrale Grundlage einer fundierten Diagnostik sexueller Störungen bildet eine detaillierte Sexualanamnese. Sie ermöglicht es, die aktuelle Symptomatik in ihrem individuellen, biografischen und interaktionellen Kontext zu verstehen. Bei bestimmten Störungsbildern – insbesondere bei Erregungsstörungen des Mannes – sind zusätzlich somatisch-medizinische Untersuchungsverfahren indiziert. Ergänzend können standardisierte psychometrische Verfahren eingesetzt werden, z. B. Fragebögen zur sexuellen Funktion, Lebenszufriedenheit oder Partnerschaftsqualität. Zu den international anerkannten und validierten Fragebögen zur sexuellen Funktion zählen der IIEF (International Index of Erectile Function) für Männer, der FSFI (Female Sexual Function Index) für Frauen sowie der MSHQ (Male Sexual Health Questionnaire), die Sexual Compulsivity Scale (SCS), das CSBD-19 zur Erfassung zwanghaften Sexualverhaltens und der SESII-W/M (Sexual Excitation/Sexual Inhibition Inventory for Women and Men) zur Messung sexueller Erregbarkeit und Hemmung. Ergänzend werden Fragebögen wie die Sexual Satisfaction Scale (SSS) und die Sexual Satisfaction Scale for Women (SSS-W) für partnerschaftliche Sexualzufriedenheit eingesetzt.

Eine umfassende Sexualanamnese sollte insbesondere folgende Dimensionen abdecken:

- aktuelle Symptomatik, inkl. Dauer, Verlauf, situativer Bedingungen und Leidensdruck
- sexueller Funktionsstatus (Appetenz, Erregung, Orgasmus, Schmerzen etc.)
- Beziehungs- und Interaktionsmuster
- biografische Entwicklung der Sexualität
- psychosoziale Belastungen sowie ggf. traumatische Erfahrungen

Die Einbeziehung des Partners oder der Partnerin kann – sofern möglich – wesentliche Erkenntnisse liefern, etwa zur gegenseitigen Wahrnehmung, zur Kommunikation über Sexualität und zur Bewältigung bestehender Probleme. Die Einbettung der Symptomatik in dyadische Muster, z. B. Rückzug, Zuschreibungen oder dysfunktionale Rollendynamiken, ist für die Therapieplanung von besonderer Bedeutung.

Vorgehen bei der Exploration

Ein festes Schema für den Gesprächsablauf existiert nicht. Vielmehr empfiehlt es sich, Patientinnen und Patienten zunächst frei berichten zu lassen. Der Therapeut bzw. die Therapeutin sollte aktiv zuhören, offene Fragen stellen und zunächst wenig strukturieren. Erst im weiteren Verlauf wird die Exploration gezielt ergänzt und vollständig systematisiert.

> **Merke**
>
> In der klinischen Praxis ist häufig mit Vermeidungshaltungen gegenüber psychogenen Erklärungsmodellen zu rechnen – insbesondere bei männlichen Patienten. Es hat sich bewährt, zunächst eine solide medizinische Diagnostik zum Ausschluss organischer Ursachen durchzuführen. Diese schafft die Grundlage für eine gemeinsame, vertrauensvolle Diskussion möglicher psychosexueller oder beziehungsdynamischer Einflussfaktoren.

Funktionelle Symptomatik

Die gegenwärtige Sexualfunktion sollte differenziert erfasst werden. Spontane Angaben von Patientinnen und Patienten sind häufig unspezifisch oder fragmentarisch. Für die therapeutische Planung sind jedoch konkrete Informationen über folgende Funktionsbereiche erforderlich:

- sexuelle Appetenz (verändertes Verlangen, Aversion)
- Ablauf sexueller Erregung (z. B. Erregungsstörungen, Erektionsprobleme)
- Schmerzen beim sexuellen Kontakt (z. B. Dyspareunie, Schmerz-Penetrationsstörung)
- Orgasmuserleben (z. B. verzögerter oder ausbleibender Orgasmus, vorzeitige Ejakulation)
- sexuelle Versagensängste und Vermeidungsverhalten, das häufig zum zentralen aufrechterhaltenden Faktor wird

Differenzialdiagnostik

Bei der diagnostischen Einordnung sexueller Störungen sollten folgende drei Bereiche systematisch geprüft werden:

1. *Abgrenzung zwischen den Störungsbildern:* Während beim Mann einzelne Funktionsstörungen häufig isoliert auftreten, zeigen sich bei Frauen meist komplexere Muster mit mehreren gleichzeitig bestehenden Funktionsbereichen.

Tab. 48.2: Inhalte einer umfassenden Sexualanamnese

Bereich	Inhalt/Fragestellungen
familiärer Umgang mit Sexualität	Tabuisierungen, Offenheit, normative Prägungen
frühe sexuelle Erfahrungen	»Doktorspiele«, erste Körpererkundung, erste sexuelle Erregung
körperliche Entwicklung	Pubertätsverlauf, Körperbild, Akzeptanz sekundärer Geschlechtsmerkmale
Entwicklung von Geschlechtsidentität	Identifikation mit dem eigenen Geschlecht, ggf. Unsicherheiten
sexuelle Orientierung	eigene Entwicklung, innere oder äußere Konflikte
Masturbation, Fantasien, sexuelle Skripte	Frequenz, Inhalte, Schamgefühle, Einstellungen
partnerschaftliche Erfahrungen	frühere Beziehungen, aktuelle Partnerschaft, Rollenverteilung
Pornografiekonsum, Sexarbeit	Nutzungshäufigkeit, Inhalte, Bedeutung für Erregung
sexuelle Funktionsstörungen (aktuell/früher)	Verlauf, situative Bedingungen, Veränderung über die Lebensspanne
traumatische Erfahrungen	sexuelle Übergriffe, Gewalt, Missbrauch, Entwertung
Konsum sexueller Stimuli/Substanzen	Alkohol, Drogen, Medikamente (auch rezeptfrei)
strafrechtlich relevante Handlungen	ggf. sexueller Übergriff/Paraphilie (sensibel und rechtlich korrekt erfragen)
allgemein- und entwicklungspsychologische Anamnese	somatische Erkrankungen, psychiatrische Diagnosen, Entwicklungsauffälligkeiten

2. *Abgrenzung zu anderen psychischen Erkrankungen:* Sexuelle Symptome können als Begleit- oder Folgeerscheinung anderer psychischer Störungen auftreten – etwa bei Depressionen, Angststörungen, Abhängigkeitserkrankungen oder Essstörungen. Die zeitliche Reihenfolge der Symptommanifestation bietet wichtige Hinweise zur Primär- oder Sekundärdiagnose.
3. *Abgrenzung zu somatischen Ursachen:* Organische Faktoren spielen v. a. bei älteren Männern mit Erregungsstörungen sowie bei schmerzhaften sexuellen Erfahrungen (z. B. Dyspareunie) eine bedeutende Rolle. Auf somatische Ursachen wurde in ▸ Kap. 48.2.3 detailliert eingegangen.

Inhalte einer umfassenden Sexualanamnese

▸ Tab. 48.2 gibt eine strukturierte Übersicht über typische Anamnesebereiche, die im Rahmen einer sexualtherapeutischen Diagnostik berücksichtigt werden sollten. Sie integriert entwicklungspsychologische, biografische und systemische Aspekte.

48.2.5 Therapie

Nicht jede sexuelle Störung erfordert eine formalisierte psychotherapeutische Intervention. In vielen Fällen handelt es sich um durch Unwissenheit, mangelnde sexuelle Bildung oder durch überkommene normative Vorstellungen bedingte Probleme, die sich bereits durch klärende, entlastende und aufklärende Gespräche verbessern lassen. Besonders in der hausärztlichen Versorgung oder in psychosomatisch orientierten Praxen kann der beratende Erstkontakt eine entscheidende therapeutische Wirkung entfalten.

Dabei kann es schon hilfreich sein, ein Gespräch zwischen den Partnern zu moderieren, bei dem bisher unausgesprochene Themen benannt werden. Häufig benötigt insbesondere der emotional oder sexuell zurückhaltendere Partner einen geschützten Rahmen, um intime Anliegen zu formulieren. Die Erfahrung, in der ärztlichen oder therapeutischen Praxis erstmals offen über das sexuelle Problem sprechen zu können, kann bereits entlastend wirken und den Weg für weiterführende Interventionen öffnen (vgl. Buddeberg, 2005).

Psychotherapeutische Begleitung organmedizinischer Therapien

Organmedizinische Interventionen – etwa bei Erektionsstörungen, Ejaculatio praecox oder sexueller Appetenzminderung – stellen zweifellos einen wichtigen Baustein in der Behandlung sexueller Funktionsstörungen dar. Gleichzeitig hat sich in der klinischen Praxis gezeigt, dass ihre isolierte Anwendung ohne psychosexuelle Begleitung häufig unzureichend, mitunter sogar kontraproduktiv ist. Dies gilt besonders bei multikausal bedingten oder somato-psychisch vermittelten Störungen, bei denen die medikamentöse Intervention zwar symptomatisch wirksam, aber nicht hinreichend ursachenorientiert ist.

Der therapeutische Mehrwert ergibt sich in vielen Fällen erst durch eine psychotherapeutische Begleitung, die – idealerweise im Sinne einer Somato-Psychotherapie – den innerpsychischen, verhaltensmedizinischen und beziehungsdynamischen Kontext der körperlichen Symptomatik berücksichtigt. Diese ist insbesondere als Begleitintervention zur Verordnung von Phosphodiesterase-Inhibitoren wie Tadalafil oder Sildenafil bei Erektionsstörungen mit psychogenem Ursachenbündel zu verstehen. Sie kann aber auch bei der Anwendung von Dapoxetin bei vorzeitigem Samenerguß oder Off-label-Testosterontherapie bei weiblichen Appetenzproblemen oder perimenopausalen Problematiken Anwendung finden. Hier wird auf die entsprechende Literatur zu organmedizinischen Therapien verwiesen (American College of Obstetricians and Gynecologists' Committee on Practice Bulletins – Gynecology, 2019; EAU Guidelines – Uroweb, 2025).

Psychotherapeutische Integration: Attributionen und Selbstwirksamkeit

Ein zentrales Anliegen der psychotherapeutischen Begleitung organmedizinischer Interventionen ist die Bewusstmachung und Bearbeitung von Attributionsprozessen. Nicht selten wird der Behandlungserfolg ausschließlich einer Medikation zugeschrieben (»Es klappt nur wegen der Tablette«) – was zur Entwertung der eigenen Kompetenzen und zu einer Passivhaltung führen kann. In diesen Fällen besteht das Risiko, dass die Person ihr sexuelles Selbstbild externalisiert (»Ich bin nicht leistungsfähig ohne Medikament«) und damit ihre Selbstwirksamkeit in Frage stellt. Ziel der psychotherapeutischen Begleitung ist es, den therapeutischen Erfolg zu internalisieren, d. h., die körperliche Unterstützung als zeitlich begrenztes Hilfsmittel zu deuten, das die Wiederherstellung sexueller Selbstregulation erleichtert. In der psychotherapeutischen Begleitung wird dieses Attributionsmuster gemeinsam dekonstruiert. Ziel ist es, die Wirkung des Medikaments als vorübergehende Stütze zu verstehen, nicht als Ersatz der eigenen Potenz. In angeleiteten Paargesprächen gelingt es, die sexuelle Kompetenz wieder dem Patienten/der Patientin selbst zuzuschreiben, wodurch die Tabletteneinnahme zunehmend in den Hintergrund tritt.

Fallbeispiel: Somato-psychotherapeutische Begleitung bei Ejaculatio praecox

Ein 33-jähriger Patient leidet unter lebenslanger Ejaculatio praecox. Nach Frustration über frühere Verhaltenstherapie-Versuche beginnt er eine medikamentöse Behandlung mit Dapoxetin, die bereits nach wenigen Einnahmen zu einer deutlich verlängerten Koitusdauer führt. Dennoch bleibt die Zufriedenheit begrenzt, da der Patient das Gefühl hat, »nur mit Medikament etwas leisten zu können«.

In der psychotherapeutischen Begleitung wird der Fokus auf die Neubewertung der sexuellen Situation gelegt. Der Patient lernt, die durch das Medikament ermöglichten positiven Erfahrungen als ressourcenstärkende Erlebnisse wahrzunehmen, die seine sexuellen Kompetenzen reaktivieren – nicht ersetzen. In einem nächsten Schritt wird die Medikation situativ eingesetzt, parallel dazu werden Übungen zur Selbstregulation und kognitiven Umstrukturierung durchgeführt. Am Ende der Therapie berichtet der Patient über sexuell befriedigende Erfahrungen auch ohne Medikament – mit gewachsener Selbstsicherheit.

Psychotherapeutische Sexualtherapie

Die verhaltenstherapeutische Sexualtherapie zählt zu den am weitesten verbreiteten und empirisch gut untersuchten Verfahren bei sexuellen Funktionsstörungen. Sie basiert auf der Annahme, dass sexuelle Probleme durch dysfunktionale Lernprozesse, negative Verstärkerkonstellationen sowie irrationale Kognitionen entstehen und aufrechterhalten werden. Ihre Grundannahmen gehen auf die Pionierarbeiten von Masters und Johnson (1970) sowie Kaplan (1974) zurück, die auf Grundlage physiologischer Beobachtungen ihres Modells der vier Phasen des sexuellen Reaktionszyklus (Erregung – Plateau – Orgasmus – Rückbildung) verhaltenstherapeutische Strategien entwickelten. Dieses Repertoire bildet im Wesentlichen das Standardrepertoire auch späterer Formen spezifischer Sexualtherapie.

Ein zentrales Element dieser Therapieformen ist die Verbindung von erfahrungsbezogenen Übungen, wie z. B. der Sensate-Focus-Technik, mit einem begleitenden therapeutischen Gesprächsprozess. Ziel ist es, negative Erwartungshaltungen, Selbstbeobachtung und Leistungsdruck zu reduzieren und positive, korrigierende Erfahrungen im sexuellen Kontext zu ermöglichen.

Die Symptomatik wird dabei funktional analysiert – etwa als Ergebnis einer klassischen Konditionierung (z. B. aversive Erfahrungen mit Schmerzen beim Geschlechtsverkehr) oder einer operanten Verstärkung (z. B. »Vermeidung wird mit Entlastung belohnt«). Die Therapie zielt auf eine Re-Strukturierung dieser Prozesse ab – durch Konfrontation mit angstbesetzten Reizen, kognitive Umstrukturierung (z. B. von »Ich muss performen« zu »Ich darf genießen«) und förderliche Kommunikationsmuster in der Partnerschaft.

Die typische Vorgehensweise umfasst drei Phasen:

1. *Psychoedukation & Diagnostik:* Vermittlung von Wissen über sexuelle Reaktionszyklen, Normvarianten, Entstehung sexueller Probleme. Gleichzeitig werden bestehende Mythen und unrealistische Erwartungen kritisch hinterfragt.
2. *Verhaltenstherapeutische Übungen:* Konkrete Handlungsanweisungen werden im Sinne einer verschriebenen verhaltensmedizinischen Erfahrung eingesetzt, wie z. B. Sensate Focus (achtsame, nicht zielgerichtete Berührungen), die Squeeze-Technik bei vorzeitigem Samenerguss, Verlusterfahrung einer Erektion mit nachfolgender erneuter Erektion oder Desensibilisierungsübungen bei Schmerzen. Die Übungen sind hierarchisch strukturiert und werden systematisch ausgewertet.
3. *Transfer & Stabilisierung:* Ziel ist es, die im geschützten Rahmen gewonnenen Erfahrungen zu verallgemeinern, das Vertrauen in die eigene Erregungs- und Genussfähigkeit wiederherzustellen sowie die Paarinteraktion dauerhaft zu stärken.

▸ Tab. 48.3 gibt eine Übersicht über die wesentlichen verwendeten Techniken.

Fallbeispiel: Erektionsstörung

Ein 34-jähriger Mann sucht mit seiner Partnerin die Therapie auf wegen »plötzlicher Erektionsstörungen«. Anamnestisch zeigt sich eine Zunahme beruflicher Belastung, kombiniert mit wachsendem Leistungsdruck in der Sexualität (»Ich muss zeigen, dass ich kann«). In der zweiten Therapiesitzung wird ein erstes Sensate-Focus-Setting verordnet – ohne Genitalkontakt. Der Patient berichtet, erstmals ohne Erwartungsdruck Nähe erleben zu können. Die Erektionsproblematik reduziert sich im weiteren Verlauf deutlich.

Fallbeispiel: Schmerz-Penetrationsstörung

Eine 28-jährige Frau leidet unter wiederkehrenden Schmerzen bei Geschlechtsverkehr mit ihrem Partner. Nach gynäkologischer Abklärung werden schrittweise Entspannungsübungen, Visualisierungstechniken und die Einführung von größer werdenden Vaginaldilatoren (unter Anleitung) in die Therapie integriert. Durch achtsame Selbstbeobachtung und positive Körpererfah-

Tab. 48.3: Verhaltenstherapeutische Techniken bei sexuellen Funktionsstörungen

Technik	Beschreibung und therapeutische Zielsetzung
Sensate-Focus-Technik	Ein strukturierter Ablauf körperlicher Annäherung ohne Leistungsdruck und ohne Ziel auf Penetration oder Orgasmus. Fokus liegt auf der Wahrnehmung von Berührung und Körperempfindungen. *Ziel:* Abbau von Angst, Förderung von Achtsamkeit, Stärkung der Intimität.
Squeeze-Technik	Anwendung bei Ejaculatio praecox: Durch gezielten Druck auf den Penisschaft unterbricht der Partner die sexuelle Stimulation bei aufkommender Ejakulation. *Ziel:* Kontrolle über den Ejakulationsreflex durch Habituation und Rückmeldung.
Teasing-Technik	Wird bei Erektionsstörungen angewendet: Mehrfaches kurzes Einführen des Penis während sexueller Aktivität ohne Ziel der Penetration. *Ziel:* Druckabbau und sukzessive positive Konditionierung sexueller Interaktion.
Systematische Desensibilisierung	Bei sexualvermeidendem Verhalten oder Ängsten vor sexueller Aktivität: Konfrontation mit angstbesetzten sexuellen Reizen in hierarchischer Steigerung. *Ziel:* Abbau von Erwartungsangst, Erhöhung sexueller Toleranzschwellen.
Kognitive Umstrukturierung	Identifikation und Veränderung dysfunktionaler Gedanken (z. B. »Ich muss eine Erektion haben«). *Ziel:* Realistischere Erwartungen, Reduktion von Leistungsdruck, Stärkung sexueller Selbstakzeptanz.
Selbstbeobachtung & Protokollarbeit	Tagebücher über sexuelles Erleben, Gedanken, Erregung und Ängste. *Ziel:* Förderung von Bewusstheit, Erkennen von Auslösern, Identifikation aufrechterhaltender Bedingungen.
Psychoedukation	Vermittlung von Wissen über sexuelle Reaktionen, Normvarianten und physiologische Prozesse. *Ziel:* Entlastung, Normalisierung, Abbau von Mythen und Schuldgefühlen.
Kommunikationstraining	Förderung offener Kommunikation über Wünsche, Grenzen und Bedürfnisse. *Ziel:* Verbesserung des sexuellen Miteinanders, Abbau von Missverständnissen, Förderung emotionaler Nähe.

rung gelingt es ihr, den schmerzhaften Reiz als weniger bedrohlich zu erleben, was zu einer Verbesserung der Sexualität führt.

Verhaltenstherapie erfolgt idealerweise im Paarsetting, da häufig nicht nur die individuelle Störung besteht, sondern die sexuelle Interaktion selbst gestört ist. Studien zeigen jedoch, dass auch Gruppensettings mit Paaren oder Einzeltherapien bei spezifischen Indikationen (z. B. bei alleinstehenden Patientinnen und Patienten) effektiv sein können. Neuere Formate nutzen zudem digitale Tools oder Onlineprogramme, die strukturierte Übungen in den Alltag integrieren.

In der Praxis werden von Verhaltenstherapeuten/-therapeutinnen meist integrative Therapieansätze verwendet, die auch die von Ulrich Clement (2004) eingeführten systemischen Therapieelemente integrieren. Demnach greift die Wiederherstellung sexueller Funktion häufig zu kurz, wenn die erotischen Fantasien, das individuelle Begehren und der emotionale Eigenraum innerhalb der Beziehung keinen Platz finden. Daher verfolgt Verhaltenstherapie mit systemischer Fokuserweiterung nicht das Ziel der bloßen »Funktionsverbesserung«, sondern der Reaktivierung von Begehren, erotischer Kommunikation und eigenständigem sexuellem Ausdruck.

Typische systemische Fragestellungen sind dabei:

- Welcher unbewussten Funktion dient die sexuelle Störung im Paargefüge?
- Wie beeinflusst das Symptom die Machtverhältnisse und Rollen im System?
- Welche unausgesprochenen Konflikte werden über das Symptom »verhandelt«?

Methoden und Interventionen

Systemische Interventionen zielen – meist als Verhaltensexperimente – auf eine Reflexion des Symptoms im Kontext der Beziehungsgestaltung und wiederkehrender Muster:

- zirkuläres Fragen (z. B. »Was glauben Sie, denkt Ihr Partner, wenn …?«)
- Hypothesenbildung über die Symptomfunktion
- Symptomverschreibungen (z. B. »Schlafen Sie so miteinander, dass es keinem Spaß macht«)
- »Als-ob«-Inszenierungen (spielerisches Ausprobieren neuer Rollen)
- Skulpturarbeit oder Genogramme mit Fokus auf Sexualitätsnarrative in der Herkunftsfamilie
- Ressourcenaktivierung (Fokus auf das, was erotisch bleibt oder neu entdeckt werden kann)

Fallbeispiel: Balance in der Partnerschaft

Ein Paar mittleren Alters sucht Hilfe wegen ausbleibender Sexualität seit über einem Jahr. Während der Mann offen von mangelndem Begehren spricht, bleibt die Frau zurückhaltend. In der Therapie wird deutlich, dass sie sich von ihrer Mutterrolle vollständig vereinnahmt fühlt und sich vom Mann emotional nicht unterstützt erlebt. Durch zirkuläres Fragen und Externalisierung der »Sexualstörung als Drittem im Raum« entsteht ein neuer Blick: Nicht die Lust ist »gestört«, sondern die partnerschaftliche Balance.

Fallbeispiel: Polarität im sexuellen Konfliktkontext

Ein homosexuelles Paar berichtet über stark differierendes sexuelles Verlangen. Einer der Partner empfindet den anderen als »kontrollierend«, dieser wiederum beklagt »fehlende Initiative«. In einer Inszenierung wird die Spannung zwischen Autonomiebedürfnis und Angst vor Ablehnung deutlich. Ein Rollentausch als Intervention führt zur überraschenden Erkenntnis, dass beide ähnliche Wünsche haben, diese aber durch gewohnte Rollenmuster blockiert sind.

Die Integration systemischer Techniken ist besonders wirksam bei:

- komplexen Paarproblemen mit sekundärer Sexualstörung
  - *Beispiel:* Ein Paar berichtet über ausbleibende Sexualität nach einem Seitensprung des Mannes. Die eigentliche Störung liegt weniger in der Sexualfunktion als in einem ungelösten Vertrauensbruch, der durch Rückzug und sexuelle Distanz aufrechterhalten wird.
- Appetenzstörungen, bei denen Macht, Rückzug oder Rollenfragen eine Rolle spielen
  - *Beispiel:* Eine Frau verliert zunehmend das sexuelle Interesse an ihrem Partner, seit dieser nach der Geburt des Kindes wenig Verantwortung übernimmt. Ihr sexueller Rückzug wird unbewusst als Ausdruck von Überforderung und Frustration über eine als ungleich empfundene Beziehungsdynamik verstanden.
- wiederkehrenden Mustern in Folgebeziehungen (»Immer verliere ich das Interesse«)
  - *Beispiel:* Ein 38-jähriger Mann berichtet, dass er in jeder festen Partnerschaft nach etwa sechs Monaten jegliches sexuelles Interesse verliert. In der systemischen Arbeit zeigt sich, dass sich das Symptom wiederholt als Abgrenzungsstrategie bei zunehmender Nähe etabliert – ein unbewusster Schutzmechanismus vor emotionaler Verletzlichkeit.
- Diskrepanzen zwischen sexueller Fantasie und gelebter Sexualität
  - *Beispiel:* Eine Patientin lebt in einer monogamen Ehe, fühlt sich aber stark zu dominanten Rollenspielen hingezogen, die sie sich nicht zu kommunizieren traut. In der Therapie wird diese Spannung zwischen »innerem Begehren« und gelebter Realität systemisch erkundet – was zu einer Erweiterung der sexuellen Kommunikation des Paares führt.

48.3 Geschlechtsinkongruenz

Das Wichtigste auf einen Blick

- Die ICD-11 hat die Kategorie »Transsexualität« durch »Geschlechtsinkongruenz« ersetzt und diese in das Kapitel der sexuellen Gesundheit überführt, um die Entpathologisierung transidenten Erlebens zu unterstützen.
- Eine Diagnose ist nur dann gerechtfertigt, wenn über mehrere Monate hinweg eine ausgeprägte Diskrepanz zwischen erlebtem und zugewiesenem Geschlecht sowie daraus resultierender Leidensdruck oder funktionelle Beeinträchtigungen vorliegen.
- Die S3-Leitlinie empfiehlt ein affirmatives Modell der psychotherapeutischen Beratung und Begleitung, das die Selbstbestimmung der betroffenen Person in den Mittelpunkt stellt.
- Ziel ist es, transidente Menschen auf ihrem individuellen Weg zu begleiten – etwa beim Coming-out, in medizinischen oder sozialen Transitionen und beim Aufbau von Selbstwert und tragfähigen Beziehungen.
- Therapeutinnen und Therapeuten arbeiten interdisziplinär, ressourcenorientiert und transparent – immer auf Augenhöhe mit den Bedürfnissen und Zielen der betroffenen Person.

48.3.1 Wissenschaftlicher und gesellschaftlicher Diskurs

Der Umgang mit Geschlechtsidentität und Transidentität hat sich in den letzten Jahrzehnten erheblich verändert (vgl. ▸ Kap. 69 in diesem Buch). Vor allem durch den gesellschaftlichen Diskurs, aber auch durch Betroffenenperspektiven und aktuelle wissenschaftliche Erkenntnisse ist die ursprünglich stark pathologisierende Sichtweise auf transidente Menschen zunehmend einer Haltung der Entstigmatisierung und Affirmation gewichen.

Lange Zeit wurden Menschen mit dem Wunsch nach Geschlechtsangleichung unter der Diagnose »Transsexualität«(ICD-10: F64.0) geführt. Diese Begrifflichkeit beinhaltete eine Pathologisierung, da sie suggerierte, es handele sich um eine psychische Störung. Für viele betroffene Personen stellte dies eine doppelte Belastung dar: Neben dem häufig schon hohen psychosozialen Druck im Alltag mussten sie im medizinischen System als psychisch krank gelten, um Zugang zu geschlechtsangleichenden Maßnahmen zu erhalten. Zahlreiche Studien zeigen jedoch, dass der Leidensdruck dieser Personen weniger auf einer inneren psychischen Erkrankung beruht, sondern v. a. auf sozialer Ausgrenzung, Diskriminierung und mangelnder Anerkennung.

Im DSM-5 (APA, 2013) wurde 2013 der Begriff »Geschlechtsdysphorie« eingeführt. Dieser bezieht sich explizit auf den Leidensdruck, der aus der Nichtübereinstimmung zwischen erlebtem und zugewiesenem Geschlecht entstehen kann. Die WHO ging mit der Einführung der ICD-11 (WHO, 2018) noch einen Schritt weiter: Die bisher in der

ICD-10 unter »Transsexualität« (F64.0) klassifizierte Problematik wird nun unter dem Begriff »Geschlechtsinkongruenz« im Kapitel »Zustände im Zusammenhang mit sexueller Gesundheit« geführt und damit explizit nicht mehr als psychische Störung eingeordnet.

Die Abschaffung der Diagnose »Transsexualität« war ein zentraler Bestandteil internationaler Bemühungen zur Entpathologisierung von transidentem Erleben. Auch das Europäische Parlament hatte in mehreren Entschließungen und Petitionen gefordert, Transgeschlechtlichkeit nicht länger als psychische Störung zu klassifizieren. Dennoch blieb im ICD-11 die Diagnose »Geschlechtsinkongruenz« (HA60) erhalten – allerdings nun außerhalb des Kapitels psychischer Erkrankungen –, um den Zugang zu medizinisch indizierten Maßnahmen wie Hormonbehandlungen oder geschlechtsangleichenden Operationen weiterhin sicherzustellen. Die therapeutische Herausforderung besteht darin, einerseits die Stigmatisierung zu reduzieren, andererseits aber eine klassifikatorische Grundlage zu bewahren, die eine rechtlich und medizinisch abgesicherte Versorgung ermöglicht.

Merke

Die aktuelle Klassifikation der Geschlechtsinkongruenz in der ICD-11 markiert einen Fortschritt auf dem Weg zur Entstigmatisierung geschlechtlicher Vielfalt entlang des gesellschaftlichen Diskurses.

Der Fokus der Versorgung hat sich damit deutlich verschoben – weg von normierenden Vorstellungen, hin zu einem verstehenden, unterstützenden Ansatz, der sich an den Bedürfnissen und Zielen der betroffenen Person orientiert. Die Aufgabe der Psychotherapie ist es, diesen Prozess fachlich kompetent, empathisch und menschenrechtsbasiert zu begleiten.

48.3.2 Klassifikation und diagnostische Kriterien (ICD-11)

Die ICD-11 führt die Diagnose »Geschlechtsinkongruenz« unter dem Kapitel 17 »Conditions related to sexual health«. Für Jugendliche und Erwachsene sind folgende Kriterien entscheidend:

- Ein deutliches und anhaltendes Gefühl der Nichtübereinstimmung zwischen dem erlebten Geschlecht und dem bei der Geburt zugewiesenen Geschlecht.
- Ein starker Wunsch, als eine Person des erlebten Geschlechts zu leben und dementsprechend behandelt zu werden.
- Eine andauernde Unzufriedenheit oder Abneigung gegenüber den eigenen primären oder sekundären Geschlechtsmerkmalen bzw. ein Wunsch, diese zu verändern.

Diese Symptome müssen über mehrere Monate hinweg bestehen und signifikanten Leidensdruck oder Einschränkungen in sozialen, beruflichen oder anderen relevanten Lebensbereichen verursachen. Wichtig ist, dass Selbstidentifikation allein nicht zur Diagnosestellung ausreicht – die Diagnose soll einer medizinischen oder therapeutischen Unterstützung dienen und nicht Ausdruck normabweichender Lebensführung sein.

Die ICD-11 berücksichtigt dabei auch die Notwendigkeit, medizinische Maßnahmen wie Hormontherapie oder geschlechtsangleichende Operationen zu begründen. Die Einordnung der Geschlechtsinkongruenz in das Kapitel der sexuellen Gesundheit ermöglicht somit eine Entpathologisierung, ohne betroffene Personen von medizinischer Versorgung auszuschließen.

48.3.3 Psychotherapeutische Beratung und Begleitung

Im Gegensatz zur in den früheren Standards geforderten sog. »geschlechtserhaltenden Psychotherapie« empfiehlt die interdisziplinäre S3-Leitlinie »Geschlechtsinkongruenz, Geschlechtsdysphorie und Trans-Gesundheit« (DGfS, 2018) ein sogenanntes Modell der Beratung und Begleitung anstelle von Psychotherapie. Die zentrale Leitidee besteht darin, die Autonomie und Selbstbestimmung der betroffenen Person zu achten und sie in ihrem individuellen Entwicklungsprozess zu unterstützen. Entsprechend sind auch die Vorgaben der S2k-Leitlinie »Geschlechtsinkongruenz und Geschlechtsdysphorie im Kindes- und Jugendalter: Diagnostik und Behandlung«, die 2025 vorgelegt wurde (DGKJP, 2025).

Psychotherapie dient in diesem Kontext nicht der Korrektur einer vermeintlichen Fehlentwicklung, sondern der Begleitung eines oft komplexen Prozesses von Selbstvergewisserung, sozialem Coming-out, ggf. medizinischer Transition und der psychosozialen Integration.

Ziele psychotherapeutischer Begleitung können sein:

- Exploration und Festigung der Geschlechtsidentität
- Unterstützung beim Coming-out
- Stärkung des Selbstwerts, insbesondere bei erlebter Diskriminierung
- Bearbeitung von Ängsten, Depressionen oder traumatischen Erfahrungen
- Unterstützung in Fragen der Transition (sozial, medizinisch, rechtlich)
- Aufbau eines tragfähigen sozialen Umfelds

Vorgehensweise und Prinzipien:

- Ressourcenorientierung: Fokus auf die Stärken und die Lebenskompetenz der betroffenen Person
- affirmatives Grundverständnis: Akzeptanz der geschlechtlichen Selbstdefinition
- offene Kommunikation über Wünsche, Ängste, Ziele und Grenzen
- transparentes Vorgehen und Information über mögliche Behandlungsschritte
- Zusammenarbeit mit weiteren Fachstellen (z. B. Endokrinologie, HNO, Gynäkologie, plastische Chirurgie, Peer-Beratung)

Fallbeispiel: Unterstützung bei Transition

Ein 19-jähriger Transmann befindet sich in einem frühen Stadium seiner sozialen Transition. In der psychotherapeutischen Begleitung geht es zunächst um die Stabilisierung bei familiärer Ablehnung sowie die Stärkung der Selbstakzeptanz. Schrittweise erfolgt die Vorbereitung auf die hormonelle Transition durch Aufklärung, emotionale Begleitung und Vermittlung an eine endokrinologische Praxis.

Fallbeispiel: Unterstützung bei nichtbinärer Geschlechtsidentität

Eine 35-jährige nichtbinäre Person sucht Unterstützung, um sich über den eigenen weiteren Weg klar zu werden. Neben der Reflexion von Pronomenwahl, Kleidung und sozialem Umgang steht die Frage im Zentrum, ob medizinische Schritte notwendig sind. Die Therapie dient der Orientierung und emotionalen Entlastung im Spannungsfeld zwischen sozialer Anpassung und innerem Erleben.

48.4 Paraphilien

Das Wichtigste auf einen Blick

- Paraphile Störungen sind nur dann diagnostisch relevant, wenn sie mit erheblichem Leidensdruck, Funktionseinbußen oder der Gefährdung nicht-einwilligungsfähiger Personen einhergehen.
- Die ICD-11 unterscheidet klar zwischen harmlosen, einvernehmlichen paraphilen Interessen und klinisch bedeutsamen, nicht-konsensuellen oder gefährdenden Verhaltensweisen.
- Die verhaltenstherapeutische Behandlung paraphiler Störungen basiert auf einem multimodalen Ansatz, der Impulskontrolle, Reizumstrukturierung, Empathieförderung und Rückfallprävention kombiniert.
- Medikamentöse Interventionen wie SSRI, Cyproteronacetat oder GnRH-Analoga kommen indikationsspezifisch zum Einsatz – abhängig von Risikoprofil und Paraphilietyp (»hands-off« vs. »hands-on«).
- Nicht jede paraphile Neigung führt zu Sexualdelinquenz. Viele Betroffene suchen eigeninitiativ Hilfe, z. B. über das Netzwerk »Kein Täter werden« bei pädophiler Neigung.
- In forensischen Kontexten hat sich das Risk-Need-Responsivity-Modell als Leitlinie für risikoadaptierte, bedürfnisorientierte und individualisierte Interventionen bewährt.

48.4.1 Definition und diagnostische Kriterien

Paraphilien sind definiert als anhaltende und intensive sexuelle Interessen, die sich auf unübliche Objekte, Aktivitäten oder Situationen richten, die deutlich von den kulturell akzeptierten Normen sexuellen Erlebens abweichen. Entscheidend ist dabei, dass diese Interessen entweder die einzige oder hauptsächliche Quelle sexueller Erregung darstellen und mit einem erheblichen subjektiven Leidensdruck oder einer Beeinträchtigung des sozialen, beruflichen oder sonstigen Funktionsniveaus einhergehen. Die Übergänge zur sogenannten sexuellen »Normalität« sind fließend und kulturell mitgeprägt. Jedoch haben einige der Paraphilien natürlich forensische Relevanz, da bei Ausübung Grenzüberschreitungen gegen die sexuelle Selbstbestimmung Dritter begangen werden. Somit reicht das Spektrum von harmlosen bis zu potenziell schädigenden Verhaltensweisen.

Mit der Einführung des DSM-5 (APA, 2013) und der ICD-11 (WHO, 2018) wurde eine entscheidende begriffliche und konzeptionelle Differenzierung etabliert:

- *Paraphilie* bezeichnet zunächst lediglich ein ungewöhnliches sexuelles Interesse – z. B. an bestimmten Objekten (Fetischismus), Praktiken (BDSM – Bondage & Discipline, Dominance & Submission, Sadism & Masochism) oder Situationen (Voyeurismus) –, das *nicht per se pathologisch* ist. Viele Menschen weisen paraphile Interessen auf, ohne dass diese mit Leidensdruck oder problematischem Verhalten einhergehen.
- Eine *paraphile Störung* liegt hingegen nur dann vor, wenn eines oder beide der folgenden Kriterien erfüllt sind:
  - Über mindestens sechs Monate anhaltende, wiederkehrende und intensive sexuelle Fantasien, Handlungsimpulse oder Verhaltensweisen mit paraphilem Inhalt.
  - Diese verursachen entweder subjektiv erlebten Leidensdruck, klinisch relevante Beeinträchtigungen im sozialen oder beruflichen Bereich, oder sie beinhalten ein Verhalten, das nicht einwilligungsfähige Personen schädigt oder gefährdet (z. B. Kinder, nicht zustimmende Partner).

Diese Unterscheidung erlaubt es, nicht-normative sexuelle Interessen zu entpathologisieren, solange sie konsensuell und nicht schädigend sind, ohne den klinischen Blick auf problematische und behandlungsbedürftige Ausprägungen zu verlieren.

Im Rahmen der ICD-11 wurden des Weiteren auch der diagnostische Umgang mit Paraphilien und die nosologischen Konzepte grundlegend überarbeitet. Maßgeblich hierfür war die Orientierung am Konzept der sexuellen Gesundheit, wie es von der WHO definiert wird (WHO, 2006) (vgl. ▸ Kap. 48.1). Ziel ist es, nur solche sexuellen

Tab. 48.4: Klassifikation der Paraphilien nach ICD-10, DSM-5 und ICD-11

Paraphilie	Beschreibung	ICD-10	DSM-5	ICD-11
Exhibitionismus	Entblößen der eigenen Geschlechtsteile gegenüber einer nichts ahnenden fremden Person	F65.2	302.4	6D30
Fetischismus	Gebrauch lebloser Objekte (z. B. weibliche Unterwäsche)	F65.0	302.81	*gestrichen*
Pädophilie	sexuelle Aktivität mit einem vorpubertären Kind oder Kindern (gewöhnlich im Alter von 13 Jahren oder jünger)	F65.4	302.2	6D32
transvestitischer Fetischismus	weibliche Verkleidung bei einem heterosexuellen Mann	F65.1	302.3	*gestrichen*
Voyeurismus	Beobachtung argloser Personen, die nackt sind, sich gerade entkleiden oder sexuelle Handlungen ausführen	F65.3	302.82	6D31
Frotteurismus	Berühren und Sich-Reiben an Personen, die mit der Handlung nicht einverstanden sind	F65.8	302.89	6D34
sexueller Masochismus	realer, nicht simulierter Akt der Demütigung, des Geschlagen- und Gefesseltwerdens oder sonstigen Leidens	F65.5	302.83	*gestrichen*
sexueller Sadismus	reale, nicht simulierte Handlungen, in denen das psychische oder physische Leiden (einschließlich Demütigung) des Opfers für die Person sexuell erregend ist	F65.5	302.84	*gestrichen*

Verhaltensweisen als psychische Störung zu klassifizieren, die mit deutlichem Leidensdruck, Funktionseinschränkungen oder nicht-einvernehmlichem Verhalten einhergehen und damit relevanzbegründend für individuelle oder öffentliche Gesundheit sind (Krueger et al., 2017).

Im Zuge dieser Neuausrichtung wurden mehrere nichtschädigende, einvernehmliche paraphile Verhaltensweisen – darunter Fetischismus, fetischistischer Transvestitismus und der einvernehmliche Sadomasochismus – nicht mehr als eigenständige Diagnosen in die ICD-11 aufgenommen. Diese Formen werden nun nicht mehr als psychische Störung eingestuft, sofern sie ohne Leidensdruck praktiziert werden und keine Schädigung anderer beinhalten.

Neu aufgenommen wurde hingegen die Diagnose »Sexually Sadistic Disorder under conditions of coercion« (6D33), die explizit solche Formen des sexuellen Sadismus abbildet, die nicht einvernehmlich und mit Zwangsausübung verbunden sind – z. B. bei wiederholten Fantasien oder Handlungen, die nicht nur den eigenen Leidensdruck, sondern zwingend auch die Gefährdung anderer beinhalten (Foulkes, 2019). Die Störung ist damit nicht mehr über das Verhalten allein, sondern über Konsequenzen, Kontext und ethische Dimensionen definiert.

Diese neu geordnete Systematik markiert einen Paradigmenwechsel in der Sexualpathologie: weg von normativen Bewertungen hin zu einer gesundheitsbezogenen, respektvolleren Klassifikation sexueller Vielfalt, bei gleichzeitiger Klarheit hinsichtlich grenzverletzender und strafrechtlich relevanter Verhaltensweisen.

In ▶ Tab. 48.4 findet sich eine Zusammenstellung der klassifikatorischen Veränderungen der ICD-11 im Vergleich zur ICD-10 und dem DSM-5.

48.4.2 Intensitätsstufen und Verlauf

Angelehnt an Schorsch (1985) lassen sich vier Intensitätsstufen unterscheiden:

1. deviante/paraphile Impulse als einmalige oder episodische Reaktion auf situative Belastungen
2. wiederkehrende deviante/paraphile Muster als Konfliktbewältigungsstrategie, ohne Fixierung
3. fixierte deviante/paraphile Orientierung, Sexualität ist ohne deviante Elemente nicht mehr erlebbar
4. progrediente Entwicklung mit Ausweitung, Zwanghaftigkeit und Kontrollverlust

Ein fixiertes paraphiles Erleben ist häufig gekennzeichnet durch ritualisierte Abläufe, den Verlust der Beziehungsfähigkeit, eine Objektifizierung des Partners sowie eine eingeengte Orgasmuserreichung unter spezifischen Bedingungen.

48.4.3 Diagnostik

Die Diagnostik basiert auf einer umfassenden sexualanamnestischen Exploration, die entlang dem in ▶ Tab. 48.2 dargestellten Leitfaden durchgeführt werden kann. Zentral sind die Inhalte sexueller Fantasien, Masturbationsszenarien, sexuelle Skripte, Verhaltensimpulse und deren Kontrollierbarkeit. Partnerschilderungen liefern oft entscheidende Hinweise. Die therapeutische Allianz erfordert besondere Sensibilität, insbesondere bei Scham, Schuld oder Bagatellisierung.

Ergänzend ist eine Erhebung der psychosozialen Funktionalität, Beziehungsfähigkeit, Impulskontrolle sowie eventueller komorbider Störungen (v. a. antisoziale oder Borderline-Persönlichkeitszüge mit Störungen der Impulskontrolle) notwendig. Standardisierte Instrumente, wie z. B. das Multidimensional Inventory of Development, Sex and Aggression (MIDSA) oder STABLE-2007 (Prognoseinstrument, das zur Vorhersage einer wiederholten Sexualdelinquenz bei erwachsenen männlichen Sexualstraftätern genutzt wird), können in forensischen Kontexten hilfreich sein.

48.4.4 Paraphilie ist nicht gleich Sexualdelinquenz

Ein häufiger Irrtum in der öffentlichen Wahrnehmung – und mitunter auch im fachlichen Diskurs – besteht darin, Paraphilien automatisch mit sexueller Delinquenz gleichzusetzen.

> **Merke**
>
> In der klinischen Realität handelt es sich bei paraphilen Störungen und Sexualstraftaten um unterschiedliche klinische und kriminologische Phänomene, die nur in einem Teilbereich überlappen.

Die Mehrheit der Sexualstraftäter erfüllt keine Kriterien für eine paraphile Störung. Vielmehr spielen in diesen Fällen häufig andere psychodynamische, soziale oder psychopathologische Faktoren eine zentrale Rolle – etwa:

- mangelnde Affektkontrolle oder Impulsivität
- antisoziale Persönlichkeitszüge oder dissoziale Verhaltensmuster
- Macht- und Dominanzmotive
- Defizite in Empathie, Beziehungsfähigkeit oder Sexualbildung
- psychische Erkrankungen wie intoxikationsbedingte Störungen, Psychosen oder intellektuelle Beeinträchtigungen

Umgekehrt gilt: Die meisten Menschen mit paraphilen Neigungen sind nicht straffällig, sondern erleben ihre Sexualität im Rahmen innerer Konflikte, Scham oder sozialer Isolation. Viele von ihnen suchen aus eigenem Antrieb therapeutische Unterstützung – insbesondere dann, wenn sie Verantwortung übernehmen möchten, bevor eine Grenzüberschreitung geschieht.

Ein wichtiges Beispiel für präventiv ausgerichtete Versorgung ist das bundesweite Netzwerk »Kein Täter werden« (Kuhle et al., 2021), das 2005 an der Berliner Charité ins Leben gerufen wurde. Das Programm richtet sich an Menschen mit sexueller Ansprechbarkeit gegenüber Kindern, die sich ihrer Neigung bewusst sind, jedoch verhindern wollen, dass sie übergriffig werden. Das Angebot umfasst:

- anonyme, niedrigschwellige Beratung
- kostenfreie Diagnostik und Psychotherapie
- ein hochspezialisiertes interdisziplinäres Behandlungskonzept, das sowohl psychotherapeutisch als auch neurobiologisch fundiert ist
- Betonung auf Freiwilligkeit, Eigenverantwortung und Risikokompetenz

Das Netzwerk leistet damit einen entscheidenden Beitrag zur Prävention sexualisierter Gewalt, zur Entstigmatisierung nicht-deliktorientierter Hilfesuchender und zur Stärkung des öffentlichen Gesundheitsauftrags im Sinne sexueller Gesundheit und gesellschaftlicher Sicherheit.

48.4.5 Verhaltenstherapeutische Therapieansätze und medikamentöse Unterstützung

In der modernen, verhaltenstherapeutisch fundierten Paraphilietherapie steht ein multimodaler, integrativer Ansatz im Vordergrund, der kognitiv-behaviorale Verfahren mit psychodynamischen und – bei entsprechender Indikation – auch pharmakologischen Interventionen kombiniert. Ziele sind nicht nur die Symptomkontrolle, sondern die tiefere Bearbeitung der affektiv-sexuellen Struktur, die Entwicklung von Selbststeuerung und die Einbettung sexueller Wünsche in ein verantwortliches Beziehungskonzept. Wesentliche Therapieziele sind demnach u. a.:

- *Aufbau von Selbstkontrollstrategien:* z. B. Impulsmodulation, Skills-Training, Arbeit mit Frühwarnzeichen und Notfallplänen
- *Reduktion sexueller Erregung bei devianten Stimuli:* z. B. über Reizdiskriminierung, Aversionstechniken, Imagery Rescripting und kognitive Reattribution
- *Aufbau alternativer sexueller Skripte und Erlebnisweisen:* Förderung von Fantasiearbeit im nicht-devianten Bereich, Sensualitätstraining, Integration von Nähe- und Autonomiebedürfnissen
- *Verbesserung von Beziehungsfähigkeit, Empathie und Rollenflexibilität:* z. B. Rollentrainings, mentalisierungsbasierte Ansätze, Paargespräche bei Einbindung von Partnerinnen und Partnern
- *Bearbeitung dysfunktionaler Grundüberzeugungen und sexueller Skripte:* etwa im Sinne von »Ich bin nur wertvoll, wenn ich dominiere« oder »Nähe macht mich verletzlich«
- *Rückfallprävention und Risikomanagement:* inkl. Selbstbeobachtung, Umgang mit Risikosituationen, Aufarbeitung von Rückfällen, Arbeit an Schuld- und Schamgefühlen
- *Förderung der Therapiemotivation und Ambivalenzbearbeitung:* insbesondere bei fremdmotivierten oder forensischen Klienten; z. B. durch motivierende Gesprächsführung, Transparenz über Therapieziele
- *Einbettung der sexuellen Thematik in eine lebensweltlich verantwortbare Perspektive:* z. B. Rekonstruktion der biografischen Entwicklung, Förderung eines integrativen Selbstbilds, Entwicklung eines »verantwortlichen Begehrens«

Die medikamentöse Behandlung von Paraphilien richtet sich nach Risikoprofil und Leidensdruck: Bei sogenannten »hands-off«-Paraphilien (ohne sexuellen Kontakt zum Opfer; z. B. Voyeurismus, Exhibitionismus) werden häufig SSRI wie Paroxetin oder Fluoxetin eingesetzt, um sexuelles Verlangen zu dämpfen und Impulskontrolle zu verbessern.

Tab. 48.5: Therapieziele und Methoden in der verhaltenstherapeutisch fundierten Paraphilietherapie

Therapieziele	Therapeutische Methoden
Aufbau von Selbstkontrollstrategien	Impulsmodulation, Skills-Training, Frühwarnzeichen, Notfallpläne
Reduktion sexueller Erregung bei devianten Stimuli	Aversionstechniken, Reizdiskriminierung, Imagery Rescripting, kognitive Reattribution
Aufbau alternativer sexueller Skripte und Erlebnisweisen	Fantasiearbeit, Sensualitätstraining, Förderung nicht-devianten Begehrens
Verbesserung von Beziehungsfähigkeit und Empathie	Rollentrainings, Mentalisierungsförderung, Paarinterventionen
Bearbeitung dysfunktionaler Glaubenssätze und sexueller Skripte	kognitive Umstrukturierung, Schemaarbeit, Dialog mit inneren Anteilen
Rückfallprävention und Risikomanagement	Selbstbeobachtung, Rückfallanalyse, Aufbau von Schutzfaktoren
Förderung von Therapiemotivation und Ambivalenzklärung	Motivierende Gesprächsführung, Zieltransparenz, Ressourcenaktivierung
Integration der Sexualität in ein gesundes Selbstbild	biografische Rekonstruktion, Selbstwertarbeit, Identitätsstärkung
Orgasmic Reconditioning	Verlagerung der sexuellen Erregung: der Patient oder die Patientin soll beim Erreichen des Orgasmus bewusst nicht-deviantes Stimulusmaterial verwenden, um neue sexuelle Skripte zu konditionieren
Response Prevention (Reaktionsverhinderung)	Vermeidung devianter sexueller Verhaltensweisen in Hochrisikosituationen; begleitend zu Exposition oder Imagery-Arbeit, um Rückfallverhalten zu unterbrechen
verdeckte Sensibilisierung	kognitive Methode: der Patient oder die Patientin ruft sich deviante Szenen ins Gedächtnis und koppelt sie gedanklich mit aversiven Konsequenzen, z. B. Entdeckung durch Dritte
Selbstkontrolle	Analyse von Auslösern und Handlungsketten; Aufbau alternativer Gedanken und Verhaltensweisen zur Unterbrechung der deviant-motivierten Abläufe
masturbatorische Sättigung	der Patient oder die Patientin masturbiert erst zu üblichen Fantasien, dann weiter zu devianten Inhalten, bis diese durch Wiederholung als unangenehm erlebt werden (Reizhunger-Löschung)
Stimuluskontrolle	Erkennen und Vermeiden kritischer Auslösesituationen (z. B. einsame Wege, Langeweile); Entwicklung strukturierter Alternativen zur Rückfallprävention

Bei »hands-on«-Paraphilien mit erhöhter Rückfallgefahr oder forensischer Relevanz kommen Antiandrogene wie Cyproteronacetat oder GnRH-Analoga/-Antagonisten (z. B. Leuprorelin) zum Einsatz, um das sexuelle Triebniveau deutlich zu senken und die Rückfallwahrscheinlichkeit zu reduzieren. Voraussetzung ist stets eine enge medizinisch-psychotherapeutische Begleitung sowie eine sorgfältige Indikationsstellung. Näheres hierzu in der entsprechenden Literatur (Berner et al., 2007)

▸ Tab. 48.5 zeigt exemplarisch einige Strategien verhaltenstherapeutischer Techniken und Methoden bei paraphilen Störungen.

Fallbeispiel: Voyeuristische Störung mit hohem Leidensdruck

Ein 32-jähriger Mann stellt sich freiwillig vor, weil er immer wieder in Versuchung gerät, heimlich Menschen beim Entkleiden zu beobachten. Obwohl er bisher nicht straffällig geworden ist, schämt er sich stark und hat Angst vor Kontrollverlust. Im Therapieverlauf wird mithilfe von Reizkonfrontation, kognitiver Reattribution und Imagery-Techniken die Erregungskurve neu bewertet und gezielt mit nicht-deviantem Fantasiematerial verknüpft. Gleichzeitig arbeitet er daran, Empathie für die verletzte Intimsphäre anderer zu entwickeln und eine stabilere partnerschaftliche Nähe aufzubauen.

Fallbeispiel: Zwanghafte sadistische Fantasien bei Beziehungskonflikten

Ein 41-jähriger Patient mit wiederkehrenden sadistischen Fantasien in belastenden Beziehungsphasen kommt über gerichtliche Auflage in Behandlung. Zu Beginn äußert er geringe Veränderungsmotivation. Über motivierende Gesprächsführung und das Erarbeiten eigener biografischer Beziehungsskripte wird allmählich erkennbar, dass seine sexuelle Erregung stark mit Macht-/Ohnmachtserfahrungen aus der frühen Kindheit verknüpft ist. In der Therapie gelingt es, sadistische Impulse durch alternative Skripte zu ersetzen und den Fokus von Kontrolle hin zu emotionaler Verletzlichkeit und Bindungsfähigkeit zu verschieben. Eine begleitende medikamentöse Therapie mit SSRI unterstützt dabei die Affektkontrolle.

48.4.6 Systemische Perspektiven

Systemische Ansätze gewinnen in der Arbeit mit Paraphilien an Bedeutung, insbesondere in nicht-forensischen Kontexten. Hier liegt der Fokus auf:

- Kontextualisierung der Störung im Beziehungs- und Familiensystem

- Rekonstruktion biografischer Beziehungsmuster und emotionaler Skripte
- Entpathologisierung ohne Verharmlosung
- Integration sexueller Anteile in ein dialogisches Selbstbild

Ziel ist es, nicht nur das Verhalten zu kontrollieren, sondern die sexuelle Identität in einer sozial verantwortlichen Weise zu stabilisieren.

48.4.7 Exkurs: Therapie bei Sexualstraftaten – das Risk-Need-Responsivity-Modell (RNR-Modell)

Das Risk-Need-Responsivity-Modell ist ein international anerkanntes Rahmenmodell zur Planung und Durchführung forensischer Behandlungsmaßnahmen, insbesondere bei Sexual- und Gewalttätern. Es wurde von Bonta und Andrews (2023, 2007) entwickelt und stellt eine evidenzbasierte Leitlinie dar, um therapeutische Ressourcen gezielt und wirksam einzusetzen. In der Behandlung paraphiler Störungen – v. a. in forensischen Kontexten – hat sich das Modell als äußerst hilfreich erwiesen.

Das RNR-Modell beruht auf drei zentralen Prinzipien:

1. *Risk-Prinzip (Risikoprinizip):* Die Intensität der Behandlung sollte sich am individuellen Rückfallrisiko orientieren – bei hohem Risiko intensive, strukturierte Intervention; bei niedrigem Risiko Zurückhaltung, um »Überbehandlung« zu vermeiden.
2. *Need-Prinzip (Bedürfnisprinzip):* Die behandelten Inhalte sollten sich auf kriminogene Bedürfnisse konzentrieren – also veränderbare Risikofaktoren, die mit der Straffälligkeit in Zusammenhang stehen (z. B. Impulskontrolle, deviante sexuelle Skripte, soziale Isolation, antisoziales Denken). Die Behandlung zielt auf die Veränderung jener Faktoren, die tatsächlich das delinquente Verhalten begünstigen.
3. *Responsivity-Prinzip (Ansprechbarkeitsprinzip):* Die Therapie muss an die Lernfähigkeit, Motivation und Persönlichkeit des Klienten angepasst werden. Kognitiv-behaviorale Verfahren – also solche mit Kontingenzmanagement – gelten als besonders wirksam, sollten aber flexibel auf individuelle Voraussetzungen abgestimmt werden (z. B. Intelligenz, Sprache, Kultur, Kooperationsbereitschaft).

Fallbeispiel: Paraphilie mit hohem Rückfallrisiko

Ein 29-jähriger Mann wird im Rahmen einer ambulanten Maßnahme nach Verurteilung wegen versuchten sexuellen Übergriffs auf ein Kind behandelt. Es liegen eine fixierte pädophile Neigung mit hoher Fantasiedurchdringung, soziale Isolation, fehlende Empathie und Vorstrafen wegen Besitz kinderpornografischen Materials vor.

- *Risk-Prinzip:* Die Einstufung als Hochrisikoklient führt zu einem intensivierten Behandlungsplan mit engmaschiger therapeutischer Begleitung und Einbeziehung eines Kontrollsystems (z. B. Bewährungshilfe, Polygrafie).
- *Need-Prinzip:* Die Behandlung konzentriert sich auf kriminogene Bedürfnisse wie Sexualfantasiekontrolle, soziale Kompetenzen, Rückfallpläne und kognitive Verzerrungen (»Kinder genießen Zuwendung durch Erwachsene«).
- *Responsivity-Prinzip:* Aufgrund kognitiver Einschränkungen und Schamproblematik erfolgt die Therapie zunächst strukturiert mit klaren Materialien, geringer Komplexität, hohem Validierungseinsatz und langsamer Progression. Psychoedukative Module und Imagery-Arbeit zur Emotionsregulation werden ergänzt durch motivierende Elemente.

48.5 Zwanghafte sexuelle Verhaltensstörung (ICD-11: Compulsive Sexual Behavior Disorder)

Das Wichtigste auf einen Blick

- Die Compulsive Sexual Behavior Disorder (CSBD) beschreibt ein anhaltendes, schwer kontrollierbares sexuelles Verhalten, das mit erheblichem Leidensdruck oder funktionellen Beeinträchtigungen einhergeht – unabhängig von deviantem Stimulusmaterial.
- Die ICD-11 klassifiziert CSBD als Impulskontrollstörung und betont die Notwendigkeit klinischer Relevanz – moralische Missbilligung allein rechtfertigt keine Diagnose.
- CSBD ist häufig Ausdruck einer gestörten Affektregulation: Sexualität dient als Bewältigungsmechanismus für Gefühle wie Angst, Scham oder Einsamkeit.
- Eine strukturierte Diagnostik umfasst Sexualanamnese, Differenzialdiagnostik sowie den Einsatz validierter Fragebögen wie der Sexual Compulsivity Scale (SCS).
- Die kognitive Verhaltenstherapie bildet den therapeutischen Kern, ergänzt durch Rückfallprophylaxe, Emotionsregulation, Aufbau alternativer Verhaltensweisen und ggf. Pharmakotherapie (z. B. SSRI oder Naltrexon).
- Ergänzend können psychodynamische und achtsamkeitsbasierte Verfahren sowie Selbsthilfegruppen (z. B. SLAA) unterstützend wirken.
- Ziel ist nicht zwingend Abstinenz, sondern die Wiederherstellung einer kontrollierten, gesund integrierten Sexualität mit funktionierender Affekt- und Beziehungskompetenz.

48.5.1 Definition und Klassifikation

Martin Kafka (2007, 2010) schlug das Konzept der »Sexual Compulsivity Disorder« (SCD, auch als »Hypersexual Disorder« bezeichnet) als eine Paraphilia-related disorder vor, um ein klinisch relevantes Störungsbild zu beschreiben, das durch wiederholte, exzessive und schwer kontrollierbare sexuelle Impulse, Fantasien und Verhaltensweisen gekennzeichnet ist – jedoch ohne zwingend auf deviante Stimuli gerichtet zu sein, wie es bei klassischen Paraphilien der Fall ist. Es entspricht dem früheren Konzept sexuell süchtigen Verhaltens.

In Kafkas Modell steht die sexuelle Aktivität nicht primär unter dem Einfluss abweichender Reize, sondern ist Ausdruck einer dysregulierten sexuellen Appetenz. Betroffene erleben häufig eine dranghafte Beschäftigung mit Sexualität, eine hohe Rückfallrate trotz gegenteiliger Absichten und erhebliche psychosoziale Beeinträchtigungen. Der Sexualtrieb dient dabei oft als unspezifischer Copingmechanismus zur Bewältigung negativer Emotionen wie Angst, Depression oder Stress – vergleichbar mit Suchterkrankungen.

Kafka argumentierte, dass das dysregulierte Sexualverhalten nicht mit der Normvarianz sexuellen Verhaltens zu verwechseln sei, sondern vielmehr ein eigenständiges psychopathologisches Muster darstelle. Sein diagnostischer Vorschlag für das DSM-5 – der letztlich nicht übernommen wurde – beinhaltete Kriterien, die sich an den Diagnosekriterien substanzgebundener Störungen orientierten (z. B. exzessiver Zeitaufwand, Kontrollverlust, Fortsetzung trotz negativer Konsequenzen).

Trotz der Ablehnung im DSM-5 wurde Kafkas Konzept zur zentralen Grundlage für die ICD-11-Diagnose der Compulsive Sexual Behavior Disorder (CSBD). Diese teilt viele Merkmale mit dem ursprünglichen SCD-Modell, grenzt sich jedoch klar von moralischer Missbilligung ab und fordert klinisch relevanten Leidensdruck oder funktionelle Einschränkungen als Voraussetzung für die Diagnosestellung.

Die zwanghafte sexuelle Verhaltensstörung wurde in der ICD-11 erstmals als eigenständige Diagnose unter den Impulskontrollstörungen aufgenommen. Sie beschreibt ein anhaltendes Muster des Scheiterns, intensive sexuelle Impulse oder Verhaltensweisen zu kontrollieren, was zu wiederholtem Sexualverhalten führt, das über einen längeren Zeitraum (z. B. über 6 Monate) hinweg mit erheblichem Leidensdruck oder sozialen, beruflichen und anderen funktionellen Einschränkungen verbunden ist.

Die Diagnose erfordert explizit, dass der Leidensdruck nicht primär aus moralischer Missbilligung des eigenen Verhaltens resultiert, sondern durch die mangelnde Kontrolle über das Verhalten selbst. Sexuelle Verhaltensweisen können dabei verschiedene Formen annehmen: häufig exzessive Masturbation, exzessiver Pornografiekonsum, Cybersex, seltener Promiskuität oder die Nutzung von Prostituiertenangeboten. In den meisten Fällen handelt es sich bei dem exzessiven Sexualverhalten um Handlungen mit Masturbation, also in der Regel um exzessiven Pornografiekonsum, online oder offline.

Im Unterschied zu Paraphilien sind die sexuellen Fantasien und Handlungen normophil, richten sich also nicht auf abweichende oder nicht einvernehmliche sexuelle Stimuli. Während Paraphilien primär durch die Qualität der sexuellen Stimulation definiert sind, betrifft CSBD die Quantität und die mangelnde Verhaltenskontrolle.

Die Prävalenzangaben variieren je nach Methodik und Population. Schätzungen reichen von 3–6 % der Allgemeinbevölkerung, wobei Männer deutlich häufiger betroffen sind als Frauen (Verhältnis etwa 3–5 : 1) (Boethe et al., 2023). In klinischen Stichproben zeigt sich eine höhere Komorbidität mit affektiven Störungen, ADHS, Substanzabhängigkeit und Persönlichkeitsstörungen.

48.5.2 Klinische Symptomatik und Differenzialdiagnostik

Die Symptome reichen von wiederholten, erfolglosen Versuchen, sexuelles Verhalten zu kontrollieren, über exzessive Masturbation bis hin zur Versachlichung von Sexualität. Häufig liegt ein Teufelskreis vor: dysphorische Affekte wie Einsamkeit, Langeweile oder Wut führen zu sexuell kompensatorischem Verhalten, das kurzfristig entlastet, jedoch langfristig Leidensdruck, Schuld und soziale Konflikte erhöht.

Beispiele: Ein 34-jähriger Mann sucht täglich mehrere Stunden pornografisches Material im Internet, masturbiert bis zu fünfmal am Tag und fühlt sich anschließend leer und beschämt. Trotz mehrfacher Vorsätze gelingt es ihm nicht, das Verhalten zu reduzieren.
Eine 28-jährige Frau hat wechselnde, oft anonyme Sexualkontakte, die sie als entwertend erlebt. Sie berichtet, diese als Reaktion auf Gefühle von Einsamkeit und Selbstabwertung aufzusuchen.

Merke

CSBD ist gegenüber paraphilen Störungen, Zwangsspektrumstörungen, affektiven Erkrankungen (z. B. manische Episoden) sowie neurobiologisch bedingten Störungen (z. B. Frontalhirnsyndrome, medikamenteninduzierte Hypersexualität bei Parkinson) abzugrenzen. Entscheidend ist die normophile Ausrichtung der Sexualität bei gleichzeitiger Dysregulation.

48.5.3 Störungsmodelle

Es bestehen mehrere konkurrierende Erklärungsansätze:

- *Suchtmodell:* betont Toleranzentwicklung, Kontrollverlust und fortgesetztes Verhalten trotz negativer Konsequenzen
- *Impulskontrollstörung:* betont die mangelnde Affektkontrolle und Impulsivität
- *Affektregulationsmodell:* sieht CSBD als maladaptiven Coping-Mechanismus zur Reduktion negativer Gefühle

Ein integratives Modell verbindet diese Perspektiven und betont die Rolle von Vulnerabilitätsfaktoren (z. B. Traumata), dopaminerger Belohnungsverarbeitung und mangelnder emotionaler Kompetenzen. Ein aktueller Fokus der epidemiologischen Forschung richtet sich auch auf entsprechende Komorbidität mit Störungen der Aufmerksamkeit (Turner et al., 2025).

▶ Abb. 48.2 zeigt ein eigenes verhaltensmedizinisches Modell, das den Affekt und die Abwehr negativer Stimmung und Gefühlszustände ins Zentrum rückt. Dies erklärt auch die hohe Assoziation mit Masturbation und Pornografiekonsum.

48.5.4 Diagnostik

Im Zentrum steht eine strukturierte Sexualanamnese, die auch partnerschaftliche, biografische und komorbide Aspekte umfasst. Standardisierte Instrumente wie die Sexual Compulsivity Scale (SCS) oder die Yale-Brown Compulsive Obsessive Scale – CSB (»Y-BOCS-CSB«) unterstützen die Diagnostik.

48.5.5 Therapie

Das zentrale therapeutische Prinzip besteht darin, der dysregulierten Sexualität ihre funktionelle Energie zu entziehen – also jene psychischen Funktionen zu erkennen und zu verändern, die durch das exzessive Sexualverhalten reguliert werden. Dabei geht es weniger um Abstinenz als vielmehr um die Wiederherstellung von Kontrolle, Selbstwirksamkeit und einer gesund integrierten Sexualität sowie die Herstellung adäquater Affektregulation. Die Therapie sollte multimodal und störungsspezifisch auf die individuellen Auslöser und Verstärker zugeschnitten sein (z. B. Briken, 2020).

Empfohlene Behandlungsbausteine:

Kognitive Verhaltenstherapie (KVT):

- Zentrale Inhalte sind Reizkontrolle (z. B. Internetsperren, Strukturierung des Tagesablaufs), Impulsaufschub, Emotionsregulation, Aufbau funktionaler Alternativen und der Umgang mit Hochrisikosituationen.
- Besonders wirksam ist die Kombination von Reizexposition mit Reaktionsverhinderung sowie die Arbeit mit dysfunktionalen sexualbezogenen Kognitionen (z. B. »Ich kann mich ohne Pornografie nicht entspannen«).
- Weiterhin wichtig ist der gezielte Aufbau alternativer, funktionaler Verhaltensweisen. Ziel ist es, die Lücke zu schließen, die durch den Verzicht auf dysfunktionales Verhalten entsteht, und neue, positiv besetzte Handlungs- und Erlebensmöglichkeiten zu etablieren. Dazu gehören:
  - Förderung nicht-sexueller positiver Aktivitäten, die Lust, Selbstwirksamkeit oder soziale Zugehörigkeit ermöglichen (z. B. Sport, kreative Hobbys, soziales Engagement)
  - Aufbau sozialer Kompetenzen zur Verbesserung von Beziehungsfähigkeit, Konfliktlösung und Bindung – insbesondere bei Menschen, deren sexuelles Verhalten als Ersatz für emotionale Nähe dient
  - Training alternativer Selbstregulationsstrategien, z. B. durch Achtsamkeit, Stresstoleranztechniken oder gezielte Ablenkungsstrategien in Risikosituationen
  - konkrete Verhaltensübungen, etwa im Rahmen von Rollenspielen, Alltagsexperimenten oder »Verhaltensverträgen«, die strukturierte Schritte zur Veränderung enthalten

Rückfallprophylaxe:

- Frühwarnzeichen erkennen, Risikosituationen (z. B. Isolation, Stress, Substanzgebrauch) identifizieren und durch Notfallpläne entschärfen.
- Einsatz klassischer Skills aus der DBT oder ACT, z. B. radikale Akzeptanz, Achtsamkeit, »urge surfing«, Selbstinstruktion.

Selbsthilfegruppen:

- Gruppen wie SLAA (Sex and Love Addicts Anonymous) oder SAA (Sex Addicts Anonymous) bieten ergänzende Unterstützung in einem strukturierten, erfahrungsbasierten Rahmen.
- Vor allem bei Rückfallthematik, Scham oder Einsamkeit können Selbsthilfegruppen eine wichtige Ressource sein.

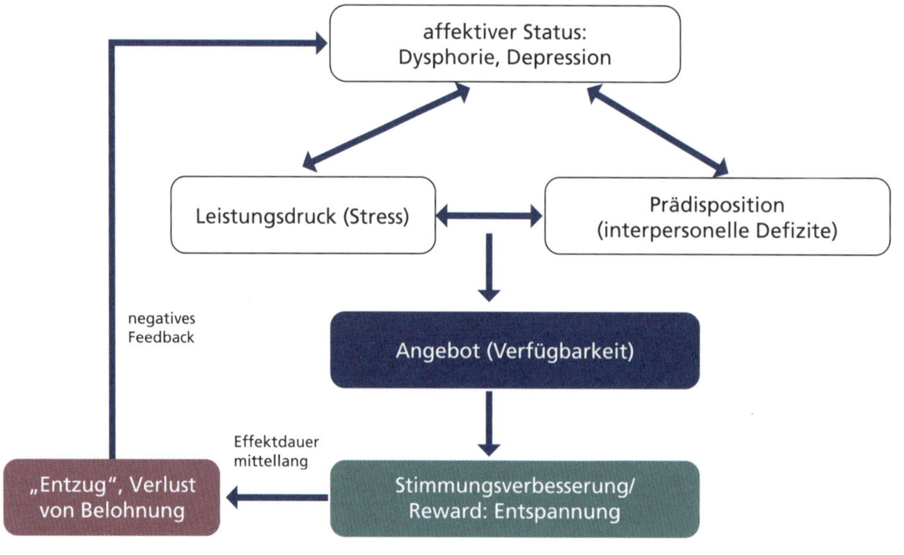

Abb. 48.2: Entstehung dysregulierten Sexualverhaltens als Verhaltenskette zur Abwehr negativer Gefühlszustände mit entsprechendem anschließendem Verstärkerverlust

Fallbeispiel: CSBD und komorbide Dysthymie

Ein 45-jähriger Patient mit CSBD und komorbider Dysthymie profitiert von einer kombinierten Therapie: Der Einsatz eines SSRI (Paroxetin) reduziert seine Affektlabilität, ein verhaltenstherapeutisches Gruppenprogramm unterstützt die Verhaltenskontrolle, Strukturierung des Alltags und hilft beim Erkennen von Rückfallmustern. In der begleitenden Einzeltherapie steht die affektfokussierte Bearbeitung früher Bindungserfahrungen im Zentrum, etwa einer emotional abwesenden Mutter, was sich bisher in bindungslosem Sexualverhalten äußerte.

Fallbeispiel: Exzessiver Pornografiekonsum mit Kontrollverlust

Eine 32-jährige Patientin mit chronischem Pornografiekonsum berichtet über zunehmende Selbstabwertung und Kontrollverlust in Phasen emotionaler Instabilität. Im Rahmen einer kognitiv-verhaltenstherapeutischen Einzelbehandlung lernt sie, emotionale Auslöser frühzeitig zu erkennen (z. B. Einsamkeit nach Konflikten), Impulse aufzuschieben und durch achtsamkeitsbasierte Techniken sowie positive Verstärker (z. B. kreative Tätigkeiten, Bewegung) Alternativen zu etablieren. Dabei helfen auch imaginationsbasierte Übungen zur Selbstwertstabilisierung.

Prüfungsfragen

1. Wie formuliert die WHO die Definition von »sexueller Gesundheit«?
2. Welche Diagnose wurde in der ICD-11 neu eingeführt und ersetzt die bisher getrennte Klassifikation von Vaginismus und Dyspareunie?
3. Welche verhaltenstherapeutische Technik wird typischerweise bei Ejaculatio praecox eingesetzt, um die Ejakulationskontrolle zu verbessern?
4. Welches Ziel verfolgt die psychotherapeutische Begleitung einer medikamentösen Sexualtherapie vorrangig?
5. Wann wird eine paraphile Neigung laut ICD-11 als paraphile Störung klassifiziert?
6. Welche verhaltenstherapeutische Technik dient gezielt der Reduktion sexueller Erregung bei deviantem Stimulusmaterial in der Paraphilietherapie?
7. Welcher Grundsatz gehört zum »Risk-Need-Responsivity«-Modell in der forensischen Behandlung?
8. Wie wird die Compulsive Sexual Behavior Disorder (CSBD) gemäß ICD-11 eingeordnet?

Antworten

1. Sexuelle Gesundheit ist ein Zustand körperlichen, emotionalen, geistigen und sozialen Wohlbefindens in Bezug auf Sexualität.
2. Schmerz-Penetrationsstörung.
3. Squeeze-Technik.
4. Die Förderung einer internalisierten Selbstwirksamkeit trotz Medikamenteneinsatz.
5. Wenn sie zu Leidensdruck, Funktionseinbußen oder zur Gefährdung anderer führt.
6. Orgasmic Reconditioning.
7. Die Intensität der Behandlung sollte sich am Rückfallrisiko orientieren.
8. Sie wird als Impulskontrollstörung eingeordnet und erfordert klinischen Leidensdruck.

Literatur

American College of Obstetricians and Gynecologists' Committee on Practice Bulletins – Gynecology. (2019). Female Sexual Dysfunction: ACOG Practice Bulletin Clinical Management Guidelines for Obstetrician-Gynecologists, Number 213. *Obstetrics and Gynecology, 134*(1), e1–e18.

APA – American Psychiatric Association (2013). *Diagnostic and Statistical Manual of Mental Disorders: DSM-5™* (5th ed.). American Psychiatric Association.

Arentewicz, G., & Schmidt, G. (Hrsg.) (1993). *Sexuell gestörte Beziehungen* (3. Aufl.). Enke.

Bancroft, J. (1991). Die Zweischneidigkeit der Medikalisierung männlicher Sexualität. *Zeitschrift Für Sexualforschung, 4*(4), 294–308.

Bancroft, J. (2002). The Medicalization of Female Sexual Dysfunction: The Need for Caution. *Archives of Sexual Behavior, 31*(5), 451–455.

Bancroft, J., & Janssen, E. (2000). The dual control model of male sexual response: A theoretical approach to centrally mediated erectile dysfunction. *Neuroscience & Biobehavioral Reviews, 24*(5), 571–579.

Barlow, D. H. (2020). Causes of Sexual Dysfunction: The Role of Anxiety and Cognitive Interference. In Barlow, D. H. (ed.), *The Neurotic Paradox, Volume 1* (pp. 183–198). Routledge.

Berner, M. (2017). Psychopharmakaassoziierte sexuelle Funktionsstörungen und ihre Behandlung. *Nervenarzt, 88*(5), 459–465.

Berner, M. M. (2024). Sexuelle Dysfunktion und Geschlechtsinkongruenz. In *ICD-11 – Psychische Störungen* (S. 441–450).

Berner, W., Hill, A., Briken, P. et al. (2007). *Behandlungsleitlinie Störungen der sexuellen Präferenz*. Springer.

Boethe, B., Koós, M., Nagy, L. et al. (2023). Compulsive sexual behavior disorder in 42 countries: Insights from the International Sex Survey and introduction of standardized assessment tools. *Journal of behavioral addictions*, *12*(2), 393–407.

Bonta, J., & Andrews, D. (2023). *The Psychology of Criminal Conduct*. Routledge.

Bonta, J., & Andrews, D. A. (2007). Risk-need-responsivity model for offender assessment and rehabilitation. *Rehabilitation*, *6*(1), 1–22.

Briken, P. (2020). An integrated model to assess and treat compulsive sexual behaviour disorder. *Nature Reviews Urology*, *17*(7), 391–406.

Buddeberg, C. (2005). *Sexualberatung* (4. Aufl.). Thieme.

Clement, U. (2004). *Systemische Sexualtherapie*. Klett-Cotta.

Conforti, C. (2017). Genito-Pelvic Pain/Penetration Disorder (GPPPD): An Overview of Current Terminology, Etiology, and Treatment. *University of Ottawa Journal of Medicine*, 7(2).

Dennis, J. A., Khan, O., Ferriter, M., et al. (2012). Psychological interventions for adults who have sexually offended or are at risk of offending. *Cochrane Database of Systematic Reviews*, *12*(12), CD007507.

DGfS – Deutsche Gesellschaft für Sexualforschung e. V. et al. (2018). *S3-Leitlinie Geschlechtsinkongruenz, Geschlechtsdysphorie und Trans-Gesundheit: Diagnostik, Beratung, Behandlung.* https://register.awmf.org/de/leitlinien/detail/138-001 (Zugriff am 10.5.2025).

DGKJP – Deutsche Gesellschaft für Kinder- und Jugendpsychiatrie, Psychosomatik und Psychotherapie et al. (2025). *S2k-Leitlinie Geschlechtsinkongruenz und Geschlechtsdysphorie im Kindes- und Jugendalter: Diagnostik und Behandlung.* https://register.awmf.org/de/leitlinien/detail/028-014 (Zugriff am 10.5.2025).

EAU Guidelines – Uroweb (2025). *Sexual and Reproductive Health.* https://uroweb.org/guidelines/sexual-and-reproductive-health (Zugriff am 10.5.2025).

Edwards, W. M., & Coleman, E. (2004). Defining Sexual Health: A Descriptive Overview. *Archives of Sexual Behavior*, *33*(3), 189–195.

Foulkes, L. (2019). Sadism: Review of an elusive construct. *Personality and Individual Differences*, *151*, 109500.

Janssen, E., & Bancroft, J. (2023). The Dual Control Model of Sexual Response: A Scoping Review, 2009–2022. *Journal of Sex Research*, *60*(7), 948–968.

Kafka, M. P. (2007). Paraphilia-related disorders: The evaluation and treatment of nonparaphilic hypersexuality. In Leiblum, S. R. (ed.) *Principles and practice of sex therapy* (4th ed., S. 442–476). Guilford Press.

Kafka, M. P. (2010). Hypersexual Disorder: A Proposed Diagnosis for DSM-V. *Archives of Sexual Behavior*, *39*(2), 377–400.

Kaplan, H. S. (1974). *New sex therapy: Active treatment of sexual dysfunctions*. Routledge.

Kinsey, A. C., Pomeroy, W. R., & Martin, C. E. (2003). Sexual Behavior in the Human Male. *American Journal of Public Health*, *93*(6), 894–898.

Krueger, R. B., Reed, G. M., First, M. B. et al. (2017). Proposals for Paraphilic Disorders in the International Classification of Diseases and Related Health Problems, Eleventh Revision (ICD-11). *Archives of Sexual Behavior*, *46*(5), 1529–1545.

Kuhle, L. F., Bergner-Köther, R., Beutel, M. et al. (2021). Das Präventionsnetzwerk Kein Täter werden. *Sexuologie*, *28*(3–4), 171–180.

Maseroli, E., Scavello, I., Rastrelli, G. et al. (2018). Outcome of Medical and Psychosexual Interventions for Vaginismus: A Systematic Review and Meta-Analysis. *The Journal of Sexual Medicine*, *15*(12), 1752–1764.

Masters, W. H., & Johnson, V. E. (1970). *Human sexual inadequacy* (Bd. 467). Boston Little Brown.

McCabe, M. P., Sharlip, I. D., Lewis, R. et al. (2016). Incidence and Prevalence of Sexual Dysfunction in Women and Men: A Consensus Statement from the Fourth International Consultation on Sexual Medicine 2015. *Journal of Sexual Medicine*, *13*(2), 144–152.

Pfaus, J. G. (2009). Pathways of Sexual Desire. *Journal of Sexual Medicine*, *6*(6), 1506–1533.

Reed, G. M., Drescher, J., Krueger, R. B. et al. (2016). Disorders related to sexuality and gender identity in the ICD-11: Revising the ICD-10 classification based on current scientific evidence, best clinical practices, and human rights considerations. *World Psychiatry*, *15*(3), 205–221.

Schmidt, G. (1993). Tendenzen und Entwicklungen. In Arentewicz, G., & Schmidt, G. (Hrsg.), *Sexuell gestörte Beziehungen* (3. Aufl.). Enke.

Schmidt, H. M., Hagen, M., Kriston, L. et al. (2012). Management of sexual dysfunction due to antipsychotic drug therapy. *Cochrane Database of Systematic Reviews*, *11*(11), CD003546.

Schoenfeld, E. A., Loving, T. J., Pope, M. T. et al. (2017). Does Sex Really Matter? Examining the Connections Between Spouses' Nonsexual Behaviors, Sexual Frequency, Sexual Satisfaction, and Marital Satisfaction. *Archives of Sexual Behavior*, *46*(2), 489–501.

Schorsch, E. (1985). Sexuelle Perversionen. *Mensch, Medien, Gesellschaft*, *10*, 253–260.

Sigusch, V., & Schmidt, G. (1973). Jugendsexualität: Dokumentation einer Untersuchung. *Beiträge zur Sexualforschung*.

Tiefer, L. (1996). The Medicalization of Sexuality: Conceptual, Normative, and Professional Issues. *Annual Review of Sex Research*, *7*, 252–282.

Tiefer, L. (2006). Female Sexual Dysfunction: A Case Study of Disease Mongering and Activist Resistance. *PLOS Medicine*, *3*(4), e178.

Turner, D., Gregório Hertz, P., Biedermann, L. et al. (2025). Paraphilic fantasies and behavior in attention deficit/hyperactivity disorder and their association with hypersexuality. *International Journal of Impotence Research*, *37*(3), 251–257.

WHO – World Health Organization (2006). *Defining Sexual Health – Report of a Technical Consultation on Sexual Health. 28–31 January 2002, World Health Organization.*

WHO – World Health Organization (2018). *ICD-11*. https://icd.who.int/en/ (Zugriff am 10.5.2025).

Zimmer, D., & Zimmermann, D. (1985). *Sexualität und Partnerschaft: Grundlagen und Praxis psychologischer Behandlung*. Urban & Schwarzenberg.

49 Persönlichkeitsstörungen

Matthias A. Reinhard und Katja Bertsch

Das Wichtigste auf einen Blick

- Persönlichkeitsstörungen (PS) äußern sich durch Beeinträchtigungen in Funktionen des Selbst und im zwischenmenschlichen Kontext.
- ICD-11 ersetzt die kategoriale Klassifikation von PS durch einen dimensionalen Ansatz, bei dem Schwere- und Chronifizierungsgrad beeinträchtigter Persönlichkeitsfunktionen über den Schweregrad der PS entscheiden.
- Zusätzlich werden in ICD-11 maladaptive Persönlichkeitsmerkmale und ein Borderline-Muster definiert, die in die Therapieplanung einbezogen werden können.
- Psychotherapie gilt als Behandlung der ersten Wahl von PS.
- Psychotherapie sollte insbesondere an dysfunktionalen Denk-, Gefühls- und Verhaltensmustern ansetzen. Hierfür ist zunächst der Aufbau einer vertrauensvollen therapeutischen Beziehung notwendig.

49.1 Einführung

Persönlichkeitsstörungen (PS) sind nach ICD-11 durch Beeinträchtigungen im Funktionsniveau von Aspekten des Selbst und/oder zwischenmenschlicher Fähigkeiten gekennzeichnet. Sie äußern sich in dysfunktionalen Mustern des Denkens, Fühlens, Verhaltens und der Beziehungsgestaltung, die zu psychosozialen Einschränkungen und Leidensdruck führen. Mit einer 12-Monats-Prävalenz von 10–12 % in der Allgemeinbevölkerung kommen PS häufig vor (Volkert et al., 2018). In klinischen und insbesondere stationären Settings ist von noch höheren Prävalenzen auszugehen. Erschwerend sind PS durch hohe Komorbiditätsraten (insbesondere mit Angststörungen, affektiven Störungen, Essstörungen und suchtbezogenen Störungen) sowie ein erhöhtes Suizidrisiko (1,4 bis 4,5 % Lebenszeitrisiko) gekennzeichnet (Gunderson et al., 2018).

Merke

Diagnostik und Klassifikation von PS sind derzeit im Wandel von einer kategorialen zu einer dimensionalen Vorgehensweise.

Während in ICD-10 und DSM-5 noch einzelne, kategorial voneinander getrennte PS definiert und unterschieden werden (z. B. zwanghafte PS), hat das Alternative Modell der Persönlichkeitsstörung (AMPD) in Sektion III des DSM-5 (»neue Maße und Modelle, die sich noch in der Überprüfung befinden«) erstmals eine schweregradorientierte Funktionsdiagnostik anstelle einer Symptomdiagnostik eingeführt (APA, 2013). Dabei sollen die bisherigen Schwächen eines kategorialen Vorgehens, u. a. die große Heterogenität bei gleicher Diagnose, die hohen Komorbiditätsraten verschiedener PS und scheinbar willkürlich gesetzte Cut-Off-Werte, überwunden werden.

Die Übernahme einer adaptierten Version dieses Modells in ICD-11 (WHO, 2022) verändert nicht nur das diagnostische Vorgehen bei PS, sondern könnte auch die Weiterentwicklung therapeutischer Ansätze ermöglichen und aufgrund der Dimensionalität eine Veränderungsmessung erlauben.

49.2 Diagnose und lerntheoretische Besonderheiten

Strukturierte Interviews gelten als Goldstandard in der Diagnostik von PS, um die Reliabilität und Validität der Diagnosen zu erhöhen. Zudem sollten Selbstbeurteilungsfragebögen, Verhaltensbeobachtung (z. B. im stationären oder gruppentherapeutischen Setting) und nach Möglichkeit eine Fremdanamnese über Angehörige ergänzt werden, da eine reduzierte Einsicht in die eigenen Schwierigkeiten vorliegen kann. Auch Komorbiditäten erschweren häufig den diagnostischen Prozess. Da PS aus verhaltenstherapeutischer Sicht als Ergebnis dysfunktionaler Lernprozesse betrachtet werden können, kann eine ergänzende ausführliche biografische Anamnese weitere Faktoren der

Entstehung und Aufrechterhaltung von PS identifizieren (wie beispielsweise frühe Lernerfahrungen, Konditionierungsprozesse, Lernen am Modell, siehe auch ▸ Kap. 49.3).

49.2.1 Bisheriges Vorgehen nach ICD-10

Für die Diagnose einer PS nach ICD-10 wird die Erfüllung der *allgemeinen Kriterien* einer PS gefordert. Diese umfassen charakteristische und anhaltende Erfahrungs- und Verhaltensmuster in mindestens zwei der Bereiche Kognition, Affektivität, Impulskontrolle und soziale Beziehungen, die von einer allgemein akzeptierten Norm abweichen. Die Abweichungen haben im späten Kindes- oder Jugendalter begonnen und führen zu unflexiblem, unangepassten sowie unzweckmäßigem Verhalten. Hieraus resultieren soziale Beeinträchtigungen und persönlicher Leidensdruck.

Bei Erfüllung der allgemeinen Kriterien wird im nächsten Schritt das Vorliegen einer spezifischen PS geprüft. ▸ Tab. 49.1 listet die nach ICD-10 und DSM-5 definierten kategorialen PS mit einer Auswahl charakteristischer Merkmale auf. Nach DSM-5 können kategoriale PS anhand des klinischen Eindrucksbilds in drei Hauptgruppen (sogenannte Cluster) eingeteilt werden:

- Cluster A beschreibt sonderbar und exzentrisch anmutende PS (Merkhilfe: »weird«).
- Cluster B umfasst dramatische, emotionale und launische PS (»wild«).
- Cluster C beschreibt ängstlich anmutende PS (»worried«).

Für jede kategoriale PS sind spezifische Kriterien definiert und ausformuliert, von denen eine Mindestanzahl erfüllt sein muss, um die Diagnose der PS zu vergeben. Gegebenenfalls werden die Kriterien mehrerer spezifischer PS erfüllt (sogenannte *Kombinierte PS*, F61.0). Bei Nicht-Erfüllen einer ausreichenden Anzahl an Kriterien kann dennoch eine *Persönlichkeitsakzentuierung* (Z73) diagnostiziert werden, falls dies für die Behandlung relevant sein sollte.

Im diagnostischen Prozess können zunächst Selbstbeurteilungsfragebögen zum Screening eingesetzt werden (z. B. SCID-5-SPQ, Beesdo-Baum et al., 2019), deren auffällige Ergebnisse dann mittels eines strukturierten Interviews überprüft werden sollten.

In Deutschland wird dabei häufig das Strukturierte Klinische Interview für Persönlichkeitsstörungen eingesetzt (SCID-5-PD, Beesdo-Baum et al., 2019), mit welchem jedoch die Kriterien nach DSM-5 geprüft werden. Die Ergebnisse des SCID-5-PD müssen daher im Anschluss mit den Kriterien von ICD-10 abgeglichen werden.

49.2.2 Vorgehen nach ICD-11

Merke

Das diagnostische Vorgehen nach ICD-11 lässt sich in vier Schritte gliedern:

1. Prüfen der allgemeinen Voraussetzungen
2. Schweregradbeurteilung
3. Erfassen spezifischer Persönlichkeitsmerkmale
4. Prüfen des Vorliegens eines Borderline-Musters

Schritt 1: Allgemeine Voraussetzungen einer PS

Für die Diagnose einer PS nach ICD-11 werden Beeinträchtigungen im Funktionsniveau des Selbst und/oder zwischenmenschlichen Kontext gefordert, die über einen Zeitraum von mindestens zwei Jahren oder länger bestehen. Dabei umfassen *Funktionen des Selbst* Aspekte der Identität (Stabilität und Kohärenz des Identitätsgefühls) und des Selbstwerts (Fähigkeit, ein positives und stabiles Selbstwertgefühl aufrechtzuerhalten) sowie die Fähigkeit zur Selbstreflexion (korrekte Einordnung des eigenen Erlebens und Verhaltens) und zur Selbststeuerung (u. a. Impulskontrolle, Emotionsregulation). *Zwischenmenschliche Störungen* äußern sich im reduzierten Interesse, Beziehungen zu anderen einzugehen, in den verminderten Fähigkeiten, die Perspektive anderer zu verstehen und zu berücksichtigen, enge und wechselseitig befriedigende Beziehungen einzugehen und aufrechtzuerhalten sowie in der Konfliktbewältigung. PS äußern sich in dysfunktionalen Mustern des Denkens, des emotionalen Erlebens und Ausdrucks sowie des Verhaltens, die über verschiedene soziale Situationen und Rollen hinweg auftreten, entwicklungsmäßig nicht angemessen sind und nicht durch soziale oder kulturelle Faktoren ausreichend erklärt werden.

Beispielhafte Fragen zur Erfassung der allgemeinen Voraussetzungen sind: »Wie würden Sie sich selbst beschreiben? Wie würden andere Menschen Sie beschreiben? Welche Menschen waren/sind in Ihrem Leben wichtig und wie kommen Sie mit diesen aus? Haben Sie den Eindruck, dass die Art und Weise, wie Sie sich üblicherweise anderen gegenüber verhalten, zu Problemen mit anderen Menschen führt? Wenn Sie etwas an Ihrer Persönlichkeit ändern könnten, in welchen Aspekten wären Sie gerne anders?«

Schritt 2: Schweregradbeurteilung

PS werden im nächsten Schritt bzgl. ihres Schwere- und Chronifizierungsgrades in leicht-, mittel- oder schwergradig unterteilt. Dabei entscheiden die Anzahl und das Ausmaß an beeinträchtigten Funktionen und Funktionsbereichen (familiär, partnerschaftlich, sozial, beruflich, …) zusammen mit dem Vorliegen von Selbst- und Fremdgefährdung den Schweregrad.

Bei einer *leichtgradigen PS* (6D10.0) betreffen die Beeinträchtigungen nur einige Bereiche. Z. B. kann die Selbsteinschätzung der Person leicht von der Wahrnehmung anderer abweichen, kann es gelegentlich zu Konflikten bei der Arbeit kommen, wobei das Arbeitsverhältnis aufrechterhalten bleibt, und/oder kann es schwerfallen, enge Beziehungen aufzubauen und aufrechtzuerhalten. Es kommt in der Regel nicht zu erheblicher Selbst- und/oder Fremdgefährdung.

Bei einer *mittelgradigen PS* (6D10.1) sind mehrere Funktionsbereiche betroffen. Beispiele sind Schwierigkeiten, ein positives Selbstbild aufrechtzuerhalten oder eine unrealistisch hohe Meinung über die eigene Person, ebenso wie eine reduzierte Fähigkeit zur Emotionsregulation bei Rückschlägen. Zudem sind enge und zufriedenstellende Beziehungen selten oder durch heftige Auseinandersetzungen oder starke Unterwürfigkeit der Person geprägt. Manchmal kann es zu Selbst- und/oder Fremdgefährdung kommen.

Tab. 49.1: Spezifische (kategoriale) Persönlichkeitsstörungen (PS) nach DSM-5 bzw. ICD-10

Bezeichnung nach DSM-5	ICD-10	Merkmale
Cluster A		
Paranoide PS	F60.0	• Misstrauen und Argwohn gegenüber Anderen • übertriebene Empfindlichkeit bei Rückschlägen und Zurücksetzung • streitsüchtiges und beharrliches Verhalten
Schizoide PS	F60.1	• Distanziertheit in sozialen Beziehungen • Unfähigkeit und fehlender Wunsch nach Bindung zu anderen Menschen • eingeschränkte Bandbreite des Gefühlsausdrucks in zwischenmenschlichen Beziehungen
Schizotype PS	F25	• seltsame Denkmuster • ungewöhnliche Wahrnehmungserfahrungen und Sprechweise • Unbehagen in und mangelnde Fähigkeiten zu Beziehungen
Cluster B		
Histrionische PS	F60.4	• Selbstdramatisierung • übermäßige Emotionalität und Streben nach Aufmerksamkeit • übermäßige Beschäftigung mit eigener Attraktivität
Narzisstische PS	F60.8 (Sonstige spezifische PS)	• Überzeugung der eigenen Großartigkeit • Streben nach Aufmerksamkeit • Bedürfnis nach Bewunderung • Mangel an Empathie
Antisoziale PS	F60.2 (Dissoziale PS)	• Muster von Missachtung und Verletzung der Rechte anderer (bereits vor dem 15. Lebensjahr aufgetreten) • Fehlen von Moral oder ethischen Idealen • Unfähigkeit, gesellschaftlich akzeptierte Verhaltensmodelle zu übernehmen
Borderline-PS	F60.31	• Instabilität in Beziehungen und Affekten • Impulsivität • Selbstverletzung und/oder Suizidversuche
Cluster C		
Vermeidend-selbstunsichere PS	F60.6 (Ängstlich-vermeidende PS)	• Hypersensibilität gegenüber Zurückweisung oder Abwertung • Schüchternheit • Unsicherheit in sozialen Interaktionen und im Aufbau sozialer Beziehungen
Dependente PS	F60.7 (Abhängige PS)	• übermäßiges Bedürfnis, versorgt zu werden • unterwürfiges Verhalten • Trennungsängste • Unterordnung eigener Bedürfnisse unter die von anderen Personen • Unfähigkeit, Alltagsentscheidungen zu treffen
Zwanghafte PS	F60.5 (Anankastische PS)	• übermäßige Beschäftigung mit Ordnung, Regeln und unwichtigen Details • Perfektionismus • Fehlen von Gefühlsausdruck und Wärme • zwischenmenschliche Kontrolle • Unfähigkeit zu entspannen und angenehme Tätigkeiten aufzunehmen

Eine *schwergradige PS* (6D10.2) ist durch erhebliche Störungen der Selbstfunktion (z. B. ein unrealistisches oder extrem instabiles Selbstbild, geprägt von Selbstverachtung und/oder Grandiosität, große Schwierigkeiten in der Emotionsregulation und Impulskontrolle) und zwischenmenschlichen Störungen in praktisch allen Beziehungen gekennzeichnet. Diese sind z. B. durch Oberflächlichkeit, Einseitigkeit und Konfliktlastigkeit bis hin zu Gewalt charakterisiert. Es kommt gehäuft zu Selbst- und/oder Fremdgefährdung.

Sollten ausgeprägte Persönlichkeitsmerkmale vorliegen, die sich auf die Behandlung auswirken könnten, aber nicht den Schweregrad einer PS erreichen, bietet ICD-11 die Möglichkeit der Kodierung von *Persönlichkeitsschwierigkeiten* (QE50.7).

Das Ausmaß der Funktionsbeeinträchtigungen kann mit Instrumenten zur Erfassung des *Persönlichkeitsfunktionsniveaus* erhoben werden. Hierfür stehen Selbstbeurteilungsfragebögen (z. B. LPFS-BF 2.0, Spitzer et al., 2021) und klinische Interviews zur Verfügung (z. B. SCID-5-AMPD Modul I, Hörz-Sagstetter et al., 2024; STiP-5.1, Zettl et al., 2019).

Relevante Fragen zur Erfassung der Selbstfunktionen und der zwischenmenschlichen Funktionen im klinischen Alltag sind beispielsweise (nach Kerber et al., 2025):

- Wie würden Sie sich selbst als Person beschreiben? Was für ein Mensch sind Sie? Sind Sie in der Lage, wirklich Sie selbst zu sein und zu bleiben – auch im Kontakt mit anderen oder bei Anspannung? Fühlen Sie sich oft innerlich leer?
- Verstehen Sie normalerweise, was andere Menschen bewegt und warum sie das tun, was sie tun? Wie ist es für Sie, wenn Menschen Dinge tun, die Sie verletzen oder aufregen? Interessieren Sie sich hauptsächlich deshalb für das Verhalten anderer, weil es Ihnen hilft, sich selbst zu schützen oder Ihre eigenen Interessen zu wahren?
- Fällt es Ihnen leicht, sich in Beziehungen zu öffnen? Ist es Ihnen wichtig, anderen näherzukommen, um sich wertgeschätzt oder bewundert zu fühlen? Verletzen oder enttäuschen Sie Menschen?
- Haben andere Ihnen schon einmal gesagt, dass Sie dazu neigen, anderen oder den Umständen die Schuld zu geben? Fällt es Ihnen schwer, manchmal die Verantwortung für Ihr eigenes Handeln zu übernehmen?«

Schritt 3: Spezifische Persönlichkeitsmerkmale

ICD-11 definiert im nächsten Schritt fünf maladaptive Persönlichkeitsmerkmale (»Traits«), die aufgrund ihrer Ausprägung zur Beeinträchtigung beitragen können. Nicht alle genannten Beispiele müssen bei einer bestimmten Person zu einem bestimmten Zeitpunkt vorliegen, um trotzdem ein Merkmal ausreichend zu erfüllen. Entscheidend für die Vergabe eines Merkmals ist eine signifikant resultierende Beeinträchtigung. Dabei ist zu betonen, dass die Persönlichkeitsmerkmale nicht unabhängig vom Schweregrad sind, sondern eine andere Art der Beschreibung der Störung darstellen. Während erstere die Intensität oder Schwere der Funktionsbeeinträchtigungen beschreiben, stellen die Merkmale eine Beschreibung der Art der Beeinträchtigungen dar. Je schwerwiegender die Störung, desto wahrscheinlicher ist auch das gleichzeitige Vorliegen mehrerer Merkmale.

Negative Affektivität (6D11.0) beschreibt die Neigung, häufig und situativ unangemessen mit negativen Emotionen zu reagieren, z. B. mit heftigen Gefühlen von Angst, Ärger, Feindseligkeit, Scham, einem geringen Selbstwertgefühl, Negativismus und/oder Misstrauen. Negative Affektivität geht daher häufig auch mit Problemen in der Emotionsregulation einher.

Distanziertheit (6D11.1) beinhaltet die beiden Aspekte der sozialen und der emotionalen Distanziertheit. Während soziale Distanziertheit die Vermeidung von Nähe und sozialen Interaktionen sowie den Mangel an Freundschaften umfasst, beschreibt emotionale Distanziertheit einen verminderten emotionalen Ausdruck bzw. Erfahrung, Reserviertheit und Unnahbarkeit.

Dissozialität bzw. Antagonismus (6D11.2) umfasst die Missachtung der Rechte und Gefühle anderer, z. B. durch eine erhöhte Selbstbezogenheit in Form von gesteigerter Anspruchshaltung, Grandiosität, Erwartung der Bewunderung durch andere sowie Aufmerksamkeitssuche. Zudem besteht häufig ein Mangel an Empathie, der sich in trügerischem, manipulativem, ausbeuterischem, rücksichtslosem, gemeinem, kaltem und körperlich aggressivem Verhalten bis hin zum Genuss am Leiden anderer äußern kann.

Enthemmung (6D11.3) beschreibt die Tendenz zu schnellen Handlungen, ohne über potenziell negative Konsequenzen nachzudenken. Die Handlungen werden durch aktuelle externale oder internale Stimuli (d. h. Wahrnehmungen, Emotionen, Gedanken) ausgelöst und äußern sich durch Impulsivität im Verhalten, eine hohe Ablenkbarkeit, Verantwortungslosigkeit und einen Mangel an Planung.

Anankasmus (6D11.4) umfasst das Vorliegen eines rigiden Standards von Perfektionismus und darüber, was richtig bzw. falsch ist. Er geht mit einer erhöhten Kontrolle über das eigene Verhalten, das anderer Menschen und von Situationen einher. Anankasmus zeichnet sich durch eine übermäßige Beschäftigung mit Regeln, Normen, Details, Planung, Ordnung und Sauberkeit aus. Zudem liegt häufig eine rigide Kontrolle des eigenen emotionalen Ausdrucks gemeinsam mit Sturheit, Risikovermeidung und Bedachtsamkeit vor.

Die genannten Persönlichkeitsmerkmale können mittels Selbstbeurteilung (z. B. PID5BF+ M mit 36 Fragen, Bach et al., 2020) oder Fremdbeurteilung (z. B. SCID-5-AMPD Modul II, Hörz-Sagstetter et al., 2024; dieses erfasst jedoch nicht den Trait Anankasmus) erhoben werden.

Die bisherigen kategorialen PS weisen je nach PS sehr starke (++), starke (+) oder sehr schwache (–) Ausprägungen der verschiedenen Persönlichkeitsmerkmale auf, sodass sich typische Muster als »Übersetzungshilfe« ableiten lassen (Bach, 2025):

- *Paranoide PS:* negative Affektivität (+), Distanziertheit (+), Dissozialität (+)
- *Schizoide PS:* Distanziertheit (++)
- *Histrionische PS:* negative Affektivität (+), Distanziertheit (–), Dissozialität (+), Enthemmung (+)
- *Narzisstische PS:* negative Affektivität (+), Dissozialität (++), Enthemmung (+), Anankasmus (+)
- *Antisoziale PS:* negative Affektivität (–), Dissozialität (++), Enthemmung (++)
- *Borderline PS:* negative Affektivität (++), Dissozialität (+), Enthemmung (++)
- *Vermeidend-selbstunsichere PS:* Negative Affektivität (++), Distanziertheit (++), Anankasmus (+)
- *Dependente PS:* negative Affektivität (++), Enthemmung (+)
- *Zwanghafte PS:* negative Affektivität (+), Enthemmung (–), Anankasmus (++)

Schritt 4: Borderline-Muster

Schließlich kann das Vorliegen eines *Borderline-Musters* (6D11.5) überprüft werden, mit dem ein ausgeprägtes Muster der Instabilität von zwischenmenschlichen Beziehungen, der Identität und des Affekts sowie ausgeprägte Impulsivität beschrieben wird. Das Borderline-Muster kann mit den aus DSM-5 bekannten Kriterien erfasst werden: verzweifeltes Bemühen, Verlassenheit zu vermeiden; intensive jedoch instabile zwischenmenschliche Beziehungen; Identitätsstörung mit instabilem Selbstbild und Selbstwert; impulsives Handeln mit Selbstschädigung; Selbstverletzungen und Suizidalität; Stimmungsschwankungen; chronisches Gefühl innerer Leere; unangemessen starke Wut; vorübergehende stressabhängige dissoziative oder paranoide Symptome.

Das Vorliegen eines Borderline-Musters kann z. B. mit dem Abschnitt Borderline-Persönlichkeitsstörung des

SCID-5-PD (Beesdo-Baum et al., 2019) strukturiert abgefragt werden.

Fallbeispiel

Eine 35-jährige Verwaltungsangestellte stellt sich aufgrund eines ängstlichen Syndroms vor, nachdem sich ihr langjähriger Partner von ihr getrennt habe. Dieser sei neben ihrer Ursprungsfamilie und einer guten Freundin der einzige engere Kontakt und eine große Stütze gewesen. Sie hätte gerne mehr Kontakt mit Arbeitskolleginnen, jedoch habe es zuletzt in ihrer Abteilung großen Personalwechsel gegeben. Das Knüpfen neuer Kontakte falle ihr aus Angst vor Ablehnung nun sehr schwer. Schon seit ihrer Jugend fühle sie sich eher minderwertig und unbeholfen. Auch Offenheit in Beziehungen falle ihr schwer und sie brauche viel Zeit, bis sie sich Menschen wirklich anvertrauen könne. Die Entscheidung, sich psychotherapeutische Unterstützung zu holen, sei ihr daher nicht leichtgefallen. Diagnostisch erfüllt die Patientin im ausführlichen SCID-5-PD-Interview bzw. SCID-5-AMPD-Interview eine ausreichende Anzahl an Kriterien einer vermeidend-selbstunsicheren Persönlichkeitsstörung bzw. im Abgleich mit den Kriterien nach ICD-10 einer ängstlichen (vermeidenden) Persönlichkeitsstörung. Nach ICD-11 liegt eine Persönlichkeitsstörung mit gegenwärtig mittelgradiger Beeinträchtigung (6D10.1) und den Merkmalsdomänen negative Affektivität (6D11.0) und Distanziertheit (6D11.1) vor. Die Kriterien eines Borderline-Musters werden nicht erfüllt.

49.3 Lernpsychologische Modelle

Die Ätiologie von PS ist nicht aufgeklärt, es wird derzeit von einer Interaktion von Genetik und Umwelt (und somit auch lernpsychologisch relevanten Faktoren) ausgegangen. Bzgl. der Umweltfaktoren finden sich in der Anamnese gehäuft aversive Kindheitserfahrungen (z. B. in Form von emotionaler Vernachlässigung und Missbrauch) sowie traumatische Bindungs- und Beziehungserfahrungen, wobei keine hinreichende Kausalität für die Entwicklung einer PS besteht. Es ist vielmehr anzunehmen, dass es im Rahmen der biografischen Lerngeschichte zur Ausbildung dysfunktionaler Grundannahmen, Schemata und Verhaltensweisen kam, die sich zu der damaligen Zeit noch als funktional, hilfreich oder gar »überlebenssichernd« erwiesen haben und damit durch frühere Verstärkerprozesse gefestigt wurden (z. B. Persönlichkeitsmerkmal »Distanziertheit« als Schutz vor emotionaler oder auch körperlicher Verletzung). Auch wenn diese in der Zwischenzeit mit Einschränkungen einhergehen, führen aktuelle Verstärker- und Informationsverarbeitungsprozesse weiterhin zu einer Aufrechterhaltung des Persönlichkeitsmerkmals (z. B. ist Nähe zulassen trotz »Distanziertheit« mit starker Zunahme an Angst verbunden, das resultierende Vermeidungsverhalten wiederum verhindert korrigierende Erfahrungen). Zudem können Lernprozesse auch in Form von Lernen am Modell stattgefunden haben (z. B. Elternteil mit dem Persönlichkeitsmerkmal »Dissozialität«).

49.4 Störungsspezifische Psychotherapie

Psychotherapie gilt als Methode der ersten Wahl in der Behandlung von PS und es liegen für einzelne kategoriale PS störungsspezifische Therapiemanuale vor (z. B. für die Borderline-PS, ▸ Kap. 50). Der dimensionale PS-Ansatz von ICD-11 ermöglicht die Veränderungsmessung sowie die Weiterentwicklung eines umfassenden Therapieansatzes für PS. So kann z. B. der Schweregrad der PS als Indiz für das notwendige Maß an Strukturiertheit, Therapieintensität (Wahl des Behandlungssettings) und Fokussierung auf Eigen- und/oder Fremdgefährdung herangezogen werden. Mit zunehmendem Schweregrad ist von einem erschwerten Aufbau einer therapeutischen Beziehung auszugehen. Zudem steigt das Risiko für Therapieabbrüche, Selbstverletzungen und suizidale Krisen, sodass klare Rahmenbedingungen (Dauer, Frequenz, Krisenplan) und die Anfertigung eines Therapievertrags empfohlen werden.

Die maladaptiven Persönlichkeitsmerkmale können wiederum Hinweise für den notwendigen Therapiefokus geben (▸ Tab. 49.2) und in die Therapieplanung (also der Auswahl an Interventionen) einbezogen werden. Beispielsweise kann bei Vorliegen von »negativer Affektivität« das sogenannte Unified Protocol eingesetzt werden, das Interventionen zur Emotionswahrnehmung, -regulation und Stresstoleranz beinhaltet (Barlow et al., 2010). Zukünftig werden ggf. weitere spezifische Behandlungsmodule für die einzelnen Traits zur Verfügung stehen. ▸ Tab. 49.2 gibt hierfür Beispiele.

Merke

Als generelles Vorgehen in der Behandlung von PS empfiehlt sich eine fundierte Diagnostik, in der bereits die verschiedenen Problembereiche und die individuellen Denk-, Gefühls- und Verhaltensmuster anhand konkreter Beispielsituationen erfasst werden. Zudem sollten klare therapeutische Rahmenbedingungen, ggf. in Form eines Therapievertrags, vereinbart werden.

Tab. 49.2: Persönlichkeitsmerkmale nach ICD-11 und beispielhafte Interventionsmodule

Persönlichkeitsmerkmal	Merkmalsfacetten nach PID5BF+ M	Beispiele für mögliche therapeutische Interventionen
Negative Affektivität (6D11.0)	emotionale Labilität, Ängstlichkeit, Trennungsangst	Emotionserkennung und -regulation, Stresstoleranz, Selbstmitgefühl, Mentalisierung, Akzeptanzstrategien, ggf. Skills gegen selbstverletzendes Verhalten
Distanziertheit (6D11.1)	sozialer Rückzug, Anhedonie, Vermeidung von Nähe	soziale Verhaltensaktivierung, soziales Kompetenz- und Selbstsicherheitstraining, Einsicht in fehlendes soziales Interesse und Vermeidung, Bedürfniswahrnehmung
Dissozialität/ Antagonismus (6D11.2)	Neigung zur Manipulation, Unehrlichkeit, Grandiosität	empathische Konfrontation, Erarbeiten der Vorteile prosozialen Verhaltens, Einsicht in Vulnerabilität
Enthemmung/ Disinhibition (6D11.3)	Impulsivität, Ablenkbarkeit, Verantwortungslosigkeit	Kontingenzmanagement, Emotionsregulation, Skillstraining, Wertearbeit
Anankasmus (6D11.4)	Perfektionismus, Rigidität, Ordnungszwang	Verhaltensexperimente zu Kontrollabgabe, zu Unvollkommenheit und zu emotionaler Spontanität, Offenheit bzgl. Fehlern auf Therapierendenseite, emotionsaktivierende Techniken

Bereits zu Beginn sollte auf den Aufbau einer vertrauensvollen *therapeutischen Beziehung* geachtet werden, was aufgrund der inhärenten zwischenmenschlichen Störungen oft erschwert und zeitintensiv ist. Es empfiehlt sich zunächst komplementäre Beziehungsgestaltung zu nutzen, um auf die Bedürfnisse des Gegenübers einzugehen.

Mittels Problem- und Verhaltensanalysen können dann *mikroanalytisch* anhand konkreter Situationen die individuellen Denk-, Gefühls- und Verhaltensmuster unter Berücksichtigung von Wahrnehmungs- und Interpretationsprozessen erarbeitet werden. Im nächsten Schritt können hieraus *makroanalytisch* Glaubenssätze, Denk- und Erlebensschemata sowie interpersonelle Bedürfnisse und Motive abgeleitet werden.

Zur Priorisierung der meist vielfältigen Problembereiche und Behandlungsziele hat sich eine dynamische *Hierarchisierung* bewährt, d. h., dass für jede Stunde das aktuell in der Hierarchie dominierende Problem zum Fokus der Stunde gemacht wird. Entsprechend des Ansatzes der Dialektisch-Behavioralen Therapie (DBT, ▸ Kap. 57) wird dabei (akute) Suizidalität vor therapiezerstörendes oder -fortschrittgefährdendes Verhaltens gestellt, bevor auf schwerwiegende Störungen der Verhaltenskontrolle (z. B. Selbstverletzungen, Wutausbrüche) und des emotionalen Erlebens fokussiert wird.

Zur Modifikation der Denk-, Gefühls- und Verhaltensmuster stehen dann eine Vielzahl verhaltenstherapeutischer Möglichkeiten zur Auswahl, die individualisiert eingesetzt werden können und z. B. Fertigkeitentraining, soziales Kompetenztraining, Übungen zur Mentalisierung und zum Perspektivwechsel sowie Rollenspiele und Verhaltensexperimente umfassen. Ein besonderer Schwerpunkt sollte auf der Förderung verhaltensbezogener zwischenmenschlicher Kompetenzen gelegt werden. Zudem kann die therapeutische Beziehung genutzt werden, um korrigierende Beziehungs- und Lernerfahrungen zu machen, indem beispielsweise dysfunktionale Erwartungen irritiert und transparent besprochen werden. Externe Auslöser und Stressoren können mittels Problemlösen oder Akzeptanzstrategien adressiert werden. Falls notwendig, sollte Unterstützung zur Schaffung eines stabilisierenden Umfeldes gegeben werden (z. B. Einbezug und Vermittlung von sozialpsychiatrischer und sozialtherapeutischer Expertise in Bereichen wie Arbeiten und Wohnen). Schließlich wird der Einbezug von Angehörigen sowie eine kontinuierliche Supervision und Intervision des Therapierenden empfohlen.

49.5 Pharmakotherapie

Es besteht derzeit keine explizite Evidenz oder Empfehlung für eine medikamentöse Behandlung von PS. Die Pharmakotherapie von PS erfolgt daher zur Behandlung komorbider Störungen (z. B. einer komorbiden depressiven Störung) oder allenfalls symptomorientiert (z. B. bei akuten suizidalen Krisen, bei Schlafstörungen, zur Stimmungsstabilisierung oder bei dissoziativen Symptomen).

49.6 Evidenzbasierung

Die Wirksamkeit von Psychotherapie bei PS ist ermutigend (Kramer et al., 2022), wobei ein Hauptteil der Evidenz im Rahmen der Borderline-PS untersucht wurde. Es besteht derzeit noch Forschungsbedarf bzgl. Prädikatoren und Moderatoren des Therapieansprechens und damit bzgl. personalisierter Therapieempfehlungen (»what works for whom«). Zudem müssen spezifische Veränderungsmechanismen weiter aufgeklärt werden. Das dimensionale Modell nach ICD-11 könnte hierbei die weitere Forschung inspirieren und die Entwicklung zukünftiger mechanismusbasierter Therapiemodule stimulieren.

Prüfungsfragen

1. Benennen Sie die Schritte des Vorgehens zur Diagnosestellung einer PS nach ICD-11.
2. Nennen Sie Beispiele dafür, wie Sie das Persönlichkeitsmerkmal »negative Affektivität« im Rahmen der Psychotherapie adressieren können.
3. Welchen Stellenwert nimmt Pharmakotherapie im Rahmen der Behandlung von PS ein?

Antworten

1. (1) Prüfung der allgemeinen Voraussetzungen, (2) Schweregradbeurteilung anhand Funktionseinschränkungen, (3) Prüfung des Vorliegens dysfunktionaler Persönlichkeitsmerkmale, (4) Prüfung des Vorliegens eines Borderline-Musters.
2. Vermittlung von Emotionsregulationsstrategien, Hochstress-Skills, Selbstfürsorge, Akzeptanzstrategien.
3. Es gibt bislang keine klare Evidenz oder Empfehlung für eine psychopharmakologische Behandlung von PS. Ein medikamentöser Versuch kann zur Behandlung von Komorbiditäten oder ggf. symptomorientiert erfolgen.

Empfohlene Materialien

- LPFS-BF 2.0 – Level of Personality Functioning Scale – Brief Form 2.0: https://www.deviersprong.nl/wp-content/uploads/2021/09/LPFS-BF-German-adapted-2021.pdf
- PID5BF+ M – Persönlichkeitsinventar für DSM-5 und ICD-11 – Kurzform Modifiziert: https://www.ewi-psy.fu-berlin.de/psychologie/arbeitsbereiche/klinische_psychotherapie/Frageboegen/Persoenlichkeitsinventar-fuer-DSM-5-und-ICD-11_PID5BF__PID5BF_MDE/PID5BF_-M-DE-.pdf

Literatur

APA – American Psychiatric Association (2013). *Diagnostic and statistical manual of mental disorders (DSM-5®)*. American Psychiatric Pub.

Bach, B., Kerber, A., Aluja, A. et al. (2020). International Assessment of DSM-5 and ICD-11 Personality Disorder Traits: Toward a Common Nosology in DSM-5.1. *Psychopathology, 53*(3–4), 179–188. https://doi.org/10.1159/000507589

Barlow, D. H., Ellard, K. K., & Fairholme, C. P. (2010). *Unified protocol for transdiagnostic treatment of emotional disorders: Workbook*. Oxford University Press.

Beesdo-Baum, K., Zaudig, M., & Wittchen, H. U. (Eds.). (2019). *SCID-5-PD: Strukturiertes Klinisches Interview für DSM-5® – Persönlichkeitsstörungen.* Deutsche Bearbeitung des Structured Clinical Interview for DSM-5® – Personality Disorders von Michael B. First, Janet B. W. Williams, Lorna Smith Benjamin, Robert L. Spitzer. Hogrefe.

Gunderson, J. G., Herpertz, S. C., Skodol, A. E. et al. (2018). Borderline personality disorder. *Nature Reviews Disease Primers, 4,* 18029. https://doi.org/10.1038/nrdp.2018.29

Hörz-Sagstetter, S., Mokros, A., & Zimmermann, J. (Eds.). (2024). *SCID-5-AMPD: Strukturiertes Klinisches Interview für das alternative DSM-5®-Modell für Persönlichkeitsstörungen.* Deutsche Bearbeitung des Structured Clinical Interview for the DSM-5® – Alternative Model for Personality Disorders von Michael B. First, Andrew E. Skodol, Donna S. Bender und John M. Oldham. Hogrefe.

Kerber, A., Macina, C., Ohse, L., et al. (2025). Determining essential dimensions for the clinical approximation of personality disorder severity – a multimethod study. Preprint verfügbar unter OSF.io

Kramer, U., Eubanks, C. F., Bertsch, K. et al. (2022). Future challenges in psychotherapy research for personality disorders.

Current psychiatry reports, 24(11), 613–622. https://doi.org/10.1007/s11920-022-01379-4

Spitzer, C., Müller, S., Kerber, A. et al. (2021). Die deutsche Version der Level of Personality Functioning Scale-Brief Form 2.0 (LPFS-BF): Faktorenstruktur, konvergente Validität und Normwerte in der Allgemeinbevölkerung. *PPmP-Psychotherapie· Psychosomatik· Medizinische Psychologie, 71* (07), 284–293. https://doi.org/10.1055/a-1343-2396

Volkert, J., Gablonski, T. C., & Rabung, S. (2018). Prevalence of personality disorders in the general adult population in western countries: systematic review and meta-analysis. *British Journal of Psychiatry, 213,* 709–15. https://doi:10.1192/bjp.2018.202

World Health Organization (2022). *ICD-11: International classification of diseases (11th revision).*

Zettl, M., Taubner, S., Hutsebaut, J. et al. (2019). Psychometrische Evaluation der deutschen Version des semistrukturierten Interviews zur Erfassung der DSM-5 Persönlichkeitsfunktionen (STiP-5.1). *PPmP – Psychotherapie, Psychosomatik, Medizinische Psychologie, 69* (12), 499–504.

Weiterführende Literatur

Bach, B., & Simonsen, S. (2025). *ICD-11 Persönlichkeitsstörungen: Ein klinischer Leitfaden*. Hogrefe.

Renneberg, B., & Herpertz, S. C. (2020). *Persönlichkeitsstörungen (Fortschritte der Psychotherapie)*. Hogrefe.

Sachse, R. (2021). *Psychotherapie von Persönlichkeitsstörungen. Eine verhaltenstherapeutisch-klärungsorientierte Anleitung.* Kohlhammer.

50 Borderline-Persönlichkeitsstörung

Frank Enning

Das Wichtigste auf einen Blick

- Die Borderline-Persönlichkeitsstörung (BPS) ist durch affektive Dysregulation, zwischenmenschliche Störungen und Identitätsprobleme gekennzeichnet. Diese Domänen interagieren komplex und tragen zu den vielfältigen Symptomen bei.
- Die Lebenszeitprävalenz der BPS beträgt etwa 3 %. Über 60 % der Betroffenen berichten von Suizidversuchen. Aufgrund mangelnder Therapieangebote und fehlender Fachkenntnisse erhält weniger als 1 % eine leitliniengerechte Behandlung. Etwa zwei Drittel der stationären Kosten bei Borderline-Patientinnen und -Patienten entfallen auf Krisenaufenthalte, die vor allem durch suizidales und parasuizidales Verhalten ausgelöst werden. Insgesamt verursacht die BPS etwa 15 % der Gesamtkosten für psychische Störungen in Deutschland.
- Betroffene erleben intensive Emotionen wie Schuld, Scham und Selbstverachtung, die oft zu körperlichen Symptomen und dissoziativen Zuständen führen. Neuroimaging-Studien zeigen eine erhöhte Aktivität in limbischen Hirnregionen und eine verminderte Aktivierung präfrontaler Hirnregionen.
- Etwa 80 % der Betroffenen zeigen selbstverletzendes Verhalten, um extreme Spannungszustände zu lindern. Empirische Studien bestätigen, dass nicht-suizidales selbstverletzendes Verhalten (NSSV) zur Reduktion emotionaler Spannungen beiträgt.
- Menschen mit BPS erleben häufig eine fragmentierte Identität und tiefe Unsicherheiten im Selbstbild. Diese Störungen manifestieren sich in sozialen und beruflichen Kontexten und sind oft durch traumatische Erfahrungen und Invalidierung bedingt.
- Effektive Behandlungsmöglichkeiten umfassen die Dialektisch-Behaviorale Therapie (DBT), die Mentalisierungsbasierte Therapie (MBT) und die Schematherapie. Diese Ansätze haben nachweislich positive Effekte und bieten Betroffenen Hoffnung auf ein stabileres Leben.
- Es gibt keine spezifisch zugelassenen Medikamente für BPS. Häufig eingesetzte Medikamente wie Antipsychotika der zweiten Generation, Antikonvulsiva und Antidepressiva lindern Symptome wie affektive Instabilität und Impulsivität und sind bei komorbiden Störungen wie Depression indiziert.

50.1 Einführung

Die Borderline-Persönlichkeitsstörung (BPS) ist gekennzeichnet durch drei zentrale Psychopathologiedomänen: affektive Dysregulation, zwischenmenschliche Störungen und Identitätsprobleme. Die genaue Hierarchie und Interaktion dieser Domänen ist weiterhin umstritten (Schmahl et al., 2014). Soziobiologisch resultieren viele der zwischenmenschlichen und individuellen Probleme bei Menschen mit BPS, wie Ablehnungsempfindlichkeit, Schwierigkeiten bei der Zugehörigkeit und ein negatives Selbstwertgefühl, aus einer gestörten Emotionsverarbeitung (Lis & Bohus, 2013). Entwicklungstheoretisch können traumatische zwischenmenschliche Erfahrungen wie Invalidierung, unsichere Bindung und Missbrauch zu dysfunktionalen sozialen Kognitionen und Problemen in der Emotionsregulation führen. Die Störung beginnt meist in der frühen Adoleszenz und erreicht ihren Höhepunkt im jungen Erwachsenenalter.

Zur Einordnung der klinischen Bedeutung der BPS einige epidemiologische Fakten: Die Lebenszeitprävalenz der Borderline-Persönlichkeitsstörung wird auf etwa 3 % geschätzt, wobei das Geschlechterverhältnis weitgehend ausgeglichen ist. Allerdings suchen mehr Frauen therapeutische Unterstützung. Über 60 % der Betroffenen haben Suizidversuche unternommen. In Deutschland ist die Versorgung von BPS-Betroffenen jedoch stark defizitär: Die meisten ambulant tätigen Psychotherapeutinnen und Psychotherapeuten haben entweder keine freien Therapieplätze oder sind nicht in einem der Leitlinienverfahren geschult. Schätzungen zufolge erhält weniger als 1 % der Betroffenen eine leitliniengerechte Psychotherapie (Sabaß et al., 2024). Diese Versorgungslücke führt zu häufigen stationären Krisenaufnahmen und einer hohen Hospitalisierungstendenz.

Die damit verbundenen Gesundheitskosten sind beträchtlich. Eine Untersuchung zeigte, dass Borderline-Patientinnen und -Patienten im Durchschnitt 40 Tage pro Jahr stationär oder teilstationär behandelt werden, was gesellschaftliche Kosten von über 30.000 € verursacht (Wagner et al., 2021). Zwei Drittel dieser Kosten entfallen auf Krisenaufenthalte, die vor allem durch suizidales und parasuizidales Verhalten ausgelöst werden (Bohus et al., 2007). Zusätzlich belasten die häufigen Krankenhausaufenthalte die soziale Integration der Betroffenen erheblich. Trotz normaler kognitiver Fähigkeiten erreichen viele keinen Schulabschluss oder schaffen es nicht, eine Berufsausbildung abzuschließen.

Die BPS beginnt häufig in der Adoleszenz und erreicht ihren Höhepunkt im jungen Erwachsenenalter. Studien zeigen, dass die Diagnose bei Jugendlichen ähnlich stabil und zuverlässig ist wie bei Erwachsenen. Eine frühe Diagnostik und Intervention sind entscheidend, um die Symptomlast zu reduzieren und die Prognosen zu verbessern. Die S3-Leitlinie empfiehlt daher, die Diagnose bereits ab 12 Jahren zu stellen. Die Forschung deutet zudem darauf hin, dass BPS nicht zwingend chronisch verläuft: Etwa 60 % der Betroffenen erleben eine Remission, bei der die diagnostischen Kriterien mindestens zwei Jahre lang nicht mehr erfüllt werden (Stepp, 2012).

50.2 Diagnose und lerntheoretische Besonderheiten

Die Diagnostik von Persönlichkeitsstörungen hat sich in den letzten Jahren durch die Einführung neuer Klassifikationssysteme und diagnostischer Instrumente weiterentwickelt. Während in der ICD-11 ein dimensionales Konzept eingeführt wurde, das die Schwere der Störung in leicht, mittel und schwer einstuft, stellt die Borderline-Persönlichkeitsstörung eine Ausnahme dar und wird als »Borderline Pattern Specifier« gesondert berücksichtigt.

Im DSM-5 (2013) gelten weiterhin die neun bekannten Diagnosekriterien, von denen mindestens fünf erfüllt sein müssen. Sie beziehen sich auf typische Symptome wie instabile zwischenmenschliche Beziehungen, intensive Angst vor Verlassenwerden, Identitätsstörungen, Impulsivität, emotionale Instabilität, chronische Leeregefühle, unangemessene Wut, selbstschädigendes Verhalten sowie vorübergehende paranoide oder dissoziative Symptome.

In der klinischen Praxis stehen für die Diagnostik mehrere bewährte Instrumente zur Verfügung. Das SCID-5 erlaubt eine strukturierte Erfassung aller DSM-5-Störungen, einschließlich Persönlichkeitsstörungen und komorbider Erkrankungen, und eignet sich besonders für den stationären und ambulanten Bereich. Das IPDE (International Personality Disorder Examination) gilt als Instrument der Wahl zur spezifischen Diagnostik der BPS, da es DSM- und ICD-Kriterien integriert und in Forschung und Versorgung weltweit etabliert ist. Die Borderline-Symptomliste (BSL-23) ist ein ökonomisches Selbstbeurteilungsverfahren zur Erfassung der aktuellen Symptomschwere und eignet sich sowohl für die Erstdiagnose als auch die Verlaufskontrolle (Bohus et al., 2007).

50.2.1 Störung der Affektregulation bei BPS

Die Störung der Affektregulation ist ein zentrales Merkmal der Borderline-Persönlichkeitsstörung. Betroffene haben eine niedrige Reizschwelle für emotionale Ereignisse und erleben ein hohes Erregungsniveau, das nur langsam wieder abklingt. Sie kämpfen mit intensiven Emotionen wie Schuld, Scham, Ohnmacht und Selbstverachtung, die sowohl ihre Alltagsbeziehungen als auch die therapeutische Interaktion beeinflussen (Schmahl et al., 2014). Diese Emotionen sind oft so extrem, dass sie als quälende, diffuse Spannungszustände wahrgenommen werden, die die Betroffenen nicht klar differenzieren können und die schließlich als unerträglicher Hochstress erlebt werden. Dies führt häufig zu körperlichen Symptomen wie verringerter Schmerzempfindlichkeit (Hypalgesie) und dissoziativen Zuständen (Schmahl et al., 2006).

Neuroimaging-Studien zeigen eine erhöhte Aktivität in limbischen Hirnregionen, insbesondere der Amygdala und der Insula, bei emotionalen Herausforderungen (Herpertz et al., 2001). Diese erhöhte Aktivität tritt sowohl bei negativen als auch bei neutralen Reizen auf und zeigt eine verringerte Gewöhnung bei wiederholter Präsentation (Koenigsberg et al., 2014). Zudem weisen BPS-Betroffene eine geringere Aktivierung präfrontaler Hirnregionen auf, was auf eine unzureichende Modulation negativer Emotionen hinweist (Lis et al., 2007). Die Hierarchie der Emotionsregulation zeigt, dass der dorsolaterale präfrontale Kortex das zinguläre System und letztlich die Amygdala moduliert. Diese Dysregulation, bei der »Bottom-up«-Prozesse in limbischen Strukturen hyperreaktiv und »Top-down«-Kontrollmechanismen im präfrontalen Kortex weniger effektiv sind, führt zu intensiven und langanhaltenden emotionalen Reaktionen (Etkin & Wager, 2007).

Ähnliche funktionelle Veränderungen mit limbischer Hyperreaktivität und intensiven, langanhaltenden emotionalen Reaktionen können auch bei Personen mit Kindheitstraumata auftreten (Dannlowski et al., 2012). Es wird vermutet, dass das Zusammentreffen von nachteiligen Kindheitserfahrungen, dysfunktionaler Emotionsregulation, erhöhter Impulsivität und zwischenmenschlichen Problemen spezifisch zur Entwicklung von BPS beiträgt (Crowell et al., 2009).

Fallbeispiel

Sabrina, eine 32-jährige Frau mit Borderline-Persönlichkeitsstörung, beschreibt ihre täglichen inneren Kämpfe: »Ich fühle mich wie eine tickende Zeitbombe. Schon die kleinsten Dinge bringen mich zur Explosion. Gestern hat mein Freund nur vergessen, die Milch zu kaufen, und ich habe angefangen zu schreien und alles in meiner Küche zu zerbrechen. In diesen Momenten spüre ich nur Wut und Verzweiflung, alles andere wird unwichtig. Danach fühle ich mich schuldig und beschämt, weil ich wieder die Kontrolle verloren habe. Um diese quälenden Gefühle loszuwerden, verletze ich mich selbst. Ich schneide mich, um den emotionalen Schmerz zu überdecken und mich wieder lebendig zu fühlen. Diese Erleichterung hält nicht lange an, aber in dem Moment scheint es die einzige Möglichkeit zu sein, den inneren Sturm zu beruhigen.«

50.2.2 Nicht-suizidales selbstverletzendes Verhalten (NSSV) bei BPS

Nicht-suizidales selbstverletzendes Verhalten (NSSV) ist bei Patientinnen und Patienten mit Borderline-Persönlichkeitsstörung eng mit Emotionsdysregulation verbunden. Die Anspannung bei diesen Betroffenen kann so stark sein, dass sie alles tun, um diesen Zustand zu beenden. Etwa 80 % der Betroffenen zeigen selbstschädigendes Verhalten wie Schneiden (80 %), Blutergüsse verursachen (24 %), Verbrennungen zufügen (20 %), den Kopf gegen die Wand schlagen (15 %) und Beißen (7 %) (Gunderson & Ridolfi, 2001), um die intensiven Spannungszustände kurzfristig zu lindern (Kleindienst et al., 2008). Weitere Gründe können das Bedürfnis sein, Schmerz zu fühlen, sich selbst zu bestrafen, Kontrolle über Gefühle zu erlangen oder Wut und Not auszudrücken.

Betroffene berichten, dass Selbstverletzungen ihnen helfen, extreme Spannungen und negative Emotionen zu reduzieren. Diese kurzfristige Linderung der Spannungen führt durch negative Verstärkung dazu, dass das Verhalten weiter fortgesetzt wird. Besonders relevant sind diese Verhaltensweisen, da Menschen mit BPS eine reduzierte Schmerzsensitivität aufweisen (Schmahl et al., 2006). Empirische Studien bestätigen, dass selbstschädigendes Verhalten tatsächlich zur Reduktion emotionaler Spannungen beiträgt und somit als Bewältigungsstrategie eingesetzt wird (Kleindienst et al., 2008; Reitz et al., 2015).

Die neuronalen Mechanismen hinter NSSV und der veränderten Schmerzverarbeitung sind vielschichtig und komplex:

Die Aktivität im dorsolateralen präfrontalen Kortex (DLPFC), oft als Planungszentrale des Gehirns bezeichnet, spielt eine wichtige Rolle bei der bewussten Kontrolle und Regulierung von Emotionen. Studien mit funktioneller Magnetresonanztomografie (fMRT) zeigen, dass schmerzhafte Reize bei BPS-Patientinnen und -Patienten die Aktivität im DLPFC erhöhen. Diese Region hilft, die emotionale Übererregung, die durch den anterioren zingulären Kortex (ACC) – den Konfliktdetektor – ausgelöst wird, zu kontrollieren und zu regulieren (Schmahl et al., 2006). Diese verstärkte präfrontale Aktivität kann die emotionale Reaktivität kurzfristig unterdrücken und so zur Spannungsreduktion beitragen.

Die Amygdala, das Alarmzentrum des Gehirns, ist entscheidend für die emotionale Reaktion auf bedrohliche Reize. Der ACC überwacht und bewertet emotionale Konflikte. Während NSSV wird die Aktivität in der Amygdala und im ACC heruntergefahren, was die emotionale Intensität reduziert und eine vorübergehende Linderung emotionaler Spannungen ermöglicht (Schmahl et al., 2006). Diese Hypoaktivität könnte ein Grund dafür sein, dass Betroffene NSSV als effektiv empfinden, um intensive negative Emotionen zu regulieren.

Schmerzhafte Reize bei BPS-Betroffenen führen zu einer erhöhten Kommunikation zwischen den präfrontalen Regionen (Planungszentrale) und den limbischen Regionen (emotionale Verarbeitung). Diese verbesserte Interaktion deutet auf eine effektivere Hemmung der emotionalen Erregung hin, was zu einer vorübergehenden emotionalen Stabilisierung beiträgt (Niedtfeld et al., 2012). Gleichzeitig wird durch NSSV eine Abnahme der Stressreaktion durch die Normalisierung der Amygdala-Aktivität erreicht.

Das endogene Opioidsystem spielt eine entscheidende Rolle bei der Schmerz- und Stressregulation. Betroffene, die sich selbst verletzen, haben niedrigere Basalspiegel von β-Endorphin, dem körpereigenen Schmerzmittel, und eine größere Verfügbarkeit von μ-Rezeptoren, an denen diese Endorphine binden (Stanley et al., 2010). Gewebeschäden während NSSV führen zur Freisetzung von β-Endorphin, was negative Affekte und Spannungen reduziert und eine vorübergehende emotionale Erleichterung bewirkt. Zudem gibt es Hinweise darauf, dass eine verminderte Schmerzempfindung, die durch veränderte Neurotransmitteraktivitäten im Opioidsystem vermittelt wird, zur Wiederholung von NSSV beiträgt (Koenig et al., 2017).

Stressbedingte dissoziative Zustände wie Depersonalisation und Analgesie sind häufige Erfahrungen bei Patientinnen und Patienten mit NSSV. Diese dissoziativen Zustände können als Schutzmechanismen wirken, um extreme emotionale Belastungen und Schmerzen zu reduzieren, was den Anreiz für wiederholtes NSSV verstärken kann (Kleindienst et al., 2008; Lyssenko et al., 2018). Die neurobiologische Forschung zeigt, dass solche dissoziativen Zustände eng mit der neurobiologischen Reaktion auf Schmerz und emotionalen Stress verknüpft sind.

Das zunächst schwer verständliche Phänomen der Selbstverletzung bei Borderline-Betroffenen wird durch das Wissen über die zugrundeliegenden neurobiologischen Mechanismen nachvollziehbarer. Wenn man versteht, dass Selbstverletzung ein Versuch ist, extreme emotionale Zustände zu bewältigen, fällt es leichter, den Betroffenen mit mehr Einfühlungsvermögen und Professionalität zu begegnen.

50.2.3 Suizidalität bei BPS

Suizidalität ist ein zentrales und oft besorgniserregendes Thema in der Behandlung von Patientinnen und Patienten mit Borderline-Persönlichkeitsstörung. Obwohl die tatsächlichen Suizidraten in behandelten Populationen relativ niedrig sind, bleibt die hohe Frequenz von Suizidversuchen und drängenden Suizidgedanken ein großes Problem, das sowohl Betroffene als auch Behandelnde stark belastet.

Die Suizidrate bei Borderline-Betroffenen liegt laut Studien bei etwa 9 % (Gunderson & Ridolfi, 2001). Dies ist erheblich höher als in der allgemeinen Bevölkerung, jedoch sind vollendete Suizide bei adäquat behandelten Patientinnen und Patienten vergleichsweise selten. Langfristige Studien zeigen, dass die tatsächliche Suizidrate bei Betroffenen, die beispielsweise eine Dialektisch-Behaviorale Therapie (DBT) erhalten haben, mit deutlich unter 4 % wesentlich niedriger ist (Zanarini et al., 2015). Im Gegensatz dazu stehen die extrem häufigen Suizidversuche, die etwa 60–70 % der Borderline-Betroffenen betreffen und oft mehrfach unternommen werden (Gunderson & Ridolfi, 2001). Diese hohe Frequenz der Suizidversuche und die ausgeprägten Suizidgedanken sind Teil der Borderline-Symptomatik und damit ein zentrales Thema in der Therapie.

Studien weisen auf neurobiologische Unterschiede bei Borderline-Betroffenen mit suizidalen Tendenzen hin. Verringerte Serotoninspiegel und deren Metabolite stehen in Verbindung mit suizidalem Verhalten (Arango et al., 2002).

Innerhalb der DBT werden Suizidgedanken als »dysfunktionales Problemlösen« verstanden. Viele Borderline-

Betroffene entwickeln bereits in der Kindheit Suizidfantasien als Bewältigungsstrategie. Sie dienen dazu, emotionale Zustände zu lindern, und treten oft automatisiert in belastenden Situationen auf.

50.2.4 Dissoziative Zustände bei BPS

Dissoziative Zustände sind bei Menschen mit Borderline-Persönlichkeitsstörung häufig anzutreffen, insbesondere während Phasen negativer Affekte und erhöhter Erregung (Stiglmayr et al., 2008). Diese Zustände können dysfunktionale Verhaltensweisen wie nicht-suizidales selbstverletzendes Verhalten (NSSV) auslösen (Kleindienst et al., 2008). Dissoziation beeinträchtigt psychologische Funktionen wie Gedächtnis, Aufmerksamkeit sowie die Wahrnehmung des Körpers und der Umwelt und führt zu Symptomen wie Analgesie, Amnesie, Depersonalisation und Derealisation.

Betroffene in dissoziativen Zuständen nehmen ihre Emotionen und Umgebungen verzerrt wahr, was die Therapieplanung erheblich erschwert. Studien mit funktioneller Magnetresonanztomografie (fMRT) zeigen, dass bei diesen Zuständen eine erhöhte Aktivität im präfrontalen Kortex und eine reduzierte Aktivität in der Amygdala und Insula auftreten. Dies weist auf eine emotionale Übermodulation hin (Lanius et al., 2010). Bei BPS-Betroffenen, deren dissoziative Zustände durch skriptgesteuerte Imagination induziert wurden, zeigen sich ähnliche Ergebnisse: erhöhte Aktivierung des inferioren Frontalgyrus und geringere limbische Aktivierung (Winter et al., 2015).

Dissoziation stört die Verarbeitung von Erinnerungen und emotionalen Informationen, was die emotionale Lernfähigkeit und Therapieerfolge beeinträchtigen kann. Dissoziative Zustände sind mit einer verminderten Aktivität in Hirnregionen verbunden, die an der Verarbeitung emotionaler Informationen und der Konsolidierung von Erinnerungen beteiligt sind (Amygdala, ACC, Insula und Hippocampus). Diese gestörte Verarbeitung beeinträchtigt die emotionale Lernfähigkeit und die Reaktion auf therapeutische Interventionen. Hohe Dissoziationswerte können die Fähigkeit zur emotionalen Verarbeitung und Anpassung reduzieren (Krause-Utz et al., 2012).

Aktuelle Studien zeigen, dass stressbedingte Dissoziation bei BPS eng mit zentralen Merkmalen der Störung wie Problemen in der Emotionsregulation, Identitätsstörungen und Schwierigkeiten in zwischenmenschlichen Beziehungen verbunden ist. Auf neuronaler Ebene wird bei dissoziativen Zuständen eine erhöhte Aktivität in frontalen und temporalen Regionen beobachtet, während limbische Strukturen wie die Amygdala weniger aktiv sind. Diese Veränderungen deuten auf eine veränderte Verarbeitung emotionaler und sozialer Informationen hin (Krause-Utz et al., 2021).

Dissoziation hat auch erhebliche Auswirkungen auf den Erfolg psychotherapeutischer Behandlungen: Akute dissoziative Zustände können das emotionale Lernen während der Therapie beeinträchtigen und die Fähigkeit zur Verarbeitung von Emotionen und zum Erlernen neuer Bewältigungsstrategien einschränken, was die therapeutische Arbeit erschwert. Besonders bei der Dialektisch-Behavioralen Therapie (DBT) wurde dies deutlich (Krause-Utz et al., 2021). Die DBT hat daher spezifische Strategien entwickelt, um diese Zustände gezielt zu adressieren (▶ Kap. 57).

50.2.5 Störungen der Identität bei BPS

Identitätsstörungen sind ein zentrales Merkmal der Borderline-Persönlichkeitsstörung und spielen eine wesentliche Rolle im diagnostischen und therapeutischen Prozess. Menschen mit BPS erleben ihre Identität oft als fragmentiert und inkohärent. Diese Störungen manifestieren sich in einer tiefgreifenden Unsicherheit und Inkohärenz des Selbstbildes, was zu erheblichen Schwierigkeiten in sozialen und beruflichen Kontexten führen kann.

Eine der wenigen aussagekräftigen Studien zu Identitätsstörungen (Wilkinson-Ryan & Westen, 2000) kategorisiert diese in vier Hauptkategorien:

- *Rollen-Absorption:* Betroffene gehen vollständig in einer einzigen sozialen Rolle auf, was zur Vernachlässigung anderer Lebensbereiche führt. Diese einseitige Identifikation kann dazu führen, dass sie sich verloren fühlen, wenn diese Rolle wegfällt. Zum Beispiel könnte eine Person, die sich vollständig über ihren Beruf definiert, in eine tiefe Krise stürzen, wenn sie arbeitslos wird.
- *Schmerzhafte Inkohärenz:* Ein Gefühl der »inneren Zerrissenheit«, bei dem Betroffene widersprüchliche Aspekte ihrer Identität erleben, ohne diese zu einer kohärenten Selbstwahrnehmung integrieren zu können. Dies führt oft zu erheblichen inneren Konflikten und emotionaler Instabilität. Beispielsweise kann eine Person gleichzeitig starke emotionale Bindungen und extreme Abneigungen gegenüber derselben Person empfinden.
- *Schmerzhafte Inkonsistenz:* Eine fehlende Konstanz im Selbstbild, die sich durch wechselnde und unstabile Identitäten äußert. Betroffene können sich in verschiedenen Kontexten als völlig unterschiedliche Personen wahrnehmen, was zu Verwirrung und einem Mangel an Selbstsicherheit führt. Ein Patient könnte sich im Freundeskreis als sorglos und abenteuerlustig präsentieren, während er sich in der Familie als ängstlich und zurückgezogen zeigt.
- *Fehlende Rollenakzeptanz:* Schwierigkeiten, verschiedene soziale Rollen zu akzeptieren und zu integrieren. Betroffene können sich unfähig fühlen, ihre verschiedenen Rollen (z. B. beruflich, familiär, sozial) anzunehmen und zu leben, was zu einem Gefühl der Entfremdung führt. Ein Beispiel hierfür wäre eine Mutter, die sich unfähig fühlt, ihre Rolle als Elternteil anzunehmen und zu leben, was zu Schuldgefühlen und Konflikten führt.

Diese Identitätsstörungen sind besonders in der Adoleszenz ausgeprägt, einer kritischen Phase der Identitätsentwicklung, und beeinflussen das spätere Erwachsenenleben erheblich (Westen et al., 2011).

Besonders bei traumatisierten Patientinnen und Patienten sind Identitätsstörungen häufig anzutreffen. Traumatische Erlebnisse, wie sexueller Missbrauch, tragen erheblich zur Entwicklung von Identitätsstörungen bei. Diese Betroffenen berichten oft über eine tiefe innere Zerrissenheit und eine fehlende Kohärenz ihres Selbstbildes, was durch die traumatischen Erfahrungen weiter verschärft wird. Die Forschung zeigt, dass traumatisierte Betroffene mit BPS häufig über ein stark fragmentiertes Selbstbild und erhebliche Schwierigkeiten in der Selbstwahrnehmung und -regulation berichten.

Ein häufiges Phänomen bei Menschen mit BPS ist der intensive Selbsthass, der oft beim Blick in den Spiegel auftritt. Diese starken emotionalen Reaktionen spiegeln die tiefe Unsicherheit und das gestörte Selbstbild wider. Betroffene können Wut, Scham, Ekel oder Verzweiflung empfinden, wenn sie ihr eigenes Spiegelbild sehen, was die tägliche Selbstwahrnehmung und das Selbstbewusstsein erheblich beeinträchtigt.

Fallbeispiel

Anna, eine 28-jährige Patientin, litt seit ihrer Jugend unter einer stark ausgeprägten Borderline-Persönlichkeitsstörung. Ihre Identität war stark fragmentiert, und sie konnte keine kohärente Vorstellung von sich selbst entwickeln. Anna wechselte ständig ihre beruflichen und persönlichen Rollen. Eine Zeit lang identifizierte sie sich vollständig mit ihrer Rolle als Krankenschwester und arbeitete exzessiv, nur um später alles hinzuschmeißen und eine Karriere als Künstlerin zu verfolgen. In sozialen Situationen zeigte sie ein anderes Verhalten: Während sie in einer Gruppe von Freunden als fröhlich und gesellig wahrgenommen wurde, zeigte sie sich in der Familie oft verschlossen und gereizt.

Besonders belastend war für Anna der tägliche Blick in den Spiegel. Jedes Mal, wenn sie ihr Spiegelbild sah, überkamen sie starke Gefühle der Wut, Scham und Selbsthass. Sie vermied es oft, in den Spiegel zu schauen, da sie das Gefühl hatte, eine Fremde zu sehen, die sie nicht akzeptieren konnte. Diese intensiven emotionalen Reaktionen verstärkten ihren inneren Konflikt und führten häufig zu Selbstverletzungen, um die unerträglichen Gefühle zu lindern.

Ein zentraler Ansatzpunkt in der Therapie war die Förderung von Achtsamkeit und die Entwicklung eines nicht bewertenden Umgangs mit ihrem Spiegelbild. Anna lernte, ihre Reaktionen auf das Spiegelbild bewusst wahrzunehmen und zu akzeptieren, ohne sofort in Selbstkritik zu verfallen. Diese Praxis half ihr, ein realistischeres und weniger verurteilendes Selbstbild zu entwickeln und ihre emotionalen Reaktionen zu mildern. Anna arbeitete intensiv daran, ihre Werte zu klären, und setzte sich langfristige Ziele, die ihr halfen, ihre Lebensentscheidungen konsequenter und bewusster zu treffen.

50.3 Lernpsychologische Modelle

Um das komplexe Störungsbild der BPS nachvollziehbar zu machen, bietet sich ein bio-psycho-soziales Erklärungsmodell an, das neurobiologische und lerngeschichtliche Faktoren zusammenführt. Die Biosoziale Theorie der Borderline-Persönlichkeitsstörung beschreibt die Entwicklung der Störung als Ergebnis der Interaktion zwischen biologischen Vulnerabilitäten und Umweltfaktoren. Diese Theorie, entwickelt von Marsha M. Linehan (1993) und unterstützt durch zahlreiche Studien (Crowell et al., 2009), zeigt, wie diese Interaktionen und komplexe Sozialisationsprozesse zur Emotionsdysregulation führen.

50.3.1 Biologische Vulnerabilität

Biologische Vulnerabilitäten spielen eine entscheidende Rolle bei der Entstehung von BPS. Beispielsweise ist Impulsivität eine hoch vererbbare Eigenschaft (bis zu 80 %), die mit Dysfunktionen im Belohnungssystem des Gehirns verbunden ist und zu impulsivem Verhalten führt. Ebenso ist Ängstlichkeit hoch vererbbar und äußert sich durch Schüchternheit und die Vermeidung von Bedrohungen. Diese Ängstlichkeit ist mit einer erhöhten Aktivität der Amygdala, dem Alarmzentrum des Gehirns, verbunden. Wie bereits im Abschnitt zur Störung der Affektregulation (▸ Kap. 50.2.1) beschrieben, zeigen Neuroimaging-Studien eine erhöhte Aktivität in limbischen Hirnregionen, insbesondere der Amygdala und der Insula, bei emotionalen Herausforderungen. Diese erhöhte Aktivität tritt sowohl bei negativen als auch bei neutralen Reizen auf und zeigt eine verringerte Gewöhnung bei wiederholter Präsentation. Zudem weisen BPS-Betroffene eine geringere Aktivierung präfrontaler Hirnregionen auf, was auf eine unzureichende Modulation negativer Emotionen hinweist. Diese Dysregulation führt zu intensiven und langanhaltenden emotionalen Reaktionen, die für Menschen mit BPS charakteristisch sind.

50.3.2 Lernpsychologische Mechanismen

Neben den biologischen Faktoren tragen auch invalidierende Umgebungen in der Kindheit zur Entstehung von BPS bei. Invalidierung kann von leichtgradigen Missverständnissen bis hin zu schwerem Missbrauch reichen. Regelmäßige Ablehnung oder Ignorierung emotionaler Äußerungen eines Kindes führt dazu, dass es lernt, dass weniger ausgeprägte emotionale Reaktionen unbeachtet bleiben, während extreme Ausbrüche Aufmerksamkeit erhalten. Diese intermittierende Verstärkung extremer Emotionen stabilisiert deren Intensität und Dauer, was schließlich zur Entwicklung von BPS führt (Stepp, 2012).

Traumatisch erlebte Invalidierung in der Kindheit ist von besonderer Bedeutung. Invalidierung beschreibt das wiederholte Abtun, Bestrafen oder Ignorieren der emotionalen Äußerungen eines Kindes durch primäre Bezugspersonen (Linehan, 1993). Dies führt dazu, dass das Kind lernt, seinen eigenen emotionalen Erfahrungen zu misstrauen, und Schwierigkeiten entwickelt, seine Emotionen angemessen zu regulieren. Diese Erfahrungen tragen zur Entwicklung der Kernsymptome der BPS bei, einschließlich emotionaler Instabilität, Impulsivität und Schwierigkeiten in zwischenmenschlichen Beziehungen (Crowell et al., 2009).

Weitere Risikofaktoren für invalidierende Entwicklungskontexte umfassen kindliche Merkmale wie hohe negative Affektivität, geringe Selbstregulation sowie ADHS und Verhaltensstörungen (Stepp, 2012). Elterliche Psychopathologie und maladaptive Erziehungspraktiken, besonders bei elterlicher Dysregulation, spielen ebenfalls eine wichtige Rolle. Inkonsistente Disziplin, geringe elterliche Beteiligung sowie überprotektive und überkontrollierende Erziehungsstile erhöhen das Risiko für die Entwicklung von BPS. Eine schlechte Passung zwischen den emotionalen Bedürfnissen des Kindes und den Kapazitäten der Eltern kann ebenfalls zu invalidierenden Kontexten führen. Darüber hinaus können auch Diskriminierung und Vorurteile chronischen sozialen Stress verursachen und somit zur Entwicklung von BPS beitragen. Zudem können subtile Familiendynamiken invalidierend wirken, was durch gezielte Interventionen verändert werden kann.

Ein weiterer bedeutender Risikofaktor ist die Kindesmisshandlung. Kindesmisshandlung führt zu starken emotionalen Reaktionen und Hypervigilanz. Missbrauchte Kinder entwickeln häufiger emotionale und Verhaltensprobleme, die später zu BPS führen können. Das Aufwachsen in einem Umfeld ständiger Ablehnung, Bestrafung oder Vernachlässigung zwingt Kinder dazu, spezifische Strategien zu entwickeln, um sowohl physisch als auch psychisch zu überleben. Physisch lernen Kinder, ihr Verhalten anzupassen, um den Erwartungen der Bezugspersonen zu entsprechen und Konflikte zu vermeiden. Sie entwickeln ständige Wachsamkeit und Warnsignale, um potenzielle Gefahren frühzeitig zu erkennen, und bauen ein tiefes Misstrauen gegenüber anderen Menschen auf, da sie gelernt haben, dass ihre emotionalen Bedürfnisse nicht respektiert werden. Gegebenenfalls entwickeln sie auch aggressives Verhalten, um sich selbst zu schützen. Um psychisch zu überleben, suchen Kinder trotz negativer Erfahrungen weiterhin nach Unterstützung und Nähe, in der Hoffnung, emotionale Bedürfnisse erfüllt zu bekommen. Sie versuchen, die invalidierenden Erfahrungen als normal zu betrachten, um psychisch damit umgehen zu können, und entwickeln Sinnzusammenhänge, um das erlebte Leid zu rationalisieren, häufig mit Erklärungen wie »Das geschieht, weil ich schlecht und böse bin« (Scham) oder »Das geschieht, weil ich Böses getan habe« (Schuld).

Diese Überlebensstrategien beeinflussen die emotionale Regulation, das Selbstbild und die zwischenmenschlichen Beziehungen der Betroffenen tiefgreifend und tragen wesentlich zur Entstehung und Aufrechterhaltung der Borderline-Persönlichkeitsstörung bei. Durch die wiederholte Erfahrung von Invalidierung entwickeln sich beim Kind tief verankerte negative Überzeugungen über sich selbst, andere und die Welt. Diese dysfunktionalen Grundannahmen sind geprägt von Selbstzweifel und einer pessimistischen Sichtweise auf zwischenmenschliche Interaktionen. Typische Grundannahmen können sein: »Ich bin wertlos«, »Andere Menschen werden mich immer verlassen« oder »Die Welt ist ein gefährlicher Ort«. Diese Überzeugungen beeinflussen, wie Betroffene Ereignisse interpretieren und auf sie reagieren, was oft zu übermäßigen emotionalen Reaktionen und dysfunktionalem Verhalten führt. So kann die Überzeugung, dass andere Menschen unberechenbar und gefährlich sind, zu Misstrauen und sozialer Isolation führen.

50.3.3 Störung der sozialen Kooperation

Die dysfunktionalen Grundannahmen und Eigenschaften führen oft zu einem Teufelskreis in den zwischenmenschlichen Beziehungen von Betroffenen. Menschen mit BPS kämpfen häufig mit Schwierigkeiten, stabile und gesunde Beziehungen zu pflegen. Studien von Hepp et al. zeigen, dass sie oft negative erste Eindrücke von anderen haben und selbst negativ wahrgenommen werden. Dieser Prozess beginnt oft mit der Erwartung negativer Reaktionen, was zu misstrauischem oder aggressivem Verhalten führt. Dieses Verhalten provoziert dann tatsächlich negative Reaktionen im Umfeld, wodurch sich die bestehenden negativen Überzeugungen bestätigen und verstärken. Dieser Teufelskreis erschwert die soziale Integration und Kooperation erheblich und verstärkt das dysfunktionale Verhaltensmuster weiter (Hepp et al., 2019).

50.4 Störungsspezifische Psychotherapie

50.4.1 Evidenzlage

Die Wirksamkeit von Psychotherapie bei der Borderline-Persönlichkeitsstörung ist gut belegt. Alle wesentlichen Leitlinien empfehlen Psychotherapie als bevorzugte Behandlung. Eine Metaanalyse zeigte eine Reduktion von Suizidversuchen um 7 %, was einer Number Needed to Treat (NNT) von 15 entspricht (Calati & Courtet, 2016). Eine weitere Untersuchung speziell zur BPS zeigte eine NNT von 4,10 für die Verhinderung von Suizidversuchen und eine NNT von 5,56 für andere Borderline-relevante Zielparameter (Cristea et al., 2017).

In Deutschland sind mehrere spezifische Behandlungskonzepte für die Borderline-Persönlichkeitsstörung etabliert. Zu den wichtigsten gehören die Dialektisch-Behaviorale Therapie (DBT) nach M. Linehan, die Mentalisierungsbasierte Therapie (MBT) nach A. Bateman und P. Fonagy sowie die Schematherapie nach J. Young.

Diese Ansätze haben gemeinsame Prinzipien: Eine präzise Diagnostik zu Beginn der Behandlung ist unerlässlich und wird Patientinnen und Patienten transparent gemacht. Die Dauer der Therapie wird von Anfang an festgelegt und strikt eingehalten. Klare Therapievereinbarungen, besonders im Umgang mit Suizidalität und Krisenintervention, sind integraler Bestandteil. Die Hierarchisierung der therapeutischen Foci, bei der suizidales Verhalten stets prioritär behandelt wird, ist ebenfalls ein zentrales Element. Diese multimodalen Ansätze kombinieren verschiedene Therapieformen wie Einzel-, Gruppen- und Pharmakotherapie sowie Telefonberatung zur Krisenintervention.

50.4.2 Dialektisch-Behaviorale Therapie (DBT)

Die Dialektisch-Behaviorale Therapie (DBT) ist das am besten erforschte Verfahren. Studien belegen ihre Wirksamkeit bei der Reduktion von Suizidalität, selbstverletzendem Verhalten, dem BPS-Gesamtschweregrad sowie bei der Verbesserung des psychosozialen Funktionsniveaus und der Lebensqualität (Storebø et al., 2020). Auch unter praxisnahen Bedingungen zeigt die DBT positive Effekte (Priebe et al., 2012).

Die Dialektisch-Behaviorale Therapie (DBT) (► Kap. 57) ist modular aufgebaut und konzentriert sich auf Verhaltenskontrolle, Emotionsregulation, soziale Fertigkeiten, Traumatherapie, Drogenmissbrauch und Essstörungen. Sie umfasst Einzeltherapie, Skills-Gruppentraining, Telefoncoaching und spezifische Module für verschiedene klinische Settings.

50.4.3 Mentalisierungsbasierte Therapie (MBT)

Die Mentalisierungsbasierte Therapie (MBT) hat ebenfalls signifikante Effekte auf das psychosoziale Funktionsniveau sowie auf selbstverletzendes und suizidales Verhalten (Bateman & Fonagy, 2010). Studien belegen, dass MBT auch bei Jugendlichen und spezifischen komorbiden Störungen wirksam ist (Beck et al., 2020).

Die Mentalisierungsbasierte Therapie (MBT) zielt darauf ab, die Fertigkeiten im zwischenmenschlichen Bereich zu verbessern, insbesondere die Fähigkeit, emotionale Reaktionen in sozialen Kontexten zu verstehen und vorherzusagen. Hierfür nutzt die MBT spezifische Techniken wie aktives Erfragen mentaler Zustände, die Förderung eines differenzierten Verständnisses eigener und fremder Perspektiven sowie die gemeinsame Klärung emotionaler Missverständnisse, um die Mentalisierungsfähigkeit gezielt zu verbessern.

50.4.4 Schematherapie

Die Schematherapie nach J. Young zeigt positive Effekte im Vergleich zur Transference-Focused Psychotherapy (TFP) hinsichtlich Schweregrad und Abbruchraten (Giesen-Bloo et al., 2006).

Die Schematherapie (► Kap. 62) hilft Patientinnen und Patienten, dysfunktionale kognitiv-emotionale Schemata zu erkennen und zu hinterfragen. Ziel ist es, die komplexen Modi zu identifizieren und ihre Sinnhaftigkeit im aktuellen sozialen Kontext zu überprüfen. Hierfür nutzt die Schematherapie Techniken wie emotionsfokussierte Imagination, Dialoge mit Schema-Modi (»Stuhldialoge«) sowie verhaltensbezogene Interventionen, um maladaptive Schemata und Modi gezielt zu verändern und funktionalere Muster zu etablieren.

Merke

Die vorgestellten Therapieansätze zeigen, dass wirksame Behandlungsmöglichkeiten für die Borderline-Persönlichkeitsstörung existieren. Sie haben nachweislich positive Effekte und bieten den Betroffenen echte Hoffnung auf ein stabileres Leben. Doch obwohl diese Therapien vielversprechend sind, ist die Verfügbarkeit oft begrenzt und die Wartezeiten sind lang. Die beste Therapie kann jedoch nur dann helfen, wenn sie auch zugänglich ist. Es ist daher dringend notwendig, die Verfügbarkeit spezialisierter Behandlungen zu erhöhen und die Versorgungslage zu verbessern.

50.5 Pharmakotherapie

50.5.1 Evidenzlage

Die Evidenzlage zur Wirksamkeit von Psychopharmaka bei BPS ist begrenzt und inkonsistent. Eine systematische Übersichtsarbeit evaluierte die allgemeine Wirksamkeit und die vergleichende Effektivität verschiedener pharmakologischer Behandlungen bei BPS-Betroffenen (Gartlehner et al., 2021; Stoffers-Winterling & Lieb, 2022). Sowohl die Cochrane-Reviews als auch die S3-Leitlinie zur Behandlung von BPS zeigen, dass die Evidenz für den Einsatz von Psychopharmaka bei BPS schwach ist. Entsprechend gibt es keine spezifisch für BPS zugelassenen Substanzen. Nicht zuletzt aufgrund fehlender psychotherapeutischer Angebote werden in der Praxis verschiedene Medikamente »Off-Label« symptomorientiert eingesetzt. Im Folgenden werden die wichtigsten, nach Häufigkeit der Anwendung geordneten Substanzklassen mit ihrer Evidenzlage bei BPS dargestellt.

Antipsychotika

Antipsychotika der zweiten Generation sind eine häufige Wahl zur Behandlung von BPS, insbesondere zur Reduktion von affektiver Instabilität und impulsivem Verhalten.

Olanzapin: Studien zu Olanzapin (5–10 mg/Tag) zeigen gemischte Ergebnisse mit inkonsistenten Effekten auf die BPS-Symptomatik, aber erhebliche Gewichtszunahme (Zanarini et al., 2011).

Quetiapin: Eine niedrige Dosis (150 mg/Tag) zeigt geringe Effekte auf die BPS-Gesamtsymptomatik, während höhere Dosen (300 mg/Tag) keinen zusätzlichen therapeutischen Effekt haben, aber vermehrt Nebenwirkungen wie z. B. Gewichtszunahme verursachen (Black et al., 2014).

Aripiprazol (5–15 mg/Tag) zeigt geringe Effekte bei Ärger und Aggressivität und hat ein günstigeres Nebenwirkungsprofil mit geringerer Gewichtszunahme (Nickel et al., 2006).

Risperidon (1–4 mg/Tag) zeigt in kleineren Studien Effekte bei aggressivem Verhalten, aber die Evidenz ist begrenzt. Es hat ein höheres Risiko für extrapyramidale Symptome als andere atypische Antipsychotika (Rocca et al., 2002).

Hochpotente Antipsychotika wie Haloperidol (0,5–5 mg/Tag) zeigen Wirkung bei Ärger und Feindseligkeit, werden aber aufgrund des hohen Risikos für extrapyramidale Symptome und depressiogene Effekte seltener verwendet. Hohe Abbruchrate wegen Nebenwirkungen (Soloff et al., 1993).

Niedrig potente Antipsychotika wie Promethazin (25–50 mg), Melperon (25–100 mg), Chlorprothixen

(15–150 mg), Levomepromazin (15–150 mg) und Pipamperon (40–120 mg) werden häufig bedarfsweise bei Anspannung oder Schlafstörungen verwendet. Bei Langzeitanwendung können extrapyramidale Symptome auftreten.

Antidepressiva

Sedierende Antidepressiva wie Trazodon (25–100 mg) und Mirtazapin (7,5–15 mg) werden häufig zur Behandlung von Schlafstörungen eingesetzt. Bei komorbiden depressiven Symptomen und Angstzuständen werden SSRI verwendet.

Nebenwirkungen von Antidepressiva umfassen sexuelle Dysfunktion, Gewichtszunahme und gastrointestinale Beschwerden.

Antikonvulsiva

Antikonvulsiva wie Lamotrigin, Valproat und Topiramat werden zur Reduktion von Ärger und affektiver Labilität eingesetzt, wobei es keine eindeutigen Wirksamkeitsnachweise gibt.

Valproat wird in Dosen von 500–1.000 mg/Tag verwendet. Es ist wichtig zu beachten, dass Valproat mit einer erheblichen Gefahr von Fehlbildungen bei Föten verbunden ist und daher bei Frauen im gebärfähigen Alter vermieden werden sollte. Seit 2024 wird auch Männern geraten, während der Valproat-Therapie und drei Monate danach eine zuverlässige Empfängnisverhütung zu verwenden.

Lithium

Lithium (600–1.200 mg/Tag) wird bei Stimmungsschwankungen und aggressivem Verhalten eingesetzt, wobei der Blutspiegel regelmäßig überwacht werden muss. Nebenwirkungen von Lithium können unter anderem Gewichtszunahme, Tremor, Polyurie und in seltenen Fällen eine beeinträchtigte Nierenfunktion umfassen. Daher ist eine regelmäßige Überwachung der Nierenfunktion und des Elektrolythaushalts notwendig. Wichtig: Der lange angenommene antisuizidale Effekt von Lithium konnte in neueren Metaanalysen nicht bestätigt werden (Nabi et al., 2022).

Opioidantagonisten

Naltrexon (50–200 mg/Tag) und Nalmefen werden bei dissoziativen Symptomen und selbstverletzendem Verhalten eingesetzt, wobei die Evidenz auf kleineren Studien basiert (Enning & Schmahl, 2022).

α-Rezeptor-Modulatoren

Clonidin, ein α2-adrenerger Rezeptoragonist, wird zur Akutbehandlung bei starker innerer Anspannung, Dissoziation und Selbstverletzungsdrang eingesetzt. Es reduziert diese Symptome innerhalb von 30–60 Minuten und ist gut verträglich (Philipsen et al., 2004).

Der α1-Antagonist Doxazosin (2–8 mg zur Nacht) kann bei ausgeprägten Alpträumen, vor allem bei Traumabetroffenen verwendet werden (Roepke et al., 2017).

Melatonin

Melatonin kann zur Behandlung von Schlafstörungen bei BPS verwendet werden. Es zeigt sich als effektiv bei der Verbesserung des Schlafes ohne die Nebenwirkungen, die mit anderen Schlafmitteln verbunden sind. Übliche Dosierungen liegen bei 2–5 mg vor dem Schlafengehen.

Benzodiazepine

Benzodiazepine (z. B. Lorazepam) werden in Akutsituationen bei BPS eingesetzt. Allerdings verstärken sie mittelfristig sogar Impulsivität und Suizidalität und haben ein hohes Abhängigkeitsrisiko (Ripoll, 2013). Daher sollten nur im Rahmen einer stationären Notfallbehandlung (bis zu 7,5 mg pro Tag) verwendet werden.

Merke

Kein Medikament ist für die BPS zugelassen. Dennoch werden häufig in Krisensituationen Medikamente eindosiert, die dann langfristig fortgeführt werden. Mit jeder Krise werden weitere Medikamente hinzugefügt. Dies führt nicht selten zu Polypharmazie, die nachweislich schadet und das Risiko für schwerwiegende Komplikationen erhöht. Der Fokus sollte stets auf evidenzbasierter, störungsspezifischer Psychotherapie liegen, wie z. B. der DBT.

50.6 Evidenzbasierung

Wurde in den obigen Abschnitten ausgeführt, siehe ► Kap. 50.4 und ► Kap. 50.5.

Prüfungsfragen

1. Was sind die drei zentralen Psychopathologiedomänen der Borderline-Persönlichkeitsstörung?
2. Was versteht man unter nicht-suizidalem selbstverletzendem Verhalten (NSSV) bei Borderline und welche Funktion erfüllt es?
3. Welche Rolle spielen traumatische und invalidierende Erfahrungen in der Kindheit bei der Entstehung der Borderline-Persönlichkeitsstörung?
4. Welche neurobiologischen Veränderungen sind typisch für die Borderline-Persönlichkeitsstörung?
5. Welche drei psychotherapeutischen Verfahren haben in Deutschland die größte klinische Bedeutung und die beste Evidenzlage bei der Behandlung der Borderline-Persönlichkeitsstörung?

Antworten

1. Die drei zentralen Domänen der BPS sind affektive Dysregulation, zwischenmenschliche Störungen und Identitätsprobleme. Diese interagieren miteinander und führen gemeinsam zu den typischen Symptomen wie emotionaler Instabilität, intensiven Beziehungskonflikten und Unsicherheiten im Selbstbild.
2. NSSV umfasst selbstverletzende Handlungen wie Schneiden, Verbrennen oder Schlagen, die bewusst durchgeführt werden, um intensive emotionale Spannungen kurzfristig zu reduzieren. Es stellt eine dysfunktionale Bewältigungsstrategie dar, mit der Betroffene extreme negative Gefühle und Hochstress regulieren.
3. Traumatische Erlebnisse wie emotionaler Missbrauch, Vernachlässigung oder starke Invalidierung der kindlichen Gefühle führen dazu, dass Betroffene ihre emotionalen Reaktionen nicht angemessen regulieren lernen. Diese Erfahrungen tragen maßgeblich zur Entwicklung der Kernsymptome wie emotionaler Instabilität, zwischenmenschlichen Problemen und einem fragmentierten Selbstbild bei.
4. Typisch für Betroffene mit BPS sind Veränderungen in der limbischen und präfrontalen Hirnaktivität. Es besteht eine erhöhte Aktivität der Amygdala bei emotionalen Reizen, was zu intensiveren und länger andauernden emotionalen Reaktionen führt. Gleichzeitig zeigen sich verminderte Aktivierungen präfrontaler Hirnregionen (z. B. dorsolateraler präfrontaler Kortex), die für die Kontrolle und Modulation von Emotionen zuständig sind. Diese Kombination begünstigt die typische emotionale Dysregulation bei BPS.
5. Dialektisch-Behaviorale Therapie (DBT), Mentalisierungsbasierte Therapie (MBT) und Schematherapie (ST). Diese Verfahren sind laut der aktuellen S3-Leitlinie am besten empirisch abgesichert und am häufigsten im klinischen Einsatz.

Empfohlene Materialien

- Bohus, M. (2025). *DBT-Skillstraining: Das Patienten-Manual.* Klett-Cotta.
- Bohus, M. (2020). *Borderline-Ratgeber: Informationen für Betroffene und Angehörige.* Hogrefe.
- S3-Leitlinie Borderline-Persönlichkeitsstörung: https://register.awmf.org/de/leitlinien/detail/038-015

Literatur

Arango, V., Underwood, M. D., & Mann, J. J. (2002). Serotonin brain circuits involved in major depression and suicide. *Progress in brain research*, *136*, 443–453.

Black, D. W., Zanarini, M. C., Romine, A. et al. (2014). Comparison of low and moderate dosages of extended-release quetiapine in borderline personality disorder: a randomized, double-blind, placebo-controlled trial. *American Journal of Psychiatry*, *171*(11), 1174–1182.

Bateman, A., & Fonagy, P. (2010). Mentalization based treatment for borderline personality disorder. *World psychiatry*, *9*(1), 11.

Beck, E., Bo, S., Jørgensen, M. S. et al. (2020). Mentalization-based treatment in groups for adolescents with borderline personality disorder: A randomized controlled trial. *Journal of Child Psychology and Psychiatry*, *61*(5), 594–604.

Bohus, M., Limberger, M. F., Frank, U. et al. (2007). Psychometric properties of the Borderline Symptom List (BSL). *Psychopathology*, *40*(2), 126–132.

Calati, R., & Courtet, P. (2016). Is psychotherapy effective for reducing suicide attempt and non-suicidal self-injury rates? Meta-analysis and meta-regression of literature data. *Journal of psychiatric research*, *79*, 8–20.

Cristea, I. A., Gentili, C., Cotet, C. D. et al. (2017). Efficacy of psychotherapies for borderline personality disorder: a systematic review and meta-analysis. *JAMA Psychiatry*, *74*(4), 319–328.

Crowell, S. E., Beauchaine, T. P., & Linehan, M. M. (2009). A biosocial developmental model of borderline personality: elaborating and extending Linehan's theory. *Psychological bulletin*, *135*(3), 495.

Dannlowski, U., Stuhrmann, A., Beutelmann, V. et al. (2012). Limbic scars: long-term consequences of childhood maltreatment revealed by functional and structural magnetic resonance imaging. *Biological psychiatry, 71*(4), 286–293.

Enning, F., & Schmahl, C. (2022). Behandlung dissoziativer Symptome mit Nalmefen bei Patienten mit Borderline-Persönlichkeitsstörung und komplexer posttraumatischer Belastungsstörung. *Nervenarzt, 93*(5), 503–505.

Etkin, A., & Wager, T. D. (2007). Functional neuroimaging of anxiety: a meta-analysis of emotional processing in PTSD, social anxiety disorder, and specific phobia. *American Journal of Psychiatry, 164*(10), 1476–1488.

Gartlehner, G., Crotty, K., Kennedy, S. et al. (2021). Pharmacological treatments for borderline personality disorder: a systematic review and meta-analysis. *CNS drugs, 35*(10), 1053–1067.

Giesen-Bloo, J., Van Dyck, R., Spinhoven, P. et al. (2006). Outpatient psychotherapy for borderline personality disorder: randomized trial of schema-focused therapy vs transference-focused psychotherapy. *Archives of General Psychiatry, 63*(6), 649–658.

Gunderson, J. G., & Ridolfi, M. E. (2001). Borderline personality disorder: suicidality and self-mutilation. *Annals of the New York Academy of Sciences, 932*(1), 61–77.

Hepp, J., Gebhardt, S., Kieslich, P. J. et al. (2019). Low positive affect display mediates the association between borderline personality disorder and negative evaluations at zero acquaintance. *Borderline Personality Disorder and Emotion Dysregulation, 6*(1), 4.

Herpertz, S. C., Dietrich, T. M., Wenning, B. et al. (2001). Evidence of abnormal amygdala functioning in borderline personality disorder: a functional MRI study. *Biological psychiatry, 50*(4), 292–298.

Kleindienst, N., Bohus, M., Ludäscher, P. et al. (2008). Motives for nonsuicidal self-injury among women with borderline personality disorder. *J Nerv Ment Dis, 196*(3), 230–236.

Koenig, J., Rinnewitz, L., Warth, M. et al. (2017). Psychobiological response to pain in female adolescents with nonsuicidal self-injury. *Journal of Psychiatry & Neuroscience: JPN, 42*(3), 189.

Koenigsberg, H. W., Denny, B. T., Fan, J. et al. (2014). The neural correlates of anomalous habituation to negative emotional pictures in borderline and avoidant personality disorder patients. *American Journal of Psychiatry, 171*(1), 82–90.

Krause-Utz, A., Frost, R., Chatzaki, E. et al. (2021). Dissociation in borderline personality disorder: recent experimental, neurobiological studies, and implications for future research and treatment. *Current psychiatry reports, 23*(6), 37.

Krause-Utz, A., Oei, N. Y. L., Niedtfeld, I. et al. (2012). Influence of emotional distraction on working memory performance in borderline personality disorder. *Psychological Medicine, 42*(10), 2181–2192.

Lanius, R. A., Vermetten, E., Loewenstein, R. J. et al. (2010). Emotion modulation in PTSD: Clinical and neurobiological evidence for a dissociative subtype. *American Journal of Psychiatry, 167*(6), 640–647.

Linehan, M. M. (1993). *Borderline personality disorder: Clinical and empirical perspectives*. Guilford Press.

Lis, E., Greenfield, B., Henry, M. et al. (2007). Neuroimaging and genetics of borderline personality disorder: a review. *Journal of Psychiatry and Neuroscience, 32*(3), 162–173.

Lis, S., & Bohus, M. (2013). Social interaction in borderline personality disorder. *Current psychiatry reports, 15*, 1–7.

Lyssenko, L., Schmahl, C., Bockhacker, L. et al. (2018). Dissociation in psychiatric disorders: a meta-analysis of studies using the dissociative experiences scale. *American Journal of Psychiatry, 175*(1), 37–46.

Nabi, Z., Stansfeld, J., Plöderl, M. et al. (2022). Effects of lithium on suicide and suicidal behaviour: a systematic review and meta-analysis of randomised trials. *Epidemiology and psychiatric sciences, 31*, e65.

Nickel, M. K., Muehlbacher, M., Nickel, C. et al. (2006). Aripiprazole in the treatment of patients with borderline personality disorder: a double-blind, placebo-controlled study. *American Journal of Psychiatry, 163*(5), 833–838.

Niedtfeld, I., Kirsch, P., Schulze, L. et al. (2012). Functional connectivity of pain-mediated affect regulation in borderline personality disorder. *PloS one, 7*(3), e33293.

Philipsen, A., Richter, H., Schmahl, C. et al. (2004). Clonidine in acute aversive inner tension and self-injurious behavior in female patients with borderline personality disorder. *Journal of clinical psychiatry, 65*(10), 1414–1419.

Priebe, S., Bhatti, N., Barnicot, K. et al. (2012). Effectiveness and cost-effectiveness of dialectical behaviour therapy for self-harming patients with personality disorder: a pragmatic randomised controlled trial. *Psychotherapy and psychosomatics, 81*(6), 356–365.

Reitz, S., Kluetsch, R., Niedtfeld, I. et al. (2015). Incision and stress regulation in borderline personality disorder: neurobiological mechanisms of self-injurious behaviour. *The British Journal of Psychiatry, 207*(2), 165–172.

Ripoll, L. H. (2013). Psychopharmacologic treatment of borderline personality disorder. *Dialogues in Clinical Neuroscience, 15*(2), 213–224.

Rocca, P., Marchiaro, L., Cocuzza, E. et al. (2002). Treatment of borderline personality disorder with risperidone. *Journal of Clinical Psychiatry, 63*(3), 241–244.

Roepke, S., Danker-Hopfe, H., Repantis, D. et al. (2017). Doxazosin, an alpha-1-adrenergic-receptor antagonist, for nightmares in patients with posttraumatic stress disorder and/or borderline personality disorder: a chart review. *Pharmacopsychiatry, 50*(1), 26–31.

Sabaß, L., Hahn, S., Padberg, F. et al. (2024). Zur Aufnahme von Patient*innen mit Borderline Persönlichkeitsstörung in die ambulante Psychotherapie. *PPmP-Psychotherapie· Psychosomatik· Medizinische Psychologie, 74*(02), 70–77.

Schmahl, C., Bohus, M., Esposito, F. et al. (2006). Neural correlates of antinociception in borderline personality disorder. *Archives of General Psychiatry, 63*(6), 659–666.

Schmahl, C., Herpertz, S. C., Bertsch, K. et al. (2014). Mechanisms of disturbed emotion processing and social interaction in borderline personality disorder: state of knowledge and research agenda of the German Clinical Research Unit. *Borderline Personality Disorder and Emotion Dysregulation, 1*, 1–17.

Soloff, P. H., Cornelius, J., George, A. et al. (1993). Efficacy of phenelzine and haloperidol in borderline personality disorder. *Archives of General Psychiatry, 50*(5), 377–385.

Stanley, B., Sher, L., Wilson, S. et al. (2010). Non-suicidal self-injurious behavior, endogenous opioids and monoamine neurotransmitters. *Journal of affective disorders, 124*(1–2), 134–140.

Stepp, S. D. (2012). Development of borderline personality disorder in adolescence and young adulthood: Introduction to the special section. *Journal of abnormal child psychology, 40*, 1–5.

Stiglmayr, C., Ebner-Priemer, U., Bretz, J. et al. (2008). Dissociative symptoms are positively related to stress in borderline personality disorder. *Acta Psychiatrica Scandinavica, 117*(2), 139–147.

Stoffers-Winterling, J., & Lieb, K. (2022). Die S3-Leitlinie Borderline-Persönlichkeitsstörungen. *PTT-Persönlichkeitsstörungen: Theorie und Therapie, 26*(1), 4–19.

Storebø, O. J., Stoffers-Winterling, J. M., Völlm, B. A. et al. (2020). Psychological therapies for people with borderline

personality disorder. *The Cochrane database of systematic reviews*, *5*(5), CD012955.
Wagner, T., Assmann, N., Köhne, S., et al. (2021). The societal cost of treatment-seeking patients with borderline personality disorder in Germany. *European Archives of Psychiatry and Clinical Neuroscience*, *272*(4), 741–752.
Westen, D., Betan, E., & DeFife, J. A. (2011). Identity disturbance in adolescence: Associations with borderline personality disorder. *Development and psychopathology*, *23*(1), 305–313.
Wilkinson-Ryan, T., & Westen, D. (2000). Identity disturbance in borderline personality disorder: An empirical investigation. *American Journal of Psychiatry*, *157*(4), 528–541.
Winter, D., Krause-Utz, A., Lis, S. et al. (2015). Dissociation in borderline personality disorder: Disturbed cognitive and emotional inhibition and its neural correlates. *Psychiatry Research: Neuroimaging*, *233*(3), 339–351.
Zanarini, M. C., Schulz, S. C., Detke, H. C. et al. (2011). A dose comparison of olanzapine for the treatment of borderline personality disorder: a 12-week randomized, double-blind, placebo-controlled study. *Journal of Clinical Psychiatry*, *72*(10), 1353–1362.
Zanarini, M. C., Frankenburg, F. R., Reich, D. B. et al. (2015). Treatment rates for patients with borderline personality disorder and other personality disorders: a 16-year study. *Psychiatric Services*, *66*(1), 15–20.

Weiterführende Literatur

Bohus, M. (2019). *Borderline-Störung* (14. Aufl.). Hogrefe.

51 Autismus-Spektrum-Störungen

Yannick Lieb und Ludger Tebartz van Elst

Das Wichtigste auf einen Blick

- Autismus-Spektrum-Störungen (ASS) umfassen verschiedene neurobiologische Entwicklungsstörungen, die durch Beeinträchtigungen in der sozialen Wahrnehmung, Interaktion und Kommunikation, durch restriktive, repetitive Verhaltensmuster sowie durch sensorische Besonderheiten und Besonderheiten der Affektregulation gekennzeichnet sind.
- ASS sind mit einer Lebenszeitprävalenz von 1–2 % relativ häufig, bei einem Geschlechterverhältnis von Männern zu Frauen von ca. 4–5 : 1.
- Die prägenden strukturellen Persönlichkeitsmerkmale einer ASS in Form sozialkommunikativer Schwächen können häufig zu zwischenmenschlichen Problemen wie Ausgrenzung und sozialem Rückzug führen. Daraus können sich folgenschwere sekundäre Störungen wie Depressionen, Angsterkrankungen oder psychotische Dekompensationen ergeben.
- Therapeutisch spielt die Diagnosestellung als Grundlage einer Selbstakzeptanz eine zentrale Rolle. Frühe Diagnosen und Interventionen können die langfristige Prognose erheblich verbessern – besonders, wenn individuelle Stärken und Schwächen im Rahmen der Psychotherapie adressiert werden und auf dieser Grundlage funktionierende Kompensationsstrategien gefunden werden können.
- Eine medikamentöse Therapie, die die autistischen Grundsymptome beseitigt, ist nicht bekannt. Pharmakotherapie kann gemäß den S3-Leitlininen zur Regulation von Spannungszuständen, Stereotypien (Risperidon oder Aripiprazol) oder den Komorbiditäten eingesetzt werden.

51.1 Einführung

Autismus-Spektrum-Störungen (ASS) sind tiefgreifende Entwicklungsstörungen, die durch qualitative Beeinträchtigungen in der sozialen Interaktion und Kommunikation sowie durch repetitive, stereotype Verhaltensweisen und eingeschränkte Interessen gekennzeichnet sind. Diese neurobiologische Entwicklungsstörung betrifft etwa 1–2 % der Bevölkerung (Zeidan et al., 2022) und manifestiert sich in der Regel bereits im frühen Kindesalter. Diese Zahl hat in den letzten Jahrzehnten erheblich zugenommen, was jedoch auch auf eine verbesserte Diagnostik und das breitere Verständnis des Autismus-Spektrums zurückzuführen ist (Weintraub, 2011). Autismus tritt bei Männern etwa viermal häufiger auf als bei Frauen, wobei die Symptomatik bei Frauen oft weniger offensichtlich ist, was zu einer späteren Diagnose führen kann. Die klinische Symptomatik kann sich jedoch über verschiedene Lebensabschnitte hinweg unterschiedlich präsentieren und hängt sowohl von der Schwere der Störung als auch von individuellen Ressourcen und dem Umfeld ab (Tebartz van Elst, 2021a). Bereits in der Kindheit können oft Beeinträchtigungen in der sozialen Aufmerksamkeit oder Reziprozität beobachtet werden, welche lebenslang persistieren.

Merke

Die Autismus-Spektrum-Störung geht oft mit erheblichen Einschränkungen in der persönlichen Lebensführung einher. Diese können durch therapeutische Interventionen zwar nicht geheilt, aber deutlich gebessert werden.

Tab. 51.1: Übersicht über die klinische Symptomatik von Autismus-Spektrum-Störungen (modifiziert nach Tebartz van Elst 2021a)

Diagnostisch-symptomatische Kriterien	Klinische Auffälligkeiten
qualitative Beeinträchtigung der Kommunikation	• beeinträchtigte nonverbale Kommunikation wie Blickkontakt, Mimik, Gestik, Prosodie oder wechselseitige Kommunikation • frühe Kindheit: verzögerte oder fehlende Sprachentwicklung, Echolalie, Mutismus, stereotyper Sprachgebrauch, Konkretismus • Jugend- und Erwachsenenalter: Schwierigkeiten, Ironie zu verstehen, monologische Gespräche
qualitative Beeinträchtigung der sozialen Interaktion	• beeinträchtigte soziale Wahrnehmung: Gesichter erkennen, Emotionen korrekt identifizieren, Prosodie wahrnehmen • Beeinträchtigungen in der sozialen Kognition: Fähigkeit, mentale Zustände anderer zu erkennen (Theory of Mind, kognitive Empathie), Mangel an geteiltem Interesse, fehlender Blickkontakt • Schwierigkeiten, Beziehungen aufzubauen • reduzierte emotionale Reaktionen
repetitive und stereotype Verhaltensweisen und eingeschränkte Interessen	• Bedürfnis nach strukturierten Abläufen, starre Routinen in alltäglichen Dingen • exzessives Interesse an speziellen Themen (Sonderinteressen) • frühe Kindheit: ritualisierte Verhaltensweisen, z. B. Spielzeug aufreihen • Jugend und Erwachsenenalter: intensive, spezifische Interessen, Stress bei Veränderung von Routinen
sensorische Besonderheiten	• Hyperreaktivität: Überempfindlichkeit gegenüber akustischen, visuellen, taktilen oder olfaktorischen Reizen • Hyporeaktivität: verminderte Reaktion auf Schmerz, Suche nach sensorischer Stimulation • Detailorientiertheit, reduzierte holistische Wahrnehmung
motorische Besonderheiten	• wenig oder veränderte Ausdrucksmotorik: reduzierter oder auffälliger Blickkontakt, reduzierte Mimik und Gestik, Schwierigkeiten in der Feinmotorik • frühe Kindheit: Verzögerungen bei motorischen Fähigkeiten, unkoordinierte Bewegungen • Jugend und Erwachsenenalter: stereotype Bewegungen wie Handflattern, Gangauffälligkeiten
autistische Stressreaktion	• Trigger: unerwartete Veränderungen in Routinen, sensorische Überreizung, Missverständnisse oder Berührungen können zu Wutattacken mit überschießender Reaktion oder zu dissoziativem Rückzug, Mutismus und Anspannungszuständen führen • Bewältigungsstrategien: ritualisierte Verhaltensweisen zur Stressreduktion • motorische Stereotypien wie Schaukeln, Flattern etc.

51.2 Diagnose und lerntheoretische Besonderheiten

Autismus-Spektrum-Störungen gelten als genetisch bedingte, neurobiologisch fundierte Entwicklungsstörung. Aktuell gibt es jedoch keine biologischen oder genetischen Marker, die eine zuverlässige und objektive Diagnose ermöglichen. Die Diagnose basiert ausschließlich auf klinischen Beobachtungen insbesondere im Rahmen einer differenzierten Entwicklungsanamnese, was aufgrund der Ähnlichkeit der Symptome mit denen anderer Störungsbilder zu Verwechslungen führen kann und insbesondere bei subsyndromalen Phänotypen eine valide Diagnosestellung oft erschwert. Dies kann zu Fehldiagnosen, Verzögerungen der Diagnosestellung oder einem Wechsel der Diagnose führen. Für eine genaue Diagnosestellung sind fundierte Kenntnisse in Entwicklungspsychologie, der Symptomvielfalt mentaler Phänomene sowie aller relevanter Differenzialdiagnosen erforderlich. Daher empfiehlt sich gemäß der S3-Leitlinie eine Diagnosestellung durch spezialisierte Einrichtungen insbesondere im Bereich der Kinder- und Jugendpsychiatrie und -psychotherapie (DGKJP, 2016). Gleichzeitig gehören die ASS zum Standardkanon der psychischen Störungen gemäß ICD und bilden in der ICD-11 das erste nosologische Kapitel, sodass eine entsprechende Diagnosestellung auch in den fachärztlichen Kompetenzbereich fällt. ▸ Tab. 51.2 illustriert die Operationalisierung der ASS nach ICD-11 und DSM-5.

Merke

Da Autismus schon im frühen Kindesalter auffällige Symptome zeigen kann, sind eine ausführliche Eigen- und Fremdanamnese sowie Verhaltensbeobachtungen essenziell. Ergänzend können neurologische Untersuchungen nötig sein.

Im Rahmen einer gründlichen Anamnese ist es entscheidend, den chronischen Verlauf seit der frühen Kindheit zu erfassen, wobei der Fokus auf den dauerhaft bestehenden Besonderheiten der sozialen Interaktion, Kommunikation, den repetitiven Verhaltensweisen sowie den sensorisch-perzeptuellen Besonderheiten liegen sollte. Entsprechend der

Tab. 51.2: Diagnosekriterien für ASS nach ICD-11 und DSM-5

Kriterium	ICD-11	DSM-5
soziale Interaktion und Kommunikation	Beeinträchtigungen der sozialen Kommunikation und Interaktion	Defizite in der sozialen Kommunikation und Interaktion: Schwierigkeiten in der sozialen Reziprozität, nicht-verbale Kommunikationsdefizite und Probleme Beziehungen zu Gleichaltrigen aufzubauen und aufrechtzuerhalten
repetitive Verhaltensmuster	repetitive Verhaltensmuster und enge, fixierte Interessen	restriktive, repetitive Verhaltensweisen und Interessen: stereotype Bewegungen, insistierende Gleichförmigkeit, hochgradig fixierte Interessen und sensorische Auffälligkeiten
Beginn der Störung	frühkindlicher Beginn, auch wenn die Diagnose später gestellt wird	Beginn der Symptome im frühen Entwicklungsstadium: Symptome sind in der Regel schon im frühen Kindesalter beobachtbar, auch wenn sie erst später offensichtlich werden können
funktionale Auswirkungen	funktionale Auswirkungen von minimaler bis schwerer Beeinträchtigung	signifikante Beeinträchtigung der alltäglichen Funktionsfähigkeit
Ausschluss anderer Störungen	nicht explizit erwähnt	Ausschluss von anderen Diagnosen, die ähnliche Symptome aufweisen könnten

Leitlinie sollten Symptome sowohl im Quer- als auch Längsschnitt dokumentiert werden, einschließlich einer detaillierten Erfassung der kindlichen Symptome und der aktuellen Problematik. Dreh- und Angelpunkt der Diagnostik ist wie bei allen anderen Entwicklungsstörungen die differenzierte Erhebung der Entwicklungsanamnese (Tebartz van Elst et al., 2024).

Fallbeispiel

Ein 23-jähriger Student wird zur differenzialdiagnostischen Klärung und Therapieempfehlung vorgestellt. In den letzten zwei Jahren war er mehrfach aufgrund der Diagnosen schizotype Störungen, schizoide Persönlichkeitsstörung und Depressionen in ambulanter und stationärer Behandlung. Verschiedene Therapieversuche mit Neuroleptika zeigten keine Besserung, sondern führten überwiegend zu Nebenwirkungen. Der Patient war zuvor ein sehr guter Schüler und Student, fiel jedoch durch Leistungsabfall, soziale Isolation und Verwahrlosung auf. Psychopathologische Befunde dokumentieren bizarre Verhaltensweisen, Affektverflachung, manierierte Sprache, fehlende Empathie sowie Konzentrationsstörungen und eine Missachtung sozialer Normen. In der Exploration durch die Eltern wurde berichtet, dass der Patient schon als Kind durch eine »erwachsene« Sprache und ungewöhnliche Begabungen auffiel. Er spielte selten mit Gleichaltrigen und hatte Schwierigkeiten, soziale Regeln zu verstehen. Die Eltern beklagten einen fehlenden Augenkontakt und ungewöhnliche Sprachmelodien. Der Patient zeigte auch frühe Tics und eine Hyperempfindlichkeit gegenüber Geräuschen und Gerüchen, die schließlich dazu führte, dass er ein Chemiepraktikum abbrechen musste. Er zog sich zurück, verwahrloste und verlor seinen Antrieb und seine Energie. Trotz eines neutralen Gesichts- und Sprachausdrucks berichtet der Patient über Verzweiflung, Hoffnungslosigkeit und fehlendes Interesse am Leben.

Das Fallbeispiel schildert skizzenhaft die Geschichte eines jungen Mannes mit ASS, der aufgrund damit verbundener interpersoneller und perzeptueller Schwierigkeiten im Studium in seiner biografischen Entwicklung scheitert und eine depressive Episode entwickelt. Im reinen Querschnitt betrachtet, könnte differentialdiagnostisch auch auf ein hebephrenes Syndrom geschlossen werden.

Folgende Diagnoseinstrumente für ASS sollten zum Einsatz kommen:

- *Fremdanamnese:* Eine detaillierte Fremdanamnese ist zentral, da die Selbsteinschätzung von Personen mit Autismus häufig limitiert ist. Eltern und nahe Bezugspersonen werden zu Entwicklungsmeilensteinen, sozialen und kommunikativen Auffälligkeiten sowie zu Verhaltensmustern und sensorischen Besonderheiten im Kindesalter befragt.
- *Kindheitsinformationen:* Informationen aus der frühen Kindheit, z. B. durch alte Schulzeugnisse oder Berichte von Kindergarten und Schule, helfen, die längsschnittliche Entwicklung abzubilden.
- *psychometrische Testverfahren:* standardisierte Instrumente wie der Autism Diagnostic Observation Schedule (ADOS-2, Poustka et al., 2015) oder das Autism Diagnostic Interview-Revised (ADI-R, Kim et al., 2016).
- *Fragebögen:* eignen sich leitliniengemäß aufgrund zu niedriger Sensitivität und Spezifizität nicht für eine alleinige Diagnosestellung, können aber im Screening sehr hilfreich sein. Empfohlen werden unter anderem strukturierte Fragebögen, wie der Social Responsiveness Scale (SRS, Bölte, 2012), die Autism Spectrum Quotient (AQ)-Skala, Baron-Cohen et al., 2006), oder der RADI-G (deutsche Übersetzung des *Ritvo Autism Asperger Diagnostic Scale-Revised,* RAADS-R, Ritvo et al., 2011).

51.2.1 Differenzialdiagnosen und Komorbiditäten

Die Differenzialdiagnose von Autismus ist oft komplex, da viele Symptome mit anderen psychischen oder neurologischen Störungen überlappen. Zu den häufigsten Differenzialdiagnosen zählen soziale Angststörungen, Sprachentwicklungsstörungen, Aufmerksamkeitsdefizits-/Hyperaktivitätsstörung, Intelligenzminderungen, Zwangsstörungen und schizophreniforme Psychosen. Im klinischen Alltag zeigen sich zudem erhöhte Prävalenzen psychiatrischer Begleiterkrankungen wie Depressionen (ca. 53 %), Angststörungen (ca. 40 %), ADHS (ca. 43 %), Zwangsstörungen (ca. 24 %) sowie psychotische Störungen (ca. 12 %) (Riedel et al., 2016).

51.3 Lernpsychologische Modelle

Die lerntheoretischen Grundlagen von Autismus umfassen verschiedene Modelle, die erklären, wie Menschen mit Autismus-Spektrum-Störungen Verhaltensweisen erlernen und modifizieren. Ein zentrales Thema in diesem Zusammenhang sind die *Kompensations- und Maskierungsstrategien*, die von vielen hochfunktional autistischen Menschen entwickelt werden, um sich in sozialen und beruflichen Umfeldern anzupassen. Diese Strategien sind erlernte Verhaltensweisen, die darauf abzielen, autistische Symptome zu verdecken und sich an neurotypische Erwartungen anzupassen.

Menschen mit ASS, insbesondere solche mit hohem Funktionsniveau (früher meist als Asperger-Syndrom angesprochen), entwickeln häufig ausgeklügelte Mechanismen, um ihre Schwierigkeiten in der sozialen Interaktion und Kommunikation zu kaschieren. Diese Maskierung kann sich auf verschiedene Weisen zeigen, wie etwa in Form der *Nachahmung sozialer Verhaltensweisen anderer*. Sie lernen beispielsweise, Blickkontakt zu halten oder höfliche Floskeln zu verwenden, obwohl diese Handlungen für sie oft unnatürlich, kontraintuitiv und kognitiv anstrengend sind. Weiterhin berichten autistische Menschen oft von einer Nutzung vorgefertigter *sozialer Skripte*, um Gespräche zu führen.

Die Maskierung und Kompensation der autistischen Züge erfordern eine erhebliche kognitive Anstrengung. Diese ständige Selbstüberwachung und Anpassung an soziale Normen kostet viel Energie, da das Gehirn Ressourcen aufwenden muss, um eine Verhaltensweise zu zeigen, die für das Individuum nicht natürlich und automatisiert ist. Das führt zu mehreren Herausforderungen wie einem erhöhten körperlichen und mentalen Erschöpfungserleben bis hin zu einem sogenannten *autistischen »Shutdown«* oder »*Meltdown*«. Diese Begriffe werden von vielen autistischen Menschen genutzt, um die Besonderheiten der autistischen Stressreaktion zu beschreiben. Dabei meint der Begriff eines »*Overloads*« einen meist durch soziale oder perzeptive Reize getriebenen Zustand der Reizüberflutung. Ein »*Shutdown*« meint einen dissoziativ-katatoniformen Zustand, bei dem Betroffene ihren Körper nicht mehr richtig spüren und stuporös oder mutistisch »einfrieren«. Dieses Stresssyndrom kann v. a. bei Frauen durchaus an ähnliche Phänomene im Kontext einer Borderline-Persönlichkeitsstörung denken lassen. Ein »*Meltdown*« beschreibt eine aggressiv-autoaggressive Wutattacke, in deren Rahmen autistische Menschen durchaus extrem und für die Umwelt sehr unangemessen und übertrieben externalisierend reagieren. Die wiederkehrenden akuten, aber auch chronischen Stressreaktionen können sekundäre (psychische) Erkrankungen wie Depressionen oder Burnout begünstigen, was sich in den hohen Komorbiditätsraten niederschlägt (Lehnhardt et al., 2012). Diese sekundären Störungen resultieren häufig aus dem Gefühl der Entfremdung, Überforderung und des sozialen Scheiterns. Der fortlaufende Versuch, sich neurotypischen Erwartungen anzupassen, kann eine Art Teufelskreis erzeugen. Der kognitive Aufwand und der daraus resultierende Stress führen dann zu sekundären psychischen Störungen, welche die Fähigkeit zur Kompensation weiter erschweren. Dadurch wird es für die betroffenen Personen immer schwieriger, den sozialen und beruflichen Anforderungen gerecht zu werden oder ihre Kompensationsstrategien aufrecht zu erhalten, was zu weiteren Rückschlägen und Erfahrungen des sozialen Scheiterns führen kann. Dies bedeutet im Hinblick auf die häufigen komplexen Kompensationsstrategien, dass sie zwar kurzfristig oft eine soziale Akzeptanz und Anpassung ermöglichen, langfristig jedoch auch zu ernsthaften Belastungen führen können, mit weiteren negativen Implikationen (Livingston & Happé, 2017).

51.4 Störungsspezifische Psychotherapie

Aus lernpsychologischer Sicht sind Menschen mit Autismus in ihrer Wahrnehmungs- und Informationsverarbeitung anders organisiert. Man geht davon aus, dass Betroffene eine qualitativ andersartige Reizwahrnehmung und -verarbeitung besitzen. Das beinhaltet Unterschiede im Denken, Lernen, in Vorlieben und Interessen sowie den Werthierarchien im Vergleich zu neurotypisch entwickelten Menschen. Für Betroffene und therapeutisches Personal gilt es zunächst diese strukturelle Besonderheit zu erkennen, zu akzeptieren und zu respektieren. Da Autismus nicht »heilbar« ist, geht es auch in der Therapie nicht darum, die autistischen Denk- und Verhaltensweisen zu eliminieren. Vielmehr ist es Ziel der Therapie, bisherige dysfunktionale Verhaltensweisen durch funktionale zu ersetzen. Die Betroffenen sollen in ihrer Selbstwahrnehmung und -akzeptanz gefördert werden und neue Kompetenzen sollen erlernt werden, um ein höheres Maß an Selbstkompetenz und Lebensqualität zu erreichen. Die S3-Leitlinie formuliert hierzu:

> »Jede Therapie und Intervention soll mit klar definierten, konkreten Therapiezielen sowie für einen befristeten Zeitraum geplant werden. Jede Person mit Autismus-Spektrum-Störung und im Kindes- und Jugendalter auch die Sorgeberechtigten sollen an der Formulierung von konkreten Therapiezielen beteiligt werden, die realistisch und dem jeweiligen

individuellen Bedarf angemessen definiert werden sollen. Auf maximal mögliche Selbständigkeit und Unabhängigkeit von externen Hilfen soll bei jeder therapeutischen und unterstützenden Maßnahme immer geachtet werden. Das übergeordnete Therapieziel soll die Verbesserung der Lebensqualität und der Teilhabemöglichkeiten von Menschen mit Autismus-Spektrum-Störungen und ihren Familien sein.« (DGKJP & DGPPN, 2021, S. 20).

Die verhaltenstherapeutische Behandlung von Autismus orientiert sich an den individuellen Symptomen und Bedürfnissen der Patientinnen und Patienten. Gemäß der Leitlinie spielt das Fallmanagement in der Behandlung von Menschen mit ASS eine entscheidende Rolle. Es wird empfohlen, klare Therapieziele festzulegen, Interventionen passgerecht auszuwählen, das Setting und weitere multidisziplinäre Unterstützungsmöglichkeiten in Absprache mit der Familie und Angehörigen zu gestalten sowie regelmäßige Verlaufskontrollen einzuführen.

Aufgrund der ausgeprägten Heterogenität in der klinischen Symptomatik und den Problemfeldern bei Autismus existiert eine große Zahl an möglichen »Autismus-Therapien«, wobei der Großteil davon einigen übergeordneten Prinzipien folgt, wie: Transparenz und Vorhersagbarkeit der Maßnahmen, Therapie in unterschiedlichen inhaltlichen Kontexten, Förderung durch unterschiedliche Personen, Therapie in Einzel- und Gruppensettings sowie der Einsatz diverser verhaltenstherapeutischer Techniken wie Verstärkung, Prompting oder Fading. Für die Anwendung im Kindes- und Jugendalter stehen dabei zahlreiche evidenzbasierte Therapieprogramme zur Verfügung (vgl. DGKJP & DGPPN, 2021), wie z. B. Applied Behavior Analysis (ABA, Axelrod et al., 2012), das Relationship Development Intervention®-Programm (Gutstein, 2004), das Frankfurter Frühinterventionsprogramm (FFIP) (Teufel et al., 2017) oder das Freiburger Therapieprogramm (TOMTASS) (Paschke-Müller et al., 2017).

Die psychotherapeutische Behandlung von Autismus im Erwachsenenalter zielt darauf ab, Betroffenen zu helfen, die autistischen Symptome und deren funktionelle Auswirkungen besser zu verstehen und damit umzugehen. Ein wichtiger Baustein ist die Psychoedukation, bei der die Diagnose sowie individuelle Stärken und Schwächen erarbeitet werden. Dadurch kann z. B. das gefühlte Anderssein, eine soziale Isolation oder das wiederholte Scheitern in Alltagssituationen besser eingeordnet werden, was zu mehr Selbstakzeptanz führt. Ein weiteres Ziel der Therapie ist das Erlernen von Kompensationsstrategien. Zum Beispiel kann bei bestehenden Theory of Mind (ToM)-Schwierigkeiten das analytische Verstehen anderer Menschen eingeübt werden. Aufbauend auf dem Verständnis der eigenen Stärken und Schwächen können individuelle Therapieziele entwickelt werden (Fangmeier et al., 2011). Häufig eingesetzte Maßnahmen sind im Erwachsenenbereich darüber hinaus Selbsthilfegruppen, direkte Hilfen durch Sozialarbeit und verhaltenstherapeutische Programme wie soziale Kompetenztrainings im Einzel- oder Gruppensetting. So wird etwa für diesen Bereich in der S3-Leitlinie konkret eine Gruppenpsychotherapie empfohlen:

> »Bei Erwachsenen ohne Intelligenzminderung sollte eine zeitlich auf ca. 20 Sitzungen begrenzte, manualisierte Gruppentherapie (wöchentlich 90 min) durchgeführt werden, die folgende Inhalte abdeckt: (1) Umgang mit Stress und Angst, (2) Selbstorganisation und (3) Adaptive und soziale Fertigkeiten. Die Gruppentherapie sollte Hausaufgaben und gut umsetzbare alltagspraktische Übungen beinhalten.« (Empfehlung 50, Evidenzgrad B, DGKJP & DGPPN, 2021, S. 258).

In der Zwischenzeit wurden sowohl für die Gruppen- als auch für die Einzelpsychotherapie im Erwachsenenbereich verschiedene Konzepte publiziert (siehe Abschnitt »Empfohlene Materialien« am Ende dieses Kapitels). Zum FASTER-Konzept der Freiburger Arbeitsgruppe sowie dem Konzept zum sozialen Kompetenztraining der Berliner Arbeitsgruppe (SCOTT/EVA) (Moebert & Lucke, 2019) wurde die bislang weltweit größte Phase-III-Therapiestudie als kontrollierte und verblindete Multicenter-Studie inzwischen abgeschlossen (Tebartz van Elst et al., 2021). Mit den Ergebnissen ist 2025 zu rechnen.

51.5 Pharmakotherapie

Eine Pharmakotherapie, die auf eine Veränderung der autistischen Grundsymptome abzielt, existiert nach heutigem Forschungsstand nicht. Dementsprechend sollen gemäß der S3-Leitlinie keine psychotropen oder anderen Medikamente bezüglich des Therapieziels Verbesserung der sozialen Interaktion oder Kommunikation eingesetzt werden. Zur Behandlung von Reizüberflutung, aggressiven Spannungszuständen oder zur Dämpfung einer ausgeprägten Reizoffenheit können Aripiprazol oder Risperidon Verwendung finden (Tebartz van Elst, 2021b). Leitliniengemäß werden diese Medikamente als Option zur Behandlung von Stereotypien und repetitivem Verhalten hervorgehoben. Häufig fokussiert sich die Pharmakotherapie in der Autismus-Therapie auf die komorbid auftretenden Erkrankungen wie Depressionen, Angststörungen, (psychotische) Dekompensation oder ADHS. Pharmakotherapie wird in der Regel als Ergänzung zur Verhaltenstherapie eingesetzt und ist keinesfalls ein Ersatz für psychotherapeutische Interventionen.

51.6 Evidenzbasierung

Autismus-Spektrum-Störungen zeichnen sich durch eine große Heterogenität aus, was bedeutet, dass es keine universelle Behandlungsmethode gibt, die für alle Betroffenen gleichermaßen wirksam ist. Besonders für das Kindes- und Jugendalter existieren eine Vielzahl an Förderansätzen, die zwar keine Heilung der Symptomatik ermöglichen, jedoch die Entwicklung des Kindes positiv beeinflussen und die Familie sowie das soziale Umfeld unterstützen können. Zu den bewährten evidenzbasierten Verfahren zählen verhaltenstherapeutische Interventionen, die auf lerntheoretischen Grundlagen beruhen. Evidenzbasierte Methoden erfordern solide empirische Daten und objektive, quantitative Nachweise, um ihre Wirksamkeit sicherzustellen. Ziel solcher Ansätze ist die bestmögliche Behandlung der Patientinnen und Patienten, die Transparenz des therapeutischen Handelns sowie eine fundierte Grundlage für therapeutische Entscheidungen und rechtliche Sicherheit.

Die wissenschaftliche Evidenz der verschiedenen Interventionsansätze für ASS variiert stark. Zu den gut erprobten Methoden der Verhaltenstherapie gehören beispielsweise die Applied Behavior Analysis (ABA) oder das Relationship Development Intervention®-Programm (Bölte, 2015). Diese erreichen einen Evidenzgrad von IIa. In der Praxis hat sich gezeigt, dass eine flexible und zugleich systematische Anwendung verschiedener Methoden besonders hilfreich ist (Liesen et al., 2018). Die Auswahl der Fördermethode sollte immer auf die individuellen Entwicklungsprofile der betroffenen Personen abgestimmt sein. Weiterhin sollen leitliniengemäß bei Betroffenen im Kindes- und Jugendalter die Eltern und die Familie in die Therapie einbezogen werden.

Prüfungsfragen

1. Welche Hauptsymptome kennzeichnen Autismus-Spektrum-Störungen nach dem DSM-5 und ICD-11?
2. Was versteht man unter Maskierung oder Kompensation im Hinblick auf ASS?
3. Welche Rolle spielt die Pharmakotherapie in der Behandlung von Autismus?

Antworten

1. ASS werden durch qualitative Beeinträchtigungen in der sozialen Interaktion und Kommunikation, repetitive und stereotype Verhaltensmuster und Interessen sowie sensorische Besonderheiten gekennzeichnet.
2. Unter Maskierung oder Kompensation versteht man Strategien, die Betroffene entwickeln, um ihre autistischen Merkmale in sozialen Situationen zu verbergen oder anzupassen, um mögliche Schwächen in Kommunikation und Interaktion zu kaschieren und neurotypischen Erwartungen zu entsprechen.
3. Die Pharmakotherapie wird bei Autismus hauptsächlich zur Behandlung von Begleiterscheinungen wie Reizüberflutung, Aggression, ADHS-Symptomen und Zwangsstörungen eingesetzt. Weiter wird sie zur Behandlung der häufigen Komorbiditäten wie Depression, Zwang oder psychotischen Symptomen angewandt. Sie ist keine primäre Therapieform für die Kernsymptome von Autismus, sondern kommt in der Regel als Ergänzung zur Psychotherapie zum Einsatz.

Empfohlene Materialien

- Preißmann, C. (2022). *Asperger: Leben in zwei Welten: Betroffene berichten: Das hilft mir in Beruf, Partnerschaft & Alltag* (4. Aufl.). TRIAS.
- Ebert, D., Fangmeier, T., Lichtblau, A. et al. (2013). *Asperger-Autismus und hochfunktionaler Autismus bei Erwachsenen: Das Therapiemanual der Freiburger Autismus-Studiengruppe*. Hogrefe.
- Gawronski, A., Pfeiffer, K., & Vogeley, K. (2012). *Hochfunktionaler Autismus im Erwachsenenalter: Verhaltenstherapeutisches Gruppenmanual*. Beltz.
- Dziobek, I., & Stoll, S. (2024). *Hochfunktionaler Autismus bei Erwachsenen: Ein kognitiv-verhaltenstherapeutisches Manual.* Kohlhammer.

Literatur

Axelrod, S., McElrath, K. K., & Wine, B. (2012). Applied Behavior Analysis: Autism and Beyond. *Behavioral Interventions, 27*(1), 1–15. https://doi.org/10.1002/bin.1335

Baron-Cohen, S., Hoekstra, R. A., Knickmeyer, R. & Wheelwright, S. (2006). The Autism-Spectrum Quotient (AQ) – adolescent version. *Journal of Autism and Developmental Disorders, 36*(3), 343–350. https://doi.org/10.1007/s10803-006-0073-6

Bölte, S. (2012). Brief Report: The Social Responsiveness Scale for Adults (SRS-A): Initial Results in a German Cohort. *Journal of Autism and Developmental Disorders, 42*(9), 1998–1999. https://doi.org/10.1007/s10803-011-1424-5

Bölte, S. (Hrsg.). (2015). *Autismus: Spektrum, Ursachen, Diagnostik, Intervention, Perspektiven* (Nachdruck 2015 der 1. Aufl. 2009). Huber.

DGKJP –Deutsche Gesellschaft für Kinder- und Jugendpsychiatrie, Psychosomatik und Psychotherapie. (2016). *S3-Leitlinie Autismus-Spektrum-Störungen im Kindes-, Jugend- und Erwachsenenalter, Teil 1: Diagnostik.* https://register.awmf.org/de/leitlinien/detail/028-018

DGKJP & DGPPN – Deutsche Gesellschaft für Kinder- und Jugendpsychiatrie, Psychosomatik und Psychotherapie & Deutsche Gesellschaft für Psychiatrie und Psychotherapie, Psychosomatik und Nervenheilkunde e. V. (2021). *S3-Leitlinie Autismus-Spektrum-Störungen im Kindes-, Jugend- und Erwachsenenalter, Teil 2: Therapie.* https://register.awmf.org/de/leitlinien/detail/028-047

Fangmeier, T., Lichtblau, A., Peters, J. et al. (2011). Psychotherapie des Asperger-Syndroms im Erwachsenenalter. *Der Nervenarzt, 82*(5), 628–635. https://doi.org/10.1007/s00115-010-3121-6

Gutstein, S. (2004). The Effectiveness of Relationship Development Intervention in Remediating Core Deficits of Autism-Spectrum Children. *Journal of Developmental & Behavioral Pediatrics, 25*(5), 375. https://doi.org/10.1097/00004703-200410000-00023

Kim, S. H., Hus, V., & Lord, C. (2016). Autism Diagnostic Interview-Revised. In F. R. Volkmar (Hrsg.), *Encyclopedia of autism spectrum disorders* (S. 345–349). Springer, Credo Reference. https://doi.org/10.1007/978-1-4419-1698-3_894

Lehnhardt, F.-G., Gawronski, A., Volpert, K. et al. (2012). Das psychosoziale Funktionsniveau spätdiagnostizierter Patienten mit Autismus-Spektrum-Störungen – Eine retrospektive Untersuchung im Erwachsenenalter. *Fortschritte der Neurologie-Psychiatrie, 80*(2), 88–97. https://doi.org/10.1055/s-0031-1281642

Liesen, C., Krieger, B., & Becker, H. (2018). *Evaluation der Wirksamkeit der intensiven Frühinterventionsmethoden bei frühkindlichem Autismus.* Forschungsbericht 9/18 des Bundesamtes für Sozialversicherungen (BSV). https://doi.org/10.4126/FRL01-006415299

Livingston, L. A., & Happé, F. (2017). Conceptualising compensation in neurodevelopmental disorders: Reflections from autism spectrum disorder. *Neuroscience and biobehavioral reviews, 80*, 729–742. https://doi.org/10.1016/j.neubiorev.2017.06.005

Moebert, T., & Lucke, U. (2019). E.V.A. – Emotionen Verstehen und Ausdrücken. In N. Pinkwart & J. Konert (Hrsg.), *GI-Edition – Lecture Notes in Informatics (LNI) Proceedings: Volume P-297. DeLFI 2019: Die 17. Fachtagung Bildungstechnologien, 16.-19. September 2019, Berlin, Deutschland.* Gesellschaft für Informatik e. V. (GI). https://doi.org/10.18420/delfi2019_324

Pasche-Müller, M., Biscaldi-Schäfer, M., Rauh, R. et al. (2017) *TOMTASS – Theory-of-Mind-Training bei Autismusspektrumstörungen Freiburger Therapiemanual für Kinder und Jugendliche.* Springer.

Poustka, L., Rühl, D., Feineis-Matthews, S. et al. (2015). *ADOS-2. Diagnostische Beobachtungsskala für Autistische Störungen – 2.* Huber.

Riedel, A., Schröck, C., Ebert, D. et al. (2016). Überdurchschnittlich ausgebildete Arbeitslose – Bildung, Beschäftigungsverhältnisse und Komorbiditäten bei Erwachsenen mit hochfunktionalem Autismus in Deutschland. *Psychiatrische Praxis, 43*(1), 38–44. https://doi.org/10.1055/s-0034-1387494

Ritvo, R. A., Ritvo, E. R., Guthrie, D. et al. (2011). The Ritvo Autism Asperger Diagnostic Scale-Revised (RAADS-R): a scale to assist the diagnosis of Autism Spectrum Disorder in adults: an international validation study. *Journal of Autism and Developmental Disorders, 41*(8), 1076–1089. https://doi.org/10.1007/s10803-010-1133-5

Teufel, K., Wilker, C., Valerian, J., Freitag, C. (2017) *A-FFIP – Autismusspezifische Therapie im Vorschulalter.* Springer.

Tebartz van Elst, L. (Hrsg.). (2021a). *Autismus-Spektrum-Störungen im Erwachsenenalter: Neuauflage des Standardwerkes »Das Asperger-Syndrom im Erwachsenenalter«* (3. Auflage). Medizinisch Wissenschaftliche Verlagsgesellschaft.

Tebartz van Elst, L. (2021b). Medikamentöse Therapie im Erwachsenenalter. In L. Tebartz van Elst (Hrsg.), *Autismus-Spektrum-Störungen im Erwachsenenalter: Neuauflage des Standardwerkes »Das Asperger-Syndrom im Erwachsenenalter«* (3. Aufl., S. 309–323). Medizinisch Wissenschaftliche Verlagsgesellschaft.

Tebartz van Elst, L., Fangmeier, T., Schaller, U. M. et al. (2021). FASTER and SCOTT&EVA trainings for adults with high-functioning autism spectrum disorder (ASD): study protocol for a randomized controlled trial. *Trials, 22*(1), 261. https://doi.org/10.1186/s13063-021-05205-9

Tebartz van Elst, L., Schramm, E., Berger, M. et al. (Hrsg.). (2024). *Psychiatrie und Psychotherapie: Klinik und Therapie psychischer Erkrankungen* (7. Aufl.). Elsevier.

Weintraub, K. (2011). The prevalence puzzle: Autism counts. *Nature, 479*(7371), 22–24. https://doi.org/10.1038/479022a

Zeidan, J., Fombonne, E., Scorah, J. et al. (2022). Global prevalence of autism: A systematic review update. *Autism Research, 15*(5), 778–790. https://doi.org/10.1002/aur.2696

Weiterführende Literatur

Schreibman, L. (2000). Applied Behavior Analysis in Autism. *Journal of Autism and Developmental Disorders, 30*(5), 425–438.

Tebartz van Elst, L. (2022). *Autismus, ADHS und Tics: Zwischen Normvariante, Persönlichkeitsstörung und neuropsychiatrischer Krankheit* (3. Aufl.). Kohlhammer.

Tebartz van Elst, L., Ebert, D. (2024). Autismus-Spektrum-Störungen. In: L. Tebartz van Elst, E. Schramm, M. Berger (Hrsg.), *Psychiatrie und Psychotherapie. Klinik und Therapie psychischer Erkrankungen* (7. Aufl., S. 263–284). Elsevier.

Vogeley, K. (2016). *Anders sein. Autismus-Spektrum-Störungen im Erwachsenenalter – Ein Ratgeber* (2. Aufl.). Beltz.

52 ADHS im Erwachsenenalter

Alexandra Philipsen, Harald Richter[2], Bernd Heßlinger und Marie-Christin Atzor

Das Wichtigste auf einen Blick

- Die ICD-11 führt ADHS als neuronale Entwicklungsstörung auf und unterscheidet zwischen verschiedenen Erscheinungsbildern (vorwiegend unaufmerksam, vorwiegend hyperaktiv-impulsiv und gemischtes Erscheinungsbild).
- ADHS manifestiert sich geschlechtsspezifisch, wobei Frauen häufiger internalisierende und Männer vermehrt externalisierende Symptome zeigen.
- In der ADHS-Therapie wird eine umfassende Psychoedukation als essenzieller Therapiebaustein in der S3-Leitlinie empfohlen.
- Das DBTbasierte Freiburger Gruppenkonzept bietet erwachsenen ADHS-Betroffenen ein strukturiertes Fertigkeitentraining in etwa 13 Sitzungen, das Achtsamkeit, Emotions- und Impulsregulation vermittelt.
- Die Wirksamkeit von Stimulanzien (z. B. Methylphenidat, Amphetamine) sowie weiteren Substanzen (Atomoxetin) bei der Behandlung von ADHS im Erwachsenenalter ist wissenschaftlich gut belegt.

52.1 Einführung

Die Aufmerksamkeitsdefizit-Hyperaktivitätsstörung (ADHS) im Erwachsenenalter war im deutschsprachigen Raum bis Ende der 1990er Jahre nahezu unbekannt (Krause et al., 1998; Overmeyer & Ebert, 1999). Sie galt bis dahin meist als eine mit zunehmendem Alter »ausheilende« Störung des Kindes- und Jugendalters. Studien haben jedoch verdeutlicht, dass sich die ADHS nicht mit dem 18. Lebensjahr »auswächst«. Die Häufigkeit der ADHS im Erwachsenenalter wird inzwischen mit ca. 2,8 % angegeben (Fayyad et al., 2017; Faraone et al., 2024).

Im Bereich der Erwachsenenpsychiatrie und -psychotherapie ist die hohe Rate an komorbiden Erkrankungen bei der ADHS von besonderer klinischer Bedeutung. Diese sind z. B. Sucht, Depression, Angst und Persönlichkeitsstörungen, Adipositas (Reed et al., 2024, Schein et al., 2024; Hartman et al., 2023; Duarte et al., 2024; Kenézlői et al., 2025). ADHS kann daher auch als ein »Risikofaktor« für andere psychische und körperliche Erkrankungen angesehen werden.

Erwachsene mit ADHS zeichnen sich einerseits durch Kreativität, Lebendigkeit und Spontaneität aus. Auf der anderen Seite gelten sie als unberechenbar und unzuverlässig und leiden oft unter ihrer Ablenkbarkeit, innerer Unruhe, ausgeprägten Stimmungsschwankungen, Impulsivität und den entsprechenden Auswirkungen auf das Selbstbild und die sozialen Beziehungen.

52.2 Diagnose und lerntheoretische Besonderheiten

52.2.1 Geschichte und Begriffe

Was heute meist als »ADHS« bezeichnet wird, wurde in einem wissenschaftlichen Journal bereits vor über 100 Jahren als Verhaltensauffälligkeit bei Kindern beschrieben (▸ Tab. 52.1).

Erst im Jahr 1980 wurde im DSM-III die Diagnosestellung auch bei Erwachsenen ermöglicht.

Im DSM-IV (APA 1994) wurde die ADHS dann unterteilt in einen vorwiegend hyperaktiv-impulsiven Subtypus (»Zappelphilipp«), einen vorwiegend unaufmerksamen Subtypus ohne Hyperaktivität (»Hans guck in die Luft«) und in einen Mischtypus. Die bildhaften Bezeichnungen gehen auf den Frankfurter Arzt und Autor Heinrich Hoffmann zurück, der sie in seinem Kinderbuch »Der Struwwelpeter« zur Charakterisierung typischer Verhaltensweisen einsetzte (Hoffmann, 1847).

In der ICD-10 (WHO 1992) wurde die ADHS als »Hyperkinetische Störung« mit in Bezug auf das Alter und den Entwicklungsstand nachweisbarer Abnormalität von Aufmerksamkeit und Aktivität beschrieben. Als weitere diagnostische Untergruppen wurden hyperkinetische Störungen mit zusätzlicher Störung des Sozialverhaltens, aber auch eine vorwiegende Aufmerksamkeitsstörung ohne Hy-

2 * 1960, † 2015

Tab. 52.1: Übersicht zur Geschichte der ADHS

Zeitpunkt	Für die Geschichte der ADHS wichtig:
1902	Erstbeschreibung als Verhaltensauffälligkeit im Kindesalter in einem medizinischen Journal: Still, G. F. (1902). The Culostian lectures on some abnormal psychical conditions in children. *Lancet,* 1008–1012.
1937	Erstbeschreibung der Amphetaminbehandlung im Kindesalter: Bradley, C. (1937). The behavior of children receiving Benzedrine. *Am J Psychiat, 94,* 577–585.
1947	Erstbeschreibung der Amphetaminbehandlung im Erwachsenenalter: Hill, D. (1947). Amphetamine in psychopathic states. *Br J Addiction, 44,* 50–54.
1978	Die Weltgesundheitsorganisation (WHO) führt im ICD-9 das »Hyperkinetische Syndrom« des Kindesalters als Diagnose ein.
1980	Das DSM-III erlaubt die Diagnosestellung auch im Erwachsenenalter als »ADD Residual Type«.
1992	Die WHO erlaubt die Diagnose »Hyperkinetische Störung« im ICD-10 auch bei Erwachsenen, allerdings ohne erwachsenenspezifische Diagnosekriterien.
2003	»ADHS bei Erwachsenen« ist erstmals ein Weiterbildungsschwerpunkt beim Jahreskongress der Deutschen Gesellschaft für Psychiatrie, Psychotherapie und Nervenheilkunde (DGPPN).
2005	Veröffentlichung der ersten evidenzbasierten Leitlinien zur Diagnostik und Behandlung von ADHS im Erwachsenenalter.
2011	Erstmals ist ein Medikament (retardiertes Methylphenidat) zur Behandlung der ADHS im Erwachsenenalter in Deutschland offiziell zugelassen.
2013	Das DSM-5 erweitert die Diagnosekriterien für ADHS, um die Erkennung im Erwachsenenalter zu verbessern (z. B. Anhebung des Erstmanifestationsalter von 7 auf 12 Jahre, Reduktion der erforderlichen Symptome für Erwachsene).
2018	Die aktualisierte S3-Leitlinie zur Diagnostik und Behandlung von ADHS bei Kindern, Jugendlichen und Erwachsenen berücksichtigt neue wissenschaftliche Erkenntnisse (aktuell in Überarbeitung).

peraktivität vorgeschlagen. In der ICD-10 wird angefügt: »Auch im Erwachsenenalter kann die Diagnose eines hyperkinetischen Syndroms gestellt werden.«

Die ICD-11 führt ADHS als neuronale Entwicklungsstörung auf und unterscheidet zwischen verschiedenen Erscheinungsbildern (vorwiegend unaufmerksam, vorwiegend hyperaktiv-impulsiv und gemischtes Erscheinungsbild; Gaebel, 2021). Erste Symptome der ADHS müssen rückblickend in der Kindheit erkennbar gewesen sein, typischerweise vor dem 12. Lebensjahr.

52.2.2 Häufigkeit und Verlauf

Die ADHS gehört zu den häufigsten Diagnosen in der Kinder- und Jugendpsychiatrie und -psychotherapie. Es wird geschätzt, dass ca. 4–5 % aller Kinder die diagnostischen Kriterien einer ADHS erfüllen. Ungefähr 2,5 % aller Erwachsenen haben Symptome im Sinne einer ADHS (Fayyad et al., 2017), Männer häufiger als Frauen. Während im Kindesalter das Geschlechtsverhältnis auf 3:1 bis 4:1 geschätzt wird, werden im Erwachsenenalter nur noch maximal doppelt so viele Männer diagnostiziert (Song et al., 2021).

ADHS äußert sich geschlechtsspezifisch unterschiedlich: Während Frauen häufig unterdiagnostiziert werden, da ihre Symptome eher internalisierend sind (z. B. Unaufmerksamkeit, emotionale Dysregulation und Ängstlichkeit), zeigen Männer vermehrt externalisierende Verhaltensweisen wie Hyperaktivität und Impulsivität, was zu früheren und häufigeren Diagnosen führt (Amiri et al., 2025).

Beim Übergang in das Erwachsenenalter bleiben die Symptome unter einem Symptomwandel in jeweils altersspezifischer Ausprägung bestehen. ADHS kann leicht ausgeprägt sein und erscheint dann evtl. nur als Variante »normaler« Persönlichkeitsmerkmale (»sprunghaft, temperamentvoll«), sie kann aber auch den Schweregrad einer Krankheit mit erheblicher Beeinträchtigung der Lebensführung erreichen.

Das Ausmaß der Beeinträchtigung ist geprägt durch den Schweregrad, durch die Komorbidität und die jeweiligen sozialen Bedingungen.

Merke

ADHS im Erwachsenenalter ist häufig unterdiagnostiziert, besonders bei Frauen und bei unauffälliger früher Kindheit.

ADHS verschwindet nicht im Erwachsenenalter, es verändert nur seine Form. Hyperaktivität weicht oft innerer Unruhe; Impulsivität und Unaufmerksamkeit bleiben meist bestehen.

52.2.3 Symptome

Aufmerksamkeitsdefizite, Konzentrationsstörungen und Desorganisiertheit

Menschen mit ADHS erleben sich als unaufmerksam und vergesslich, sie wirken oft geistesabwesend (»mit ihren Gedanken woanders«) oder verträumt. Sie haben Schwierigkeiten, Gesprächen zu folgen und sie wechseln häufig das Thema. Sie haben immer wieder neue Einfälle, sind ablenkbar und können dabei den Eindruck eines »chaotischen« Gesprächsstils erwecken.

Desorganisiertheit kann sowohl durch kognitive Beeinträchtigungen als auch durch Impulsivität bedingt sein. Betroffene haben Schwierigkeiten, Aufgaben, die längere

Aufmerksamkeit erfordern, zu bewältigen, besonders bei unzureichender Motivation oder Stimulation (z. B. Detailarbeit, Selbststudium). Das Organisieren und Planen von Aktivitäten sowie das eigenständige Zeitmanagement (»time blindness«; Mette et al., 2023) stellen große Herausforderungen dar. Begonnene Aufgaben werden häufig durch neue Unternehmungen unterbrochen.

Bei Interesse und ausreichender Motivation bzw. Stimulation sind viele Menschen mit ADHS andererseits in der Lage, sich extrem gut und anhaltend zu konzentrieren (zu »hyperfokussieren«).

Impulsivität

Menschen mit ADHS handeln oft spontan und entscheiden »aus dem Bauch heraus«. Hinterher schätzen sie dieses Verhalten oft selbst als »unüberlegt« ein.

Emotionale Instabilität

Menschen mit ADHS berichten häufige und ausgeprägte Stimmungsschwankungen. Diese Stimmungsschwankungen reichen von Wut und Aggressivität über Deprimiertheit bis hin zu Euphorie, oft vor dem Hintergrund allgemeiner Unzufriedenheit, Langeweile und Suche nach Stimulation.

Hyperaktivität

Die »von außen« sichtbare motorische Unruhe des Kindesalters (besonders beim hyperaktiv-impulsiven Subtyp) nimmt im Erwachsenenalter in der Regel ab oder verschwindet vollständig. Bei Einigen bleibt diese motorische Unruhe jedoch bestehen (z. B. Wippen mit den Füßen, Fingertrommeln oder Rutschen auf dem Stuhl). Häufiger aber berichten Erwachsene mit ADHS von einer »inneren Unruhe«. Sie fühlen sich chronisch angespannt, das »Gedankenkarussell« kreist unaufhörlich. Viele »brauchen« regelmäßig motorische Bewegung (z. B. Laufen, Radfahren) und erleben Aktivitäten als entspannend, die andere Menschen als Extrembelastung empfinden würden.

52.2.4 Komplikationen, Komorbiditäten und Konsequenzen

Menschen mit ADHS haben selten »nur« ADHS. Die Mehrzahl leidet unter komorbiden Erkrankungen. Die häufigsten sind Suchterkrankungen (stoffgebunden und nicht stoffgebunden), affektive Störungen inklusive »brief recurrent depression« (rezidivierende kurze depressive Störung), Angsterkrankungen (z. B. soziale Phobie) und Persönlichkeitsstörungen. Das Risiko, mit dem Gesetz in Konflikt zu geraten (einschließlich Straßenverkehrsdelikte), sowie die Wahrscheinlichkeiten für Arbeitslosigkeit und Scheidung sind deutlich erhöht (Fuermaier, 2024; Hesslinger et al., 2004).

Es darf dabei aber nicht übersehen werden, dass ADHS auf der anderen Seite mit zahlreichen Ressourcen einhergehen kann.

Symptome und Charakteristika der ADHS im Erwachsenenalter:

- Aufmerksamkeitsdefizite (oft nur bei fehlender Stimulation und Motivation)
- motorische Hyperaktivität (mit zunehmendem Alter oft abnehmend, eher chronische »innere Unruhe« (»immer 1.000 Sachen im Kopf«)
- Vergesslichkeit
- Desorganisiertheit (»chaotische Lebensführung«)
- Impulsivität
- ausgeprägte Stimmungsschwankungen
- Nichterreichen der Möglichkeiten (bzgl. Begabung)
- Konflikte, wenn Routine und Disziplin nötig
- Konflikte, wenn Einfügen in Hierarchie nötig
- Beziehungsabbrüche, erhöhte Scheidungsrate
- Abbrüche in Ausbildung und Beruf, Arbeitslosigkeit
- hohe Komorbidität mit:
  - Sucht (stoffgebunden und nicht stoffgebunden, z. B. Sex, Spielen, Sport)
  - affektiven Störungen
  - Angststörungen (z. B. soziale Phobie)
  - Persönlichkeitsstörungen (z. B. emotional-instabil, dissozial, selbstunsicher)

Häufige Ressourcen bei ADHS im Erwachsenenalter:

- Neugier
- Risikobereitschaft
- Energie
- Kreativität
- Fantasie
- rasche Auffassungsgabe
- Flexibilität
- Fähigkeit, andere zu strukturieren

52.2.5 Leitlinienorientierte Diagnostik

Die Diagnose einer ADHS ist auch im Erwachsenenalter eine *klinische Diagnose*. Sie wird gestellt, wenn die klinischen Diagnosekriterien nach ICD-10 bzw. DSM-V erfüllt sind.

Grundlage der Diagnose ist das diagnostische Gespräch im Sinne einer kompletten psychiatrischen Untersuchung mit aktuellem psychopathologischem Befund, Erhebung der Vorgeschichte und des Verlaufs sowie dem Ausschluss aller anderen psychischen und somatischen Störungen, die die Beschwerden besser erklären könnten. Soweit möglich, sollten Angehörige (Lebenspartner, Eltern, etc.) zur Symptomatik befragt werden, um eine umfassende diagnostische Perspektive auf die gegenwärtigen und früheren Beschwerden zu erhalten.

Störungsspezifische Fragebögen können bei Bedarf ergänzend zum Gespräch eingesetzt werden, sowohl z. B. zur strukturierten Symptomerfassung als auch zur Dokumentation (Marshall et al., 2021). Testpsychologische Untersuchungen können die diagnostische Sicherheit erhöhen, sie sind aber hinsichtlich der zugrunde liegenden Ursache von Auffälligkeiten unspezifisch.

52.2.6 Somatische Ausschlussdiagnostik

Einige somatische Erkrankungen können eine ADHS imitieren und müssen daher ausgeschlossen werden. Beim Erwachsenen sind dies vor allem:

- Hyper- und Hypothyreose
- Anfallsleiden
- Restless-Legs-Syndrom (RLS ist auch häufige Komorbidität von ADHS)
- Vigilanzstörungen bei Schlafstörungen (z. B. Narkolepsie, Schlaf-Apnoe-Syndrom)
- alle primären Hirnerkrankungen

Zusätzlich müssen andere medizinische oder pharmakologische Ursachen berücksichtigt werden:

- Medikamente (z. B. Neuroleptika und andere Psychopharmaka, Theophyllin, Steroide, Sympathikomimetika, Antihistaminika, Barbiturate)
- Drogen

Eine internistische und neurologische Untersuchung ist im Rahmen der Ausschlussdiagnostik erforderlich. Bei Verdacht auf somatische Erkrankungen sollten gezielte Zusatzuntersuchungen erfolgen.

52.2.7 Allgemeine Diagnosekriterien

Während die ICD-10 (WHO, 1992) und das DSM-IV (APA, 1994) noch keine spezifischen Kriterien für ADHS im Erwachsenenalter enthielten, berücksichtigt die ICD-11 mittlerweile ausdrücklich die Fortbestehensmöglichkeit der Störung über die Kindheit hinaus.

Für das Erwachsenenalter wurden ergänzend die Wender-Utah-Kriterien entwickelt (Wender et al., 2001). In der ICD-10 und dem DSM-IV war für die Diagnosestellung das Age-of-onset-Kriterium maßgeblich, das ein Auftreten erster Symptome vor dem 7. Lebensjahr verlangte. Diese retrospektive Erfassung des Erkrankungsbeginns ist im klinischen Alltag jedoch häufig mit diagnostischen Unsicherheiten verbunden. Die ICD-11 orientiert sich nun stärker an den DSM-5-Kriterien und betont, dass ADHS-Symptome bereits in der Kindheit vorliegen müssen, jedoch nicht mehr zwingend vor dem 7. Lebensjahr, sondern vor dem 12. Lebensjahr. Zudem bleibt die Forderung bestehen, dass die Symptome zu klinisch relevanten Beeinträchtigungen in mindestens zwei verschiedenen Lebensbereichen (z. B. Beruf und Familie) führen und nicht durch eine andere psychische Störung besser erklärt werden können.

Merke

ADHS wird mittlerweile unter den »neurodevelopmental disorders« geführt (ehemals »hyperkinetische Störung«). Zudem hebt die ICD-11 die Unaufmerksamkeit als eigene, zentrale Dimension neben Hyperaktivität und Impulsivität hervor und differenziert klar zwischen vorwiegend unaufmerksam, vorwiegend hyperaktiv-impulsiv oder kombiniert.

52.3 Ursachen und lernpsychologische Modelle

Familien-, Adoptions- und Zwillingsuntersuchungen haben gezeigt, dass die ADHS größtenteils vererbt wird. Besonders der Befund, dass zweieiige Zwillinge nur in etwa 30 % der Fälle, eineiige Zwillinge aber in etwa in 70 % der Fälle gleichsinnig erkranken, spricht für eine zum überwiegenden Teil vererbte Störung, an der aber mehrere Gene beteiligt sind (Demontis et al., 2023). Als Prädiktoren für eine Persistenz in das Erwachsenenalter konnten zum einen der kombinierte Subtyp und die Schwere der ADHS sowie emotionale Regulationsschwierigkeiten im Kindesalter, zum anderen psychische Erkrankungen der Eltern identifiziert werden (Lara et al., 2009; Faraone & Larsson, 2019; Viering et al., 2021). Neuere Studien zeigen, dass Unaufmerksamkeit und Hyperaktivität teilweise unterschiedliche genetische Grundlagen zeigen (Knyspel et al., 2025).

Substanzen, die vermehrt Dopamin und/oder Noradrenalin für die synaptische Signalübertragung im Gehirn zur Verfügung stellen, wirken positiv auf die ADHS-Symptome. Dies sind vor allem Stimulanzien wie Methylphenidat und Amphetamine, Atomoxetin und Antidepressiva, die die Dopamin- und/oder Noradrenalin-Wiederaufnahme hemmen. Dies weist darauf hin, dass bei ADHS eine Dysregulation dieser eng verknüpften Neurotransmitter vorliegt, wodurch ihre Verfügbarkeit oder Verarbeitung im Gehirn nicht ausreicht, um die erwarteten kognitiven und emotionalen Funktionen vollständig zu gewährleisten.

Mit der Single-Photonen-Emissions-Computertomografie (SPECT) replizierten einige Autoren, dass bei Menschen mit ADHS die präsynaptischen Wiederaufnahmekanäle für Dopamin (Dopamintransporter) in den Basalganglien vermehrt von Liganden besetzt werden. Mit der Positronen-Emissions-Tomografie (PET) wurde gezeigt, dass bei Menschen mit ADHS Dopa, der Vorläufer von Dopamin und Nordrenalin, vermindert im Frontalhirn aufgenommen wird. Mit den strukturbildgebenden Verfahren der Computertomografie (CT) und der Magnetresonanztomografie (MRT) gelang es, bei Kindern und weniger bei Erwachsenen mit ADHS im statistischen Mittel gegenüber Kontrollgruppen verminderte Volumina in einigen Hirnregionen festzustellen (insbesondere Basalganglien, frontoorbitaler und präfrontaler Kortex, Kleinhirn) im Sinne einer Entwicklungsverzögerung (Parlatini et al., 2024).

Lernpsychologische Erklärungsansätze bieten Einsicht in die Entstehung und Aufrechterhaltung von ADHS-bezogenen Verhaltensweisen bei Erwachsenen und bilden eine Grundlage für gezielte Therapieinterventionen.

Computational Reinforcement-Learning-Analysen zeigen beispielsweise bei Erwachsenen mit ADHS eine deut-

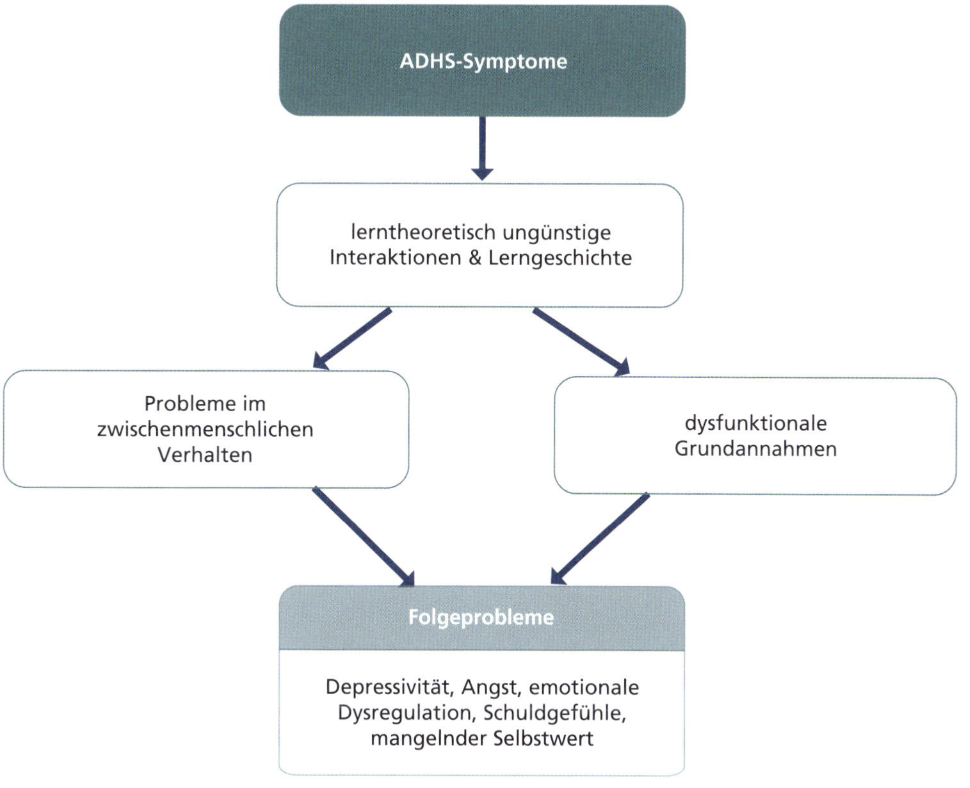

Abb. 52.1: Lerngeschichte und ADHS (in Anlehnung an Kirsch et al., 2021, S. 74)

lich reduzierte Verstärkungssensitivität für langfristige Ziele sowie eine erhöhte Lernrate bei negativer Rückmeldung. Diese Kombination führt zu impulsivem Entscheidungsverhalten (»excessive choice switching«; Aster et al., 2024). Grundlegend trägt diese verstärkte Reizsteuerung dazu bei, dass unmittelbare Erleichterung (z. B. durch Prokrastination oder impulsive Entscheidungen) lohender wirkt als die Aussicht auf ein langfristiges Ziel.

Wiederholte Misserfolgserfahrungen in der Schule oder im Beruf führen häufig zu einer automatisierten negativen Reaktion auf leistungsbezogene Reize, was wiederum Vermeidungstendenzen fördern kann (klassische Konditionierungsansätze).

Insgesamt verdeutlichen lernpsychologische Modelle, dass viele Verhaltensmuster bei ADHS nicht nur neurobiologisch, sondern auch durch Lernerfahrungen geprägt und veränderbar sind (▸ Abb. 52.1). Entsprechende verhaltenstherapeutische Interventionen setzen daher gezielt an den Mechanismen der Verstärkung, der Modellierung und der Reizverknüpfung an, um funktionale Verhaltensalternativen aufzubauen und zu stabilisieren.

52.4 Störungsspezifische Psychotherapie

Eine Behandlung im Sinne einer multimodalen Therapie bestehend aus Medikation plus Psychotherapie wird dann empfohlen, wenn bei der sicheren klinischen Diagnose einer ADHS entweder starke Beeinträchtigungen in mindestens einem Lebensbereich oder leichte Beeinträchtigungen in mindestens zwei Lebensbereichen bestehen, und wenn diese Beeinträchtigungen sicher durch ADHS – und nicht z. B. durch komorbide Störungen – verursacht sind (S3-Leitlinie: DGKJP et al., 2017).

Im Folgenden wird die Entwicklung und Anwendung des DBT-basierten Freiburger Gruppenkonzepts (Philipsen et al., 2007; Hesslinger et al., 2002; Moritz et al., 2021) exemplarisch vorgestellt, welches zur Grundlage zahlreicher weiterer Therapiekonzepte für Erwachsene mit ADHS wurde.

52.4.1 Zielsetzung

Das Ziel war es, eine symptomorientierte Psychotherapie für Erwachsene mit ADHS zu entwickeln und diese hinsichtlich ihrer Indikationsstellung, Wirksamkeit, praktischen Anwendbarkeit im klinischen Alltag sowie möglicher unerwünschter Nebenwirkungen zu evaluieren. Das übergeordnete Therapieziel wurde dabei als die Kontrolle von ADHS (statt einer »Heilung«) definiert, um nicht von den Symptomen der ADHS beherrscht zu werden.

> **Merke**
>
> Ziel der ADHS-Therapie ist nicht »Heilung«, sondern das Erlernen eines funktionalen Umgangs mit den Symptomen.

52.4.2 Anlehnung an die DBT nach Linehan

Klinisch wurde eine hohe Komorbiditätsrate von ADHS in der Kindheit und der Borderline-Persönlichkeitsstörung (BPS) nachgewiesen (Philipsen et al., 2008; Tiger et al., 2022). Auch klinisch zeigen sich einige Überlappungen (z. B. emotionale Instabilität, Affektregulation, Impulsivität, mangelnde Selbstachtung) (Ditrich et al., 2021). Für die BPS gibt es überprüfte Therapieverfahren. Eines davon ist die Dialektisch-Behaviorale Therapie (DBT), die von M. Linehan als störungsspezifische Psychotherapie der BPS entwickelt wurde (Linehan, 1993, 1996; Bohus & Berger, 1996) (vgl. ▶ Kap. 50, ▶ Kap. 57).

Bezüglich der Symptomatik der ADHS erschien bei Anwendung der DBT in dieser neuen Indikation folgende Zuordnung der Bausteine des Fertigkeitentrainings der DBT sinnvoll:

- Aufmerksamkeits- und Konzentrationsdefizite: »Achtsamkeitstraining«
- Impulsivität: »Stresstoleranz«
- affektive Instabilität, Affektkontrolle: »Emotionsregulation«
- zwischenmenschliche Probleme: »zwischenmenschliche Fertigkeiten«

Grundlage sowohl der therapeutischen Haltung als auch der Wahl der Methoden und Strategien ist das *dialektische Balancieren zwischen Validierung und Veränderung.* D. h., es soll ein ausgewogenes Verhältnis angestrebt werden zwischen der Rückmeldung, dass – in Bezug auf ADHS – die Symptomatik zwar »neurobiologisch verankert« und nachvollziehbar ist, und dennoch die gemeinsam vereinbarten Therapieziele im Sinne einer Veränderung angestrebt werden (»ADHS als Erklärung, nicht als Entschuldigung«).

Für den Einsatz bei ADHS seien folgende Adaptionen zur *Hierarchisierung der Therapieziele* in der DBT vorgeschlagen:

Therapieziel ist die Reduktion von:

- vital bedrohlichem gesundheitsschädigendem Verhalten (z. B. Hochrisikoverhalten)
- Verhalten, das die soziale Integration akut und massiv gefährdet (z. B. drohende Kündigung des Arbeitsplatzes oder der Wohnung)
- therapiegefährdendem Verhalten (Unpünktlichkeit, Fehlen, Nicht-Erledigen von Aufgaben)
- Verhalten, das die Lebensqualität beeinträchtigt

Diese Hierarchie soll als dynamische Gewichtung angesehen werden. Immer wenn Probleme auf einer höheren Ebene auftreten, sind diese vorrangig zu klären.

52.4.3 Methoden und Techniken sowie Aufbau eines therapeutischen Vorgehens

In Anlehnung an das Skills-Training bei Borderline-Persönlichkeitsstörungen nach M. Linehan verbindet das Freiburger Gruppentherapieprogramm bei ADHS Psychoedukation mit kognitiv-behavioralen Interventionen. Für die Durchführung der Gruppentherapie können verschiedene Module und entsprechende schriftliche Arbeitsmaterialien ausgewählt werden, die in einem Arbeitsbuch veröffentlicht wurden (Hesslinger et al., 2004). Psychoedukation, Achtsamkeitstraining, Alltagsstrukturierung, Übungen zur Verhaltenskontrolle und Handlungsplanung, Ressourcenaktivierung und Steigerung der Selbstachtung sind die wesentlichen Elemente dieser Psychotherapie. Das Vorgehen ist strukturiert und umfasst mind. 13 wöchentliche Sitzungen von je 2 Stunden Dauer für 6–10 Teilnehmer. In der Praxis haben sich zur Erhaltungstherapie weitere mindestens monatliche Sitzungen über die Dauer eines Jahres bewährt.

Basismodule

Der Verlauf der ADHS mit frühem Beginn in Kindheit und Jugend und den durchgehenden Verhaltensmustern erinnert in vielem an die allgemeinen diagnostischen Kriterien von Persönlichkeitsstörungen. Fiedler (2000) schlägt vor, eine phänomen- und störungsspezifische psychotherapeutische Behandlung für Persönlichkeitsstörungen im Sinne einer integrativen (nicht schulenorientierten) Psychotherapie bestehend aus Patientenschulung, Problemaktualisierung, Aktivierung persönlicher und sozialer Ressourcen, Transfersicherung und Rückfallvermeidung aufzubauen.

ADHS-spezifische Module

Da die Symptomatik der ADHS Probleme in unterschiedlichen Bereichen mit sich bringt, kann ein Vorgehen in symptomorientierten Modulen sinnvoll sein. Um im Verlauf flexibel reagieren zu können, ermöglichen diese Module, Schwerpunkte zu setzen und die Reihenfolge nach Bedarf zu modifizieren.

Dieses strukturierte Vorgehen hat den Vorteil, dass die immer neuen therapeutischen »Baustellen«, die sich bei Menschen mit ADHS typischerweise beständig zwischen den einzelnen Sitzungen auftun, nicht verhindern, dass eine therapeutische Zielrichtung beibehalten werden kann und dass die wesentlichen Symptomkomplexe in einem überschaubaren Zeitrahmen bearbeitet werden können.

Wesentliche Therapiepfeiler der ADHS-orientierten psychotherapeutischen Behandlung sind in einem solchen Konzept:

- Aufklärung bezüglich ADHS
- Information (bezüglich ADHS) und Einbeziehung der Angehörigen
- Alltagsstrukturierung (gegen Desorganisiertheit)
- Erlernen von Verhaltensanalysen (bezüglich ADHS-typischen Problembereichen)
- Achtsamkeitstraining (zum Umgang mit Aufmerksamkeitsdefiziten)

Einsatz der Module im Gruppen- und Einzeldesign

Nach den bisherigen klinischen Erfahrungen im ambulanten, teilstationären und stationären Alltag ist das Therapieprogramm mit entsprechenden Modifikationen sowohl im Einzel- als auch im Gruppensetting anwendbar. Aufgrund der Struktur des Programms mit der Vermittlung grundlegender Inhalte zu Beginn ist eine geschlossene Gruppe sinnvoll. Im stationären Setting können die einzelnen Module in einer offenen Gruppe flexibel angepasst werden.

Individuelle Problembereiche, die über die Inhalte des strukturierten Programms in der Gruppe hinausgehen, können in ergänzenden Einzelsitzungen parallel zur oder im Anschluss an die Gruppentherapie bearbeitet werden.

Minimierung von unerwünschten Wirkungen

Um unerwünschte Wirkungen und vorzeitige Therapieabbrüche möglichst zu minimieren, sollten schon vor Beginn der Behandlung die Ziele, Vorgehensweisen sowie Grenzen der Behandlung besprochen werden und während der gesamten Behandlungsdauer maximale Transparenz beibehalten und das therapeutische Handeln fortlaufend begründet werden.

Angehörige

Die Symptomatik von ADHS hat über die Lebensspanne hinweg erhebliche Konsequenzen für die Qualität von Beziehungen (Henning et al., 2024). Deshalb sollten die Angehörigen auf Wunsch der Teilnehmenden über ADHS sowie die Ziele und Inhalte der Therapie informiert und zu individuellen Gesprächen eingeladen werden.

52.4.4 Allgemeine Rahmenbedingungen

Die Symptome der ADHS und deren Folgen haben bei vielen Betroffenen dazu geführt, dass sie nicht gerne in die Schule gingen, ungern Hausaufgaben machten und starre Strukturen im späteren Leben oft vermieden haben. Dies kann in Konflikt stehen zu einer strukturierten Therapie mit Übungsaufgaben, sollte daher vor Beginn aktiv angesprochen und vor dem Hintergrund der Lerngeschichte eines Menschen mit ADHS nachvollziehbar beschrieben werden. Gleichzeitig sollte vermittelt werden, dass gewünschte Veränderungen nur durch die Bereitschaft, neue Erfahrungen zu machen, und durch aktive Teilnahme an den Sitzungen und Übungen erreicht werden können.

Bei der praktischen Durchführung des Programms wurden die allgemeinen Rahmenbedingungen des Fertigkeitentrainings der DBT nach Linehan (1996) zugrunde gelegt (► Tab. 52.2).

Dauer und Frequenz

Dieses Programm ist auf die Dauer von ca. 13 wöchentlichen Sitzungen (einmal wöchentlich, jeweils 2 Stunden) angelegt. Für Diagnostik, Vorbereitungsphase und die evtl. stattfindenden Gespräche mit Angehörigen sollte insgesamt eine Dauer von ca. 15–16 Wochen angekündigt werden. Neue Metaanalysen zeigen, dass sich die Wirksamkeit von Psychotherapie über die Dauer eines Jahres entfaltet (Ostinelli et al., 2025), während Medikamente innerhalb der ersten Wochen bereits wirken. Daher ist eine Erhaltungstherapie mit z. B. monatlichen Sitzungen klinisch sinnvoll.

Leitung

Nach Möglichkeit sollte eine Gruppe von zwei Therapeuten oder Therapeutinnen geleitet werden. Dies verringert erstens die Wahrscheinlichkeit, dass durch Abwesenheit oder Krankheit die Regelmäßigkeit der Durchführung bedroht wird. Zweitens fällt es leichter, die Grundhaltung der Therapie im Sinne der Balance zwischen Akzeptanz und Veränderung auf die beiden Behandelnden zu verteilen.

Aufbau der Sitzungen

Es ist sinnvoll, die Sitzungen in zwei Abschnitte zu gliedern. Im ersten Abschnitt erfolgt die Besprechung der Übungsaufgaben. Weiterhin sollten in diesem Teil grundlegende Bausteine und Instrumente wie »Achtsamkeitsübungen« und »Verhaltensanalysen« fortlaufend thematisiert und geübt werden. Im zweiten Abschnitt der Sitzung werden dann die jeweils neuen Inhalte vermittelt. Etwa nach der Hälfte der Zeit empfiehlt sich eine 15- bis 20-minütige Pause. Als Einstiegsritual zu Beginn jeder Sitzung hat sich das Durchführen einer kurzen Achtsamkeitsübung bewährt.

Kombination der Psychotherapie mit Medikamenten

Aufgrund der oft starken Effekte von Stimulanzien sollte bei einer gerade begonnenen medikamentösen Behandlung die Aufdosierungsphase möglichst vor Beginn der Psychotherapie abgeschlossen sein, um eine Konzentration der Teilnehmer auf die Übungen zu erleichtern.

Modifikationen und Ausschlusskriterien

Bei Patientinnen und Patienten mit ADHS und Intelligenzminderung bzw. schweren komorbiden Teilleistungsstörungen (z. B. Legasthenie) sind nach bisherigen Erfahrungen Modifikationen notwendig, um Überforderungen, insbesondere beim schriftlichen Erstellen von Verhaltensanalysen im Selbstmanagement, zu vermeiden.

52.4.5 Inhalte der einzelnen Sitzungen

Modul 1: Vorstellung/Vereinbarungen/Klärung

Wichtigstes Ziel der ersten Sitzung ist es, Hoffnung auf Veränderung zu vermitteln (»Erwartungsinduktion«) und die Neugier auf die weitere Therapie zu wecken.

Die Symptome und Diagnose der ADHS, Häufigkeit, Verlauf von der Kindheit ins Erwachsenenalter und die Behand-

Tab. 52.2: Zusammenfassung der Strukturmerkmale im Gruppendesign

Gruppengröße	• bis zu 10 Teilnehmende
Dauer	• mind. 13 Sitzungen • 2 Stunden im wöchentlichen Abstand
Leitung	• 2 Therapeuten/Therapeutinnen
Form der Gruppe	• geschlossene Gruppe
Ablauf der einzelnen Sitzungen	• Achtsamkeitsübung (2–3 Minuten) • Aufgabenreflektion • Pause • Achtsamkeitsübung (2–3 Minuten) • Vermittlung der neuen Inhalte • Übungsaufgaben bis zur nächsten Sitzung
Anforderung an Teilnehmer	• Abschluss einer Therapievereinbarung • Zustimmung zur Schweigepflicht • Zustimmung zur Arbeit mit Übungsaufgaben • Zustimmung zur Bearbeitung »therapiegefährdenden« Verhaltens

lungsmöglichkeiten werden vorgestellt. ADHS sollte als eine dimensionale, neurobiologische, v. a. erbliche Variante der Gehirnentwicklung mit zugehörigen Basissymptomen eingeführt werden. Neuere Diskussionen um das Thema der Neurodiversität können einbezogen werden. Es folgt die Orientierung auf das oberste Therapieziel: »ADHS kontrollieren, statt von ADHS kontrolliert zu werden«.

Merke

Ziel der Behandlung ist es, ADHS aktiv zu steuern, anstatt sich von den Symptomen bestimmen zu lassen.

Einige wenige, aber notwendige Regeln werden gemeinsam vereinbart. Wer z. B. zur Schweigepflicht (bei Gruppentherapie) oder zur Zieldefinition, zu Übungen und der Bearbeitung therapiestörenden Verhaltens seine Zustimmung nicht geben kann, kann nicht teilnehmen.

Modul 2: Neurobiologie/Achtsamkeit I

Die bisher bekannten neurobiologischen Korrelate der ADHS sollten in der ersten Sitzungshälfte vermittelt werden. Aus der funktionellen Neuroanatomie (z. B. anatomische Tafeln oder Hirnmodelle als Anschauungsmaterial) soll dann abgeleitet werden, warum die Achtsamkeitsübungen und später die Verhaltensanalysen sinnvoll sind: Verhaltensanalysen trainieren die kognitive Kontrolle (vereinfacht: im Frontalhirn). Achtsamkeitsübungen stärken durch regelmäßige und langfristige Anwendung die Verbindungen der verschiedenen Hirnregionen. Mit der Zeit wächst so ein »innerer Beobachter« heran, der dann z. B. wichtige Kontrollfunktionen übernehmen kann. Es soll verdeutlicht werden, dass das Gehirn »wie ein Muskel« trainiert werden kann; dass es zwar in der Kindheit und Jugend schneller und leichter lernt, dass es aber in jedem Alter Neues lernen kann, in dem es sich neu organisiert und neue synaptische Verbindungen knüpft (»neuronale Plastizität«).

Das aus dem Zen-Buddhismus abgeleitete Achtsamkeitstraining (Linehan, 1993, 1996; Hesslinger et al., 2004) wird in der zweiten Sitzungshälfte vorgestellt und erste praktische Erfahrungen werden in der Sitzung und dann bei den Übungen im Selbststudium gemacht.

Modul 3: Achtsamkeit II

Der Umgang mit Leistungsdruck sollte frühzeitig thematisiert werden. Menschen mit ADHS fällt es oft schwer, Tätigkeiten durchzuführen, die regelmäßiges Üben erfordern und deren Sinn nicht sofort offensichtlich wird (»Das kann ich ja eh nicht – wozu soll das überhaupt gut sein?«).

Vermittelt werden sollte: Achtsamkeitsübungen zahlen sich erst mittel- und langfristig aus. Menschen mit ADHS wollen aber meist rasche Erfolge sehen. Es können hierzu auch Beispiele gesucht werden, bei denen sich Geduld und langes Üben am Ende ausgezahlt haben. Neue Übungen zur Achtsamkeit können dann in der zweiten Sitzungshälfte je nach persönlichen Vorlieben und Ideen der Therapeutinnen bzw. Therapeuten vorgestellt und geübt werden (Hesslinger et al., 2004).

Modul 4: Chaos und Kontrolle

In dieser Sitzung werden Hilfsmittel und Möglichkeiten vorgestellt und diskutiert, durch deren Einsatz die Fähigkeiten verbessert werden können, sich zu strukturieren und das chaotische Element im alltäglichen Leben mit ADHS und ADS zu reduzieren.

Strukturierungshilfen bei ADHS:

- Gedächtnisstützen sichtbar anbringen
- Listen schreiben und abarbeiten
- Zettelkästen
- Terminkalender
- Rituale
- Pinnwände
- Computer
- Wecker
- Stundenpläne/Wochenpläne/Monatspläne
- Gestalten der Umwelt (z. B. durch Farben o. ä.)
- ich suche mir einen »Coach«

Viele Menschen mit ADHS haben es z. B. als hilfreich erlebt, eine große Wandtafel im Ausgangsbereich der Wohnung neben der Türe aufzuhängen, um darauf immer alle anstehenden Termine und Besorgungen sofort analog oder digital zu notieren, sobald sie auftauchen. Unterschiedliche Farben können dabei für unterschiedliche Dringlichkeit eingesetzt werden. Vor jedem Verlassen der Wohnung können dann die Tafel und die sich hieraus ableitenden Konsequenzen »studiert« und geplant werden.

Das Coaching-Prinzip wird vorgestellt als vorübergehende Unterstützung durch eine Vertrauensperson – ähnlich einem Trainer oder eine Trainerin im Sport, der/die berät, anleitet und Rückmeldung gibt. Langfristig soll das eigene Gehirn durch Achtsamkeitsübungen und Verhaltensanalysen so trainiert werden, dass es selbst diese Rolle übernimmt.

Modul 5 und 6: Problemverhalten/Verhaltensanalyse

Verhaltensanalysen in Eigenregie werden als weiteres wichtiges Element neben den Achtsamkeitsübungen in die Psychotherapie integriert. Während in den Achtsamkeitsübungen eine Fokussierung auf den »Ist-Zustand« geübt wird, sollen die Verhaltensanalysen den Weg vom »Ist-Zustand« zum »Da-will-ich-hin-Zustand« aufzeigen. Dabei werden nach der Definition des Problemverhaltens und Klärung der Motivation, das Problemverhalten zu ändern (»Wer will, dass das Verhalten geändert wird?«), folgende Aspekte schriftlich dargelegt und analysiert (vgl. ▶ Kap. 33):

- detaillierte Beschreibung des Verhaltens
- vorausgehende Bedingungen
- Anfälligkeitsfaktoren
- kurz- und langfristige Konsequenzen
- Lösungsanalyse und Vorbeugung
- Möglichkeit der Wiedergutmachung

Als Übungsaufgabe zwischen den Sitzungen sollen möglichst viele Verhaltensanalysen in Eigenregie geschrieben und besprochen werden. Auch bei therapiestörendem Verhalten (z. B. wiederholtes Zuspätkommen) kommen sie zum Einsatz.

Modul 7: Gefühlsregulation

Affektlabilität, emotionale Übererregbarkeit und erschwerte Affektkontrolle sind nach den Wender-Utah-Kriterien (Wender et al., 2001) drei der sieben diagnostischen Kriterien der ADHS im Erwachsenenalter. ADHS ist danach auch zu erheblichen Anteilen eine affektive Störung, die mit raschen Stimmungswechseln und mit ausgeprägten Schwierigkeiten der Kontrolle von Gefühlen einhergeht.

In einer »kleinen Theorie der Gefühle« sollten im Informationsteil die Funktion der Gefühle und ihre automatische Koppelung an Gedanken vorgestellt und diskutiert werden. Dann sollen die individuellen körperlichen Reaktionen auf bestimmte Gefühlszustände erarbeitet werden, da viele Menschen mit ADHS über ihre Körperreaktionen schnell Rückschlüsse auf ihren Gefühlszustand ziehen können. Die Koppelung an die entsprechenden Handlungsimpulse leitet dann schon über zum Bereich »Impulsivität« und den zugehörigen Konsequenzen (siehe Modul 9).

Nachfolgend werden Übungen zur Gefühlsregulation vorgestellt (Linehan, 1996; Hesslinger et al., 2004). Ziel der Sitzung ist es zu lernen, den eigenen aktuellen Gefühlszustand »diagnostisch« einzuschätzen und die typischen individuellen Gefahren, die sich daraus entwickeln könnten, zu kennen (z. B. Aggression, Suchtverhalten, Beziehungsabbrüche). Am häufigsten wird dabei bei ADHS der Bereich »Kontrolle von Wut und Ärger« thematisiert.

Modul 8: Depression und Medikamente

Schon in Sitzung 7 wurde darauf hingewiesen, dass mehrere Diagnosekriterien der ADHS den Bereich der Gefühle betreffen. Depressionen gehören zu den wichtigsten komorbiden Erkrankungen bei ADHS, deshalb wird dieser Teil der Sitzung dem Erkennen einer depressiven Symptomatik gewidmet und die Möglichkeiten der Depressionsbehandlung werden vorgestellt. Zusätzlich können Patienteninformationen zum Thema Depression oder Bücher über Depression für Betroffene und Angehörige empfohlen werden, mit denen die Therapeutinnen bzw. Therapeuten im Falle von Rückfragen vertraut sein sollten.

Im Vordergrund dieses Teils von Sitzung 8 stehen Informationen und der Erfahrungsaustausch (bei Gruppentherapie) über die medikamentöse Behandlung von ADHS. Wirkungen, aber auch Nebenwirkungen von Medikamenten bei ADHS sollten ebenso wie die Notwendigkeit einer individuellen Dosisfindung thematisiert werden.

Modul 9: Impulskontrolle/Handlungsplanung

Impulsive Verhaltensweisen sind ein Diagnosekriterium der ADHS. In zwischenmenschlichen Beziehungen kann Impulsivität sowohl in einer Partnerschaft als auch im Beruf erhebliche Konsequenzen haben.

In Sitzung 9 sollen Methoden vermittelt werden, die »die Zündschnur länger machen«. Hierzu sollen typische auslösende Situationen für impulsive Verhaltensweisen mit dem nachfolgenden Ablauf einer Verhaltenskette und mit der Unterscheidung in kurz- und langfristige Konsequenzen erarbeitet werden. Ziel ist es, schwierige Situationen, die impulsives Verhalten wahrscheinlich machen, schon im Anfangsstadium zu erkennen, um dann *vor* dem Handeln zum Zwecke der Zielorientierung und Handlungsplanung »das Frontalhirn einzuschalten«. Dabei kann auf die einleitenden Bemerkungen zur funktionellen Neurobiologie und auf die Erfahrungen in den Übungen der Sitzung »Verhaltensanalyse« zurückgegriffen und aufgebaut werden.

Modul 10: Stress

Im 7. Kriterium der Wender-Utah-Kriterien der ADHS im Erwachsenenalter (Wender et al., 2001) wird aufgeführt: »Der Mensch ist nicht in der Lage, adäquat mit alltäglichen Stressoren umzugehen, sondern reagiert überschießend oder ängstlich. Die Patienten oder Patientinnen beschreiben sich selbst häufig als schnell belästigt oder gestresst.« Nicht selten entsteht Stress in Zusammenhang mit ADHS dabei entweder durch das »Jonglieren mit zu vielen Bällen gleichzeitig« oder durch das »Hinausschieben« von ungeliebten Aktivitäten »bis auf den letzten Drücker« (Prokrastination als Stimulationsversuch). Typische Methoden der Spannungsregulation bei Menschen mit ADHS sind dann z. B. impulsives oder süchtiges Verhalten. Es werden daher alternative Fertigkeiten benötigt, die akuten und chronischen »Stress« reduzieren.

Ein hilfreicher Einstieg in das Thema »Stress« kann es sein, die ∩-förmige »Aktivierungs-Leistungs-Kurve« zu erarbeiten. Anhand dieses Schaubildes wird ersichtlich, dass es optimale und weniger optimale Aktivierungsbereiche gibt (Menschen mit ADHS haben typischerweise den Eindruck, dass ihre Kurve im Vergleich zu anderen Personen deutlich steiler und enger verläuft und auch nach rechts verschoben ist). Die nächste Frage ist: »Ist mir zu jedem Zeitpunkt klar, wo ich mich auf dieser Kurve befinde und wie ich meinen Zustand bei Bedarf verändern kann?« Typische individuelle Situationen und Reaktionen sollen erarbeitet und ein ressourcenorientiertes Regulieren der Aktivierung geübt werden (»Was hat sich früher schon bewährt?«). Achtsamkeitsübungen sowie Elemente der Sitzung »Chaos und Kontrolle« können wichtige Bestandteile dieser Übungen sein.

Sport spielt eine zentrale Rolle bei der Reduktion von Stress bei ADHS und sollte ausführlich thematisiert werden. Regelmäßiges Ausdauertraining kann dabei helfen, den Bewegungsdrang auszuleben, die Stimmung zu stabilisieren und die kognitive Leistung – zumindest kurzfristig – zu verbessern, wodurch die Basisanspannung gesenkt wird.

Modul 11: Sucht

Sucht gehört zu den häufigsten Komorbiditäten bei ADHS. In dieser Sitzung sollen die Kriterien von Abhängigkeit (nach ICD) vorgestellt werden und die Teilnehmenden für süchtiges Verhalten sowohl im Bereich »substanzgebundene Süchte« als auch im Bereich »nicht substanzgebundene Süchte« sensibilisiert werden. Mögliche Gefährdungen durch Missbrauch und Abhängigkeit sollen aufgezeigt, Wege der Therapie (z. B. Entgiftung, Entwöhnung), lokale Ansprechpartner und deren Kontaktmöglichkeiten vorgestellt werden (z. B. Selbsthilfegruppen, Beratungsstellen, Schwerpunktpraxen, Suchtambulanzen, stationäre Angebote etc.).

Modul 12: Beziehungen/Selbstachtung

Bis zu diesem Modul sollten die Angehörigen schriftliche Informationen über ADHS und die Behandlungsmöglichkeiten erhalten haben und auf Wunsch sollten zusätzliche individuelle Termine mit den Angehörigen vereinbart werden, um eine Beziehungsanalyse zu erstellen und ggf. weiterführende Empfehlungen aussprechen zu können (z. B. Indikation für Paartherapie).

In der 12. Sitzung werden die Auswirkungen von ADHS thematisiert im Hinblick auf:

- Biografie (»Was wäre ohne ADHS vielleicht anders gelaufen?«)
- Selbstachtung (»Wie hat sich ADHS auf meine Selbstachtung ausgewirkt?«)
- Beziehungen (»Wie hat sich ADHS in Familie, Partnerschaft, Beruf ausgewirkt?«)

Auch die potenziellen Vorteile von ADHS und individuelle Ressourcen sollten berücksichtigt werden. Besonders im Hinblick auf Resilienz zeigt sich, dass Menschen mit ADHS oft über ausgeprägte Anpassungsfähigkeiten verfügen, da sie im Laufe ihres Lebens häufiger mit Herausforderungen konfrontiert sind. Diese Erfahrungen können ihre Fähigkeit zur Problemlösung und Stressbewältigung stärken, wodurch sie in bestimmten Situationen möglicherweise kreativer (»thinking out of the box«), flexibler und belastbarer reagieren als Menschen ohne ADHS.

Modul 13: Rückblick/Abschied/Ausblick

In der letzten Sitzung wird ein Rückblick auf die Behandlung geworfen. Kritik und Lob können direkt und/oder schriftlich geäußert werden. Durch die Rückmeldungen sollen zukünftige Behandlungen optimiert werden. Nach der letzten Sitzung sollten folgende Fragen geklärt sein:

- Welche Ziele wurden erreicht?
- Welche Ziele wurden nicht erreicht?
- Wie können die noch nicht erreichten Ziele weiter angestrebt werden (z. B. mehr körperliche Aktivität im Alltag, fortführende Psychotherapie, Medikamente, Selbsthilfegruppe für ADHS etc.)?

52.5 Pharmakotherapie

Die Wirksamkeit von Stimulanzien wie Methylphenidat, Amphetaminen und von noradrenerg wirksamen Substanzen wie Atomoxetin ist belegt (S3-Leitlinie: DGKJP et al., 2017; Ostinelli et al., 2025).

2011 wurde erstmals in Deutschland ein Medikament (retardiertes Methylphenidat) zur Behandlung der ADHS bei Erwachsenen zugelassen. In der Folge erfolgte die Zulassung von Lisdexamfetamin und Atomoxetin. Die Response-Rate unter einer Medikation liegt bei ca. 60 % (Faraone et al., 2022). Die zugelassene Tagesdosis liegt bei 1,0 mg/kg Körpergewicht bzw. maximal 80 mg Methylphenidat täglich.

Es gibt keine Hinweise auf eine erhöhte Suchtgefahr durch Stimulanzien. Studien weisen eher darauf hin, dass durch die Pharmakotherapie bei ADHS das Risiko für eine spätere Suchterkrankung verringert werden kann. Hinweise auf eine nicht verordnete Steigerung der Dosis sollten aber als möglicher Hinweis auf einen Missbrauch gewertet werden.

52.6 Evidenzbasierung

Nach S3-Leitlinien wird eine multimodale Behandlung empfohlen, da im Erwachsenenalter oft nicht die Basissymptome, sondern die sekundären psychosozialen Folgen und die komorbiden Störungen im Vordergrund stehen. Zudem können selbst unter einer wirksamen Medikation residuale ADHS-Symptome oder durch ADHS bedingte Schwierigkeiten (z. B. reduziertes Selbstwertgefühl) (Pedersen et al., 2024a) fortbestehen. Zur Wirksamkeit einer psychotherapeutischen Behandlung der ADHS im Erwachsenenalter gab es bis Ende der 1990er Jahre keine veröffentlichten kontrollierten Studien (Bemporad, 2001). Allerdings wurden bereits z. B. positive Erfahrungen mit Gruppentherapie und Coaching bei ADHS berichtet (z. B. Hallowell & Ratey, 1999).

In der ADHS-Therapie wird eine umfassende Psychoedukation als essenzieller Therapiebaustein in den Leitlinien empfohlen (S3-Leitlinie). Diese umfasst in der Regel Informationen zur Diagnose und den typischen Symptomen, eine Aufklärung über verschiedene Behandlungsoptionen sowie Bewältigungsstrategien (Pedersen et al., 2024b).

Bisher wissenschaftlich untersucht sind verhaltenstherapeutisch orientierte Einzel- und Gruppenkonzepte. Studien haben gezeigt, dass strukturierte Gruppen- und Einzeltherapieprogramme bei der Behandlung von ADHS wirksamer sind als aktive Kontrollbedingungen (z. B. Nimmo-Smith et al., 2020, Selaskowski et al., 2022a). Die kognitive Verhaltenstherapie (KVT) kann auch bei gleichzeitig erfolgender Medikation eine zusätzliche Verbesserung der Symptomatik erzielen (Sprich et al., 2023). Eine systematische Übersichtsarbeit bestätigte positive Effekte von KVT, Achtsamkeit und Dialektisch-Behavioraler Therapie (DBT), während die Ergebnisse zu Neurofeedback im Gruppenvergleich (Menschen mit ADHS vs. Menschen ohne ADHS) keine überzeugenden klinischen Effekte zeigten (Westwood et al., 2025). Wissenschaftlich untersuchte Therapieprogramme für ADHS umfassen unter anderem kognitiv-behaviorale Einzel- und Gruppentherapien (Safren et al., 2008; Dittner et al., 2018; Solanto et al., 2018; Young et al., 2017), internetgestützte KVT-Ansätze wie das Programm von Nasri (Nasri et al., 2023, 2020), DBT-Ansätze für Erwachsene mit ADHS (Hesslinger et al., 2004; Philipsen et al., 2007; López-Pinar et al., 2024; sog. COMPAS-Studie; Fleming et al., 2015) sowie achtsamkeitsbasierte Interventionen (Nimmo-Smith et al., 2020; Soltani & Pourmohammad, 2025). Auch für die deutschsprachige Praxis liegen inzwischen einige Arbeitsbücher und Manuale zur kognitiv behavioralen Einzel- und Gruppentherapie bzw. Psychoedukation und Coaching vor (z. B. Hesslinger et al., 2004; Stieglitz et al., 2011; Brown et al., 2018; Krause et al., 2025; Neuhaus, 2023; Barkley et al., 2023; D'Amelio et al., 2024).

Inhaltlich weisen die Konzepte einige Gemeinsamkeiten auf (z. B. Umgang mit Desorganisiertheit, Verbesserung der Aufmerksamkeit, Impulskontrolle). Sie unterscheiden sich hinsichtlich ihrer inhaltlichen Schwerpunkte, den zu vermittelnden Fertigkeiten zum konkreten Umgang mit der Symptomatik, der Dauer der Behandlung (6 Wochen bis 4 Monate) und dem Setting (Einzel- versus Gruppentherapie; Nimmo-Smith et al., 2020). Zudem variiert das Format der Therapie, wobei digitale Interventionen und Chatbots zunehmend als Ergänzung zur klassischen Psychotherapie eingesetzt werden (Liu et al., 2024, Selaskowski et al., 2023). Während die herkömmliche Psychotherapie durch direkten zwischenmenschlichen Kontakt eine intensivere therapeutische Beziehung fördern kann, ermöglichen digitale Angebote eine flexible und ortsunabhängige Nutzung. Die Begleitung einer Gruppentherapie durch eine digitale App im Vergleich zu herkömmlichen schriftlichen Materialien hat sich so auch als besser wirksam erwiesen (Selaskowski et al., 2022b). Weitere Untersuchungen zeigen positive Effekte hinsichtlich der ADHS-Symptomatik und einige auch hinsichtlich assoziierter Symptome (z. B. Depressivität, Selbstwert) (Liu et al., 2024; Nasri et al., 2023).

Prüfungsfragen

1. Wie hoch ist die Prävalenz von ADHS im Erwachsenenalter?
2. Welche spezifischen Symptome von ADHS treten im Erwachsenenalter häufiger auf und wie unterscheiden sich diese von denen, die im Kindesalter beobachtet werden?
3. Welche psychischen Störungen sind häufige Komorbiditäten bei ADHS im Erwachsenenalter?
4. Nennen Sie Gründe für eine psychotherapeutische Behandlung der ADHS im Erwachsenenalter.
5. Skizzieren Sie Inhalte einer Gruppenpsychotherapie für Erwachsene mit ADHS.

Antworten

1. Ungefähr 2,5 % aller Erwachsenen haben Symptome im Sinne einer ADHS.
2. Symptome, die im Erwachsenenalter gehäuft auftreten, sind z. B. Unaufmerksamkeit, Konzentrationsprobleme, Impulsivität, innere Unruhe statt Hyperaktivität.
3. Die häufigsten Komorbiditäten sind Suchterkrankungen (stoffgebunden und nicht stoffgebunden), affektive Störungen, Angststörungen und Persönlichkeitsstörungen.
4. Wenn bei einer sicheren klinischen Diagnose einer ADHS entweder starke Beeinträchtigungen in mindestens einem Lebensbereich oder leichte Beeinträchtigungen in mindestens zwei Lebensbereichen bestehen.
5. Aufklärung & Information (bezüglich ADHS) und Einbeziehung der Angehörigen, Alltagsstrukturierung (gegen Desorganisiertheit), Erlernen von Verhaltensanalysen (bezüglich ADHS-typischen Problembereichen), Achtsamkeitstraining (zum Umgang mit Aufmerksamkeitsdefiziten).

Empfohlene Materialien und Websites

Leitlinien:

- S3-Leitlinie:
  DGKJP – Deutsche Gesellschaft für Kinder- und Jugendpsychiatrie, Psychosomatik und Psychotherapie et al. (2017). *S3-Leitlinie ADHS bei Kindern, Jugendlichen und Erwachsenen, Version: 1.0.* https://register.awmf.org/de/leitlinien/detail/028-045 (Zugriff am 11.3.2025).
- NICE-Leitlinie:
  NICE – National Institute for Health and Care Excellence (2018). *Attention deficit hyperactivity disorder: diagnosis and management.* https://www.nice.org.uk/guidance/ng87 (Zugriff am 11.3.2025).

Ausgewählte Informations- und Selbsthilfeangebote:

- ADHS Deutschland:
  https://www.adhs-deutschland.de/
- Zentrales ADHS-Netz:
  https://www.zentrales-adhs-netz.de/
- Fachlich fundiertes ADHS-Kompendium – ADxS.org:
  https://www.adxs.org/de

Literatur

Amiri, D., Briziarelli, L., & Tempesta, E. (2025). Gender disparities in ADHD medication efficacy: investigating treatment outcomes for females compared to males. *Middle East Current Psychiatry, 32*(1), 22. https://doi.org/10.1186/s43045-025-00508-y

APA – American Psychiatric Association (1994). *Diagnostic and statistical manual of mental disorders – DSM-IV.* (4th ed). Washington DC: American Psychiatric Association. Deutsche Bearbeitung und Übersetzung: Saß, H., Wittchen, H. U., Zaudig, M. (1996). *Diagnostisches und statistisches Manual psychischer Störungen DSM-IV.* Hogrefe.

Aster, H. C., Waltmann, M., Busch, A., et al. (2024). Impaired flexible reward learning in ADHD patients is associated with blunted reinforcement sensitivity and neural signals in ventral striatum and parietal cortex. *NeuroImage: Clinical, 42,* 103588.

Barkley, R. A. (2023). *Das große Handbuch für Erwachsene mit ADHS.* Hogrefe.

Bemporad, J. R. (2001). Aspects of Psychotherapy with Adults with Attention Deficit Disorder. In Wasserstein, J., Wolf, L. E., LeFever, F. F. (eds.), *Adult Attention Deficit Disorder – Brain Mechanisms and Life Outcomes* (pp. 302–309). New York Academy of Sciences.

Bohus, M., Berger, M. (1996). Die Dialektisch Behaviorale Psychotherapie nach M. Linehan – Ein neues Konzept in der Behandlung der Borderline-Persönlichkeitsstörung. *Nervenarzt, 67,* 911–923.

Brown, T. E. (2018). *ADHS bei Kindern und Erwachsenen – eine neue Sichtweise.* Hogrefe.

D'Amelio, R., Retz, W., Philipsen, A. et al. (2024). *ADHS im Erwachsenenalter: Strategien und Hilfen für die Alltagsbewältigung.* Rat + Hilfe. Kohlhammer.

Demontis, D., Walters, G. B., Athanasiadis, G. et al. (2023). Genome-wide analyses of ADHD identify 27 risk loci, refine the genetic architecture and implicate several cognitive domains. *Nat Genet, 55*(2), 198–208. doi: 10.1038/s41588-022-01285-8

DGKJP – Deutsche Gesellschaft für Kinder- und Jugendpsychiatrie, Psychosomatik und Psychotherapie et al. (2017). *S3-Leitlinie ADHS bei Kindern, Jugendlichen und Erwachsenen, Version: 1.0.* https://register.awmf.org/de/leitlinien/detail/028-045 (Zugriff am 11.3.2025).

Ditrich, I., Philipsen, A., & Matthies, S. (2021). Borderline personality disorder (BPD) and attention deficit hyperactivity disorder (ADHD) revisited – a review-update on common grounds and subtle distinctions. *Borderline Personality Disorder and Emotion Dysregulation, 8*(1), 1–12. https://doi.org/10.1186/s40479-021-00162-w

Dittner, A. J., Hodsoll, J., Rimes, K. A. et al. (2018). Cognitive–behavioural therapy for adult attention-deficit hyperactivity disorder: A proof of concept randomised controlled trial. *Acta Psychiatrica Scandinavica, 137*(2), 125–137.

Duarte, M., Blay, M., Hasler, R. et al. (2024). Adult ADHD and pathological narcissism: A retrospective-analysis. *Journal of Psychiatric Research, 174,* 245–253. https://doi.org/10.1016/j.jpsychires.2024.04.032

Faraone, S. V., Bellgrove, M. A., Brikell, I. (2024). Attention-deficit/hyperactivity disorder. *Nat Rev Dis Primers, 10*(1), 11. doi: 10.1038/s41572-024-00495-0. Erratum in: *Nat Rev Dis Primers, 10*(1), 29. doi: 10.1038/s41572-024-00518-w

Faraone, S. V., Larsson, H. (2019). Genetics of attention deficit hyperactiv- ity disorder. *Mol Psychiatry, 24*(4), 562–575.

Faraone, S. V., Newcorn, J. H., Cipriani, A. et al. (2022). Placebo and nocebo responses in randomised, controlled trials of medications for ADHD: a systematic review and meta-analysis. *Molecular Psychiatry, 27*(1), 212–219. https://doi.org/10.1038/s41380-021-01134-w

Fayyad, J., Sampson, N. A., Hwang, I. et al. (2017) The descriptive epidemiology of DSM-IV Adult ADHD in the World Health Organization World Mental Health Surveys. *Atten Defic Hyperact Disord, 9,* 47–65.

Fiedler, P. (2000). *Integrative Psychotherapie bei Persönlichkeitsstörungen.* Hogrefe.

Fuermaier, A. B. M., Gontijo-Santos Lima, C., & Tucha, O. (2024). Impairment Assessment in Adult ADHD and Related Disorders: Current Opinions From Clinic and Research. *J Atten Disord, 28*(12), 1529–1541. https://doi.org/10.1177/10870547241261598

Gaebel, W. (2021). Auf dem Weg zur ICD-11. *Z Kinder Jugendpsychiatr Psychother, 49*(6), 413–415.

Hallowell, E. M., & Ratey, J. (2006). *Zwanghaft zerstreut: oder die Unfähigkeit, aufmerksam zu sein.* Rowohlt.

Hartman, C. A., Larsson, H., Vos, M. et al. (2023). Anxiety, mood, and substance use disorders in adult men and women with and without attention-deficit/hyperactivity disorder: A substantive and methodological overview. *Neuroscience and biobehavioral reviews, 151,* 105209. https://doi.org/10.1016/j.neubiorev.2023.105209

Hesslinger, B., Philipsen A., Richter H. (2004). *Psychotherapie der ADHS im Erwachsenenalter – Ein Arbeitsbuch.* Hogrefe.

Hesslinger, B., Tebartz van Elst, L., Nyberg, E., et al. (2002). Psychotherapy of attention deficit hyperactivity disorder in adults: A pilot study using a structured skills training program. *European archives of psychiatry and clinical neuroscience, 252*(4), 177–184.

Hoffmann, H. (1847). *Der Struwwelpeter oder lustige Geschichten und drollige Bilder* (5. Aufl.). Literarische Anstalt (J. Rütten).

Kenézlői, E., Balogh, L., Somogyi, S. et al. (2025). Emotion dysregulation and impulsivity as overlapping symptoms in adult Attention-Deficit/Hyperactivity Disorder and Borderline Personality Disorder: severity profiles and associations with childhood traumatization and personality functioning. *Annals of general psychiatry, 24*(1), 3. https://doi.org/10.1186/s12991-024-00540-y

Kirsch, P., & Haible-Baer, N. (2021). *Therapie-Tools ADHS im Erwachsenenalter.* Beltz.

Knyspel, J., Morneau-Vaillancourt, G., & Eley, T. C. (2025). Using Bifactor Twin Modeling to Assess the Genetic and Environmental Dimensionality of Adult ADHD Symptoms. *Behavior genetics, 55*(1), 1–11. https://doi.org/10.1007/s10519-024-10204-y

Krause, J., Krause, K. H., Trott, G. E. (1998). Das hyperkinetische Syndrom (Aufmerksamkeitsdefizit-Hyperaktivitätsstörung) des Erwachsenenalters. *Nervenarzt, 69*, 543–556

Krause, K. H. (2025). Vom »Zappelphilipp« bis »Hanns Guck-in-die Luft« – Die Geschichte der ADHS. In Roy, M. & Ohlmeier, M. D. (Hrsg.), *ADHS bei Erwachsenen – ein Leben in Extremen. Ein Praxisbuch für Therapeuten und Betroffene* (3. Aufl., S. 11–22). Kohlhammer.

Lara, C., Fayyad, J., de Graaf, R. (2009). Childhood predictors of adult attention-deficit/hyperactivity disorder: results from the World Health Organization World Mental Health Survey Initiative. *Biol Psychiatry, 65*(1): 46–54.

Linehan, M. M. (1993). *Cognitive-behavioral treatment of borderline personality disorder.* Guilford Press.

Linehan, M. M. (1996). *Trainingsmanual zur Dialektisch Behavioralen Therapie der Borderline-Persönlichkeitsstörung.* CIP-Medien.

Liu, X., Yang, Y., Ye, Z. et al. (2024). The effect of digital interventions on attention deficit hyperactivity disorder (ADHD): A meta-analysis of randomized controlled trials. *Journal of Affective Disorders, 365*, 563–577. Elsevier B.V. https://doi.org/10.1016/j.jad.2024.08.156

López-Pinar, C., Rosen, H., Selaskowski, B., et al. (2024). Exploring the relationship between adherence to therapy, treatment acceptability, and clinical outcomes in adults with attention-deficit/hyperactivity disorder: Results from the COMPAS multicenter randomized controlled trial. *Psychotherapy and Psychosomatics, 93*(1), 46–64.

Marshall, P., Hoelzle, J., & Nikolas, M. (2021). Diagnosing Attention-Deficit/Hyperactivity Disorder (ADHD) in young adults: A qualitative review of the utility of assessment measures and recommendations for improving the diagnostic process. *The Clinical Neuropsychologist, 35*(1), 165–198.

Mette, C. (2023). Time Perception in Adult ADHD: Findings from a Decade—A Review. *International Journal of Environmental Research and Public Health, 20*(4), 3098. MDPI. https://doi.org/10.3390/ijerph20043098

Moritz, G. R., Pizutti, L. T., Cancian, A. C., et al. (2021). Feasibility trial of the dialectical behavior therapy skills training group as add-on treatment for adults with attention-deficit/hyperactivity disorder. *Journal of Clinical Psychology, 77*(3), 516–524.

Nasri, B., Cassel, M., Enhärje, J. et al. (2023). Internet delivered cognitive behavioral therapy for adults with ADHD – A randomized controlled trial. *Internet Interventions, 33*, 100636. https://doi.org/10.1016/j.invent.2023.100636

Nasri, B., Castenfors, M., Fredlund, P. et al. (2020). Group treatment for adults with ADHD based on a novel combination of cognitive and dialectical behavior interventions: a feasibility study. *Journal of attention disorders, 24*(6), 904–917.

Neuhaus, C. (2023). *ADHS bei Kindern, Jugendlichen und Erwachsenen: Symptome, Ursachen, Diagnose und Behandlung.* Rat + Hilfe. Kohlhammer.

Nimmo-Smith, V., Merwood, A., Hank, D. et al. (2020). Non-pharmacological interventions for adult ADHD: A systematic review. *Psychological Medicine, 50*(4), 529–541. https://doi.org/10.1017/S0033291720000069

Ostinelli, E. G., Schulze, M., Zangani, C. (2025). Comparative efficacy and acceptability of pharmacological, psychological, and neurostimulatory interventions for ADHD in adults: a systematic review and component network meta-analysis. *Lancet Psychiatry, 12*(1), 32–43. doi: 10.1016/S2215-0366(24)00360-2

Ostinelli, E. G., Schulze, M., Zangani, C., et al. (2025). Comparative efficacy and acceptability of pharmacological, psychological, and neurostimulatory interventions for ADHD in adults: a systematic review and component network meta-analysis. *The Lancet Psychiatry, 12*(1), 32–43. https://doi.org/10.1016/S2215-0366(24)00360-2

Overmeyer, S., Ebert, D. (1999). Die hyperkinetische Störung im Jugend- und Erwachsenenalter. *Deutsches Ärzteblatt, 96*, 991–994.

Parlatini, V., Bellato, A., Murphy, D., & Cortese, S. (2024). From neurons to brain networks, pharmacodynamics of stimulant medication for ADHD. *Neuroscience & Biobehavioral Reviews, 164*, 105841.

Pedersen, A. B., Edvardsen, B. V., Messina, S. M. et al. (2024a). Self-Esteem in Adults With ADHD Using the Rosenberg Self-Esteem Scale: A Systematic Review. *Journal of Attention Disorders, 28*(7), 1124–1138. https://doi.org/10.1177/10870547241237245

Pedersen, H., Skliarova, T., Pedersen, S. A. et al. (2024b). Psychoeducation for adult ADHD: a scoping review about characteristics, patient involvement, and content. *BMC Psychiatry, 24*(1), 1–15. https://doi.org/10.1186/s12888-024-05530-8

Philipsen A, Richter H, Peters J et al. (2007). Structured group psychotherapy in adults with attention deficit hyperactivity disorder: results of an open multicentre study. *J Nerv Ment Dis, 195*(12), 1013–1019

Philipsen, A., Limberger, M. F, Lieb, K. (2008). Attention-deficit hyperactivity disorder as a potentially aggravating factor in borderline personality disorder. *Br J Psychiatry, 192*(2): 118–123.

Reed, C., Cortese, S., Golm, D. et al. (2024). Longitudinal Associations Between ADHD and Weight From Birth to Adolescence. *J Am Acad Child Adolesc Psychiatry*, S0890-8567(24)01975-0. doi: 10.1016/j.jaac.2024.09.009

Safren, S. A., Perlman, C. A., Sprich, S. et al. (2008). *Kognitive Verhaltenstherapie der ADHS des Erwachsenenalters. Deutsche Bearbeitung von* Sobanski, E., Schumacher-Stien, M. & Alm, B. MWV Medizinisch Wissenschaftliche Verlagsgesellschaft.

Schein, J., Cloutier, M., Gauthier-Loiselle, M. et al. (2024). Health care resource utilization and costs associated with psychiatric comorbidities in adult patients with attention-deficit/hyperactivity disorder. *Journal of Managed Care and Specialty Pharmacy, 30*(6), 588–598. https://doi.org/10.18553/jmcp.2024.30.6.588

Selaskowski, B., Staerk, C., Braun, N., et al. (2022a). Multimodal treatment efficacy differs in dependence of core symptom profiles in adult Attention-Deficit/Hyperactivity Disorder: An analysis of the randomized controlled COMPAS trial. *Journal of Psychiatric Research, 151*, 225–234. https://doi.org/10.1016/j.jpsychires.2022.03.049

Selaskowski, B., Steffens, M., Schulze, M. et al. (2022b). Smartphone-assisted psychoeducation in adult attention-deficit/hyperactivity disorder: A randomized controlled trial. *Psychiatry Res, 317,* 114802. doi: 10.1016/j.psychres.2022.114802

Selaskowski, B., Reiland, M., Schulze, M., et al. (2023). Chatbot-supported psychoeducation in adult attention-deficit hyperactivity disorder: randomised controlled trial. *BJPsych open, 9*(6), e192.

Solanto, M. V., Surman, C. B., & Alvir, J. M. J. (2018). The efficacy of cognitive–behavioral therapy for older adults with ADHD: a randomized controlled trial. *ADHD Attention Deficit and Hyperactivity Disorders, 10*(3), 223–235.

Soltani, M., & Pourmohammad, P. (2025). The Effects of Mindfulness-based Cognitive Therapy on Executive Functions, Impulsivity, and Working Memory in Adults With Attention-Deficit/Hyperactivity Disorder (ADHD). *The Scientific Journal of Rehabilitation Medicine, 14*(2), 214–229.

Song, P., Zha, M., Yang, Q. et al. (2021). The prevalence of adult attention-deficit hyperactivity disorder: A global systematic review and meta-analysis. *J Glob Health, 11,* 04009. doi: 10.7189/jogh.11.04009

Sprich, S. E. (2023). Cognitive-Behavioral Therapy for Adult Attention-Deficit Hyperactivity Disorder. In Sprich, S. E., Petersen, T., & Wilhelm, S. (eds.) *The Massachusetts General Hospital Handbook of Cognitive Behavioral Therapy* (pp. 259–271). Springer.

Stieglitz, R.-D., Nyberg, E., & Hofecker-Fallahpour, M. (2011). *ADHS im Erwachsenenalter (Fortschritte der Psychotherapie).* Hogrefe.

Tiger, A., Ohlis, A., Bjureberg, J. et al. (2022). Childhood symptoms of attention-deficit/hyperactivity disorder and borderline personality disorder. *Acta Psychiatrica Scandinavica, 146*(4), 370–380. https://doi.org/10.1111/acps.13476

Wender, P. H., Wolf, L. E., & Wasserstein, J. (2001). Adults with ADHD: An overview. *Annals of the New York academy of sciences, 931*(1), 1–16.

Westwood, S. J., Aggensteiner, P. M., Kaiser, A. et al. (2025). Neurofeedback for Attention-Deficit/Hyperactivity Disorder: A Systematic Review and Meta-Analysis. *JAMA Psychiatry, 82*(2):118–129. doi: 10.1001/jamapsychiatry.2024.3702

WHO – World Health Organization (1992). *The ICD-10 Classification of Mental and Behavioral Disorders.* WHO.

Young, S., Emilsson, B., Sigurdsson, J. F. et al. (2017) randomized controlled trial reporting functional outcomes of cognitive-behavioural therapy in medication-treated adults with ADHD and comorbid psychopathology. *Eur Arch Psychiatry Clin Neurosci, 267*(3), 267–276. doi: 10.1007/s00406-016-0735-0

Weiterführende Literatur

Halmøy, A., Ring, A. E., Gjestad, R., et al. (2022). Dialectical behavioral therapy-based group treatment versus treatment as usual for adults with attention-deficit hyperactivity disorder: a multicenter randomized controlled trial. *Bmc Psychiatry, 22*(1), 738.

Krause, K. H. (2025). Vom »Zappelphilipp« bis »Hanns Guck-in-die Luft« – Die Geschichte der ADHS. In Roy, M. & Ohlmeier, M. D. (Hrsg.), *ADHS bei Erwachsenen – ein Leben in Extremen. Ein Praxisbuch für Therapeuten und Betroffene* (3. Aufl., S. 11–22). Kohlhammer.

Ostinelli, E. G., Schulze, M., Zangani, C., et al. (2025). Comparative efficacy and acceptability of pharmacological, psychological, and neurostimulatory interventions for ADHD in adults: a systematic review and component network meta-analysis. *The Lancet Psychiatry, 12*(1), 32–43. https://doi.org/10.1016/S2215-0366(24)00360-2

Selaskowski, B., Staerk, C., Braun, N., et al. (2022). Multimodal treatment efficacy differs in dependence of core symptom profiles in adult Attention-Deficit/Hyperactivity Disorder: An analysis of the randomized controlled COMPAS trial. *Journal of Psychiatric Research, 151,* 225–234. https://doi.org/10.1016/j.jpsychires.2022.03.049

IV Methoden und Verfahren in Ergänzung zur Verhaltenstherapie

53 Systemische Therapie

Hagen Böser

Das Wichtigste auf einen Blick

- Jedes Verhalten findet in einem sozialen Kontext statt. Beides muss beschrieben und in der Therapieplanung berücksichtigt werden. Der Kontext steuert als Stimulus und als Konsequenz das Verhalten mit.
- Die systemischen Anfangsschritte umfassen Joining, Kontextbeschreibungen, Anliegen- und Auftragsklärung.
- Probleme sind Perspektiven der betroffenen Person und Beschreibungen von Beobachtern. Durch eine andere Perspektive oder andere Beschreibung kann sich die Problemwahrnehmung verändern.
- In der Therapie gilt es, nicht nur das Problematische, sondern auch das Stärkende zu suchen, zu bemerken und anzusprechen.

53.1 Einführung

»Als soziale Wesen sind wir nicht unabhängig von dem, was uns umgibt und mit dem wir interagieren.«

Die systemische Therapie ist seit November 2018 das vierte Richtlinienverfahren in der Psychotherapie. Es ist gleichzeitig das erste Verfahren, das auf Grundlage der evidenzbasierten Medizin in das Kassensystem aufgenommen wurde.

Merke

Der Fokus des Verfahrens liegt auf den sozialen Netzwerken und Umwelten, in denen Patienten leben, sowie den dort beobachtbaren Interaktionen.

53.2 Historische Aspekte

Systemische Therapie begann ursprünglich als Familientherapie, mit der Suche nach Wegen, therapeutische Gespräche mit Familien zu führen. Die Strategien, die bis dahin etabliert waren, hatten sich an den einzeltherapeutischen, eher tiefenpsychologischen Settings orientiert. Jedoch führten diese Vorgehensweisen, das »Gewähren und Entwickeln lassen«, in den Familiengesprächen häufig zu Eskalationen. Die üblichen Familienmuster traten auf und es gab in der Therapie wenig Weiterentwicklung. Es wiederholten sich die Streitgespräche vom Küchentisch.

Familientherapeuten mussten einen Rahmen mit bestimmten Regeln für die Familiengespräche zur Verfügung stellen. Sie wurden mehr zu den Regisseuren der Gespräche.

Anders als bei anderen psychotherapeutischen Schulen hat es nicht zu Beginn eine Gründerfigur gegeben, sondern an mehreren Orten der Welt begannen Psychotherapeuten relativ gleichzeitig nach Wegen zu suchen, um hilfreiche Gespräche mit Familien zu führen. So entstanden mehrere familientherapeutische Schulen mit unterschiedlichen Schwerpunkten. Auch heute noch werden die unterschiedlichen Perspektiven dieser Schulen in der psychotherapeutischen Arbeit genutzt.

53.2.1 Die mehrgenerationalen Ansätze

Wichtige Vertreter dieser Perspektive waren die beiden Psychiater und Psychotherapeuten Helm Stierlin (1926–2021) mit seiner Heidelberger Schule aus Deutschland und Ivan Böszörményi-Nagy (1920–2007) aus Ungarn und später der USA.

Ein frühes Buch von Helm Stierlin war »Delegation und Familie. Beiträge zum Heidelberger familiendynamischen Konzept« aus dem Jahr 1982. Ivan Böszörményi-Nagy veröffentliche 1973 sein Buch »Unsichtbare Bindungen«. *Wichtige Themen ihrer Ansätze waren:*

- Bindung, Loyalität und Ausstoß im Herkunftssystem
- Delegation von Aufgaben über Generationen hinweg
- Vermächtnis und Verdienste über Generationen hinweg
- bezogene Individuation

Ein zentrales Arbeitstool für diesen Ansatz ist das *Genogramm*, das vor allem die genetischen Verknüpfungen der lebenden sowie der verstorbenen Familienmitglieder sowie deren »offizielle« Bindungen (Heirat, Partnerschaft) visuell darstellt (► Kap. 53.3.3). Das Genogramm ist die Ausgangsbasis für die Untersuchung des Herkunftssystems. Krankheiten und Themen können damit über die Generationen hinweg erfragt und dargestellt werden. Gerade das Nachfragen zur Delegation von Aufgaben oder Zielen über die Generationen hinweg ist oft hilfreich, um so manches Verhalten im Familiensystem besser verstehen zu können. So können Eltern oder gar Großeltern in Familienunternehmen ihre Kinder oder Enkelkinder stark in Richtung von Zielen fördern und verstärken, die sie selbst nicht erreicht haben oder erhalten wollen. Dies kann zu schwierigen Auseinandersetzungen führen, wenn die nachfolgenden Generationen andere Interessen und Ziele haben.

Die *bezogene Individuation* untersucht die Entwicklungsschritte, die durch die Pubertät angestoßen werden. Der Jugendliche beginnt sich von den Eltern und deren Werten und Normen in Teilaspekten zu lösen, somit zu individualisieren. Werte und Normen werden nicht mehr einfach übernommen, sondern infrage gestellt und teilweise abgelehnt. Gleichzeitig geht es darum, auch wenn es jetzt mehr Unterschiede zwischen den Eltern und den Jugendlichen gibt, weiterhin das Gemeinsame, das aufeinander Bezogene, wahrzunehmen. Also nicht Schwarz (Distanz) oder Weiß (Nähe), sondern Grau (Nähe und Distanz). Diese Entwicklungsaufgabe besteht aber nicht nur für die Jugendlichen, sondern im selben auch für die Eltern. Auch sie müssen von eigenen Erwartungen an den Jugendlichen loslassen und versuchen, mit der »fremden« Seite ihres Kindes in Kontakt zu kommen und ihren Umgang damit zu finden.

53.2.2 Der entwicklungsorientierte Ansatz

Die amerikanische Sozialarbeiterin mit psychoanalytischer Ausbildung Virginia Satir (1916–1988) wird oft als Mutter der Familientherapie bezeichnet. Ihr wichtigstes Buch »Peoplemaking« (deutsch: »Selbstwert und Kommunikation. Familientherapie für Berater und zur Selbsthilfe«) erschien 1972. *Wichtige Themen ihres Ansatzes waren:*

- Förderung von Wachstum und Frieden eines jeden Familienmitgliedes
- der eigene Selbstwert als wichtiges Steuerungselement für Entscheidungen und Verhalten
- Kommunikationsstile und ihre Bedeutung für die therapeutische Arbeit

Virginia Satir arbeitete viel mit Familienskulpturen, die sie für eine »Familienrekonstruktion« nutzte. Familiengeschichten sollten anders gesehen und mit neuen Perspektiven neu erzählt werden. Mit der Familie oder Stellvertretern wurde eine Skulptur im Raum aufgebaut. Wer steht wie nah bei wem? Wer schaut wen an und wen nicht? Mit so einer Aufstellungsarbeit können Familienbeziehungen deutlich umfangreicher erfahrbar gemacht werden, als wenn nur darüber gesprochen wird. Emotionen können deutlicher erlebt und leichter entdeckt werden.

Virginia Satir war der Überzeugung, dass es eine der wichtigsten Aufgaben für Therapeuten ist, den Selbstwert von Patienten und Angehörigen im Gespräch mit kleinen Bemerkungen zu heben: das Stärkende suchen, bemerken und ansprechen.

53.2.3 Der strukturelle Ansatz

Der argentinische Professor für Pädiatrie und Kinder- und Jugendpsychiatrie Salvator Minuchin (1921–2017) arbeitete in den USA und in Israel immer wieder im Kontext von Kinderheimen und kam so mit vielen unterschiedlichen Kulturen und sozialen Schichten in Kontakt. 1967 erschien sein erstes Buch »Families of the Slums«. *Wichtige Themen seines Ansatzes waren:*

- der »identifizierte« Patient (das ganze System ist betroffen, aber nur der Patient zeigt eine Auffälligkeit)
- Strukturen und Grenzen im System

In der klinischen Arbeit liegt der Fokus oft sehr auf dem Patienten. Der Patient lebt aber eingebettet in den unterschiedlichsten Systemen (Familie, Arbeitsplatz, soziale »Bubble«). All diese Systeme haben Regeln und Grenzen, die das mögliche Verhalten einschränken. Manches Verhalten kann in bestimmten Systemen gezeigt werden und anders nicht.

Regeln und Grenzen im alltäglichen Leben des Patienten können untersucht und auf ihre Nützlichkeit geprüft werden. Das Mehrpersonensetting ermöglicht die Bearbeitung der Regeln und Grenzen. Der stationäre Aufenthalt in einer Klinik stellt eine Insel mit eigenen Regeln und Grenzen dar. Damit wird in der Klinik Verhalten möglich, das zu Hause sanktioniert wird oder zumindest Irritationen auslösen könnte. So kann der Patient leichter mit neuen Verhaltensweisen hoffentlich hilfreiche Erfahrungen sammeln, die dann in den Alltag zu Hause transferiert werden können.

53.2.4 Das Mailänder Modell

Die Psychiater und Psychotherapeuten Mara Selvini Palazzoli (1916–1999), Luigi Boscolo (1932–2015), Gianfranco Cecchin (1932–2004) und Giuliana Prata (1912–2001) entwickelten in den 1970er-Jahren ihr Mailänder Modell, das ein wichtiger Meilenstein in der Veränderung der therapeutischen Haltung war. Der Wechsel von der Familientherapie zur systemischen Therapie, von der Kybernetik 1. Ordnung zur Kybernetik 2. Ordnung (siehe ▸ Kap. 53.3.1). Der Artikel von Selvini Palazzoli, u. a. (1981) »Hypothetisieren – Zirkularität – Neutralität« sowie das Buch von Boscolo, Cecchin, Hoffman & Penn (1988) »Familientherapie – Systemtherapie. Das Mailänder Modell« markierten diesen Übergang. *Wichtige Themen ihres Ansatzes waren:*

- Hypothetisieren
- Zirkularität
- Neutralität

Hypothetisieren ist der Prozess, bei dem der Therapeut seine Annahmen über die Dynamiken und Interaktionen des Systems und dessen Kontext formuliert. Diese Hypothesen dienen als Grundlage für die therapeutische Interventionsplanung und werden kontinuierlich überprüft und angepasst.

Zirkularität bezieht sich auf die Idee, dass in einem System alle Elemente miteinander verbunden sind und sich gegenseitig beeinflussen. Es gibt keine einfache lineare Ursache-Wirkung-Beziehung, sondern eine komplexe wechselseitige Beeinflussung.

Neutralität bedeutet, dass Therapeuten keine Partei ergreifen und sich nicht von den Konflikten oder Dynamiken innerhalb des Systems beeinflussen lassen. Sie bleiben möglichst unvoreingenommen und offen für alle Perspektiven. Heute wird mehr der Begriff der *Allparteilichkeit* verwendet, da es im psychotherapeutischen Alltag eher schwierig ist, sich neutral zu verhalten. Es ist leichter, sich für die Sichtweise aller Parteien aktiv zu interessieren.

53.2.5 Der lösungsorientierte Ansatz

Steve de Shazer (1940–2005) und seine Ehefrau Insoo Kim Berg (1934–2007) brachten mit ihrem Ansatz einen fundamentalen Perspektivwechsel in die psychotherapeutische Arbeit: Problem und Lösung müssen nicht unbedingt etwas miteinander zu tun haben. Sie stellten das vorherrschende Ursache-Wirkungs-Denken in Frage und eröffneten so einen zusätzlichen neuen Weg, um hilfreiche Interventionen für Patienten zu finden. *Wichtige Kernpunkte ihres Ansatzes:*

- Problem und Lösung haben nicht unbedingt etwas miteinander zu tun.
- Es geht darum, Ausnahmen vom Problem zu suchen.
- Angestrebt wird eine strenge Auftragsorientierung: »Repariere nicht, was nicht kaputt ist«.

Die Frage nach den Ausnahmen vom Problem und die »Wunderfrage« sind von vielen anderen psychotherapeutischen Schulen übernommen worden.

Die Wunderfrage lautet: »Stellen Sie sich vor, heute Nacht würde ein Wunder passieren, und ohne dass Sie irgend etwas davon merken, hat sich Ihr Problem in Luft aufgelöst. Wenn Sie am Morgen die Augen aufmachen und Ihren Tag beginnen, wie würden Sie den Tag ohne das Problem leben? Was würden andere Menschen an Ihnen an diesem Tag beobachten?

53.2.6 Historisches Missverständnis: Kontingenz in VT und ST

Der Begriff der Kontingenz verursachte in der Zusammenarbeit von Verhaltenstherapeuten und Systemikern immer wieder Verwirrung, da er mit komplett unterschiedlicher Bedeutung genutzt wird. Kontingenz in der Verhaltenstherapie ist ein Begriff im SORKC-Schema und beschreibt die Regelmäßigkeit (kontinuierlich oder intermittierend), mit der eine Konsequenz auf ein Verhalten folgt. Kontingenz in der systemischen Therapie meint hingegen, dass das Gesprochene und das Verhalten vom Gegenüber auch anders interpretiert bzw. verstanden werden könnte. Das ist ein Grund, warum Kommunikation so fehleranfällig ist. Alles könnte auch anderes verstanden werden. Verstärkt wird dies noch mit dem Begriff der *doppelten Kontingenz*. Zwei Menschen stehen sich gegenüber und wissen, dass alles, was sie sagen und vom anderen gesagt wird, auch anders verstanden werden könnte.

53.3 Besondere Merkmale und Grundlagen

Nach dem Psychologen K. Gergen ist es eine Hauptaufgabe von Psychotherapie, Patientinnen und Patienten darin zu unterstützen, sich in ihren aktuellen, zukünftigen und auch vergangenen Bezugssystemen anschlussfähiger, »passender« verhalten zu können (Levold, 2022). Die Diagnose steht nicht im Vordergrund, sondern die Schwierigkeiten des Patienten und seine maladaptiven Netzwerkprozesse in seinen jeweiligen Bezugssystemen. Die Fragen dazu lauten: Wo und wie ecken die Patienten an? Was fordert sie selbst oder ihr Umfeld heraus? Diese Perspektive kennzeichnet die systemische Therapie. Der Fokus liegt auf den herausfordernden und gelingenden Interaktionen der Patienten mit ihrem Umfeld und mit sich selbst. Die nachfolgenden Abschnitte skizzieren die systemische Haltung.

53.3.1 Kybernetik 1. und 2. Ordnung

Der Wechsel von der Kybernetik 1. Ordnung zur Kybernetik 2. Ordnung stellt den fundamentalsten Perspektivwechsel in der Psychotherapie dar. Gleichzeitig war es am Anfang der systemischen Therapie der wichtigste Unterschied zu den anderen Psychotherapieverfahren. Heute haben sich viele Therapieschulen der Perspektive der Kybernetik 2. Ordnung angeschlossen.

In der Kybernetik der 1. Ordnung beobachtet der Psychotherapeut das System von außen. Er sieht »objektiv« – unabhängig vom System –, was im System nicht stimmt, und entwickelt Veränderungskonzepte für das System in die »richtige« Richtung. Eine häufig genutzte Metapher in dieser Zeit war das Mobile. Wenn eine Familie in Therapie kam, war das Mobile verrutscht und hing schief. Der Therapeut erkennt, welche Teile »falsch« hängen, und rückt alles wieder an seine richtige Position, ins Gleichgewicht.

In der Kybernetik der 2. Ordnung beobachtet der Psychotherapeut das System von innen – er ist dabei Teil des Systems. Er sieht das System »subjektiv«, abhängig von den Interaktionen im System, von denen auch er ein Teil ist. Es gibt kein Richtig mehr, sondern nur noch Nützlich und Hilfreich aus Sicht des Systems. Der Psychotherapeut ist nicht mehr der Experte für das, was verändert (Inhalt) werden muss, sondern der Experte für Prozesse, die Veränderung anstoßen und unterstützen können. Eine Metapher für diese neue Arbeitshaltung des Therapeuten war der beisteuernde Lotse. Der Lotse lenkt nicht das Schiff, das tut der Kapitän. Der Lotse weist auf Besonderheiten oder Schwierigkeiten hin, aber der Kapitän entscheidet. Der Lotse steuert bei, regt an, aber steuert selbst nicht (Loth, 1998).

Merke

Systemische Therapeutinnen und Therapeuten möchten Patientinnen und Patienten darin unterstützen, die *Lebensführungsverantwortung* für ihr eigenes Leben mehr zu übernehmen. Patientinnen und Patienten sollen die Entscheidungen treffen, wie sie ihr Leben gestalten möchten, was in ihrem Leben Veränderung benötigt und was Akzeptanz.

53.3.2 Die kontruktivistische Grundhaltung

Für den Systemiker ist Realität subjektiv und wird als konstruiert betrachtet. Jeder Mensch lebt in seiner Sicht der Welt, die er sich selbst erschafft. Therapeuten sind nicht mehr die Experten einer realen Welt, sondern die Besucher, Beobachter und vielleicht Verstörer einer subjektiven Weltsicht.

> »Wenn man ein Problem hat, ist das Leben immer wieder dasselbe. Wenn man kein Problem mehr hat, ist das Leben eine Sache nach der anderen.« (nach John Weakland).

Wenn ein Problem »entdeckt« wurde, dann wird die subjektive Weltsicht um dieses Problem herum organisiert. Es beeinflusst die Wahrnehmung der Welt.

Aus diesem Grund hat die Anliegen- und Auftragsklärung eine zentrale Rolle in der systemischen Therapie. Systemische Therapeutinnen und Therapeuten machen ihren Patientinnen und Patienten therapeutische Angebote, die diese annehmen oder ablehnen können. Das bedeutet für die Therapeuten ein Wechselspiel zwischen ihren Angeboten und ihren Feedbackorientierungen: Welches der Angebote greift der Patient auf und welches nicht. Welchen Auftrag erteilt die Patientin und welchen nicht. Auch ein Therapiemanual kann von einem systemischen Therapeuten nur als Angebot genutzt werden. Die kontinuierliche Orientierung am therapeutischen Prozess über Feedbackschleifen hat die oberste Priorität. Die Angebote müssen für Patienten anschlussfähig sein. Das bedeutet, dass die Angebote für die Patienten einen Sinn ergeben müssen. Eine nützliche Standardfrage dafür: »Ist das, was wir hier gerade machen, hilfreich für Sie?«

Die systemische Therapie behandelt oder heilt keine Krankheiten im Sinne der somatischen Medizin. Sie will dazu beisteuern, die Interpretation von Wahrnehmung, Verhalten und Prozesse zu verändern, zu beenden oder durch Alternativen zu ersetzen. Und zwar jene Prozesse, die in den Systemen der Patienten Probleme verursachen oder Leid erzeugen. Das können innerpsychische oder zwischenmenschliche Systeme sein (Ludewig, 2021).

53.3.3 Systemische Methoden

Systemisches Problemverständnis

Probleme sind keine Dinge, sondern Zustände, die man anders haben möchte. Probleme werden von einem Beobachter, der man auch selbst sein kann, entdeckt. Sie sind eine Ist-Soll-Differenz der Erwartungen des Beobachters (Schlippe & Schweitzer, 2019). Etwas soll sich verändern und wird vom Beobachter als veränderbar gehalten. Wenn etwas als Problem beschrieben wird, ist darin auch die Hoffnung der Veränderbarkeit enthalten.

Um das Problem näher zu untersuchen, hat sich der folgende Viererschritt bewährt:

1. Problementdeckung
2. problemdeterminiertes Kommunikationssystem
3. Problemerklärungen
4. problemstabilisierendes Verhalten

Problementdeckung

Jemand empfindet einen Zustand als eigenartig, nicht in Ordnung, vom Üblichen abweichend oder schlichtweg falsch. Dieser Zustand soll sich verändern, und die bisherigen Lösungsversuche haben dies bis jetzt nicht geleistet.

In der therapeutischen Arbeit lohnt es sich nachzufragen, wer denn das Problem entdeckt und wieso er oder sie den Zustand für veränderungsbedürftig gehalten hat.

Problemdeterminiertes Kommunikationssystem

Die Person, die das Problem entdeckt hat, sucht Verbündete, ein soziales System. Die Verbündeten sollen zustimmen, dass dieser Zustand ein Problem ist und veränderungsbedürftig ist. Dieses neue soziale Kommunikationssystem entsteht nur aufgrund des Problems, es bedingt (determiniert) es somit.

Für die therapeutische Arbeit ist es hilfreich, die problemdeterminierten Kommunikationssysteme um und mit dem Patienten zu kennen. Meistens zeigen sie unterschiedliche Perspektiven und Behandlungsideen für den Patienten. Es wird deutlich, wie viele Meinungen der Patient zu dem Problem hört und dass er entscheiden muss, welchen er folgen und welche er verwerfen möchte – wenn er das kann.

Problemerklärungen

Unerklärliches Verhalten hat Menschen schon immer beunruhigt. Jedes problemdeterminierte Kommunikationssystem entwickelt eigene Problemerklärungen. Diese Erklärungen beruhigen die Mitglieder im Kommunikationssystem. Wenn auf einmal in einem Kommunikationssystem unterschiedliche, vorwiegend widersprechende Problemerklärungen entstehen, können im System zwei Lager entstehen, die sich auch trennen können. So entstehen zwei neue Kommunikationssysteme mit unterschiedlichen Problemerklärungen und infolgedessen unterschiedlichen Lösungsideen.

So kann es passieren, dass die Compliance mit Patientinnen und Patienten zusammenbricht, da sie der aktuellen Problemerklärung nicht mehr zustimmen und so für sie der gemeinsam vereinbarte Behandlungsplan nicht mehr stimmig ist.

Problemstabilisierendes Verhalten

Probleme können eine Funktion im System haben. Sie können Missstände rechtfertigen oder einem eine Aufgabe geben. Das bedeutet, dass die Funktion des Problems *systemerhaltend* ist.

Wenn die Psychotherapie diesen Aspekt nicht berücksichtigt und zu schnell auf Veränderung drängt, kann der therapeutische Prozess ins Stocken kommen, da sich Widerstand gegen die Veränderung zeigt. Hier kann es hilfreich sein, die Funktion des Problems zu erläutern und nach alternativen Verhaltensweisen zu suchen, die die Funktion übernehmen könnten (= systemerhaltend), oder den Nutzen der Veränderung noch einmal deutlich zu machen (= systemverändernd).

Zirkuläre Fragetechniken

Die systemische Therapie zeichnet sich durch eine Vielzahl von unterschiedlichen Fragetechniken aus. Die Therapie soll ein informationserzeugender Prozess sein. Das bedeutet, dass Therapeuten Fragen stellen wollen, die Patienten bis jetzt noch nicht gefragt worden sind oder sich selbst bisher nicht gefragt haben.

Man kann die Fragetechniken grob in zwei Kategorien aufteilen:

- Fragen zur Wirklichkeitskonstruktion
- Fragen zur Möglichkeitskonstruktion

Zirkuläre Fragetechniken

Fragen zur Wirklichkeitskonstruktion

Fragen zur Wirklichkeitskonstruktion helfen, die Sichtweise der Patientinnen und Patienten auf die Welt besser nachvollziehen zu können. »Jeder Mensch verhält sich so, wie es aus seiner Sicht am besten ist.« Mit den Fragen lässt sich die Funktionalität von Verhalten für die Betroffenen besser erschließen.

Fragen zum Auftragskontext

1. Das Vorfeld der Beratung/Therapie bzw. den Zuweisungskontext erfragen:
   - Wer hatte die Idee zu diesem Kontakt?
   - Was möchte er/sie, was hier passieren soll?
   - Warum gerade diese Klientin/dieser Klient? Warum gerade zu mir? Warum gerade jetzt?
2. Die Erwartungen erfragen:
   - Wer will hier was von wem (von mir, von uns)?
   - Wer ist optimistisch, wer skeptisch?
   - Was müsste ich (müssten wir) tun, um die Erwartungen zu erfüllen?
   - Was müsste ich (müssten wir) tun, damit es ein Misserfolg wird?

Fragen zum Problemkontext

1. »Das Problempaket auspacken«:
   - Aus welchen Verhaltensweisen besteht »das Problem«?
   - Wie zeigt sich »das Problem«?
   - Wem wird dieses Problemverhalten gezeigt, wem nicht?
   - Woran erkennt man das Problem?
   - Wo wird es gezeigt, wo nicht?
   - Wann wird es gezeigt, wann nicht?
   - Woran würden Sie erkennen, dass es gelöst ist?
2. Die Beschreibungen rund ums Problem erfragen:
   - Wer hat es zuerst als Problem bezeichnet?
   - Wer würde am ehesten bestreiten, dass es sich überhaupt um ein Problem handelt?
3. Den »Tanz um das Problem« erfragen:
   - Wer reagiert am meisten auf die problematische Situation, wer weniger? Wen stört es, wen nicht?
   - Wie reagieren welche Anderen darauf?
   - Wie reagiert der Einzelne auf die Reaktionen der anderen?
   - Wie reagieren die anderen auf die Reaktionen des Einzelnen usw.? (bis ein Kreislauf deutlich wird)
4. Erklärungen für das Problem erfragen:
   - Wie erklären Sie sich, dass das Problem entstanden ist? Wie, dass es dann und dann auftritt und dann und dann nicht? Welche Folgen haben diese Erklärungen?
5. Bedeutung des Problems für die Beziehungen erfragen:
   - Was hat sich in den Beziehungen verändert, als das Problem begann?
   - Was würde sich in den Beziehungen verändern, wenn das Problem wieder aufhören würde?

Fragen zur Möglichkeitskonstruktion

Fragen zu Möglichkeitskonstruktionen können Zugänge zu neuen sinnstiftenden Sichtweisen und Handlungsmöglichkeiten eröffnen. Soziale Systeme sind Sinn-erzeugende Systeme. Folgende Fragen können dazu beitragen neue Sinnkonstruktionen entstehen zu lassen.

Lösungsbezogene Fragen

1. Fragen nach Ausnahmen vom Problem:
   - Wie oft (wie lange, wann) ist die schwierige Situation nicht aufgetreten?
   - Was haben Sie und Andere in diesen Zeiten anders gemacht?
   - Wie haben Sie es geschafft, in diesen Zeiten das Problem nicht auftreten zu lassen?
2. Fragen nach Ressourcen:
   - Was möchten Sie im Leben/in Ihrem Team/in Ihrer Arbeitssituation gern bewahren?
   - Was machen Sie gern, gut etc.? Was läuft gut im Team?
   - Was müssten Sie tun, um mehr davon zu machen?
3. Die Wunderfrage:
   - Mal angenommen, über Nacht geschieht ein Wunder, Sie würden am Morgen erwachen und würden auf einmal bemerken, dass etwas anderes geschieht, als Sie erwartet haben. Und da Wunder sich nicht ankündigen, sondern einfach geschehen, sind Sie überrascht, vielleicht erleichtert oder erfreut, dass es auf einmal anders ist: Was ist dann? Wie fühlt sich das an? Was genau geschieht? … und dann, … und dann …?
   - Wer würde Sie am meisten überraschen?
   - Was wäre vielleicht auch gleich?
   - Was würden Sie evtl. am meisten vermissen in Ihrem Leben, wenn »das Problem« wie durch ein Wunder gelöst/weg wäre?
   - Angenommen, ich wäre dabei, was könnte ich beobachten, wie es für Sie »anders« ist?

Problembezogene Fragen

- Angenommen, Sie würden sich »vornehmen«, die schwierige Situation aufrecht zu erhalten oder sogar zu verschlimmern: Was könnte ich/könnten wir tun, um Sie dabei zu unterstützen?
- Wie lang könnten Sie es maximal aushalten? Mit welchen Kräften könnte Ihnen das gelingen?

- Was wäre für Sie das Schlimmste, was geschehen könnte?
- Wer erklärt sich die gegenwärtige Situation auf welche Weise?
- Welche weiteren öffnenden Sinnzuschreibungen wären denkbar?

Kombinationen von Frageperspektiven

1. Fragen nach dem Nutzen, das Problem (vorläufig) noch zu behalten:
   - Wofür wäre es gut, das problematische Verhalten noch eine Weile zu behalten oder es gelegentlich noch einmal einzuladen?
   - Was würde schlechter, wenn das Problem weg wäre?
2. Zukunfts-Zeitpläne:
   - Wie lange könnte es passen, dem problematischen Thema viel Raum zu gewähren?
   - Was müsste mindestens geschehen, dass Sie dem weniger Bedeutung geben?
   - Wie lange wäre es dafür noch zu früh?
3. Fragen zum »Rückfall-Szenario«:
   - Wenn Sie es schon längerer Zeit »geschafft« haben, sich aber noch einmal vornehmen würden, das problematische Verhalten wiederherzustellen: Wie könnten Sie das tun?
   - Mal angenommen, dass Problem würde erneut auftreten: Was bedeutet das für Sie? Ist es ein »Rück-Fall«? Oder ein »Vor-Fall« (könnte z. B. eine wichtige Information zu einem berechtigten Bedürfnis sein)?
4. »Als ob«-Fragen:
   - Angenommen, Sie würden sich so verhalten, als ob Ihnen das Verhalten Ihres Gegenüber nichts ausmacht: Wie genau könnten Sie das ausdrücken? Welche Reaktionen der anderen wären Ihnen eher willkommen und welche nicht?
   - Angenommen, Sie könnten das Auftreten des problematischen Verhaltens mehr als wichtige Information bewerten als eine sofort veränderungsbedürftige Situation. Wie würde sich das auswirken?

Kontextbeschreibungen

Das aktuelle Bezugssystem – ein soziales System

Das aktuelle Bezugssystem von Patienten kann mit drei unterschiedlichen Komponenten beschrieben werden:

- Elemente: Was sind die Teile des Systems?
- Relationen: Welche Beziehungen haben die einzelnen Teile zueinander?
- Grenzen: Wer gehört oder gehörte zum System und wer nicht?

Beispiel

Beispielsweise Familie Schmidt: Die Elemente sind Herr und Frau Schmidt sowie die beiden Kinder Markus und Iris. Die Relationen der Elemente zueinander sind unter anderem die Paarbeziehung, die Elternbeziehung und die Geschwisterbeziehung. Die Entscheidung der Grenze um die Familie kann biologisch, aber auch sozial getroffen werden. Verschiedene Familienmitglieder können die Familiengrenze unterschiedlich ziehen. So hat Frau Schmidt als Sozialarbeiterin das Pflegekind Denis in die Familie aufgenommen. Ist dieses nun Teil der Familie?

Viele Patchwork-Familien diskutieren die Grenzen ihrer Familie und selbst unter Fachleuten gibt es dazu unterschiedliche Meinungen. Visualisierungstechniken können hier helfen, komplexe Zusammenhänge schnell in Erfahrung zu bringen und übersichtlich darzustellen (▸ Abb. 53.1).

Genogramm

Das Genogramm stellt die Biologie im System dar. Es wird in der Form eines Stammbaums gemalt und umfasst mindestens zwei Generationen nach oben und alle Generationen nach dem Patienten, also Kinder und ggf. Enkel. Ein Standardwerk über Jahrzehnte für diese Methode hat McGoldwick (2022) geschrieben.

Es hat sich keine eindeutige Darstellungsform des Genogramms weltweit durchgesetzt. Wenn man aber in einer Klinik gemeinsam Patienten mit Genogrammen behandelt, lohnt es sich, sich auf eine gemeinsame Darstellungsform zu einigen (▸ Abb. 53.2).

Für die Erstellung werden, wenn möglich, alle Namen und Vornamen, Geburts- und Sterbedaten erfasst sowie Berufe und wichtige Erkrankungen. Tod- und Fehlgeburten werden erfragt.

Das Genogramm wird für die Mustererkennung über die Generationen hinweg benutzt. Was passiert immer wieder in den Familien oder was hat das Gewohnte unterbrochen. Hier können Fragen helfen, Muster zu beschreiben:

- Wie wurde im Herkunftssystem Zugehörigkeit und Liebe gezeigt?
- Wie sollte man als Mitglied der Familie sein und was durfte man auf keinen Fall tun?
- Was durfte von der Familie erzählt werden und was waren die Familiengeheimnisse, die nicht nach außen dringen durften?

Wertogramm

Das Wertogramm untersucht in Anlehnung an das Genogramm die Werte im Familiensystem. Was war den einzelnen Familienmitgliedern oder dem jeweiligen »Clan« wirklich wichtig? (Nähere Informationen siehe ▸ Kap. 31.)

Aufstellungsformen

In der systemischen Therapie werden unterschiedliche Aufstellungstechniken verwendet. Die bekannteste ist die Familienaufstellung, bei der die Mitglieder einer Familie durch Stellvertreter z. B. einer Therapiegruppe im Raum aufgestellt werden, um die Familieninteraktion zu untersuchen.

In den sogenannten Strukturaufstellungen werden Stellvertreter nach theoretischen Konzepten im Raum aufgestellt, um Entscheidungsprozesse zu unterstützen. Das »Tetralemma« und die »Problemaufstellung« sind die bekanntesten Strukturaufstellungen (SySt® Institut, 2025).

Wichtig bei allen Aufstellungen ist die systemische Haltung, mit der diese durchgeführt werden. Das systemische

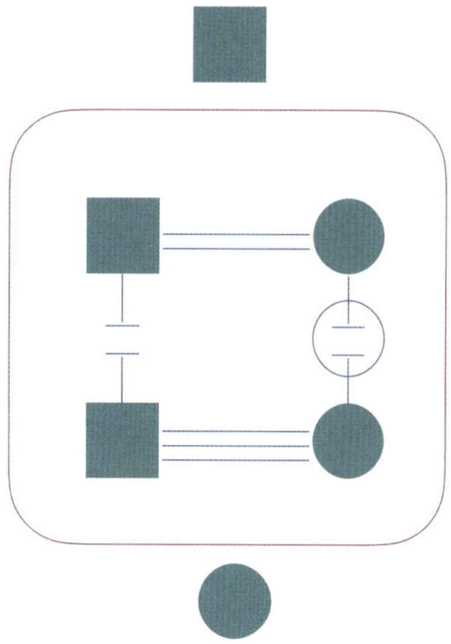

Abb. 53.1: Beispiel eines sozialen Systems (nach Luhmann)

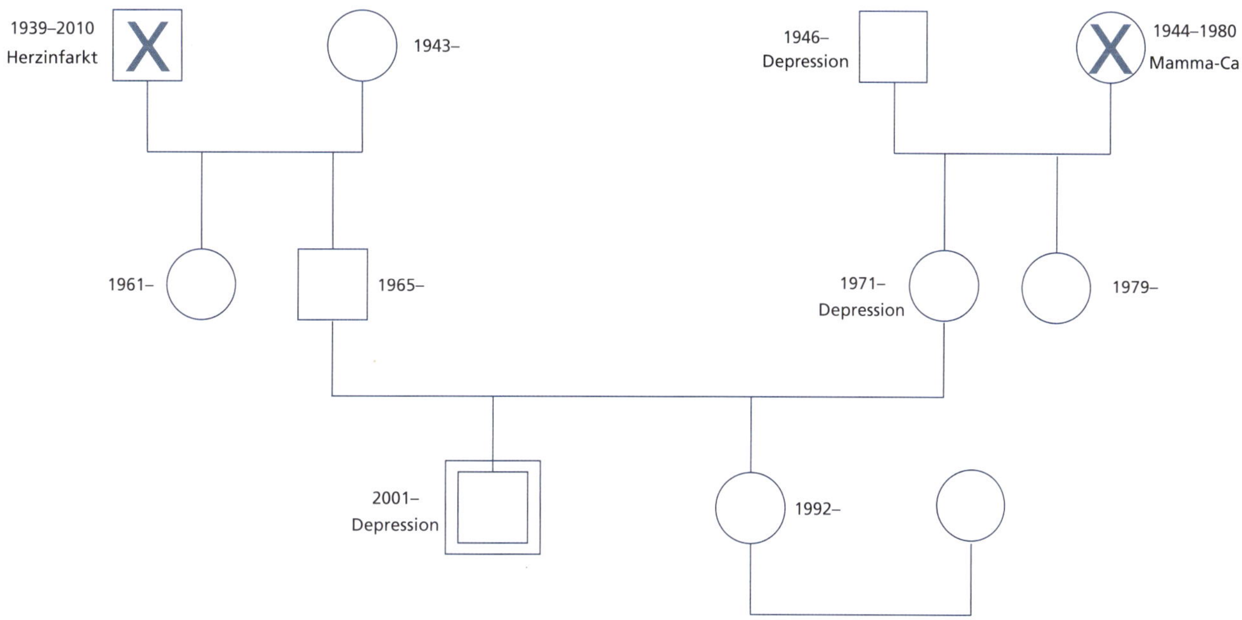

Abb. 53.2: Beispiel eines Genogramms

Ziel von Aufstellungen ist es, Perspektivenvielfalt anzuregen, nicht die »Wahrheit« herauszufinden. Leider hat es in der Vergangenheit immer wieder Therapeuten gegeben, die mittels Aufstellungen Patienten erklärt haben, wie ihre Familie oder ihre Vergangenheit »tatsächlich« aussieht.

Anliegen- und Auftragsklärung

Die systemische Therapie arbeitet auftragsorientiert, nicht störungsorientiert. Der Auftrag wird gemeinsam mit dem Patienten bzw. der Patientin erarbeitet. Für diesen Erarbeitungsprozess hat sich die folgende Unterscheidung bewährt:

Anlass

Was ist passiert, dass der Patient oder die Patientin sich entschlossen hat, sich aktiv um eine Psychotherapie zu bemühen? Was hat das Fass zum Überlaufen gebracht? Der Anlass muss nichts mit dem späteren Auftrag zu tun haben, er war die Eintrittskarte, besser der Eintrittsgrund in das Kommunikationssystem Psychotherapie.

Anliegen

Die Anliegen sind die Wünsche, die der Patient oder die Patientin an die Psychotherapie hat. Wenn er/sie wenig Erfahrung mit dem psychosozialen Bereich hat, können die

Anliegen und somit die Erwartungen an die Psychotherapie zu groß und unrealistisch sein.

Für Psychotherapeuten ist es hilfreich, das Anliegen des Patienten oder der Patientin zu kennen, um seine/ihre tieferen Wünsche oder Bedürfnisse besser zu verstehen. Ein Behandlungsfehler kann es sein, dieses Anliegen unkritisch als Auftrag für die psychotherapeutische Arbeit zu übernehmen. Das Anliegen muss in einen an das psychotherapeutische Setting realistischen Auftrag umformuliert werden.

Zum Selbstreflexionsprozess des Therapeuten gehört es, sich über die eigenen Anliegen an die Rolle des Psychotherapeuten Gedanken zu machen. Diese eigenen Anliegen und Ansprüche müssen an das realistische Setting der Einrichtung, in der man arbeitet, angepasst werden.

Auftrag

Aus den verschiedenen Anliegen werden gemeinsam mit dem Patienten oder der Patientin realistische Aufträge formuliert. Was ist in dem Setting und in der Stundenzahl, die man zur Verfügung hat, möglich?

Hier ist es wichtig für den Therapeuten, für sich zu klären, ob seine Organisation Aufträge an ihn hat, die er in der psychotherapeutischen Arbeit zu erfüllen hat. Unter anderem die Wiederherstellung der Arbeitskraft oder nicht mehr als fünf Stunden Psychotherapie pro Patient, etc.

Kontrakt

Aus der Vielzahl von möglichen Aufträgen wird der gewählt, mit dem man beginnt, in der Psychotherapie zu arbeiten. Dieses Auswählen sollte unbedingt ein gemeinsamer Prozess mit dem Patienten/der Patientin sein und der Auswahl sollten beide Seiten zustimmen, da sonst die Compliance schwierig werden kann.

Der gemeinsam entwickelte Kontrakt ist der rote Faden für die Interventionsplanung, der über Feedbackschleifen fortwährend überprüft wird. Im Laufe der Therapie kann sich der Kontrakt ändern. Auch das sollte dann gemeinsam besprochen werden.

Setting

Patienten leben in Systemen

Die meisten Psychotherapien finden im Einzelsetting statt. Hier können leicht Teile des Umfeldes von Patienten übersehen werden, vor allem wenn diese sie nicht von sich aus erzählen. Eremiten sind selten, die meisten Menschen leben in sozialen Bezügen. Diese unterschiedlichen sozialen Bezüge können verschiedene Kompetenzen und Herausforderungen bei Patienten anstoßen, die man in der therapeutischen Arbeit nutzen kann.

Das Mehrpersonensetting

Die systemische Therapie bietet eine Vielzahl von Methoden für das Mehrpersonensetting. Hier sind nicht nur Angehörigengespräche möglich, sondern gerade Gespräche mit dem aktuellen Bezugssystem oder mit allen beteiligten Helfersystemen (runder Tisch) können die Psychotherapie gut unterstützen. Die unterschiedlichen Berufsgruppen und Hilfsangebote können neue Perspektiven auf den Patienten eröffnen.

Paargespräche sind gerade bei psychiatrischen Erkrankungen hilfreich, da durch die Erkrankung eine starke Verunsicherung im Miteinander als Paar entstehen kann. Diese wird vom Paar selbst oft nicht angesprochen, da jeder den anderen schonen will. Hier kann der Psychotherapeut helfen, schwierige Themen anzusprechen und gemeinsame Lösungen zu entwickeln.

53.4 Typische Indikationsgebiete

Für den systemischen Psychotherapeuten steht die Diagnose nicht im Vordergrund, sondern die Schwierigkeiten, die *maladaptiven Netzwerkprozesse* der Patienten in den jeweiligen Bezugssystemen:

- Wo und wie ecken die Patienten an?
- Was fordert sie selbst oder ihr Umfeld heraus?

Diese Perspektive kennzeichnet die systemische Therapie mit dem Fokus auf die herausfordernden und gelingenden Interaktionen der Patienten mit ihrem Umfeld und mit sich selbst.

Die systemische Therapie ist daher für eine breite Palette psychischer Störungen evidenzbasiert wirksam, insbesondere bei affektiven Störungen, Angst- und Zwangsstörungen, Essstörungen, Substanzkonsumstörungen, psychotischen Störungen und bei psychosozialen Faktoren somatischer Erkrankungen.

53.5 Evidenzbasierung

2008 verabschiedete der Wissenschaftliche Beirat Psychotherapie (WBP) sein Gutachten zur wissenschaftlichen Anerkennung der systemischen Therapie. Dabei wurden insgesamt 40 Publikationen, 6 Metaanalysen und drei Übersichtsarbeiten ausgewertet (Bundespsychotherapeutenkammer, 2009). 2020 erfolgte die sozialrechtliche Anerkennung als Richtlinienverfahren für Erwachsene durch den G-BA (Gemeinsamen Bundesausschusses). 2024 beschloss der G-BA die Zulassung der systemischen Therapie auch für den Bereich der Kinder- und Jugendpsychiatrie und -psychotherapie.

Prüfungsfragen

1. Durch welche drei Begriffe lässt sich jedes soziale System darstellen?
2. Was bedeutet »Kontingenz« und »doppelte Kontingenz«?
3. Erläutere das systemische Verständnis von Problemen
4. Erläutere die verschiedenen Aspekte der Anliegen- und Auftragsklärung in der systemischen Therapie

Antworten

1. Elemente, Relationen, Grenzen.
2. In der Verhaltenstherapie: die Regelmäßigkeit, in der eine Konsequenz auf einen Reiz folgt.
   In der systemischen Therapie: Das Gesprochene und das Verhalten vom Gegenüber kann unterschiedlich interpretiert bzw. verstanden werden.
   Doppelte Kontingenz: Alles, was von zwei Gesprächspartnern gesagt oder an Verhalten gezeigt wird, kann von beiden Gesprächspartnern unterschiedlich selektiert und interpretiert werden. Missverständnisse in der Kommunikation sind daher eher häufig.
3. Problementdeckung, problemdeterminiertes Kommunikationssystem, Problemerklärungen, problemstabilisierendes Verhalten.
4. Anlass, Anliegen, Auftrag, Kontrakt.

Empfohlene Materialien

- Die Webseite von Tom Levold bietet eine Vielzahl von Informationen und Artikel zur systemischen Therapie: https://systemagazin.com/
- Methodenerläuterung der Systemischen Gesellschaft (einer der Dachverbände): https://systemische-gesellschaft.de/systemischer-ansatz/was-ist-systemisch/methoden/

Literatur

Boscolo, L., Cecchin, G., Hoffman, L. et al. (1988) *Familientherapie – Systemtherapie. Das Mailänder Modell*. Dortmund: Verlag Modernes Lernen.

Bundespsychotherapeutenkammer (2009). Gutachten zur wissenschaftlichen Anerkennung der Systemischen Therapie. *Deutsches Ärzteblatt, A208–A211*.

Kuhrt, S. (2025). https://pzgrendiv6.de/brigaden/panzergrenadierbrigade-17/panzerartilleriebataillon-177.html (Zugriff am 15.1.2025).

Levold, T. (2022). https://systemagazin.com/ken-gergen-die-psychologie-des-zusammenseins-fuer-psychotherapeutinnen/ (Zugriff am 12.1.2025).

Loth, W. (1998). *Auf den Spuren hilfreicher Veränderungen. Das Entwickeln klinischer Kontrakte*. Verlag Modernes Lernen.

Ludewig, K. (2021). *Einführung in die theoretischen Grundlagen der systemischen Therapie*. Carl-Auer.

McGoldrick, M., Gerson, R., Petry, S. (2022). *Genogrammarbeit in der Familienberatung* (4. Aufl.). Hogrefe.

Retzlaff, R. et al. (2009). Systemische Therapie als evidenzbasiertes Verfahren – aktuelle Fakten, Entscheidungen und Aussichten. *Psychotherapeutenjournal, 1*, 4–16.

Schlippe, A., & Schweitzer, J. (2019). *Gewusst wie, gewusst warum. Die Logik systemischer Interventionen*. Vandenhoek & Ruprecht.

Palazzoli, M. S. et al. (1981). Hypothetisieren – Zirkularität – Neutralität. In: *Familiendynamik, 6*(2), 123–139.

SySt® Institut (2025). https://www.syst.info/de/grundformen-der-systr (Zugriff am 24.1.2025).

Weiterführende Literatur

Hermans, B. E., & Beermann, A. (2024). *Systemische Psychotherapie. Lehrbuch für Studium und Weiterbildung*. Springer.

Levold, T. (2021). *Systemische Therapie und Beratung. Das große Lehrbuch*. Carl-Auer.

Schlippe, A., & Schweitzer, J. (2016). *Lehrbuch der systemischen Therapie und Beratung I: Das Grundlagenwissen*. Vandenhoeck & Ruprecht.

Schwing, R., & Fryszer, A. (2015). *Systemisches Handwerk. Werkzeug für die Praxis*. Vandenhoeck & Ruprecht.

54 Neuropsychologische Therapie

Silke Lux und Jamuna Halscheid

Das Wichtigste auf einen Blick

- Die Neuropsychologie untersucht die Beziehung zwischen Gehirnstruktur, -funktion und Verhalten. Das erworbene Wissen wird in der klinischen Neuropsychologie zur Diagnostik und Behandlung neuropsychologischer Störungen infolge einer Hirnschädigung und/oder -dysfunktion angewendet.
- Die neuropsychologische Therapie verfolgt das Ziel, mithilfe gezielter sowie individualisierter Behandlungsansätze kognitive, emotionale, verhaltensbezogene sowie soziale Folgen von Hirnschädigungen zu rehabilitieren.
- Historisch liegen die Wurzeln der neuropsychologischen Therapie im 19. Jahrhundert und sie wurde im 20. Jahrhundert durch Studien an Kriegsverletzten weiterentwickelt. Die interdisziplinäre Zusammenarbeit, der Einbezug von modernen Technologien und die Betrachtung interindividueller Unterschiede in der Behandlung von Patienten und Patientinnen prägt die moderne klinische Neuropsychologie.
- In der neuropsychologischen Diagnostik werden Beeinträchtigungen durch den Einsatz von Tests, Verhaltensbeobachtungen und Anamnesegesprächen festgestellt. Daran angepasst erfolgt die Therapieplanung, die restitutive, kompensatorische und integrative Methoden umfasst.
- Eine wichtige Grundlage für das Restitutionstraining stellt die neuronale Plastizität dar, also die Fähigkeit des Gehirns, sich nach Schädigungen neu zu organisieren.
- Die neuropsychologische Therapie ist bei Beeinträchtigungen mit hirnorganischer Ursache indiziert, etwa nach Schlaganfällen oder bei Schizophrenie.
- Seit 2005 existieren evidenzbasierte Leitlinien zur neuropsychologischen Diagnostik und Therapie, die kontinuierlich basierend auf aktuellen Studienergebnissen aktualisiert werden. Studien belegen die Effektivität der neuropsychologischen Therapie.

54.1 Einführung

Die Neuropsychologie beschäftigt sich mit dem Zusammenspiel zwischen Gehirnstruktur und -funktion sowie von Kognition, Emotion und Verhalten. Dieses Zusammenspiel wird mit den Untersuchungs- und Auswertungsmethoden der experimentellen Psychologie untersucht. Die Neuropsychologie ist ein interdisziplinäres Teilgebiet der klinischen Psychologie und der Neurowissenschaften und zugleich ein Teil der biologischen Psychologie (Goldenberg & Randerath, 2024). Ein spezialisierter Bereich der Neuropsychologie ist die klinische Neuropsychologie. Sie konzentriert sich auf die Anwendung neuropsychologischer Prinzipien und Methoden zur Diagnostik, Behandlung und Rehabilitation von Störungen mit neuronaler Grundlage. Sie verbindet Kenntnisse aus der Neuropsychologie mit klinischen Praktiken, um Störungen des kognitiven und emotionalen Funktionierens zu verstehen, zu bewerten und zu behandeln (Kessels et al., 2022). Erkenntnisse aus der klinischen Neuropsychologie werden in der neuropsychologischen Therapie genutzt, um gezielte therapeutische Interventionen zur Rehabilitation und Unterstützung von Patientinnen und Patienten mit hirnphysiologischen Beeinträchtigungen zu entwickeln und anzuwenden. Der Fokus liegt auf der praktischen Anwendung und Verbesserung der Lebensqualität der Patientinnen und Patienten durch gezielte neuropsychologische Diagnostik und darauf aufbauende individualisierte therapeutische Maßnahmen. Als ein spezialisierter und individualisierter therapeutischer Ansatz, zielt sie darauf ab, kognitive, emotionale und verhaltensbezogene Probleme zu behandeln, die durch Schädigungen oder Dysfunktionen des Gehirns verursacht werden. Gezielt sollen in dieser Therapieform kognitive Fähigkeiten wiederhergestellt oder verbessert werden und/oder den Patientinnen und Patienten geholfen werden, sich an die Beeinträchtigungen anzupassen (Thoma & Suchan, 2020).

54.2 Historische Aspekte

Die Geschichte der Neuropsychologie reicht bis ins 19. Jahrhundert. Franz Joseph Gall und sein Mitarbeiter Johann Caspar Spurzheim prägten im frühen 19. Jahrhundert die Theorie der Phrenologie, die postulierte, dass verschiedene Gehirnregionen mit spezifischen kognitiven Funktionen assoziiert sind und die Größe dieser Areale Unterschiede in der Persönlichkeit sowie im kognitiven Funktionsniveau bedingen würde. Diese Theorie war nicht haltbar.

Allerdings stützen weiterführende Befunde die Einteilung des Gehirns in Funktionsareale. Zum Ende des 19. Jahrhunderts entdeckten Paul Broca und Carl Wernicke Gehirnregionen, die in Verbindung zu Sprachfunktionen stehen, und prägten dadurch nicht nur die Benennung dieser Regionen, sondern leisteten einen Beitrag zum Verständnis der Beziehung zwischen Hirnschädigungen und kognitiven Defiziten (Bellebaum, 2012). Dieses Verständnis wurde durch die Studien an Kriegsveteranen Mitte des 20. Jahrhunderts vertieft. Außerdem erfolgte, angestoßen durch die Notwendigkeit der Untersuchung und Versorgung hirnverletzter Soldaten, die Entwicklung neuropsychologischer Testverfahren und erster Behandlungsmethoden (Gauggel, 1997; Preilowski, 2000). Durch die Zusammenarbeit der Fachgebiete der Psychologie und Neurologie wurden die experimental-psychologische Forschung sowie die klinische Diagnostik und Versorgung vorangetrieben. Die Neuropsychologie entwickelte sich zu einem eigenen Forschungsgebiet, etablierte sich an Universitäten und stellt mit der klinischen Neuropsychologie eine berufliche Professionalisierung dar (Gauggel & Mainz, 2018). Die ambulante neuropsychologische Therapie wurde im Jahr 2012 in die vertragsärztliche Versorgung aufgenommen.

Mittlerweile verfolgt die Neuropsychologie verstärkt personenzentrierte Ansätze, die individuelle Unterschiede in der Gehirnfunktion berücksichtigen. Außerdem setzt die klinische Neuropsychologie immer mehr die interdisziplinäre Zusammenarbeit zur Entwicklung ganzheitlicher Behandlungsansätze voraus. Auch technologische Innovation finden verstärkt Einlass in die neuropsychologische Forschung und Praxis, wie beispielsweise die Zuhilfenahme künstlicher Intelligenz (Selaskowski et al., 2023).

54.3 Besondere Merkmale und Grundlagen

Die klinische Neuropsychologie umfasst die neuropsychologische Diagnostik sowie die Behandlung/Therapie. Neben dem Störungs- und Behandlungswissen, ähnlich zu psychotherapeutischen Verfahren, verfügt die klinische Neuropsychologie über neurobiologische sowie neuroanatomische Kenntnisse, arbeitet verstärkt interdisziplinär, vor allem auch in Zusammenarbeit mit der Neurologie, und wendet Wissen aus den Neurowissenschaften an (Peper & Leplow, 2022).

54.3.1 Neuropsychologische Diagnostik

In einem ersten Schritt erfolgt die neuropsychologische Untersuchung unter Verwendung geeigneter diagnostischer Verfahren. Diese umfassen die Anamnese und die Fremdanamnese, die Verhaltensbeobachtung sowie psychometrische Tests (Rüsseler, 2009). In der (Fremd-)Anamnese werden Informationen zur Art und Schwere der hirnorganischen Störung (wenn bekannt), zur aktuellen Lebenssituation und zu subjektiven Beeinträchtigungen im Alltag der betroffenen Person erhoben. Mithilfe der neuropsychologischen Untersuchung sollen die kognitiven, emotionalen, sozialen sowie behavioralen Auswirkungen einer Hirnschädigung oder Dysfunktion identifiziert und die Art und Schwere der Beeinträchtigungen beurteilt werden. Außerdem wird ein neuropsychologisches Profil erstellt, das zur Klassifikation sowie zur Differenzialdiagnostik verwendet werden kann. Darüber hinaus dient die Untersuchung der Prognosestellung, der Therapieplanung und Evaluation und wird im Rahmen sozialrechtlicher Begutachtungen eingesetzt (Lehrner & Brenner-Walter, 2011; Rüsseler, 2009). ▸ Tab. 54.1 enthält eine Auflistung neuropsychologischer Testverfahren, die zur Erstellung eines kognitiven Profils verwendet werden können.

In einem zweiten Schritt erfolgt die Therapieplanung und -initiierung, angepasst an die Ergebnisse der neuropsychologischen Untersuchung. Durch die Therapie soll das Funktionsniveau der Betroffenen verbessert werden, wobei restitutive, kompensatorische und/oder integrative Behandlungsmethoden eingesetzt werden (Brenner-Walter et al., 2011; Rüsseler, 2009).

54.3.2 Neuropsychologische Therapie

Ein *Restitutions-/Funktionstraining* zielt auf die Wiederherstellung oder Verbesserung beeinträchtigter kognitiver Funktionen durch wiederholtes Üben ab (Rüsseler, 2009). Basierend auf den Erkenntnissen zur neuronalen Plastizität sollen beschädigte neuronale Netzwerke mithilfe spezifischer Stimulation reaktiviert, gestärkt oder neu geformt werden (Gauggel, 2003). Der Erfolg des Restitutionstrainings ist u. a. abhängig von prognostischen Faktoren. Mithilfe *kompensatorischer Behandlungsmethoden* sollen Funktionseinschränkungen ausgeglichen werden, unter Verwendung vorhandener Ressourcen und intakter kognitiver Funktionen (Kaufmann & Kain, 2011). Dabei wird die Reduktion von Einschränkungen im Alltag der Betroffenen fokussiert. Eine Verlagerung des Therapieschwerpunkts von einem restitutiven zu einem kompensatorischen Behandlungsansatz kann erfolgen, wenn eine Verbesserung von Defiziten durch das spezifische Funktionstraining ausbleibt. *Integrative Verfahren* richten sich an psychosoziale Störungen, die in Zusammenhang mit der hirnorganischen Störung auftreten (Falkensteiner et al., 2011). Psy-

Tab. 54.1: Testverfahren zur Erhebung eines kognitiven Profils mit zugehörigen kognitiven Domänen und Funktionsbereichen

Domäne	Kognitive Funktion	Testverfahren	Referenz
Aufmerksamkeit	selektive Aufmerksamkeit	Testbatterie zur Aufmerksamkeitsprüfung, Flexibilität (TAP-Flexibilität)	Zimmermann & Fimm, 2002
	Daueraufmerksamkeit	Testbatterie zur Aufmerksamkeitsprüfung, Flexibilität (TAP-Daueraufmerksamkeit)	Zimmermann & Fimm, 2002
	Alertness	Testbatterie zur Aufmerksamkeitsprüfung, Alertness (TAP-Alertness)	Zimmermann & Fimm, 2002
Exekutive Funktionen	Affinität zur Interferenz	Farbe-Wort-Interferenztest (FWIT)	Bäumler, 1985
	Problemlösen	Leistungsprüfsystem (LPS, Subtest 7)	Sturm et al., 2015
	Inhibitionsleistung	Testbatterie zur Aufmerksamkeitsprüfung, Go/NoGo (TAP-Go/NoGo)	Zimmermann & Fimm, 2002
Sprache	Wortschatz	Mehrfachwahl-Wortschatz-Intelligenztest (MWT-B)	Lehrl, 2024
	verbale Flüssigkeit	Regensburger Wortflüssigkeitstest (RWT-phonetisch und RWT-semantisch)	Aschenbrenner et al., 2001
Gedächtnis	figurales Gedächtnis	Rey-Osterrieth Komplexfigur-Test (ROCFT)	Rey, 1941; Osterrieth, 1944
	visuell-räumliches Arbeitsgedächtnis	Visuelle Merkspanne	Härting et al., 2000
	verbales episodisches Gedächtnis	Verbaler Lern- und Merkfähigkeitstest (VLMT)	Helmstaedter et al., 2001
	verbales Arbeitsgedächtnis	Zahlen nachsprechen	Petermann, 2012
Emotionsverarbeitung	emotionale Wahrnehmung	Frankfurter Test und Training des fazialen Affekts (FEFA)	Bölte et al., 2003
Screening	Demenz	DemTect	Kalbe et al., 2004
Selbstbefragungen	Depressionsscreening	Becks Depressions-Inventar II (BDI-II)	Hautzinger et al., 2023
	subjektive kognitive Beschwerden	Jülicher Questionnaire on subjective cognitive decline (JQSCD)	Schütz et al., 2020
	Persönlichkeit	Minnesota Multiphasic Personality Inventory™-2 (MMPI™-2)	Engel et al., 2000

chotherapeutische Methoden werden eingesetzt zur Krankheitsbewältigung sowie zur Verbesserung der gesellschaftlichen Teilhabe (Rüsseler, 2009).

Die Anpassung der Behandlung an Therapiefortschritte und/oder an neu auftretende Schwierigkeiten erfolgt dynamisch sowie anhand von diagnostischen Untersuchungen begleitend zur Intervention. Ein Ablaufschema der neuropsychologischen Therapie ist ▸ Abb. 54.1 zu entnehmen.

54.3.3 Neuronale Plastizität

Merke

Die neuronale Plastizität bezeichnet die dynamische Veränderung neuronaler Strukturen in Abhängigkeit von deren Nutzen und stellt eine wichtige Grundlage für Lernprozesse dar.

Auf der Ebene der Synapsen werden synaptische Verbindungen durch die häufige zeitgleiche Aktivierung von Nervenzellen gestärkt. Auf der Gegenseite verringert sich die Stärke synaptischer Übertragungen, wenn Verbindungen nicht genutzt werden. Darüber hinaus können sich kortikale Netzwerke in ihrer Größe und ihren Aktivitätsmustern mit vermehrter/reduzierter Nutzung verändern.

Im Kontext der klinischen Neuropsychologie erklärt die neuronale Plastizität nicht nur spontane Reorganisationsprozesse innerhalb der ersten Monate nach einer Hirnschädigung, sondern stellt auch die Basis für das Restitutionstraining dar. Eine Restitution (also Wiederherstellung) ausgefallener (kognitiver) Funktionen soll erreicht werden, in dem Reorganisationsprozesse durch gezieltes Üben angestoßen werden. Verschiedene Studien belegen funktionelle sowie strukturelle Veränderungen des Gehirns durch Restitutionstraining als Grundlage für wiederhergestellte/verbesserte kognitive Leistungen bei Patienten und Patientinnen mit hirnorganischen Störungen (z. B. Chiaravalloti et al., 2015; Kim et al., 2009; Prosperini et al., 2015).

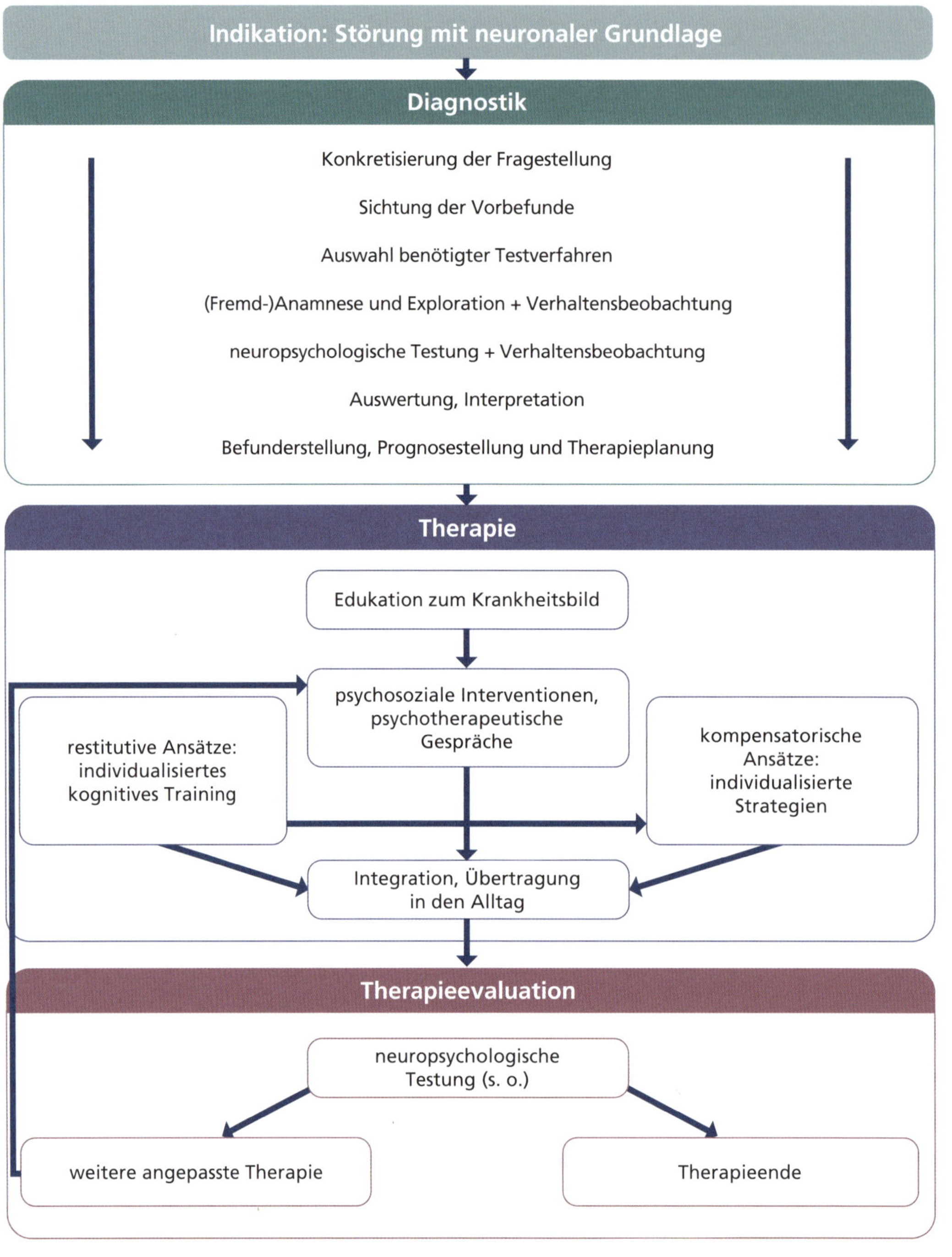

Abb. 54.1: Ablauf der neuropsychologischen Therapie

54.4 Typische Indikationsgebiete

Die klinische Neuropsychologie ist indiziert zur Diagnostik und Behandlung von kognitiven, emotionalen, behavioralen sowie sozialen Beeinträchtigungen, die infolge einer Schädigung oder Dysfunktion des Gehirns auftreten. Im Rahmen der Neuropsychologie zu behandelnde Störungen umfassen kognitive, affektive, motivationale, behaviorale sowie psychische Störungen. Liegt ein Verdacht auf eine hirnorganische Erkrankung vor, ist die neuropsychologische Diagnostik indiziert zur Früherkennung sowie zur Differenzialdiagnostik. Außerdem kann der Schweregrad der funktionellen Beeinträchtigungen festgestellt werden (Gauggel, 2003). Anhand der Diagnostik können Behandlungsmaßnahmen abgeleitet werden sowie die Prognose des Therapieerfolgs eingeschätzt werden. Zur Prognoseeinschätzung sollten außerdem die Art, Schwere, Lokalisation und Ätiologie der Hirnschädigung und ggf. vorherige Hirnschädigungen berücksichtigt werden sowie auch das Alter der Betroffenen, das prämorbide Leistungsniveau, Aspekte der Persönlichkeit und das aktuelle Lebensumfeld der Betroffenen. Abhängig von der Prognoseeinschätzung kann der Schwerpunkt der Behandlung gewählt werden (siehe ▸ Kap. 54.3.2).

Darüber hinaus ist klinische Neuropsychologie für die Psychiatrie relevant, nicht nur im Kontext von Demenzen und der Schizophrenie. Auch bei vielen weiteren psychischen Erkrankungen treten neuropsychologische Störungen als Begleiterscheinungen auf, wie zum Beispiel bei affektiven Störungen oder Subtanzabhängigkeiten. Auch bei neuronalen Entwicklungsstörungen wie ADHS erscheinen Beeinträchtigungen kognitiver Fähigkeiten von besonderer Bedeutung. Die Berücksichtigung der neuropsychologischen Perspektive findet bereits Eingang in der Diagnostik, wobei neuropsychologische Tests eingesetzt werden können, um charakteristische kognitive Beeinträchtigungen zu objektivieren. Ein neuropsychologischer Behandlungsansatz der ADHS im Rahmen einer multimodalen Therapie könnte das kognitive Training darstellen. Dessen Effektivität wird in Studien evaluiert, wobei bisher noch keine eindeutige Evidenz vorliegt, dass eine Symptomreduktion im Alltag durch kognitives Training erreicht werden kann (Petermann & Petermann, 2019).

54.4.1 Neuropsychologische Therapie nach einem Schlaganfall

Neuropsychologische Funktionsstörungen infolge eines Schlaganfalls stellen eine häufige Indikation zur neuropsychologischen Behandlung dar. Diese ist bereits in der Frührehabilitation indiziert und gewinnt im Verlauf der Rehabilitation an Bedeutung. Infolge eines Schlaganfalls treten in den meisten Fällen kognitive Funktionsstörungen auf (Barker-Collo et al., 2012; Xu et al., 2013). Das Ausmaß resultierender kognitiver Beeinträchtigungen hängt von verschiedenen Faktoren ab, unter anderem von der Lokalisation, der Art und der Schwere des Hirninfarktes (Knecht et al., 2011). Außerdem spielt der zeitliche Abstand der Testung zum Infarktereignis eine Rolle. Im Allgemeinen ist die neuropsychologische Therapie bereits in der Frührehabilitation indiziert, gewinnt jedoch auch im Verlauf der Rehabilitation an Bedeutung. Bei rückläufigen neurologischen Störungen sind neuropsychologische Beeinträchtigungen häufig bestehend und führen zu Einschränkungen in der eigenständigen Lebensführung (Maurer-Karattup et al., 2022; Krause et al., 1999). Auch bei der neuropsychologischen Therapie des Schlaganfalls kommen restitutive, kompensatorische sowie integrative Behandlungsansätze zum Einsatz. Psychotherapeutische Gespräche sind bei häufig auftretenden Post-Stroke-Depressionen indiziert (Schmauß, 2021), zur Förderung des Krankheitsbewusstseins sowie zur Krankheitsbewältigung.

Fallbeispiel

Frau S., 62 Jahre alt, erlitt vor drei Monaten einen ischämischen Schlaganfall im Bereich des linken temporo-parietalen Kortex. Die Patientin wird nun zur Anschlussheilbehandlung in eine Rehabilitationsklinik aufgenommen. Die neuropsychologische Untersuchung zeigt eine Hemianopsie des rechten Gesichtsfeldes und eine entsprechend verlangsamte Reaktionszeit auf Reize im rechten Gesichtsfeld. Insgesamt erscheint die Verarbeitungsgeschwindigkeit leicht reduziert. Es liegt eine aphasische Störung mit Beeinträchtigungen in der Wortfindung und leichter Einschränkung des Sprachverständnisses (rezeptive Aphasie) vor. Im Anamnesegespräch berichtet die Patientin von subjektiv empfundenen fortbestehenden Beeinträchtigungen infolge des Hirninfarktes. Sie habe Gedächtnisschwierigkeiten und Wortfindungsstörungen. Außerdem sei sie schnell erschöpft. Die Organisation von Alltagsaufgaben falle ihr schwer. Frau S. wirkt affektiv niedergestimmt. Der Selbstbeurteilungsfragebogen zur Erfassung depressiver Symptome innerhalb der letzten zwei Wochen deutet auf das Vorliegen einer leichten Depression hin.

Basierend auf der neuropsychologischen Diagnostik erfolgt die Therapieplanung. Die neuropsychologische Therapie fokussiert zunächst die Wiederherstellung beeinträchtigter Sprachfunktionen und die Verbesserung der visuellen Wahrnehmung. Die Alltagsbewältigung soll mithilfe von Strategien verbessert werden (Kompensation) und eine emotionale Stabilisierung erreicht werden (integrativer Ansatz).

Zur Verbesserung der visuellen Wahrnehmung wird ein Restitutionstraining durchgeführt, wobei das Trainingsprogramm RehaCom® eingesetzt wird. Hierbei soll eine Erweiterung des Gesichtsfeldes durch Lichtstimulation zur Anregung geschädigten neuronaler Strukturen erreicht werden. Kompensatorisch werden der Patientin Suchübungen vorgegeben, in denen sie erlernt, mithilfe von Augenbewegungen auch Informationen aus dem blinden Gesichtsfeld zu erhalten. Außerhalb der neuropsychologischen Therapie wird dies durch das Pflegepersonal sowie die Ergotherapie unterstützt, indem Gegenstände gezielt im blinden Gesichtsfeld platziert werden.

Es werden täglich einfache Planungsaufgaben wie das Erstellen von To-Do-Listen und das Strukturieren von Alltagsaktivitäten durchgeführt, um die exekutiven Funktionen zu trainieren. Kompensatorisch lernt die Patientin, sich mithilfe von visuellen Hilfsmitteln wie Kalendern und Erinnerungsnotizen zu orientieren.

Die Behandlung der aphasischen Störung der Patientin erfolgt in Einzel- und Gruppensitzungen mit einem Logopäden. Dabei liegt der Schwerpunkt auf der Wortfindung und dem Üben von Sätzen, um den kommunikativen Alltag zu erleichtern. Techniken wie das »verstärkte Wortwiederholen« und das Einüben von »Sprachbrücken« (Wortassoziationen) kommen zum Einsatz.

Mit der Patientin werden wöchentlich psychotherapeutische Gespräche geführt. Hierbei wird vor allem die Krankheitsbewältigung fokussiert. Außerdem erlernt die Patientin achtsamkeitsbasierte Coping-Strategien zur Stressbewältigung und Entspannungsübungen.

Nach sechs Wochen der neuropsychologischen Therapie und interdisziplinären Zusammenarbeit im Rahmen der Rehabilitationsklinik zeigt Frau S. Fortschritte. Die Wortfindungsstörung ist im Gespräch reduziert und die Fähigkeit zum Umgang mit der Hemianopsie hat sich verbessert. In der Stimmung erscheint die Patientin zuversichtlicher und weniger belastet durch die Beeinträchtigungen. Eine ambulante neuropsychologische

Therapie wird empfohlen sowie eine Verlaufsuntersuchung der Beeinträchtigungen.

54.4.2 Neuropsychologische Therapie bei schizophreniformen Erkrankungen

Die medikamentöse Behandlung der schizophrenen Psychose ist vor allem auf die Reduktion der Positivsymptomatik ausgerichtet. Fortbestehend, auch nach Rückgang dieser Positivsymptomatik, sind häufig Negativsymptome sowie kognitive Einschränkungen. Kognitive Einschränkungen im Rahmen einer schizophreniformen Erkrankung bleiben häufig über die Lebensspanne bestehen und führen zu Beeinträchtigungen des allgemeinen Funktionsniveaus (Thoma, 2019; Sachs & Erfurth, 2022). Außerdem gehen kognitive Leistungsdefizite der Positivsymptomatik oft voraus (Brunnauer & Beblo, 2017; Thoma, 2019). Die Einschränkungen betreffen meist mehrere kognitive Domänen, wobei die auftretenden Defizite individuell zu prüfen und zu behandeln sind. Das Gedächtnis, die Aufmerksamkeit, die Verarbeitungsgeschwindigkeit, exekutive sowie sozialkognitive Funktionen können beeinträchtigt sein. Die neuropsychologische Diagnostik und die Behandlung sind in der S3-Leitlinie Schizophrenie integriert. Die Diagnostik kognitiver Einschränkungen kann einen Beitrag zur Früherkennung einer schizophreniformen Erkrankung leisten (Sachs & Erfurth, 2022) und ist notwendig zur Erhebung des individuellen Leistungsprofils. Die Behandlung der Defizite zielt auf die Verbesserung kognitiver Funktionen ab (Thoma, 2019) und erscheint wesentlich zur Reduktion funktioneller Beeinträchtigungen schizophrener Patienten und Patientinnen im Alltag (Cotter et al., 2014). Insbesondere im Bereich der Psychosen, aber auch bei anderen psychiatrischen Störungsbildern (ADHS oder Angststörungen), ist eine besondere Form der neuropsychologischen Therapie, die kognitive Remediation (CR) entwickelt worden. Hierunter werden trainingsbasierte Interventionsansätze gefasst, die primär das Ziel verfolgen, die kognitive Leistungsfähigkeit zu verbessern. Sekundär wirkt sich die kognitive Remediation positiv auf die allgemeine Funktionsfähigkeit aus, indem Effekte weiterer rehabilitativer Verfahren verstärkt werden (Wykes et al., 2011). Kognitive Remediationsansätze sind restitutiv oder kompensatorisch und werden spezifisch an individuellen Schwierigkeiten von Patienten und Patientinnen ausgerichtet (Thoma, 2019). Eingesetzte Trainingsprogramme unterscheiden sich inhaltlich und adressieren einzelne oder mehrere kognitive und/oder sozial-kognitive Funktionen (Paquin et al., 2014).

Fallbeispiel

Herr M., 32 Jahre alt, wurde bei psychotischen Symptomen (Wahnsymptome, akustische Halluzinationen, katatone Symptome) im Rahmen einer bekannten paranoiden Schizophrenie durch die behandelnde Psychiaterin in die Klinik eingewiesen. In der Anamnese wird fremdanamnestisch durch die Mutter des Patienten die letzte psychotische Episode von Herrn M. geschildert, die in der Symptomatik dem aktuellen Erscheinungsbild ähnelte. Im Rahmen der Behandlung der vergangenen Episode sei die Diagnose der paranoiden Schizophrenie gestellt worden. In der Folge habe sich Herr M. zunehmend sozial zurückgezogen. Außerdem berichtet die Mutter, dass ihr Sohn seiner Arbeit als KFZ-Mechatroniker nicht weiter hätte nachgehen können aufgrund von häufig auftretenden Fehlern. In bekannten Arbeitsabläufen habe er wesentliche Teilschritte vergessen und er habe häufig über Konzentrationsschwierigkeiten geklagt. Im privaten Alltag sei er weiterhin »zerstreut«, verlege wichtige Dokumente und vergesse Termine.

Nach Stabilisierung der psychotischen Symptome durch die medikamentöse Behandlung wird eine neuropsychologische Therapie initiiert zur Behandlung bereits bekannter kognitiver Beeinträchtigungen von Herrn M. Die Therapie umfasst zunächst eine umfassende neuropsychologische Diagnostik zur Erfassung individueller Defizite des Patienten sowie des Schweregrades der Beeinträchtigungen. Daran ausgerichtet erfolgt ein individuell angepasstes Training.

Im Rahmen der neuropsychologischen Diagnostik werden bei Herrn M. Beeinträchtigungen in kognitiven Bereichen objektiviert. Insbesondere das Arbeitsgedächtnis erscheint deutlich eingeschränkt sowie die geteilte und die selektive Aufmerksamkeit. Im Bereich der exekutiven Funktionen sind das Planen und das Problemlösen beeinträchtigt. Außerdem zeigt sich die soziale Kognition auffällig. Im restitutiven Behandlungsansatz wird das Trainingsprogramm CogPack eingesetzt, wobei spezifische Übungen zur Konzentration, zum Arbeitsgedächtnis und zur Logik vorgegeben werden. Im kompensatorischen Behandlungsansatz wird der Einsatz externer Hilfsmittel etabliert, wie die Nutzung App-basierter Erinnerungshilfen sowie von Notizzetteln. Die Unterteilung komplexer Aufgaben in Teilschritte sowie Strategien zur Problemlösung werden eingeübt.

Ein weiterer Schwerpunkt liegt auf der Förderung sozialer Kompetenzen, da Herr M. Schwierigkeiten hat, in alltäglichen sozialen Situationen angemessen zu reagieren, was durch den sozialen Rückzug zusätzlich verstärkt wird. Dies wird durch Rollenspiele und die Reflexion von sozialen Interaktionen trainiert. Dabei wird der Patient angeleitet, eigene Gedanken und Gefühle in sozialen Kontexten besser zu erkennen und zu regulieren sowie Emotionen und Intentionen von Interaktionspartnern und -partnerinnen nachzuvollziehen. Die Therapie wird schrittweise angepasst, wobei der Schwierigkeitsgrad im kognitiven Trainingsprogramm in Abhängigkeit von den Leistungen von Herrn M. ansteigt. Herr M. selbst bemerkt Verbesserungen und meldet diese zurück. Ein wesentlicher Bestandteil der Intervention bleibt die enge Zusammenarbeit mit dem psychiatrischen Behandlungsteam zur integrativen Behandlung der psychotischen Symptomatik sowie von kognitiven Beeinträchtigungen.

Bei Entlassung nach einem 12-wöchigen Klinikaufenthalt erscheint Herr M. gebessert. Die Positivsymptome sind abgeklungen. Kognitive Einschränkungen erscheinen im Training verbessert, was durch eine erneute neuropsychologische Testung bestätigt wird. Allerdings zeigt diese auch fortbestehende Defizite. Für das ambulante Setting wird neben der psychiatrischen Behandlung die neuropsychologische Therapie empfohlen. Dabei wird das Ziel einer nachhaltigen Verbesserung der allgemeinen Funktionsfähigkeit im Alltag verfolgt und eine Rückkehr zu einem möglichst selbständigen Leben.

54.5 Evidenzbasierung

Die neuropsychologische Therapie kann seit 2012 durch Vertragsärzte und -ärztinnen mit der Zusatzqualifikation der klinischen Neuropsychologie über die gesetzlichen Krankenversicherungen abgerechnet werden. Als Teil der vertragsärztlichen Versorgung untersteht die klinische Neuropsychologie der Verpflichtung, die Wirksamkeit der Behandlung nachzuweisen.

Für die klinische Neuropsychologie wurden erstmals im Jahr 2005 Leitlinien zur Diagnostik und Behandlung neuropsychologischer Störungen durch die Gesellschaft für Neuropsychologie in der Zeitschrift für Neuropsychologie veröffentlicht. Diese Leitlinien basieren auf der Konsensfindung von Experten. Die überarbeiteten Leitlinien, die 2012 erschienen, wurden in das AMWF-Register aufgenommen und waren größtenteils als evidenzbasiert klassifiziert (Müller & Thöne-Otto, 2020). Einige neuropsychologische Leitlinien wurden 2020 anhand aktueller Evidenz überarbeitet, darunter die Leitlinien zu Aufmerksamkeitsstörungen, zu exekutiven Dysfunktionen und zu Gedächtnisstörungen bei neurologischen Erkrankungen. Die neuropsychologischen Leitlinien richten sich vor allem an die Diagnostik und Therapie neuropsychologischer Störungen infolge einer Hirnschädigung/-dysfunktion. Hildebrandt (2021) hebt einerseits die Wichtigkeit der wissenschaftlichen Begründung neuropsychologischer Diagnostik und Therapie hervor und betont gleichzeitig, dass eine Prüfung der Anwendbarkeit leitlinienbasierter Empfehlungen unter Berücksichtigung individueller Faktoren, wie zum Beispiel der Art und Schwere der Schädigung, stattfinden muss. Maurer-Karattup et al. (2022) fassen in einer Übersichtsarbeit evidenzbasierte Standards zur neuropsychologischen Diagnostik und Therapie der wichtigsten Funktionsstörungen als Best-Practice-Empfehlungen zusammen. Dabei berücksichtigen sie die Handlungsempfehlungen der Leitlinien sowie klinische Erfahrungen.

Zusammenfassend richten sich wissenschaftliche Studien immer wieder an den Nachweis der Effektivität einer neuropsychologischen Intervention zur Behandlung einer Funktionsstörung. Basierend auf diesen Erkenntnissen werden Handlungsempfehlungen für die neuropsychologische Praxis im Rahmen von Leitlinien formuliert, deren Anwendbarkeit im individuellen Fall zu prüfen ist. Einige der neuropsychologischen Leitlinien erreichen bereits einen hohen Grad der Evidenzbasierung und werden kontinuierlich anhand neuer wissenschaftlicher Erkenntnisse überarbeitet.

Prüfungsfragen

1. Welche Behandlungsansätze können in der neuropsychologischen Therapie voneinander unterschieden werden? Welche Zielsetzungen verfolgen die Ansätze jeweils?
2. Inwiefern nutzt die neuropsychologische Therapie die Erkenntnisse der neuronalen Plastizität?
3. Was sind typische Indikationsgebiete für eine neuropsychologische Behandlung?

Antworten

1. Es werden drei Behandlungsansätze voneinander unterschieden: Der *restitutive* Behandlungsansatz zielt auf die Wiederherstellung oder Verbesserung beeinträchtigter kognitiver Funktionen durch wiederholtes Üben ab. Beim *kompensatorischen* Behandlungsansatz sollen Funktionseinschränkungen durch die Nutzung intakter Ressourcen ausgeglichen werden. Der *integrative* Behandlungsansatz verfolgt das Ziel, psychosoziale Einschränkungen, die im Zusammenhang zur Hirnschädigung stehen, unter Einbeziehung psychotherapeutischer Methoden zu behandeln.
2. Neuronale Plastizität bezeichnet die Fähigkeit des Gehirns, seine Strukturen und Verbindungen in Reaktion auf Nutzung oder Schädigung zu verändern. In der neuropsychologischen Therapie wird diese Plastizität genutzt, um durch gezielte therapeutische Übungen beschädigte neuronale Netzwerke zu reaktivieren und kognitive Funktionen zu verbessern oder wiederherzustellen.
3. Die neuropsychologische Behandlung ist indiziert bei kognitiven, emotionalen, behavioralen und sozialen Beeinträchtigungen, die infolge von Hirnschädigungen oder -dysfunktionen auftreten, wie z. B. nach einem Schlaganfall oder bei Schizophrenie. Die neuropsychologische Diagnostik hilft dabei, den Schweregrad der Beeinträchtigungen zu bestimmen und die passende Behandlung zu planen.

Empfohlene Materialien

- Material zur kognitiven Rehabilitation:
  Finauer, G. (2019). *Therapiemanuale für die neuropsychologische Rehabilitation – Kognitive und kompetenzorientierte Therapie für die Gruppen- und Einzelbehandlung.* Springer.
- NeuroNation MED – eine therapeutische App zur Gedächtnisförderung: evidenzbasiertes Training kognitiver Funktionen, kostenfrei durch Verschreibung von einem Arzt/einer Ärztin
- Manual zum Sozialen Kompetenztraining z. B.:
  Hinsch, R. & Pfingsten, U. (2023). *Gruppentraining sozialer Kompetenzen GSK* (7. Aufl.). Beltz.
- Leitlinien zur neuropsychologischen Therapie verfügbar unter:
  - Website der Gesellschaft für Neuropsychologie (GNP): https://www.gnp.de/fachinformationen/leitlinien
  - Leitlinienregister der AMWF: https://register.awmf.org/de/start

Literatur

Aschenbrenner, A., Tucha, O., Lange K. (2001). *Regensburger Wortflüssigkeitstest (RWT).* Hogrefe.

Barker-Collo, S., Starkey, N., Lawes, C. M. et al. (2012). Neuropsychological profiles of 5-year ischemic stroke survivors by Oxfordshire stroke classification and hemisphere of lesion. *Stroke, 43*(1), 50–55. https://doi.org/10.1161/STROKEAHA.111.627182

Bäumler, G. (1985). *Farbe-Wort-Interferenztest (FWIT) nach J. R. Stroop.* Hogrefe.

Bellebaum, C., Thoma, P., Daum, I. (2011). *Neuropsychologie.* Springer VS.

Bölte, S., Feineis-Matthews, S. & Poustka, F. (2003). *Frankfurter Test und Training des Erkennens fazialen Affekts (FEFA).* J. W. Goethe-Universitätsklinikum.

Brenner-Walter, B., Fasthuber, E., Felderer, M. et al. (2011). Aufgaben der Klinischen Neuropsychologie in den Phasen C und D. In J. Lehrner, G. Pusswald, E. Fertl et al. (Hrsg.), *Klinische Neuropsychologie* (2. Aufl., S. 665–675). Springer.

Brunnauer, A., & Beblo, T. (2017). Neuropsychologische Grundlagen. In H.-J. Möller, G. Laux, H.-P. Kampfhammer (Hrsg.), *Psychiatrie, Psychosomatik, Psychotherapie* (5. Aufl., S. 353–370). Springer.

Cotter, J., Drake, R. J., Bucci, S. et al. (2014). What drives poor functioning in the at-risk mental state? A systematic review. *Schizophrenia research, 159*(2–3), 267–277. https://doi.org/10.1016/j.schres.2014.09.012

Chiaravalloti, N. D., Genova, H. M., & DeLuca, J. (2015). Cognitive rehabilitation in multiple sclerosis: the role of plasticity. *Frontiers in neurology, 6,* 67. https://doi.org/10.3389/fneur.2015.00067

Engel, R. R. (2000). *MMPI-2™. Minnesota Multiphasic Personality Inventory-2™.* Hans Huber.

Gauggel, S. (1997). Hirnverletzten Lazarette und die Anfänge der Neurorehabilitation. In S. Gauggel & G. Kerkhoff (Hrsg.), *Fallbuch der Klinischen Neuropsychologie* (S. 15–24). Hogrefe.

Gauggel, S. (2003). Grundlagen und Empirie der Neuropsychologischen Therapie: Neuropsychotherapie oder Hirnjogging? *Zeitschrift für Neuropsychologie, 14*(4), 217–246. https://doi.org/10.1024/1016-264X.14.4.217

Gauggel, S., & Mainz, V. (2018). Nutzen der Neuropsychologie und der neuropsychologischen Diagnostik für die Psychiatrie und Psychotherapie. *Zeitschrift für Psychiatrie, Psychologie und Psychotherapie, 66*(3), 157–168. https://doi.org/10.1024/1661-4747/a000352

Goldenberg, G., & Randerath, J. (2024). *Neuropsychologie: Grundlagen, Klinik, Rehabilitation* (6. Aufl.). Urban & Fischer.

Hautzinger, M., Keller, F. & Kühner, C. (2023). *BDI-II. Beck-Depressions-Inventar Revision* (3. Aufl.). Pearson Assessment.

Härting, C., Markowitsch, H. J., Neufeld, H., et al. (2000). *Wechsler Gedächtnis Test – Revidierte Fassung (WMS-R).* Deutsche Adaptation. Hans Huber.

Helmstaedter, C., Lendt, M. & Lux, S. (2001). *VLMT: Verbaler Lern- und Merkfähigkeitstest.* Beltz.

Hildebrandt, H. (2021). Zehn Argumente für dialogische Interaktion und kognitive Modelle als Grundlage neuropsychologischer Rehabilitation. *Zeitschrift für Neuropsychologie, 32*(4), 229–242. https://doi.org/10.1024/1016-264X/a000337

Falkensteiner, G., Heger-Binder, G., Kartusch, B. et al. (2011). Aufmerksamkeitsstörungen. In J. Lehrner, G. Pusswald, E. Fertl et al. (Hrsg.), *Klinische Neuropsychologie* (2. Aufl., S. 541–559). Springer.

Kalbe, E., Kessler, J., Calabrese, P., et al. (2004). DemTect: a new, sensitive cognitive screening test to support the diagnosis of mild cognitive impairment and early dementia. *International journal of geriatric psychiatry, 19*(2), 136–143. https://doi.org/10.1002/gps.1042

Kaufmann, L., & Kain, W. (2011). Neuropsychologische Diagnostik und Intervention in Kindheit und Jugend. In J. Lehrner, G. Pusswald, E. Fertl et al. (Hrsg.), *Klinische Neuropsychologie* (2. Aufl., S. 541–559). Springer.

Kessels, R. P. C., van den Berg, E., Ponds, R. et al. (2022). *Klinische Neuropsychologie.* Boom.

Kim, Y. H., Yoo, W. K., Ko, M. H. et al. (2009). Plasticity of the attentional network after brain injury and cognitive rehabilitation. *Neurorehabilitation and neural repair, 23(5),* 468–477. https://doi.org/10.1177/1545968308328728

Knecht, S., Hesse, S., & Oster, P. (2011). Rehabilitation after stroke. *Deutsches Ärzteblatt international, 108(36),* 600–606. https://doi.org/10.3238/arztebl.2011.0600

Krause, M., Polnitzky-Meißner, P., Helbig, P. et al. (1999). Anschlussheilbehandlung nach Schlaganfall. Eine Standortbestimmung. *Nervenarzt, 70,* 322–329. https://doi.org/10.1007/s001150050443

Lehrl, S. (2024). *Mehrfachwahl-Wortschatz-Intelligenztest* (6. Aufl.). Memo.

Lehrner, J., Brenner-Walter, B. (2011). Gedächtnisstörungen. In J. Lehrner, G. Pusswald, E. Fertl et al. (Hrsg.), *Klinische Neuropsychologie* (2. Aufl., S. 541–559). Springer.

Maurer-Karattup, P., Neumann, O., Danneil, W. et al. (2022). Leitlinienbasierte Standards zur Struktur- und Prozessqualität neuropsychologischer Diagnostik und Therapie. *Zeitschrift für Neuropsychologie, 33(3),* 115–128. https://doi.org/10.1024/1016-264X/a000362

Müller, S. V., & Thöne-Otto, A. (2020). Themenschwerpunkt Leitlinien für Diagnostik und Therapie in der Neuropsychologie. *Zeitschrift für Neuropsychologie, 31*(3), 105–106. https://doi.org/10.1024/1016-264X/a000297

Osterrieth, P. A. (1944). Le test de copie d'une figure complexe: Contribution à l'étude de la perception et de la mémoire [Test of copying a complex figure. Contribution to the study of perception and memory]. *Archives de Psychologie, 30,* 206–356.

Paquin, K., Wilson, A. L., Cellard, C. et al. (2014). A systematic review on improving cognition in schizophrenia: which is the more commonly used type of training, practice or strategy learning? *BMC psychiatry, 14,* 139. https://doi.org/10.1186/1471-244X-14-139

Peper, M., & Leplow, B. (2022). Angewandte Neuropsychologie außerhalb der Heilkunde. *Zeitschrift für Neuropsychologie, 33*(1), 43–52. https://doi.org/10.1024/1016-264X/a000353

Petermann, F. (2012). *Wechsler Adult Intelligence Scale – Fourth Edition (WAIS-IV).* Deutschsprachige Adaptation. Pearson.

Petermann, U., & Petermann, F. (2019). ADHS: Neue Ansätze in Diagnostik und Therapie. *Kindheit und Entwicklung: Zeitschrift für Klinische Kinderpsychologie, 28*(2), 81–84. https://doi.org/10.1026/0942-5403/a000277

Preilowski, B. (2000). Zur Geschichte der Neuropsychologie. In W. Sturm, M. Herrmann, C.-W. Wallesch (Hrsg.), *Lehrbuch der Klinischen Neuropsychologie. Grundlagen, Methoden, Diagnostik, Therapie* (S. 3–24). Swets & Zeitlinger.

Prosperini, L., Piattella, M. C., Giannì, C., & Pantano, P. (2015). Functional and Structural Brain Plasticity Enhanced by Motor and Cognitive Rehabilitation in Multiple Sclerosis. *Neural plasticity, 2015 (1),* 481574. https://doi.org/10.1155/2015/481574

Rey, A. (1941). L'examen psychologique dans les cas d'encéphalopathie traumatique. (Les problems.) [The psychological examination in cases of traumatic encepholopathy. Problems.] *Archives de Psychologie, 28,* 215–285.

Rüsseler, J. (2009). *Neuropsychologische Therapie: Grundlagen und Praxis der Behandlung kognitiver Störungen bei neurologischen Erkrankungen.* Kohlhammer.

Sachs, G., & Erfurth, A. (2022). Wirkungen von Cariprazin auf Negativsymptome und kognitive Störungen bei Schizophrenie. *psychopraxis. neuropraxis, 25*(3), 166–171. https://doi.org/10.1007/s00739-022-00802-y

Schmauß M. (2021). Post-Stroke-Depression. *Fortschritte der Neurologie-Psychiatrie, 89*(4), 145–147. https://doi.org/10.1055/a-1344-8184

Schütz, H., Caspers, S., Moebus, S., & Lux, S. (2020). Prevalence and psychosocial correlates of subjectively perceived decline in five cognitive domains: Results from a population-based cohort study in Germany. *International journal of geriatric psychiatry, 35*(10), 1219–1227. https://doi.org/10.1002/gps.5359

Selaskowski, B., Reiland, M., Schulze, M. et al. (2023). Chatbot-supported psychoeducation in adult attention-deficit hyperactivity disorder: randomised controlled trial. *BJPsych open, 9(6),* e192. https://doi.org/10.1192/bjo.2023.573

Sturm, W., Willmes, K., Horn, W. (2015). *Leistungsprüfsystem für 50–90jährige (LPS 50+)* (2. Aufl.). Hogrefe.

Thoma, P. (2019). *Neuropsychologie Der Schizophrenie.* Springer.

Thoma, P., & Suchan, B. (2020). *Klinische Neuropsychologie im ambulanten Setting: Eine Einführung für Psychotherapeutinnen und Psychotherapeuten.* Springer.

Wykes, T., Huddy, V., Cellard, C. et al. (2011). A meta-analysis of cognitive remediation for schizophrenia: methodology and effect sizes. *The American journal of psychiatry, 168*(5), 472–485. https://doi.org/10.1176/appi.ajp.2010.10060855

Xu, X. D., Ren, H. Y., Prakash, R. et al. (2013). Outcomes of neuropsychological interventions of stroke. *Annals of Indian Academy of Neurology, 16*(3), 319–328. https://doi.org/10.4103/0972-2327.116909

Zimmermann, P. & Fimm, B. (2002). *Testbatterie zur Aufmerksamkeitsprüfung (TAP) Version 1.7.* Psytest Verlag.

Weiterführende Literatur

Finauer, G. (Hrsg.). (2019). *Therapiemanuale für die neuropsychologische Rehabilitation: Kognitive und kompetenzorientierte Therapie für die Gruppen-und Einzelbehandlung* (3. Aufl.). Springer.

Schellig, D., Heinemann, D., Schächtele, B., & Sturm, W. (2023). *Handbuch neuropsychologischer Testverfahren: Band 4.* Hogrefe.

Brunnauer, A., Zwanzger, P., Laux, G. (2022). *Klinische Neuropsychologie psychischer Erkrankungen.* Medizinisch Wissenschaftliche Verlagsgesellschaft.

55 Hypnotherapie

Dirk Revenstorf

Das Wichtigste auf einen Blick

- Hypnotische Trance ist ein veränderter Bewusstseinszustand, in dem die unmittelbare Ich-Betroffenheit (»Passt das zu meinem bisherigen Selbstbild?«) und die gängigen Begriffe der Alltagslogik (was sich bewährt hat, aber auch den Blick auf neue Perspektiven verstellt) in den Hintergrund treten.
- Dabei lösen sich gewohnte kognitiv-emotionale Verbindungen und es tritt ein ›subchaotischer Schwellenzustand‹ ein, in dem sich kognitiv-emotionale Muster neu organisieren können. Außerdem sind in der hypnotischen Trance die Suggestibilität und die psychosomatische Durchlässigkeit erhöht. Dadurch sind innere Suchprozesse und das unwillkürliche Auftreten (›es geschieht‹) neuer salutogener Reaktionen sowie die Veränderung somatischer Prozesse durch mentale Bilder erleichtert (was insbesondere die Psychosomatik betrifft).
- Die Wirksamkeit vieler hypnotherapeutischer Anwendungen ist empirisch belegt.
- Die hypnotherapeutischen Methoden lassen sich gut in die Verhaltenstherapie integrieren und erhöhen ihre Wirksamkeit.

55.1 Einführung

Hypnotherapie (auch Hypnosetherapie) ist eine psychotherapeutische Methode mit Indikation für bestimmte Störungen (s. u.). Sie wird von der sog. Leer- oder Ruhehypnose (EBM 858, GOÄ 845) unterschieden, die als ein Teilaspekt darunter subsummiert werden kann. Mit dem Begriff Hypnose werden häufig sowohl ein veränderter Bewusstseinszustand wie auch dessen Induktion bezeichnet. Im Folgenden soll unter *Hypnose* die Einleitung (Induktion) einer hypnotischen *Trance* und unter *Hypnotherapie* die Anwendung der Hypnose verstanden werden, um psychotherapeutische Veränderungen hervorzurufen.

Hypnotherapie nutzt hypnotische Trance zu folgenden Prozessen:

- Bahnung von Verhaltensänderungen (posthypnotische Aufträge)
- Auffinden von problemrelevanten Erfahrungen in der Vergangenheit (Affektbrücke)
- Retrospektiven aus der Zukunft (entwickeln Hoffnung)
- Assoziation von Erfahrungen (»ankern« Ressourcen)
- Dissoziation von überwertigen Empfindungen
- Rekonsolidierung widersprüchlicher Anteile
- Re- und Dekonstruktion von biografischen Episoden (z. B. Traumata)
- Veränderung affektiver Muster (Ängste, Depression u. a.)
- Anregung physiologischer Prozesse der Muskulatur, des kardiovaskulären, des Immun- und Hormonsystems
- Aufdeckung von konflikthaftem Hintergrund einer psychosomatischen Symptomatik

Hypnotherapie ist eine lösungsorientierte und zugleich psychodynamische Behandlungsmethode. Sie kann z. B. durch Altersregression (d. h. Aktivierung des episodischen und prozeduralen Gedächtnisses) zur Aufdeckung und Klärung konflikthafter biografischer Hintergründe von Problemen genutzt werden. Sie basiert auf einem veränderten Bewusstseinszustand und einer spezifisch hypnotischen Beziehung, die es Patientinnen und Patienten ermöglicht, die bewusste Kontrolle – soweit sie einer effektiven Problemlösung im Wege steht – zu reduzieren und implizite Lernvorgänge, kreative Potenziale des primärprozesshaften Denkens und unwillkürliche Reaktionen des Körpers in den Veränderungsprozess einzubeziehen.

Therapieziele sind:

- Bewältigung von Phobien und depressiven Reaktionen
- Überwindung von Blockaden bei Prüfungen und Leistungstiefs
- Minderung von Schmerzen und überwertigen Affekten
- Korrektur von Bewertungen und Haltungen (Veränderungen des Selbstbildes)
- Vorbereitung auf Herausforderungen wie operative Eingriffe, Geburt oder sportliche Leistungen
- Integration widersprüchlicher Selbstbilder
- Förderung somatischer Heilungsprozesse, z. B. Wundheilung, Allergien, Hauterkrankungen
- Behandlung von psychosomatischen Störungen, z. B. Migräne, Reizdarm, Insomnien

Der Zustand der hypnotischen Trance ermöglicht einen verbesserten Zugang zu körperlichen Reaktionen, zu den Erinnerungen und zu Symbolen und Metaphern. Außerdem entsteht im hypnotischen Rapport eine besonders nahe therapeutische Beziehung. Die Vorgehensweisen der Hypnotherapie sind im Allgemeinen störungsspezifisch. Ein Teil der hypnotherapeutischen Strategien ist symptomorientiert, andere sind konfliktorientiert. Einige Techniken zielen auf die kognitive und affektive Verarbeitung ab sowie auf veränderte Handlungs- und Erlebnisweisen, andere auf somatische und psychosomatische Prozesse. Hypnotherapie wird meist in der Einzeltherapie eingesetzt, kann in speziellen Fällen aber auch in (homogenen und kleinen) Gruppen angewendet werden. In vielen Fällen wird durch Anleitung zur Selbsthypnose die Selbstwirksamkeit und der Transfer in den Alltag erleichtert (z. B. bei Stress, Einschlafstörungen, chronischen Schmerzen, Hautkrankheiten).

55.2 Historische Aspekte

Hypnose wird häufig als »Mutter der Psychotherapie« bezeichnet. Ihre Wurzeln werden im Altertum gesucht, beispielsweise im Papyrus Ebers aus dem 3. Jahrhundert v. Chr. Gewöhnlich führt man die Anfänge auf den deutschen Arzt Franz Anton Mesmer (1734–1815) zurück, dessen Krankheitslehre und Behandlungsform allerdings wenig mit dem zu tun hat, was heute unter Hypnotherapie verstanden wird. Der Hypnotismus des schottischen Arztes James Braid ab Mitte des 19. Jahrhunderts und die Suggestionstheorie der Schule von Nancy (Bernheim und Liébeault) Ende des 19. Jahrhunderts prägen dagegen noch heute einige Aspekte der Hypnose.

In Form des autogenen Trainings (J. H. Schultz) war Hypnose in Deutschland eine Art Entspannungstechnik, bis Mitte der 1970er-Jahre die Hypnotherapie Milton H. Ericksons bekannt wurde. Früher waren in den USA akademische Psychologen wie William James Ende des 19. Jahrhunderts an Hypnose interessiert und später auch Clark Hull in den 1930er-Jahren, bei dem Erickson noch studiert hatte. Hulls Untersuchungen zur hypnotischen Suggestibilität wurden von André Weitzenhoffer und Ernest Hilgard Mitte des 20. Jahrhunderts wieder aufgenommen und regten eine intensive wissenschaftliche Beschäftigung mit den verschiedenen Phänomenen der Hypnose an, die sich bis heute fortsetzt. Die therapeutische Anwendung der Hypnose ist heute durch Milton H. Erickson geprägt.

Seit den 1990er-Jahren hat aufgrund der Forschung mit bildgebenden Verfahren die neurologische Theorie der Hypnose große Fortschritte gemacht, sodass man heute sagen kann, dass der veränderte Bewusstseinszustand, den die Hypnose auslöst, durch zerebrale Veränderungen gut belegt ist. Bemerkenswert ist, dass sich zunehmend auch wieder Wissenschaftler aus anderen Forschungsbereichen (z. B. Neurologie und Psychiatrie) mit der Hypnose beschäftigen.

55.3 Besondere Merkmale und Grundlagen

55.3.1 Theorie der Hypnose

Hypnotische Trance stellt einen vom Alltagsbewusstsein sowie von Entspannung und Schlaf hirnphysiologisch unterscheidbaren Zustand dar, der sich phänomenologisch durch *Absorption, fokussierte Aufmerksamkeit, Dissoziation von Umweltreizen* und *herabgesetzte gedankliche Spontanaktivität* (im Sinne des Alltagsdenkens) auszeichnet (Lynn et al., 1996). Nach Blakemore et al. (2003) ist dabei die Beziehung zwischen Wollen (Volition) und Handlung (Aktion) verändert, und die interne Repräsentation des Selbst und des Körpers kann in einer Weise beeinflusst werden, die dem Bewusstsein nur zum Teil zugänglich ist und zu Veränderungen der Wahrnehmung, des Affektes und der motorischen Kontrolle führt. Bis zur Ankunft bildgebender Verfahren konnte man hypnotisches Verhalten als Compliance in einem entsprechend inszenierten sozialen Kontext interpretieren, als etwas, das Menschen aus Gründen sozialer Erwünschtheit »mitmachen«, sei es auf der Bühne, im Labor oder im Therapiezimmer. Inzwischen liegen jedoch hirnphysiologische Untersuchungen aus dem sensorischen (Schmerzwahrnehmung, Farbwahrnehmung), motorischen (Bein-, Handmotorik) und kognitiven Bereich (Stroop-Interferenz) vor, die zeigen, dass unter Hypnose objektive und neuronale nachweisbare Veränderungen stattfinden, die außerhalb bewusster Kontrolle liegen. Hier einige Beispiele:

Raz et al. (2005) fanden, dass sich der willentlich kaum beeinflussbare Stroop-Interferenz-Effekt durch posthypnotische Suggestion verändern lässt. D. h., auf die Frage: »Welche Farbe hat das Wort?« wird bei einem in anderer Farbe (z. B. Blau) präsentiertes Farbwort (Grün), normalerweise fälschlich mit »Grün« geantwortet; nach einer posthypnotischen Suggestion dagegen, das Wort nicht lesen zu können, richtigerweise mit »Blau«. Kosslyn et al. (2000) zeigten, dass die fusiforme Region im visuellen Kortex unabhängig von der Art der objektiv vorhandenen Farbreize je nach Suggestion (»farbig« oder »grau«) aktiviert oder deaktiviert wird. Nach Rainville et al. (1997) und Faymonville et al. (2000) werden parallel zur veränderten Aktivität des anterioren zingulären Kortex (ACC) Schmerzreize unter hypnotischem Einfluss verstärkt oder verringert wahrgenommen. Bei hypnotisch suggerierter Lähmung von Bein oder Hand fanden verschiedene Autoren ein Verschwinden der Aktivierung im kontralateralen motorischen Kortex bei gleichzeitiger Aktivierung im orbitofrontalen Kortex (OFC), ACC und der Praecuneusregion (Cojan et al., 2009; McGeown et al., 2009; Pyka et al., 2011), während bei bewusster Unterdrückung der motorischen Reaktion oder simulierter Lähmung die entsprechende Region im Motorkortex aktiv ist.

Diese Befunde werden so interpretiert, dass es unter Hypnose nicht zu einer aktiven Blockierung von unerwünschten Empfindungen, Gefühlen oder Verhalten, sondern zur Dissoziation im Hilgard'schen Sinne (1974) kommt, z. B. zu einer Abkoppelung von Außenreizen und Erzeugung einer Illusion: »Dieser (Schmerz-)Reiz ist nicht wichtig« bei Anästhesiesuggestion oder: »Dies ist farbig und nicht grau« bei der suggerierten Farbsuggestion oder beim Stroop-Test: »Das ist Kauderwelsch und kein Farbwort« oder zu einer Dissoziation der Hand bei Reizen, die etwa zu einer Bewegung auffordern (»Bitte Knopf drücken«). Stattdessen findet eine vermehrte Orientierung auf eine veränderte Selbstrepräsentation statt, etwa: »Diese Hand steht nicht zur Verfügung« bei den Lähmungssuggestionen.

Es ist so, als übernähme in der Hypnose ein durch Suggestion und Vorstellung suggeriertes verändertes Selbstbild die Regie und reduziere einerseits die bewusste Handlungskontrolle und ersetze andererseits die normalerweise vorhandene reflexartige Steuerung der Wahrnehmung und Handlung durch Umweltreize (Pyka et al., 2011; Cojan et al., 2009). Hypnotische Trance ist gekennzeichnet durch (Halsband, 2004):

- allgemeine Diskonnektivität der bei der Reizverarbeitung involvierten Hirnareale
- Dissoziation früher und später Reizverarbeitung
- imaginative Repräsentation

Die bei entspannter Ruhe und schweifenden Gedanken ohne Aufgabenorientierung oder Suchprozesse aktiven Hirnareale werden als das sog. »Default Mode Network« (DMN) bzw. Ruhestandsnetzwerk zusammengefasst, nämlich u. a. Teile des präfrontalen und des parietalen Kortex (Praecuneus). Nach Menon (2011) handelt es dabei um ein umfassendes neuronales Netzwerk, das bei selbstbezogenem Denken inklusive autobiografischem Gedächtnis, Selbstbeobachtung und der Bewertung sozialer Konsequenzen aktiv ist. Das DMN ist tätig, wenn die unmittelbare Vergangenheit überdacht wird oder während der Vorstellung zukünftiger Ereignisse und bei der Betrachtung des gegenwärtigen Erlebens. In der hypnotischen Trance ist es in seinem Einfluss zurückgenommen.

Im Default Mode verarbeitet das Gehirn Informationen über das Ich und seine Beziehung zur Umwelt, ist z. B. aktiv beim Hören des eigenen Namens, Anschauen von Familienfotos, Vorlesen in Ich-Form. Dieser Prozess wird beendet, wenn eine aufgabenorientierte Aktivität und die Außenorientierung (Exekutivkontrolle, Problemlösung, Suchaufgaben, Motorik usw.) einsetzt. Ebenfalls weniger aktiv ist das DMN bei weiter bestehender Innenwendung während der REM-Träume, unter Einfluss bestimmter psychoaktiver Substanzen (Psilocybin, Mescalin, DMT, LSD, Ketamin) und eben in der hypnotischen Trance. Dies führt zu einem quasi Ich-losen Zustand, d. h. einem Zurücktreten von Alltagsvernunft und Selbstbezogenheit (sog. Hypofrontalität), wobei gewohnte Begrifflichkeiten des Alltagsdenken und die Selbstreferenz in ihrem Einfluss reduziert sind. Gemäß der Theorie des »entropischen Gehirns« (Friston, 2010; Carhart-Harris et al., 2014) wird in diesen Zuständen des deaktivierten DMN die freie Entropie, d. h. die nicht geordnete Information im Gehirn erhöht, was zur Entkopplung gebahnter Konnektivitäten zwischen verschiedenen zerebralen Netzen führt. Es wird dadurch gewissermaßen eine Neukonstruktion nach Dekonstruktion der gewohnten Ordnung möglich, die durch Alltagsvernunft und Ich-Bezug normalerweise reflexartig hergestellt wird (Revenstorf, 2022). Demnach sind hypnotische Phänomene nicht willkürliche Kooperationseffekte, sondern unwillkürliche Reaktionen, bei denen sich das Bewusstsein in unvorhergesehener Weise erweitert (Revenstorf, 2023).

Fallbeispiel

Eine Klientin, die fand, dass sie oft viel zu viel Zeit mit dem iPad verdaddele (mehrere Stunden täglich), wollte es schaffen, sich in der Nutzung zu kontrollieren. Der *posthypnotische Auftrag* lautete: »Eine halbe Stunde iPad und dann wird das iPad ganz gleichgültig«. Dazu wurde in der Trance als *Metapher* das Märchen von Schneewittchen erzählt, die in den Apfelschlaf fällt und mit einem Ruck aufwacht. Als die Klientin später die Audio-Aufnahme anhörte, habe sie ein merkwürdiges Phänomen erlebt: Sie lag im Bett und nach und nach habe sich beim Zuhören ihr Mund immer weiter geöffnet (für den Apfel?), bis er sperrangelweit offen stand. Laut lachen musste sie dann beim Einschlafen. »Mir war etwas aufgegangen, sozusagen ein Newton'scher Apfelmoment. Schneewittchen biss in den Apfel und fiel in einen Schlaf … Apfel … Apple … iPad! Das Daddeln auf dem iPad ist doch auch so etwas wie ein Schneewittchenschlaf. Der Apfel hat zwei Seiten. Die eine ist süß und saftig, die andere Seite ist giftig. So hat auch der iPad zwei Seiten, nützliche Anwendungen und einlullende. Vier Wochen sind nun vorbei. Nein, nicht ganz daddelfrei. Aber mit vielen Gedanken zu grundsätzlicheren Themen, an die ich bei dem iPad zunächst nicht gedacht hätte.«

Man kann die Reaktionsweise in hypnotischer Trance auch so beschreiben, dass die Richtung der Informationsverarbeitung derjenigen im Wachbewusstsein entgegengesetzt ist (Halsband, 2004). Im Wachbewusstsein lösen sinnliche, meist visuelle Eindrücke (okzipital) über verschiedene Assoziationsfelder eine bewusste oder unbewusste Repräsentation und Bewertung (frontal) aus, die dann eventuell zu einem Handlungsentwurf führt. In hypnotischer Trance dagegen werden verbale Suggestionen (frontal) ohne Bewertung rezipiert und in quasireale Bilder (okzipital) umgesetzt. Auf diese Weise können alternative Vorstellungen zur gewohnten Alltagswirklichkeit lebensnah so konstruiert und implementiert werden, dass sie zu einer neuen, u. U. adaptiveren Verhaltensregulation führen. So lässt sich auch die Wirkung posthypnotischer Suggestionen erklären, z. B. dass sich der Patient an die Aufforderung »Sie essen nur noch ein Stück Schokolade pro Stunde« hält, obwohl er sonst mehrere Tafeln am Tag verzehrt. Allerdings nur, wenn die Suggestion ich-synton ist.

Charakteristisch für die Hypnotherapie sind implizite Lern- und Gedächtnisvorgänge (Halsband, 2004). Dadurch können Veränderungsprozesse jenseits der diskursiven Kommunikation auf impliziter Ebene durch Metaphern, Bilder, indirekte Suggestionen und nonverbale Signale angeregt werden. So kann die bewusste Verarbeitung durch Mechanismen des Primärprozesses und der Imagination ergänzt werden, auch wenn diese dem gewohnten Alltagsdenken widersprechen. Allerdings nur wenn dadurch bestimmte Grundbedürfnisse nicht verletzt werden, wie z. B. dass die Schokolade ersatzweise das Bedürfnis nach Aufmerksamkeit und Liebe stillt.

In der Hypnotherapie sind für die therapeutische Anwendung dissoziative und assoziative Prozesse zu unterscheiden. Hypnotische Schmerzbewältigung ist ein Beispiel für Dissoziation, die sich von der kognitiv-ablenkenden Bewältigungsstrategie auch hirnphysiologisch unterscheiden lässt (Halsband, 2004). Das Aufsuchen von biografischen Ressourcen oder Lösungsvisionen und deren Verknüpfung mit gegenwärtigen Problemsituationen dagegen sind als Beispiel von Assoziation zu verstehen.

55.3.2 Standardtechniken der Hypnotherapie

Ausführliche Beschreibungen der Interventionstechniken finden sich in zahlreichen angloamerikanischen und deutschen Lehrbüchern (z. B. Bongartz, 1998; Erickson & Rossi, 1981; Revenstorf et al., 2023). Folgende sind die wichtigsten:

Prozessimagination

Therapeutische Ziele in Form von Verhaltensweisen (Annäherung an phobische Situationen, ohne Zigarette auskommen, sportliche Leistungen verbessern, Prüfungssituationen bewältigen u. a.), physiologischen Prozessen (Entspannung, Erektion, Durchblutung, Wundheilung, Immunaktivität u. a.) und Wahrnehmungen (z. B. Analgesie) werden nach Einleitung hypnotischer Trance als Vorstellungen direkt oder indirekt suggeriert. Dabei werden im Allgemeinen konkrete und – soweit es sich um physiologische Vorgänge handelt – sachlich korrekte Vorgänge imaginiert. Für eine Wundheilung werden etwa Bilder der Proliferation von Granulationsgewebe zur Füllung und eine Streckung der Haut und des Unterhautgewebes zur Abdeckung der Wunde suggeriert (Achterberg, 1996). Es wird davon ausgegangen, dass durch die Fokussierung in Trance die Umsetzung der Vorstellungen in körperliche Vorgänge erleichtert wird (Crawford et al., 1989).

Lösungsimagination

Eine Alternative zur Imagination von Wegen und Prozessen, die zum therapeutischen Ziel führen, sind Vorstellungen vom Zustand der zukünftig eingetretenen Heilung oder Problemlösung. Dabei wird im Sinne der Bahnung das Verhalten und Befinden nach Erreichen des therapeutischen Zieles visualisiert – etwa das furchtlose Passieren eines zuvor phobischen Objekts (Hund, Brücke).

Reassoziation von Ressourcen

Zur Bewältigung von Problemsituationen und Affektstörungen (Stress, Angst, Zwang, Depression etc.) werden – oft durch Altersregression aufgefundene – emotionale Ressourcen reaktiviert und während der Trance mit der Problemsituation assoziiert. Dieser Vorgang ähnelt der Desensibilisierung in sensu, unterscheidet sich aber dadurch, dass die Ressourcen nicht vorher festgelegt, sondern in einem Suchprozess in Trance gefunden werden. Auch wird dazu nicht unbedingt ein Ruhebild verwendet, sondern Ereignisse jeglicher emotionalen Tönung (Stolz, Heiterkeit, Wut etc.), die mit dem Problemaffekt inkompatibel (kontraphobisch) sind.

Rekonstruktion von Traumata

Zur Integration von partiell oder ganz abgespaltenen belastenden Erfahrungen (Unfall, Missbrauch, Verlust) werden suggestive Bearbeitungen eingesetzt, bei denen das traumatische Ereignis nach hinreichenden Sicherheitsvorkehrungen in der Vorstellung reaktiviert und in geeigneter Weise abgeschlossen wird (etwa als Rettung, Rache, Sühne oder als faktisches Überleben). Aufgrund der Verwischung der Grenze zwischen Realität und Fantasie in hypnotischer Trance kommt es zu einer heilsamen Korrektur der Erinnerungsspuren und u. U. zu Abreaktionen, die zur Komplettierung der emotionalen *Gestalt* des Erlebnisses beitragen.

Dissoziation von Erfahrungen

Bei der Behandlung von Schmerzen (krankheitsbedingte, verletzungsbedingte, operative oder Geburtsschmerzen) kann die in hypnotischer Trance gesteigerte Fähigkeit zur Abspaltung von Wahrnehmungen zur Förderung der Analgesie eingesetzt werden. Dazu wird häufig eine Handlevitation mit anschließender Suggestion einer sog. Handschuh-Analgesie verwendet. Dabei werden natürliche Erfahrungen von Unempfindlichkeit suggeriert (Kühle, Handschuh, Taubheit bei »eingeschlafenem« Arm u. ä.).

Die Abspaltung von Erlebnisqualitäten spielt auch bei der Traumatherapie eine Rolle, wenn die vollständige Reaktivierung des Traumas nicht ausgehalten wird – etwa die Dissoziation der körperlichen Empfindungen durch die sog. Kinotechnik, d. h. Visualisierung aus der Distanz bzw. Modifizierung der Sinnesqualitäten (nah/fern, scharf/unscharf, farbig/grau etc.).

Ideomotorische Befragung

In der Hypnotherapie wird eine Differenzierung zwischen bewusster Entscheidung und unbewusster Zustimmung oder Ablehnung getroffen. Es wird dazu auf den Begriff des stillen, d. h. impliziten Wissens (Polanyi, 1985) zurückgegriffen, durch welches das Bewusstsein ergänzende Informationen enthält. Das implizite Wissen wird durch unwillkürliche Körperreaktionen während der Trance abgefragt (Handlevitation oder unwillkürliche Fingerbewegungen). So kann etwa suggeriert werden, dass die rechte Hand levitiert, wenn das Unbewusste mit der Realisierung des Zielverhaltens einverstanden ist, und die linke Hand levitiert, wenn das Unbewusste Vorbehalte gegen die Realisierung hat. Damit wird z. B. die Zustimmung zur Änderung des Verhaltens und zum Verzicht auf den Krankheitsgewinn überprüft, aber auch nach Ressourcen und potenziellen Lösungen gesucht.

Teilearbeit

Eine weitere Technik, für welche die hypnotische Trance ein geeignetes Medium darstellt, ist die Aufspaltung von Konflikten und psychosomatischen Krankheitsprozessen in ein bewusstes »Ich« und einen »inneren Berater«, der sich z. B. im Symptom ausdrückt. Durch Lösungsprogression oder ideomotorische Befragung (s. o.) wird versucht herauszufinden, unter welchen Bedingungen das Symptom zurücktreten kann.

Ich-stärkende Suggestionen

In vielen Kontexten sind (in-)direkte Suggestionen sinnvoll, die das Selbstbewusstsein und die Selbstwirksamkeit der Patientinnen und Patienten stärken. Dazu können Vorstellungen dienen, in denen sich der Patient/die Patientin erfolgreich wahrnimmt. Aber auch archetypische Bilder von Stärke (z. B. Löwe), Unverletzbarkeit (z. B. Rüstung), Freiheit (z. B. Adler), Unberührbarkeit (z. B. Berggipfel), Ruhe (Wald), Sicherheit (z. B. Höhle) werden in Trance visualisiert und für das Individuum bei Bedarf abrufbar gemacht.

Techniken indirekter Suggestion

Indirekte Suggestionen nutzen systematisch die Beiläufigkeit, um den Organismus zu veranlassen, selbst aktiv zu werden, anstatt auf eine Aufforderung hin zu reagieren. Die wichtigsten Formen indirekter Suggestion sind bildliche Umschreibungen des Zielverhaltens, Implikation des Zielverhaltens und Einstreuung von Ausdrücken, die Assoziationen in Richtung des therapeutischen Ziels auslösen können, sowie Metaphern, die innere Suchprozesse auslösen.

Posthypnotische Suggestionen

In der hypnotischen Bearbeitung gefundene Lösungen oder Verhaltensänderungen und Sichtweisen werden vor Beendigung der Trance oft in der Vorstellung mit möglichen externen Auslösereizen assoziiert, damit der Transfer in den Alltag gewährleistet ist (z. B. im Rahmen der Rauchentwöhnung: »Immer, wenn Sie eine Zigarettenschachtel sehen, werden Sie an das Gefühl der Unbeweglichkeit Ihrer Hand erinnert und nehmen einen tiefen wohltuenden Atemzug von frischer Luft.«).

55.3.3 Hypnobehaviorale Therapie

Die Anwendung der Hypnose hat in der Verhaltenstherapie eine lange Tradition. Wolpe, Cautela und Lazarus haben davon ausgiebig Gebrauch gemacht. Sie kann genutzt werden, um Entspannung und Imagination zu intensivieren, bietet aber darüber hinausgehende Möglichkeiten. Kroger und Fezler (1976) haben die hypnobehavioralen Ansätze zuerst zusammengefasst (s. auch Brown & Fromm, 1987; Peter et al., 1991).

Hypnotische Trance geht in den meisten klinischen Anwendungen, wenn auch nicht notwendigerweise, mit Entspannung einher. Diese unspezifische Qualität teilt sie mit der Meditation und den übrigen Entspannungstechniken (autogenes Training, progressive Muskelrelaxation). Der Zusatznutzen durch die Kombination von Verhaltenstherapie mit Hypnotherapie ist in der Ergänzung von expliziter Problembearbeitung (Disputation irrationaler Ansprüche, Überprüfung verzerrter Wahrnehmung, Umstrukturierung und Selbstinstruktion) durch implizite Verarbeitung zu sehen. Sie besteht hauptsächlich in vier Aspekten der hypnotischen Trance:

- intensivierte Vorstellung von Lösungsvisionen und Rekapitulationen von signifikanten Lebensereignissen sowie von Bildern der Organheilung
- Dissoziation von Belastungsmomenten bei der Konfrontation mit phobischen und traumatischen Inhalten
- primärprozessgesteuerte Suche nach biografischer Information und Empfänglichkeit für metaphorische Kommunikation
- erhöhte Suggestibilität und damit verbundene kindliche Lernhaltung des Patienten oder der Patientin

Mehrere Metaanalysen zeigen mit unterschiedlicher Wirksamkeit die Anwendung der Kombination von Hypnotherapie und Verhaltenstherapie, z. B. bei Adipositas (Kirsch et al., 1995; Ramondo et al., 2021), Angststörungen, Depression und Schmerz (Ramondo et al., 2021; Revenstorf, 2003; Hagl, 2023). Imaginationsverfahren (wie sie in der kognitiven Therapie verwendet werden) und In-sensu-Techniken (wie Desensibilisierung oder verdeckte Sensibilisierung) lassen sich unter Hypnose durchführen, um das Erleben der Patientinnen und Patienten durch die Trance zu intensivieren und durch posthypnotische Suggestionen den Transfer zu unterstützen.

55.3.4 Ablauf einer Hypnotherapie-Sitzung

Der Ablauf einer Hypnotherapie-Sitzung ist in ▸ Tab. 55.1 dargestellt.

55.4 Typische Indikationsgebiete

Es ergeben sich aus der Literatur Indikationen für folgende Diagnosen, die empirisch belegt sind (siehe ▸ Kap. 55.5):

- Substanzmissbrauch (z. B. Tabakabusus)
- Depression
- Angststörungen
- Belastungsstörungen
- somatoforme Störungen
- Essstörungen
- Verhaltensstörungen mit körperlichen Auffälligkeiten (z. B. Insomnie)
- somatische Leiden mit psychosozialen Einflussfaktoren (insbesondere verschiedene akute und chronische Schmerzen)

Für eine Reihe von Störungen liegen Fallstudien und klinisch bewährte Behandlungskonzepte vor, ohne dass bisher Kontrollgruppenuntersuchungen gemacht wurden: z. B. dissoziative Störungen, Tinnitus, Lähmungen nach Insult und Infarkt.

Indikationen bei Störungen im Kindes- und Jugendalter, etwa bei Tics, Aufmerksamkeits-Störungen, Störungen des Sozialverhaltens oder emotionalen Störungen, sind ebenfalls gegeben. In der Krankheitsbewältigung bei Kindern (z. B. Knochenmarkstransplantationen) ist die Anwendung gut belegt. Hypnotherapie eignet sich für die Behandlung von Kindern u. a. auch wegen der Möglichkeit des spielerischen Umgangs mit Trance. Dazu sind eine Reihe von Lehrbüchern erschienen (Mrochen et al., 1993; Mills & Crowly, 1996; Olness & Kohen, 2001).

Tab. 55.1: Ablauf einer Hypnotherapie-Sitzung

Abfolge	Inhalte
Herstellung von Rapport	• verbal/nonverbal
Vorgespräch	• Zielklärung • Beseitigung negativer Erwartungen (Willenlosigkeit und Manipulation) • Beseitigung unrealistischer Erwartungen (»Wahrheitsdroge«, passive Kur)
Induktion und Vertiefung eines Trance-Zustands	• Orientierung auf Trance (Einbeziehung individueller Vorerfahrungen, wie z. B. autogenes Training) • evtl. Destabilisierung des alltäglichen, gewohnten Bezugsrahmens • Fokussierung der Aufmerksamkeit • Intensivierung der Vorstellung • Ratifizierung der Trance (z. B. Handlevitation)
therapeutische Nutzung	• Utilisation von Trancephänomenen und inhaltliche Bearbeitung • Progression–Regression • Assoziation–Dissoziation • Transformation
Ausleitung der Trance	• posthypnotische Suggestion (Transfer in den Alltag) • Bahnung der nächsten Trance • evtl. Amnesie-Suggestion (bzw. Ablenkung) • Rücknahme bestimmter Phänomene (veränderter Muskeltonus) • Reorientierung
Nachgespräch	• weitere Ratifizierung der Trance (z. B. Feststellung von Zeitverzerrung) • evtl. Schutz der intrahypnotischen Bearbeitung zwecks impliziter Konsolidierung

Bei wahnhaften Störungen, Persönlichkeitsstörungen und Intelligenzminderung liegen keine Hinweise auf Wirksamkeit vor.

Psychotherapeutische Interventionen im Sinne der Klärung, Revision und Problemlösung (etwa bei Traumata und anderen Belastungssituationen, Ängsten, depressiven Reaktionen, Anpassung an einschneidende Lebensereignisse: Krankheitsdiagnosen, Verlust, Entwicklungskrisen) werden hauptsächlich während der Therapiesitzungen stattfinden und bezüglich des Transfers in den Alltag überprüft.

Bei Gewohnheitsstörungen, chronischen Schmerzen und anderen wiederkehrenden Problemen beinhaltet Hypnotherapie eine Anleitung zur Selbsthypnose mit störungsspezifischen Inhalten, die physiologische Regulationsmechanismen betreffen, etwa Visualisierungen von Durchblutung, Immunaktivität, sexuellen, pulmonalen oder gastrointestinalen Funktionen.

Hiermit hängt die Möglichkeit zusammen, Hypnotherapie im Rahmen der Prävention einzusetzen, z. B. zur Stressbewältigung (Revenstorf & Zeyer, 1996), Gewichtskontrolle oder als Entscheidungshilfe bei der Alltagsbewältigung, um einen Zugang zu intuitiv-kreativen Potenzialen zu erleichtern. Diese Vorsorge kann stressbedingte organische Erkrankungen (z. B. Gefäßleiden, Ulkus, Kolitis), Gelenkschädigungen und andere Folgen des Übergewichts sowie depressive Reaktionen aufgrund von chronischer Erschöpfung und Burnout verhindern helfen (dazu sind Audio-Aufzeichnungen für den Gebrauch außerhalb der Therapiesitzungen hilfreich).

55.4.1 Kontraindikationen und Risiken

Verzerrte Wirklichkeitswahrnehmung: Hypnotherapie setzt die Bereitschaft voraus, andere innere Realitäten zu erleben als die »normale« Alltagswirklichkeit. Daher sollte auf die Anwendung von Hypnose bei Patientinnen und Patienten verzichtet werden, deren Wirklichkeitswahrnehmung strukturell instabil oder erheblich verzerrt ist. Dies trifft im Allgemeinen auf Menschen mit Psychose oder Borderline zu sowie tendenziell auf zum Ausagieren neigende Hysterikerinnen.

Floride Psychosen und prodomale Zustände vor Dekompensationen: Da Hypnose eine temporäre Destabilisierung der Ich-Grenzen hervorbringt und zur Veränderung nutzt, kann es bei Personen mit labilen Zuständen zur Dekompensation kommen.

Schwierige therapeutische Beziehung: Eine instabile Wirklichkeitswahrnehmung wäre unproblematisch, wenn Patientinnen und Patienten dahin geführt werden könnten, ihre Wirklichkeitswahrnehmung zu stabilisieren. Dies setzt eine klare, eindeutige Kommunikation voraus. Weil Hypnotherapie ein hochgradig konstruktiver therapeutischer Prozess ist, sollte auf die Anwendung mit Patientinnen und Patienten, mit denen sich die therapeutische Beziehung schwierig gestaltet, verzichtet werden. Z. B. Betroffene mit einer Borderline- oder Narzissmus-Problematik reagieren auf der Ebene der Beziehung leicht mit Kränkbarkeit und häufig auch negativen Projektionen.

Retraumatisierung: Bei traumatisierten Patientinnen und Patienten kann die hypnotische Situation selbst, z. B. durch die asymmetrische Rollenverteilung, zur Metapher für die erlebte Ohnmacht werden und eine Retraumatisierung auslösen. Vorrausetzung wäre hier ein stabiler therapeutischer Rahmen und eine vertrauensvolle therapeutische Bindung.

Larvierte Depression und Psychosen: Durch erfolgreiche Beseitigung akuter Symptome (wie Panik und generalisierter Angst) kann es zur Aktivierung einer larvierten Depression oder (seltener) Psychosen kommen.

Wahrheitsfindung: Da in der Hypnose Prozesse der Erinnerung und der Konstruktion von Realität ineinanderwirken, kann Hypnose nicht zur Wahrheitsfindung dienen. Das konstruktive Element der Hypnose macht es auch prinzipiell unmöglich, innerhalb des hypnotischen Rahmens zwischen »objektiver, historischer« Realität und »subjektiver« Wirklichkeit zu unterscheiden.

Unrealistische Erwartungen: Hypnotherapie ist dann kontraindiziert, wenn Patientinnen und Patienten mit unrealistischen Erwartungen in die Therapie kommen, z. B. dass durch Hypnose Krankheiten geheilt werden können, deren Heilung durch die Medizin nicht möglich ist. Dazu gehören auch Patientinnen und Patienten mit einer passiv-rezeptiven Haltung, die sich Heilung durch »suggestive Besprechung«, ohne eigenes Zutun erhoffen.

Auch *fehlende Therapiemotivation*, z. B. bei einer chronischen Suchtproblematik, kann durch Hypnose nicht ersetzt werden.

55.5 Evidenzbasierung

Die Durchsicht empirischer Studien zeigt, dass sich die erfolgreiche Anwendung der Hypnotherapie auf unterschiedliche Störungen erstreckt (Revenstorf, 2003; Flammer, 2011; Hagl, 2023). In den Metaanalysen fanden die genannten Autoren bis dato 218 Studien mit RCT-Design und 17.000 Patienten zur Wirksamkeit von Hypnotherapie, u. a.:

- 119 Studien zur Unterstützung einer medizinischen Behandlung (12.711 Patienten)
- 68 Studien zu psychosomatischen Beschwerden (2.835 Patienten)
- 17 Studien zu Ängsten (744 Patienten)
- 14 Studien zu Depression (616 Patienten)

Weitere 16 Studien befassen sich mit Sucht, Sensation Seeking und Schizophrenie. Prä-Post-Vergleiche lagen in 103 Studien vor und Kontrollgruppenvergleiche in 115 Studien. Kontrollgruppen erhielten entweder eine medikamentöse bzw. andere psychotherapeutische Behandlung, Entspannungsverfahren oder Biofeedback. Oder es handelte sich um eine unbehandelte Kontrollgruppe (Warteliste) bzw. die medizinisch indizierte Standardbehandlung (*therapy as usual*, TAU). Die Katamnesedauer lag durchschnittlich bei 8 Wochen (0–104 Wochen).

Hypnotherapie wird häufig (50 % der Studien) zur Begleitung von medizinischen Eingriffen genutzt (OP-Vorbereitung, Bypass-OP-Nachsorge, Krebsbehandlung, Zahnbehandlung, Brandverletzungen, Schwangerschaft u. a.). Zweithäufig waren psychosomatische Beschwerden (chronische Schmerzen, Allergien, Reizdarm u. a.) und Angststörungen (inkl. posttraumatischer Belastung). Hinzu kamen 8 Studien zum Rauchen und 10 zur Essproblematik. Außerdem wird Hypnotherapie häufig adjuvant mit Verhaltenstherapie, kognitiver Therapie, Psychoedukation und Entspannung eingesetzt (dazu fand Flammer 31 Studien, siehe auch Hagl, 2023).

Es ist festzustellen, dass mit Hypnotherapie in sehr kurzer Zeit von im Median fünf Sitzungen (zwischen 1 und 60 Stunden) hohe Effektstärken erreicht werden, nämlich im Durchschnitt beim Prä-Post-Vergleich $d = 0{,}95$ und beim Kontrollgruppenvergleich $d = 0{,}76$ (▸ Tab. 55.2). Die Therapieeffekte nehmen mit der Länge der Katamnese nicht unbedingt ab, in manchen Fällen sogar zu, als ob die Therapie nachträglich weiterwirke. Dabei sinkt der Effekt im Kontrollgruppenvergleich zunächst ab, steigt wieder an und erreicht die Effektstärke der Prä-Post-Vergleiche. Eine Zunahme der Effektgröße nach Abschluss der Therapie und längerer Katamnese findet sich u. a. bei Angststörungen und bei der Raucherentwöhnung.

Merke

Hypnose als veränderter Bewusstseinszustand ermöglicht eine Lösungssuche, Entscheidungsbasis, Verankerung von Veränderungen im Alltagsleben und Zugang zu somatischen Prozessen in einer Weise jenseits der Begrenzungen des gewohnten Denkens. Die Einbeziehung von unbewussten und vorbewussten Inhalten, die in der hypnotischen Trance zugänglich sind und berücksichtigt werden können, erleichtern den Veränderungsprozess kognitiver, affektiver, behavioraler und physiologischer Muster. Die entsprechenden hypnotherapeutischen Methoden können mühelos in die Verhaltenstherapie und andere Therapieformen integriert werden und ihre Effizienz steigern.

Tab. 55.2: Effektstärke d im Prä-Post- und Kontrollgruppen-Vergleich der 3- und 6-Monats-Katamnesen für verschiedene Störungsgebiete (nach Flammer, 2011)

Störungsbereiche	3-Monats-Katamnese (Prä-Post-Vergleich)	6-Monats-Katamnese (Prä-Post-Vergleich)	3-Monats-Katamnese (Kontrollgruppen-Vergleich)	6-Monats-Katamnese (Kontrollgruppen-Vergleich)
medizinische Eingriffe	1,91 (N = 157)	1,77 (N = 96)	0,60 (N = 323)	*1,18 (N = 134)*
Psychosomatik	0,89 (N = 597)	*0,95 (N = 461)*	0,62 (N = 296)	0,55 (N = 190)
Angst	0,78 (N = 160)	*1,62 (N = 64)*	0,50 (N = 76)	0,75 (N = 24)
Rauchen	0,83 (N = 168)	*1,04 (N = 309)*	0,67 (N = 68)	*1,03 (N = 20)*

Effektgröße kursiv, wenn sie im Vergleich zum vorangehenden Zeitpunkt zugenommen hat, was ein Artefakt durch selektiven drop-out der Studienteilnehmer sein kann; N = Anzahl der Studienteilnehmer

Prüfungsfragen

1. Was ist der Unterschied zwischen Hypnose, Achtsamkeit und Entspannung?
2. Was versteht man unter Hypofrontalität?
3. Was bedeutet die Deaktivierung des sog. Default-Mode-Netzwerks (DMN) unter Hypnose?

Antworten

1. Im Gegensatz zur Achtsamkeit und Entspannung sind in der hypnotischen Trance die bewusste Betrachtung und Bewertung von Erfahrung und Erinnerung vermindert und kognitive und affektive Prozesse sowie auch veränderte physiologische Reaktionen laufen eher unwillkürlich ab (»es geschieht«).
2. Dass die Aktivierung des präfrontalen Kortex (Alltagsvernunft) herabgesetzt oder seine Konnektivität mit anderen Hirnregionen wie Praecuneus (Ich-Bezug) und Hippocampus (Gedächtnis) verändert ist.
3. Dass neben der Aufgabenorientierung und der Innenorientierung in Form von schweifenden Gedanken (unter Aktivierung des DMN) ein dritter Bewusstseinszustand erreicht wird, in dem bei erhaltener Innenorientierung die Ich-Bezogenheit und das Alltagsverständnis zurücktreten.

Literatur

Achterberg, J. (1996). *Rituale der Heilung. Die Kraft von Phantasiebildern im Gesundheitsprozeß*. München: Goldmann.

Blakemore, S. J., Oakley, D. A., Frith, C. D. (2006). Delusions of alien control in the normal brain. *Neuropsychologia; 41*: 1058–1067.

Bongartz, W., Bongartz, B. (1998). *Hypnosetherapie*. Göttingen: Hogrefe.

Brown, D. P., Fromm, E. (1987). *Hypnosis and Behavioural Medicine*. Hillsdale, New York: Lawrence Erlbaum.

Burrows, G. D., Dennerstein, L. (eds.) (1980). *Handbook of hypnosis and psychosomatic medicine*. Amsterdam: Elsevier.

Carhart-Harris, R. L., Leech, R., Hellyer, P. J. et al. (2014). The entropic brain: a theory of conscious states informed by neureimaging research with psychedelic drugs. *Front Hum Neurosci, 8*, 20.

Cojan Y, Waber L, Schwartz S. et al. (2009). The brain under self-control: modulation of inhibitory and monitoring cortical networks during hypnotic paralysis. *Neuron, 62*: 862–875.

Crawford, H. J. (1994). Brain dynamics and hypnosis: attentional and disattentional processes. *Int J Clin Exp Hypn, 42*: 204–232.

Crawford, H. J. (1989). Cognitive and physiological flexibility: Multiple pathways to hypnotic responsiveness. In: V. A. Gheorghiu, P. Netter, H. J. Eysenck et al. (eds.), *Suggestion and suggestibility: theory and research* (pp. 155–168). Heidelberg: Springer.

Erickson, M. H., Rossi, E. L. (1979). *Hypnotherapie. Aufbau – Beispiele – Forschungen*. München: Pfeiffer. (Original: Hypnotherapy: An exploratory casebook. New York: Irvington; 1979.)

Faymonville, M. E., Laureys, S., Degueldre, C. et al. (2000). *Neural mechanisms of antinociceptive effects of hypnosis. Anesthesiology, 92*: 1257–1267.

Flammer, E. (2011). *Hypnotherapie – Stand der Forschung*. Unveröffentlichtes Manuskript.

Friston, K. (2010). The free energy principle: a unified brain theory. *Nat Rev Neuroscience, 22*(2), 127–138.

Hagl, M. (2023). Wirksamkeit von Klinischer Hypnose und Hypnotherapie. In: D. Revenstorf, B. Peter, B. Easch (Hrsg.), *Hypnose in der Psychotherapie, Psychotherapie und Medizin*. Heidelberg: Springer.

Halsband, U. (Hrsg.) (2004). Themenheft. Hirn und Hypnose. *Hypnose und Kognition, 21*.

Hilgard, E. R. (1974). Toward a neo-dissociation theory: multiple cognitive controls in human functioning. *Perspect Biol Med, 17*, 301–316.

Kirsch, I., Montgomery, G. & Sapirstein, G. (1995). Hypnosis as an adjunct to cognitive-behavioral psychotherapy: A meta-analysis. *Journal of Consulting and Clinical Psychology, 63*, 214–220.

Kosslyn, S. M., Thompson, W. L., Costantini-Ferrando, M. F. et al. (2000). Hypnotic visual illusion alters color processing in the brain. *Am J Psychiatry, 157*, 1279–1284.

Kroger, W. S., Fezler, W. D. (1976). *Hypnosis and Behavior Modification: Imagery Conditioning*. Philadelphia, Toronto: Lippincott.

Lynn, S. J., Martin, D. J., Frauman, D. C. (1996). Does hypnosis pose special risks for negative effects? A master class commentary. *Int J Clin Exp Hypn, 44*: 7–19.

McGeown, W. J., Mazzoni, G., Venneri, A. et al. (2009). Hypnotic induction decreases anterior default mode activity. *Conscious Cogn, 18*: 848–855.

Menon, V. (2011). Large-scale brain networks and psychopathology: a unifying triple network model. *Trends in Cognitive Sciences, 15*(10), 483–506.

Mills, J. D., Crowley, R. J. (1996). *Therapeutische Metaphern für Kinder und das Kind in uns*. Heidelberg: Auer. (Original: Therapeutic metaphors for children and child within. New York: Brunner/Mazel; 1986.)

Mrochen, S., Holtz, K. L., Trenkle, B. (Hrsg.) (1993). *Die Pupille des Bettnässers*. Heidelberg: Auer.

Olness, K., Kohen, D. P. (2001). *Lehrbuch der Kinderhypnose und -hypnotherapie*. Heidelberg: Auer.

Peter, B., Kraiker, C., Revenstorf, D. (Hrsg.) (1991). *Hypnose und Verhaltenstherapie*. Bern: Huber.

Polanyi, M. (1985). *Implizites Wissen*. Frankfurt: Suhrkamp.

Pyka, M. et al. (2011). Brain correlates of hypnotic paralysis. A resting-state fMRI study. *NeuroImage, 56*: 2173–2183.

Rainville, P., Duncan, G. H., Price, D. D. et al. (1997). Pain affect encoded in human anterior cingulate but not somatosensory cortex. *Science, 277*: 968–971.

Raz, A., Fan, J., Posner, M. I. (2005). Hypnotic suggestion reduces conflict in the human brain. *Proceedings of the National Academy of Sciences of the United States of America, 102*(28): 9978–9983.

Revenstorf, D. (2000). Klinische Hypnose. In: J. Margraf (Hrsg.), *Verhaltenstherapie*. Band 1. Heidelberg: Springer.

Revenstorf, D. (2003). *Expertise zur wissenschaftlichen Evidenz der Hypnotherapie. Eingereicht beim Beirat Psychotherapie der Bundesregierung*. Universität Tübingen.

Revenstorf, D. (2017). *Hypnose Hypnotherapie*. Tübingen: Psychotherapie Verlag.

Revenstorf, D. (2022). Ichlosigkeit durch Hypnose und Psychodelika. In: D. Revenstorf, M. Ohler, F. Nees et al. (Hrsg.), *Ketamin und psychoaktive Substanzen in psychotherapeutischen Prozessen* (S. 17–34). Heidelberg: Carl Auer.

Revenstorf, D., Peter, B., Rasch, B. (Hrsg.) (2023). *Hypnose in Psychotherapie, Psychosomatik und Medizin. Manual für die Praxis*. Heidelberg: Springer.

Revenstorf, D. (2023). Trance und die Ziele der Hypnotherapie. In: D. Revenstorf, B. Peter, B. Rasch (Hrsg.), *Hypnose in Psychotherapie, Psychosomatik und Medizin. Manual für die Praxis* (S. 39–66). Heidelberg: Springer.

Revenstorf, D., Zeyer, R. (1996). *Hypnose lernen. Leistungssteigerung und Streßbewältigung durch Selbsthypnose*. Heidelberg: Auer.

Wagstaff, G. F. (1998). The semantics and physiology of hypnosis as an altered state: Towards a definition of hypnosis. *Contemporary Hypnosis, 15*(3), 149–165.

Weiterführende Literatur

Revenstorf, D. (2017). *Hypnose Hypnotherapie*. Tübingen: Psychotherapie Verlag.

56 Interpersonelle Psychotherapie (IPT)

Petra Dykierek und Elisabeth Schramm

Das Wichtigste auf einen Blick

- Die Interpersonelle Psychotherapie (IPT) ist eine evidenzbasierte Kurzzeittherapie zur Behandlung unipolarer Depressionen.
- Diese werden in einem Kontext interpersoneller und psychosozialer Belastungen gesehen. Die Bearbeitung und Klärung dieser Belastungsfaktoren wird als entscheidend für die Remission und Prävention eines Rückfalls betrachtet.
- Psychoedukation, Symptommanagement und die Zuweisung einer aktiven Krankenrolle sind dabei basale Therapieelemente.
- Konzeptionell steht die IPT zwischen kognitiver Verhaltenstherapie und psychodynamischen Verfahren

56.1 Einführung

Depressionen gehören zu den häufigsten psychischen Störungen. Die kognitive Verhaltenstherapie (KVT) und die Interpersonelle Psychotherapie (IPT) gelten hierbei als Psychotherapien der ersten Wahl, da sie speziell, insbesondere die IPT, für die Behandlung depressiver Menschen konzipiert wurden. Bei der IPT handelt es sich ursprünglich um eine Kurzzeittherapie für unipolar depressive Menschen. Sie wurde in den 1960er-Jahren in den USA von Gerald L. Klerman und seiner Arbeitsgruppe im Kontext eines Forschungsprojektes entwickelt und verfügt über eine breite empirische Basis. Diese beinhaltet Ergebnisse aus folgenden Disziplinen: der Life-Event- und Social-Support-Forschung, der Expressed-Emotion-Forschung sowie epidemiologischen und tierexperimentellen Studien. Auch Erkenntnisse aus der Entwicklungspsychologie finden Berücksichtigung. Der Behandlungsfokus liegt auf interpersonellen, depressionsassoziierten Problembereichen, wobei das medizinische Krankheitsmodell hervorgehoben wird und in Kombination mit antidepressiver Medikation durchgeführt werden kann. Erklärtes Ziel ist die Remission depressiver Beschwerden durch die Bewältigung zwischenmenschlicher und psychosozialer Probleme.

56.2 Historische Aspekte

Als theoretischer Hintergrund können drei Konzeptionen genannt werden, die eine gemeinsame Basis haben: das Verständnis von Psychiatrie als Wissenschaft zwischenmenschlicher Beziehungen. Adolf Meyer (1866–1950) betonte die sozialen Faktoren in der Psychiatrie, er sah Krankheit als Antwort auf bzw. als Lösungsversuch von Lebenskrisen. Harry S. Sullivan (1892–1949), ein Vertreter der neoanalytisch orientierten interpersonellen Schule, betrachtete die Persönlichkeitswerdung als ein Zusammenspiel zwischenmenschlicher Beziehungen und kulturellen Faktoren. John Bowlby (1907–1990) entwickelte mit seiner Kollegin Mary Ainsworth (1913–1999) die Bindungstheorie. Beide betonten die frühkindlichen Erfahrungen und die daraus ableitbaren Bindungsstile. Bei der interpersonellen Theorie von Donald J. Kiesler (1933–2007) liegt der Schwerpunkt auf der Reziprozität menschlicher Beziehungen und interaktionaler Verhaltensweisen. Eine detaillierte Übersicht aller genannten Ansätze findet sich bei Schramm (2019). Abgeleitet von diesen theoretischen Annahmen wurde 1984 von Klerman et al. (1984) ein praxisorientiertes IPT-Manual publiziert. Seither gibt es zahlreiche Wirksamkeitsnachweise, Weiterentwicklungen sowie Modifikationen der IPT. Die Publikation des deutschsprachigen IPT-Manuals erfolgte erstmals im Jahr 1996 durch Elisabeth Schramm. Ihre Forschungsgruppe überprüfte von 2003 bis 2006 die stationäre Version des Verfahrens mit ermutigenden und nachhaltigen Ergebnissen (Schramm et al., 2007). Auch ein IPT-Gruppenformat wurde publiziert (Schramm et al., 2022), die Adaptation für ältere depressive Menschen erfolgte 2022 (Dykierek et al., 2022). Das Verfahren befindet sich in einer stetigen Weiterentwicklung unter Berücksichtigung des aktuellen Forschungsstandes. Als Neuerungen gelten die Erweiterung der Problembereiche um arbeitsbezogenen Stress. Eine Übersicht über alle aufgeführten therapeutischen Konzepte und den theoretischen Hintergründen findet sich bei Schramm (2019). Sehr erfreulich ist, dass die IPT nicht nur im amerikanischen und europäischen Raum zur Anwendung kommt, sondern auch in zahlreichen »low- and middle-income countries« (LMIC). In der neuesten Publikation von Mootz und Weissman (2024) werden die Entwicklung und die Verbreitung der IPT sowie die Anpassung des Verfahrens an die sozioökonomischen und gesellschaftspolitischen Bedingungen von über 75 Ländern dargestellt.

Merke

Die IPT beruht auf Erkenntnissen der Bindungstheorie und der interpersonellen Schule. Seit ihrer Gründung befindet sie sich in einem stetigen Weiterentwicklungsprozess.

56.3 Besondere Merkmale und Grundlagen

Die IPT geht von einem multifaktoriellen Bedingungsmodell aus. Depressionen können demnach durch das Zusammenwirken verschiedener Faktoren verursacht werden, z. B. durch biologische Vulnerabilität, Persönlichkeitsmerkmale, Verlusterlebnisse oder interpersonelle Konflikte. Unabhängig von den individuellen Ursachen und Auslösern werden Depressionen jedoch stets in einem psychosozialen und interpersonellen Kontext gesehen. Das Verstehen und Bearbeiten dieses Kontextes wird als entscheidend für die Remission und Prävention eines Rückfalls betrachtet.

Aus vier evidenzbasierten Problembereichen – komplizierte Trauer, zwischenmenschliche Konflikte, Rollenwechsel und -übergänge, Einsamkeit – werden ein bis maximal zwei Problembereiche ausgewählt. Diese werden unter Einsatz von speziell für diese Methode entwickelten Strategien (s. Schramm et al., 2019) bearbeitet. Aufgrund der Beobachtung, dass sozialer Stress am Arbeitsplatz sehr häufig als Grund für Depression angegeben wird, wurde ein weiterer, fünfter Problembereich konzipiert: IPT-Work konzentriert sich auf den sozialen Arbeitskontext (z. B. Konflikte am Arbeitsplatz, mangelnde soziale Unterstützung oder »Mobbing«) mit IPT-spezifischen Strategien (Schramm et al., 2020).

Erwartungsgemäß erweist sich der IPT-Ansatz als besonders hilfreich bei Menschen mit psychosozialen Schwierigkeiten, Kommunikations- und Partnerschaftsproblemen. Persönlichkeitsstörungen stellen zwar keine Kontraindikation dar, der Behandlungserfolg ist in der Regel jedoch niedrig. Insgesamt ist die IPT in Vorgehensweise und Techniken flexibel und verfügt über ein breites Indikationsspektrum. Sie gilt als leichter zu erlernen als die KVT.

Während die Strategien für jeden Problembereich im Manual vorgegeben sind, werden die Techniken anderen Therapieansätzen entlehnt, z. B. Verhaltensaktivierung aus der KVT oder Mentalisierung aus psychodynamischen Konzepten. Mentalisierung basiert auf Erkenntnissen der Theory-of-Mind-Forschung und beschreibt die Fähigkeit, eigene Gefühlszustande, Annahmen und Motive sowie die von anderen wahrzunehmen bzw. zu reflektieren. Die daraus resultierenden Interventionen fanden erst in jüngster Zeit Eingang in die IPT (Markowitz et al., 2019). Klerman et al. (1984) hatten Mentalisierung in ihrem Manual zwar nicht explizit hervorgehoben, es ist jedoch davon auszugehen, dass sie bei verschieden Strategien und Techniken (z. B. Gefühlfokussierung) angewandt werden.

Merke

Psychosoziale und interpersonelle Belastungsfaktoren werden fünf Problembereichen zugeordnet, deren Klärung und Bewältigung als entscheidend für die Remission angesehen werden. Dabei kommen IPT-spezifische Strategien zur Anwendung.

56.3.1 Therapeutischer Prozess

Der therapeutische Prozess ist klar strukturiert und umfasst ca. 12–16 Sitzungen, die sich in folgende Phasen einteilen lassen:

1. Anfangssitzungen (ca. 1.–3. Sitzung)
2. mittlere Phase (ca. 4.–13. Sitzung)
3. Beendigungsphase (ca. 14.–16. Sitzung)

Die Phasen und wichtigsten Inhalte der Therapie sind in ▸ Tab. 56.1 zusammengefasst.

Anfangssitzungen

In den Anfangssitzungen stehen die *Psychoedukation* (auch mit Einbeziehung der Angehörigen) sowie das sogenannte *Symptommanagement* (z. B. schlafhygienische Maßnahmen) im Vordergrund. Beides soll die Bewältigung depressiver Beschwerden erleichtern. Die Zuweisung einer *aktiven Krankenrolle* trägt zur Entlastung depressiver Menschen bei. Sie werden zum einen von überfordernden Verpflichtungen befreit, zum anderen sollen sie auch ihren Teil zur Genesung beitragen. Danach werden mittels einer *Beziehungsanalyse* die Quantität und Qualität sozialer Bindungen erhoben. Im Anschluss daran werden Problembereiche und Ziele (Klärungs-, Akzeptanz- oder Veränderungsziele) in Form eines *Behandlungsvertrags* bzw. einer Behandlungsabsprache definiert.

Arbeit am Problembereich

Der mittlere Teil der Therapie konzentriert sich auf die Bearbeitung der interpersonellen bzw. psychosozialen Schwierigkeiten. Das Vorgehen innerhalb der Problembereiche ist durch das Manual spezifiziert; dabei kommen je nach Art des Problems IPT-spezifische Ziele und Strategien zur Anwendung. Bei der Option, eine neue Rolle anzunehmen, oder bei einem Dilemma könnte z. B. eine *Entscheidungsanalyse* dazu beitragen, die am wenigsten nachteilige Möglichkeit anzunehmen.

Beim Problembereich *Trauer* wird zunächst eine genaue Analyse des gestörten Trauerprozesses durchgeführt, d. h.,

Tab. 56.1: Phasen der Interpersonellen Psychotherapie

Sitzungen	Inhalte
1. Anfangssitzungen	• Auseinandersetzung mit der Depression (Psychoedukation, Krankenrolle, Symptommanagement) • interpersonellen Kontext explorieren • Problembereich und Therapieziele definieren
2. Arbeit am Problembereich	• komplizierte oder abnorme Trauer • interpersonelle Konflikte • Rollenwechsel/-übergänge • Einsamkeit und Isolation • Arbeitsstress
3. Beendigungsphase	• Therapieende besprechen, Ermutigung und Bestärkung • Rückblick auf Fortschritte und verbesserungswürdige Bereiche • Rückfallprophylaxe
4. Erhaltungsphase	• Fortsetzung der Therapieerfolge • Frühwarnzeichen erkennen • Vulnerabilität für weitere Episoden reduzieren

es wird geklärt, in welcher Phase des Trauerprozesses es zu Auffälligkeiten oder Blockaden gekommen ist und wie die komplizierten Trauerreaktionen im Einzelnen aussehen. Erst nach dieser sorgfältigen Analyse werden gezielte Behandlungsstrategien abgeleitet. So wird bei vermiedener Trauer ein angemessener Trauerprozess eingeleitet bzw. gefördert, wobei Trauernde insbesondere in emotionaler Hinsicht unterstützt werden. Bei chronischer Trauer ist das vorrangige Therapieziel, das Verharren in der Trauer aufzugeben und sich aus der starken emotionalen Verstrickung zum Verstorbenen zu lösen. Durch die Wiederaufnahme von Interessen und Beziehungen soll die Bewältigung des Verlusts erleichtert werden. Zur Bewältigung traumatischer Trauer scheint die Kombination der klassischen IPT-Strategien mit Expositionsübungen (sog. Complicated Grief Treatment/CGT; Shear et al., 2005) erfolgversprechender. Dabei wird angestrebt, das Vermeidungsverhalten aufzugeben und zu lernen, die während der Exposition aufkommenden aversiven Gefühle zu bewältigen.

Liegt der Fokus auf *interpersonellen Auseinandersetzungen*, wird zunächst geklärt, welche unterschiedlichen Wünsche und Erwartungen zum Konflikt beigetragen haben. Zudem wird das Stadium identifiziert, in dem sich der Konflikt befindet. Man unterscheidet hierbei zwischen:

- Verhandlungsstadium (in Form häufiger, meist unbefriedigender Auseinandersetzungen)
- Sackgassenstadium (Konflikte werden nicht mehr offen angesprochen)
- Auflösungsstadium (die Bindung der beiden Partner aneinander ist unwiderruflich zerrüttet)

Auch wenn keine Paartherapie eingeleitet wird, sollten enge Bindungspersonen (schon aus diagnostischen Gründen) für mehrere Sitzungen einbezogen werden. Schließlich wird ein Handlungsplan entwickelt, durch den sich die Erwartungen an die Beziehung und/oder die gestörte Kommunikation verändern sollen. Bei beruflichen Konflikten besteht ein analoges Vorgehen. Auch hier wird ein Stadium ermittelt und entsprechende Problemlösestrategien werden erarbeitet. Das therapeutische Vorgehen ist an die jeweiligen Stadien angepasst. Eine Verbesserung der Kommunikation oder Toleranzerhöhung in Bezug auf Konflikte (insbesondere im Alter) sind häufige Problemlösestrategien.

Steht die Erkrankung im Zusammenhang mit einem unbewältigten *Rollenwechsel und belastenden Lebensveränderungen*, liegen die Therapieziele im Betrauern und Akzeptieren des Verlusts der alten Rolle und im Herstellen einer positiveren bzw. weniger negativen Einstellung zur neuen Rolle. Zu diesem Zweck werden die positiven und negativen Aspekte der alten und neuen Rolle detailliert herausgearbeitet und in Relation gestellt. Ressourcenaktivierung spielt hierbei eine wichtige Rolle sowie das Erwerben von sozialen Fertigkeiten. Ziel ist eine Verbesserung des Beziehungsnetzes.

Leiden depressive Menschen unter tiefgreifenden interpersonellen Defiziten und dadurch hervorgerufener *Einsamkeit und Isolation*, werden die Ursachen dieses Problems exploriert. Erst dann wird ein Handlungsplan entwickelt, der die Betroffenen ermutigen soll, neue Beziehungen aufzunehmen. Der therapeutischen Beziehung kommt hierbei Modellcharakter zu. Generell sind depressive Menschen, die diesen Problembereich als Fokus haben, schwerer gestört; bei Älteren kann es sich aber auch um ein realistisches Altersproblem im Sinne eines Rollenwechsels handeln. Multiple Verluste, eingeschränkte Mobilität sowie generationstypische Werte- und Motivationssysteme spielen hierbei eine wichtige Rolle

Der neue Problembereich *Arbeitsstress* fokussiert eine sehr wichtige soziale Rolle vieler Menschen. Diese kann aber auch als Überforderung oder Belastung erlebt werden und damit gesundheitsgefährdende Auswirkungen beinhalten. Arbeitsbezogener Stress erklärt sich häufig aus interpersonellen Konfliktkonstellationen, z. B. Ungerechtigkeit, streng hierarchische Systeme, Vorgesetztenwechsel oder kompetitivem Verhalten. Aber auch sinnentleerte und selbstentfremdende Arbeitsabläufe können das »Ausbrennen« des eigenen Energiehaushalts bewirken. Arbeitslosigkeit oder Berentung und das damit verbundene »Herausfallen« aus sozialen Bezugssystemen sind als Risikofaktoren bekannt. Der Problembereich IPT-Work konzentriert sich auf den Arbeitskontext, indem spezifische Elemente zu den regulären IPT-Strategien hinzufügt werden, d. h. die Identifizierung arbeitsbedingter Stressfaktoren anhand eines individuellen Stress- und Ressourcenprofils. Typische

Inhalte sind: Psychoedukation zum Zusammenhang zwischen Arbeitsstress und Depression; Schaffung eines Gleichgewichts zwischen Leistungswerten und zwischenmenschlichen Werten; Vermittlung von Achtsamkeit und anderen Bewältigungsstrategien (z. B. durch Verbesserung des Kommunikationsstils). Eine erste Pilotstudie erbrachte ermutigende Ergebnisse (Schramm et al., 2020).

Beendigungsphase

In den letzten zwei bis drei Sitzungen vor Therapieende wird der Abschluss der Behandlung explizit als Abschieds- und Trauerprozess bearbeitet. Betroffene erhalten dadurch die Möglichkeit, die mit dem Therapieende verbundenen Gefühle auszudrücken.

> **Merke**
>
> Die IPT ist eine semistrukturierte Kurzzeittherapie, die – analog zum Krankheitsverlauf – in drei Phasen aufgeteilt wird: 1. Psychoedukation und Umgang mit depressiven Beschwerden, 2. Bewältigung depressionsassoziierter Problembereiche, 3. Beendigung und Rückfallprophylaxe.

56.3.2 Modifikationen

IPT als Erhaltungstherapie

Für die meisten Patienten und Patientinnen empfiehlt sich nach der Akutbehandlung eine 4. Phase der Erhaltungstherapie (IPT-Maintenance/IPT-M) anzuschließen. Diese dient der Fortsetzung des Therapieerfolgs und damit dem Rückfallschutz. Die Erhaltungsform der IPT ist der Akut-IPT ähnlich, indem der Fokus weiterhin auf den interpersonellen Kompetenzen und dem psychosozialen Funktionsniveau liegt. Das Hauptziel der IPT-M besteht darin, den Remissionszustand zu erhalten, indem die Vulnerabilität für zukünftige Episoden reduziert wird. Der Behandlungszeitraum ist dem individuellen »Bedarf« angepasst.

IPT im stationären Setting

Für den stationären Einsatz wurde die Methode um gruppentherapeutische Interventionen sowie um die gezielte Integration des gesamten Behandlungsteams erweitert (Schramm, 2019). Das stationäre Behandlungsprogramm integriert hochfrequente Einzelsitzungen, die Einbeziehung der Pflege sowie der interpersonell ausgerichteten Fachtherapien (wie z. B. Gestaltungstherapie). Die Mitarbeit von Angehörigen ist, je nach Fall, erwünscht. Alle Interventionen orientieren sich an den Vorgaben der IPT. Das (halboffene) Gruppenformat erfordert die aktive Mitarbeit der Patientinnen und Patienten, was im stationären Kontext auch die Durchführung von »Hausaufgaben« impliziert. Dieses übungs- und ressourcenorientierte Vorgehen soll depressiven Menschen helfen, sich in einer vertrauten Gruppe interpersonelle Fertigkeiten und Bewältigungsstrategien für den individuell relevanten IPT-Problembereich anzueignen.

IPT für Adoleszente (IPT-A)

Die Interpersonelle Psychotherapie für depressiv erkrankte Adoleszente (IPT-A) fokussiert auf zwischenmenschliche Beziehungen und Rollen innerhalb der Familie und unter Gleichaltrigen während des Übergangs vom Kindes- zum Erwachsenenalter. Bei der IPT-A bleiben die übergreifenden Ziele und Problembereiche bestehen. Die spezifischen Ziele und Strategien wurden jedoch auf die Entwicklungsaufgaben und Fähigkeiten Jugendlicher angepasst. Bei dieser Modifikation für 12- bis 18-Jährige werden zusätzliche entwicklungspsychologisch relevante Themen berücksichtigt, um die Betroffenen in ihrer sozialen und emotionalen Entwicklung zu unterstützen. Hierunter fallen z. B. Identitätsbildung, Autonomieentwicklung, Entwicklung von Beziehungen zum anderen Geschlecht und zu potenziellen Liebespartnern, Umgang mit Social Media, Verlusterfahrungen sowie Umgang mit Druck von Gleichaltrigen bzw. Mobbing (s. von Lucadou, 2023).

IPT im höheren Alter (IPT-Late Life)

Die IPT im Alter (sog. IPT-Late Life) unterscheidet sich nicht grundsätzlich von der »Original-IPT« und wurde in den 1980er-Jahren von der IPT-Arbeitsgruppe konzipiert (deutsche Adaption bei Dykierek et al., 2022). Wie auch bei Jüngeren liegt der Behandlungsfokus auf dem Zusammenhang zwischen depressiver Symptomatik und akuten, aber auch Die Bearbeitung der Problembereiche erfolgt mit den üblichen Strategien und Techniken. Generell wird den Therapeuten und Therapeutinnen aber mehr Freiheit als im ursprünglichen Format eingeräumt. Dabei sollten die eigenen, möglicherweise defizitär geprägten Altersbilder reflektiert werden.

Insgesamt erfordert die psychotherapeutische Behandlung älterer Menschen häufiger direkte und praktische Hilfestellung bei Bewältigung ihres Alltags, was je nach Fall auch die der Inanspruchnahme sozialer Stützsysteme impliziert. Im stationären Setting ist eine enge multiprofessionelle Kooperation mit anderen Berufsgruppen unabdingbar. Die Gesamtbetrachtung und Würdigung der individuellen Lebensgeschichte spielt im Sinne der Ressourcenaktivierung eine wichtige Rolle, ebenso die Balance zwischen Veränderung und Akzeptanz. Altersspezifische Perspektiven und soziokulturelle Aspekte werden ebenfalls berücksichtigt. Darunter fallen zunehmende körperliche Beschwerden, multiple Verlusterfahrungen (auch von Autonomie), erlebte Bedeutungseinbußen sowie der Umgang mit dem Älterwerden und gesellschaftlicher Stigmatisierung. Der demografische Wandel mit neuen, weniger angepassten Alterskohorten (sog. Babyboomer) wird die Bedeutung und die Verbreitung dieser Modifikation sicher erhöhen.

IPT bei posttraumatischen Belastungsstörungen (IPT-PTBS)

Die IPT-Behandlung depressiver Menschen mit PTBS basiert nicht auf Expositionstechniken, sondern legt den Fokus auf die zwischenmenschlichen und affektiven Konsequenzen der Traumatisierung. Die Behandlung konzentriert sich dabei auf *komplizierte Traue*r (z. B. nach dem gewaltsamen Tod eines Angehörigen) oder *Konflikte* (z. B. mit Angehörigen oder mit vom Trauma verschonten Menschen). Ein *Rollenwechsel* kann ebenfalls ein bedeutsamer Problembereich sein. Er geht in der Regel mit ausgeprägten psychischen und physischen Beeinträchtigungen einher, wie es bei Kriegsveteranen, Unfallopfern oder Opfern sexualisierter Gewalt der Fall ist. Fast allen Traumata ist gemein, dass die Erschütterung des eigenen Weltbildes und des Vertrauens in andere Menschen die weitere Lebensgestaltung erheblich beeinträchtigen kann.

Es werden weder Hausaufgaben gegeben noch werden Betroffene ermutigt, sich mit Trauma-Erinnerungen oder Flashbacks auseinanderzusetzen. Stattdessen konzentriert sich die IPT auf die aktuellen Gefühle und Handlungen traumatisierter Menschen im täglichen Leben. Betroffenen soll es ermöglicht werden, sich mit ihren Gefühlen auseinanderzusetzen und diese in ihr Leben zu integrieren (statt sie zu vermeiden). Das Vertrauen zu anderen und zur Umwelt im Allgemeinen soll wiederaufgebaut werden, um damit wieder Kontrolle über das eigene Leben zu erlangen. Zwischenmenschliche Kompetenzen sowie die Erweiterung des sozialen Netzes spielen dabei eine bedeutsame Rolle und dienen als Schutz vor weiterer Psychopathologie.

Merke

Die IPT verfügt über zahlreiche Modifikationen, die auf die Bedürfnisse spezifischer Personengruppen und Störungsbilder zugeschnitten sind. Unterschiedliche Settings und Formate werden dabei berücksichtigt.

56.4 Typische Indikationsgebiete

Die IPT ist indiziert bei nicht psychotischen, akuten unipolar-depressiven Episoden. Ursprünglich war die Kurzzeittherapie (12–16 Sitzungen) auf die ambulante Durchführung als Einzeltherapie zugeschnitten. In der Akutbehandlung war sie zwar erfolgreich, erwies sich jedoch zur langfristigen Verhinderung erneuter depressiver Episoden als nicht ausreichend. Zur Rezidivprophylaxe wurde daher eine modifizierte Version, die sog. Erhaltungstherapie, entwickelt. Für andere Störungsbilder liegen vereinzelt Wirksamkeitsnachweise vor (z. B. von Cohen et al., 2024 für PTBS). Bei substanzbezogenen Störungen, Persönlichkeitsstörungen oder »reiner« Dysthymie zeigte sich in Studien eine geringe oder gar keine Wirksamkeit. Zur Behandlung chronischer Depressionen hat sich vielmehr das Cognitive Behavioral Analysis System of Psychotherapy (CBASP; McCullough et al., 2015) durchgesetzt. Die Schwere der Depression stellt keine Kontraindikation für die IPT dar: Sowohl bei leichten als auch bei mittelschweren und schweren unipolaren Depressionen erhielt die IPT in Versorgungsleitlinien einen hohen Empfehlungsgrad (Ravitz et al., 2019). Bei suizidgefährdeten, schweren oder komplex gestörten depressiven Patientinnen und Patienten ist ein stationäres IPT-Programm in Kombination mit Pharmakotherapie indiziert.

56.5 Evidenzbasierung

Über vier Jahrzehnte hinweg hat die Forschung eindrucksvoll die Wirksamkeit der IPT bei einer Vielzahl psychischer Störungen belegt – darunter in erster Linie bei Depressionen, aber auch bei Essstörungen, bipolarer Störung, PTBS und Angststörungen (Cuijpers et al., 2016; Markowitz, 2024). Mehr als 1.000 Publikationen belegen, dass IPT eine pragmatische, effektive und zeitlich begrenzte Intervention darstellt, die sich bei verschiedenen Patientengruppen und Störungen bewährt hat (Ravitz et al., 2024). Eine Metaanalyse (Cuijpers et al., 2011) beschreibt, dass die IPT anderen Psychotherapien wie der KVT in der Depressionsbehandlung ebenbürtig ist. Im Vergleich zur Pharmakotherapie ist die IPT in der Depressionsbehandlung ähnlich wirksam, in der Kombination deutlich wirksamer als beide Monotherapien.

Weiterführende Forschung ist notwendig, um Wirkfaktoren der IPT besser zu verstehen und neue Technologien zu nutzen, um ihre Verbreitung und Umsetzung in der Routinepraxis zu fördern.

Merke

Die IPT ist ein für unipolare Depressive konzipiert und verfügt über zahlreiche Wirksamkeitsnachweise.

Prüfungsfragen

1. Beschreiben Sie die wichtigsten Merkmale der IPT.
2. Beschreiben Sie die Hauptproblembereiche der IPT und die allgemeinen Ziele bei der Bearbeitung der einzelnen Problembereiche.
3. Nennen sie die wichtigsten Modifikationen bzw. Zielgruppen der IPT.

Antworten

1. Bei der IPT handelt es sich um eine störungsorientierte Kurzzeittherapie zur Behandlung unipolarer depressiver Episoden. Der Schwerpunkt liegt auf den aktuellen interpersonellen und psychosozialen Problemen.
2. Es stehen fünf depressionsassoziierte Problembereiche zur Auswahl: Rollenwechsel, interpersonelle Konflikte, Einsamkeit, Trauer und Arbeitsstress. Bei allen Problembereichen werden Klärungs-, Veränderungs- oder Akzeptanzziele definiert, die eine Bewältigung der individuellen Problematik ermöglichen und damit zur Remission beitragen sollen.
3. Die IPT befindet sich in stetiger Weiterentwicklung. Dies betrifft insbesondere die Modifikationen für bestimmte Zielgruppen und Störungsbilder: IPT-Maintenance als niederfrequente Erhaltungstherapie, IPT-Stationär für stationär behandelte Depressive, IPT-Adolescent für jüngere Depressive, IPT-Late Life für ältere Depressive, IPT in der Gruppe, IPT-PTBS für posttraumatische Belastungsstörungen und Depression.

Literatur

Cuijpers, P., Geraedts, A. S., van Oppen, P. et al. (2011). Interpersonal psychotherapy for depression: a meta-analysis. *Am J Psychiatry, 168*(6), 581–592.

Cuijpers, P., Donker, T., Weissman, M. M. et al. (2016). Interpersonal psychotherapy for mental health problems: a comprehensive meta-analysis. *Am J Psychiatry, 173*(7), 680–687.

Cohen, Z. D., Breunese, J., Markowitz, J. C. et al. (2024). Comparative efficacy of interpersonal psychotherapy and antidepressant medication for adult depression: a systematic review and individual participant data meta-analysis. *Psychological Medicine 54*(14), 3785–3794. https://doi.org/10.1017/S0033291724001788

Dykierek, P., Schramm, E., Scheller, E. (2022). *Interpersonelle Psychotherapie im Alter (IPT-Late Life): Ein Therapiemanual bei Depressionen im höheren Lebensalter.* Kohlhammer.

Klerman, G. L., Weissman, M. M., Rounsaville, B. J. et al. (1984). *Interpersonal psychotherapy of depression.* Basic Books.

Markowitz, J. C., Milrod, B., Lyten, P. et al. (2019). Mentalizing in Interpersonal Psychotherapy. *Am J Psychothery, 72*(4), 95–100. https://doi.org/10.1176/appi.psychotherapy.20190021

Markowitz, J. C. (2024). Interpersonal Psychotherapy for Posttraumatic Stress Disorder: A Critical Review of the Evidence. *Clin Psychiatry, 85*(2), 23nr15172. doi: 10.4088/JCP.23nr15172.

McCullough, J. P., Schramm, E., Penberthy, J. K. (2015). *CBASP – Cognitive Behavioral Analysis System of Psychotherapy: Chronische Depressionen effektiv behandeln.* Junfermann.

Ravitz, P., Watson, P., Lawson, A. et al. (2019). Interpersonal Psychotherapy: A Scoping Review and Historical Perspective (1974–2017). *Harv Rev Psychiatry, 27*(3), 165–180. doi: 10.1097/HRP.0000000000000219.

Ravitz, P., Flores, L. E., Novick, D. et al. (2024). Psychotherapies at a Glance: Consensus Guideline-Recommended Psychotherapies for Adults with Psychiatric Disorders. *Am J Psychother, 77*(2), 79–87. doi: 10.1176/appi.psychotherapy.20230004.

Schramm, E. (2019). *Interpersonelle Psychotherapie bei Depressionen und anderen psychischen Störungen.* Schattauer.

Schramm, E., van Calker, D., Dykierek, P. et al. (2007). A randomized controlled study of Interpersonal Psychotherapy plus Pharmacotherapy inpatients for severely depressed. *Am J Psychiatr, 164*(5), 768–777.

Schramm, E., & Berger, M. (2013). IPT bei arbeitsstressbedingten depressiven Erkrankungen. *Nervenarzt, 84,* 813–822. doi: 10.1007/s00115-013-3744-5.

Schramm, E., Mack, S., Thiel, N. et al. (2020). Interpersonal Psychotherapy vs. Treatment as Usual for Major Depression Related to Work Stress: A Pilot Randomized Controlled Study. *Front Psychiatry, 11,* 193. doi: 10.3389/fpsyt.2020.00193.

Schramm, E., Zehender, N., Thiel, N. (2022). *Interpersonelle Psychotherapie in der Gruppe: Kurzmanual für das Gruppensetting.* Schattauer.

Shear, K., Frank, E., Houck, B. et al. (2005). Treatment of complicated Grief: A randomized controlled trial. *JAMA, 292,* 2601–2608.

von Lucadou, A. (2023). Interpersonelle Psychotherapie. In: G. Schulte-Körne, G. Greimel & E. Schulte-Körne (Hrsg.), *Depression im Kindes- und Jugendalter: Rechtzeitig erkennen, wirksam behandeln und vorbeugen* (S. 191–203). Kohlhammer.

Weissman, M. M., & Mootz, J. J. (2024). *Interpersonal Psychotherapy A Global Reach.* Oxford University Press.

Weiterführende Literatur

Dykierek, P., Schramm, E., Scheller, E., (2022). *Interpersonelle Psychotherapie im Alter (IPT-Late Life): Ein Therapiemanual bei Depressionen im höheren Lebensalter.* Kohlhammer.

Schramm, E. (2019). *Interpersonelle Psychotherapie bei Depressionen und anderen psychischen Störungen.* Schattauer.

Schramm, E., Zehender, N., Thiel, N. (2022). *Interpersonelle Psychotherapie in der Gruppe: Kurzmanual für das Gruppensetting.* Schattauer.

57 Dialektisch-Behaviorale Therapie (DBT)

Frank Enning

Das Wichtigste auf einen Blick

- Die Dialektisch-Behaviorale Therapie (DBT) wurde von Marsha M. Linehan speziell zur Behandlung chronisch suizidaler Borderline-Patientinnen entwickelt und ist heute ein Standardansatz für die Therapie von Störungen der Emotionsregulation.
- DBT-Therapeuten und -Therapeutinnen arbeiten mit einer Haltung aus Engagement, Durchhaltevermögen und Demut, wobei sie die individuellen Erfahrungen und das emotionale Erleben der Patientinnen und Patienten stets im Blick behalten.
- Die therapeutischen Grundannahmen der DBT fördern eine wertschätzende Behandlung, indem sie positive Überzeugungen über die Patienten in den Vordergrund stellen und ihre Würde und ihr Potenzial betonen.
- Konkrete Verbindlichkeiten im Alltag, wie Pünktlichkeit und klare Kommunikation, sind entscheidend für eine erfolgreiche und störungsfreie Therapie im Rahmen der DBT.
- Die DBT behandelt in verschiedenen Stadien, die sich an den spezifischen Verhaltensweisen und emotionalen Herausforderungen der Patientinnen und Patienten orientieren, um eine gezielte und wirksame Therapie zu ermöglichen.
- Die traumafokussierte DBT (TF-DBT) erweitert die Standard-DBT durch die gezielte Bearbeitung traumatischer Erlebnisse und deren emotionaler Folgen, ergänzt durch Expositionstechniken und das Wise-Mind-Konzept.

57.1 Einführung

Die Dialektisch-Behaviorale Therapie (DBT) wurde in den 1980er Jahren von Marsha M. Linehan (University of Washington, Seattle, USA) zunächst als störungsspezifische ambulante Therapie für chronisch suizidale Patientinnen mit Borderline-Persönlichkeitsstörung entwickelt (Linehan, 1993). Heute gilt die DBT als ein Prototyp für modulare Psychotherapie und wurde für zahlreiche psychiatrische Störungsbilder, die mit Störungen der Emotionsregulation einhergehen, erweitert und angepasst.

57.2 Historische Aspekte

M. Linehan griff bei der Entwicklung der DBT auf ihre eigene leidvolle Erfahrung als Borderline-Betroffene zurück. Sie selbst hatte mehrere Jahre in psychiatrischer Behandlung teils auf geschlossenen Stationen zugebracht. Konfrontiert mit ihrer eigenen Hilflosigkeit und der Hilflosigkeit der behandelnden Ärzte hatte sie schließlich beschlossen, »den Weg aus dieser Hölle selbst zu suchen, um später zurückzukehren und anderen den Weg zu zeigen« (M. Linehan, zitiert nach M. Bohus). Die DBT ist dieser Weg aus der Hölle der Borderline-Störung. Die DBT basiert also einerseits auf den persönlichen Erfahrungen von M. Linehan, andererseits wäre es natürlich fatal, die Leistungen von Linehan auf ihre bewältigte Borderline-Störung zu reduzieren. Sie ist vielmehr eine ausgewiesene Expertin auf dem Gebiet der Experimentalpsychologie und der Psychotherapieentwicklung. Die DBT basiert daher auf einer neuro-behavioralen Theorie und den Wirkprinzipien der empirisch-wissenschaftlichen Psychotherapie.

57.3 Besondere Merkmale und Grundlagen

Gemessen an der Bedeutung der Borderline-Störung für das Gesundheitssystem und an der Tragweite für Betroffene und Angehörige ist unser Wissen über Entstehung, Pathologie und Verlauf nach wie vor als begrenzt zu betrachten. Umso erfreulicher ist der wissenschaftliche Aufschwung der letzten Jahre, der sowohl die Neurobiologie als auch unser therapeutisches Wissen maßgeblich erweitert hat.

Therapeutinnen und Therapeuten, die nach den Prinzipien und Regeln der DBT arbeiten, tun gut daran, sich auf einige allgemeine Grundlagen zu verständigen. Dies betrifft ihre innere Haltung gegenüber Patientinnen und Patienten, ihre therapeutischen Möglichkeiten, ihr Verhältnis zu empirischen Wissenschaften und zu anderen DBT-Therapeuten (Bohus et al., 2021).

57.3.1 Grundlagen

Die Grundhaltung von DBT-Therapeutinnen und -Therapeuten sollte gekennzeichnet sein von einer Mischung aus Engagement, Durchhaltevermögen und Demut. Bei allem Respekt vor unserem störungsspezifischen Wissen, bei all unserem therapeutischen Können sollten wir uns doch immer wieder vergegenwärtigen, dass wir nur Bruchteile dessen verstehen, was in den Patientinnen und Patienten emotional vorgeht, welche vergangenen Erfahrungen und welche gegenwärtigen Einflüsse ihr Erleben und Handeln bestimmen. Zudem kann auch der beste Therapeut nur versuchen, den Weg zu weisen. Das kann schiefgehen, damit müssen wir rechnen und uns davon nicht entmutigen lassen. Wir werden nicht allen Borderline-Betroffenen grundlegend helfen können, aber wir sollten es mit allen Kräften versuchen.

Die innere Verpflichtung eines DBT-Therapeuten ist am ehesten mit der eines Sport-Trainers zu vergleichen: Man vereinbart ein gemeinsames Ziel, man verständigt sich über die Methodik, man legt das Rationale offen, und man vereinbart die Dauer des Kontrakts. Nun übernimmt der Trainer die Verantwortung für das Erreichen des Ziels. Dazu ist eine sehr gute Arbeitsbeziehung eine notwendige, aber keinesfalls hinreichende Bedingung. Der liebenswerteste Trainer wird erfolglos bleiben, wenn seine Methoden nicht greifen, und umgekehrt wird ein unpersönlicher Trainer trotz exzellenter Methoden kaum die Motivation zu einer dauerhaften Spitzenleistung aktivieren können.

Die DBT integriert bewährte motivationale Methoden aus der Sozialpsychologie, die in therapeutischen Schulen bislang eher belächelt wurden. So beschreibt etwa »Cheerleading«, was man am ehesten mit »Ermunterung« übersetzen könnte: die Verbalisierung von Vertrauen in die Stärken des Patienten (»Ich glaube an Sie, Sie stecken voller Power; wenn Sie die Energien, die Sie bislang gegen sich selbst verwendet haben, nutzen, um die Therapie voranzutreiben, sehe ich kein Problem«). Dass man dies nur dann formulieren sollte, wenn man tatsächlich davon überzeugt ist, versteht sich von selbst. Borderline-Patienten haben ein feines Gespür für Heuchelei und falsches Lob. Andererseits – und dies ist das übergeordnete Prinzip der Lerntheorie – wirken auch allgemein als »positiv« eingeschätzte Konsequenzen wie »Lob« nur dann als Verstärker, wenn diese mit den idiosynkratischen Plänen und Zielen der Betroffenen übereinstimmen. Eine Patientin, die sich selbst als primär unfähig erlebt oder große Angst davor hat, alleine zu sein, wird dazu neigen, ein Lob für Therapiefortschritt als bedrohlich zu erleben, da ja mit »Fortschritt« auch die Beendigung der Therapie implizit anklingt (»Jetzt meint er, ich kann schon alles, und wird die Therapie bald beenden, dann werde ich ihn verlieren, das halte ich nicht aus«). Seien wir uns also dessen bewusst, und wir werden weiter unten darauf noch ausführlicher zu sprechen kommen: Die maximale Bedrohung für eine Borderline-Patientin ist die Vorstellung, in ihre Einsamkeit entlassen zu werden.

Merke

Cave: Jede auch noch so freundlich gemeinte Bemerkung des Therapeuten, die von der Patientin als Bedrohung der Beziehung bewertet wird (das kann auch ein Lob sein), löst massive Angst aus, mit all ihren individuellen Konsequenzen. In der Grundhaltung des Therapeuten sollte dieses Wissen also mitschwingen! Er sollte sich den notwendigen Verbindlichkeiten stellen und diese einhalten!

57.3.2 Therapeutische Grundannahmen

Die therapeutischen Grundannahmen der Dialektisch-Behavioralen Therapie sind entscheidend für eine wertschätzende und effektive Behandlung. Marsha Linehan hat bewusst die frustrierenden und oft negativen Überzeugungen, die bei der Arbeit mit Patientinnen und Patienten mit Borderline-Persönlichkeitsstörung entstehen können, umgekehrt und durch positive Annahmen ersetzt (Linehan, 1993). Diese Grundannahmen schützen nicht nur die Würde und das Potenzial der Patienten, sondern unterstützen auch Therapeuten dabei, in herausfordernden Situationen eine konstruktive Haltung zu bewahren. Dies stärkt sowohl die therapeutische Beziehung als auch die langfristige berufliche Zufriedenheit.

Therapeuten, Co-Therapeuten und Supervisoren, die nach den Richtlinien der DBT arbeiten, verständigen sich auf diese Grundannahmen als Ausdruck einer gemeinsamen Haltung. Diese sollen sowohl die Arbeit mit den Patientinnen und Patienten als auch die Zusammenarbeit im Team prägen.

Therapeutische Grundannahmen

1. Patientinnen geben sich wirklich Mühe.
2. Patientinnen wollen sich verändern.
3. Patientinnen müssen sich stärker anstrengen und härter arbeiten, um sich zu verändern.
4. Patientinnen haben ihre Schwierigkeiten nicht alle selbst verursacht, aber müssen sie selbst lösen.
5. Das Leben suizidaler Borderline-Patientinnen ist so, wie es gegenwärtig gelebt wird, nicht auszuhalten.
6. Patientinnen müssen in fast allen relevanten Lebensbereichen neues Verhalten erlernen.
7. Patientinnen können in der Therapie nicht versagen.
8. Therapeuten, die mit Borderline-Patientinnen arbeiten, brauchen Unterstützung.

Die ersten beiden Grundannahmen verdeutlichen, dass Patientinnen im Grunde bereit sind, ihre Situation zu verbessern. Wenn sie sich optimal verhalten könnten, würden sie es tun. Die Identifikation der Bedingungen, die dysfunktionales Verhalten aufrechterhalten, steht dabei im Fokus.

Die dritte Annahme hebt hervor, dass sowohl von Patientinnen als auch von Therapeuten Sorgfalt und Kraft für die anstehenden Veränderungen gefordert sind. Alle verfügbaren Unterstützungsmöglichkeiten sollten genutzt werden.

Die vierte Annahme betont, dass Patientinnen ihre Probleme meist nicht selbst verursacht haben, jedoch die Verantwortung für deren Lösung tragen. Eine häufig verwendete Metapher verdeutlicht dies: Wenn du in einen Fluss gestoßen wirst, musst du dennoch selbst ans Ufer schwimmen.

Die fünfte Annahme macht deutlich, dass das Leben suizidaler Patientinnen oft unerträglich ist. Hier ist Empathie ebenso wichtig wie entschlossenes Handeln, um Veränderungen zu bewirken.

Die sechste Annahme unterstreicht die Notwendigkeit, neue Fertigkeiten nicht nur in ruhigen Momenten, sondern auch unter Stress zu trainieren. Krisensituationen bieten dabei die Chance, diese Fertigkeiten zu vertiefen.

Die siebte Grundannahme stellt klar, dass in der DBT kein Versagen möglich ist; Therapieabbrüche oder Stagnation geben vielmehr Anlass, das therapeutische Konzept zu überdenken.

Die achte Annahme betont die Bedeutung von Unterstützung für Therapeuten, da die Arbeit mit chronisch suizidalen Patientinnen sehr fordernd ist.

Die therapeutischen Grundannahmen dürfen nicht nur theoretische Vorsätze bleiben, sondern müssen sich auch ganz praktisch im Alltag zeigen. Dies geschieht durch klare Verbindlichkeiten:

- Sorgen Sie für Ihre eigene Pünktlichkeit.
- Sorgen Sie für Kontinuität eines freundlichen Raumes.
- Schalten Sie Telefon, Piepser und Smartphone (das geht auch in der Psychiatrie!) aus.
- Klären Sie potenzielle Störungen im Vorfeld.
- Machen Sie sich wenige, aber notwendige Notizen.
- Teilen Sie Ihre private Telefonnummer mit und klären Sie die Bedingungen, unter denen Sie erreichbar sind (nur im ambulanten Bereich).
- Kündigen Sie Ihre Urlaube rechtzeitig (mind. 4 Wochen vorher) an.
- Sorgen Sie notfalls für therapeutischen Ersatz.
- Klären Sie die Modalitäten von SMS-Nachrichten.
- Klären Sie die Modalitäten von Dauer und Finanzierung der Therapie.
- Klären Sie, dass Sie auch nach Beendigung der Therapie in größeren zeitlichen Abständen beratend zur Verfügung stehen werden (nur im ambulanten Bereich).

Die meisten dieser Punkte sollten eigentlich selbstverständlich sein, gehen aber in der Hektik des Alltags der psychiatrischen Versorgung oft etwas unter.

57.3.3 Behandlung

Die Zuordnung einer Patientin oder eines Patienten zu bestimmten Behandlungsstadien orientiert sich an den jeweiligen Verhaltens- und Erlebensweisen sowie an den entsprechenden sozialen Bedingungen. Die Behandlungsstadien ordnen einerseits die abzuarbeitenden Prozesse und andererseits die Fokus-Wahl, d. h., welche Problembereiche vorrangig behandelt werden. Die adäquate Zuordnung der jeweiligen Patientin oder des jeweiligen Patienten ist daher von überragender Bedeutung für den gesamten Therapieverlauf und sollte immer wieder im Rahmen der Teamsupervision besprochen und ggf. korrigiert werden (Bohus & Wolf-Arehult, 2013).

Behandlungsstadien

Vorbereitung:

- Diagnostik
- Aufklärung über das Störungsbild
- Operationalisierung von lebensbedrohlichen und krisenerzeugenden Verhaltensmustern
- Aufklärung über Methodik und Regeln der DBT
- Klärung der gemeinsamen Behandlungsziele
- Non-Suizid-Vertrag

1. Therapiestadium (Stage I): schwerwiegende Probleme auf der Verhaltensebene

- Verbesserung der Überlebensstrategien (Umgang mit krisenerzeugendem Verhalten)
- Verbesserung der Therapie-Compliance (Umgang mit Verhaltensmustern, die die Fortsetzung oder den Fortschritt der Therapie verhindern)
- Behandlungen von sehr schwerwiegenden Achse-I-Störungen oder anderen Verhaltensmustern, die eine »normale« soziale Integration unmöglich machen

2. Therapiestadium (Stage II): Probleme des emotionalen Erlebens

- Verbesserung der sozialen Integration und Interaktion
- Behandlung von Achse-I-Störungen
- Verbesserung von borderlinetypischen emotionalen Problemen wie Einsamkeit, Selbsthass, Angst vor Verlassenheit etc.

3. Therapiestadium (Stage III): Probleme der Sinnerfülltheit

- Verbesserung der Lebensbejahung und spiritueller Komponenten

Vorbereitung

Während der Vorbereitung sollte also zunächst die Diagnostik durchgeführt und mitgeteilt werden. Mit Hilfe eines standardisierten Interviews kann man die schwerwiegendsten Verhaltensmuster erfassen und darauf aufbauend die Ausprägung der Störung auf der Verhaltensebene einschätzen. Nach Aufklärung über das Krankheitsbild und Vermittlung der grundlegenden Regeln und Arbeitsweisen der DBT sollte man sich schon in der Vorbereitung auf die wichtigsten Therapieziele einigen. Es folgt die Abklärung früherer Therapieabbrüche und Suizidversuche und schließlich handelt man den Therapievertrag aus. Der Non-Suizid-Vertrag ist Bestandteil davon.

1. Therapiestadium

Während des ersten Therapiestadiums (Stage I) orientiert sich der Therapeut oder die Therapeutin an der durch die DBT festgelegten dynamischen Hierarchie der Behandlungsfoki. Dies bedeutet, dass diese Foki nicht nacheinander abgearbeitet werden müssen, sondern im Sinne von Entscheidungsalgorithmen vorgeben sind: Wann immer ein höherrangiges Problemverhalten auftaucht, wird dieses fokussiert.

> **Merke**
>
> Höchste Priorität in der Behandlung haben potenziell lebensgefährliche Problemverhalten wie Suizidversuche, schwerwiegende Selbstverletzungen, Unterlassen von medizinisch notwendigen Behandlungen und Hochrisikoverhalten.

Hinzu kommt sog. krisenerzeugendes Verhalten, also Muster, die regelhaft zu einer rapiden Verschlechterung und Bedrohung der sozialen Situation führen und damit auch die Fortsetzung der Therapie gefährden. Hierunter fallen etwa aggressive Durchbrüche, Straftaten, die zur Inhaftierung führen können, Vernachlässigung von Erziehungsaufgaben, die das Jugendamt tätig werden lassen, und andere Probleme, die möglicherweise zum Therapieabbruch führen. An zweiter Stelle der Hierarchie sind Verhaltensmuster, die den Fortschritt der Therapie beeinträchtigen (sog. therapiestörendes Verhalten). Unter diesem etwas sperrigen Begriff subsummiert man sowohl Prozesse, die von Patientinnen und Patienten ausgehen, als auch von Behandelnden oder der jeweiligen Umgebung. Wenn also die Patientin sich etwa weigert, die Tagebuchkarte auszufüllen oder in der Therapiestunde fortwährend schweigt, wenn der Therapeut Aufzeichnungen verliert oder den Pager während der Sitzung aktiviert, wenn die Regeln der Therapie etwa so gestaltet sind, dass Selbstverletzungen zur Entlassung führen, ist all dies therapiestörendes Verhalten. Sind keine dieser beiden Problemgruppen präsent, so fokussiert der Therapeut auf die schwerwiegende Achse-I-Symptomatik. Allerdings nur dann, wenn diese so ausgeprägt ist, dass sie die Arbeit an der Verbesserung der sozialen Integration verunmöglicht oder zumindest schwer behindert. Dies kann z. B. eine PTBS, Drogen- und Alkoholmissbrauch, schwere soziale Phobien, oder – in seltenen Fällen – auch Essstörungen betreffen. Diese Prämisse sollte unbedingt eingehalten werden! Die Verlockung, sich zunächst möglichst umfänglich um Achse-I-Störungen zu kümmern und erst dann um die soziale Integration, liegt nahe, hat jedoch wahrscheinlich fatale Folgen, was die langfristige Berufs- und Arbeitsfähigkeit anbelangt. Ansonsten sollte die Arbeit an der Verbesserung der sozialen Integration immer Vorrang haben.

2. Therapiestadium

Die Verbesserung der sozialen Integration hat damit auch während des zweiten Therapiestadiums (Stage II) erste Priorität. Wenn man die Forschungsergebnisse zur sozialen Integration in den Langzeitstudien berücksichtigt (Zanarini et al., 2015), so wird offensichtlich, dass alle Anstrengungen unternommen werden müssen, um unseren Patientinnen und Patienten den Weg zu einer möglichst erfolgreichen beruflichen Laufbahn und erfüllten Partnerschaften zu ebnen. Das bedeutet aber auch, dass Patientinnen und Patienten ermutigt werden sollen, trotz teils erheblicher psychopathologischer Probleme ihren Ausbildungs- oder Arbeitsplatz zu erhalten. Der Fokus während dieser Therapiephase liegt daher weniger auf dem Abbau von Problemverhalten, sondern stärker auf dem Aufbau von zielorientiertem und langfristig sozial günstigem Verhalten. Wann immer Probleme im Rahmen der Ausbildung/des Arbeitsplatzes auftauchen, sollten diese vorrangig behandelt werden. An zweiter Stelle während dieser Phase steht die Bearbeitung von Symptomen, die unter Achse-I-Störungen subsummiert werden können. Wie oben bereits ausgeführt, sollten derartige Problemstellungen nur priorisiert werden, wenn sich die Achse-I-Störungen in Verhaltens- und Bedingungsanalysen als vorrangiger Hinderungsgrund für die erfolgreiche soziale Integration herausstellt. So kann etwa fortwährender schwerwiegender Alkoholkonsum den Arbeitsplatz gefährden und sollte fokussiert werden. Langjährige Intrusionen im Rahmen einer PTBS sind jedoch selten Hinderungsgründe, eine bereits eingeschlagene berufliche Entwicklung zu unterbrechen. Die Bearbeitung von borderlinetypischem Erleben wie Einsamkeit, Angst, verlassen zu werden, Selbsthass, einem gestörten Körpergefühl etc. steht am Ende der Priorisierungsliste. Dies soll nicht heißen, dass die Bearbeitung dieser Aspekte nicht von hoher Wichtigkeit wäre! Das Motto heißt vielmehr: »Vom Überleben zum erfüllten Leben.« Aber die erfolgreiche Bearbeitung dieser Probleme fordert zunächst die Kontrolle über krisengenerierende Automatismen, ferner eine tragfähige soziale Struktur und schließlich einiges an Zeit und Geduld. Berücksichtigt man diese Hierarchisierung, so sollte eins ins andere greifen und die jeweiligen Erfolge sollten die Bearbeitung niedriger priorisierter Themen erleichtern.

3. Therapiestadium

Das dritte Therapiestadium (Stage III) schließlich umfasst eher generelle Themen der Lebensführung. Aber auch hier sind einige borderlinetypische Probleme zu benennen, etwa:

- Schwierigkeiten der Akzeptanz von traumatisch erlebter Vergangenheit
- Entwicklung von Demut gegenüber unveränderbaren Dingen
- Freude an Verantwortung
- Versöhnung mit eigenen Schwächen
- Vergänglichkeit

Selbstverständlich müssen nicht alle Patientinnen und Patienten alle drei Therapiestadien durchlaufen. Die Betroffenen können durchaus ein oder zwei Stadien überspringen. Auch sind diese Stadien nicht hermetisch voneinander abgeschirmt. So kann es durchaus sein, dass etwa während der Bearbeitung einer sozialen Phobie im 2. Therapiestadium ungünstige Ereignisse (z. B. Trennung des Partners) bei der Patientin erhebliche Ängste auslösen, die sie auf alte dysfunktionale Bewältigungsstrategien zurückgreifen lässt. Sie beginnt demnach wieder mit Hochrisikoverhalten, um ihre Ohnmacht zu kupieren – also mit Verhaltensmustern, die im 1. Therapiestadium zu verorten sind. Der Therapeut wird daher dieses höherrangige Verhalten in den Fokus nehmen und mit der Bearbeitung der sozialen Phobie erst fortfahren, wenn das Hochrisikoverhalten wieder unter Kontrolle ist. Diese Hierarchisierung der Behandlungsziele sollte Patientinnen und Patienten transparent gemacht werden!

Behandlungsmodule

Die DBT organisiert sich unter ambulanten Bedingungen in vier Modulen:

- Einzeltherapie
- Telefonberatung
- Skills-Training in der Gruppe
- Supervision

Die ambulante Einzeltherapie erstreckt sich auf einen Zeitraum von 1–3 Jahren mit einer Behandlungsstunde pro Woche. Im Rahmen ihrer individuellen Möglichkeiten sollten Einzeltherapeuten zur Lösung akuter, evtl. lebensbedrohlicher Krisen telefonisch erreichbar sein. Zeitgleich zur Einzeltherapie besuchen Patientinnen und Patienten wöchentlich einmal für 2–3 Stunden die Skills-Training-Gruppe. Diese orientiert sich an einem Manual und arbeitet über einen Zeitraum von 6–12 Monaten. Es hat sich als hilfreich erwiesen, ggf. einen zweiten Turnus anzuschließen. Die Kommunikation zwischen Einzel- und Gruppentherapeuten erfolgt im Rahmen der Supervisionsgruppe, die ebenfalls wöchentlich stattfinden sollte. Einzeltherapeuten sollten die im Skills-Training erlernten Fähigkeiten fortwährend in ihre Therapieplanung integrieren, um so die Generalisierung des Erlernten zu gewährleisten (Bohus & Wolf-Arehult, 2013). Im Folgenden werden diese Behandlungsmodule detaillierter beschrieben.

Wahl des Behandlungsfokus

Die DBT strukturiert sich in Entscheidungsalgorithmen, d. h., der Therapeut ordnet die jeweiligen Verhaltensmuster der Patientin nach vorgegebenen hierarchischen Prinzipien und orientiert sich in der Wahl der Behandlungsmethodik an Verhaltens- und Bedingungsanalysen: Wann immer suizidales oder fremdgefährdendes Verhalten auftritt, hat dieses Vorrang vor Verhaltensmustern, die die Aufrechterhaltung und den Fortschritt der Therapie gefährden.

Behandlungsebene und -methodik

Die Frage nach der Behandlungsebene resultiert aus hochauflösenden Verhaltensanalysen, die klären,

- inwiefern das jeweils dominierende, priorisierte Verhaltensmuster durch labilisierende Umstände (Schlafstörungen, Essstörungen, soziale Probleme etc.) bedingt ist,
- ob spezifische, eindeutig identifizierbare Stimuli eine wesentliche Rolle spielen (Gewalterfahrung, Kontakte mit ehemaligen Tätern etc.),
- ob dysfunktionale Schemata oder Pläne im Vordergrund stehen (»Ich habe kein Recht, Wut und Ärger zu äußern, wenn ich verlassen werde, löse ich mich auf«),
- ob mangelhafte Problemlösekompetenz ausschlaggebend ist.

Schließlich wird geprüft, inwiefern die jeweiligen Verhaltensmuster durch interne oder externe Konsequenzen aufrechterhalten werden.

Diese Verhaltensanalyse wiederum eröffnet die Wahl der jeweiligen Behandlungsmethodik: Labilisierende Bedingungen erfordern in aller Regel konkretes Problemlösen; identifizierbare Stimuli sollten, wenn möglich, beseitigt werden oder mittels Exposition desensibilisiert werden. Dysfunktionale Schemata erfordern eine sorgfältige Analyse auf der Ebene der angewandten und geplanten Strategien sowie eine sorgsame Korrektur. Mangelhafte Problemlösekompetenz kann durch Vermittlung oder Aktivierung von Fertigkeiten verbessert werden, und schließlich erfordern aufrechterhaltende Konsequenzen eine aktive Veränderung auf der Ebene der Verstärker (Kontingenzmanagement).

57.3.4 Behandlungsstrategien

Veränderungsorientierte Strategien

Die Verhaltensanalyse eröffnet die Wahl der jeweiligen Behandlungsmethodik: Labilisierende Bedingungen erfordern in aller Regel konkretes Problemlösen; identifizierbare Stimuli sollten, wenn möglich, beseitigt werden oder mittels Exposition desensibilisiert werden. Dysfunktionale Schemata sollten mit etablierten therapeutischen Methoden wie kognitive Umstrukturierung, Kontingenzmanagement, Expositionsverfahren, kognitive Klärung, Achtsamkeit, usw. behandelt werden. Wichtige und etwas spezifische veränderungsorientierte Methoden der DBT sind:

Cheerleading

Diese im amerikanischen Sprachraum häufig angewandte Motivationstechnik beruht darauf, dass der Therapeut (oder die Gruppe) der Patientin vermittelt, dass diese über die notwendigen Ressourcen verfügt, Veränderungen herbeizuführen und dauerhaft umzusetzen. Dies ist ein aktiv verbalisierter Prozess, nicht ein stummes Verstreuen von gleichförmigem Optimismus! (Etwa: »Also wenn ich mir vorstelle, dass Sie die gesamte Energie, die Sie bislang verbrauchen, um Ihre Aggression in Schach zu halten, dafür einsetzen, Ihre Ziele umzusetzen, brauche ich mir um Sie keine Sorgen zu machen«, aber auch ein simpler Satz wie: »Ich glaube daran, dass Sie das schaffen können«, kann manchmal Wunder bewirken.)

Problemlösen

Problemlösestrategien spielen, wie immer in der Psychotherapie, eine bedeutende Rolle für die Entwicklung effektiver Bewältigungsstrategien, insbesondere bei der Hausaufgabenbesprechung. Sowohl Einzeltherapeuten als auch Skills-Gruppenleiter sollten mit dieser Methode vertraut gemacht werden.

Paradoxe Interventionen

Ob Techniken wie »Reframing«, »Advocatus Diaboli« oder »Extending« zur Anwendung kommen – all diesen Techniken ist gemeinsam, dass sie ihre Wirkung nur auf der Basis einer wohlwollenden und tragenden Beziehung entfalten. Dies gilt sowohl für Einzeltherapeuten als auch für die Arbeit in der Gruppe. Unter diesen Bedingungen aber sind paradoxe Interventionen hervorragende Hebel, um festgefahrene Sichtweisen oder Verhaltensmuster der Patientinnen und Patienten zu irritieren und zu relativieren. Es ist allerdings immer zu berücksichtigen, dass paradoxe Interventionen in der Gruppe eine völlig andere Wirkung auslösen können als in der Einzeltherapie! Ein Lacher in der Gruppe von einem weniger geschätzten Teilnehmer kann sehr verletzend wirken, auch wenn das nicht so gemeint war.

Modelling

Natürlich bietet es sich an, die Mitglieder der Skills-Gruppe zu motivieren, den einzelnen Patienten bei der Problemlösung durch eigene Modelle zu helfen. Der Therapeut sollte mit gutem Beispiel vorangehen. Eigene Beispiele von misslichen Situationen, eigene Schwierigkeiten bei der Anwendung von Skills, eigene Motivationstechniken usw. können und sollen der Gruppe vermittelt werden. »Modelling« meint also nicht nur die Vermittlung von »Erfolgskonzepten«, sondern auch von einem eigenen »aktiven und akzeptierenden Umgang« mit Problemen.

Verstärkerpläne

Es gehört zum verhaltenstherapeutischen Grundwissen und wird dennoch immer wieder übersehen: Erfolgreiche Verstärkerpläne basieren auf individualisierten internen Verstärkerplänen. Auf Borderline-Patientinnen bezogen bedeutet dies, dass nicht jedes Lob ein positiver Verstärker ist. Ein Lob durch den Therapeuten kann Angst machen, Scham auslösen oder sogar kränkend wirken. Im Prinzip ist es die Aufgabe des Einzeltherapeuten, zusammen mit der Patientin individualisierte Verstärkerpläne zu entwickeln. Aber auch der Skills-Trainer sollte keine Gelegenheit versäumen, zielorientiertes Verhalten zu verstärken (Shaping). Eine hilfreiche Übung ist sicherlich, Patienten relativ frühzeitig zu bitten, ihre individuellen Verstärkerpläne aufzuschreiben und offen zu diskutieren (»Notieren Sie doch bitte auf ein Blatt Papier, unter welchen Bedingungen Sie bereit sind, auch sehr unangenehme neue Verhaltensmuster auszuprobieren«). Im zweiten Schritt sollte gemeinsam überlegt werden, wie die Patientinnen dafür sorgen können, dass die erwünschten Verstärker auch eintreten (»Diskutieren Sie nun bitte mit Ihrer Nachbarin, was Sie dafür tun können, dass die Belohnung tatsächlich eintritt«). Diese Übung ist in vieler Hinsicht hilfreich: Zum einen werden sich die Patientinnen über ihre motivationalen Aspekte klarer, zum anderen wird auch deutlich, dass sie selbst dafür sorgen müssen, dass sie belohnt werden. Falls die Patientinnen mit dieser Aufgabe überfordert sind, sollte diese an den Einzeltherapeuten weitervermittelt werden.

Shaping

Unter »Shaping« versteht man den konsekutiven Aufbau von zielorientiertem Verhalten durch positive Verstärkung von zufällig auftretendem Verhalten. Diese Verhaltensmodifikation muss Betroffenen nicht bewusst sein. Entscheidend ist zum einen, dass bereits kleine Schritte in Richtung Zielverhalten sofort verstärkt werden, und zum anderen, dass die Verstärker an die jeweilige Kompetenz der Patientin angepasst werden. So ist es z. B. sinnvoll, eine Patientin, die bislang still und abgewandt am Tisch sitzt, ohne zum Skills-Gruppenleiter oder zu einer Mitpatientin Kontakt aufzunehmen, sofort aufmunternd zu bestätigen, falls sie ihre Nachbarin nach den Hausaufgaben fragt. Im Laufe der Zeit wird sie lernen, aktiv mitzuarbeiten. Der Therapeut wird darauf achten, nur die zunehmenden Fortschritte der sozialen Kompetenz zu verstärken, also das Lob wegen Kontaktaufnahme mit der Nachbarin einstellen und sie stattdessen loben, wenn sie ein persönliches Beispiel in die Gruppe einbringt.

Kontingenzmanagement

Natürlich ist die Darbietung von positiven Konsequenzen nach erfolgter Anstrengung die effektivste Verstärkung und zudem fördert dies auch noch die therapeutische Beziehung. Andererseits sollte die wirksame Kraft von negativen Konsequenzen nicht übersehen werden. Erfolgt keine negative Reaktion auf fehlende Hausaufgaben, auf aggressive oder entwertende Interaktion oder auf die Verheimlichung von wichtigen Problemen, so wird dieses Verhalten rasch als normativ gewertet (»Es gibt nicht keine Reaktion des Therapeuten«). Kritik oder gar Strafe sollte grundsätzlich immer auf das Verhalten der Patientin bezogen werden und niemals auf die Person (etwa: »Sie wissen, dass ich Sie schätze, und ich denke, Sie haben sicherlich Ihre Gründe, aber wenn Sie weiterhin nur jede dritte Stunde kommen, so werden Sie nicht viel lernen«).

Das weite Spektrum negativer Konsequenzen reicht von der persönlichen Missbilligung oder Reaktion des Therapeuten bis zu ausgearbeiteten, offen gelegten Plänen (z. B.: »Frau Müller, wir wissen alle, wie schwer es Ihnen fällt, pünktlich zu sein. Wie wäre es, wenn Sie beim nächsten Mal, wenn Sie zu spät kommen, irgendetwas wirklich Unangenehmes machen müssten? Was fällt Ihnen ein? … Klar, ich würde jetzt auch nichts sagen. Aber wenn ich so an Ihre soziale Phobie denke, dann wäre es wahrscheinlich sehr unangenehm für Sie und gleichzeitig sehr nützlich, wenn Sie sich beim nächsten Mal vor die Gruppe stellen würden und laut fünf kurze Sätze über Ihre positiven Eigenschaften vorlesen?«).

Manchmal sind auch Therapiepausen (1–2 Sitzungen) therapeutisch indiziert. Aber nur im Extremfall und nur nach Rücksprache mit der Supervisionsgruppe sollte einer Patientin eine längere Pause von der Einzeltherapie verordnet werden oder sie gar von der Gruppe ausgeschlossen werden. Wann immer möglich, sollte ihr angeboten werden, dass nach einem Vorgespräch erneut geprüft wird, ob sie bei einer neuen Gruppe teilnehmen kann.

Akzeptanzorientierte Strategien

Die meisten Borderline-Patientinnen und -Patienten haben äußerst unangenehme biografische Erfahrungen überlebt – auch aufgrund ihrer hohen Energie und ihrer Bereitschaft, sich gegen viele Dinge zur Wehr zu setzen. Sie sind gute Kämpfer – aber schlechte Diplomaten. Die Entwicklung einer annehmenden, realitätsorientierten Haltung ist eines der zentralen Anliegen der DBT. Methodisch helfen hier sicherlich einerseits die unten ausgeführten Achtsamkeitsübungen, andererseits bietet das Skills-Training eine Serie von Arbeitsblättern an, mit Hilfe derer an der »radikalen Akzeptanz« von Tatsachen gearbeitet werden kann, die nicht zu verändern sind.

57.3.5 Fertigkeitentraining (Skills-Training)

Linehan definierte »Skills« als kognitive, emotionale und handlungsbezogene Reaktionen, die sowohl kurz- als auch langfristig zu einem Maximum an positiven und einem Minimum an negativen Ergebnissen führen. Diese Reaktionen können automatisiert sein oder bewusst eingesetzt werden. Gemäß dieser Definition verwenden alle Menschen, auch Borderline-Patientinnen, täglich eine Vielzahl von Skills, ohne dass sie sich dessen bewusstwerden. Jedoch neigen Borderline-Patientinnen dazu, unter emotionaler Belastung entweder auf die Anwendung von Skills zu verzichten oder dysfunktionale Reaktionsmuster und Bewältigungsstrategien zu aktivieren. Das Skills-Training, dient also einerseits dazu, den Patientinnen bereits vorhandene Fertigkeiten bewusst zu machen, damit diese auch in Krisensituation angewendet werden können, andererseits sollen neue Fertigkeiten erlernt, trainiert und automatisiert werden.

Das Skills-Training setzt sich aus fünf Modulen zusammen (s. u.) und wird im ambulanten Setting als halboffene Gruppe angeboten, d. h., in aller Regel ist es sinnvoll, neue Patientinnen jeweils nur zu Beginn eines neuen Moduls in die Gruppe aufzunehmen. Unter stationären Bedingungen wird das Skills-Training als offene Gruppe angeboten, die Auswahl der zu vermittelnden Fertigkeiten orientiert sich hier an den individuellen Problemlagen der Patientinnen.

Es ist von zentraler Bedeutung, sich selbst und den Patientinnen immer wieder klarzumachen, dass nicht das theoretische Wissen, sondern die Anwendung der Skills zur Veränderung von dysfunktionalem Erleben und Verhalten führen wird. Der Erfolg von Psychotherapie basiert auf Lernprozessen und den stärksten Lerneffekt vermitteln wiederholte Verhaltensexperimente. Die Wirkung der Skills baut sich daher in vier Schritten auf:

- *Schritt I:* Vermittlung von theoretischem Wissen
- *Schritt II:* Individuelle Anpassung der Skills
- *Schritt III:* Übungen der Skills unter Non-Stress-Bedingungen
- *Schritt IV:* Einsatz der Skills als zielförderndes Alternativverhalten

Bohus und Wolf-Arehult (2013) entwickelten ein computerbasiertes Selbsthilfeprogramm, welches zur Vor- oder Nachbearbeitung der Theorie verwendet, aber auch zu Übungszwecken herangezogen werden kann (Schritt I). Der mit dem Skills-Trainer kooperierende Einzeltherapeut hilft der Patientin, aus der Vielzahl von angebotenen Skills diejenigen auszuwählen, die für die Verbesserung ihrer jeweils spezifischen Problematik am sinnvollsten erscheinen (Schritt II). Basierend auf retrospektiven Verhaltens- und Kettenanalysen dysfunktionaler Erlebens- und Verhaltensmuster motiviert der Therapeut die Patientin, in Zukunft Skills als zielförderndes Alternativverhalten einzusetzen (Schritt IV). Auch während der Krisenintervention am Telefon sorgt er für die Anwendung von Skills. Zusätzlich ist der Einzeltherapeut für die Entwicklung individualisierter Verstärkerpläne für die Anwendung von Skills verantwortlich. Die Abstimmung zwischen Einzeltherapeut und Skills-Trainern erfolgt im Rahmen der Intervisionsgruppe.

Das Skills-Training gliedert sich in fünf Module:

1. *Achtsamkeit:* Fertigkeiten zur Verbesserung der inneren Achtsamkeit und Akzeptanz basieren auf der Praxis der Zen-Meditation und dienen in erster Linie dazu, den Patientinnen die Relativierung von aktivierten Emotionen und Kognitionen zu ermöglichen. Die schrittweise Etablierung einer »metakognitiven Ebene«, also einer mentalen Position, welche eine selbstreflexive Beobachtung der eigenen emotionalen Reaktion ermöglicht, ist zum einen therapeutisches Ziel, zum anderen eine wesentliche Voraussetzung für die Anwendung aller anderen Fertigkeiten. Daher steht die Vermittlung von Achtsamkeit nicht nur am Anfang der Skills-Gruppe, sondern wird zu Beginn jedes Moduls mindestens ein bis zwei Stunden wiederholt.
2. *Stresstoleranz:* Diese Fertigkeiten dienen einerseits dazu, Hochstressphasen zu kupieren, und andererseits dazu, Hochstresssituationen zu vermeiden. Da gerade der erste Aspekt, also die Vermittlung von Fertigkeiten, um Hochstressphasen zu bewältigen, bei den Patientinnen auf hohe Akzeptanz stößt, ist es sinnvoll, dieses Modul im Anschluss an die Achtsamkeits-Skills zu vermitteln. Im stationären Setting oder bei Patientinnen, die sich ausgeprägte Selbstverletzungen zufügen, um Hochspannung zu reduzieren, sich also in Stufe I der DBT-Behandlungsstadien befinden, steht dieses Modul grundsätzlich als erste Präferenz.
3. *Umgang mit Gefühlen:* Dieses Modul nimmt den breitesten Raum ein und ist sicherlich das zentrale Modul, welches die tiefgreifenden Veränderungen der DBT ermöglicht. Die Patientinnen lernen sowohl theoretische Aspekte der Emotionsregulation als auch Fertigkeiten, die wichtigsten Emotionen zu identifizieren und zu regulieren.
4. *Zwischenmenschliche Fertigkeiten:* Das Training zwischenmenschlicher Fertigkeiten bezieht sich auf die Verbesserung der sozialen Kompetenz unter besonderer Berücksichtigung von Aspekten der Planbarkeit und Bewertung sozialer Situationen. Etwa 60 % der Borderline-Patientinnen leiden unter ausgeprägter sozialer Phobie, sodass dieses Modul sicherlich einen hohen Stellenwert in der Alltagsbewältigung einnimmt.
5. *Selbstwert:* Dieses fünfte Modul basiert auf einem von Potreck-Rose und Jacob entwickelten, primär kognitiv orientieren Therapiekonzept, das spezifisch an die schwerwiegenden dysfunktionalen Selbstkonzepte der Borderline-Patienten adaptiert wurde. Es erfordert ein gewisses Maß an Selbstreflexion und »metakognitiven Fertigkeiten«, sollte also primär in der Stufe II der DBT-Behandlungsstadien eingesetzt werden.

Für die Durchführung eines kompletten Skills-Trainings sollten insgesamt ca. 40 Stunden veranschlagt werden (Bohus & Wolf-Arehult, 2013).

Die oben skizzierten Grundannahmen der DBT gelten natürlich auch in besonderer Hinsicht für das Skills-Training:

1. Alle dysfunktionalen Verhaltens- und Erlebensweisen von Borderline-Patientinnen sind, in deren subjektiven Kontext, sinnvoll, d. h., diese Verhaltensmuster sind entweder durch gegenwärtige Konsequenzen aufrechterhalten oder durch biografische Erfahrung erworben und im weiteren Verlauf des Lebens noch nicht revidiert worden.
2. Andererseits verursachen diese Verhaltens- und Erlebensmuster ausgeprägtes Leid.
3. Es ist kurzfristig gesehen einfacher und angstfreier, die gewohnten Verhaltensmuster aufrechtzuerhalten, als neues Verhalten zu erproben (wenn die Patientinnen alleine in der Lage wären, ihr Verhalten zu ändern, so würden sie dies tun).
4. Es ist die Aufgabe des Therapeuten, die Patientin dahingehend zu motivieren, ihre Angst, Gewohnheit, Trägheit oder kurzfristigen Verstärker zu überwinden und neue Verhaltensmuster zu erproben.
5. In aller Regel wirken die zielkonformen Verhaltensmuster (also Skills) kurzfristig nicht so rasch und intensiv wie dysfunktionale Verhaltensmuster. Es ist daher die Aufgabe des Therapeuten, die Patientin zu motivieren, die neuen Verhaltensmuster kontinuierlich und langfristig anzuwenden.
6. Diese Aufgabe ist schwierig, daher sollte der Therapeut in ein soziales Verstärkersystem eingebunden sein, welches erfolgreiche therapeutische Arbeit belohnt und mangelhafte therapeutische Arbeit kritisiert.

57.3.6 Traumafokussierte dialektisch-behaviorale Therapie (TF-DBT)

Die traumafokussierte dialektisch-behaviorale Therapie (TF-DBT) stellt eine Weiterentwicklung der Standard-DBT dar. Aufbauend auf den bewährten Methoden der DBT, zielt die TF-DBT insbesondere auf die Bearbeitung traumatischer Erlebnisse und deren emotionaler Folgen ab. Eine zentrale Neuerung in der TF-DBT ist die strukturierte Exposition. Diese Methode gibt den Patientinnen und Patienten mehr Raum und Zeit, um ihre Gefühle in geordneter Form während eines festgelegten Zeitrahmens zu bearbeiten. Besonders relevant ist dies bei Emotionen, die durch zwischenmenschliche Enttäuschungen und soziale Zurückweisungen hervorgerufen werden.

Etwa die Hälfte aller Borderline-Patientinnen und -Patienten berichtet über sexuelle und/oder körperliche Traumata in der Kindheit und Jugend. Nahezu alle Betroffenen berichten jedoch über zwischenmenschlich traumatische Erlebnisse durch enge Bezugspersonen oder Gleichaltrige. Zu diesen Erfahrungen gehören emotionale Vernachlässigung, wechselhafte und unvorhersehbare Reaktionen der Eltern, Verlassenheit, emotionale Kälte und Zurückweisungen.

Um diese komplexen emotionalen Erfahrungen gezielt zu bearbeiten, fokussiert die TF-DBT auf die Schlüsselemotionen-Netzwerke (SEN). Die Analyse dieser Netzwerke, insbesondere der Netzwerke Typ 1 (Verlassenwerden) und Typ 2 (Demütigung), ist ein essenzieller Bestandteil der TF-DBT. Diese Netzwerke bestehen aus komplexen Emotionen, kognitiven Mustern, physiologischen Reaktionen und Handlungsimpulsen, die durch spezifische Trigger aktiviert werden. Typ 1 umfasst Ängste vor sozialer Isolation und instabilen Bindungen, während Typ 2 sich mit dem Gefühl von sozialem Statusverlust und Demütigung beschäftigt. Beide Netzwerke führen zu intensiven emotionalen und körperlichen Reaktionen sowie maladaptiven Verhaltensstrategien. In der Therapie sind die Identifikation und Bearbeitung dieser Netzwerke entscheidend, um maladaptive Muster zu durchbrechen und den Patientinnen und Patienten zu helfen, ein erfüllteres Leben zu führen.

Ein integraler Bestandteil der TF-DBT sind die Übungen zu Wise Mind, einem von Marsha Linehan eingeführten Konzept, das eine tiefe Erfahrung der Verbundenheit mit einer geistigen Haltung von liebevoller Güte, Mitgefühl, Freude für andere und Gelassenheit kombiniert. Diese Übungen fördern ein inneres Bild von Ruhe, Gelassenheit, Geborgenheit und Stärke, das während der gesamten Behandlung genutzt wird.

Die TF-DBT erweitert die Standard-DBT durch eine gezielte Fokussierung auf die Bearbeitung traumatischer Erfahrungen und deren emotionaler Auswirkungen. Die strukturierte Exposition und die Integration von Techniken zur Verbesserung der Emotionsregulation sowie zur Bearbeitung dysfunktionaler Selbstkonzepte bieten einen umfassenden und tiefgehenden Ansatz zur Behandlung der Borderline-Persönlichkeitsstörung. Übungen zu Wise Mind unterstützen diesen therapeutischen Prozess und fördern eine nachhaltige innere Ruhe und Verbundenheit.

57.4 Typische Indikationsgebiete

Die DBT wurde ursprünglich zur Behandlung chronisch suizidaler Patientinnen mit Borderline-Persönlichkeitsstörung entwickelt. Heute gilt sie als störungsspezifisches Verfahren bei Emotionsregulationsstörungen, insbesondere wenn diese mit Impulsivität, Suizidalität oder selbstschädigendem Verhalten einhergehen. Typische Indikationen sind:

- Borderline-Persönlichkeitsstörung
- Posttraumatische Belastungsstörung mit Emotionsdysregulation, komplexe PTBS (DBT-PTBS)
- Substanzgebrauchsstörungen bei gleichzeitiger emotionaler Instabilität (DBT-S).
- Essstörungen mit Emotionsdysregulation (DBT-E)
- Jugendliche mit Störung der Emotionsregulation (DBT-A)
- DBT im forensischen Kontext (DBT-F)
- DBT-orientierte Gruppenprogramme bei geistiger Behinderung mit Emotionsdysregulation (DBToP-gB)

57.5 Evidenzbasierung

Zur DBT liegen mittlerweile zahlreiche kontrolliert randomisierte Studien vor, die durchweg gute Effektstärken aufweisen. Dies gilt sowohl für die ambulant als auch stationär eingesetzten Neuentwicklungen und Anpassungen der DBT, wie für Borderline-Jugendliche (DBT-A), Borderline-Patienten mit Substanzabhängigkeit (DBT-S), mit schwerer posttraumatischer Belastungsstörung (DBT-PTBS), schweren Essstörungen (DBT-E) und antisozialen Persönlichkeitsstörungen in der Forensik (DBT-F). Eine vielversprechende Erweiterung stellt die Traumafokussierte dialektisch-behaviorale Therapie (TF-DBT) dar, die derzeit sowohl ambulant als auch stationär am ZI Mannheim im Rahmen der Psychotherapieforschung entwickelt wird.

Dennoch können wir nicht zufrieden sein: Zum einen ist die Verbreitung der DBT im niedergelassenen Bereich sicherlich zu gering – nur ein sehr kleiner Teil der Borderline-Patienten kommt derzeit in Deutschland in den Genuss einer störungsspezifischen, evidenzbasierten Behandlung. Zudem sprechen nur etwa 60 % der Patientinnen und Patienten erfolgreich auf das therapeutische Angebot an, und die soziale Integration ist auch nach erfolgreicher Therapie oft unzureichend.

Deshalb sei allen ans Herz gelegt, die mit Borderline-Patienten arbeiten: Das erste Augenmerk (nach der Sicherung des Überlebens) sollte darauf liegen, die Patienten zu ermutigen und zu unterstützen, sich in möglichst gesunden Umgebungen (freundliche Partnerschaften, Arbeitsmarkt) einzurichten und von dieser Basis aus möglichst effektive psychosoziale Unterstützung zu organisieren. Wenig ist auf die Dauer schädlicher für Borderline-Patienten als unser psychiatrisches Versorgungssystem.

Prüfungsfragen

1. Welche therapeutische Haltung gilt in der DBT als entscheidend und warum?
2. Welches Kernproblem steht in der DBT im Vordergrund und wie wird es behandelt?
3. In welche Stadien gliedert sich die DBT-Behandlung und warum?
4. Welche vier Behandlungsmodule umfasst die ambulante DBT standardmäßig?
5. Welche fünf Module umfasst das DBT-Skills-Training und welches Ziel verfolgen sie?

Antworten

1. DBT-Therapeuten arbeiten mit Engagement, Durchhaltevermögen und Demut. Diese Haltung hilft, die Würde und das individuelle Erleben der Patientinnen stets im Blick zu behalten, therapeutische Rückschläge konstruktiv zu bewältigen und eine tragfähige therapeutische Beziehung aufzubauen.
2. Im Mittelpunkt der DBT stehen Störungen der Emotionsregulation. Behandelt wird dies mittels strukturierter Fertigkeiten (Skills-Training), Veränderungsstrategien (z. B. Problemlösen, Shaping, Kontingenzmanagement) und Akzeptanzstrategien (z. B. radikale Akzeptanz, Achtsamkeit), um dysfunktionale Muster nachhaltig zu verändern.
3. Die DBT gliedert sich in drei Stadien:
   Stage I: Behandlung lebensbedrohlicher und therapiegefährdender Verhaltensweisen
   Stage II: Verbesserung emotionaler Probleme und sozialer Integration
   Stage III: Entwicklung von Sinnhaftigkeit und Lebensqualität
   Die Stadien ermöglichen eine klare Priorisierung, indem schwerwiegende Krisen zunächst stabilisiert werden, bevor tiefere emotionale Themen und schließlich Fragen der Lebensführung bearbeitet werden.
4. Die ambulante DBT umfasst vier obligatorische Module: Einzeltherapie, Telefonberatung in Krisen, Fertigkeitentraining (Skills-Training) in der Gruppe, regelmäßige Supervision der Therapeuten. Diese Module ergänzen einander und sichern sowohl Krisenintervention, Generalisierung von Fertigkeiten als auch therapeutische Qualität.
5. Die fünf Skills-Module sind: Achtsamkeit, Stresstoleranz, Umgang mit Gefühlen, zwischenmenschliche Fertigkeiten, Selbstwert. Sie verfolgen das Ziel, emotionale, soziale und kognitive Kompetenzen zu vermitteln, damit dysfunktionale Verhaltensmuster unter emotionaler Belastung durch funktionale Strategien ersetzt werden können.

Literatur

Bohus, M., Stoffers-Winterling, J., Sharp, C. et al. (2021). Borderline personality disorder. *The Lancet*, *398*(10310), 1528–1540.

Bohus, M., & Wolf-Arehult, M. (2013). *Interaktives Skillstraining für Borderline-Patienten: das Therapeutenmanual*. Schattauer.

Linehan, M. M. (1993). *Borderline personality disorder: Clinical and empirical perspectives*. Guilford Press.

Zanarini, M. C., Frankenburg, F. R., Reich, D. B. et al. (2015). Treatment rates for patients with borderline personality disorder and other personality disorders: a 16-year study. *Psychiatric Services*, *66*(1), 15–20.

Weiterführende Literatur

Bohus, M. (2024). *DBT-Skillstraining: Das Patienten-Manual*. Schattauer.

58 Akzeptanz- und Commitment-Therapie (ACT)

Hagen Böser

Das Wichtigste auf einen Blick

- Die Akzeptanz- und Commitment-Therapie ist ein störungsunspezifisches therapeutisches Vorgehen.
- Das Ziel der Behandlung ist die Steigerung der psychischen Flexibilität der Patientinnen und Patienten.
- Die psychische Flexibilität wird in den Dimensionen Hier & Jetzt, Akzeptanz, Defusion, Selbst als Kontext, Werte und Commitment gefördert.
- Psychische Flexibilität ist auch für die therapeutische Haltung von Bedeutung.

58.1 Einführung

Die Akzeptanz- und Commitment-Therapie (ACT) wurde ursprünglich von Verhaltenstherapeuten und -therapeutinnen entwickelt, die für eine Gruppe von Patientinnen und Patienten, für die es aus ihrer Sicht zu wenig therapeutische Konzepte und Interventionen gab, ein passenderes Vorgehen konzipieren wollten. Die Herausforderung waren aus ihrer Sicht Patientinnen und Patienten, bei denen die Problematik über längere Zeit persistierte. Viele verhaltenstherapeutische Interventionen dienen dazu, das Problem – mit anderen Worten: die Symptomatik oder das Störungsbild – zu beseitigen. Die Angst, die Depression, die irrationalen Gedanken etc. sollen beseitigt oder überwunden werden. Dieser Ansatz funktioniert aber nicht bei allen Patientinnen und Patienten in allen Problemlagen. ACT sollte eine neue Strategie im Umgang mit diesen Problemlagen und Betroffenen darstellen.

58.2 Historische Aspekte

1991 erschien das erste Lehrbuch von S. C. Hayes, K. G. Wilson und K. D. Strohsal (Hayes et al., 1991). Die Forschungsprojekte dafür hatten bereits 20 Jahre davor begonnen. 2005 wurde der Weltverband Association for Contextual Behavioral Science (ACBS) gegründet mit der Mission: »Die ACBS ist der Linderung menschlichen Leidens und der Förderung des menschlichen Wohlbefindens durch Forschung und Praxis, die in der kontextuellen Verhaltenswissenschaft verankert sind, gewidmet.«

Es wurde damals explizit auf den Namen »ACT« verzichtet, da dies nur als das aktuelle Konzept angesehen wurde. Man wollte sich in der Arbeit nicht nur auf ein einzelnes Konzept festlegen, um menschliches Leiden und Wohlbefinden durch Forschung und Praxis zu fördern. Die Ergebnisse der Forschung und der Praxis sollten immer wichtiger als das Konzept sein.

Von Anfang an wurde auf finanzielle Interessen verzichtet. Anders als in der DBT wurde kein Zertifizierungs- und Rezertifizierungswesen entwickelt oder regionale Besitzansprüche für Institute und Personen geschaffen. Arbeitsmaterialien der ACT sind nicht umfangreich durch Copyright geschützt, sondern können und sollen gemäß der Mission von allen Menschen leicht genutzt werden, um Leid zu lindern und Wohlbefinden zu fördern.

Das Besondere an ACT ist das störungsunspezifische Behandlungsmodell. Damit unterscheidet es sich von den meisten Psychotherapieverfahren, die für die verschiedenen Störungsbilder unterschiedliche Behandlungsmodelle entwickelt haben.

Durch die Störungsunspezifität ist ACT in klinischen Gruppensettings leicht einzusetzen, da nicht für jedes Störungsbild eine eigene Gruppe angeboten werden muss, sondern alle Patientinnen und Patienten unabhängig vom Störungsbild in einer Gruppe behandelt werden können, sofern sie in der Lage sind, an Gruppenangeboten teilzunehmen.

Merke

Das ACT-Behandlungsmodell ist störungsunspezifisch.

58.3 Besondere Merkmale und Grundlagen

58.3.1 Psychische Flexibilität

Eine der Haupthypothesen von ACT ist, dass viele psychische Probleme durch fehlende »psychische Flexibilität« entstehen. In einer sich ständig verändernden Welt braucht es immer wieder Anpassungen, insbesondere die Veränderung von Perspektiven, Regeln und Gewohnheiten. Psychische Flexibilität wird von Hayes (2022) anhand der folgenden drei Säulen beschrieben.

Erste Säule: Bewusstheit

Bewusstheit bedeutet, wahrzunehmen, was gerade ist:

- Welche Sinneswahrnehmung (sehen, hören, riechen) habe ich in diesem Moment?
- Welche Gedanken und Gefühle habe ich gerade?
- Was bemerke ich von meinem Körper?

Das »Jetzt« kann nicht nur mit Worten erfahren werden, es muss aufmerksam erlebt werden. Es ist der Unterschied zwischen dem Sprechen über den Geschmack einer reifen Orange und dem tatsächlichen Hineinbeißen und dem Kosten der Frucht. Letzteres ist viel reicher als ersteres. Das Ziel ist, nicht in seinen Gedanken und Gefühlen gefangen zu sein, sondern das »Hier & Jetzt« bewusst zu erleben.

Es geht auch um die Fähigkeit, Aufmerksamkeit und damit Erfahrung bewusst zu lenken, zu erweitern oder auf bestimmte Aspekte zu konzentrieren.

Zweite Säule: Offenheit

Wenn Patientinnen und Patienten eine Psychotherapie beginnen, wollen sie meistens, dass unangenehme Gedanken und schmerzhafte Gefühle aufhören und sich auflösen. Sie wollen weg von diesen schwierigen Gedanken und Gefühlen. Der Vorschlag, sich diesen zuzuwenden, sie genauer zu untersuchen, ist erst einmal kontraintuitiv.

Hier unterscheidet sich die äußere Welt von der inneren Welt. Wenn man einen Ort auf dieser Welt vermeiden möchte, weil man dort Schwieriges erlebt hat, dann kann man diesen Ort vermeiden und Umwege dafür in Kauf nehmen. In der äußeren Welt funktioniert diese Kontrolle. Was man aber nicht kontrollieren kann, sind die eigenen Gedanken und Gefühle zu diesem Ort. Auch wenn man sich vornimmt, diese Gedanken und Gefühle nicht mehr zu haben, gelingt deren Kontrolle nicht. Wenzlaff und Wegner (2000) zeigten, dass Gedankenstopp oder Gedankenunterdrückung nicht funktionieren. Alles, was wir versuchen, nicht zu denken, denken wir mehr.

Wenn wir uns den Gedanken und Gefühlen zuwenden und diese genauer untersuchen, werden die Subjektivität und die Vergänglichkeit von Gedanken und Gefühlen deutlich. Sie kommen und gehen. Sie sind keine Wahrheiten, sondern Meinungen im Sinne der aktuellen Perspektive des Gehirns. Mit dieser Haltung gegenüber schwierigen Gedanken und Gefühlen gelingt es, einen neuen, weniger belastenden Umgang gegenüber dem Schweren zu entwickeln. Die Gedanken und Gefühle gehen dadurch nicht weg, aber sie verlieren ihre drängende Präsenz und Dominanz. Mit verschiedenen ACT-Techniken übt man immer wieder die Perspektive: »Mein Leben ist viel größer als mein Problem und mein Problem ist nicht mein Leben. Es hat einen Platz in meinem Leben, aber mein Fokus liegt auf dem Leben, das ich leben möchte.«

Der Satz »The way out is in.« von dem Meditationslehrer Thich Nhat Hanh (2015) fasst die Säule der Offenheit gut zusammen.

Dritte Säule: Werteorientiertes Engagement

Bei dieser Säule geht es darum zu wissen, was einem wichtig ist, und in diese Richtung auch zu handeln. Mithilfe dieser Säule werden die Entscheidungen im Leben getroffen.

Die eigenen Werte für sich selbst zu entscheiden, ist ein komplexer Prozess, der nie abgeschlossen ist, da Werte sich mit der eigenen Entwicklung und dem jeweiligen Kontext dynamisch verändern können (▸ Kap. 31). Es genügt aber nicht, über Werte zu entscheiden, sondern diese im gelebten Leben umzusetzen – dies nennen wir werteorientiertes Engagement. Es ist leichter, über Werte zu sprechen als im Sinne von Werten zu handeln. Hier bietet ACT eine Vielzahl von Übungen, um diesen handlungsorientierten Prozess zu fördern.

Störungsunspezifisch

In ACT wird nicht eine bestimmte Störung störungsspezifisch behandelt, sondern es werden Fertigkeiten gefördert, die die psychische Flexibilität steigern. Psychische Flexibilität hat sich als einer der wichtigsten Wirkfaktoren in der psychotherapeutischen Behandlung über alle Störungen und alle psychotherapeutischen Schulen erwiesen (Hayes et al., 2022).

58.3.2 Die sechs Fertigkeiten des Hexaflex-Modells

Mit dem Hexaflex-Modell (▸ Abb. 58.1) wurde ein roter Faden für Psychotherapeutinnen und Psychotherapeuten entwickelt, um die psychische Flexibilität von Patientinnen und Patienten zu fördern. Jeder einzelne Aspekt des Hexaflex wird als Fertigkeit gesehen, die psychische Flexibilität fördert. Aber auch das Zusammenspiel der verschiedenen Aspekte unterstützt psychische Flexibilität. Die einzelnen Fertigkeiten sind nicht trennscharf, was die Forschung erschwert und die klinische Arbeit erleichtert. Viele ACT-Übungen berühren mehr als eine Fertigkeit im Hexaflex, und trotzdem ist das Hexaflex-Modell das am meisten genutzte Tool für die Interventionsplanung bei ACT.

Der ACT-Advisor von David Chantry ermittelt für jede Fertigkeit einen Zahlenwert, um die aktuelle Ausprägung der Fertigkeit erfassen zu können und dann für die Interventionsplanung zu verwenden (Hayes, 2023).

Hier & Jetzt

Wir verlieren leicht den Bezug zum gegenwärtigen Moment, da wir in Gedanken einfach in die Vergangenheit und Zukunft reisen können und dies häufig tun. Die Gefahr ist, dass wir uns in den Geschichten der Vergangenheit und der Zukunft verlieren und immer weniger die Fertigkeit nutzen, unsere Aufmerksamkeit auf den gegenwärtigen Moment zu richten. In der Therapiestunde achten ACT-Therapeutinnen und -Therapeuten darauf, wie sehr Patientinnen und Patienten einen Gegenwartsbezug erleben und ihre Aufmerksamkeit immer wieder auf die Gegenwart lenken können. Durch Fragen und Übungen versuchen ACT-Therapeutinnen und -Therapeuten, den Gegenwartsbezug in der Sitzung zu fördern.

Fragen zu Hier & Jetzt:

- Was macht das jetzt mit Ihnen?
- Was ist jetzt gerade da?
- Wie fühlen Sie sich gerade? (Und was noch …?)
- Wo spüren Sie das Gefühl aktuell in Ihrem Körper?
- Wie geht es Ihnen gerade, wenn Sie darüber sprechen?
- Was gehört für Sie zum Hier & Jetzt?
- Zu wieviel Prozent sind Ihre Gedanken (zu Hause oder jetzt gerade) mit Vergangenheit oder Zukunft beschäftigt?
- Wo sind Sie gerade mit Ihren Gedanken?
- … das war damals, was ist jetzt?
- Was ist heute anders?
- Wie wirkt sich das heute in Ihrem Leben aus?
- Bisher haben Sie so darauf reagiert – und jetzt …?

Übungen zu Hier & Jetzt:

- Breathing Space (▸ Kap. 33)
- S.T.O.P. (▸ Kap. 33)

Akzeptanz

Inwieweit ist der Patient/die Patientin bereit, sich mit unangenehmen Gedanken oder Gefühlen auseinanderzusetzen? Das ist die Leitfrage für die Beurteilung der Fertigkeit Akzeptanz in ACT. Mit Akzeptanz ist nicht gemeint, dass man alle äußeren Umstände hinnehmen soll. Akzeptanz im Sinne von ACT meint die Akzeptanz der eigenen inneren Reaktionen auf Ereignisse, nicht das Ereignis selbst. In der Akzeptanz-Arbeit werden die bisherigen Lösungsversuche auf ihre kurz- und vor allem langfristige Wirkung untersucht. Hier findet sich häufig ein Vermeidungsverhalten, das helfen soll, bestimmte Gedanken und Gefühle zu vermeiden. Einen akzeptierenden Umgang mit diesen zu finden ist das Ziel dieser Arbeit. Auch hier helfen spezifische Fragen zur Vertiefung.

Fragen zur Akzeptanz:

- Was hilft Ihnen dabei, die Situation so anzunehmen, wie sie ist?
- Angenommen, es gäbe Aspekte dieser Situation, die Sie annehmen könnten – welche wären das?
- Was ist möglicherweise gut daran, dass es so ist, wie es ist?
- Angenommen, die Situation wäre unabänderlich – was würde Ihnen helfen, damit zu leben?
- Angenommen, alles bliebe, wie es ist – was würden Sie dann anders machen?
- Was glauben Sie, was Ihr Anteil/Nichtanteil an der Situation ist?
- Welche Gefühle begleiten diese Situation? Und wie gehen Sie mit ihnen um?
- Was hat sich seit … verändert?
- Könnten Sie sich vorstellen, Ihr Thema/Leid/Problem/Krankheit als »Begleiter« anzunehmen? Mit welchem Teil davon könnten Sie sich das vorstellen, mit welchem nicht?

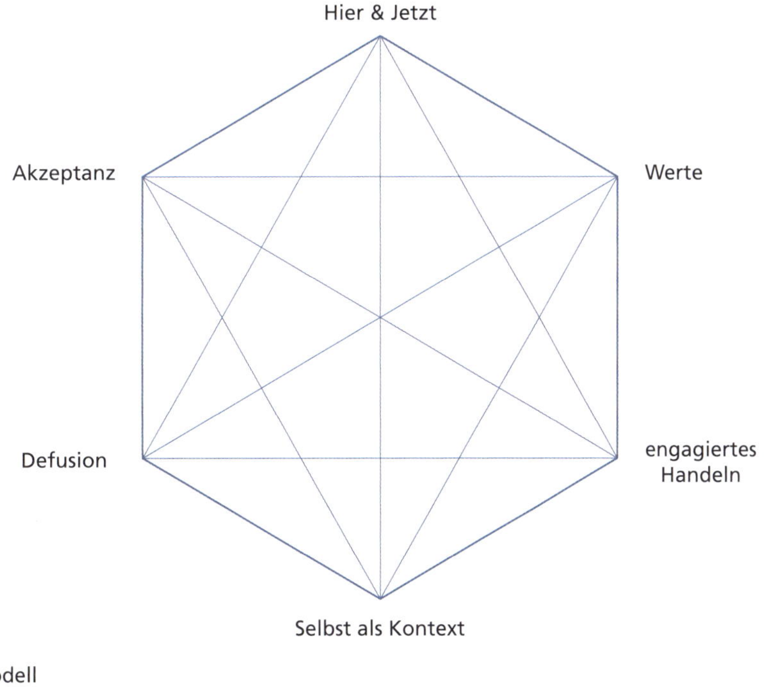

Abb. 58.1: Hexaflex-Modell

- Was brauchen Sie, um das Gefühl annehmen zu können?
- Was würde passieren, wenn Sie Ihr Gefühl (mit)teilen würden?
- Welche weiteren Gefühle schwingen noch mit?

Übungen zur Akzeptanz:

- R.A.I.N. (▶ Kap. 33)
- Videoanleitung zur Akzeptanz eines schwierigen Gedankens oder Gefühls: https://www.youtube.com/watch?v=buCd1-CUJ8I
- Metapher des unwillkommenen Partygastes: https://www.youtube.com/watch?v=VYht-guymF4

Defusion

Defusion stellt im Hexaflex die einzige Fertigkeit dar, die zugleich auch als eine Art Technik beschrieben werden kann. Viele Übungen zielen darauf ab, zu bemerken, dass wir in einer interpretierten Welt leben. Mit Fusion ist der Zustand gemeint, in dem die Gedanken an eine Erfahrung nicht mehr von der Erfahrung selbst unterschieden werden. Das kann bedeuten, dass die Erfahrung selbst gar nicht mehr gemacht werden muss, sondern nur noch virtuell in Gedanken vollzogen wird. So können Ängste und Befürchtungen gar nicht mehr überprüft werden. Unsere Wahrnehmung der Welt wird von unseren Vorannahmen über die Welt und unseren anschließenden Interpretationen stark beeinflusst. Manchmal halten wir unsere Interpretation für »sehr« wahr. Gedanken und Welt sind eins geworden. Wir richten unser Leben mehr nach diesen Interpretationen aus als nach dem, was um uns herum in diesem Moment aktuell geschieht. Russ Harris (2019) beschreibt Defusion als die Fertigkeit, einen Gedanken als das zu erkennen, was er ist, eine Aktivität unseres Gehirns bzw. sein Versuch, die Welt zu verstehen und Gefahren vorauszusehen. Wenn wir de-fusioniert sind, erkennen wir, dass ein Gedanke …

- wahr sein kann oder nicht,
- kein Befehl ist, dem man gehorchen muss,
- keine Bedrohung für einen darstellt,
- nichts aus dem Bereich der physischen Welt ist – sondern nur aus Worten oder Bildern in einem Kopf besteht,
- die Erlaubnis erhalten kann, ganz von sich selbst aus zu kommen und zu gehen, ohne dass er zu einer Handlung führen muss.

Defusionsfragen und -übungen benötigen Fingerspitzengefühl. Leicht können Patientinnen und Patienten das Gefühl bekommen, dass Behandelnde sie auf den Arm nehmen wollen. Ähnlich wie beim Kabarett wollen Defusionsfragen und -übungen Denkmuster infrage stellen. Ähnlich wie beim Kabarett fühlt man sich manchmal ertappt. Aus diesem Grund sollten Patientinnen und Patienten eine Erklärung bekommen, warum man diese Fragen stellt oder diese Übungen macht. Therapeutinnen und Therapeuten sollten die Erläuterung und die Durchführung der Übungen trainieren.

Fragen zur Defusion:

- Was macht Sie sicher, dass das, was Sie über sich/die Situation denken, die einzige mögliche Sichtweise ist?
- Können Sie sicher sein, dass dieser Gedanke wahr ist?
- Wenn Sie so über sich denken, wie wirkt sich das für Sie aus?
- Würden Sie zustimmen, dass Gefühle auch Meinungen sind?
- Was denken Sie in angespannten Situationen über sich selbst?
- Was sagen Sie zu sich selbst?
- Könnten Sie auch etwas anders zu sich sagen oder über sich selbst denken?
- Wenn ich Ihren besten Freund und Ihren größten Feind fragen würde, was würde sie oder er dazu/zu Ihnen sagen? Wie erklären Sie sich ggf. die Abweichung?
- Angenommen, Sie würden wohlwollend über sich denken – was würden Sie dann anders machen?
- Gibt es Ausnahmen?
- Gibt es auch andere Wahrheiten über Sie/über die Situation?
- Wenn Sie ein Lied über Ihr Problem singen würden, wie würde das klingen?
- Wenn Sie als Wettermoderator Ihre Probleme ansagen würden, wie würden Sie das tun?
- Angenommen, Sie würden sich von sich selbst scheiden lassen – was würden Sie gerne loslassen, was behalten?
- Was haben Sie davon, wenn Sie so denken? (Gewinn)
- Woran hindert Sie dieser Gedanke, wenn Sie sich ganz mit ihm verbinden?

Übungen zur Defusion:

- »Ich kann nicht aufstehen«:
  Der Patient wird auf dem Stuhl sitzend gebeten, immer wieder den Satz zu sagen: »Ich kann nicht aufstehen.« Dann bittet man ihn, aufzustehen, durch den Raum zu laufen und dabei weiter den Satz zusagen. Anschließend soll er sich wieder hinsetzen und immer noch den Satz sagen. Ende der Übung. Nun erläutert man dem Patienten, dass etwas Ähnliches in der Psychotherapie passieren soll. Nämlich, dass der Patient feststellt, dass er gewisse Gedanken denken und sagen, aber trotzdem anders handeln kann.
- »Milch, Milch, Milch«:
  Eine ausführliche Anleitung zur Durchführung der Defusions-Übung (Milch) findet sich unter: https://www.youtube.com/watch?v=A2Jxa-hFYvg
  Masuda et al. (2009) konnten zeigen, dass mit den Wortwiederholungen die Belastung durch die Assoziationen zu den Worten weniger wird. Wichtig ist hier in der Vorbereitung die für den Patienten belastenden Worte gut herauszuarbeiten und auch hier wieder den Zweck der Übung im Vorfeld zu erläutern.

Selbst als Kontext

Diese Fertigkeit bereitet den meisten ACT-Lernenden die größten Verständnisschwierigkeiten. Man kann sie mit der Fähigkeit beschreiben, dass man verschiedene Selbst- und Fremdbeschreibungen von sich selbst zulassen kann und sich nicht über eine einzige Rolle definiert. Man ist nicht die Rolle (z. B. Psychotherapeut), die einem gerade wichtig ist, sondern eine Vielzahl von Rollen und Geschichten über sich selbst. All diese Rollen und Geschichten sind Teile von einem selbst, auch die bisher nicht erzählten.

Man ist all das, was in einem stattfindet, auch das Nichtbewusste. Das ist auch die Erläuterung zum Titel des Buches: »Du bist die Schüssel und nicht die Suppe« (Böser, 2016).

Man kann sich auch selbst beobachten. So kann z. B. eine Therapeutin in der Therapiestunde sich in Gedanken hinter ihren Stuhl stellen und sich dabei beobachten und bewerten, wie sie Therapie durchführt. Dieses »beobachtende Selbst« kann in der Arbeit mit Patientinnen und Patienten als Stuhl hinter den Betroffenen gestellt werden, damit dieser die beobachtende Perspektive auf sich selbst üben kann.

Wir tragen unsere Lebensführungsverantwortung und entscheiden, mal mehr, mal weniger bewusst, welche Rollen und Geschichten wir häufiger erzählen und welche seltener. Diesem Entscheidungsprozess wird in der Therapie immer wieder Beachtung geschenkt. Ganz im Sinne der narrativen Therapie: »Wir werden zu den Geschichten, die wir über uns erzählen.«

Fragen zu Selbst als Kontext:

- Wer bemerkt das gerade?
- Angenommen, Sie würden Ihr Thema aus der Vogelperspektive (Perspektive von XY) sehen, was wäre anders?
- Wer erlebt die Situation/das Gefühl/den Gedanken gerade: der Mensch, der Sie damals waren, oder der, der Sie heute, hier und jetzt sind?
- Wie würde XY Sie in dieser Situation … beschreiben?
- Welche Rolle nehmen Sie (noch) in Ihrem Leben ein?
- Welche Rolle ist (für Sie) die »Schönste« – welche die »Schwierigste«, die …?
- Welche Rollen kennen Sie (noch) nicht?
- Von welcher Rolle träumen Sie?
- Wo (oder wie), glauben Sie, werden Sie in 1, in 5, in 10 … Jahren sein?
- Was würde der alte Mann/die alte Frau dazu sagen, die Sie einmal sein werden? (Oder das kleine Mädchen/der kleine Junge?)
- Angenommen, Ihr Thema wäre ein Genre – welchem würden Sie es zuordnen und wer wären Sie darin? Gäbe es noch ein anderes Genre, das passen könnte? (Musik-, Film-, Buchtitel etc.) – diese Frage hat auch einen starken Defusionsanteil
- Angenommen, Sie können den/die kleine(n) XY in Ihnen zu Wort kommen lassen – was würde er/sie gerne sagen oder wie würde sie/er gerne sein?
- Welche unterschiedlichen Stimmen gibt es in Ihnen und was sagen sie? (Teile-Arbeit)
- Was glauben Sie, wie Frau X Herrn Y oder die Situation Z beschreiben würde und was macht das mit Ihnen? (zirkuläre und Unterscheidungsfragen)
- Welches Risiko würden Sie eingehen, wenn Sie etwas verändern würden? Was könnte im besten Fall, was im schlechtesten passieren?
- Welcher Ihrer Rollen entspringt diesem (XY) Gefühl?
- Wie würden Sie sich wünschen, dass Ihre Kinder als Erwachsene mit so einer Situation umgehen?

Übungen zu Selbst als Kontext:

- Anteile reißen:
  http://bit.ly/4jdBYgX
- Garten der Zugehörigkeiten:
  https://bit.ly/41YPgbz

Eigene Werte entwickeln

Ein Leitsatz von ACT ist es, sich von seinen Problemen nicht ablenken zu lassen, das Leben zu führen, das man leben möchte. Um das schaffen zu können, muss man sich seine eigenen Werte klarmachen. (Das Thema Werte wird in ▸ Kap. 31 ausführlich behandelt.)

Fragen zu Werten:

- Was ist Ihnen wichtig? … Und warum?
- Woran merken Sie, dass es Ihnen wichtig ist?
- Wonach streben Sie?
- Wofür möchten Sie im Leben stehen?
- Woran könnte Ihr Nachbar/Freund merken, dass es Ihnen wichtig ist?
- Wenn Sie jetzt wüssten, dass Sie nur noch ein halbes Jahr zu leben hätten – was wäre Ihnen wichtig noch zu tun?
- Angenommen, Sie hätten eine Stunde Zeit, mit jemandem/mir zu sprechen – was wäre Ihnen wichtig anzusprechen?
- Was tun Sie, wenn Sie sich (wirklich) lebendig fühlen?
- Wofür brennen Sie?
- Wenn Sie drei Wünsche freihätten …?
- Auf welche der von Ihnen genannten Werte könnten Sie verzichten? Welche sollten bleiben?
- Sie bekommen den Oscar (Filmpreis) über Ihr Lebenswerk verliehen – was wird in der Laudatio über Sie gesagt?
- Wäre Ihnen der Wert noch bedeutsam, wenn Sie ihn mit niemandem teilen könnten?
- Wer (oder wie) sind Sie, wenn Ihnen niemand zuschaut?
- Was wünschen Sie sich, dass die Menschen nach Ihrem Tod über Sie erzählen?

Übungen zu Werten:

- Sorgen in Werte umformulieren (▸ Kap. 31)
- Wertogramm (▸ Kap. 31)
- Wertepanorama (▸ Kap. 31)

Commitment (engagiertes Handeln)

In der ACT-Therapie wird ein großer Fokus auf das Handeln gelegt. Das erkennt man schon daran, dass das Wort »Commitment« im Namen des Verfahrens vorkommt. Für »Commitment« gibt es im Deutschen kein entsprechendes Wort. Deswegen wird in der deutschsprachigen ACT entweder das englische Wort »Commitment« weiter verwendet oder man spricht vom »engagierten Handeln«, dem in der Wortbedeutung der Aspekt der freiwilligen Verpflichtung fehlt.

Die Übersetzung von Werten in Handlungen im alltäglichen aktuellen Leben ist ein Hauptbestandteil der therapeutischen ACT-Arbeit. Der Grund dafür ist die Annahme, dass wir Menschen zufriedener sind, wenn wir mehr gemäß unserer eigenen Werte handeln und nicht nur unsere Pflicht erfüllen. Gleichzeitig können Handlungen uns helfen, Werte besser zu erkennen. »Willst du wissen, was du willst, dann musst du gucken, was du tust.« Dieser Satz macht den Unterschied zwischen Absichtserklärung, sozialer Erwünschtheit, eigenem Wollen und dem tatsächlichen Handeln allzu deutlich.

Fragen zum Commitment:

- Woran erkennen andere, dass Sie Ihre Werte leben?
- Was wären Sie bereit, dafür zu tun?
- Welchen kleinen ersten Schritt können Sie sich vorstellen in Richtung Ihrer Werte?
- Was haben Sie schon mal in diese Richtung unternommen?
- Was brauchen Sie für den ersten Schritt?
- Wer könnte Sie unterstützen, den ersten Schritt zu gehen?
- Welcher Zeitpunkt wäre günstig, um zu beginnen?
- An welcher Stelle könnte eine Handlungsänderung sinnvoll sein?
- Gibt es ein Versprechen, das Sie sich selbst geben möchten?
- Wie sicher sind Sie sich, dass Sie Ihr Vorhaben in die Tat umsetzen werden? (evtl. Skalierung nutzen)
- Was hindert Sie daran, diese Schritte zu tun?
- Was müssten Sie tun, um die gegenwärtige Situation zu verschlimmern?
- Wunderfrage: Stellen Sie sich vor, Sie wachen morgen auf, und das Problem, das Sie haben, ist gelöst. Was hat sich verändert? Und was wäre das Erste, was Sie in Ihrem Handeln als Unterschied bemerken würden? (… Und was noch? Was noch?)
- Wie würde der Verein heißen, der sich zum Ziel gesetzt hat, Ihre Aktionen umzusetzen?
- Geschafft! Wie würden Sie es feiern?
- Welche Handlungsschritte könnten in Richtung Ihrer Werte liegen? Be S.M.A.R.T.E.R.! (▸ Kap. 31)
- Wenn es die Sache wirklich wert wäre, was würden Sie tun?
- In welchen Situationen in der Vergangenheit haben Sie das gemacht, was Ihnen wirklich wichtig war? Was haben Sie da genau getan?

Übungen zum Commitment:

- Vorhaben als S.M.A.R.T.E.R.-Ziele formulieren und in den nachfolgenden Therapiestunden die Umsetzung verfolgen (▸ Kap. 31)
- jede Form des Wochenplans

Transfer in den Alltag

Wie unterschiedlich die ACT-Arbeit in der alltäglichen Psychotherapie umgesetzt wird, zeigt die Sammlung von ACT-Falldokumentationen deutschsprachiger ACT-Therapeuten, die von Waadt, Martz und Gloster (2015) veröffentlicht wurde.

Die ACT-Therapietools von Wengenroth (2017) erläutern eine Vielzahl von Arbeitsmaterialien zu jedem Aspekt des Hexaflex-Modells.

Das Karten-Buch des Autors (Böser & Poth, 2016) stellt wichtige Aspekte aus dem ACT auf Karten mit Text und Illustrationen dar, die Patientinnen und Patienten als Transfer in den Alltag mitgegeben werden können.

58.4 Typische Indikationsgebiete

Als störungsunspezifisches Verfahren kann ACT bei vielen Patientinnen und Patienten mit sehr unterschiedlichen Problemen eingesetzt werden.

Im Jahr 2022 veröffentlichte Hayes et al. eine große Metastudie, bei der zunächst insgesamt 55.000 Studien mit Mediationsanalysen zu psychologischen Interventionen für Veränderungsprozesse über alle Störungsbilder hinweg gescreent wurden. Diese wurde dann auf ihre methodischen Qualitäten bewertet. Nur 281 Studien erreichten alle methodischen Anforderungen. Diese Analyse zeigte, dass mit psychischer Flexibilität und nahen Konzepten wie Achtsamkeit mehr als 50 % aller therapeutischen Wirksamkeit erklärt werden konnte, unabhängig vom Störungsbild und der therapeutischen Schule.

Mit solchen Ergebnissen und methodischen Einwänden (v. a. Ergodizität) untermauern die Kritik von Hofmann und Hayes an den gängigen Diagnosesystemen wie ICD und DSM (Hofmann et al., 2022). Ergodizität bezieht sich auf das statistische Problem, inwieweit Variablen für Veränderungsprozesse, die sich zwischen Menschen (Gruppenstatistik) finden lassen, für den Verlauf des Veränderungsprozesses eines einzelnen Menschen verwendet werden können. Diese Kategorisierungssysteme helfen nicht bei der Entscheidung von psychotherapeutischen Interventionen, wenn störungsunspezifische Interventionen mehr als 50 % des Outcomes erklären. In der von Hayes und Hofmann entwickelten Prozessbasierten Therapie (PBT), die ACT integriert, wird über das Extended Evolutionary Meta-Modell (EEMM) ein Kategorisierungssystem vorgeschlagen, das die individuelle Problematik jedes einzelnen Patienten berücksichtigt. Michael Svitak (2022) hat dazu das erste Buch auf Deutsch geschrieben und die ersten Kliniken in Deutschland beginnen, dieses Kategorisierungssystem zu nutzen.

Die besondere psychotherapeutische Haltung in ACT wird von Sabine Svitak (2021) mit der Utilisation von psychischer Flexibilität für Therapeutinnen und Therapeuten hilfreich und praxisnah beschrieben. Auch für Behandelnde gibt es eine Indikation, sich mit ACT zu beschäftigen: das Lernen am Modell. Wenn Patientinnen und Patienten erfahren, dass Behandelnde sich psychisch flexibel ihrem Problem zuwenden und somit das Verhalten der Therapeuten mit dem, was sie lehren, übereinstimmt, kann der Transfer des Gelernten in den Alltag leichter fallen.

Hayes (2019) hat anhand des Hexaflex-Modells eine Anleitung für Behandelnde entwickelt, die die therapeutische Haltung im ACT deutlich macht: ACT-Therpeutinnen und -Therapeuten …

- sind annehmend, können auf schwierige Gedanken und Gefühle bei sich und bei Patientinnen und Patienten zugehen,
- sind in der Lage, nicht nur den Inhalt, sondern auch die Funktion von Gedanken zu sehen,
- sind präsent und engagiert, wirklich beteiligt an den Dingen, die Patientinnen und Patienten wichtig sind,

- verlieren sich nicht in Geschichten (Selbstkonzepten) über Patientinnen/Patienten und sich selbst
- und können auf unterschiedlichen Wegen (nicht immer denselben Wegen), angepasst an die Situation zu klaren, gemeinsamen – nicht eigenen – Zielen kommen.

58.5 Evidenzbasierung

ACT wird von internationalen und nationalen Dachverbänden oder Behörden für eine Vielzahl von Störungen zur Behandlung empfohlen (ACBS, 2025). Der ACT-Weltverband erfasst auf seiner Webseite alle evidenzbasierten Studien zu ACT. Dabei gibt es eine deutliche Zunahme an Metaanalysen und systematischen Übersichtsarbeiten in den vergangenen zwanzig Jahren, die sich laut ACBS zum Stand 16.5.2024 auf 514 Arbeiten beläuft.

Prüfungsfragen

1. Was und mit welchen Säulen möchte ACT bei Patientinnen und Patienten störungsunabhängig verbessern?
2. Nennen Sie die sechs Fertigkeiten des Hexaflex-Modells.
3. Beschreiben Sie die therapeutische Haltung im ACT.

Antworten

1. Psychische Flexibilität: Bewusstheit, Offenheit, Werteorientierung.
2. Hier & Jetzt, Akzeptanz, Defusion, Selbst als Kontext, Werte, Commitment/engagiertes Handeln.
3. ACT-Therapeutinnen und -Therapeuten sind annehmend, können auf schwierige Gedanken und Gefühle bei sich und bei Patientinnen/Patienten zugehen; sind in der Lage, nicht nur den Inhalt, sondern auch die Funktion von Gedanken zu sehen; sind präsent und engagiert, wirklich beteiligt an den Dingen, die Patienten wichtig sind; verlieren sich nicht in Geschichten (Selbstkonzepten) über Patientinnen/Patienten und sich selbst; können auf unterschiedlichen Wegen (nicht immer denselben Wegen), angepasst an die Situation zu klaren, gemeinsamen – nicht eigenen – Zielen kommen.

Empfohlene Materialien

- ACT mindful – Website von Hagen Böser & Tom Pinkall mit vielen Arbeitsblättern und Beiträgen zu ACT: www.act-mindful.space
- »Doing What Matters in Times of Stress: An Illustrated Guide« – leicht lesbare ACT-Broschüre der WHO für Menschen in Krisensituationen und aktuell eine der besten Kurzeinführungen in ACT, kann optimal in der Einzel- und Gruppentherapie verwendet werden: https://www.who.int/publications/i/item/9789240003927

Literatur

ACBS – Association for Contextual Behavioral Science (2025) *State of the ACT Evidence.* https://contextualscience.org/state_of_the_act_evidence (Zugriff am 12.1.2025).

Böser, H., & Poth, L. (2016). *Du bist die Schüssel, nicht die Suppe: Akzeptanz- und Commitmenttherapie für den Alltag – Buch und Karten*. Vandenhoeck & Ruprecht.

Böser, H. (2018). Du bist die Schüssel, nicht die Suppe. Eine Einführung in die Akzeptanz und Commitment Therapie. *Zeitschrift für systemische Therapie und Beratung, 36*(4), 158–165.

Harris, R. (2019). *ACT made simple* (2nd ed.). New Harbinger Publication.

Hayes, S. C. (2019). *ACT immersion: An introduction to ACT as a process-based therapy.* https://act.courses/signup/ (Zugriff am 4.6.2025).

Hayes, S. C. (2022). *The Most Important Skill Set in Mental Health.* https://stevenchayes.com/the-most-important-skill-set-in-mental-health-2/ (Zugriff am 29.1.2025).

Hayes, S. C. (2023). *The ACT Advisor.* https://stevenchayes.com/wp-content/uploads/2023/01/The-ACT-Advisor.pdf (Zugriff am 29.1.2025).

Hayes, S. C., Ciarrochi, J., Hofmann, S. G. et al. (2022). Evolving an idionomic approach to processes of change: Towards a unified personalized science of human improvement. *Behaviour research and therapy, 156*, 104–155. https://doi.org/10.1016/j.brat.2022.104155

Hofmann, S., Hayes, S., Lorscheid, D. (2022). *Learning Process-Based Therapy: A Skills Training Manual for Targeting the Core Processes of Psychological Change in Clinical Practice*. New Harbinger.

Masuda, A., Hayes, S. C., Twohig, M. P. et al. (2009). A Parametric Study of Cognitive Defusion and the Believability and Discomfort of Negative Self-Relevant Thoughts. *Behavior Modification, 33*(2), 250–262. https://doi.org/10.1177/0145445508326259

Svitak, M., Hofmann, S. G. (2022). *Prozessbasierte Psychotherapie. Individuelle Störungsdynamiken verstehen und verändern*. Hogrefe.

Svitak, S. (2021). *Die therapeutische Haltung in ACT. Achtsamkeit in der therapeutischen Beziehung*. Springer.

Thich Nhat Hanh (2015). *The way out is in: The Zen Calligraphy of the Father of Mindfulness*. Thames & Hudson.

Waadt, M., Martz, J., Gloster, A. (2015). *Arbeiten mit der Akzeptanz- und Commitmentherapie*. Hogrefe.

Wengenroth, M. (2017). *Therapie-Tools Akzeptanz- und Commitmenttherapie*. Beltz.

Wenzlaff, R. M., & Wegner, D. M. (2000). Thought suppression. *Annual review of psychology, 51*, 59–91. https://doi.org/10.1146/annurev.psych.51.1.59

Wilson, K. G. (2009). *Mindfulness for two: An acceptance and commitment therapy approach to mindfulness in psychotherapy.* New Harbinger Publications.

Weiterführende Literatur

Harris, R. (2023). *ACT leicht gemacht: Der Leitfaden für die Praxis der Akzeptanz- und Commitment-Therapie.* Erweiterte und überarbeitete Neuausgabe. Arbor.

Hayes, S. C. (2020). *Kurswechsel im Kopf: Von der Kunst anzunehmen, was ist, und innerlich frei zu werden*. Beltz.

59 Cognitive Behavioral Analysis System of Psychotherapy (CBASP)

Sarah Stapel und Eva-Lotta Brakemeier

Das Wichtigste auf einen Blick

- CBASP ist eine speziell für chronische Depressionen entwickelte Therapiemethode, die kognitiv-verhaltenstherapeutische, interpersonelle und psychodynamische Ansätze integriert.
- Im Zentrum der Therapie steht die gezielte Bearbeitung psychopathologischer Kernmerkmale chronischer Depressionen, insbesondere traumatisierender Beziehungserfahrungen und interpersoneller Funktionsdefizite.
- Ein zentraler Bestandteil der Therapie ist die Identifikation von prägenden Bezugspersonen sowie die Ableitung von Prägungen und Übertragungshypothesen, um wiederkehrende, oft unbewusste Beziehungsmuster zu erkennen.
- Die therapeutische Grundhaltung des disziplinierten persönlichen Einlassens (DPE) schafft einen transparenten und authentischen Beziehungsrahmen, in dem Betroffene neue, heilsame Beziehungserfahrungen machen können.
- Therapierende nutzen Techniken wie die kontingente persönliche Reaktion (KPR) und interpersonelle Diskriminationsübungen (IDÜ), um positive zwischenmenschliche Verhaltensweisen zu fördern und dysfunktionale Muster zu verändern.
- Der interpersonelle Kiesler-Kreis wird als Modell genutzt, um die Dynamik zwischenmenschlicher Beziehungen zu verstehen und gezielt zu verändern.
- Die Situationsanalyse unterstützt Patientinnen und Patienten dabei, dysfunktionale Reaktionsmuster in zwischenmenschlichen Situationen zu erkennen, realistische Ziele zu formulieren und durch hilfreiches Denken und Verhalten Schritt für Schritt mehr Selbstwirksamkeit zu erleben.

59.1 Einführung

Chronische Depressionen (im DSM-5 als persistierende depressive Störungen bezeichnet[3]) stellen aufgrund ihrer hohen Prävalenz und oftmals bestehenden Therapieresistenz eine erhebliche Herausforderung für Psychotherapeutinnen und Psychotherapeuten dar. Etwa 20 bis 30 % aller Depressionen nehmen einen chronischen Verlauf (Murphy & Byrne, 2012). In spezialisierten Behandlungssettings für depressive Störungen ist der Anteil mehr als zwei Drittel (Sürig et al., 2021). Betroffene erleben über einen Zeitraum von mindestens zwei Jahren nahezu täglich depressive Symptome, was ihre Lebensqualität erheblich beeinträchtigt und ihre soziale sowie berufliche Funktionsfähigkeit stark einschränkt.

Um den spezifischen Problemen von Betroffenen gerecht zu werden, entwickelte der US-amerikanische Psychologe James P. McCullough in den 1980er-Jahren das Cognitive Behavioral Analysis System of Psychotherapy (CBASP). Dieser psychotherapeutische Ansatz ist bislang die einzige Methode, die gezielt auf die besonderen psychopathologischen Merkmale chronischer Depressionen zugeschnitten ist (McCullough, 2000). CBASP kombiniert verschiedene therapeutische Strategien, um die emotionalen, kognitiven und zwischenmenschlichen Probleme von Betroffenen gezielt zu behandeln und ihnen neue Wege im Umgang mit ihrer Erkrankung zu eröffnen.

Ein zentrales Merkmal von chronischen Depressionen ist der hohe Anteil an traumatisierenden Beziehungserfahrungen in der Kindheit. Studien weisen darauf hin, dass bis zu 80 % der Betroffenen in ihrer frühen Lebensphase Vernachlässigungs- oder Missbrauchserfahrungen erlebt haben (z. B. Brakemeier et al., 2018a; Struck et al., 2020). Diese negativen Erlebnisse führen nach McCulloughs Hypothese zur Entwicklung einer sogenannten »Wahrnehmungsentkopplung« (McCullough, 2000). Betroffene ziehen sich aus Angst vor erneuten Verletzungen sozial zurück und vermeiden tiefere zwischenmenschliche Bindungen. Dieses Vermeidungsverhalten spielt eine entscheidende Rolle bei der Aufrechterhaltung der Depressionen, da es die Betroffenen daran hindert, korrigierende Beziehungserfahrungen zu erleben. Viele Patientinnen und Patienten beschreiben sich selbst als wie »hinter einer unsichtbaren Mauer«, die sie von der Außenwelt trennt und sie in ihrer Isolation gefangen hält (vgl. Brakemeier & Buchholz, 2013). Diese Schwierigkeiten in sozialen Beziehungen, die aufrechterhalten werden durch Einschränkungen der Fertigkeit, die Folgen des eigenen Handelns zu erkennen (präoperatorisches Denken), sowie Probleme, andere zu verstehen und mit ihnen mitzufühlen (Empathie), können auch als interpersonelle Funktionsdefizite bezeichnet werden (vgl. Guhn, Köhler & Klein, 2022).

3 Wir verwenden der sprachlichen Einfachheit halber in diesem Beitrag durchgehend den Begriff »chronische Depressionen«.

CBASP setzt genau an diesen psychopathologischen Auffälligkeiten an und verfolgt das Ziel, die soziale Funktionsfähigkeit der Betroffenen wiederherzustellen. Dabei werden gezielt sechs Strategien aus unterschiedlichen psychotherapeutischen Verfahren und Ansätzen integriert, um die spezifischen Problembereiche chronischer Depressionen zu adressieren.

59.2 Historische Aspekte

James P. McCullough (*1936) widmete seine akademische Laufbahn der Erforschung und Behandlung chronischer Depressionen – die Entwicklung von CBASP kann als sein wissenschaftlich-therapeutisches Lebenswerk gelten. Eigene Erfahrungen mit chronischen Depressionen seit seiner Jugend waren mitentscheidend für seine Motivation, einen spezifischen therapeutischen Ansatz für diese besonders belastende Störung zu entwickeln.

CBASP entstand aus der Erkenntnis, dass herkömmliche therapeutische Ansätze oft unzureichend waren, um den spezifischen Bedürfnissen von Patientinnen und Patienten mit chronischen Depressionen gerecht zu werden. McCullough identifizierte früh, dass viele der Betroffenen traumatische Beziehungserfahrungen in ihrer Kindheit gemacht hatten, die häufig zu einem ausgeprägten Vermeidungsverhalten und sozialer Isolation führten. Um diesen Teufelskreis zu durchbrechen, kombinierte er Elemente aus der kognitiven Verhaltenstherapie, der interpersonellen Schule und psychodynamischen Konzepten zu einem eigenständigen, integrativen Therapieansatz: CBASP.

Merke

James P. McCullough entwickelte CBASP als gezielte Therapieform für chronische Depressionen – motiviert durch seine eigene Betroffenheit und getragen von den Erkenntnissen, dass traumatische Beziehungserfahrungen häufig soziale Isolation und Vermeidungsverhalten begünstigen und traditionelle Therapieansätze oft nicht ausreichen, den dysfunktionalen Kreislauf zu durchbrechen.

59.3 Besondere Merkmale und Grundlagen

▸ Abb. 59.1 verdeutlicht, wie die sechs Strategien aus verschiedenen Therapieansätzen in CBASP zusammenwirken, um gezielt an den drei spezifischen psychopathologischen Merkmalen chronischer Depressionen zu arbeiten.

In der ersten CBASP-Sitzung wird eine Anamnese durchgeführt, um die chronischen Depressionen zu erfassen (nützliche Arbeitsblätter dazu finden sich in: Klein, Backenstrass & Schramm, 2018). Dabei werden Beginn (früh vs. spät), Verlauf und Schweregrad der Depressionen erfasst, um eine präzise Diagnose des Krankheitsverlaufs zu stellen, idealerweise gemäß DSM-5. Ergänzend wird der Einsatz des Childhood Trauma Questionnaire (CTQ) empfohlen, um systematisch Informationen über eventuelle Kindesmisshandlungen zu erheben.

Ab der zweiten Sitzung arbeiten Therapierende gemeinsam mit den Betroffenen an der Erstellung der Liste prägender Bezugspersonen und leiten daraus sogenannte Übertragungshypothesen ab. Diese Vorgehensweise ist psychodynamisch fundiert, wobei die praktische Umsetzung eher verhaltenstherapeutisch strukturiert ist und Arbeitsblätter sowie Flipcharts genutzt werden können. Dieser Prozess erstreckt sich über die ersten bis zu vier Sitzungen.

Danach wird der Kiesler-Kreis eingeführt, ein Modell zur Analyse zwischenmenschlicher Dynamiken aus der interpersonellen Schule. Zudem kommt die Situationsanalyse, die der kognitiv-behavioralen Tradition entstammt, zum Einsatz. Beide Techniken werden in fast jeder Sitzung auf neue zwischenmenschliche Herausforderungen angewendet.

In schwierigen oder emotional aufgeladenen Situationen – insbesondere wenn alte Beziehungsmuster aktiviert werden – setzen Therapeutinnen und Therapeuten gezielt die kontingente persönliche Reaktion (KPR) ein, gefolgt von interpersonellen Diskriminationsübungen (IDÜ). Diese Interventionen basieren auf der besonderen therapeutischen Haltung des disziplinierten persönlichen Einlassens (DPE). Durch die konsequente Fokussierung auf frühere und aktuelle Beziehungserfahrungen – einschließlich der therapeutischen Beziehung – und mit dem Ziel, hilfreiche Verhaltensweisen zu erlernen, negative Prägungen zu überschreiben und heilsame, korrigierende Beziehungserfahrungen zu erleben, lässt sich CBASP am besten als eine interpersonelle Lerntherapie beschreiben.

Merke

CBASP integriert sechs zentrale therapeutische Strategien zur gezielten Behandlung chronischer Depressionen – von der Lister prägender Bezugspersonen über die Übertragungshypothesen bis hin zu interpersonellen Lernprozessen, die korrigierende Beziehungserfahrungen ermöglichen.

Fallbeispiel

Herr H. berichtet, dass er sich bereits seit frühester Kindheit depressiv fühle. Lange Zeit habe er jedoch angenommen, dass diese gedrückte Stimmung einfach Teil seines Wesens sei und keine behandlungsbedürftige psychische Störung darstelle.

Er wuchs mit einem cholerischen, alkoholabhängigen Vater auf, der ihn häufig schlug und sowohl emoti-

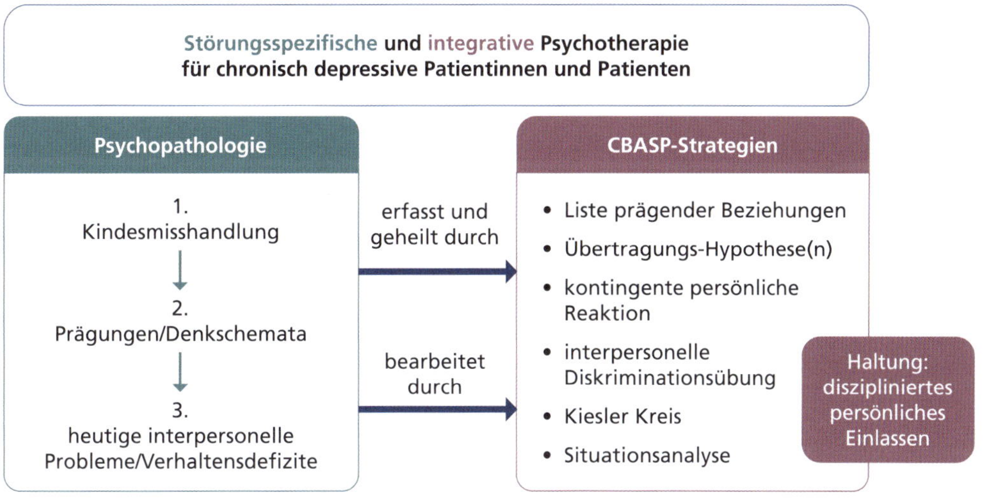

Abb. 59.1: Übersicht der spezifischen Psychopathologie chronischer Depressionen und der integrativen CBASP-Strategien (modifiziert nach Brakemeier, Guhn & Normann, 2021)

onal als auch körperlich missbrauchte. Seine Mutter war nicht in der Lage, ihm zu helfen oder ihn gar zu schützen, da sie selbst große Angst vor dem Vater hatte und sich ihm gegenüber überfordert fühlte. Wenn der Vater nicht da war, zog sie sich oft in ihr Schlafzimmer zurück. Herr H. konnte sie durch die Tür dann schluchzen hören. Wenn er sie bei anderen Problemen um Hilfe bat, konnte sie ihm meist nicht helfen. Um sie nicht zusätzlich zu belasten, hörte er früh auf, sie um Hilfe zu bitten oder ihre Nähe zu suchen. Er erfuhr durch sie emotionale Vernachlässigung. Einzig die Oma war eine positive Bezugsperson für ihn: Sie kümmerte sich liebevoll um ihn – bei ihr fühlte er sich wohl. Sie starb als er 8 Jahre war – danach fühlte er sich einsam und verlassen.

In der Schule war er der übergewichtige, schüchterne Junge, der oft zum Ziel von Spott und Hänseleien wurde. Am sichersten fühlte er sich in seinem Zimmer, wo er sich mit Büchern zurückzog. Dieses Muster der sozialen Isolation hat sich bis heute fortgesetzt: Herr H. lebt eher zurückgezogen mit seiner Katze. Es fällt ihm schwer, andere Menschen um Unterstützung zu bitten. Im beruflichen Umfeld leidet er unter seinem »cholerischen und aufbrausenden Chef«, vor dem er große Angst hat.

59.3.1 Die Liste der prägenden Bezugspersonen und Übertragungshypothesen

Patientinnen und Patienten mit chronischen Depressionen haben häufig in ihrer Kindheit traumatisierende Beziehungserfahrungen erlebt. Diese frühen Erlebnisse prägen ihre späteren zwischenmenschlichen Beziehungen und beeinflussen unbewusst ihre Erwartungen und Befürchtungen in neuen sozialen Interaktionen. Daher beginnt die therapeutische Arbeit in CBASP mit Strategien, die aus den psychodynamischen Therapien stammen. Diese Ansätze beziehen die individuellen Beziehungserfahrungen direkt mit ein, um die zugrundeliegenden Muster zu erkennen und aufzuarbeiten (detaillierte methodische Umsetzung siehe Brakemeier, Guhn & Norman, 2021; Brakemeier & Buchholz, 2013).

Ein zentraler Bestandteil der Therapie ist es, Betroffene dabei zu unterstützen, bis zu sechs prägende Bezugspersonen aus ihrem Leben zu identifizieren. Diese Personen haben ihre Entwicklung und Persönlichkeit maßgeblich beeinflusst. Die Auswahl kann Eltern, Geschwister, Großeltern oder andere bedeutsame Personen aus ihrem Umfeld umfassen. In einem nächsten Schritt werden die Beziehungen zu jeder dieser Personen im Detail exploriert. Dabei liegt der Fokus auf der Art der Bindung, positiven sowie negativen Erfahrungen und den emotionalen Reaktionen, die mit diesen Personen verknüpft sind.

Nach dieser intensiven Auseinandersetzung mit vergangenen Beziehungserfahrungen werden kausale Schlussfolgerungen formuliert. Diese Schlussfolgerungen beschreiben, welche tief verankerten Überzeugungen, Verhaltensweisen oder emotionalen Muster sich aus den prägenden Erlebnissen entwickelt haben, die bis heute spürbar sind. Die Schlussfolgerungen können gegenüber den Betroffenen auch durch die griffigeren Begriffe »Prägungen« oder »Stempel« bezeichnet werden.

Basierend auf diesen Prägungen entwickeln Therapierende gemeinsam mit den Betroffenen sogenannte Übertragungshypothesen. Diese Hypothesen spiegeln wider, welche Erwartungen oder Befürchtungen Patientinnen und Patienten in neuen Beziehungen haben – insbesondere auch in der therapeutischen Beziehung. Menschen mit belastenden Bindungserfahrungen neigen dazu, in neuen Beziehungen ähnliche Muster zu erwarten, wie sie sie in ihrer Vergangenheit erlebt haben. Sie könnten beispielsweise befürchten, erneut zurückgewiesen oder nicht ernst genommen zu werden, oder unbewusst davon ausgehen, dass sie sich stark anpassen müssen, um akzeptiert zu werden.

Im Gegensatz zur klassischen Psychoanalyse, in der Übertragungen häufig eher implizit betrachtet werden, wird die Übertragungshypothese in diesem Ansatz frühzeitig, bewusst und transparent in die Therapie integriert. Therapierende und Betroffene formulieren die Übertra-

Tab. 59.1: Prägungen und Übertragungshypothese von Herrn H.

Prägende Bezugspersonen	Prägungen von Herrn H.
Vater	Ich kann mich nicht wehren und muss mich schützen, da andere versuchen, mich zu verletzen.
Mutter	Ich darf nicht um Hilfe bitten und muss alles einfach aushalten, da sich niemand wirklich um mich kümmert.
Oma	Es gibt doch positive nahe Beziehungen, die aber vergehen.
Chef	Ich kann mich nicht wehren und werde ausgenutzt.
Übertragungshypothese (für die weibliche Therapeutin, weshalb vor allem die Mutter-Prägung relevant ist)	
Wenn ich in der Therapie ein Problem habe, wird die Therapeutin mir nicht helfen, weshalb ich dieses erst gar nicht anspreche.	

gungshypothesen gemeinsam und nutzen sie als Grundlage für die weitere therapeutische Arbeit. Durch diesen proaktiven Ansatz können dysfunktionale Beziehungsmuster früh erkannt und reflektiert werden, sodass Patientinnen und Patienten die Möglichkeit erhalten, neue und positive bzw. heilsame Beziehungserfahrungen zu erleben.

▶ Tab. 59.1 illustriert exemplarisch, wie sich Prägungen und Übertragungshypothesen in der Therapie eines Patienten – in diesem Fall Herrn H. – manifestieren. Sie zeigt auf, welche spezifischen Beziehungserfahrungen aus seiner Kindheit und seinem späteren Leben identifiziert wurden und wie sich diese auf seine gegenwärtigen Denk- und Verhaltensmuster sowie seine Erwartungen gegenüber anderen Menschen, einschließlich der Therapeutin, auswirken.

Zu Beginn der Behandlung liegt der Fokus also nicht nur auf der reinen Erkundung der biografischen Erlebnisse, sondern vielmehr auf der Verknüpfung dieser Erfahrungen mit aktuellen Gedanken, Gefühlen und Verhaltensweisen. Durch diese bewusste Auseinandersetzung werden Patientinnen und Patienten in die Lage versetzt, ihre tief verankerten Beziehungsmuster zu hinterfragen, alternative Sichtweisen zu entwickeln und langfristig neue Wege im Umgang mit anderen Menschen zu beschreiten.

Merke

Frühe traumatische Beziehungserfahrungen prägen unbewusst spätere Interaktionen – durch die Identifikation prägender Bezugspersonen und die Ableitung von Übertragungshypothesen können in der Therapie diese dysfunktionalen Muster erkannt und in Folge neue, heilsame Beziehungserfahrungen ermöglicht werden.

59.3.2 Die Haltung des diszipliniert-persönlichen Einlassens

Durch interpersonelle Techniken sollen die negativen, oft traumatisierenden Beziehungserfahrungen der Betroffenen aus der Vergangenheit systematisch bearbeitet und in einen heilenden therapeutischen Prozess eingebunden werden (vgl. McCullough, 2021).

McCullough (2021) betont, dass unbewusste Beziehungsmuster eine erhebliche Barriere für Veränderung darstellen können. Patientinnen und Patienten, die in der Vergangenheit Zurückweisung, Bestrafung oder Missbrauch erfahren haben, erwarten implizit, dass sich diese Erfahrungen in der therapeutischen Beziehung wiederholen. Dies kann dazu führen, dass sie sich entweder zurückziehen, misstrauisch sind oder destruktive Beziehungsdynamiken reproduzieren. In der Übertragungshypothese wird diese Erwartung explizit formuliert, um sie für den therapeutischen Prozess nutzbar zu machen.

CBASP-Therapierende begegnen diesen Übertragungsmustern mit einer spezifischen therapeutischen Haltung, die als »diszipliniertes persönliches Einlassen« (DPE) bezeichnet wird. Diese Haltung zeichnet sich durch ein bewusstes, kontrolliertes Maß an persönlicher Offenheit aus, mit dem die Therapierenden gezielt auf das interpersonelle Verhalten der Betroffenen eingehen. Eine zentrale Methode dabei ist die kontingente persönliche Reaktion (KPR). Dabei handelt es sich um eine direkte, authentische Rückmeldung der Therapierenden, die sowohl positive als auch negative emotionale Reaktionen auf das Verhalten der Patientinnen und Patienten einbezieht. Ziel ist es, dysfunktionale interpersonelle Muster zu erkennen und im therapeutischen Raum aktiv zu verändern.

McCullough (2021) zieht in diesem Zusammenhang auch Parallelen zur Gegenübertragung (counter-transference reactions). Therapierende nutzen ihre eigenen emotionalen Reaktionen nicht nur als diagnostisches Instrument, sondern auch als aktiven Bestandteil des therapeutischen Prozesses. Durch die gezielte Anwendung der kontingenten persönlichen Reaktion können maladaptive, also dysfunktionale und selbstschädigende Verhaltensweisen der Betroffenen modifiziert werden. Gleichzeitig wird erwünschtes, hilfreiches Verhalten verstärkt und stabilisiert, um langfristig bessere soziale und emotionale Anpassungsmechanismen zu fördern (vgl. auch Brakemeier, Guhn & Norman, 2021; Klein, Backenstrass & Schramm, 2018).

Indem Betroffene durch diesen interpersonellen Ansatz neue, korrigierende Beziehungserfahrungen erleben, können sie langfristig lernen, ihre tief verankerten negativen Erwartungen in sozialen Beziehungen zu hinterfragen und neue, funktionalere Muster zu entwickeln. Diese Strategie stellt somit einen essenziellen Bestandteil der CBASP-Therapie dar und trägt dazu bei, die sozialen und emotionalen Herausforderungen der Patientinnen und Patienten nachhaltig zu verbessern.

Fallbeispiel (Fortsetzung)

Nachdem Herr H. im Verlauf der ersten Sitzungen zunehmend offener wurde und sich der Therapeutin anvertraut hat, erschien er in der sechsten Therapiesitzung sehr bedrückt und in sich gekehrt. Im Gegensatz zu den vorherigen Sitzungen spricht er leise, vermeidet den Blickkontakt mit der Therapeutin und scheint emotional distanziert. Nach einigem Zögern berichtet er von der belastenden Situation in seiner Firma, gibt jedoch kaum Details preis. Die Therapeutin nimmt die interpersonellen Konsequenzen seines Rückzugs bei sich selbst wahr und beschließt, durch eine kontingente persönliche Reaktion (KPR) zunächst den Fokus auf die therapeutische Beziehung zu legen.

Herr H.: (…) Ich weiß auch nicht mehr weiter … Es bringt doch sowieso nichts … Mein Chef hat das Sagen, ich kann daran nichts ändern … Ich muss einfach irgendwie durchhalten.

Therapeutin: Herr H., ich verstehe, dass die Situation in Ihrer Firma für Sie gerade sehr belastend ist. Ich nehme wahr, dass Sie sich hilflos und ohne Hoffnung fühlen. Dennoch möchte ich Ihnen eine Frage stellen: Was glauben Sie, wie es mir gerade geht?

Herr H.: (hebt langsam den Blick) Hm … Keine Ahnung. Vielleicht fühlen Sie sich auch hilflos und wissen nicht mehr, was Sie mit mir machen sollen.

Therapeutin: Wie sehe ich denn aus? Schauen Sie mich mal an.

Herr H.: Hm, Sie sehen eigentlich ganz normal aus – so wie immer.

Therapeutin: Darf ich Ihnen sagen, wie es mir gerade geht?

Herr H.: Ja, wenn Sie mögen.

Therapeutin: Ich bemerke, dass ich mich heute sehr weit weg von Ihnen fühle – fast so, als hätten Sie eine unsichtbare Mauer hochgezogen. Sie sind kaum mit mir im Kontakt, und weil Sie so wenig erzählen, kann ich Ihr Problem nicht wirklich erfassen. Können Sie das nachvollziehen?

Herr H.: Hm … ja, das fühlt sich heute tatsächlich so an. Ich habe mich wieder komplett hinter meiner Mauer zurückgezogen.

Therapeutin: Genau – und dadurch halten Sie mich auf Abstand. Das Schwierige daran ist, dass ich Ihnen so nicht helfen kann, obwohl ich das gerne möchte. Das macht mich traurig, weil mir Ihr Wohlergehen am Herzen liegt. Ich frage mich, ob Sie das vielleicht unbewusst beabsichtigen – dass ich mich auch distanziere und mich hilflos fühle?

Herr H.: Nein, das will ich natürlich nicht.

Therapeutin: Und doch passiert es gerade. Aber ich möchte mich nicht distanzieren – ich möchte für Sie da sein und Ihnen helfen. Deshalb ist es mir wichtig, Ihnen ehrlich mitzuteilen, wie Ihr Verhalten auf mich wirkt.

Herr H.: Okay, ich verstehe. Aber wie kann ich das ändern?

Therapeutin: Das können wir gemeinsam herausfinden. Ich vermute, dass hier eine Ihrer Prägungen eine Rolle spielt. Lassen Sie uns das genauer betrachten.

Herr H.: Ah, Sie meinen die Prägung durch meine Mutter: »Ich darf niemanden um Hilfe bitten und muss alles allein aushalten, weil sich sowieso niemand wirklich für mich interessiert.« Bedeutet das, dass ich deshalb nicht um Ihre Hilfe bitte?

Therapeutin: Das könnte gut sein. Sie haben mir das konkrete Problem ja noch gar nicht erzählt, sodass ich Ihnen gar nicht helfen kann. Aber ich möchte Ihnen helfen und für Sie da sein. Doch dafür müssen Sie mich auch ein Stück weit an sich heranlassen.

Herr H.: Hm … Das Problem ist, dass mein Chef mir immer mehr Arbeit gibt – und nur mir. Ich arbeite schon Tag und Nacht und kann bald einfach nicht mehr. Können Sie mir dabei helfen?

Therapeutin: Ja, das möchte ich unbedingt. Ich habe auch einen Vorschlag: Lassen Sie uns eine konkrete Situation mit Ihrem Chef anschauen und eine Situationsanalyse dazu durchführen. Ich denke, dass das uns beiden hilft, die belastende Situation besser zu verstehen und herauszufinden, was Sie konkret verändern können. Klingt das gut für Sie?

Herr H.: Hm … Ja, einen Versuch ist es wert.

Therapeutin: Das freut mich. Bevor wir das tun, würde ich Sie noch gerne etwas fragen: Wie hat Ihre Mutter früher reagiert, wenn Sie ein großes Problem hatten?

Herr H.: Ach, sie hat meistens geweint und gesagt, dass sie mir auch nicht helfen kann.

Therapeutin: Und wie haben Sie sich dabei gefühlt?

Herr H.: Schrecklich. Ich hatte dann immer ein schlechtes Gewissen, weil ich sie noch zusätzlich belastet habe. Sie hatte es ja selbst schon schwer genug.

Therapeutin: Ja, das verstehe ich. Und wie habe ich heute reagiert?

Herr H.: Sie waren traurig, weil ich mich zurückgezogen habe – aber Sie haben trotzdem gesagt, dass Sie mir helfen möchten, und sogar wissen, wie.

Therapeutin: Genau. Was bedeutet das für Sie, dass ich anders reagiere als Ihre Mutter? Wie fühlt sich das für Sie an?

Herr H.: Hm … Es fühlt sich … irgendwie gut an. Aber auch seltsam und ungewohnt.

Am Ende des Dialogs setzt die Therapeutin die interpersonelle Diskriminationsübung (IDÜ) ein. Diese Methode hilft Herrn H., den Unterschied zwischen seiner bisherigen Erfahrung mit der Mutter und der aktuellen therapeutischen Beziehung zu erkennen. Während er in der Vergangenheit gelernt hat, dass seine Probleme eine zusätzliche Belastung für andere darstellen, macht er in der Therapie eine neue Erfahrung: Seine Probleme – wenn er sie denn mitteilt – werden ernst genommen, und die Therapeutin bleibt aktiv um seine Unterstützung bemüht.

CBASP geht – im Gegensatz zur klassischen Psychoanalyse – proaktiv und transparent mit Übertragungsmustern um. Das Beispiel zeigt, dass die Haltung des »disziplinierten persönlichen Einlassens« (DPE) durch die beiden Techniken der kontingenten persönlichen Reaktion (KPR) und der interpersonellen Diskriminationsübung (IDÜ) gezielt gefördert wird. Diese Form der therapeutischen Beziehungsgestaltung ist einzigartig in der Psychotherapie und findet sich in keiner anderen Methode der ersten, zweiten oder dritten Welle. Am ehesten ähnelt sie der »begrenzten Nachbeelterung« aus der Schematherapie (vgl. Brakemeier, Guhn & Norman, 2021).

Merke

Die Haltung des disziplinierten persönlichen Einlassens (DPE) wird in CBASP durch die kontingente persönliche Reaktion (KPR) und die interpersonelle Diskriminationsübung (IDÜ) unterstützt, um maladaptive Beziehungsmuster gezielt zu überwinden und korrigierende Beziehungserfahrungen zu ermöglichen.

59.3.3 Der Kiesler-Kreis

Im weiteren Verlauf der CBASP-Therapie wird der Kiesler-Kreis eingeführt (▸ Abb. 59.2), der in der interpersonellen Schule entwickelt wurde, um die komplexen Dynamiken zwischenmenschlicher Beziehungen besser zu verstehen und zu analysieren (vgl. Guhn, Köhler & Brakemeier, 2019). Kiesler erstellte dieses kreisförmige Modell zur Einschätzung des sogenannten »Stimulus-Charakters« einer Person – also der emotionalen, kognitiven und verhaltensbezogenen Reaktionen, die eine Person bei anderen hervorruft. In der therapeutischen Arbeit ist es besonders wichtig, dass Patientinnen und Patienten verstehen, wie ihr Verhalten die Reaktionen ihres Gegenübers beeinflusst. Ein zentraler Bestandteil des Kiesler-Kreises ist die Idee, dass zwischenmenschliches Verhalten nicht isoliert betrachtet werden kann, sondern immer eine wechselseitige Dynamik entsteht.

Der Kiesler-Kreis unterscheidet zwei Hauptdimensionen – freundlich vs. feindselig und dominant vs. unterwürfig – sowie die vier daraus resultierenden Misch-Dimensionen. ▸ Abb. 59.2 verdeutlicht, dass freundliches Verhalten in der Regel zu freundlichen Reaktionen führt, während Feindseligkeit häufig ebenfalls Feindseligkeit nach sich zieht. Dominantes Verhalten kann hingegen dazu führen, dass sich andere unterordnen, während unterwürfige Personen oft von anderen dominiert werden. Diese Reaktionsmuster sind Teil der sogenannten »Zugkräfte« im Kiesler-Kreis und bilden die Grundlage für die therapeutische Arbeit. In der Praxis zeigen sich diese Dimensionen in einer gewissen Rigidität oder Extremform oft sehr deutlich im Verhalten von Patientinnen und Patienten mit chronischen Depressionen, die häufig eine feindselig-unterwürfige Haltung einnehmen, was wiederum feindselig-dominante Reaktionen von Mitmenschen triggert.

Besonders bei Patientinnen und Patienten mit chronischen Depressionen, wie beispielsweise bei Herrn H., zeigt sich häufig eine Tendenz zur Feindseligkeit und Unterwürfigkeit. Studien und Metaanalysen belegen, dass Patientinnen und Patienten mit chronischen Depressionen in sozialen Interaktionen signifikant distanzierter und verschlossener wirken als gesunde Menschen oder auch Menschen mit nichtchronischen Depressionen (Bird et al., 2018). Diese Symptome der Isolation und Abkapselung können mit Hilfe des Impact Message Inventory (IMI) präzise erfasst und in der Therapie adressiert werden. Ein Beispiel für ein solches Item ist: »Wenn ich mit Herrn X oder Frau Y zusammen bin, habe ich das Gefühl, dass sie oder er sich vor Verantwortung drückt« (vgl. Guhn, Köhler & Brakemeier, 2019). Das Inventory hilft dem Therapeuten oder der Therapeutin, die Ausstrahlung und den Eindruck des Patienten oder der Patientin in sozialen Kontexten besser zu verstehen und gezielt in der Therapie zu bearbeiten.

Die Einführung des Kiesler-Kreises in die Therapie hilft den Betroffenen, diese oft unbewussten zwischenmenschlichen Beziehungsdynamiken explizit zu machen. Indem Betroffenen aufgezeigt wird, wie ihr Verhalten in bestimmten sozialen Situationen wahrgenommen wird, können sie beginnen, die Auswirkungen ihres Verhaltens auf andere Menschen zu verstehen und zu hinterfragen. Ein Ziel der Arbeit mit dem Kiesler-Kreis in CBASP ist es, den Betroffenen zu vermitteln, dass ihr Verhalten nicht ohne Konsequenzen für ihre sozialen Beziehungen bleibt. Im Laufe der Therapie lernen sie, die verschiedenen Stimulus-Charaktere bewusst zu nutzen und zu steuern, je nachdem, welches Verhalten sie anstreben. Ziel ist es, interpersonelle Flexibilität zu entwickeln, sodass die Betroffenen in verschiedenen sozialen Kontexten flexibel reagieren können und nicht mehr in den alten, destruktiven Mustern verharren.

Im Gegensatz zu anderen therapeutischen Ansätzen der ersten, zweiten und dritten Welle wird das Kiesler-Kreis-Modell in CBASP besonders explizit eingesetzt, um den Betroffenen zu helfen, ihre abgekapselten, isolierten Verhaltensmuster zu erkennen und zu verändern. Indem die Betroffenen erfahren, dass ihr Verhalten konkrete Auswirkungen auf andere Menschen hat, wird die Grundlage für eine Veränderung geschaffen. Die Arbeit mit dem Kiesler-Kreis ist somit nicht nur eine Theorie, sondern ein praktisches Werkzeug, das den Betroffenen hilft, die Dynamiken ihrer zwischenmenschlichen Beziehungen besser zu verstehen und aktiv zu gestalten. In Übereinstimmung mit dem CBASP-Motto *»What you do matters«* wird den Betroffenen gezeigt, dass ihr Verhalten eine direkte und spürbare Wirkung auf ihre Umwelt hat – und dass sie in der Lage sind, diese zu verändern. Zu diesem Zweck wird er gezielt in die Situationsanalyse einbezogen (▸ Kap. 59.3.4).

Insgesamt bietet der Kiesler-Kreis eine besondere Möglichkeit, die komplexen zwischenmenschlichen Beziehungen von Menschen mit chronischen Depressionen zu entschlüsseln und gezielt an der Veränderung ihrer interpersonellen Flexibilität zu arbeiten.

Merke

Der Kiesler-Kreis unterstützt in der CBASP-Therapie das Verständnis der wechselseitigen Dynamik zwischenmenschlicher Beziehungen. Er verdeutlicht, wie das Verhalten einer Person Reaktionen bei anderen auslöst – und fördert so die Entwicklung interpersoneller Flexibilität.

59.3.4 Die Situationsanalyse

Die Situationsanalyse stellt innerhalb der CBASP-Therapie eine zentrale, strukturierte und mehrstufige Methode zur sozialen Problemlösung dar (vgl. Brakemeier, Guhn & Norman, 2021; Klein, Backenstrass & Schramm, 2018). Sie dient dem Ziel, das oftmals globale und transsituationale Denken von Betroffenen (z. B. »Alles in meinem Leben geht schief, daran kann ich nichts ändern«) gezielt auf eine spezifische, klar abgegrenzte Alltagssituation zu lenken. Durch diese Fokussierung lernen die Betroffenen, ihre Aufmerksamkeit differenzierter auf einzelne Ereignisse zu richten, wodurch übermäßige Verallgemeinerungen (»Mir passiert immer dasselbe«, »Ich bin immer schuld«) schrittweise aufgelöst werden können.

Ein zentrales Ziel der Situationsanalyse ist es, den Betroffenen die wahrgenommene Funktionalität ihres Verhaltens bewusst zu machen. Das bedeutet: Sie sollen nachvollziehen lernen, dass ihr eigenes Verhalten konkrete Konsequenzen in zwischenmenschlichen Interaktionen hat –

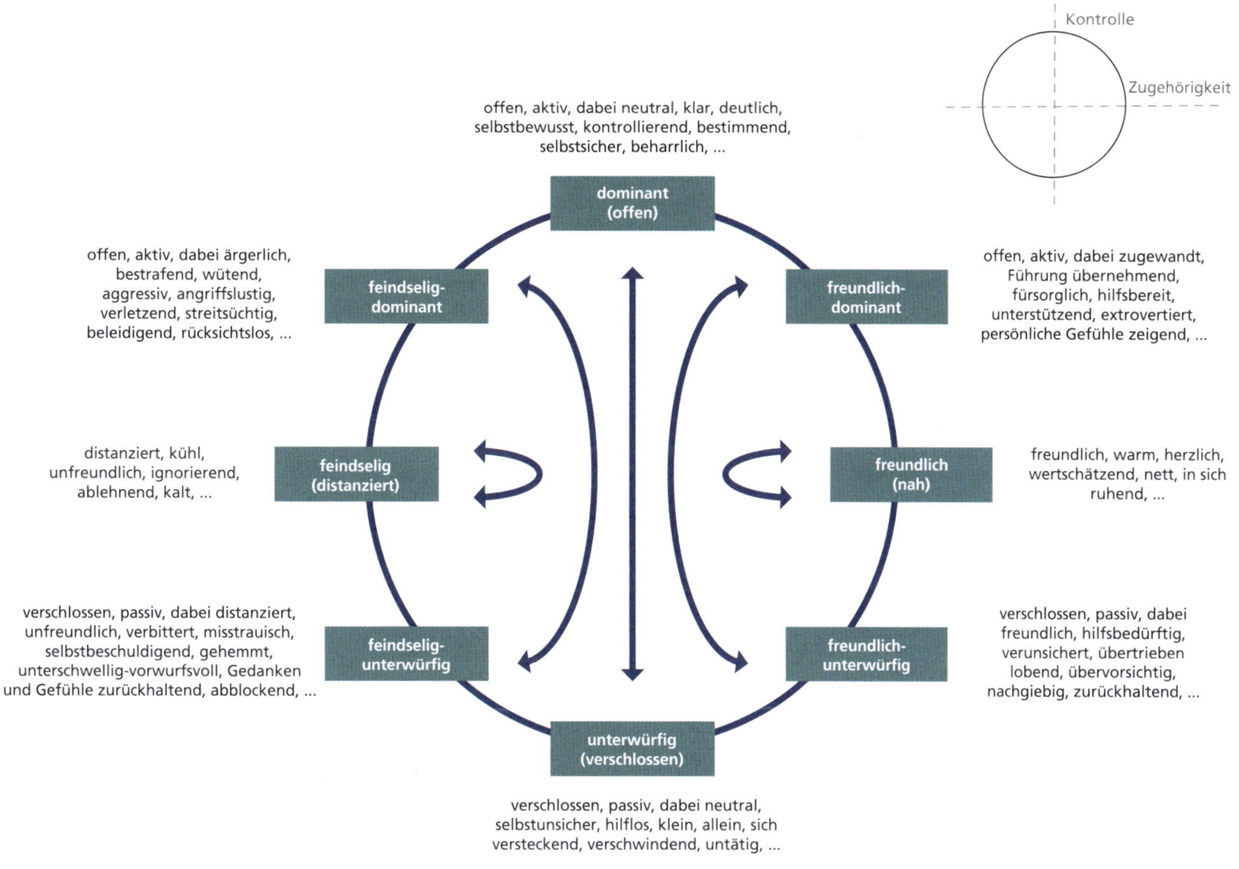

Abb. 59.2: Kiesler-Kreis (nach Guhn, Köhler & Brakemeier, 2019)

und dass sie, wenn sie sich anders verhalten, auch andere Reaktionen hervorrufen können. Dieses Erkennen ist häufig ein Schlüsselmoment im therapeutischen Prozess, da es das Gefühl von Hilflosigkeit und Ausgeliefertsein infrage stellt und Handlungsspielräume aufzeigt.

Die Technik der Situationsanalyse integriert dabei Elemente aus verschiedenen therapeutischen Schulen. Sie vereint klassische Methoden der ersten Welle der Verhaltenstherapie, die stark auf beobachtbares Verhalten und seine Verstärkung fokussiert ist, mit kognitiven Strategien der zweiten Welle, die Gedanken, Bewertungen und Überzeugungen in den Mittelpunkt rückt. So entsteht ein integrativer Ansatz, der sowohl Verhalten als auch inneres Erleben berücksichtigt und verändert.

Am Beispiel von Herrn H. (▶ Tab. 59.2) wird deutlich, wie wirksam diese Methode im therapeutischen Prozess sein kann.

Fallbeispiel (Fortsetzung)

Im Verlauf der Therapie wurden mit Herrn H. zahlreiche konkrete Alltagssituationen in Form einer Situationsanalyse aufgearbeitet. Dabei lernte er, sich gegen ungerechte oder übergriffige Behandlung zu behaupten – insbesondere in seinem Arbeitsumfeld, wo er sich häufig von seinem Chef dominiert und nicht respektiert fühlte. In den Sitzungen konnte Herr H. differenziert nachvollziehen, wie sein zurückhaltendes, unterwürfiges Verhalten von seinem Chef möglicherweise als Einladung zur Dominanz interpretiert wurde. Durch die systematische Auseinandersetzung mit diesen Situationen gelang es ihm allmählich, sich verbal zu behaupten und seine Position deutlicher zu vertreten.

Trotz dieser positiven Entwicklungen blieb das Verhalten seines Chefs jedoch weitgehend unverändert. Dieser reagierte weiterhin dominant bis feindselig-dominant, was Herrn H. zunehmend belastete. In der Therapie kam es schließlich zu einer wichtigen Erkenntnis: Er musste nicht nur sein Verhalten verändern, sondern auch seine Umgebung kritisch hinterfragen. So reifte in ihm der Entschluss, sich aus dieser für ihn toxischen Arbeitsbeziehung zu lösen und sich ein Arbeitsumfeld zu suchen, in dem er respektvoll behandelt wird und sich wohlfühlen kann. Er begann, aktiv nach einer neuen beruflichen Perspektive zu suchen, bewarb sich erfolgreich und entschied sich schließlich, sein Arbeitsverhältnis zu kündigen.

Diese Entwicklung markiert einen bedeutenden therapeutischen Fortschritt: Herr H. erlebte sich selbst als handlungsfähig, gestaltend und selbstwirksam – eine Haltung, die dem chronischen Gefühl der Hilflosigkeit entgegenwirkt, das viele Patientinnen und Patienten mit chronischen Depressionen begleitet. Die Situationsanalyse war in diesem Prozess ein zentrales Werkzeug, das ihm half, nicht nur seine Reaktionen, sondern auch seine Lebensumstände bewusst zu reflektieren und aktiv zu verändern.

Tab. 59.2: Situationsanalyse von Herrn H.

Schritt	Therapeutische Fragen	Beispiel Herr H.
Erhebungsphase		
1. Situation	Welche konkrete Situation schauen wir uns an? Was genau ist passiert?	Ich sitze in der Teambesprechung. Mein Chef sagt: »Diese dringenden Aufgaben erledigen Sie, Herr H., bis Mittwoch.« Ich sage: »Das schaffe ich vermutlich nicht.« Er entgegnet: »Doch, Sie schaffen das. Es gibt keine andere Lösung.« Ich sage nichts mehr und schaue auf den Boden.
2. Interpretationen	Was ist Ihnen in dieser Situation durch den Kopf gegangen?	»Ich muss mich schützen.« »Ich kann mich nicht wehren!« »Das bringt alles nichts.«
3. Verhalten	Was haben Sie konkret getan?	Ich habe zuerst sehr leise etwas gesagt, danach auf den Boden geschaut und nichts mehr gesagt. (Kiesler-Kreis: kurz ein wenig dominanter, dann feindselig-unterwürfig)
4. Tatsächliches Ergebnis (TE)	Wie ging die Situation für Sie aus?	Ich sage nichts mehr und schaue auf den Boden.
5. Erwünschtes Ergebnis (EE)	Was hätten Sie tun können, das für Sie realistisch und umsetzbar ist?	Ich sage laut und deutlich: »Nein, ich kann wirklich keine weitere Zusatzaufgabe mehr übernehmen.«
6. Vergleich TE und EE	Haben Sie das erreicht, was Sie wollten? Warum nicht?	Nein, weil ich nicht gelernt habe, mich zu wehren.
Lösungsphase		
1. Revision der Interpretationen	Sind Ihre Gedanken hilfreich für das Erreichen des EE? Welcher kurze Satz könnte Sie motivieren (»Schlachtruf«)?	»Ich muss mich schützen.« (hilfreich) »Ich kann mich nicht wehren!« (nicht hilfreich) »Das bringt alles nichts.« (nicht hilfreich) Neu: »Ich muss für mich jetzt einstehen und ihm klar sagen, dass ich nicht mehr kann.« Zeig ihm deine Grenzen!
2. Verhalten	Wie wollen Sie sich verhalten?	Ich schaue ihn an, spreche mit lauter Stimme (Kiesler-Kreis: insb. dominant)
3. Rollenspiele	(mehrere Durchgänge mit Shaping)	Herr H. lernt, dass es hilfreich ist, den gesamten Körper zu nutzen, sich aufzurichten und sogar aufzustehen beim Sprechen
4. Take-Home-Message und Generalisierung	Was nehmen Sie aus dieser Situation mit? In welchen anderen Situationen könnten Sie das anwenden?	Ich muss lernen, mich zu wehren, sonst werde ich weiter ausgenutzt. Solche Situationen passieren mir sehr oft – vor allem mit Männern. Da kommt immer die Prägung meines Vaters hoch. Dagegen will ich mich jetzt wehren!

Merke

Die Situationsanalyse ermöglicht eine strukturierte Aufarbeitung konkreter zwischenmenschlicher Erfahrungen. Sie unterstützt Menschen mit chronischen Depressionen dabei, ihre Interpretationen von Situationen sowie ihr eigenes Verhalten und dessen Folgen realitätsnah einzuordnen – und im Sinne neu gesetzter, realistischer Ziele zu verändern.

59.4 Typische Indikationsgebiete

Internationale Leitlinien empfehlen CBASP zur Behandlung chronischer Depressionen, meist in Kombination mit einer medikamentösen Therapie. Auch die deutsche S3-Leitlinie führt CBASP als mögliche Behandlungsoption auf, stuft die derzeitige Evidenzlage jedoch als noch zu schwach für eine eindeutige Empfehlung ein (BÄK et al., 2022). Die NICE-Guidelines nennen CBASP zurückhaltend im Rahmen der Rückfallprophylaxe; in anderen Leitlinien (z. B. in den USA oder Australien) wird CBASP bislang nicht berücksichtigt.

Die Indikation für CBASP kann sowohl auf Grundlage der Diagnose als auch anhand spezifischer interpersoneller Funktionsdefizite gestellt werden, die im Rahmen einer individuellen Fallanalyse identifiziert werden. Das konkrete Vorgehen sowie teils kontroverse Befundlagen hierzu werden ausführlich bei Guhn, Klein und Köhler (2022) dargestellt.

Studien weisen darauf hin, dass CBASP insbesondere dann indiziert ist, wenn folgende Merkmale vorliegen (vgl. Brakemeier, Guhn & Normann, 2021):

- chronifizierte depressive Symptomatik, die trotz mehrfacher Behandlungsversuche fortbesteht
- früh beginnende Depression (vor dem 21. Lebensjahr)

- komorbide soziale Ängstlichkeit oder Vermeidungstendenzen
- geringe emotionale Durchlässigkeit in zwischenmenschlichen Beziehungen
- Erfahrungen emotionaler Deprivation oder Traumatisierung in der Kindheit
- submissiv-unterwürfiges Interaktionsverhalten

Als Kontraindikationen gelten alle Störungsbilder, bei denen Empathiefähigkeit und Beziehungsgestaltung grundlegend beeinträchtigt sind – darunter insbesondere psychotische Störungen, manische Episoden, schizoide und schizotype Störungen sowie die antisoziale Persönlichkeitsstörung. Suizidalität stellt hingegen keine Kontraindikation dar. Im Gegenteil: Bei suizidalen Patientinnen und Patienten können viele CBASP-Strategien gezielt und oftmals sehr wirksam eingesetzt werden (Brakemeier & Knoop, 2016).

Merke

CBASP wird explizit für Patientinnen und Patienten mit chronischen Depressionen eingesetzt, insbesondere bei denen mit frühkindlichen belastenden Erfahrungen, sozialer Ängstlichkeit und submissivem Interaktionsverhalten, da es auf die spezifischen interpersonellen Muster dieser Betroffenengruppe abzielt.

59.5 Evidenzbasierung

Seit der ersten randomisiert-kontrollierten Studie (RCT) zu CBASP im Jahr 2000 wurden insgesamt acht RCTs sowie mehrere Beobachtungsstudien veröffentlicht (vgl. Guhn, Köhler & Klein, 2022). Inzwischen gilt CBASP in der Akutbehandlung chronischer Depressionen als gut etablierte evidenzbasierte Methode.

Eine Metaanalyse von Negt et al. (2016) zeigte einen kleinen, aber signifikanten Vorteil gegenüber Kontrollbedingungen (Hedges' $g = 0.34$). Allerdings wurde kritisiert, dass in dieser Analyse Unterschiede in der Stichprobengröße der Studien nicht adäquat berücksichtigt wurden, was zu einer möglichen Überschätzung der Effektstärke führen könnte (Habtewold et al., 2022). Ein eindeutiger Überlegenheitsnachweis gegenüber anderen spezifischen Verfahren steht daher bislang noch aus.

Eine Netzwerk-Metaanalyse von Furukawa et al. (2018) belegt jedoch, dass die Kombination von CBASP und Antidepressiva wirksamer ist als jede Monotherapie. Zur Langzeitwirksamkeit liegen bislang nur begrenzte Daten vor: In einer deutschen Multicenter-Studie (Schramm et al., 2019) verlor CBASP im Zwei-Jahres-Follow-up gegenüber supportiver Psychotherapie (SP) seine kurzfristige Überlegenheit – ein Befund, der auf die Bedeutung von Erhaltungstherapien hinweist. So zeigten Patientinnen und Patienten mit monatlicher CBASP-Folgetherapie niedrigere Rückfallraten als jene, die lediglich an Assessments teilnahmen (Klein et al., 2004).

Eine offene Studie zum multidisziplinären stationären CBASP-Konzept (Brakemeier et al., 2015) dokumentierte eine gute Umsetzbarkeit sowie vielversprechende Behandlungsergebnisse. Besonders CBASP-Selbsthilfegruppen scheinen sich als hilfreich für die Rückfallprophylaxe zu erweisen.

Derzeit läuft die von der DFG geförderte multizentrische RCT-Studie »ChangePDD«, in der CBASP mit Behavioral Activation (BA) bei 400 therapieresistenten Patientinnen und Patienten mit persistierender Depression verglichen wird (Brakemeier et al., submitted). Ziel ist es, Wirksamkeit, Moderatoren und Mediatoren beider Verfahren zu untersuchen – und so zur individualisierten Psychotherapie beizutragen: »*What works for whom and why?*«

Nebenwirkungen können bei einer derartig intensiven Psychotherapie natürlich auftauchen. In einer retrospektiven Befragung sechs Monate nach stationärer CBASP-Therapie berichteten 94 % der Patientinnen und Patienten mindestens eine Nebenwirkung, meist eine vorübergehende Symptomverschlechterung (Brakemeier et al., 2018b). In einer RCT-Studie (Schramm et al., 2017) traten in der CBASP-Gruppe häufiger interpersonelle Nebenwirkungen auf als in der Vergleichsgruppe mit supportiver Psychotherapie (SP) (Meister et al., 2020). Trotz dieser Effekte war CBASP am Therapieende und im 12-Monats-Follow-up der SP überlegen. Die Nebenwirkungen scheinen somit teilweise Ausdruck notwendiger Veränderungen zu sein. Tatsächlich war in der stationären CBASP-Studie ein Ausbleiben interpersoneller Veränderungen mit einem höheren Rückfallrisiko verbunden (Brakemeier et al., 2018b).

Fallbeispiel (Fortsetzung)

Am Beispiel von Herrn H. wird deutlich, wie tiefgreifend CBASP wirken kann. Nach 24 ambulanten Sitzungen konnte bei ihm eine vollständige Remission der depressiven Symptomatik erreicht werden. Besonders bedeutsam war für ihn – wie er rückblickend berichtete – die Erfahrung, dass er durch die Therapie gelernt hatte, sich trotz früher Beziehungserfahrungen, die ihn geprägt hatten, anders verhalten zu können. Dabei halfen ihm insbesondere auch die direkten Erfahrungen mit seiner Therapeutin, die ihm durch ihr Verhalten immer wieder aufzeigte, dass sie für ihn da ist und ihm hilft, wenn er Probleme hat. Er konnte in Folge lernen, seine Probleme zunehmend freundlich-dominant anzusprechen, was zu einem Überschreiben der ersten Übertragungshypothese führte. Zudem wurde das bewusste Einüben von Verhalten wie das Einfordern von Hilfe oder das Setzen von Grenzen gegenüber anderen – insbesondere im beruflichen Kontext – für Herrn H. zu einem zentralen Wendepunkt. Dieser neu erlebte Handlungsspielraum ermöglichte es ihm nicht nur, konkrete Lebensentscheidungen zu treffen, sondern förderte auch ein Gefühl von Selbstwirksamkeit und Kontrolle über das eigene Leben zurückzugewinnen – zentrale Ziele in der Behandlung chronischer Depressionen.

Merke

CBASP ist eine evidenzbasierte Psychotherapiemethode zur Behandlung chronischer Depressionen. Besonders wirksam zeigt sich das Verfahren bei Patientinnen und Patienten mit frühen traumatisierenden Beziehungserfahrungen und einem submissiven Interaktionsstil. Durch die gezielte Fokussierung auf zwischenmenschliche Lernerfahrungen zielt CBASP darauf ab, Selbstwirksamkeit und Handlungskontrolle zu fördern.

Prüfungsfragen

1. Welches zentrale Ziel verfolgt CBASP bei der Behandlung chronischer Depressionen?
2. Welche Technik ist zentral für CBASP, um dysfunktionale Beziehungsmuster zu verändern und korrigierende Beziehungserfahrungen zu ermöglichen?
3. Wie kann der Kiesler-Kreis im Rahmen von CBASP therapeutisch eingesetzt werden?

Antworten

1. Die Verbesserung der sozialen Funktionsfähigkeit durch eine gezielte Bearbeitung interpersoneller Defizite.
2. Die kontingente persönliche Reaktion (KPR) im Rahmen eines disziplinierten persönlichen Einlassens.
3. Der Kiesler-Kreis hilft dabei, zwischenmenschliche Verhaltensmuster sichtbar zu machen und die Wirkung des eigenen Verhaltens auf andere zu erkennen.

Literatur

BÄK – Bundesärztekammer, Kassenärztliche Bundesvereinigung (KBV), & Arbeitsgemeinschaft der Wissenschaftlichen Medizinischen Fachgesellschaften (AWMF). (2022). *Nationale VersorgungsLeitlinie Unipolare Depression – Langfassung, Version 3.0. Konsultationsfassung.* https://register.awmf.org/de/leitlinien/detail/nvl-005

Bird, T., Tarsia, M., & Schwannauer, M. (2018). Interpersonal styles in major and chronic depression: A systematic review and meta-analysis. *J Affect Disord 239*, 93–101.

Brakemeier, E. L., & Buchholz, A. (2013). *Die Mauer überwinden. Wege aus der chronischen Depression. Selbsthilfe und Therapiebegleitung mit CBASP.* Weinheim: Beltz.

Brakemeier, E.-L., Radtke, M., Engel, V. et al. (2015). Overcoming treatment resistance in chronic depression: A pilot study on outcome and feasibility of the cognitive behavioral analysis system of psychotherapy as an inpatient treatment program. *Psychotherapy and Psychosomatics, 84*(1), 51–56.

Brakemeier, E.-L., & Knoop, R. (2016). Cognitive Behavioral Analysis System of Psychotherapy bei Suizidalität. In T. Teismann, C. Koban, F. Ille et al. (Hrsg.), *Psychotherapie suizidaler Patienten* (S. 125–133). Göttingen: Hogrefe.

Brakemeier, E.-L., Knoop, R., & Bollmann, S. (2017). Cognitive Behavioral Analysis System of Psychotherapy (CBASP). In E.-L. Brakemeier & F. Jacobi (Hrsg.), *Verhaltenstherapie in der Praxis* (S. 689–700). Weinheim: Beltz.

Brakemeier, E. L., Dobias, J., Hertel, J. et al. (2018a). Childhood Maltreatment in Women with Borderline Personality Disorder, Chronic Depression, and Episodic Depression, and in Healthy Controls. *Psychother Psychosom, 87*(1), 49–51.

Brakemeier, E. L., Herzog, P., Radtke, M. et al. (2018b). Nebenwirkungen einer stationären Psychotherapie und der Zusammenhang mit dem Therapieerfolg: Das Cognitive Behavioral Analysis System of Psychotherapy (CBASP) zur Behandlung der therapieresistenten chronischen Depression. *Psychotherapie Psychosomatik Medizinische Psychologie, 68*(9–10), 399–407.

Brakemeier, E. L., Guhn, A., & Normann, C. (2021). *Praxisbuch CBASP: Behandlung chronischer Depression und Modifikationen der traditionellen CBASP-Therapie*. Weinheim: Beltz.

Brakemeier, E.-L., Klein, J. P., Zimmermann, J., et al. (submitted). Efficacy, moderators and mediators of Cognitive Behavioral Analysis System of Psychotherapy (CBASP) versus Behavioral Activation (BA) in persistently depressed treatment-resistant inpatients: Study protocol for the multi-center, randomized controlled ChangePDD trial. *BMJ Open.*

Furukawa, T. A., Efthimiou, O., Weitz, E. S. et al. (2018). Cognitive-Behavioral Analysis System of Psychotherapy, Drug, or Their Combination for Persistent Depressive Disorder: Personalizing the Treatment Choice Using Individual Participant Data Network Metaregression. *Psychother Psychosom, 87*(3), 140–153.

Guhn, A., Köhler, S., & Brakemeier, E. L. (2019). *Kiesler-Kreis-Training: Manual zur Behandlung interpersoneller Probleme*. Weinheim: Beltz.

Guhn, A., Köhler, S., & Klein, J. P. (2022). CBASP – eine evidenzbasierte und praxisorientierte Einführung. *PSYCH up2date 16*(04), 341–361.

Habtewold, T. D., Van Bronswijk, S., Peeters, F. et al. (2022). Cognitive behavioral analysis system of psychotherapy (CBASP) may not be superior to other treatments for chronic depression: *Correspondence. Journal of Affective Disorders, 308*, 188–189.

Klein, D. N., Santiago, N. J., Vivian, D. et al. (2004). Cognitive-behavioral analysis system of psychotherapy as a maintenance treatment for chronic depression. *Journal of Consulting and Clinical Psychology, 72*(4), 681–688.

Klein, J. P., Backenstrass, M., Schramm, E. (2018). *Therapie-Tools CBASP. Psychotherapie chronischer Depression*. Weinheim: Beltz.

McCullough, J. P. (2000). *Treatment for Chronic Depression: Cognitive Behavioral Analysis System of Psychotherapy (CBASP).* New York: Guilford Press.

McCullough, J. P. (2021). Characteristics of the Optimal Cognitive Behavioral Analysis System of Psychotherapy (CBASP) Therapist Role. *Frontiers in Psychiatry, 11*, 609954.

Meister, R., Lanio, J., Fangmeier, T. et al. (2020). Adverse events during a disorder-specific psychotherapy compared to a nonspecific psychotherapy in patients with chronic depression. *Journal of clinical psychology, 76*(1), 7–19.

Murphy, J. A., & Byrne, G. J. (2012). Prevalence and correlates of the proposed DSM-5 diagnosis of Chronic Depressive Disorder. *J Affect Disord, 139*(2), 172–180.

Negt, P., Brakemeier, E. L., Michalak, J. et al. (2016). The treatment of chronic depression with cognitive behavioral analysis system of psychotherapy: a systematic review and meta-analysis of randomized-controlled clinical trials. *Brain Behav* 6(8), e00486.

Schramm, E., Kriston, L., Zobel, I. et al. (2017). Effect of Disorder-Specific vs Nonspecific Psychotherapy for Chronic Depression: A Randomized Clinical Trial. *JAMA Psychiatry 74*(3), 233–242.

Schramm, E., Kriston, L., Elsaesser, M. et al. (2019). Two-Year Follow-Up after Treatment with the Cognitive Behavioral Analysis System of Psychotherapy versus Supportive Psychotherapy for Early-Onset Chronic Depression. *Psychother Psychosom, 88*(3), 154–164.

Struck, N., Krug, A., Yuksel, D. et al. (2020). Childhood maltreatment and adult mental disorders – the prevalence of different types of maltreatment and associations with age of onset and severity of symptoms. *Psychiatry research, 293*, 113398.

Sürig, S., Ohm, K., Grave, U. et al. (2021). Change in Interpersonal and Metacognitive Skills During Treatment With Cognitive Behavioral Analysis System of Psychotherapy and Metacognitive Therapy: Results From an Observational Study. *Front Psychiatry, 12*, 619674.

Weiterführende Literatur

Brakemeier, E. L., & Buchholz, A. (2013). *Die Mauer überwinden. Wege aus der chronischen Depression. Selbsthilfe und Therapiebegleitung mit CBASP.* Weinheim: Beltz.

Brakemeier, E. L., Guhn, A., & Normann, C. (2021). *Praxisbuch CBASP: Behandlung chronischer Depression und Modifikationen der traditionellen CBASP-Therapie*. Weinheim: Beltz.

Guhn, A., Köhler, S., & Brakemeier, E. L. (2019). *Kiesler-Kreis-Training: Manual zur Behandlung interpersoneller Probleme.* Weinheim: Beltz.

Klein, J. P., Backenstrass, M., Schramm, E. (2018). *Therapie-Tools CBASP. Psychotherapie chronischer Depression*. Weinheim: Beltz.

60 Emotionsfokussierte Therapie (EFT)

Melanie Read, Lars Auszra und Imke Herrmann

Das Wichtigste auf einen Blick

- Emotionsfokussierte Therapie (EFT) ist ein, prozessorientiertes, transdiagnostisches Verfahren.
- Sie basiert auf aktuellen Erkenntnissen der psychologischen und neurowissenschaftlichen Emotionsforschung sowie der Psychotherapieprozess- und Ergebnisforschung.
- Sie arbeitet direkt an der Veränderung von Emotionen und betrachtet diese als Ressource.
- EFT integriert empathische Beziehungsgestaltung und prozessdirektive therapeutische Interventionen (z. B. Stuhl-Arbeit) zur Verbesserung der emotionalen Verarbeitung und Veränderung dysfunktionaler Emotionen.
- EFT wurde von der American Psychological Association (APA) in die Liste der evidenzbasierten Verfahren zur Depressionsbehandlung aufgenommen.

60.1 Einführung

Die Emotionsfokussierte Therapie (EFT) ist ein personzentriertes, experienzielles Verfahren, das aus der Psychotherapieprozessforschung hervorgegangen ist. Als transdiagnostischer Ansatz stellt sie die Arbeit mit Emotionen in den Mittelpunkt und versteht sich als Weiterentwicklung des klassischen personzentrierten Ansatzes. Theoretisch integriert die EFT Konzepte der personzentrierten und der experienziellen Therapie mit moderner Emotionstheorie, affektiven Neurowissenschaften und dem dialektischen Konstruktivismus. Praktisch kombiniert sie die klassische personzentrierte Beziehungsgestaltung mit Focusing und dem experimentellen Interventionsstil der Gestalttherapie. Ziele der EFT sind die Verbesserung der emotionalen Verarbeitung und die Transformation dysfunktionaler emotionaler Schemata, die symptomatisches Erleben bedingen (Auszra et al., 2017). Kennzeichnend ist ihr systematischer Umgang mit Emotionen, weshalb sie im deutschsprachigen Raum bei Verhaltenstherapeutinnen und -therapeuten zunehmend an Beliebtheit gewinnt.

60.2 Historische Aspekte

Leslie S. Greenberg gilt als Begründer des heute eigenständigen psychotherapeutischen Verfahrens. Sein ursprüngliches Interesse galt der Psychotherapieprozessforschung. Seit den 1970er Jahren beforschte er mit seiner Mentorin Laura Rice, einer Schülerin von Carl Rogers, Veränderungsmomente in der Therapie *(change events)* (Greenberg, 2011; Rice & Greenberg, 1984). Neben der *therapeutischen Beziehung* identifizierten sie als weiteren Wirkfaktor das Auftreten spezifischer *Probleme emotionaler Verarbeitung (Marker)*, bei deren Bewältigung Therapeut und Klient zusammenarbeiten *(therapeutische Aufgabe)* (Rice & Greenberg, 1984; Greenberg et al., 2003). Aus der systematischen Beforschung dieser entwickelte sich das Marker-geleitete, prozessorientierte Vorgehen heraus, welches für die EFT charakteristisch ist. Ferner beschäftigte sich Greenberg mit der Rolle von Emotionen im Veränderungsprozess und damit, welche Prozesse bei Patientinnen und Patienten zu fördern sind, um positiven Wandel zu bahnen (Greenberg & Paivio, 1997). Mit dem Aufkommen der evidenzbasierten Praxis in der Psychotherapie entwickelten Greenberg und Kollegen in den 1990er Jahren ein Manual für ihr therapeutisches Vorgehen, zunächst als *Prozess-Erlebnisorientierte Therapie (PET)* und später als *Emotionsfokussierte Therapie (EFT)* bezeichnet (Elliott et al., 2007). Dieses wurde intensiv beforscht und mittels kontrollierter Ergebnisstudien (z. B. York I und II Depressionsstudien, Goldman et al., 2006; Greenberg & Watson, 1998) in seiner Wirksamkeit belegt. 2008 wurde die EFT als evidenzbasiertes Verfahren der Depressionsbehandlung in die American Psychological Association aufgenommen (Division 12 – APA, 2015). Zwischenzeitlich liegen Ergebnisstudien vor, die die Wirksamkeit der EFT bei Traumafolgestörungen, interpersonellen Verletzungen und (sozialen und generalisierten) Angststörungen belegen (Elliott et al., 2021).

60.3 Besondere Merkmale und Grundlagen

60.3.1 Theorie der menschlichen Funktionsweise

Menschen werden als dynamische, sich selbst organisierende Systeme betrachtet, die über eine angeborene Neigung zur Sicherung des Überlebens und Wachstum verfügen (Greenberg, 2017). Das menschliche Emotionssystem wird als Kern dieser Wachstumstendenz betrachtet und steht daher im Mittelpunkt der neohumanistischen EFT-Theorie.

Emotionen

Aus der Sicht Greenbergs stellen Emotionen das Fundament menschlicher Erfahrung dar (Greenberg, 2017). Gemäß Fridja (1987) können wir Emotionen als evolutionär entwickeltes Informationsverarbeitungs- und Problemlösesystem verstehen, das uns schnell und automatisch über unsere wichtigsten Bedürfnisse in einer Situation informiert und uns Handlungsimpulse gibt, um diese Bedürfnisse zu befriedigen. Zudem wirken sich Emotionen auf höhere kognitive Prozesse wie Aufmerksamkeit, Gedächtnis und Entscheidungsfindung aus und tragen somit entscheidend dazu bei, wie wir mit der Welt interagieren und uns selbst sowie andere wahrnehmen (Damasio, 1995). In der EFT gelten Emotionen als zentrale Ressource im therapeutischen Veränderungsprozess, da sie Erleben und Verhalten organisieren und adaptive Anpassung fördern. Dadurch unterstützen sie resilientes Selbst-Erleben und funktionales Verhalten (Greenberg, 2011).

Emotionale Schemata

Um uns in einer komplexen Welt zurechtzufinden, entwickeln wir im Laufe unseres Heranwachsens emotionale Schemata (Greenberg et al., 1993). Angeborene psychomotorische Programme (z. B. Kampf oder Flucht) werden mit unseren emotionalen Erfahrungen sowie den Situationen, die sie ausgelöst haben, zu organisierten Einheiten im Gedächtnis verknüpft. Diese komplexeren neuronalen Netzwerke, sog. emotionale Schemata, beinhalten affektive, motivationale, kognitive und verhaltensbezogene Elemente und erzeugen »wortlose Voraussagen« darüber, was in der Welt geschieht und welche Bedeutung es für uns hat. Emotionale Schemata können durch Stimuli, die den Elementen des Schemas entsprechen, aktiviert werden und prägen damit zukünftiges Erleben und Verhalten. Da emotionale Schemata auf Erfahrungen beruhen, können sie auch dysfunktional werden – v. a. durch traumatische oder wiederholte, besonders intensive, schmerzhafte emotionale Erfahrungen im Zusammenhang mit der Frustration wichtiger identitätsbezogener und/oder bindungsbezogener Bedürfnisse. Wenn in der EFT von der Arbeit mit Emotionen gesprochen wird, ist die Arbeit mit emotionalen Schemata gemeint. Sie sind das Ziel des therapeutischen Handelns in der EFT.

> **Beispiel**
>
> Erlebt jemand als Kind, wiederholt von seinen primären Bezugspersonen vernachlässigt oder verlassen zu sein, wird sie oder er ein emotionales Schema der Traurigkeit darüber entwickeln, völlig allein oder unverbunden zu sein, das leicht aktiviert werden kann und ihr oder sein zukünftiges Erleben und Verhalten prägt.

Dialektischer Konstruktivismus

Aus Sicht der EFT entspringen bewusstes Selbst-Erleben, persönliche Bedeutung und Identität einem dialektischen Prozess (Greenberg & Pascual-Leone, 2001): In jedem Moment sind unterschiedliche emotionale Schemata gleichzeitig aktiviert, aus deren dynamischer Synthese unsere aktuelle Selbstorganisation entsteht. Diese *körperlich basierte, implizite Selbstorganisation* (vermittelt durch einen *bodily felt sense*) versuchen wir uns durch *explizite kognitive Prozesse*, wie z. B. durch Aufmerksamkeitszuwendung, sprachliche Symbolisierung etc., zu erschließen. Wesentlicher Leitgedanke ist die Annahme, dass Menschen ihre Realität und Identität aktiv konstruieren, indem sie ihre emotionalen Erfahrungen narrativ strukturieren und ihnen Bedeutung verleihen. Es liegt in der natürlichen Veranlagung in uns Menschen, unser emotionales Erleben in sprachlich symbolisierte Geschichten zu fassen, da uns dies eine präzisere Vorhersage zukünftiger Ereignisse ermöglicht und unsere Fähigkeit zur Anpassung stärkt. Nach Auffassung der EFT werden unsere Identität sowie die grundlegenden Annahmen über uns selbst, andere und die Welt durch jene narrative Einordnung unserer emotionalen Erfahrungen geformt. Das Selbst ist daher keine feste Struktur, sondern ein kontinuierlicher Prozess, der sich aus der ständigen Rekonstruktion und Interpretation unserer emotionalen Erfahrungen speist (Greenberg & Pascual-Leone, 2001).

> **Beispiel**
>
> Hat jemand aufgrund vergangener Erfahrungen ein emotionales Schema des Allein- und Verlassenseins ausgebildet, wird sie oder er sich über viele Situationen hinweg einsam und von anderen isoliert erleben und sich eine Geschichte von sich selbst als »alleine und verlassen« und von anderen Menschen als abwesend und unzuverlässig erzählen.

> **Merke**
>
> Emotionale Schemata sind komplexe, durch Erfahrungen geformte neuronale Netzwerke, die aus affektiven, kognitiven und verhaltensbezogenen Elementen bestehen. Sie prägen Erleben und Verhalten und können durch wiederholte schmerzhafte oder traumatische Erfahrungen dysfunktional werden. Im Sinne der dialektisch-konstruktivistischen Sicht der EFT entstehen Identität und grundlegende Annahmen über das Selbst, andere und die Welt durch die sprachliche Symbolisierung und narrative Strukturierung aktueller Selbstorganisation, welche der dynamischen Synthese gleichzeitig aktivierter emotionaler Schemata entspringen.

60.3.2 Theorien der Entstehung von psychischen Störungen

Aus Perspektive der EFT entstehen Symptome durch eine *dysfunktionale emotionale Verarbeitung* (Auszra et al., 2017). Das Modell des dialektischen Konstruktivismus leitet zwei Quellen psychologischer Schwierigkeiten ab, die sich wechselseitig bedingen: implizite, automatische und explizite, bewusste emotionale Verarbeitungsprozesse. *Implizite Verarbeitungsprozesse* umfassen schemabasierte emotionale Selbstorganisationsprozesse, die beeinflussen, mit welchen Emotionen und mit welcher Intensität Menschen auf Ereignisse reagieren. Dazu zählen maladaptive emotionale Schemata und implizite Emotionsregulationsprozesse. Maladaptive Schemata entstehen, wenn bestimmte emotionale Erfahrungen (z. B. Scham, Angst oder Traurigkeit über Verlassenheit) besonders häufig und/oder intensiv erlebt wurden und in aktuellen Situationen leicht aktiviert werden können. Die implizite Emotionsregulation bildet sich aus der dyadischen Erfahrung der Affektregulation heraus (Schore, 2003). Ein Mangel an dyadischer Emotionsregulation beeinträchtigt die Fähigkeit, schmerzhafte Emotionen regulieren zu können. Betroffene reagieren in der Folge auf geringe Anlässe mit übermäßiger Intensität und/oder fühlen sich schnell von ihren emotionalen Reaktionen überwältigt. *Explizite Verarbeitungsprozesse* beziehen sich auf die Art des Umgangs mit Emotionen. Hierbei geht es darum, ob es Menschen möglich ist, ihre Gefühle wahrzunehmen, ihnen Aufmerksamkeit zu schenken, sie zu akzeptieren und ihnen Worte zu verleihen. Zudem umfasst es die Fähigkeit, Emotionen einzuordnen und ggf. bewusst zu regulieren. Symptome resultieren aus dem Zusammenspiel von impliziten und expliziten Verarbeitungsprozessen.

Beispiel

Wird bei jemanden aufgrund biografischer Erfahrungen bei Konflikten in Beziehungen ein Schema des Verlassenseins aktiviert und kann sie oder er die resultierenden Gefühle nicht akzeptieren, regulieren, einordnen und verstehen, wird sie oder er möglicherweise depressive Symptome oder Ängste entwickeln, die auf emotionaler Ebene durch sekundäre Emotionen wie Hoffnungslosigkeit oder übermäßige Verlustängste gekennzeichnet sein können.

Merke

Symptome entstehen durch die Interaktion zwischen impliziten, schemabasierten Prozessen (wie z. B. maladaptive emotionale Schemata und einem Mangel an dyadischer Emotionsregulation) sowie expliziten emotionalen Verarbeitungsprozessen (z. B. Schwierigkeiten Emotionen wahrzunehmen, sie zuzulassen, auszudrücken etc.).

60.3.3 Theorie therapeutischer Veränderung und therapeutisches Vorgehen

Veränderung durch Beziehung und emotionale Verarbeitung

Therapeutische Veränderungen entspringen nach Auffassung der EFT sowohl aus dem *personzentrierten Beziehungsangebot* sowie der *Förderung der emotionalen Verarbeitung* der Patientinnen und Patienten in der Sitzung. *Emotionale Verarbeitung ist ein theoretisches Konstrukt, welches beschreibt, wie Menschen in Therapiesitzungen Emotionen erleben und ausdrücken sollten, um eine Linderung ihrer Symptome zu erreichen. Im Kern zielt die EFT darauf ab, Patientinnen und Patienten zu helfen, im Hier und Jetzt der Therapiesitzung mit hilfreichen Emotionen in Kontakt zu treten und diese zu verarbeiten, um besser entlang ihrer Bedürfnisse handeln zu können und nicht hilfreiche Emotionen zu transformieren.* Ein wichtiger Aspekt stellt dabei die *empathische Einstimmung (empathic attunement to affect)* der Therapeutinnen und Therapeuten auf den emotionalen Prozess der Patientinnen und Patienten dar (Greenberg, 2021). Therapeutinnen und Therapeuten folgen dem emotionalen Erleben ihrer Patientinnen und Patienten von Moment zu Moment und gehen in einen wechselseitigen affektiven Resonanzprozess mit ihren Patientinnen und Patienten. Sie unterstützen mit ihren therapeutischen Interventionen gezielt den nächsten Schritt in der emotionalen Verarbeitung der Patientinnen und Patienten. Von entscheidender Bedeutung ist, dass jegliches therapeutische Handeln dabei stets auf der Basis des personzentrierten Beziehungsangebots vollzogen wird, das von Empathie, Kongruenz und bedingungsloser positiver Wertschätzung geprägt ist.

Zentrale Orientierungssysteme

EFT-Therapeuten und -Therapeutinnen lassen sich in ihrer Arbeit mit Patienten und Patientinnen von fünf wichtigen Kompassen leiten: Emotionsdiagnostik, Fallformulierung, Prinzipien der emotionalen Verarbeitung, dem Prozess der emotionalen Veränderung sowie Markern und Aufgaben.

Emotionsdiagnostik

In der klinischen Emotionstheorie der EFT werden vier Arten von emotionalen Reaktionen unterschieden (▸ Tab. 60.1).

Bei der Arbeit mit Emotionen hat sich herausgestellt, dass nicht jeglicher Art emotionalen Erlebens auf diese selbe Art und Weise zu begegnen ist (Greenberg & Safran, 1987; Herrmann et al., 2016). Abhängig von der Art der Emotion werden therapeutische Interventionen differenziert. Primäre Emotionen werden im therapeutischen Prozess gezielt gefördert, wobei primär adaptive Emotionen als Ressource gefördert und nutzbar gemacht und primär maladaptive Emotionen transformiert werden. Sekundäre Emotionen werden exploriert, um zugrundeliegende primäre Emotionen zugänglich zu machen. Bei instrumentellen Emotionen werden gemeinsam das dahinterliegende Motiv und die negativen Auswirkungen auf Beziehungen bewusst gemacht.

Tab. 60.1: Emotionstypen (nach Greenberg & Safran, 1987)

Emotionstyp	Beschreibungsmerkmale
primäre Emotionen	• erste unmittelbare Reaktion einer Person auf eine Situation und bilden den Kern dessen, was die Person fühlt • dabei werden die folgenden zwei Formen primärer Emotionen unterschieden
• adaptiv	• **primär adaptive Emotionen:** bereiten Menschen vor, funktional im Sinne ihrer Bedürfnisse und Ziele zu handeln (z. B. Ärger bei Grenzverletzung, der ermächtigt, sich zur Wehr zu setzen) • *Beschreibungsmerkmale:* haben eine frische, lebendige Qualität, bringen unmittelbar Erleichterung und/oder Veränderung, stärken das Selbst der Patientin oder des Patienten
• maladaptiv	• **primär maladaptive Emotionen:** spiegeln vergangenes Erleben/traumatische Erfahrungen wider und stellen keine funktionale Anpassung an aktuelle Lebensumstände dar (z. B. Scham – Erleben des Selbst als wertlos oder nicht gut genug, Angst – Erleben des Selbst als schwach und schutzlos, Einsamkeit/Verlassenheit – Erleben des Selbst als einsam, unverbunden) • *Beschreibungsmerkmale:* sind schwierig, tief und belastend; alte, vertraute Gefühle, die sich jedes Mal so schlecht anfühlen wie beim letzten Mal; werden Teil der Identität und schwächen das Selbst
sekundäre Emotionen	• sind Reaktionen auf primäre Emotionen; dienen dazu, unerträgliche oder als bedrohlich empfundene primäre Emotionen zu regulieren (z. B. Wut als Schutz vor Scham oder Angst vor Wut); verhindern den Zugang zu primären Emotionen und Bedürfnissen – keine erfolgreiche Anpassung an aktuelle Umstände; in der Therapie verhindern sie Utilisation von adaptiven und die Transformation von maladaptiven Emotionen • *Beschreibungsmerkmale:* sind häufig diffus und global; manchmal vermischen sich zwei oder mehr Emotionen (z. B. Trauer und Ärger bei »Jammern«); ihr Erleben und Ausdruck führt eher dazu, dass sie zunehmen
instrumentelle Emotionen	• dienen dazu, andere zu beeinflussen oder zu kontrollieren (z. B. strategisches Zeigen von Trauer, um Mitleid und Unterstützung zu bekommen) • *Beschreibungsmerkmale:* Therapeutin oder Therapeut spürt einen Appell der Patientin oder des Patienten, sich auf eine bestimmte Weise zu verhalten oder zu erleben

Fallformulierung

EFT-Therapeutinnen und -Therapeuten begleiten das emotionale Erleben ihrer Patientinnen und Patienten von Moment zu Moment, wobei ihre empathischen Reaktionen auf die intensivsten oder schmerzhaftesten Aspekte ausgerichtet sind. Sie folgen dem »Schmerzkompass« (Greenberg & Goldman, 2013), indem sie sowohl in einzelnen Sitzungen als auch über den gesamten Therapieprozess hinweg den zugrunde liegenden Kernschmerz fokussieren. Meist stellt dies ein *Kerngefühl der Scham* (defekt oder wertlos zu sein), *Angst* (unsicher und schutzlos zu sein) oder *Traurigkeit über Einsamkeit/Verlassenheit* (unverbunden oder ungeliebt zu sein) dar. Dieser Kernschmerz entspringt dem zentralen maladaptiven emotionalen Schema, das den symptomatischen Gefühlen und Verhaltensweisen der Person zugrunde liegt und im Verlauf der Therapie transformiert werden soll.

Prinzipien der emotionalen Verarbeitung

Die Theorie der emotionalen Verarbeitung in der EFT ist in sechs Prinzipien zusammengefasst (▶ Tab. 60.2) (Greenberg, 2021). Diese Prinzipien leiten Therapeutinnen und Therapeut*en während des Therapieprozesses und informieren ihre Verarbeitungsangebote an die Patienten und Patient*innen.

Als wichtigstes Prinzip der emotionalen Verarbeitung in der EFT wird der Prozess der *emotionalen Transformation* im Folgenden näher erläutert. Die Transformation maladaptiver Emotionen wird durch zwei Prinzipien zu verwirklichen versucht: der *Veränderung von Emotionen durch Emotionen* und der *Veränderung durch korrigierende zwischenmenschliche Erfahrungen*. Maladaptive Emotionen (wie z. B. die Angst, schwach und schutzlos zu sein) sollen dabei durch die gleichzeitige Aktivierung adaptiver Emotionen (z. B. selbstbehauptender Ärger oder Trauer bzw. Mitgefühl) in ihrer Wirkung aufgehoben werden. Durch die Synthese dieser beiden Gefühle kann die z. B. zuvor maladaptive Angst in ein Gefühl der Selbststärkung und Selbstakzeptanz transformiert werden. Die frühe neuropsychologische Forschung legte nahe, dass dabei rückzugsorientierte Emotionen, die mit der rechten Hemisphäre assoziiert sind, mit annäherungsorientierten Emotionen der linken Hemisphäre kombiniert werden, wodurch eine neue emotionale Reaktion entsteht (Davidson, 2000). Therapeutisch ist dieses Modell noch bedeutsam, neuere Studien weisen allerdings mehr auf bilaterale dynamische Netzwerke bei der emotionalen Verarbeitung hin. Neuronen, die zusammen feuern, verbinden sich. Durch die gemeinsame Aktivierung unterschiedlicher neuronaler Netzwerke entstehen neue emotionale Schemata (neuronale Plastizität) (Hebb, 1949). Zudem spielen Prozesse der Gedächtnisrekonsolidierung eine bedeutsame Rolle: Nader und Kollegen (2000) konnten zeigen, dass beim Abrufen von Erinnerungen die entsprechenden Gedächtnisspuren instabil werden und einer neuen Konsolidierung bzw. Rekonsolidierung bedürfen. Die Erinnerungsspur kann somit durch neue emotionale Erfahrungen verändert werden, was Erinnerungsinhalte verändern und neues Erleben und Verhalten bahnen kann.

Zentraler emotionaler Veränderungsprozess

Therapeutische Veränderung erfolgt in der EFT über die Exploration und Vertiefung *sekundärer Emotionen* (z. B. Hoffnungslosigkeit) hin zu *primär maladaptiven Emotionen*

Tab. 60.2: Prinzipien der emotionalen Verarbeitung (nach Greenberg, 2021)

Verarbeitungsprinzip	Ziel des Vorgehens
a) Erhöhung des emotionalen Gewahrseins und der Symbolisierung emotionalen Erlebens im Kontext wichtiger persönlicher Narrative	
1. Bewusstheit/Gewahrsein	Patientinnen/Patienten soll geholfen werden, ihre Gefühle körperlich basiert zu erleben und in Sprache zu symbolisieren. Hierdurch sollen sie Zugang zu ihren zentralen Bedürfnissen und Handlungsimpulsen erlangen und durch diese organisiert werden.
2. Ausdruck	Patientinnen/Patienten sollen ermuntert werden, in Worten oder Handlungen auszudrücken, was sie fühlen. Dabei geht es nicht um kathartisches Abreagieren, sondern um die Überwindung der Vermeidung primärer Emotionen.
b) Modulation und Verstehen von Emotionen	
3. Regulation	Um optimal verarbeitet werden zu können, darf eine Emotion weder über- noch unterreguliert sein. Wichtige Elemente einer therapeutisch hilfreichen Emotionsregulation sind das bewusste Wahrnehmen, Zulassen, Tolerieren und sprachliche Benennen von emotionalem Erleben sowie die Verinnerlichung der Erfahrung des Gehaltenwerdens durch die Therapeutin/den Therapeuten.
4. Reflexion	Ziel ist die Verknüpfung des körperbasierten affektiven Erlebens mit bedeutungsgebenden kognitiven Prozessen. Bei der Reflexion emotionalen Erlebens geht es um das Explizieren impliziter emotional basierter Bedeutungen. Auf diese Weise erfahren Menschen, was ihnen Erlebnisse bedeuten und wer sie sind.
c) emotionale Transformation	
5. Transformation	Das wichtigste Prinzip emotionaler Veränderung ist das der Transformation. Es beinhaltet, Emotionen mit Emotionen zu verändern. Hierbei sollen maladaptive Emotionen durch die gleichzeitige Aktivierung adaptiverer Emotionen »aufgehoben« werden.
6. korrigierende interpersonelle Erfahrung	Das Prinzip der korrigierenden interpersonellen Erfahrung bezieht sich auf das Erleben von Emotionen in einer heilsamen zwischenmenschlichen Beziehung (z. B. die Erfahrung, vom Therapeuten beim Erleben und Ausdrücken persönlich tabuisierter Emotionen wie Ärger, Scham, Angst, oder Traurigkeit validiert zu werden).

(z. B. Angst, Scham, Traurigkeit über Verlassenheit). Patientinnen und Patienten kommen mit ihrem schmerzhaften Erleben zunächst in Berührung und müssen darin validiert werden, damit sie dieses erlauben und akzeptieren können. Auf diese Weise wird es der Verarbeitung und Veränderung zugänglich gemacht. Dies markiert einen zentralen Punkt im therapeutischen Veränderungsprozess. Einhergehende *adaptive* bindungs- oder identitätsbezogene *Bedürfnisse*, wie z. B. Schutz, Unterstützung (Bindung) oder Wertschätzung und Anerkennung (Identität) werden zugänglich gemacht, sprachlich symbolisiert und ausgedrückt. Über deren Validierung entsteht ein Gefühl innerer Berechtigung, welches den Zugang zu *primär adaptiven Emotionen* (z. B. selbstbehauptender Ärger, Selbstmitgefühl, Trauer) bahnt. Diese bilden die Grundlage für resilientere Selbstorganisationen und resilientere Narrative über sich, andere und die Welt (Herrmann et al., 2016). Es handelt sich folglich nicht um eine Modifikation von Kognitionen und Verhalten, sondern um eine Transformation maladaptiver Emotionen in adaptive Emotionen *(changing emotion with emotion)*. Das therapeutische Handeln ist in diesem Zusammenhang unabhängig vom Störungsbild zweifach ausgerichtet: Zum einen geht es um *Vertiefung* von sekundären zu primär maladaptiven hin zu primär adaptiven Emotionen, zum anderen um deren *Verarbeitung*. Verarbeitung bedeutet, Patientinnen und Patienten darin zu unterstützen, Emotionen wahrzunehmen, ihnen Raum zu geben, sie zu akzeptieren, auszuhalten, in Worte zu fassen, zu explorieren, zu regulieren und über sie zu reflektieren, um ihre Bedeutung zu erschließen. Dabei werden adaptive Emotionen genutzt (Utilisation) und maladaptive durch adaptivere Emotionen verändert (Transformation).

Marker und Aufgaben

Die EFT zeichnet sich durch eine spezifische Kombination aus Beziehungsangebot und prozessorientiertem, Marker-geleitetem Vorgehen aus. Marker sind verbale und nonverbale Hinweise darauf, dass Patienten und Patientinnen mit einem bestimmten emotionalen Verarbeitungsproblem ringen und/oder bereit sind, an der Verbesserung ihrer emotionalen Verarbeitung zu arbeiten. Jedem Marker ist eine therapeutische Aufgabe zugeordnet, also eine gezielte Intervention zur Lösung des emotionalen Verarbeitungsproblems bzw. zur Förderung des jeweils nächsten Schritts in der emotionalen Verarbeitung. Im Wesentlichen zielen sie darauf ab, adaptive emotionale Emotionen zu nutzen und maladaptive zu transformieren. Die Wirksamkeit der einzelnen Aufgaben wurde empirisch untersucht (Greenberg, 2011; Auszra et al., 2017). Es folgt ein Überblick über die wichtigsten Marker und Aufgaben (▸ Tab. 60.3).

Merke

Therapeutische Veränderungen resultieren in der EFT sowohl aus dem personzentrierten Beziehungsangebot als auch der Förderung der emotionalen Verarbeitung. Fünf Kompasse leiten das therapeutische Arbeiten: Emotionsdiagnostik, Fallformulierung, Prinzipien der emotionalen Verarbeitung, der Prozess der emotionalen Veränderung sowie Marker und Aufgaben. Ziel ist die Utilisation adaptiver Emotionen und die Transformation maladaptiver Emotionen.

Tab. 60.3: Marker und Aufgaben (nach Auzra et al., 2017)

Aufgabe & dazugehöriger Marker	Vorgehen
Empathie	Empathie ist keine Aufgabe im eigentlichen Sinne, sondern Grundmodus des therapeutischen Handelns in der EFT. Verschiedene Formen empathischer Reaktionen werden unterschieden: von rein verstehenden über validierenden bis hin zu evokativen, explorativen und vermutenden empathischen Reaktionen. Sie begleiten gemeinsam mit spezifischen prozessdirektiven Reaktionen die therapeutischen Aufgaben. Bei Abschluss der therapeutischen Aufgaben oder Stagnation kehrt die Therapeutin/der Therapeut zum rein empathischen Modus zurück.
Focusing bei unklarem oder abwesendem *felt sense* (Externalisieren)	Bei unklaren, körperlich gespürten Gefühlen (»Ich habe einen Knoten im Magen und weiß nicht, was es ist«) oder Externalisieren (z. B. ein abstraktes, intellektualisierendes Sprechen über emotionales Erleben). Focusing (Gendlin, 1985) hilft, Emotionen zu erleben, sprachlich zu symbolisieren und zu verstehen. Patientinnen/Patienten werden eingeladen, ihre Aufmerksamkeit auf ihr körperlich gespürtes Erleben zu lenken, eine achtsame, neugierige und wohlwollende Haltung gegenüber diesem einzunehmen und Worte zu finden, die das Empfundene zum Ausdruck bringen.
Zwei-Stuhl-Dialog bei konflikthaften Prozessen	Bei selbstkritischen Prozessen (»Ich bin zu dumm«) oder angstbasierten Prozessen (»Es wird etwas Schlimmes passieren«) können die zugrunde liegenden emotionalen Schemata durch einen Zwei-Stuhl-Dialog gezielt aktiviert und transformiert werden. Therapeuten/Therapeutinnen fördern einen Dialog zwischen einem kritischen oder angstmachenden Teil auf der einen und einem erlebenden Anteil auf der anderen Seite. Die Auflösung selbstkritischer/angsterzeugender Prozesse beinhaltet die Stärkung des Selbst durch selbstbehauptenden Ärger und das Weichwerden des kritischen oder angsterzeugenden Anteils durch Selbstmitgefühl sowie die anschließende Integration der beiden Pole.
Leerer-Stuhl-Dialog bei unabgeschlossenen Prozessen	Bei immer wiederkehrenden, belastend erlebten Gefühlen gegenüber Bindungspersonen. Die Therapeutin/der Therapeut fördert die Aktivierung und Transformation primär maladaptiver Emotionen und die Aktivierung, den Ausdruck und die Utilisation primär adaptiver Gefühle durch einen Dialog mit der jeweiligen Person auf einem leeren Stuhl. Die Auflösung der Aufgabe beinhaltet, unbefriedigte Bindungsbedürfnisse als berechtigt zu erleben und nicht erfüllbare Bedürfnisse in Bezug auf die Bindungsperson loszulassen. Dialoge mit dem leeren Stuhl sind das wichtigste Mittel, um die zentralen maladaptiven Schemata eines Patienten/einer Patientin (den Kernschmerz) in der Sitzung zu aktivieren und einer Transformation zuzuführen.
Zwei-Stuhl-Inszenierung bei selbstunterbrechenden Prozessen	Bei selbstunterbrechenden Prozessen, in denen Patientinnen/Patienten das Erleben und den Ausdruck primärer Gefühle und Bedürfnisse stoppen. In der Zwei-Stuhl-Inszenierung werden Patientinnen/Patienten eingeladen, die selbstunterbrechende Aktivität zu explorieren (z. B. »Wie stoppen Sie Ihren Ärger?«), zu spezifizieren und gezielt auszuführen. Die Auflösung der Selbstunterbrechung besteht im Ausdruck der zuvor unterbrochenen Gefühle und Bedürfnisse.
Selbstberuhigungs-/ Selbsttröstungsdialog bei intensivem Leiden	Bei intensivem Leiden aufgrund unerfüllter bindungs- oder identitätsbezogener Bedürfnisse. Ein Selbstberuhigungs- und Selbsttröstungsdialog kann helfen, diese unerfüllten Bedürfnisse zu betrauern und Mitgefühl für den leidenden Teil des Selbst zu entwickeln. Therapeutinnen/Therapeuten könnten die Patientin/den Patienten dabei einladen, sich ihren/seinen leidenden Anteil z. B. als »ein kleines Kind vorzustellen, welches das Gleiche erlebt hat und auf die gleiche Weise leidet«, um das Erleben von Mitgefühl zu fördern.

60.4 Typische Indikationsgebiete

Die Emotionsfokussierte Therapie ist störungsübergreifend bei allen Patientinnen und Patienten anwendbar, die bereit sind, mit ihren Emotionen zu arbeiten und keine Kontraindikationen aufweisen. Typische Indikationen der EFT umfassen Depressionen, soziale Phobie, generalisierte Angst, Traumafolgestörungen sowie Essstörungen. Kontraindikationen sind akut psychotisches Erleben, schwere Impulskontrollstörungen, ein geringes psychosoziales Funktionsniveau, antisoziale Persönlichkeitszüge, akuter Substanzmissbrauch, akute Suizidalität und ausgeprägte Kompetenzdefizite. Bei einem ausgeprägt dysfunktionalen Umgang mit Emotionen, wie z. B. selbstverletzendes oder fremdschädigendes Verhalten, sollte der Fokus zunächst auf der Verbesserung der Emotionsregulation (wie z. B. Skills) liegen, erst im Anschluss ist emotional aktivierende Arbeit indiziert. Inzwischen wird EFT nicht nur bei Erwachsenen, sondern zunehmend auch in der Arbeit mit Jugendlichen und Familien angewandt. EFT kann gut mit medikamentöser Behandlung und anderen therapeutischen Ansätzen kombiniert werden.

60.5 Evidenzbasierung

Die Emotionsfokussierte Therapie hat die von ihr postulierten Veränderungsprozesse so intensiv wie kaum ein anderer Ansatz erforscht. Greenberg und Kollegen untersuchten in ihrer *Psychotherapieprozessforschung* über fast fünf Jahrzehnte u. a. die therapeutische Beziehung, ausgedrückte emotionale Erregung, Erlebenstiefe, emotionale Produktivität sowie narrative Verarbeitung und Veränderungssequenzen. Die Quintessenz der Forschung zeigt: »Die moderate Aktivierung von Emotionen, die hinreichend tief erlebt, therapeutisch hilfreich (produktiv) verarbeitet und in ein kohärentes Narrativ gefasst werden und sich über die Zeit von sekundären zu primär maladaptiven und primär adaptiven Emotionen entwickeln, sagt im Kontext einer empathischen Beziehung mit einer guten Arbeitsallianz ein gutes Therapieergebnis vorher« (Auszra et al., 2017, S. 333). Im Kontext der *Ergebnisforschung* existieren zwischenzeitlich 27 Ergebnisstudien zur Wirksamkeit der EFT, vorwiegend bei Depressionen, Trauma/Missbrauch und Angststörungen (Elliott et al., 2021). Die unkontrollierte, gewichtete mittlere Prä-Post-Effektstärke (Hedges' g) beträgt 1,23 Standardabweichungen (95-%-KI: 1,03–1,42), was auf eine hohe Effektivität hinweist. In sechs kontrollierten Studien zeigte die EFT Vorteile im Vergleich zu keiner Therapie. Elf Studien verglichen EFT mit kognitiver Verhaltenstherapie (KVT) oder Psychoedukation. Zuletzt verglichen zwei Studien die Wirksamkeit der EFT mit der klassischen Personzentrierten Therapie (PCT) und fanden eine statistisch und klinisch signifikante Effektstärke von 0,49 zugunsten der EFT.

Prüfungsfragen

1. Wie entstehen Symptome aus Sicht der EFT?
2. Was sind emotionale Schemata in der EFT und welche Rolle spielen sie im therapeutischen Prozess?
3. Was versteht die EFT unter Markern und welche Funktion haben sie im therapeutischen Prozess?

Antworten

1. Symptome entstehen durch das Zusammenspiel von impliziten und expliziten emotionalen Verarbeitungsprozessen. Implizite Prozesse beinhalten maladaptive emotionale Schemata und unzureichende implizite Emotionsregulation, die zu übermäßigen oder überwältigenden emotionalen Reaktionen führen. Explizite Prozesse betreffen die Fähigkeit, Emotionen wahrzunehmen, zu benennen und zu regulieren. Symptome entstehen durch die Interaktion dieser beiden Verarbeitungsarten.
2. Emotionale Schemata sind komplexe neuronale Netzwerke, die angeborene psychomotorische Programme mit emotionalen Erfahrungen verknüpfen. Sie beinhalten affektive, motivationale, kognitive und verhaltensbezogene Elemente und prägen zukünftiges Erleben und Verhalten. In der EFT zielt die therapeutische Arbeit auf die Veränderung dieser Schemata ab, wenn sie durch traumatische oder schmerzhafte Erfahrungen dysfunktional wurden.
3. Marker sind verbale und nonverbale Hinweise darauf, dass eine Person mit einem emotionalen Verarbeitungsproblem kämpft oder bereit ist, ihre/seine emotionale Verarbeitung zu verbessern. Sie dienen als Grundlage für gezielte therapeutische Aufgaben, die darauf abzielen, maladaptive Emotionen zu transformieren und adaptive zu fördern.

Empfohlene Materialien

Videos:

- Auszra, L. & Herrmann, I. R. (2020) *Emotionsfokussierte Therapie.* Weinheim, Beltz.
- *Lehrfilm Emotionsfokussierte Therapie.* Lernfilmreihe Handwerk der Psychotherapie Staffel 2 (2017). Münster, DGVT-Verlag.

Websites:

- Institut für Emotionsfokussierte Therapie (EFT): https://ieft.de/
- Mediathek der Deutschen Gesellschaft für Emotionsfokussierte Therapie (DeGEFT): https://www.degeft.de/mediathek/
- YouTube-Videos der DeGEFT: https://www.youtube.com/@DeGEFT

Literatur

Auszra, L., Herrmann, I., & Greenberg, L. S. (2017). *Emotionsfokussierte Therapie: Ein Praxismanual*. Hogrefe.

Damasio, A. (2015). *Self Comes to Mind. Constructing the Conscious Brain*. Pantheon Books.

Davidson, R. J. (2000). Affective style, psychopathology, and resilience: Brain mechanisms and plasticity. *American Psychologist, 55*(11), 1196–1214. https://doi.org/10.1037/0003-066X.55.11.1196

Division 12, APA – American Psychological Association (2015). *Emotion-Focused Therapy for Depression*. https://div12.org/psychological-treatments/treatments/emotion-focused-therapy-for-depression/ (Zugriff am 4.12.2024).

Elliott, R., Watson, J. C., Goldman, R. N. et al. (2007). *Praxishandbuch der Emotionsfokussierten Therapie.* CIP-Medien.

Elliott, R., Watson, J., Timulak, L. et al. (2021). Research on humanistic-experiential psychotherapies: Updated review. In Barkham, M., Lutz, W., & Castonguay, L. G. (Eds.), *Bergin and Garfield's handbook of psychotherapy and behavior change: 50th anniversary edition* (7th ed., pp. 421–467). John Wiley & Sons.

Frijda, N. H. (1987). *The Emotions*. Cambridge University Press.

Gendlin, E. T. (1962). *Experiencing and the creation of meaning: A philosophical and psychological approach to the subjective*. Northwestern University Press.

Goldman, R. N., Greenberg, L. S. & Angus, L. (2006). The effect of adding emotion-focused interventions to the client-centered relationship conditions in the treatment of depression. *Psychotherapy Research*, *16*(5), 536–546. http://doi.org/10.1080/10503300600589456

Greenberg, L. S. (2011). *Emotionsfokussierte Therapie*. Ernst Reinhardt.

Greenberg, L. S. (2017). *Emotion-focused therapy (rev. ed.)*. American Psychological Association.

Greenberg, L. S. (2021). *Changing emotion with emotion: A practitioner's guide*. American Psychological Association.

Greenberg, L. S. (2023). Changing emotion with emotion. *Person-Centered & Experiential Psychotherapies*, *22*(4), 368–383. https://doi.org/10.1080/14779757.2023.2234966

Greenberg, L. S. & Paivio, S. (1997). *Working with emotions in psychotherapy.* Guilford Press.

Greenberg, L.S. & Pascual-Leone, J. (1995). A dialectical constructivist view of the creation of personal meaning. *Journal of Constructivist Psychology 14*, 165–186. http://doi.org/10.1080/10720530125970

Greenberg, L. S., Rice, L. N. & Elliott, R. (2003). *Emotionale Veränderungen fördern. Grundlagen einer prozess- und erlebensorientierten Therapie.* Junfermann.

Greenberg, L. S. & Safran, J. D. (1987) *Emotion in Psychotherapy: Affect, Cognition and the Process of Change.* Guilford Press.

Greenberg, L. S. & Watson, J. C. (1998). Experiential therapy of depression: Differential effects of client-centered relationship conditions and process interventions. *Psychotherapy Research*, *8*(2), 210–224. http://doi.org/10.1093/ptr/8.2.210

Hebb, D. O. (1949). *The organization of behavior; a neuropsychological theory.* Wiley.

Herrmann, I. R., Greenberg, L. S. & Auszra, L. (2016). Emotion categories and patterns of change in experiential therapy for depression. *Psychotherapy Research*, *26*(2), 178–195. http://doi.org/10.1080/10503307.2014.958597

Rice, L. N. & Greenberg, L. S. (1984). *Patterns of Change: Intensive Analysis of Psychotherapy Process.* Guilford Press.

Rogers, C. R. (2000). *Entwicklung der Persönlichkeit: Psychotherapie aus der Sicht eines Therapeuten* (13. Aufl.). Klett-Cotta.

Schore, A. N. (2003). *Affect dysregulation & disorders of the self* (1st ed.). W. W. Norton.

Timulak, L. & Keogh, D. (2022). *Transdiagnostic Emotion-Focused Therapy. A Clinical Guide for Transforming Emotional Pain.* American Psychological Association.

61 Compassion-Focused Therapy (CFT)

Mirjam Tanner und Hagen Böser

Das Wichtigste auf einen Blick

- Die Compassion-Focused Therapy (CFT) ist ein evolutionsinformierter bio-psycho-sozialer Psychotherapieansatz, der sich in jede Psychotherapieschule im Einzel- und Gruppensetting gut integrieren lässt.
- Seit 40 Jahren wird die CFT erforscht und weiterentwickelt. Als erstes wurde sie für ihre starke heilsame Wirkung bei ausgeprägter Scham und Selbstkritik bekannt. Inzwischen wurde ihre Wirksamkeit für verschiedene spezifische Störungsbilder nachgewiesen.
- Zentrales Element ist das Mitgefühl sich selbst und seinen Mitmenschen gegenüber. Mitgefühl wird dabei durch die Kombination von zwei Komponenten definiert: 1. dem sich Öffnen gegenüber und Berühren lassen von eigenem Leid oder dem von anderen, 2. der Absicht und dem Commitment, dieses Leid lindern und künftig verhindern zu wollen.
- Der Kern der CFT liegt im Training vom Wechsel eines bedrohungsbasierten biopsychischen Zustandes in einen von Mitgefühl getragenen Zustand (»brain state«), in der Kultivierung und Stärkung des »mitfühlenden Selbst« sowie im bewussten Umgang mit Ängsten, Blockaden und Widerständen.

61.1 Einführung

Die Compassion-Focused Therapy (CFT) ist ein evolutionsinformierter bio-psycho-sozialer Psychotherapieansatz, der sich in jede Psychotherapieschule im Einzel- und Gruppensetting gut integrieren lässt. Zentral ist dabei die Bedeutung von Mitgefühl (»compassion«) sich selbst und seinen Mitmenschen gegenüber als therapeutischem Wirkfaktor und sozialem Wert.

In der CFT lassen sich folgende vier Arbeitsbereiche ausmachen: achtsames Gewahrsein, CFT- Interventionen und Übungen, mitfühlendes Verstehen und therapeutische Beziehung (Kolts, 2017). Diese vier Bereiche helfen Behandelnden, sich im therapeutischen Prozess zu orientieren. Texte in deutscher Sprache zu Mitgefühlsübungen, die in der CFT genutzt werden, finden sich in Tanner (2015).

Die Anerkennung dafür, dass wir Menschen uns in vielen Bereichen gleichen, verbindet uns alle miteinander. Paul Gilbert widmet in seinem Buch »Mitgefühl« (Gilbert, 2011) ein ganzes Kapitel der Bedeutung unserer geteilten menschlichen Natur und unserer psychischen Verletzbarkeit dabei. In einer Metapher dafür spricht er davon, dass wir alle uns mit unserer Geburt mitten im »Strom des Lebens« wiederfinden und mit verschiedenen gegebenen Herausforderungen lernen müssen, zurechtzukommen. So sind wir z. B. alle verletzbare Wesen mit einem tief angelegten Grundbedürfnis nach Unversehrtheit, Sicherheit und sozialer Wertschätzung. Die Mehrheit der von einer psychischen Störung Betroffenen isolieren sich jedoch. Sie schämen und kritisieren sich scharf für ihre Probleme. Solche Scham und harsche Selbstkritik stellen wesentliche Blockaden in Therapieprozessen dar. Das Bewusstwerden im Therapieprozess für unsere Verbundenheit miteinander durch unsere verletzbare Natur, die wir alle miteinander teilen, hat eine normalisierende, entschämende Wirkung und hilft uns, uns für uns selbst zu öffnen.

Merke

Sich öffnen zu lernen für sein Leid und sich dann um dieses Leid zu kümmern sind die Basis einer mitgefühlsbasierten Therapie und im Grunde jedes tiefgreifenden Psychotherapieprozesses.

Eine Vertiefung dieser Definition von Mitgefühl und auch eine detaillierte Beschreibung einzelner Facetten von Mitgefühl wie z. B. Mut und Weisheit finden sich in Tanner (2015).

Die Reflexionsübung »*Der Fluss des Lebens*« (flow of life) ist eine Bekräftigung in der Erkenntnis, was wir in unserem Leben beeinflussen und in Bewegung bringen können und damit die Grundlage dafür, Selbstverantwortung für die eigene mentale Gesundheit übernehmen zu können. Die Übung kann formal als ein Text in Ausbildungskontexten vorgelesen werden. Dabei dient die Übung Therapierenden in Ausbildung als erfahrbare Einstimmung in das CFT-Modell. Daneben sind das Gespräch und die Auseinandersetzung mit Patientinnen und Patienten über den Inhalt der Übung eine geeignete Möglichkeit, das Thema unseres »geteilten Menschsein« in Therapien einzuführen. Weiter kann die Reflexion für die Themen von Schuld und Scham genutzt werden. In Therapien empfiehlt es sich, den Text abschnittsweise zu vermitteln. Der hier gedruckte Text ist ein Auszug der Übung.

Reflexionsübung »Der Fluss des Lebens«

Bringe deine Aufmerksamkeit auf deinen Körper und wie es diesem geht, so wie du hier sitzt und atmest.

Schau, ob es Anspannungen gibt, die du lösen kannst. Z. B. beim Bauch, Gesicht, Kiefer, Augen, Zunge – lass den Körper hier weich werden, soweit du kannst.

Im Folgenden werden wir uns ein paar Gegebenheiten vergegenwärtigen, die im beim Verstehen von psychischem Leid häufig nicht genügend mitberücksichtigt werden.

Körper: So vergegenwärtige dir, wie du mit deiner Geburt mitten in den Strom des Lebens hineingeworfen wurdest, ohne je gefragt worden zu sein: wann, wie, wo, mit wem und wozu? Du hast z. B. nicht auswählen können, in einem menschlichen Körper geboren zu werden und was für ein Geschlecht dieser hat, wie groß er wird und welche Haut-, Augen- und Haarfarbe du hast … Und du konntest auch nicht auch nicht bestimmen, dass dein Körper stetig älter wird, krank werden kann und irgendwann auch sterben muss.

Gehirn: Du bist nicht einbezogen worden, als unser menschliches Gehirn entwickelt und gestaltet wurde, mit allen seinen komplexen und oft widersprüchlichen Antrieben. Du hast dich nicht entschieden, ein menschliches Großhirn zu bekommen, mit dem du Pläne aushecken und über dich selbst nachdenken kannst. Ohne Bedienungsanweisung können wir uns auf schmerzhafte und auch tragische Weise in Grübeleien und Urteilen über uns selbst und andere verlieren und uns richtiggehend zum Wahnsinn treiben.

Soziale Natur/Verletzbarkeit: Weiter hast du dir nicht ausgesucht, als Mensch über eine durch und durch soziale Natur zu verfügen. Wir alle suchen nach Zugehörigkeit, Anerkennung, Wertschätzung und Liebe und niemand möchte zurückgestoßen, bloßgestellt und allein gelassen werden. Dass du ein sozial verletzbares Wesen bist, hast du dir nicht ausgesucht und ist nicht dein Fehler – es ist ein bedeutender Teil unserer Natur und unseres gemeinsamen Menschseins, ob dir das gefällt oder nicht …

Ursprungsfamilie: Genauso gehört zum Leben, dass du nicht aussuchen konntest, in welche Familie du geboren wurdest. Und damit einhergehend auch nicht, welche oft über Generationen weitergegebenen Muster, Regeln, Geheimnisse und Traumata dir zugemutet werden. Ob du zurückgestoßen, vernachlässigt oder missbraucht wurdest. Wenn du in eine liebevolle Familie geboren worden bist, hast du sehr viel Glück gehabt.

Erst wenn wir klar erkennen und würdigen können, was wir uns alles nicht aussuchen konnten von dem, was uns geprägt hat und uns bis heute ausmacht, können wir tiefgreifende Selbstverantwortung für unsere mentale Gesundheit übernehmen und erwünschte Entwicklungen in Gang bringen. Dann können wir Schuld, Scham und Selbstverurteilung für unser psychisches Leid loslassen, die uns oft schwer und unbeweglich machen, und lernen, uns zielgerichteter, geschickter und geschmeidiger im Strom des Lebens fortzubewegen: zu schwimmen und zu tauchen und hoffentlich irgendwann auch in Momenten der Leichtigkeit abzuheben.

Nachdem man Teile des Textes oder auch den gesamten Text als Reflexion präsentiert hat, ist es sinnvoll Patientinnen und Patienten ein bisschen Zeit zu geben, um selbst über den Text zu reflektieren. In der anschließenden Nachbesprechung – in CFT-Therapiegruppen z. B. zu zweit unter sich – lohnt es zu diskutieren, welche Passagen des Textes die Patienten resp. Therapierenden in Ausbildung am meisten emotional erreicht haben und welche Schuld- oder Schamgedanken sie kennen, wie sie bis jetzt damit umgegangen sind und ob die Gedanken im Text eine interessante und hilfreiche Idee wären, die man in der Psychotherapie weiterverfolgen könne.

61.2 Historische Aspekte

Paul Gilbert interessierte sich bereits als junger PhD-Student für die physiologischen Veränderungen, die mit psychischen Schwierigkeiten einhergehen. Er hatte damals ein Büro in einer Forschungsabteilung, in der schwer depressiv erkrankte Patientinnen und Patienten aus ganz Schottland untersucht und behandelt wurden. Sein erstes Buch »Depression: From Psychology to Brain States«, das kürzlich neu aufgelegt wurde, kam 1984 heraus. Er untersuchte darin, wie »brain states« oder neurologische Zustände wechselseitig interagierende Muster von Motiven, Emotionen, Kompetenzen und Verhalten repräsentieren. Diese Untersuchung setzte er fort und legte damit den Grundstein für die Entwicklung der CFT.

In seinem weiteren Werdegang wurde er Teil einer Diskussionsgruppe, die Ethologen, Primatologen, Psychologen, Psychiater, Jungianer und Bindungstheoretikern und Praktizierende der Achtsamkeit vereinte. Hier kam er mit evolutionsbasierten Ansätzen der Psychiatrie (Gilbert & McGuire, 1998; McGuire & Troisi, 1998) in Berührung, was seine weitere Forschung stark beeinflusste.

1992 brachte Gilbert ein weiteres Buch heraus: »Depression: The Evolution of Powerlessness«. Er setzt sich in diesem Werk mit der Untersuchung von Gefühlen der Unterlegenheit, Niedergeschlagenheit und Beengung im Zusammenhang mit der Erfahrung des Scheiterns auseinander. Die Beschäftigung mit diesen Themen brachte ihn schließlich zum Studium von Scham und ausgeprägter Selbstkritik als Formen der Selbstunterwerfung, der Selbstentwertung und von selbstverletzendem Verhalten, die Therapiefortschritte häufig blockieren.

In nächsten Schritten integrierte Gilbert neueste Erkenntnisse der Evolutionsforschung, Verhaltenspsychologie, Neurobiologie, der Bindungslehre und seine Begeisterung für den Buddhismus mit dem Schwerpunkt auf die Themen der Freundlichkeit und des Mitgefühls.

Die Bedeutung der evolutionären Psychologie und Erkenntnisse der Bindungslehre für eine gesunde psychische Entwicklung rückte immer mehr in den Mittelpunkt der wissenschaftlichen Forschung (Cozolino, 2007; Gilbert, 2009; Siegel, 2015). Bifulco et al. (2002) zeigten, dass Menschen mit komplexen und chronischen psychischen Störungen regelmäßig aus einem Milieu stammen, in dem wenig Mitgefühl erlebt wurde.

Diese Menschen, so zeigte sich, werden häufiger von ausgeprägter Scham und harscher Selbstkritik geplagt und können sich in der Folge nur sehr schwer bis gar nicht dem Wohlwollen und Mitgefühl von anderen Menschen öffnen und sich selbst freundlich behandeln. Gilbert erkannte bei der Untersuchung von therapieresistenten depressiven Patientinnen und Patienten in klassisch kognitiv-verhaltenstherapeutischen Behandlungssettings, dass diese den Sinn von »alternativen positiven Gedanken« zwar sehr gut nachvollziehen konnten, den positiven Inhalt jedoch oft weiterhin im gleich harschen Stimmklang zu sich sagten. Es zeigte sich, dass das alleinige Einüben positiver verbaler Inhalte nicht ausreichte, um das Erleben von Patientinnen und Patienten zu erreichen und zum Besseren verändern zu können. Das Phänomen wurde später von der Sozialpsychologie als kognitiv-emotionale Dissonanz beschrieben. Gilbert kam zum Schluss, dass neben neuen Sichtweisen über sich, andere und die Welt auch das innere Erleben von Patientinnen und Patienten angesprochen werden muss und dass sich das buddhistische Konzept von Mitgefühl dafür hervorragend eignet.

Merke

Schmerzhafte Erfahrungen werden im Buddhismus nicht pathologisiert, sondern im Gegenteil normalisiert als unumgängliche zum Leben dazugehörige Erfahrungen. Der Buddhismus betont, dass wir uns darin als Menschen alle gleich sind und dass wir unsere menschliche Verletzbarkeit als fundamentalen menschlichen Aspekt miteinander teilen (»geteiltes Menschsein«).

Diese kraftvoll entschämende Sichtweise setzt damit genau da an, wo Patientinnen und Patienten häufig schwer verletzt wurden in ihrer Biografie. Das buddhistische Geistestraining von Mitgefühl bot Gilbert genau jene innerlich aufwärmenden Konzepte und Übungen, nach denen er für die Behandlung von komplex chronisch psychisch erkrankten Menschen gesucht hatte.

Während Jon Kabat-Zinn, John Teasdale und Steven Hayes, um nur einige zu nennen, die Bedeutung von Achtsamkeit für die westliche Medizin und Psychotherapie erkannten und die dritte Welle der Verhaltenstherapie einläutenden, vertiefte Gilbert die Erforschung und Weiterentwicklung seines integrativen wissenschaftlichen Ansatzes auf der Basis von Mitgefühl. Den Wert und die heilsamen Qualitäten von Mitgefühl auch für die westliche Psychotherapie erkennend, wurde Mitgefühl für Gilbert schließlich zum Kern, um welchen sich Veränderung und psychotherapeutische Prozesse drehen sollten, um nachhaltig wirksam zu sein.

61.3 Besondere Merkmale und Grundlagen

Die CFT ist tief verwurzelt in der evolutionären Wissenschaft (Buss, 2019; Huang & Bargh, 2014; Nesse, 2024 Workman, Reader & Barkow, 2020). Sie basiert auf den Grundwissenschaften über den menschlichen Geist und dessen vier Grundfunktionen, die dem Menschen erlauben zu überleben (▶ Abb. 61.1). Diese vier Grundfunktionen zum Überleben sind:

- *Grundmotive und Grundbedürfnisse*, die uns fundamental zum Überleben antreiben (Verletzung vermeiden, Akquirieren, Beruhigung und Verbundenheit)
- *Emotionen*, die durch Veränderung von Körperzuständen verschiedene Prozesse und Aktionen hervorbringen können, die Motiven dienen und sie anleiten
- *Kompetenzen*, d. h. Funktionen unseres Geistes, wie z. B. kognitive Fertigkeiten, die helfen, Emotionen zu regulieren und Motive zu unterstützen
- *Verhalten*, das uns erlaubt, sich in der Umgebung zu bewegen und Emotionen auszudrücken

Um das Überleben zu sichern, beinhaltet die menschliche Natur im Wesentlichen drei Grundmotive und Grundbedürfnisse:

- *Schutz:* Verletzungen vermeiden
- *Ressourcen akquirieren:* Nahrungsmittelbeschaffung und Fortpflanzung
- *Beruhigung und Verbundenheit* (»rest & digest« und Geborgenheit in Verbundenheit)

61.3.1 Emotionsregulationssysteme

Aus diesen drei Grundmotiven heraus hat die CFT ein eignes Modell der Emotionsregulierung abgeleitet (▶ Abb. 61.2).

Um das häufig komplexe emotionelle Erleben auf einfache Weise zu erfassen und beschreiben zu können, hat Gilbert für die CFT das Modell von Depue (Depue & Morrone-Strupinsky, 2005) für die therapeutische Arbeit adaptiert und vereinfacht. Dieses »Drei-Kreise-Modell« erlaubt auf einfache Weise, affektive Verhaltensmuster zu beobachten, einzuordnen und in ihrer ursprünglichen Funktion nachzuvollziehen, was auf Patientinnen und Patienten oft eine normalisierende und entschämende Wirkung hat.

Mit der frühen Entwicklung des Gehirns verfügt bereits das Ungeborene über spezialisierte Systeme, um auf soziale

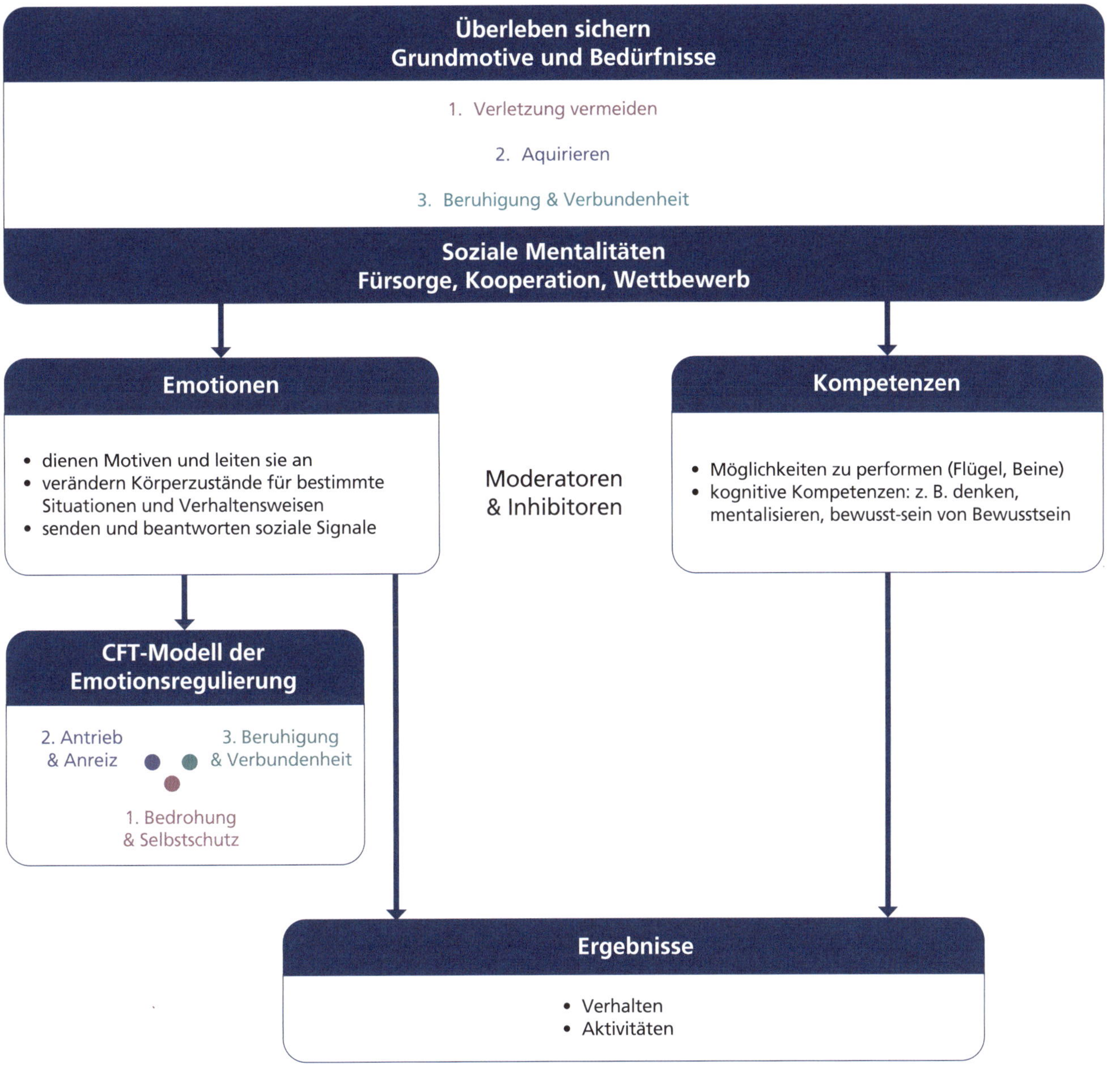

Abb. 61.1: CFT-Modell der vier psychologischen Grundfunktionen (adaptiert nach Paul Gilbert)

Hinweise und Stimuli wie Berührung und Stimmklang, später auch Streicheln, Gehalten werden und Gesichtsausdruck zu reagieren. Für Gilbert (2013) ist das Emotionsregulierungssystem, das in der westlichen Gesellschaft ungünstigerweise unterbewertet scheint, dasjenige, das uns ein Gefühl von Zufriedenheit und friedlichem Wohlergehen verschaffen kann.

Das *Alarm- und Selbstschutzsystem (rot)* hat die Funktion, Gefahren und Bedrohungen sehr rasch zu erkennen und zu beantworten. Wenn es aktiviert wird, schalten Geist und Körper auf den Bedrohungs- und Selbstschutzmodus um. Dies geschieht unter anderem durch Funktionen der Amygdala und der Wirkung von Hormonen wie Adrenalin und Cortisol. Als Folge sind Aufmerksamkeit, Denken, Erinnern, Urteilen, Emotionen, Vorstellungen und der Körper vollständig auf die Bedrohung und deren Lösung fokussiert. Die Aspekte des Geistes drehen sich gesammelt nur noch darum, wie wieder Schutz und Sicherheit gefunden werden kann (Hanson & Mendius, 2009).

Angst, Ärger und Ekel sind Gefühle, die dem Alarm- und Selbstschutzsystem zuzuordnen sind. Typischerweise gehen sie einher mit körperlichen Reaktionen wie z. B. beschleunigter Herzfrequenz, erhöhtem Blutdruck, schneller flacher Atmung und Schwitzen. Das Verhalten kann aktiv sein und eine Kampf-, Flucht- oder Erstarrungsreaktion beinhalten. Ein Totstellreflex kann zu einem »Shut-down« des Systems führen. Das Alarm- und Selbstschutzsystem wird auch dann aktiviert, wenn wichtige Personen in unserem Umfeld oder unsere Gruppe bedroht werden. Eine Person im Alarmmodus kann die Mitglieder einer ganzen Gruppe »anstecken« und in den Alarmzustand versetzen.

Das *Antriebs- und Anreizsystem (blau)* ist entstanden, um uns zu motivieren, das zu beschaffen, was für das Überleben und die Fortpflanzung notwendig ist. Ursprünglich

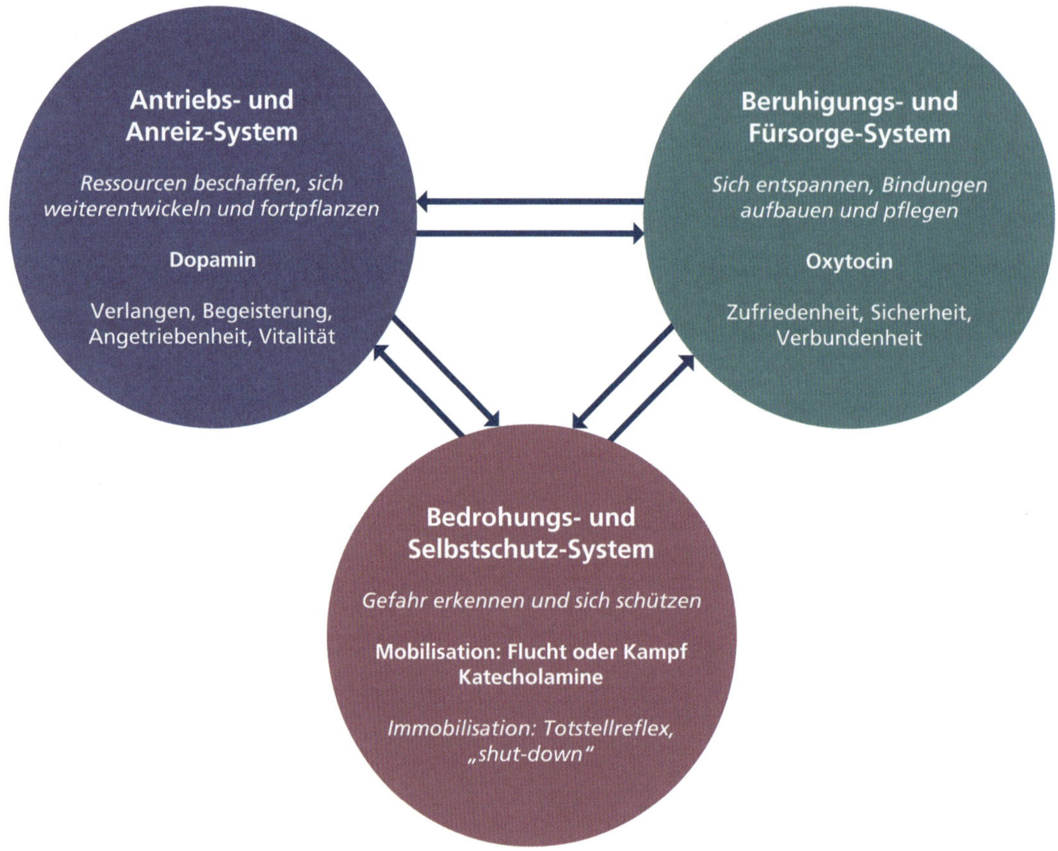

Abb. 61.2: Emotionsregulierungs-Modell der CFT (»Drei-Kreise-Modell«) (adaptiert von Urs Zimmermann)

hat es Anreize geschaffen und zu zielstrebigem Verhalten angetrieben, wie der Nahrungsmittelbeschaffung oder dem Finden eines Sexualpartners. Heutzutage kommt dieses System in unserem Alltag z. B. auch zum Zuge bei Wünschen und dem Drang nach Anerkennung, Erfolg, Status, Macht und Besitz.

Zu den Gefühlen, die diesem System zugrunde liegen, gehören Erregung, Verlangen, Genuss, Zufriedenheit, Freude und Vitalität. Hauptsächlich das Anstreben und die typischerweise nur sehr kurz andauernde Erfüllung bei Erreichen von Angestrebtem geht einher mit höchst angenehmen Erfolgsgefühlen. Der Neurotransmitter Dopamin wird der Aktivierung dieses Systems zugeschrieben.

Das *Beruhigungs- und Fürsorgesystem (grün)* ist in wechselseitiger Weise auf soziale Verbundenheit und dem Erleben von Beruhigung ausgerichtet. Während das Gefühl der Verbundenheit zu Beruhigung führt, verhilft Beruhigung genauso dazu, Verbundenheit zu schaffen. Dieses System hat die Funktion, uns zu den überlebenswichtigen, langanhaltenden und fürsorglichen Beziehungen zu unseren Nachkommen zu befähigen.

Die CFT betont die Wichtigkeit aller drei Systeme, die zur menschlichen Natur gehören. Keines der Systeme ist besser oder falsch. Das Problem bei psychischen Störungen liegt viel mehr in der langandauernden, permanenten und rigiden Dysbalance durch Aktvierung eines der drei Systeme, meistens des Alarm- und Selbstschutzsystems (▶ Abb. 61.3).

Das Gefühl von Sicherheit und Schutz durch vertrauensvolle Verbundenheit mit Mitmenschen und uns selbst bringt die drei Emotionsregulationssysteme immer wieder in Balance zueinander. Diese Balance immer wieder finden zu können, ist für die mentale Gesundheit essenziell. Die Unterstützung der Patientinnen und Patienten dabei ist ein wichtiger Teil des CFT-Therapieprozesses. Für die CFT einmalig und kennzeichnend für das Finden dieser Balance ist, dass nicht primär auf die Reduktion der Aktivität des Alarmsystems fokussiert wird, sondern auf die Unterstützung und Stärkung des Fürsorge- und Beruhigungssystems. Die Aktivierung dieses Systems ist die Grundlage dafür, dass wir die nötige Sicherheit, Ruhe und Offenheit gegenüber der Welt, unseren Mitmenschen und uns selbst finden, die die Grundlage unserer psychischen Gesundheit sind.

Anhand des »Drei-Kreise-Modells« lassen sich in der CFT ganz unterschiedliche Aspekte emotionalen Erlebens und Verhaltens veranschaulichen und begreifen. Hier einige Beispiele, wie in der CFT die »drei Kreise« zur Anwendung kommen können:

- das Ausmaß der Aktivierung der einzelnen Kreise zueinander in Relation bringen durch das Aufzeichnen der Größe der jeweiligen Kreise in unterschiedlichen Situationen
- die unterschiedlichen Erlebensmodi bei der Aktivierung der jeweiligen Systeme untersuchen (Aufmerksamkeit, Denken, Vorstellen, Erinnern, Gefühle, Körperempfindungen, Verhalten)
- die biografischen Einflüsse auf die Entwicklung der einzelnen Emotionsregulierungssysteme explorieren

Abb. 61.3: Dysbalance der Emotionsregulierung: Überdimensioniert aktives Alarm- und Selbstschutzsystem bei kaum wirksamen Beruhigungs- und Fürsorgesystem. Ein Zustand, in dem viele Klienten und Klientinnen Therapie aufsuchen, und der, wenn rigide über langen Zeitraum vorhanden, die Entwicklung von psychischen Störungen begünstigt. Kennzeichnend und einmalig für den CFT-Ansatz und -Therapieprozess ist, dass bei der Unterstützung einer Balance der »drei Kreise« nicht versucht wird, das »rote« System zu reduzieren, sondern das »grüne« Fürsorge- und Beruhigungssystem zu stärken.

- externe und interne Auslöser für die Aktivierung der einzelnen Systeme erkennen
- Interaktionen der drei Systeme miteinander untersuchen

61.3.2 Beispiel einer CFT-Fallformulierung

Nachfolgend wird ein CFT-Therapieprozess mit Fokus auf das Alarm- und Selbstschutzsystem illustriert.

Fallbeispiel

Frau S. erkennt, dass sie sich selbst sozial isoliert und Kontakte zu Mitmenschen vermeidet. Sie leidet stark unter Einsamkeit und Verlassenheitsgefühlen und einer tiefen Empfindung und Überzeugung, nicht liebenswert zu sein. Sie schämt sich für sich selbst und für die schroffe Art, mit der sie manchmal mit Leuten wie den Nachbarn oder der Kassiererin im Lebensmittelgeschäft umgeht. Zur ambulanten Therapie wurde sie im Anschluss an einen Klinikaufenthalt nach einem Suizidversuch im Rahmen einer schweren depressiven Episode und Selbstwertproblematik zugewiesen.

Anhand der Fallformulierung wird die ursprüngliche Funktion hinter Sicherheitsstrategien und entsprechender Muster geklärt und validiert. Die Entstehung und Funktion von Scham und harscher Selbstverurteilung wird reflektiert und so kann sich ein tiefes Verständnis dafür aufbauen. Die Stärke der CFT liegt in der Normalisierung des Erlebens und der *»Entschämung«* von Patientinnen und Patienten. Dadurch wird die Voraussetzung geschaffen, alte, automatisiert ablaufenden kontextinadäquate Verhaltensweisen mit unbeabsichtigten Konsequenzen zu ersetzen, durch neue wirksamere Sicherheitsstrategien, die bewusst und absichtlich gewählt werden und keine negativen unerwünschten Konsequenzen haben. Der Rückkopplungs-Kreislauf von Schlüsselängsten (2) aufgrund von biografischen Erfahrungen (1), die durch alte Sicherheitsstrategien (3) mit unerwünschten Konsequenzen (4) bestätigt werden, kann unterbrochen werden (▸ Abb. 61.4).

Biografische Einflüsse:
Emotionelle Schamerinnerungen durch Mobbing-Erfahrungen vom 10. bis 16. Lebensjahr. Zurückweisung und Vernachlässigung durch ihre Eltern und primären Bezugspersonen. Mutter alkoholabhängig, Vater körperlich und emotional missbrauchend. Andere Menschen erlebte sie als zurückweisend, mächtig und aggressiv. Sich selbst nahm sie als wertlos, schwach und falsch wahr.

Schlüsselängste (aus den biografischen Erfahrungen):

- *extern:* Frau S. entwickelte die Angst, von anderen verlassen und zurückgewiesen zu werden
- *intern:* Scham, erlebt sich eine schreckliche Person, als dreckig und falsch

Abb. 61.4: CFT-Fallformulierung für Frau S.

Sicherheitsstrategien und Muster zur Bewältigung der Schlüsselängste:

- *extern:* am besten aggressiv sein, bevor andere mich verletzen, »Angriff ist die beste Verteidigung«, Kontakt zu anderen vermeiden, sich zurückziehen, verbergen
- *intern:* Vermeiden von schmerzhaftem innerem Erleben: selbstverletzendes Verhalten, Essstörung

Unbeabsichtigter Konsequenzen aus ihren Mustern und Sicherheitsstrategien:

- *extern:* keine Freundschaften, keine vertrauensvollen sozialen Kontakte
- *intern:* Annahmen über sich selbst und wie: »Ich bin wirklich wertlos, schrecklich und ein Fehler«, Scham wird bestätigt und bekräftigt

Therapeutische Ansätze:
Mit zum Beispiel der Übung »flow of life« (s. o.) kann versucht werden, ein mitfühlendes Verständnis für sich selbst und für die Muster aufzubauen, die sich durch die Erfahrungen in der Biografie entwickelt haben. Des Weiteren werden neue kontextadäquatere und absichtlich gewählte Sicherheitsstrategien erarbeitet, ohne die unerwünschten, oft desktruktiven Konsequenzen. Hier helfen Verhaltensanalysen, Kontextbeschreibungen und Rollenspiele. Das Therapieziel ist das Ablegen der automatisierten, nicht hilfreichen alten Verhaltensmuster.

61.3.3 Soziale Mentalitäten

Als soziale Wesen mit sozialen Motiven organisieren Menschen ihr Zusammenleben durch soziale Mentalitäten (Gilbert, 2005). Diese ermöglichen es, soziale Signale zu senden und zu verstehen, und ermöglichen eine Verständigung in unterschiedlichen sozialen Kontexten wie z. B. Nahrungsmittelbeschaffung, Arbeit, Sexualität. Die zwei bedeutsamsten sozialen Mentalitäten (»the big two«) sind die der Fürsorge und Kooperation (»Caring-Mentalität«) und auf der anderen Seite des Wettbewerbs und der Konkurrenz (»Ranking-Mentalität«). Für das Verständnis von psychischer Gesundheit und Krankheit betont die CFT die Wichtigkeit der flexiblen Aktivierung der kontextadäquaten sozialen Mentalität. Die »Ranking-Mentalität« kann zu Selbstentwertung, narzisstischer Grandiosität und zahlreichen intra- und interpersonellen Problemen führen. Sie steht somit häufig in Verbindung mit Aktivierung des Alarm- und Selbstschutzsystems und ist daher äußerst relevant für mentale Gesundheit.

61.3.4 Das »mitfühlende Selbst«

Die Entwicklung mitfühlender Qualitäten und des *»mitfühlenden Selbst«* mit mitfühlenden Motiven, Emotionen, kognitiven Prozessen und mitfühlendem Verhalten wird als wichtiger Therapieprozess betrachtet. Untersuchungen haben gezeigt, dass die Stärkung von Mitgefühl – sei es implizit oder explizit – auf vielfältige und mehrdimensionale Weise Therapien effektiv werden lässt. So unterstützt Mitgefühl nachhaltig sowohl Annäherungsprozesse wie auch Veränderungsprozesse in Psychotherapien. Im Gegensatz zum Vermeiden von Leid unterstützt Mitgefühl die Annäherung und das Umsorgen von Schmerz, der unberücksichtigt oder ignoriert psychische Symptome hervorbringen kann. Zudem erlaubt Mitgefühl es Patientinnen und Patienten, Verunsicherungen im Zusammenhang mit (oft schmerzhaften) Veränderungsprozessen wahrzunehmen und sich aktiv und präsent auf diese einzulassen.

61.3.5 Umgang mit Ängsten, Blockaden und Widerständen

CFT achtet nicht nur auf die Entwicklung von Mitgefühl, sondern beschäftigt sich insbesondere mit allem, was dem Mitgefühl im Wege stehen kann. Sich Ängsten, Blockaden und Widerständen bei Mitgefühl bewusstzuwerden und sie zu bewältigen lernen, werden als Schlüsselmomente in CFT-Therapieprozessen betrachtet. Ängste, Blockaden und Widerstände werden nicht als Fehler betrachtet, sondern als Resultat ganz unterschiedlicher Begebenheiten wie z. B. missverstandenes Mitgefühl, Vorurteile gegenüber Mitgefühl, fehlende Erfahrung mit Mitgefühl u. v. m. (▸ Abb. 61.5).

Ängste vor Mitgefühl können als Vermeidungsmuster und Sicherheitsstrategien angesehen werden, die verhin-

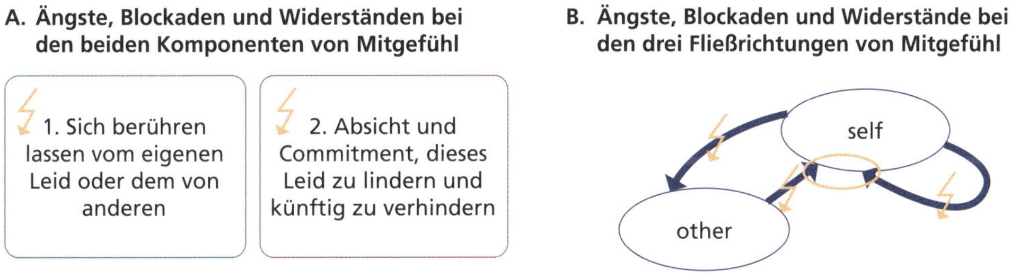

Abb. 61.5: Ängste, Blockaden und Widerstände bei Mitgefühl
Einerseits können Ängste, Widerstände und Blockaden bei Mitgefühl bei beiden Komponenten von Mitgefühl separat oder gemeinsam vorkommen (A). So kann die erste Komponente, das sich Öffnen und Berührenlassen von Leid unzugänglich sein und/oder die zweite Komponente, die Absicht und das Commitment, sich um dieses Leid zu kümmern, blockiert sein. Anderseits können Ängste, Blockaden und Widerstände gemäß den drei Fließrichtungen von Mitgefühl zugeordnet werden (B). Mitgefühl kann von mir zu jemand anderem, von jemand anderem zu mir und von mir zu mir selbst fließen. Eine Fließrichtung oder mehrere Fließrichtungen von Mitgefühl können blockiert sein.

dern, dass schmerzhafte Kindheitserinnerungen in der relativen Sicherheit von Therapiesitzungen neu strukturiert werden können. Daher müssen Ängste vor Mitgefühl in Therapien explizit angesprochen, in ihrer Funktion verstanden und angegangen werden.

Stuhlarbeit (▸ Kap. 32) spielt, wie inzwischen bei vielen anderen Psychotherapieansätzen, auch in der CFT eine wichtige Rolle. So bietet sich z. B. an, das »mitfühlende Selbst« auf einem Stuhl sitzend kennenzulernen, zu explorieren und vor allem zu erfahren. Genauso eignet sich das Arbeiten mit Stühlen auch, um bei Ängsten, Blockaden und Widerständen einen Annäherungs- oder Veränderungsprozess anzuregen. Beispielsweise kann mit vier Stühlen gearbeitet werden, wobei das »mitfühlende Selbst« den Ängsten, Blockaden und Widerständen (je ein Stuhl) gegenübergesetzt wird. Eine solche Gegenüberstellung bietet sich zu einem Zeitpunkt an, bei dem Blockaden zum Thema werden. Wenn möglich empfiehlt es sich, Begriffe und Bezeichnungen von Patientinnen und Patienten aufzunehmen, um Ängste, Blockaden und Widerstände zu spezifizieren und so z. B. vom »Quälgeist« oder »inneren Saboteur« zu sprechen. Anregungen, wie Ängste, Blockaden und Widerstände, genauso wie auch andere CFT-Konzepte, in Therapien auf einfache Weise angesprochen und vermittelt werden können, finden sich im CFT-Ratgeber von Tanner (2020).

61.4 Typische Indikationsgebiete

Die CFT versteht sich als prozessbasierter Psychotherapieansatz. Das Vorgehen und die laufende Planung der Therapie orientiert sich am aktuellen individuellen Therapieprozess und nicht an Modulen bezogen auf Diagnosen.

CFT ist nicht störungsspezifisch, aber geeignet für:

- stark belastende und hinderliche Schamgefühle, Selbstkritik und Selbstablehnung
- Emotionsregulierungsprobleme (z. B. Ärgerbehandlung nach Russell Kolts)
- Beziehungsprobleme, Bindungsprobleme und soziale Ängste
- Traumafolgestörungen
- affektive Störungen

61.5 Evidenzbasierung

Eine große Metaanalyse von Petrocchi et al. (2024) hat 47 Studien untersucht, die 7.875 Teilnehmende einschlossen. Die Metaanalyse hat eine signifikante Verbesserung der allgemeinen mentalen Gesundheit und insbesondere von depressiven Symptomen, Ängsten und ausgeprägter Selbstkritik durch CFT nachweisen können.

Millard et al. (2023) führten eine systematische Suche in fünf Datenbanken durch, wobei der Schwerpunkt ausschließlich auf randomisierten kontrollierten Studien und randomisierten Pilot-/Machbarkeitsstudien zu CFT lag. Metaanalysen wurden zu den Ebenen Selbstmitgefühl, Selbstkritik/Selbstberuhigung, Angst vor Mitgefühl und klinischer Symptomatik durchgeführt. Es wurden 15 Studien aus den Jahren 2013 bis 2022 einbezogen. Die Ergebnisse deuteten auf die hohe Wirksamkeit der CFT hin. Dabei zeigte sich insbesondere die Verbesserung der klinischen Symptomatik vom Ausgangswert bis zum Zeitpunkt nach der Intervention sowie im Vergleich zur Wartelistenkontrolle. Eine Reihe von kleinen bis großen Effektstärken (ES) wurde für Verbesserungen bei Selbstmitgefühl (ES = 0,19–0,90), Selbstkritik (ES = 0,15–0,72), Selbstberuhigung (ES = 0,43–0,81), Angst vor Selbstmitgefühl (ES = 0,18), Depression (ES = 0,24–0,25) und Essstörungen (ES = 0,18–0,79) berichtet. Die Analysen zeigten, dass die CFT-Gruppen bei der Verbesserung des Selbstmitgefühls und der Selbstsicherheit besser waren als die Kontrollgruppen.

Mehr Evidenzstudien sind zusammengetragen und zu finden unter:

- www.compassionatemind.co.uk
- www.compassionatemind.ch

Prüfungsfragen

1. Aus welchen drei Systemen besteht das CFT-Modell der Emotionsregulierung?
2. Nenne Möglichkeiten, das CFT-Modell der Emotionsregulierung in Psychotherapien zu nutzen.
3. Wie wird gemäß der CFT-Sichtweise am besten emotionelle Balance hergestellt?
4. Nenne die zwei wichtigsten sozialen Mentalitäten. Was ist dabei für unsere psychischen Gesundheit zu beachten?
5. Worin liegt die Bedeutung von Ängsten, Blockaden und Widerständen bei Mitgefühl?

Antworten

1. Alarm- und Selbstschutzsystem (rot), Antriebs- und Anreizsystem (blau), Beruhigungs- und Fürsorgesystem (grün).
2. Das Ausmaß der Aktivierung der einzelnen Kreise zueinander in Relation bringen durch das Aufzeichnen der Größe der jeweiligen Kreise in unterschiedlichen Situationen. Die unterschiedlichen Erlebensmodi bei der Aktivierung der jeweiligen Systeme untersuchen (Aufmerksamkeit, Denken, Vorstellen, Erinnern, Gefühle, Körperempfindungen, Verhalten). Die biografischen Einflüsse auf die Entwicklung der einzelnen Emotionsregulierungssysteme explorieren. Externe und interne Auslöser für die Aktivierung der einzelnen Systeme erkennen. Interaktionen der drei Systeme miteinander untersuchen.
3. Für die CFT einmalig und kennzeichnend für das Finden dieser Balance ist, dass nicht primär auf die Reduktion der Aktivität des Alarmsystems fokussiert wird. Die Unterstützung und Stärkung des Fürsorge- und Beruhigungssystems ist der CFT-Fokus. Die Aktivierung dieses Systems ist die Grundlage dafür, dass wir die nötige Sicherheit, Ruhe und Offenheit gegenüber der Welt, unseren Mitmenschen und uns selbst finden, die die Grundlage unserer psychischen Gesundheit sind.
4. Die zwei bedeutsamsten sozialen Mentalitäten (»the big two«) sind die der Fürsorge und Kooperation (»Caring-Mentalität«) und auf der anderen Seite die des Wettbewerbs und der Konkurrenz (»Ranking-Mentalität«). Die Wichtigkeit für die die psychische Gesundheit liegt in der Fertigkeit des flexiblen Wechselspiels und der kontextadäquaten Aktivierung der sozialen Mentalitäten. Bei psychischen Störungen sollten Beeinträchtigungen dieser Fertigkeit angegangen und trainiert werden.
5. Psychisch Erkrankte haben in ihren Biografien sehr häufig wenig Mitgefühl erfahren. In der Folge ist Mitgefühl für sie etwas Befremdliches. Mitgefühl von anderen Menschen anzunehmen – gerade auch von Behandelnden –, kann sehr herausfordernd sein. Therapieprozesse, sowohl Annäherungsprozesse wie auch Veränderungsprozesse, sind oft durch Ängste, Blockaden und Widerstände im Zusammenhang mit Mitgefühl behindert.

Empfohlene Materialien

- »Compassion for Voices« – Video zur Erläuterung der Emotionsregulationssysteme:
  https://www.youtube.com/watch?v=VRqI4lxuXAw
- »Anger, Compassion, and What It Means To Be Strong« – TEDx Talk von Russell Kolts:
  https://www.youtube.com/watch?v=QG4Z185MBJE
- The Compassionate Mind Foundation (CMF) – Website der 2006 gegründeten Stiftung, die Therapierende, Forschende, Trainer, Interessierte aus verschiedenen Berufsgruppen vereint:
  www.compassionatemind.co.uk
- Website des 2024 gegründeten deutschsprachigen Chapters der CMF, einer Dachorganisation für CFT-Weiterbildungen und CFT-Forschung im deutschsprachigen Raum:
  www.compassionatemind.ch

Literatur

Bargh, J. A., & Huang, J. Y. (2014). The evolutionary unconscious: From ›selfish genes‹ to ›selfish goals‹ In J. P. Forgas & E. Harmon-Jones (Eds.), *Motivation and its regulation: The control within* (pp. 35–54). Psychology Press.

Bifulco, P. M. et al. (2002). Childhood adversity, parental vulnerability and disorder: examining inter-generational transmission of risk. *The Assocoatopn for Child and Adolescent Menatal Health, 43,* 1075–1086.

Buss, D. M. (2019). The New Science of Evolutionary Psychology. In D. M. Buss (Ed.), *Evolutionary Psychology: The New Science of the Mind* (6th ed., Vol. 32–63, pp. 584). Routledge.

Cozolino, L. (2007). *Die Neurobiologie menschlicher Beziehungen.* VAK Verlag.

Depue, R. A. & Morrone-Strupinsky, J. V. (2005). A neurobehavioral model od affiliativ bonding. *Behavioral & Brain Science, 28,* 313–395.

Gilbert, P. (1992). *Depression: The evolution of powerlessness.* Guilford Press.

Gilbert, P. (2009). *Social Mentalities: A Biopsychosocial and Evolutionary Reflection on Social Relationships,* Interpersonal Cognition, Guilford Press.

Gilbert, P. (2011). *Mitgefühl.* Arbor.

Gilbert, P. (2013). *Compassion Focused Therapy.* Junfermann.

Gilbert, P., & McGuire, M. T. (1998). Shame, status, and social roles: Psychobiology and evolution. In P. Gilbert & B. Andrews (Eds.), *Shame: Interpersonal behavior, psychopathology, and culture* (pp. 99–125). Oxford University Press.

Hanson, R. & Mendius, R. (2009). *Budda's Brain.* New Harbinger.

Kolts, R. (2017). *CFT leicht gemacht.* Arbor.

McGuire, M. T., & Troisi, A. (1998). *Darwinian psychiatry.* Oxford University Press.

Nesse, R. M. (2024). Evolutionary Foundations for Psychiatric Research and Practice In R. J. Boland & M. L. Verduin (Eds.), Kaplan & Sadock's comprehensive textbook of psychiatry. (Eleventh edition, Vol. 1, pp. 861–872). Wolters Kluwer.

Petrocchi, N., Ottaviani, C., Cheli, S. et al. (2024). The impact of compassion-focused therapy on positive and negative mental health outcomes: Results of a series of meta-analyses.Clinical Psychology. *Science and Practice, 31*(2), 230–247.

Siegel, D. (2015). *Handbuch der Interpersonellen Neurobiologie.* Arbor.

Tanner, M. (2015). *CFT: Mitgefühl im Fokus.* Ernst Reinhardt.

Tanner, M. (2020). *Dem Leben einen Dreh geben: Selbstmitgefühl bei psychischen Erkrankungen.* Balance.

Workman, L. W., Reader, W., & Barkow, J. H. (2020). *The Cambridge Handbook of Evolutionary Perspectives on Human Behavior.* Cambridge Handbooks in Psychology.

Weiterführende Literatur

Gilbert, P. (2022). *CFT: Clinical Practice and Application.* Routledge.

Heriot-Maitland, C., Longden, E. (2022). *Relating to Voices using CFT. A self help companion.* Routledge.

Irons, C. (2019). *Difficult Emotions using CFT.* Robinson.

Kolts, R. (2014). *Schliesse Frieden mit deiner Wut: Wie Achtsamkeit und Mitgefühl dabei helfen können, besser mit Ärger und Wut umzugehen.* Arbor.

Kolts, R. (2024). *The Anger Workbook, Discover the strength to transform your anger using CFT.*

Kolts, R., Bell, T., Bennet-Levy, J. et al. (2018). *Experiencing Compassion-Focused Therapy from the Inside Out: A Self-Practice/Self-Reflection Workbook for Therapists (Self-Practice/Self-Reflection Guides for Psychotherapists).* Guilford.

Lee, D. (2012). *The Compassionate Mind Approach to Recovering from Trauma, Using CFT.* Robinson.

Petrocchi, N., Kirby, J., Baldi, B. (2024). *Essentials of Compassion Focused Therapy: A Practice Manual for Clinicians* (English Edition). Routledge.

62 Schematherapie

Andreas Wittorf und Stefan Klingberg

Das Wichtigste auf einen Blick

- Die Schematherapie ist ein integrativer Ansatz, der Methoden der evidenzbasierten kognitiven Verhaltenstherapie mit Elementen der interpersonellen, psychodynamischen und gestalttherapeutischen Ansätze vereint.
- Die Schematherapie wurde entwickelt, um den therapeutischen Schwierigkeiten bei Patientinnen und Patienten mit Persönlichkeitsstörungen und chronischen Achse-I-Störungen besser begegnen zu können.
- Die Schematherapie versucht, Patientinnen und Patienten zu helfen, ihre zentralen emotionalen Bedürfnisse auf adaptive Weise zu befriedigen. Alle Interventionen der Schematherapie dienen diesem Zweck.
- Die früh erworbenen Schemata dienen als »Schablonen« für die Verarbeitung späterer Erfahrungen. Sie implizieren unbedingte Überzeugungen, die als Kerne des Selbstkonzepts und des Konzepts der Umwelt verstanden werden können.
- Die Schematherapie hat ihre (überlegene) Wirksamkeit in der Psychotherapie bei diversen Persönlichkeitsstörungen in klinischen Studien nachgewiesen.

62.1 Einführung

Die kognitive Therapie, wie sie Beck et al. (1979) ursprünglich für die Behandlung von Depressionen entwickelt haben, trifft implizit eine Reihe von Annahmen über ihre Patientinnen und Patienten. Diese sollten relativ rasch Zugang zu ihren Gedanken und Gefühlen bekommen. Sie sollten identifizierbare Problembereiche mit klaren Auslösern für Problemverhalten haben. Sie sollten motiviert sein, Hausaufgaben zu machen und Selbstkontrollstrategien zu erlernen, und sich auf ein therapeutisches Arbeitsbündnis einlassen können. Ferner wird vorausgesetzt, dass die therapeutische Beziehung *per se* keinen Problemfokus darstellen muss. Schließlich wird angenommen, dass alle Denk- und Verhaltensmuster durch empirische Analysen, kognitive Dispute, Realitätstests, gestufte Schritte und Verhaltensübungen verändert werden können. Patientinnen und Patienten mit Persönlichkeitsstörungen und/oder chronischen und rezidivierenden Achse-I-Störungen profitieren jedoch erfahrungsgemäß nicht ausreichend von einer solchen kognitiven Kurzzeittherapie. Die Ursache hierfür könnte in bestimmten Eigenschaften solcher »schwieriger« Patientinnen und Patienten liegen:

- Sie imponieren durch eine ausgeprägte Rigidität, d. h. ihre überdauernden und inflexiblen Denk- und Verhaltensmuster.
- Sie zeigen in der Regel eine starke Tendenz, Gedanken und Gefühle zu vermeiden.
- Die interpersonellen Schwierigkeiten solcher Patientinnen und Patienten erfordern eine explizite Thematisierung der therapeutischen Beziehung.

62.2 Historische Aspekte

Jeffrey E. Young (Young, 1990, 1999; Young et al., 2003, 2005) hat mit seiner schemafokussierten kognitiven Therapie – kurz: Schematherapie – einen integrativen Ansatz formuliert, welcher Methoden der evidenzbasierten kognitiven Verhaltenstherapie mit Elementen der interpersonellen, psychodynamischen und gestalttherapeutischen Ansätze vereint. Stärker als in der traditionellen kognitiven Verhaltenstherapie wird in der Schematherapie auf die therapeutische Beziehung als Veränderungsinstrument gesetzt. Ein stärkerer Fokus liegt auf frühen Lebenserfahrungen und dem Einsatz erlebensbasierter Strategien. Young hat mit seiner Schematheorie eine klinische Theorie entwickelt, welche den drei zuvor genannten zentralen Eigenschaften chronischer und interaktionell beeinträchtigter Patientinnen und Patienten Rechnung trägt.

62.3 Besondere Merkmale und Grundlagen

62.3.1 Schematheorie

Young führt fünf theoretische Konstrukte ein, die das Modell von Beck mit seinen automatischen Gedanken, kognitiven Verzerrungen und Grundannahmen erweitern:

- »frühe maladaptive Schemata«
- Schemadomänen
- Schemaaufrechterhaltung
- Schemavermeidung
- Schemakompensation

Diese Konstrukte sollen Therapeutinnen und Therapeuten helfen, die funktionalen Aspekte der Störung vor einem einheitlichen theoretischen Hintergrund mit Patientinnen und Patienten zu thematisieren und entsprechende Behandlungsstrategien abzuleiten. Es geht nicht darum, hier eine umfassende Theorie der Persönlichkeit vorzulegen.

Frühe maladaptive Schemata und Schemadomänen

»Frühe maladaptive Schemata« sind nach Young (1999) extrem stabile und überdauernde Themen, die sich während der Kindheit entwickeln, während des gesamten Lebens des Individuums weiter ausgearbeitet werden und dysfunktional sind. Die Schemata dienen als »Schablonen« für die Verarbeitung späterer Erfahrungen, sind also Wahrnehmungs- und Informationsverarbeitungsfilter. Diese Schemata implizieren unkonditionale Überzeugungen, die als Kerne des Selbstkonzepts und des Konzepts der Umwelt verstanden werden können. Diese früh erworbenen Schemata sollen kognitive Risikofaktoren für die Entwicklung späterer psychischer Störungen darstellen.

Die insgesamt 18 Schemata (Schemaliste in: Young et al., 2008) sind nach übergeordneten Themen, den sog. Schemadomänen, zusammengefasst. Jede dieser Domänen entspricht einem von fünf entwicklungspsychologisch relevanten Bedürfnissen:

- Bindung und Akzeptanz (Domäne: Trennung und Zurückweisung)
- Autonomie und Leistung (Domäne: beeinträchtigte Autonomie und Leistung)
- realistische Grenzen (Domäne: beeinträchtigte Grenzen)
- Selbstausdruck und innere Richtung (Domäne: Fremdbezogenheit)
- Spontaneität und Vergnügen (Domäne: Wachsamkeit und Hemmung)

Wenn das elterliche und soziale Umfeld optimal sind, entwickeln sich Kinder auf gesunde Weise in allen fünf Bereichen. Sind die Entwicklungsbedingungen destruktiv, wird die Ausformung dysfunktionaler Schemata begünstigt. Schemata bleiben dann ein Leben lang erhalten und werden zu Organisationsprinzipien für das Verhalten und Erleben.

Schemaprozesse

Schemaaufrechterhaltung, -vermeidung und -kompensation werden zu den Schemaprozessen zusammengefasst. Über diese Prozesse erhalten die Schemata eine selbstaufrechterhaltende Eigendynamik. Die Schemaprozesse stellen erlerntes Bewältigungsverhalten dar, welches der Anpassung eines Individuums an seine Umwelt dient.

Schemaaufrechterhaltung

Unter Schemaaufrechterhaltung werden solche Prozesse und Strategien verstanden, die die Schemata direkt verstärken. Die Prämisse hierbei ist, dass eine Schemaveränderung zu bedrohlich für die zentrale kognitive Organisation des Individuums ist (Suche nach kognitiver Konsonanz). Insbesondere den kognitiven Verzerrungen (z. B. selektive Abstraktionen, Übergeneralisierungen) kommt eine solche Funktion zu. Auf behavioraler Ebene verstärken selbstschädigende Verhaltensmuster (z. B. eine dysfunktionale Partnerwahl) aktiv die Schemata.

Schemavermeidung

Wenn Schemata aktiviert werden, resultieren aversive Affekte. Daher entwickeln Individuen bestimmte willkürliche oder automatisierte Strategien, um eine Schemaaktivierung oder das Erleben von affektiven Reaktionen, welche aktualisierte Schemata begleiten, zu vermeiden (Schemavermeidung). Auf kognitiver Ebene kann bestimmten kognitiven Mechanismen (z. B. Rationalisieren) oder auch dissoziativen Prozessen, die in den Wahrnehmungsprozess bzw. die Informationsverarbeitung blockierend eingreifen, eine schemavermeidende Funktion zukommen. Strategien wie süchtige Selbstberuhigung (z. B. Drogen, Essen), zwanghafte Reizsuche (z. B. Impulskontrollstörungen wie »Kaufsucht« oder auch Selbstverletzungen) oder emotionale Abstumpfung können der affektiven Vermeidung dienen. Behaviorale Vermeidung bezieht sich auf Vermeidung realer Lebenssituationen oder Umstände, die Schemata auslösen könnten. Extreme Beispiele hierfür können etwa die soziale Isolation, eine Agoraphobie oder auch die Vermeidung jeglicher produktiven Karriere oder familiärer Verantwortung sein.

Schemakompensation

Die Schemakompensation schließlich bezieht sich auf Strategien, mit Hilfe derer ein Individuum versucht, seine primären Schemata auszugleichen. D. h., ein Individuum verhält sich dann konträr zu dem, was ihm das Schema »eigentlich« zu denken und fühlen »vorgibt«. Die Kompensation stellt damit eine Alternative zu frühen destruktiven Erfahrungen dar und entspricht dem psychoanalytischen Konzept der Reaktionsbildung. Aggressives, manipulatives, narzisstisches oder zwanghaftes Verhalten kann vor dem Hintergrund primärer Schemata von z. B. *Unzulänglichkeit, emotionaler Deprivation* oder *Unterwerfung* eine solche kompensatorische Funktion haben.

Merke

Unter einer funktionalen Perspektive (»primärer Krankheitsgewinn«) können Schemavermeidung und -kompensation als missglückter Lösungsversuch für andere Schwierigkeiten, die primär in der Person selbst bzw. in ihrem sozialen Bezugssystem liegen, interpretiert werden.

Fallbeispiel

Herr M. ist Anfang zwanzig und leidet seit seiner Jugend an einem Kloßgefühl in der Kehle, an Oberbauchschmerzen, Schwindelgefühlen, Beklemmungsgefühlen in der Brust und deutlichem Übergewicht. Die Ärzte haben ihm stets versichert, dass keine körperlichen Erkrankungen vorliegen. Kurz vor Beginn des Studiums manifestierten sich zusätzlich plötzliche Angstanfälle mit Herzrasen, Atemnot und massivem Schwindel. Diese Panikattacken werden begleitet von Befürchtungen in Ohnmacht zu fallen, zu ersticken oder sich lächerlich zu machen. Herr M. vermeidet Situationen, in denen er solche Angstanfälle bekommen könnte, z. B. weit weg von zu Hause zu sein oder sportliche Aktivitäten. Weiterhin belastet den Patienten, der noch im Hause der Eltern wohnt, die konflikthafte Beziehung zum Vater. Den Vater hat Herr M. als ungerecht, kränkend, cholerisch und leistungsorientiert erlebt. Die Beziehung zur Mutter kann als symbiotisch beschrieben werden. Nach seinem abgebrochenen Studium steht Herr M. ohne klare berufliche Perspektive da.

Gemäß ICD-10 konnten eine undifferenzierte Somatisierungsstörung, eine Agoraphobie mit Panikstörung sowie eine kombinierte Persönlichkeitsstörung mit dependent-selbstunsicheren Merkmalen diagnostiziert werden. Der Schemafragebogen identifizierte als primäre frühe Schemata *Unzulänglichkeit* (Domäne: Trennung und Zurückweisung), *Anfälligkeit* (Domäne: beeinträchtigte Autonomie und Leistung) und *Unterwerfung* (Domäne: Fremdbezogenheit).

In der funktionalen Bedingungsanalyse werden die drei primären Schemata als kognitive Prädisposition betrachtet. Der kränkende Vater hat den Sohn zeitlebens dessen »Ohnmacht« spüren lassen, die überfürsorgliche Mutter hat ihn mit ihrer Nähe gleichsam »erstickt«. Die Eltern frustrierten damit zentrale Bedürfnisse nach Akzeptiert-Werden, Autonomie und Selbstausdruck. Der Patient entwickelte ein dysfunktionales Selbstkonzept: ein wenig attraktiver, anfälliger und abhängiger Mensch zu sein. Im Sinne einer Schemavermeidung lernte Herr M. früh, sich zurückzuziehen, sich emotional zu verschließen und durch Essen zu beruhigen. Kloßgefühl und Bauchschmerz wurden in der Therapie als Resultat dieser affektiven Vermeidung interpretiert. Verschiedene Aussagen des Patienten (z. B. »Ich habe immer viel schlucken müssen«) legen die Hypothese nahe, dass Angst, Wut und erfahrene Kränkungen durch diese somatoformen Beschwerden dysfunktional bewältigt werden. Um seine Gefühle von Unzulänglichkeit zu kompensieren, eignete sich der Patient eine ausgeprägte Fremdbezogenheit (Schema: Unterwerfung) an.

Die mit dem Studienbeginn einhergehende Ablösung aus dem Elternhaus stellte erhöhte Anforderungen an Herrn M., nämlich selbstständig zu funktionieren und neue soziale Kontakte aufzubauen. Situationen also, die geeignet sind, die primären Schemata zu aktualisieren. Vor dem Hintergrund der ausgeprägten Fremdbezogenheit werden auch die Schuldgefühle des Patienten erklärbar: Einerseits lässt er seine Mutter im Stich, andererseits tut er mit seiner Studienwahl etwas, was sein Vater missbilligt. Die Panikattacken bekommen eine Signalfunktion, sind Korrelat eines Überforderungserlebens. Die Agoraphobie hat schemavermeidende Funktion: Der Patient umgeht es so, sich ausgeliefert zu fühlen. Der Krankheit kann schließlich eine konfliktregulierende Funktion zugesprochen werden: Sie erlaubt es Herrn M. einerseits, seine Versorgungswünsche gegenüber der Mutter in indirekter Weise auszudrücken und eine Ablösung zu verzögern, andererseits stellt sie eine Möglichkeit dar, sich den Erwartungen des Vaters zu entziehen. Die Erkrankung stellt damit kurzfristig die Lösung seines Autonomiekonflikts mit den geringsten Schuldgefühlen dar.

62.3.2 Therapieprozess

Symptomorientierte Interventionen (Phase I): Der therapeutische Prozess für komplexe, mehrdimensionale Störungen (wie etwa kombinierte Achse-I- und Achse-II-Störungen) kann in zwei Phasen beschrieben werden. Neben der Diagnostik und Fallkonzeption beinhaltet die erste Therapiephase üblicherweise symptomorientierte Interventionen für die Achse-I-Störungen.

Fallbeispiel (Fortsetzung)

Dem Anliegen von Herrn M. entsprechend wurde zunächst die Panikstörung in der Therapie bearbeitet. Im Anschluss an die Durchführung der störungsspezifischen Interventionen – diese erstreckten sich in etwa über die ersten 20 Sitzungen – wurde eine Zwischenbewertung der Therapie durchgeführt: Die Panikattacken waren bezüglich ihrer Frequenz und Intensität deutlich gebessert, die dysfunktionalen Fehlinterpretationen weitgehend relativiert, das agoraphobe Vermeidungsverhalten größtenteils aufgebrochen. Nach wie vor bestanden aber das Kloßgefühl und die Oberbauchschmerzen. Die Stimmung von Herrn M. wurde durch die eskalierenden Konflikte mit dem Vater zunehmend depressiver, er litt in dieser Therapiephase vermehrt unter Alpträumen. Schließlich vermied es Herr M. immer noch, sich an die Entwicklung einer Berufsperspektive und eine Veränderung seiner Wohnsituation heranzuwagen (behaviorale Schemavermeidung).

Wie im Rahmen der funktionalen Bedingungsanalyse dargestellt, war davon auszugehen, dass die frühen Schemata als Teil der dependent-selbstunsicheren Persönlichkeitsstruktur von Herrn M. wesentlich zur Entwicklung und Aufrechterhaltung seiner somatoformen Beschwerden beigetragen haben. Es war weiterhin plausibel anzunehmen, dass die noch bestehende Symptomatik ihre konfliktregulierende Funktion für den Patienten so lange nicht verlieren würde, wie seine frühen Schemata Gültigkeit besitzen.

Schemafokussierte Interventionen (Phase II): In der zweiten Phase der Therapie verschiebt sich der therapeutische

Schwerpunkt auf die schemafokussierten Interventionen. Diese können auf der kognitiven, affektiven, interpersonellen und behavioralen Ebene zur Anwendung kommen. Üblicherweise wird für die Durchführung solcher schemafokussierter Interventionen die Beantragung einer Langzeittherapie notwendig sein.

Kognitiver Zugang – intellektueller Disput

Kognitive Techniken werden üblicherweise zuerst eingesetzt, um den Prozess der Schemamodifikation zu systematisieren. Im ersten Schritt sollen die zentralen kognitiven Verzerrungen der Patientinnen und Patienten identifiziert und in ihrer schemaaufrechterhaltenden Funktion verdeutlicht werden. Diese kognitiven Verzerrungen werden dann im kognitiven Disput hinterfragt. Techniken wie die Kognitionsevozierung, der Sokratische Dialog, die Spaltentechnik, das Entwickeln alternativer Kognitionen usw. sind bei Beck et al. (1992) ausführlich beschrieben. Im zweiten Schritt geht es dann um die empirische Überprüfung der frühen Schemata (Young et al., 2008). Günstig ist es, wenn ein *Reframing* früher Erfahrungen erreicht werden kann: Die vermeintlichen Evidenzen, die aus Sicht der Patientinnen und Patienten für ihre frühen Schemata sprechen, sollen invalidiert werden.

Fallbeispiel (Fortsetzung)

Um das Zutreffen der Schemata des Patienten zu prüfen, wurde zunächst die zentrale Grundannahme von Herrn M. anhand des Schemafragebogens identifiziert: »Ich bin nicht begehrenswert und nicht in der Lage, mein Leben selbst zu meistern.«

Im ersten Schritt wurde der Patient nun gebeten, »Beweise« aufzulisten, die seiner Überzeugung nach für die Gültigkeit dieser Grundannahme sprechen. Aus der Kindheit führte er folgende Erfahrungen an: »Ich habe schon als Kind viele Fehler gemacht«, »Mein Vater hat immer gesagt, ich hätte zwei linke Hände«, »Meine Mutter hat mich immer so behandelt, als könnte ich nichts alleine tun«. Aus dem Erwachsenenalter identifizierte Herr M. ebenfalls vermeintliche Hinweise für die Gültigkeit: »Ich habe mein Studium nicht geschafft«, »Ich wohne immer noch zu Hause«, »Ich hatte noch nie eine intime Beziehung«.

Im geleiteten Entdecken konnte eine Neubewertung dieser früheren Erfahrungen erreicht werden: Der Patient konnte nachvollziehen, wie der Vater eigene Frustrationen am wehrlosen Sohn abreagiert hat. Ferner gelang es, die Erfahrungen aus dem Erwachsenenalter auf die Schemaprozesse zurückzuführen. Herr M. erkannte, dass er seine Schemata aufgrund seiner Vermeidung nie wirklich einem fairen Test unterziehen konnte. In einem zweiten Schritt wurden dann systematisch Erfahrungen gesichtet, welche die Gültigkeit der Schemata infrage stellen. Dieses Unterfangen erwies sich aufgrund des »selektiven Vergessens« positiver Informationen bei Herrn M. als schwierig.

Zum Abschluss der Übung gelangte der Patient zu folgender »gesunden« Antwort gegenüber seinen Schemata: »Die Rolle des inkompetenten Sündenbocks, die mein Vater mir zugedacht hat, ist kein gültiges Urteil über mich. Mein Vater war mit seinem eigenen Leben unzufrieden und hat seinen Ärger an mir ausgelassen, weil ich mich nicht wehren konnte. Es gibt Erfahrungen außerhalb der Familie, die zeigen, dass ich bei anderen Menschen beliebt bin und auch viele Dinge gut gemacht habe.«

Affektiver Zugang – Erleben früher Schemata

Im Anschluss an die »kognitive Restrukturierung« wenden Patientinnen und Patienten nicht selten ein, dass sie sich jetzt zwar der Irrationalität ihres Denkens bewusst sind, sich aber dennoch schlecht fühlen. Hier bieten sich stärker affektmobilisierende Strategien an, um Patientinnen und Patienten vom »intellektuellen Verstehen« zum »emotionalen Akzeptieren« adaptiverer Denkmuster zu bringen.

Die Gestalttherapie betont seit Langem die potenzielle Bedeutung »unerledigter Emotionen« für chronische psychische Erkrankungen. Die klinische Erfahrung zeigt, dass chronische Patientinnen und Patienten bezüglich früher Lebenserfahrungen häufig unbewältigte Affekte – vor allem Wut, Ärger oder Trauer – mit in die Therapie bringen. Hier bieten sich imaginative Techniken, Rollenspiele oder Familiensitzungen an, um Patientinnen und Patienten dabei zu unterstützen, die mit ihrem Schema assoziierten Gefühle zu »ventilieren«. Wenngleich Young (1999) in diesem Zusammenhang von »emotionaler Katharsis« spricht, scheint der zentrale Wirkmechanismus solcher erlebensbasierten Interventionen doch eher in einer kognitiven Neubewertung vergangener Erfahrungen und der eigenen Person (z. B. Wahrnehmung einer erhöhten Selbstwirksamkeit) zu liegen. Das Methodenrepertoire von Young greift u. a. auch auf das von Smucker (2003) entwickelte *Imagery Rescripting* zurück. Hierbei geht es um die Reinszenierung und adaptivere Bewältigung früher pathogener Schlüsselinteraktionen (Dialoge mit Vorstellungsbildern).

Fallbeispiel (Fortsetzung)

Zunächst bat der Therapeut Herrn M., die aktuellen körperlichen Missempfindungen und das damit verbundene Erleben von Hilflosigkeit wachzurufen. Dann wurde er angeleitet, nach Erinnerungen zu suchen, die mit ähnlichen Wahrnehmungen verbunden sind. Der Patient erinnerte eine Szene mit seinem Vater sehr lebhaft: Er sah sich als etwa 8-jährigen Jungen, wie er dem Vater im Urlaub mit dem Segelboot helfen musste und sich dabei etwas ungeschickt anstellte. Der Vater hätte ihn damals angeschrien. Zunächst wurde Herr M. aufgefordert, die Interaktion noch einmal nachzuerleben, indem er beide Rollen (seine eigene als Kind und die des Vaters) übernehmen sollte. Er wurde ermuntert, seine Gefühle und Empfindungen in dieser Situation zu benennen: Der Patient spürte vor allem die bekannte Beklemmung auf der Brust sowie das Kloßgefühl. Dazu fühlte er sich in dieser Situation unzulänglich und traurig. Danach wurde Herr M. aufgefordert auszuprobieren, wie er aus einer Erwachsenenperspektive dem Vater hätte antworten können. Herr M. vermochte es, seine Enttäuschung und Trauer über die Ablehnung des Vaters auszudrücken (»Nie hast du mir wirklich Liebe und Achtung entgegengebracht« etc.). An dieser Stelle übernahm der Therapeut die Rolle des Vaters. Er sprach das aus, was der Vater nie gesagt hätte, nämlich die eigenen

Gefühle von Unzulänglichkeit und Frustration einzugestehen (»Ich bin so wütend auf dich und schreie dich an, weil ich selbst unglücklich bin. Das kann ich mir aber nicht zugestehen und es auch keinem sagen, deshalb musst du meine Wut abbekommen.«). Nach diesem Rollenspiel hat der Patient eine starke Erleichterung verspürt. Ein solches Gespräch mit dem Vater zu führen, hätte er sich immer gewünscht.

Interpersoneller Zugang – therapeutische Beziehung

Komplementäre Beziehungsgestaltung

Als Strategien für eine generelle therapeutische Beziehungsgestaltung sind in den letzten Jahrzehnten vor allem die Konzepte des *»Limited Reparenting«* (»begrenzte Nachbeelterung«) (Young, 1999) oder der »komplementären Beziehungsgestaltung« (Grawe, 1992) bekannt geworden. Ziel ist es, die therapeutische Beziehung so zu gestalten, dass sie gleichsam ein »Gegengewicht« zu den destruktiven frühen Beziehungserfahrungen der Patientinnen und Patienten darstellt.

Leitfragen, welche sich der Therapeutinnen und Therapeuten zu Beginn und im gesamten Verlauf der Therapie stellen müssen, sind:

- Welches sind die primären frustrierten Bedürfnisse des Patienten/der Patientin?
- Wie kann der Therapeut/die Therapeutin diese frustrierten Bedürfnisse erfüllen?
- Wie kann der Therapeut/die Therapeutin dabei die Grenzen der Therapeut-Patient-Beziehung wahren?

Die Kenntnis der jeweiligen frühen Schemata von Patientinnen und Patienten kann Behandelnde in ihrer Entscheidung leiten, welche Aspekte in diesem Prozess der komplementären Beziehungsgestaltung besonders wichtig sind. So mag ein Patient viel Autonomie benötigen, ein anderer dagegen Disziplin und wieder ein anderer die Rückversicherung seiner Kompetenzen.

Beziehungsanalyse in der Schematherapie

Bei der Analyse der Therapiebeziehung sind Therapeutinnen und Therapeuten kontinuierlich auf der Suche nach Indikatoren dafür, welche Schemata bei Patientinnen und Patienten durch das Therapeutenverhalten ausgelöst werden. Typische Indikatoren sind Überreaktionen, Missverständnisse, Fehlinterpretationen oder nonverbale Hinweisreize auf Seiten des Patienten/der Patientin. Die Therapeutin oder der Therapeut forscht dann nach assoziierten Kognitionen und Affekten und diskutiert diese in Zusammenhang mit dem entsprechenden aktivierten Schema des Patienten/der Patientin. Hilfreich kann es auch sein, die evozierten Affekte und Kognitionen mit anderen, ähnlichen Interaktionserfahrungen aus Gegenwart und Vergangenheit in Verbindung zu bringen. Wenn ein Schema während der Therapiesitzung aktiviert wurde, sollte es sogleich thematisiert werden. Ein Schema in Gegenwart eines Affekts zu hinterfragen ist meistens effektiver als eine reine Diskussion auf der intellektuellen oder abstrakten Ebene.

Fallbeispiel (Fortsetzung)

Während einer der mittleren Sitzungen mit Herrn M. ging es u. a. um die Zahlung eines Stundenausfallhonorars, wobei sich die Miene des Patienten im Verlauf dieser Diskussion zunehmend verdunkelte. Die begleitende Kognition, die der Therapeut beim Patienten evozierte, war: »Sie mögen mich nicht, sind nicht daran interessiert, weiterhin mit mir Therapie zu machen.« Diese Gedanken gingen einher mit einem ängstlich-depressiven Affekt. Gemeinsam wurde herausgearbeitet, wie diese Gedanken und Gefühle mit dem primären Schema der *Unzulänglichkeit* zusammenhingen und wie willkürliche Schlussfolgerungen zu einer verzerrten Sicht dieses Ereignisses führten.

Behavioraler Zugang – funktionaleres Verhalten

Im Anschluss an die kognitiven und erlebensbasierten Strategien steht die Veränderung überdauernder dysfunktionaler Verhaltensmuster im Fokus der Therapie. Dies ist üblicherweise die längste Therapiephase. Die Veränderung tief verwurzelter behavioraler Vermeidungs- oder Kompensationsstrategien oder anderer selbstschädigender Verhaltensweisen (z. B. dysfunktionale Beziehungsmuster) erweist sich oft schwieriger als die Veränderung von Kognitionen und Emotionen.

Auf einer »Mikroebene« gehören zu den behavioralen Techniken z. B. die Verbesserung von kommunikativen Fertigkeiten oder sozialen Kompetenzen mit Hilfe von Rollenspielen oder In-vivo-Verhaltensübungen. Anhand konkreter Situationen identifizieren Therapeut und Patient problematische schemagesteuerte Verhaltensmuster. Hilfreich ist hierbei z. B. der Einsatz eines »Schematagebuchs« (Young et al., 2008), welches Patientinnen und Patienten zwischen den Therapiesitzungen führen sollen.

Auf einer »Makroebene« geht es in der späteren Therapiephase auch um tiefergreifende Veränderungen im Leben von Patientinnen und Patienten. Hierbei kann es etwa um eine neue Partnerwahl oder die Veränderung der beruflichen Perspektive gehen. Nicht selten motivieren schemagesteuerte Vermeidungsstrategien (z. B. Schema: *Versagensangst*) ein Zurückbleiben hinter den eigenen Karrieremöglichkeiten. Umgekehrt kann eine selbst gewählte Karriere, welche die eigenen Ressourcen überschreitet, kompensatorische Funktion für ein nicht bewusstes Insuffizienzerleben (z. B. Schema: *Unzulänglichkeit*) haben. Erfahren solche Menschen berufliche Rückschläge, ist eine depressive Dekompensation häufig die Folge.

Fallbeispiel (Fortsetzung)

In den letzten Monaten der Therapie mit Herrn M. ging es schließlich um die Entwicklung der beruflichen und familiären Perspektive. Sich von seinem Vater abgrenzen zu können und eine berufliche Laufbahn einzuschlagen, die seinen eigenen Bedürfnissen und nicht denen seines Vaters entspricht, war eine der zentralen Erfahrungen, die Herr M. in dieser Phase der Therapie machen konnte. Dabei nahm der Therapeut eine unterstützende Grundhaltung ein: Es ging um die Validierung der Wünsche und Bedürfnisse von Herrn M., ihn auf seinem Weg der Abgrenzung und Selbstfindung zu ermutigen, ihn aber auch konkret zu unterstützen (z. B. durch Rollenspiele als Vorbereitung auf Vorstellungsgespräche). Schließlich konnte Herr M. eine Abgrenzung gegenüber dem Vater durch seinen Auszug von zu Hause vollziehen. Am Ende der Therapie trat der Patient eine Ausbildung an, die seinen Interessen entsprach.

In dieser Schlussphase der Therapie gelang es Herrn M. also, entgegen seiner übergeordneten dysfunktionalen Lebensstrategien von Autonomie- und Konfliktvermeidung zu handeln und so korrektive Erfahrungen zu sammeln, die seine frühen Schemata zunehmend infrage stellten.

Drei Jahre nach Abschluss der Therapie berichtet Herr M. in einem kurzen Brief an den Therapeuten, dass er sich inzwischen beruflich etabliert habe und die nur noch selten auftretenden körperlichen Beschwerden ihn kaum noch beunruhigten.

62.4 Typische Indikationsgebiete

Die Indikation für Schematherapie ist breit gefächert, jedoch besonders angezeigt bei Patientinnen und Patienten mit ausgeprägten interpersonellen Problemen und einer Persönlichkeitsstruktur, die die Pathogenese beeinflussen. Dies umfasst unter anderem Persönlichkeitsstörungen (insbesondere Borderline und narzisstische Persönlichkeitsstörungen), chronische Depressionen, Angststörungen, Essstörungen und Substanzabhängigkeiten. Wie einleitend schon ausgeführt, sind das also solche Patientinnen und Patienten, die erfahrungsgemäß nicht ausreichend von einer verhaltenstherapeutischen Kurzzeittherapie profitieren und bei denen sich die Gestaltung der therapeutischen Beziehung als schwierig erweist.

62.5 Evidenzbasierung

Das Konstrukt der frühen maladaptiven Schemata rückte in den letzten Jahren zunehmend ins Forschungsinteresse. Schmidt et al. (1995) untersuchten zunächst die psychometrischen Qualitäten des Schemafragebogens (Young & Brown, 1999). Sowohl die internen Konsistenzen als auch die Alpha-Koeffizienten (Test-Retest) sprechen für eine adäquate Reliabilität dieses Fragebogens. Die Subskalen des Schemafragebogens wurden bestätigt und weiterentwickelt auf der Basis hierarchischer Faktorenanalysen (Schmidt et al., 1995; Lee et al., 1999). Neben dieser faktoriellen Validität ergeben sich in der Untersuchung von Schmidt et al. Hinweise auf eine diskriminante und konvergente Validität des Instruments. Verschiedene Kategorien von Persönlichkeitsstörungen scheinen darüber hinaus mit distinkten Profilmustern im Schemafragebogen assoziiert zu sein (Petrocelli et al., 2001). Solche Befunde haben bedeutsame Implikationen sowohl für die Diagnostik als auch die Auswahl angemessener Therapiestrategien bei Patientinnen und Patienten mit Persönlichkeitsstörungen. Insgesamt betrachtet sprechen die hier referierten Befunde für eine Konstruktvalidität des Schemafragebogens von Young.

Entsprechend der Schematheorie kommt den sog. kognitiven Verzerrungen (z. B. willkürliche Kausalattributionen) eine schemaaufrechterhaltende Funktion zu. Dreesen et al. (1999) konnten in einer studentischen Stichprobe einen signifikanten Zusammenhang zwischen ängstlich-selbstunsicheren Grundannahmen bzw. einem geringen Selbstwert einerseits und einer schemakongruenten, »verzerrten« Informationsverarbeitung andererseits nachweisen. Solche Befunde unterstützen die Annahme, dass kognitive Schemata mit einem *Bias* in der Informationsverarbeitung einhergehen.

Die Bedeutung früher Schemata für Achse-I-Störungen ist in den letzten Jahren verstärkt untersucht worden. So scheinen die unbedingten und tief verwurzelten Grundannahmen der frühen Schemata u. a. für Essstörungen von Relevanz zu sein. Anorektische und bulimische Patientinnen zeichnen sich durch stärker ausgeprägte frühe Schemata im Vergleich mit Kontrollpersonen aus (Leung et al., 1999). Darüber hinaus konnten differenzielle Muster von Assoziationen zwischen frühen Schemata und der Psychopathologie (Leung et al., 1999) bzw. figur-, gewichts- und nahrungsbezogenen Kognitionen (Gongora et al., 2004) der essgestörten Patientinnen nachgewiesen werden. Schließlich scheinen bestimmte Schemata als Mediatoren für den Effekt elterlicher Überprotektion auf die Schwere bulimischer Symptomatik zu fungieren (Meyer & Gillings, 2004). In Bezug auf die Entwicklung dissoziativer Störungen könnten sich frühe Schemata wie *Unzulänglichkeit, emotionale Deprivation, Abhängigkeit* oder *Anfälligkeit* als kognitive Risikofaktoren erweisen (Simeon et al., 2002).

Basierend auf solchen Befunden sollte die klinische Praxis in Zukunft die frühen Schemata verstärkt in Diagnostik und Therapie einbeziehen. Inzwischen liegen sowohl ein allgemeines Therapiemanual (Young et al., 2008) zur Schematherapie als auch ein Selbsthilfebuch für Patientinnen und Patienten (Young & Klosko, 2006) in einer deutschsprachigen Version vor. Daneben gibt es u. a. Behandlungsmanuale für die schemafokussierte kognitive Therapie bei Substanzabhängigkeiten (Ball, 1998) oder Borderline-Persönlichkeitsstörung (Arntz & van Genderen, 2022). Inzwischen bieten Institute für Schematherapie in verschiedenen deutschen Städten eine zertifizierte Ausbildung zur Schematherapie an. Über solche Institute können auch deutschsprachige Versionen der Schemafragebögen (z. B. aktuelle Kurzversion YSQ-S3R) bezogen werden.

In Zukunft werden Schematheorie und -therapie gefordert sein, ihre Validität bzw. Wirksamkeit vor allem durch zwei Forschungsansätze unter Beweis zu stellen: Zum einen sind prospektive Studien notwendig, um beurteilen zu können, ob die frühen Schemata tatsächlich die vermuteten kognitiven Risikofaktoren für die Entwicklung einer späteren Achse-I- oder Achse-II-Symptomatik darstellen. Zum anderen wird die Schematherapie ihre relative Wirksamkeit in Form kontrollierter klinischer Studien nachweisen müssen. In Bezug auf die Borderline-Persönlichkeitsstörung ist insbesondere die klinische Studie von Giesen-Bloo et al. (2006), die eine Überlegenheit der Schematherapie gegenüber einer psychodynamisch orientierten Psychotherapie zeigen konnte, als ein wichtiger Meilenstein auf diesem Weg zu nennen. Auch im Vergleich zur klärungsorientierten Psychotherapie erwies sich die Schematherapie bei paranoiden, histrionischen oder narzisstischen Persönlichkeitsstörungen als überlegen (Bamelis et al., 2014).

Prüfungsfragen

1. Was war der Grund für die Entwicklung der Schematherapie?
2. Was sind »frühe maladaptive Schemata«?
3. Welche Funktion haben die Schemaprozesse?
4. Wie ist eine Schematherapie aufgebaut?
5. Welche erlebensbasierten Interventionen setzt die Schematherapie mit welchem Ziel ein?

Antworten

1. Die Schematherapie wurde entwickelt, um den therapeutischen Schwierigkeiten bei Patientinnen und Patienten mit Persönlichkeitsstörungen und chronischen Achse-I-Störungen besser begegnen zu können.
2. Frühe maladaptive Schemata sind nach J. Young extrem stabile und überdauernde Themen, die sich während der Kindheit entwickeln, während des gesamten Lebens des Individuums weiter ausgearbeitet werden und dysfunktional sind.
3. Über Schemaprozesse erhalten die Schemata eine selbstaufrechterhaltende Eigendynamik. Die Schemaprozesse stellen erlerntes Bewältigungsverhalten dar, welches der Anpassung eines Individuums an seine Umwelt dient.
4. Bei komplexen, mehrdimensionalen Störungen erfolgen in der ersten Therapiephase üblicherweise die symptomorientierten Interventionen für die Achse-I-Störung. Erst in der zweiten Phase verschiebt sich der Schwerpunkt auf die schemafokussierten Interventionen.
5. Es bieten sich u. a. imaginative Techniken (z. B. Imagery Rescripting), Rollenspiele oder Familiensitzungen an, um bei Patientinnen und Patienten die mit ihrem Schema assoziierten Gefühle zu aktualisieren.

Empfohlene Materialien

Materialien zur Schematherapie oder Trainingsvideos können z. B. über das Institut für Schematherapie Köln oder Frankfurt heruntergeladen bzw. angeschaut werden:

- https://schematherapie-koeln.de/materialien
- https://www.schematherapie-frankfurt.de/index.php/materialien

Literatur

Arntz, A., & van Genderen, H. (2022). *Schematherapie bei Borderline-Persönlichkeitsstörung* (2. Aufl.). Weinheim: Beltz.

Ball, S. A. (1998). Manualized treatment for substance abusers with personality disorders: Dual focus schema therapy. *Addictive Behaviors, 23*, 883–891.

Bamelis, L., Evers, S., Spinhoven, P. et al. (2014). Results of a multicenter randomized controlled trial of the clinical effectiveness of schema therapy for personality disorders. *American Journal of Psychiatry, 171*(3), 305–322.

Beck, A. T., Rush, A. J., Shaw, B. F. et al. (1979). *Cognitive Therapy for Depression*. New York: Guilford Press.

Beck, A. T., Rush, A. J., Shaw, B. F. et al. (1992). *Kognitive Therapie der Depression*. Weinheim: Psychologie Verlags Union.

Dreesen, L., Arntz, A., Hendriks, T. et al. (1999). Avoidant personality disorder and implicit schema-congruent information processing bias: A pilot study with a pragmatic inference task. *Behaviour Research and Therapy, 37*, 619–623.

Giesen-Bloo, J., van Dyck, R., Spinhoven, P. et al. (2006). Outpatient psychotherapy for borderline personality disorder. *Archives of General Psychiatry, 63*, 649–658.

Gongora, V. C., Derksen, J. J. L., & van der Staak, C. P. F. (2004). The role of core beliefs in the specific cognitions of bulimic patients. *Journal of Nervous and Mental Disease, 192*, 297–303.

Grawe, K. (1992). Komplementäre Beziehungsgestaltung als Mittel zur Herstellung einer guten Therapiebeziehung. In: J. Margraf, J. C. Brengelmann (Hrsg.), *Die Therapeut-Patient-Beziehung in der Verhaltenstherapie*. München: Röttger.
Lee, C. W., Taylor, G., & Dunn, J. (1999). Factor structure of the schema questionnaire in a large clinical sample. *Cognitive Therapy and Research, 23*, 441–451.
Leung, N., Waller, G., & Thomas, G. (1999). Core beliefs in anorexic and bulimic women. *Journal of Nervous and Mental Disease, 187*, 736–741.
Meyer, C., & Gillings, K. (2004). Parental bonding and bulimic psychopathology: The mediating role of mistrust/abuse beliefs. *International Journal of Eating Disorders, 35*, 229–233.
Petrocelli, J. V., Glaser, B. A., Calhoun, G. B. et al. (2001). Early maladaptive schemas of personality disorder subtypes. *Journal of Personality Disorders, 15*, 546–559.
Schmidt, N. B., Joiner, T., Young, J. E. et al. (1995). The schema questionnaire: Investigation of psychometric properties and the hierarchical structure of a measure of maladaptive schemas. *Cognitive Therapy and Research, 19*, 295–321.
Simeon, D., Guralnik, O., Knutelska, M. et al. (2002). Personality factors associated with dissociation: Temperament, defenses, and cognitive schemata. *American Journal of Psychiatry, 159*, 489–491.
Smucker, M. (2003). *Cognitive behavioral treatment for adult survivors of childhood traumata: Imagery, rescripting and reprocessing*. Northvale: Aronson.
Young, J. E. (1990). *Cognitive therapy for personality disorders: A schema-focused approach*. Sarasota: Practitioner's Resource Series.
Young, J. E. (1999). *Cognitive therapy for personality disorders: A schema-focused approach* (3rd ed.). Sarasota: Practitioner's Resource Series.
Young, J. E., Brown, G. (1999). Young Schema Questionnaire. In: Young, J. E. (Ed.), *Cognitive therapy for personality disorders: A schema-focused approach* (3rd ed., S. 59–68). Sarasota: Practitioner's Resource Series.
Young, J. E., Klosko, J. S. (2006). *Sein Leben neu erfinden*. Paderborn: Junfermann.
Young, J. E., Klosko, J. S., & Weishaar, M. E. (2003). *Schema Therapy. A practitioner's guide*. New York: Guilford Press.
Young, J. E., Klosko, J. S., & Weishaar, M. E. (2008). *Schematherapie. Ein praxisorientiertes Handbuch*. Paderborn: Junfermann.

Weiterführende Literatur

Faßbinder, E., Schweiger, U., & Jacob, G. (2024). *Therapie-Tools Schematherapie* (3. Aufl.). Weinheim: Beltz.

63 Kontextuelle Psychotherapien

Thorsten Kienast

Das Wichtigste auf einen Blick

- Kontexterleben und Bezugsrahmen werden als mentale Netzwerke symbolischer Verknüpfungen verstanden, die automatisiert einen engen Rahmen für Denken, Fühlen Verhalten vorgeben.
- Kontextuelle Psychotherapien sind keine eigenständige Methode, sondern eine spezifische *Perspektive*, auf die innerhalb des therapeutischen Arbeitens stringent fokussiert wird.
- Die Arbeit aus dieser Perspektive basiert auf der Identifikation und Umgestaltung von Bezugsnetzwerken, um starre Gedanken-, Gefühls- und Verhaltensmuster zu flexibilisieren.
- Symbolisches Lernen und gestaltphilosophische Prinzipien des Netzwerklernens bilden die theoretische Grundlage für das Verständnis kontextueller Psychotherapien.
- Die aktuelle Bestrebung zielt auf die Entwicklung einer wissenschaftlich fundierten, individualisierten Psychotherapie.

63.1 Einführung

Ein Mann steht geduldig an einer Ampel und wartet nun schon seit 6 Minuten, da sie bislang immer noch nicht auf Grün umgesprungen ist. Sie zeigt Rot. Eine junge Frau kommt auf ihn zu und fragt: »Warum gehen Sie nicht weiter?« Er antwortet: »Sehen Sie nicht? Die Ampel zeigt Rot.« Die junge Frau antwortet daraufhin: »Aber Sie müssen doch nicht stehen bleiben, die Ampel ist doch nur ein Ausstellungsstück in diesem Museum hier.«

In der Entwicklung moderner evidenzbasierter Psychotherapien zeichnen sich derzeit zwei Tendenzen ab. Die erste Tendenz findet sich in der Auflösung des sogenannten »Schulenstreits« der verschiedenen Therapieverfahren. Aus verhaltenstherapeutischer Sicht wird in diesem Zuge der mindestens aus etischer (außenstehender) Perspektive bereits begonnene Einbezug von Vorgehensweisen aus anderen Verfahren ausgebaut. Der Streit tritt in den Schatten der Evidenzbasierung, die in den meisten Verfahren umgesetzt wird. Bei Wirksamkeitsnachweis einer Maßnahme verliert die kulturelle Basis des jeweiligen Verfahrens zugunsten des realen klinischen Nutzens an Wichtigkeit. Ein prominentes Beispiel ist hier die klinisch intuitiv praktizierte Verschmelzung von Vorgehensweisen in der Dialektisch-Behavioralen Therapie (DBT) nach Linehan (1993) und der Mentalisierungsbasierten Therapie (MBT) nach Bateman und Fonagy (2008), die auch ohne die Einnahme einer jeweils emischen (innenstehenden) Perspektive für die Patientinnen und Patienten sehr gute Erweiterungen bietet. Das Paradebeispiel ist jedoch die Konzeption der Schematherapie, in der sowohl tiefenpsychologische, humanistische als auch verhaltenstherapeutische Prinzipien in ein sehr effektives Emulgat eingeflossen sind.

Die zweite zu erkennende Tendenz zeigt sich hier in dem Versuch, individualisiert zugeschnittene Psychotherapien auf evidenzbasierter Ebene zu entwickeln. Sie könnten als Ersatz oder Ergänzung zu vielen bereits bestehenden manualisierten Therapieprogrammen zu einem neuen Standard werden. Valide Ergebnisse, die hier entstehen, demaskieren sodann erstmalig auf wissenschaftlicher Ebene übergeordnete Prinzipien noetischer Kognitionsarchitektur menschlicher Verarbeitung.

Dieses Kapitel fokussiert auf die Ausweitung dieser zweiten und äußerst vielversprechenden Weiterentwicklung: die der Einnahme einer gezielten *kontextbezogenen* psychotherapeutischen Perspektive. Obwohl auch ihr systematischer Ansatz beginnend in den 1990er-Jahren nicht mehr ganz jung ist, steckt sie in ihrer Verbreitung zum Wohle der Klientinnen und Klienten noch in ihren Kinderschuhen. Das mag überraschen, denn inhaltlich gesehen ist das Thema, psychotherapeutische Arbeit kontextorientiert zu gestalten, nicht neu. Neu und kraftvoll ist jedoch die explizite Fokussierung gezielter therapeutischer Eingriffe *in das Kontexterleben* von Patientinnen und Patienten (Hayes et al., 2022).

Merke

Handelt es sich bei kontextuellen Psychotherapien um eine neue Therapiemethode?
Nein. Therapeutinnen und Therapeuten können bei der ihnen angestammten Methode bleiben, führen sie regelhaft durch. Sie arbeiten aber dann im Sinne »kontextueller Psychotherapie«, wenn sie den Fokus auf das an eine Situation und Rolle gebundene Erleben der Klientin oder des Klienten (Kontexterleben) legen und herausarbeiten.
Beispiel: Eine Person kann in ihrer Rolle auf der Arbeitsstelle Emotionen gut regulieren. Derselben Person gelingt jedoch genau dies mit den Familienmitgliedern zu Hause kaum.
Kontexterleben ist also das der Einzelperson meist nicht bewusste Erleben eines »unsichtbaren Netzwerks an Be-

zugnahmen«. Es erlaubt oder verhindert auf scheinbar magische Weise den Zugriff auf vorhandene Fertigkeiten allein über mentale Bezugsrahmung.

Wie funktioniert die Umsetzung kontextueller Psychotherapie?
Der entscheidende Ansatz liegt in einem klaren Perspektivenwechsel der Therapeutin oder des Therapeuten, mit einem gezielten Fokus auf die mentale Rahmung der Klientin oder des Klienten und deren sorgfältiger kognitiver Neuausrichtung.

Was macht kontextuelle Psychotherapien wirksam?
Kontextfokussierte bzw. kontextuelle Psychotherapien arbeiten aus dieser Perspektive ressourcenorientiert und stellen eine kraftvolle Ergänzung oder Alternative zu defizitorientierten Psychotherapieansätzen dar, die primär auf Fertigkeitstraining (Skills) abzielen. Erst in zweiter Linie kann auch hier der verhaltenstherapeutische Ansatz des Verhaltenstrainings erfolgen.
Sie sind im weiteren Sinne therapieschulenübergreifend anwendbar. Erwünschte Bedingung ist eine Wirksamkeitsevaluation.

Das Geheimnis kontextueller Psychotherapien besteht also im Erkennen und gezielten Anwenden von Metaprinzipien der Kognition, die wie unsichtbare Fäden das Denken und Verhalten des Einzelnen formen und leiten. Kennzeichnende Schlagworte, die zu diesen Metaprinzipien gehören, sind: »Gestalt«, »metakognitives Wissen«, »Flexibilität«, »Bezugsrahmentheorie«, »Relational Frame Theory«, »funktionaler Kontextualismus«, »kontexthinweisende Stimuli«, »Akzeptanz«. In der Entwicklung von Strategien kontextueller Psychotherapien steht daher erst in zweiter Linie die herkömmliche Anwendung klassischer Lerntheorien der Psychologie. In erster Linie sind es strukturalistische (z. B. Lacan, 1978; Saussure, 2013; Wertheimer, 1923) und poststrukturalistische (z. B. Barthes, 2000; Derrida, 1983) Leitmotive. Therapeutisches Ziel ist eine individuell passgenaue De- und Neukonstruktion »mentaler Frames«. So soll therapeutisches Vorgehen zu einer Flexibilisierung starrer, hinderlicher Denkgerüste (Frames) führen. Auf diese Weise kann die Entwicklung von a) neuen Perspektiven, b) neuen Lösungsmöglichkeiten und zusätzlich c) die Freisetzung bereits vorhandener Fertigkeiten, die vorher durch eine Kontextblockade nicht aktiviert werden konnten, gefördert werden.

63.1.1 Kontexterleben: Gefängnis oder Befreiung? Ein Menue à la carte

Was bedeutet Kontexterleben im psychotherapeutischen Sinne? Um dies zu verdeutlichen, greifen wir die eingangs erwähnte Geschichte des Herrn vor der Ampel im Museum erneut auf. Ein genauerer Blick auf diese Szene veranschaulicht zwei zentrale Funktionen:

1. *Aufdeckende Funktion:* Der für den Herrn situationsdominante Stimulus (Ampel zeigt Rot) wirft ihn mit Kraft in die inflexible und situativ unangemessene Rolle des Verkehrsteilnehmers (Kontexterleben). Diese Rolle lässt ihn »wie von Geisterhand« automatisiert kontextassoziierte biografisch internalisierte Regeln (Straßenverkehr) befolgen. Es entstand der vermutlich vorbewusste Gedanke: »Ich muss nun stehenbleiben, bis die Ampel auf Grün umschlägt«. Aufmerksamkeitsrichtung und kreative Lösungsfindung werden nun durch den intuitiv angenommenen Kontext gesteuert und begrenzt. Die Gestaltungsmacht wichtiger alternativer Stimuli, die für eine angemessene Handlungsoption entscheidend sind, werden in den Hintergrund geworfen, verblassen in seiner Wahrnehmung und sind nun für die Verhaltenskomposition unterlegen (Museumsetage, Besucher, Vitrinen, Erinnerung an das Lösen einer Eintrittskarte). Somit blieb der Herr aus seiner Perspektive verantwortungsbewusst, wie es von einem Verkehrsteilnehmer verlangt wird, stehen. Der Kontext »Straßenverkehr« wird aufgedeckt, der des Museumsbesuchers wird verdeckt.
2. *Funktion, Verhalten und Erleben im großen Stil zu verändern:* Das Wissen um die Wirkung von dominierenden kontexthinweisenden Stimuli kann therapeutisch für die gezielte Generierung von Erlebens- und Verhaltensänderung genutzt werden. Eine kontinuierliche Verfremdung des Kontexterleben führt zuverlässig zu einem Aufbrechen kontexttypischer, hinderlicher Gedanken-, Emotions- und Verhaltensspektren und eröffnet einen anderen Umgang mit einer zuvor als eingefahren erlebten Situation. Wäre in unserem Beispiel die Ampel in einer Glasvitrine mit Beschriftung ausgestellt oder gar seitlich hingelegt, könnte der Stimulus »Vitrine« plus der verfremdeten Anordnung das Kontexterleben »Straßenverkehr« verblassen lassen. Nun tritt das hier angemessene Kontexterleben »Museumsbesucher« in den Vordergrund (Wertheimer, 1923). Das wunderbare an diesem »Re-Framing« ist, dass nun auf unmittelbare Weise völlig andere ebenfalls biografisch erlernte Automatismen des Dreiklangs Gedanken, Gefühl und Verhalten frei verfügbar sind, ohne dass ein aufwändiges Fertigkeitentraining vonnöten ist. Der Dreiklang des ersteren Kontexterlebens wird von seinem Gestaltungsauftrag mental entbunden. Die Barriere ist gelöst, die Aufmerksamkeit kann sich situationsgerecht entfalten.

Die Bezeichnung »kontextuelle Therapien« beschreibt also die gezielte Anwendung aller Vorgehensweisen, die eine erwünschte und wirkungsvolle Änderung von Kontexterleben einer Person erzeugen (Gilbert, 2019). Das Ziel, eine emotionale und kognitiv gestützte Neubewertung eines Bereichs zu erreichen und daraufhin neuen Handlungsspielraum zu erschließen, soll hier durch eine solche Kontextirritation erreichbarer gemacht werden. Dies schließt auch die Anwendung hilfreicher medikamentöser Maßnahmen, wenn notwendig, ein, die jenseits einer Akuttherapie zu einer hilfreichen kognitiven Ausrichtung beitragen, beispielsweise für die Therapie einer depressiven Episode oder schizophrenen Psychose (Hayes, 1991).

Die folgenden Fallbeispiele sind dem klinischen Geschehen entnommen und sollen illustrierenden, aber keinen Modellcharakter haben.

Fallbeispiele

Ein alkoholabhängiger Vater eines sechsjährigen Sohnes, das er auf Geheiß des Jugendamtes nur noch stundenweise zu Besuch bei sich haben darf, schafft es ausschließlich während der Besuche mit einer gewissen Leichtigkeit, keinen Alkohol zu trinken. Auch berichtete er, dass er während dieser Zeiten so gut wie keinen Suchtdruck verspüre, was sonst eigentlich durchgehend der Fall sei.

Erklärungsmodell für die plötzlich vorhandene intrinsische Fähigkeit zur Konsumabstinenz im Intervall:
Die Präsenz des Sohnes (kontexthinweisender Stimulus für Kontext 1) aktiviert automatisch die im Patienten durchaus vorhandenen, aber im Alltagskontext (Kontext 2) verborgenen Fähigkeit, den Konsum von Alkohol aufzuschieben. Therapeutisches Ziel ist es nun, diese bereits vorhandene Fertigkeit aus dem Kontext »Vater sein« (Kontext 1) in den Kontext »Alltag« (Kontext 2) zu übertragen.

Anmerkung:
Ein zusätzliches Skillstraining zur Abstinenz ist möglicherweise nicht notwendig, da der Patient ja bereits über diese kontextgebundene Fertigkeit verfügt. Dennoch ist zur doppelten Absicherung ein solches empfohlen.

Eine alleinstehende 64-jährige Dame achtet in Umgangssituationen mit ihren Nachbarn (Kontext 1) durchgehend auf einen adretten, formalen, nie leger bequemen Kleidungsstil (kontexthinweisender Stimulus für Kontext 1). Hier ist sie im Halten der Balance von Abgrenzung und freundlichem Miteinander auch in schwierigen zwischenmenschlichen Situationen erfolgreich. Im privaten Kontext (Kontext 2) unterliegt sie jedoch stets der verbalen Übergriffigkeit ihres Lebenspartners. Als Beobachtung fällt auf, dass sie zu Hause legere Kleidung trägt. In der Therapie wurde nun eine gezielte Änderung ihres Erlebens mit dem Lebenspartner mit Hilfe einer Veränderung ihres Kleidungsstils gemäß dem des Kontaktes zu ihren Nachbarn in eine formale Etikette erreicht. Mit dieser Maßnahme wurde ihr Kontexterleben »Kontext 2« durch Anwendung von kontexthinweisenden Stimuli aus Kontext 1 in Richtung des Therapieziels »sozialkompetente bis forsche Abgrenzung« irritiert. Nach mehreren Monaten Übung verlief ihr privates Abgrenzungsverhalten deutlich erfolgreicher.

63.2 Historische Aspekte

Im psychotherapeutischen Sinne bezeichnet der Begriff »Kontext« die Gesamtheit der inneren und äußeren Bedingungen, die das Erleben, das Verhalten und die Bedeutung von Gedanken, Gefühlen und Handlungen einer Person während einer Situation beeinflussen (z. B. Hayes, 1991).

Dieser Definition folgend ist Kontexterleben also über viele Wege veränderbar. Genau betrachtet ist es in der psychotherapeutischen Behandlung bei Anwendung *aller* therapeutischer Verfahren sogar nicht zu umgehen. So können *alle* kognitiven Aspekte Einfluss auf das Kontexterleben einer Person nehmen. Obwohl diese scheinbar offensichtliche Grundbedingung schon immer zentraler Bestandteil von Verhaltensänderungen ist, war der Weg in die systematische, technische Nutzung in der Psychotherapie unter den Überschriften »symbolisches Lernen«, »kontextbezogenes Erleben und Verhalten«, »Bezugsrahmentheorie« und »Gestalt« sehr weit. Wichtige Passagen dieses Weges sind im folgenden Abschnitt, ohne Anspruch auf Vollständigkeit, beschrieben.

63.2.1 Das Phänomen symbolischen Lernens: Der Weg in die kontextuellen Therapien (bis 1991)

Ernst Cassirer (1874–1945) stellte in seiner Philosophie zur »Metaphysik der symbolischen Formen« und »Ziele und Wege der Wirklichkeitserkenntnis« in den Jahren 1923–1927 heraus, dass das menschliche Wissen nicht durch unmittelbare Wahrnehmung der Wirklichkeit erlangt werde, sondern durch die Vermittlung und Verarbeitung von Symbolen. Diese symbolischen Systeme strukturieren Wahrnehmung und Denken (innere Repräsentationen) und ermöglichen es uns komplexe Ideen und Konzepte zu verstehen und zu kommunizieren. Cassirer bezeichnet diese kreative Fertigkeit als »Geist« (Cassirer, 2023).

Aby Warburg (1866–1926) hat eine wegweisende Neuinterpretation kulturell gültiger, primär bildlicher Symbole entwickelt und die Begriffe »Pathosformel« sowie »Bilderfahrzeuge« zu deren Beschreibung verwendet. Hinter diesen »Fahrzeugen«, die translational gedacht auch in einem sprachlichen Kontext verstanden werden können, verbergen sich tiefe kulturelle Bezugsrahmen, die ihrerseits stereotype (Denk-)Automatismen von Individuen innerhalb dieser kulturellen Gruppe hervorrufen können.

Jean Piaget (1896–1980), Biologe und Entwicklungspsychologe, beschreibt das Phänomen des symbolischen Lernens nicht mehr philosophisch, sondern als biologische Fähigkeit, beginnend bei Kindern ab dem 2. Lebensjahr unter dem Schlagwort der »symbolischen Repräsentation«. Folge dieser Fähigkeit ist die Fähigkeit zum Erlernen von Sprache. Die Bezeichnung »symbolische Repräsentation« beschreibt die Fähigkeit des menschlichen Gehirns, mentale Konzepte (Frames) zu entwickeln, die die Eigenschaften von Objekten erfassen, diese Konzepte durch Zuordnungen zu speichern und schließlich mithilfe von willkürlich gewählten, aber eindeutig definierten Symbolen (z. B. Buchstaben oder Wörtern) zu kommunizieren (Piaget, 1969).

Ludwig Wittgenstein (1889–1951) beschreibt in seiner sprachphilosophischen Arbeit ebenfalls, dass Zeichen und Worte Symbolcharakter besitzen. Ihre Interpretation erzeugt innere Bilder (Wittgenstein, 1969).

Jaques Derrida (1930–2004) diskutiert als Poststrukturalist die Wandlungsfähigkeit von Bedeutung ein und derselben Sprachinhalte und Symbole in verschiedenen Kontexten. Als Schlussfolgerung lehnt er auch aus diesem Grund die Existenz einer festen gesellschaftlichen oder intrapsychischen Wahrheit ab. Bedeutungen sind für Derrida kontextabhängig und daher fließend (Derrida, 1983).

Lore Perls (1905–1990) und Fritz Perls (1893–1970) nutzten den phänomenologischen Ansatz des »Figur-Grund-Problems« Edmund Husserls und damit das vorbeschriebene Phänomen erstmals in einem psychotherapeutischen Rahmen. Das »Figur-Grund-Problem« diskutiert die Beobachtung, dass Menschen aus einer Vielfalt wahrgenommener Aspekte eines Bildes oder einer Situation je nach persönlicher Lerngeschichte ganz bestimmte Einzelelemente auf individuelle Art intuitiv hervorheben, miteinander in Beziehung setzen und somit als »Figur« mit ihrem typischen Bedeutungscharakter erleben. Die verbleibenden Aspekte des vielfältigen Bildes verblassen als kontrastierender Hinter-»Grund«. Andere, vielleicht korrigierende Aspekte des Ereignisses treten aufgrund der Lerngeschichte automatisch in den Hintergrund. Ein möglicher korrigierender Einfluss der in den Hintergrund getretenen Elemente läuft ins Leere. Perls und Perls entwickeln daraus in den 1940er-Jahren die den humanistischen Therapien zugeordnete Gestalttherapie (Perls et al., 1951).

63.3 Besondere Merkmale und Grundlagen

63.3.1 Besonderes Merkmal kontextueller Psychotherapien: Perspektive statt Methode

Steven C. Hayes beschreibt kontextuelle Psychotherapien als Ansätze, die gezielt den Metabezugsrahmen verändern, um Flexibilität bei Patientinnen und Patienten zu fördern. Im Gegensatz zu Psychotherapien, die auf Fertigkeitentrainings basieren, setzen kontextuelle Ansätze also nicht primär, sondern erst sekundär auf das Erlernen neuer Fähigkeiten. Stattdessen fokussieren sie primär auf die gezielte Veränderung automatisierter Kontext- und Bezugsprozesse, wodurch Wahrnehmung (»Gestaltbildung«) und Interpretation (»symbolische Repräsentation«) neu ausgerichtet werden können. Dies eröffnet Betroffenen die Möglichkeit, selbst tief verankerte Muster zu durchbrechen und alternative Denk- und Handlungsspielräume zu schaffen.

Aus diesem Denkansatz heraus wurden mittlerweile etablierte, evidenzbasierte Methoden entwickelt, wie die Akzeptanz- und Commitment-Therapie (ACT) (Hayes et al., 1999) und die Metakognitive Therapie (MCT) (Wells & Matthews 1994). Auch für die Schematherapie gibt es eine konzeptionelle Weiterentwicklung mit einem klaren Fokus auf Kontexterleben und dessen Modifikation (Roediger et al., 2018).

Der Begriff »kontextuelle Psychotherapien« bezeichnet daher weniger eine spezifische Methode oder eine neue Gruppe von Therapien, sondern vielmehr die Kultivierung einer erweiterten Perspektive. Diese Perspektive ermöglicht es, bestehende psychotherapeutische Ansätze aus einem neuen Blickwinkel anzuwenden.

63.3.2 Grundlagen: Die kontextuelle Perspektive psychotherapeutischen Arbeitens

All diese Komponenten waren wegweisend für die in den frühen 2000er-Jahren erfolgte Eröffnung der Kategorie der kontextuellen (Verhaltens-)Therapien. Hayes erklärt den Mechanismus symbolischen Lernens folgendermaßen:

Schritt 1

Die kleinste Einheit zwischen einem Objekt und einem stellvertretenden Symbol wird »*Bezugnahme*« genannt. Mit »*Bezug*« ist die mentale Verbindungskraft dieser beiden Positionen gemeint.

Das folgende Beispiel ist aus didaktischer Sicht in fünf Abschnitte unterteilt und lehnt sich an das von uns übersetzte Buch von Villatte et al. (2020) »Sprache als psychotherapeutische Intervention« an:

> **Beispiel (Teil 1)**
>
> Das Wort »Katze« wird mit der dazu passenden Wahrnehmung eines ca. 50 cm langen, haarigen … usw. Tieres verbunden. Die im Verbund gelesene Zusammenstellung der Buchstaben »K«, »a«, »t«, »z«, »e« erzeugen nun ein »mentales Tor«, das je nach individueller Erfahrung völlig automatisch in einen »inneren Erlebnisparcour«, bestehend aus der nun codierten Triade Gedanken, Gefühl und Verhaltensimpuls, hineinrutschen lässt. Es besteht nun ein »Bezug«. Die fünf Buchstaben in Reihe sind nun als Form-, Erfahrungs- und Regelkonzept kompakt als »Wort« chiffriert und sind bei Benennen des Wortes prompt präsent. Je nach Kontext wird die Chiffre als mehr oder weniger emotional aufgeladen erlebt.

Schritt 2

Viele solcher Bezüge aneinander gekettet ergeben ein komplexes Ereignis- und Objektenetzwerk (»Gestalt«). Dieses Netzwerk wird durch Symbole (z. B. Worte) indirekt mental repräsentiert. Wird es aktiviert, entsteht im Kopf der Indexperson ein spezifisches, individuelles »*Netz an Bezügen*« oder synonym »*Bezugsnetzwerk*« genannt.

> **Beispiel (Teil 2)**
>
> So kann ein Kind nun das Wort »Katze« zielsicher einem Tier zuordnen. »Eines Tages wurde das Mädchen Lisa, 6 Jahre alt, in einem Garten beim Spiel mit einer Katze von dieser schmerzhaft gekratzt.« Die genannten Komponenten »Katze«, »Kralle«, »Schmerz«, »Garten« werden nun als Erfahrungszuwachs über neue Bezüge miteinander komplex vernetzt, sodass sowohl das Erin-

nern an den Garten oder ein Erwähnen des Wortes »Katze« eine Erinnerung an den Schmerz auslöst. Oder aber reziprok beim Hören des Begriffs »Schmerz« das innere Bild einer »Katze« erscheint. Dieses Netzwerk ist nun kompakt und kann auf verschiedene Weise aktiviert werden.

Schritt 3

Die dazugehörige Überschrift des Bezugsnetzwerks skizziert schließlich das Feld an Symbolen innerhalb eines Rahmens und wird als *»Bezugsrahmen«* bezeichnet. Bezugsrahmen sind fest erlernte und nur noch zäh-flexible Vernetzungen, die durch Schlüsselreize aktiviert werden. Sie sind wie mentale Käfige vorzustellen.

Beispiel (Teil 3)

Der hier erlernte Bezugsrahmen könnte heißen: »Katzen sind gefährlich«. Dieser Rahmen beeinflusst zukünftig das Denken und Verhalten von Lisa.

Schritt 4

Ist ein solcher Bezugsrahmen einmal angestoßen, entstehen stets ähnliche Gedanken, Gefühle und Verhaltensimpulse, auch wenn einzelne Aspekte darin keinen Sinn machen (Hayes, 1991). Selbst bedeutendere widersinnige Eindrücke werden weniger wahrgenommen und haben dadurch einen geringen korrigierenden Einfluss (»Gestaltbildung«).

Beispiel (Teil 4)

In der Schule erzählt nun ein Klassenkamerad Lisas von seinem Erlebnis im Zoo. Hier habe ihm ein Panther am besten gefallen. Lisa fragt ihn, was denn ein Panther sei. Der Junge erklärt: »Das ist eine große Katze.« Lisa fusioniert nun über das Schlüsselwort »Katze« ihren dort erstellten Bezugsrahmen auf den Begriff des Panthers, multipliziert in ihrem Kopf ihre Erfahrung um das Wort »groß« und spürt Angst, Schmerz und Unverständnis dem Klassenkameraden gegenüber. Die Information »Zoo« als Information für eine gesicherte Umgebung gehört nicht in den bisher geprägten Bezugsrahmen, kann die Reaktion nicht verhindern. Sie wirkt allenfalls als externe Moderatorvariable.

Schritt 5

Als *»Kontext«* wird nun ein Metabezugsrahmen bezeichnet, innerhalb dessen einzelne Bezüge für gültig erklärt werden oder nicht.

Beispiel (Teil 5)

Der Begriff »Katze« erhält durch Eröffnen des Kontextes »Baustelle« im speziellen als symbolische Repräsentation des Laufwerks zum Lastenheben am Ausleger eines Krans eine völlig andere mentale Repräsentation. Diese führt bei Lisa nach kurzer Erklärung automatisch zu einer Deaktivierung ihres ursprünglichen Bezugsrahmens. Worte und Symbole erfüllen also die Rolle von »Hülsen«, die kontextspezifisch mit Inhaltswelten aufgeladen werden.

63.3.3 Die nächste Generation der evidenzbasierten Psychotherapie: Individualisierung als Schlüssel zur Zukunft?

Die Psychotherapieforschung schlägt eine neue Richtung ein: individuell, passgenau und wissenschaftlich fundiert. Erkenntnisse der letzten Jahrzehnte zeigen, dass standardisierte Ansätze nicht immer alle Betroffenen gleichermaßen erreichen.

Unter den Richtlinien moderner Evidenzbasierung wird nun daran gearbeitet, erfahrungsbasierte klinische Traditionen und innovative wissenschaftliche Methoden zu verbinden. Ziel ist es, personalisierte Ansätze zu entwickeln, die den unterschiedlichen Bedürfnissen der Menschen besser gerecht werden.

Beispiel: Process-Based Therapy (PBT) – ein individualisierter, evidenzbasierter Ansatz

In der Praxis haben viele erfahrene Psychotherapeutinnen und -therapeuten festgestellt, dass eine auf die Betroffenen zugeschnittene Rezeptur bestehend aus einer Mischung verschiedener Methoden zu guten Ergebnissen führt. Dieser personalisierte Ansatz steht jedoch oft im Widerspruch zu den wissenschaftlichen Erkenntnissen, die in der Regel nur eine begrenzte Anzahl von Techniken für die Behandlung spezifischer Störungsbilder bei einzelnen Patientinnen und Patienten vorsehen (diagnosespezifisch manualisierte Programme im »One-Size-Fits-All«-Format). Diese Diskrepanz stellt die Frage der Anwendbarkeit wissenschaftlicher Empfehlungen im individualklinischen Kontext. Bisher fehlte ein evidenzbasierter Ansatz, der die gezielte Auswahl wirksamer therapeutischer Interventionen unabhängig ihrer Methoden- und Verfahrenszugehörigkeit unterstützt und somit auch der Erfahrung von Klinikern Rechnung trägt. Die Process-Based Therapy (PBT), entwickelt von Stephen Hayes, Stefan Hofmann und Kollegen, zielt darauf ab, diese Lücke zu schließen. In einer dreijährigen Forschungsarbeit wurden über 55.000 Studien zur Wirksamkeit psychotherapeutischer Methoden metaanalytisch geprüft. Aus dieser Analyse wurden schließlich 72 spezifische Vorgehensweisen identifiziert, die in ihrer Wirksamkeit repliziert werden konnten und so in die abschließende Beurteilung einflossen (Hayes et al., 2022). Eine solche methodisch gelungene Metaanalyse ist im Bereich der Psychotherapieforschung bislang einmalig. Das Projekt PBT verfügt zwar noch über keine Daten zu seiner Wirksamkeitsevaluation, es ist aber aufgrund der Datenbasis so innovativ, dass es bereits jetzt an dieser Stelle erwähnt werden soll.

Auf dem Boden von Bezugsrahmentheorie und Kontextdenken haben Hayes und Hofmann mit der PBT die Sichtweise auf Wirkfaktoren verhaltenstherapeutischer Methoden verändert. Wichtig ist auch hier, dass PBT *keine neue Therapieform* bezeichnet. PBT *denkt Psychotherapie* aus einer Metaperspektive, indem sie bereits bestehende Interventionen, Methoden und Verfahren aus der Sicht einer Einzelperson auf Wirksamkeit untersucht. Konsequenz dieser Metaperspektive ist, dass sich durch die Brille der PBT psychotherapeutisches Handeln weg von manualisierten Ansätzen zur Ursache-Symptom-Behandlung hin zu individuellen, fallbasierten (idiografischen) Ansätzen begibt. So können spezifische Bedürfnisse und Ressourcen des einzelnen Patienten besser adressiert werden (Hofmann & Hayes, 2019). Das mag zunächst erneut banal und altbekannt klingen, kommt aber bei genauerem Hinsehen in seiner Konsequenz einer kopernikanischen Wende des psychotherapeutischen Methodendenkens gleich, weil nicht mehr der Ursachen-Symptom-Komplex und die Diagnose zur Therapie im Fokus stehen, sondern die veränderbare neuropsychologische »Gestalt« des internen Netzwerks entscheidender Repräsentationen einer Einzelperson (»Bezugsnetzwerke und -rahmen«). Die entscheidenden Schlüssel zur Modifikation des Netzwerkes sind hier *Moderatoren* und *Mediatoren* unter Berücksichtigung des persönlichen, sich oft wandelnden »Kontextes«. Die technisch geschickte Modifikation des Bezugsnetzwerks soll zur Abschwächung des Symptoms führen. Eine systematische Betrachtung symptomrelevanter individueller Bezugsnetzwerke (Idiografie) erweitert also den Blick ganz im Sinne der erfahrenen Klinikerinnen und Kliniker. Ziel ist primär oder sekundär auf individuell effektivste Weise zu einer Abschwächung des Symptoms zu führen, oder aber eine Akzeptanz der Symptomatik, die den Weg frei in ein neues Lebenskonzept geben kann (Hofmann et al., 2021).

63.4 Typische Indikationsgebiete

Kontextuelle Verhaltenstherapien sind also keine eigenen Therapiemethoden. Dennoch verstehen sich einige Methoden, wie beispielsweise die Akzeptanz- und Commitment-Therapie, als genuin kontextuell. Die Einnahme einer kontextuellen Perspektive führt nicht zu einer Einschränkung oder Veränderung der Umsetzung der jeweiligen Methoden, sondern zu einem »Plus«, bedingt durch die methodische Schärfung bestimmter Maßnahmen, die in der Therapie ohnehin durchgeführt werden. Obwohl der Vergleich hinkt, könnte man den Vergleich zwischen der Bildwirkung eines gewöhnlichen 2D-Fernsehers zu einem 3D-Sichtgerät, z. B. einer VR-Brille, heranziehen. Eine regulär durchgeführte Verhaltenstherapie ähnelt einem hochwertigen zweidimensionalen Bild – klar, strukturiert und informativ. Wird sie jedoch um die Kontext- und Bezugsrahmenperspektive angereichert, entsteht ein dreidimensionaler Effekt: Das Bild bleibt inhaltlich identisch, gewinnt jedoch an Tiefe, Perspektive und dynamischer Wirkung. Dieser zusätzliche Effekt ermöglicht es, mentale Gefängnisse sichtbar zu machen, ihre Veränderung stärker einzubeziehen, wodurch die Interventionen präziser wirken können.

Aus diesem Grund entsprechen die Indikationsgebiete und Evaluationen den bisher erhobenen Datensätzen. Allerdings kann hier zu Recht kritisch angemerkt werden, dass in Bezug auf den Effekt Bezugsrahmen und Kontextmodifikationen systematisch zu kultivieren, keine Evaluationsdaten bestehen und somit erhoben werden müssen.

63.5 Evidenzbasierung

Kontextuelle psychotherapeutische Interventionen sind bisher immer nur Teil bereits bestehender und evaluierter Psychotherapien, sodass aus Perspektive der jeweiligen therapeutischen Methoden die entsprechenden Evaluationen Gültigkeit haben und in den jeweiligen Kapiteln dieses Werks eingesehen werden können. Dennoch sind im Rahmen dieser gesonderten und betonten Perspektiveinnahme der Therapeutinnen und Therapeuten eigene Evaluationsstudien vonnöten, um die theoretische Plausibilität dieser Herangehensweise in ihrer tatsächlichen therapeutischen Effektivität zu prüfen. Vorreiter in diesem Feld sind die Evaluationen des ausgearbeiteten Konzeptes der Process-Based Therapy. Sie sind jedoch noch nicht abgeschlossen und finden derzeit an verschiedenen Instituten in Deutschland, Schweden und den USA statt. Mit ersten Ergebnissen ist hier voraussichtlich 2026 zu rechnen (Hofmann, 2024).

Prüfungsfragen

1. Was zeichnet die kontextuelle Psychotherapie im Vergleich zu klassischen Therapiemethoden aus?
2. Wie wird in der kontextuellen Psychotherapie eine Veränderung im Denken und Verhalten der Klientinnen und Klienten erreicht?
3. Welche theoretischen Ansätze prägen die Entwicklung der kontextuellen Psychotherapie?
4. Welche zentrale Fähigkeit erlernen Klientinnen und Klienten in der kontextuellen Psychotherapie und warum ist diese wichtig?

Antworten

1. Die kontextuelle Psychotherapie ist keine eigene Therapiemethode, sondern ergänzt bestehende Ansätze durch einen gezielten Fokus auf das Kontexterleben der Klientinnen bzw. Klienten. Therapeutinnen und Therapeuten arbeiten mit einem Perspektivenwechsel, der mentale Bezugsrahmen (Frames) berücksichtigt und gezielt verändert, um vorhandene Fertigkeiten freizusetzen. Sie verleiht so starren Denkgerüsten Flexibilität. Das Kontexterleben beschreibt dabei das oft unbewusste Erleben eines »unsichtbaren Netzwerks an Bezugnahmen«, das beeinflusst, welche Gedanken, Gefühle und Fertigkeiten in bestimmten Situationen zugänglich sind (Denkgefängnis).
2. Veränderungen werden durch eine gezielte De- und Neukonstruktion mentaler Frames erreicht. Das kann durch den Einsatz herkömmlicher Tools und dem Schaffen neuer Erfahrungen eingeleitet werden.
3. Die kontextuelle psychotherapeutische Perspektive wird durch strukturalistische und poststrukturalistische Leitmotive, wie sie etwa von den Philosophen Saussure, Lacan, Wertheimer, Barthes oder Derrida formuliert wurden. Wichtige Schlagworte sind »Gestalt«, »metakognitives Wissen«, »Flexibilität«, »Relational Frame Theory« und »funktionaler Kontextualismus«.
4. Klientinnen und Klienten lernen, ihre mentale Rahmung gezielt aktiv zu gestalten und flexibel auf verschiedene Kontexte zu übertragen. Diese Fähigkeit ist wichtig, da sie nicht nur neue Perspektiven und Lösungswege eröffnet, sondern auch vorhandene Ressourcen und Fertigkeiten freisetzt, die durch Kontextblockaden zuvor ungenutzt blieben.

Literatur

Bateman, A., & Fonagy, P. (2008). 8-year follow-up of patients treated for borderline personality disorder: mentalization-based treatment versus treatement as usual. *The American Journal of Psychiatry, 165*(5), 631–638. https://doi.org/10.1176/appi.ajp.2007.07040636

Barthes, R. (2000). Der Tod des Autors. In F. Jannidis, G. Lauer, M. Martinez & S. Winko (Hrsg.), *Texte zur Theorie der Autorschaft* (S. 185–197). Reclam.

Cassirer, E. (2023). *Philosophie der symbolischen Formen – Erster Teil: Die Sprache, Kapitel II »Die allgemeine Funktion des Zeichens – Das Bedeutungsproblem«* (S. 15–18). Philosophische Bibliothek, Felix Meiner.

Derrida, J. (1983). *Grammatologie* (H.-J. Rheinberger & H. Zischler, Übers.). Suhrkamp-Inselverlag. (Originalarbeit veröffentlicht 1967).

Gilbert, P. (2019). Psychotherapy for the 21st century: An integrative, evolutionary, contextual, biopsychosocial approach. *Psychology and Psychotherapy, 92*(2), 164–189. https://doi.org/10.1111/papt.12226

Hayes, S. C. (1991). A relational control theory of stimulus equivalence. In L. J. Hayes; P. N. Chase (Hrsg.), *Dialogues on verbal behavior* (S.19–40). Context Press.

Hayes, S. C., Strosahl, K. D., & Wilson, K. G. (1999). *Acceptance and commitment therapy: An experiential approach to behavior change.* Guilford Press.

Hofmann, S. G. & Hayes, S. C. (2019). The Future of Intervention Science: Process-Based Therapy. *Clinical Psychological Science, 7*(1), 37–50. https//doi.org/10.1177/2167702618772296

Hayes, S. C., Ciarrochi, J., Hofmann, S. G. et al. (2022). Evolving an idionomic approach to processes of change: Towards a unified personalized science of human improvement. *Behaviour Research and Therapy, 156,* 104155. https://doi.org/10.1016/j.brat.2022.104155

Hofmann, S., Hayes, S. C. & Lorscheid, D. N. (2021). *Learning Process-Based Therapy: A Skills Training Manual for Targeting the Core Processes of Psychological Change in Clinical Practice.* New Harbinger Publications.

Hofmann, S. & Kienast, T. (2024). *E-Mail Communication,* 30.8.2024.

Lacan, J. (1978). *Das Seminar. Buch XI. Die vier Grundbegriffe der Psychoanalyse* (N. Haas, Übers.). Verlag Turia und Kant. (Originalarbeit veröffentlicht 1973).

Linehan, M. M. (1993). *Cognitive-Behavioral Treatment of Bordeline Personality Disorder.* The Guilford Press.

Perls, F. S., Hefferline, R. F., & Goodman, P. (1951). *Gestalt Therapy: Excitement and Growth in the human personality.* Erstpublikation in Julian Press (ab 1977 in »The Gestalt Journal Press«).

Piaget, J. (1969). *Nachahmung, Spiel und Traum: Die Entwicklung der Symbolfunktion beim Kinde* (M. Görg, Übers.). Klett. (Originalarbeit veröffentlicht 1964).

Roediger, E., Stevens, B. A. & Brockman, R. (2018). *Contextual Schema Therapy: An Integrative Approach to Personality Disorders, Emotional Dysregulation, and Interpersonal Functioning.* New Harbinger Publications.

Saussure, F. de. (2013). *Cours de linguistique générale: Zweisprachige Ausgabe französisch-deutsch mit Einleitung, Anmerkungen und Kommentar* (P. Wunderli, Hrsg. & Übers.). Narr Francke Attempto. (Originalarbeit veröffentlicht 1916).

Villatte, M., Villatte, J. L., & Hayes, S. (2020). *Sprache als psychotherapeutische Intervention. Ein Lehrbuch für die Praxis.* (C. Fedder, T. Kienast, V. Sipos & U. Schweiger, Übers.). Kohlhammer.

Warburg, A. (2003). *Der Bilderatlas MNEMOSYNE* (2. Aufl.). M. Warnke (Hrsg.). Berlin.

Wells, A., & Matthews, G. (1994). *Attention and emotion: A clinical perspective.* Psychology Press. https://doi.org/10.4324/9781315784991, neue Auflage 2015.

Wertheimer, M. (1923). Untersuchungen zur Lehre von der Gestalt. II. *Psychologische Forschung, 4,* 301–350. https://doi.org/10.1007/BF00410640%20

Wittgenstein, L. (1969). *Philosophische Grammatik Teil 1.* Werkausgabe Band 4, Suhrkamp.

64 Psychotherapie – Wohin geht die Entwicklung?

Ute Wesselmann, Alexandra Philipsen und Anil Batra

Das Wichtigste auf einen Blick

- Die Verbindung zwischen Verhaltenstherapie, psychodynamischen Verfahren und systemischer Therapie wird vermutlich weiterhin enger werden.
- Vielfalt und therapeutische Pluralität sind wichtig und förderungswürdig.
- Eine individuelle Abstimmung verschiedener Therapieelemente auf Symptom- und Syndromkonstellationen, wie dies die modulare Therapie oder die Prozessbasierte Therapie (PBT) vorschlagen, könnte an Relevanz gewinnen.
- Neurowissenschaftliche Erkenntnisse bzgl. prädiktiver Faktoren könnten den differenziellen Einsatz von psychotherapeutischen Interventionen erleichtern.
- Neuroenhancement durch psychotrope Substanzen bzw. Neurostimulationsverfahren werden in ihrer Wechselwirkung mit psychotherapeutischen Interventionen zu erproben und zu erforschen sein.
- Digitalisierung und künstliche Intelligenz werden das psychotherapeutische Arbeiten zukünftig in vielfältiger Weise prägen.
- Die therapeutische Beziehung ist und bleibt jedoch gerade bei Patienten und Patientinnen mit Beziehungsstörungen ein unerlässliches Wirkagens.
- Psychotherapie wird zunehmend kultursensitiv werden müssen, kulturspezifische Behandlungsansätze werden sich stärker herausbilden, auch die Bedeutung interkultureller Kompetenzen dürfte zunehmen.
- Psychotherapien werden aus Kostengründen kürzer ausfallen. Gruppentherapie (auch in Kombination) wird einen größeren Stellenwert erhalten.

64.1 Einführung

Die Nachfrage nach psychotherapeutischer Behandlung steigt stetig an, gleichzeitig bleiben die finanziellen Mittel knapp bemessen. Der Psychreport der DAK-Krankenkasse (DAK Gesundheit, 2025) stellt, wie auch schon in den Vorjahren, eine deutliche Erhöhung der Fehltage (gerade bei den über 60-Jährigen) aufgrund psychischer Erkrankungen fest, insbesondere aufgrund von Depressionen, Angst- sowie Anpassungsstörungen. Die Verfügbarkeit von Psychotherapie ist hingegen, trotz der 2017 verabschiedeten Psychotherapie-Strukturreform des G-BA, aus Sicht der Patientinnen und Patienten nicht spürbar verbessert worden; die Wartezeit bis zum Beginn einer Richtlinien-Psychotherapie verlängerte sich sogar um über zwei Wochen.

Leider zeigt sich, dass Menschen, die mit Hilfe einer rasch einsetzenden psychotherapeutischen Unterstützung Aussicht auf eine Wiederaufnahme der Berufstätigkeit und Stabilisierung der psychosozialen Beziehungen hätten, unbotmäßig lange auf ein adäquates Angebot warten müssen. Insbesondere schwer psychisch erkrankte Menschen, Menschen mit kognitiven Beeinträchtigungen, Menschen in prekären sozioökonomischen Situationen oder Geflüchtete, spezielle Altersgruppen (Jugendliche und ältere Menschen), Menschen mit psychotischen Störungen oder Abhängigkeitserkrankungen werden aus den unterschiedlichsten Gründen (fehlende Kompetenz der Anbieter, sprachliche Barrieren, ökonomische Überlegungen im Zusammenhang mit zu erwartenden Ausfallzeiten) von den bereits bestehenden und in Ausweitung begriffenen Angeboten oft nicht erreicht.

Welche Antworten wird es zukünftig hierauf geben?

Welche Chancen und Risiken zur Angebotsverbreiterung bieten digitale Ansätze, Telepsychotherapie und KI-gestützte Techniken? Wird die Integration der Therapieverfahren bei gleichzeitiger Diversifizierung auf der Basis methodischer Akzentuierungen und Weiterentwicklungen voranschreiten und zielgruppenspezifischere Weiterentwicklungen hervorbringen? Kann die Individualisierung der Therapiekonzepte eine Wirksamkeitssteigerung mit ausreichender Evidenzbasierung herstellen? Welche Schwerpunkte wird die Psychotherapieforschung wählen? Wird man sich an den Outcomes der pharmakologischen Forschung orientieren und der Verträglichkeit und Nebenwirkungsrate ähnliche Aufmerksamkeit schenken?

Wie gehen wir mit der Notwendigkeit um, kultursensible therapeutische Angebote zu entwickeln? Welchen Stellenwert geben wir angesichts der demografischen Entwicklung und Verlängerung der Lebensarbeitszeit der Alterspsychotherapie?

Wie steht es um die Entwicklung einer Psychotherapieethik, die Patientenrechte und -schutz validiert?

Gleichzeitig wirft die Reform der Psychotherapieausbildung die Frage auf, wie eine Psychotherapie der Zukunft in Forschung und Weiterbildung überhaupt aussehen soll und welche Rolle die ärztliche und die psychologische Psychotherapie dabei jeweils einnehmen werden. Welche Entwicklungen hinsichtlich der Struktur der psychotherapeutischen Weiterbildung und Versorgung sind dabei schon jetzt absehbar?

64.2 Schlaglichter zukünftiger Entwicklungen

Integration und Annäherung der Verfahren, Diversifizierung der Methoden

Inzwischen sind viele Therapeutinnen und Therapeuten in mehreren Verfahren und Methoden ausgebildet, viele von ihnen gehen eklektisch vor. Die Trennung zwischen Verhaltenstherapie, psychodynamischen Verfahren und systemischer Therapie wird vermutlich (noch) schwächer werden, die Therapieschulen werden mehr verschmelzen. Möglicherweise entwickelt sich ein gemeinsames Core-Knowledge bzgl. Methoden, Kompetenzen und Diagnostik und damit eine gemeinsame Sprache. Vielfalt und therapeutische Pluralität sind jedoch ebenfalls wichtig und förderungswürdig. Die Einbeziehung psychologischer Forschungsergebnisse auf Symptom- und Syndromebene, die Berücksichtigung philosophischer Schulen, Veränderungen der therapeutischen Haltung weg von einer paternalistischen Sichtweise hin zu einer Position der »Entwicklungshilfe« sowie Veränderungen der therapeutischen Zielsetzung (Akzeptanz versus Veränderung) beeinflussen und diversifizieren die Angebotslage, oft ohne die Grundlage einer differenziellen Empfehlung (was hilft wem?). Auch potenzielle Nebenwirkungen einer eher eklektisch ausgerichteten Psychotherapie sind unklar und methodisch kaum zu erfassen.

Eine Evidenzbasierung ist zwar unerlässlich, lässt sich aber bei beliebigem Gebrauch verschiedener Verfahrenselemente, -techniken und -settings nicht immer und durchgehend abbilden. Dennoch ist eine zu enge Definition von Verfahrensgrenzen nicht hilfreich, gerade auch vor dem Hintergrund der Tatsache, dass wir oftmals Patienten und Patientinnen mit mehreren Störungen aus unterschiedlichen sozialen Kontexten mit vielfältigen Erwartungen behandeln. Die Zukunft der Psychotherapie braucht offenbar Kreativität *und* Evidenzbasierung (Schnyder, 2009).

Enhanced Psychotherapy

Zukünftig wird die Integration neurowissenschaftlicher Erkenntnisse in der Therapie weiter zunehmen. Noch haben sich Hoffnungen in die Augmentierung psychotherapeutischer Interventionen durch Pharmaka (neurochemische »Enhancer«, die Einfluss auf die Konsolidierung neuer Lernerfahrungen oder Rekonsolidierung (traumatischer) Erinnerungen nehmen könnten), Psychedelika (Psilocybin, LSD, MDMA, 5-MeO-DMT) oder Neurostimulationsverfahren nicht final bestätigt; dieses Arbeitsfeld bleibt jedoch in dynamischer Entwicklung. Bereits laufende, große multizentrische Studien, auch unter Einbezug der Anwendung bei Kindern und Jugendlichen, werden hier künftig neue Erkenntnisse liefern.

Insbesondere die »Substance-Assisted Psychotherapy« (SAPT) im Rahmen der »Psychedelic Renaissance« (Sessa, 2012) wird in den letzten Jahren intensiv und mit großen Erwartungen (und medialem Hype) diskutiert. Psychedelika sind noch nicht als medikamentöse Therapie zugelassen, aufgrund methodischer und ethischer Besonderheiten sind qualitativ hochwertige Studien mit großen Fallzahlen erforderlich. Es liegen jedoch einige vielversprechende, dabei auch gelegentlich widersprüchliche Ergebnisse in der Add-on-Therapie der PTBS, Angsterkrankungen und der Depression vor (Wheeler & Dyer, 2020).

Ermutigend sind auch erste Ansätze zur neurobiologisch basierten, individualisierten Prädiktion von Wirkwahrscheinlichkeiten psychotherapeutischer Verfahren.

Individualisierung und Personalisierung

Die große Bandbreite an Symptomkombinationen erfordert – wie auch schon in der Dialektisch-Behavioralen Therapie (DBT) geschehen – eine individuelle Abstimmung verschiedener Therapieelemente auf die individuellen Problemlagen unserer Patientinnen und Patienten. Ein solches Vorgehen wird in der »Modularen Psychotherapie« (Herpertz & Schramm, 2023) gewählt, wobei eine Therapie in einzelne, voneinander unabhängig wirksame Therapiebestandteile aufgeteilt wird und diese individuell zusammengefügt werden. Diese Entwicklung scheint gerade für Patientinnen und Patienten mit hoher Komorbidität und für Nonresponder auf standardisierte Behandlungsangebote im Sinne manualisierter Vorgehensweisen nützlich zu sein. Therapiemanuale beziehen sich schließlich oftmals nur auf einen Symptombereich.

Indikations- und schulenübergreifende Methoden (Emotionsregulation, Ressourcenaktivierung, Achtsamkeit) kommen ohnehin bereits vielfach zum Einsatz, auch wenn nicht in allen Bereichen eine Evidenzbasierung ausreichend Sicherheit für eine Empfehlung bestimmter Therapie-Syndrom-Kombinationen gibt. Eine empirische Validierung mancher pragmatisch getriebener Verfahren steht bei aller klinischen Plausibilität und überzeugender theoretischer Rationale oft noch aus und dürfte methodisch schwierig sein. Dennoch könnte sich hier ein Paradigmenwechsel andeuten.

Weitere, den individuellen Zuschnitt betonende Therapien wie die Prozessbasierte Therapie (PBT) (Hayes, 2022) werden möglicherweise verstärkt zum Einsatz kommen. Bei der PBT stehen nicht mehr symptom-, sondern prozessorientierte Konzepte zu Diagnostik und Therapie im Vordergrund (siehe ▸ Kap. 63). Statt auf das Trainieren von Fertigkeiten zu fokussieren, werden Bezugsrahmen und Kontexte von Störungen identifiziert und modifiziert. PBT versteht sich entsprechend nicht als neue Methode, sondern untersucht bereits bestehende Interventionen, Methoden und Verfahren aus fallbasierter, individueller Sicht der Einzelperson auf die Wirksamkeit.

Möglicherweise können in Zukunft Systeme auf der Basis großer Datenbanken langfristig voraussagen, welche Therapieverfahren bzw. -settings und -kombinationen bei welchen Patientinnen und Patienten den größten Erfolg versprechen. Voraussetzung für ein »data mining« ist die Erstellung von »data core sets«, die individuelle Besonderheiten der Patientinnen und Patienten erfassen, die Therapiebausteine monitoren und kurz- und langfristige Katamnesen verfügbar machen. Weitere Forschung zu differenzieller Indikationsstellung wäre bedeutsam; ob sie realisierbar ist, wird von der Bereitschaft zur Finanzierung dieser aufwändigen Forschung bestimmt werden.

Digitalisierung, KI, Apps, VR-Therapie

Die zunehmende Digitalisierung wird auch das psychotherapeutische Arbeiten zukünftig vielfältig prägen. So ist schon jetzt die Tele-Behandlung, gerade in dünn besiedelten Gebieten, eine große Chance, Versorgungsengpässe zu kompensieren. Infolge des digitalen Versorgungsgesetzes (Dezember 2019) kommen zunehmend Digitale Gesundheitsanwendungen (DiGA)) auf dem Markt, darunter gerade verhaltenstherapeutisch orientierte Anwendungen, die jedoch aktuell eher noch wenig genutzt werden. Die Kosten können oftmals von Kassen übernommen werden. Bausteine wie Hausaufgaben, Symptommonitoring und Bearbeitung von Therapiematerialien können damit über das Smartphone erfolgen. Derzeit werden DiGAs v. a. als »stand alone«-Therapie durch Hausärzte in Überbrückungssituationen eingesetzt. DiGAs weisen noch sehr große Unterschiede in der Evidenzbasierung auf – die notwendigen Qualitätskriterien zur Anerkennung sind noch niederschwellig erfüllbar und bedürfen einer Präzisierung und Überwachung. Zu leicht könnte es geschehen, dass die Weiterentwicklung der psychotherapeutischen Versorgung mit Verweis auf ein wachsendes Angebot digitaler Alternativen nicht die erforderliche Priorität erhält.

Virtual Reality (VR)-Technologien haben das Potenzial, insbesondere in der Expositionstherapie zeit- und ressourcenintensive Life-Expositionen zu ergänzen oder sogar zu ersetzen.

ChatGPT gibt auf die Frage nach der Rolle von künstlicher Intelligenz (KI) in der Psychotherapie die folgende Antwort (ChatGPT am 16.3.2025):

»KI könnte in der Psychotherapie eine unterstützende, aber nicht ersetzende Rolle spielen. Hier sind einige mögliche Anwendungsbereiche:

1. *Niedrigschwellige Unterstützung:* KI-gestützte Chatbots könnten als erste Anlaufstelle für Menschen mit psychischen Belastungen dienen. Sie könnten psychoedukative Inhalte vermitteln, Entspannungstechniken vorschlagen oder Nutzer motivieren, professionelle Hilfe in Anspruch zu nehmen.
2. *Therapieunterstützung:* KI könnte Therapeutinnen und Therapeuten helfen, Sitzungen zu analysieren, indem sie Muster in Sprache, Stimmung oder Verhalten erkennt. Dies könnte die Diagnose und den Therapieverlauf verbessern.
3. *Personalisierte Interventionen:* Basierend auf Nutzerdaten könnte eine KI individuelle Therapieempfehlungen aussprechen oder Übungen vorschlagen, die auf die spezifischen Bedürfnisse und Fortschritte einer Person zugeschnitten sind.
4. *Monitoring und Krisenintervention:* KI-gestützte Systeme könnten Stimmungsverläufe analysieren und frühzeitig Warnsignale für Krisen oder Rückfälle erkennen, um rechtzeitig Interventionen zu ermöglichen.
5. *Virtual-Reality-gestützte Expositionstherapie:* KI könnte in VR-Umgebungen gezielt Angststörungen oder Phobien behandeln, indem sie realistische, aber kontrollierte Situationen schafft.

Trotz dieser Vorteile bleibt der menschliche Faktor in der Psychotherapie essenziell. KI könnte unterstützen, aber nicht Empathie, Intuition und therapeutische Beziehung ersetzen.«

Frappierenderweise ist die Antwortqualität im Dialog mit einer KI schon jetzt kaum von einer menschlichen Kommunikation zu unterscheiden.

Künstliche Intelligenz kann nach gegenwärtigem Entwicklungsstand helfen, z. B. Sitzungstranskripte zu erstellen oder Anträge zu schreiben. Denkbar ist ebenfalls die Weiterentwicklung von KI-Avataren (Ton oder Video), die in der Anamnese zwecks Erhebung von Informationen eingesetzt werden.

KI könnte darüber hinaus Gesprächsmuster oder Stimmungsschwankungen anhand der Sprache von Patientinnen und Patienten identifizieren helfen, darüber hinaus personalisierte Therapiepläne erstellen, medikamentöse Anpassungen vorschlagen oder digitale Assistenten entwickeln, die auch zwischen den Sitzungen unterstützen. Es wird (gerade jugendliche) Patientinnen und Patienten geben, die von Chatbots (KVT-basierte Apps wie Mina, speziell für Prüfungsängste, Woebot oder Wysa; sämtliche Apps sind noch keine zugelassenen Medizinprodukte) und Avataren profitieren, wobei gerade bei Suchterkrankungen die Bildschirmzeitverlängerung ihrerseits zum Problem werden kann.

Komplexe psychische Störungen, Persönlichkeitsstörungen und soziale Phobie hingegen, Störungen also, bei denen Vertrauensbildung und Beziehungsgestaltung im Vordergrund stehen, werden vermutlich wenig von Chatbot-basierten Therapien profitieren, sofern sie nicht zumindest in ein Face-to-face-Setting (i. S. eines Blended-Care-Formates) eingebunden sind.

Ethische und datenschutzrechtliche Aspekte müssen schon jetzt diskutiert werden, dabei auch nicht zuletzt die Frage, ob es ausreicht, dass ein psychisch kranker Mensch Gefühle auf ein gefühlloses Gegenüber projiziert oder besser nur ein reales Gegenüber in einer realen Beziehung Anerkennung für das Leid geben sollte. Ebenso besteht das Risiko, durch einen »technological fix« die Auseinandersetzung mit gesellschaftlichen Ursachen psychischer Erkrankungen außer Acht zu lassen (siehe Misselhorn, 2024).

Der zunehmende Einsatz von digitalen Techniken wirft abschließend die Frage auf, »wie viel Beziehung« eine Psychotherapie tatsächlich braucht?

Die Grenzen der Digitalisierung dürften nicht zuletzt durch eine Technologieüberforderung bei Patientinnen und Patienten sowie Behandelnden bestimmt werden.

Auch in Diagnostik und Forschung wird KI unersetzlich werden, kann sie doch große Mengen an Daten aus klinischen Interviews, Fragebögen und physiologischen Messungen verwenden. Ein Beispiel ist die Verwendung von KI zur Analyse von Sprache, um Symptome von PTBS, Schizophrenie, Angsterkrankungen oder Depressionen zu erkennen (vorläufige Befunde zur PTBS siehe Marmar et al., 2019). Das KI-basierte maschinelle Erkennen von (Mikro-)Emotionen anhand von Videoanalysen scheint in einer Pilotstudie hohe Korrelationen mit therapeutischen Ratings aufzuweisen (Steppan et al., 2024) und bietet interessante wissenschaftliche, therapeutische, aber auch weiterbildungsbezogene Möglichkeiten. Emotionserkennung ist derzeit allerdings in der EU nicht erlaubt. Grundsätzliche Gefahren liegen auf der Hand, Datenschutz und Verzerrungseffekte durch ungenaue, nicht repräsentative Daten seien hier nur beispielhaft genannt. Eine Inklusion digitaler Therapieangebote auch in die Weiterbildungscurricula wird langfristig unumgänglich sein.

Veränderung von Settings, Krankheitsbildern und Zielgruppen

Im Zuge einer Notwendigkeit zur Ökonomisierung könnten Psychotherapien immer kürzer ausfallen. Gruppentherapie (auch in Kombination) könnte einen größeren Stellenwert erhalten. Therapien werden sich dynamisch auf neue Themen innerhalb von Krankheitsbildern einstellen müssen (umweltbezogene Ängste, Bedrohung durch Krieg und Flucht, Megatrend Vereinsamung im Rahmen der Auflösung familiärer Strukturen).

Psychotherapie wird zunehmend kultursensitiv werden müssen. Kulturspezifische Behandlungsansätze werden sich herausbilden, auch die Bedeutung interkultureller Kompetenzen wird zunehmen. Auch bei den Psychotherapeuten und Psychotherapeutinnen selbst ist eine höhere kulturelle Diversität bereits Realität und auch wünschenswert. Eine stärkere Orientierung auf bislang wenig adressierte Gruppen (höheres Lebensalter, dissoziale Jugendliche, bildungsferne Schichten, Abhängigkeitserkrankte) wird erforderlich sein und sollte gefördert werden.

Prävention

Statt erst bei bestehenden Problemen einzugreifen, könnten präventive Maßnahmen durch eine bessere Aufklärung, Entstigmatisierung, Resilienz- und sozial-emotionale Trainings möglicherweise bereits am Arbeitsplatz oder in Schulen die Auftretenswahrscheinlichkeit psychischer Erkrankungen senken bzw. den Umgang hiermit verbessern. Sogenannte präventive Employee-Assistence-Programme (EAP), die im angloamerikanischen Raum mit Erfolg breit eingesetzt werden, werden auch hier zunehmend an Bedeutung gewinnen. Die Frage, welche Präventionsformen letztlich für wen hilfreich sind, wird im Rahmen der prädiktiven Forschung zu beantworten sein.

Wirkungen, Nebenwirkungen und die Notwendigkeit einer psychotherapeutischen Ethik

Unsichere Befunde zur differenziellen Prädiktion eines Therapieerfolges machen es noch schwer, eine erfolgsabhängige Empfehlung von Verfahren, Methoden und Techniken vorzunehmen. Gerade aus diesem Grund sind die Wirksamkeitsforschung und die Überführung von Erkenntnissen aus wissenschaftlichen Studien in medizinische Leitlinien von Bedeutung: ähnlich wie in der Pharmakotherapieforschung sollte die Indikationsstellung vom Wissen über Wirkungen und Nebenwirkungen geleitet sein. Hier gibt es mehr Fragen als Antworten: Wer definiert Wirkung und Nebenwirkung, was ist das angemessene Set von Outcome-Parametern und was eine »Nebenwirkung«? Welche Verpflichtung zur Aufklärung ergibt sich daraus in der Einleitung einer Psychotherapie? Wie umfänglich sind Patientinnen und Patienten über Gefahren sozialer Nebenwirkungen, psychischer Verschlechterung bis hin zur Suizidalität aufzuklären?

In einer »Ethik der Psychotherapie« müssen all diese Fragen adressiert werden. Wäre es vorstellbar, dass verfahrensübergreifend Grundsätze des Umgangs, der Beziehungspflege, der Nähe-Distanz-Regulation vereinbart werden, oder wird die Toleranz beispielsweise für Berührungen in der Therapie, die Definition von persönlicher Nähe, Kriterien für die Verfügbarkeit von Therapeutinnen und Therapeuten (24/7 oder nur punktuell) unterschiedlich bleiben? Wo sind die Grenzen der Individualität, wo die Gefahren für Grenzverletzungen, für einen Missbrauch von Beziehungen? Vieles lässt sich beantworten, eine Instanz der Ethik in der Psychotherapie könnte die Beantwortung der übrigen Fragen koordinieren.

Zum Stellenwert der Supervision in der Psychotherapie

Psychotherapeutische Behandlung unter Supervision ist Teil der Weiterbildung. Hierfür existieren Vorgaben: Eine Supervisionsstunde muss spätestens nach jeder vierten Behandlungsstunde im gewählten Verfahren bei hierfür ausgebildeten und durch die Landespsychotherapeutenkammer oder Instituten anerkannten Personen wahrgenommen werden. Dies soll einerseits die Qualität der Behandlung sichern, zum anderen im Rahmen der Weiterbildung die Weiterentwicklung eigener Kenntnisse und Fertigkeiten durch konkrete Anleitungen oder Rollenmodelle ermöglichen. Nicht verpflichtend ist die Supervision oder auch Intervision nach erfolgter Approbation bei psychologischen Psychotherapeutinnen und Psychotherapeuten oder Ärztinnen und Ärzten mit einer Facharztqualifikation im Bereich der Psychiatrie oder Psychosomatik bzw. nach Erhalt des Zusatztitels »Psychotherapie«. Im Sinne einer Qualitätssicherung und Schutz vor Grenzverletzungen wäre allerdings auch dies zu empfehlen.

> **Merke**
>
> »Öffentlichkeit schafft Sicherheit! Berichte, wenn es (die Beziehung/die Rückmeldung/das Setting ...) ›besonders‹ ist!«
>
> Bestehen Hemmungen, über eine laufende Behandlung im Kreise von Kolleginnen und Kollegen zu berichten, so ist dies eventuell ein Indiz, dass die Behandlung nicht optimal verläuft.

Die Wirksamkeit der Supervision in der Phase der Weiterbildung und insbesondere als Mittel zum Schutz vor Grenzverletzungen im therapeutischen Kontext ist bislang noch zu wenig Gegenstand der Forschung gewesen und sollte wissenschaftlich begründet werden.

Zukünftige Rolle und Bedeutung der unterschiedlichen Berufe in der Psychotherapie

In Deutschland werden zukünftig drei Berufsgruppen Psychotherapie anbieten: (1) Diplom- (bzw. Master-)Psychologinnen und Psychologen mit psychotherapeutischer Zusatzausbildung, (2) im Master-Studiengang »Psychotherapie« universitär direkt ausgebildete Psychotherapeutinnen und Psychotherapeuten (mit der Reform des Psychotherapeutengesetzes 2020) und (3) ärztliche Psychotherapeutinnen und Psychotherapeuten (Facharzt für Psychiatrie und Psychotherapie, Facharzt für Psychosomatische Medizin und Psychotherapie, Facharzt für Kinder- und Jugendpsychiatrie und Psychotherapie, Fachärzte mit dem Zusatztitel Psychotherapie).

Eine Steigerung des Bedarfs an psychotherapeutischen Leistungen zeichnet sich weiterhin ab, vermutlich u. a. ausgelöst durch die globalen Krisen (Kriegsgeschehen, Epidemien) oder durch Bindungs- und Zugehörigkeitsverlust (Migration, Vereinsamung, fehlender religiöser Rückhalt), nicht zuletzt aber auch aufgrund der Entstigmatisierung von psychischen Leiden und der wachsenden Bereitschaft, therapeutische Angebote nachzufragen und anzunehmen. Der DAK-Psychreport 2025 (bezogen auf 2,4 Millionen DAK-Versicherte; DAK Gesundheit, 2025) ermittelte einen neuen Höchststand an Arbeitsausfalltagen wegen psychischer Erkrankungen sowie einen Höchststand an Fehltagen insgesamt mit einer Steigerung von 52 % gegenüber den zurückliegenden 10 Jahren. Dabei war bei den älteren Altersgruppen (über 60 Lebensjahre) der Zuwachs zuletzt am höchsten. Ein synergistisches Miteinander in der Leistungserbringung der Psychotherapeutinnen und Psychotherapeuten bleibt aufgrund verschiedener inhaltlicher Ausrichtungen im Interesse der Patientenversorgung wichtig, denn ein vielfältiges, integratives Leistungsangebot auf den verschiedenen Versorgungsebenen (ambulant, stationär, teilstationär) kann nur durch ein Miteinander der verschiedenen psychotherapeutisch Tätigen aufrechterhalten werden. Dabei ist aktuell nicht erkennbar, wie dies organisiert bzw. koordiniert werden kann. Diese Unsicherheit betrifft insbesondere auch die universitär direkt ausgebildeten Psychotherapeutinnen und Psychotherapeuten. Gleichzeitig stellt sich die Frage, ob in diesem Zusammenhang eine spezielle Bedarfssituation für die ärztliche Psychotherapie gegeben ist und vor welchen Herausforderungen gerade diese Berufsgruppe steht.

Ärztliche Psychotherapeutinnen und Psychotherapeuten verfügen zusätzlich zur Psychotherapieausbildung über eine medizinische, pharmakologische, psychiatrische und/oder psychosomatische Expertise. Sie behandeln ein breites Spektrum von Erkrankungen und Störungen, so auch polymorbid, komplex, chronisch und schwer erkrankte Menschen. Sie können sich dabei auf ein komplexes, auch medizinisch integratives, diagnostisches und differenzialdiagnostisches Fachwissen stützen und sollten in der Lage sein, die Gesamtheit der therapeutischen Einflussfaktoren zu überblicken. Sie verstehen die Indikation und den Nutzen spezieller, auch biologisch fundierter, diagnostischer und therapeutischer Verfahren wie z. B. Drug-Monitoring, Neurostimulationsverfahren, Schlafphasen-Verschiebung und andere spezifische Therapiemaßnahmen, auch z. B. in Kombination mit Pharmakotherapie. Ärztliche Psychotherapie findet neben der ambulanten Versorgung oft in stationären/teilstationären und in vielen weiteren institutionellen und situativen Settings statt. In der Gesamtwertung der erwartbaren Expertise und deren Anwendungsbreite in der Patientenversorgung haben ärztliche Psychotherapeutinnen und Psychotherapeuten eine eigenständige Identität und Aufgaben in der Versorgung somatisch und psychisch komorbider Patientinnen und Patienten, die zukünftig innerhalb eines synergistischen Miteinanders gewahrt werden sollte.

Literatur

DAK Gesundheit (2025) *DAK-Psychreport 2025. Psychische Erkrankungen im Job: 2023–2024.* Hamburg, 2025.

Hayes, S. et al. (2022) Evolving an idionomic approach to processes of change: towards a unified personalized science to human improvement. *Behavior Research and Therapy, 156,* 104155.

Herpertz, S., Schramm, E. (Hrsg.) (2022). *Modulare Psychotherapie. Ein Mechanismus-basiertes, personalisiertes Vorgehen*. Schattauer.

Marmar, C. R., Brown, A. D., Qian, M., et al. (2019). Speech-based markers for posttraumatic stress disorder in US veterans. *Depression and anxiety, 36*(7), 607–616. https://doi.org/10.1002/da.22890

Misselhorn, C. (2024). *Künstliche Intelligenz und Empathie* (3. Aufl.). Reclam.

Schnyder, U. (2009). Therapie gewinnt durch Vielfalt-Evidenz versus Kreativität. *Integrative Therapie, 35*(1), 51–69.

Sessa, B. (2012). *The Psychodelic Renaissance: Reassessing the Role of Psychotropic Drugs in 21th Century Psychiatry and Society.* Muswell Hill Press.

Steppan, M., et al. (2024). Machine Learning Facial Emotion Classifiers in Psychotherapy Research: A Proof of Concept Study. *Psychopathology, 57*(3), 159–168.

Wheeler, S., & Dyer, N. (2020). A systematic Review of Psychodelic Assisted Psychotherapy for Mental Health: An Evaluation of the current wave of research and suggestions for the future. *Psychology of Consciousness: Theory, Research and Practice,* 7(3), 279–315.

V Settingbedingungen

65 Gruppenpsychotherapie

Johannes Lindenmeyer

Das Wichtigste auf einen Blick

- Gruppenpsychotherapie hat sich als ebenso effektiv wie Einzelpsychotherapie erwiesen. Sie sollte daher im ambulanten Setting viel häufiger angeboten werden, um die Wartezeiten auf einen Behandlungsplatz zu verringern.
- Bei der Indikationsstellung für Gruppenpsychotherapie sind eine Reihe von wichtigen Kontraindikationen zu beachten, die unter dem Begriff »mangelnde Gruppenfähigkeit« zusammengefasst werden.
- In der Gruppenpsychotherapie ist über die Persönlichkeit der Patientinnen und Patienten und ihre psychische Störung hinaus die sozialpsychologische Dynamik zwischen den Gruppenmitgliedern als wesentliches Element zu beachten.
- Die zentrale Aufgabe von verhaltenstherapeutischen Gruppenpsychotherapeuten besteht darin, für lerntheoretisch günstige instrumentelle Gruppenbedingungen zur Erreichung der mit den Gruppenmitgliedern einzeln vereinbarten Therapieziele zu sorgen.
- Psychotherapie in sog. offenen Gruppen, bei denen freiwerdende Plätze mit neuen Patientinnen und Patienten aufgefüllt werden, erfordert eine gesonderte Planung von psychotherapeutischer Seite.
- Gruppenpsychotherapie kann durch den Einsatz von schriftlichen Arbeitsmaterialien entscheidend erleichtert werden.

65.1 Einführung

Die Ursprünge der Gruppenpsychotherapie liegen in der Psychoanalyse Anfang des 20. Jahrhunderts sowie in den humanistischen Therapieverfahren (sog. Encountergruppen) Anfang der 1960er-Jahre (Burlingame & Baldwon, 2012). Die Verhaltenstherapie begann sich erst Jahrzehnte später systematisch mit der Gruppenpsychotherapie zu beschäftigen (z. B. Grawe, 1980). Seither wurden eine Vielzahl von v. a. störungsspezifischen Gruppenpsychotherapie-Manualen auf verhaltenstherapeutischer Grundlage veröffentlicht und erfolgreich evaluiert.

Während die Gruppenpsychotherapie in vielen stationären Einrichtungen den Schwerpunkt der psychotherapeutischen Versorgung bildet, werden im ambulanten Sektor lediglich max. 5 % der Gesamtleistung als Gruppenpsychotherapie durchgeführt. Es wurden in den letzten Jahren von Seiten der Psychotherapeutenkammern als auch der Kassenärztlichen Bundesvereinigung (KBV) gezielte Anstrengungen unternommen, um die Gruppenpsychotherapie im ambulanten Sektor zu fördern, die u. a. ihren Niederschlag in Anpassungen der Psychotherapie-Richtlinie gefunden haben (GBA, 2021).

65.1.1 Indikation und Kontraindikation für Gruppenpsychotherapie

Die Mehrheit der Patientinnen und Patienten mit psychischer Störung, aber auch viele Psychotherapeutinnen und Psychotherapeuten sind der Überzeugung, dass es sich bei Gruppenpsychotherapie um eine prinzipiell unterlegene Behandlungsform handele, die hauptsächlich aus ökonomischen Gründen angeboten werde und in der auf die individuellen Bedürfnisse von Patientinnen und Patienten nicht ausreichend eingegangen werden könne. Tatsächlich ergab aber eine Metaanalyse von 46 RCT-Studien zum Vergleich zwischen Einzel- und Gruppenpsychotherapie kurz- und langfristig keine signifikanten Wirksamkeitsunterschiede und keine Patientenzufriedenheitsunterschiede zwischen beiden Therapieformen (Burlingame et al., 2016).

Ganz im Gegenteil: Eine Gruppenpsychotherapie enthält hinsichtlich der Behandlung psychischer Störungen sogar eine Reihe von inhaltlichen und strukturellen *Vorteilen* gegenüber einer Einzeltherapie. Diese wären:

- *Verstärkte Problemaktualisierung:* Durch die Interaktion mit Mitpatienten werden die störungstypischen Emotionen häufig stärker ausgelöst als im Schutzraum einer Einzeltherapie. Hier zeigen sich auch unmittelbar die problematischen Verhaltensweisen bzw. -defizite der Patienten.
- *Realistisches Feedback:* Patienten erhalten in Gruppenpsychotherapie ein alltagsrealistisches Feedback von Seiten ihrer Mitpatienten, die ja häufig aus anderen sozialen Schichten, Kulturen oder Lebenszusammenhängen stammen können als ihre Psychotherapeuten.
- *Folgenloses Übungsfeld:* In den Gruppenpsychotherapiesitzungen haben Patienten die Möglichkeit eines Probehandelns, ohne die Gefahr von unwiederruflichen negativen Konsequenzen in ihrem realen Lebensumfeld.
- *Solidarische Stigmabewältigung:* Im Rahmen einer Gruppenpsychotherapie können Psychotherapiepatienten durch die Begegnung und den Austausch mit ebenfalls betroffenen Mitpatienten unmittelbare Solidarität, Ak-

zeptanz sowie Unterstützung bei der Bewältigung der mit psychischen Störungen einhergehenden Selbst- und Fremdstigmatisierung erleben nach dem Motto: »Ich bin nicht allein«.

Merke

Verhaltenstherapeutische Gruppenpsychotherapie zielt darauf ab, dass die Gruppenmitglieder mit- und voneinander lernen können, dysfunktionale Kognitionen und Einstellungen zu überwinden sowie ihr Sozial- bzw. Kommunikationsverhalten zu optimieren.

Je nach Einzelfall liegt der Schwerpunkt in verhaltenstherapeutischer Gruppenpsychotherapie darauf:

- verhaltenstherapeutische Störungsmodelle zu vermitteln bzw. gemeinsam zu erarbeiten (Steigerung von positiver Therapieerwartung und Selbstwirksamkeitsüberzeugung)
- von Mitpatienten Rückmeldung zu erhalten (operantes Lernen am Erfolg)
- eigene Überlegungen erstmals anderen Menschen anzuvertrauen (kognitive Umstrukturierung bzw. Selbstmanagement- oder Problemlösetraining)
- Selbstsicherheit und Selbstbehauptung gezielt zu erproben bzw. zu steigern (Modelllernen und operantes Lernen am Erfolg, Steigerung der Selbstwirksamkeitsüberzeugung)
- durch die Äußerung von Änderungsvorhaben gegenüber anderen Personen eine erhöhte Selbstverpflichtung einzugehen (Selbstmanagementtraining)
- unmittelbare Unterstützung und Hilfe durch Mitpatienten zu erfahren (Problemlöse- bzw. Selbstmanagementtraining)

Insofern ist eine Gruppenpsychotherapie bei der Mehrheit aller Patientinnen und Patienten mit psychischen Störungen prinzipiell indiziert und sollte auch im ambulanten Setting viel häufiger als gegenwärtig üblich praktiziert werden, um die Wartezeiten auf einen Therapieplatz zu verringern.

Andererseits gibt es abweichend von der Einzeltherapie auch *Kontraindikationen* für Gruppenpsychotherapie, die häufig unter dem Begriff einer fraglichen bzw. nicht gegebenen »Gruppenfähigkeit« der betroffenen Patientinnen und Patienten zusammengefasst werden:

- schwere Hörschäden oder mangelnde Sprachkenntnisse, die eine ausreichende Verständigung mit den anderen Patienten in einer Therapiegruppe verunmöglichen
- aggressive Impulsdurchbrüche oder mangelnde Steuerungsfähigkeit, sodass ein konstruktives Verhalten innerhalb der Therapiegruppe insbesondere bei Konflikten eine Überforderung darstellen würde bzw. diese Patienten für Mitpatienten der Gruppe eine unzumutbare Belastung oder gar Gefährdung bedeuten könnten
- psychische Störungen von Patienten, bei denen die Anwesenheit, Äußerungen oder Verhaltensweisen von Mitpatienten in der Gruppe so starke emotionale Belastungsmomente darstellen, dass sie trotz therapeutischer Unterstützung nicht bewältigt werden können
- von den Mitpatienten der Gruppenpsychotherapie so stark abweichende Normen bzw. Wertvorstellungen, die ein gegenseitiges Verständnis bzw. Empathie trotz therapeutischer Bemühungen im Rahmen der Gruppenpsychotherapie aussichtslos erscheinen lassen
- ansteckende Krankheiten oder Infektionen, die in der Gruppenpsychotherapie auf andere Mitpatienten übertragen werden könnten

65.1.2 Die sozialpsychologische Besonderheit der Gruppenpsychotherapie

Der entscheidende Unterschied zur Einzeltherapie besteht darin, dass in einer Gruppenpsychotherapie die sozialpsychologische Dynamik der Gruppe als dritte wesentliche Komponente zusätzlich zur Persönlichkeit der Patientinnen und Patienten sowie ihrer psychischen Störung zu beachten ist. Dies kann sich sowohl positiv wie auch negativ für die Behandlung der beteiligten Patienten auswirken. Auf Seiten der Gruppenpsychotherapeutinnen und -psychotherapeuten erwächst dadurch die zusätzliche Verantwortung, sowohl der Gruppe als Ganzes als auch allen beteiligten Patientinnen und Patienten als Individuen gerecht zu werden. Dies kann beispielsweise durch das beständige Hinwirken auf die folgenden vier sog. instrumentellen Gruppenbedingungen nach Grawe (1980) geschehen:

- *Kohäsion:* gemeinsame Ziele, Zusammenhalt, Wir-Gefühl, gegenseitige Unterstützung, gemeinsame Aktivitäten der Gruppenmitglieder
- *Akzeptanz:* Beachtung und Wahrung der Rechte, Wünsche, Einzigartigkeit und Diversität durch die Gruppenmitglieder
- *Vertrauen:* gegenseitig unterstelltes Wohlwollen und Ehrlichkeit der Gruppenmitglieder untereinander
- *Offenheit:* Bereitschaft der Gruppenmitglieder, sich trotz unangenehmer Gefühle in der Gruppe zu offenbaren

65.2 Formen der verhaltenstherapeutischen Gruppenpsychotherapie

In allen Psychotherapieverfahren gibt es prinzipiell drei verschiedene Arten von Gruppenpsychotherapie (Sipos & Schweiger, 2019):

- *interaktionelle Gruppenpsychotherapie:* Hier stehen die Interaktion und Beziehung der Gruppenmitglieder im Vordergrund, um eine Selbstreflexion bzw. Optimie-

rung des Sozial- und Kommunikationsverhaltens der Gruppenmitglieder zu unterstützen. Die Therapiegruppe wird als Mikrokosmos des realen Lebens gesehen. Zur gezielten Aktivierung, Bewusstmachung oder Einübung von Interaktionsprozessen zwischen den Gruppenmitgliedern werden häufig sog. gruppendynamische Übungen/Spiele eingesetzt.
- *Einzeltherapie in der Gruppe:* Hier helfen und lernen die Gruppenmitglieder bei der Problembewältigung eines Gruppenmitglieds. Einzelne Patientinnen oder Patienten stehen dabei in einer Gruppenpsychotherapiestunde mit ihrer Problematik im Vordergrund. Die Mitpatienten werden angeleitet, bei der Bewältigung zu helfen.
- *störungs- oder methodenspezifische Gruppenpsychotherapie:* Hier steht die Bewältigung der gemeinsamen Störung aller Gruppenmitglieder oder das gemeinsame Erlernen einer spezifischen Technik bzw. Methode häufig mithilfe eines Therapiemanuals im Vordergrund.

Merke

Im Vergleich zu anderen Therapierichtungen sind verhaltenstherapeutische Gruppenpsychotherapien stärker zielorientiert und strukturiert:

- *Zielorientierung:* Mit den einzelnen Teilnehmenden werden spezifische Veränderungsziele vereinbart, auf die in der Gruppenpsychotherapie hingearbeitet wird. Je nachdem kann es um die Veränderung von dysfunktionalen Einstellungen, die Steigerung von Handlungskompetenzen oder das Erlernen einer bestimmten Therapiemethode gehen.
- *Strukturiertheit:* Verhaltenstherapeutische Gruppentherapeuten lassen das Gruppengeschehen nicht einfach »laufen«. Vielmehr sehen sie es als ihre Aufgabe an, aktiv und planvoll für lerntheoretisch günstige instrumentelle Gruppenbedingungen zur Erreichung der individuell vereinbarten Therapieziele aller Teilnehmenden zu sorgen.

Die Psychotherapie-Richtlinie unterscheidet zwei gruppentherapeutische Angebote im ambulanten Setting (GBA, 2021):

- *Gruppenpsychotherapeutische Grundversorgung nach § 11a:* Sie dient der Vermittlung und Vertiefung von Störungswissen und Inhalten der ambulanten Psychotherapie mit dem Ziel, die Behandlungsbereitschaft insbesondere für Gruppenpsychotherapie zu fördern. Das Angebot kann maximal vier Sitzungen von 100 Minuten umfassen.
- *Gruppenpsychotherapie nach § 15:* In ihr werden aus der Anamnese und Diagnostik abgeleitete Interventionen im Gruppensetting angewendet, um die psychischen Beschwerden der Patienten zu lindern bzw. ihre Bewältigungsfähigkeiten zu stärken. Dabei kann die Gruppenpsychotherapie mit Einzeltherapie innerhalb eines Gesamtbehandlungsplans kombiniert werden.

65.3 Erforderliche Rahmenbedingungen der Gruppenpsychotherapie

Gruppengröße

In stationären Einrichtungen gelten gemeinhin 12 Teilnehmende als Obergrenze für die Gruppenpsychotherapie. In der Psychotherapie-Richtlinie ist dagegen eine Obergrenze von 9 Teilnehmenden für die ambulante Gruppenpsychotherapie festgelegt. Falls die Gruppenpsychotherapie von zwei Psychotherapeut/-innen durchgeführt wird, ist eine max. Gruppengröße von 14 Teilnehmenden im ambulanten Setting zulässig. Zu beachten ist, dass aufgrund von Unpässlichkeiten de facto meist nicht alle Patientinnen und Patienten in den Gruppenpsychotherapiesitzungen gleichzeitig anwesend sind. In stationären Einrichtungen sind auch Stationsgruppen oder sog. Großgruppen mit über 20 Teilnehmenden als therapeutische Maßnahme nicht unüblich.

Räumlichkeit und technische Ausstattung

Für Gruppenpsychotherapie werden durch Deckenlicht hell erleuchtete Räume benötigt, bei denen durch den Lichteinfall der Fenster kein Gegenlicht zwischen den Teilnehmenden entsteht. Entscheidend ist, dass alle Gruppenmitglieder in einem kreisrunden Stuhlkreis mit identischem Abstand zueinander sitzen, um sowohl die Gleichheit, aber auch Zusammengehörigkeit aller Teilnehmenden zu symbolisieren. Gruppenpsychotherapeutinnen und -psychotherapeuten sollten nach Möglichkeit in der Nähe der Tür sitzen, damit sie eher eingreifen können, falls Teilnehmende inmitten einer Therapiesitzung den Raum verlassen wollen. Es wird vom Inhalt der Gruppenpsychotherapie abhängen, ob eine Videokamera mit Monitor zum gemeinsamen Betrachten von Therapiesequenzen bzw. ein Whiteboard, eine Pinnwand oder sonstige Materialien benötigt werden. Für Supervisionszwecke können auch Einwegscheiben geeignet sein.

Psychotherapeutenzahl

Es gibt keine empirischen Belege dafür, dass die Gruppenpsychotherapie mit zwei Psychotherapeuten/Psychotherapeutinnen effektiver sei, als wenn es nur eine/n Psychotherapeuten/Psychotherapeutin gibt. Möglicherweise wird der Vorteil, dass zwei Therapeuten das Gruppengeschehen vollständiger wahrnehmen und dadurch mit besserer Übersicht intervenieren können, dadurch aufgehoben, dass zwei Gruppentherapeuten durch die notwendige Absprache untereinander langsamer und weniger klar in Krisenmomenten reagieren. Ein Vorteil der gemeinsamen Durchführung von Gruppenpsychotherapie durch zwei Psychotherapeuten besteht sicher darin, dass im Falle eines Verhindertseins durch Urlaub oder Krankheit einer der beiden die Gruppenpsychotherapie nicht ausfallen muss.

Gruppenregeln

Fast alle Konzepte der Gruppenpsychotherapie empfehlen die Aufstellung von sog. Gruppenregeln zur Erleichterung der Zusammenarbeit in den Gruppensitzungen und zur Schaffung von Sicherheit für jedes einzelne Gruppenmitglied. Oftmals wird dabei auch empfohlen, die Einhaltung der Gruppenregeln vorab mit den Teilnehmenden verbindlich zu vereinbaren. Auf der anderen Seite kann es aber auch von besonderem therapeutischem Wert sein, wenn nicht alles geregelt ist, sondern es innerhalb der Therapiegruppe zu Auseinandersetzungen zwischen den Teilnehmenden darüber kommt, was richtig und falsch ist. Es wird somit von der Zusammensetzung der Gruppenmitglieder bzw. ihren Störungsbildern abhängen, welche und v. a. wie viele Gruppenregeln vorzugeben sind. Beispielsweise könnte ein Mehr an spezifischen Gruppenregeln in gemischtgeschlechtlichen Gruppen oder in der Gruppenpsychotherapie mit gewalttätigen oder dissozialen Patientinnen und Patienten erforderlich sein. Häufige Inhalte von Gruppenregeln sind die Einhaltung der Vertraulichkeit, Pünktlichkeit, das Abschalten von Smartphones, angemessene Kleidung, kein Essen/Trinken während der Gruppensitzung, angemessene Sitzposition in den Gruppensitzungen, Verbot von Diskriminierung und Androhung von Gewalt sowie die Einhaltung bestimmter Kommunikations- und Feedbackregeln. Gruppentherapeutinnen und -therapeuten obliegt die Aufgabe, Übertretungen einer aufgestellten Gruppenregel angemessen anzusprechen und einer konstruktiven Lösung zuzuführen. Es wird vom Einzelfall abhängen, ob hierbei die Gruppe miteinbezogen werden kann oder die Einhaltung der Regel von therapeutischer Seite verteidigt werden muss.

Beispiele

»Herr X. ich bin mir nicht sicher, ob Ihnen bewusst ist, dass Ihre Formulierung möglicherweise sehr abwertend auf andere gewirkt haben kann. Ich möchte daher die anderen Gruppenmitglieder bitten, Herrn X. eine ehrliche Rückmeldung zu geben: Welche Gefühle hat seine Formulierung bei Ihnen ausgelöst? … Nun, Herr X., nachdem Sie die Rückmeldungen der anderen gehört haben, was hat es in Ihnen ausgelöst?«

»Frau Y., ich muss darauf bestehen, dass Sie künftig pünktlich zu den Therapiesitzungen erscheinen. Lassen Sie uns gemeinsam überlegen, wie Sie das ab jetzt sicherstellen können.«

Zusammenstellung der Therapiegruppe

Gruppentherapeutinnen und -therapeuten haben auf ausreichende Homogenität bzw. Gleichverteilung der Gruppenmitglieder hinsichtlich Alter, Geschlecht, Bildungsniveau und psychischer Störung zu achten. Als Mindestmaß hat sich das sog. Arche-Noah-Prinzip erwiesen, wonach zumindest immer zwei Teilnehmende mit identischen Merkmalen in einer Therapiegruppe vertreten sein sollten, um einer Isolierung bzw. Ausgrenzung einzelner Gruppenmitglieder vorzubeugen. Darüber hinaus wird die Zusammenstellung der Gruppe davon abhängen, ob es sich um eine störungsspezifische Gruppenpsychotherapie, eine störungsübergreifende Gruppenpsychotherapie oder ein Spezialangebot für ein/e spezifisches Alter, Geschlecht oder Berufsgruppe (z. B. Polizisten und Polizistinnen) handelt.

65.4 Spezifische Aufgaben von Gruppentherapeutinnen und -therapeuten

Umgang mit Konflikten zwischen Gruppenmitgliedern

Ein unausgesprochener bzw. ungelöster Konflikt zwischen Gruppenmitgliedern kann die Offenheit und inhaltliche Arbeit in den Therapiesitzungen erheblich beeinträchtigen oder sogar vollständig blockieren. Demgegenüber kann eine erfolgreiche Aussprache zwischen Konfliktparteien innerhalb der Gruppenpsychotherapie die allgemeine Konfliktlösefähigkeit von Teilnehmenden gezielt fördern. Es empfiehlt sich daher, zu Beginn jeder Sitzung abzuklären, ob schwerwiegende Konflikte zwischen Gruppenmitgliedern bestehen, die vorrangig anzugehen sind.

Beispiel

»Bevor wir heute inhaltlich mit der Gruppenpsychotherapie fortfahren, möchte ich Sie fragen: Ist es zu Konflikten zwischen Einzelnen von Ihnen gekommen, die wir vorrangig klären sollten?«

Außerdem erfordert es ein therapeutisches Eingreifen, wenn innerhalb der Gruppenpsychotherapiesitzung ein Konflikt zwischen einzelnen Gruppenmitgliedern in destruktiver Weise zu eskalieren droht.

Beispiel

»Bitte Herr X. und Frau Y., ich schätze Ihr Engagement und kann Ihnen auch versichern, dass beide von Ihnen gleichermaßen hier gehört werden. Aber ich muss Sie auffordern, sich in Ihren Äußerungen zu mäßigen und einander aussprechen zu lassen. Geht das?«

Umgang mit Therapieabbrüchen und schweren Rückschlägen einzelner Gruppenmitglieder

In diesem Fall droht das Vertrauen aller anderen Teilnehmenden in die Sinnhaftigkeit und Wirksamkeit der Behandlung bzw. in die Fähigkeit der Therapeutin oder des Therapeuten grundsätzlich erschüttert zu werden. Es empfiehlt sich daher, zu Beginn jeder Gruppensitzung zunächst tatsächlich eingetretene oder drohende Rückfälle bzw. anderweitige Krisen einzelner Gruppenmitglieder zu erfragen oder transparent anzusprechen, bevor mit dem »eigentlich« geplanten Thema der Sitzung begonnen wird.

Beispiel

»Als erstes möchte ich jeden von Ihnen fragen: Gab es in der Zwischenzeit Rückschläge, Rückfälle oder schwere Krisen, die wir besprechen müssen, bevor wir mit der geplanten Gruppenpsychotherapie fortfahren?«

Dadurch zeigt die Therapeutin/der Therapeut, dass sie/er durchaus mit Rückschlägen als normalen Bestandteil von Gruppenpsychotherapie rechnet und in der Lage ist, eine offene Aussprache hierüber zwischen den Teilnehmenden zu initiieren und zu moderieren.

Wenn ein Gruppenmitglied die Therapie abgebrochen hat, so ist durch die Therapeutin/den Therapeuten eine offene Aussprache der »hinterbliebenen« Patientinnen und Patienten hierüber zu initiieren und zu moderieren.

Beispiel

»Möglicherweise haben Sie ganz unterschiedliche Gefühle und Einstellungen zum Therapieabbruch von Frau Z. Einige von Ihnen sind vielleicht persönlich enttäuscht, dass sie Sie im Stich lässt, andere sind vielleicht erleichtert, dass sie endlich weg ist. Wieder andere von Ihnen zweifeln nun selbst an der Sinnhaftigkeit bzw. Erfolgsaussicht der Behandlung, wieder andere an mir als Person, weil ich den Abbruch nicht verhindern konnte. Lassen Sie uns offen darüber sprechen.«

65.5 Motivationsarbeit als Voraussetzung für Gruppenpsychotherapie

Fast alle Psychotherapiepatientinnen und -patienten bevorzugen eine Einzeltherapie. Sie hoffen auf Verständnis und exklusive therapeutische Zuwendung und beanspruchen für sich Verschwiegenheit und Diskretion im Umgang mit ihrer Problematik. Demgegenüber stellt die Teilnahme an einer Gruppenpsychotherapie für die meisten Patientinnen und Patienten eine Hürde dar: Scham und Furcht vor Ablehnung lassen viele automatisch davor zurückschrecken, sich gegenüber anderen Personen zu öffnen. Sie befürchten ihre Bloßstellung oder die Wiederholung anderer negativer Erfahrungen mit ihrer Umwelt. Außerdem wissen sie oftmals nicht, wie sie sich in diesem für sie ungewohnten Setting verhalten sollen.

Andererseits gibt es eine Reihe von typischen Patientenmotiven bzw. -bedürfnissen, an die eine Gruppenpsychotherapie anknüpfen kann:

- emotionale Entlastung: »Anderen geht es auch so wie mir«
- Entpathologisierung: »Manch anderen geht es noch schlechter als mir«
- Hoffnung: »Andere schaffen das auch«
- Kontakt: »Ich bin nicht allein«

Es liegt somit in der therapeutischen Verantwortung, Patientinnen und Patienten mithilfe des aus der Anamnese und Diagnostik abgeleiteten Störungsmodells den Stellenwert von Gruppenpsychotherapie im konkreten Einzelfall plausibel zu machen und sie für die Teilnahme an einer Gruppenpsychotherapie zu gewinnen. Folgende Punkte sollten hierbei berührt werden:

- individuelle Erläuterung der Indikation von Gruppenpsychotherapie: »Warum ist Gruppenpsychotherapie bei Ihnen besonders geeignet?«
- konkrete Zielvereinbarungen für die Gruppenpsychotherapie: »Was wollen wir in der Gruppenpsychotherapie in Ihrem Fall erreichen?«
- Vorinformationen über Ablauf der vorgeschlagenen Gruppenpsychotherapie: »Wie läuft unser Gruppenpsychotherapieangebot konkret ab?«

65.6 Einsatz von Gruppenpsychotherapie-Manualen

Bei den meisten veröffentlichten verhaltenstherapeutischen Gruppenpsychotherapie-Manualen handelt es sich um sog. geschlossene Gruppen: Patientinnen und Patienten beginnen gemeinsam mit der Behandlung und durchlaufen eine bestimmte Anzahl von Gruppensitzungen, in denen die Therapieinhalte in einer didaktisch günstigen Reihenfolge und aufeinander aufbauend abgearbeitet werden. Schließlich beenden die Teilnehmenden die Behandlung gemeinsam. Entsprechend unterscheiden Behandlungsmanuale folgende Phasen:

- *Eingangsphase:* gegenseitigen Kennenlernen und gemeinsames Festlegen der Gruppenregeln
- *Informationsphase:* Vermittlung eines Störungsmodells oder einer Therapiemethode

- *Veränderungsphase:* Bearbeitung der Therapieinhalte
- *Abschlussphase:* gemeinsame Rekapitulation des Erreichten und gegenseitige Verabschiedung

Die verschiedenen Therapiemanuale unterscheiden sich danach, wie kleinteilig sie die einzelnen Gruppensitzungen standardisiert vorgeben oder eher je nach den individuellen Problemlagen der Patientinnen und Patienten variieren. Im deutschen Sprachraum wurden verhaltenstherapeutische Gruppenpsychotherapie-Manuale zu einer Vielzahl von Störungs- bzw. Kompetenzbereichen veröffentlich.

65.7 Arbeit in offenen Therapiegruppen

In sog. offenen Therapiegruppen werden die ausscheidenden Patientinnen und Patienten unmittelbar durch neue Teilnehmende ersetzt. Dadurch entsteht die Möglichkeit individuell unterschiedlich langer Therapiedauern in Abhängigkeit von der Problematik der Gruppenmitglieder. Gleichzeitig ermöglicht dies eine erheblich bessere Auslastung der Behandlungsplätze verbunden mit kürzeren Wartezeiten. Schließlich können Patientinnen und Patienten bei einem schweren Rückfall/Rückschlag kurzfristig in die Gruppen zurückkehren.

Aufgrund der ständigen Fluktuation der Teilnehmenden ist es nur bedingt möglich, über einen längeren Zeitraum an einer bestimmten Thematik zu arbeiten. Es empfiehlt sich stattdessen, jeweils für jedes einzelne Gruppenmitglied einen inhaltlichen Verlauf innerhalb der Gruppenpsychotherapie zu konzipieren, der dann intervallmäßig über mehrere Gruppenstunden fortgeführt werden kann (vgl. ▸ Abb. 65.1).

Merke

Für Gruppentherapeutinnen und -therapeuten bedeutet die Arbeit mit offenen Therapiegruppen eine grundlegende, aber prinzipiell einfache Umstellung – anstatt sich vor jeder Gruppenstunde zu fragen: »Was mache ich heute mit der Gruppe?«, geht es darum, für jede Therapiesitzung zu entscheiden: »Welcher Patient/welche Patientin soll heute für wie lange im Mittelpunkt stehen?«. Sie sollten die inhaltlichen Schwerpunkte der Therapiestunde zu Beginn explizit benennen und jeweils eine ungefähre Zeitvorgabe machen.

Grundsätzlich haben Therapiesitzungen in offenen Gruppen folgende zeitliche Struktur:

- *Begrüßung neuer Teilnehmender:* Patientinnen und Patienten, die zum ersten Mal an der Gruppenpsychotherapie teilnehmen, erfahren eine Begrüßung in der Therapiegruppe, in der sie sich und ihre Vorhaben in der Therapie kurz vorstellen.
- *Inhaltlicher Schwerpunkt der Therapiestunde:* Hier geht es um die Vorstellung der inhaltlichen Themen der Therapiegruppe. Dabei kann eine Gruppenpsychotherapiestunde lediglich ein einziges Thema oder mehrere Themen nacheinander haben, etwa:
  - ein konkreter Aspekt des inhaltlichen Hauptthemas der Gruppenpsychotherapie (z. B. Verstärkerverlust bei Depression)
  - ein Konflikt zwischen Teilnehmenden der Gruppe
  - eine akute Krise eines einzelnen Gruppenmitglieds
  - das gemeinsame Einüben einer Therapiemethode
- *Verabschiedung von ausscheidenden Gruppenmitgliedern:* Ausscheidenden Gruppenmitgliedern wird durch eine Art Abschiedszeremonie die Möglichkeit gegeben, eine bewusste Bilanz ihrer Gruppenteilnahme zu ziehen. Mitpatienten können ihnen eine letzte Rückmeldung bzw. Tipps »mit auf den Weg« geben.

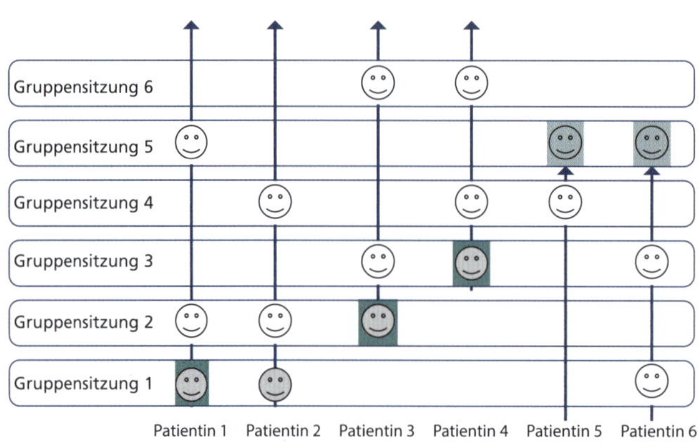

Abb. 65.1: Organisation von offenen Therapiegruppen (nach Lindenmeyer, 2025, S. 24)
In jeder Gruppenstunde stehen einige Teilnehmende im Mittelpunkt (Smileys). Neue Gruppenmitglieder stellen sich in ihrer ersten Gruppensitzung vor (dunkelgraues Feld), ausscheidende Gruppenmitglieder bekommen eine Verabschiedung (hellgraues Feld). Die vertikalen Pfeile stellen den inhaltlichen Therapieverlauf der Patientinnen und Patienten dar.

65.8 Nutzen von Arbeitsmaterialien

Es stellt eine große Erleichterung für viele Patientinnen und Patienten dar, wenn sie zu jedem Zeitpunkt zumindest im Groben wissen, wozu sie grundsätzlich an einer Therapiegruppe teilnehmen und was sie ganz konkret in jeder Gruppenpsychotherapiestunde erwartet. Hierbei kann der Einsatz von Arbeitsmaterialien die gebotene Transparenz und Sicherheit in mehrerer Hinsicht schaffen:

- *Vorbereitung auf die erste Therapiesitzung:* Das gemeinsame Ausfüllen eines Arbeitsblatts durch Patienten und Therapeuten erleichtert und intensiviert die persönliche Vorstellung gegenüber den anderen Gruppenteilnehmern. Beispielsweise überlegen Patienten, in welcher Veränderungsphase sie sich befinden, und begründen schriftlich ihre Selbsteinschätzung, um dies dann den Gruppenmitgliedern bei der Vorstellung erläutern zu können.
- *Vorbereitung auf Therapieinhalte in der Gruppe:* Die Arbeitsmaterialien ermöglichen es im Therapieverlauf, einzelne Gruppenmitglieder mit bestimmten Aufgaben innerhalb der Gruppenpsychotherapiesitzungen zu betrauen, auf die sie sich vorbereiten können und die ein für alle Beteiligten erkennbares, transparentes Ziel verfolgen. Beispielsweise setzen sich die Gruppenmitglieder mit der Erklärung für die körperlichen Symptome ihrer psychischen Störung auseinander, um das Ergebnis ihrer Überlegungen dann in der Gruppensitzung zu vertiefen.
- *Hausaufgaben:* Die Arbeitsmaterialien können zur Dokumentation und Bewertung der gemachten Erfahrungen genutzt werden, wenn die Gruppenmitglieder im Sinne einer Hausaufgabe die in der Gruppenpsychotherapie erfahrenen Inhalte auf sich selbst übertragen bzw. in ihrem Alltag erproben. Hierdurch wird automatisch verdeutlicht, dass die eigentliche Veränderungsarbeit durch Patienten zwischen den Therapiestunden geschieht und ein passives »Konsumieren« von Gruppenpsychotherapiestunden wenig hilfreich wäre.

Entsprechende Therapiematerialien wurden vom Autor für 25 verschiedene störungsspezifische Therapiegruppen veröffentlicht (s. u. im Abschnitt »Empfohlene Materialien« am Ende dieses Kapitels).

Der Einsatz von Arbeitsmaterialien bietet zusätzlich eine wichtige Entlastung für die Gruppentherapeutinnen und -therapeuten selbst. Viele Therapieschritte müssen von therapeutischer Seit nicht immer wieder neu entwickelt oder begründet werden, da sie bereits als eine Art schriftliche Leitlinie vorliegen. Dadurch verlangt das »Was« in der Therapie nicht mehr so viel Aufmerksamkeit durch die Gruppentherapeutinnen/-therapeuten. Sie können sich vielmehr verstärkt auf das »Wie« der Therapie konzentrieren, d. h. auf die Optimierung des Therapieprozesses jedes einzelnen Gruppenmitglieds und der instrumentellen Gruppenbedingungen insgesamt. Gerade durch die relative Zunahme an inhaltlicher Standardisierung entsteht somit mehr interaktionelle Flexibilität des Therapeuten/der Therapeutin, sich auf die spezifischen Bedürfnisse einzelner Patientinnen und Patienten oder der Gruppen zu konzentrieren.

Durch die Arbeitsblätter können Gruppentherapeutinnen und -therapeuten schließlich sofort Einsicht nehmen, wie weit ihre Patientinnen und Patienten im Rahmen der Gruppenpsychotherapie in der Auseinandersetzung mit ihrer Problematik vorangeschritten sind und worin der nächste Schritt bestehen würde. Dies ist insbesondere dann hilfreich, wenn kurzfristig eine Therapiegruppe in Vertretung für eine Kollegin/einen Kollegen zu übernehmen ist.

Prüfungsfragen

1. Worin bestehen die Vorteile von Gruppenpsychotherapie?
2. Welche Kontraindikation sprechen im Einzelfall gegen eine Gruppenpsychotherapie?
3. Was versteht man unter instrumentellen Gruppenbedingungen?
4. Was versteht man unter gruppenpsychotherapeutischer Grundversorgung in der Psychotherapie-Richtlinie?
5. Was ist der Unterschied zwischen geschlossenen und offenen Therapiegruppen?
6. Worin besteht der Nutzen von Arbeitsmaterialien in der Gruppenpsychotherapie?

Antworten

1. Intensivere Problemaktualisierung durch die Interaktion mit Mitpatienten, realistisches Feedback von Seiten der Mitpatienten, folgenloses Übungsfeld zur Erprobung neuer Verhaltensweisen oder Einstellungen sowie Erfahrung von gegenseitiger Unterstützung und Solidarität bei der Bewältigung der störungsbedingten Stigmatisierung.
2. Schwere Hörschäden oder mangelnde Sprachkenntnisse, aggressive Impulsdurchbrüche oder mangelnde Steuerungsfähigkeit, emotionale Überforderung aufgrund der psychischen Störung von Patienten, von den Mitpatienten der Gruppenpsychotherapie zu stark abweichende Normen bzw. Wertvorstellungen, ansteckende Krankheiten oder Infektionen.
3. Kohäsion, Akzeptanz, Vertrauen, Offenheit.
4. Vermittlung und Vertiefung von Störungswissen und Inhalten der ambulanten Psychotherapie zur Erhöhung der Behandlungsbereitschaft insbesondere für Gruppenpsychotherapie innerhalb von maximal vier Sitzungen à 100 Minuten.
5. Während in einer geschlossenen Therapiegruppe alle Patienten zum selben Zeitpunkt beginnen und ein einheitliches Therapieprogramm durchlaufen, werden in offenen Therapiegruppen die freiwerdenden

Therapieplätze durch neue Patienten sofort wieder aufgefüllt, sodass die Mitglieder einer Gruppe sich in unterschiedlichen Therapiephasen befinden können.
6. Therapiematerialien können der Vorbereitung auf die erste Gruppenpsychotherapiesitzung, der Vorbereitung von Gruppenpsychotherapieinhalten und der systematischen Dokumentation und Bewertung von Hausaufgaben zwischen den Therapiesitzungen dienen.

Empfohlene Materialien

- Dambacher, C., & Samaan, M. (2024). *Akzeptanz- und Commitmenttherapie in der Gruppe*. Weinheim: Beltz.
- Hinsch, R., & Pfingsten, U. (2023). *Gruppentraining sozialer Kompetenzen GSK: Grundlagen, Durchführung, Anwendungsbeispiele* (7. Aufl.). Weinheim: Beltz.
- Lindenmeyer, J. (Hrsg.) (2024). *Therapietools Gruppenpsychotherapie 1* (4. Aufl.). Weinheim: Beltz.
- Lindenmeyer, J. (Hrsg.) (2025). *Therapietools Gruppenpsychotherapie 2* (4. Aufl.). Weinheim: Beltz.
- Scholz, L., & Kiesewetter, J. (2023). *Gruppentherapeutische Grundversorgung*. Stuttgart: Klett-Cotta.

Literatur

Burlingame, G. M., Seebeck, J., Janis, R. et al. (2016). Outcome differences between individual and group formats when identical and non-identical treatments, patients and doses are compared. A 25 year meta-analysis-perspective. *Psychotherapy, 53*, 446–461.

Burlingame, G., Baldwin, S. (2012). Eine kleine Geschichte der Gruppentherapie. In B. Strauß, D. Mattke (Hrsg.) *Gruppenpsychotherapie*. Springer, Berlin, Heidelberg. https://doi.org/10.1007/978-3-642-03497-8_2

GBA – Gemeinsamer Bundesausschuss (2021). Änderung der Psychotherapie-Richtlinie: Umsetzung des § 92 Absatz 6a des Fünften Buches Sozialgesetzbuch (SGB V) (insbesondere Förderung der Gruppenpsychotherapie). BAnz AT 17.2.2021 B1.

Grawe, K. (1980). *Verhaltenstherapeutische Gruppenpsychotherapie*. München: Urban & Schwarzenberg.

Lindenmeyer, J. (2025). *Therapie-Tools: Gruppentherapie 2* (4. Aufl.). Weinheim: Beltz.

Sipos, V & Schweiger, U. (2019). *Gruppenpsychotherapie. Standards der Psychotherapie*. Göttingen: Hogrefe.

Weiterführende Literatur

Christner, R. W., Stewart, J., & Mulligan, C.A. (2024). *Handbook of Cognitive-Behaviour Group Therapy with Children and Adolescents*. New York: Routledge.

DeLucia-Waack, J. L., Kalodner, C. R., & Riva, M. T. (2013). *Handbook of Group Counseling and Psychotherapy*. Los Angeles: Sage.

Marwitz, M. (2016). *Verhaltenstherapeutische Gruppenpsychotherapie*. Göttingen: Hogrefe.

Strauß, B., & Mattke. D. (Hrsg.) (2017). *Gruppenpsychotherapie – Lehrbuch für die Praxis* (2. Aufl.). Berlin: Springer.

Yalom, I. D. (2024). *Theorie und Praxis der Gruppenpsychotherapie* (15. Aufl.). Stuttgart: Klett-Cotta.

66 Digitale Interventionen und Telepsychotherapie

Thomas Berger

Das Wichtigste auf einen Blick

- Digitale Interventionen und Telepsychotherapie ermöglichen eine flexible und ortsunabhängige psychotherapeutische Unterstützung.
- Die Anwendungsbereiche umfassen unbegleitete und begleitete Selbstmanagementprogramme, Blended-Therapie-Ansätze, die digitale Interventionen mit persönlichen Gesprächen kombinieren, sowie telepsychotherapeutische Anwendungen wie Videosprechstunden.
- Selbstmanagementprogramme sind besonders gut untersucht, zu Blended-Therapie-Ansätzen und Videosprechstunden gibt es weniger Studien.
- Nach Jahren intensiver Forschung finden digitale Interventionen Eingang in die Routineversorgung.
- Digitale Gesundheitsanwendungen (DiGA) sind in Deutschland verordnungsfähig und auch Videosprechstunden können unter bestimmten Voraussetzungen über die Krankenkassen abgerechnet werden.
- Adhärenz und Datenschutz sind zentrale Herausforderungen, die bei der Umsetzung berücksichtigt werden müssen.
- Technologische Innovationen wie Chatbots, Just-in-Time-Interventionen und Smartphone-basierte Augmented und Virtual Reality erweitern das Spektrum digitaler Interventionen.

66.1 Einführung

Die Digitalisierung in der Psychotherapie eröffnet neue Wege für eine niedrigschwellige und ortsunabhängige Versorgung. Sie ermöglicht es, Betroffene zu erreichen, die aufgrund von Hemmschwellen, zeitlichen Restriktionen, geografischen Gegebenheiten oder eingeschränkter Mobilität keine psychiatrisch-psychotherapeutische Unterstützung finden oder aufsuchen. Darüber hinaus können digitale Interventionen ergänzend zu persönlichen Gesprächen die Arbeit zwischen den Therapiesitzungen unterstützen, den Transfer von Therapieinhalten in den Alltag erleichtern und sowohl vor als auch nach einer Therapie für Patienten, die auf eine Therapie warten, sowie zur Nachsorge und Rückfallprävention hilfreich sein.

Merke

Ein wichtiges Versprechen digitaler Interventionen ist es, mehr und andere Menschen zu erreichen als mit konventionellen Therapieformaten.

66.1.1 Das Spektrum digitaler Interventionen

Das mittlerweile breite Spektrum digitaler Interventionen lässt sich grob in zwei Hauptkategorien einteilen: digitale Selbstmanagementprogramme und telepsychotherapeutische Ansätze, wie insbesondere Videosprechstunden. Auf diese bereits in der Routinepraxis verankerten Ansätze wird im Folgenden näher eingegangen. Neuere Entwicklungen, die aufgrund technologischer Innovationen laufend erprobt werden, wie z. B. Chatbots, Just-in-Time-Interventionen oder Smartphone-basierte Augmented-/Virtual-Reality-Anwendungen werden am Ende dieses Kapitels behandelt.

Digitale Selbstmanagementprogramme

Selbstmanagementprogramme stellen im Prinzip eine digitale Weiterentwicklung traditioneller Selbsthilfebücher dar. Sie vermitteln psychoedukative Inhalte und praktische Übungen, die die Nutzenden dabei unterstützen, individuelle Faktoren, die psychische Belastungen aufrechterhalten, zu erkennen und im Alltag gezielt zu verändern. Die meisten Programme basieren auf störungsspezifischen, kognitiv-verhaltenstherapeutischen Ansätzen, werden über Smartphone-Apps oder passwortgeschützte Webseiten angeboten und nutzen ein breites Spektrum an Vermittlungsformaten, darunter Texte, Audio- und Videodateien sowie interaktive Tools wie Online-Tagebücher, Fragebögen und Feedback zum Symptomverlauf. In der Regel sind die Programme in Module oder wöchentliche Lerneinheiten unterteilt. Digitale Gesundheitsanwendungen (DiGA), auf die weiter unten eingegangen wird, sind Beispiele für solche Programme.

Digitale Selbstmanagementprogramme können unterschiedlich verwendet werden:

- *Als primäre und rein digital durchgeführte Behandlungsform:* Selbstmanagementprogramme können selbstgesteuert (»self-guided«), ohne Unterstützung durch Fachpersonen, oder begleitet (»guided«) mit fachlicher Un-

terstützung eingesetzt werden. Unter begleiteten Selbstmanagementansätzen werden rein digital durchgeführte Interventionen verstanden, bei denen die Teilnehmenden in der Regel textbasiert, durch kurze Nachrichten, zur aktiven Nutzung des Programms motiviert werden und unterstützendes Feedback zur Bearbeitung der Selbstmanagementmaterialien erhalten. Im Vergleich zu Sprechzimmertherapien ist der Zeitaufwand für die Fachpersonen bei begleiteten Selbstmanagement-Interventionen deutlich geringer.
- *Therapieflankierend im Rahmen von Blended Care:* Selbstmanagementprogramme können auf unterschiedliche Weise mit konventionellen Therapiesitzungen und Therapien kombiniert werden (Bielinski et al., 2021). Während *Blended-Psychotherapie* meist die Integration von Selbstmanagementmodulen in eine laufende Therapie beschreibt, d. h. die Nutzung digitaler Interventionen zwischen den Sitzungen, ist der Begriff *Blended Care* weiter gefasst und meint auch die Nutzung digitaler Interventionen vor oder nach einer Psychotherapie, zum Beispiel zur Überbrückung von Wartezeiten vor einer Therapie oder zur Nachsorge nach einer Therapie.
- *Im Rahmen von gestuften und stratifizierten Versorgungsmodellen:* Gestufte Behandlungsmodelle *(Stepped Care)* zielen darauf ab, die Ressourcen des Gesundheitssystems effizient zu nutzen, indem zunächst mit einer weniger zeitaufwändigen und für das Gesundheitssystem kostengünstigeren Therapieform wie einem Selbstmanagementprogramm begonnen wird. Eine intensivere Behandlung, wie z. B. eine reguläre Psychotherapie, wird erst dann eingesetzt, wenn der erste Ansatz nicht ausreichend wirksam ist. In jüngerer Zeit werden zunehmend auch stratifizierte Versorgungsmodelle entwickelt und erforscht, in denen Betroffene von Anfang an und mit Hilfe maschineller Lernalgorithmen der für sie individuell erfolgversprechendsten Interventionsform zugeordnet werden (Delgadillo et al., 2022).

Beratung und Therapie per E-Mail, Chat und Videosprechstunde

Das Internet als Kommunikationsmedium eröffnet Möglichkeiten für Beratung und Therapie über E-Mail, Chat und Videosprechstunden. Während E-Mails asynchron und textbasiert sind, bieten Chats und Videositzungen Echtzeit-Kommunikation, wobei Letztere zusätzlich non- und paraverbale Signale einbeziehen. E-Mail- und Chat-basierte Ansätze haben sich insbesondere in der psychosozialen Beratung (z. B. Krisenchat) etabliert, finden jedoch in der Psychotherapie bislang wenig Anwendung, auch weil Lesen und Schreiben oft zeitintensiver sind als direkte Gespräche. Videosprechstunden, die als wichtigste Form der Telepsychotherapie eine Behandlung aus der Ferne ermöglichen, bieten auch durch ihre Einbeziehung von non- und paraverbalen Signalen klare Vorteile und erlebten insbesondere während der COVID-19-Pandemie einen bedeutenden Durchbruch.

Videosprechstunden: Rahmenbedingungen in der Praxis

Psychotherapeutische Leistungen wie Einzel- und Gruppentherapien können mittlerweile als Videosprechstunden abgerechnet werden, sofern bestimmte Voraussetzungen erfüllt sind:

- Eingangsdiagnostik, Aufklärung und Indikationsstellung müssen im persönlichen Kontakt erfolgen.
- Therapeuten müssen die Videosprechstunde in den eigenen Praxisräumen und über einen zertifizierten Anbieter durchführen.
- Auch Patienten benötigen einen geschützten Raum, der vertrauliche Gespräche ermöglicht.
- Der Umfang der abrechenbaren Leistungen ist begrenzt.

Umfassende Informationen zum Einsatz der Videosprechstunde, zu den technischen Voraussetzungen und den aktuellen Vergütungsregelungen finden sich auf der Website der Kassenärztlichen Bundesvereinigung: https://www.kbv.de/html/videosprechstunde.php

Nach jahrelanger und intensiver Forschung haben digitale Interventionen Einzug in die Routineversorgung gehalten. In Deutschland übernehmen die gesetzlichen und viele private Krankenkassen die Kosten für Selbstmanagement-Interventionen, sofern diese im Verzeichnis digitaler Gesundheitsanwendungen (DiGA) gelistet sind. Länder wie Schweden, Australien und Kanada setzen bereits seit Jahren auf begleitete Selbstmanagement-Interventionen, die über virtuelle Kliniken angeboten werden (Titov et al., 2018), während Großbritannien diese im Rahmen von Stepped- und Stratified-Care-Ansätzen flächendeckend einsetzt (Delgadillo et al., 2022). Nachfolgend werden zunächst die wichtigsten Forschungsergebnisse zusammengefasst, um dann ausführlicher auf den konkreten Einsatz von DiGA, die damit verbundenen Herausforderungen und schließlich auf neuere Entwicklungen einzugehen.

66.2 Empirische Evidenz

66.2.1 Digitale Selbstmanagementprogramme

Von den verschiedenen Arten digitaler Interventionen sind selbstgeleitete und begleitete Selbstmanagementprogramme, die vollständig online durchgeführt werden, bisher am besten erforscht. Zahlreiche Studien, systematische Übersichtsarbeiten und Metaanalysen bestätigen die Wirksamkeit von Selbstmanagementprogrammen für verschiedene psychische Störungen bei Erwachsenen (Andersson & Berger, 2021; Hedman-Lageröf et al., 2023). Im Vergleich dazu ist die Studienlage bei Kindern und Jugendlichen noch schwach, mit tendenziell geringeren Effekten im Vergleich zu Erwachsenen (Domhardt et al., 2020). Besonders umfangreich ist die Evidenz für Depressionen und Angststörungen bei Erwachsenen. Hier erweisen sich begleitete Programme in der Regel als wirksamer als unbegleitete, insbesondere weil begleitete Programme häufiger in Anspruch genommen werden (Andersson & Berger, 2021; Karyotaki et al., 2021). Der therapeutische Kontakt spielt also bei der Nutzung von Selbstmanagementprogrammen eine wichtige Rolle, was auch auf die Bedeutung der therapeutischen Beziehung bei Online-Interventionen zurückgeführt wird (Berger et al., 2017). In einer Studie zur Wirkungsweise der therapeutischen Begleitung in begleiteten Programmen wurde festgestellt, dass der positive Effekt der Begleitung auf das Therapieergebnis durch eine verbesserte Adhärenz und die therapeutische Allianz vermittelt wurde (Bur et al., 2022).

Merke

Die größte Herausforderung beim Einsatz von Selbstmanagementprogrammen besteht in der Sicherstellung der tatsächlichen Nutzung. Die Forschung legt nahe, dass begleitete Programme im Vergleich zu selbstgeleiteten Programmen mit einer höheren Adhärenz verbunden und insgesamt auch wirksamer sind.

Metaanalysen zeigen, dass die Wirksamkeit von Selbstmanagement-Ansätzen, die durch eine Fachperson begleitet werden, mit derjenigen von konventionellen Psychotherapien vergleichbar ist (Hedman-Lagerlöf et al., 2023). Allerdings ist zu berücksichtigen, dass sich die Teilnehmenden an Studien zu digitalen Interventionen häufig von Patientinnen und Patienten in der alltäglichen Praxis unterscheiden. Eine aktuelle Metaanalyse im Bereich Depression zeigt, dass Studienteilnehmende digitaler Interventionen im Vergleich zu Teilnehmenden an Studien zu traditionellen Therapieformen seltener prognostische Risikofaktoren wie Komorbiditäten, ein niedriges Bildungsniveau oder Arbeitslosigkeit aufweisen (Merzhvynska et al., 2024). Dies verdeutlicht den Bedarf an weiteren Studien, die speziell Patienten im regulären Versorgungskontext in den Fokus nehmen.

66.2.2 Blended Care

Blended-Ansätze kombinieren die Stärken digitaler Interventionen mit den bewährten Elementen der traditionellen Psychotherapie. In diesem Kontext wird bisweilen von einer Verbindung "des Besten aus beiden Welten" gesprochen (Deck et al., 2022), womit auch die Erwartung verbunden ist, dass Blended-Psychotherapien wirksamer sein könnten als konventionelle Psychotherapien. Obgleich sich Blended-Psychotherapien bisher als grundsätzlich wirksam erwiesen haben, zeigt sich in randomisierten Studien zu einer möglichen Überlegenheit im Vergleich zu konventionellen Psychotherapien ein uneinheitliches Bild. Während einige Untersuchungen Vorteile gegenüber Standardtherapien im ambulanten und stationären Setting feststellen (Berger et al., 2018, Zwerenz et al., 2017), berichten andere keine Wirksamkeitsunterschiede (Romijn et al., 2021). Die bisherigen Forschungsergebnisse legen nahe, dass besonders Ansätze vielversprechend sind, bei denen durch den Einsatz digitaler Interventionen die Dauer von Therapiesitzungen verkürzt (z. B. auf 20 Minuten statt der üblichen 50 Minuten) oder reduziert (z. B. nur alle zwei Wochen eine Therapiesitzung statt wöchentlich) wird. Im Rahmen dieser Ansätze wird nicht die Überlegenheit der Blended-Psychotherapie angestrebt, sondern deren Nicht-Unterlegenheit bei gleichzeitiger Reduktion des Zeitaufwands für die Therapeuten. Hier zeigen erste Studien, dass diese effizienzorientierten Blended-Psychotherapie-Ansätze vergleichbare Effekte wie herkömmliche Therapien erzielen können (Thase et al., 2018). Allerdings besteht weiterer Forschungsbedarf. Auch für den Einsatz von digitalen Interventionen während Wartezeiten auf eine Therapie und zur Nachsorge besteht weiterer Forschungsbedarf. Im Bereich der Nachsorge und Rückfallprävention variieren die Ergebnisse, zeigen jedoch im Durchschnitt vielversprechende Ergebnisse (Hennemann et al., 2018).

Merke

Im Moment ist noch unklar, ob der Einsatz von digitalen Interventionen im Rahmen von Blended-Ansätzen die Wirkung von Psychotherapie verbessern kann. Es besteht weiterer Forschungsbedarf, wobei momentan mehrere große Studien durchgeführt werden.

66.2.3 Videosprechstunden

Die Zahl der randomisierten kontrollierten Studien zur Video-Psychotherapie ist noch begrenzt. Erste Metaanalysen zeigen jedoch, dass Videosprechstunden bei Erwachsenen sowie Kindern und Jugendlichen bei verschiedenen psychischen Störungen eine vergleichbare Wirksamkeit wie herkömmliche Face-to-Face-Therapien aufweisen (Batastini et al., 2021; von Wirth et al., 2023).

66.3 Digitale Gesundheitsanwendungen (DiGA)

In Deutschland sieht das Digitale Versorgungsgesetz (DVG) vor, dass kostenpflichtige Selbstmanagementprogramme, die in das Verzeichnis digitaler Gesundheitsanwendungen (DiGA-Verzeichnis) aufgenommen wurden, zu Lasten der gesetzlichen und vieler privater Krankenkassen verordnet werden können.

66.3.1 DiGA-Verzeichnis

Für die Aufnahme in das DiGA-Verzeichnis prüft das Bundesinstitut für Arzneimittel und Medizinprodukte (BfArM) verschiedene Kriterien: Die DiGA muss als CE-gekennzeichnetes Medizinprodukt mit geringem Risikopotenzial eingestuft sein, Datenschutzstandards erfüllen sowie funktional und benutzerfreundlich gestaltet sein. Im DiGA-Verzeichnis gibt es sowohl temporär als auch dauerhaft aufgenommene Anwendungen. Für die dauerhafte Aufnahme in das DiGA-Verzeichnis ist der Nachweis eines positiven Versorgungseffekts erforderlich, während für eine vorläufige Aufnahme ein Evaluationskonzept ausreicht. Kann eine vorläufig aufgenommene DiGA den positiven Versorgungseffekt in der Evaluationsstudie nicht nachweisen, wird sie wieder aus dem DiGA-Verzeichnis entfernt.

66.3.2 Indikationen und Kontraindikationen

Die derzeit zugelassenen DiGA basieren überwiegend auf kognitiv-verhaltenstherapeutischen Methoden und sind auf häufige psychische Störungen wie Depressionen, Angststörungen, Schlafstörungen, Essstörungen, Suchtprobleme und chronische Schmerzen bei Erwachsenen ausgerichtet. Für einige Indikationen, wie depressive und Angststörungen, stehen mehrere DiGA zur Verfügung. Leistungserbringer können die einzelnen DiGA in Absprache mit den Herstellern selbst testen, um sich ein Bild von einem bestimmten DiGA zu machen. DiGA für Kinder und Jugendliche sind derzeit nicht verfügbar. Das DiGA-Verzeichnis listet auch Kontraindikationen auf, darunter ein erhöhtes Suizidrisiko und psychotische und bipolare Störungen.

66.3.3 Aufklärung

Wenn eine DiGA für eine bestimmte Diagnose verfügbar ist und im individuellen Fall als geeignet erscheint, können Patientinnen und Patienten über diese Behandlungsoption informiert werden. Im Bereich der Depression empfiehlt die aktuelle Nationale VersorgungsLeitlinie Unipolare Depression (Bundesärztekammer et al., 2022) Selbstmanagement-Interventionen bei erstmaligen leichten depressiven Episoden sogar als Therapie der ersten Wahl, noch vor einer Psychopharmakotherapie oder Psychotherapie. Auch für Patienten mit mittelgradigen und schweren depressiven Episoden können DiGA entweder als alternative Behandlungsmöglichkeit (bei mittelgradigen depressiven Episoden) oder als ergänzende Maßnahme (bei schweren depressiven Episoden) in Betracht gezogen werden.

Die Aufklärung sollte folgende Aspekte umfassen: Zweck und Inhalt der DiGA, die vorgesehene Anwendungsdauer, die erforderliche Eigenleistung des Patienten, die Einbindung in die Gesamttherapie, das Vorgehen in Krisensituationen sowie wichtige Informationen zur Datensicherheit.

Fallbeispiel: Aufklärung zum Einsatz einer DiGA zur Unterstützung der Therapie

Herr L. leidet an einer mittelgradigen depressiven Symptomatik, die ihn im Alltag und in seiner Lebensqualität stark einschränkt. Um ihn zusätzlich zur laufenden Therapie zu unterstützen, schlägt seine Therapeutin die Nutzung einer DiGA vor. Sie erklärt ihm, dass die DiGA darauf abzielt, depressive Symptome zu lindern, indem Informationen über Depressionen, alltagsnahe Übungen und therapeutische Hilfestellungen vermittelt werden. Dies soll ihm helfen, zwischen den Sitzungen aktiv an seiner Genesung zu arbeiten. Die Therapeutin erklärt, dass sie Herrn L. die DiGA für eine Nutzungsdauer von 12 Wochen zuzahlungsfrei verordnen kann. Auf die Frage, was die Anwendung konkret erfordere, erklärt die Therapeutin, dass Herr L. eigenständig wöchentliche Module bearbeiten, Übungen durchführen und seine Stimmung dokumentieren müsse. Dafür müsse er etwa eine Stunde pro Woche einplanen. Sie erklärt weiter, dass die Anwendung eng in die Therapie integriert ist: Zu Beginn und am Ende jeder Sitzung wird die Nutzung der DiGA gemeinsam reflektiert, um Fragen zu klären und Fortschritte zu besprechen. Außerhalb der Sitzungen findet jedoch keine direkte Betreuung statt. Die Therapeutin betont, dass die DiGA keine Unterstützung in akuten Krisen bieten kann, und verweist für einen solchen Fall auf den gemeinsam erarbeiteten Notfallplan. Abschließend weist sie auf die Datensicherheit hin. Obwohl die DiGA hohe Standards erfüllt, empfiehlt die Therapeutin, das Smartphone mit einem Passwort zu schützen und unsichere Netzwerke zu meiden, um die Vertraulichkeit der eingegebenen Daten zu gewährleisten.

66.3.4 Verordnung

Die DiGA-Verordnung ist über die ärztliche und psychotherapeutische Praxis sowie über das Entlassmanagement möglich. Sie erfolgt per Rezept (Muster 16). Nach Einreichung der Verordnung erhalten Versicherte von ihrer Krankenkasse einen Freischaltcode, mit dem sie die DiGA herunterladen und aktivieren können. Patienten haben auch die Möglichkeit, die Nutzung einer DiGA bei entsprechender Indikation direkt bei ihrer Krankenkasse zu beantragen. Die Nutzungsdauer beträgt in der Regel 90 Tage mit der Möglichkeit einer therapeutisch begründeten Folgeverordnung.

66.3.5 Integration der DiGA in den Therapieverlauf

Wie die Forschung zeigt, besteht die größte Herausforderung bei der Behandlung mit einer DiGA darin, dass die Patienten die Anwendung nicht oder kaum nutzen. Daher ist es gerade zu Beginn der Therapie wichtig, die Nutzung der DiGA regelmäßig zu unterstützen und Fortschritte zu thematisieren.

Fallbeispiel: Integration einer DiGA in die Therapie

Frau M., die an einer sozialen Angststörung leidet, hat von ihrer Therapeutin eine DiGA gegen verschiedene Angststörungen verschrieben bekommen. Nachdem Frau M. das Programm erfolgreich aktiviert hat, besprechen sie in der nächsten Sitzung, wie sie die Nutzung der DiGA am besten in ihren Alltag integrieren kann. Gemeinsam entwickeln sie einen Plan, nach dem Frau M. jeden Abend nach dem Abendessen 15 bis 20 Minuten an den Modulen arbeitet. Die Therapeutin betont die Wichtigkeit der regelmäßigen Anwendung und schlägt vor, die Fortschritte wöchentlich zu Beginn der

Sitzungen gemeinsam zu reflektieren. In den ersten Wochen ist Frau M. sehr motiviert, hat dann aber Schwierigkeiten mit den Expositionsübungen, die in der DiGA eingeführt werden. Die Therapeutin schlägt vor, zunächst kleinere, leichter umsetzbare Übungen auszuwählen, und integriert eine der Übungen in die nächste Sitzung, um die Arbeit mit der DiGA zu unterstützen. Gleichzeitig ermutigt sie Frau M., zunächst die Module und Übungen zur selbstfokussierten Aufmerksamkeit und zum Hinterfragen negativer Gedanken weiter zu nutzen, da diese auch auf die späteren Expositionen vorbereiten. Die Therapeutin macht deutlich, dass die regelmäßige Nutzung der DiGA einen wichtigen Beitrag zum Therapieerfolg leisten kann, und ermutigt Frau M., Schwierigkeiten offen anzusprechen, um gemeinsam Lösungen zu finden. Sie lobt Frau M. für ihre Fortschritte und passt den Therapieplan flexibel an, um die DiGA optimal in die Behandlung zu integrieren.

66.4 Neuere Anwendungen

Der technologische Fortschritt bringt ständig neue digitale Anwendungen hervor. Zum Abschluss dieses Kapitels werden drei neue Anwendungen vorgestellt, die derzeit entwickelt und getestet werden.

Dialogbasierte Systeme bzw. Chatbots

In den 1960er Jahren entwickelte Joseph Weizenbaum mit »ELIZA« ein Computerprogramm, das auf Basis vordefinierter Regeln und Skripte einfache psychotherapeutische Gespräche simulierte. Moderne Chatbots, die wie ELIZA regelbasiert arbeiten oder aber auf umfassenden KI-Sprachmodellen basieren, greifen die Idee auf, dass solche dialogbasierten Systeme durch simulierte empathische Antworten eine Beziehung zu den Nutzenden aufbauen und Therapeuten teilweise ersetzen könnten (Herbener et al., 2018). Die fundierte Evaluation der Wirksamkeit von Chatbots steht jedoch noch aus. Eine aktuelle, wenn auch kleine Studie, in der der bekannte therapeutische Chatbot »Woebot« mit verschiedenen Kontrollbedingungen wie dem über 60-jährigen ELIZA-Programm und auch täglichem Tagebuchschreiben verglichen wurde, zeigte, dass ELIZA-Nutzende und auch Personen, die täglich ein Tagebuch führten, stärker von der Intervention profitierten als Nutzende des modernen Chatbots Woebot (Eltahawy et al., 2024). Auch die Vorstellung, dass die Beziehung zwischen Chatbot und Nutzenden wie in Face-to-Face-Therapien ein therapeutischer Wirkfaktor sein könnte, kann kritisch betrachtet werden. So wird argumentiert, dass Chatbots grundlegende Eigenschaften für »echte« Beziehungen fehlen, da es in der Mensch-Computer-Interaktion an Reziprozität und auch an Authentizität von Fürsorge und Empathie mangelt (Herbener et al., 2024). Hinzu kommen Berichte über unangemessene oder gefährliche Antworten von Chatbots, wobei regelbasierte Chatbots aufgrund ihrer vorhersehbaren Antworten möglicherweise ein geringeres Risiko darstellen, wie beispielsweise die positiven Erfahrungen aus Deutschland mit Chatbot-basierter Psychoedukation bei Erwachsenen mit ADHS zeigen (Selaskowski et al., 2023). Insgesamt ist es schwierig vorherzusagen, wie sich dieser Bereich in Zukunft entwickeln wird.

Just-in-Time Adaptive Interventions (JITAIs)

JITAIs nutzen mobile Technologien wie Smartphones oder Wearables, um mit Hilfe von Sensoren (z. B. Bewegungssensoren, GPS, Herzfrequenzmessung) und Selbstberichten kontinuierlich Echtzeitdaten zu erfassen. Auf dieser Basis werden personalisierte Interventionen entwickelt, die sich an den aktuellen Moment und den jeweiligen Kontext der Nutzenden anpassen. Ein Beispiel wäre eine App, die anhand von Bewegungs- und Aktivitätsmustern erkennt, wenn eine an Depression erkrankte Person längere Zeit inaktiv ist, und ihr in diesem Moment eine motivierende Nachricht sendet oder sie zu einer Aktivität auffordert. Ziel ist es, Betroffene genau dann in ihrem Alltag zu unterstützen, wenn sie Hilfe am dringendsten benötigen. Auch hier steht die Forschung noch am Anfang. Es gilt zunächst Algorithmen zu entwickeln, die aus Echtzeitdaten individuell passende und wirksame Interventionen ableiten können, und diese dann auch in realen Anwendungen zu testen (Teepe et al., 2021).

Smartphone-basierte Virtual Reality (VR) und Augmented Reality (AR) -Interventionen

VR-Expositionstherapien haben in zahlreichen Studien ihre Wirksamkeit bei der Behandlung von Angststörungen gezeigt, werden jedoch bisher nur selten angeboten, da sie oft mit hohen technischen und finanziellen Hürden verbunden sind. Neue Smartphone-basierte Ansätze mit günstigen VR-Brillen ermöglichen nun, diese Therapieform auch zu Hause durchzuführen und damit einem breiteren Publikum zugänglich zu machen. Erste Studien belegen die Wirksamkeit solcher Anwendungen, die sowohl als Selbstmanagement-Programme als auch ergänzend in Blended-Therapie-Ansätzen eingesetzt werden können (Bentz et al., 2021). In Deutschland existiert mit der digitalen Gesundheitsanwendung »Invirto« bereits ein Beispiel, bei dem Patienten für Expositionsübungen eine einfache VR-Brille erhalten. Neben VR kommen zunehmend auch Augmented Reality (AR) -Technologien zum Einsatz, die virtuelle Elemente in die reale Umgebung integrieren. So können etwa Spinnen in eine reale Umgebung eingeblendet werden, um Spinnenangst zu behandeln. Erste Studien zu AR-gestützten Expositionstherapien zeigen ebenfalls vielversprechende Ergebnisse (Zimmer et al., 2021).

Prüfungsfragen

1. Welche Vorteile bieten digitale Interventionen und Telepsychotherapie?
2. Welche Arten von digitalen Interventionen werden häufig in der Routineversorgung eingesetzt?
3. Welche Herausforderungen bestehen bei der Nutzung digitaler Interventionen in der Psychotherapie?
4. Welche Voraussetzungen müssen erfüllt sein, damit Videosprechstunden in der Psychotherapie abgerechnet werden können?

Antworten

1. Sie ermöglichen eine flexible und ortsunabhängige psychotherapeutische Unterstützung und können mehr Menschen erreichen, insbesondere solche, die aufgrund von Hemmschwellen oder eingeschränkter Mobilität keine konventionelle Therapie in Anspruch nehmen können.
2. Häufig eingesetzte digitale Interventionen sind digitale Selbstmanagementprogramme, Blended-Therapie-Ansätze (Kombination von digitalen Modulen und persönlichen Sitzungen) sowie telepsychotherapeutische Anwendungen wie Videosprechstunden.
3. Zu den zentralen Herausforderungen gehören die Sicherstellung der Adhärenz (tatsächliche Nutzung durch die Patienten) und die Einhaltung von Datenschutzstandards.
4. Eingangsdiagnostik, Aufklärung und Indikationsstellung müssen im persönlichen Kontakt erfolgen, und die Videosprechstunden müssen über zertifizierte Anbieter durchgeführt werden. Therapeuten müssen die Gespräche in der eigenen Praxis führen und Patienten müssen einen geschützten Raum nutzen.

Empfohlene Materialien

- DiGA-Verzeichnis:
https://diga.bfarm.de
- Informationen zur Verordnung, Abrechnung und Vergütung von DiGA:
https://www.kbv.de/media/sp/PraxisInfo_Digitale_Gesundheitsanwendungen.pdf
- Informationen zu den Anforderungen und Vergütungsregelungen für Videosprechstunden:
https://www.kbv.de/html/videosprechstunde.php

Literatur

Andersson, G., & Berger, T. (2021). Internet approaches to psychotherapy: Empirical findings and future directions. In M. Barkham, W. Lutz & L.G. Castonguay (Hrsg.), *Bergin and Garfield's Handbook of Psychotherapy and Behavior Change* (S. 749–772). Wiley.

Batastini, A. B., Paprzycki, P., Jones, A. C. T et al. (2021). Are videoconferenced mental and behavioral health services just as good as in-person? A meta-analysis of a fast-growing practice. *Clinical Psychology Review, 83*, 101944. https://doi.org/10.1016/j.cpr.2020.101944

Bentz, D., Wang, D., Ibach, M. K. et al. (2021). Effectiveness of a stand-alone, smartphone-based virtual reality exposure app to reduce fear of heights in real-life: a randomized trial. *npj digital medicine, 4*, 16. https://doi.org/10.1038/s41746-021-00387-7

Berger, T. (2017). The therapeutic alliance in internet interventions: a narrative review and suggestions for future research. *Psychotherapy Research, 27*, 511–524. https://doi.org/10.1080/10503307.2015.1119908

Berger, T., Krieger, T., Sude, K., Meyer, B., & Maercker, A. (2018). Evaluating an e-mental health program (»deprexis«) as adjunctive treatment tool in psychotherapy for depression: Results of a pragmatic randomized controlled trial. *Journal of Affective Disorders, 227*, 455–462. https://doi.org/10.1016/j.jad.2017.11.021

Bielinski, L. L, Trimpop, L., & Berger, T. (2021). Die Mischung macht's eben? Blended-Psychotherapie als Ansatz der Digitalisierung in der Psychotherapie. *Psychotherapeut, 66*, 447–454. https://doi.org/10.1007/s00278-021-00524-3

Bundesärztekammer (BÄK), Kassenärztliche Bundesvereinigung (KBV), Arbeitsgemeinschaft der Wissenschaftlichen Medizinischen Fachgesellschaften (AWMF) (2022). Nationale VersorgungsLeitlinie Unipolare Depression. https://register.awmf.org/de/leitlinien/detail/nvl-005

Bur, O. T., Bielinski, L. L., Krauss, S. et al. (2022). Working alliance and adherence mediate the effect of guidance in a web-based program for participants with mild to moderate depressive symptoms: a secondary mediation analysis. *Internet Interventions, 30*, 100593. https://doi.org/10.1016/j.invent.2022.100593

Dech, M., Klawohn, J., & Romanczuk-Seiferth, N. (2022). Das Beste aus zwei Welten: Eine systematische Übersicht zu Faktoren der Implementierung einer »Blended Therapy« (Gemischte Therapie) in der Psychotherapeutischen Routineversorgung. *Verhaltenstherapie, 32*(4), 153–164. https://doi.org/10.1159/000524332

Delgadillo, J., Shehzad, A., Fleck, K. et al. (2022). Stratified Care vs Stepped Care for Depression: A Cluster Randomized Clinical Trial. *JAMA Psychiatry, 79*(2), 101–108. https://doi.org/10.1001/jamapsychiatry.2021.3539

Domhardt, M., Steubl, L., & Baumeister, H. (2020). Internet- and mobile-based interventions for mental and somatic conditions in children and adolescents: A systematic review of meta-analyses. *Zeitschrift für Kinder- und Jugendpsychiatrie und Psychotherapie, 48*(1), 33–46. https://doi.org/10.1024/1422-4917/a000625

Eltahawy, L., Essig, T., Myszkowski, N., & Trub, L. (2024). Can robots do therapy?: Examining the efficacy of a CBT bot in comparison with other behavioral intervention technologies in alleviating mental health symptoms. *Computers in Human Behavior: Artifical Humans, 2*(1), 100035. https://doi.org/10.1016/j.chbah.2023.100035

Hedman-Lagerlöf, E., Carlbring, P, Svärdman, F. et al. (2023). Therapist-supported Internet-based cognitive behaviour therapy yields similar effects as face-to-face therapy for psychiatric and somatic disorders: an updated systematic review and meta-analysis. *World Psychiatry, 22*(2), 305–314. https://doi.org/10.1002/wps.21088

Hennemann, S., Farnsteiner, S., & Sander, L. (2018). Internet- and mobile-based aftercare and relapse prevention in mental disorders: a systematic review and recommendations for future research. *Internet Interventions, 14*, 1–17. https://doi.org/10.1016/j.invent.2018.09.001

Herbener, A. B., Klincewicz, M., & Damholdt, M. F. (2024). A narrative review of the active ingredients in psychotherapy delivered by conversational agents. *Computers in Human Behavior Reports*, 14, 100401. https://doi.org/10.1016/j.chbr.2024.100401

Karyotaki, E., Efthimiou, O., Miguel, C. et al. (2021). Internet-based cognitive behavioral therapy for depression: A systematic review and individual patient data network meta-analysis. *JAMA Psychiatry, 78*, 361–371. https://doi.org/10.1001/jamapsychiatry.2020.4364

Merzhvynska, M., Wolf, M., Krieger, T. et al. (2024). Prognostic risk factors in randomized clinical trials of face-to-face and internet-based psychotherapy for depression. *JAMA Psychiatry, 81*(1), 97–100. https://doi.org/10.1001/jamapsychiatry.2023.3861

Romijn, G., Batelaan, N., Koning, J., et al. (2021). Acceptability, effectiveness and cost-effectiveness of blended cognitive-behavioural therapy (bCBT) versus face-to-face CBT (ftfCBT) for anxiety disorders in specialised mental health care: A 15-week randomised controlled trial with 1-year follow-up. *PLoS ONE, 16*(11), e0259493. https://doi.org/10.1371/journal.pone.0259493

Selaskowski, B., Reiland, M., Schulze, M. et al. (2023). Chatbot-supported psychoeducation in adult attention-deficit hyperactivity disorder: randomised controlled trial. *BJPsych Open, 13*;9(6):e192. https://doi.org/10.1192/bjo.2023.573

Teepe, G., Da Fonseca, A., Kleim, B. et al. (2021). Just-in-Time Adaptive Mechanisms of Popular Mobile Apps for Individuals With Depression: Systematic App Search and Literature Review. *J Med Internet Res, 23*(9):e29412. https://doi.org/10.2196/29412

Titov, N., Dear, B., Nielssen, O. et al. (2018). ICBT in routine care: A descriptive analysis of successful clinics in five countries. *Internet Interventions, 26*(13):108–115. https://doi.org/10.1016/j.invent.2018.07.006

Zwerenz, R., Becker, J., Knickenberg, R. J., Siepmann, M., Hagen, K., & Beutel, M. E. (2017). Online self-help as an add-on to inpatient psychotherapy: Efficacy of a new blended treatment approach. *Psychotherapy & Psychosomatics, 86*(6), 341–350. https://doi.org/10.1159/000481177

von Wirth, E., Willems, S., Döpfner, M. et al. (2023). Effectiveness of videoconference-delivered psychotherapy for children, adolescents, and their parents: A meta-analysis of randomized controlled trials. *Journal of Telemedicine and Telecare*. https://doi.org/10.1177/1357633X231199784

Zimmer, A., Wang, N., Ibach, M. K. et al. (2021). Effectiveness of a smartphone-based, augmented reality exposure app to reduce fear of spiders in real-life: A randomized controlled trial. *Journal of Anxiety Disorders, 82*, 102442. doi:10.1016/j.janxdis.2021.102442

Weiterführende Literatur

Andersson, G., & Berger, T. (2021). Internet approaches to psychotherapy: Empirical findings and future directions. In M. Barkham, W. Lutz & L. G. Castonguay (Hrsg.), *Bergin and Garfield's Handbook of Psychotherapy and Behavior Change* (S. 749–772). Wiley.

Bielinski, L. L, Trimpop, L., & Berger, T. (2021). Die Mischung macht's eben? Blended-Psychotherapie als Ansatz der Digitalisierung in der Psychotherapie. *Psychotherapeut, 66*, 447–454. https://doi.org/10.1007/s00278-021-00524-3

Ebert, D. D., & Baumeister, H. (2023). *Digitale Gesundheitsinterventionen. Anwendungen in Therapie und Prävention*. Springer: Berlin, Heidelberg.

67 Psychotherapie bei Kindern und Jugendlichen

Tobias Renner

Das Wichtigste auf einen Blick

- Psychische Erkrankungen beginnen meist vor dem 20. Lebensjahr.
- Eine frühzeitige Diagnostik und Therapie sind wichtig, um einer Chronifizierung vorzubeugen und Einschränkungen in der psychosozialen Entwicklung entgegenzuwirken.
- Eine valide, entwicklungsorientierte Diagnostik ist dafür essenziell.
- Kinder und Jugendliche kommen oft auf Initiative der Eltern bzw. Bezugspersonen zur Psychotherapie. Der Aufbau einer tragfähigen therapeutischen Beziehung ist zentral, um Eigenmotivation zu fördern. Wertschätzung, Transparenz und Einzelkontakte helfen dabei und fördern die Adhärenz.
- Therapieinhalte müssen alters- und entwicklungsadaptiert sein. Neben kindgerechten Methoden (z. B. spielerischen Elementen) ist die Einbeziehung von Eltern, Schule, Jugendhilfe und anderen Systemen entscheidend für den Erfolg. Token-Systeme, Tagebücher und therapeutische Hausaufgaben fördern die Entwicklung von Selbstmanagement und Selbstwirksamkeit. Neben der Einzeltherapie kommen Gruppen-, Eltern- und ergänzende Therapien (z. B. Musik-, tiergestützte oder Ergotherapie) sowie digitale Angebote zum Einsatz.
- Eine gelingende Transition vom Jugend- ins Erwachsenenpsychotherapiesystem ist besonders bei chronischen Störungen essenziell und sollte frühzeitig vorbereitet werden.

67.1 Einführung

Psychische Erkrankungen von Kindern und Jugendlichen haben in den letzten Jahrzehnten stetig zugenommen und bilden häufig den Ausgangspunkt für chronische Verläufe bis in das Erwachsenenalter hinein. So treten mehr als die Hälfte der psychischen Erkrankungen vor dem 18. Lebensjahr und bis zum 20. Lebensjahr sogar 75 % aller Erkrankungen auf (Solmi et al., 2022). Dabei gilt für die meisten Störungsbilder: Je früher der Krankheitsbeginn, umso höher die Gefahr einer Chronifizierung (ebd.). Allerdings gilt auch: Je früher eine geeignete Therapie eingeleitet wird, umso höher sind die Chancen, chronischen Entwicklungen effektiv entgegenzuwirken. Zusätzlich kann durch eine erfolgreiche Behandlung das Risiko von sekundär auftretenden psychischen Erkrankungen gesenkt werden.

Merke

Eine valide Diagnostik und die frühzeitige Behandlung von psychischen Erkrankungen im Kindes- und Jugendalter ist entscheidend, um die psychosoziale Entwicklung zu fördern und chronische Verläufe von Erkrankungen im Erwachsenenalter abzuwenden (Solmi et al., 2023).

Für Kinder und Jugendliche sind grundsätzlich die Inhalte der kognitiven Verhaltenstherapie gut anwendbar, wobei für jüngere Kinder der Einsatz von spielerischen Elementen überwiegen kann und mit zunehmendem Alter kognitive Inhalte an Bedeutung gewinnen (Hudson et al., 2023). Wie in der Therapie von Erwachsenen ist ein Ziel der Behandlung, die Kinder und Jugendlichen im Umgang mit der eigenen Symptomatik zu stärken. Das verhaltenstherapeutische Prinzip einer aktiven und handlungsorientierten Krankheitsbewältigung ist Kindern und Jugendlichen dabei gut vermittelbar und bildet sich entsprechend in den Empfehlungen der aktuellen Leitlinien ab.

Diagnostik und Therapie bei Kindern und Jugendlichen mit psychischen Erkrankungen weisen im Vergleich zu Erwachsenen auf mehreren Ebenen eigene Bedingungen und Anforderungen auf, die bei Therapeuten und Therapeutinnen eine spezialisierte Expertise erforderlich machen. Das Kindes- und Jugendalter ist wie keine andere Phase des Lebens durch signifikante Entwicklungsschritte und Entwicklungsaufgaben gekennzeichnet. Entsprechend müssen sich diagnostisches Vorgehen und Ausgestaltung der Therapie individuell am jeweiligen Entwicklungsstand der Kinder und Jugendlichen ausrichten. Diese entwicklungsbezogene »Personalisierung« ist die Voraussetzung für diagnostische Validität und Wirksamkeit von Interventionen. Ebenso ist die besondere Rolle der Eltern und anderen erwachsenen Bezugspersonen bei Kindern und Jugendlichen deutlich stärker zu berücksichtigen. Ein weiteres wichtiges Element ist eine systemübergreifende Behandlungskonzeption, die neben der psychotherapeutischen Arbeit mit den Kindern und Jugendlichen auch die schulisch-berufliche Situation in ihrer Eigenschaft als Lern- und Leistungsraum, aber auch wesentlicher psychosozialer Entwicklungsräume berücksichtigt. Ebenso sind für viele psychisch erkrankte Kinder und Jugendliche die Hilfssysteme der Jugendhilfe wichtige Bausteine, die aufgrund der Stabilisierung der Bezugssysteme mitunter grundlegende Bedingungen für die Wirksamkeit von Psychotherapie und den Erhalt von therapeutischen Erfolgen herstellen. Diese im Vergleich zu Erwachsenen besonderen Aspekte in der psychotherapeutischen Behandlung von Kindern und Jugendlichen werden in den folgenden Abschnitten vertieft.

67.2 Vom Kleinkind bis zur Adoleszenz – Diagnostik und Psychotherapie im Kindes- und Jugendalter

67.2.1 Diagnostik im Kindes- und Jugendalter

Das diagnostische Vorgehen bei psychischen Erkrankungen von Kindern und Jugendlichen beinhaltet neben der Exploration und Verhaltensbeobachtung in der Regel die Erhebung von fremdanamnestischen Informationen von elterlichen Sorgeberechtigen. Ist der Einbezug von nichtfamiliären Bezugspersonen aus z. B. Kindergarten, Schule oder Ausbildungsbereich möglich, lassen sich Ressourcen und Problemstellungen differenzierter erfassen. Die Durchführung von spezifischen alters- und entwicklungsangepassten testpsychologischen Verfahren ist ein weiterer wichtiger Baustein der Diagnostik.

Die Exploration von Kindern und Jugendlichen muss inhaltlich wie sprachlich ihrem Entwicklungs- und Erfahrungsstand angepasst werden. Dabei ermöglicht ein behutsames Vorgehen auch jüngeren Kindern, ihre eigene Wahrnehmung einzubringen. Erfolgt die Abklärung initial auf Wunsch der Eltern, ist es nicht selten, dass die Kinder und Jugendlichen zunächst eher passiv bis ablehnend reagieren und wenig auskunftsfreudig sind. Auch wenn in diesen Fällen die Anamnese zunächst hauptsächlich über die Eltern erfolgt, ist die durchgängig wertschätzende und einladende Haltung des Untersuchenden die Grundlage für eine Öffnung der Kinder und Jugendlichen im weiteren Verlauf (▶ Kap. 67.2.2).

Altersübergreifend gelten für psychische Erkrankungen weitestgehend die gleichen diagnostischen Kriterien, für die Einordnung der Symptome bei Kindern und Jugendlichen ist jedoch eine profunde Kenntnis von Entwicklungsfaktoren notwendig. So werden von jüngeren Kindern häufig unspezifische somatische Beschwerden wie Kopf- oder Bauchschmerzen benannt, während über die Entwicklung hinweg spezifischere Angaben zu emotionalem Erleben und bestehenden Alltagseinschränkungen zunehmen und sich bei Adoleszenten zunehmend denen Erwachsener angleichen.

Die erwachsenen Bezugspersonen psychisch erkrankter Kinder und Jugendlicher sind im diagnostischen Prozess einzigartige Informationsträger, die umfassendes Wissen zu den Kindern und ihrer individuellen Entwicklung bündeln. Auch können sie aus ihrer Sicht die aktuelle Symptomatik mit den Auswirkungen auf den inner- und außerfamiliären Alltag der Kinder und Jugendlichen einordnen. Dabei können die Angaben und Einschätzungen der erwachsenen Bezugspersonen durch Konfliktsituationen oder eigene Verfasstheiten beeinflusst sein und müssen in ihren subjektiven Anteilen berücksichtigt werden.

Für die testpsychologische Untersuchung stehen zahlreiche alters- und entwicklungsnormierte validierte Inventare zur Verfügung. Diese beziehen sich auf die allgemeine Erfassung der Entwicklung und psychosozialen Adaptation wie auch auf spezifische Störungsbilder. Auch bei Kindern und Jugendlichen finden Screeningverfahren breiten Einsatz, um ein umfassendes Bild von Problemstellungen zu erhalten. Bei einigen Inventaren bestehen Versionen jeweils für Eltern, Kinder sowie für Lehrkräfte. Der Abgleich der verschiedenen Einschätzungen erlaubt eine validere Einordnung von Symptomausprägungen und ermöglicht die Erfassung von Problemwahrnehmungen der Kinder und wichtiger Bezugspersonen hinsichtlich Beratung und therapeutischer Intervention (Garcia et al., 2024).

In der zusammenführenden Interpretation der diagnostischen Befunde ist zu berücksichtigen, dass große Varianzen in der Ausprägung von Verhalten innerhalb einer normalen Entwicklung bestehen. Bewegungsdrang und Aufmerksamkeitsleistung weisen z. B. im Kleinkindalter eine hohe Breite innerhalb einer normalen Entwicklung auf, sodass in diesem Alter die Diagnose einer ADHS sehr vorsichtig zu stellen ist. Des Weiteren ist bei Verhaltensauffälligkeiten im Kindes- und Jugendalter grundsätzlich die diagnostische Abgrenzung zwischen psychiatrisch relevanten Erkrankungen und pädagogischen (nichtklinischen) Themen zu treffen. Entsprechend können auch gleichzeitig Indikationen für Psychotherapie einerseits und pädagogische Interventionen andererseits bestehen. Die besondere Bedeutung der systemübergreifenden Vernetzung für den nachhaltigen Erfolg von Psychotherapie bei Kindern und Jugendlichen wird in ▶ Kap. 67.4 diskutiert.

67.2.2 Therapieziele bei Kindern und Jugendlichen – zwischen Eigen- und Fremdmotivation

Der therapeutische Erstkontakt wird in der Regel durch die Sorgeberechtigten veranlasst und erfolgt nicht selten auch zunächst ohne eigenen Wunsch oder Behandlungsauftrag durch die Kinder und Jugendlichen selbst. Dabei kann eine ablehnende Haltung dadurch entstehen, dass zunächst wenig Bereitschaft besteht, die eigene Symptomatik einer außenstehenden Person offenzulegen, Stigmatisierung gefürchtet wird oder schlicht mangelnde eigene Problemeinsicht vorhanden ist. So zeigen Jugendliche mit pathologischer Mediennutzung im Erstkontakt häufig eine eher ablehnende Grundhaltung und ein vordergründig gering ausgeprägtes Problembewusstsein. Eine durch die Eltern veranlasste und damit als fremdmotiviert empfundene diagnostische Abklärung oder Aufnahme einer Psychotherapie begünstigt, dass die Kinder und Jugendlichen initial eher passiv und dissimulierend auftreten. Die erwachsenen

Bezugspersonen haben hingegen hinsichtlich Problemstellungen und therapeutischen Aufträgen oft recht klare Vorstellungen und bringen diese häufig aktiv in den Erstkontakt ein. Wie im Abschnitt zur diagnostischen Abklärung (▸ Kap. 67.2.1) beschrieben ist es wichtig, den Kindern und Jugendlichen die Wiedergabe der eigenen Sicht zu ermöglichen und die Möglichkeit zur gemeinsamen Reflektion zu eröffnen.

Insbesondere wenn die Eltern vehement die Schilderung von Problemstellungen übernehmen, ist die direkte Ansprache an die Kinder und Jugendlichen hilfreich, um den Raum für eigene Wahrnehmungen und Veränderungswünsche zu geben. Einzelgespräche ohne die Anwesenheit der Eltern können dabei eine geschützte Situation herstellen, um es Kindern und Jugendlichen zu ermöglichen, selbst eine aktive Rolle aufzunehmen und Bereitschaft zu entwickeln, in eine therapeutische Beziehung einzutreten. Dies ist umso wichtiger, wenn in der gemeinsamen Vorstellung konflikthafte familiäre Interaktionen deutlich werden. Dabei ist jedoch zu beachten, dass die Inhalte, die in den Einzelkontakten mit den Eltern und Kindern erarbeitet wurden, in der gebotenen Transparenz zusammengeführt und offengelegt werden. Die von den Eltern und den Kindern und Jugendlichen formulierten diagnostischen und therapeutischen Aufträge können erheblich voneinander abweichen. Hier ist es Aufgabe in der Beratung, ein gemeinsames Problemverständnis und daraus abgeleitete gemeinsame Behandlungsziele zu entwickeln.

Eine auf Verstehen der eigenen Sicht angelegte Gesprächsführung und wertschätzende Haltung ist hier grundlegend für die Entwicklung einer tragfähigen therapeutischen Beziehung und die Stärkung von Eigenmotivation in der Behandlung. Dabei ist eine authentische Interaktion unter Vermeidung jeglicher paternalistischer Tendenzen mit Kindern und Jugendlichen besonders wichtig. Bei jüngeren Kindern kann der Beziehungsaufbau durch spielerische Elemente unterstützt werden, bei denen die Kinder Gelegenheit haben, ohne Problemfokussierung Vertrauen herzustellen.

Merke

Die Entwicklung einer tragfähigen therapeutischen Beziehung und die Erarbeitung einer eigenen Veränderungsmotivation ist, wie auch bei Erwachsenen, eine Voraussetzung für eine gelingende psychotherapeutische Behandlung.

67.2.3 Durchführung von Psychotherapie im Kindes- und Jugendalter

Im Zentrum der Psychotherapie steht die Befähigung der Kinder und Jugendlichen zum aktiven eigenen Umgang mit ihrer Erkrankung. Die grundsätzlichen Inhalte und Ziele von Psychotherapie bei Erwachsenen mit z. B. Psychoedukation und Stärkung eines eigenen kompetenten Umgangs mit Symptomen gelten daher auch bei Kindern und Jugendlichen. Die Individualisierung des therapeutischen Vorgehens ist dabei wie die Diagnostik an den jeweiligen Entwicklungsstand auszurichten und umfasst ein therapeutisches Repertoire vom Kleinkindalter bis hin zu jungen Erwachsenen. Neben der Einzelpsychotherapie finden gruppentherapeutische und ressourcenorientierte Verfahren bei Kindern und Jugendlichen erfolgreich Anwendung. Die Einbeziehung erwachsener Bezugspersonen ist in der Regel ein wichtiger Bestandteil der Behandlung, worauf in ▸ Kap. 67.3 näher eingegangen wird.

Als Grundelement der psychotherapeutischen Behandlung richtet sich die Psychoedukation mit der Mitteilung und fachlichen Einordnung der diagnostischen Ergebnisse an die Kinder und Jugendlichen wie auch deren erwachsene Bezugspersonen. Die Psychoedukation ist dabei in Form und Inhalt so zu gestalten, dass auch jüngere Kinder ein ihrer Erfahrungswelt gemäßes Verständnis für ihre eigene Erkrankung, der Prognose und der jeweiligen Behandlungsmöglichkeiten ausbilden können.

Für die Erarbeitung von Problemstellungen und Lösungsansätzen sind im Kinder- und Jugendbereich vielfältige Materialien verfügbar. Illustrierte Therapiebücher und therapeutisches Spielmaterial vereinfachen für jüngere Kinder die Reflektion und Bezugnahme auf die eigene Situation. In die Therapiestunde integrierte Spielangebote erleichtern zudem den Aufbau einer therapeutischen Beziehung. Über die Externalisierung und Personalisierung von Symptomanteilen in Form von z. B. »Wutmonster« oder »Zwangskobold« wird Kindern die Erkrankung greifbarer und erleichtert die Entwicklung einer eigenen Therapiemotivation.

Die Erarbeitung von aktiven Handlungs- und Problemlösestrategien ist auch bei Kindern und Jugendlichen ein wichtiger therapeutischer Inhalt, um der Erfahrung von Hilflosigkeit gegenüber Krankheitssymptomen entgegenzuwirken (Krause et al., 2021). In der Entwicklung geeigneter individueller Strategien bilden auch Umweltbedingungen und der Einbezug von Ressourcen der erwachsenen Bezugspersonen den möglichen Handlungsrahmen.

Mittels therapeutischer Hausaufgaben können Problemlösestrategien alltagsrelevant in der Familie oder Schulsituationen erprobt und im Verlauf angepasst werden. Für die Umsetzung der therapeutischen Hausaufgaben können dabei insbesondere bei jüngeren Kindern die erwachsenen Bezugspersonen häufig wertvolle motivierende Unterstützung leisten. Zur Erhöhung der Motivation hinsichtlich der Therapieadhärenz und zur Entwicklung von Verhaltensänderung hat sich der Einsatz von Token-basierten Verstärkerplänen bewährt. Neben den konkreten Zielen werden auch die Verstärker gemeinsam mit den Kindern vereinbart und in Hinblick auf Erfüllbarkeit und Erfolgserleben die Pläne in der Regel gestuft angelegt. Des Weiteren bieten Verstärkerpläne auch automatisch die Protokollierung von Verhalten und therapeutischer Reflektion in den Therapiestunden. Verstärkerpläne werden bei externalisierendem Verhalten mit Erfolg angewendet, sind aber auch bei internalisierenden Erkrankungen wirksam und können in der Form angepasst altersübergreifend angewandt werden.

Therapietagebücher und Symptomprotokolle sind auch bei Kindern und Jugendlichen zur Erfassung von Verläufen einsetzbar. In der Einschätzung von Symptomauftreten sowie therapeutischen Fortschritten ist zusätzlich der wiederholte Einbezug des Erlebens der elterlichen Bezugspersonen wertvoll und kann, wenn möglich, auch durch Angaben außerfamiliärer Bezugspersonen wie Lehrkräften ergänzt werden. Die unterschiedlichen Wahrnehmungen sind verlaufsdiagnostisch äußerst wertvoll und ermöglichen eine genauer an den Bedarfen ausgerichtete Anpassung von therapeutischen Inhalten. Die Rückfallprophylaxe ist auch bei Kindern und Jugendlichen ein wichtiger Teil der Psychotherapie, um Handlungsstrategien bei Wiederauftreten von Symptomen zu etablieren. Dabei sollten auch die erwachsenen Bezugspersonen ausführlich über Prognose, Möglichkeiten zur Rückfallprophylaxe sowie dem Vorgehen bei erneut auftretenden Krankheitssymptomen informiert werden, da sie häufig eine Wächterposition wahrnehmen und eine Wiedervorstellung initiieren können.

Neben der Einzelpsychotherapie sind gruppentherapeutische Verfahren in der Behandlung von psychisch erkrankten Kindern und Jugendlichen hervorragend einsetzbar und ermöglichen die Nutzung von positiven Peer-Effekten in der Erarbeitung von Lösungsstrategien. Die Peer-Situation in Gruppentherapien unterscheidet sich von anderen Verfahren, bei denen die Kinder und Jugendlichen sonst nur mit erwachsenen Personen über ihre Problemstellungen sprechen. Die Möglichkeit zum Austausch im geschützten Rahmen ermöglicht die Erfahrung von Akzeptanz durch Gleichaltrige. Gruppentherapeutische Interventionen können in moderierten, aber inhaltlich freien Peer-to-Peer-Gesprächen oder mit inhaltlich klarer Strukturierung durchgeführt werden. Manualisierte und modular aufgebaute Gruppentherapieangebote geben einen in Umfang und Zeit klar einschätzbaren Therapierahmen, auf den sich Kinder und Jugendliche in der Regel gut einlassen können. Störungsübergreifend haben sich insbesondere Gruppeninterventionen zur Stärkung von sozialer Kompetenz und der Verbesserung von Selbstregulation bewährt. Von therapeutischen Angeboten zu beiden Themenbereichen profitiert störungsunabhängig die Mehrzahl der psychisch erkrankten Kinder und Jugendlichen. Aber auch für spezifische Störungsbilder, insbesondere für internalisierende Störungen, besteht eine robuste Studienlage und zahlreiche an die Altersgruppen angepasste und validierte Manuale für Gruppentherapien sind verfügbar.

Ergänzend zur Psychotherapie kommen komplementäre therapeutische Verfahren wie Körpertherapie, Ergotherapie, Musiktherapie oder tiergestützte Therapie zum Einsatz. Komplementäre Therapieverfahren ermöglichen psychisch erkrankten Kindern und Jugendlichen im Rahmen einer therapeutisch angeleiteten Situation ihre eigenen Fähigkeiten zu erkunden und Ressourcen zu aktivieren (Cahill et al., 2020). Die dabei vermittelten positiven Erfahrungen fördern Selbstwirksamkeitserleben und Selbstwert. In der jeweiligen Anwendung ist dabei wichtig, eine klare Indikation zu stellen, die sich inhaltlich und zeitlich begrenzt streng an den tatsächlichen individuellen Bedarfen der Kinder und Jugendlichen orientiert. Ansonsten wirken sich inhaltliche Ermüdungsprozesse und auch terminliche Überlastung von Kindern und ihren Bezugspersonen negativ auf die Therapieadhärenz aus. Des Weiteren ist festzustellen, dass die komplementären Therapieverfahren auch bei Kindern die Durchführung einer Psychotherapie nicht ersetzen können und nicht verhindern dürfen, dass andere indizierte Interventionen wie Elterntrainings in Anspruch genommen werden.

Durch den Einsatz von digitalen Therapiezugängen sind erweiterte Möglichkeiten für die Durchführung von Psychotherapie bei Kindern und Jugendlichen entstanden, die in der Versorgung überwiegend mittels videogestützter Psychotherapie zur Anwendung kommen. Die durch die COVID-19-Pandemie stark beschleunigte Entwicklung von technischen Voraussetzungen sowie die deutlich gestiegene Akzeptanz von videogestützter Telepsychotherapie sowohl bei den Kindern und Jugendlichen, ihren elterlichen Bezugspersonen sowie auf therapeutischer Seite katalysieren deren Einsatz. Vorteile bestehen neben der Reduktion von Wegezeiten von elterlichen Bezugspersonen unter anderem in dem als geringer empfundenen Risiko von Stigmatisierung und der Behandlung im direkten häuslichen Umfeld, z. B. bei der Behandlung von Zwangserkrankungen (Hollmann et al., 2022). Nachteile können z. B. die therapeutische Beziehung betreffen, die im technikvermittelten Kontakt anders erlebt werden kann. Auch können auf therapeutischer Seite Einschränkungen in der Einschätzung z. B. des Stressniveaus der Patientinnen und Patienten in der Behandlungssituation entstehen. Zahlreiche Studien belegen die grundsätzliche Wirksamkeit von Telepsychotherapie bei vielen psychischen Erkrankungen im Kindes- und Jugendalter. Dennoch sollte dieser psychotherapeutische Zugang nur gewählt werden, wenn die räumlichen und technischen Grundvoraussetzungen gegeben sind und sich die Kinder und Jugendlichen mit diesem Zugang wohl und authentisch fühlen (Allgaier et al., 2021).

67.2.4 Einbezug von Bezugspersonen in die Psychotherapie

Neben der direkten therapeutischen Arbeit mit den Kindern und Jugendlichen ist der Einbezug der sorgeberechtigten Bezugspersonen und die Stärkung ihrer Kompetenzen im förderlichen Umgang mit den Symptomen ihrer Kinder in Alltagssituationen ein wichtiger Teil der Behandlung. Regelmäßige Gespräche sind daher ein zentrales Grundelement zur Information, Reflektion und nachhaltigen Verbesserung und Stabilisierung erreichter Therapiefortschritte. Neben der psychoedukativen Vermittlung von Wissen zur Erkrankung ist die individuelle Beratung von Eltern hinsichtlich des konkreten Umgangs mit Symptomen und Verhalten wesentlich. Dies ist umso wichtiger, wenn die Eltern in das Krankheitsgeschehen einbezogen sind, z. B. bei Zwangsstörungen (Hermida-Barros et al., 2024), oder wenn die Symptomatik aufrechterhaltende Interaktionsmuster bestehen. Der Aufbau eines kompetenten Verhaltensrepertoirs auf Seiten der sorgeberechtigten Bezugspersonen ist häufig ein wichtiges Anliegen in der Psychotherapie von Kindern und Jugendlichen.

Neben der individuellen Beratung stehen validierte manualisierte Trainings zur Verfügung, die zum Teil als Gruppentraining durchgeführt werden können. Beispielhaft sind Elterntrainings bei externalisierenden Störungen, bei denen eine erfolgreiche Etablierung elterlicher Kompetenzen sich erheblich auf die weitere Entwicklung des Kindes auswirkt (Psyllo et al., 2025). Ein weiterer positiver Effekt von Gruppentrainings für erwachsene Bezugspersonen ist der aktive Austausch untereinander, der häufig auch als emotional entlastend empfunden wird. Im Verlauf sollte mit den Bezugspersonen auch das eigene Wohlbefinden und die Stärkung der eigenen Ressourcen thematisiert werden (Keshvari et al., 2025).

Die Einbindung der erwachsenen Bezugspersonen in die Psychotherapie kann bis zur Übertragung einer aktiven ko-therapeutischen Rolle reichen, um die Kinder und Jugendlichen im Alltag in der Symptombewältigung zu unterstützen. Beispiele sind Angst- und Zwangsstörungen, bei denen eine Begleitung durch erwachsene Bezugspersonen in Expositionssituationen erfolgen kann. Der positive Effekt einer aktiven Einbeziehung der Familie in die Behandlung ist insbesondere bei Essstörungen von Jugendlichen und jungen Erwachsenen in internationalen Studien sehr gut belegt (Gkintoni et al., 2024). Wesentlich für das Gelingen eines solchen aktiven Einbezugs als Ko-Therapeuten ist jedoch die Bereitschaft der erkrankten Kinder und Jugendlichen, ihre Bezugspersonen in dieser Rolle anzunehmen und eine entsprechende Begleitung zuzulassen. Eine Voraussetzung ist, dass auf beiden Seiten funktionale Lösungsstrategien für Konfliktsituationen etabliert sind. Gemeinsam getroffene Vereinbarungen zur Durchführung sind sehr hilfreich. Weiter muss gut geprüft werden, ob die Bezugspersonen selbst gegenwärtig in der Lage sind, die dafür notwendigen eigenen Handlungskompetenzen und ausreichende emotionale Stabilität aufzubringen. Als Ko-Therapeuten beteiligte Bezugspersonen brauchen die Möglichkeit, sich engmaschig therapeutisch rückkoppeln zu können, um ihre Erfahrungen fachlich reflektieren zu können und so Überforderungen zu vermeiden.

67.3 Sorgerecht und Selbstbestimmung – rechtliche Rahmenbedingungen

Alters- und entwicklungsbedingt kommt den sorgeberechtigten Bezugspersonen in der Einleitung von Psychotherapie bei Kindern, aber auch bei vielen Jugendlichen eine entscheidende Rolle zu. In der Regel übernehmen sie die Initiierung von Erstkontakten sowie die Bereitstellung von Information zur bisherigen psychosozialen Entwicklung und zur aktuellen Symptomatik. Die Bezugspersonen müssen rechtlich stellvertretend für die Kinder und auch für nicht gesundheitsfähige Jugendliche in die Behandlung einwilligen. Sowohl in psychosozialer als auch rechtlicher Hinsicht besteht hier ein klarer Unterschied zur Behandlung von Erwachsenen. Das Sorgerecht der Bezugspersonen beinhaltet auch die Pflicht zur Ausübung der Sorge. Während bei psychisch erkrankten Erwachsenen ohne Betreuung bis auf akute Gefährdungslagen die Freiwilligkeit eine Grundvoraussetzung für eine Behandlung darstellt, können Eltern bei schweren psychischen Erkrankungen eine Behandlung ihres Kindes auch gegen dessen Willen durchsetzen, sofern das Kindeswohl gefährdet ist. Beispielhaft ist hier die stationäre Behandlung von schwer erkrankten Jugendlichen mit Anorexia nervosa, die nach Feststellung der Gefährdung des Kindeswohls auf der Grundlage einer richterlichen Unterbringung nach § 1631b BGB auch gegen ihren Willen behandelt werden können. Auch in diesen Fällen bleibt die Entwicklung einer eigenen Therapiemotivation für den Erfolg der Behandlung entscheidend und gelingt trotz einer initialen Behandlung gegen den Willen dann im weiteren Verlauf der Psychotherapie in den meisten Fällen (Offringa et al., 2024).

Andererseits können Jugendliche, die selbst in der Lage sind, Verantwortung für ihre Gesundheit auszuüben, eigenständig eine Behandlung aufnehmen oder ablehnen und auch aktiv die sorgeberechtigten Bezugspersonen aus der psychotherapeutischen Behandlung ausschließen und deren Recht auf Information über Diagnose und Behandlungsfortschritt aufheben. Dies setzt voraus, dass die Jugendlichen im Sinne der Einwilligungsfähigkeit in der Lage sind, nach fachlicher Aufklärung eine ausreichende eigene Einschätzung der bestehenden Erkrankung, der Prognose sowie der Folgen von therapeutischen Interventionen sowie Nicht-Behandlung treffen können (BGH, 22.5.2001 – VI ZR 74/00).

Kinder und Jugendliche sind ungleich mehr als Erwachsene von einem förderlichen Einfluss der sie umgebenden psychosozialen Rahmenbedingungen abhängig. Die Verantwortung für die Gestaltung dieser Rahmenbedingungen liegt dabei in der Regel bei den sorgeberechtigten Bezugspersonen, die somit auch maßgeblich für die erfolgreiche Umsetzung von psychotherapeutisch empfohlenen notwendigen Veränderungen in den Bezugsystemen sind. Dies kann beispielsweise den familiären Umgang mit Konflikten, Regelsetzung, Förderung von Verantwortungsübernahme oder Veränderungen in der Beschulung bedeuten. Ein gelingender Einbezug der Bezugspersonen in einer aktiven Rolle setzt bei diesen jedoch auch das Vorhandensein ausreichender eigener Ressourcen voraus. Daher sollten im Rahmen der Diagnostik auch vorhandene elterliche Belastungen erfasst werden und gegebenenfalls eine Beratung hinsichtlich eigener Hilfemöglichkeiten erfolgen. Insbesondere bei stark belasteten oder selbst psychisch erkrankten Bezugspersonen ist für eine nachhaltig erfolgreiche Behandlung psychisch erkrankter Kinder die Stabilisierung der psychosozialen Umgebung ein wesentlicher Faktor und kann z. B. durch die Vermittlung von Therapieangeboten und die Etablierung von familienstützenden Jugendhilfemaßnahmen gefördert werden (▸ Kap. 67.4).

67.4 Bedeutung von Systemschnittstellen

Außerhalb der familiären Bezüge bewegen sich Kinder und Jugendliche in Bildungskontexten wie Kindergärten und Schulen sowie Ausbildungsstätten, die Lern- und Leistungsorte, aber auch nach den Familien die wichtigsten psychosozialen Entwicklungsräume sind. Psychische Erkrankungen wirken sich regelhaft auf diese Bezüge aus und können beispielsweise durch Überforderungssituationen oder negative soziale Interaktionen verstärkt oder sogar ausgelöst werden. In der Psychotherapie von Kindern und Jugendlichen ist folglich die Rolle dieses Lebensraums zu erfassen, und häufig ist die Einbeziehung von z. B. Lehrkräften oder Schulsozialarbeit wesentlich für den Therapieverlauf. Ebenso kann die Zusammenarbeit mit dem System der Jugendhilfe für psychisch erkrankte Kinder und Jugendliche und ihre Familien wesentlich für die Umsetzung von Veränderungen und den Erhalt von therapeutischen Erfolgen sein.

67.4.1 Kindergarten und Schule – therapierelevante psychosoziale Entwicklungsorte

Eine Besonderheit bei Kindern und Jugendlichen mit psychischen Erkrankungen ist die Rolle von Kindergärten und Schulen als Bildungseinrichtungen, aber auch in ihrer Funktion als wichtigster außerfamiliärer psychosozialer Erfahrungs- und Entwicklungsraum. Auch bereits erwachsene Adoleszente betreffen häufig noch schulische und Ausbildungsthemen, die Einfluss auf ihre psychische Gesundheit nehmen.

Wesentliche Entwicklungsaufgaben im Kindes- und Jugendalter erfolgen in Kontexten von Kindergarten und Schule. Soziale Interaktionen werden ausgebildet und geübt, Lern- und Leistungsaufgaben nehmen Einfluss auf das Selbstwerterleben und Peer-prozesse wirken auf die Entwicklung des Selbstbildes ein. Die Bewältigung der Entwicklungsaufgaben in Kindergarten und Schule tragen im positiven Fall zur Stärkung der Resilienz bei, bei Überforderung können allerdings auch relevante Belastungen und in der Folge psychische Erkrankungen entstehen. Entsprechend weisen viele Kinder und Jugendliche mit psychischen Erkrankungen erhebliche Schulprobleme bis hin zu Schulabsentismus auf.

Entsprechend der Anforderungen über die ganze Breite psychosozialer Funktionen werden viele psychische Erkrankungen besonders im vor-/schulischen Kontext erstmals sichtbar. Im Sozialraum Kindergarten/Schule können so z. B. Störungen der sozialen Interaktion etwa bei Autismus-Spektrum-Störungen oder Rückzugsverhalten und Lernschwierigkeiten bei depressiven Erkrankungen erkennbar werden.

Die Einbeziehung von Erziehenden oder Lehrkräften in die psychotherapeutischen Prozesse ist in der Regel für die Diagnostik, aber auch im Verlauf ein erheblicher Gewinn. Zum einen sind Bezugspersonen aus Kindergarten und Schule außerfamiliäre Informationsträger hinsichtlich Entwicklungsstand, Ressourcen und bestehende Problemstellungen der Kinder. Zum anderen können sie durch förderlichen Umgang mit psychisch erkrankten Kindern und Jugendlichen dazu beitragen, dass Belastungen gesenkt werden. Lehrkräfte fühlen sich jedoch häufig nicht ausreichend zu psychischen Erkrankungen von Kindern und Jugendlichen informiert und empfinden sich als unsicher im Umgang (Prabhu et al., 2024). Beratung zu den individuellen Bedarfen des Kindes von z. B. Lehrkräften, aber auch in der Schulsozialarbeit Tätigen sollte im Rahmen der Psychotherapie durchgeführt werden. Insbesondere bei schwereren Erkrankungen und nach Klinikaufenthalten ist eine systemübergreifende Zusammenarbeit ein wesentlicher Faktor für eine gelingende Reintegration von psychisch erkrankten Kindern und Jugendlichen (Finkbeiner et al., 2023).

67.4.2 Zusammenwirken der Systeme – Unterstützung durch Jugendhilfe

Ein weiteres spezifisches Hilfesystem für Kinder und Jugendliche und in Ausnahmefällen für adoleszente Erwachsene ist die Jugendhilfe, die über ein breites Angebot von zur Psychotherapie komplementären Hilfemaßnahmen verfügt. Diese können klientenzentriert sein, beinhalten aber auch auf das Umfeld bezogene Maßnahmen, z. B. in Form einer sozialpädagogischen Familienhilfe oder Schulbegleitung. Auftrag der Jugendhilfe ist die Unterstützung von Kindern und Jugendlichen und ihrer Familien in der Erreichung stabiler psychosozialer Bedingungen für eine gesunde Entwicklung. Dabei sind Maßnahmen des Jugendhilfesystems pädagogisch ausgerichtet und komplementär zu den Möglichkeiten der therapeutischen Versorgung des Gesundheitssystems. Grundsätzlich hat Jugendhilfe die Unterstützung von Kindern und Jugendlichen innerhalb des familiären Rahmens zum Ziel, verfügt aber auch über stationäre Hilfemaßnahmen einschließlich therapeutischer Einrichtungen, wenn das Ausmaß der Erkrankung oder fehlende familiäre Ressourcen dies erfordern.

Im Verlauf einer Psychotherapie kann die Vermittlung einer Kontaktaufnahme von sorgeberechtigten Bezugspersonen mit dem Jugendhilfesystem ein entscheidender Schritt sein, um die notwendige Stabilität des Lebensumfeldes der Kinder und Jugendlichen als Voraussetzung für eine gelingende Psychotherapie zu erreichen. So können aufsuchende Hilfen Bezugspersonen z. B. in organisatorischen Aufgaben unterstützen oder auf positivere Familieninteraktionen einwirken. In vielen Regionen sind auch die Schulsozialarbeit sowie familientherapeutische Interventionen Bausteine der Jugendhilfe. Ein regelmäßiger Austausch zwischen den beteiligten Mitarbeitern der Jugendhilfe und den psychotherapeutisch Behandelnden ist die Grundlage für Synergien und eine gemeinsame Ausrichtung der verschiedenen Maßnahmen und therapeutischen Interventionen (McGorry et al., 2024; Fegert et al., 2017).

67.5 Gelingende Transition – Entwicklungschance statt Sollbruchstelle

Trotz Behandlung setzen sich bei vielen Jugendlichen psychische Erkrankungen in das junge Erwachsenenalter fort. Bei eher unkomplizierten Erkrankungsverläufen mit gutem Behandlungsfortschritt ist bei Erreichen der Volljährigkeit ein Wechsel des therapeutischen Settings in der Regel nicht sinnvoll, insbesondere, wenn die Behandlung in einem absehbaren Zeitraum geplant beendet werden kann, da ein Wechsel mit neuem Aufbau einer therapeutischen Beziehung den Behandlungsverlauf eher belasten würde. Entsprechend wird dies auch durch die gesetzlichen Regelungen berücksichtigt, die vorsehen, dass Jugendliche, die sich vor der Volljährigkeit bereits in Behandlung befanden, diese Behandlung bis zum Alter von 21 Jahren weiter fortsetzen können. Viele Adoleszente profitieren auch entwicklungsbedingt von dem spezifischen jugendpsychiatrischen Setting mit engem Einbezug von familiären Bezugspersonen sowie des systemübergreifenden therapeutischen Ansatzes mit schulisch-beruflichen Maßnahmen und Jugendhilfe.

Ist jedoch absehbar, dass Adoleszente an der Schwelle zum Erwachsenenalter eine längerfristige Behandlung benötigen, ist die frühzeitig geplante und aktiv gestaltete Vorbereitung und Überleitung in ein an Erwachsenen orientiertes Behandlungssetting für die Erhaltung der Behandlungskontinuität entscheidend (Adamo et al., 2024). Dies ist z. B. häufig bei Essstörungen oder persistierender ADHS zutreffend (Dimitropoulos et al., 2025). Eine erfolgreiche Transition ist insbesondere bei chronifizierten Erkrankungen, bei Remission mit bestehendem hohem Rückfallrisiko oder bei Entwicklungsstörungen wie Autismus-Spektrum-Störungen mit anhaltendem Behandlungsbedarf entscheidend für eine weitere positive Entwicklung der psychischen Gesundheit mit Teilhabe an der Gesellschaft.

Trotz der Notwendigkeit sind die Übergänge vom Behandlungssetting für Jugendliche hin zur Psychotherapie bei Erwachsenen häufig mit erheblichen organisatorischen Schwierigkeiten verbunden und können zu harten Brüchen und Diskontinuität der notwendigen Behandlung führen. Insbesondere chronisch psychisch erkrankte Adoleszente sind in der Suche nach neuen Behandlungsmöglichkeiten häufig überfordert und benötigen die professionelle Unterstützung in der Zusammenarbeit beider Behandlungssysteme. Um einen gelingenden Übergang sicherzustellen, ist eine aktive Vernetzung zwischen den bisherigen kinder- und jugendpsychotherapeutisch Behandelnden und den nachfolgenden Behandelnden entscheidend. Dabei ist bei gleichzeitiger medikamentöser Behandlung auch eine erwachsenenpsychiatrische Versorgung einzuleiten (Adamo et al., 2024). Eine erfolgreiche Transition kann für viele Adoleszente die Möglichkeit eröffnen, in der neuen Therapiesituation mehr eigene Verantwortung aktiv zu übernehmen und so eine Entwicklungschance für Autonomie eröffnen.

Prüfungsfragen

1. Warum ist die frühzeitige Diagnose und Behandlung psychischer Erkrankungen im Kindes- und Jugendalter besonders wichtig?
2. Welche Besonderheiten gelten bei der psychotherapeutischen Beziehungsgestaltung mit Kindern und Jugendlichen?
3. Welche Rolle spielen die sorgeberechtigten Bezugspersonen in der Therapie psychisch erkrankter Kinder und Jugendlicher?
4. Was bedeutet »gelingende Transition« im Kontext der Psychotherapie von Jugendlichen?

Antworten

1. Über 75 % aller psychischen Erkrankungen beginnen vor dem 20. Lebensjahr. Eine frühe Intervention kann einer Chronifizierung vorbeugen, sekundäre psychische Erkrankungen verhindern und die psychosoziale Entwicklung positiv beeinflussen.
2. Kinder und Jugendliche kommen oft fremdmotiviert zur Therapie. Der Aufbau einer tragfähigen, wertschätzenden Beziehung ist entscheidend, um Eigenmotivation und therapeutische Mitarbeit zu fördern.
3. Sie sind wichtige Informationsträger, gestalten das Umfeld maßgeblich mit und können in einer ko-therapeutischen Rolle aktiv zur Symptom- und Alltagsbewältigung beitragen. Ihre Beratung, Einbindung und ggf. eigene Stabilisierung sind zentral für den Therapieerfolg.
4. Sie beschreibt den erfolgreichen Übergang von der Kinder- und Jugendpsychotherapie in das Erwachsenenbehandlungssystem. Dies erfordert frühzeitige Planung, interprofessionelle Kooperation und unterstützt die kontinuierliche Versorgung – besonders bei chronischen Erkrankungen.

Literatur

Adamo, N., Singh, S. P., Bölte, S. et al. (2024). Practitioner Review: Continuity of mental health care from childhood to adulthood for youths with ADHD – who, how and when? *Journal of child psychology and psychiatry, and allied disciplines, 65*(11), 1526–1537. https://doi.org/10.1111/jcpp.14036

Allgaier, K., Schmid, J., Hollmann, K., et al. (2021). Times are changing: digitalisation in child and adolescent psychotherapy. *J. Eur Child Adolesc Psychiatry, 30*(11), 1667–1670. doi: 10.1007/s00787-020-01610-8.

Cahill, S., Egan, E., Seber, J. (2020). Activity- and Occupation-Based Interventions to Support Mental Health, Positive Behavior, and Social Participation for Children and Youth: A Systematic Review. *Am J Occup Ther, 74*(2), 7402180020p1–7402180020p28. doi: 10.5014/ajot.2020.038687.

Dimitropoulos, G., Nicula, M., Krishnapillai, A. et al. (2025). Transitions for youth and young adults with eating disorders and/or other mental health conditions: a Canadian guideline. *Journal of eating disorders*, *13*(1), 158. https://doi.org/10.1186/s40337-025-01343-6

Fegert, J. M., Hauth, I., Banaschewski, T. et al. (2017). Übergang zwischen Jugend- und Erwachsenenalter: Herausforderungen für die Transitionspsychiatrie. *Zeitschrift für Kinder- und Jugendpsychiatrie und Psychotherapie*, *45*(1), 80–85. https://doi.org/10.1024/1422-4917/a000502

Finkbeiner, M., Wahl, L. M., Kühnhausen, J. et al. (2023). Patients' well-being during the transition period after psychiatric hospitalization to school: insights from an intensive longitudinal assessment of patient-parent-teacher triads. *BMC psychology*, *11*(1), 182. https://doi.org/10.1186/s40359-023-01197-0

Garcia, R., Cortese, S., Vitoratou, S. (2024). Measurement invariance of Attention Deficit/Hyperactivity Disorder symptom criteria as rated by parents and teachers in children and adolescents: A systematic review. *PLoS One*, *19*(2), e0293677. doi: 10.1371/journal.pone.0293677.

Gkintoni, E., Kourkoutas, E., Vassilopoulos, S. P. et al. (2024). Clinical Intervention Strategies and Family Dynamics in Adolescent Eating Disorders: A Scoping Review for Enhancing Early Detection and Outcomes. *Journal of clinical medicine*, *13*(14), 4084. https://doi.org/10.3390/jcm13144084

Hermida-Barros, L., Primé-Tous, M., García-Delgar, B. et al. (2024). Family accommodation in obsessive-compulsive disorder: An updated systematic review and meta-analysis. *Neuroscience and biobehavioral reviews*, *161*, 105678. https://doi.org/10.1016/j.neubiorev.2024.105678

Hollmann, K., Hohnecker, C. S., Haigis, A., et al. (2022). Internet-based cognitive behavioral therapy in children and adolescents with obsessive-compulsive disorder: A randomized controlled trial. *Front Psychiatry*, *13*, 989550. doi: 10.3389/fpsyt.2022.989550.

Hudson, J., Minihan, S., Wenting, C. et al. (2023). Interventions for Young Children's Mental Health: A Review of Reviews, *Clin Child Fam Psychol Rev*, *26*(3), 593–641. doi: 10.1007/s10567-023-00443-6.

Keshvari, M., Alavi, M., Haghshenas, M., et al. (2025). Efficacy of Educational Programs for the Empowerment and Well-Being of Caregivers of Children With Mental Disorders: A Systematic Review. *Scandinavian journal of caring sciences*, *39*(2), e70053. https://doi.org/10.1111/scs.70053

Krause, K. R., Courtney, D. B., Chan, B. W. et al. (2021). Problem-solving training as an active ingredient of treatment for youth depression: a scoping review and exploratory meta-analysis. *BMC Psychiatry*,*21*(1), 397. doi: 10.1186/s12888-021-03260-9.

McGorry, P. D., Mei, C., Dalal, N. et al. (2024). The Lancet Psychiatry Commission on youth mental health. The lancet. *Psychiatry*, *11*(9), 731–774. https://doi.org/10.1016/S2215-0366(24)00163-9

Offringa, T. M., Nooteboom, L. A., Versluijs, B. K. et al. (2024). Why them? A systematic review on common factors among youth who receive compulsory treatment for anorexia nervosa. *Journal of child and adolescent mental health*, 1–25. Advance online publication. https://doi.org/10.2989/17280583.2024.2398061

Prabhu, S. G., Mallikarjun, P. K., Palmer, A. et al. (2024). Mental health literacy in secondary school teachers and interventions to improve it – a systematic review and narrative synthesis. *Journal of mental health*, 1–20. Advance online publication. https://doi.org/10.1080/09638237.2024.2426994

Psyllou, C., Luman, M., van den Hoofdakker, B. J. et al. (2025). Research Review: Mechanisms of change and between-family differences in parenting interventions for children with ADHD – an individual participant data meta-analysis. *Journal of child psychology and psychiatry, and allied disciplines*, 10.1111/jcpp.14120. Advance online publication. https://doi.org/10.1111/jcpp.14120

Solmi, M., Radua, J., Olivola, M., et al. (2022). Age at onset of mental disorders worldwide: large-scale meta-analysis of 192 epidemiological studies, *Psychiatry*, *27*(1), 281–295. doi: 10.1038/s41380-021-01161-7.

Solmi, M., Cortese, S., Vita, G. et al. (2023). An umbrella review of candidate predictors of response, remission, recovery, and relapse across mental disorders. *Mol Psychiatry*, *28*(9), 3671–3687. doi: 10.1038/s41380-023-02298-3

Weiterführende Literatur

Döpfner, M., Görtz-Dorten, A., Petermann, F. (2024). *Diagnostik psychischer Störungen im Kinders- und Jugendalter.* Hogrefe.

Fegert, J., Resch, F., Kaess, M. et al. (Hrsg.) (2024). *Psychiatrie und Psychotherapie im Kindes- und Jugendalter.* Springer.

In-Albon, T., Christiansen, H., Schenck, C. (Hrsg.) (2020). *Verhaltenstherapie bei Kindern, Jugendlichen und jungen Erwachsenen: Vom Erstgespräch zur Therapieplanung.* Kohlhammer.

Lauth, G., Linderkamp, F. (Hrsg.) (2018). *Verhaltenstherapie mit Kindern und Jugendlichen: Praxishandbuch.* Beltz.

Schlarb, A., Stavemann, H. (2019). *Einführung in die KVT bei Kindern und Jugendlichen: Grundlagen und Methodik.* Beltz.

68 Psychotherapie im Alter

Stefanie Oberfeld

Das Wichtigste auf einen Blick

- 20 % der 65- bis 79-jährigen leiden an einer psychischen Erkrankung. Mit zunehmendem Lebensalter wächst die Häufigkeit und somatische Komorbiditäten nehmen zu.
- Altern ist ein Prozess hoher Heterogenität. Mit zunehmendem Lebensalter nehmen die individuellen Unterschiede zu.
- Das Defizit-Modell der Unheilbarkeit psychischer Erkrankungen im Alter hat keine Gültigkeit mehr. Psychotherapie im Alter ist gut wirksam – ambulant und stationär.
- Das Stigma psychischer Erkrankungen ist bei älteren Patienten noch sehr hoch. Zentrale übergeordnete Therapieziele sind der Abbau von Scham sowie das Wiedererlangen von Autonomie und Selbstwirksamkeit.
- Therapeutinnen und Therapeuten müssen sich von romantisierenden Vorstellungen des Alters lösen und Beziehungs- und Fürsorglichkeitsfallen beachten.
- Psychotherapeutische Konzepte müssen strukturell, inhaltlich und organisatorisch an die speziellen Bedürfnisse dieser Patientengruppe angepasst werden.

»Jedes Jahrzehnt des Menschen hat sein eigenes Glück, seine eigenen Hoffnungen und Aussichten.«
(Johann Wolfgang v. Goethe)

68.1 Einführung

In einer Definition nach E. Bleuler ist ein psychisch kranker Mensch ein Mensch, der bei der Lösung seiner altersgemäßen Lebensaufgabe in eine Krise oder Sackgasse geraten ist, weil seine Verletzbarkeit und damit sein Schutzbedürfnis und sein Bedürfnis, Nicht-Erklärbares zu erklären, für ihn zu groß und zu schmerzhaft geworden sind. Dem folgt eine derzeitige Unterteilung innerhalb der Psychiatrie und Psychotherapie, nämlich zunächst einmal alters- und nicht krankheitsspezifisch vorzugehen. Allerdings haben die drei großen Bereiche – die Kinder- und Jugendpsychiatrie und -psychotherapie, die sog. Erwachsenenpsychiatrie und -psychotherapie und die sich hieraus emanzipierende Gerontopsychiatrie und -psychotherapie – ihre eigenen krankheitsbezogenen Schwerpunkte (Dörner et al., 2013).

Das LZG-NRW zitiert in seiner Veröffentlichung zur psychischen Gesundheit älterer Menschen eine deutschlandweite Studie des Robert Koch-Instituts. Danach zeigt sich, dass in der Altersgruppe der 65- bis 79-Jährigen etwa ein Fünftel unter mindestens einer der 25 dort untersuchten psychischen Erkrankungen leidet (12-Monats-Prävalenz), wobei demenzielle Erkrankungen, Persönlichkeitsstörungen und Entwicklungsstörungen nicht erfasst wurden. Angststörungen machten bei der Studie des Robert Koch-Instituts mit Abstand den größten Anteil an psychischen Erkrankungen im Alter aus, gefolgt von Suchterkrankungen und affektiven Störungen, zu denen auch die Depression gehört (Jacobi et al., 2014).

Viel zu lange haben das Alter und der alt werdende Mensch in der Psychiatrie und Psychotherapie nur eine untergeordnete Rolle gespielt. Mit der Psychiatrie-Enquête sind 1975 explizit auch die Probleme seelischer Gesundheit und Krankheit im Alter in das öffentliche Bewusstsein gerückt worden, und es wurde u. a. vor den Folgen der Zunahme der Über-65-Jährigen in der Bevölkerung gewarnt. Feldstudien hatten für diese Altersgruppe einen Anteil von 25 bis 30 % mit psychischen Störungen beschrieben (Sachverständigen-Kommission Psychatrie-Enquête, 1975).

Heute ist jeder fünfte Mensch in Deutschland älter als 65 Jahre. Sechs von hundert Menschen haben bereits das 80. Lebensjahr überschritten. Auch wenn der überwiegende Teil der in der epidemiologischen Längsschnittstudie »RKI 65+« erfassten Teilnehmenden von einer guten bis sehr guten Gesundheit berichtet, bleibt die Suche nach einer Antwort auf die Frage nach der Bewältigung der Versorgung dieser stetig wachsenden Zahl alter, hochbetagter und mit zunehmendem Alter multimorbider Menschen (Robert Koch Institut, 2023).

Fallbeispiel

Hr. B. ist 89 Jahre alt, als er zu einer ersten teilstationären Behandlung kommt. Die Einweisungsdiagnose lautete: V. a. schwere depressive Episode und leichte kognitive Störung.

Er ist seit vielen Jahren verwitwet, lebt im 1. Stock eines Hauses ohne Fahrstuhl; der Sohn lebt mit der Familie im Erdgeschoss. Herr B. hat keine Haushaltshilfe, den Haushalt versorgt er weitgehend selbstständig. Er bereitet sich die Mahlzeiten zu, hat sich vor nicht allzu langer Zeit einen Thermomix und einen Dampfgarer gekauft. Einkäufe und Spazierfahrten erledigt er mit einem vierrädrigen E-Scooter. Er liest regelmäßig Western-Comics, von denen er eine große Sammlung besitzt, und spielt auf seiner Hammond-Orgel.

Die Aufnahme erfolgt auf Motivation durch den Hausarzt, den er in den letzten Wochen gehäuft aufgesucht hatte. Der Patient beklagt eine zunehmend bedrückte Stimmung, Antriebsminderung und Tagesmüdigkeit, verbunden mit sozialem Rückzug bei gleichzeitiger innerer Unruhe. Er sei ängstlich geworden und habe an Lebensfreude und Motivation verloren. Bereits unter geringer Belastung leide er unter Kurzatmigkeit, könne die Treppe zu seiner Wohnung dann kaum noch bewältigen. Zeitlebens habe er viel geraucht. Er habe an Appetit und Gewicht verloren, sei »hinfällig«. Darüber hinaus berichtete er von einer koronaren Herzkrankheit, einem arteriellen Hypertonus, von Herzrhythmusstörungen, einer Magenperforation von 1975 sowie einer Prostatahyperplasie unbekannter Dignität.

Psychiatrische Aufnahmediagnose: Schwere depressive Episode (ICD-10: F32.2).

Am Ende der ersten Behandlungswoche und Tag seines 90. Geburtstages erfährt der Patient, dass seine Tochter an einem Bronchial-Karzinom erkrankt ist. Gegen Ende der zweiten Behandlungswoche kommt plötzlich der Sohn des Patienten in die Tagesklinik und teilt dem Patienten mit, dass seine Tochter am frühen Morgen unerwartet verstorben ist. Im Verlauf der nächsten Tage erfährt Herr B., dass er selbst ebenfalls an einem kleinzelligen Bronchial- Karzinom erkrankt ist. In der dann folgenden Woche beginnt seine Chemotherapie.

Das allgemeine Wissen um den Einfluss der psychischen Gesundheit auf das körperliche Wohlbefinden hat in der professionellen und nicht-professionellen Bevölkerung zugenommen (WHO, 2019). Verhaltensänderungen und -auffälligkeiten werden schneller identifiziert und zur Abgrenzung zwischen »gesund« und »krank« herangezogen. Dennoch fehlt vielfach das Wissen um die Bedeutung dieser psychischen Veränderungen. Krankheit im Alter kann sich anders äußern als bei jüngeren Patientinnen und Patienten. Mit zunehmendem Alter treten psychische Veränderungen vermehrt in Komorbidität mit somatischen Erkrankungen und/oder kognitiven Defiziten auf. Psychische Symptome können sowohl Ausdruck der Erstmanifestation oder Folgesymptom einer somatischen Erkrankung, unerwünschte Wirkung von Medikamenten oder typisches Symptom einer eigenständigen und neu aufgetretenen psychischen Erkrankung sein. Diese Differenzierung ist komplex, erfordert Zeit und macht ältere Menschen zu vermeintlich schwierigen Patientinnen und Patienten.

Das schon 1975 in der Psychiatrie-Enquête beklagte Defizit-Modell von der Unheilbarkeit psychischer Erkrankungen im Alter bestimmt noch heute an vielen Stellen einen therapeutischen Nihilismus. In den Köpfen der Patientinnen und Patienten sind es Oberpläne wie »Was Hänschen nicht lernt, lernt Hans nimmermehr«. In den Köpfen auch vieler Therapeutinnen und Therapeuten bestimmen z. B. Aussagen wie von Siegmund Freud das Denken und Handeln, dass »bei Personen nahe an oder über fünfzig Jahren einerseits die Plastizität der seelischen Vorgänge zu fehlen pflegt, auf welche Therapie rechnet – alte Leute sind nicht mehr erziehbar –, und als andererseits das Material, welches durchzuarbeiten ist, die Behandlungsdauer ins Unabsehbare verlängert« (Gatterer, 2019). So wundert es nicht, dass gerade im ambulanten Bereich bevorzugt die Gruppe der noch »jungen Alten« als Zielgruppe wahrgenommen wird.

68.2 Lebenssituation älterer Menschen

Die überwiegende Mehrheit älterer Menschen ist verheiratet oder lebt in einer festen Partnerschaft. Jede dritte Frau ist verwitwet, vier von zehn Frauen leben allein – so weit die Angaben aus der 65+-Studie des RKI (Robert Koch Institut, 2023). Hinzu kommt eine beträchtliche Anzahl von älteren Menschen, die ihren erkrankten Partner zu Hause pflegen. Jede sechste Person hat in der Befragung des RKI angegeben, einen Pflegegrad aufzuweisen. Bei den hochaltrigen Menschen sind es über 50 %. Über 10 % der Bevölkerung über 85 Jahren leben nicht mehr im eigenen Haushalt. Fast symbolisch mit dem Eintritt in den Ruhestand erleben sie wirtschaftliche, soziale und körperliche Verluste. Vielen wird erstmals die Begrenztheit der noch zu erwartenden Lebenszeit bewusst. Sie erleben die Veränderung ihrer Mobilität durch körperliche und kognitive Einschränkungen oder sie nehmen diese in ihrem unmittelbaren sozialen Umfeld wahr. Entwicklungsmöglichkeiten nach vorne, wie sie sie bislang kannten, scheinen zu fehlen. Statt Freiheit und Unabhängigkeit müssen sich viele Menschen mit Fragen nach Unterstützung und Hilfe auseinandersetzen.

68.3 Einsamkeit

»Einsamkeit ist genauso gesundheitsschädigend wie 15 Zigaretten täglich.«
(Holt-Lunstat et al., 2010)

Je nach Studie sind die Angaben zur Prävalenz von Einsamkeit in hohem Lebensalter unterschiedlich. Allen gemeinsam ist aber eine Zunahme mit dem Lebensalter. So fühlen sich ab dem 90. Lebensjahr mehr als 20 % der Menschen einsam. Frauen scheinen erheblich häufiger betroffen zu sein als Männer. Die Gründe hierfür sind vielfältig – der Verlust des Partners (Frauen werden im Schnitt älter als Männer), eine subjektiv als schlecht erlebte Gesundheit, geringere Bildung (insbesondere die Frauen dieser Generationen sind betroffen), das Leben in einer Einrichtung der Altenhilfe, Verlust des sozialen Netzwerks, Migrationshintergrund (Fluchtgeschichten).

Bei Einsamkeit handelt es sich um eine individuelle Befindlichkeit (qualitatives Maß), das negative Erleben von Alleinsein (quantitatives Maß). Einsamkeit ist keine Krankheit, kann jedoch krank machen. Sie ist unfreiwillig, macht die Betroffenen hilflos und lässt sie die eigene Schwäche erfahren. Sie ist sowohl Ausdruck als auch Folge eigener Selbstunsicherheit und führt durch Scham zu weiterer Selbstabwertung. Es besteht eine große Sehnsucht nach Zugehörigkeit, Geborgensein, Verständnis, Eingebundensein und Wertigkeit, also nach Anerkennung. »Anerkennung ist zugleich Nährboden und Konfliktstoff allen sozialen Lebens« führt Axel Honneth in seinem Aufsatz über »Hegel und die Anerkennung« aus (Honneth, 2015).

Für ältere Menschen ist der Verlust einer engen Bindung in der Regel nur schwer substituierbar – auch nicht über vermehrte Kontakte zu den Kindern. Familiäres Eingebundensein – in die Familie der Kinder – kann auch als Einschränkung der eigenen Entscheidungs- und Kontrollmöglichkeiten empfunden werden. Das Leben im eigenen Haushalt bietet womöglich eine größere Chance für selbstbestimmte Entscheidungen (Hanisch-Berndt & Göritz, 2005). Kontakte mit Freunden oder Nachbarn, die unverbindlich und frei gewählt sind, scheinen eine größere Bedeutung für das psychische Wohlbefinden zu haben als Kontakte mit den erwachsenen Kindern oder engeren Verwandten. Oft besteht ein großer innerer Konflikt zwischen Autonomie und Versorgungswunsch, in der Folge kann es zur Entwicklung von Depressionen kommen. Es entsteht ein Teufelskreis aus Scham, Vermeidung, Selbstabwertung, sozialem Rückzug und Antriebsverlust, gepaart mit Resignation und Hoffnungslosigkeit.

Wer in der Lage ist, neue soziale Kontakte zu knüpfen, und wer davon überzeugt ist, die eigene Lebenssituation steuern zu können, fühlt sich weniger einsam als jene Person, die über diese Fähigkeiten und Überzeugungen nicht verfügt. Gerade hier können präventive Ansätze frühzeitig greifen.

Merke

Der hochbetagte Patient – mögliche Aspekte:

- häufiger alleinlebend oder in einer Einrichtung der Altenhilfe
- eigener Unterstützungs-/Hilfebedarf
- eingeschränkte Mobilität
- zahlreiche Verluste: wirtschaftlich, sozial
- scheinbar fehlende Entwicklung nach vorn
- komplexe Biografien, häufiger biografische Brüche
- komplexe Beziehungsgeflechte
- komplexe Anamnesen, chronifizierte Vorerkrankungen
- begrenzte Lebenserwartung
- reduzierte körperliche Leistungsfähigkeit
- Polypharmazie
- reduzierte kognitive Leistungsfähigkeit

68.4 Die Rolle der Angehörigen

Schleichend beginnt sich die Rolle und damit auch das Verhältnis zu den erwachsenen Kindern zu verändern. Die Motivation zu einer Therapie entspringt häufig nicht der eigenen inneren Überzeugung, sondern ist auf das Drängen der Kinder zurückzuführen. Oft sind diese von dem Wunsch getrieben, es möge wieder alles so werden, wie es war. Es fällt ihnen schwer, die neue Lebenswirklichkeit und auch die immer offensichtlicher werdende Vergänglichkeit der Eltern anzuerkennen. Manche erleben dies gar als Bedrohung der eigenen Lebenssituation. Auf Seiten der älteren Patientinnen und Patienten führt dies oft zu tiefer Kränkung und Verletztheit und ungewollter Bestätigung der vielleicht schon begonnenen Selbstabwertung, jetzt nur noch zum »alten Eisen« zu gehören und eine Belastung darzustellen. Gegenseitige Erwartungen werden zu oft nicht kommuniziert.

68.5 Therapeutische Interventionen und notwendige therapeutische Modifikationen

> »Alte Menschen sind ja nicht alle gleich, wahrscheinlich sind sie das sogar noch weniger als irgendeine andere Altersgruppe: denn ihr langes Leben hat sie zu Individualisten gemacht. Eines unserer augenblicklichen Probleme ist, dass die Gesellschaft sich weigert, das zu verstehen, und alle alten Leute als ›gleich‹ behandelt.«
> (Pincus, 1992).

Das Altern ist ein Prozess, der unterschiedlich verläuft und wechselnde Befindlichkeiten hervorbringt. Aufgrund ihrer langen Biografien und ihrer wahrscheinlichen physiologischen, kognitiven und sensorischen Funktionseinbußen ist diese Patientengruppe sehr inhomogen. Sie bringt andere und sehr unterschiedliche Voraussetzungen mit. Therapeutinnen und Therapeuten verfügen idealerweise über ein differenziertes Altersbild und setzen sich aktiv mit dem – auch eigenen – Altwerden auseinander. Sie benötigen eine hohe Flexibilität im Umgang mit den eingesetzten psychotherapeutischen Werkzeugen. Bestehende Behandlungskonzepte müssen immer wieder neu angepasst werden, da Patientinnen und Patienten erforderliche kognitive und körperliche Voraussetzungen im Behandlungsverlauf verlieren können. Ferner kann es auch geschehen, dass Symptome aufgrund sich verändernder kognitiver und körperlicher Voraussetzungen neu interpretiert werden müssen.

68.6 Einzel- oder Gruppentherapie

Feste Programme der Gruppentherapie, wie sie zum Beispiel Hautzinger entwickelt hat, sind im teil- oder vollstationären Rahmen mit dieser Patientengruppe häufig nicht umsetzbar (Hautzinger, 2000). Der zeitliche Rahmen ist zu knapp, die Schwere der Krankheit einschließlich der somatischen Komorbidität bei den potenziellen Teilnehmerinnen und Teilnehmern zu unterschiedlich. Lebenssituation, Symptomatik und kognitive Leistungsfähigkeit sind oft zu individuell und die einzelnen Behandlungszeiträume zu wenig überlappend. Dennoch kann es bereichernd sein, einzelne Themen herauszugreifen und themenbezogene Gesprächsgruppen zu bilden. Das Metakognitive Training – Depression für Ältere (MKT-Silber) hilft den Teilnehmenden, Distanz zu depressionsfördernden Denkmustern aufzubauen (Jelinek et al., 2015; Schneider et al., 2018).

68.7 Räumliche Ausstattung

Der Zugang zur Therapie sollte im besten Sinn des Wortes niedrigschwellig sein. Dies beginnt im ambulanten Setting mit der Erreichbarkeit der Praxis und berücksichtigt die möglichen Mobilitätseinschränkungen der Patientinnen und Patienten. Aus diesem Grund befürworte ich insbesondere im ambulanten Bereich die Möglichkeit aufsuchender Konzepte (Gellert et al., 2020), die sich an Erkrankte in ihrem unmittelbaren Wohnumfeld (zu Hause oder in einer Einrichtung) wenden. Im schlechtesten Fall verhindert die fehlende Mobilität eine wirksame und effektive Behandlung.

Im vollstationären Setting kann es erforderlich sein, psychotherapeutische Gespräche auch im Zimmer des Patienten durchzuführen. In diesem Fall ist es besonders wichtig, die Privatsphäre der Patienten zu schützen und ggf. anwesende Mitpatienten aus dem Zimmer zu bitten. Für den Patienten ist es von Bedeutung, dass das geführte Gespräch auch als psychotherapeutisches Therapiegespräch und damit als Behandlung identifizierbar ist.

Bei der Einrichtung einer Praxis sollte bestmöglich die Welt aus den Augen zukünftiger Patientinnen und Patienten betrachtet werden. Das Gesprächszimmer muss ausreichend beleuchtet sein, mit dem Alter nimmt die Fähigkeit des Kontrastsehens ab. Die vorhandenen Möbel sollten so gewählt sein, dass sie eventuell vorhandene Mobilitätseinschränkungen berücksichtigen. Ein zusätzlicher Teppich mag schön sein, ist aber u. U. eine unnötige Stolperfalle. Es empfiehlt sich, ausreichenden Platz für Mobilitätshilfen oder auch einen Rollstuhl zu berücksichtigen. Bei mit dem Alter zunehmend eingeschränkter Hörfähigkeit ist es insbesondere in einem sprechenden Fach von Bedeutung, auf eine gute Akustik zu achten.

Dennoch gilt: Nicht jeder ältere Mensch leidet unter Einschränkungen. Daher ist es ebenso wichtig, dass er nicht durch Einrichtung und Verhalten des Therapeuten auf mögliche Defizite reduziert wird.

Merke

Ausstattung von Therapieräumlichkeiten:

- barrierefreier Zugang zum Therapieraum
- helle Farbgestaltung mit Kontrasten (Abgrenzung Wände/Mobiliar/Fußboden)
- ausreichende Beleuchtung
- gute Akustik
- ausreichende Wärme, vermeiden von Zugluft

- ausreichend Platz für Mobilitätshilfen (Rollstuhl, Rollator etc.)
- Stolperfallen vermeiden
- bequemer Stuhl mit Armlehnen, nicht zu tief
- passender Gesprächstisch (Schreibtischhöhe)
- Vorhandensein und Funktionsfähigkeit notwendiger Hilfsmittel (Brille, Hörgeräte etc.)
- Stift und Papier bereithalten

68.8 Organisatorische Struktur

Einzeltherapien sollten nicht länger als max. 45–50 Minuten dauern, es kann sich auch je nach individueller kognitiver Leistungsfähigkeit anbieten, eine Einheit in 2 × 20–25 Minuten zu splitten. Gruppentherapien sollten nicht länger als 45–50 Minuten andauern. Bei der zeitlichen Planung ist in jedem Fall die Mobilität der Patientinnen und Patienten zu berücksichtigen.

Im teil- oder vollstationären Setting ist es wichtig, die geplanten Gespräche sorgfältig in den Therapieplan zu integrieren. Patientinnen und Patienten benötigen Pausen zwischen den einzelnen Angeboten. Frühzeitiges Planen und Ankündigen der Gesprächstermine sowie ggf. auch ein Erinnern an diese erspart Therapeuten frustrane Terminversuche.

Für die Patientinnen und Patienten ist es hilfreich, eine Therapiemappe zu führen. Dem einen oder der anderen fällt es schwer, Inhalte zu abstrahieren oder sich in der nächsten Stunde an das Besprochene zu erinnern. In einer Mappe können gemeinsam wichtige Inhalte zusammengefasst werden, Arbeits- und Merkblätter helfen durch Visualisierung bei der Konkretisierung abstrakter Zusammenhänge.

Der ergänzende Einsatz von Videosprechstunden auch mit älteren Menschen ist grundsätzlich nicht abzulehnen, allerdings muss aktuell noch berücksichtigt werden, dass viele gerade hochaltrige Menschen mit diesem Medium noch nicht sicher umgehen können. In ihrem Leben haben digitale Elemente bislang noch keine Rolle gespielt oder sie haben schlicht keinen Zugang dazu. Es sollte daher nur genutzt werden, wenn sichergestellt ist, dass die betroffene Person versiert damit umgehen kann. Gleichzeitig kann dies aber ein Weg sein, Mobilitätsbarrieren zu umgehen. Datenschutzkriterien müssen selbstverständlich bedacht werden.

Merke

Organisation von Therapiesitzungen:

- ausreichend Zeit einplanen
- ggf. 2 × 25 min Einheiten statt 1 × 50 min
- ggf. Pausen machen
- ggf. an den Termin erinnern – im ambulanten Setting ggf. tags zuvor
- Therapiemappe anlegen
- Erinnerungshilfen nutzen
- ambulant: Videokontakte nur mit hierin versierten Patienten, ggf. mehrfach ausprobieren

Merke

Von Therapeuten zu beachten:

- Hilfsmittel des Patienten müssen präsent sein.
- Achten Sie auf seine Grundbedürfnisse und seine »somatischen« Nöte.
- Sprechen Sie klar und deutlich, passen Sie Ihre Sprache an Ihr Gegenüber an.
- Brüllen Sie nicht, nur weil Ihnen jemand älter als 65 Jahre gegenübersitzt.
- Bauen Sie Wiederholungen ein.
- Lassen Sie Dinge auch aufschreiben.
- Bleiben Sie im Konkreten.
- Bieten Sie Pausen an.

68.9 Die Rolle der Therapeutin/des Therapeuten

Von Beginn an muss zuweisenden Ärztinnen und Ärzten, aber auch den Patientinnen und Patienten deutlich sein, dass es sich bei einer Psychotherapie um eine wirksame Behandlung handelt, die aber – ähnlich wie bei einer Pharmakotherapie – manchmal auch unerwünschte Wirkungen hat. Sie ist kein Ersatz für Seelsorge und auch kein Coaching.

Psychotherapie arbeitet durch die Mittel der Kommunikation – verbal und nonverbal. Die Basis dazu bildet eine Theorie von normalem und pathologischem Verhalten. Ein gemeinsam erarbeitetes und definiertes Ziel soll gefunden und erreicht werden, um Symptome zu mindern, ggf. auch durch eine Strukturänderung der Persönlichkeit.

Es ist daher besonders wichtig, sich der eigenen Rolle und Wirkung der therapeutischen Beziehungsgestaltung bewusst zu sein. Nicht selten kommt es vor, dass Patientinnen und Patienten den ihnen gegenübersitzenden Therapeutinnen und Therapeuten die Rolle von Angehörigen (Ehe-/Lebenspartnern), aber infolge des Altersunterschiedes vor allem von Kindern oder Enkelkindern zuordnen. Aus therapeutischer Sicht mag dies ein vertrautes und therapeutisch gut einsetzbares Muster sein. In der Alterspsychotherapie aber droht vor allem eine umgekehrte Falle in der Beziehungsgestaltung. Gerade aufgrund des Altersunterschiedes und insbesondere auch persönlicher Lebenssituationen kann es zu eigenen Eltern-/Großeltern-Gegenübertragungen der Therapeutinnen und Therapeuten kommen. Es empfiehlt sich, sich frühzeitig im Rahmen von Selbsterfahrung mit dieser Problematik auseinanderzusetzen.

68.10 Therapeutische Ziele

Viele Patientinnen und Patienten äußern zu Beginn der Therapie ein undifferenziertes »Mir geht es schlecht«, »So kann es nicht bleiben«, »Ich will, dass es mir besser geht«. Auf die Bitte, diese Aussagen zu präzisieren, folgt häufig eine umfangreiche Schilderung vor allem somatischer Beschwerden wie Schmerzen, Herzrhythmusstörungen, Appetitlosigkeit, Übelkeit, Schwindel, Schlafstörungen, Dyspnoe. Manchmal folgen Klagen über Energieverlust, Müdigkeit, Antriebsmangel und andere. Abgeschlossen werden derartige Schilderungen dann mit Sätzen wie »Mein Hausarzt/meine Hausärztin hat gesagt, er/sie könne mir nun auch nicht mehr helfen, ich müsse zum Psychologen«. Andere äußern, die Kinder hätten gesagt, das läge alles nur daran, dass er/sie diese oder jene Situation aus dem Leben niemals aufgearbeitet habe und das nun endlich einmal tun solle.

Ein großer Teil der Betreffenden kommt nach solchen Aussagen tief gekränkt und widerwillig in die Psychotherapie. Sie tragen die Überzeugung in sich, im Leben versagt zu haben. Psychisch krank zu sein, bedeutet für viele Menschen noch immer, »minderwertig krank« zu sein, sich im Leben nicht ausreichend angestrengt zu haben (»psychisches Stigma«). Einige empfinden die Erkrankung als Bestrafung. Oft steht eine undifferenzierte Sorge im Vordergrund, Angehörigen zur Last zu werden, Abhängigkeit droht. Ziel ist es in dieser Situation, dass die Betreffenden zunächst beginnen, ein Verständnis für die Notwendigkeit und Möglichkeiten einer Psychotherapie zu entwickeln.

Patient und Therapeut bilden für die Zeit der Behandlung ein Team, in dem nicht einer über den anderen bestimmt. Gerade für primär in somatischen Zusammenhängen denkende Menschen stellt es eine erhebliche Herausforderung dar, die Perspektive zu wechseln und die bestehende Symptomatik als Ausdruck seelischer Beschwerden zu betrachten. Die Therapie ist ein Behandlungsangebot, welches sie immer wieder auf ein Neues annehmen und ablehnen dürfen. Es bleibt in der Entscheidung des Patienten. Seine Autonomie soll bewahrt und bestärkt und nicht genommen werden. Kontrolle und Selbstwirksamkeit sollen zurückgewonnen werden. Entscheidend ist, dass die formulierten Ziele in seine Lebenswirklichkeit passen. Hilfreich ist eine psychotherapeutische Grundhaltung von Echtheit, Wertschätzung und Empathie, entsprechend den Prinzipien der Gesprächspsychotherapie nach C. Rogers (1983).

Die von Patienten vorgetragenen Themen können in Abhängigkeit von der individuellen Tagesbefindlichkeit rasch wechseln. Aus diesem Grund ist es hilfreich und vertrauensförderlich, Ziele nicht zu priorisieren, um als Therapeut flexibel und bisweilen pragmatisch agieren zu können.

68.11 Individuelle Ziele

In der Folge steht die Erarbeitung der individuellen Symptomatik und Ziele im Fokus. G. Adler hat mit seinem Programm der Verhaltens-Einzelpsychotherapie (VEDIA) ein sehr hilfreiches Konzept entwickelt (Adler, 2005). In diesem Rahmen erfolgt eine sorgfältige Diagnostik, aber auch die Klärung von Motivation und Kontrollüberzeugungen des Patienten. Kognitive oder mnestische Einschränkungen beeinflussen das therapeutische Vorgehen und sollten daher zu Beginn am besten routinemäßig mittels strukturierter Testung gesondert identifiziert werden – beispielsweise mittels

- MoCA (Nasreddine et al., 2005)
- DemTect (Kalbe et al., 2004)
- MMST (Folstein et al., 1975)
- Uhrentest (Shulman et al., 1986)

Nicht jede kognitive Einschränkung ist ein Hinweis auf eine Demenzerkrankung, sie kann ebenso im Rahmen einer affektiven Störung oder als Folge von Medikation auftreten.

Fallbeispiel (Fortsetzung)

- MMST: 26/30 Punkten
- Uhrentest-Score: 2
- MoCA wurde nicht durchgeführt

Informationen aus biografischer und psychiatrischer Anamnese können helfen, das Augenmerk auf aufrechterhaltene Faktoren der Symptomatik, dysfunktionale Kognitionen und dysfunktionale Verstärker wie Zuwendung bei Symptomatik, Erhalt von Versorgungsleistungen, Kontakt zu den Kindern etc. zu richten. Das SORKC-Modell nach Kanfer (1989) und klassische Verhaltensanalysen entsprechend dem bio-psycho-sozialen Modell nach Engel (1979) können hier bei der Identifikation helfen.

Fallbeispiel (Fortsetzung)

Als Jugendlicher eingesetzt als Flakhelfer, mit der Familie ausgebombt worden, Vater im Krieg verloren, ältester Sohn der Familie, mit 70 Jahren verwitwet. Guter, aber distanzierter Kontakt zu den eigenen Kindern, ausgeprägtes Autonomiebedürfnis. Von den Kindern als starker Vater, der die eigenen Gefühle nicht zeigt, erlebt; kann unterschiedliche Emotionen für sich kaum wahrnehmen und nicht benennen. Selbstverständnis und Oberpläne: »Hilf' dir selbst, sonst hilft dir keiner«, »Zu heulen bringt niemanden weiter«, »Kinder brauchen einen starken Vater«.

Sensorische Einschränkungen und somatische Erkrankungen (Schmerzen, neurologische Erkrankungen, Malignome, Herzinsuffizienz, Mobilitätseinschränkungen etc.) beeinflussen die therapeutische Vorgehensweise und können durch »ihre« Medikation auf die psychiatrische Symptomatik Einfluss haben (z. B. depressiogene, anticholinerge, serotonerge Wirkung einzelner Medikamente) (s. PRISCUS-Liste; Holt et al., 2010).

Fallbeispiel (Fortsetzung)

Gewichtsverlust, Appetitverlust, körperliche Schwäche, rasche Erschöpfbarkeit, Müdigkeit, starke innere Unruhe, koronare Herzkrankheit, arterieller Hypertonus, Herzrhythmusstörungen, Diabetes mellitus, Magenperforation 1975, Prostatahyperplasie; neu: Bronchial-Karzinom.

Vormedikation: Pantoprazol, Amlodipin, Metformin, Ramipril, Atorvastatin, ASS, Amitriptylin (!), Promethazin (!) b. Bed.

Mit Hilfe des Barthel-Index (Mahoney & Barthel, 1965) sowie der IADL-Skala (»Instrumental Activities of Daily Living«) (Lawton & Brodie, 1969) das bestehende Funktionsniveau objektiviert werden.

Fallbeispiel (Fortsetzung)

- Barthel-Index: max. Punktzahl = 100 Punkte
- IADL: 7/8 Punkte

Bei der strukturierten Erfassung der sozialen Situation insbesondere depressiver Patienten ist das Mannheimer Inventar der Lebensverhältnisse im Alter (Adler & Brassen, 2002) hilfreich.

Fallbeispiel (Fortsetzung)

Insbesondere Kontakte zur Familie, abnehmende Sozialkontakte durch den Rückzug; nutzt das Telefon nur wenig.

Vor der Festlegung einzelner Therapieziele bietet es sich an, mit dem Patienten seine Kontrollüberzeugungen zu erarbeiten. Für den weiteren Behandlungsverlauf kann es von Bedeutung sein, zu eruieren, wo der Patient die Kontrolle seiner Beschwerden verortet – bei sich oder außerhalb der eigenen Einflussnahmemöglichkeit.

Fallbeispiel (Fortsetzung)

Herr B. hat von Beginn an ein sehr somatisches Krankheitsverständnis, sieht wenig Einflussmöglichkeiten durch sich. Die Verantwortlichkeit für sein Befinden externalisiert er in Dritte (insbesondere Hausarzt, ärztliche Therapeuten – »Weißkittel-Effekt«).

Der Patient aus dem Fallbeispiel zeigt, wie eine plötzliche Anpassung von Therapiezielen erforderlich sein kann:

Fallbeispiel (Fortsetzung)

Ziele für Woche 1:

- Grundsätzlich: Depressionsbehandlung
- Aus Sicht des Patienten: Notwendigkeit und Möglichkeiten von Psychotherapie verstehen; Bedeutung des anstehenden 90. Geburtstages eruieren
- Aus therapeutischer Sicht: diagnostische Ein- und Zuordnung der geschilderten psychischen und somatischen Beschwerden

Ziele für Woche 2 (Diagnose der Tochter):

- Grundsätzlich: Depressionsbehandlung
- Aus Sicht des Patienten: Umgang mit akuter Belastungssituation (90. Geburtstag); vorsichtiges Hinterfragen eigener somatischer Beschwerden
- Aus therapeutischer Sicht: Unterstützung bei Umgang mit akuter Belastungssituation; beginnende Neubewertung insbesondere somatischer Beschwerden

Ziele für Woche 3 (Tod der Tochter):

- Grundsätzlich: Depressionsbehandlung
- Aus Sicht des Patienten: Bewältigung erneuter akuter Belastungssituation; Verlust des Kindes, Konfrontation mit eigener Todesangst, Umgang mit Trauer und Emotionen
- Aus therapeutischer Sicht: supportive Begleitung des Patienten in dieser Phase; weitere diagnostische Einordnung der somatischen Beschwerden; Verhaltensbeobachtung und diagnostische Einordnung auf psychischer Ebene; Erhalt der Therapiemotivation

Ziele für Woche 4 (eigene Diagnose):

- Grundsätzlich: Depressionsbehandlung – ja aber!
- Aus Sicht des Patienten: Beisetzung und Abschied von der Tochter; Akzeptanz der eigenen Diagnose; Umgang mit Symptomen (z. B. Luftnot)
- Aus therapeutischer Sicht: Trauerarbeit; Besprechung der Diagnose, Therapiemöglichkeiten und Lebenszeitbegrenzung; Erhalt der Therapiemotivation – somatisch und psychotherapeutisch; Entwicklung von mehrdimensionalem Krankheitskonzept; Angehörigenarbeit

Ziele für Woche 5 (Beginn der Chemotherapie):

- Grundsätzlich: Depressionsbehandlung – ja aber!
- Aus Sicht des Patienten: Beginn der Chemotherapie; Umgang mit Ängsten und diffus erlebter Bedrohung durch die Erkrankung; Angst vor dem Ersticken; Reaktivierung »alter« Ängste und Bedrohungserleben aus der Kriegszeit
- Aus therapeutischer Sicht: Stimmungsstabilisierung, Entwicklung von Perspektiven, Umgang und Verstehen der Ängste – Angebot konkreter Handlungsoptionen i. S. der Rückgewinnung von Kontrolle und Selbstwirksamkeit; eigene pragmatische Akzeptanz vermeintlich dysfunktionaler Verhaltensweisen des Patienten (»Weißkittel-Effekt«) auch vor dem Hintergrund einer begrenzten Lebenserwartung; Erhalt der Therapiemotivation; Angehörigenarbeit

Ziele für Woche 6:

- Grundsätzlich: Depressionsbehandlung – ja aber!
- Aus Sicht des Patienten: Entwicklung von Zukunftsaussichten; Bewahrung der Autonomie; Umgang mit Ängsten

- Aus therapeutischer Sicht: Entlassvorbereitung; Entwicklung von realistischen Perspektiven; Erhalt der Therapiemotivation; Überleitung in eine ambulante Psychotherapie; Anbindung an den Hausarzt; Angehörigenarbeit; Einbindung in das ambulante Palliativnetz

Der Patient konnte in seine Wohnung entlassen werden, nahm dort seine »alten« Beschäftigungen wieder auf, wurde bei Arztbesuchen regelmäßig durch den Sohn unterstützt. Er erhielt alle 2–4 Wochen eine symptomzentrierte supportive Gesprächstherapie auf der Grundlage einer kognitiven Verhaltenstherapie. Seine Lebensqualität beschrieb er mit gut zufriedenstellend. Herr B. verstarb ein Jahr nach der Diagnosestellung im Krankenhaus, nachdem er dort nur wenige Tage zuvor mit akuter Luftnot und starken Ängsten aufgenommen worden war.

68.12 Methodische Anpassungen

Grundsätzlich eignen sich die in der Verhaltenstherapie zur Verfügung stehenden Verfahren in der Behandlung älterer Menschen. Nicht in jedem Fall besteht die Lösung der Problematik in einer Heilung, auslösende Faktoren lassen sich nicht in jedem Fall beseitigen. Dann sind die Ziele vor allem eine Form der Akzeptanz und ggf. Linderung vorhandener (somatischer) Beschwerden (z. B. Übelkeit, Luftnot, Müdigkeit, Erschöpfung). Die Formulierung und Festlegung einzelner Therapieziele hängen sehr von der Gesamtsituation aber auch der individuellen (Tages-)Verfassung des Patienten ab (s. Fallbeispiel). Entscheidend ist, dass sie der Situation entsprechen und erreichbar sind, fordern, aber nicht überfordern. Sie dürfen einander nicht widersprechen, eine Gewichtung in ihrer jeweiligen Bedeutung zielt auf das aktuelle Wohlbefinden des Patienten ab.

Fallbeispiel (Fortsetzung)

Der Patient Herr B. aus dem Fallbeispiel erarbeitet im Verlauf, dass positive Aktivitäten sich auf sein Wohlbefinden und Aktivitätsniveau fördernd auswirken. Psychische und als körperlich eingestufte Symptome lassen nach, Lebensfreude und Teilhabe verbessern sich. Er erfährt die eigene Handlungsfähigkeit und erhält die Kontrolle zurück. Seine Lebenslernerfahrung zeigt, dass Selbstwirksamkeit und Kontrolle ihn in seinem Leben erfolgreich durch viele Krisen geführt haben. Jetzt möchte er ausdrücklich eine onkologische Behandlung – aufzugeben war für ihn keine Option.

Eingesetzt in der Therapie wurden vor allem kognitive und behaviorale Verfahren, die sich vornehmlich auf das Denken und Verhalten des Patienten richten. Zuvor identifizierte dysfunktionale Denk- und Verhaltensmuster wurden behutsam modifiziert und konnten durch für den Patienten hilfreiche Gedanken ersetzt werden.

Achtsamkeitsbasierte Verfahren sind insbesondere geeignet, wenn Veränderungen von Situationen/Symptomen nicht (mehr) möglich sind. Es geht dann um die Entwicklung einer akzeptierenden und dennoch achtsamen Haltung. Sowohl die Akzeptanz- und Commitment-Therapie (ACT) (Eifert, 2022) als auch die Achtsamkeitsbasierte Kognitive Therapie (MBCT – Mindfulness-Based Cognitive Therapy) (Segal et al., 2002) lassen sich bei älteren Patienten gut anwenden. Insbesondere im stationären Setting sind manchmal einzelne und gezielt eingesetzte Bausteine einzelner Programme hilfreich.

Hautzinger kombiniert in seinem Behandlungsprogramm »Depression im Alter« (Hautzinger, 2000) verschiedene Verfahren der kognitiven Verhaltenstherapie. Auch Adler nutzt eine Kombination einzelner Ansätze in seinem Programm VEDIA (Adler, 2005) (z. B. Verhaltensanalysen, progressive Muskelrelaxation, Wochenpläne, Achtsamkeitsübungen, Liste positiver Aktivitäten, Angstbewältigungstraining mit z. B. Verfahren zur Desensibilisierung, Expositionstraining, Verfahren der Konsequenzkontrolle durch z. B. reaktionskontingente Verstärkung, kognitive Umstrukturierung wie z. B. Kognitive Therapie nach Beck (Beck et al., 1979), Problemlösetraining, Selbstinstruktionstraining, Fragebögen zur Erfassung von Symptomen, motivationale Gesprächsführung). Beide Programme richten sich vornehmlich an depressive Patienten, dennoch sind sie in meinen Augen auch geeignet, im Sinne eines therapeutischen Werkzeugkastens mit gruppen- oder einzeltherapeutischen Ansätzen in Einzelbausteinen genutzt zu werden.

In der psychotherapeutischen Arbeit mit Menschen mit Demenzerkrankungen in der Frühphase können operante Verfahren geeignet sein, durch die individuelle Erarbeitung angenehmer Aktivitäten die Teilnahme am Alltag zu ermöglichen und zu erhalten sowie den Selbstwert zu steigern (Forstmeier & Roth, 2017). Situativ angepasste und ggf. vereinfachte psychoedukative Ansätze helfen den Betroffenen, ein eigenes Krankheitskonzept zu entwickeln.

Das bereits erwähnte MKT-Silber ist ein Gruppentraining, das Teilnehmenden helfen soll, (metakognitive) Distanz zu ihren depressionsfördernden Denkmustern aufzubauen. Es versteht sich als eine Variante der kognitiven Verhaltenstherapie mit Fokus auf metakognitive Aspekte. Ähnlich dem D-MKT adressiert das MKT-Silber kognitive und metakognitive Verzerrungen, die zur Entstehung und zur Aufrechterhaltung von Depressionen beitragen, durch unterhaltsame und interaktive Übungen sowie Beispiele aus dem täglichen Leben. Es kann Teilnehmenden Einblicke in individuelle »Denkfallen« (z. B. Rumination, Katastrophisieren) vermitteln, die zunächst hilfreich erscheinen mögen, aber oft zu einer erhöhten emotionalen Belastung beitragen.

Abweichend von anderen MKT-Versionen werden im MKT-Silber Themen angesprochen, die besonders relevant bzw. spezifisch für Depressionen im Alter sind (die sogenannte Altersdepression). Darunter fallen beispielsweise die Bewältigung von körperlichen Veränderungen sowie die Anpassung an neue (soziale) Rollen (z. B. Neuorientierung nach Berentung). Außerdem beinhaltet das MKT-Silber Module zur Identifikation und zur Neudefinition von Werten im späteren Leben (Werte; Modul 4) sowie zum besseren Umgang mit negativen Gefühlen, die mit unabwendbaren Situationen und Veränderungen verbunden sind (Akzeptanz; Modul 3)

68.13 Wirkfaktoren

Grundsätzlich ist in der Psychotherapie die Verfügbarkeit einer vertrauenswürdigen therapierenden Person von großer Bedeutung. In der Psychotherapie mit älteren Menschen scheint dies noch einmal von besonderer Wichtigkeit. Bei häufig bestehender Skepsis gegenüber einer Therapie und den aus Sicht der Patienten deutlich jüngeren Therapeuten muss ausreichend Zeit in einen vertrauensvollen therapeutischen Beziehungsaufbau investiert werden. Die therapeutische Beziehung gilt als der wichtigste Wirkfaktor in der Psychotherapie. Ältere Patienten setzen »jünger« häufig gleich mit Unerfahrenheit oder gar Inkompetenz. Der Ausdruck von Verständnis, Respekt, Anteilnahme, Akzeptanz sowie Kompetenz sollte die Beziehung zu den Patientinnen und Patienten prägen. Sie profitieren von therapeutischer Zuwendung und der Vermittlung eines echten therapeutischen Optimismus.

Therapeuten müssen darauf achten, nicht in die Fürsorglichkeitsfalle zu tappen. Nicht alle älteren Menschen sind körperlich oder kognitiv eingeschränkt und hilfebedürftig. Nicht alle älteren Menschen sind schwerhörig und benötigen deshalb eine laute Ansprache. Aber sie alle verfügen über mehrere Jahrzehnte an Lebenserfahrung – meist mehr als der Therapeut. Sie haben unterschiedliche Situationen unterschiedlich in ihrem Leben gemeistert. Wie jeder andere Patient haben sie das Recht, in ihrem Anliegen – auch wenn sie nicht unserer primären therapeutischen Überzeugung entsprechen – ernst genommen zu werden.

Merke

Unspezifische Wirkfaktoren der Psychotherapie:

- Verfügbarkeit eines vertrauenswürdigen Therapeuten
- therapeutische Zuwendung
- Vermittlung eines therapeutischen Optimismus
- Ausdruck von Verständnis, Respekt, Anteilnahme, Akzeptanz
- Anregung für das vertiefte Verständnis von persönlichen Problemen
- Anregungen zur Lösungssuche für als schwierig empfundene Situationen

Prüfungsfragen

1. Welche Besonderheiten sind in der Beziehungsgestaltung zu älteren Patientinnen und Patienten zu beachten?
2. Welche organisatorischen Besonderheiten sind in der Alterspsychotherapie zu beachten?
3. Welche Themen werden im sogenannten »MKT-Silber« angesprochen?

Antworten

1. In der Alterspsychotherapie kommt es oftmals aufgrund des Altersunterschiedes und persönlicher Lebenserfahrungen auf therapeutischer Seite zu einer Beziehungsgestaltung, in die Erfahrungen/Merkmale der Beziehung zu Eltern oder Großeltern (mehr oder weniger bewusst) stark einfließen. Hier ist eine entsprechende Wachsamkeit erforderlich.
2. Ausreichend Zeit einplanen, kürzere Einheiten, an Termine erinnern, Therapiemappe anlegen, Erinnerungshilfen nutzen, Hilfsmittel bereithalten, Wiederholungen und Pausen einbauen.
3. Im MKT-Silber werden Themen angesprochen, die besonders relevant bzw. spezifisch für Depressionen im Alter sind. Dies betrifft z. B. die Bewältigung von körperlichen Veränderungen sowie die Anpassung an neue (soziale) Rollen (z. B. Neuorientierung nach Berentung). Außerdem beinhaltet das MKT-Silber Module zur Identifikation und zur Neudefinition von Werten im späteren Leben sowie zum besseren Umgang mit negativen Gefühlen, die mit unabwendbaren Situationen und Veränderungen verbunden sind.

Empfohlene Materialien

- DIA-S: https://www.hf.uni-koeln.de/data/gerontologie/File/DIASkalaneu.pdf
- GDS: https://www.kcgeriatrie.de/fileadmin/Kcgeriatrie/Assessments/gds.pdf
- Barthel-Index: https://kliniken-niederrhein.gfo-online.de/fileadmin/user_upload/user_upload/Kliniken/GFO_Kliniken_Niederrhein/Moers/Innere/Barthel_Index.pdf
- DemTect: http://www.evidence.de/Leitlinien/leitlinien-intern/Demenz_Start/DemenzHintergruende/Demtect2_Text.pdf
- IADL-Skala: https://klinik-viersen.lvr.de/media/lvr_klinik_viersen/fachgebiete_behandlungsangebote/geronto/Instrumentelle_Aktivitaeten_nach_LawtonBrody_IADL.pdf
- MMST: https://www.arztpraxistreusch.de/pdfs/mmst.pdf
- MoCA-Test: https://www.dr-kurscheid.de/wp-content/uploads/2017/04/MOCA-Test.pdf
- Uhrentest: https://www.unispital-basel.ch/dam/jcr:eec7b00a-7ddf-417b-a450-a09a8df1bb3a/medizinische-direktion_praxisentwicklung-screeningInstrumentUhrentest.pdf
- PRISCUS-Liste 2.0: https://www.priscus2-0.de/priscus-2.html

Literatur

Adler, G. (2005). *Verhaltens-Einzelpsychotherapie von Depressionen im Alter (VEDIA).* Stuttgart/New York: Schattauer.

Adler, G., & Brassen, S. (2002). MILVA- Mannheimer Inventar der Lebenverhältnisse im Alter. In J. Schumacher, A. Klaiber, & E. Brähler (Hrsg.), *Diagnostische Verfahren zu Lebensqualität und Wohlbefinden* (S. 220–2023). Göttingen: Hogrefe.

Beck, A. T., Rush, A. J., & Shaw, B. F. (1979). *Cognitive Therapy of Depression.* New York: Guilford Press.

Dörner, K., Plog, U., Teller, C., & et al. (2013). *Irren ist menschlich – Lehrbuch der Psychiatrie und Psychotherapie.* Wunstorf: Psychiatrie Verlag.

Eifert, G. H. (2022). *Akzeptanz- und Commitment-Therapie (ACT).* Göttingen: Hogrefe.

Engel, G. L. (1979). The biopsychosocial model and the education of health professionals. *General Hospital Psychiatry,* 156–165.

Folstein, M. F., Folstein, S. E., & McHugh, P. R. (1975). MINI-Mental State. A practical method for grading the cognitive state of patients for the clinician. *Journal of Psychiatric Research, 12,* 189–198.

Forstmeier, S., & Roth, T. (2017). *Kognitive Verhaltenstherapie für Patienten mit leichter Alzheimer-Demenz und ihre Angehörigen.* Berlin: Springer.

Gatterer, G. (2019). Verhaltenstherapie bei depressiven Störungen im Alter. *Psychotherapie Forum, 23,* 103–110.

Gellert, P., Beyer, A., Tegeler, C., & et al. (2020). Outpatient psychotherapy for home-living vulnerable older adults with depression: Study-protokoll of the PSY-CARE trial. *BMC Geriatrics, 20(1),* 1–8.

Hanisch-Berndt, J., & Göritz, M. (2005). *Gemeinschaft und Vereinsamung in Einrichtungen der stationären Altenhilfe.* Berlin: Freie Universität Berlin, Institut für Soziologie, Diplom-Arbeit. www.diplomarbeit-altenhilfe.de (Zugriff am 10.6.2025).

Hautzinger, M. (2000). *Depression im Alter.* Weinheim: Beltz PVU.

Holt, S., Schmiedl, S., & Thürmann, P. A. (2010). Potentially inappropriate medications in the elderly: the PRISCUS list. *Deutsches Ärzteblatt International, 107*(31–32), 543–551.

Holt-Lunstat, J., Smith, T., & Layton, B. (2010). Social Relationships and Mortality Risk: A Meta-analytic Review. *PLOS.Medicine.* https://doi.org/10.1371/journal.pmed.1000316 (Zugriff am 10.6.2025).

Honneth, A. (2015). Hegel und die Anerkennung. *Philosophie Magazin, 23,* 76–81.

Jacobi, F., Höfler, M., Strehle, J., & et al. (2014). Psychische Störungen in der Allgemeinbevölkerung. *Der Nervenarzt, 85,* 77–87.

Jelinek, L., Hauschildt, M., & Moritz, S. (2015). *Metakognitives Training bei Depression (D-MKT).* Weinheim: Beltz.

Kalbe, E., Kessler, J., Calabrese, P., & et al. (2004). DemTect: A new, sensitive cognitive screening test to support the diagnosis of mild cognitive impairment and early dementia. *International Journal of Geriatric Psychiatry, 19(2),* 136–143.

Kanfer, F. H. (1989). Basiskonzepte in der Verhaltenstherapie: Veränderungen während der letzten 30 Jahre. In I. Hand, & H. U. Wittchen (Hrsg.), *Verhaltenstherapie in der Medizin* (S. 1–13). Berlin/Heidelberg: Springer.

Lawton, M. P., & Brodie, E. M. (1969). Assessment of older people, self-maintaining and instrumental activities of daily living. *Gerontologist,* 179–186.

Mahoney, F., & Barthel, D. (1965). Functional evaluation: the Barthel Index. *Maryland Medicine Journal,* 61–65.

Nasreddine, Z. S., Phillips, N. A., & Bédirian, V. (2005). The Montreal Cognitive Assessment, MoCA: a brief screening tool for mild cognitive impairment. *Journal of the American Geriatrics Society, 53(4),* 695–699.

Pincus, L. (1992). *Das hohe Alter.* München: Piper.

Robert Koch Institut. (2023). *Studie zur Gesundheit älterer Menschen in Deutschland – Gesundheit 65+.* https://www.rki.de/DE/Themen/Nichtuebertragbare-Krankheiten/Studien-und-Surveillance/Studien/Gesundheit65plus/abschlussbroschuere.pdf?__blob=publicationFile&v=1 (Zugriff am 8.6.2025).

Rogers, C. R. (1983). *Die klientenzentrierte Gesprächspsychotherapie.* Frankfurt: Fischer.

Sachverständigen-Kommission Psychatrie-Enquête. (1975). *Bericht über die Lage der Psychiatrie in der Bundesrepublik Deustchland.* Bonn: Drucksache des Deutschen Bundestages (Drucksache 7/4200).

Schneider, B. C., Bücker, L., Riker, S., & et al. (2018). A pilot study of Metacognitive Training for Older Adults with Depression. *Zeitschrift für Neuropsychologie,* 7–19.

Segal, Z. V., Williams, J. M., & Teasdale, J. D. (2002). *Mindfulness-Based Cognitive Therapy for Depression, First Edition.* New York: Guilford Publications.

Shulman, K. I., Shedletsky, R., & Silver, I. L. (1986). The challenge of time: Clock-drawing and cognitive function in the elderly. *International Journal of Geriatric Psychiatry*, 135–140.

WHO – World Health Organization, Regional Office for Europe. (2019). *Psychische Gesundheit – Faktenblatt.* https://www.dv-idee.at/assets/PDFs/Faktenblatt-WHO_Psychische-Gesundheit-v2.pdf (Zugriff am 8.6.2025).

Weiterführende Literatur

Adler, Georg; Verhaltens-Einzelpsychotherapie von Depressionen im Alter (VEDIA); Schattauer 2005

Forstmeier, Simon, Roth, Tanja; Kognitive Verhaltenstherapie für Menschen mit leichter Alzheimer-Demenz und ihre Angehörigen; 2018; Springer

Hautzinger, Martin; Kognitive Verhaltenstherapie bei Depressionen; 9. Auflage. 2025; Julius Beltz.

Hautzinger, Martin; Depression im Alter: Psychotherapeutische Behandlung für das Einzel- und Gruppensetting; 2. Auflage 2016; Julius Beltz.

RKI, Abschlussbericht zur Studie Gesundheit 65+; 2023

Supprian, T., Hauke, C.; Störungsspezifische Psychotherapie im Alter; Das Praxishandbuch; Schattauer

Zeitschrift: Psychotherapie im Alter; Forum für Psychotherapie, Psychiatrie, Psychosomatik und Beratung; Psychosozial-Verlag

69 Geschlecht und Gender in der Psychotherapie

Nora Naib Majani, Jennifer Svaldi und Birgit Derntl

Das Wichtigste auf einen Blick

- Sowohl Aspekte des Geschlechts als auch Gender können die psychische Gesundheit beeinflussen.
- Psychische Erkrankungen zeigen in ihrer Prävalenz eine deutliche geschlechtsspezifische Verteilung.
- Geschlechtsspezifische Barrieren und Einflussfaktoren sollten in der therapeutischen Beziehung angesprochen und berücksichtigt werden.

69.1 Einführung[4]

Psychische Gesundheit und Krankheit sowie deren Behandlung werden durch Geschlecht sowie kulturelle und soziale Normen wesentlich beeinflusst. In der Psychotherapie ist die Integration biologischer und sozialer Geschlechtsdimensionen ebenfalls von zentraler Bedeutung (Belz & Riecher-Rösler, 2017). Allerdings werden geschlechtsbezogene Aspekte noch eher selten systematisch in die Behandlung einbezogen, wobei jedoch gerade die Fokussierung auf unterschiedliche Geschlechts- und Rollenverständnisse zu einer verbesserten Versorgung für alle Geschlechter führen kann. Dies gilt u. a. für die Psychotherapie von Patient:innen mit queerer und non-binärer Geschlechtsidentität, über deren Lebensrealität einschließlich des Coming-out-Prozesses und möglicher Diskriminierungserfahrungen Psychotherapeut:innen ein fundiertes Verständnis haben sollten, auch wenn das Geschlecht bzw. die sexuelle Orientierung in aller Regel nicht den primären Grund für die Inanspruchnahme von Psychotherapie darstellen. Insbesondere gilt dies auch für die Psychotherapie bei Menschen mit einer Geschlechtsinkongruenz (Transgeschlechtlichkeit), deren spezifische Herausforderungen und Bedürfnisse verstärkt berücksichtigt werden sollten, um eine adäquate und geschlechtersensible Behandlung zu gewährleisten.

Während im Deutschen der Begriff »Geschlecht« beides umfasst, sieht die englischsprachige Literatur die Unterscheidung in »sex« und »gender« vor. *Geschlecht (engl. sex)* bezieht sich auf biologische Merkmale, die männliche, weibliche und intergeschlechtliche Personen unterscheiden. Diese Merkmale umfassen Chromosomen, Gene, Keimzellen (Gameten) und Morphologie, also primäre Geschlechtsmerkmale (innere Fortpflanzungsorgane und äußere Genitalien) sowie sekundäre Geschlechtsmerkmale (Körpermerkmale, die sich in der Pubertät entwickeln). Intergeschlechtliche Variationen treten auf, wenn die als typisch männlich oder weiblich geltenden Merkmale (z. B. XY- oder XX-Chromosomen) nicht übereinstimmen. *Gender* hingegen bezeichnet die Geschlechtsidentität sowie den Ausdruck des Geschlechts. Beides wird durch soziokulturelle Normen, Identitäten und Beziehungen, das Verhalten und Strukturen in Gesellschaften geprägt. Gender ist multidimensional und überschneidet sich mit anderen Kategorien wie Alter, kulturellem Kontext, sozioökonomischem Status, sexueller Orientierung und Ethnizität. Genderrollen und -verhaltensweisen sind erlernt und nicht universell oder festgelegt. Gender wird auch im deutschen Sprachgebrauch vermehrt eingesetzt, um soziale Aspekte stärker zu betonen. *Transgender* beschreibt Personen, deren Geschlechtsidentität von dem bei Geburt zugewiesenen Geschlecht abweicht. *Cisgender* bezeichnet Personen, deren Geschlechtsidentität mit ihrem Geburtsgeschlecht übereinstimmt. Geschlechtsidentität ist nicht binär und umfasst auch nicht-binäre, genderfluide und Bigender-Identitäten.

Gender wird zunehmend als einer der zentralen Faktoren für das (mentale) Wohlbefinden erkannt. Genderbezogene Verhaltensweisen beeinflussen Risikofaktoren und Präventionsverhalten bei verschiedenen Erkrankungen, einschließlich psychischer Erkrankungen. Die Wahrnehmung einer Person als Frau oder Mann oder nicht-binär durch klinische Fachkräfte führt zu unterschiedlichen Behandlungsansätzen (Mauvais-Jarvis et al., 2020), und Gender beeinflusst die Zuweisung zu oder Akzeptanz von (invasiven) Therapieformen (Salandi & Pfleiderer, 2020; siehe auch weiter unten).

4 In diesem Kapitel verwenden wir im Sinne einer gendersensiblen Sprache den Doppelpunkt, um alle Geschlechter gleichermaßen zu berücksichtigen. Wenn wir von Frauen oder Männern sprechen, schließen wir dabei alle Personen ein, die sich mit diesem binären Geschlecht identifizieren. Dies schließt auch alle transgeschlechtlichen Menschen ein, die sich dem jeweiligen binären Geschlecht zuordnen.

Geschlecht und Gender beeinflussen sich wechselseitig: So kann das biologische Geschlecht durch die Sexualhormone bestimmte Verhaltensmuster begünstigen (z. B. aggressiveres oder fürsorglicheres Verhalten), während genderbezogene Verhaltensweisen wie Lebensstil, Rauchen oder Stresswahrnehmung epigenetische Veränderungen hervorrufen können, die wiederum Gene und biologische Merkmale beeinflussen (Regitz-Zagrosek & Seeland, 2012).

Eine übermäßige Betonung des biologischen Geschlechts könnte den Einfluss von genderbezogenen und anderen Faktoren wie Alter, Ethnizität und sozioökonomischem Status übersehen. Dies birgt die Gefahr, trans-, nicht-binäre und diverse Personen sowie Menschen mit Variationen in der sexuellen Entwicklung zu marginalisieren und die Vielfalt innerhalb der Geschlechter zu unterschätzen. Eine einseitige Betrachtung würde auch zu einem verzerrten Bild menschlicher Existenz führen und nicht nur die Lebensrealitäten von Frauen und nicht-binären Personen verfälschen (Ritz & Greaves, 2024). Auch gilt zu beachten, dass Unterschiede in der Symptomausprägung oder der Therapie-Response innerhalb der Geschlechtergruppen gleich groß oder größer sein könnten als zwischen den Geschlechtergruppen. Erst langsam entwickelt sich eine geschlechtersensible Gesundheitsforschung, die neben frauenspezifischen Aspekten auch einen breiteren Diskurs zu Geschlecht in Verbindung mit gesundheitlichen Risiken und Ressourcen aufgreifen (Belz & Riecher-Rösler, 2017). In diesem Zusammenhang ist es auch im therapeutischen Prozess wichtig, über die Begrifflichkeit und Sprache zu diskutieren bzw. Begrifflichkeiten zu definieren, um die Frage zu klären, wie inklusive Sprache verwendet werden kann, um Binarität (Frau vs. Mann, Cis vs. Trans) zu überwinden (Ashley et al., 2024).

Merke

Psychische Störungen entstehen nicht nur, aber auch im Kontext sozial vermittelter Geschlechterrollen, die in der Gesellschaft nach wie vor weitestgehend dichotom definiert sind und durch Stereotype hinsichtlich männlichem und weiblichem Verhalten gekennzeichnet sind. Die Berücksichtigung geschlechtsspezifischer Aspekte ist daher für die Diagnostik und Behandlung psychischer Störungen von Relevanz.

69.1.1 Prävalenz und Verlauf geschlechtsspezifischer psychischer Erkrankungen

In Deutschland sind jedes Jahr 27,8 % der Bevölkerung von einer psychischen Erkrankung betroffen (DGPPN, 2024; Jacobi et al., 2016). Etwa jede dritte Frau (33,5 %) und etwa jeder vierte bis fünfte Mann (22,1 %) erfüllt innerhalb eines Jahres die Kriterien für mindestens eine Diagnose einer psychischen Erkrankung (Jacobi et al., 2016). Die Lebenszeitprävalenz für das Auftreten einer psychischen Störung liegt für Erwachsene in Deutschland bei 42,6 % (Jacobi et al., 2004). Bei einer differenzierten Betrachtung einzelner Krankheitsbilder zeigt sich eine ausgeprägte geschlechtsspezifische Verteilung. So weisen insbesondere unipolare affektive Störungen, Angststörungen und einige Persönlichkeitsstörungen (wie die dependente oder histrionische oder auch Borderline-Persönlichkeitsstörung) eine höhere Prävalenz bei Frauen auf (Jacobi et al., 2016; Morawa et al., 2020). Besonders deutlich wird die geschlechtsspezifische Differenz bei körperbezogenen Störungen, wie Essstörungen und der Somatisierungsstörung (Cohrdes et al., 2019), deren Prävalenz bei Frauen deutlich höher ist als bei Männern, während die antisoziale Persönlichkeitsstörung bei Männern (und die Störung des Sozialverhaltens bei Jungen) deutlich prävalenter ist (Compton et al., 2005). Auch bei Suchterkrankungen lassen sich geschlechtsspezifische Unterschiede feststellen: während Suchterkrankungen insgesamt häufiger bei Männern diagnostiziert werden, tritt die Medikamentenabhängigkeit, speziell von Schmerzmitteln, häufiger bei Frauen auf (Pabst et al., 2013). Insbesondere bei der Alkoholabhängigkeit ist eine Häufung bei Männern zu beobachten (van der Linde et al., 2014).

Whitlock et al. (2011) untersuchten das Selbstverletzungsverhalten von Studierenden. Die Studie zeigte geschlechtliche Unterschiede im Auftreten der Selbstverletzung, aber auch unterschiedliche Intentionen der Geschlechter: So verletzten sich Frauen häufiger selbst, da sie verärgert waren oder hofften, von jemandem wahrgenommen zu werden. Männer hingegen verletzten sich eher häufiger, weil sie berauscht waren oder wütend. In einer neueren Studie von Otten et al. (2022) wurde die Häufigkeit von Suizidgedanken in Abhängigkeit vom Geschlecht untersucht. Die Ergebnisse zeigen, dass Frauen häufiger Suizidgedanken äußerten als Männer. Zwar wurde in der Studie die soziale Unterstützung als ein potenzieller protektiver Faktor für das Auftreten von Suizidgedanken benannt, jedoch zeigte sich kein direkter Zusammenhang zwischen dem Vorhandensein sozialer Unterstützung und der geschlechtsspezifischen Häufigkeit von Suizidgedanken. Im Hinblick auf Suizidversuche wurde festgestellt, dass diese bei Frauen häufiger verzeichnet wurden, während Männer häufiger vollendete Suizide begehen (Bommersbach et al., 2022; Statistisches Bundesamt, 2023).

Männer weisen auch in der Höhe der Prävalenz bestimmter Persönlichkeitsstörungen, insbesondere der antisozialen Persönlichkeitsstörung (z. B. Compton et al., 2005), sowie bei Paraphilien (z. B. Dawson et al., 2016) ein höheres Risiko auf. Diese geschlechtsspezifischen Unterschiede in der Krankheitsmanifestation zeigen sich auch auf globaler Ebene: In zahlreichen Ländern erkranken Frauen etwa doppelt so häufig an Depressionen wie Männer (Ferrari et al., 2013).

Bereits im Kindes- und Jugendalter zeigen sich geschlechtsspezifische Muster in der Verteilung psychischer Störungen. Jungen sind bis etwa zum 13. Lebensjahr häufiger von externalisierenden Störungen wie der Aufmerksamkeitsdefizit-Hyperaktivitätsstörung (ADHS) und verschiedenen Verhaltensauffälligkeiten betroffen (Ihle et al., 2002). Mädchen hingegen leiden in diesem Alter tendenziell öfter unter internalisierenden Störungen wie Depressionen und Essstörungen (Fuchs et al., 2017). Während Jungen häufiger durch Substanzkonsum, insbesondere Alkohol, und delinquentem Verhalten auffallen, steigt bei Mädchen mit Beginn der Pubertät die Prävalenz von Depressionen deutlich an. Im weiteren Verlauf der Adoleszenz treten internalisierende Störungen bei weiblichen Jugendlichen schließlich etwa doppelt so häufig auf wie bei männlichen Gleichaltrigen (Belz & Riecher-Rösler, 2017; Ihle et al., 2002; Fuchs et al., 2012, 2017).

Die Frage nach dem Einfluss von Gender auf die Erkrankungswahrscheinlichkeit hinsichtlich psychischer Störungen wirft komplexe Fragestellungen auf. So zeigt sich in einer Studie von Hanna et al. (2019), dass 77 % der transgeschlechtlichen Menschen in einer US-amerikanischen Stichprobe mit einer psychischen Erkrankung diagnostiziert wurden, im Vergleich zu 37,8 % der cisgeschlechtlichen Menschen. Besonders häufig wurden bei transgeschlechtlichen Personen depressive und angstspezifische Störungen diagnostiziert, was auf spezifische Belastungen hinweist, denen diese Gruppe ausgesetzt ist (Budge et al., 2013). Diese Ergebnisse verdeutlichen, dass die Berücksichtigung aller Geschlechter essenziell ist, um die geschlechtsspezifischen Unterschiede in der Erkrankungswahrscheinlichkeit angemessen zu erfassen.

Die geschlechtsspezifische Verteilung psychischer Erkrankungen könnte auf unterschiedlichen Krankheitsprofilen beruhen. Männer tendieren dazu, psychische Belastungen seltener mit Hilfe professioneller Unterstützung zu bewältigen, setzen stattdessen vermehrt Alkohol als Coping-Strategie ein und sehen Suizid öfter als letztmöglichen Ausweg (Bilsker et al., 2018). Dies lässt sich möglicherweise durch gesellschaftliche Erwartungen, Stereotype und Geschlechterrollen erklären, die sowohl den Zugang zu professioneller Hilfe erschweren als auch das Verständnis und die Wahrnehmung von psychischen Erkrankungen beeinflussen. Ein plausibler Erklärungsansatz für die höhere Prävalenz von Depressionen bei Frauen ist die soziale Prägung, die Frauen dazu führt, negative Erfahrungen eher zu internalisieren, während Männer häufig externalisierende Bewältigungsstrategien anwenden (Kramer et al., 2008). Auch neigen Frauen eher zum Grübeln und zeigen ab der Jugend höhere Werte hinsichtlich Rumination und repetitivem, negativem Denken (Johnson & Whisman, 2013), was sowohl biologische als auch soziale Gründe haben (Vergara-Lopez et al., 2024) und zur Aufrechterhaltung depressiver und angstbezogener Erkrankungen beitragen kann (Zou et al., 2025).

Eine anderer Erklärungsansatz geht davon aus, dass psychische Erkrankungen bei Männern häufiger übersehen werden, während gleichzeitig klassische, eher bei Frauen auftretende internalisierte Symptome überbetont werden (Rutz et al., 1995). Der Einsatz von Screening-Tools, die alternative »maskuline« Depressionssymptome bewerten, führt zu ähnlichen Prävalenzraten bei Männern und Frauen (Martin et al., 2013). Diese Fragebögen erfassen Symptome, die mit externalisierendem Verhalten in Zusammenhang stehen, wie Wut, Aggression, Ablenkung, Vermeidung und emotionale Unterdrückung, Substanzgebrauch sowie risikosuchendes Verhalten (Rice et al., 2013; Möller-Leimkühler et al., 2022). Interessanterweise können auch Frauen vom »maskulinen« Depressionssubtyp betroffen sein bzw. auf den Fragebögen hohe Werte erzielen (Möller-Leimkühler & Yücel, 2010). In einer kürzlich durchgeführten deutschen Studie wurde festgestellt, dass »maskuline« Depression durch einen häufigeren und kritischeren Konsum von Alkohol, Tabak und illegalen Drogen sowie längere Arbeitszeiten vorhergesagt wird. Zudem gingen Personen mit maskuliner Depression im Vergleich zu nicht-maskuliner Depression im vorangegangenen Jahr seltener wegen psychischer Beschwerden in medizinische Behandlung (von Zimmermann et al., 2024). Dies unterstreicht die Notwendigkeit, geeignete Screening-Tools einzusetzen, um frühzeitig spezialisierte und niedrigschwellige Unterstützung bei affektiven Störungen im Zusammenhang mit maskuliner Depression zu entwickeln und anzubieten.

69.2 Geschlechtsspezifische Aspekte in der psychotherapeutischen Arbeit

Geschlechtsspezifische Aspekte spielen eine zentrale Rolle in der psychotherapeutischen Diagnostik und Behandlung. So konnte schon 1989 ein Geschlechterbias in der Diagnostik von Persönlichkeitsstörungen dahingehend gezeigt werden, dass Behandler:innen gleiche Symptombeschreibungen bei Männern und Frauen unterschiedlich einordnen, was zu einem Unterschied in der Diagnosevergabe führte. So wurde in dieser Studie bei gleicher Symptombeschreibung die Diagnose einer antisozialen Persönlichkeitsstörung an Männer signifikant häufiger vergeben. Ein ähnliches Muster, nur im umgekehrten Geschlechterverhältnis, zeigte sich in Bezug auf die Diagnosevergabe einer histrionischen Persönlichkeitsstörung.

Das Geschlecht der die Behandlung aufsuchenden Personen kann sowohl die Entstehung als auch die Ausprägung verschiedener psychischer Erkrankungen beeinflussen. Grundsätzlich suchen Frauen häufiger professionelle Gesundheitsfachkräfte wie Psychiater:innen oder Psychotherapeut:innen auf als Männer (Keil et al., 2020), was möglicherweise durch das maskuline Rollenmodell bedingt sein könnte, das »hilfesuchendes Verhalten« hemmt (Streb et al., 2021).

Wenn der Schritt in die Psychotherapie gemacht wurde, können sowohl das Geschlecht des/der Therapeut:in als auch das der Behandlung aufsuchenden Person den therapeutischen Prozess beeinflussen. Dabei spielt die geschlechtsspezifische Beziehung zwischen Behandler:in und Patient:in eine zentrale Rolle. Zum einen können Wechselwirkungen auf interpersoneller Ebene entstehen, die durch implizite oder explizite Geschlechterrollen geprägt sind (Belz & Riecher-Rösler, 2017). Zum anderen können auch die Interaktionsmuster des/der Patient:in, beispielsweise basierend auf seinem/ihrem eigenen Rollenverständnis, den Therapieprozess beeinflussen.

Eine Querschnittsstudie von Schmalbach et al. (2024) zeigte einen leichten positiven Trend bei gleichgeschlechtlichen Therapeut:innen-Patient:innen-Paaren, vor allem bei weiblichen Dyaden, in Bezug auf das Behandlungsergebnis und die Lebensqualität. Jedoch bleibt es uneindeutig, ob gleichgeschlechtliche Dyaden Therapieergebnisse verbessern. So berichten Staczan et al. (2017), dass das Therapieergebnis der Patient:innen nicht wesentlich vom Geschlecht des/der Therapeut:in abhängt – und dies über 10 unterschiedliche Therapierichtungen hinweg. Sie zeigten jedoch, dass die therapeutische Beziehung durch das Geschlecht beeinflusst werden kann. Insbesondere sei das Geschlecht des/der Therapeut:in mit spezifischen Arbeitsweisen verknüpft: Weibliche Therapeutinnen arbeiten tendenziell empathischer, während männliche Therapeuten eher konfrontative Techniken anwenden (Staczan et al., 2017). Eine weitere Studie von Löffler-Stastka et al. (2006) zur Behandlung von Patient:innen mit Borderline-Störung identifizierte Unterschiede in der Inanspruchnahme der weiteren psychotherapeutischen Angebote, welches von dem Geschlecht des/der Therapeut:in abhing. Diese Ergebnisse unterstreichen, dass geschlechtsspezifische Faktoren in der Psychotherapie sowohl die Beziehungsgestaltung als auch die Therapieadhärenz beeinflussen können. Bei Therapieabbrüchen oder mangelnder Therapieadhärenz sollte das Geschlecht des/der Therapeut:in als potenzieller Einflussfaktor auf die therapeutische Beziehung systematisch mitbedacht werden. Es wird empfohlen, etwaige geschlechtsspezifische Barrieren offen anzusprechen und gegebenenfalls einen Wechsel zu einem/einer Therapeut:in eines anderen Geschlechts zu prüfen.

Ein spezifischer Risikofaktor in der Psychotherapie betrifft das Thema Machtmissbrauch und sexuelle Übergriffe. Studien aus mehreren Ländern zeigen, dass ein nicht unerheblicher Anteil von Psychotherapeut:innen sexuelle Grenzverletzungen gegenüber Patient:innen eingestanden hat – mit Prävalenzen zwischen 1,6 % und 10 % (z. B. Lamb et al., 2003; Pope et al., 1986, 2006). Übereinstimmend berichten Studien, dass die betroffenen geschädigten Patient:innen zu 80–90 % weiblich und die schädigenden Therapeut:innen zu ca. 90 % männlich sind (vgl. Schleu, 2021). In Deutschland fehlen bislang repräsentative Studien, erste Daten weisen auf eine Häufigkeit von 6 % sexueller Grenzverletzungen hin (Gawlytta et al., 2019), während offizielle Beschwerdestellen nur sehr wenige oder keine Fälle registrierten. Beratungsstellen berichten hingegen, dass rund ein Viertel der Ratsuchenden von sexuellem Missbrauch durch Therapeut:innen betroffen ist (Schleu, 2018, 2021). Diese Thematik zeigt, wie wichtig es ist, auch diesen geschlechtsspezifischen Aspekt in der therapeutischen Arbeit – und der Ausbildung psychologischer und ärztlicher Psychotherapeut:innen sowie der Weiterbildung von Fachpsychotherapeut:innen – zu berücksichtigen, um einen sicheren und respektvollen Therapieprozess zu gewährleisten (Belz & Riecher-Rösler, 2017; Schleu, 2021; Schleu & Strauß, 2024).

69.3 Geschlecht und Interaktion: Das Konzept des »Doing Gender«

Ein zentraler Ansatz zur Analyse geschlechtsspezifischer Dynamiken in der Psychotherapie ist das Konzept des »Doing Gender«. West und Zimmermann prägten diesen Begriff 1987 und zeigten, dass Gender innerhalb eines Individuums durch geschlechtsbezogene Erwartungen geformt wird, die wiederum in einem sozialen Kontext eingebettet sind. Das Konzept wurde von mehreren Autoren in den Kontext psychotherapeutischer Arbeit übertragen (Brockhaus, 2018; Kaplan, 2021; Schigl, 2018). Brockhaus (2018) betont, dass »Doing Gender« in der aktuellen psychotherapeutischen Praxis nur unzureichend berücksichtigt wird. Individuell entwickelte Behandlungspläne, die Genderaspekte einbeziehen, sind bislang nicht Teil der gängigen therapeutischen Ansätze, obwohl dies zu einer stärker individualisierten und möglicherweise effektiveren Therapie beitragen könnte.

Das Konzept des »Doing Gender« findet Anwendung in der feministischen Psychotherapie (Brockhaus, 2018; Kaplan, 2021). Diese betrachtet Gender sowohl auf der Makroebene (strukturelle Geschlechtsunterschiede, wie z. B. Einkommensungleichheit) als auch auf der Mikroebene (genderspezifische Reaktionsmuster und Emotionsverarbeitung) und integriert diese Perspektiven in den therapeutischen Prozess. Die feministische Psychotherapie ist keine eigenständige Therapieschule, sondern eine Haltung, die Therapeut:innen dabei unterstützt, sich dem Konzept von Geschlecht in der Therapie zu nähern. Ein zentraler Bestandteil dieser Haltung ist das Wissen um spezifische Formen von Diskriminierung und deren Einfluss auf die Therapie, insbesondere im Kontext der sogenannten Intersektionalität.

Intersektionalität beschreibt, wie verschiedene Ebenen von Diskriminierung – etwa basierend auf Geschlecht, Hautfarbe, Herkunft oder anderen sozialen Kategorien – die Erfahrungen und das Leben eines Individuums prägen können. In der Psychotherapie bedeutet dies, die komplexen Wechselwirkungen dieser Faktoren in die Behandlung einzubeziehen (Yeboah et al., 2024). Ein Beispiel für die praktische Relevanz intersektionaler Ansätze liefert die Studie von Morawa et al. (2020), die sich mit der Ausprägung depressiver Symptome bei türkischen Migrant:innen befasst. Die Ergebnisse zeigen, dass eine Vielzahl von Variablen – darunter kulturelle, soziale und geschlechtsspezifische Faktoren – den Schweregrad der Symptome beeinflussen können. Konkret zeigte sich in der Stichprobe u. a. ein negativer Zusammenhang zwischen dem Faktor des »Getrennt-Seins« und dem Schweregrad der Depression. Morawa et al. führen dies auf die damit einhergehenden erschwerten Integrationsbedingungen im Gastland zurück: getrennt von dem/der Expartner:in lebende Migrant:innen verfügten häufiger über geringere Deutschkenntnisse und ein weniger tragfähiges soziales Netzwerk, was zu erhöhtem akkulturativem Stress führen und depressive Symptome verstärken kann.

Solche Forschungsarbeiten leisten einen wichtigen Beitrag dazu, intersektionale Faktoren systematisch in psychotherapeutische Kontexte zu integrieren und so die Versorgung von Patient:innen weiter zu verbessern. Ein weiteres Beispiel betrifft den Bereich der Essstörungen, bei denen soziale Erfahrungen im Zusammenhang mit dem weiblichen Geschlecht und im Zusammenhang mit der Nichteinhaltung sozialer Geschlechternormen eine wesentliche Rolle bei der Entstehung und Aufrechterhaltung spielen (Springmann, Svaldi & Kiegelmann, 2022).

Durch eine stärkere Einbindung solcher Aspekte in die psychotherapeutische Praxis können nicht nur potenzielle Barrieren in der therapeutischen Beziehung abgebaut, sondern auch die individuellen Bedürfnisse von Patient:innen effektiver berücksichtigt werden. Konkret sollten Therapeut:innen die Lebensrealitäten ihrer Patient:innen in den bestehenden Machtstrukturen erkennen und thematisieren können, etwa im Hinblick auf Misogynie oder andere Formen struktureller Diskriminierung. Intersektionale Perspektiven spielen hierbei eine wichtige Rolle. Ebenso wichtig ist eine kritische Auseinandersetzung mit der eigenen therapeutischen Position innerhalb hierarchischer Gefüge auch dann, wenn das Setting vermeintlich auf Augenhöhe stattfindet. Aspekte wie die Expert:innenrolle, Unterschiede im Bildungsniveau und sozioökonomische Ungleichheit können unbewusst Einfluss nehmen. Eine solche Reflexion kann sinnvollerweise im Rahmen professioneller Supervision erfolgen.

69.4 Psychotherapie bei transgeschlechtlichen und non-binären Personen

Transgeschlechtliche und non-binäre Personen erleben unterschiedliche Belastungen im medizinischen System. Dies sind u. a. die hohen Hürden der Inanspruchnahme durch mangelnde spezialisierte Angebote, eine institutionelle Stigmatisierung und unzureichende Ausbildung bei therapeutisch arbeitenden Personen. Die Auseinandersetzung mit Geschlecht jenseits des binären Konzepts stellt für psychotherapeutisch tätige Personen eine besondere Herausforderung dar und erfordert ein erweitertes Verständnis von Geschlecht. Therapeut:innen verwenden häufig eine binäre Perspektive und geschlechtsspezifische Sprache. Unzureichende Vorbereitung kann dazu führen, dass Vorurteile gegenüber nicht-binären und transgeschlechtliche Personen, etwa in Form von Mikroaggressionen oder mangelndem Wissen, offen oder subtil zum Ausdruck kommen (Guethlein et al., 2021; Krieger, 2020; Bamijoko-Okungbaye, 2021). In der Psychotherapie kann sich dies in Therapiefehlern wie Invalidierung der Geschlechtsidentität, Pathologisierung oder gar Konversionsversuche äußern, die auf Vorurteile und mangelnder Akzeptanz beruhen (Mizock et al., 2016; Rosati et al., 2022). Mikroaggressionen sind subtilere Formen verbaler und nonverbaler Diskriminierung, die oft unbewusst und scheinbar harmlos auftreten, aber dennoch verletzend wirken. Dazu zählen »Deadnaming« (Nutzen des dem »alten«, bei Geburt zugewiesenen Geschlechts zugehörigen Namens) und Übertagung cisnormativer Annahmen (Morris et al., 2020, Rosati et al., 2022). Im Gegensatz dazu sind Mikroaffirmationen kleine Gesten, die die Identität eines Menschen bekräftigen. Therapeut:innen können zum Beispiel durch das Nutzen des gewünschten Namens oder die Frage nach den gewünschten Pronomen nicht-binärer Klient:innen validieren und deren Geschlechtsidentität affirmieren (Rosati et al., 2022). Daher ist es essenziell, die spezifischen Bedarfe von transgeschlechtlichen und non-binären Menschen zu erkennen und in den therapeutischen Prozess zu integrieren.

Seit dem Verbot von Konversionstherapien im Jahr 2020 sind die therapeutischen Bedingungen an eine gesetzliche Verpflichtung, die geschlechtliche Identität von Patient:innen nicht infrage zu stellen, sondern mit Empathie und Validierung zu begegnen, d. h. geschlechtsaffirmativ zu arbeiten, gebunden. Rosati et al. (2022) beschreiben, dass das Geschlecht der behandelnden Person eine entscheidende Rolle für non-binäre Patient:innen spielen kann. Sie führen dies darauf zurück, dass Behandler:innen, die selbst von der cisgeschlechtlichen Norm abweichen, potenziell weniger Mikrodiskriminierungen ausüben und über ein größeres Wissen in Bezug auf geschlechtliche Vielfalt verfügen. Diese Eigenschaften können zu einer positiveren Wahrnehmung der therapeutischen Beziehung führen. Mizock et al. (2016) identifizierten in ihrer Studie erhebliche Schwächen in der psychotherapeutischen Arbeit mit transgeschlechtlichen Menschen. Neben mangelndem Wissen spielten u. a. geschlechtliche Verallgemeinerungen, sogenannte »gender generalizations«, eine wesentliche Rolle. Diese Verallgemeinerungen führen dazu, dass transgeschlechtliche Menschen psychotherapeutische Methoden und Ansätze häufig negativ bewerten. Diese Ergebnisse verdeutlichen das Stigmatisierungs- und Diskriminierungspotenzial im psychotherapeutischen Kontext. Die Studie ergab außerdem, dass »psychotherapeutische Fehltritte«, insbesondere Mikroaggressionen, oft unabsichtlich und unbewusst, selbst in ansonsten positiven therapeutischen Beziehungen, vorkommen. In einer cisnormativen Gesellschaft ist es nahezu unvermeidlich, dass Therapeut:innen internalisierte Vorurteile mitbringen und Fehler machen, die die Patient:innen verletzen. Praktiken wie die korrekte Verwendung der gewählten Namen und Pronomen sind für viele Therapeut:innen neu und stellen eine Herausforderung dar. Mikroaggressionen können jedoch zu einem Bruch in der Allianz und zum Abbruch der Therapie führen, vor allem, wenn Therapeut:innen diese Fehler nicht angemessen ansprechen.

Um eine einladende und angenehme Umgebung für transgeschlechtliche und nicht-binäre Patient:innen zu schaffen, sollten Psychotherapeut:innen Themen zur geschlechtlichen Vielfalt in ihre Ausbildung integrieren. Es ist zudem entscheidend, internalisierte Geschlechtervorurteile zu erkennen und abzubauen sowie »klinische Fehler« anzuerkennen, um daraus zu lernen und die Verbindung zu Patient:innen zu stärken. Eine affirmative Herangehensweise erfordert schließlich aktives Zuhören, Offenheit und die Bereitschaft, aus den Erfahrungen der Patient:innen zu lernen und ihren Beitrag wertzuschätzen. Um dem entgegenzuwirken, sind nicht nur spezifische Behandlungsangebote für transgeschlechtliche Personen erforderlich, sondern auch eine grundlegende Anerkennung und Wertschätzung geschlechtlicher Vielfalt im therapeutischen Rahmen.

Merke

Patient:innen und Therapeut:innen bringen eigene Erwartungen, die mit Geschlechtsstereotypen assoziiert sind, in die therapeutische Beziehung mit ein. Für die Therapieplanung ist daher eine Exploration des Rollenverständnisses der Patient:innen hoch relevant. Diese muss auch die Lerngeschichte der Patient:innen mit einbeziehen.

Das aktive Verständnis über geschlechterspezifische Aspekte hinsichtlich der Störungsentwicklung ist für Therapeut:innen und Patient:innen gleichermaßen von Relevanz, da KVT-basierte Interventionen wie die kognitive Umstrukturierung und Verhaltensübungen im Kontext der sozialen Lebensrealitäten der Patient:innen verankert sein müssen. Dies setzt voraus, dass auch Therapeut:innen für eine an die Patient:innen orientierte Zielformulierung ihr eigenes soziales Rollenverständnis und ihre Genderidentität reflektieren.

69.4.1 Spezifische Behandlungsanfragen transgeschlechtlicher Menschen

Transgeschlechtliche Menschen können mit unterschiedlichen Anliegen therapeutische Unterstützung suchen. Es ist entscheidend, diese Bedarfe individuell zu erfragen, ohne eine expertisierende Haltung einzunehmen, die eine hierarchische Beziehung schaffen könnte. Ziel ist es, eine unterstützende und partnerschaftliche Arbeitsbeziehung zu fördern.

Zu den häufigen Anliegen transgeschlechtlicher Patient:innen nach Günther et al. (2021) gehören:

- *Unterstützung im Prozess der Geschlechtsidentitätsfindung:* Klärung eigener Identität und Auseinandersetzung mit den eigenen Gefühlen und Wünschen
- *Begleitung bei Outing-Prozessen:* Unterstützung beim Coming-out in verschiedenen sozialen Kontexten (Familie, Arbeit, Freundeskreis)
- *Umgang mit Diskriminierung und Zurückweisung:* Strategien zur Bewältigung von ablehnenden Erfahrungen und Förderung der Resilienz
- *Unterstützung bei medizinischen Transitionsprozessen:* Begleitung bei Entscheidungen zu hormonellen und chirurgischen Maßnahmen sowie Umgang mit möglichen Herausforderungen im medizinischen System

Ein professioneller und respektvoller Umgang mit geschlechtlicher Vielfalt erfordert nicht nur Fachwissen, sondern auch eine reflexive Haltung der Therapeut:innen hinsichtlich eigener Normen und Werte. Die Integration geschlechtlicher Vielfalt in die psychotherapeutische Praxis sollte sich an den Prinzipien der Akzeptanz, Offenheit und Empathie orientieren, um den Bedürfnissen aller Menschen gerecht zu werden.

Prüfungsfragen

1. Was sind häufige Anliegen von transgeschlechtlichen Patient:innen in der therapeutischen Arbeit?
2. Welche Herausforderungen und Belastungen erleben transgeschlechtliche und non-binäre Personen im medizinischen und psychotherapeutischen System?

Antworten

1. Unterstützung bei der Geschlechtsidentitätsfindung, Begleitung bei Outingprozessen, Förderung der Resilienz im Umgang mit Diskriminierung und Zurückweisung, Unterstützung bei Transitionsmaßnahmen.
2. Therapeut:innen verwenden häufig eine binäre Perspektive, die zu Mikroaggressionen führen kann. Mikroaffirmationen können die Identität von Klient:innen bekräftigen und die therapeutische Beziehung stärken.

Literatur

Ashley, F., Brightly-Brown, S., & Rider, G. (2024). Beyond the trans/cis binary: introducing new terms will enrich gender research. *Nature, 630*(8016), 293–295.

Belz, M., & Riecher-Rössler, A. (2017). Geschlechtsspezifische Aspekte in der Psychotherapie. In: Herpertz, S., Caspar, F., & Lieb, K (Hrsg.), *Psychotherapie. Funktions- und störungsorientiertes Vorgehen*. (S. 553–565). Elsevier. https://doi.org/10.1016/B978-3-437-23731-7.00034-X

Bamijoko-Okungbaye, A. (2021). Racism and inequity in mental healthcare: A call for recalibration of healthcare policies in Europe. *Journal of Health and Social Sciences, 6* (2), S. 175–186.

Bilsker, D., Fogarty, A. S., & Wakefield, M. A. (2018). Critical Issues in Men's Mental Health. *Canadian journal of psychiatry. Revue canadienne de psychiatrie, 63*(9), 590–596. https://doi.org/10.1177/0706743718766052

Bommersbach, T. J., Rosenheck, R. A., Petrakis, I. L. et al. (2022). Why are women more likely to attempt suicide than men? Analysis of lifetime suicide attempts among US adults in a nationally representative sample. *Journal of affective disorders, 311*, 157–164. https://doi.org/10.1016/j.jad.2022.05.096

Brockhaus, C. (2018). *Gendersensible Psychotherapie. Ein Behandlungsansatz in Theorie und Praxis*. Bachelor + Master Publication.

Budge, S. L., Adelson, J. L., & Howard, K. A. (2013). Anxiety and depression in transgender individuals: the roles of transition status, loss, social support, and coping. *Journal of consulting and clinical psychology, 81*(3), 545–557. https://doi.org/10.1037/a0031774

Cohrdes, C., Göbel, K., Schlack et al. (2019). Essstörungssymptome bei Kindern und Jugendlichen: Häufigkeiten und Risikofaktoren. Ergebnisse aus KiGGS Welle 2 und Trends. *Bundesgesundheitsbl. 62*, 1195–1204.

Compton, W. M., Conway, K. P., Stinson, F. S. et al. (2005). Prevalence, correlates, and comorbidity of DSM-IV antisocial personality syndromes and alcohol and specific drug use disorders in the United States: results from the national epidemiologic survey on alcohol and related conditions. *The Journal of clinical psychiatry, 66*(6), 677–685. https://doi.org/10.4088/jcp.v66n0602

Dawson, S. J., Bannerman, B. A., & Lalumière, M. L. (2016). Paraphilic Interests: An Examination of Sex Differences in a Nonclinical Sample. *Sexual Abuse, 28*(1), 20–45. https://doi.org/10.1177/1079063214525645

Ferrari, A. J., Charlson, F. J., Norman, R. E. et al. (2013). The Epidemiological Modelling of Major Depressive Disorder: Application for the Global Burden of Disease Study 2010. *PLoS ONE 8*(7): e69637. https://doi.org/10.1371/journal.pone.0069637

Fuchs, M., Bösch, A., Hausmann, A. et al. (2012). The child is father of the man: Review von relevanten Studien zur Epidemiologie in der Kinder- und Jugendpsychiatrie. *Zeitschrift für Kinder- und Jugendpsychiatrie und Psychotherapie, 41*(1), 3–13. https://doi.org/10.1024/1422-4917/a000209 Hogrefe E-Content

Fuchs, M., & Karwautz, A. (2017). Epidemiologie psychischer Störungen bei Kindern und Jugendlichen. *neuropsychiatrie, 31*(3), 96–102.

Gawlytta, R. et al. (2019) Unerwünschte Ereignisse durch unsachgemäß durchgeführte Psychotherapie. Eine Pilotstudie zum Inventar zur Erfassung von Kunstfehlern und Kunstfehlerfolgen in der Psychotherapie (IKKIP). *Psychiat Prax 46*, 460–467.

Guethlein, N., Grahlow, M., Lewis, C. A., et al. (2021). Healthcare for trans*gender people in Germany: Gaps, challenges, and perspectives. *Frontiers in neuroscience, 15*, 718335.

Günther, M., Teren, K., & Wolf, G. (2021). *Psychotherapeutische Arbeit mit trans* Personen: Handbuch für die Gesundheitsversorgung*. Ernst Reinhardt.

Hanna, B., Desai, R., Parekh, T., et al. (2019). Psychiatric disorders in the US transgender population. *Ann. Epidemiol, 39*, 1–7.

Ihle, W., & Esser, G. (2002). Epidemiologie psychischer Störungen im Kindes- und Jugendalter: Prävalenz, Verlauf, Komorbidität und Geschlechtsunterschiede. *Psychologische Rundschau, 53*(3), 151–157. https://doi.org/10.1026/0033-3042.53.3.151

Jacobi, F. et al. (2016) Psychische Störungen in der Allgemeinbevölkerung. Studie zur Gesundheit Erwachsener in Deutschland und ihr Zusatzmodul »Psychische Gesundheit« (DEGS1-MH). *Nervenarzt, 87*, 88–90. https://doi.org/10.1007/s00115-015-4458-7

Jacobi, F., Wittchen, H. U., Hölting, C. et al. (2004). Prevalence, co-morbidity and correlates of mental disorders in the general population: results from the German Health Interview and Examination Survey (GHS). *Psychological medicine, 34*(4), 597–611.

Johnson, D. P., & Whisman, M. A. (2013). Gender differences in rumination: A meta-analysis. *Personality and individual differences, 55*(4), 367–374.

Kaplan, V. (2021). Gender sensitive psychiatry and feminist therapy. *Kıbrıs Türk Psikiyatri ve Psikoloji Dergisi, 3*(3), 211–216.

Keil, J., Brendler, V., Sachse, C. et al. (2020). Geschlechterspezifische Inanspruchnahme von Gesundheitsleistungen in einer urbanen Erwachsenenpopulation. *Das Gesundheitswesen, 82*(3), e17–e23.

Kramer, M. D., Krueger, R. F., & Hicks, B. M. (2008). The role of internalizing and externalizing liability factors in accounting for gender differences in the prevalence of common psychopathological syndromes. *Psychological medicine, 38*(1), 51–61.

Krieger, N. (2020). Measures of racism, sexism, heterosexism, and gender binarism for health equity research: From structural injustice to em- bodied harm-An ecosocial analysis. *Annual review of public health, 41*, 37–62.

Lamb D. H. et al. (2003). Psychologists refect on their sexual relationships with clients, supervisors, and students: occurrence, impact, rationales, and collegial intervention. *Professional Psychology: Research and Practice, 34*, 102–107.

Löffler-Stastka, H., Ponocny-Seliger, E., Meissel, T. et al. (2006). Gender aspects in the planning of psychotherapy for borderline personality disorder. *Wiener klinische Wochenschrift, 118*(5–6), 160–169. https://doi.org/10.1007/s00508-006-0573-6

Martin, L. A., Neighbors, H. W., & Griffith, D. M. (2013). The experience of symptoms of depression in men vs women: analysis of the National Comorbidity Survey Replication. *JAMA psychiatry, 70*(10), 1100–1106.

Mauvais-Jarvis, F., Merz, N. B., Barnes, P. J. et al. (2020). Sex and gender: modifiers of health, disease, and medicine. *The Lancet, 396*(10250), 565–582.

Mizock, L., & Lundquist, C. (2016). Missteps in psychotherapy with transgender clients: promoting gender sensitivity in counseling and psychological practice. *Psychology of Sexual Orientation and Gender Diversity, 3*(2), 148.

Möller-Leimkühler, A. M., Jackl, A., & Weissbach, L. (2022). Gendersensitives Depressionsscreening (GSDS) – Befunde zur weiteren Validierung eines neuen Selbstbeurteilungsinstruments.
Psychiatr Prax, 49(7), 367–374.

Möller-Leimkühler, A. M., Yücel, M. (2010). Male depression in females? *J Affect Disord, 121*(1-2), 22–29.

Morawa, E., Brand, T., Dragano, N. et al. (2020). Associations between acculturation, depressive symptoms, and life satisfaction among migrants of Turkish origin in Germany: gender- and generation-related aspects. *Frontiers in Psychiatry, 11*, 715.

Morris, E. R., Lindley, L., & Galupo, M. P. (2020). »Better issues to focus on«: Transgender microaggressions as ethical violations in therapy. *The Counseling Psychologist*, 48(6), 883–915. https://doi.org/10.1177/0011000020924391

Otten, D., Ernst, M., Tibubos, A. N., et al. (2022). Does social support prevent suicidal ideation in women and men? Gender-sensitive analyses of an important protective factor within prospective community cohorts. *Journal of affective disorders, 306*, 157–166.

Pabst, A., Kraus, L., de Matos, E. G. et al. (2013). Substanzkonsum und substanzbezogene Störungen in Deutschland im Jahr 2012. *SUCHT, 59*(6), 321–331. https://doi.org/10.1024/0939-5911.a000275

Pope, K. S. et al. (1986). Sexual attraction to clients: The human therapist and the (sometimes) inhuman training system. *Am Psychology 41*(2), 147–158.

Pope, K. S. et al. (2006). Sexual attraction to clients: The human therapist and the (sometimes) inhuman training system. *Training and Education in Professional Psychology, S*(2), 96–111. https://doi.org/10.1037/1931-3918.S.2.96

Regitz-Zagrosek, V., & Seeland, U. (2012). Sex and gender differences in clinical medicine. *Handb Exp Pharmacol,* (214), 3–22.

Rice, S. M., Fallon, B. J., Aucote, H. M., & Möller-Leimkühler, A. M. (2013). Development and preliminary validation of the male depression risk scale: furthering the assessment of depression in men. *J Affect Disord, 151*(3), 950–958.

Ritz, S. A., & Greaves, L. (2024). We need more-nuanced approaches to exploring sex and gender in research. *Nature, 629*(8010), 34–36.

Rosati, F., Lorusso, M. M., Pistella, J. et al. (2022). Non-binary clients' experiences of psychotherapy: Uncomfortable and affirmative approaches. *International Journal of Environmental Research and Public Health, 19*(22), 15339.

Rutz, W. et al. (1995). Prevention of male suicides: lessons from Gotland study. *The Lancet, 345*(8948), 524.

Salandi, J., & Pfleiderer, B. (2020). Kommunikation und Versorgung in der Medizin: Welche Rolle spielt das Geschlecht? *Nervenheilkunde, 39,* 468–476. 10.1055/a-1134-9009.

Schleu, A. et al. (2018). Sexueller Missbrauch in der Psychotherapie. Notwendige Diskussion der Perspektiven von Psychotherapeuten und Juristen. *Psychotherapeutenjournal, 1,* 11–19.

Schleu, A. (2021). Umgang mit Grenzverletzungen. *Professionelle Standards und ethische Fragen in der Psychotherapie.* Springer. https://doi.org/10.1007/978-3-662-62265-0

Schleu, A., Strauß, B. (2024). *Grenzverletzungen in der Psychotherapie, Ein interdisziplinärer Diskurs zum institutionellen Umgang mit Machtmissbrauch.* Psychosozial.

Schmalbach, I., Albani, C., Petrowski, K. et al. (2022). Client-therapist dyads and therapy outcome: Does sex matching matters? A cross-sectional study. *BMC psychology, 10*(1), 52.

Schigl, B. (2018). Gender und Psychotherapieforschung. In: Schigl, B. (Hrsg.), *Psychotherapie und Gender. Konzepte. Forschung. Praxis. Integrative Modelle in Psychotherapie, Supervision und Beratung* (2. Aufl., S. 117–168). Springer. https://doi.org/10.1007/978-3-658-20471-6_7

Springmann, M. L., Svaldi, J., & Kiegelmann, M. (2022). A qualitative study of gendered psychosocial processes in eating disorder development. *International Journal of Eating Disorders, 55*(7), 947–955.

Staczan, P., Schmuecker, R., Koehler, M. et al. (2017). Effects of sex and gender in ten types of psychotherapy. *Psychotherapy Research, 27*(1), 74–88.

Statistisches Bundesamt. Gesundheit. Todesursachen in Deutschland 2023. https://www.destatis.de/DE/Themen/Gesellschaft Umwelt/Gesundheit/Todesursachen/suizid.html (Zugriff am 25.8.2025).

Streb, J., Ruppel, E., Möller-Leimkühler, A. M. et al. (2021). Gender-specific differences in depressive behavior among forensic psychiatric patients. *Frontiers in psychology, 12,* 639191.

van der Linde, K., Wasem, J., & Lux, G. (2014). Sekundärdatenanalyse der Prävalenz der Alkoholabhängigkeit (F10.2) in Deutschland [Secondary data analysis of the prevalence of alcohol dependence (F10.2) in Germany]. *Deutsche Medizinische Wochenschrift, 139*(45), 2285–2289. https://doi.org/10.1055/s-0034-1387353

von Zimmermann, C., Hübner, M., Mühle, C., et al. (2024). Masculine depression and its problem behaviors: use alcohol and drugs, work hard, and avoid psychiatry! *Eur Arch Psychiatry Clin Neurosci, 274*(2), 321–333.

Vergara-Lopez, C., Hernandez Valencia, E. M., Grados, M. et al. (2024). Reexamining gender differences and the transdiagnostic boundaries of various conceptualizations of perseverative cognition. *Psychological assessment, 36*(9), 538.

Whitlock, J. L., Eckenrode, J., & Silverman, D. (2011). Nonsuicidal self-injury in a college population: General trends and sex differences. *Journal of American College Health, 59*(7), 477–484. https://doi.org/10.1080/07448481.2010.529226

Yeboah, A., Majani, N. N., Brecht, A., et al. (2024). Diversität in der sozialpsychiatrischen Versorgungslandschaft: Intersektionalität als Tool der klinischen Praxis. *Sozialpsychiatrische Informationen, 54*(4), 52–57.

Zou, M., Liu, B., Ji, J. et al. (2025). Gender difference in rumination subtypes connecting to depression. *Archives of Women's Mental Health,* 1–8.

Weiterführende Literatur

Belz, M., & Riecher-Rössler, A. (2017). Geschlechtsspezifische Aspekte in der Psychotherapie. In: Herpertz, S., Caspar, F., & Lieb, K (Hrsg.), *Psychotherapie. Funktions- und störungsorientiertes Vorgehen.* (S. 553–565). Elsevier. https://doi.org/10.1016/B978-3-437-23731-7.00034-X

Günther, M., Teren, K., & Wolf, G. (2021). *Psychotherapeutische Arbeit mit trans* Personen: Handbuch für die Gesundheitsversorgung.* Ernst Reinhardt.

Schigl, B. (2018). Gender und Psychotherapieforschung. In: Schigl, B. (Hrsg.), *Psychotherapie und Gender. Konzepte. Forschung. Praxis. Integrative Modelle in Psychotherapie, Supervision und Beratung* (2. Aufl., S. 117–168). Springer. https://doi.org/10.1007/978-3-658-20471-6_7

70 Kultursensible Psychotherapie

Jan Ilhan Kizilhan und Anna Weigelt

Das Wichtigste auf einen Blick

- Eine kultursensible Psychotherapie berücksichtigt die individuellen Migrationsgeschichten und kulturellen Hintergründe der Patientinnen und Patienten, um Vertrauen und nachhaltige therapeutische Erfolge zu fördern.
- Zentrale Bausteine sind Selbstreflexion, die Integration kultureller Identitäten und das Überwinden struktureller Barrieren durch interdisziplinäre Ansätze.
- Psychische Erkrankungen äußern sich kulturell unterschiedlich, etwa durch Somatisierung oder magische Vorstellungen, was bei Diagnosestellung und Behandlung zu berücksichtigen ist.
- Kultursensible Diagnostik erfordert Wissen über kulturspezifische Krankheitskonzepte, kulturneutrale, sprachvalidierte Instrumente sowie systemische Ansätze wie die Verwendung eines Genogramms oder Netzwerkanalysen des Familienbretts.
- Bei der Behandlung müssen Faktoren wie Religiosität und Spiritualität, die Entwicklung einer gemeinsamen Sprache sowie kulturelle Besonderheiten bei der Rollenklärung und Selbstbeobachtung beachtet werden.

70.1 Einführung

Migration und Globalisierung stellen Gesundheitsfachkräfte vor komplexe Herausforderungen. Migrationsbedingte Erfahrungen – geprägt von individuellen Lebensgeschichten sowie potenziell traumatischen Erlebnissen vor, während und nach der Migration – beeinflussen die psychische Gesundheit auf vielfältige Weise. Das Aufeinandertreffen unterschiedlicher kultureller Hintergründe kann sowohl Ressourcen schaffen als auch Krisen oder psychische Erkrankungen begünstigen (Von Lersner & Kizilhan, 2017). Akkulturationsprozesse betreffen dabei nicht nur die erste Migrationsgeneration, sondern oft auch deren Nachkommen. Strukturelle Barrieren in der Aufnahmegesellschaft, unterschiedliche Krankheitskonzepte und variierende Strategien zur Krankheitsbewältigung erschweren zudem die psychotherapeutische Arbeit (Hinton & Kirmayer, 2017). Da die moderne Psychotherapie stark von westlich-individualistischen Konzepten der Psyche sowie spezifischen Vorstellungen von Gesundheit und Krankheit geprägt ist, erfordert die Arbeit mit Menschen mit Migrationshintergrund ein sensibles Vorgehen. Neben fachlicher Kompetenz sind ein fundiertes interkulturelles Verständnis und ein kultursensitiver Ansatz essenziell, um therapeutisch wirksam zu sein (Ilkilic, 2017).

70.2 Migration als kritisches Lebensereignis

Migration bringt tiefgreifende Veränderungen der äußeren Lebensbedingungen, der Arbeits- und Wohnumgebung sowie die Notwendigkeit sozialer und kultureller Anpassungen mit sich. Als biografischer Einschnitt beeinflusst sie die individuelle und kollektive Identität grundlegend. Sie prägt, wie Menschen ihre Vergangenheit verarbeiten und wie erfolgreich sie sich in der neuen Gesellschaft zurechtfinden.

Der Migrationsprozess folgt oft einer situations- und kulturübergreifenden Regelhaftigkeit (Machleidt & Calliess, 2012; Sluzki, 2001) und lässt sich in psychologische Phasen unterteilen, die jeweils mit spezifischen Belastungen verbunden sind (▸ Abb. 70.1).

Bei freiwilligen Migrationen zeigen sich psychologische Belastungen in den ersten Phasen meist seltener. Anders ist dies bei erzwungener Migration, etwa infolge von Krieg, Flucht oder Folter. Die aus dem Herkunftsland mitgebrachten Bewältigungsstrategien und Unterstützungsnetzwerke sind dann im Aufnahmeland oft nur eingeschränkt wirksam. Die Identität, ob individuell oder kollektiv, gerät ins Wanken: Die bisherige Identität passt nicht mehr, während eine neue bi- oder multikulturelle Identität noch nicht entwickelt ist oder durch politische und kulturelle Barrieren erschwert wird.

Der Akkulturationsprozess verläuft selten linear und wird neben internen Faktoren wie Identitätsdiffusion und Rollenkonflikte zusätzlich durch strukturelle Probleme erschwert. Neben wirtschaftlichen, beruflichen und sozialen Belastungen schaffen post-migrantische Stressoren wie Diskriminierung, soziale Isolation sowie unsichere Wohn- und Rechtsverhältnisse ein Umfeld, das Stress und Unsicherheit

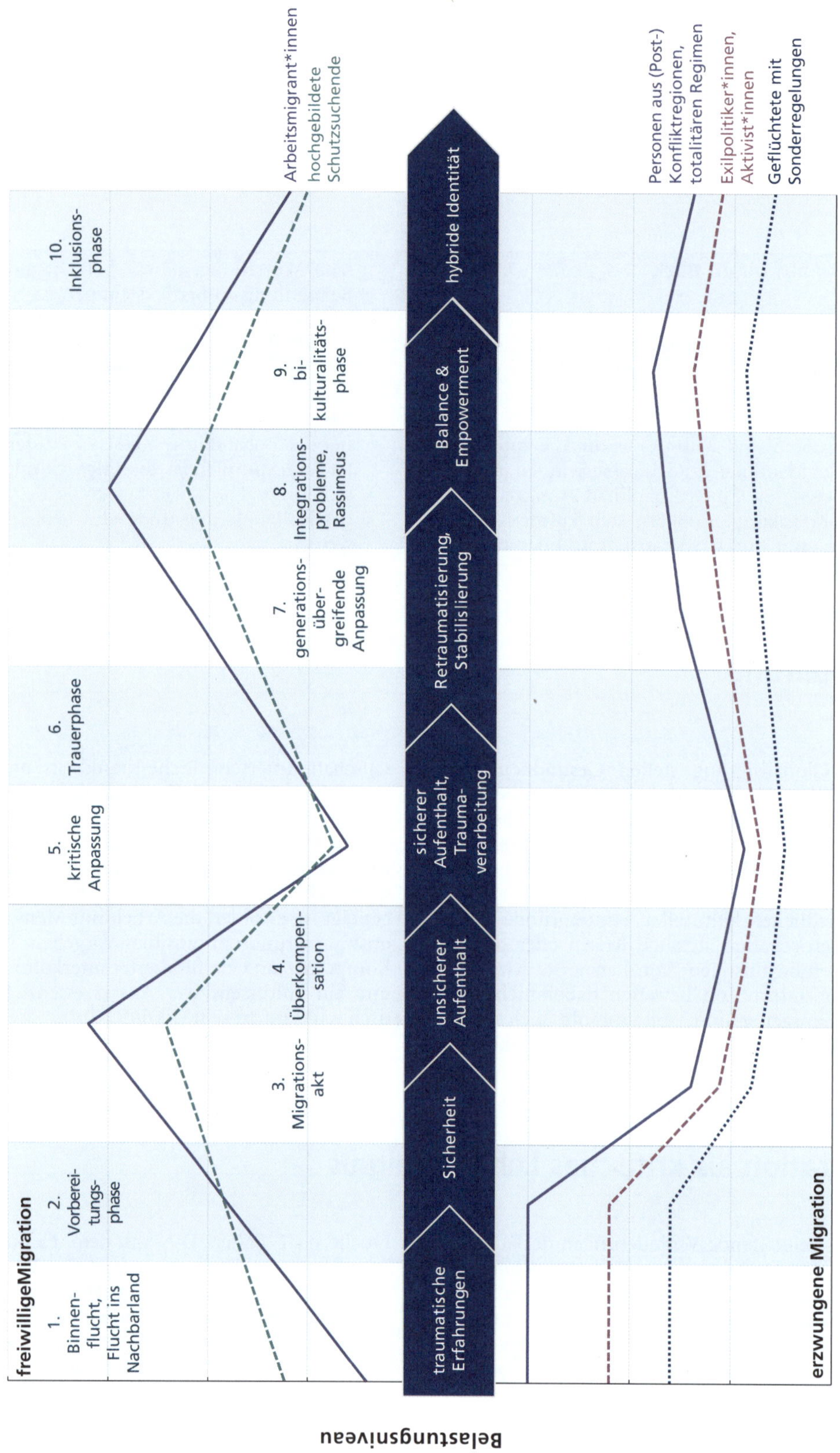

Abb. 70.1: Psychologische Phasen der Migration und deren Belastungsniveau

verstärkt. Auch ungelöste Konflikte aus dem Herkunftsland und transgenerationale Traumata können die psychische Belastung steigern.

> **Merke**
>
> Besonders sichtbar werden diese Spannungen bei den nachfolgenden Generationen. Veränderungen im Selbstkonzept führen oft zu Generationskonflikten, die sich in Bereichen wie Geschlechterrollen, arrangierten Ehen oder der Bildung von Subgruppen manifestieren. Solche Konflikte verdeutlichen, dass Migration nicht nur eine individuelle, sondern auch eine transgenerationale Herausforderung darstellt.

Ein erschwerter Zugang zum Gesundheitssystem durch bürokratische Hürden, unzureichende Informationen über Ansprüche, lange Wartezeiten, eingeschränkte Mobilität sowie Sprachbarrieren verschärfen die ohnehin belastende Situation.

70.3 Kulturelle Identität und Generationskonflikte

In der Psychotherapie mit Personen aus familienorientierten Gesellschaften spielen kulturelle Identität und familiäre Dynamiken eine zentrale Rolle. Während die erste Generation oft stärker an traditionellen Werten und kultureller Identität festhält, zeigen sich bei der zweiten und dritten Generation Unterschiede, geprägt durch abweichende Biografien und Lebensrealitäten. Diese Diskrepanzen können zu Generationen- und Kulturkonflikten führen, die in der therapeutischen Arbeit gezielt adressiert werden sollten.

70.3.1 Intergenerationale Konflikte: Tradition versus Anpassung

Erwachsene Migrantinnen und Migranten der ersten Generation sind oft stark in der Kultur ihres Herkunftslandes verwurzelt. Ihre abgeschlossene Sozialisation ermöglicht es ihnen, zwischen Eigenem und Fremdem zu unterscheiden und sich in einem neuen kulturellen Kontext zu positionieren. Die zweite und dritte Generation wächst in einer Realität auf, in der die klare Unterscheidung zwischen Herkunfts- und Aufnahmekultur schwerfällt. Sie erleben Spannungen zwischen der kulturellen Identität ihrer Eltern und der Sozialisation im Aufnahmeland. Typische Herausforderungen sind:

- *Auflösung herkunftsorientierter Netzwerke:* Die sozialen Bindungen der Herkunftskultur lösen sich oft auf (Kizilhan, 2007). Dies führt zu einer Rekonstruktion von Identitäten, die ortsunabhängig, transkulturell und häufig virtuell geprägt sind.
- *Rollenverschiebungen:* Neue Lebensumstände im Aufnahmeland fordern eine Umverteilung familiärer Rollen. Werte und Normen der Herkunftsfamilie werden hinterfragt, was insbesondere Eltern als Bedrohung ihrer Lebensziele empfinden können (Haasen et al., 2005; Heine & Assion, 2005; Kirkcaldy et al., 2006).
- *Psychosoziale Belastungen:* Junge Menschen erleben Annäherungs-Abgrenzungs-Konflikte zwischen elterlichen Erwartungen und der westlichen Kultur, was ihren schulischen und beruflichen Erfolg sowie ihre Integration beeinträchtigen kann (Heinz, 2006).

70.3.2 Intraindividuelle Konflikte: Zwischen Individualität und Familienorientierung

Menschen aus familienorientierten Gesellschaften stehen häufig vor dem inneren Dilemma, zwischen dem Wunsch nach individueller Autonomie und dem Bedürfnis nach familiärer Bindung zu balancieren. Die gleichzeitige Sehnsucht nach Selbstbestimmung und familiärem Halt spiegelt die Spannung zwischen kollektivistischen und individualistischen Wertvorstellungen unterschiedlicher Kulturen wider. Jugendliche entwickeln oft eine »Selbstkultur«, die Elemente beider Kulturen verbindet, aber von beiden Seiten nicht vollständig akzeptiert wird (Ilkilic & Göksu, 2017). Das Leben in zwei Gesellschaften führt zu Unsicherheiten über Normen und Werte, die das Selbstwertgefühl und zwischenmenschliche Beziehungen destabilisieren können.

Ein besonders sensibles Thema ist der Umgang mit Sexualität. Hier vermischen sich häufig patriarchale Traditionen mit religiösen Verhaltensregeln, was zu Unsicherheiten bis hin zu einer Tabuisierung des Themas führt (Baumeister, 2007). Insbesondere Frauen sind oft erheblichen Sorgen ausgesetzt, da jede Abweichung von den gesellschaftlichen Normen der Herkunftsgesellschaft als Bedrohung für ihre Ehre und damit einhergehend für ihre zwischenmenschlichen Beziehungen und den sozialen Status empfunden werden kann. So wird sexualisierte Gewalt meist nur nach Aufbau eines hohen Maßes an Vertrauen und unter Schutz vor sozialer Stigmatisierung offen angesprochen.

70.3.3 Therapeutische Ansätze

Therapeutische Ansätze in der kultursensitiven Psychotherapie zielen darauf ab, innere Konflikte zu bearbeiten und die Identitätsentwicklung der Patientinnen und Patienten zu unterstützen. Mögliche Schwerpunkte in der Arbeit können sein:

- *Ermutigung zur Selbstreflexion:* Patientinnen und Patienten lernen, kulturell geprägte Erwartungen und Normen bewusst zu hinterfragen, eigene Werte zu definieren und ihre individuelle Autonomie zu stärken. Gleichzeitig sollte auf die Förderung des wertschätzenden Dialogs innerhalb der Familie, der gegenseitiges Verständnis für traditionelle Werte und moderne Lebenswelten ermöglicht, Wert gelegt werden.

- *Förderung transkultureller Identitätsarbeit:* Der Akkulturationsprozess kann gezielt durch die Reflexion kultureller Werte, Identitätskonflikte und deren Bedeutung für das Selbstbild begleitet werden. Durch die Auseinandersetzung mit unbewussten Ambivalenzen können ausgeschlossene Selbstanteile integriert werden. Die Entwicklung einer Identität, die Elemente beider Kulturen beinhaltet, ermöglicht psychische Stabilität und ein Gefühl von Zugehörigkeit.
- *Interdisziplinäre Unterstützung:* Strukturelle Hürden wie Diskriminierung oder Sprachbarrieren erfordern eine lösungsorientierte Perspektive. Dazu gehören u. a.:
  - die Schaffung eines *sicheren therapeutischen Raumes*, in dem Erfahrungen ohne Stigmatisierung reflektiert werden können
  - die Fokussierung von *Ressourcenarbeit* und Empowerment
  - das Leisten von *Aufklärungsarbeit* über die Funktionsweise des Gesundheitssystems, Rechte und mögliche Unterstützungsangebote
  - *niederschwellige Angebote* im Sinne einer Zusammenarbeit mit Sprach- und Kulturmittelnden sowie Netzwerkarbeit mit Community-Organisationen

70.4 Kulturelle Aspekte der Krankheitswahrnehmung

70.4.1 Somatisierung innerpsychischer Konflikte

In familienorientierten Gesellschaften werden Körper und Psyche häufig ganzheitlich betrachtet. Innerpsychische Konflikte und traumatische Erfahrungen äußern sich daher oft über körperliche Symptome, wie beispielsweise Schmerzäußerungen (Kizilhan, 2019; Koch, 2003). Dies bietet insbesondere sozial benachteiligten Gruppen eine Möglichkeit, Gefühle wie Ausgrenzung, Kränkung, Schuld und Minderwertigkeit aus dem Bewusstsein auf die Körperebene zu verlagern. Dieser Mechanismus dient nicht nur dem Schutz der Selbstachtung, sondern auch der Hoffnung, durch medizinische Hilfe Unterstützung zu finden.

Merke

Ein kultursensitives Behandlungssetting sollte solche Ausdrucksformen ernst nehmen und berücksichtigen. Es ist daher essenziell, gemeinsam mit den Patientinnen und Patienten ein Erklärungs- und Behandlungsmodell zu entwickeln, das sowohl deren Bildungsstand als auch ihr kulturelles Verständnis einbezieht.

Um den Zugang zur inneren Erlebniswelt dieser Patientinnen und Patienten zu erleichtern, können Interventionen gewählt werden, die kulturelle Praktiken als Ressourcen einbinden. Bekannte Methoden wie Hypnoseinduktionen, Tanz oder Meditation können hier als therapeutische Mittel eingesetzt werden, da sie oft vertraut sind und eine kulturelle Verbindung herstellen.

70.4.2 Magische Vorstellungen

Magische Vorstellungen rund um Krankheit und Gesundheit, etwa in Form von Geistern, Dschinns, Symbolen oder Ritualen, haben in den Balkanländern sowie im mittleren und nahen Osten eine lange Tradition. Vor allem in stärker traditionsgebundenen Bevölkerungsgruppen gibt es eine fortwährende Affinität zur traditionellen Medizin, die von verschiedenen Heilerinnen und Heilern praktiziert wird. Dazu zählen Knochenheilerinnen, religiöse Heiler, die als Magier oder Zauberer auftreten, sowie arabische Ärztinnen und Ärzte, die in der Tradition der »Vier-Säfte-Lehre« arbeiten. Auch Pflanzenheilerinnen, die häufig bei gynäkologischen Anliegen konsultiert werden, spielen eine wichtige Rolle (Heine & Assion, 2005).

Ein auf Religion oder Magie basierendes Krankheitsverständnis kann, trotz potenzieller Spannungen mit der modernen Medizin, therapeutisch wertvoll sein. Solange es dem Ziel der Genesung dient, stellt es keinen zwingenden Widerspruch dar. Elemente wie Dschinn-Vorstellungen, magische Steine, Gebete oder der Besuch von Kultstätten können im psychotherapeutischen Prozess wertvolle Ansatzpunkte bieten.

70.4.3 Medikamentöse Behandlung

In familienorientierten Gesellschaften nehmen Individuen bei Krankheiten häufig eine passive Haltung ein. Die Überzeugung, dass Heilung durch magische Rituale und ohne eigenes Zutun erfolgen kann, führt oft zu einer Erwartungshaltung gegenüber medikamentöser Behandlung (Kizilhan, 2019).

Zudem zeigen Personen aus traditionellen Kulturen sowohl bei Schmerzen als auch bei psychischen Beschwerden ein stark ausgeprägtes Schon- und Rückzugsverhalten, das oft durch familiäre Unterstützung verstärkt wird. Diese Dynamik kann den sekundären Krankheitsgewinn erhöhen und den Heilungsprozess erschweren.

Für eine kultursensitive Behandlung ist es entscheidend, das Schonverhalten, die Reaktion auf bisherige Therapien und das Medikamenteneinnahmeverhalten genau zu erfassen. Ein hoher Medikamentenkonsum bei psychischen Erkrankungen birgt zudem das Risiko einer Abhängigkeit, weshalb hier eine gezielte Psychoedukation erforderlich ist.

70.5 Anamnese und psychologische Diagnostik

Für eine kultursensible Anamnese und Diagnostik sind ein tiefes Verständnis für das subjektive Krankheitserleben der Patientinnen und Patienten, die kulturellen Vorstellungen von Gesundheit und Krankheit sowie die individuelle und kollektive Biografie wegweisend. Auch eine sorgfältige Analyse der Lebensumstände, Migrationsgeschichte und psychosozialen Belastungsfaktoren ermöglicht es, kulturelle und biografische Kontexte in den diagnostischen Prozess einzubeziehen und Missverständnisse zu vermeiden. Ferner gilt es, die Rolle von Traditionen, Glaubensvorstellungen und kollektiven Erfahrungen in die Anamnese einzubinden.

70.5.1 Vermeiden von Fehldiagnosen

Bei Personen aus traditionell orientierten, stark religiösen Gemeinschaften treten Depressionen (Koch, 2003), Somatisierungsstörungen (Glier & Erim, 2007; Kizilhan, 2019), Schizophrenie sowie schizotype und wahnhafte Störungen (Assion et al., 2018) überdurchschnittlich häufig auf. Die erhöhte Rate an schizophrenen Störungen könnte jedoch auch auf Fehldiagnosen zurückzuführen sein, die durch unterschiedliche Krankheitskonzepte, Bewältigungsstrategien und die an westliche Normen angepassten diagnostischen Kriterien der ICD-10 bedingt sind. So gelten Halluzinationen und Wahnvorstellungen zwar in westlichen Kulturen als spezifische Merkmale der Schizophrenie, müssen jedoch nicht in allen kulturellen Kontexten dieselbe Bedeutung haben. Studien zeigen beispielsweise, dass Verfolgungswahn in manchen Kulturen auch bei nichtschizophrenen psychischen Störungen häufiger auftritt (Cochrane & Bal, 1987; Ndetei & Singh, 1982).

Die diagnostische Herausforderung besteht darin, zwischen Wahn und Glauben sowie zwischen Halluzination und Trance zu differenzieren, um Fehleinschätzungen zu vermeiden (Lay, 2007; Westermeyer, 1987). Untersuchungen zu Psychosen belegen insgesamt, dass psychotische Symptome in anderen Kulturen seltener in tatsächliche Psychosen münden, sondern eher als Stressreaktionen auftreten, ähnlich zu Depressionen in westlichen Gesellschaften (Assion et al., 2018; Haasen et al., 2005). Ein einfühlsamer Umgang mit kulturspezifischen Krankheitskonzepten und Stressreaktionen ist daher essenziell, um diagnostische Fehler zu vermeiden.

70.5.2 Einsatz von diagnostischen Instrumenten und Sprachmittlung

In psychosomatischen Rehabilitationskliniken kommen für Patientinnen und Patienten mit Migrationsgeschichte häufig folgende diagnostische Verfahren zum Einsatz (Kizilhan, 2018):

- Symptom-Checkliste (SCL-90-R)
- Beck-Depressions-Inventar (BDI)
- Beck-Angst-Inventar (BAI)
- Impact of Event Scale (IES-R)
- Clinician-Administered PTSD Scale (CAPS)
- ICD-10 Symptom-Checkliste (ISR)
- Mini-Mental-Status-Test (MMST)
- Yale-Brown Obsessive Compulsive Scale (Y-BOCS)
- Wechsler-Intelligenztest
- West Haven Yale Multidimensional Pain Inventory (WHYMPI/MPI)

Diese Tests sind in vielen Sprachen auf ihre Validität und Reliabilität geprüft und können transkulturell eingesetzt werden.

Die Praxis zeigt jedoch, dass ihre Anwendung bei Personen mit geringer Schulbildung oder aus traditionellen, ländlichen Kontexten eingeschränkt sein kann, da z. B. die Quantifizierung von Symptomen in diesen Fällen manchmal ungewohnt ist (Kizilhan, 2007). Hier erweist sich der Einsatz von Kultur- und Sprachmittelnden als hilfreich. Sie unterstützen dabei, sprachliche und kulturelle Missverständnisse zu vermeiden, gewährleisten ein korrektes Verständnis der Fragen und Antworten und ermöglichen es, kulturell bedingte Antwortmuster zu erkennen und darauf zu verweisen.

70.5.3 Einbezug einer systemischen Perspektive

Im Rahmen einer kultursensitiven Anamnese und Diagnostik ist der Einbezug einer systemischen Perspektive von entscheidender Bedeutung. Besonders bei Personen aus familienorientierten Kulturen sind individuelle Belastungen und Störungen eng mit dem sozialen Umfeld verknüpft. Daher sollten sowohl familiäre Strukturen als auch die gesamte Lebensrealität – einschließlich der sozialen, wirtschaftlichen und politischen Rahmenbedingungen – in die diagnostische und therapeutische Arbeit einbezogen werden. Die Geschichte des Individuums wird dabei in Verbindung mit seiner Familie, Gemeinde und den migrationsspezifischen Erfahrungen verstanden, eingebettet in einen kultur-sozial-politischen Kontext.

Ein zentraler Bestandteil der systemischen Perspektive ist die detaillierte Erhebung der Familienanamnese. Diese sollte mindestens drei Generationen umfassen und sowohl die Rollen und Beziehungen innerhalb der Familie als auch die geografische Verteilung der Familienmitglieder dokumentieren. Instrumente wie Genogramme und das Familienbrett bieten hier wertvolle Unterstützung. Mit einem Genogramm können familiäre Hierarchien, Entscheidungsstrukturen (z. B. die informelle Führungsrolle der Großmutter) und Einflüsse von Außen (z. B. religiöse Figuren) grafisch dargestellt werden.

Darüber hinaus ist die Netzwerkanalyse ein hilfreiches Mittel, um das soziale Umfeld der Patientinnen und Patienten zu erfassen. Dabei wird das soziale Netzwerk in verschiedenen Phasen des Lebens – wie der Prämigrations-, Flucht- und Postmigrationsphase – untersucht. So lassen sich Veränderungen im Netzwerk nachvollziehen, Ressourcen identifizieren und mögliche Kontaktbedarfe oder Konflikte klären. Zudem kann erarbeitet werden, wie Patientinnen und Patienten bestehende Kontakte pflegen, neue Verbindungen knüpfen oder belastende Beziehungen gegebenenfalls reduzieren können.

70.6 Interventionsansätze und methodische Anpassungen

Die Grundprinzipien der kultursensiblen Verhaltenstherapie unterscheiden sich grundsätzlich nicht von der Arbeit mit deutschsprachigen Patientinnen und Patienten. Entscheidend ist jedoch, diese Prinzipien an die kulturellen und biografischen Hintergründe der Betroffenen anzupassen.

Eine offene »Haltung des Nichtwissens« bildet dabei die Grundlage der therapeutischen Arbeit. Statt ausschließlich westlich orientierte Lösungsansätze vorzugeben, sollte der Austausch über den Umgang mit intensiven Gefühlen sowohl im Herkunftskontext als auch in der neuen Lebensrealität aktiv gefördert werden.

Die wichtigste Voraussetzung für eine erfolgreiche Behandlung bleibt zudem die Etablierung einer tragfähigen und vertrauensvollen therapeutischen Beziehung. Dies gelingt, indem Therapeutinnen und Therapeuten sich aktiv in das Weltbild der Patientinnen und Patienten hineinversetzen und interkulturelles Wissen gezielt einsetzen, um Brücken zwischen unterschiedlichen Perspektiven zu schlagen. Dies erfordert Empathie, Offenheit und die Bereitschaft, eigene Annahmen zu hinterfragen. Wie dies konkret aussehen kann, soll das folgende Beispiel zeigen.

Beispiel

Herr M. ist fest davon überzeugt, dass seine Symptomatik von Allah gegeben und vorbestimmt ist bzw. dass nur Gott ihm diese auch wieder nehmen kann. An dieser Stelle können Sie folgendes Bild verwenden: »Wenn Allah Ihnen die Erkrankung gegeben hat, dann ist es offensichtlich nicht sein Plan, dass Sie weiter unter dieser Krankheit leiden, sondern er zeigt Ihnen auch einen Weg, wie Sie diese Erkrankung wieder loswerden können. Hierzu hat er Sie in meine Praxis geführt.«

Wie in diesem Formulierungsbeispiel zu sehen, ist es möglich, das Weltbild des Patienten in die Beratung mit einzubeziehen und aufzunehmen, ohne dabei dieses zu ändern.

70.6.1 Eine gemeinsame Sprache finden

In der Arbeit mit Migrierten ist es essenziell, eine »gemeinsame Sprache« zu entwickeln. Dies bezieht sich weniger auf das Erlernen neuer Fremdsprachen, sondern vielmehr auf die Anpassung der Kommunikation an die Bedürfnisse und den kulturellen Hintergrund der Patientinnen und Patienten. Eine klare, einfache Sprache, die gut verständlich ist, bildet dabei die Grundlage.

Ein wirkungsvolles Mittel, um komplexe Zusammenhänge zu erklären, ist der Einsatz von Metaphern. Diese können entweder vorgeschlagen oder gemeinsam entwickelt werden. So kann ein überlaufender Staudamm als Bild für eine Überforderung durch Stressfaktoren dienen und ein vollgesogener Schwamm, der symbolisiert, dass jemand »nichts mehr aufnehmen kann«, für emotionale Erschöpfung.

Darüber hinaus ist es besonders hilfreich, Bilder und sprachliche Ausdrücke aufzugreifen, die die Patientinnen und Patienten selbst verwenden. Wenn jemand beispielsweise sagt, »ich bin vor 10 Jahren gestorben«, könnte dies ein Ausdruck für Selbstentfremdung und dem Verharren in tiefer Trauer sein. Solche Formulierungen sollten aktiv in die Psychoedukation integriert werden, da sie den Betroffenen das Gefühl vermitteln, verstanden zu werden.

Religiöse oder kulturelle Bezüge können ebenfalls unterstützend wirken. Beispielsweise könnte ein Koran-Vers wie »Mit Erschwernis geht Erleichterung einher« (Sure 94:6) als Ausgangspunkt für Gespräche über Hoffnung und Resilienz dienen. Auch andere universelle Symbole wie der Kreis, etwa als Sinnbild für Kontinuität und Gemeinschaft, können individuell passend eingebracht werden.

70.6.2 Einsatz von Sprach- und Kulturmittelnden

Wenn eine sprachliche Verständigung innerhalb der Therapie nicht oder nur eingeschränkt möglich ist und die entsprechenden Ressourcen zur Verfügung stehen, empfiehlt sich der Einsatz von Sprach- und Kulturmittelnden. Eine strukturierte Vorbereitung und Einführung sind dabei entscheidend, um den therapeutischen Prozess zu unterstützen.

Bereits in der ersten Sitzung sollten klare Rahmenbedingungen für die Zusammenarbeit mit den Dolmetschenden geschaffen werden. Beachten Sie folgende Schritte:

1. *Vorstellung des/der Sprachmittelnden*
2. *Rollenklärung:* Erklären Sie dem Patienten oder der Patientin, dass die sprachmittelnde Person ausschließlich als »Kommunikationsbrücke« dient, um das Gespräch zwischen verschiedenen Sprachen zu ermöglichen.
3. *Hinweis auf die Schweigepflicht:* Weisen Sie darauf hin, dass auch die sprachmittelnde Person der beruflichen Schweigepflicht unterliegt.
4. *Ablauf der Übersetzung:* Erläutern Sie, dass in der Therapie eine Konsekutivübersetzung (s. u.) verwendet wird. Vereinbaren Sie zudem ein Handzeichen, mit dem Sie das Gespräch bei Bedarf unterbrechen können.
5. *Verständnisprüfung:* Beginnen Sie mit einigen neutralen Sätzen und prüfen Sie, ob alle einander verstehen oder ob es Schwierigkeiten gibt, etwa durch Dialekte.

Die Konsekutivübersetzung, bei der das Gesagte abschnittsweise angehört und im Anschluss in die Zielsprache übertragen wird – im Unterschied zur Simultanübersetzung, die zeitgleich erfolgt – hat sich in der Psychotherapie als Goldstandard etabliert. Der Therapeut oder die Therapeutin hat während der Übersetzung die Möglichkeit, nonverbale Signale wie Gestik und Mimik zu beobachten. Besonders für traumatisierte Personen ist diese Methode zudem oft weniger belastend, da sie den Gesprächsfluss entschleunigt und Raum für emotionale Verarbeitung lässt.

70.6.3 Rollenklärung

In der Arbeit mit Menschen mit Migrationsgeschichte sind die Erwartungen an die Rolle der Behandelnden oft kulturell geprägt und beeinflussen die Therapie. Daher ist eine frühzeitige Rollenklärung essenziell.

Personen aus familienorientierten Kulturen erwarten häufig eine autoritäre Rolle der Behandelnden, gehen davon aus, dass sie selbst nur sprechen dürfen, wenn sie dazu aufgefordert werden, und empfinden es als unangemessen, widersprechende Meinungen zu äußern. Das Konzept aktiver Mitwirkung und differenzierter Schilderung von Beschwerden ist oft unbekannt. Stattdessen sehen sie es als Aufgabe der Behandelnden an, die Ursache ihrer Symptome eigenständig zu diagnostizieren und eine »Medizin« bereitzustellen. Für eine effektive Therapie ist es daher notwendig, diesen dynamischen Missverständnissen durch eine sorgfältige Rollenklärung zu begegnen.

Die Rollenklärung sollte im Erstgespräch in verständlicher, kultursensitiver Sprache erfolgen. Klären Sie gegenseitige Erwartungen, erläutern Sie die Grundprinzipien der Therapie und betonen Sie die aktive Mitarbeit der Patientinnen und Patienten. Geben Sie gegebenenfalls Beispiele für die Schilderung von Beschwerden und vermitteln Sie, dass die Therapie ein Prozess ist, bei dem Kommunikation und Respekt im Mittelpunkt stehen und bei dem gemeinsame Lösungsansätze entwickelt werden.

Ein hilfreicher Ansatz ist, die Rollenklärung durch Metaphern zu veranschaulichen. So könnten Sie das Therapiegespräch mit einer gemeinsamen Reise vergleichen, bei der Sie die Richtung weisen, während die Patientin oder der Patienten aktiv voranschreitet. Auch Rollenspiele können unterstützend wirken. Bitten Sie die Patientinnen oder Patienten, sich vorzustellen, wie sie ihre Beschwerden einer vertrauten Person schildern würden. Dies hilft, Distanz abzubauen und konkrete Beschreibungen zu fördern.

70.6.4 Religiosität

Die Berücksichtigung von Spiritualität und Religiosität in der Psychotherapie ist zentral, insbesondere bei Patienten und Patienten aus kulturellen Kontexten, in denen diese Aspekte eine große Rolle spielen. Eine offene Haltung gegenüber religiösen Überzeugungen, einschließlich des gezielten Einsatzes spiritueller Interventionen, ist empfehlenswert, sofern ethische Grundsätze gewahrt bleiben. Studien zeigen, dass beispielsweise türkische Patienten und Patientinnen die Ursachen ihrer Erkrankungen häufig external attribuieren, etwa als »Schicksal« oder »Gottes Wille«. Dies führt oft zu einem geringeren Krankheitsverständnis und weniger ausgeprägten Gefühl persönlicher oder therapeutischer Kontrolle (Kizilhan, 2015). Fragen Sie daher offen nach den spirituellen und religiösen Überzeugungen Ihres Patienten oder Ihrer Patientin und wie diese möglicherweise im Zusammenhang mit der Erkrankung stehen. Unterstützen Sie dabei, ein Verständnis für den Zusammenhang zwischen inneren und äußeren Einflüssen auf die eigene Gesundheit zu entwickeln sowie das Gefühl persönlicher Kontrolle zu stärken, ohne die religiöse Perspektive zu entwerten.

70.6.5 Selbstbeobachtung

Die Nutzung von Protokollen oder Stimmungstagebüchern zur individuellen Problemanalyse ist ein zentraler Bestandteil vieler therapeutischer Ansätze, kann jedoch bei Patienten und Patientinnen mit Migrationsgeschichte auf besondere Herausforderungen stoßen. Selbstbeobachtungsaufgaben werden hier oft als Form von Kontrolle wahrgenommen, was Unbehagen auslösen kann. Nicht durchgeführte Aufgaben können zudem als persönliches Versagen empfunden werden und zu einem Gesichtsverlust führen.

Um diesen Schwierigkeiten zu begegnen, ist entscheidend, die Bedeutung der Selbstbeobachtung behutsam zu erklären und ihre Funktion klar zu machen. Vermitteln Sie, dass es nicht um Kontrolle, sondern um Unterstützung und Selbsterkenntnis geht. Aufgaben sollten dabei möglichst niedrigschwellig und individuell gestaltet sein. Statt umfangreicher Protokolle können Methoden wie das Ankreuzen von Stimmungsstufen oder das Zeichnen von Symbolen hilfreich sein. Werden schriftliche Aufgaben als ungeeignet empfunden, können mündliche Reflexionen in den Sitzungen oder Sprachnachrichten genutzt werden. Achten Sie darauf, dass nicht durchgeführte Aufgaben nicht als Versagen dargestellt werden. Vermitteln Sie stattdessen Verständnis und betonen Sie die Flexibilität der Methode.

Prüfungsfragen

1. Welche internen und externen Faktoren erschweren die Anpassung an eine neue Gesellschaft?
2. Welche therapeutischen Ansätze sind in der Arbeit mit Personen mit Migrationsgeschichte besonders hilfreich?
3. Welche Herausforderungen treten bei der Diagnostik von Schizophrenie in kulturell unterschiedlichen Kontexten auf und wie können Fehldiagnosen vermieden werden?

Antworten

1. Interne Faktoren wie Identitätskonflikte und Rollenkonflikte sowie externe Einflüsse wie Diskriminierung, soziale Isolation, beengtes Wohnen und unsichere Rechtsverhältnisse erschweren die Anpassung erheblich.
2. Hilfreiche Ansätze umfassen die Förderung von Selbstreflexion, die Unterstützung bei der Entwicklung einer transkulturellen Identität und ein lösungslösungsorientierter interdisziplinärer Ansatz mit Fokus auf der Schaffung eines sicheren Raumes, Ressourcenarbeit, Aufklärungsarbeit und Niederschwelligkeit.
3. Religiöse oder kulturelle Überzeugungen (z. B. das Sehen oder Hören von Dschinns und Geistern) könnten als Wahnideen missverstanden werden. Kultursensible Diagnostik und Kenntnisse kultureller Krankheitskonzepte sind notwendig, um Fehldiagnosen zu vermeiden.

Literatur

Assion, H.-J., Stompe, T., Aichberger, M. C. et al. (2018). Depressive Störungen. In W. Machleidt, U. Kluge, M. Sieberer et al. (Hrsg.), *Praxis der interkulturellen Psychiatrie und Psychotherapie* (S. 395–406). Elsevier.

Baumeister, W. (2007). Ehrenmorde – Blutrache und ähnliche Delinquenz in der Praxis bundesdeutscher Strafjustiz. *Kriminologie und Kriminalsoziologie*, *2*, 19.

Cochrane, R., & Bal, S. S. (1987). Migration and schizophrenia: an examination of five hypotheses. *Social psychiatry*, *22*, 181–191.

Glier, B., & Erim, Y. (2007). Schmerz bei Migranten aus der Türkei. In B. Kröner-Herwig, J. F. Regine Klinger, & P. Nilges (Hrsg.), *Schmerzpsychotherapie: Grundlagen – Diagnostik – Krankheitsbilder – Behandlung* (S. 231–244). Springer.

Haasen, C., Kleinemeier, E., & Yagdiran, O. (2005). Kulturelle Aspekte bei der Diagnostik psychischer Störungen. In H.-J. Assion (Hrsg.), *Migration und seelische Gesundheit* (S. 145–155). Springer.

Heine, P., & Assion, H.-J. (2005). Traditionelle Medizin in islamischen Kulturen. In H.-J. Assion (Hrsg.), *Migration und seelische Gesundheit* (S. 29–45). Springer.

Heinz, A. (2006). Die Konzeption des »Selbst« im kulturellen Vergleich. In E. Wohlfart & M. Zaumseil (Hrsg.), *Transkulturelle Psychiatrie – Interkulturelle Psychotherapie: Interdisziplinäre Theorie und Praxis* (S. 377–390). Springer.

Hinton, D. E., & Kirmayer, L. J. (2017). The flexibility hypothesis of healing. *Culture, Medicine, and Psychiatry*, *41*, 3–34.

Ilkilic, I. (2017). Interkulturelle Kompetenz als Schlüsselqualifikation für Gesundheitsberufe. *Gesundheit und Gesellschaft/Wissenschaft*, *4*, 24–30.

Ilkilic, I., & Göksu, A. (2017). Spiritualität und Seelsorge in der Gesundheitsversorgung von Muslimen: Spirituality and spiritual care in healthcare for Muslims. *Spiritual care*, *7*(1), 15–23.

Kirkcaldy, B., Wittig, U., Furnham, A. et al. (2006). Migration und Gesundheit. *Bundesgesundheitsblatt-Gesundheitsforschung-Gesundheitsschutz*, *9*(49), 873–883.

Kizilhan, I. J. (2018). The Reliability and Validity of a Kurdish Version of SCL-90-R. *International Journal of Science and Research Methodology*, *10*(1), 7–18. https://ijsrm.humanjournals.com/wp-content/uploads/2018/08/16.Jan-Ilhan-Kizilhan.pdf

Kizilhan, J. I. (2007). Potenziale und Belastungen psychosozialer Netzwerke in der Migration. In T. Borde & M. David (Hrsg.), *Migration und seelische Gesundheit, psychische Belastungen und Potenziale* (S. 53–68). Mabuse.

Kizilhan, J. I. (2013). *Kultursensible Psychotherapie: Hintergründe, Haltungen und Methodenansätze*. VWB.

Kizilhan, J. I. (2015). Religion, Kultur und Psychotherapie bei muslimischen Migranten. *Psychotherapeut*, *60*(5), 426–432. https://doi.org/10.1007/s00278-015-0039-2

Kizilhan, J. I. (2019). Leid hat viele Gesichter. *MMW-Fortschritte der Medizin*, *161*(1), 69–73.

Koch, E. (2003). Psychiatrie, Psychotherapie, Psychosomatische Rehabilitation und Migration. In Flüchtlinge und Integration Beauftragte der Bundesregierung für Migration (Hrsg.), *Gesunde Integration. Ein Handbuch für Modelle guter Praxis* (Bd. 2, S. 43–53).

Lay, B. (2007). Migranten in der stationären Psychiatrie. *Neuro Akt*, *9*(168), 36–39.

Machleidt, W., & Calliess, I. T. (2012). Behandlung von Migranten und transkulturelle Psychiatrie. In M. Berger & H. Hecht (Hrsg.), *Psychische Erkrankungen* (S. 973–994). Elsevier.

Ndetei, D. M., & Singh, A. (1982). Study of delusions in Kenyan schizophrenic patients diagnosed using a set of research diagnostic criteria. *Acta Psychiatrica Scandinavica*, *66*(3), 208–215.

Sluzki, C. E. (2001). Psychologische phasen der migration und ihre auswirkungen. In T. Hegemann & R. Salman (Hrsg.), *Handbuch Transkulturelle Psychiatrie* (S. 101–115). Psychiatrie Verlag.

Von Lersner, U., & Kizilhan, J. I. (2017). *Kultursensitive Psychotherapie*. Hogrefe.

Westermeyer, J. (1987). Cultural factors in clinical assessment. *Journal of Consulting and Clinical Psychology*, *55*(4), 471.

Weiterführende Literatur

Kizilhan, J. I. (2021). *Psychologie für die Arbeit mit Migrant*innen*. Beltz Juventa.

Klosinski, M., Núñez, S. C., Oestereich, C., & Hegemann, T. (Hrsg.) (2022). *Handbuch Transkulturelle Psychiatrie*. UTB.

Lersener, U., & Kizilhan, J. I. (2017). *Lehrbuch der Transkulturellen Psychologie und Psychotherapie*. Hogrefe.

Machleidt, W., Kluge, U., Sieberer, M., & Heinz, A. (Hrsg.) (2018). *Praxis der interkulturellen Psychiatrie und Psychotherapie: Migration und psychische Gesundheit*. Elsevier Health Sciences.

VI Antragstellung

71 Antragsverfahren und Therapiedokumentation im Rahmen einer ambulanten Verhaltenstherapie

Martin Jung und Dirk Zimmer

Das Wichtigste auf einen Blick

- Psychotherapie unterliegt der Pflicht der Dokumentation und der vorgezogenen Wirtschaftlichkeitsprüfung im Rahmen der gesetzlichen Krankenversicherung (GKV). Dies dient dem Patientenschutz und sichert zugleich die Bezahlung der Arbeit.
- Behandlerinnen und Behandler benötigen entsprechend eine staatlich anerkannte Approbation sowie eine sozialrechtliche Anerkennung ihrer Fachkunde durch eine KV und müssen die Regeln der Berufsordnung und der Krankenkassen (GKV) einhalten und dokumentieren.
- Für diesen notwendigen administrativen Aufwand gibt es zahlreiche unterstützende Materialien und Hilfen der Kammern und Berufsverbände.

71.1 Einführung

Die Kosten für psychotherapeutische Behandlungen werden unter bestimmten Voraussetzungen von den Kassen der gesetzlichen Krankenversicherung (GKV) übernommen. Im Unterschied zu den meisten anderen ärztlichen Leistungen, die direkt von den Versicherten in Anspruch genommen werden können, ist es notwendig, vor Beginn der Therapie einen Antrag an die Kasse zu stellen. Hierbei handelt es sich um eine vorgezogene Wirtschaftlichkeitsprüfung, die rückwirkende Kontrollen ersetzt. Die privaten Kassen (PKV) haben diese Regeln der GKV weitgehend übernommen. Angesichts der Heterogenität der PKV wird empfohlen, ggf. mit der jeweiligen Privatkasse in Kontakt zu treten.

71.2 Antragsverfahren bei gesetzlichen Krankenkassen

Um einen möglichst niederschwelligen Zugang zur psychotherapeutischen Versorgung zu gewährleisten, kann im Rahmen der psychotherapeutischen Sprechstunden geprüft werden, ob die Kriterien für das Vorliegen einer krankheitswertigen Störung im Sinne von ICD-10 erfüllt sind. Im Rahmen einer orientierenden diagnostischen Abklärung (ODA) und ggf. einer differenzialdiagnostischen Abklärung (DDA) kann dabei die Indikationsstellung für eine Psychotherapie erfolgen.

In bis zu vier *probatorischen Sitzungen* können weitergehende diagnostische Fragen geklärt werden. Darüber hinaus kann auf der Basis einer biografischen und Krankheitsanamnese ein erstes vorläufiges Störungsmodell erstellt und mit der Patientin/dem Patienten kommuniziert werden.

Merke

Bei der Antragstellung kommt der Prognose auf Besserung eine zentrale Rolle zu. Für die Einschätzung der Prognose sollte auch geklärt werden, ob sich die Patientin/der Patient auf ein verhaltenstherapeutisch orientiertes Störungs- und Behandlungsmodell einlassen kann. Informiertheit und Freiwilligkeit sind die Basis der motivationsanalytischen Klärung und Entscheidung. Auch Überlegungen zur persönlichen Passung zwischen Therapeuten und Patienten ergänzen die Indikationsstellung.

Eine *Akutbehandlung* von 12 Sitzungen kann im Anschluss an die Sprechstunden durchgeführt werden. Diese Option soll kurzfristig bestehende Symptome adressieren, damit eine drohende Chronifizierung vermieden werden kann.

Kurzzeittherapien haben einen Umfang von bis zu 24 Behandlungseinheiten. Es besteht dabei eine Antragspflicht gegenüber dem Kostenträger. Beantragt werden in zwei unterschiedlichen Schritten für Kurzzeittherapie 1 (KZT 1) bzw. Kurzzeittherapie 2 (KZT 2) jeweils 12 Sitzungen Einzeltherapie oder 12 Doppelsitzungen Gruppentherapie. Gab es in den vorausgegangenen zwei Jahren eine Psychotherapie, kann die Kasse auf einem Bericht bestehen, den sie an einen Gutachter weiterleitet.

Besteht die Notwendigkeit der Durchführung einer *Langzeittherapie*, kann diese im Anschluss an KZT 1 bzw. KZT 2 oder auch bei erfolgter Indikation direkt nach der Durchführung der probatorischen Sitzungen gestellt werden. Hierzu wird gemäß § 35 der Psychotherapie-Richtlinie das sog. Gutachterverfahren eingeleitet. In diesem Rahmen prüft ein von der Kassenärztlichen Bundesvereinigung (KBV) bestellter Gutachter den von der Psychotherapeutin/dem Psychotherapeuten erstellten Antrag auf Psychotherapie. Dieser wird nach Kriterien der Notwendigkeit, Zweckmäßigkeit und Wirtschaftlichkeit beurteilt. Indikationsbereiche zur Anwendung von Psychotherapie sind zu finden in § 27 der Psychotherapierichtlinien.

71.3 Bericht zum Erst- oder Umwandlungsantrag

Für die Erstellung des Berichts an den Gutachter oder die Gutachterin wurde von der KBV ein Leitfaden herausgegeben (PTV 3, siehe https://www.kbv.de), der Hinweise auf die Gliederung und inhaltlichen Punkte enthält.

Nachfolgend ein Auszug der für die Verhaltenstherapie relevanten Punkte nach dem Leitfaden der KBV (Formular PTV3 KBV von 2020).

Die Therapeutin oder der Therapeut erstellt den Bericht an die Gutachterin oder den Gutachter persönlich und in freier Form nach der in diesem Formblatt vorgegebenen Gliederung. […]

Die jeweiligen Unterpunkte der Gliederungspunkte des Informationsblattes sind als Hilfestellung zur Abfassung des Berichts gedacht und *müssen nur bei Relevanz abgehandelt werden*. […]

Der Umfang des Berichts soll i. d. R. zwei Seiten umfassen.

Bericht zum Erst- oder Umwandlungsantrag

1. *relevante soziodemografische Daten*
   - bei Erwachsenen: aktuell ausgeübter Beruf, Familienstand, Zahl der Kinder
   - bei Kindern und Jugendlichen: Angaben zur Lebenssituation, zu Kindergarten oder zu Schulart, ggf. Schulabschluss und Arbeitsstelle, Geschwisterzahl und -position, zum Alter und Beruf der Eltern und ggf. der primären Betreuungspersonen
2. *Symptomatik und psychischer Befund*
   - von der Patientin oder dem Patienten geschilderte Symptomatik mit Angaben zu Schwere und Verlauf; ggf. diesbezügliche Angaben von Eltern und Bezugspersonen, bei Kindern und Jugendlichen Informationen aus der Schule
   - Auffälligkeiten bei der Kontaktaufnahme, der Interaktion und bezüglich des Erscheinungsbildes
   - psychischer Befund
   - Krankheitsverständnis der Patientin oder des Patienten; ggf. der relevanten Bezugspersonen
   - Ergebnisse psychodiagnostischer Testverfahren
3. *somatischer Befund/Konsiliarbericht*
   - somatische Befunde (ggf. einschließlich Suchtmittelkonsum)
   - ggf. aktuelle psychopharmakologische Medikation
   - psychotherapeutische, psychosomatische sowie kinder- und jugendpsychiatrische bzw. psychiatrische Vorbehandlungen (falls vorhanden Berichte beifügen)
4. *behandlungsrelevante Angaben zur Lebensgeschichte (ggf. auch zur Lebensgeschichte der Bezugspersonen), zur Krankheitsanamnese, zur Verhaltensanalyse (VT)*
   - Verhaltensanalyse (VT): funktionales Bedingungsmodell, prädisponierende, auslösende und aufrechterhaltende Bedingungen und kurze Beschreibung des übergeordneten Störungsmodells (Makroanalyse)
5. *Diagnose zum Zeitpunkt der Antragsstellung*
   - ICD-10-Diagnose/n mit Angabe der Diagnosesicherheit
   - differenzialdiagnostische Angaben falls erforderlich
6. *Behandlungsplan und Prognose*
   - Beschreibung der konkreten, mit der Patientin oder dem Patienten reflektierten Therapieziele; ggf. auch Beschreibung der Ziele, die mit den Bezugspersonen vereinbart wurden
   - individueller krankheitsbezogener Behandlungsplan, auch unter Berücksichtigung evtl. vorausgegangener ambulanter und stationärer Behandlungen sowie Angaben zu den im individuellen Fall geplanten Behandlungstechniken und -methoden; ggf. Angaben zur geplanten Einbeziehung der Bezugspersonen
   - Begründung des Settings (Einzel- oder Gruppentherapie oder Kombinationsbehandlung), auch des Mehrpersonensettings (ST), der Sitzungszahl sowie der Behandlungsfrequenz und ggf. auch kurze Darstellung des Gruppenkonzepts; bei Kombinationsbehandlung zusätzlich kurze Angaben zum abgestimmten Gesamtbehandlungsplan
   - Kooperation mit anderen Berufsgruppen
   - Prognose unter Berücksichtigung von Motivation, Umstellungsfähigkeit, inneren und äußeren Veränderungshindernissen; ggf. auch bezüglich der Bezugspersonen
7. *zusätzlich erforderliche Angaben bei einem Umwandlungsantrag*
   - bisheriger Behandlungsverlauf, Veränderung der Symptomatik und Ergebnis in Bezug auf die Erreichung bzw. Nichterreichung der Therapieziele; ggf. auch bezüglich der begleitenden Arbeit mit den Bezugspersonen
   - Begründung der Notwendigkeit der Umwandlung der Kurzzeittherapie in eine Langzeittherapie
   - weitere Ergebnisse psychodiagnostischer Testverfahren

71.4 Bericht zum Fortführungsantrag

Laut PTV3 der KBV ist zu folgenden Punkten zu berichten:

- Darstellung des bisherigen Behandlungsverlaufs seit dem letzten Bericht, Veränderung der Symptomatik und Behandlungsergebnis in Bezug auf die Erreichung bzw. Nichterreichung der Therapieziele; ggf. auch bezüglich der Einbeziehung der Bezugspersonen
- aktuelle Diagnose/n gemäß ICD-10 und aktueller psychischer Befund, weitere Ergebnisse psychodiagnostischer Testverfahren
- Begründung der Notwendigkeit der Fortführung der Behandlung, weitere Therapieplanung, geänderte/erweiterte Behandlungsziele, geänderte Behandlungsmethoden und -techniken, Prognose, Planung des Therapieabschlusses, ggf. weiterführende Maßnahmen nach Ende der Therapie

71.5 Zweitgutachten/Widerspruchsverfahren

Im Falle einer Ablehnung durch den Erstgutachter kann Widerspruch eingelegt werden. Dieser ist von der Patientin bzw. dem Patienten zu stellen, da sie/er Vertragspartner/in der Kasse ist. Für die »Zweitbegutachtung« (früher: Obergutachten) gilt dann: Von Seiten der Behandlerin/des Behandlers sind sämtliche Unterlagen, also auch das Erstgutachten und eine eigene Stellungnahme hierzu beizulegen.

71.6 Praktische Empfehlungen zur Antragstellung

Software: Abgeraten wird von PC-Programmen oder der Arbeit mit Textbausteinen. Sie stehen in der Regel mit dem Ziel der Individualisierung im Konflikt. Die Verwendung von Dubletten (gleicher Antrag für mehrere Patienten) kann als Vertragsverletzung zum Verlust der Zulassung führen.

Diagnose: Die Kasse benötigt wenigstens eine F-Diagnose aus ICD-10. Im Bericht an den Gutachter (s. o. im Kasten: Punkt 5.) darf es differenzierter zugehen: Hinweise auf Komorbiditäten oder die Erwähnung von Zügen einer Persönlichkeitsstörung können als Begründung für den Behandlungsplan wichtig sein.

Konsilbericht: Die Wahl der Facharztrichtung kann besonders bei Psychiatrie-nahen Krankheitsbildern wichtig sein. Behandler müssen sich so ärztlicherseits beraten lassen, sind aber nicht an den Rat gebunden. Manchmal sind Konsilberichte von Ärzten wenig aussagekräftig. Therapeuten sind Gutachtern gegenüber dennoch dafür verantwortlich, inhaltlich relevante Berichte zu beschaffen. Antragstellende Ärzte können zum somatischen Befund selbst Stellung nehmen.

Sucht: Bei Abhängigkeitserkrankungen werden nur dann bis zu 12 Stunden bewilligt, wenn sie auf die Einleitung eines Entzugs mit Nachweis der Abstinenz (durch einen Arzt) abzielen. Liegt dieser Nachweis vor, ist eine Umwandlung möglich.

Vorbehandlungen: Gibt es Vorbehandlungen aus den letzten Jahren, sollten Epikrisen der Vorbehandler eingeholt werden, um deutlich werden zu lassen, ob die aktuelle Therapie nur »mehr desselben« oder etwas Neues versucht. Sollten Epikrisen nicht erhältlich sein, können ggf. telefonische Kontakte versucht werden oder Berichte von Patienten erfragt werden. Ziel ist es, die Prognose für den aktuellen Behandlungsplan bewerten zu können.

Roter Faden: Die beschriebenen Symptome (s. o. im Kasten: Punkt 2.) sollten zur Diagnose passen, ebenso die Mikroanalyse (Aufrechterhaltung) und Makroanalyse (Vulnerabilität) und der Behandlungsplan.

Therapieziele: Ziele sollen spezifisch und erreichbar formuliert sein, natürlich auch individualisiert: Die Ziele »Verbesserung des Befindens, Steigerung von Selbstwert und Lebenszufriedenheit« würden auf ca. 100 % der Patienten passen (vermutlich auch auf die meisten Therapeuten) und sind damit nicht zielführend. Eine reine Begleitung und Stabilisierung sind ebenso wenig mögliche Ziele wie reine Prävention. Rückfallprävention ist allerdings denkbar und erwünscht.

Behandlungsplan: Eine reine Auflistung zahlreicher Methoden und Techniken ist nicht überzeugend. Wichtiger sind ein individualisierter Plan, eine Schwerpunktsetzung und eine Bezugnahme auf die individualisierten Ziele, ggf. mit Hinweisen auf mögliche Alternativen im Vorgehen.

Dauer: Sollte eine LZT nicht ausreichen, sollte im Fortführungsantrag dargestellt werden, welche besonderen Lebensumstände oder Belastungen eine Fortführung notwendig erscheinen lassen. Hier sollte begründet werden, warum eine weitere Behandlungsphase eine hinreichend gute Prognose für eine weitere Besserung hat. Insbesondere bei schwer oder chronisch belasteten Patienten sind Hinweise zur Art der Beendigung und einer Überleitung in andere stützende Angebote gefordert. In besonderen Ausnahmefällen können so auch mehr als 80 Stunden beantragt werden.

Prognose: Ein Antrag kann nur befürwortet werden, wenn es eine hinreichend günstige Prognose auf Besserung gibt. Ausführungen sind glaubwürdiger, wenn sie auch prognostisch ungünstige Befunde diskutieren.

Weitere Tipps zur Antragstellung finden sich auch bei Dieckmann u. a. (2021) und Zimmer (2009).

71.7 Therapiedokumentation

Die Pflicht zur Dokumentation psychotherapeutischer Behandlungen ergibt sich aus der Berufsordnung von Psychotherapeuten (Stellpflug & Berns 2020) und ist notwendiger Teil des Behandlungsvertrages mit Patienten, die ein Einsichtsrecht in die Akte haben (Patientenrechtegesetz). Sie dienen auch der rechtlichen Absicherung für den Fall, dass die sachgerechte Behandlung rechtlich in Frage gestellt wird (Berner & Günther, 2022). Gegenüber KV und Kassen kann nachgewiesen werden, dass die Therapie korrekt vorbereitet und beantragt wurde, in der Folge genehmigt wurde und die abgerechneten Leistungen auch tatsächlich erbracht worden sind.

Wie ist zu dokumentieren? Eine Aktenführung ist möglich in Papierform oder als elektronische Datendatei, wobei immer Datenschutz zu gewährleisten ist. Die Dokumentation hat zeitnah zu erfolgen. Sämtliche Eintragungen sind mit Datum zu versehen und müssen unabänderlich sein. Sollten nachträglich Änderungen vorgenommen werden, muss vermerkt werden, wann diese erfolgt sind. Dies ist auch von Seite der elektronischen Praxisverwaltungssysteme her sicherzustellen.

Was muss dokumentiert werden? In der Patientenakte sind sämtliche aus fachlicher Sicht für die derzeitige und künftige Behandlung wesentlichen Maßnahmen und deren Ergebnisse aufzuzeichnen, insbesondere die Anamnese, Diagnosen, Untersuchungen, Untersuchungsergebnisse, Befunde, Therapien und ihre Wirkungen, Eingriffe und ihre Wirkungen, Einwilligungen und Aufklärungen. Arztbriefe und Epikrisen sind in die Patientenakte aufzunehmen.

Inhalte der Dokumentation im Einzelnen: Zu Beginn sind personenbezogene Daten, aktuelle Sozialdaten, Rahmendaten der Therapie, Diagnosen und alle Befunde dazu sowie ein Fallkonzept mit Überlegungen zur biografischen Vulnerabilität und aktuellen Aufrechterhaltung, zur Indikationsstellung und Prognose zu dokumentieren.

Rahmenbedingungen der Therapie: Welche Informationen wurden Patienten zum Rahmen der Therapie zur Verfügung gestellt, also wie genau eine Therapie beantragt werden kann und unter welchen Bedingungen die Kosten von der Kasse übernommen werden. Auch alle vereinbarten Termine, Absagen von Therapiesitzungen und das vorab besprochene Ausfallhonorar sollten benannt werden. Dies ist meistens Gegenstand eines Therapievertrags, der vor Aufnahme der Psychotherapie gegenseitig abgeschlossen wird.

Rechtlich relevante Papiere: Hier geht es um die Dokumentation einer informierten Einverständniserklärung zum Vorgehen, inklusive der Aufklärung über alternative Möglichkeiten einer Therapie. Relevant sind auch Behandlungsvertrag, Schweigepflichtentbindung für die Kooperation mit ärztlichen Kollegen sowie Kopien und Ergebnisse der Antragstellung und Bewilligung der Kassen. Bei KJP-Behandlungen ist ggf. die Einverständniserklärung der Eltern abzuheften.

Verlaufsdokumentation: Änderungen im Setting (Einzel, Gruppe, stationär, ambulant) sind ebenso festzuhalten wie Änderungen der Diagnosen, der Ziele oder testtheoretischen Befunde. Krisen oder Irregularitäten sind zu beschreiben.

Stundenprotokoll: Es dient zum einen als Erinnerungshilfe für Behandler, zum anderen als Beleg für sorgfältiges Arbeiten, speziell wenn dies bei rechtlichen Auseinandersetzungen in Frage gestellt wird. Name und Datum, behandelte Themen, eingesetzte Verfahren sind die Basis. Besondere Inhalte und erarbeitete Ergebnisse dienen Behandlern dazu, den Verlauf im Blick zu behalten.

Protokolle bei krisenhaften Verläufen: Speziell bei suizidalen oder psychiatrischen Krisen wird eine gute Dokumentation dazu empfohlen, worauf therapeutische Entscheidungen beruhen. Auf welcher Basis beispielsweise wurde bei einer suizidalen Krise von einer stationären Einweisung abgesehen und auf die Bündnisfähigkeit für ambulante Therapie vertraut.

Merke

Hier gilt die Sorgfaltspflicht, verbunden mit der Tatsache, dass Fehleinschätzungen leider nicht zu 100 % vermieden werden können. Auch wenn die aktuelle Krise vorüber ist, empfehlen wir noch einige Stunden kurz zu dokumentieren, dass Therapeuten die Risiken im Hinterkopf hatten, aber aktuell keine Gefahren mehr wahrgenommen haben.

Dokumentation von Kooperationen: Psychotherapeuten sind zur Kooperation verpflichtet. Werden Patienten überwiesen oder geschickt, empfehlen wir, die Überweiser kurz zu informieren, dass die Behandlung übernommen wurde, ebenso, wenn die Behandlung beendet wurde. Befunde und Epikrisen von Vorbehandlern gehören in die Akte, auch eine Notiz, wenn die Kasse über die Beendigung informiert wurde. Ähnlich wie Klinik-Entlassberichte sollten Epikrisen zum Ende der Behandlung abgefasst werden. Diese können an weiterbehandelnde Ärzte oder auf Nachfrage an künftige Psychotherapeuten geschickt werden, die die Patienten erneut behandeln, die aber hierfür eine Schweigepflichtenbindung der Patienten benötigen.

Aufbewahrungspflicht: Für eine für Dritte unzugängliche, sichere Aufbewahrung während der Behandlung ist zu sorgen. Nach Abschluss der Behandlung sind Akten 10 Jahre sicher aufzubewahren und danach sicher zu entsorgen. Für virtuelle Archivierung gelten die Bestimmungen des Datenschutzes, physische Akten sollten sicher verschlossen, feuer- und wasserfest aufbewahrt werden.

Für die meisten Aspekte der Antragstellung und Dokumentation haben die Kammern und Berufsverbände praktische Empfehlungen und Formulare erarbeitet.

Prüfungsfragen

1. Welche Fragen müssen bei einem Antrag auf Kostenübernahme im Rahmen der GKV beantwortet werden?
2. Was sind Voraussetzungen für eine günstige Prognose?
3. Was ist bei Aktenführung und Aufbewahrung der Akten rechtlich zu beachten?
4. Wie kann hier der Datenschutz gewährleistet werden?

Antworten

1. Beschreibung der Symptomatik, Begründung der Diagnose, Erklärung von Vulnerabilität (Makroanalyse) und Aufrechterhaltung (Mikroanalyse), Ableitung erreichbarer und spezifischer Ziele, Behandlungsplan und Überlegungen zur Prognose, ggf. Berichte zur bisherigen Therapie.
2. Gibt es für die Diagnose empirisch geprüfte Verfahren (Leitlinien) und wie sind die persönlichen Voraussetzungen beim Patienten (Leidensdruck, Motivation, Änderungsbereitschaft, ggf. Probleme mit Sucht oder Berentung).
3. Datenschutz und unzugängliche Aufbewahrung bis 10 Jahre nach Abschluss der Behandlung. Alle behandlungsrelevanten Befunde und Informationen sind so zu dokumentieren, dass die korrekte Abrechnung und sachgerechte Durchführung überprüft werden können. Patienten haben ein Recht auf Einsichtnahme.
4. Papierdokumente müssen verschlossen und nach Abschluss wasser- und feuerfest aufbewahrt werden, elektronische Dateien entsprechend verschlüsselt gesichert sein.

Empfohlene Materialien

- Psychotherapie-Richtlinien und Psychotherapie-Vereinbarungen in der jeweils aktuell gültigen Fassung finden sich auf der Website der Kassenärztlichen Bundesvereinigung (KBV):
  https://www.kbv.de
- Empfehlungen der Bundespsychotherapeutenkammer (BPtK) für die Dokumentation psychotherapeutischer Behandlungen (2020):
  https://api.bptk.de/uploads/Empfehlungen_der_B_Pt_K_fuer_die_Dokumentation_psychotherapeutischer_Behandlungen_in_der_psychotherapeutischen_Versorgung_130bf23008.pdf

Literatur

Berner, B. & Günther, A-M. (2022). Rechtliche Grundlagen für die Dokumentation. *Psychotherapie Aktuell 2*, 42–46.

Dieckmann, M., Dahm, A., & Neher, M. (2021). *Faber/Haarstrick – Kommentar Psychotherapie-Richtlinien* (11. Aufl.). Urban & Fischer, München.

Stellpflug, M. H., & Berns, I. (2020). *Musterberufsordnung für die Psychotherapeuten* (4. Aufl.). medhochzwei, Heidelberg.

Zimmer, D. (2009). Die Quälerei mit dem Abfassen von Therapieanträgen – Wie kann man mit dem Gutachterverfahren leben? *Verhaltenstherapie und psychosoziale Praxis, 41*(1), 45–50.

Weiterführende Literatur

Bell, K., Best, D., Gerlach, H. et al. (2022). *Management Handbuch für die psychotherapeutische Praxis (MHP)*. medhochzwei, Heidelberg.

Verzeichnisse

Zusatzmaterial zum Download

Die Zusatzmaterialien[5] können Sie unter folgendem Link herunterladen:

https://dl.kohlhammer.de/978-3-17-045390-6

Verzeichnis der Autorinnen und Autoren

Angenendt, Jörg, Dr. phil.
Psychologischer Psychotherapeut in Privatpraxis
Kaiser-Joseph-Str. 248, D-79098 Freiburg i. Br.
praxis.angenendt@t-online.de

Atzor, Marie-Christin, Dr. rer. nat.
Approbierte Psychologische Psychotherapeutin & Postdoc-Wissenschaftlerin
Klinik und Poliklinik für Psychiatrie und Psychotherapie
Universitätsklinikum Bonn
Venusberg-Campus 1, D-53127 Bonn
marie.atzor@ukbonn.de

Augsburger, Mareike, Dr. rer. nat., Dipl.-Psych.
Leiterin Forschung und Entwicklung
Stiftung Carelink
Sägereistrasse 20, CH-8152 Glattbrugg
mareike.augsburger@psychologie.ch

Auszra, Lars, Dr. phil., Dipl.-Psych.
Psychologischer Psychotherapeut, emotionsfokussierter Therapeut, Supervisor und Trainer
Institut für Emotionsfokussierte Therapie
und
Praxis am Kanal für Psychotherapie & Coaching
Malsenstr. 86, D-80638 München
auszra@emotions-fokussierte-therapie.de

Batra, Anil, Prof. Dr. med.
Stellv. Ärztlicher Direktor
Klinik für Psychiatrie und Psychotherapie, Abt. Allgemeine Psychiatrie und Psychotherapie
Universitätsklinikum Tübingen
Calwerstr. 14, D-72076 Tübingen
anil.batra@med.uni-tuebingen.de

Becker, Sandra, Dr. rer. nat., Dipl.-Psych.
Leitende psychologische Psychotherapeutin
Abteilung für Psychosomatische Medizin und Psychotherapie
Universitätsklinikum Tübingen
Osianderstr. 3, D-72076 Tübingen
sandra.becker@med.uni-tuebingen.de

Berger, Thomas, Prof. Dr. phil.
Leiter der Abteilung Klinische Psychologie und Psychotherapie
Universität Bern
Fabrikstr. 8, CH-3012 Bern
thomas.berger@unibe.ch

Berner, Michael, Prof. Dr. med.
Geschäftsführer
Mental Health Institute
Sophienstr. 157, D-76185 Karlsruhe
prof.berner@mhi-ka.com

Bertsch, Katja, Prof. Dr. rer. nat.
Ordinaria
Lehrstuhl für Psychologie I – Klinische Psychologie und Psychotherapie
Julius-Maximilians-Universität Würzburg
Marcusstr. 9–11, D-97204 Würzburg
l-psy1@psychologie.uni-wuerzburg.de

Bey, Katharina, Dr. phil.
Leitung Spezialambulanz für Zwangsstörungen
Klinik und Poliklinik für Psychiatrie und Psychotherapie
Universitätsklinikum Bonn
Venusberg-Campus 1, D-53127 Bonn
katharina.bey@ukbonn.de

Böser, Hagen, Dr. med.
Lehrtherapeut und Supervisor in eigener Praxis
Humboldtstr. 92, D-60318 Frankfurt
hagen.boeser@hey.com

Brakemeier, Eva-Lotta, Prof. Dr. rer. nat.
Lehrstuhl für Klinische Psychologie und Psychotherapie
Universität Greifswald
Franz-Mehring-Straße 47, D-17489 Greifswald
eva-lotta.brakemeier@uni-greifswald.de

Buchkremer, Gerhard, Prof. Dr. med. (1943–2025)
ehem. Ärztlicher Direktor
Klinik für Psychiatrie und Psychotherapie
Universitätsklinikum Tübingen
Calwerstr. 14, D-72076 Tübingen

Derntl, Birgit, Prof. Dr. rer. nat.
Universitätsprofessorin
Leitung der AG Psychische Gesundheit & Gehirnfunktion von Frauen
Klinik für Psychiatrie und Psychotherapie
Universitätsklinikum Tübingen
Calwerstr. 14, D-72076 Tübingen
birgit.derntl@med.uni-tuebingen.de

Dörrie, Nora, Dr. med.
Oberärztin
Klinik für Psychosomatische Medizin und Psychotherapie
LVR-Universitätsklinik Essen
Universität Duisburg-Essen
Virchowstr. 174, D-45147 Essen
nora.doerrie@lvr.de

Dykierek, Petra, Dr. phil.
Psychologische Psychotherapeutin
Klinik für Psychiatrie und Psychotherapie
Universitätsklinikum Freiburg
Hauptstr. 5, D-79104 Freiburg
petra.dykierek@uniklinik-freiburg.de

Enning, Frank, Dr. med.
Leitender Oberarzt
Klinik für Psychosomatik und Psychotherapeutische Medizin
Zentralinstitut für Seelische Gesundheit
J 5, D-68159 Mannheim
frank.enning@zi-mannheim.de

Ernst, Elena, M.Sc. Psych.
Wissenschaftliche Mitarbeiterin, Professur für Klinische Psychologie und Psychotherapie
Technische Universität Chemnitz
Zwickauer Str. 58, D-09112 Chemnitz
elena.ernst@psychologie.tu-chemnitz.de

Fehm, Lydia, Prof. Dr. rer. nat., Dipl.-Psych.
Ambulanzleitung
Zentrum für Psychotherapie der Humboldt-Universität zu Berlin (ZPHU)
Klosterstr. 64, D-10179 Berlin
lydia.fehm@hu-berlin.de

Fumi, Markus, Dipl.-Psych.
Leitender Psychologe
Abteilung für Kinder und Jugendliche
Schön Klinik Roseneck
Am Roseneck 6, D-83209 Prien am Chiemsee
mfumi@schoen-klinik.de

Günthner, Arthur, Dr. med.
Arzt für Psychiatrie und Psychologie, Psychologischer Psychotherapeut
Kapellenstraße 46, D-76829 Landau in der Pfalz
arthur.guenthner@gmail.com

Halscheid, Jana Jamuna
Wissenschaftliche Mitarbeiterin, AG Neuropsychologie und Intervention
Klinik für Psychiatrie und Psychotherapie
Universitätsklinikum Bonn
Venusberg-Campus 1, D-53127 Bonn
jana.halscheid@ukbonn.de

Hautzinger, Martin, Prof. Dr. phil.
Seniorprofessor
Klinische Psychologie und Psychotherapie
Fachbereich Psychologie
Eberhard Karls Universität Tübingen
Schleichstr. 4, D-72076 Tübingen
hautzinger@uni-tuebingen.de

Heidenreich, Thomas, Prof. Dr. phil.
Fakultät für Soziale Arbeit, Bildung und Pflege
Hochschule Esslingen
Flandernstr. 101, D-73732 Esslingen
thomas.heidenreich@hs-esslingen.de

Herrmann, Imke, Dr. phil., Dipl.-Psych.
Psychologische Psychotherapeutin, emotionsfokussierte Therapeutin, Supervisorin und Trainerin
Institut für Emotionsfokussierte Therapie
und
Praxis am Kanal für Psychotherapie & Coaching
Malsenstr. 86, D-80638 München
herrmann@emotions-fokussierte-therapie.de

Heßlinger, Bernd, Prof. Dr. med.
ehem. Praxis für Neuropsychiatrie
Fabrik Sonntag 5a, D-79183 Waldkirch
praxis@neuropsych-waldkirch.de

Jacob, Gitta, Dr. phil.
Leitende Psychotherapeutin
GAIA
Hans-Henny-Jahnn-Weg 53, D-22085 Hamburg
gitta.jacob@gaia-group.com

Jung, Martin, Dr. rer. soc., Dipl.-Psych.
Geschäftsführung und Ausbildungsleitung
Tübinger Akademie für Verhaltenstherapie (TAVT)
David-von-Stein-Weg 26, D-72072 Tübingen
martin.jung@tavt.de

Kienast, Thorsten, Prof. Dr. med. habil., MBA
Professur für klinische Neurowissenschaften und Psychotherapieforschung
Medicalschool Hamburg
Am Kaiserkai 1, D-20457 Hamburg
und
Priv.-Doz.
Klinik für Psychiatrie und Psychiatrie
Charité – Universitätsmedizin Berlin, Campus Mitte
Charitéplatz 1, D-10117 Berlin
thorsten-kienast@medicalschool-hamburg.de

Kizilhan, Jan Ilhan, Prof. Dr. phil. Dr. rer. soc., Dipl.-Psych.
Direktor
Institut für Transkulturelle Gesundheitsforschung
Duale Hochschule Baden-Württemberg
Jägerstr. 56, D-70174 Stuttgart
jan.kizilhan@dhbw.de

Klingberg, Stefan, Prof. Dr. phil., Dipl.-Psych.
Leiter der Arbeitsgruppe Psychotherapieforschung, Psychologischer Psychotherapeut, Supervisor für Verhaltenstherapie
Klinik für Psychiatrie und Psychotherapie
Universitätsklinikum Tübingen
Calwerstr. 14, D-72076 Tübingen
stefan.klingberg@med.uni-tuebingen.de

Kohlhas, Ruth
Dipl.-Psychologin, Psychotherapeutin
Altomed MVZ (Nussknacker e. V.)
Holstenplatz 20a, D-22765 Hamburg
r.kohlhas@altomed.de

Kornwachs, Gabriel, Dr. rer. nat., Dipl.-Psych.
Wissenschaftlicher Mitarbeiter
Klinische Psychologie und Psychotherapie
Fachbereich Psychologie
Eberhard Karls Universität Tübingen
Schleichstr. 4, D-72076 Tübingen
gabriel@kornwachs.de

Lammers, Claas-Hinrich, Prof. Dr. med.
Ärztlicher Direktor
Chefarzt der I. Klinik für Affektive Störungen und der psychosomatischen Tagesklinik Walddörfer
Asklepios Klinik Nord – Ochsenzoll
Klinik für Psychiatrie, Psychotherapie und Psychosomatik
Langenhorner Chaussee 560, D-22419 Hamburg
c.lammers@asklepios.com

Lange, Claudia, Dr. rer. nat.
Psychologische Trackleitung – Track Psychose
Zentrum für Integrative Psychiatrie ZIP gGmbH
Universitätsklinikum Schleswig-Holstein
Ratzeburger Allee 160, D-23538 Lübeck
claudia.lange@uksh.de

Lencer, Rebekka, Prof. Dr. med.
Ärztliche Leitung Psychose-Track
Klinik für Psychiatrie und Psychotherapie
Universität zu Lübeck
Ratzeburger Allee 160, D-23538 Lübeck
rebekka.lencer@uni-luebeck.de
und
Institut für Translationale Psychiatrie
Universität Münster
Albert Schweitzer Campus 1, Geb. A9, D-48149 Münster
lencer@uni-muenster.de

Lieb, Yannick, M.Sc. Psychologe
Universitäres Zentrum Autismus-Spektrum, Neuropsychologie
Klinik für Psychiatrie und Psychotherapie
Universitätsklinikum Freiburg
Hauptstr. 5, D-79104 Freiburg
yannick.lieb@uniklinik-freiburg.de

Linden, Michael, Prof. Dr. med., Dipl.-Psych.
Leiter der Forschungsgruppe Psychosomatische Medizin
Medizinische Klinik m. S. Psychosomatik
Charité – Universitätsmedizin Berlin
und
Ärztlicher Leiter
Institut für Verhaltenstherapie, Berlin
Charité, CBF, Hs. III, Rm 162, Hindenburgdamm 30, D-12200 Berlin
michael.linden@charite.de

Lindenmeyer, Johannes, Prof. Dr. rer. nat., Dipl.-Psych.
Medizinische Hochschule Brandenburg
Salus Klinik Lindow
Straße nach Gühlen 10, D-16835 Lindow
lindenmeyer@salus-lindow.de

Lippert, Almut, Dipl.-Psych., Dr.
Praxis Dr. Pilgramm und Kollegen
Karmarschstr. 44, D-30159 Hannover
almutlippert@gmx.de

Lux, Silke, Prof. Dr. rer. nat.
Leitende Psychologin, AG Neuropsychologie und Intervention
Klinik für Psychiatrie und Psychotherapie
Universitätsklinikum Bonn
Venusberg-Campus 1, D-53127 Bonn
silke.lux@ukbonn.de

Mühlig, Stephan, Univ.-Prof. Dr. phil.
Psychologischer Psychotherapeut
Professur für Klinische Psychologie und Psychotherapie
Klinischer Direktor der Psychotherapeutische Hochschulambulanz
Technische Universität Chemnitz, Raum 307
Wilhelm-Raabe-Str. 43, D-09120 Chemnitz
stephan.muehlig@psychologie.tu-chemnitz.de

Naib Majani, Nora, Dr. med.
Fachärztin für Psychiatrie und Psychotherapie
Klinik für Psychiatrie und Psychotherapie
Universitätsklinikum Tübingen
Calwerstr. 14, D-72076 Tübingen
nora.naib.majani@med.uni-tuebingen.de

Noyon, Alexander, Prof. Dr. phil.
Fakultät für Sozialwesen
Technische Hochschule Mannheim
Paul-Wittsack-Str. 10, D-68163 Mannheim
a.noyon@hs-mannheim.de

Oberfeld, Stefanie
Chefärztin, Abteilung für Gerontopsychiatrie und -psychotherapie, Fachärztin für Neurologie, Psychiatrie und Psychotherapie
St. Rochus-Hospital Telgte, Fachkrankenhaus für Psychiatrie, Psychotherapie und Psychosomatik
Am Rochus-Hospital 1, D-48291 Telgte
stefanie.oberfeld@srh-telgte.de

Philipsen, Alexandra, Univ.-Prof. Dr. med.
Direktorin
Klinik und Poliklinik für Psychiatrie und Psychotherapie
Universitätsklinikum Bonn
Venusberg-Campus 1, D-53127 Bonn
alexandra.philipsen@ukbonn.de

Pinkall, Tom
Systemischer Therapeut, Coach und Supervisor
IF Weinheim – Institut für Systemische Ausbildung & Entwicklung
und
Online-Coaching »Come on Line«
Rheinhäuser Str. 87, D-68165 Mannheim
tom.pinkall@me.com

Read, Melanie, Dipl.-Psych.
Psychologische Psychotherapeutin, emotionsfokussierte Therapeutin, Supervisorin und Trainerin
Praxis für Psychotherapie
Wintererstr. 6, D-79104 Freiburg
info@praxis-read.de

Reinhard, Matthias Alexander, PD Dr. med. Dr. hum. biol.
Oberarzt
Klinik und Poliklinik für Psychiatrie und Psychotherapie
LMU Klinikum
Nußbaumstr. 7, D-80336 München
matthias.reinhard@med.uni-muenchen.de

Renner, Tobias, Prof. Dr. med.
Ärztlicher Direktor
Klinik für Kinder- und Jugendpsychiatrie – Psychiatrie, Psychosomatik und Psychotherapie im Kindes- und Jugendalter
Universitätsklinikum Tübingen
Osianderstr. 14, D-72074 Tübingen
und
Deutsches Zentrum für Psychische Gesundheit (DZPG), Standort Tübingen
tobias.renner@med.uni-tuebingen.de

Revenstorf, Dirk, Prof. Dr. rer. nat.
Abteilung Klinische Psychologie
Universität Tübingen
Biesingerstr. 14, D-72074 Tübingen
drevenstor@aol.com

Richter, Harald, Dr. phil., Dipl.-Psych. (1960–2015)
Psychologischer Psychotherapeut
Klinik für Psychiatrie und Psychotherapie
Universitätsklinikum Freiburg
Hauptstr. 5, D-79104 Freiburg

Schmidt, Jennifer, Prof. Dr. rer. nat., Dipl.-Psych.
Professorin für Gesundheitspsychologie und Forschungsmethoden
Fachbereich Gesundheit/Münster Department of Health (MDH)
FH Münster University of Applied Sciences
Hüfferstr. 27, D-48149 Münster
j.schmidt@fh-muenster.de

Schramm, Elisabeth, Prof. Dr. phil.
Sektionsleiterin Psychotherapieforschung in der Psychiatrie
Klinik für Psychiatrie und Psychotherapie
Department für Psychische Erkrankungen
Universitätsklinikum Freiburg
Hauptstr. 5, D-79104 Freiburg
elisabeth.schramm@uniklinik-freiburg.de

Stapel, Sarah, M.Sc.
Lehrstuhl für Klinische Psychologie und Psychotherapie
Universität Greifswald
Franz-Mehring-Straße 47, D-17489 Greifswald
sarah.stapel@uni-greifswald.de

Strauß, Bernhard, Univ.-Prof. Dr. phil., Dipl.-Psych.
Institutsdirektor
Institut für Psychosoziale Medizin, Psychotherapie und Psychoonkologie
Universitätsklinikum Jena
Stoystr. 3, D-07740 Jena
bernhard.strauss@med.uni-jena.de

Sulz, Serge K. D., Prof. Dr. phil. Dr. med.
Direktor der EUPEHS-Forschungsgesellschaft
European Psychotherapy, Education and Human Sciences GmbH
Ruffinistr. 2, D-80637 München
prof.sulz@eupehs.org

Svaldi, Jennifer, Prof. Dr. rer. nat.
Leitung Abteilung Klinische Psychologie und Psychotherapie
Leitung Psychotherapeutische Hochschulambulanz
Fachbereich Psychologie
Universität Tübingen
Schleichstr. 4, D-72076 Tübingen
jennifer.svaldi@uni-tuebingen.de

Tanner, Mirjam, Dr. med.
Fachärztin für Psychiatrie und Psychotherapie FMH in eigener Praxis
Winterthurerstr. 23, CH-8180 Bülach
mirjam.tanner@hin.ch

Tebartz van Elst, Ludger, Prof. Dr. med.
Professor für Psychiatrie und Psychotherapie, Stellvertretender Ärztlicher Direktor
Klinik für Psychiatrie und Psychotherapie, Universitätsklinikum Freiburg
Hauptstr. 5, D-79104 Freiburg
tebartzvanelst@uniklinik-freiburg.de

Teufel, Martin, Univ.-Prof. Dr. med.
Direktor
Klinik für Psychosomatische Medizin und Psychotherapie
LVR-Universitätsklinik Essen
Universität Duisburg-Essen
Virchowstr. 174, D-45147 Essen
martin.teufel@lvr.de

van den Berg, Leon, M.Sc.
Klinischer Psychologe
Ambulanz der Klinik für Psychosomatische Medizin und Psychotherapie
LVR-Universitätsklinik Essen
Holsterhauser Platz 6, D-45147 Essen
leon.vandenberg@lvr.de

Veltrup, Clemens, Dr. phil., Dipl.-Psych.
Vorstand, Landesverein für Innere Mission Schleswig-Holstein
Daldorfer Str. 2, D-24635 Rickling
veltrup.clemens@landesverein.de

Voderholzer, Ulrich, Prof. Dr. med.
Ärztlicher Direktor/Chefarzt
Schön Klinik Roseneck
Am Roseneck 6, D-83209 Prien am Chiemsee
uvoderholzer@schoen-klinik.de

Wagner, Birgit, Prof. Dr. phil.
Professur für Klinische Psychologie und Psychotherapie – Verhaltenspsychologie
MSB Medical School Berlin – Hochschule für Gesundheit und Medizin
Rüdesheimer Str. 50, D-14197 Berlin
birgit.wagner@medicalschool-berlin.de

Wahl-Kordon, Andreas, PD Dr. med.
Ärztlicher Direktor
Oberberg Fachklinik Schwarzwald
Oberberg 1, D-78132 Hornberg
andreas.wahl-kordon@oberbergkliniken.de

Wassmann, Reinhard, Dipl.-Psych.
Gründer der VT Münster – Gesellschaft für verhaltenstherapeutische Aus- und Weiterbildung
Alter Fischmarkt 16, D-48143 Münster
reinhardwassmann@gmail.com

Weidmann, Anke, Dr. rer. nat.
Psychologische Psychotherapeutin (VT)
Fliedner Klinik Berlin
Markgrafenstr. 34, D-10117 Berlin
anke.weidmann@fliedner.de

Weigelt, Anna, M.Sc.
Wissenschaftliche Mitarbeiterin
Institut für Transkulturelle Gesundheitsforschung
Duale Hochschule Baden-Württemberg
Jägerstraße 56, D-70178 Stuttgart
anna.weigelt@dhbw.de

Wesselmann, Ute, Dr. med.
VT Münster, Gesellschaft für verhaltenstherapeutische Aus- und Weiterbildung
Alter Fischmarkt 16, D-48143 Münster
info@vt-muenster.de

Wiedemann, Georg, Prof. Dr. med.
Ärztlicher Direktor em.
Klinik für Psychiatrie und Psychotherapie
Klinikum Fulda gAG
Universitätsmedizin Marburg – Campus Fulda
Pacelliallee 4, D-36043 Fulda
prof.dr.g.wiedemann@gmx.de

Wittorf, Andreas, Prof. Dr. rer. soc., Dipl.-Psych.
Psychologischer Psychotherapeut
Klinik für Psychiatrie und Psychotherapie
Universitätsklinikum Tübingen
Calwerstr. 14, D-72076 Tübingen
andreas.wittorf@med.uni-tuebingen.de

Zimmer, Dirk, Prof. Dr. phil., Dipl.-Psych.
Im Vorstand der Tübinger Akademie für Verhaltenstherapie (TAVT), Supervisor, Privatpraxis
Reutenerstr. 15, D-88142 Wasserburg
diwozi@icloud.com

Zipfel, Stephan, Prof. Dr. med.
Ärztlicher Direktor
Abteilung für Psychosomatische Medizin und Psychotherapie
Universitätsklinikum Tübingen
Osianderstr. 5, D-72076 Tübingen
stephan.zipfel@med.uni-tuebingen.de

Zürn, Alexandra, M.Sc.
Psychologische Psychotherapeutin
Kooperationspraxis der Oberberg Fachkliniken
Hohlengrabengasse 9, D-78628 Rottweil
alexandra-zuern@t-online.de

Sachwortverzeichnis

B

C

D

E

F

G

H

I

J

K

L

M

N

O

P

T

U

V

W

Y

Z